国家出版基金项目
NATIONAL PUBLICATION FOUNDATION

陝西出版資金資助項目

「十二五」國家重點圖書出版規劃項目

關學文庫·關學文獻整理系列

總主編　劉學智　方光華

呂柟集·涇野先生文集（上册）

U0414384

［明］呂柟　著
米文科　點校整理

西北大學出版社

《呂柟集·涇野先生文集》清道光十二年楊浚刻本

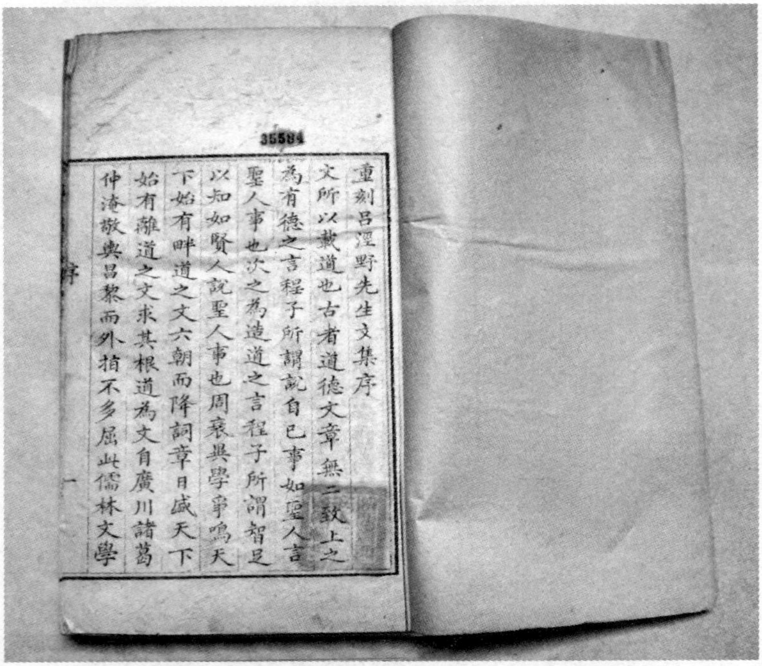
35584
重刻吕涇野先生文集序
文所以載道也古者道德文章無二致上之
為有德之言程子所謂說自已事如聖人言
聖人事也次之為造道之言程子所謂智足
以知如賢人說聖人事也周衰異學爭鳴天
下始有畔道之文六朝而降詞章日盛天下
始有離道之文求其根道為文自廣川諸葛
仲淹敬輿昌黎而外指不多屈此儒林文學
序
一

《吕柟集·涇野先生文集》清道光十二年楊浚刻本

總序

張載（一〇二〇—一〇七七），字子厚，宋鳳翔府郿縣（今陝西眉縣）人，祖籍大梁，宋仁宗嘉祐二年（一〇五七）進士。張載出身於官宦之家。祖父張復在宋真宗時官至給事中、集賢院學士，死後贈司空。父親張迪在宋仁宗時官至殿中丞、知涪州事，贈尚書都官郎中。張迪死後，張載與全家遂僑居於鳳翔府郿縣横渠鎮之南。因他曾在此聚徒講學，世稱「横渠先生」。他的學術思想在學術史上被稱爲「横渠之學」，他所代表的學派被後人稱爲「關學」。張載與程顥、程頤同爲北宋理學的創始人。可以説，關學是由張載創立并於宋元明清以至民國初年，一直在關中地區傳衍的地域性理學學派，亦稱「關中理學」。

關學基本文獻整理與相關研究不僅是中國思想學術史的重要課題，也是體現中國思想文化傳承與創新的重要舉措。關學文庫·關學文獻整理系列以繼承、弘揚和創新中華文化爲宗旨，以文獻整理的系統性、全面性爲特點，是我國第一部對上起於北宋、下迄於清末民初，綿延八百餘年的關中理學的基本文獻資料進行整理的大型叢書。這項重點文化工程的完成，對於完整呈現關學的歷史面貌、發展脈絡和鮮明特色，彰顯關學精神，推動傳統文化創造性轉化、創新性發展無疑具有重要意義。因爲文庫·關學文獻整理系列的各部分均有整理者具體的前言介紹和點校説明，我這裏僅就關學、關學與程朱理學的關係、關學的思想特質、關學文庫·關學文獻整理系列的整體構成與學術價值等談幾點意見，以供讀者參考。

一、作爲理學重要構成部分的關學

衆所周知，宋明理學是中國儒學發展的新形態與新階段，一般被稱爲新儒學。但在新儒學中，構成較爲複雜。比較典型的則是程朱理學與陸王心學。南宋學者吕本中較早提到「關學」這一概念。南宋朱熹、吕祖謙編選的近思録較早地梳

理了北宋理學發展的統緒，關學是作爲理學的重要一支來作介紹的。朱熹在伊洛淵源録中，將張載的「關學」與周敦頤的「濂學」、二程（程顥、程頤）的「洛學」并列加以考察。明初宋濂、王禕等人纂修元史，將宋代理學概括爲「濂洛關閩」四大派別，其中雖有地域文化的特色，但它們的思想內涵及其影響并不限於某個地域，而成爲中國思想文化史上重要的一頁，即宋代理學。

根據洛學代表人物程顥、程頤以及閩學代表人物朱熹對張載關學思想的理解、評價和吸收，張載創始的關學本質上當是理學，而且是影響全國的思想文化學派。過去，我們在編寫中國思想通史第四卷、宋明理學史上册的時候，在關學學術旨歸和歷史作用上曾作過探討，但是也不能不顧及古代學術史考鏡源流的基本看法。

需要注意的是，張載後學，如藍田呂氏等，在張載去世後多歸二程門下，如果拘泥門戶之見，似乎張載關學發展有所中斷，但學術思想的傳承往往較學者的理解和判斷複雜得多。關學，如同其他學術形態一樣，也是一個源遠流長、不斷推陳出新的形態。關學沒有中斷過，它不斷與程朱理學、陸王心學融合。明清時期以至民初，關學的學術基本是朱子學、陽明學的傳入及與張載關學的融會過程。因此，由宋至清末民初的關學，實際是中國理學的重要組成部分，它是一個動態的且具有包容性和創新性的概念，它開啓了清初王船山學術的先河。

關學文庫關學文獻整理系列所遴選的作品，結合學術史已有研究成果，如宋元學案、明儒學案、關學編及關學續編、關學宗傳等，均是關中理學的典型代表，上起北宋張載，下至晚清的劉光蕡、民國初期的牛兆濂，能够反映關中理學的發展源流及其學術內容的豐富性、深刻性。與歷史上的關中叢書相比，這套文庫文獻整理更加豐富醇純，是對前賢整理文獻思想與實踐的進一步繼承與發展，其學術意義不言而喻。

二、張載關學與程朱理學的關係

佛教傳入中土後，有所謂「三教合一」說，主張儒、道、釋融合滲透，或稱三教「會通」。唐朝初期可以看到三教并舉的

文化現象。當歷史演進到北宋時期，由於書院建立，學術思想有了更多自由交流的場所，從而促進了學人的獨立思考，使他們對儒家經學箋注主義提出了懷疑，呼喚新思想的出現，於是理學應時而生。理學主體是儒學，兼采佛、道思想，研究如何將它們融合爲一個整體，這是一個重要的課題。從理學產生時起，不同時代有不同的理學學派。譬如，在「三教融合」過程中，如何理解「氣」與「理」（「理」的問題是迴避不開的，華嚴宗的「理事説」早在唐代就有很大影響）的關係？理學如何捍衛儒學早期關於人性善惡的基本觀點，又不致只在「善」與「惡」的對立中打圈子？如何理解宇宙？宇宙與社會及個人有何關係？君子、士大夫怎麽做才能維護自身的價值和尊嚴，又能堅持修齊治平的準則？這些都是中國思想史中宇宙觀與人生觀的大問題。對這些問題的研究和認識，不可能一開始就有一個統一的看法，需要在思想文化演進的歷史進程中逐步加以解決。宋代理學的產生及不同學派的存在，就是上述思想文化發展歷史的寫照，因而理學在實質上是中國思想文化的傳承創新，具有重要的歷史意義。

張載關學、二程洛學、南宋時朱熹閩學各有自己的特色。作爲理學的創建者之一，張載胸懷「爲天地立心，爲生民立命，爲往聖繼絶學，爲萬世開太平」的學術抱負，在對儒學學説進行傳承發展中做出了重要的理論貢獻。北宋時期，學者們重視對易的研究。易富於哲理性，張載通過對易的解説，闡述對宇宙和人生的見解，積極發揮禮記、論語、孟子等書中的義理，并融合佛、道，將儒家的思想提升到一個新的高度。

張載與洛學的代表人物程顥、程頤等人曾有過密切的學術交往，彼此或多或少在學術思想上相互產生過一定的影響。宋仁宗嘉祐元年（一〇五六），張載來到京師汴京，講授易學，曾與程顥一起終日切磋學術，探討學問（參見二程集河南程氏遺書卷二上）。張載是二程之父程珦的表弟，爲二程表叔，二程對張載的人品和學術非常敬重。通過與二程的切磋與交流，張載對自成一家之言的學術思想充滿自信：「吾道自足，何事旁求！」（呂大臨横渠先生行狀）

因爲張載與程顥、程頤之間爲親屬關係，在學術上有密切的交往，關學後傳不拘門户，如呂氏三兄弟呂大忠、呂大鈞、呂大臨，蘇昞、范育、薛昌朝以及种師道、游師雄、潘拯、李復、田腴、邵彦明、張舜民等，在張載去世後一些人投到二程門下，

繼續研究學術，也因此關學的學術地位在學術史上常常有意無意地受到貶低甚至質疑（包括程門弟子的貶低和質疑）。事實上，在理學發展史上，張載以其關學卓然成家，具有鮮明的特點和理論建樹，這是不能否定的。反過來，張載的一些觀點和思想也影響了二程的思想體系，對後來的程朱學說及閩學的形成也有重要的啓迪意義，這也是客觀的事實。

張載依據易建立自己的思想體系，但是，在基本點上和易的原有内容并不完全相同。他提出「太虚即氣」的觀點，認爲沒有超越「氣」之上的「太極」或「理」世界，換言之，「氣」不是被人創造出的產物。又由此推論出天下萬物由「氣」聚而成；物毁氣散，復歸於虚空（或「太虚」）。在氣聚、氣散即物成物毁的運行過程中，纔顯示出事物的條理性。張載說：「太虚不能無氣，氣不能不聚而爲萬物，萬物不能不散而爲太虚，循是出入，是皆不得已而然也。」（正蒙卷一）他用這個觀點去看萬物的成毁。這些觀點極大地影響了清初大思想家王船山。

張載在西銘中說：「乾稱父，坤稱母。予茲藐焉，乃混然中處。故天地之塞，吾其體；天地之帥，吾其性。民，吾同胞；物，吾與也。」天地是萬物和人的父母，人是天地間藐小的一物。天、地、人三者共處於宇宙之中。由於三者都是氣聚之物，天地之性就是人之性，所以人類是我的同胞，萬物是我的朋友，歸根到底，萬物與人類的本性是一致的。進而認爲，人們「尊高年，所以長其長；慈孤弱，所以幼其幼。聖，其合德；賢，其秀也。凡天下疲癃殘疾、惸獨鰥寡，皆吾兄弟之顛連而無告者也」。這裏所表述的是一種高尚的人道主義精神境界。

二程思想與張載有别，他們通過對張載氣本論的取捨和改造，又吸收佛教的有關思想，建構了「萬理歸於一理」的理論體系。在人性論方面，二程在張載人性論的基礎上進一步深化了孟子的性善論。二程贊同張載將人性分爲「天地之性」和「氣質之性」。但二程認爲「天地之性」是天理在人性中的體現，未受任何損害和扭曲，因而是至善無瑕的；「氣質之性」是氣化而生的，也叫「才」，它由氣禀決定，禀清氣則爲善，禀濁氣則爲惡，正因爲氣質之性不可避免地受到了「氣」的侵蝕而出現「氣之偏」，因而具有惡的因素。在二程看來，善與惡的對立，實際上是「天理」與「人欲」的對立。

朱熹將張載氣本論進行改造，把有關「氣」的學說納入他的天理論體系中。朱熹接受「氣」生萬物的思想，但與張載的

氣本論不同，朱熹不再將「理」看成是「氣」的屬性，而是「氣」的本原。天理與萬事萬物是一種怎樣的關係？朱熹關於「理一分殊」的理論回答了這一問題。他認爲：「太極只是個極好至善的道理。人人有一太極，物物有一太極。」又說：「太極非是別爲一物，即陰陽而在陰陽，即五行而在五行，即萬物而在萬物，只是一個理而已。」（朱子語類卷九四）「理一分殊」理論包括一理攝萬理與萬理歸一理兩個方面，這與張載思想有別。

總之，宋明理學反映出儒、道、釋三者融合所達到的理論高度。這一思想的融合完成於兩宋時期。張載開創的關學爲此做出了重要的學術貢獻。正如清初思想家王船山所說：「張子之學，上承孔孟之志，下救來茲之失，如皎日麗天，無幽不燭，聖人復起，未有能易焉者也。」（張子正蒙注序論）船山之學繼承發揚了張載學說，又有新的創造。

三、關學的特色

關學既有深邃的理論，又重視經世致用。這可以概括爲以下幾個方面：

首先，學風篤實，注重踐履。黄宗羲指出：「關學世有淵源，皆以躬行禮教爲本。」（明儒學案師說）躬行禮教、學風樸質是關學的顯著特徵。受張載的影響，其弟子藍田「三呂」也「務爲實踐之學，取古禮，繹其義，陳其數，而力行之」（宋元學案呂范諸儒學案），特別是呂大臨。明代呂柟其行亦「一準之以禮」（關學編）。清代的關學學者王心敬、李元春、賀瑞麟等人，依然守禮不輟。

其次，崇尚氣節，敦善厚行。關學學者大都注意砥礪操行，敦厚士風，具有不阿權貴、不苟於世的特點。張載曾兩次被薦入京，但當發現自己的政治理想難以實現時，毅然辭官，回歸鄉里，教授弟子。明代楊爵、呂柟、馮從吾等均敢於仗義執言，即使觸犯龍顔，被判入獄，依舊不改初衷，體現了大義凛然的獨立人格和卓異的精神風貌。清代關學大儒李顒，在皇權面前錚錚鐵骨，操志高潔。這些關學學者「窮則獨善其身，達則兼善天下」，體現出「富貴不能淫，貧賤不能移，威武不能屈」的「大丈夫」氣節。

最後，求真求實，開放會通。關學學者大多不主一家，具有比較寬廣的學術胸懷。張載善於吸收新的自然科學成果，不斷充實豐富自己的儒學理論。他注意對物理、氣象、生物等自然現象做客觀的觀察和合理的解釋，具有科學精神。後世關學學者韓邦奇、王徵等都重視自然科學。三原學派的代表人物王恕以治易入仕，晚年精研儒家經典，強調用心求學，用心考證，求疏通之解，形成了有獨立主見的治國理政觀念。關學學者堅持傳統，但并不拘泥於傳統，能够因時而化，不斷地融合會通學術思想，具有鮮明的開放性和包容性特徵。由張載到「三呂」、呂柟、馮從吾、李顒等，這種融會貫通的學術精神得到不斷承傳和弘揚。

四、關學文庫關學文獻整理系列的整體構成與學術價值

關學文獻遺存豐厚，但是長期以來没有得到應有的保護和整理，除少量著作如正蒙、涇野先生五經説、少墟集、元儒考略等在清代收入四庫全書之外，大量的著作仍以綫裝書或手抄本的形式散存於陝西、北京、上海等地的圖書館或民間，其中有的已成孤本（如韓邦奇的禹貢詳略、李因篤的受祺堂文集家藏抄本），有的已殘缺不全（如南大吉集收入的瑞泉集殘本，現重慶圖書館存有原書，國家圖書館僅存膠片；收入的南大吉詩文，搜自西北大學圖書館藏周雅續）。即使晚近的劉光蕡、牛兆濂等人的著述，其流傳亦稀世罕見。二十世紀七十年代以來，中華書局出版了張載集，并將藍田呂氏遺著輯校、關學編、正蒙合校集釋、涇野子内篇、二曲集等收入理學叢書陸續出版，這些僅是關學文獻的很少一部分。全方位系統梳理關學學術文獻仍係空白。

關學典籍的收集與整理，是關學學術研究的重要基礎。這次關學文庫文獻的整理與編纂者在全國范圍的圖書館和民間廣泛搜集資料，一是搶救性發掘整理了一批關學文獻，二是對一些文獻以新發現的版本進行比對校勘、輯佚補充，從而使關學文庫關學文獻整理系列成爲目前最能反映關學學術史面貌，對關學研究具有基礎性作用的文獻集成。關學文獻整理系列圖書共涉及關學重要學人二十九人，編訂文獻二十六部，計一千八百六十餘萬字。這些文獻分别是：張子全書、

藍田呂氏集、李復集、元代關學三家集、王恕集、薛敬之張舜典集、馬理集、呂柟集涇野經學文集、呂柟集涇野子內篇、呂柟集涇野先生文集、韓邦奇集、南大吉集、楊爵集、馮從吾集、王徵集、王建常集、王弘撰集、李顒集、李柏集、李因篤集、王心敬集、李元春集、賀瑞麟集、劉光蕡集、牛兆濂集以及關學史文獻輯校等。其中的韓邦奇集、南大吉集、李柏集、李因篤集、牛兆濂集屬于搶救性整理；李復、王恕、薛敬之、呂柟、馬理、楊爵、王建常、王弘撰、王心敬、李元春、賀瑞麟等學人文獻屬于首次系統整理出版；張子全書、藍田呂氏集、李顒集、劉光蕡集、關學史文獻輯校是在進一步輯佚完善的基礎上整理出版的。總之，關學文獻整理的系統性和全面性得到了體現。

關學文庫文獻整理力圖突出全面性、系統性和深度整理的特點。就全面性和系統性而言，就是保證關學史上重要學人的文獻資料不被遺漏，這裏所選的二十九位學人，都是關學史上較爲重要的和代表了關學發展某一環節的學人。其中如張載、藍田「三呂」、馬理、呂柟、楊爵、馮從吾、王弘撰、李顒、李柏等人的著作集，是迄今文獻收集最爲齊全的。同時對於有關關學史的文獻也進行了全面系統的搜集和整理，如關學史文獻輯校，不僅重新點校整理了馮從吾的關學編，收録和點校整理了王心敬、李元春、賀瑞麟以及由劉光蕡、柏景偉重加整理校勘的關學續編，還首次點校整理了清末民初張驥的關學宗傳，并從諸多史書中輯録了一些零散的關學史資料，使之成爲目前能全面反映關學史面貌的文獻輯校本。關學文庫關學文獻整理系列，以豐富的關學史文獻，證明了「關學之源流初終，條貫秩然」，關學有其自身發展演變的歷史。就深度整理來說，關學文獻整理系列遵循古籍整理的傳統做法，采用繁體字、竪排版，標點、校勘，并對專用名詞做下劃綫處理。其目的不僅在於使整理與編纂者在文獻整理中提高自身的學術素養，同時也爲以後文獻研究者提供方便，推動關學研究深入開展，這也是關學文庫關學文獻整理系列圖書出版的重要目的。

關學文庫係「十二五」國家重點圖書出版規劃項目，國家出版基金項目、陝西出版資金資助項目，得到了中共陝西省委、陝西省人民政府、國家新聞出版廣電總局以及陝西省新聞出版廣電局的大力支持。文庫的組織、編輯、審定和出版工

作在編輯出版委員會領導下進行，日常工作由陝西省人民政府參事室（陝西省文史研究館）和西北大學出版社負責。本文庫歷時五年編纂完成，凝結着全體參與者的智慧和心血。總主編劉學智、方光華教授，項目總負責徐曄、馬來同志統籌全書，精心組織，陝西師範大學、西北大學、西北政法大學、中國人民大學、華東師範大學、鄭州大學等十餘所院校的數十位專家學者協力攻關，精益求精，體現出深沉厚重的歷史使命感和復興民族文化的責任感；他們孜孜矻矻，持之以恒，任勞任怨，樂於奉獻，以古人爲己之學相互勉勵，在整理研究古代文獻的同時，不斷錘煉學識，砥礪德行，努力追求樸實的學風和嚴謹的學術品格。出版社組織專業編輯、外審專家通力合作，希望盡最大可能提高本文庫的學術品質。作爲文庫編輯出版委員會主任，我謹向大家卓有成效的工作表示衷心的感謝。由於時間緊迫、經驗不足等原因，文獻整理中存在的疏漏差錯難以完全避免。希望讀者朋友們在閱讀使用時加以批評指正，以便日後進一步修訂，努力使文庫文獻整理更加完善。

張豈之

二〇一五年一月八日

于西北大學中國思想文化研究所

前言

呂柟，字仲木，號涇野，陝西高陵人，生於明憲宗成化十五年（一四七九年），卒於世宗嘉靖二十一年（一五四二年）。他是明代著名的理學家。

武宗正德三年（一五〇八年），呂柟舉進士第一，歷任翰林院修撰、解州（今山西運城）判官、南京吏部考功司郎中、尚寶司卿、太常寺少卿，北京國子監祭酒、南京禮部右侍郎等職。嘉靖十八年（一五三九年），致仕回鄉，居家三年而卒，年六十四。隆慶初，贈禮部尚書，謚文簡。呂柟一生著述頗豐，主要有涇野子内篇、四書因問、周易說翼、尚書說要、毛詩說序、春秋說志、禮問、涇野先生文集、涇野先生别集、十四遊記、高陵縣志、解州志、宋四子抄釋、詩樂圖譜等（詳見點校本涇野子内篇附録）。

從思想淵源上來看，呂柟之學出自明初河東的薛瑄。呂柟曾從學於渭南的薛敬之，而薛敬之又師從周蕙，周蕙之學則來自薛瑄的門人李昶和私淑弟子段堅，因此在學問方向上，呂柟始終堅持朱子學的立場，強調格物窮理、知先行後。除朱子學之外，呂柟還繼承了關學讀經重禮、重視氣節的傳統，並開始由理學而轉向先秦孔孟的仁學。

具體來說，在理氣觀上，呂柟反對朱子的「理氣二分」，而主張「理氣非二物」（涇野子内篇卷十三）。他認爲：「天命只是個氣，非氣則理無所尋著，言氣則理自在其中，如『形色天性也』即是，如耳目手足是氣，則有聰明持行之性。」（四書因問卷二）這就是說理只是氣之理、氣之性，因此人性也沒有所謂義理之性與氣質之性之分，義理之性即在氣質之性中。從這裡可以看出，呂柟的思想已經由程朱的理本論而轉向了「以氣爲本」的氣學。正是理氣觀上的這種轉變，使呂柟非常重視在氣上求理，因此他的理學思想也主要體現在修養工夫上，而對形而上的理氣、心性等問題缺乏深入的討論。

在工夫修養上，呂柟繼承了朱子「涵養省察」與「格物窮理」同時並進，不偏一邊的思想。他一方面要求學者要格物窮

理，強調知對於行的邏輯在先性，所謂「須知得何者是天理，何者是人欲。不然，戒慎恐懼个甚么」（涇野子内篇卷十五）。故「聖門知字工夫是第一件要緊的，雖欲不先，不可得矣」（涇野子内篇卷十六）。另一方面又指出道德的修養不能單靠一「格物」便能完成，同時還需要有涵養省察的工夫並見之於躬行。但呂柟不同意朱子把「涵養」與「省察」分爲兩種不同的工夫，分別屬於「存天理」與「遏人欲」兩邊，而認爲「戒慎恐懼」與「慎獨」只是一個工夫，「才省察便涵養，才閑邪便存誠，才克己便復禮，實非有兩事也」（四書因問卷二）。儘管如此，呂柟還是比較重視在念慮初起時做工夫，亦即「慎獨」。除了内在的心性修養之外，呂柟工夫論上的另一個特點便是強調「致曲」。呂柟所說的「致曲」，主要是指從細微、周全處着手，使事物無不合其宜，「曲是纖悉委曲處皆要推而致之，使無遺欠」（四書因問卷二）。在他看來，「致曲」工夫是無處無之的，就像孟子說的「必有事焉」一樣。同時，「致曲」工夫也就是「明誠」盡頭，即工夫本身就有意義，而不只是爲了體證形上的天理。

當然，呂柟對工夫實踐的重視，除了與他重氣的思想相一致外，還有另一個方面的原因，就是當時學者或者離開具體的人事而高談心性，開口便說「一貫」；或者沉溺於辭章記誦，陷入「支離」之中。對於前者，呂柟指出：「今之學者，平日都能道仁義氣節。及遇小小利害，便改移了，何以爲學！由是知高談者之無益也。」（涇野子内篇卷七）又說：「人只是重厚篤實，人便信他是有德行的；若徒高談闊論，其爲害亦不細，雖謂之邪說可也。」（涇野子内篇卷二十七）因此他反對專以理氣、心性爲道學，認爲「性、命、理、氣固要講明，必措諸躬行，方是親切，性命自在其中，庶不爲徒講也」（涇野子内篇卷十）。而所謂「一貫」，也是先需要逐事磨練，有許多工夫在内，並非一朝一夕便能達到，「曾子不知苦過多少事，孔子後方與他說一貫。今無孔子之質，又無曾子之學，遽要一貫，豈非妄想」（涇野子内篇卷八）。對於後者，呂柟則指出：「學者雖讀盡天下之書，有高天下之文，使不能體驗見之躬行，於身心何益，於世道何補！」（涇野子内篇卷十）強調「多識前言往行，便要畜德；多聞多見，便要寡悔寡尤」（涇野子内篇卷十五）。正因爲如此，呂柟提出了「君子貴行不貴言」（涇野子内篇卷一）的口號，並貫徹終生，所以時人對呂柟的評價也多以「重行」爲主，如徐階稱其「反身克己，於其日用常行者

實致力焉，其他未嘗及也」（涇野先生集序）。劉宗周也說：「異時陽明先生講良知之學，本以重躬行，而學者誤之，反遺行而言知。得先生尚行之旨以救之，可謂一發千鈞。」（明儒學案師說）

除了朱子學之外，呂柟還繼承了關學讀經重禮、重視氣節的傳統。「以禮爲教」是張載思想的一個顯著特色，後來成爲關中理學的一個傳統學風，一直延續到明、清。明末的劉宗周就說：「關學世有淵源，皆以躬行禮教爲本。」（明儒學案師說）清初的張履祥也說：「關中之教，以知禮成性爲先。蓋學禮則功夫有準的，身心有所持守，自初學以至成德，徹上徹下，一以貫之而已。」（楊園先生全集卷五）呂柟也非常重視對禮的學習與踐行，「嘗語學者當先學禮」（涇野子內篇卷十）。他認爲學禮能夠檢束身心，防止「非辟之心」的產生，「若人無禮以提防其身，則滿腔一團私意縱橫四出矣」（涇野子內篇卷七），並指出：「衣服、飲食皆要見道理在。故無時非禮，則非辟之心無自而入。」（涇野子內篇卷七）此外，禮還能夠經世，「知禮可以復民性」（涇野子內篇卷十六），故呂柟又比較注重禮的教化功能，用禮來移風易俗，如他在山西解州解梁書院講學時，一方面挑選民間俊秀子弟入書院歌詩習禮，并請人在每月朔望講讀會典諸禮，另一方面則大力推行呂氏鄉約、朱子家禮等。而在擔任北京國子監祭酒時，則讓諸生「每月習禮二次，每日歌詩一次」（涇野子內篇卷二十四）。對於經學，張載曾強調「六經直是少一不得」（經學理窟義理），而後來的關中理學家也大都比較重視經學的學習，這一「重經」的特色在呂柟身上也有較多的體現，他不僅有許多關於經學研究的著作，如周易說翼、尚書說要、毛詩說序、春秋說志和禮問等，同時在日常講學和學校教育中也大力強調經學的學習。但呂柟對經典的重視，卻不只是爲了科舉考試，而是將經學看作是改變士風士習的「良藥」，他說：「夫士習易於趨卑，猶水之易於就下，何也？蓋各就其性之所近，以爲所好而進耳。是故高者耽玄，卑者溺俗，治詞者忘物，榮名者廢實，喻利者損義。此五者，多士之病也，其藥石皆具於六經。是故經學者，士子之隄坊也。」（涇野先生文集卷七贈張惟靜提學序）因此呂柟指出，讀經的目的是爲了修身、躬行，將經書中的道理運用到個體和社會實踐中去，而不能只爲了科舉功名和停留於口耳記誦，他說：「看經要體認玩索，得之於心，見之於行才是。若只讀了，卻是記誦之學，雖多亦奚以爲！」（涇野子內篇卷二十七）既使是科舉，呂柟也指出舉業與德業並不是

兩種互不相干的事情，而是相輔相成的，舉業中即蘊含德業，科舉考試所讀經書和所考内容都是聖賢之言，「臨題曆曆寫出，作爲文章，出仕時即將此言措諸政事上」（涇野子内篇卷十一），德業便在其中。

在傳統的理學思想之外，呂柟還比較重視對先秦孔孟仁學的學習，並多次强調：「聖人之學，只是一個仁。」（涇野子内篇卷八）「仁是聖門教人第一義，故今之學者必先學仁。」（涇野子内篇卷二十）「孔門教人，只是求仁。」（涇野子内篇卷十六）在呂柟看來，宋明大儒常講的「民胞物與」和「萬物一體」只有與孔子的仁學結合起來才具有實際的工夫意義，而孔子的仁學也需要與宋儒的「萬物一體」理念結合起來，才能使學者擺脱「仁」只是一時一事的認識，而使其具有終極的意義，成爲精神上的最高追求。對於呂柟來説，他所講的「仁」，就是要做到「萬物各得其所」，特别是對那些鰥寡孤獨、顛連無告之人。呂柟説：「聖人視四海九州之人，鰥寡孤獨不得其所，皆與我相通，只要去救他。」（涇野子内篇卷二十七）可見，呂柟的仁學講求的是現實的關懷和實際的道德行動。

其次，呂柟從傳統理學轉向先秦孔孟仁學也與當時學術的紛爭有關。理學發展到明代中葉，除了之前所謂的濂、洛、關、閩各種學説之外，此時又出現了王陽明的良知學和湛甘泉的「隨處體認天理」之説，特别是朱子學與陽明學兩派學者常常互相攻擊，各立門户。對於這種學術紛爭，呂柟認爲宋明諸儒的學問雖各有其特點，但卻都是「各執一端」，「各指其一者言之」（涇野子内篇卷十），學者若是執著於某一家或某一人之説，反而不利於德業的進步，而孔子之學卻像天一樣廣大，能夠範圍周、張、程、朱、王等人的學問，所以他提出學者要「學仁學天，方是無有不足處」（四書因問卷三），而「學仁學天」就是要學習孔子。

總之，從對理氣、心性等問題的思考來看，呂柟確實遠不如同時代的王陽明、湛甘泉和羅欽順等人來得深刻，也不如王陽明的一些後學和其他一些學者，但其篤實的學風卻仍然吸引了一大批學者前來聽講，從遊於門下，並在南京講學時能與湛若水、鄒守益共主講席，「風動江南，環向而聽者前後幾千餘人」（關學編卷四），成爲當時著名的理學家。若從宋代以來關學的發展來看，呂柟也是不可或缺的一環，他代表着明代關學發展的一個高峰，晚明江右學者鄒元標就説「横渠之後，明

有仲木（呂柟），今有仲好（馮從吾），可稱鼎足」（馮恭定公全書少墟馮先生集序）。而對於呂柟之後的關中學者來說，呂柟更是關學的一個標志性人物。

最後，關於呂柟文集的一點説明。該文集收録的主要是呂柟所作之序、記、書信、墓誌銘、墓碣、墓表、贈語、傳、字説、祭文、題辭、跋語、策問、像贊等，而詩文則作爲别集另行，故此次點校未予收録。另外，對於呂柟的文章，清代四庫館臣説：「柟之學出薛敬之，敬之之學出於薛瑄，授受有源，故大旨不失醇正。然頗刻意於字句，好以詰屈奥澀爲高古，往往離奇不常，掩抑不盡，貌似周秦間子書，其亦漸漬於空同之説者歟？」（四庫全書總目提要卷一百七十六）即認爲呂柟的文章受到明代文學復古運動中的「前七子」的影響，故其爲文「頗刻意於字句，好以詰屈奥澀爲高古」。四庫館臣的這一説法並非全無根據，事實上，呂柟與「前七子」中的大多數人都有交往，特别是與康海、王九思關係友好，往來也比較密切，故其文風受到前七子的一些影響是在所難免的，而我們在閲讀其文章過程中也時常可以感受到這一點。儘管如此，呂柟文集中的許多文章特别是一些序和記以及書信反映了他各方面的思想和主張，如對人倫之道的躬行實踐、對王陽明之學的認識、對漢儒的評價以及重視經學教育和强調養民爲先的政治思想等等，因此明代關中學者馬理在談到呂柟的文章時指出：「蓋仁義道德之言，隨寓而發，猶源泉混混，其出不竭；　猶菽粟之可食，布帛之可衣也；　亦猶鐘鏞在懸，扣殊小大，鳴亦如之，足使醉者醒、寐者覺；　亦猶空谷之聲，所感萬殊，妙應如之，若有神焉，而莫知所存也。」（涇野先生文集序）這就是説，呂柟之文，絶非只是「刻意於字句」，或務爲華麗，而是載道之文。

米文科

二〇一四年六月

點校説明

涇野先生文集在明、清兩代共有四種刻本，一是明嘉靖年間魏廷萱的西安刻本，二是嘉靖三十四年于德昌的真定刻本，三是萬曆二十年的李楨刻本，四是清道光十二年的楊浚刻本。其中，魏廷萱本在呂柟生前就已刊刻付印，但不知卷數，今亦未見，恐已佚失。于德昌本則是在魏本的基礎上重新進行校訂刪補而成，共有三十六卷，具體情況詳見該書凡例。至於李楨本，則是一種選刻本，共三十八卷，但從數量上來看，卻遠不如于德昌本爲多，不過在內容上，又收録了于本所未有的內容，主要是奏疏、殿試策和一些贈語、書信、墓誌銘等。楊浚本則分爲初、續兩種。初刻三十八卷，依李楨本重刻，但因所據李本原闕卷三，故所刻亦闕，名爲重刻呂涇野先生文集；續刻八卷，則是楊浚根據後來所獲得的一種文集本子而選出李楨本所没有的內容且篇幅基本無缺的進行刊刻，名爲續刻呂涇野先生文集，其中卷六、卷七、卷八所收録的大部分墓誌銘、墓碣和墓表等內容不見于于本和李本。但根據楊浚的序文可知，他所得到的這一文集本子并不是足本，而且闕略較多，也無校刻人的姓名和序文、目録等，因此已無法判斷該文集刻於什麼時候，是否即是魏廷萱的西安刻本等。

關於涇野先生文集點校方面的一些具體問題，説明如下：

一、本書以明嘉靖三十四年于德昌刻本爲底本，以明萬曆二十年李楨刻本和清道光十二年楊浚刻本爲參校本。正文部分体例依于德昌原本不變。

二、底本凡誤字衍文，用圓括號標出，小字排印；改正和補入的字句，用方括號標出，正文字體排印，并出校説明。底本與校本文字不一且難定是非者，則加注説明。個別明顯的文字錯訛，而又無校本可據的，則逕改不注。

三、文集中引用他書內容，而與原書字句明顯不同或影响原意的，出校説明。

四、因涇野子內篇中已附有呂柟的墓誌銘和行狀等內容，故本書附録部分不再收入。

五、在整理點校过程中，曾得到業师劉學智先生的热心幫助。本书卷帙浩繁，仅文字的録入和辨認便工作量巨大，感謝趙小剛、張曄、郭鋒航、田芳、李彦榮諸位學弟學妹，他們的辛苦勞動爲本書能夠按時完成打下了堅實的基礎。而西北大學出版社的陳芳女士更是反復多次通讀了文集的全部内容，糾正了本書在點校過程中出現的許多錯誤，并提出了許多好的修改意見，在此一併致謝。由於點校者的水平有限，經驗不足，錯誤和疏漏之處在所難免，希望讀者批評指正。

目録

上册

卷之二 …… 三七

序

卷之三……七八

序

卷之五

序

卷之六……一九九

序

卷之八……二七五

序

卷之九……三〇九

序

卷之十

卷之十一

序

卷之十三……四四九

序

卷之十四

記

卷之十五

記

卷之十六……五三八

記

卷之十七……五六九

記

卷之十八 ……五九八

記

卷之二十……六五九

書一

卷之二十一……七〇〇

書二

卷之二十五……七九六

墓誌銘

卷之二十六……八一四

墓誌銘

卷之二十九 …… 八七〇

墓誌銘

卷之三十 …… 八八九

墓碣表

卷之三十一

墓碣表

卷之三十一……九四五

墓碣表

卷之三十四……一〇〇五

傳

卷之三十五……一〇二三

說

卷之三十六……一〇五〇

題辭

跋

誄

議

贊

補遺

附録

涇野先生集序

道至孔子而極善，言道者宜莫如孔子。然孔子之言載於論語詳矣，舉未有出乎日用常行之外，而後世儒者則往往高深其說，至窈微恍惚不可得而窮，此其故何也？道必有實得，然後有實見；有實見，然後能言之不失其真。夫道，不遠人者也。孔子得其不遠人者，而見夫遠之之非道也，故自不容遠人以言道。後世儒者慕道之名而不得其實，徒以億見揣摩，議擬乎其間，譬諸窶人之談珠玉，以爲不極怪奇，不足明珠玉之爲寶，於是乎侈爲之說，不知說益侈，而其失真乃益以甚。然則言道而遠人，皆未能實得者之蔽歟！

洪惟我朝建學造士，一教之誦法孔子，至於近時，士尤喜言道，意將發孔子之精蘊而羽翼其傳，其趨可謂正矣。然既久，而各務以說相勝，則漸以入於窈微恍惚，而道亦漸失其真，獨涇野呂先生不然。先生自少至於卒，無日不以學道爲心，其歷官中外，所至無不以聚徒講學爲事。然先生之言平易簡質，要在反身克己，於其日用常行者實致力焉，其他未嘗及也。先生博覽強記，自六籍以逮莊列、百家之書，問之無不響應。肆其才力，即窮高極淵，爲驚世之語，詭名之曰「道」，宜無不可能垂之後來，宜亦足以有述，而顧舍而不爲。嗚呼！其於孔子信之篤矣。論者或言先生資稟朴茂，故其文不喜爲奇怪，不欲自立於峻，故恂恂然，與人語而不倦，是豈真知先生者哉！予往年與先生同在翰林，嘗有志於共學。未幾，予以請告去，先生亦出判解州，嗣是蹤跡差池者十餘年。比予再入朝，則先生已致仕，俄而訃至矣，共學之志，卒莫副之。然予每讀當世士大夫所爲文章，反之於心，證之於論語，睹流俗而思大雅，意未嘗不在涇水也。

今年秋，先生高第弟子侍御徐君思行、吳君公路、吳君惟錫，相與集先生之文，校而梓焉。拔趙幟而赤之，三君之心，所以爲來學甚厚。予故推本孔子之言「道」者，序諸首簡，使知先生之文，果可以誦而傳如此。先生諱柟，字仲木，高陵人，官至南京禮部侍郎，集凡若干卷。

嘉靖乙卯季春望日，賜進士及第、光禄大夫、柱國、少保兼太子太傅、禮部尚書、武英殿大學士知制誥華亭徐階序。

涇野先生文集序

涇野文集者何？皇明禮部侍郎呂子所著集也。呂子諱柟，初字大棟，渼陂王子敬夫謂理更字之曰仲木，號曰涇野，西安高陵人也。弘治辛酉，子在辟雍，與理及秦西澗世觀、寇涂水子惇均攜妻子，同邸居者數年，內外旦夕，以修齊之道相切磨相觀法也。嘗有約言曰：「文必載道，行必顧言。毋徒舉業，以要利禄。毋徒任重，弗克有終。」于時異居而志同者，有張西渠仲修、崔文敏仲鳧、馬柳泉敬臣，皆簪聚規過，輔仁肄禮。

講學時，涇野已卓然自立而弗惑矣。後由是殿試，賜狀元及第，爲翰林修撰，而居之燕然。由是進諫，降謫解州判官，而居之燕然。由是歷官吏部考功、尚寶司卿、國子監祭酒、禮部侍郎，而居之燕然。蓋居職尚能而道前定焉，應斯不窮；居位尚賢而道前定焉，應斯不窮。是故境有順逆，位有小大，素位以行，無入而不自得爾矣。是故自太學卒業，迄禮部謝政，恒有暇日。是故啟沃之外，有以講説至者則應之，有以贈處至者則應之，有以慶賀、吊輓至者則應之，有以敘、述、記、志、表、誄、祠、祭求者則應之，有以登臨賦詠偕者則應之。蓋仁義道德之言，隨寓而發，猶源泉混混，其出不竭；猶菽粟之可食、布帛之可衣也；亦猶鐘鏞在懸，扣殊小大，鳴亦如之，足使醉者醒、寐者覺；亦猶空谷之聲，所感萬殊，妙應如之，若有神焉，而莫知所存也。故君子評其所撰，謂自孟子歿，漢有經生、史才、賦客，晉人工書，唐人賦詩，宋多文士。然據其言行，考所見聞，多未見道，唯董仲舒爲西京醇儒，然他儒亦多駁雜。東漢之末，唯孔明卓然特立，可以與權。管寧以潛龍爲德，確不可拔。兩晉人才，有不爲流俗所染、異端所惑、安貧近道者，唯陶潛一人而已。李唐人才，杜甫之詩，韓愈之文，最爲近道。然甫有啜人殘盃冷炙之失，愈有相門上書之恥，況闢佛而復友其徒，任道而牽情妓妾。杜、韓如此，其餘可知。趙宋文士，蘇、黄諸人皆宗尚釋教，呂、文諸賢率聽法參禪，唯濂溪周子學得其精，康節邵子學爲甚大，二程兄弟、橫渠張子

學爲至正，晦菴朱子能繼諸賢之緒。自元以來及今，見道而能守者，唯魯齋許氏及我皇明薛文清公數人而已。涇野子則爲漢之文賦，懷其史才，傳其經學，而無駁雜戾道之失；工晉人之書、唐人之詩、宋人以上之文，而多純實之語；醇如魯齋而著述則多，確如文清而居業則廣。蓋其學詣周之精，同邵之大，得程、張之正，與晦菴朱子匹美者也。

子之逝也，諸弟子録其文成集，子仲子昫及長孫師皐藏之家。西安、高陵嘗梓之，然豕亥之訛尚多，於是門人侍御建德五台徐君紳、海寧初泉吳君遵，率武強學諭閩中王大經、藁城學諭莆田江從春校正編次，俾真定守成都于君德昌重梓行。集爲卷凡三十有六，爲編凡一十有六，然尚有遺逸。外此有經說，有語録，有詩集，有史約，有四子抄釋，爲卷冊頗多，門人與槐謝君少南有刊於西安者，胡子大器有刊於蕪湖者，兹不與。總校斯集而終其事者，則門人侍御彭澤陶君欽皐吾廬子；相其成者，則保定巡撫米脂艾公希淳居麓子也。

賜進士出身、中大夫光禄卿、嵯峨商山書院院長三原馬理撰。

刻涇野先生文集序

先生以南京吏部侍郎，於嘉靖己亥致仕於京，以嘉靖癸卯卒於高陵。先生既卒，於是先生門人侍御彭澤吾廬陶君、建德徐君、海寧吳君，相與裒其文若干卷，刻於真定。刻既成，迺吾廬走使來樂安，謁予爲序刻之之詳。

夫文者，奚從而生乎？易曰：「黄裳元吉，文在中也。」文言曰：「君子黄中通理，正位居體，美在其中，而暢於四肢，而發於事業，美之至也。」至美者既在其中，故至文者自達之外。而孟子論氣有曰：「以直養而無害，則塞於天地之間。」其稱大丈夫也，亦曰：「富貴不能淫，貧賤不能移，威武不能屈。」趙岐釋之曰：「淫也者，亂其心也；移也者，易其行也；屈也者，挫其志也。」夫心也，行也，志也，皆美之所在也。能無所淫、無所移、無所屈，然後可以謂之直養而無害矣。

先生，武皇初舉戊辰進士，既魁多士而官翰林。時權宦起于其鄉，脅上之寵，播弄國柄，生殺予奪，在指顧間，置諸親

已，咸在要地，其忤之者，錮亦旋至，先生于是皆不顧也。既登第，引疾乞歸。瑾敗，用言官薦起復爲翰林，終武皇年，官無所益。嘉靖初，以議禮與致政者不合，偶用言事，謫解州判。庚寅春，補南京宗人府經歷、南京吏部考功司郎中、南尚寶司卿。蓋自庚寅至於甲午，先生在南京已五六年矣，五六年間豈不三四轉乎？然而皆散地也。乙未，入於國子監祭酒。丁酉，遷南京吏部侍郎。己亥，捧表入賀皇太子正東宫位。天變自陳，致仕，遂不起而卒於家。觀先生出處如是，則于世故確乎無所動于其中。富貴焉得而淫之乎？貧賤焉得而移之乎？威武焉得而屈之乎？然後隨其所在，發之爲文。是故所讀之書、所履之行、所會之理、所見之事，皆于文焉出之。故世之君子，欲觀正德、嘉靖間之人物，觀于是編足矣；欲觀先生之出處，觀于是編足矣。故三君子者刻是編者，所以存先生也；存先生者，以存道也。

嘉靖乙卯春三月望，賜進士第、太中大夫太僕寺卿致仕門生欒安李舜臣拜書。

凡例

一校讎

存稿若干卷，舊刻在西安府，字多訛謬。今依府志校讎，逸缺者補之，魯魚者正之。

一編彙

集中文有大小繁簡，今依原稿訂正。先序文、次記文、次書翰、次誌碣、次語傳、次字説、次奠章、次題辭、次跋、次策問，又次行狀、誄議、銘箴。卷自爲類目，各有條。

一提掇

卷必有目，目皆有紀。凡集中遇今上、皇王、廟號、誥敕、恩詔字樣俱首提，其次推空一字書之。

一存削

原稿散出，舊刻多訛。今依校定，凡文有關綱目，不可遺逸者，俱存弗削。其餘瑣尾不係切要者，不在此刻，志於別稿，以備采録。

一闕疑

刻本魯魚而義難強解，善本謄訛而事無考訂者闕之。或因舊文集中稱人、奏議、事宜、條陳繁碎者，今只述其大綱而不詳注。

一纂刻

都察院照磨高陵呂昀藏籍，巡按直隸等處監察御史建德徐紳、海寧吳遵、彭澤陶欽臯編次，直隸真定府知府成都于德

昌梓行，武強縣儒學教諭閩中王大經、藁城縣儒學教諭莆田江從春校正。

凡例畢。

涇野先生文集卷之一

序

太學送張仲修序

弘治壬戌之冬，西渠張子仲修自太學歸章德，同志之士矢詩以別，令予爲序。夫敘者何？敘別也。敘別者何？敘所以別也。敘所以別者何？敘會志也。故古者弗會弗別也，弗別弗會也。會不如別，弗會也；別不如會，弗別也。昔者顔淵之會子路也，子路曰：「願車裘與朋友共，敝之而不憾。」〔一〕顔淵曰：「願不伐善而施勞。」〔二〕其別也，季路處顔淵曰：「過其墓式之，祀則下之。」顔子贈曰：「去國哭於墓，復展墓而勿哭。」故子路勇於義，顔淵弗違仁。然則吾黨何以別張子也？方子鏜曰：「贈張子強有力。」秦子偉曰：「不如愚也。」趙子用寧曰：「博學于文，斯不怠。」馬子理曰：「非也。曾子省諸己，故外寡也。」田子汝耔曰：「毋多疾於咎人。」崔子銑曰：「絕戲謔，勿品人甲子先後。」馬子卿曰：「母氏劬勞，亟爲祿養。」寇子天敘曰：「守貧勿忘其初。」呂子柟曰：「可以別矣。夫張子何以處吾黨也？」

〔一〕論語公冶長原文爲：「願車馬衣（輕）裘與朋友共，敝之而無憾。」

〔二〕論語公冶長原文爲：「願無伐善，無施勞。」

具慶堂序

延安趙生、楊生來從學，予以其年之長我也，辭爲友。二子以爲卻也，奠贄求之懇。楊生舊爲具慶堂卷以樂親，請予敘。予曰：「孟子以父母俱存爲三樂之首，蓋以君子盡天下之學，備天下之道，澤及天下之人者，皆於父母乎出之，亦必於父母乎成之，所謂孝也。然猶不敢自是，而必求正諸人，所謂師也。昔者公明宣學於曾子，三年不讀書；尹焞遊程門，半年後方得大學、西銘看。生之從我且未浹時，而尚書、大學、語、孟講殆周，言論繁而躬行鮮，回視古人，俱有愧乎！雖然，生聰敏，綽有德器，與講語、孟奧義及程朱之旨輒即解，恍若不在文字間。苟即是推而大之，體而行之，當必又求嚴師如横渠所說者矣，斯又父母之所具慶也！」

侑觴之什序 送秦世觀乃翁弘治辛亥

慎菴先生德如蘭麝，義方之訓，其子式遵，慕而懷，作耆英社。薛上達作。才如厥子，俟庸明時，君子樂之，作醉倚離亭。馬張仲修。禮義勤渠，如見其父，我之子矣，實惟我友，作嗟我。田勤甫。腹心爲一者，十八九年，視其親一而已矣，作憶惜。馬伯循。兕酒在罇，父馬西返，作千里東來。王藎臣。子父之情，不爲別離，別離萬里，情當若何？作忍著。趙惟本。明月在天，薄照離懷，作疋馬于門。白子商。春雲夜入，夢寐其子，寤而哭之，作瀟羸馬。雷天澤。言念父訓，三年不聞，覩公如見，淚濕我衣，作憶惜辛酉。呂仲木。安宅正路，未能居而由之，是用大作，作匪飢匪渴。馬敬臣。樹有啼鳥，時戀其母，聲聞於野，如泣如訴，如哭如語，作愛日。方遠。有懷于古，慎姣交遊，作管鮑陳雷。孟望之。遊子之情，見父若何？倏爾別離，可但愴心，作寒月照簷。趙德光。性嗜菘韭，父飽其腹，仳離不茹，于今三年，竭力在何？日感而零涕，作樗櫟。樊季明。無德

不酬，無善不復，上帝之寵，良自今始，作蘆溝。忘其人。

燕山野餞序

惟正德己巳三月己未，禮科都給事中潘伯振鐸出守漢中，伯振僚友張季升雲、呂道甫經輩作詩送之，成帙曰燕山野餞。既請枘爲序，枘原君意，敘曰：

皇帝若曰：「來，爾鐸！汝惟典禮給事黄門，誕惟天下文命，或廢或興，惟乃攸知。予曰『有宗伯』，予曰『有太常』，予曰『有鴻臚、國子』，其有不共，惟乃攸捄，亦惟爾秉貞，克相予一人，克共明神，俊民有造，禮儀罔忒。惟爾有攸言，克秉厥體，嘉謀多於先帝。庸陟爾於丕郡，守兹中漢，厥土惟廣，厥田惟腴，厥民惟殷。今天下愽旱，荆楚侯甚，三輔侯次，南北胥奔，惟漢之食，漢亦厲止，夫瘁於途，婦餒於室，爲朕心疚，汝其念哉！」又若曰：「漢俗孔偷，惟女不忌旅，惟夫不醜女，邪風未殄，襄陽是達，汝念哉！嗚呼！爾惟不欲，惟漢之足，爾惟弗辟，惟漢之訛，乃有敗俗干化，寇攘越人，惟爾之辟，罔有攸貸。爾克敬，誕惟民之父母，惟民攸託。予其丕錫爾庸，簡爾於廷，宅乃上卿，輯乃兆民。」

又序

燕山野餞，贈潘伯振也。伯振明禋，敦如丘山，不忌不忒，典司邦禮，亦惟有攸言，克秉厥體，嘉績多於先帝。帝用賴之，庸陟伯振於丕郡，守兹中漢。春日既暮，僚友送之燕山，各賦爾詩，伯振永懷。誕惟漢廣，厥田惟腴，厥民惟殷。今天下愽旱，荆雍胥奔，惟漢之食，漢亦厲止，夫瘁於路，婦餒於室，爲帝心疚。漢俗孔偷，邪風未殄，襄陽是達。爾惟不欲，惟漢之足，爾惟弗辟，惟漢之訛，是燕山之義也。

壽曹母太夫人八十序

曹太夫人姓張氏，今年正德己巳，生八十年，嗣子時範求僚友作詩歌，爲八十之賀，請予作八十詩序，且曰：「吾母素抱貞疾，日飲食不能數數。弘治戊申，吾父没，母疾日加劇，乃謂鏜曰：『吾疾，不能視子之成，兒能力學，以成爾父志耶？』鏜涕泣感激，讀且侍湯藥，得少間。弘治戊午，母病再劇。鏜獲舉于應天，母聞之，病悠悠在牀且死，乃喜而坐起曰：『吾兒舉矣！』病遂頓愈，自是不復加劇者，將十年也。去年，吾舉進士，奉使得過吾句容，時母以鏜之離膝下久也，憂思殆將復病，已數月不出閨閣。見鏜來，曰：『兒舉進士來矣！』乃令兩婢子攙左右腋起慰吾，下上樓梯不覺難，遂不病，老益康強。嗚呼！母病初劇，吾舉於鄉，愈；母病將再劇，吾舉進士，愈。吾母之心，良可傷已！」泣下。又曰：「苟可延吾母于百歲者，繄當何如其爲力也？」予歎曰：「有是哉！時範自是有職于王朝，使能行其所學，功澤加于上下，以顯父母，令太夫人身親見之，區區科第之悦，不足道也。太夫人之壽，又奚啻百歲哉！」

賀山陰先生壽序

同年石邦瑞十人者詣予曰：「某皆習于清苑王宗周，某皆兄弟居之，今且同年舉進士，故其父山陰先生，某皆奉以猶子禮。今年，山陰先生生五十四年，筋力鬚髮俱蔑老狀，又喜宗周舉進士如狂。宗周曰：『此亦可以充親悦，吾人子者可樂然進矣。』予十人者乃爲詩歌，奉壽山陰先生，請子序之。」又曰：「山陰先生爲清苑學生時，門下授徒，勤於訓誨，種種成材。身九試於鄉，反不第，迺從縣歲貢爲太學生云。去年銓注尹山陰縣，適山陰饑饉，山陰先生發預備倉以救山陰，請于上官。上官下約與之民，乃增量數與之上，逆上官意，上官怒，讉山陰先生。山陰先生迺遂求解官去。若山陰先生者，又古

之慈良溫厚者也。」予曰：「慈良溫厚者，仁之資也；充宗周之言，孝之備也。兼斯二者，山陰先生之壽，百歲未可艾也！」

送林侍御之南京序

正德四年間，朝廷數缺御史，予同年進士揀補者數十人，林君雲從與焉。未幾，朝廷又以御史多新進，不老諳憲體，不可遽令出風表諸臣工也，乃取南京御史之三四年者於朝，而以新御史補南缺，林君雲從與焉。將行，雲從同鄉之宦者及同年友謂：「雲從，莆田望族。父井菴君，天順甲申進士，爲御史。王父登永樂甲辰進士，曾王父爲兵部員外郎。雲從又爲御史，簪纓赫奕，可賀也。」予謂：「雲從亦不可不勉。聞井菴君〔在〕〔一〕憲廟時爲名御史，陳善閉邪，易儲之諫，激烈剴切，下獄而不自悔，至今人道之。夫雲從之勉，又豈可他求哉！」或曰：「號直言不避者，漢言『驄馬御史』，唐言『膽落御史』，宋言『鐵面御史』，從事大本者又自目『啞御史』。雲從何宅焉？」曰：「時各有宜也，道各有在也，心各有安也。不然，襲啞則諛，襲鷹擊則僨事。」

古稀雙慶序

予同年進士田裕夫父木菴先生生七十年，母洪氏夫人亦生七十年，裕夫喜甚且懼，求諸名卿詩賦上父母，供悅樂以頤壽，曰古稀雙慶，請予爲之序。予曰：「木菴先生敦篤質直，讀孔孟書，崇禮誼，夫人若道以相之。若是，則性命罔虧，神完

〔一〕「在」，據萬曆李楨本補。

而體健，固宜壽也。木菴先生築書屋蕭山之道源，自課裕夫兄弟五人之業。裕夫兄弟五人皆俊拔成材，裕夫且舉浙江第一，又舉進士。木菴先生之志行矣，其樂無涯，夫人曰『予亦樂無涯』。若是，則志氣舒，則百慮不生，固宜壽也。而裕夫猶今日舉者，豈以父母愛子之心未有既，而子慈父母之道未有窮耶！夫修諸其身，使七情不鑿，五性不賊，俯仰不愧乎天地。成己至道，無愆無咎，施諸其人，法行遠邇，功業見于上下，聲垂後裔，不沒其身，用光顯先人。此豈非裕夫所欲盡于父母，而木菴先生所又望于裕夫者耶！若是，則木菴先生及夫人並千壽，又可知也。」

送李時馨序

教學不明，士習頗僻，俗用偷敝。古之人言曰：「人倫明于上，小民親于下。」故道立而後化行，法備而後教廣。善教者因其人而導之：聰察問辯者，矯之以默；質樸遲鈍者，激之使敏；暴悍者，抑之使順；委靡自廢者，鼓其氣，使之奮然以有爲；昏昧者，開之使通；淺陋者，浚之使深；耽玄而遺事者，屈降其心，使之實；攻文辭、直記誦，不成于用者，約之使有所歸；安于卑近者，揚之使高；修飭其外者，斂之使知虚名之不足恃。此十者，因人情之偏救之中也，故能救斯十者，則能爲人師。人情之偏，非止于斯十者，知斯十者，可類推其他。師之教，非止于救斯十者，知斯十者，則凡因問而答，隨感而應，如造物者也。然必我學不謬，充于其中，斯發于其身；發于其身，斯師于其人。故說曰「惟學遜志，務時敏，厥修乃至。允念于兹，道積于厥躬，惟斆學半」云。慶陽李芳時馨周慎簡樸，學不務炫露，今年教諭山西長子，同年者欲贈言以相勉，俾予若是乎道之。

送楊河間序

國朝之制，於内設糾劾百司、振肅風紀者，曰御史；於外設承流宣化、統理州若縣、牧斯民者，曰郡太守。御史之職者，多陟出爲郡太守，上郡統數十州若縣，中郡統十餘州若縣，不能十餘州若縣者爲下郡。近郡在帝都千里之内，遠郡在千百里之外，又遠郡在千萬里之間，故得郡之上且近者爲賢，得其次者爲次賢。永壽楊宗德儀有聲御史，今年陟守河間。河間，直隸郡也，上且近，銓注者固知宗德爾矣。將行，鄉士夫屬柟爲言以贈，曰：「若宗德者，易告也。宗德邇年嘗巡按直隸，直隸之守，慈祥溫良爲長者，不欲爲廉，直躬爲貞，惠民爲仁，孜孜圖政者爲勤，宗德嘗奏陟之。峻法爲酷，媚上爲側，横賦爲賊，荒酒自康者爲廢職，宗德嘗奏黜之。今若以其所陟守者爲守，不以其所黜守者爲守，則雖爲天下守且有餘也，而况河間乎！」

别寇子惇序

南京大理寇子惇將行，友人吕子别之曰：「夫學有五美，亦有五不美。夫忠信不譎則美，固執有志力則美，簡淡則美，不畏高明虐煢獨則美，持此道終其身不易則美。夫忠信不譎弗克明，則或速欺侮則不美；固執有志力弗克變，則事憤則不美；簡淡之流弊，守雌守黑則不美；不畏高明虐煢獨，乃或長傲長姦則不美；持此道終其身不易而不知也，則差毫釐繆千里則不美。故君子之道，博其學，所以求明也；精審權衡，所以經物也；有守以藏其用，有爲以顯其體，所以爲達也；恭以出其正，義以行其慈，所以宅上下也；如天地無不覆載，所以廣所受也。知所美之在此，而天下莫能加焉，所以終其身而自不能易也。」寇子曰：「然。」

贈王曲沃序

漢召信臣守南陽，政治清平，百姓賴之。後杜詩守南陽，亦政治清平，百姓賴之。故南陽語曰：「前有召父，後有杜母。」言召、杜慈民協心，咸有成績在民，孟軻所謂「仁聲」者，先後一也。曲沃，晉鉅邑，土厚人稠，民多貧窶，風俗剛悍，未信難役，至訟爭兩造，有口者卒然未能讋服，又不孔〔二〕畏鞭笞，考於詩蟋蟀、采苓諸篇，皆沃俗也。然崇勤儉，尊樸直，憂思〔三〕遠，猶有陶唐氏之遺風焉，故可綏之以德。弘治初，近山劉公曾爲曲沃。近山之治沃也，躬率以儉，推誠心，集之以不擾。儉則賦省民殷，誠則百姓之情無不盡，不擾則民安，沃是以治也，沃人至今思近山如父母。王君直夫能文章，發解陝西，至登進士，詩賦不遜隋唐人，多才多計，懷抱欲措百姓，乃與近山同州里，知近山之治沃且詳，又以其所有行之，其於沃也何有，行見沃人亦如南陽人之爲語也。直夫懋哉！

榮輓録序

莆田鄭行恕，大司徒東園君之子，方以進士觀政，聞其母淑人訃。淑人黄氏適東園君，克盡婦人之道，歷封孺人、恭人至今封，年七十四卒。公卿以下知東園君與行恕者，各輓以詩歌，行恕哀集成帙，名榮輓録，屬予敘。敘曰：「淑人性行之懿，東園君儀式刑之美，諸輓者悉矣。所增榮於斯録者，將無在行恕善繼善述而有光焉者耶！」

〔二〕「孔」，萬曆李楨本作「甚」。
〔三〕「思」，萬曆李楨本作「慮」。

壽楊貞菴七十二序

蒲州史宗道曰：「吾鄉有貞菴先生楊公者，名瑩，字大潔，天順間進士，歷官行人至參議。自少奉身清苦堅正，不以曲邪媚人，人多銜之。爲參議，復忤秉政者，故參議乃遂謝政，年纔四十餘也。乃杜門不出，日日誦修先王之法，不復念仕進，亦不復與顯者交際，雖身素所厚者至蒲，亦不去謁。或問之，乃曰：『吾林下人，久不入市朝，此雖厚，或遺吾矣。』又或顯者先施謁，亦落落處之，不與甚欵洽。洪洞韓先生、太原周先生，皆素厚友。洪洞已爲大司徒，太原已爲大宗伯，手書屢至，輒不與答。洪洞、太原相謂曰：『楊公書不可得，乃如此。』初，先生學於衛述先生，衛述先生學於薛瑄先生，薛瑄先生直內方外，終身無瑕疵，得洛陽程子之傳。衛述先生受之，忠信無僞，可透金石，故先生學爲有本也。先生爲官，不妄取秋毫，故其家甚貧窶，然讀書賦詩，曠然不以累志者。謝政後，三十年一日也，今年七十二歲矣。曾辱先生之教良多，已爲軸卷，煩諸友托諸詩歌，歸壽先生，然非有吾子之言於卷首不可。」予曰：「噫！嘗聞之榆次寇子惇者亦云。」乃即是書之上貞菴先生，以風蒲人士。

康長公世行敘述序

敘曰：「康長公名德，巍巍然冠諸關中，人至今思之，無小大賢不肖，無弗知康長公也。然學者論事又多失實不似，故康長公有子曰海，乃自撰述。於是鄠杜王君爲墓誌銘，慶陽李君爲碑，皋蘭段君爲傳，而康長公家世行跡略可誦說矣。海曰：『是足以昭先德，戒荒墮，施及子孫爾矣。』於是刻所傳述及志、銘、碑、傳四篇，曰：康長公世行敘述。」

同年録序

吾省人同舉丁卯者序齒録成，王太史序諸端悉矣，諸君子復欲予書其後，蓋重求所以居同年者。予謂之曰：「人心之欲，若諸君子所序之齒，高下參差不一也；人心之理，其同然也，若諸君子不約而獲舉於一年者也。諸君子能序其齒以爲同年録，其亦能齊其心之不一以同其人邪？」諸君子曰：「我道蓋是也。」曰：「易曰：『同人于野，亨，利涉大川，利乎君子之貞。』言同道也，諸君子亦取於斯而已矣。」

筠北三同序

周書曰：「周公克慎厥始，君陳克和厥中，畢公克成厥終。三后協心，同底於道，四夷左衽，罔弗賴之。」三后相繼，訖於百年，同心於道而後顯，言同難也。後漢管寧、邴原、華歆締友爲學，世稱一龍，亦孔之同。後唯寧完，原已微有瑕闕，歆奸犯名教，言同難也。故君子之求同也，不惟厥人，惟心；不惟厥心，惟道。道弗同，心同，比未可知也；心弗同，人同，面未可知也。同心，苟道也，我可忘，義可通，言可公，業可共，精微可語，金可斷，天地可參，鬼神可質，日月可照。九可者，道之立也。筠北有三同焉，三同者，三人同心，以有求也。曰熊相尚弼，曰況照廷光，曰朱寔昌士光。予曰：「同心宜莫若周三后。」尚弼曰：「惡乎從乎？」曰：「同人于野，亨，利涉大川，利君子貞。」三人同曰：「然。」同年者，以三人同江西瑞之高安人，同處筠陰室廬，戚黨又相邇，自齠齔同方學，皆能〔二〕舉鄉試，又同舉進士，亦曰「筠北三同」云。

〔二〕「能」，萬曆李楨本無此字。

送劉河間序

吾友榆次寇子惇嘗謂予曰：「吾鄉有劉禴大福者，具四最焉：事親最孝慈，結友最不苟，處鄉里最直，宅身最廉以律。有此四最，不得舉進士，止太學生。嗟哉！今之舉人者，采文不采行與實也。」今年春，大福除河間訓導，請言。予謂大福可語也，曰：「昔吾遊太學也，見樸野悃愊，弗克變遷者，多下省窮邑人也；見文章煥然，言動明辯，不可束以繩墨者，多兩都、直隸之士也。兼斯二者，不受習俗，爲上士。二者不可得兼，亦以取其樸野悃愊者已耳。夫河間密邇乎帝都，豪傑之士出乎風氣者固多，然亦有然者矣。大福能以其所得，化其所失，將上士輩出矣。昔寇子謂大福不遇者，何哉？」

壽徐生父序

常山徐津問之其父可菴君，今年生五十年，其五月四日則誕辰也。問之遊學上都，弗克奉歡膝下，乃因張子言千文寄壽焉。涇野子曰：「凡親之壽，在親亦在子。凡子之壽親，不在文在行。子之壽親也，檢身服道，無作忝羞，父母樂之一也；建揚丕績，德澤在人，父母樂之二也；修文章，樹風聲，父母樂之三也；敏于耕耨，服食不匱，父母樂之四也；敏于商賈，服食不匱，父母樂之五也。然而其分不同也，是在徐生已矣。」

送董青州序

正德四年夏五月，朝廷以青州，山東大郡缺太守，難其人選，于衆得刑曹正郎董君錫壽甫者畀之，其僚友歐陽君子重輩

請贈之以言。予曰：「嗟乎！國朝最重太守之任，與漢世略等，然漢多循吏，亦其自宅者之有道耳。今天下愽旱，誅求百出，細民嗷嗷，不聊其生，青州尤甚，又盜賊充斥家室，或播離逋逃，治亦難矣。故夫畜慈良之心，秉英特之操，直屈撓之時，發損益之政，民猶可與也。不然，知應上不知應下，知近圖不知遠慮，此風彼靡，政斯怠矣。壽甫，江西寧都之望族，大司空文僖公之子，穎敏不羣，博遍載籍，亦邃聲律。中丙辰進士，爲刑曹主事，以優才分理淮安漕運，仁惠被于漕卒，淮人亦賴焉，又明察不礙，數辨誣獄。既爲員外郎，爲郎中，政名愈著，所謂緣時而發損益之政者非邪！今爲青州，青州之民其安堵乎！昔宋富鄭公爲青州，救飢民數萬，當時利焉。壽甫茲往行，見青人歌曰：『宋有富公，今有董君。』而壽甫他日之在朝廷者與富公並，又可知也。」

贈正齋蕭君序

昔予在太學，聞蕭君正齋者，名醫也。正齋者，蕭昂別號也，士大夫論醫及索藥，必曰蕭正齋。今年夏，吾友崔子鍾病，予視之，已言亂矣，乃柬請正齋，正齋他出。比來，予又不在，故正齋藥不用，乃用他醫藥不效，病且晉，三日而後用正齋也，病已危，然卒愈。惟時子鍾以翰林編修改南京驗封主事，匆匆欲行，乃托予代言贈正齋，予遂告之曰：「不知人病而醫者，爲庸醫；知病而出異眩巧醫者，爲亂醫；講不同信行其我者，爲無權醫；病可即瘳，故俟其沉而後救之者，爲桀醫；執一方以治諸病者，爲細醫；更症而後醫者，爲無能醫；觀病弗詳，遽爾是之療之者，爲輕醫。庸醫者不智，亂醫者死，無權醫者不行，桀醫者不仁，細醫者小醫也，無能醫者不能爲醫也，輕醫者多。數醫皆足以殺人，故君子不道也。周官有醫師，統于太宰，而食醫、疾醫、瘍醫皆屬焉。法以十全爲上，十失四爲下，然則十全之醫，其國醫乎！殺人醫者，予信正齋免矣。國醫，正齋不可不至也！」

贈鄒保定序

正德四年秋，兵科都給事鄒子文盛爲保定太守，僚友惜其才大量博，守固志遠，外補郡守，欲贈以言，意存勸勉，用飭臣力，乃請予道之。予始仕史官，嘗與鄒子聯班廷陛，見其容度整雅，動靜不忒，內深器之卿輔材也。吾友馬敬臣，其僚也，亦云：「然。」若是，於爲郡也，復何言？雖然，凡郡之事，有錢穀，有簿計，有訟，有教化；凡郡之地，有州，有邑，有里，有田疇；凡郡之吏，有別駕，有推，有師；州邑有太守，有尹，有丞，有簿，有胥史，惟太守之明。錢穀不明，國用不經，民用不康；簿計不明，胥史進姦；訟不明，則民倦善而敏惡；教化不明，風俗偷靡，人倫昏淫。州不明則州亂；邑不明則邑罷；田疇不明，彊弱淆其封植；里不明，雞犬罔寧。故別駕欲其誼也、欲其恊也，推欲其廉且章也，師欲其端也，州長、邑長欲其慈明也，丞欲其敏也、才也，簿亦欲其敏也，胥史欲其懼也。故治誼治恊莫如孚，治敏莫如匪懈，治章莫如公，治廉莫如不欲，治端莫如端，治慈明莫如去不慈明，尤莫如先慈明，治懼莫如斷。

敘齒録序

士舉于鄉大夫及禮部卿者，有試録，惟文章第上下，不論年，故士又私有序齒録。年異者甲子列，同者月列，月同者日列，日同者時列，艾強壯弱，循循然不亂。殊井邑，異風俗，情若同胞，父祖子姓，世講其雅，文章、威富不與焉，厚之道也。故河南人舉丁卯者，亦爲是録，由夫厚之道也。又曰：「王佐榜録，賴朱子乃傳，韓琦、張詠榜，後世指稱得人。」録意固復求進于此也。

蟠桃圖詩序

莆田李子之母陳氏，今年生七十年，健裕不老。李子願母且千歲也，乃繪蟠桃圖，求詩歌以壽之。既而謂鄒子曰：「圖完矣，詩歌闋矣，予意有未既也。」鄒子曰：「吾黨有呂子者，善撰人意，吾爲子詢之。」呂子曰：「圖之用蟠桃，何也？」曰：「蟠桃果也，三千年花，三千年實，壽不計歲月，欲其母之年如斯果也。」「圖之用山，何也？」曰：「山也，鎮定不崩，與地終始，又欲其如此山也。」「用竹，何也？」曰：「竹也者，木之堅，多節者也，亭亭不蔓，風雨霜雪不能凌侮，言母中道寡居，秉節至老而不渝，貞儉清苦如此竹也。」

呂子曰：「華而物，非所爲功也。人子有三壽，父母不與也。上壽爲至，中壽爲能，下壽爲恒。凡吾所性，乾坤之靈，自父母貽，中不滋欲，外不食習，罔賊厥真，無攸不利，父母曰：『吾有斯子，光贊我躬，不辱天壤，夫復何慮？』頤神若志，以臻遐福，是(爲)[謂][一]上壽爲至。父母寒餒，朝夕不能爲悅，以其所學，易其爵祿，修其政事，小利百姓，父母曰：『吾有斯子，榮耀我門閭，爲國之材，我尚何憂不給？』優遊卒歲，是謂中壽爲能。無德不賢，無能不才，周遊齊民，營營衣食，以貢父母，父母曰：『爾祇爾厲，或無不繼，令我顛殞。』是謂下壽爲恒。夫中壽，李子已無患矣，其謂李子以上壽。」

贈龍臨川序

龍子尹臨川，廖子、朱子、唐子、史子、吳子曰：「義有以道龍子也。」予曰：「五子者之道，何也？」廖子曰：「民俗

[一]「謂」，據下文改。

罔偷，惟士作風。士習之良，先興厥行。齒學齒試，國有常典。」朱子曰：「惟民食艱哉！役賦罔衡，民乃作痛，吾慈不究，惡取于民之父母？」史子曰：「夫民，富勢相役，睦道亡矣；講貨棄親，婚姻道亡矣；略齒轄德，鄉道亡矣；死不知哀，喪道亡矣；追遠無經，祠非其鬼，祭道亡矣。五者，當龍子之所始也。」唐子曰：「慎恤民力，簡于暇日，無或罷民于僭費，毋或勤民于僭役。僭費非父，僭役非母。」吳子曰：「不明于訟，民乃馳善；不中聽于訟，民乃懋惡。」予曰：「仁，夫五子者之道也！夫廖子，政之基也。朱子，政之物也。史子，政之經也。唐子，政之程也。吳子，政之機也。基定則民立，物散而不私則民不匱，經行則政修，程舉則民康，機明則民敏德。定基莫如貞，散物莫大于不欲，行經莫大于時，舉程莫大于義，尤莫大于慈惠，明機莫大于公。」

味松老人九十序

君子修存，小人修亡；君子修壽，小人修夭。君子不溺欲，不昏醴酪，不殖貨財，不黨喜怒好惡，不淫于宴樂，不易彝倫，奉身不越常，故君子性定諸內，神周諸體，靡或有戕，享年永延，克立上帝之命。昔在李耳，損視損聽，損辭損欲，玄牝弗鑿，精氣暨神罔有傷，亦克永年。其在庶人，惛不自知，甘心于邪僻，忘命嬰禍，七欲交感，罔有底止，四體痿痺，百神中衰，五十稱不夭，七十稱古稀，罔克永年。於戲，童翁！初賦剛方，不嗜己私，勸善戒惡，鄉閭咸霑惠澤；幼耽典冊，涉獵書史，旁究岐黃，百藥精通，自頤拯人，咸取于斯；衣食饒裕，濟貧給弱，不忍自足，德垂後昆，賁于孫子童寬。文章郁郁，禮闈上第，拔擢御史，彈愆糾違，爲翁之光。翁之壽享，應無比矣！翁常博覽草木，隨時榮枯，惟松堅實，霜雪交摧，柯葉不改，志賞心玩，九十年矣，斯味不變，於是自號味松老人，人固亦以是歸翁。詩云：「如松柏之茂，無不爾或承。」言年增福進也。翁之壽享應比松矣。

贈隴州陰陽典術閻允濟序

昔者庖犧生蓍，夏后氏作龜，以貢吉凶休咎，黎民逢之，用悔不用吝，世躋平康，後聖欽若，罔敢渝侮。周人畢揚其政，擇建大卜、卜師、龜人、箠氏、占人、筮人，董正龜蓍法，以征象與謀，果至雨廖，稽六龜三兆，以更咸式目，易比祠參，環筮三易八頌，故民疑定也。違聖人遠，技術糾興，爰有測玄闇虛，八門九宮，洞林涓吉，龍穴砂，水火珠林，三命五星，範圍六壬三元，太乙取徵，須臾乃亂乃舊，乃惑乃民，乃隳大業。習其學者，比于糊口，故龜筴不可毀也。夫龜自衛，平運式，定日月，分衡度，以首仰足開，肸横吉，占諸物，已戾燋契觀墨，視高菈卜之法不可行矣。傳言孔成子遇屯，秦伯遇蠱，畢萬遇屯之比，蔡墨遇乾之同人，晉公子重耳遇貞屯悔豫，穆姜遇艮之夬，並孔子論大衍，蓍猶爲存乎爾。若有人焉，宅心中貞，達於神明，毁諸占術，壹志索蓍，蓍受命如響，以決民疑，彝倫攸敘。

贈牛鉅野序

牛子爲鉅野，張子璿曰：「吾牛子之材，於是乎始著鉅野矣。」李子文輝、宋子滄曰：「吾鉅野之民，於是乎生於牛子矣。」予曰：「牛子，吾故知其良直，未習耳。」張子曰：「溫恭而易直，慈祥而愷悌，牛子之質也。奇而葩，鏗鏘而琳琅，牛子之文也。自樹不卑，思拔于羣，牛子之志也。闓爽無隱，牛子之明也。」呂子曰：「雖然，夫質也，溫而不威，則民犯；文奇而不質，則髦士易愚；志崇而不繼，則易索然薾也；明而察，其誠或不能達。四者爲政之弊也。昔子產將老政，謂子太叔曰：『其以威繼我寬。』子太叔不從，鄭政用弛。孔子曰：『政寬則民慢，慢則糾之以猛。猛則民殘，殘則救之以寬。』故君子觀於此，可以知時措之宜矣。故君子不知義，不足以行政也。故君子之道，博學以畜其德，博問以通其學，精思

以研其幾，直躬以踐其仁。知斯四者，可以得爲政之體矣。仰察於天時，俯察於土俗，中察於人情，視民不良如己之惡，視民不足如己之匱。知此五者，可以得爲政之用矣。體立則化妙，用行則神顯。」

張詩望衡湘圖序

都下儒者張詩，其父仕于武昌，詩三年而不見也。每登燕山之上，佇瞻衡湘，歌曰：「衡岧岧兮，湘渺渺兮，父母遼遼兮，我心怊怊兮。」值誕辰，又歌曰：「衡皇皇兮，湘洋洋兮，父母偕慶兮，我心望望兮。」呂子聞而嘉之曰：「夷貊之人，不知有父母矣。草莽之人，知有父母矣，未知慕也。都邑之人，知慕父母矣，未知敬也。大夫及學士，知敬父母矣，未知德也。君子之道，博施利民，百穀不災，羽毛毨毨，以光昭於上下，襄時國家，弗滅其身，敢不篤其本乎！夫不鑿不飭之謂質，得所入之謂路，弗戾之謂正，無止之謂剛，有諸己之謂德。匪質者仆，失路者迷，罔正者惡，非剛者畫，滅德者亡。五物者，君子之所嚴也。邇戎之地，有賤丈夫焉，降而不良，又自伐其美，父母怒而撻之，弗受曰：『吾豈若夫子之蠢也？吾自能求口食。』已而圮族戕物，百災駢集，父母憂恚不久。呂子聞之曰：『豈惟是哉？朱均不能綿世，越椒躬滅其鼻祖。故君子之事親也，敬夫五物焉爾。五物敦，父母之心爾悅矣，悅則康，康則頤，頤則壽。』」

送馬固安序

信陽馬子録以進士出令固安。將行，友人問敘焉。涇野子曰：「夫令也者，所以令民也。令者，善也。故以善令民，民爲善爾矣；以不善令民，民亦爲不善爾矣。詩云：『視民不恌，君子是則是效。』可不慎乎！古之爲政者，以其所能

責人之所不能，不以其所不能責人之能，故德行易而績成速也。季康［子］〔二〕患盜，問於孔子，孔子曰：『苟子之不欲，雖賞之不竊。』」或曰：「勢不同也。今也雖欲不欲，不可得已，從子之言，是賊馬子耳。」曰：「是未有不欲者也。夫苟不欲，其誰將奈之何哉！室將覆矣，則將圬墁黝堊以爲一日之美乎？抑將正其宲廇屋檼而後已也。故君子法以制財而民不困，時以興事而民不勞，惠以慈民而民不離，遜以導民而民不亂，中以折獄而民不爭，時以簡民而民勇。六者具舉，非不欲者不能也。夫馬子少耽詩賦，自比杜甫。河內何子嘗謂之曰：『此不若閑於官政之爲愈也。』故君子有五政，而終之以樂焉：一曰愛，二曰義，三曰序，四曰勤，五曰慎，六曰樂。故不愛之樂，殘忍之聲也；不義之樂，淫靡之聲也；不序之樂，乖亂之聲也；不勤之樂，惰慢之聲也；不慎之樂，放遺之聲也。」

送張廣平序

正德庚午春，岷山張子潛以膳部郎中出守廣平。涇野子曰：「夫張子而知太守之重乎？太守正，倅令皆正矣；太守僻，州縣斯敝矣。易曰：『鶴鳴在陰，其子和之。』故君子慎其幾也。古之獲上者，法舉而無間，德布而不私，廉而率履，忠信而斷，是以其上孚，而其下可治也。古之稱善政者慮民，今之稱善政者賊民；古之刑罰懲民之惡，今之刑罰剝民之財；古之征斂計安其國，今之征斂弗由其經；古之折獄求民之情，今之折獄任己之情。」張子曰：「然盜今且棘矣。」曰：「由今之政，茲其所以棘盜也。昔者漢宣帝患渤海之盜，選龔遂而治之。遂請曰：『將勝之乎？抑安之邪？』宣帝曰：『固安之耳。』遂遂之渤海，入境出令而盜屏，三年而民殷，五年而渤海大治。夫盜，豈民之所欲哉？不得已耳。故飢寒切身，雖慈父不能保其子；愚而不教，師雖賢不能有其弟子也。爲民父母，行政而惟盜之勝，吾未聞能勝者也。故君

〔二〕「子」，據萬曆李楨本補。

子之爲政，老者欲其佚之也，幼者欲其生之也，壯者欲其有服也，鰥寡孤獨者欲其有養也。審此四者，則知所以馭民矣。苟利於民，雖害不避；苟害於民，雖利不取。審此二者，則知所以事上矣。民安矣，雖倨而不與校也；民不安矣，雖諂而不與喜也。審此二者，則知所以馭官矣。夫奚盜！」

送駱南海序

同年餘姚駱用卿出令南海，呂子告之曰：「端影看形，築堵看楨。夫昔之治南海者，有七君子焉，駱子固宜用之也。」駱子曰：「何謂也？」曰：「吳隱之潔，陶侃敏，孔戣用人，周敦頤洗冤，龔茂良修禮，鍾離牧祛盜，蘇緘威。然潔，非知天者莫能守也；敏，非知幾者莫能持也；用人，非貞己者莫能得也；洗冤，非知性者莫能急也；修禮，非知情者莫能制也；祛盜，非知欲者莫能處也；威，非知德者莫能立也。故君子博學以知天，存誠以知幾，力行以知己，篤初以知性，審時以知情，節用以知欲，立教以知德。」

送黄武進序

同年黄子卿出尹武進，其友大行李子文輝曰：「昔者吾與子之在青州也，誦仲尼之書，慨郡邑之官，見胥史餌姦，黎民飲恨，征徭科賦，倍誅厥耗，依名索求，殫於錙銖。婚冠夷，喪祭淪，彝倫斁而風俗偷。求悅於當道，私假舟車，馬不停廄，隸不停足。假名營繕，立意剋剝，罔人欺鬼，共疚於心。兹行也，其無背乎！」黄子曰：「卿敢不努力，以負久要。」呂子柟曰：「善哉！時庸之行，尚質之贈，其於武進也輕矣。夫胥史不姦，明而義也；征斂有藝，送迎有程，營繕不忒，仁也；振整風俗，禮也；刑允，信也。五者，性之德也，故君子務之也。」

送呂章丘序

晉州呂子秉彝以進士出尹章丘，御史張子璿曰：「性之者，吾友也，外樸而中敏，易而不隱，慎而周，博而雅，才高而文健者也。」涇野子曰：「性之如是也，可以鎮浮照姦，使鰥寡無(蓋)[虐][一]，行不礙而體立作，章丘之士裕如矣。今之有司之治民也，聽訟而已矣；訟之弗獲，取賄而已矣；賄之不得，峻刑而已矣。三者興，民斯斃矣。性之寧有是哉？雖百章丘可也。」張子曰：「世有溫良慈祥，事至不能舉，訟至不能折，今謂之不才者也。世有見事風生，敏事上官者矣，然弱民力，殫民財，民畏其威，不敢言諸口，今謂之多材者也。茲二者何居焉？」曰：「皆非也。但今之所謂不才者，效雖緩，殃民實淺。今之所謂多才者，效雖速，殃民實深。君子苟懷永圖，則知所擇矣。」

秋官劉溫瑞挽詩序

涇野子曰：「挽詩者何？挽紼以歌也。挽紼以歌者何？其人已亡，其德不爽，挽而歌之，猶爲存乎爾也。於惺惺軒劉子何輓焉？少敏于學，壯正厥行，仕死于官。敏于學，春秋用明；正厥行，罔忝乃先人；死于官，刑用不謬。」

〔一〕「虐」，據萬曆李楨本改。

垣菴先生序

同年方豪曰：「往年豪父母來自開化，衝寒冒暑，水宿星行，皇皇焉，眡豪于京邸。年且耆艾，任此辛楚，谷亭閘決，綷斷舟覆，岌岌乎不免。興言及此，魂飛甍甍，官何爲者哉？豪方獲奉歡膝下，以徇薄祿，而父重念先隴，乃及春初，整駕南歸，以豪故，又踟躕不能以決行也。且豪父善事先公，諸父咸睦，又善處鄉閭，鴉金之叟，朱嚴之牧，罔有不悅。豪每念及此，悔責不肖無地。夫豪有其身，不能養其父；有其官，不能安其父；思皇其德，不能繼其父，豪何以爲子哉！」

涇野呂柟曰：「父母于子之心，愛之欲其成也，成之欲其至也，至之欲其仁也。子能思父母之遺體，則必能詳聽（而）[以]〔一〕不賊其耳，審視以不賊其目，修辭以不賊其口，慎動以不賊其形，若是而曰不能養其父，吾不信也。子能患父母之不安，則必能乾乾于日，皇皇于夕，博通乎古，精通乎今，心無懈于思，身無惰于行，若是而曰不能安其父，吾不信也。子能思父母之事親，則必能移于事君，載其職不辭其煩，執其公不營其利，當其危不渝其常，爲時良顯，光昭先世爾矣。子能思父母之處鄉，則必能移于處民，有貨而不殖，有德而不私，不長民之姦、虐民之弱，下樂而上安矣。」

豪曰：「然。」乃持以告垣菴先生。垣菴先生曰：「夫若是，吾去復何慮！」乃歌曰：「白鰕之地，其魚尾尾。薄言綸之，以羞祖妣。金錢之山，于焉考槃。有花郁郁，有水〔二〕潺潺。」

〔一〕「以」，據萬曆李楨本和下文改。

〔二〕「水」，萬曆李楨本作「泉」。

定州志序

予山居時，倪公在丞嘉善，嘗撰嘉善志寄我。予讀地里賦二篇喜焉，以爲得紀事之體，而嘉善之細港細蕩，亦因是以有鳴也。比過定州，公在又撰定州志示我。夫定州之志，則又進乎嘉善矣。疆域之思危，建置之思廉，祀典之思敬，田賦之思憂，官師之思畏，人物之思長，選舉之思質，雜志之思文。易曰：「君子以言有物而行有恒。」夫言之無物，皆其行之不恒者也。夫定州之志，豈獨可以觀倪子有物之言哉！於戲，可以傳矣！

西守留芳序

正德五年夏，柟養痾涇野，客有來者曰：「去年關中旱棘，餓夫餓婦，俾子女簪草，同馬牛出鬻於市，立終日無買者，或仆而斃。太守陳君爲食以食之，率得不死，又身走烈日中求雨。及秋大熟，鄠、杜之間，穀或一本二穟，涇、渭、漆、沮之間，收皆畝數釜若庾，民獲足食。當是時也，吏務掊剋，民苦誅求，加以饑饉，逋逃爲盜爲逆，四方蜂起，西安之民亦已幸矣。及今冬十月，天子聞太守賢，陟山東憲副，敕整天津兵備。秦中士大夫自大司徒雍公以下，咸矢詩以贊之，且勸太守進于不已也。」柟繼之曰：「夫今天津之政，其大者三：一曰閱武，二曰明刑，三曰弭盜耳。夫閱武莫大乎已貪，明刑莫大乎服民心，弭盜莫大乎遂民欲。充西安之政，何有於三物者哉？天津，内翊京師，外威邊陲，國門之喉舌，天下之要衝，太守不可不重視之也。」是時秦父老子弟攀留，聞予言，益戀戀不已。太守日中乃得次灞上，夜宿於臨潼。

壽鳳山先生程公序

鳳山先生諱端，字表正，姓程氏，別號鳳山，蜀之嘉定人也。今年辛未，閲春秋七十矣。其配孫氏，載德肅雍，亦嘉定著姓也，今年辛未，閲春秋七十矣。其子以道(作)[從]〔一〕三原詣予曰：「啟充之父今年正月二十一日誕期也，啟充之母今年十二月十九日誕期也。啟充羈棲一官，無能稱壽，惟吾子圖之。」某若曰：「以道而知人子壽親之大乎？夫人子之壽親也，顯親爲上，其次悦親，其次養親，其次榮親，其次逸親。逸親者力可能也，榮親者貴可能也，養親者富可能也，悦親者賢可能也，顯親者聖可能也。吾聞鳳山先生有六德焉：成親之謂孝，撫孤叔之謂友，散財焚券之謂義，不御紈綺車馬之謂儉，面折人過之謂忠，善誨以道兄弟之謂慈。以道而能體之，上以奉君，下以裕民，旁以宅僚友，近以持身，遠以範俗，其道具舉，不進于顯者，未之有也。故力者，足以壽親之體；富者，足以壽親之業；貴者，足以壽親之官；賢者，足以壽親之心；聖者，足以壽親之道。壽親之道，則與日月爭光，天地同久矣，是固以道之所宜務也。」

韓生祖父母八十壽序

涇野子臥病渭河，韓生邦憲自漆、沮問壽祖焉。曰：「昔張詩言壽親之道於我也，我則語之以三道，使自選焉。壽其德者上道也，壽其齒者中道也，壽其業者下道也。壽其德者之謂聖，壽其齒者之謂賢，壽其業者之謂才。聖也者，盡性者也；賢也者，盡情者也；才也者，盡力者也。然則子之壽其祖，將盡其力而已乎？必將盡性與情而後已也？如將盡性

〔一〕「從」，據萬曆李楨本改。

與情而後已也，而祖有不悦且壽者乎？」韓生曰：「竭憲之力以作才，憲可能也；若夫聖與賢，間世而生者也，憲敢冀之耶？」曰：「聖與賢非人也，爾之言然也。聖與賢如人也，汝獨不可作乎？故能不自奉，可以作賢；能不自是，可以作聖。」

遊滸西集序

壬申春，涇野子力疾出遊至對山康子滸西莊。滸西山水花鳥既中予賞玩，而武功師友耆舊又戀予不釋，居五日焉。凡與康子賡和及予所自作，得賦三首，五言古詩五首，五言絶句六首，五言律詩四首，七言絶句五首，七言律詩五首，七言古詩一首，曰遊滸西集。而康子之詩，計亦若是也，别爲一編，其自命曰滸西集云。

岷臺録序

岷臺録凡三類：一録勑諭岷臺，二録岷臺履歷，三録詩若賦，多出于岷臺諸公之作。蓋吾省憲副沁水常子承恩之所集也。録勑諭者，著重岷之意也；録岷臺履歷者，著治岷之政也；録詩賦者，著岷之山川風俗及今昔賢哲之跡也。故知重岷之意，則凡居其地者儆；知治岷之政，則凡爲之後者法；知岷之山川風俗及今昔賢哲之跡，則雖鄙也，而以顯且要于天下；斯固常子之志也。録不詳常子之政者，自録焉耳。常子而録此，則其戎務暇而善政亦可知矣。

張氏族譜序

涇野子家居，三原人張氏之子呂求序其所編族譜也。閱譜，張氏世爲三原東陽人，自大至呂，奚啻十餘世，自義甫別派，奚啻千百人，服盡而能聯，親遠而能睦，張氏之子其賢乎哉！嘗讀卜子「野人不知禰，大夫及學士始知祖」，謂張氏之子野人乎哉？即有讀書之士焉，問五世以上，知之者有矣，問十世以上，知之者蓋鮮焉。觀斯譜者，固不可以張氏之子百姓焉廢也。

王氏三圖序

敘曰：「言不盡圖，圖不盡意。然微言，圖不可得而見矣；微圖，意不可得而見矣；兹王氏三圖之集所由作也。王氏者，兗人王御史朝鳴佩也。三圖者，朝鳴在南臺不得侍其父歲寒叟，日上雞鳴石頭，以瞻杲山之雲，於是作望雲圖。揚子雲曰：『不可得而久者，事親之謂也，孝子愛日。』朝鳴以歲寒叟年且八十，桑榆之景飄飄爾，若之何遠遊也，於是作愛日圖。比歲寒叟得封爲御史，配爲孺人，朝鳴且清戎陝西，例當過家，於是作榮壽圖。然圖皆有詩，詩皆有序，又皆出於一時鄉大夫之善撰人意者，朝鳴爲親之心，其庶幾乎！聞之歲寒叟曰：『不然。御史，天子之耳目，得行其志。今海内風塵未盡息，百姓未盡安，御史固不可得屬屬於我也。昔者訓爾於庭，業爾於學，業爾於京師，其意則謂何？』於是改望雲曰望闕，改愛日曰憂國，改榮壽曰觀光，且曰：『佩若是，我老無憾也。』夫朝鳴，吾同年之傑也，好善如欲，疾惡如讎，公而且介，其致身於國，不俟云爾。歲寒叟猶然，朝鳴豈真盡人子哉！濁涇之野，猶及觀王氏之六圖矣。」

刊忠孝歌序

唐進士王剛勸孝歌，質而明，簡而盡，情切而不詭，賢者讀之勉，不賢者讀之悔，有夫婦者讀之別，有兄弟者讀之友，有君臣者讀之義，雖微，忠歌亦可教矣。古人言則觀其所行，好則觀其所志。若我敬之者，孝聞三輔，格鳥獸，刻此尤足爲此歌之證也。

士林哀挽序

士林哀挽，諸俊哲爲陳母韓氏所作，都憲屈公道伸之所題也。陳母，華陰簿籥之母。母在，簿能養；母沒，簿能思，又能名。諸俊哲慕之，有是作焉。簿有子曰詔，從予遊，氣質清而凝，志力遐而正，交遊謹而端，熟睇之可進斯道也。然則陳母之德之貽，疑簿又不足以盡名之，其在斯與！其在斯與！君子持此以觀哀挽諸作，又足以徵吾說之不虛矣。

送楊夏縣序

臨潼楊子極尹兹夏縣，將行，渭川周子曰：「民之窮矣，子極慈之；民之暴矣，子極鋤之；民之怨矣，子極究之；民之盜矣，子極省之；民之愚矣，子極誨之。」靜齋劉子曰：「廉也者，爲政之體也；明也者，爲政之用也；惠也者，爲政之效也。故君子有不廉，廉斯明矣，廉而不明，非廉也。君子有不明，明斯惠矣，明而不惠，非明也。」涇野呂子曰：「抑又有之。書者，君子用以修身也；見諸政律者，君子用以一民也，歸諸禮。今之君子之用書也，志取科第已矣，仕而弗用

也。今之君子之用律也，計壯威力已矣，原情而弗用也。」或曰：「以書仕者腐，以律原情者罷。」曰：「若是，則著書之聖，定律之王，皆過矣。子極之才，枏舊敬之，雖有或曰，不能亂也。」

送周醫序

權生之父疾甚矣，療於周醫而見瘳。權生問言，以謝周醫焉。涇野子曰：「夫醫之治病，猶吾黨之治五品也。」周曰：「何謂也？」曰：「腎生肝，水渴則木斃，故養腎而肝茂，厥視明。肝生心，木蠹則焰微，故養肝而心寧，厥言乂。故見其目秀，知其水之盛也；聽其言乂，知其木之茂也，此之謂父子之道。君也者，主病者也；臣也者，佐君者也。君一臣二，奇之制也；君二臣四，偶之制也；君二臣三，奇之制也；君三臣六，偶之制也。近者不可以偶，遠者不可以奇，汗者不可以奇，下者不可以偶。設其奇偶，定其崇卑，此之謂君臣之道。厥陰至，脈弦；少陰至，脈約；太陰至，脈沉；少陰至，脈大而浮；陽明至，脈短而濇；太陽至，脈大而長。至而和則平，至而甚則病，至而不至則病，未至而至則病。陰陽易則危，審其易而調之則安，此之謂夫婦之道。兩疾偕發，先救其授；兩脈偕病，先疏其承，此之謂長幼之道。方其冬也，陽主於內，寒雖入之，勢未能動。及春之日，陽出而陰爲主，然後寒動而搏陽，是故（溫）〔瘟〕〔二〕也。方其夏也，陰主於內，暑雖入之，勢未能動。及秋之日，陰出而陽爲主，然後暑動而搏陰，是故瘧也。察於時而治之，此之謂賓主之道。故仁義別序，醫咸具焉。」

權生曰：「用也聞孝於醫，知不倍其親矣；聞忠於醫，知不孤其君矣；聞別於醫，知所以正家矣；聞敬於醫，知所以居鄉矣；聞禮於醫，知所以處世矣。用其以是諗諸周醫。」

〔二〕「瘟」，據萬曆李楨本改。

贈青村王醫序

涇野子臥病渭河之上，青村王子來曰：「夫涇野子亦知吾道之妙乎？」曰：「竊聞之矣。夫醫也，目道爲上，其次口道，其次手道。天有五行，地有五才，人有五臟，表有六鑿五色，時有六氣，食有五味。味毒於內，氣薄於外，病作於中，色貢於面，非才不克。故耳不能聽，病曰肺痿；目不能視，病曰肝枯；口不能言，病曰心淪；鼻不能臭，病曰脾憊；口焦而齒衄，病曰腎亡。故腎生肝，肝生心，心生脾，脾生肺。故腎竭則肝翳，肝翳則心灰，心灰則脾焦，脾焦則肺縮。故觀其色黛，易其肺也，不爾則目盲。觀其色木，易其腎也，不爾則言亂。觀其色丹，易其肝也，不爾則鼻衄。觀其色土，易其心也，不爾則耳聵。觀其色白，易其脾也，不爾則口乾。故腎欲鹹而升，心欲苦而降，肺欲辛而收，肝欲酸而散，脾欲甘而和。昔越人一視人貌，洞見五臟，投之以劑，不待旦而愈，彼豈真裂人之膚以易之哉？蓋有得于目道焉。故曰：得目道者之謂聖，得口道者之謂賢，得手道者之謂能。」

青村王子曰：「然若相者得之何道也？」曰：「子之於手道也，十八九矣；於口道也，十六七矣；於目道也，十四五矣。」曰：「自吾讀王叔和而知手，然而十有二焉而不中。自吾讀李杲而知口，然而十有三焉而不中。自吾讀華佗而知目，然而十有四焉而不中。何也？」曰：「神農，李杲之祖也；岐伯靈樞，王叔和之宗也；秦和，華佗之先也。故欲知子孫者，觀其祖；欲知支派者，觀其宗。」青村子曰：「若子者，豈予能醫哉！」

送洪雲南序上

正德七年夏五月，巡撫雲南闕，苗寇時猶未戢，昆明罷敝，棘惟得人。帝乃咨於冢宰及九卿，僉曰：「洪遠作陝西左布

政使，身戴四賢，選於衆，惟兹所宜往。」帝若曰：「俞如何？」冢宰卿若曰：「遠，欽人。初以進士歷尹莆田、交河、濬縣，弱暴振窮，敦儒善俗，爲時循令，一賢；既守監察御史，數獻時務，揚聲謇謇，二賢；既乃按察浙江、湖廣、廣西，平反疑獄，興利祛弊，廉官拯民，荆及吴越允賴，三賢；既乃布政四川及今陝西，嚴介公忠，至妻子或弗攜，嘉績在秦、蜀，四賢。」帝若曰：「俞咨爾遠，汝作右副都御史，撫兹雲南，其勑遠，爾往哉！今雲南方不靖，黎民思擾，其究在征科肆命，爾奠之。爾惟慎施，乃有尹；弗慈弗廉，爾道以爾莆田、交河、濬縣，乃有御史；弗直，爾導以爾御史，乃有按察、布政；弗公弗明弗政也，爾導以爾浙江、湖廣、四川、陝西。凡民不足，惟官之欲；凡民多辭，惟官之訛。爾作雲南，罔容爾官，以輯爾民，簡爾戎兵，凡厥將領，宣慰宣撫，罔俾貪漁，以綏滇鄙。爾□有忱，烝爾上卿，在朕左右，爾惟欽哉！」

勑至，洪公將駕，其僚大方伯田公商賢以下，咸矢詩以贈，乃言於翰林修撰吕柟，請敘其事。曰：「竊惟今兹臣僚，其相天子，以得行其道於天下者三：其上盡進君德，以燮邦化，曰大學士；其次登降淑慝，以昌邦士，曰冢宰卿；其次激揚清濁，以敬邦士，曰都御史。惟公兹往，誕實匪輕，載帝之命，寧徂昏渝。昔公始祖經綸，仕唐德宗，爲河北黜陟使，議罷方鎮兵，謫宣歙觀察使，唐世稱直顯。祖中孚，仕宋徽宗，爲顯謨閣直學士，諫己代遼，厚忤中侍，乃以龍圖閣待制致仕，起爲禮部尚書，卒贈少師，宋世稱恭顯。考覺非先生，爰由鄉貢，簡知桂陽，克順克惠，知進知退，爲今名守。公繹厥緒，升兹丕階，受知聖主，其滋宣布厥初心，弘敷乃化，以昭我皇明，罔俾先正，專美唐、宋，諸僚有懷，誕其如兹！誕其如兹！邦士咸儆，民有攸止，益州康定，帝將復公，爰入冢宰秘閣，以永終圖。」公曰：「太史命我矣！」柟曰：「於戲！昔在唐虞，上下交儆，史氏攸司，誼以古則。」

送洪雲南序下

洪公克毅既理雲南之駕，方伯田公商賢及憲臺、都閫諸公爲宴於薇垣以餞之。樂再成，田公及其藩僚執爵而進曰：

「惟公寬慈，惠此秦土，凡我僚儕，儀刑未違。茲往雲南，式彼藩司，公其滋懋，敬厥德。」樂三成，憲臺李公及其憲僚執爵而進曰：「惟公明果，舊聞吳越，諸所決罰，人咸畏信。茲往雲南，式彼憲司，公其滋懋，敬厥法。」樂五成，都閫張侯及其戎佐執爵而進曰：「惟公威信，光布三輔，凡我行伍，亦罔不懾。茲往雲南，簡彼將領，公其滋懋，詰爾戎兵。」呂柟聞而歎曰：「今天子其無西南之憂乎！夫以寬慈式藩司，即張紞、陳遜可復在滇省矣；以明果式憲司，即賴選、周樂可復在滇臺矣；以威信簡將帥，即沐璘、甯正可復在滇閫矣。夫寬而慈之謂仁，明而果之謂義，威而信之謂武。仁且義既武矣，然而雲南弗靖者，未之有也。」

或曰：「滇之人有僰，有爨，有麼些，有秃老，有蒲，有和泥，有百夷，有舞羅，有撒摩都，有摩察，有濃，有哀牢，有哦昌、魁羅，甚不同，難化也。」曰：「性無不同也，行之以仁焉，何有？」曰：「滇之俗，嚚訟好鬬，或死不葬祭，專敬釋氏；或椎髻、編髮、跣足，首戴次工雉尾；或用緬字；或屈膝露頂，把手以爲禮；或男女溷淆，婦襲夫職；或金齒綉面，甚不齊，難變也。」曰：「情無不齊也，行之以義焉，何有？」曰：「滇之吏，有都、布、按、府、州、縣官矣，又有宣撫、宣慰諸甸官，甚不一，難統也。」曰：「體無不一也，繩以仁義之武，何有？」

涇野先生文集卷之二

序

賀彭公平蜀序

惟正德七年冬，帝若曰：「格〔一〕爾右都御史澤，惟兹鴟醜，横食楚、漢、巴、蜀滋甚，誕惟五年，庶民荼毒，罔有攸措。朕心孔瘁，屢出帥臣，祇獲滋蔓，其胡能夷，卿往哉！昔趙鐩諸寇，横肆厥逆，冀、兗以南，至於荆、揚，如火之燎原，爾克滅之，嘉績在狼山，惟時懋哉！」公拜稽首曰：「矢竭臣力，繼之以死。」出誓於衆曰：「惟兹鴟醜，久張虐焰，横我西南，我聞師克，在廉乃律。誕惟先正，湛於宴樂，士旅悖逆，浮於鴟醜，百司式化，驅民於亂。予小子奉命伐罪，惟爾有衆明聽誓：虐人殺，黷貨殺，躐伍殺，譎殺。其爾有郡有邑，亦罔或剝我民。予聞有常刑，用違請于帝。」

惟八年春，師至於保寧，惟時鴟醜，如林潛顯，金竹漫天，敏於猿猱，攻圍罔克。爰命土著，塹厥來道，用藩出没，賊屈請降。公曰：「渠魁罔獲，終貽來憂。」乃戮廖麻子於劍州仙鵝池，厥黨奔竄，分命諸司撫置，蜀乃平。廣漢、鹽亭、保寧旱，大雨。初，公平趙鐩，師過潁州，三日雨，肆，蜀、潁咸建時雨亭。公將班師，帝曰：「蜀寇反復靡恒，卿其留鎮，兹定乃還。」今年夏，朝廷進公太子太保、左都御史，徵還。

〔一〕「格」，萬曆李楨本作「咨」。

初，公年少，孝聞關隴。自第進士，主政刑曹，累官都憲，明清茂著。柟壬申冬應命入京，遇公於安肅，躬覩軍容，如挾纊洎。聞公在蜀，戚黨從調少違，公命士收斬，劊人縛舁，且出諸司，論弗及死，始釋厥縛。常出師，同士甲胄，雜騎行伍，突入寇巢，弗虞後艱。昔諸葛武侯論將才器，咸本五常。式觀公德，良用足徵。公兹還朝，其滋宣布厥德，激揚清濁，用汰侵漁，輔弼聖主，康此小民，以制治于未亂，保邦于未危。於是吾省方伯曹公、憲長李公、都閫張侯請書諸軸。

涇野九詠序

予素弗能詩，又不嗜作，年洽三旬，篋靡片稾。自戊辰入仕，抵今甲戌，七閲春秋，告病還山，兩恊十載爾。乃朋友之索問，事物之感觸，道路之閲歷，藥餌之紛糾，會別之答述，卒然酬作，率擬前體。暇日翻覽，聞之不足以感人，習之實足以荒志，追憶無詩，爲雅多矣。第抽篇詠思，壯志未渝，而行多不逮，掩卷自憫，誰因誰極！又諸名家贈遺唱和，如珠玉璀璨，棄予弗忍爾，乃萃爲一編曰涇野九詠，亦可以傷空言之苦，觀實際之地也。

送梟塘劉雲南序

正德乙亥六月，柟載病適野，遇二農于田曰：「我賦適平，征輸有藝，姦暴之厲民者沮。父母廼去，我懼其又渝矣。」問焉，對曰：「參政安仁劉公陞雲南按察使也。」明日，方伯高密李公、少參樂平李公徵贈序焉，且列劉子之蹟暨諸當路者之辟疏也。呂子曰：「果若農言。夫劉子，今之賢大夫也，可以觀政矣。君子之仕也，獲其君，或不獲其民；獲其民，或不獲其寮寀與其上。夫梟塘子，我知之矣，徵諸庶民，質諸寮寀與其上，又若是其烈也。我雖有序于梟塘子，人不得以爲黨矣。」

初，柟之守史官也，聞臯塘子爲紹興，先以録囚明允不賂，忤劉瑾，三月而去。紹興人哭而餞諸劉寵之祠，餽千金而弗選，乃遍禱諸神祠曰：「無或不保我劉父，以爲吾民憂。」又欲以金贖諸瑾，臯塘子弗是也。紹興人立去思碑，君子以爲難。或曰：「子産爲政三年而民誦之，惟衮衣章甫，則三月也。元瑞雖賢，不亦棘乎？」曰：「子未知其時焉耳。尼父而際焉，一日而天下歸仁矣。」未幾，柟病還山。比瑾誅，臯塘子起知予西安。當是時也，暴政之未盡殄，猶爾痡也，有問太守於涇野莊者，則對曰：「夫夫也，是能活紹興人者，我西土之榖也。」既而有尹曰：「我不知斯太守之愈他太守也。涖政數月矣，蔑有淫征，吏不一擾焉。」質諸昔聞，起予滋慕矣。然而臯塘子不我知也。久而後問予病，予復之書已略，乃獲又問以相知。然遂以憂行，三日載道，人不能以一僕黠也。比予再病還山，臯塘子又參政予省。他日，行縣或下病夫，則以既奉其言貌矣。博大而知要，寬裕而介，敏而諒，莊敬而寡邪，明辨而斷，古之儒也。柟接夜斷寐焉，或問之，對曰：「録囚之允，紹興之思，西安之政，秦農之訟，皆夫夫之緒餘耳。」

欒平李子曰：「劉子，衢之年友也，又西曹卿之僚友也，衢知之自初矣。九歲而通毛詩，十七歲舉應天，二十歲而舉朱希周榜進士。當是時也，科道以交劾貴戚不法盡下獄，他官乃署科道篆，劉子時未有司也，上書論之，列章雖寢，科道亦因是以解焉。」涇野子曰：「古之君子，其仕也，崇卑不異，以篤道也，故民得其所焉。後之君子，其仕也，始終或殊，以爲己也，故民失其據焉。臯塘子以徂無寧，以徒有始乎？則人將以子爲二夫也。」或曰：「奚不言雲南？」曰：「臯塘子自是陞矣。且雲南，一班超之語任尚者之爲多，奚足以語臯塘子！」

甲子舉人敘齒録序

涇野子曰：「吾觀於鄉試舉人之敘齒録而有采焉：有兄弟之仁焉，有長幼之序焉，有賓主之禮焉，有朋友之信焉。先王之風，朝廷之化，於斯可觀也已。夫舉人者，舉於鄉而用之以治天下者也。故惇仁則百姓無怨，惇序則上下有位，惇禮

則往來有體，惇信則寮寀和讓。循是以往，下晏而上安矣。夏縣尹楊樞子極舉於陝西甲子科，刊是録焉。其是也夫！其是也夫！」

邃菴集後序

邃菴者，吾師石淙楊先生之别號也。集者，諸名公爲邃菴而作也。刻之者，吾省憲長公馮汝揚也。集之有解何也？解邃菴也。知邃翁者莫如涯翁，解不作，邃菴之意晦矣。二銘之謂何？長洲吴公言其邃於心也，方石謝公言其邃於人也。説，言其養也，言以邃而自養也。記，言其志也，言其名菴之意在於邃乎道耳。辭者何？有欲求入門而登菴者，爲辭以自慶焉。古人登高作賦，於維之賦，其望邃菴之高深而爲之者耶！跋，撮言其集也，言朱子贈象山兄弟之邃，邃公亦兼之也。託名爲詩與行者七。幽居精舍，求太始也。達人隱城市，著覃思也。客到前扉，言善教也。君子而善教，則從之者衆矣。小隱，言能自得也。菴中多樹木，言菴中之人也。言菴中之人，蓋希太公、傅説之儔耳。菴何爲者？言道德邃，而功業亦邃也。額室自古今其諸言下，自程朱而上，求孔子之聖乎！楊公有菴，言其邃乎體，而又邃乎用也，體用周，而邃道畢矣。贊者，贊也。

張氏族譜序

涇野子遊康子之滸西莊，康子出所譔張氏族譜以觀。涇野子曰：「夫譜也，我未之今見也，質而不俚，簡而不漏，信而不誇，可以傳矣。夫張氏，康子之母家也，康子念其母，上及其妣祖兄弟，撰斯譜焉，則於其父族可知已矣。夫譜也，我未之今見也，可以傳矣。」

送藍公平漢中序

正德四年間，蒼溪賊鄢本恕、營山賊藍廷瑞及其黨方四、馬六兒、廖麻子糾諸飢寒，謀聚爲鴞，未及期年，衆盈十萬，髠首漆足，文身朱額，緣越山谿，狡捷猿狖。乃際劍、梓橦、江油、通江、開達，爰入漢中，屠戮略陽、西鄉，沔、利城亦不守。殺守令，燔屋廬，劫婦女，杜道路，妖氛一揚，羣盜四興。於是劉六、劉七、畢四、徐淮繼寇於幾甸，楊虎、齊彥名、王大川、龔大保肆毒於直隸，向錦逆於西夏，邵禮亂於蘇松，韋賊橫於柳郴，蔣宣妖於歸德，那代叛於安南，獞賊反於廣右，華四叛於貴州。朝廷雖屢發師旅征討，而賊皆驅所掠之飢民以委之，殺人盈野，費財空帑，不能救藥。

乃正德五年間，廷議謂關陝，天下險要之首，而鴞醜實諸賊之初也，非有丈人，焉獲貞吉？天子遂起即墨藍公以陝西僉憲爲都察院右僉都御史，巡撫陝西，會總制卿洪公及荆、蜀巡撫諸公，戮力同心，肆伐鴞醜。公自帥師以來，矢竭忠貞，簡恤將士，用其膽智，以遏亂略。乃正德六年六月，擒其渠魁三十人於金寶寺，解厥支蔓百千其衆。上令典刑，諸魁梟首湖廣，於是諸賊膽懾，漢中乃乂。天子以公洪勳，遂進右副都御史，仍撫陝西。比公退長安，餘孽曹甫續叛江津，漢人雲擾。公再領師入漢，威德昭臨，甫懼奔蜀，黨與大解，所降男女萬有二千，風聲震動，如雷如霆，四方諸賊，亦皆解體。

將班師奏凱於朝，漢中兵備憲副邊億諸君爲宴於天漢樓以餞公，請史柟敘其事，行將勒石原山之上，以紀我大明之盛也。柟惟民雖頑冥，其好生惡死，好良惡姦，罔有不同。今此諸醜，上梗聖化，下虐生靈，雖粉骨赤族，固不足以雪神人之憤。然當是時也，劉瑾用事，人尚誅求，民之窮困，既已極矣，盜固其所也。今公剿此黠孽，活千萬人命，餘波所及，四方戡定，聲震宇內，奏功明時，古之召虎、方叔之儔也。夫朝廷，四方之本；天子，萬人之命。公指日還朝矣，其益宣布腹心，弼我聖主，激揚清濁，用汰侵漁，幹此帝室，立基不拔，使四海永無風塵之虞，則尤公之責也。

於是漢人聞之，莫不攀轅揮涕曰：「允若茲，匪獨我漢人之福矣！」公遂築京觀於金寶刹而歸。

高氏族譜序

高氏族譜，吾師半山先生之所編也。昔者先生之在高陵也，柟受尚書於其側。其暇也，見其論至先世矣，其意愴以思；見其論至世叔、父母、昆弟矣，其意醇以篤；見其論至先業矣，其意樸以真。時先生年過五十矣。既其別也，今十有五年，屢得手書，命敘族譜，其意諄諄乎猶前日焉，時先生年已七十矣。初，先生之誨我高陵也，懦者振其志，暴者抑其悍，愚者開其蒙，敏者達其材，忠信者益其誠，貧者恤其私，質樸者成其德。高陵之士，至今戴先生若父母焉。若柟所見先生者，則又其所獨聞也。人有言曰：「先生之同知武定也，能使蠻貊之民興於仁焉。」於乎是，何足怪哉！詩曰：「惟其有之，是以似之。」此之謂也。昔者先生嘗與我言曰：「士之在世，其大者不可後也，其小者不可先也。」先生博通六經、羣史，修辭典以則古之遺材也，立言可以開百世焉。茲族譜，其所棘者乎！昔隋王通氏作中說數千萬言，乃首敘江州、銅川之事，君子以爲知本也。先生先世江西清江縣人，至曾祖均祥居瀘，遂爲瀘人。至先生，而舉成化之丁酉，官至武定軍民府同知，他皆詳先生之圖書云。

西征贈言序

初，正德己巳，蜀、漢之間，鄢、廖諸寇割據西南，於是趙鐩諸黠僭號橫行，兗、豫、徐、揚郡邑弗守。師出分征，經年未夷。辛未，天子選於衆，俾今太子少保、左都御史彭公濟物帥師東伐。未逾年，克遏鉅亂，奏績狼山。比公振旅京師，西寇猶熾，天子仍命公帥師西征。又未逾年，戮廖麻子於劍州，羣凶瓦解，巴、蜀底定。初，公之西征也，太宰楊公首贈以詩，臺閣卿曹諸公又皆賡歌成帙，或美或勸，或期或告，詩咸具焉。比蜀平，公曰：「此非予所能，實聖主威德，諸大夫教詔之力

也。」柟聞之曰：「昔者周宣，淮夷背叛，王命召虎于征，其僚尹吉甫贈以江漢之詩；及其成功，召虎作常武以美宣王，千載以爲美談。不圖今日復見西周之盛矣！柟又聞之，昔大禹思日孜孜，躬陳治水之績，不以爲嫌；趙充國且不用浩星賜之計，猶陳兵事利害于漢，斯皆老臣保治之志也。西征之詩，傳之天下後世可也。」是時，憲副邊君本一分巡關南，曰：「彭公之績，于余身親見者。」遂以詩人諸木云。

東泉君挽詩序

東泉君者，年友廖大行珊之父也。挽詩者，諸君子哀東泉君之行，憫大行之情而爲之也。於東泉君何挽焉？君子以直宅心則明，以寬爲量則平，以愛事親則忠，以弟處兄則讓，以慈誨子則昌，以睦居鄉則安。六行至則聖，修而未至則賢。賢者，百世而存；聖者，萬世而存。東泉君修六行而沒於衡陽，故諸君子挽之，挽之欲其存也。或曰：「茲挽也，可以存而不沒乎？」曰：「言存乎人，行存乎子。言以行則遠，言不以行則邇，遠邇無常，惟行所召。引之以世，加之以光，雖萬世存可也。其在珊乎爾！其在珊乎爾！」

宋君重慶詩序

史柟曰：「君子之仕也，父母存，悅；王父母存，滋悅。予戊辰進士三百有五十人，永感者五十有二人矣，此五十二人者，思一慈侍、嚴侍不可得也。嚴侍者十有七人，慈侍者九十有九人矣，此十七人及九十有九人者，思一具慶不可得也。具慶者百四十有八人，然而有繼母焉，則百四十有八人，亦有不盡悅者，思一重慶不可得也。重慶者四十有一人，然亦有繼王母或繼母焉，則四十有一人者，思一親王母親母咸在不可得也。重慶而親王母在，具慶而親母在者，鉅野宋滄一人，故滄

身以爲悦，諸同年賦詩稱賀焉，亦以各悲其有不盡悦者爾。夫父母、王父母悦其孫子之仕者，一曰爲德，二曰爲民。孫子之仕者，爲德爲民，父母、王父母存没，悦；孫子之仕者，不爲德爲民，父母、王父母存没，不悦。」

贈張中書省親序

中書舍人張子明師以久違母氏定省，請還華亭。天子嘉樂，特賜俞允。將行，御史史子道存合諸友贈之曰：「張子之母楊氏，蚤寡秉節，撫張子於有成，今封爲太孺人，斯行也，可謂榮矣。張子之祖南山公筮仕中書舍人，至禮部尚書，張子今官亦復爾。爾今歸，拜厥祖冢，詩云『繩其祖武』，斯行也，可謂榮矣。張子之父生隱泉石，今得推贈，墟墓增輝，斯行也，可謂榮矣。」呂子曰：「諸非所以贈張子也。昔者，范母以滂齊名李、杜爲安，尹母以焞善養爲知。張子而知此，則所以事其母者，當又有異於太孺人者，斯行也，可謂榮矣。昔者，陳寔長太丘而化，其孫羣仕魏爲三公而道衰，天下謂公慚乎長。張子而知『繩厥祖武』不在官，斯行也，可謂榮矣。今有仕者於此也，其父耕稼不進，修義行善，澤及里閭，而其子方將剝民，市法沽譽，據官以爲得人，必不賢子而賢父。張子而知立身行道以顯親，斯行也，可謂榮矣。」史子曰：「然。」乃取而語諸張子以行。

送洪雅訓術張漸逵序

蜀洪雅人張鴻漸逵少習其父星曆之學以占人休咎，無弗驗也。其兄起溟以進士守御史，漸逵來省于京，遭太僕納馬例，納四馬，受陰陽訓術以還，蜀大夫請告漸逵。呂子曰：「易有之，『一陰一陽之謂道』，古之三公燮理，亦止於此耳。自

劉歆列陰陽於九流，乃遂以卜筮視之，教斯下矣。故卜婚姻者，論（才）〔財〕[一]不論德；卜宅第者，論地不論分；卜仕進者，論祿不論職；卜兆域者，論子孫之安，不論祖考[二]之危；卜有所征行者，論利不論義；卜訟者，論爭不論讓。歆之罪也。昔者嚴遵嘗賣卜於成都矣：爲人子者，卜依於孝以言；爲人臣者，卜依於忠以言；爲人弟者，卜依於弟以言；爲人朋友，卜依於信以言。當是時也，蜀風亦丕變焉。漸逵，蜀人也，聞遵之風習矣，其晉于是乎！無直以藝術名也。」又曰：「御史奬賢糾邪，扶陽抑陰，後有燮理之寄，而漸逵又以是淑諸鄉人，陰陽之道，于子之兄弟徵明矣。」

送東平陽序

華州東子希宋爲推於平陽，吾黨大夫士之在京者，餞東子而以言畀我。呂子曰：「夫推，東子筮仕之初也，崇四善，屏三弊，則可矣。故君子端己以振化，敏學以精法，廉己以杜私，明理以定志，是謂四崇。當兩辭之具造也，各抱冤容，二證咸私，情僞難判矣。嘗過直隸，聞安陽張仲修之推廣平也，吊訊以求差，曲究以索情，互訪以驗跡，竭心以伸冤，秉法以懾凶。當是時也，四府之政，咸願造焉，於是乎頑民之弊革。今有囚于斯也，律可上下矣，吏竊怵囚曰：『爾當上律，賂爲爾減之。』賂而果減。若未賂也，官曰下律，吏指其隙曰『失出』，輒入上律者多矣。昔者包孝肅之將斷脊杖也，吏夜得其賂曰：『明稱冤，視我爲爾減臀杖。』明，包行脊杖，囚如吏策，吏大言曰：『第受脊杖去。』包怒吏市威，笞吏而減囚脊杖。雖包剛明，亦吏罔矣。善聽訟者不然也，受訟則櫝之，乃雜攝諸訟者，次第躬訊，屏棄左右。既結，而後下吏書之，於是乎姦吏之弊熄。推之上，有監司、撫按也。其下訟也，或欲出法，或欲入法，法出則出，勿從其入，法入則入，勿從其出。昔宋南安囚不

[一]「財」，據萬曆李楨本改。
[二]「考」，萬曆李楨本作「宗」。

當死，轉運使王逵欲論死，司理參軍周茂叔爭之強，弗聽，則置手板取告身以去，曰：『殺人媚人，吾不爲也。』逵感悟而原囚，於是乎上人之弊寢。」韓子汝節曰：「如其然，東子將無所不可也已。」

贈秦宣府序

涇野子曰：「西澗秦子，柟之畏友也，其從政皆可觀也已。其爲戶曹主政也，理芻於明智坊諸場矣，力祛諸弊，竣事而感人泣，非公不可能也。繼理粟於德州矣，盡作附餘之數，竣事而感人頌，非廉不可能也。繼查於壩上諸馬房草場矣，舉劾宿姦，不畏強禦，非剛不可能也。夫始廉終污者，其廉亦謂之污，利也；始公終私者，其公亦謂之私，名也；始剛終懦者，其剛亦謂之懦，血氣也。不爲利使，不爲名役，不爲血氣驅，終始其志，厥德光明者，君子也。秦子茲往，蓋於是乎徵君子矣！夫宣府，朝廷之北門也，直隸、河南、山東，西之芻粟，皆輸於此；兩淮、長蘆、河東諸鹽商，皆業於此；北之鵰鶚、赤城、雲川、哨馬，南之蔚州，東之龍門、開平，西之萬全左右，以及廣昌、美峪諸衛堡，皆仰食於此；獨石、居庸、紫荊、雁門諸關隘，皆依據於此；韃靼、朵顏諸黠，皆窺虛實於此。復有姦者、僞者、盜者、來者、貨者、誘者、探者、伺者、淩者、撓者，日旁午至焉。故君子之道，杜譽以防輕喜，杜讒以防輕信，戒暴以防輕怒，戒滿以防輕足，戒諂以防輕進，五者備而身正矣。明以馭胥史，恭以馭寮寀上下，實以惠士卒，式以馭芻粟，均以馭商農，嚴以馭僕隸，密以馭左右，詳以稽始終，八者備而政行矣。」

南風之什序

南風之什，贈張子仲修也。安陽張子巡鹽河東，諸友有懷，各贈以詩章勸勉也。「南風」云何？鹽池在中條山北，山

有鹽風洞，或曰：「舜賦南風詩，以阜民財，蓋爲此，故『南風』云。」又曰：「風，風也。諸詩言鹽之風，有風人之意耳。」抑風也者，教也。張子斯行，上不虧國，下不虧民，義以行利，博其惠，使民不爭，宣聖化，導後人，斯南之風云爾。

壽孟靜樂公序

信陽孟君洋初舉進士，爲行人，迎其母太夫人孫氏而養之。繼守御史，又迎其父靜樂公而養之。值降辰，則繪椿萱圖以壽焉。

呂柟曰：「子之壽親也，誕父以椿乎爾？誕母以萱乎爾？抑以其文乎爾？詩乎爾？法乎爾？」洋瞿然曰：「何居？」曰：「昔者，子之居太學也，談經撰義，克發先賢，國中稱文焉。其守行人也，身嗜吟哦，當其沖飫，足編初唐，國中稱詩焉。其守御史也，據理論法，據法論事，國中稱法焉。夫文也，足以徵性，子將文人而已乎？詩也，足以徵志，子將詩人而已乎？法也，足以徵才，子將法官而已乎？親以至美與之子，報之未至焉，其親猶惡其惡也；親以至高與之子，報之未至焉，其親猶惡其卑也；親以至長與之子，報之未至焉，其親猶惡其短也。三者且不可壽，而況於以椿萱乎！」洋瞿然曰：「何居？」曰：「昔者回、參以道壽其父，故顏路、曾晳至今存爾也。稷、契以道壽其母，故姜嫄、簡狄至今存爾也。夫經禮、曲禮之文，無往非性，體之足以化天下矣；羣風、二雅之詩，無往非志，達之足以感通天下矣；律命、誥訓之法，無往非才，用之足以畏服天下矣。若是，其親有不悅者，鮮矣！是其壽將並南山、大河而久也，而況於椿與萱乎！」洋曰：「命我哉！命我哉！」

送王僉事序

正德八年夏五月，陝西按察司僉事缺，天子簡刑部員外郎王君顯之以往。王君，四川瀘州人。將行，蜀大夫侍御張君鵬、地官曾君璵諸君子以敘來屬。柟曰：「諸君子蜀人也，王公之文章政事，知之舊矣。告王君必明且盡，諸君子道之。」張君曰：「吾子秦人也，陝西之土俗人情，知之舊矣。告王君必實且切，吾子道之。」曰：「君子馭民，將以正俗也，曲直不允，民無所措，故其俗偷。君子馭吏，將以立法也，明察不及，吏無所憚，故其法蠹。君子馭官，將以振風也，黜陟不道，官無所師，故其風邪。」侍御曰：「王君蚤承父訓，身治尚書，疏通政體，庶無偏黨。」曰：「公久居秋官，諳曉章程，諸所決罰，其照如鏡。」曰：「敏文以飾，躬簡以方，行人不敢干以私曰端。」曰：「於戲！允若茲。以公馭民，俗乃正；以敏馭吏，法乃立；以端率官，風乃振。充是道也，相天下將無難，而况於斯乎！且諸君子不以王君之有爲已足，而又取於予言，其望諸鄉彥者深矣。」諸君子曰：「吾子亦必有取於吾黨之言者，其待乎鄉邦者厚矣。」王君曰：「呂仲木之言，豈惟爲鄉邦哉！吾黨諸君子言固獨爲忠乎哉！忠知所敬矣。」

送趙嵩盟序

信陽趙君元澤以河南歲貢名士，不樂久次，求遠仕，得雲南嵩盟州吏目。將行，其同學中舍何君仲默請有言也。呂子曰：「昔在弘治辛、壬、癸、甲間，業太學，與元澤東西齋，陟降進退同；居外邸，與元澤先後巷，往來交際同；事武部，與元澤清理貼黃，勞勩奔走同。嵩盟之行，何其已遠耶！且君儀寬而厚，言欵而密，行敏而雅。州幕之官，又豈其素望耶！夫今之爲仕者，有遠臣，有近臣，有大臣，有小臣，語其各盡厥職，一也。遠臣、小臣而盡其職，則心安而行順，職稱而祿宜，

君子以爲無醜爾也；近臣、大臣，位顯而祿隆，秩高而責重，苟其職少有不盡，則心鬱而顔赧，足疑而志灰，視齊民且不如其快且安也，況此州幕哉！吾子甚毋以嵩盟遠，甚毋以州幕小。」

送何仲昇序

信陽何丈人生三子皆材。伯子別駕早卒，枏未之能交也。弘治壬戌，季子仲默年十七，舉進士，與慶陽李子獻吉以辭賦名國中，國中士皆道二家也。嘗詣季子觀菊賦焉，曰：「文矣。」見仲子仲昇焉，居季子以禮，道季子以古昔，曰：「仲子行矣。」自是不接二子者十年也。比枏三入京師，季子言必中會，論必舉本，和不失同，獨不失異，曰：「季子行矣。」仲子揖遜顒若，居止凝若，言貌樸若，曰：「仲子文矣。」未幾，仲子爲巢縣，其部曹、給舍、侍御諸與二子厚者，俾予告仲子，乃告之曰：「季子行以敦文，在帝左右，爲國之華。仲子當民窮盜横之日，爲牧於南巢，惠此飢黎，作鄰邑師，斯季子難兄弟也。夫今之爲令者，以悦上官則賢，以悦民則不賢；以立猛則賢，以立法則不賢；以縱姦則賢，以弭盜則不賢；以修崇高則賢，以修禮則不賢；以催科則賢，以惠孤獨則不賢。何仲子其異乎今之令矣！」或曰：「五者非廉不立。」曰：「廉者，何仲子之前能也。」

送靜省先生序

靜省先生王公，南京錦衣衛人也。其子鑾汝和仕於吏部浹年矣，乃迎公於京邸而養之。汝和之友幾人亦數問焉。一日思歸，汝和跪留，百計不能也，促友人開其意。一人曰：「汝和迎公於兹，出有僕馬，入有甘旨，惟公康樂，胡爲歸哉？」公曰：「富貴榮耀，非所志也。」一人曰：「竊聞父子之情天授也，公雖耽樂鄉山，其如汝和膝下之離何？」公曰：「兒女

子係戀之情，非所重也。」一人曰：「丈夫所貴，遨遊八極，況兹上都，文物咸萃，又汝和而在此乎，公宜稅駕爾矣。」公曰：「紛華浮艷，非所安也。」景子曰：「公年七十餘矣，尤酷嗜文字，襟懷灑落，有曠達風，又能酌而不亂也。三人者言，宜非公之取矣。」乃具以告呂子。

呂子曰：「柟雖不識公，當其意，亦可推矣。公曰：『與我勞汝和以供養定省之事也，孰與偃仰泉石，令其一志職業，寤寐思士，夙夜在公，用賢以及民耶！』賢者愛子以義，不賢者愛子以情。汝和進賢退醜，思光其烈，公雖家居，亦所康也；否，雖晨夕婉戀，公弗所安也。夫汝和果踐斯道矣，則公視此宦居，真羈棲耳。彼石頭之友，雞鳴之侶，不亦宜乎！」景子曰：「然。」乃具以告公。公輾然曰：「吾所以繾綣而不遽起者，其殆斯言之謂夫！」乃命僮子理舟於潞，汝和之友皆歌以送之。

郭氏榮壽序

泰和郭正學舉進士，爲大理評事五年矣，詣予曰：「往年朝廷以仕官封吾父爲評事，吾母周氏爲孺人。仕欲值誕期歸勅命焉，可以爲榮乎？吾父今年生七十歲，吾母生六十有九，即七十也，仕欲及兹誕期致祝願焉，可以爲壽乎？吾父愛親敬長，善解里中，里訟稱平；吾母慈柔恭順，上下悅服，孟子謂『仁則榮』，孔子謂『仁者壽』，今之榮壽亦可以徵仁乎？」呂柟曰：「榮有内外，壽有遠近，仁之徵有大小。國與子以卿士，親爲卿士，國不與子卿士，親不爲卿士，榮在外者也。身爲賢，父亦賢，身爲聖，父亦聖，強不能奪，貴不能取，榮在内者也。人之壽，立功者百世，立德者千世，立道者萬世。子如立道德焉，其親可千萬世不滅矣。夫和軒公及太夫人獲此榮壽，固仁徵也。況吾子國訟咸屬焉，一遊溪之爭垢，不足道也，如諸憲司之以訟來大理也，察其有貨駁，察其有勢駁，察其有來駁，察其違律駁，察其闇駁，察其叛駁。可徵則行，可勸則行，可矜則行。六駁既去，三行不怠，將天下稱平矣，而其親之仁之徵也，其榮將賢聖，並其壽將千萬世長也。」正學曰：「仕敢

不努力，以負太史之言哉！」

張公榮壽之什序

信陽張公以厥子諫議君雲封右給事中，信陽人曰：「給事，近臣也，公布衣坐膺此爵，可不謂榮乎！公年且九十，矍鑠如艾強，奚啻百歲，可不謂壽乎！」史柟曰：「令聞廣譽，溢乎四海，王侯不得而增，士庶不得而減，可不謂榮乎！黄憲之父，牛醫也，至今百祀不沒，可不謂壽乎！」其僚呂經曰：「雲將致身厥職，告善弼違，膏澤下百姓，使海内人曰張公某者，諫議某翁也，斯是以爲榮乎！有冊簡令，千百世如存，斯是以爲壽乎！」於是諸薦紳咸曰：「有是哉！季升知所以榮壽矣。」

壽呂太孺人六十序

寧人呂經給事黄門五年矣，其母太孺人王氏是月六日爲六十三歲之初度也，翬翟霞紱坐堂上，經友諸翰林、給舍、御史、郎部之厚者拜堂下，稱壽千歲。高陵人呂柟曰：「昔者與子爲布衣交於長安也，子曰：『先大夫早終，母貞介自履，撫經於成。經不材，何以報德？』繼與子業太學也，子曰：『母戒經曰：往慎爾軀，崇爾業，謹爾交遊，克成厥名，用光乃先人。經不材，長矣，何以報志？』然則今非報德報志耶！太孺人悦矣，奚不千歲哉！」經曰：「母德如地，母志如天，將焉報？」曰：「必也子德母德，斯報德矣；子志母志，斯報志矣。往者與子初仕，即遭瑾虐，飛則靡翼，退則靡門。既而子且查察邊務矣，載其公，不知其私；當其危，不渝其經；犯其謗，不計其他。瑾五日不誅，吾子醢矣，兹可謂非志非德耶？夫天下之情，難易勉，易易忽，變易謹，常易略。勉難、謹變者，爲一德一志；不略其常、忽其易者，爲周德周志。」

壽雷先生序

正德八年，給事雷君雯迎其父上蔡先生於京邸，時先生七十有二歲矣。雯同年同郡進士者十有一人，皆致祝焉。中書孔君孟富祝曰：「惟彼蘆岡，在蔡之疆。亦有嵩高，世以爲盟。有覺丈人，晏晏永臧。」侍御王君相、胡君止祝曰：「淠彼汝矣，亦流於淮。惟公千頤，受福不回。爰滋有蔡，乃祉乃來。」部郎方君仕、戴君冠、王君言祝曰：「笛笛叢蓍，生此蔡滸。其下何有？照茲白龜。彼蓬者雲，亦覆其猗。顯允君子，永受胡祺。」僉憲許君逵祝曰：「惟茲蔡土，肇基周度。不顯謝公，克發厥後。木木君子，並是勿朽。」知縣劉君、司直馬君録祝曰：「惟茲汝陰，不減蓬瀛。僕僕騎龍，許遜登天。有醇者公，壽考無前。」翰林修撰秦人呂柟曰：「任重弗委，見難弗遜。以此永仁，如山之峻。」雯曰：「吾知定矣。」「過弗舉遺，姦弗容行，以此永知，如水之清。」雯曰：「吾知明矣。」「國有蓍蔡，吉凶攸介，結舍之求，方國是賴，以此永神，萬世如在。」雯曰：「吾知公矣。」「昔先學士，切問近思，以此永賢，可追乃師。」雯曰：「吾知正矣。」「仙者托言也，君子道高而德充，以此永仙，明並日月，光齊天地。」雯曰：「吾知辨異矣。」諸君子曰：「若是乎，上蔡先生之自壽者十一，給事君之衍其壽者十九。十一之壽百餘年，十九之壽千餘年。」於是上蔡先生大樂，盡飲諸君子觴。

賀臨汾雙壽序

都諫許彦卿曰：「夫士之少且賤也，父母教育之苦萬狀焉，比其仕且顯也，然而有不獲見者矣。瀚僚友户科都給事中張汝霖潤者，晉平陽人也，仕而二親偕在，在而偕壽，壽而偕封，故瀚輩謂爲可賀也。」呂柟曰：「可以爲難矣，非其至也。夫汝霖，三晉之豪傑也。年三十，發解於鄉，晉人莫敢望焉，吾嘗聞其名。舉進士，尹宜陽，宜陽縣人稱平，吾嘗欽其材。容

恭而文，言婉而思，探其中，若不勝其職，吾嘗欽其德。兹三者，汝霖之所以榮壽乎其親者也。夫德因位移，材因職殊，名因跡異。夫天下之吏廣矣，其要有三：一曰大學士，司師保以燮邦化；二曰冢宰卿，司銓衡以端邦士；三曰給事中、監察御史，司諫議以振邦紀。夫都諫也者，汝霖今日材德著名之地也。夫時有順逆，則物有弛張；政有大小，則言有緩急；機有隱顯，則謀有淺深。當是時也，汝霖必有所周慮善道，如抱火拯溺者矣。若是，而材德與名詎可量乎！材德不可量，親之榮斯至矣；名不可量，親之壽斯遠矣。故曰：惟至誠可與德，惟至明可與材，惟誠明可與名。」

送黄廣東序

刑部郎中南安黄子希仁陟廣東按察憲副，將行，别予，乃懼其責大而材短，咎其事冗而學寡，憂其民窮爲盜而難戢。呂子曰：「吾見今之遷官者矣，驕浮於懼，滿浮於歉，子是之行，廣東其奠矣乎！夫今之憲司之聽獄〔二〕也，速判結以爲神，空囹圄以爲静，遏告訴以爲威，習左右以爲察，委屬吏以爲體，納請謁以爲通，久淹禁以爲處，夫法是以不中，而民是以罔措也。今之君子既仕也，談經者謂之狂，用經者謂之腐。希仁乃念於是焉，其心之弗明鮮矣。夫民之爲盜，豈其情哉？貧無所依驅之，弱無所扶驅之，直無所伸驅之，曲無所繩驅之，征徭不均驅之，徵力不均驅之。故伐盜不究其本，抱薪而救火也。吾子亦嘗聞鍾離牧、吳恢、孔戣之爲廣東者乎？三子者，知憂、知咎、知懼者也。夫戣也，舉能用良，於是乎民情得。吳恢嗜書，及聽祐之言，而青簡不殺，斯其人可謂好學者矣。牧秉清公，曾夏之盜數千人而皆獲。故曰：惟仁者知憂，故不憂；惟智者知咎，故不咎；惟勇者知懼，故不懼。」

〔二〕「獄」，萬曆李楨本作「訟」。

送崔開州序

司訓崔濟之，彰德安陽人，其仲父之子太史銑，柟友也。故司訓歲貢來京師，與遇焉。容莊而謹，言恭而儉，中剛而直，則曰：「斯太史之兄也。」比司訓有開州，與遇焉，容安而裕，言遜而禮，其中粥粥若弗勝，則又曰：「斯太史之兄也。」太史曰：「銑不到伯兄遠哉！昔吾父爲部郎、太守、參政也，里之疎人皆就之，而伯兄之事吾父，猶吾父之爲士時也，伯兄詎可得哉！」

曰：「嗚呼，開州得司訓哉！夫政也者，教之成也；教也者，行之成也。夫士自始學即念利者多矣，得則喜，不得則憂，故心定者鮮矣。心不定故廉恥寡，廉恥寡故禮義忘，禮義忘故無教，無教故不得士，不得士故無政，無政故百姓不安。故君子之道，定心爲上。若司訓者，顧不當開州哉？昔者與太史共學於太學也，蓋嘗治經矣。比其來也，事至而謬，行出而戾，言發而違，則於經猶弗治也，則何居？其經也，未有之於其心也。故曰：『心定者，斯謂之經治；心不定，斯謂之經不治。』今之亂經者又多矣。以權者假，以術者賊，以功利者叛，以辭賦者荒，以章句者支，以記誦者淺，以靜虚者玄，以俗者卑，以名者襲，故治經求之於心而放之於行者鮮矣。故治經求之於心，放之於行，斯其爲教，猶樹表也，其影無弗正矣。司訓之行，磊磊若是，若並是而滋著焉，豈惟可當開州哉！若夫經明矣，卒不能惑；心定矣，卒不能搖。吾與子嘗見河内何子爾矣，斯其人且在開州，謂司訓宜日稟諸，則所以道士子者，可勿用斯浮言也。」

送趙晉州序

昔者嘗與客論今歲貢士爲司訓者之屈也，年十歲選焉而學於塾，十五學於序，二十、三十試於省不第焉，四十、五十而

始貢於廷。廷考之中，業於太學，太學考之中，送之選部，部考之中，再上之廷，廷再考之中，歸選部，而始得司訓焉。當時也，乃又有不獲而待大銓者，不廢疾則斑白矣。若是，而猶有謂歲貢士不逮例貢士，何哉？客曰：「例貢士壯，授之以政，則多興；歲貢士老，授之以政，則多廢。」

曰：「今之所謂興政者，多取於逢迎之輩，今之所謂廢政者，多病於簿書之間，如其如是而後政也。使歲貢士不塞之以他途，則其年皆壯而志強矣，而又濟之以詩書，固不當例貢士哉？且今取一時之利于例貢士，而不知其得志以剝乎民者，奚啻倍蓰哉！且今病一時之拙於歲貢士而不知早焉，得志以濟乎民者，奚啻倍蓰哉！如歲貢士之爲司訓者，簡其賢者、能者、勤者、勞者，以參有司而用之，彼又有不敏於政而懋於教者鮮矣，是則猶可爲也。寧州趙克仁年三十，與予試於長安，學博而才高，行美而望重，慶陽之士稱毛詩焉。比同予舉於鄉，而魁陝西之詩者，則其徒趙永寧也。克仁不第，謂克仁必後科，幾二十年而不第。比予守史官，克仁乃歲貢來京師，讀其彌縫試卷，謂可舉也，惜歲貢哉！拆而視之，則克仁也。乃試於順天，又不第，再試於廷，乃始得司訓晉州。夫克仁，當其少，負壯志也，謂其可即科第而賦之民也。比其壯，仕也，止得司訓焉，則其材已抑矣。若是者，尚當於例貢士對優劣哉？雖然，學也者，賢材之源也；教也者，政之本也。夫晉州大郡，多材之地也，克仁而訓晉州亦宜。克仁而訓晉州，後未有不遇者也。故論材而登降之者，在執事；論材而紀注之者，在史官；不計其後，不慕其外，竭材而誨人者，在司訓。」

徐氏雙壽序

建德徐生紳與其姪宗魯學於太常南所，將歸省其父竹岡君與其母汪孺人焉。然是時汪生六十，竹岡君生五十有七矣。大徐曰：「紳父篤好詩、禮，惟恐紳之無聞也，遣紳不遠千里來。茲歸也，則何以爲壽乎？」涇野子曰：「予未知壽之道，惟紳學橫渠張子斯可耳。」小徐曰：「宗魯，竹岡君之冢孫也，無能爲階庭馨祖，遂遣魯隨叔父以來居，四月於茲矣。茲歸

也，則何以爲壽乎？」涇野子曰：「予未知壽之道，惟魯學伊川程子斯可耳。」「請聞焉。」曰：「昔者張殿中丞迪雖有隱德，未大顯也。惟其子橫渠子厚精思力踐，執禮不回，發爲西銘、正蒙諸書，開示後學，故殿中丞之壽賴以至今數百載常存也。是故爲子而不能師橫渠以事其父者，不可以爲子矣。昔者程黃陂令遹，雖有潛植，未彰也。惟其孫伊川正叔嚴毅方正，守道不邪，發爲易傳、禮論諸書，纘承前聖，故黃陂令之壽賴以至今數百載如在也。是故爲孫而不能師伊川以事其祖者，不可以爲孫矣。」

於是大徐曰：「先生常講仁孝之理，至比西銘與舜並生之心同。紳悅之，學而未能，歸將努力於斯，以爲吾父母壽，不可乎？」小徐曰：「先生常講仁孝之道，至比繩武與子思述祖之志同。魯悅之，學而未能，歸將努力於斯，以爲吾祖父母壽，不可乎？」涇野子曰：「徐兩生誠如是也，豈惟可壽其父母、祖父母哉！且竹岡君雅量特達，樂施貧乏，好賢崇禮，化勸宗族，建德人稱義焉。而汪孺人又以柔順慈惠、克勤克儉相之，當其道亦自可長視久履者矣。此固徐兩生之所當纘戎而光大者也！」

送王奉節序

隴西王道源以鴻臚司儀陟尹奉節，謂予有以言奉節也。予曰：「道源之謂奉節何？」曰：「浩材疎而學寡，賴朝廷之恩、先人之德以有此。所可殫力於奉節者，先之以守，繼之以不欺耳。」曰：「守者廉也，不欺者忠也，稱朝廷者恭也，舉先人者孝也。廉者民懷之，忠則民信之，恭則民敬之，孝則民順之，四者盡矣。以媚上者謂之損，以厚身者謂之盜，以周所窮乏者謂之比。損以怨民，盜以讐民，比以攜民，身且不能守矣。傳曰：『百姓至愚而神。』言不可欺也。故刑欺其民者，畏而不敬；智欺其民者，欲而不服，則亦何益之有哉？故不恭則百姓犯，不孝則百姓逆，四者有一焉，予雖未能學有司，然而知其必不濟也。夫奉節附郭夔府，東有瞿塘、灩澦，西有縉雲、塗山，水陸津要，蜀、楚扼塞，蓋古之魚腹，巴、庸之地也。

故其風敦樸，民淳訟稀，而宋陽輔師、王黿靈已謂其然也。吾道源之所具者，又班班若是，是何有于奉節？所可滋道源者，惟力此四德而不渝耳。即今百姓流離，鴞醜猖獗，蜀中郡邑，十七屠破，豈獨民之罪哉？則亦有司者寡廉而鮮誠，忘國與親耳。道源而不渝四德，吾知奉節民袵席而臥矣。乃或少如時有司焉，則人將謂我爲譽子也。」

送唐光祿序

正德癸酉長至，南京光祿少卿唐子仁夫如京進表。仁夫昔爲大行人，諸舊與僚者二十有七人送仁夫南還。吳子曰：「仁夫，昔者玉檠知其敦信矣，若納言，吾不如也。」王子九人曰：「昔者鑾輩知其恭藎矣，若給事，吾九人者不如也。」趙子十有七人曰：「昔者斌輩知其闓直矣，若監察御史，吾十有七人者不如也。而仁夫今且南，南且光祿少卿。夫光祿少卿，九卿之亞班也，豈以是爲仁夫屈？但爵雖尊，其地散，位雖高，其務簡，非吾仁夫所也。」

呂子曰：「諸君子所言者，材也；其所不言者，德也。若非仁夫之德孚諸君子心，仁夫雖材，諸君子豈其言至是乎！吾嘗聞諸增城湛子之言仁夫也：有節儉之資，有和巽之懿，嚚嚚于大行，由由于朝士，端人也。諸君子言，豈其爲比哉！又嘗觀于三代下之臣矣，和而推讓者十一，不和而爭者十九，其甚也，陽以相掩，陰以相擠，近以相忌，遠以相猜。故其材以黨而進，其治以蔽而蠱。諸君子言，豈惟仁夫之美哉！仁夫若是，諸君子當路又若是焉，其無憂，其弗來。雖然，光祿之職，掌國祭祀之需，賓旅之需，貢獻賚予之需，宴賜之需，賑貧之需，近幸之需，亦必惇信恭藎闓直而後可也。夫貴惇信者，義也。貴恭藎者，禮也；貴闓直者，仁也。三者或有不備，于光祿亦有辭，以當繁而任劇，君子以爲諂也。」

於是諸君子曰：「允若兹，我等亦自求之不暇矣。」呂子曰：「嗚呼，善哉！仁夫之行也。諸君子始則相讓以善，終則相勉以義，其欲還三代之風乎！」

賀彭公平賊序

正德六年，太子少保右都御史臯蘭彭公帥師討賊，刑部主政張寬以知縣受公調用。功成進秩，歸而告曰：「往歲文安賊趙鐩因劉六、楊虎、齊彥名、劉惠之叛也，沒入其黨，糾率飢寒，眾且百萬，僭號橫行，北自文、霸，南至江、湖，東至登、萊，西至汾、蒲，殺守令，屠郡邑，敗官兵，所至官僚闢門逆降，饋金鬻免。及裴子巖大名之戰，齊彥名、龐文宣之眾大敗焉，其鋒若挫矣。然靈山、宿遷、夏邑、虞、永、虹、亳之破，賊勢復張。及小黃河渡口之戰，楊虎、黃寧溺焉，其鋒再沮矣。然王保、段豸、霍思、王佐、詹同、郁采之死，賊勢復熾。及唐縣之拒，滕縣之勝，齊、龐、劉六奔竄海套，其鋒三沮矣。然泌陽、確山、遂平、上蔡、商水、西華、鄢陵、滎陽之破，賊勢滋盛。既而彭公提師，及陸公、仇、許諸帥合兵四剿，而趙鐩之膽始寒。於是遽謀入河南以自固，以馮禎者死戰不獲入而奔汝。既而郟、葉、襄、裕有備，則奔舞陽。既而湖廣漢、土官兵俱發，則奔朱臯。於是有溺河，於是有滾馬，於是潘增獲于桐柏，趙喜縛于泌陽，於是趙鐇、趙鎬、張仲威、劉成獲于玉鉉，張朝用、趙昇斬于郭韶，於是閻洪擒于范縣，王隆、丁賢執于蓬甑，於是陳翰來降，邢本道就戮，劉惠既懼且焚，斬首于王瑾，趙鐩既髡且僧，色獲于趙成，於是劉六、劉仲淮投于東江，劉七、龐文宣遯于狼山，於是天作颶風，人以死戰，膚功奏矣。」

呂柟曰：「嗚呼！允若兹，聖旨睿筭之遠，威德之盛，既著而明，公厥猶之，壯亦彰彰矣。然時歷三年，賊始平殄，士民之死，財力之耗，俱以億計，則亦非偶爾也。追初盜起，惟在窮困不知恤，豪強不知制，姦貪不知懲，浸淫至此耳。聞公受命而出，擢賢能，汰侵漁，而後攻伐，其弭盜以是。夫今公又承命伐鵪，柟知其勢如破竹矣。他日東觀之上，大書特書，以昭我皇明之盛，則柟史氏之職也。」

送李嶧縣宗冉序

嶧縣丞李宗冉少貧苦學，不識詐僞。厥既廩膳，兩遭歲凶，周族拯戚，不私其有，族有遺骴，躬自殣之。上舍家居，學徒百數，更遭歲凶，貧徒欲解業流離，君令富徒饘之，或自攜糗米食焉，後皆成業。然言貌不修，如里翁村叟，高陵人以爲德優于材。厥既丞嶧，首出捕盜，獲六人。時祁暑，日行六十里，比至衙，上下俱渴暈，君命左右棘取水，與盜共啜。啜訖，不俟訊，咸輸其情曰：「不得水，賊輩已亡命。願實首，雖死可也。」曹縣人殺其人夫婦，挑踵剜目，劓鼻截乳，若是凶也，五檢官俱不得。君至謂曰：「此夫婦者固惡人，汝當其手刃此也，志除一邑害，何其勇哉！今而不首，又何弱哉！且汝一人殺人二人，快汝心以成名，死亦何憾！」其賊即獻其凶器而書狀。

嶧里有逆子，其母狀里正，逆子懼里正之達君也，布里正，里正並其布達君。君至其里，呼逆子及其弟，與其里居，語以母子之情，以布授其弟，令以衣母，逆子諸人皆羅泣曰：「今之時，若犯他官，破家蕩產不已也。明公且以布還，誨如慈母，死不敢爲逆。」嘗部諸邑夫修河瀆，夫裹足不至者，解囊錢假之至。既還矣，又以假他夫之餓者。一夫痢且死，君養諸虚圃，問所思食，曰：「思雞脯。」取廚雞與之，自是瘥。君且起，諸夫之父母妻子千人，直夜追送，擁不能行。

君在嶧纔八月，他政咸若是，巡撫數行奬，吏部考上，君可謂不優于材邪？故曰：「有德者必有材，有材者未必有德。」又曰：「始廉而終不污，始慎而終不惰者，賢人也。始廉而終污，始勤而終怠者，小人也。李君爲賢人而不爲小人必矣。不然，予其黨子哉！」

贈王扶風汝言序

扶風王君汝言，柟戚黨也，既受命巡按四川，當是時，方巡大同還。汝言之在大同也，劉瑾方横，欲殺大冢宰許公而無隙，乃索許公巡撫大同時初設尖丁事以中之，遂密遣校尉致書汝言及同差黄門，令此二人者劾而後行殺也。黄門曰：「劾則殺許老，不則殺吾二人，吾二人可自經也。」汝言曰：「寧殺吾二人，不可殺大冢宰。」乃自草奏曰：「尖丁之設，雖(有)[在][一]許某，厥初丁止三錢，繼而增爲五錢者，侯某也，又繼而增爲七錢、九錢者，劉某也。」蓋侯、劉皆瑾厚人，則難獨殺許公矣。瑾乃大怒，令改劾。黄門曰：「吾死矣。」於是汝言仍前劾不變，瑾滋怒曰：「此二人者，不思還京耶？」未幾，瑾敗，而汝言有此命。

呂子曰：「金煉之而後真，璞磨之而後玉，故書有『采采』之載。汝言四川之行，安知又不能大同也？汝言四川行亦大同，吾言之未晚也。」比汝言至四川，是時鴇寇自湖、陜遍蜀中，而總制大中丞獨酣酒賦詩，靡費公帑千萬而不恤。汝言奮然曰：「鴇寇小，此寇大，除此寇，鴇寇可勿血刃矣。」乃列奏總制四罪，而改求識兵體、洞士情者來蜀。於是天子從其奏，而蜀中蕩定，其他權要亦自是汰之。京中大夫士曰：「真御史也！」

尋汝言還，予謂之曰：「柟今可以贈言矣，然又有所説也。有人于此持鏡焉，西施悦，嫫母不悦。君之此行，豈無不悦者乎？如有所不悦者，而君渝其操，則柟之所贈于汝言者，柟又悔之矣。」

[一]「在」，據萬曆李楨本改。

純菴挽詩序

純菴君者，河東王生世相之父也。世相生而癯疾，而純菴君又欲其讀書，保愛教示，靡有不至，曰：「無忘我先人文中子。」世相奉以自志焉。初，世相足不能行數里，故常不越戶閾。一兒死，忍痛不哭，哭輒汗，恐益疾，以傷純菴君之志。比純菴君歿，世相哭七日，不病，既又欲渡黄河來陝，爲純菴君索墓上文。鄉人以爲不能至，當途果病而返，然已能達蒲矣。病小愈，又渡黄河來陝，直抵吾高陵。至省城，獲近山公墓志及吾所作墓表以歸，曰：「世相不死以振先君子者，有此耳。」然彌月不病。夫聞喜李進士言：「純菴君生而孝弟能讓，治家有法，教子世無與比，即世相可見矣。」諸君誦其父，觀其子，其能已于言乎？

送提學祝惟貞陞廣東參政序

昔者柟在京師，傳聞海寧祝子之名矣，然而莫之質也。海寧令易士美者，吾年友也，被徵來曰：「夫祝子者，豪傑之士也，學廣而要，修艾耆，稱道不倦，慈惠而辨，善諭里俗。處山林二十年，榮利不一怵其心，古之人歟！」繼出所獲贈章以觀，樸而華典，則而敏給，謂祝子爲易子之澹臺滅明，非歟？當是時也，景編修伯時者亦與見聞焉，然思一覩祝子不可得也。已而言者辟祝子，朝廷崇望，略資由工部員外郎致仕，超遷吾陝憲副，以董學政，諸薦紳曁吾土之士咸喜慶焉。然祝子又以疾辭，疾辭不獲而後之道。

是時，予病得告還山，始入潼關，吾土之士來訊提學焉，則對曰：「是浙江祝惟貞也，先行誼而後文學，昔之戴、楊、王、邵不是過也。」比祝子至，言必及義，敦德禮，獎節義，略見其餘緒而未之究也，又陞廣東左參政焉。於是憲長邵公曁諸大夫

使使來曰：「何以別我祝子也？」涇野子曰：「夫祝子，柟仰之久矣。仕而進忠補過，退而以修孝弟忠信，學聖人之道，六十有餘年矣。柟也，末學也，其奚言？雖然，泰山不讓抔土，有爲泰山者，予何抔土之爲惜。夫君子之持己在喜怒，其馭人也在賞罰。喜怒可測，佞者逆意而進矣；賞罰可易，善者隨俗而退矣。爲教爲養，皆宜是審也。夫祝子之爲虞衡也，嘗以堯舜之道告先帝，行且位卿相，用格心之學于聖王，以輔世而長民焉，則必不以邇言爲逆也。」

慈壽堂序

慈壽堂者，任丘君胡良弼爲其母太淑人所作以壽焉者也。太淑人姓陳氏，行年七十，康強不老。有男子五人，長故大司馬公，次任丘君，舉進士，知任丘。孫男女二十有一人，侍已舉于鄉，諸多積學以待用。曾孫男女九人。然而太淑人左規右誨，猶日夜罔或倦，任丘君遂以「慈壽」扁其母之堂。於是長安諸縉紳從而賦之者數十人，故稱慈壽堂云。

嗟乎！昔予之在京也，蓋嘗接司馬公矣，曰恭而亮，可以觀德焉。又嘗接任丘君矣，曰審而遠，可以觀政焉。比予之還山也，又嘗接舉人君矣，曰有父叔之風焉，其文之進不可量也。乃竊歎胡氏之盛，以爲天之生人，將甚弗平。世有舉族累葉蔑一聞人，而才美充盈，或在一門之內。比觀慈壽堂，又知天人不遠，而太淑人造之者長矣，慈壽之稱不徒爾也。或曰：「太淑人善事舅姑，諸所嗜愛，與當其意。舅姑疾，湯藥親嘗，百日夜不知解，姑垂沒，握其手曰：『吾無以報爾，願爾他日有子若孫之婦，皆若爾孝耳，爾壽當不減于我。』時姑年八十餘也。今觀太淑人七十尚艾壯，奚啻不減于姑之壽哉！然則太淑人之壽，得非以其孝耶？奚不『孝壽』云？」孝固所以爲慈也，孝而未慈，其如先人之志何？志于慈，孝斯遠矣。慈可以兼孝，故壽堂稱慈不稱孝。

賀李掌教受獎序

李子文輝署學政之八年，善教丕著。提學副使海寧祝公既獎于前，臨海秦公復移縣以申勸，且曰：「律己惟嚴，教人以禮，規矩丕變于夙昔，造詣益精于晚年。」於是邑侯翟君汝揚徵言發之。

予曰：「柟嘗習于李子矣，晉平定人也。年二十舉于鄉大夫，試禮部不第，曰：『親老無以養，吾不可一日俟進士舉也。』遂以乙科得署教高陵。然地狹而僻，士百九十貧，莫能對其爲親之志，李子或艴然曰：『咄咄！吾初不圖至是，吾初圖至是。即三年尚未壯不老，若舉進士，吾親寧尚如今日？』當是時也，政尚誅求，科取無經，士雖免役，厥家不佐，而李子上則重慶，下則諸弟眾，且幼子數人皆未立，咸待養焉，其用實難。以不佐之家，給實難之用，於是風俗滋薄，而先生之座無氈。然李子初以爲士富，故不我給也，既察知之，曰：『吾誤，吾誤！不知今天下貧，不獨庶民，淪及庶士，吾惟以吾在學之年視之，不亦過乎？且吾以不能養吾親、撫諸弟爲憾，彼諸士者，寧無親、兄弟耶？』乃盡斷束脩不受，雖節饋壽獻，苞苴不入門。吾嘗謂之曰：『束脩，天下之常；執贄，先王之禮。學不師宣聖，持久或難。』李子曰：『寧過且有不及，得中，豈宜易至？』於是坐無欵段，衣無綈縠，泊如也。

既而署縮縣綬，門無私謁，一人畏罪行饋，痛斥之，而責門卒。然則李子雖爲淮浙都運使，其誰能浼哉！然猶不自滿也，乃曰：『吾職未盡，而祗以廉名，甚愧！夫盡職莫先于作士，作士莫先于興行。』於是營鄉賢之祠，率躬行之士，崇李西平之祭，收楊文康之後，訪宋先生之傳，考于庶子之裔爾。乃表張偉之孝，完崔官之婚，桑子達以友弟而顯，張雲霄賴貞母而懿。禮教既宣，休風丕振。推其志，蓋欲盡還周、漢之俗。秦公之獎，宜又不足以備之也。使李子得進士舉，其視此何如哉？夫得之司教者，或遺行而重文，或並其文而廢之，如李子者幾人哉？夫李子性敏，日記數千言不忘，嘗與予論古今人物及往事，滾滾不竭。其弟應箕，近從予遊，年少而篤志慕古，蓋非常之士也，予嘗以薛河汾勉之，茲且侍李子以共學。」

然則李子之進，其有窮乎？」

於是翟子曰：「吾得良僚佐矣，吾豈憂不興？」

再賀李掌教序

吾學掌教李君文輝教成，而提學秦先生獎之「允稱師模」，於是司訓祁州邢廷獻、南部程朝佐暨吾諸友人問言焉，又將以勸李子也。

曰：「於戲！昔有白石生者，崑崙人也，貌如姑射之神女，齒如碩人之瓠犀，居瓊瑤之室，開雪月之門，出駕雙鶴，入驂白鹿。爾乃咀銀杏，饔霜稻，既飽而嘯，仰日而吟，見玄玉翁，則黝然而退，匿形而藏影，曰：『是將點我乎？』彼玄玉翁者，陰山人也，其見又異焉，曰：『吾朝徘徊于漆園，暮抱膝于霧洞，並北宮黝以爲友，牽夏首黑而爲朋，人不能識吾面，名不能顯吾形，爾崑崙氏者，又何皎皎爲邪？』於是雌黃騰乎多口，毀譽變于雙門。比其久也，崑崙氏曰：『吾不得玄玉翁，吾何以妙其動？』陰山氏曰：『吾不得白石生，吾何以藏諸靜？』於是跡不間于矛盾，人各出其肺肝，遂攜手以同車，乃麗澤而終身。

於戲！文輝質清而志卓，識明而才有餘，循是以往，何所不至。然當其未會也，梓爲索金而訟，箕欲負笈而阻。及其既會也，表孝友于寒士，顯道德于昔賢。蓋知有至不至，則行有同不同。故伯玉覺非于五旬，仲尼不惑于四十。夫道本太虛，清通而不可象；學如徙步，知過而後能進。昔者周公，西周之聖宰也；仲尼，東魯之聖士也。年如此其久也，地如彼其遠也，然精神既合於玄冥，形貌遂覩於夢寐。於是周公坐洙泗之堂，問曰：『爾所教諸士，有如我者乎？』仲尼曰：『諾。顏氏之子，其殆庶幾乎！』仲尼侍冢宰之位，問曰：『爾所輔三王，有如今者乎？』周公曰：『諾。文王既沒，文不在茲乎！』是在大聖爲之卓越，然于小學乃其標的。故季女采蘩於沼沚，大鳥拚飛於桃蟲。是故神明可格，雲霄可薄，非有

蓬萊之沉，豈免大耋之嗟。請與子偕秣其馬，共脂其車，絕塵而奔，一日千里，自積石至于崇高，梯以閣道，棧以參井，舟移銀漢，車脫牽牛，宿廣漢之鄉，弄日月之影，雲霮䨴而作雨，風習習以生物，白石生失其白，玄玉翁失其玄，子以爲如何？果若是，彼秦公者，又將何以獎子哉？司訓及諸友其以是問之。」

平西應召序

少保左都御史臯蘭彭公既平哈密，召掌內臺，諸卿大夫仕吾陝者咸矢詩歌。方伯王公使使來曰：「子固史氏，又玆土之産，而又在玆，宜有言以先信也。」答曰：「自柟之病歸也，日醫不效，外寇且薄境，身憂死亡，又懼父母兄弟之不相保也。今諸難既夷，豈惟柟一身家之獲安哉！柟手雖不能執筆，猶能口授書者。柟惟古之將帥出師，攻一城，略一地，未返而謗書盈篋。唐裴度伐蔡，屢請而後行，史氏猶稱憲宗之斷。今天子委用彭公，一心不二，東平兖、豫、青、徐，南平蜀、漢，撫哈密，三年之間，安諸夏而攘夷狄，是其神識聖斷，超越古今，而公壯猷奇才，則亦周、漢之遺矣！夫寇賊猾夏，猶水之於木石也。石實，水不能入，木不實，水則入之。今公操權內臺，輔弼聖主，其滋激揚清濁，惠綏小民，磐石邦本，潛消外虞。不然，飢寒之徒，鳥獸之輩，乘間而作，如人病既瘳而復藥石，斯難。公爲社稷計，固宜長慮爾矣，斯亦山林者之遠憂也。」

觀風餘興序

竊聞之：君子憫俗以觀風，憫風以觀政，因政以觀化。木訥之人貢其意，明辨之人列其辭，博議之人縣其象，稽數之人達其權。是故天明五紀，地效四維，人布五典，物陳萬類。故君子捋草木以盡天下之色，鼓雷霆以盡天下之聲，闡幽隱以

盡天下之藴，互日月，旁山川，錯鳥獸以盡天下之變。故可以廣惠〔一〕，可以起孝，可以格鬼神。賢者聞之勸，不賢者聞之戒，於太平其庶幾乎！

或曰：「李白、杜甫其殆是耶？」曰：「二子應博學宏辭科則可矣，於詩則未也。」「潘岳、劉琨、江淹、鮑照、二陸、三謝、沈、宋如之何？」曰：「亂世之作也，宜勿有於世矣。」問：「曹植、王粲、劉楨、阮籍。」曰：「其漢之衰乎！然塗斯人之耳目者，則自是耳。」「韋孟、蘇武、陶潛。」曰：「賴有此歟！其鶴鳴、蓼莪、考槃之亞耶！」故君子不知風，不足以成俗；不知雅，不足以立政；不知頌，不足以敦化。河州守熊君載刻谿田馬伯循評點南厓李元白覩風餘興之作，千里索序。當其體，予未之暇講也；睇其志，殆有意於斯乎！不然，李子於一年之間，舉茶馬之政，峻夷夏之防，烈激揚之風，恤困窮之士，振紀綱之司，惠在邊域，聲振全陜。是其詩，豈徒爾已哉！

南厓幽憩序

南厓幽憩，侍御李元白之舊隱也。南厓爲滇勝地，傍厓茅屋幾間，屋無他儲，古書數百策，一琴一榻，布衾而紙帳。繞屋皆竹、梧、梅、菊，襟帶小池。其前也，五柳雙松，松外水田百畝，引餘水以灌後園蕁芹桃李。砭癖軒在厓屋之右側，列芭蕉二樹，舊曰蕉牕。其左爲静亭，亭去厓屋不及百步，今更曰神隱。李子之在南厓也，日夕其中，講古人書以自考。客至，講田桑心性。客去，拈香弄琴，或起而問諸松竹梅柳，脱然不知有外物也。比既宦十四載，恒形諸夢，乃繪圖，時卷舒以神遊焉。嗚呼，苦矣！

夫李子與其憩南厓以自逸也，曷若今位顯而志行，望重而績遠。言於上，君德成；言於中，臣職肅；言於下，百姓咸

〔一〕「惠」，萬曆李楨本作「忠」。

蘇。砭一身癖，無寧砭天下癖；隱一身神，無寧存天下神乎！舍其大而思其小，柟未之前聞也。抑不然，昔女媧有砭癖軒，穹太虛，礎五嶽，乃猶煉五色石以砭其癖，砭天癖使之闔，砭地癖使之闢。日癖在東，砭之使西；月癖在西，砭之使東。夫是以乾坤位而萬物不病。李子將夢是軒乎？廣漢之地，有靜亭焉，風不能塵，雲不能翳，水不能洩，石不能泐，泰山不能爲其形，疾雷不能爲其聲。移之朝市，若山林；徙之江湖，若岩廊。李子將靜是亭乎？抑不然，砭癖益癖，靜亭不靜。吾欲李子不軒而臥，何者非軒？不亭而隱，何者非亭？未嘗不明，奚用蕉牕？未嘗不行，奚用厓門？若是，李子尚猶夢南厓幽憩乎？嗚呼！可以無夢矣。不能，然是李子猶疑於吾言也。

李子名素，字元白，先世丹徒人，太醫院官爲籍。

送南京左副都御史蕭公序

正德十有二年，南京左副都御史闕，公卿會議於廷，太宰奏曰：「左副都御史內江蕭翀，西蜀碩儒，進士高第。初知霍丘，已慣民隱。歷官秋冬，滋閑舊典，三使臬司，兩涖薇垣，兗、豫、秦、越，咸載其明德。若乃巡撫於幾甸，於貴州，於河南，力別清濁，申敷慈惠，姦宄用惴。邇在陝西，益懋勳忠。」帝若曰：「予聞茲卿，剛而寡回，洞詳憲體。其勑翀作南京左副都御史，典茲十有三道，襄予一人，用登於大理。往，欽哉！」勑至，長安三司大夫咸曰：「方式明公，康濟西土，憲車南轅，觀聽奚依？」乃發使徵言。

柟乃言曰：「邇嘗叨侍經幄，恭覩皇上，神聖天錫，政壹輔相。凡厥謨猷，聽受弗咈，治臻於唐虞，何有？然思惟厥要，在振紀綱。夫大學士司端，太宰司衡，諸卿百工司分。若乃上列迪逆，中劃邪正，下詰姦慝，褒字淳良，紀綱斯作，實惟在此二臺。夫恭則不侮，貞則人信之，中則寡議，毅則往無所禦，厚則戮力者衆，哲則難罔，信則罔撓。夫周旋循理之謂恭，不貳其操之謂貞，舉措無固之謂中，見義如欲之謂毅，遠慮玄識之謂厚，照知邪正之謂哲，見道弗惑之謂信。七德咸著，舉

憲有若拾芥。今此蒸黎，誕寘罷敝，豪右鉅猾，引姦附權，恣張厥志，魁狐碩鼠，憑據城社，犖獨載荼，耕績咸困，行傭以具徭。故盜竊猶興，虜在疆場，帑藏單虚，庶司府貨，蔑志效官。惟公攸統，咸天下之選，出震山嶽，入踞龍虎。然皆具載文質，各荷節志，懷挾謨猷，欲爲國立不拔之基。

柟聞之：震威不足以舉法，舉法不足以立政，立政不足以成言，成言不足以穀行，穀行不足以敦仁。矧夫善以偏阻，姦以懼横，利以忽杜，敝以暗生，禍以避長，祥以怠逆，謀以寡僨。惟公克樹厥表，影茲羣豸。粤若國初，先建内臺，洪武庚午，始定今官，列聖相傳，咸珍斯選。故魯穆恭於永樂，王翱、顧佐忠於宣德，軒輗、年富貞於正統，王竑毅於景泰、天順，王恕信於成化。七君子者，外撫雄藩，亦督内臺，終雖或以他官，咸由茲顯，故功存社稷，樹聲來裔。苟或弗由於此，階雖崇峻，勳績愧嘉。公斯之擢，誕惟爾初，克慎爾終，罔俾七公擅美有明。」

觀風復命序

御史華陽王子濟川巡茶陝西，接勘牧地，未溢二稔，諸廢聿興。竣事還朝，西人咸偉，其僚贈曰：「觀風復命。」冀又進也。發使哀言，波及孤子，固辭，使曰：「禮聞三年之喪，有問則對。」乃對曰：「憶昔方弱，秦風於穆，邇見邇聞，勞濟川以附復。於父弗顧子，諸承租調，取及屋瓦，門有長棗，伐沽以益，孺子啼飢，簪草行鬻於市，忍風丕行。十六編徭，行傭以具，私口遺親，雖疾餒弗顧，悖風孔滋。三女共布，貿絲暨米，米不及口，絲不及布，征調至咸去，泣涕交殞機杼，冒夫如仇，順風浸寢。十年聘女，二十婚女，苦役長棄以逋，賈可返貲，不可野死，桃李飄委於風露，義風已希。兄憎横征，夜入於南山，厥弟力贍府貨，析嫂北山，載路讓肥，未聞其人，閉閤何處，鬩風孔熾。載弁伐木，白首按劍，權巧漁賄，改面爭訐厥家，肺肝以初，寇讐以終，友風維偷。家累千金，綴褐而出市，姦宄傍路，雞犬罔寧，匪斯之交，不旋踵貧窶，富風維虜。什伍弛教，猶獵其脂膏，武心攜貳，盜竊恣行於原野，士風載惰。」

贈楊貳守序

吾郡貳守楊子朝瑞材鴻而政成，乃陟貳兩淮都運使，將行，遣使問言焉。呂子曰：「竊有所聞，敢質諸君子。夫愛臨民則高明畏，義臨財則煢獨悅，對時理事則百政舉。是故如火斯溫，如水斯寒。是故衡，横木也，星之大小具焉，天下之所憑也；粒，細數也，地之遠邇具焉，天下之所依也。故君子習天以敦仁，習地以精義，習於天地之間以對時。故可以事上，可以使下，可以知明，可以知幽。」

贈李犖昌教授序

涇野子曰：「夫高陵鄙邑也，犖昌則鉅郡矣，教諭常階也，教授則流官矣，吾李子之聲於是乎始著也。夫雷不冬畜，則不春鳴；龍不深潛，則不雲雨。天下之道，貞夫一者也。黄金之色不一也，百煉而不變者，然後良；白玉之質不一也，秋毫而無瑕者，然後美。昔者顔子之事夫子也，夫子獨稱爲好學，曰：『不遷怒，不貳過。』夫今之論好學者，豈謂是乎？至于不遷不貳，抑又難矣。夫瞿塘、灔澦，天下之至險也，未登岷江之舟者，與之語，猶坦途耳。他日，柟嘗學種禾矣，遇莠則鋤之，三日而過，莠則猶夫昔也；遇禾則培之，三日而過，禾則猶夫昔也。於是荷鋤而立道旁，語老農曰：『吾田何若是之惡乎？』老農曰：『子未聞莊周乎？鹵莽而耕者，亦鹵莽而獲之；滅裂而耕者，亦滅裂而獲之。老農之田則異乎是：草未繁，而壑之者三矣；莠未花，而揠之者三矣。子何以比吾田哉！』予擲鋤而歎曰：『昔者后稷之治稼也，以四海九州爲畎畝，以日往月來爲耒耜，以江淮河漢爲灌溉，以雨露霜雪爲糞壤，然後鑄莊山之金，以薅荼蓼。詩曰：荼蓼朽止，黍稷茂止。』夫登太華者，不憂不至，憂其不繼。繼則玉女之岫，蓮花之峯，可旦夕而至也。夫口偽者無言，足偽者無行。

言行者，君子之所以登夫岸也。李子有過目成誦之資，有食荼茹苦之節，有振頽激懦之材，有先人後己之行，蓋三晉之傑也，豈易得哉！豈易得哉！」

壽判簿崔先生序

吾縣翟大夫曰：「清蒞縣且周歲，大夫士或多接，惟崔先生非飲射不接，又無異言，偶留飲，不久坐，便起身行。然鬚眉皤然，步健而履安，動猶能循矩。吾初以爲七八十歲，人背訪之，九十四矣，即百歲。世如此年者，昏耄已矣，又奚有此德？世有此德者，凋謝多矣，又奚有此年？彼子游之滅明，不齊之父兄事者，未能或予之先也。清夙夜思奉朝廷德意，以不忝厥職，惟在崇老而尊賢，史氏諒不惜賀言。」是日，縣僚、學師俱來，李子曰：「夫勸幼莫如敦老，變俗莫如尚賢。天下之政一也，王道明則貴德，不明則賤士。自奎署教事，八年于兹矣，若先生者，豈惟其年罕見，厥德亦人所難能也。此不賀，奎何以表諸士？」

呂柟曰：「唯唯。天下有道，諸司崇禮；天下無道，諸司崇法。天地和，伏生之輩壽；天地不和，顔子之輩夭。太和之氣，文明之化，于今日見之矣。夫崔先生者，吾母之姨甫也。柟總丱時，嘗操几杖侍其側，商城之政，耳所熟也，谷口之行，目所諳也。夫富而不禮，奴虜也；貴而不道，豺狼也。如先生者，可以笑猗頓而傲軒冕矣，又何求于世哉！夫百歲，氣之壽也；千歲，道之壽也。先生豈惟氣之壽哉！柟嘗過黄河，涉易水，遍接江、淮、吳、越之士，未嘗聞郡邑者肯有此舉也，將其地無此人乎？亦其地無此官乎？然則，今日豈惟崔先生可賀哉！」

於是翟大夫及諸君皆受無算爵，二人笙歌舞鼉，鼓于堂下。

鄉試録前序　代人作

正德十四年，天下當大比之期，某不才，應聘而來某處謬典試事。事既竣，且録以行，某當序諸首。

竊聞之：取士有則，聞見相符而已矣；爲士有體，言行相符而已矣。故君子舉誠以醇俗，登節以格天，貢直以定經，稱仁以廣化，發孝以羅忠，褒廉以阜財，援智以存略，汲敬以立綱。是故僞士之言如蘋，烈士之言如金，戇士之言如矢，惠士之言如春，逆士之言如鴟，貪士之言如壑，愚士之言如韋，不恭之士之言如猱。是故天包萬善，厥語雷霆；地載百物，不見而章。昔者孔子之取士也，然雍之言，是偃之言，中損之言，不幸賜之言，不信予之言，由是道也。諸士子生長名藩，厚積茂行，拯弊以對明時，致身而濟大川，乃其素志也。

某不敏，固將因言以索行，不欲徒聞而無所見也。況今日之事皆朝廷之事也，監臨某官某人以是督我，提調某官某人以是問我，監試某官某人以是察我，考試某官某人、同考試某官某人以是襄我，提學某官某人以是驗我，諸不入院者某官某人以是望我，其有事茲土者某官某人以是聞而覘我，曰：「舉能其官，惟爾之能。稱匪其人，惟爾不任。」諸士子有違行之言而見取之，是某之不明也；有如行之言而不取之，是不忠也；明與忠，某不敢不勉。取之，而他日行與言違，以上負朝廷，而下羞諸君子，則罪不在我矣。

鄉試録後序[一]

正德己卯，山西鄉試既成，某以職事，例當有言于末簡，以告二三子。竊惟自周而後，稱長治久安者，惟漢爲然。夫其取士也，雖有諸科，究在明當時之務耳，故其時賢有曰：「識時務者在俊傑。」夫二三子，固今日之俊傑也，有司者已即其言，占其行而取之矣，不知他日能酬斯志否耶？夫所謂時務者，非媚俗以同塵也，非附勢以竊榮也，非避危以苟安也，非取便以合乖也，非罔人以謀利也。夫時有不同，務亦各異，故禹務在洪水，孟軻務在楊、墨。兩漢之間，其務多矣，然亦有能隨其主而識之者，如董公出兵之說，賈誼諸侯之策，汲黯多欲之諫，往往是也。若使董公以楊、墨爲急，賈生以洪水爲先，迂亦甚矣。夫蹊人之田者，必由邪徑；伐人之園者，必由垝垣，此大道所以榛蕪，而正門所以閉塞也。然則今日之務，敢謂有不知者哉？咎在于借時務以自文，遂自悔之而不能追也。夫老佛可以分率，宦寺可以理通，行伍可以功定，惟文時務之人，言之無從證也，索之無從班[二]也，然而流毒遠、蓄害深、速禍重，彼老佛、宦寺、行伍之或爲疚者，反不若此之甚也。將孔子所謂鄉原者，豈其徒乎？二三子固將進有職列，于時其知所以務此者乎？務明乎此，上可報九重，而下可福四海，豈惟並駕賈誼諸賢，雖禹、孟軻又何遜焉！此執事者録二三子之志也。

[一] 萬曆李楨本与道光楊浚本題爲「山西鄉試録後序」。
[二] 「班」，萬曆李楨本作「瘢」。

陝西鄉試録前序

正德十四年，當天下鄉試之期，某及某官某人謬應陝西考試官，試事既成且録矣，某當敘諸首。曰：「二三子慎之哉！初，某之語吾諸有司也，曰：『某官某人考易，深貴顯，遠貴近，虛貴實，異貴經，小貴大。某官某人考書，雜而不理，非精也；同而不殊，非一也。某官某人考詩，成心忘者，其辭沖；隘心去者，其辭(遂)[邃]〔一〕；妬心横者，其辭險。某官某人考春秋，正傳以發經[者]〔二〕爲上士，假傳以求經者爲中士，泥傳而廢經者爲下士，下士勿取。某官某人考禮記，迂者陳古而盭宜，蕩者狥時而忘舊，迂則不行，蕩則非止。四書者，率此者也。論者以此議者也，策者以此測者也，詔、誥、表、判者以此準者也。』聖祖表經以治世，賢相明經以取士，國家百五十年來一也。今我有司既(則)[持]〔三〕此以式爾二三子矣，二三子甚無愧我執事。

夫陝西，山川之初，而天地之首也，故羣聖多自此産，六經咸自此出。然昔之作者既如此其極也，後死者則固此地之人耳。乃或讀其書，不能昭其道，當其用，不能酬其學，此其故何耶？究在隨俗而崇言，追流而忘義耳。今夫石，天下之至鈍者也，易用之以爲介，詩用之以爲錯。今夫財，天下之至利者也，書貴於大賚，禮貴於能散。夫士也，明經而行之以輔世，詳此二者而已。故解結問觿，整經問頭。昔嘗過河滸，見舉大木以爲室者，環百人之手，莫能移尺寸。一人曰：『置衮木于下。』六人牽之，十三人隨而推之，飄然行矣。用其策，遂成干霄之室。故大治莫如審幾，審幾莫如索士，索士莫如正經。孟

〔一〕「邃」，據萬曆李楨本改。
〔二〕「者」，據萬曆李楨本補。
〔三〕「持」，據萬曆李楨本改。

子曰：『經正則庶民興，斯無邪慝矣。』夫今之卿相百寮，皆爾二三子之爲也，今爾二三子，即今之卿相百寮也。民貧而財屈，寵甚而倖張，虜驕而寇興，災垂而異出，有司所棘于二三子者，豈啻如濟飢渴而拯焚溺者哉！二三子如捐行而惟言之華，棄義而惟利之圖，舉易而無王昭素之論，舉書而無林機之議，舉詩而或爲匡衡之敗，舉春秋而或如公孫弘之僞，則天下之憂何時而已也？羲、文之開易于斯，文、武、成、康、周、召之爲詩、書、禮、樂于斯者，固如是乎？二三子拭目而覽成紀、豐鎬之墟，則所以忠聖皇而對昭代者，自不能已矣。況今日之事，巡按御史某人監臨乎爾，某官某人提調乎爾，提學副使某人遴選乎爾，巡撫某人、鎮守某人又皆總振乎爾，某官某人、某官某人又皆贊成乎爾，有使事于斯者，某官某人及總兵某人又皆瞻望乎爾。二三子慎之哉！」

陝西鄉試録後序

正德十四年秋八月二十日，陝西鄉試事告畢，某當序諸末簡，以申告諸君子。某惟孔子者，萬世君臣之師，故諸士子皆誦習之，以輔世而致治。夫孔子之道，非有異說奇行，即斟酌二帝三王之道，以爲人倫日用之常耳。然自漢以來，文、景時治術不一，天下稱治。武帝用董仲舒策，表章六經，而海内不免虛耗。雖歷唐、宋諸代，亦多不似文、景時，豈董子策不可終用耶？過在學者多習孔子，而實則異端耳。故孔子之經一也，雋不疑用之以斷僞，公孫弘用之以飾姦，吴祐用之以明仁，揚雄用之以貢諂，則豈非學者之罪哉？故論異端於漢、宋，黄老爲小，訓詁爲大；論異端於晉、宋、齊、梁、陳、隋、唐，佛爲輕，詩賦爲重。譬之入室，旁門既開，路寢斯廢耳。

我太祖高皇帝躬行仁義，太宗文皇帝申之以禮樂，列聖繩武，亦既盡用孔子之術矣。然士之趨利名者，猶或沿襲故聞，如前數代之異端者不能盡免。於是有知榮身而不知榮君，知安家而不知安國，知附上而不知附下，知避害而不知避污。財屈而兵羸，民怨而神恫，皆此異端之爲祟也。孔子曰：「攻乎異端，斯害也已！」竊聞之，我太祖解之曰：「攻，去也。

已，止也。去異端，則害止矣。」信斯言也，真治世之藥石歟！諸士子試於場屋，執事者亦求庶幾乎善言德行者矣。行將有位在列，有職在政，乃或不能發孔子之道，以濟時救民，而爲昭代光，則後之作者，猶以異端誚若矣。諸君子勉之哉！

己卯舉人敘齒録後序

此吾鄉己卯科舉人敘齒録也。是録也，有讓道焉，其始之也，有爭道焉。爭者各欲攄其材，讓者各欲存其德。材攄則名顯，德存則實尊，名實也者，君子之所以輔政而裨治者也，可不務乎？如其所爭不以材也，則競勢射利之害生焉；如其所讓不以德也，則媚世諂俗之害生焉。諸君子倘審于斯，則他日名曜日月，實加金石，以爲周、漢來鄉邦之先正光者，皆在是矣。況是榜所收多名人實士，而武功耿季醇，予所交，寧州呂幼通，又嘗從予遊，則又安得不以斯言相語乎！

武功縣志序

予嘗兩至武功，涉漆釣漳，陟雍丘，遊鳳麓，南望太白、終南之奇〔一〕，北顧九嵏諸山，則見碧流襟帶，翠巘揖讓，珍木蔚薈，灝光組繡，風氣翕乎四來，龍虎儼而交應，未嘗不臨景命筆而羨斯地之勝也。及予訪后稷之墟，覽唐皇之舊，問蘇子卿之胤〔二〕，參張橫渠之像，誦康尚書之勳，然後知斯地之效，而對客談山，言未或忘之矣。夫美稼不發墝埆，修松不挺培塿，斯

〔一〕「南望太白、終南之奇」一句，清乾隆重刊本正德武功縣志作「渡渭而尋太白、終南之奇」。
〔二〕「胤」，正德武功縣志作「裔」。

已然矣。若乃楨高而築堵不繼，表正而式影或迂，則在夫後之君子焉〔一〕。夫后稷，政之祖也；橫渠，教之宗也。官無后稷之心者皆忍夫，師無橫渠之志者皆貨客。如仁義之有托，即政教之咸（流）〔興〕〔二〕，繄茲人物，有不恒茂者乎？雖然，政不必皆官，識法者即可爲；教不必皆師，見道者即可立。故王烈之政亦行太原，綿駒之歌能教齊右。武功之志，凡以憂夫此也。

志七篇，地理約而不漏，建置則而〔有〕〔三〕據，祠祀先今而後古，田賦隱而惻〔四〕，官師直書而勸戒自形，人物之志浩乎其無窮也，君子于是乎思古，于是乎徵今，于是乎開來，其志已勤矣。選舉崇義而黜利，蓋志之良者也。學者觀其志目，亦思過半矣。

是志也，撰之者，吾友康子德涵；刻之者，邑侯西蜀馮玉仲〔五〕，則斯政教也，爲有歸矣！〔六〕

燕饗樂譜序

涇野子曰：「聲律之道，柟久欲求之而未能也。比得李白夫燕饗樂譜，於予心少開焉。於戲！白夫之學亦靜密哉！昔者京房之作準也，嚴宣廷訓有素，不能爲之侯部；張光家藏形器，不能爲之定絃。夫一準且如此難也，而白夫乃能稽其

〔一〕「表正而式影或迂，則在夫後之君子焉」一句，正德武功縣志作「表正而式影弗端，則求諸嗣有政教者焉」。
〔二〕「興」，據正德武功縣志改。
〔三〕「有」，據正德武功縣志補。
〔四〕「田賦隱而惻」一句，正德武功縣志作「田賦先古而後今」。
〔五〕「馮玉仲」，原作「馮仲玉」，據正德武功縣志改。
〔六〕正德武功縣志後有「正德己卯冬十一月甲寅涇野呂柟書」一句。

全，貢其妙，繹其舊，附其新，七聲之次，十二詩之用，燦乎如指諸掌，如有作者，必采斯譜矣。於戲！白夫之學亦靜密哉！

夫道在天下，方圓相生，形影一貫。故説理可以觀氣，觀象可以洞聲，洞聲可以諳音，諳音之至，數音具矣。故盡巧思如柴玉，終愧杜夔之精妙；諧牛鐸如荀勖，卒慚阮咸之神解。此吹律聽鐘，周武知捷乎牧野；而鑄鐘聞撅，泠州鳩以憂景王之心疾也。蓋律呂之道，奧疏天地，幽速鬼神，廣簪萬彙，妙興聖賢。乃若莩葭之升沉，緹幔之疾徐，氣候之乖合，雌雄之修短，徑圍之損益，毫釐之差，天人睽遠。故律少短，則黄鐘吹而林鐘聽也；律少長，則南呂吹而太簇聽也。厚則已壅，薄則已揚，廣則已濁，狹則已清。題小則促，下扁則嗇，以和七聲則不諧，以候元氣則不應矣。管子曰：『凡聽徵，如負豬豕，覺而駭；凡聽羽，如鼃鳴在樹；凡聽宫，如牛鳴窌中；凡聽商，如離羣羊；凡聽角，如雉登木以鳴，音疾以清。』此其實也。昔吾馮翊人楊收者，年未冠，從其父適吴滂陽，耕得古鐘高尺餘，收叩之曰：『此姑洗角也。』既剮拭，果有刻在兩欒。嘗言琴通黄鐘、姑洗、無射，三均側出諸調，猶蔦蘿附灌木然。當是時也，有安説者，七十餘矣，稱善琴，收問：『五絃，其貳云何？』説曰：『世謂周文、武先王所加。』收曰：『能爲文王操乎？』説即以黄鐘爲君，而奏之以少商應大絃。收曰：『止如子之言，少商武絃也，文世安得此聲乎？』於是具言旋宫之均，二少之故，而説以爲未始聞也。斯譜也而遇收，吾知其躍然三歎矣。雖然，韶、武二樂，其律呂大小豈有差殊哉？而夫子以武爲未盡善，吾又知白夫之志，不徒以鐘鼓爲樂也。

白夫名璧，廣西武緣人，志久在于伊洛。」

涇野先生文集卷之三

序

劍閣集序

予病臥東林，楊生九儀者問王公設險以守國，對曰：「式是天地之險耳。故嚴尊卑之分，列貴賤之位，品賢不肖之差，寵不能踰其首，佞不能駢其肩，是設天險也。田疇有定界，禮俗有定節，法度有定限，豪富不能敏其武，貧弱不能短其足，是設地險也。若是，則可以行有尚矣。」語畢，而白夫寄劍閣集來，有圖有跡，有銘有詩，乃歎劍閣之險聞天下、稱古今者，不虛也。疑若不可越者，然司馬錯通其路，徐成克其縣，曹彬擒其主，皆無有能禦之者。又其甚，雖唐皇出，其門以西亦不敢憑矣。乃益知王公之設險，出乎天地之外也。白夫斯集，其將貢是意於天下乎！於戲！豈惟天下，雖傳之後世可也。

白夫名璧，集中亦有言。

大成樂舞圖譜序

廣西李白夫著燕饗樂譜以示予，予嘗爲之序矣，然論其大，未及其細。比得臨清張允薦所著大成樂舞圖譜，而縣侯翟汝揚亦請序焉。夫風、雅、頌之樂不聞於世久矣，而白夫之譜具風、雅，允薦之譜則頌也。愚也何幸，得聞二君子之道哉！

夫二譜皆用太常譜聲，而以十二律旋相爲宮。白夫之學，多祖宋聲，故其譜采蘩、采蘋，猶存越調；鹿鳴四詩，或用凡聲。夫凡聲益高，越調近俗，去雅、古則有疑焉。允薦之學，盡去凡聲、越調而止用黄六，庶幾乎雅矣。夫黄六者，變宮清聲也，昔晦翁與詹元善書固欲用之，然而變徵亦不可無也。且琴之五絃，五聲也，其下二絃，少宮少徵也，若去一留七，去七留一，則止用六絃矣。故七聲具，而後樂和焉。夫禮從宜，樂從變，少宮少徵因變而生也。蓋八音無定體，而五聲有定律，以定律之聲，格無定體之音，則有膠柱鼓瑟者矣。如有知變也，雖一絃之琴，可十四律，而倨句鼓博之間，豈不足以取七聲哉？

邇嘗受琴於允薦矣，允薦奏梅花而三絃之軫弊，屢調之不應也，乃通改六絃以諧之，於是渢渢乎清泠可聽也。彼三絃者，其絙絲之毫釐，豈暇即累黍金石尺而論之哉？則其他笙、鼓、塤、篪之類，從可格矣。審若是，器之廣狹、厚薄、長短、大小皆可用，而惟人手口之妙、耳目之精，非言所能盡也，故樂從變者，八音以十二律而變也。雖然，聞朝歌之音，人思殺；聞伯牙之調，馬思秣。生殺頓殊，而聲樂相通，豈非凡物皆氣，凡氣皆聲，凡聲皆心，聲應而氣求，氣動而心使者乎？故孔子曰：「人而不仁，如樂何？」白夫、允薦之學，豈徒以聲氣者哉？蓋皆久有志於仁矣。允薦之譜，又有武圖，大抵文舞多揖讓，武舞多蹈厲，以是意索之，亦皆可通也。

漢紀校正序

曩予在史館，數問荀氏書，獲申鑑，未獲漢紀。今陝西提學何子仲默獲之於侍讀徐子子容，子容獲之於吳下家人。予從何子借觀，何子乃移縣尹翟汝揚板行，而以校正畀予。然是書抄本無副，且其體綜表志，錯紀傳，係歲月，附論讚，與漢書多所出入損益。故所校正，能考漢書所有，不能補漢書所無，未爲精本也。夫是書，君諱而不隱，臣直而不覈，事近而旨遠，政詳而有條，物具其要，夷狄之釁告其端，災祥貢其由，典如左丘而不誣，法如通鑑而有究，正如唐鑑而不泥，婉如公羊、穀梁

而不厭，此其編蓋有志於經矣。故今所校正，其缺漏紕謬者，義苟可揆，法如孟子之引詩、書；事若難揆，竊比於郭公、夏五，雖一字不敢增也。佐予校正並繕寫者，生員四人焉：王仲仁、馬書林、劉守得、馬應暘。

金泉王先生八十壽序

竊聞之：性者，天地之志也；氣者，天地之命也；形者，天地之貌也。故君子養性以正氣，所以繼志也；養氣以裕形，所以立命也；踐形以復性，所以肖貌也。是故溺形者不絕則伐氣，鶩氣者不塞則斷性。故君子知幽知明，知遠知近，故壽越常度而不衰。

金泉翁八十餘，耳能悉小語，目能察細字，齒不豁能嚙堅，手伸縮如壯能持重，足能登眺山原不以爲勞，當其矍鑠，雖百歲未可量。好事者以爲南極星下也，乃繪羣仙上壽圖，各賦詩以誇之。嗚呼，此其知翁之學哉！今夫種木者，必深瘞其本於土，然後枝葉可得而茂也；種火者，必厚藏其魄於灰，然後光焰可得而發也。金泉翁之爲學也，珍味不欲蠹其口，麗服不能瘝其身，姦邪聲色不欲窒其耳目，以此養形，形無不厚。仕止自取，不制於外，吟哦自好，不狃於時，登臨自適，不牽於俗，以此養氣，氣無不充。内而庭訓，外而交人，非義不由，非禮不舉，非高賢哲士不接，非愛民守法不寓於書，以此養性，性無不臧。是故性臧而氣益充也，氣充而形益厚也。是其壽雖千歲且未艾，彼所圖之羣仙，豈足以知翁哉！

雖然，此猶不足爲翁賀，翁當有千萬年壽，則在其子僉憲君隆吉耳。是故天壽水，地壽日，人壽子孫。水流而不息，則天常運；日照而不已，則地常生；子孫賢，有光於先人，則身名常存。昔者曾點壽未百年，得曾參繼之，名至今壽不歿也。隆吉與予同年最契，年且少，有文武之材，仁義之志，如益極其學而用其道，以輔明時而濟斯世也，真足以對天地，光日月，則所以壽翁千萬年者，當又不啻矣，彼羣仙之所壽，又豈足以知此哉！

翁諱充，字彥實，家世南充人，以歲貢高第，嘗仕湖廣、巴東訓導。

白侯省耕詩序

蒲城白侯爲蒲四年，每出郊巡，視田桑，省不足，補不給，督惰遊，喻勤苦，四境之内興農焉。夫今之守令，比于監司，玩于撫按，迫于鎮守者，率漁獵其民，無已則殘苦其民，無已則累係其民，有如白侯愛民如子、省耕視耘者，幾人哉？昔孔子繫並象曰：「君子以勞民勸相。」至其告子路爲政，乃以「先之」與「勞之」對言。白侯之政，當非有所得于經耶！如守令者皆如白侯，即人人足，家家給，天下可無虞矣！方今聖天子興維新之政，重守令之選，如白侯者，當不久枳棘之棲矣，白侯其勉哉！是時，蒲士大夫亦爲詩歌詠白侯，以達斯民之志，而原進士述、雷秀才電爲予言之。

白侯名志禮，嘉定州威遠人，以鄉舉高第授蒲城令。

贈涇陽掌教譚君陞永寧序

敝邑去涇陽止五十里，親戚朋友相通焉。然自譚君之教涇陽也，端謹愷悌之風，日無不聞之，蓋不徒出諸涇陽人口，敝邑人率多樂道也。往時，譚君視予病於涇野草堂，邂逅之頃，乃滋信美名之不虚矣。未幾，己卯大比，河南藩臬聘典文衡，而譚君且行，使其弟子李企問言。當是時，予固以譚君學優，請兼考詩、禮記，於是此兩經舉者皆號得人，則譚君者，豈非相信之友哉！去年，陝西御史以譚君學行薦吏部，陞令永寧，蓋小試之而將大用也。譚君既至永寧，而渭南掌教劉君紹與譚君有同鄉之好，知譚君又不啻於予也，遣人問言以贈。夫永寧爲邑，邇礦山，有禁盜，多嘯聚，又多竹�，其成器通諸邦。往聞仕於此者，率犯禁，私載礦，賂權貴，日行竹物饋上官，故民率罷于竹而擾于礦也。譚君于此二事，能改其舊焉，則其他大政可由知也。夫教與政異用而同體，故曰：「有教者，必有政。」予與譚君又何憂不相信哉！

譚君諱鼒，字某，蜀銅梁人，中丁卯鄉舉。其叔父某，中癸丑進士，爲名宦。弟紹宗，亦中庚午鄉舉。蓋家庭之有素學者也，則譚君又豈百里之才，而終於枳棘之棲者乎？譚君其勉哉！

姜總兵哀忠詩序

後世學者立論，多薄節義而厚道德，至謂仗節死義，乃其一節之士，未爲知道。於是偷生苟容之風熾，諂佞興，綱紀解，人民斃，社稷危，皆是論啓之，蓋不知節義、道德非兩物也。嗚呼，節義之士有功於國家，豈小補哉！正德庚午四月，寧夏之變，逆賊寘鐇、何錦輩即欲興亂，而憚總兵姜公大容，乃潛謀曰：「先殺姜總兵，其餘真如發蒙耳。」總兵有權有義，權則不易服，義則不肯從。」於是置酒府邸，召諸鎮巡，而先速總兵。總兵至，伏兵起脅，而總兵即大罵曰：「梟首賊，朝廷何負汝，乃敢爾也！」遂遇害。於是三軍之士揮涕發憤，而諸賊膽喪就擒。微總兵之死，即生靈延毒無算，而天下事未可知也，然則節義之士有功於國家，豈小補哉！使公平日道德少薄，未或能今日之烈也。厥後，庚辰宸濠之變，而都御史孫燧、副使許逵皆以身扞之而死，宸濠亦不旋踵而敗，又寧非公之遺風哉！公死十餘年，而鄉之卿大夫士皆有所歌詠，如漢人之思汲黯、孔融也。

大司徒近山劉公序諸首，命予識後以傳云。

壽萱圖序

予友九川呂道夫母太夫人王氏年六十三時，柟嘗具言稱壽，一曰報德，二曰報志矣。是時，劉瑾方橫而道夫獨立，縉紳方默而道夫獨言也，於是太夫人甚喜慶。今太夫人七十一矣，而道夫滋拓前行，問豺狼於當路，批龍虎之鱗鬚，遂至于謫都

諫，謫小州，靜潼關，繫禁獄，與死爲隣者二年，而太夫人亦不悔，以爲扶此人紀然也。及際明時，出爲參政，非舊格也，而太夫人亦不怨。太夫人之志與德詎可量！而道夫之所以報之者至是，以爲不忘予言矣。蓋太夫人受質純厚，道夫五歲而即靈；尚志高遠，道夫九歲而不墮；主績之教習三遷，道夫十七八歲而有聞。然則道夫以志德而壽太夫人於千歲者後，豈止此耶！許吏部乃獨以鳳詔圖、封爲太孺人者爲壽，不亦淺乎！

壽翟母太夫人八十二序

邑侯翟君汝揚母太夫人王氏，崇明簿士良翁之配也。今年十一月十五日，壽登八十有二，侯之僚友洎吾鄉大夫士咸拜舉壽觴。酒行，貳尹鹽井英賦楚茨之亂，司訓南部相賦葛覃，縣史雙流萬端賦思齊，判簿連城錦賦陟岵之二章，大尹江津守臣賦閟宮之七章，太學生文學賦蓼莪，緒賦燕燕之亂，鰲賦南山有臺，貢士復禮賦旱麓，典膳楊賦采蘩。

修撰涇野柟曰：「德厚者胤秀，性淵者流香，故和膽之母能開柳氏，而主績之夫人能使其歐垂芳於左氏至無窮也。夫鹽井言太夫人之惠時能引子孫也，南部原有業也，雙流言嘗仰歸前聖賢也，陟岵言侯孝思純篤能迎太夫人來宦邸也，江津言既至宦邸吾侯能宜大夫庶士也，文學可謂知苦矣，緒言其德不孫古莊姜也，鰲言其壽與德能爲民之父母也，復禮言福祿之盛也，楊言重祭祀也，太夫人能奉祭祀於祖妣，則可以毓吾侯如前詩賦也。於乎，太夫人千歲奚啻哉！」

於是侯跪曰：「母于予總角時誨我以毛詩，亦若諸子今日之所賦，清敢不滋焉努力。」於是太夫人甚喜慶，飲無筭爵。

耆德桑老先生八十五壽序

耆德桑公，予親家，學生兼善之父也，今年八十五矣。予隨廣文程、李二先生往焉，程君舉爵頌禱曰：「惟公壽越百

度，親見爾子兼善之仕也，或位言責，或位官守，得行其學於時，於公心斯甚快焉。」李君舉爵頌禱曰：「惟公壽越百度，親見爾孫六人者之立也，儒者成其業，農者考其穡，商者通其貨，得衍其慶於後，於公心斯甚快焉。」柟三頌禱曰：「惟翁壽越百度，親見其子而又子，孫而又孫，曾玄赫奕，雲仍箕裘，用光昭爾德於方來，於翁心斯甚快焉。」

翁輾然笑曰：「整其能如諸先生言哉？」予曰：「柟嘗讀古人之書，觀今人之行，見有黃耇之老，詢其故，必孝，必弟，必慈，必儉，必信，必仁，必厚，必良者也。翁雖垂白，念及先人，或至泣下。兄既蚤沒，撫其孤如己子，至長與婚娶，而後析之。所配史夫人，生二子，教之義。方其視兼善之學，身裹糗糒，日臨視焉，曰：『無惰爾進士之業。』年且耄耋，未嘗重帛，與人有所言，如金石堅不改。窮困孤獨，無不可托。其懼王法，惴惴乎若涉淵冰。於族中子弟凶悍者，必督責教誨之，子弟亦謹言信行，不敢違越。故邑人稱恩實者，必桑氏云。性直寡合，既與人交，未嘗言其過失。於戲！公有此八行，身雖韋衣之微，家雖山林之下，彼崇爵峻階之輩，或辱身而戕德，或病國而妨民，視公何如哉？然則，予與程、李二君所頌禱者，不其然乎？」公輾然曰：「子達吾老矣，若吾子孫者遵而守之，推而廣之，則太史之言，豈獨教老夫者哉！」

五子遊山集序

去年，予從對山康子洗病於鄠之楊泉，因欲眺樓觀，覽仙遊，憩赤松嶺，以畢終南之勝也。然是時天大雨，盩厔無官，不能借馬，故其興索然，至今怏怏焉。今春，大復何子按士至此，而王渼陂、張西谿、康對山、段河濱亦同遊焉，京人王明叔者且尹盩厔，以爲茲山主。於是奇巘秀峰，哲跡咸造，有詩有歌，有賦有記，南山之靈，亦浩乎暢矣。明叔將板焉，而亦知予往懷之未遂也，乃以序問予。嗚呼！予四十年之想，三百里之行，不能一償，而諸公乃于不約之頃，獲共賞焉，將山靈之薄予，亦人所不能盡如其意者，乃天乎！夫茲山有明叔主，而諸公咸集，則又不可純謂之天也。嗚呼！一終南之遇不遇，且或非天，則夫欲登泰山而觀滄海者，豈可不謂之人哉！

小學訓序

廣西李得友年十四，其父劍州太守白夫遣隨其兄得與來學於涇野。夫十四，年至少也。廣西且勿論，即劍州至涇野，亦至遠也。予嘉其篤志，羨其氣清而質厚，懼其蒙養或未正也，於是取小學諸書，分類訓之今，日誦習焉。其篇曰掃灑，曰應對，曰視聽，曰手儀，曰足儀，曰衣服，曰飲食，曰禮訓，曰樂訓，曰射訓，曰御訓，曰書訓，曰數訓，凡十三篇。然禮、樂訓未卒，而太守遷臨安，二子南歸，將會其父於劍州也。嗚呼！得友于爾，已訓九篇矣，其四篇未聋者，可類推也。夫小學之教不行，則治身無法，治天下無具，得友其勿忘乎此哉！

贈桑汝瀾歸濮陽序

桑太學汝瀾往年自濮陽來省其兄汝公先生於華州，大夫士咸樂與遊，蓋非以其兄爲華州然也。華州之政，窮獨如雨，姦慝如鏡，強梗如雷，邪枉如繩，禮賢下士如渴，蓋古之良大夫也。彼樂與太學遊者，雖爲華州，亦何所不可？聞太學中質而外有文，與接者樂親其貌，與話者樂聞其言，與事者思觀其度，則華州之政，固其所教，成于兄弟者也。彼樂與太學遊者，謂非樂華州，殆亦不可。太學東歸有期，渭南鄉大夫士欲予有言，恐其不獲也，而以予友李仲白書來。嗚呼！當今之政如華州者，予心所敬慕而口所日談說者也，則何不言之，使世知爲政之本於家乎！夫古之自宦所來者，以貧寒爲好消息，然此在華州特細事耳。華州賢能，風動關西，而其志欲澄清天下，太學歸報其家與宗族、親戚、鄉黨，則斯省也，不啻審起居，知寒暄而已。如曰兄宦大郡而弟以其家返，則太學所不爲也，華州所不欲也。

送應天治中周君考績南還序

予年友周君伯言滿應天治中三年，南京吏部考曰：「行政見可於官評，盡法徧畏乎民志。」伯言給由至京，會予曰：「思忠不材，瀕考而又與講官體，則思忠之過也。」

予曰：「是奚傷哉！夫官評雖古，不能盡公；民志雖微，未嘗或私。子如盡可於官評，反爲同俗之悦；子如或失乎民志，豈其特立之效？故人之仕也，與其侍官評，不若畏民志，夫子蓋嘗言之矣。然則今日之語，彼雖似刺，反不能盖子之美也。昔者子之教諭清源也，獎且薦乎子者六人焉，不曰師道克立，則曰學行兼美，至有通移其賢於山西全省，以勸諸教官者矣。繼而子之尹巴縣也，獎且薦乎子者四人焉，不曰一廉絕俗，則曰百廢具興，至致吏部薦天下循吏二十五人，先皇帝命皆不次擢用，寫與應得誥敕，而子列其前者矣。繼而子之守廣安，及服闋改守裕州也，獎且薦乎子者又三人焉。三人者，皆名都御史也，不曰才賢方古，則曰廉勤邁今，至有面請冢宰，求移子以治殘破凋弊之地者矣。今兹之涖應天也，巡按相繼交薦且勿言，巡撫李公，大司空也，且薦之，則夫官評『見可』之言，豈足爲吾子憾哉！夫傾盖之士遇於路，掛劍之心質諸己，死士何必盡然於一時哉！漢黄霸、王尊皆以治郡高第入爲京兆、馮翊，子是之官，固已爲有遇矣。夫懿志難恒守，芳聲不易完。故百畝之家，或至乏飧，肆其志也；千里之驥，或至蹶途，暴其氣也。故黄霸一忽，再歸潁川；王尊滋堅其操，至明宗之亂，且復召之。是以君子戒振恒，而貴積中之載也。聞子在清源時，冬夏廢爐扇，吐哺以誨諸生，丙夜猶巡考書聲，雖風雨霜雪不輟。鴞寇猖獗之時，子在廣安，廣安無城池，寇且至，君乃告，作石城，量地定功，據籍限課，身執畚插，二十有九日而城成。城成，寇亦不至。比君去廣安，寇又至，村落蕩然，城中人免，廣安人然後誦吾子之爲功也。今子若以其教清源者教應天諸教官，即應天諸學皆清源也。子若以其守廣安者守應天，即應天諸州若縣皆廣安也。」

伯言曰：「思忠，丞尹之末佐也，安能然？」曰：「子若以其如清源者告丞尹以勸，即不如清源者遠矣。子若以其不

如廣安者告丞尹以懲，即如廣安者眾矣。」是時，同年張監博在坐，曰：「伯言若是，奚論官評哉！」

送張子汝楨任河南兵備副使序

京人張子汝楨將之信陽兵備，曰：「翰之斯行也，聞之舊勑兵備矣，猶兼弭盜、撫民、理訟諸務，奚其勝？」呂子曰：「夫張子，予故聞爲御史之風矣，貞而不詭，友而不同，久於其位而不怨，瀕乎其遷而不媢，眾固以才以名以例數於卿佐矣。乃不其然，區區一信陽兵備，何足以盡子哉！雖然，柟嘗讀張平子南都賦矣。斯地也，武關限其西，桐栢揭其東，滙滄浪而爲隍，廓方城而爲墉，而又面衡控洛，縈汝圻淮。其險也，雖非遼陽、朶顔之遠，延綏、甘肅、寧夏諸邊之要，然三省之際，四土之結，流離易瘁，風塵易揚。故淮南子以寘阨爲天下九塞之一，諸葛武侯謂爲用武之國也，張子其可忽諸？當必使斯兵也，樂伍如戀鄰，樂戍如安土，樂田如世農，樂役如飢赴食，樂獵如庭縣貆，樂簡如塾問師，樂調如挾纊，樂陣如奕棊，樂攻如拉朽，樂戰如弄丸。故兵不樂伍則問旗，兵不樂田則問畯，兵不樂役則問書，兵不樂獵則問禽，兵不樂簡則問鼓，兵不樂調則問餉，兵不樂陣則問綏，兵不樂攻則問家，兵不樂戰則問身。夫扣糧所以支伍也，尅布所以散戍也，重稅所以蕪田也，側工所以惰役也，私獲所以敗獵也，繁科所以仇簡也，殘馬所以阻調也，慢令所以解陣也，怨內所以懈攻也，離心所以屈戰也。」

張子曰：「夫兵備固若是矣，以弭盜、撫民、理訟可乎？」曰：「聞之矣，弭盜莫如詰姦，撫民莫如糾墨，理訟莫如正俗。」是時，從予遊者張詩在旁曰：「詩新從信陽來，獲覩信陽書院之邃，及聞諸葛、涑水、上蔡三書院之勝矣。張先生此行，義不可忘於兹。」曰：「於戲！張子如不忘諸書院之故，而興之以其本也，豈惟可弭盜、撫民、理訟哉！雖兵備亦在是矣。」

送都諫邵大參序

人之言曰：「諫官之遠近，世道之升降也；士論之公私，風俗之隆污也。風俗隆，世道雖降猶升也；風俗污，世道雖升猶降也。士論公，諫官雖遠猶近也；士論私，諫官雖近猶遠也。」正德以來，吾年友爲都諫陞參政者二人，寧州李道夫經之在吏科也，言思其會，事稱其要，履常而堅，際危而犯。至謫官蒲州，以一身問當道之豺狼，繫犴狴二年，瀕于死者數矣，而不悔。其免也，貌益充，顔益晬。及遇明詔，人以爲當九卿之亞僚也，及出陞爲山東參政焉，士之論者曰：「惜哉！呂寧州。使其初也，言不思會，事不稱要，履常而渝，際危而變。既謫矣，避患而圖遷，今不止參政，未可知也。」安州邵天祐錫之在户科也，舉不遺仇，劾不遺好，權不能誘，姦不能即。至迎駕通州，以一手遏在廷之縉紳，居瑣闥十三年，滯于資者獨矣，而不怨。其後也，疏益直，諫益切。及遇聖時，人以爲當九卿之亞僚也，乃出陞爲浙江參政焉，士之論者曰：「惜哉！邵安州。使其初也，舉遺仇，劾遺好，權能誘，姦能即。既久矣，從衆而苟合，今不止參政，未可知也。」

夫邵、呂之爲諫官，風如此其烈也，而銓選之遠，雖謂世道之不降，難乎免於人之言也。邵、呂之不京堂，事如此其細也，而士論之公，雖謂風俗之不降，難乎免於人之言也。故風俗隆，世道不患其不升也。風俗污，世道雖升，其不降者鮮矣。故君子寧喜風俗之隆，而不憂世道之降。若夫諫官之陞如此其近也，士論如此其公也，風俗如此其隆也，世道之陞又何如哉？若夫諫官之陞如此其遠也，士論如此其私也，風俗如此其污也，世道之降又何如哉？邇者，夏于中自東南來，言道夫之在山東者，不以其遠也，巡郊原，省凍餒，課農桑，鋤貪酷，獎賢良，有古黍苗郇伯之風。而天祐之在浙江，諒亦不以其失近也，爭先乎道夫矣。不然，則人將謂二君子同其近而異其遠也。況聖天子方思賢如渴，憂民如子。夫其憂民如子也，君子雖欲久于近，不可得矣。夫其思賢如渴也，君子雖欲久于遠，亦不可得矣。雖然，君子之學也，憂不得乎實，不憂得乎名。君子之仕也，憂不崇其德，不憂崇其官。誠如是也，天祐之所獲者，優於人益遠矣。

於是諸諫議咸曰：「斯言也，其亦有儆欲近者之意乎！」

同年三會序

予戊辰同年三百五十人，其始未之能會也。辛未，初會于石碑胡氏，與會者二百餘人，而予在告，未之能從也。丙子，再會于學坊沈氏，與會者八九十人，而予在告，未之能從也。今歲壬午，嘉靖改元，復于沈氏，爲第三會，與者止四十二人，而予病起獲與執爵之末矣。然會皆有詩，詩必有序。初會，間有詩而未序；再會，景子有序，而諸詩未完。今兹三會，周太僕釀買手卷四十二，欲人各藏一卷焉，欲卷各具一人詩焉，而以其序命之柟，于以徵百世之講，而開屢數之會也。斯其志，良亦厚矣。

嗟乎！初會未具卷軸，雖爲缺典，然亦其時志未皆定，行未皆成，材猷皆未大著。若雖卷且軸也，不過說杯酌之好，述交遊之勤而已，豈如後之會也，以諫者成其直，以守者考其廉，以憲者崇其智，以財者達其會，以兵者振其武，以禮者存其度，以法者昭其信，以董學者揚其文。彬彬乎，光邁先後科，而皆可以爲會之榮乎！又其變也，有城者死城，如郁子采；有官者死官，如許子逵。幸而未至于死，或謫戍於前，或編民於後，或繫獄數年，或宰驛萬里，而勁風直操，猶足凜秋霜、照白日，其心未嘗或悔也。若是者，又豈甲科所能限，而但曰爲我會之榮乎？嗟乎！合內外之暌違，喜死生之相見，歎升沉之浮雲，悲聚散之萍梗，笑歲月之易老，斯亦皆可略而道也。惟夫性以同野爲亨，命以艮背爲位，不可易也。夫同而未野者比，艮而非背者私，苟止其所而同乎大，則體用咸章，於道其庶幾乎！審若是，前之政事、文章、氣節，皆其緒焉耳。而吾戊辰科雖如朱晦翁者，可種種出以詔千百世，而予固不能賴之以傳王佐耶！

别周東阿序

山陰周天保之孟兄檢討天兆，予同僚于翰林。仲兄郎中天成，予同年于戊辰科。今年予自涇野來館，而天保已舉辛巳進士，未選也，暇嘗得數會焉。故天保每以兄事我，而講學之切，談政之急，又非他漫相交遊者比。先是，天保以卷授我，曰：「祚當外仕，爲别未遠，如獲子舊作數首於此卷，祚雖他日别，猶常會也。」

冬十月，天保果授東阿令，且行，而以山東之盜爲憂。嗚呼！柟於天保，可止以舊作塞其問哉？方今盜興青、兗，煽及趙、豫、秦、晉，東阿之地，固戰場也，爲天保策者，孰有過於兵食乎？然由今盜觀之，實自不信。始，聖皇初詔，蠲今年民租之半，而有司奉行者，或倍其耗，或文其額，或變其地，專於迎上之求，不知恤下之急。夫民自正德年來，罷之極矣，遭聖明而猶未能與蘇，則彼民豈無復有劉六、楊虎者乎？夫兵猶火也，抽薪則易戢，加膏則愈熾。夫盜猶豕也，豶牙則易制，窮之則爲力難。是故爲東阿策者，其上履廉，其次迪公，其次節用，其次息科求，其次杜請謁，其次信法令。如是而後，徐論其攻殺擊刺之方可也。天保不見漢龔遂之治渤海乎？天保而知此焉，東阿民可賣刀劍而買牛犢矣。天保曰：「安得以此言通於上官，祚之理東阿，不數月可考也。」予遂喜而賦東阿五篇。

送文黎城司訓序

予親家文君宗顔，今歲當鄉大夫所貢士，而予春中適赴史館，未攜家累，乃得與偕行，又同邸居一年。然京中縉紳先生數過問予，而宗顔聞且至，輒避匿不與見。雖鄉大夫士仕於京者數過問予，而宗顔聞且至，亦輒避匿不與見。雖或連邑里同郡府大夫士仕於京者數過問予，而宗顔聞且至，亦又輒避匿不與見。三原張給事士元與予縣接三十里，在京月四五日相

過也，止得一會之。慶陽韓御史大之與予鄰僧舍，居八月，不三日相過也，終未識其面。

一日，渭南裴給事伯修過予問，而宗顏適同坐，避匿不及，一揖起身趨入室，伯修亦趨入室，請而後能會之。未幾，宗顏授黎城司訓，伯修不忘前會也，乃同咸陽張御史文之來賀，而宗顏終會無一語，問而後對之。伯修曰：「此古人也。黎城之行，吾輩不有贈言，何以表賢善而愧奔競乎？」明日，伯修以鉅軸來，謂予曰：「言則畀子。」

夫宗顏之行，予贈之軸，常也。今乃出於諸君子意，是豈近俗所有者哉！夫宗顏自垂髫與予同塾師，童子同升邑學，壯之日，仲兄克己又與予弟梓同姻戚，而予今且同邸一年。故宗顏，予知且信之，夫子云「行己有恥」者，此其人也。今天下士風頹靡，士一入郡縣學，多爲媚禮干有司以免役而丐利。既入國學，多托親故干司成以鬻假而速歷。於是例貢士道長，歲貢士道棄，雖至銓以仕者，往而不返也。宗顏在縣學，已能自好，及在國學止三月，乃曰：「吾不能終監歷也，雖終監歷，又豈能如今州縣吏奔走跪起，以媚悅人者乎？」於是三試而得今官。於戲！宗顏黎城之行，未論舉祖宗立學之規，修聖賢教人之法，即其身已足爲黎人師矣。若又能申前規而講古法，則豈非黎士子之幸哉！於戲！宗顏必不負伯修諸君子與善之意矣。

梧岡壽篇序

予年友葉工部栗夫父翁梧岡先生今年生七十歲，母梧岡夫人黃氏少五歲焉。翁進封郎中，夫人進宜人，皆碩健不老。有客爲栗夫繪椿萱，並秀之圖，並具翁、夫人行來，予羨仰不置，作梧岡壽篇八章以序之，畀栗夫上翁以侑觴也。一章言翁言也，曰：「予惟不言，言有攸翳。予惟不嘯，嘯有攸隄。如水涇渭，如馬白驪。田田磊磊，鄉閭爾稽。」二章言行也，曰：「豈其無嗜，惟質斯懷。豈其不慾，有家斯開。朝陽梧挺，高岡鳳來。我志孔好，匪夷所思。」三章言兄弟也，曰：「好酒載壺，矧有時肴。我雖不飲，醉我同胞。仲氏誨孫，季氏誨子。昔不云乎，螟蛉爾似。」四章言子孫也，曰：「爾若惰耕，爾必

饔飧。爾若慵讀，爾必馬犬。食積易畝，學優破卷。譬彼撐舟，先則登岸。」五章言朋友也，曰：「山有禽，及其饔矣；溪有魚，及其醲矣。爾罟之，遇矣；我網之，逢矣，樂矣。盤桓勝鼉，鼓之逢逢矣。」六章言鄉黨也，曰：「匪伊不侮，我貌如岑。匪伊不幻，我口如金。謂蘭斯臭，謂蕭斯馨。染我君子，鮮不革心。」七章言寄工部也，曰：「何以慰吾，消息之好。慎爾登降，靡不在道。淵有遊魚，山有棲鳥。我以爾封，爾以我教。」八章言工部也，梧岡自壽者，百歲；工部之壽梧岡者，當千歲也，曰：「翁壽有本，夫人克對。工部永言，可使千歲。點也雖賢，得參萬代。白鷗裳衣，趙孟之貴。」

送四川朱僉憲序

介菴朱君尚節既有四川僉憲之命，其刑曹僚鄭君有度問言以贈之。

夫尚節，江西豐城世家，予同年友之傑也。初爲吳縣，治有懿績。未久，以憂去，吳人有吳苑留芳之記。後守旌德，又以憂去，旌德人請吳宗周撰敘政績以立碑。乃後守曲周，古壯縣，今畿邑也，民多黠梗，俠宕難治，南大夫所不熟。尚節治如吳、旌德，去則民解其鞮以繫恩，則於民情悉矣，是何有於僉憲哉！況尚節之在刑曹也，司分浙江大省，而中軍府神策、和陽、留守、廣洋諸衛，以及直隸、和州諸獄訟咸統焉，則於法理習矣，是何有於一四川僉憲哉！雖然，自禮樂之道既疏，而刑罰之盡實難。是故顯微相持則窮獨塞，德怨相形則反側流，貧富相攻則冤鬱結，左右相習則曖昧匿，胥史相聽則權柄遷，請謁得通則忠信沮，鑒察不洞則欺詭肆，決斷不果則夤緣行。茲數者，皆所以開姦惡之門，而杜善人之路也。故君子之於刑也，服民不難，中刑爲難；中刑不難，致明爲難；致明不難，清刑爲難；清刑不難，用仁爲難。昔子羔刖人足而刖者不怨，周茂叔不以殺人媚轉運，蓋亦畏乎民志者也。往年尚節之在旌德也，置欽恤之廳，異男女之行，破牛昆之姦，脫當戎之禍，除殺嬰之慘，則於予所言用仁者，宜無難矣。

於是鄭有度曰：「尚節如不難於用仁，豈惟可優四川僉憲，雖他日以大司寇亦有餘也。」

浩齋之什序

浩齋者，歸安陸先生之別號，刑部主事原静之父翁也。先生名璩，字一翔。性明毅不側，容莊而行詳，嘗刲股以愈親危疾。又嘗曰：「吾寧死不能爲欺心事，若損人益己，降志以干榮，則所深恥。」故自號浩齋，取孟子養氣之義，著其志也。原静一日謂予曰：「澄父雖不董經課史，然踐履多符古昔，而又敬賢樂施。家遭回禄，燬積千萬，而父心不動。往年以澄仕獲刑部主事，貌亦自若，澄自謂父有集義之功。今且七十有五，矍鑠不老。澄母君袁，於澄兄弟中最愛澄，幼視之謹，長教之篤，病憂之切，飢寒體之悉。澄以爲今天下嫡母之待庶子者，不能過澄母也。往年封安人，其健亦如澄父。澄以病得告歸，見吾父母，諸友皆謂澄有榮壽雙慶之喜，然則子何以教我也？」

曰：「嗟乎！原静子非江東修道之士耶？夫孔子之道，至孟子能明且行焉。浩齋先生所取於養氣者，固其大也。自孟氏而後，劉漢時，董、汲、陳、郭諸賢，似能行而未盡明。隋唐時，王、韓、陸、李諸賢，似能明而未必行。趙宋時，周、張、二程、馬、邵諸賢，似能明且行矣，而未至。故孟氏之學鮮矣。今原静師事陽明王子，陽明王子講周、程之學，而求明且行乎孟氏之道。原静固其高弟子也，而家庭之身訓又若此。斯歸也，日侍父師，潛心斯義，既不可疑，亦不可懼，自躬而家，措之鄉黨，徐以理其國，則原静之所以榮其親者，不啻主事、安人；而壽其親者，不啻八九十百歲也。」

於是甘泉子爲浩齋記，侍讀安陽崔子仲鳧爲之文，侍講棠邑穆子伯潛四十人爲浩齋賦若詩。

贈沈文燦考績序　癸未

侍御沈子文燦既考三年之績，其僚高子廷威及許子伯誠問贈言。

予曰:「以上爲德,以下爲民,豈惟沈子之職,亦沈子之志也。夫仕於公者,武弁有世襲,凡文吏無不考績者。是故内而省曹院寺,各以德課; 外而藩臬郡縣,各以業課。然則御史所課者,何也? 有試差焉,有中差焉,有大差焉。三年之俸,三差多備,而御史之職不職可得而考也。是故内外臣工之德業修,爲御史職; 内外臣工之德業不修,爲御史不職。是故御史職,天下治; 御史不職,天下亂。然則御史三年而獲考績者,其爲憂喜,浮百官萬倍也。柟聞之,見善忘舉者妬,知惡廢劾者比,中心依違于是非者譎,借公行私者佞,意存覬覦者狡,懼惡結舌者偷,指摘疑似者刻,怒人傲簡、蓋其所長而論者忿,喜言奔競便儇者貪。此九者無一二焉,雖不滿三差,其所益乎内外臣工者多矣,謂之不職,可乎? 此九者有三四焉,雖滿三考,其所損乎内外臣工者多矣,謂之職,可乎? 是故御史之考績,非他一官一職者比也。沈子論列在朝廷者,予不能遽爲之詳。日者黄御史因忤中貴得罰俸,汪御史論黄御史,幾解其職,乃又得倍罰俸。嗟乎! 繼其後者,亦難矣。沈子乃又論救二御史,固知後必有禍,亦不懸懼焉。此一事也,不可以占九弊之皆將免乎? 斯考也,豈不榮哉? 雖然,治世之人,其情易惰; 憂世之士,其論貴嚴。故昔之正色立朝而持公不阿者,雖乘一驄馬過,人猶指而畏之,至於今以爲美談不已也。」

送傅君雲南僉憲序 癸未

華容傅君原質尚文以甲戌進士補大理評事。未幾,以諫謫官。又未幾,以憂去。今天子臨御之初,登用忠直,故原質還廷評,未久而有雲南僉憲之命,於是陳君廷憲諸君子問言于予以贈之。

夫僉憲,風紀之官,而雲南要荒之地,是故不可苟然處也。夫原質之在廷評也,法例之紛錯,情理之曖昧,疑決之參互,亦已習矣,又何有於此行哉? 雖然,天下自正德以來,民之病於勞瘵者甚矣。有良醫焉,必將摩其腹而時食之,察其體而時衣之,審其力而時動之,猶懼夫過飢損神,過寒損氣,過動損身也。若又使姦猾以蠱其心,侵削以薄其四肢,黠訟以撓其

思慮，冤抑以鬱其心，寬縱以長其淫，爲折挫以改其樂，則夫勞瘵之民不病且死者幾希。夫法行有樞，而恩施有紐。樞不正則法頗，而四門皆邪；紐不實則恩側，而萬目皆紊。夫胥史者，庶官之所以淆，而窮民之所以斃者也。何則肘腋之地易爲癰，夤限之處易生疽，蓋以當其會也。原質不記己卯之諫乎？其心非不忠且誠，其言非不亮且直，其同志之人非不良且眾也，使無佞幸之徒在肘腋夤限之地，而樞紐能一轉焉，則上無蒙塵之禍，而下無照磨之謫矣。然則今日之往也，其有要于先理胥史之在左右者乎！況夫雲南之人，僰、爨、麽些、禿老、和泥、舞羅、撒摩、蒲、濃、哀牢、哦昌、魁羅，類甚不一也。而其俗囂訟好鬭，或椎髻編髮，金齒繡面，簪雉次工，男女混淆，情甚不齊也。苟不惟左右胥史是先，幾何能使法行恩流，而宣聖化于遐方哉？

於是諸君子咸曰：「斯言也，雖理天下國家亦罔不可，將非預告傅子以他日大用者之意耶！」

送武庫大夫陸元望陞湖廣少參序

竊嘗謂今日參議與參政，雖皆各省分守之官，若當要劇之地，則非才望素顯者不畀。然分守數多無勑，勑惟督糧參政有之，若分守參議亦勑，必其地關乎國是之大者也。陸武庫元望杰分守湖廣襄、鄖諸府，提調太嶽、太和宮觀，住劄均州，是固天子遴其才望而勑之者也。

今夫襄、鄖，南瞰湘湖，北控關洛，左扼徐吳，右達巴蜀，即古樊、麇、穀、羅、鄀、沮、陰、鄾之地，而其中牛頭、雞鳴、房阜、筑礐、八疊、九室、襄峴、鹿門皆鱗峙焉。地廣而田肥，谿深而峽阻，凡天下之逋軍、逸匠、逃役、黜生、惰僧、僞道、藝人、力士皆聚焉。於是二府有九州之民，亂山雜五方之俗。故天順之末，劉千斤、石和尚作亂，蹂踐南彰、上津、竹山、穀城，而潛諸螃蟹谷、馬腦關、格挑坡、梯兒厓，雖利兵亦莫如之何。當是時，賴王端毅公以右都御史撫是地，克平禍亂，于今爲烈，此襄陽分守之所由重也。

今夫太和自天柱以下，峯巒巖澗，形盖東南。我文廟南靖北征，兵至之處，若或神助。故於永樂十年勑建太嶽、太和、玄天、玉虛諸宮於兹山。其後五七年，又建遇真、淨樂二宮，以及玄都、白鶴諸觀。於是設官以提點，置均州守禦以給灑掃，出祠祭郎中一員以典葺宮宇，而供役之事則責之少參。厥後增宮益觀，十倍厥初，四方來祠，蟻附雲從，金穀之積，可佐國需，乃以內宦易祠部，後並附分守少參以提調宮觀。故成化之中，是官滋顯，而凡修廟貌、嚴祀事、督士伍、理道衆，皆屬焉。當是時，有韓司徒公以右給事守是官，肅恭神人，于今爲烈，此提督太嶽之所由美也。

然則元望今兹之行，有禮教之責焉，有兵材之任焉。夫禮，非徒潔籩豆、豐粢盛，要在序其道德，課其職業，潔其身心，隄其交遊，無使或敗教以污明神，則彼雖誦法墨、老，亦可以少變化矣。夫兵，非徒比什伍時簡教，要在和其居處，時其衣粻，振其頹惰，示之信義，無或懟怨以攜衆志，則彼雖不閑韜略，亦可以濟緩急矣。況元望，平湖世儒，浙西之英也。自舉進士，歷官武選、車駕、武庫諸司，而僚人皆稱其操履幹濟，見重于時，則于兵材習矣。一襄、鄖之分守，不足以難元望也。雖然，兵於變地則難戢，禮於變神則難修。斟酌其時，損益其道，吾固知元望敬慎於斯行也。

送劉南部尹序　癸未

鴻臚司儀邠州劉君大業既有南部之命，吾鄉縉紳王中舍諸君謂予有以告大業，大業亦曰：「南部在保寧之南山下，即古充國、巴西之地。自元以來，且兼新政、新水、西水三縣而一之。北負劍閣，南瞰離堆、龍樓，而蘭登、思依諸山，皆齒齒然環峙焉。間有他土之民，亦縱衡雜處之，故蜀檮杌曰『地險而民豪』，蓋難治之邦也。緒不才，何以往勝兹任？」

予曰：「嗟乎！人之稱雜亂紛糾者，莫如麻絲。有拙嬪焉，橫取而旁抽之，則益鬈結而不可解，壅敗而不可用，長者折，短者碎矣。有智嬪焉，提其絲，絜其總而振之，於是縷縷而通，纚纚而順，以爲布帛，黼黻文章，可計日而就也。自吾之入朝也，今且已一年矣，常見夫內吏之晨參，方國之時覲，邊鎮之奏遺，九夷八蠻之貢獻。蓋日肩相摩、袂相連，綢繆錯互而

不可易序者也。若夫進退有度，登降有節，指揮有方，號召有信，使皆井井然不亂，而又儀閑而容與，氣定而履泰，以爲漢官儀之美者，則吾固於大業獨心重而口誦之，以爲有叔孫通氏之遺風也。況大業早承父尚書公之訓，而日所習聞之者，又過人哉！若是以理南部，豈惟如治麻絲之易就緒乎！蓋將舉南部四境之內，固可經而綸之，衣而被之矣。雖然，優於大者，或難於小；熟於此者，或不熟於彼，忽與變之故也。如不忽而不變焉，將何任之不可往勝也！予嘗聞宋李辛之爲南部矣，方及一年，而民有產三男，牛或三犢，禾至九穗，麥且二岐，南部人以爲祥，至圖其像於庭，作四瑞堂以記之。大業而至南部，可求其所以致此之本矣。大業而求其致此之本，豈非吾鄉縉紳贈言者之至願哉！

讀同門題名録序

此同門題名録，自太宰喬公始終題識，而其中説者凡七家，上於邃翁先生復古之教，下於諸弟子師事之義，已略具矣，而先生又命枏有言。夫是録，計科自成化丁酉、戊戌至正德丁卯、辛未，幾及四十年；計人自胡司空至華黃門，幾盈七十人；計地自順天至廣西，幾具十三省。然其人多爲名卿、才大夫，行先生之道於天下，則固不可以無斯録也。既有未仕而隱，或未隱而卒，或既仕而免，或既免而老，德欲考而未究，業欲建而未成，則先生覩是録，有斯人焉，能不淒然以悲乎！若夫或仕而未老，或免而未卒，德已考而業已建，則先生覩是録，有斯人焉，能不暢然以樂乎！然則是録也，亦先生悲樂之具矣。雖然，亡者已矣，其在者，枏知其必重有以致先生之樂而免其悲也。枏，先生提學所造士，雖不能如親受業者望其高深，然於先生進人不已之志，亦頗聞之矣。

送汪希周之福州太守並壽其父母序

崇陽汪希周守車駕郎中五閱月，而福州知府缺，天子用銓曹議，陞希周以往，其僚侯世卿諸君請予言以贈之。他日，希周亦來曰：「兹敝僚有贈，不敢已也。但文盛父今年七十歲，封駕部員外郎，母今年六十歲，封宜人，皆矍鑠在堂。文盛兹行，得便道過家拜膝下，誠以敝僚之舉，得太史之言以上吾父母，必悅且安，則文盛於福州，可坦然無慮也。」已而世卿諸君亦以是言申請。

予歎曰：「於，休哉！希周之移言也。夫他日之遷也，或欲揚其德，或欲著其材，或欲列其功，以爲先聲乎新任也。況希周年二十四舉進士，推饒郡，無難折獄，討賊姚源，克樹鉅績。及主政武選，員外車駕，至今所操執未嘗或少變。若此以鋪而贈焉，真足以前信乎福人也，乃希周遺乎己而急乎親，舍其小而先諸其大，是豈可得者哉！夫人子得一衣，不自衣而移以衣諸親；得一食，不自食而移以食諸親，吾見其人矣。若夫得一言不自用，移其言以進諸親，則柟之所未多聞者也，斯其人何有於福州哉！昔者，溫嶠絶裾以赴國難，君子譏其雖或成功，亦不足美。而卷阿之則四方，六月之憲萬邦，其勳庸非不洪也，獨以孝德孝友爲之本。然則希周他日之所至，詎可量哉！

雖然，福州乃東南都會，江海重徼，望交廣而負淮浙，故宋蔣之奇以爲全閩八郡之冠也。又其俗喜訟而信鬼神，敬佛而崇辭華，撫、巡、布、按諸上官日交臨焉。於是時無停檄，日無虚移，旬無斷謁，月無不取。故凡守省下者，率知獲上而不知治下，知勤簿書而不知勤農桑，知信胥史而不知信閭閻，知奔走司院而不知行阡陌。夫官是以日遷，而民是以日敝。夫希周之所以代者，歐陽崇教也。聞教之爲福州，能改是焉。希周兹行，必有采其所長者矣。希周苟以其所篤於親者，推以篤乎民，而又采歐陽子之所長，則夫宋所謂『前有謝、王，後有鄭、章』之謠者，今寧不復續以歐、汪邪！而其親之壽，當益不可筭矣。」

送李新安序

李君希尹邦憲者，盩厔之傑士也，以太學上舍試於廷，得司訓新安，以王禹卿來問言。予曰：「夫師之於諸生也，固無不欲其爲我訓以成業。然予不知新安，但以今四方言之，學師始任之日，諸生尚有不至者矣。既任之後，諸生或寺居觀處，不之學，不已也；或遊業遠問，不之學，不已也；或田阡桑陌，不之學，不已也；或市井鋪肆、債務酒店、花柳巷遊，不之學。當是時，雖有勤師良訓，辰拘而午去，日來而月散，將何所施乎？夫諸生在，李君且可問訓之方；諸生而不在，李君又何問焉？夫李君斯行也，能使諸生皆在學，即爲已多矣。」

曰：「憲何以能使之皆來乎？」曰：「子未知諸生之所以去，焉能(知)[致]〔一〕諸生之皆來。」「敢問諸生奚去也？」曰：「予聞弘治、成化以前之師，篤於親以來孝，厚於兄弟以來友，薄於財以來廉，敏於自責以來恥，言行同以來實，偏於背誦以來業，發真啓性以來義。是故朝入而朝益，暮入而暮益，日有所漸，月有所改，歲有所化，而不自知其大異於庶民也。當是時，雖驅之使去，蓋有不欲者矣。自弘治末年以來，媚師以勢教，鄙師以利教，懦師以悍教。夫惟以勢爲教也，士固有青衿居而奔競心者矣；夫惟以利爲教也，士固有詩書誦而金帛志者矣；夫惟以悍爲教也，士固有孱弱軀而跋扈行者矣。是故其上則僻處以省辱，潛居以謝誚，不寺觀居則不免也。其次則覓題以迎試，構辭以效才，不遠遊求則不巧也。其下則學百倍之農，識百倍之賈，殖百倍之息，不田桑、街市居則不得也。如是而欲諸生之來，雖捉其裾而縶其足，彼固有如鳥之入樊，而獸之入牢，不亦難哉！然則李君能致其來乎？」於是李君太息曰：「憲數年於學，亦自爲去之之徒矣，乃復欲諸生之來，不無背邪！自今憲取七來以自求，如之何？」曰：「此正新天子端本復古之意也。」

〔一〕「致」，據萬曆李楨本改。

送劉任丘序

畿甸之縣如任丘，壯大而又詩禮、文物之地者也。任丘之鄉大夫率求人，太宰選於衆，得吾友靜齋劉子克艱以授之。於是吾鄉縉紳皆欲贈之言，而謂予與靜齋少同師，長同學，強且艾，恒同遊，宜有以言之也。五月之望，予餞靜齋於西邸。靜齋離席曰：「守臣聞諸君有戒言屬子，守臣之與子交也，非一日矣。若不廉，守臣能絕之，不必教；若不公，守臣能絕之，不必教。守臣如有不然，他日何以見吾子也？惟夫事至而明有不及，政行而法有不立，此則守臣日夜惴惴，而望子以示之者也。」

呂柟曰：「政自正德以來，民力屈，思盜而不思良；民俗頹，思爭而不思睦。今幾二十年，皆爲之吏者貪私教之也。今子已能廉且公，是何有於任丘而憂夫不明不法邪？雖然，今有明鏡於此，可以別毫釐、照遐隱，非不亮也；使頓置而側安之，則雖以視妍者，祇見其耳目偏、容貌陋，亦可惡矣。今有峭壑於此，足以止陵越、杜侵犯，非不法也；使引索而駕木焉，則雖以視懦者，祇爲開其蹊徑，濟其交昵，亦可狎矣。是故君子惟患不廉，不患不法；惟患不公，不患不明。故夫子以『不欲』止盜，而公儀子以斷織拔葵能治魯也。」曰：「若是，則廉、公亦非易事乎？」曰「然。子不見終南山之禪子、真士耶？隱幽巖，處暗室，不接人三十年，以爲既定寂，仙佛可坐而得也。一日，有友攜入長安城，過柳市以東，粉娥黛姬，妖聲艷曲，觸目而塞耳，遂忘其三十年之爲功也。周京之士，年已耆耋，家藏古度舊衡，自謂傳自夏、商，以準物不爽分寸錙銖者也。他日，入於秦市，鞅誚其尺，冉譏其引，睢改其錘，澤移其絲，於是或以千鈞爲輕，或以尺布爲長，而不自知也。」

曰：「廉、公之難，亦此至乎！然則何以至之？」曰：「吾東郊之圃有株桑，其上鳲鳩生數子，朝飼之，自上而下；夕飼之，自下而上。雖有爭者亦不亂，其次以與之。未幾數月，其子皆喙剛而羽健，無或不能飛者矣。吾西鄰有老嫗生數女，長如西施，已嫁矣。次者寡髮，次者肉眉，次者面黳如漆，次者耳短，吉士過而弗問也。嫗乃謀諸姆氏，剪髮與髦，出鉛

與畫眉，傾奩中脂粉以粧之，故大其環重十銖。三年之内，數女皆嫁焉。於戲！子誠如東圃之鳩，明奚不行？子誠如西鄰之媪，法奚不立乎？訂頑之言，如鄰媪；砭愚之言，如圃鳩。是故仁則能絕不廉，義則能絕不公。」

贈張通州序

武功張邦獻治大興有績効，陞知通州。御史楊君子極、郎中劉君士奇請予言以贈之，且曰：「邦獻嘗爲他縣，才賢具懋，例可得御史，不得；得部屬，部屬且不得；得大興。爲大興三年，值正德之末、嘉靖之初，諸難咸履，百廢皆稱，四民具便，即縣治自開建以來，所漸積盡矣，乃邦獻數月而新之。當其廉能，例可得卿佐，不可得；得部屬，乃又部屬且不得，得通州。夫舉人當官十九，不及進士十一；直士當官十七，不及媚士十三。果然，於邦獻驗也。」予曰：「不然。大興，順天附郭，天下縣之第一也，足當諸省之州。通州，出京一舍餘，天下州之第一也，足當諸省之府。天子重輦轂之邑，厚股肱之郡，吾邦獻皆得以出治而成志焉，又奚説部屬哉！」

他日，邦獻聞之，亦來別予，曰：「舜舉非薄通州也，惟是大興含哺衣眠者三四年，及今又通州。通州者，通東南路也，日奔走應接無暇時，將何日而息乎？」曰：「子不聞子貢問息於夫子，夫子告之者邪？故君子自強以求不息，而子乃欲息之邪？昔柟之居涇野也，東郭有趙敏氏，治田數百頃，食客數千人，夙興夜寐，孜孜不倦，擇朋侶以琢行，督僮僕以課業，暑未嘗清，寒未獲溫者數十年。及其德積而家興，一鄉之士皆歸焉。西郭有錢逸士，僻處一隅，鮮田宅，寡郊遊，未夜而眠，已日而衣，般樂自恣，不聞規過之言，不興忝生之思。已而事至不能任，客至不能賓，行疚而家敗，一鄉之士皆恥焉。夫大興與通州，又何足勞邪？是故治河海者有河海，治沼沚者有沼沚，願吾子寧治河海，而勿有沼沚也。」曰：「夫通也，軍民交錯，其俗難格；賓客絡繹，其禮難稱；權勢迫切，其柄難專；田賦屯莊參互，其仁難究。則何居？」曰：「義以成俗，則軍民一；讓以出禮，則賓旅悅；信以格權，則暴横沮；忠以廣仁，則煢獨安。」

贈成秀卿考績序

易曰：「鼓之舞之以盡神。」予嘗謂考績之政，必知神者而後能知也。是故天惟神，故能鼓舞萬物使之生；聖人惟神，故能鼓舞萬民使之安。天之於物也，分之以五辰，行之以四時，鼓舞之以風雷，斯物無不成。聖人之於民也，布之以百官，糾之以御史，鼓舞之以殿最，斯民無不安。然則御史者，亦聖神之馭，而承行鼓舞之術者乎！是故於此有貪人焉，稱曰廉；於此有穢人焉，稱曰潔；於此有忠人、良人焉，惡其不善事我也，稱曰常；於此有勢人、權人焉，懼其陰能毒人也，稱曰賢。於是考於宰衡，宰衡告於聖人曰：「是識時務者也。」乃黜其所謂常者，進其所謂廉、能與賢者，署之曰御史材，即百官皆變爲貪穢，天下之民冤鬱死亡，日亂而不知也。於此有貪人焉，稱曰墨；於此有穢人焉，稱曰污；於此有忠人、良人焉，雖其不善事我也，稱曰賢；於此有勢人、權人焉，雖其陰能毒人也，稱曰姦。考於宰衡，宰衡告於聖人曰：「是達國體者也。」於是進其所謂賢者，黜其所謂穢、墨與姦者，亦署之曰御史材，即百官皆化爲忠良，天下之民歡欣樂生，日治而不知也。是故御史之考績，非他一官一司者比也。

予年友成君秀卿之爲御史也，當正德戊寅之際，江彬用事，蠱惑先帝，導之遊幸，頤指文武諸臣，文武諸臣亦多逢迎奔趨，交歡恐後，而秀卿適巡按南畿，獨抗其鋒，致令繫獄，幾死而不悔。於戲！秀卿處權勢人者，已烈烈如此，則其他所稱忠良、貪穢之皆當也，可由知已。秀卿之考，今已二年餘，不知當時吏部告於上而考之者，果何署也？於戲！如使斯風行，天下之民有不歡欣樂生者乎？或曰：「以一御史所稱之當而考之最，遽能使天下之民樂生乎？」曰：「於一御史能然，則凡吏無不然。如有不然，則考績者之過，非御史也。」曰：「御史之官，茶、鹽、庫、倉、關、河、學、戎，不一其差；追問審録、別姦剔弊，不一其職。乃於考績而獨論稱人之當者何？」曰：「此御史之本也。此而當，百官無不當矣。故曰『御史者，聖神之馭，而承行鼓舞之術者也』。於戲！秀卿不可以既考最而弗慎！」於是諸侍御皆曰：「斯言也，豈獨告

一成君者哉！」

送劉廣德序

禮科給事中崇仁劉君振廷既有廣德之命，都諫張習之諸君來曰：「振廷近劾崔宦以齋醮營惑聖主，殘費内帑。既閲月，崔宦又支辯，有旨着劉冣查明前帑之數。振廷於是復疏滋直，乃得今調。何以別振廷也？」

呂子曰：「振廷斯行，直聲滿天下，可勿惜。所惜者，國體耳。雖然，爲振廷者，惟當引咎自求爾。樂毅曰：『君子交絶不出惡聲，忠臣去國不潔其名。』斯言雖厚，猶爲未盡君子之道也。故古之君子，善則歸君，過則歸己；後之君子，過則歸君，善則歸己。今有大舟以越洪川，所載者皆良寶貨也，中流而撐諸風濤之上，盜賊之前，萬有一失，非篙師之過，柁人之尤乎？故古之君子，其過則歸己也。君志未正，曰：『己感之未誠。』君心未明，曰：『己格之無方。』君學未篤，曰：『己導之未勤。』君或好安，曰：『己未上無逸之圖。』君或惡言，曰：『己未納自牖之約。』君或溺異端，曰：『己於正道實未先入。』君或近小人，曰：『己於君子實未螽進。』凡君之過，皆己之過，故伊尹謂『撻於市』者，此也。後之君子，其善則歸己也。曰：『非予感之不誠也，君有異向，諫諍實難。』曰：『非予格之無方也，君有他好，開陳實難。』曰：『非予導之不勤也，君有僻學，調護實難。』曰：『我未嘗不舉也，君自不爲。』曰：『我未嘗不言也，君自不聽。』曰：『我闢異端矣，其如君之固蔽何？』曰：『我劾小人矣，其如君之寵信何？』凡君之不善，皆己之善，故孟子謂『賊其君』者，此也。振廷苟如古之君子也，當言思未發其幾，行思未開其先，以自訟矣，又焉肯因一言之不用而悔其直乎？振廷苟如後之君子也，則必其足之高，必其志之揚，以自矜矣，又焉肯因一言之不用而思其過乎？夫振廷明允端重，江西高士也，舉正德丁丑進士，知慈利縣，有善政及於民。自入補禮科以來，言多切直，不避患害，蓋不止今日也。然則振廷爲古之君子，而不爲後之君子也，必矣。則夫廣德之役，乃振廷他日卿相之地，聖賢之所。振廷勉哉！」

習之曰：「太史斯言，豈獨以告振廷邪！」

送劉陝西僉憲序

大理寺副平岡劉君既陞陝西僉憲，奉勑開司寧夏，專知刑名，兼典糧儲。其僚或謂之曰：「寧夏，古朔方之地也。北負賀蘭，南瞰黃河，匈奴之所出沒，羌番之所窺伺，故其地業畜牧，崇戰鬭，喜強梗，信釋巫。不可以德理也，德玩而不尊；不可以威制也，威激而或變。故德之弊無上，異時赫連、元昊是也；威之弊無下，近日寘鐇、何錦是也。平岡子茲往，其慎之乎！」

呂子曰：「人性無分於遐邇，猶馬不分於內外閑也。今有羣馬於此，食及三芻，飲及三時，朋侶而出，鴻雁而入，雖五駑三羸，無弗良且和者。若置騰馬其中，憤氣張而日蹄嚙，即羣馬奔逸，雖衆手追縶，不易旋也。且今淮、鳳諸郡，素稱富庶，近遭饑饉。道路相食不已也，至於婚姻；婚姻相食不已也，至於兄弟；兄弟相食不已也，至於母子。夫母子、兄弟，天下之至親也，一餓其腹，至飡其肉，此豈非中國之處者乎？則何以尤邊塞哉？夫平岡子之在大理也，凡部院所來之獄，浮於重，嘗損之；浮於輕，嘗益之，以爲天下之平者久矣。則夫茲往也，其政之本在悅心，其政之用在節性矣。是故寧夏四衛之士，所以扼匈奴之南牧，杜羌番之東侵也。故飫飼其腹，士猶以爲餒也；重絮其衣，士猶以爲寒也；厚恤其家，士猶以爲怨也。今或月米以准役，歲布以折差，軍裝以賂權，即伍未煖，閱躬以窮，但未至淮、鳳地之飢甚耳。苕之華曰：『人可以食，鮮可以飽。』典糧者不當問邪？況豪右之輩，依勢以侵漁，附影而陵轢，不啻騰馬，則彼單弱木訥之子，又安所告哉？角弓曰：『毋教猱升木，如塗塗附。』知刑者不當問邪？且平岡子茲往，日所稟度而請事之者，中丞張公也。中丞在大理時，與予爲比鄰，其心恤窮如子，治強如敵，柟敬之畏之，亦平岡子所素知者也。茲又以其同政從中丞而事事焉，行見再築受降城於著沙之北，夢樹之西矣。」

平岡名淮，字東注，河南睢州人。

贈王景初考績序

予嘗謂一言之是非，足以定天下之治亂者，御史之考績是也。蓋天下官之邪正，皆御史之所得是非，而御史之賢不肖，又吏部之所得考而殿最之者也。如御史所是者皆正人，吏部曰：「斯御史也，賢真。」以爲最而考之稱，即天下官聞風而正者衆，民之不康者鮮矣，如此而天下不治，栴未之前聞也。如御史所是者皆邪人，吏部曰：「斯御史也，非不賢。」不以爲殿而亦考之稱，即天下官聞風而邪者衆，民之不病者鮮矣，如此而天下不亂，栴未之前聞也。

或曰：「若是，平天下亦易耳，胡治日少，亂日多乎？」曰：「於此有人焉，内實而不露，行敦而不浮，志忠而不阿，此非正人乎？然或貌不飭，口不工，勢無可託[一]，利無可通，交遊不廣，夤緣不知，則固有惡之以爲邪者矣。於此有人焉，黨惡而嗜利，懷姦而憑勢，虧行而病民，此非邪人乎？然行非而澤，言僞而辯，權有可結，賂有可入，親識甚博，内交(是)[甚][二]能，則固有喜之以爲正者矣。故若此之正人也，御史以爲是，吏部亦以御史爲然，即天下之不亂，栴亦未之前聞也。故若此之邪人也，御史以爲非，吏部亦以御史爲然，即天下之不治，栴亦未之前聞也。是故邪正易淆，是非難真，殿最不能盡公，識治亂者恒占於是焉。侍御汶上王君景初，予始未之能識也；巡按吾省，清理茶馬三年矣，予亦未之能面也。比竣事還京，得會晤焉。其論人也，皆察邪於衆好之中，而不比同俗；求正於衆惡之中，而不棄特立。以此而是非，天下官之邪正，將毫釐審而銖兩明，其有不當者乎？董子曰：『春秋名賈石，先於五；名退鷁，後於六。』夫鷁，人之所識也，因其

[一]「託」，萬曆李楨本作「援」。
[二]「甚」，據萬曆李楨本改。

退飛而數之則六也，真矣。星之未霣于地，石且不可得辨而知也，又安得而五之哉？君子之論人不當如此。夫景初，苟不惟於其一人如此，將於人無不然，此豈惟天下治哉！雖古唐虞之世，可立見矣。」

黄氏家乘序

黄氏家乘一編，爲内篇者五，外篇者九，小學、古訓以始於家，誥勑、詩文以終於國，皆香山黄長樂君所創編，其孫太史才伯之所增修者也。才伯曰：「佐今自宋度支員外郎漢卿鳴筠州來，凡十有四世。自元西臺御史憲昭謫南海來，凡七世。自國初温德始有尺籍隸香山來，凡五世。闕疑而傳信，斯乘也，大略具矣。」

「於戲！長樂君自正統中爲太學生，曾上六正之疏，時人或比之陳東，而才伯又爲今名史氏。故斯乘也，情可以浹骨肉，信可以交人鬼，法可以教雲仍，才伯固不得私爲一家史也。雖然，昔者横渠張子作四海之譜，今學官所立西銘是也。近予與才伯又嘗同試事，亦因知其篤信而好學，才高而志廣，則夫發度支之積蘊，紓御史之抑鬱，宣長樂之未究，自家以及國者，將無自此乘托始耶！才伯又言長樂君創建家廟，中遭寇變，他皆不顧，獨抱主以避。父粤州君割己田七十畝，以供烝嘗。嗟乎！孝子之愛宗祖，正猶忠臣之愛社稷者乎！然則才伯者，今以後國史攸關，吾固知不獨止於一家乘計也。」

乘所具者，序不列。

贈馬道亨序

中部馬君道亨隆舉弘治甲子鄉試，是榜予同學有二人焉，無弗言道亨之才，然予未之能會也。今年夏，予方爲兒子田結親於劉南和，而道亨適待選在部，又南和之高弟子，且戚黨也，得會於杯酌間焉。然道亨動止言笑，無少苟且，毫髮不合

義，雖羣言辯，眾人講，弗是也。予竊歎曰：「斯其人，若作法官，所謂惟訖於威富者，非歟？」未幾，果得節推大同。予又歎銓注者，亦爲知吾道亨矣。雖然，大同爲郡，所領州縣，雖曰十數，然白登、紇真諸山，皆在其境，即古雲中、雁門之地。故藩屏京師，要害邊鄙，此地爲急，且兵民雜互，華夷交錯，人生強悍，訟情健險，固非易乂之國也。是故棘則易渝，刻則生殘，蔽則畜姦，緩則長惡，偏則臻亂。而況撫按交臨，鎮守之屈撓，藩臬之通澁，法入有或欲出，法出有或欲入，若非中正明達果斷者，鮮有不累於斯。道亨亦不可不重視之也。

秋官劉以學曰：「道亨持躬甚嚴，未嘗干人以私，雖當貧窘，於不義富貴，常藐焉視之。」於戲！此正法官者之體也。己未嘗屈人，人焉敢屈我哉！然則道亨於大同，又何難乎！昔者周茂叔不以殺人媚轉運，而康叔之獄又服念五六日，至於旬時，然後丕蔽。道亨於此，又宜勿次汝封之意矣。

恭人鄭母胡氏七十壽序

誥封恭人胡氏，鴻臚少卿順天鄭君公珮之母，今嘉靖三年，壽七十歲。正月十一日，其初度辰也，公珮將祝眉壽，其僚魏華甫、宋伯清諸公皆宴中孝友之張仲也。公珮曰：「紳母，涑水人，義官胡公之女。年十五歸先君，逮事先祖母，先祖母嚴，母事之惟謹，衣履飲食，皆親供具。既有紳兄弟七人，且五孫子矣，閨中紉箴、縫刺，酒漿、鹽酪、醯醬，卮匜之屬，母皆躬治之。紳兄弟屢諫止之，母曰：『我惟服勤，諸婦猶惰。我惟罔勤，諸婦荒矣。紳爾朝臣也，爾不見公卿百司乎？乃有敏於義、精於忠，夙夜匪懈者，厥終必臧。乃有酣酒、嗜貨，宴樂，惰義以自肆者，厥終必不祥。且自爾筮仕至今，其人皆可數也，而況於家乎！且紳將無以爾舉進士爲今官，紋爲府學生，瓏爲錦衣千戶而驕邪！爾雖他日位通顯，尤宜滋惴慄耳。』於是，紳兄弟皆秉訓弗違，以有今日。然則紳何以使吾母至千歲，以飭紳兄弟於恒吉？」於是華甫曰：「境之同年友曰呂太史仲木者，其人之言能使壽耇難老，境往問之。」

呂柟曰：「是在公珮。萬年之桃，九霞之觴，皆不足道也。昔者魯公父文伯退朝，其母方績，文伯曰：『以歜之家而主猶績乎？』其母告以民勞則思義，以及王后、公侯夫人、卿之內子、列士之妻之職。於是文伯益修其官，而敬姜至今千餘載猶若在也。且公珮爲聖朝大鴻臚，不啻季孫歜臣事一魯國。若公珮守其訓，滋迪厥靈，將來位公相，秉治理以膏澤天下，則恭人垂光無窮，遺休後昆者，又豈可以年歲筭哉！」華甫曰：「是足以復公珮而頌恭人也。」

贈秦懋功考最序

張侍御文之曰：「慈溪秦君懋功鉞以江西道御史，去冬考三載之績於吏部，勞多得上考，十有三道之僚無弗以爲信也。懋功以甲戌進士，治攸縣有効，擢今官。巡城而城戢，巡倉而通州五水次倉無弗清。巡視光祿，四署咸明，雖飯寺濟米，亦咸得心。巡兩淮鹽及河道，姦囮力革，而法理次修。若乃日常刺舉論列，尤赫然昭人耳目者也。」

呂子曰：「勞哉，懋功！豈惟可上考乎！柟嘗聞人之云御史矣，或習簡以爲平，或習虐以爲威，或習不事事以爲智，或習縱姦以爲仁，或習訐以爲直，或習潛私以爲功，或習含糊以爲體。七者有一焉，其六皆生矣；七者有二焉，其五皆成矣。即觀懋功之勞，將七習其免夫！雖然，今有作室於此者，基既築矣，梁棟楹楣既豎矣，然或攲而不直，偏而不正，羣工既受主人之直，環視而莫能獻其材也。名匠者爲之一撥定焉，坐見瓬人得以緝其瓦，圬人得以附其塗，設色之人得以黝堊其壁序，煥然其成家也。是故御史勞，百工逸；御史逸，百工勞。小逸，百工小勞；大逸，百工大勞。召南云：『于以采蘋，南澗之濱。于以采藻，于彼行潦。』小雅云：『楚楚者茨，言抽其棘。自昔何爲？我藝黍稷。』夫澗潦之地，人所遠棄，一采蘋藻，雖神明可羞。黍稷，育人之嘉穀，棘不抽，不可得而藝也。是故進善，不進不休；退惡，不退不止。魏荀氏且爲之，而況得行其志如玆官，躬逢其盛如斯時，富有其學如此材哉！夫懋功今且大巡江西，江西，東南雄藩也，屢遭寇變，民之荼毒，猶懸未解，延頸以待吾懋功久矣。懋功試以抽棘采蘋之詩行之，當其交，又非止若往所巡者矣，蓋雖天下所推而

理也。」

萱日圖序

唐太孺人王氏今年生六十有八歲。其子侍御應韶祈其壽之無窮也，先繪飛鶴圖，翛如黃鵠之臨太液，嘹如白鶴之鳴九皋，可數百歲焉。予曰：「鶴若老，則音下而聲不遠，非所以壽志也。」乃謀于楊乾，又繪青松圖，高參雲霞而勁淩霜霰，可數千歲焉。予曰：「松若老，顏衰而脂滲爲苓，膚軟而精傳爲堅，非所以壽貌也。」乃又問于其僚朱士光，又增繪靈芝圖，色萃五嶽之秀，氣騰萬木之香，可四五千歲焉。予曰：「雖則威喜之貴，或爲椹菌之淆，非所以壽貞也。」應韶曰：「茲三者，竭鳳儀之心思矣，乃皆不至，其何如圖之乎？」曰：「董子曰：『欲忘人之憂者，贈之以丹棘。』丹棘者，萱也。揚子曰：『孝子愛日。』枏今欲學董子，而應韶爲揚子則有餘，請贈子以萱日圖焉。」於是應韶躍然曰：「吾母事吾父之貞，及教吾之慈，惟此萱可以表母之儀也，惟此日可以通母之心也。」遂命絢師繪萱，花開者半，含蕋未開者半；繪紅日於海山之上以照萱，而松鶴芝草亦存其下焉。

予曰：「雖然，是在應韶。夫無萱不可以爲日，無日不可以爲萱。今夫日有三德言：一曰生，二曰明，三曰健。故日至之後，萬物無弗滋者，生也；燭幽隱，入罅隙，邪正淑慝，毫髮莫逃，明也；輔天而行，太陰五緯不能與之齊驅，健也。今天下之官，得布其志以生萬民者惟御史，然非高明如日，則忠佞淆亂，明而不健，雖明奚益？均之爲不好生人也。應韶今爲十三道長，誠率羣僚，如日之明健，以生斯世，民斯萱也，信可忘憂矣。則太孺人志貌常存，與日同壽，下照松鶴芝草，當不知其生腐榮朽幾千萬也！」

石樓李公七十壽序

南京户部尚書石樓先生沁水李公今年七十之初度也，顔如童子，齒堅密如編貝，髮鬚不甚白，登臨跋涉，健如壯者，鄉人皆謂公壽當數百歲。沁水尹三泉秦君邦泰，予同年友也，寄聲曰：「寧最辱公教愛，凡政有所疑，往質于公，公無不剖示以理，直欲寧爲古循良。寧無以報公，欲問吾子言以爲公壽，且嘗先以告公，公亦欲得吾子言以難老也。」

吕柟曰：「公明德長者，嘗監吾陝西及河南鄉試，兩省俊造，一時盛收，聲稱近代，巡按罕比其賢。厥後，臬司著法，京兆著牧，漕河著績，留部著忠，剛而不劌，直而不撓，人咸憚之。武宗六載，公未及引年，身先求退，不縻爵位。公論在縉紳，膏澤在多方，勳烈在史簡，未爲不壽也，今雖欲有言，其奚增於公乎？雖然，柟嘗習聞公之素履矣，嗜書如飲食，所積典冊，汗牛充棟，翻閲檢抽，無時少暇，然卷帙整潔，如手未觸，遇人叩問，即舉顛末。大學士邃菴先生，海内博雅，亦數從公借抄，訪所未見聞。即今公已七十，猶構書屋，日居其中，探討墳丘，或繼以燈燭朗明，誦如英茂儒生。又改石樓山巔之寺爲書院，暑時攜策其上，坐玩移日。公可謂篤信好學，耄耋稱道不亂者乎！昔漢伏勝年九十餘，口誦尚書，教及女子，文帝使博士掌故往受其業。董仲舒老居山林，非禮不行，學士皆師尊之，朝廷若有大疑，如雨雹、郊祀等事，至遣大夫往問其由。故伏、董耽學，不止壽且百歲，至今二三千餘年，人猶瞻望，如生不歿者也。夫公之名，柟聞之於童穉，惟公之道，柟未能操杖履，親叩其詳，然必不遜伏、董二老矣。審若是，公將非在朝則壽天下，在野則壽百世者乎！若夫結洛社以主盟，開綠野以行樂，此雖公之鄉先正八九十者之芳躅，柟猶不敢壽公止於是也。」

少司空東泉姚公六十壽序

東泉姚公淛，慈谿人，守工部侍郎，今年六十之初度也。其子修撰惟東涞之友陸舉之、王茂賢，其同鄉也；王庸之，其同年也，問壽焉。

柟曰：「夫先生豈可以年歲論哉？昔柟嘗登華山之顛矣，見喬松焉，根盤萬石，枝插九霄，葉蔭千谿，顔蒼蒼而不改，身亭亭而不屈，蓋不知其幾千歲也。問山人焉，山人曰：『此木自吾鼻祖以來，相傳若是也。雨露日滋焉，風雨日萃焉，斧斤日遠焉，牛羊日絕焉，夫焉得而不千歲也！』昔柟嘗過黄河之滸矣，見杞柳焉，根如懸絲，身如傾杖，葉如蓬麻，幹欲枯而不揚，色已凋而不滋，蓋不可以旦夕延也。問河人焉，河人曰：『此木自吾抱孫以來，不知其幾變易也。波濤日攘其土焉，浸洄日餒其膚焉，風雷日搖其命焉，行路日剪其肄焉，得延乎旦夕者，亦幸矣。』柟故曰：『君子之壽不壽，皆其所自處也。』柟爲童子時，知先生名，凡天下士之治朱氏詩者，皆誦先生文，不以爲模範，則以爲繩墨。天下士陰由先生而進以行其志者，不啻千萬也。柟近在史局，聞先生薦薛文清公之疏，謂可從祀孔廟也，有述往聖之心焉，有懲今士之弊焉，其文婉而直，其志遐而大。兹疏行，可以風百世而振千載，則先生固天下之士而千載之人，如華山松也，其壽詎可量乎？陸、王三君子言先生振福、廣之文，茂藩臬之績，壯延綏之邊，革易州之弊，固其緒事耳。聖天子方興維新之政，不日進先生鈞軸之地，其所以壽天下於萬世者，先生又必有所出也。況惟東方亦操後世是非之權，柟不能佞先生。」

柳籠山風木圖序

柳籠山者，烏石山之枝山也，距莆田城四里許，九華山在其左，天馬山在其後，蓋莆田一勝地，吾年友光禄少卿姚思永

氏之先人塋也。初，光祿之祖戇菴先生舉於福建，教諭臨清景陵。既卒也，而光祿之父靜軒先生遍邑中求葬地，得此柳籠山焉。至正德癸、丙之間，靜軒先生及夫人陳氏相繼沒，光祿逐次葬於柳籠山，因建華表於羨道前，而見素林公題扁曰「暢山橋梓」，則因其祖居之地名也。光祿今在太僕，已考三年績，而其子文炤又已舉進士，主政刑部。光祿乃時思柳籠山不置，遂上疏乞休。天子重其德，惜其才，高尚其志，進光祿少卿，且准歸。然則光祿與今茲之行，其遂所思乎！夫人處不知事親，則出不知事君；出不知事君，則營營於勢利，覘覘於祿位，忘其己而不知者多矣。間或雖知己之可重也，乃有昧進退之機，罹辱殆之禍，則又不敢以爲然也。若吾光祿者，皆可免。夫斯行也，感風木之思，潔觴豆之薦，柳籠山之鬼神，豈不右享之哉！愧感于吾光祿者多矣。

刊薊州志序

予讀熊子尚弼所編薊州志，因以知政教之有序也。夫志，雖紀事，亦以發義。事有輕重，則言有緩急，義有巨細，則辭有先後，故君子慎其幾也。遇抱疴之人，講藥石，粱肉非所先矣；遇盤根之木，礪斧斤，採折不可論矣。夫薊州，國之北門，析木之津，漁陽之地也。匈奴之所出沒，烏桓之所污染，俗悍而近漓，人勁而喜鬬，固不可以文教先矣。故薊志首稱疆域、山川、形勝、兵防而後學校、人物，不可謂序乎？且其志地理，詳而徵，險而悉；志國賦，隱而儉；志秩官，則而嚴，忠而不刻；志選舉，悉而遠；志人物，不遺乎卑微；志雜物，不虧厥正；志詞翰，取其有所關。修政者視此，無後時；董教者視此，無悖行，其亦庶幾乎！志之良已。

尚弼名相。江西瑞州人，與予同戊辰進士，以憲副兵備薊州，狄人不敢犯，其有平賊之功，數獲金幣之賞。當其志也，將無亦有所行者而善之乎！薊州守俞君召梓布，宜哉！

送伍公四川大參序

河東都鹺安成伍子思謹既有蜀藩大參之命，且行，其僚田子世馨、高子子敬問贈言。

予曰：「夫伍子，同年之豪也，柟故習焉。『敏思不伐，和思不比，顯思不溢』，秦安胡世甫嘗言之。『順不附勢，廣不凌獨』，吉水毛汝厲嘗言之。『沛然欲通而弗往也，惻然欲濟而弗泥也』，東郭鄒謙之嘗言之。柟之謫解也，方喜旦暮邇伍子而思究焉，乃又有兹行乎！」田子曰：「豈惟是哉！蘭輩佐伍子於斯地也，有撫卿焉，有巡史焉，有藩臬諸大夫焉，蘭見伍子恭而不足，簡而不傲，方思式其事長之道。有屬吏焉，有羣商焉，有車牙諸卒丁焉，蘭見伍子寬而不弛，惠而不煩，方思式其御下之體。惜伍子不參晉而參蜀也。」

曰：「於戲！於此可見三君子之善處，而林典卿之言有足徵也。柟近過太行之巔，見三人行者，其先登者下顧曰：『彼二人何其不我及哉？』其後登者前瞻曰：『彼一人何其不我待哉？』予謂先者近驕，後者近吝，驕吝不形，於四海五嶽皆可行矣，今三君子者將無免。夫柟在京師時，見天下事之至諸部也，惟尚書與當司郎語，及其密也，寫丁或先知，侍郎日貳堂上而不聞；途人或先傳，尚書時在座中而不問。如有問也，則嫌於卑也，泄也；如有聞也，則疑於狂也，侵也。故尚書寧國事之或謬，不肯使我位之孔貶；侍郎寧國事之或謬，不肯使不默之難容。於是天下諸司皆效，若是而弊矣。此豈祖宗及先王設參立兩之旨哉？於戲！若三君子之處滋爲可慕，而伍子之行益能悵予也。於戲！伍子其尚無改於晉部時。」

飲潳溪亭予詩有序

涇野子至解之明日，南江子酌之所修潳溪亭中，曰：「斯亭建自有宋，後守積廢圮置墻陰。東亦有觀瀾亭，廢爲堦砌沒矣。今敘與子，清秋細雨，舉杯談學於此也，耳聞斯聲，目覩斯形，恍若見先正，不亦快乎！」涇野子曰：「於戲！天有至聲，地有至音。至聲不言而化，至音不語而變，變化無心，神出萬物。傳曰：『物生而後有滋，滋而後有象，象而後有數。』〔一〕夫道無終始，物有本末，生數一體也，滋象一聲也。生先於數者，其初乎！象後於滋者，其有乎！故天或鼓者，眚也；石或言者，妖也。君子不言而信，言而後信，信之細矣；君子不行而敬，行而後敬，敬之涼矣。昔者，禹之行水也，躬導江、淮、河、漢，用滋九州，乃自積石、岷嶓、桐栢，而東北洫雍、冀，南溝楚、越，其中土定爲亭室，以宅萬姓。斯水也，過底柱、析城、灩澦、呂梁諸阻，則有聲。若循岸而行，直躬而往，其深不測，寂乎其無言也。」南江子曰：「夫亭傍之竹，在春夏亦常木也，霜殞而節稜，然後知其心之虛矣。亭前之栢，在雨露亦常木也，雪零而葉清，然後知其心之實矣。禮曰：『視於無形，聽於無聲。』則此亭之外，瓦礫苔莎，無非告子。」涇野子曰：「柟不敏，請爲之詩。」詩曰：

仙澗滮來，可以畜鱻。懸流石磴，旋折潳溪。滙其深矣，澄默且玄。有璞斯玉，有柳斯蟬。南江敦此，數我肆筵。睇爾聽爾，淠淠其淵。有亭明明，六扉翼揚。潳溪之水，效此壺觴。百穀斯茂，庶民於生。如竹斯笋，如罍斯瓶。嗟爾先生，匪獨耽賞。歌矣永懷，四海于平。

〔一〕 左傳僖公十五年原文作：「物生而後有象，象而後有滋，滋而後有數。」

孫士潔七十壽序

京人孫君士潔，名泉，今年生七十歲，姪男子有六人焉，皆親兄弟之子也。六姪鏜尤豪，鏜與其五兄弟及士潔之子鎬謀曰：「凡吾家今日業不惰，禮不放失，恩不虧缺，義不廢，財不屢空者，多叔父之德。今叔父誕辰，吾兄弟七人者，可各爲一宴壽叔父，日一人焉。鏜自十六日始，至二十一日而吾六姪之宴畢，其二十二日則以屬鎬也。宴必索大夫士之言，以邀比人、里人、戚人、友人，聚酌瞻誦，以爲叔父榮。」鏜且十六日矣，乃以劉秋官問壽言。

涇野子曰：「美哉！茲舉。我未之今見也。昔周之盛時，四方頑民觀洛邑之多遜，而漢畿醇民，力田業作，恥言人過，亦能移天下澆漓之俗。故雅有都人士之篇，儀表三輔者，其風尚可使人欽企也。今天子敦行孝弟，流化萬邦，孫氏之子其首能承化者乎！故茲七宴，可觀振勵之業以教力，可觀尊卑之禮以教分，可觀骨肉之恩以教慈，可觀弛張之義以教情，可觀洗腆之財以教孝。比人觀之而歸，比人之比，無弗孫氏也；里人觀之而歸，里人之里，無弗孫氏也；戚人、友人觀之而歸，戚人之戚、友人之友，無弗孫氏也。則士潔之名，豈惟旦夕可傳四海，雖千百載又何愧焉！千百載而不愧，士潔之壽遠矣。孫氏子孫，其滋勉焉，以昌熾其懿緒乎！」

刊醯雞集序

竊聞之：聲者，心之著也；詩者，聲之華也；義者，詩之質也。故義以發志，則綱紀立，鬼神通；華以文言，則雷風章，寒暑時，山川奠，草獸若；著以表存，則隱微顯矣。是故賦棠棣者，憫鬩牆；詠渭陽者，輕瓊瑰；感伐木者，樂黃鳥；祈天保者，比岡陵；歌魚麗者，薄魴鯉；頌清廟者，重顯承。於是考信，其質貞也；於是觀榮，其文順也；於是

諗情，其究罄也；蘇與韋也，得其質於漢，蓋十七於其華也；李與杜也，掠其華於唐，蓋十一於其質也。夫詩亦難言也已。夢菴先生有詩數百篇，自題曰醯雞集。當其格律，柟未能講；當其志義，其庶幾乎！是故君子定其足而後能動，構其室而後能黼黻黝堊焉。故寶山之遊，況吉甫也；耀州之賑，志富弼也；泥陽之過，懷鳳鳥也；淩緩之謝，獲麒麟也；槐庄之夢，心忠孝也。其他攄幽而紓素，懷古而感今，皆彭彭乎出塵埃矣。先生早領鄉薦，兩爲郡博，北歷陳、耀，東訓吳、江，南考桂、廣，山海之奇，風俗之變，罔弗寓之於詩，故其大義皆可得而想也。今夫史，司馬談之所肇也，其子遷則終其志。今夫經世之書，邵堯夫之所興也，其子伯溫則成其（心）〔志〕〔二〕。夫醯雞集之傳，鳳巢子不可後之矣。

重刊釋名序

漢徵士北海劉熙著釋名二十七篇，蓋爾雅之緒也。昔者，周公申彝倫之道，乃製作儀、周二禮，雅、南、豳、頌四詩，皆發揮於陰陽、象器、山河、草木以及蟲、魚、鳥、獸之物，義雖裁諸己，文多博諸古，恐來世之不解也，其徒作爾雅以訓焉。魯哀公欲學小辨以觀政，孔子曰：「觀爾雅以辨言。」釋名者，亦辨言之意乎！今夫學者將以爲道也，爲道而不知義，則於道不樂進；知義而不辨言，則於義不能精；辨言而不正名，則於言不能審。是故灑掃應對、道德性命，其致一也。夫音以九土而異，聲以十世而殊。山人以爲葝蒚藋茖者，國人以爲薤蒜韭葱者也；古人以爲基烝介弔者，今人以爲始君大至者也。故名猶明也，釋猶譯也，譯而明之，以從義而入道也。

是書南宋時刻於臨安，尋燬不傳，今侍御谷泉儲公邦掄得之於中丞石岡蔡公，乃托柟校正，付絳州守程君鴻刊布焉，其意遐乎！但爾雅先詁言訓親，而後動植，近取諸身，斯遠取諸物也。釋名以天地山水爲先，則瀕乎玩物矣。故魏張揖采

〔二〕「志」，據萬曆李楨本改。

蒼、雅，作廣雅，辭類雖衍，猶爲存爾雅之舊乎！

龍章寵樂序

君子於君之賜也，一衣一食且榮之，而况於其言乎！君子於親之事也，一草一禽且慈之，而况於其行乎！侍御盧君於其父南山先生之敕命，乃爲龍章寵樂之策，其亦耀君言而昭親行乎！是故世有二大，君、親盡之矣；道有二樞，言、行盡之矣；人有二職，忠、孝盡之矣。故敬其君者，不敢遺其親也；愛其親者，不敢後其君也。故君子學於親，以事其君也；得於君，以事其親也。天球、河圖，周之賢王歿且保之，而况於其存乎！大呂、康誥，衛之賢臣行且誦之，而况於其恒乎！於戲！此龍章寵樂之志也。是故或躍於淵，或飛於天，雲雨惟時，寒暑不忒，其龍乎！故其詩曰：「爲龍爲光，其德不爽。」言龍惟德之行也。絲如綸綍，玄黄錯織，闡幽勸淑，五色咸明，其章乎！故其詩曰：「倬彼雲漢，爲章于天。」言章惟龍之作也。無言不讐，無德不報，修之于家，受之于庭，其寵乎！故其詩曰：「我寵受之，蹻蹻王之造。」言寵惟君之爲也。以力養親者，可以逸親，不可以悦親；以色養親者，可以悦親，不可以樂親。賢能既考，教育有徵，龍章之寵，展玩日夕，其樂乎！故其詩曰：「樂只君子，保艾爾後。」言思樂其後之有德，欲爲邦之基光，民之父母也。

涇野先生文集卷之四

序

易經大旨序

易大旨，唐漁石子之所著也。夫世有二學，一曰性命學，二曰舉子業學。爲舉子業學者，或背經而蕩於辭；爲性命學者，或浚經而淪於空。之二者，於治道皆損焉。夫舉子業與性命豈有二乎哉？夫辭變象占，聖人之道所以大，而君子所由密於觀玩也，若獨於其動焉，學之其所遺者多矣。是故黄牛健馬，不啻語乎畜也；翰音雉膏，不啻語乎禽也；岐山大川，不啻語乎地也；雷電斗沫，不啻語乎天也。昔程子教門人，十日爲舉子業，餘日爲學，予亦嘗疑焉，將程子不以聖人道待舉子邪？若知性命與舉子業爲一，則干祿念輕，救世意重，周之德行、道藝由此其選也，漢之賢良、孝廉由此其出也。於戲！大旨之著，將非漁石子藉此而進諸士子於潔淨精微之地乎！諸士子若徒以舉子業求之，則漁石子所謂立言之道終身何如之旨者，信乎又外於此而孤之甚矣。

南莊李公七十壽序

曲沃舉人張頤靜吉來解州問於予曰：「頤婦翁少保大宗伯南莊先生李公，頤自少隨侍讀書，嘗攜入京居數年，名雖舅

甥，恩若父子。即今乙酉正月一日，爲公初度辰，頤無以壽公，敬索吾子一言轉上公，祝千歲。」呂柟曰：「愚不能爲靜吉祝，夫公亦嘗習之矣。石學士有四言焉：一曰清譽在主事，二曰能稱在郎中，三曰善政在納言、京兆，四曰有大臣體在少司馬、大宗伯。何中舍有一言焉，曰：勇退而身名完。孫太史有三言焉，曰：免得失之患也，齊韓、陶之名也，誨三晉之後進子弟也。如三君子言，公自可千歲不殁，豈惟柟不得而加祝，雖戚如靜吉亦無能爲乎其力矣。雖然，靜吉必欲有言，則在靜吉，不在公也。昔者，宋相晏元獻求婿於范文正，文正對曰：『公女若嫁官人，仲淹不敢知，若求國士，無如富弼。』厥後彦國舉賢良方正，而使虜之烈尤偉，位亦至司徒。於是宋人謂元獻能以德擇婿，其名因彦國益遠，則元獻之壽，不可謂不在彦國也。況公冢器鏞舉進士，有器識，公已深樂取遐筭，若又得靜吉如彦國，則公當其今無鬱也，當其後無己也。無鬱則心日廣而面睟，無己則身常存而名芳，夫豈惟千歲止！」於是靜吉曰：「頤將努力爲彦國已乎？」曰：「靜吉如更爲程伯淳，則彭公季長者，又滋久於世矣。」

程母八十封太安人序

絳州守延安程君騰漢鴻，其母太安人丁氏，今年八十有奇矣，以第三子千戶鳳得封爲太安人。絳州卿大夫士自大司馬陶公以下皆謂可賀也，使太學生馮英來問言。曰：「世有六無私，於程太安人見之矣。夫天無私佑，地無私培，君無私褒，日月無私光，家無私興，國無私譽。太安人夙興夜寐，孝事舅姑。昭信校尉既殁，年方三十，節如冰霜，而又睦族賑里，自少至耄，稱道不亂，古之貞慈也，宜有斯封矣。」有儒生劉如江曰：「太安人嚴甚，常坐堂上，孫子、婢僕無敢越於庭。生四子：長崇寧知縣鵬，二義官鸞，三千戶鳳，四即太守公也。崇寧且致仕，因事數跪半日，杖而後釋。義官性頗強毅，御之尤厲，至長三十六矣，不與顔色，偶除夕與一餅，義官喜至雀躍，以爲生半世始得太安人心也。千戶嘗被揀管隊北征，懼不欲行，太安人曰：『爾正宜盡忠報國，乃有此懦耶？不行，無見我面。』既旋，反獲雋進階。雖太守公在諸子中尤俊敏，且舉

人矣，一日飲酒於寺少肆，即峻絕三日不見面，笞二十，始容進。江聞之易『柔順利貞』者，女道也；『家人嗃嗃』者，夫道也。乃太安人反之，且壽且封，而君子又以爲無私，何耶？」

曰：「道以時而變，教以勢而殊，故柔順行於夫在之日，爲貞；嚴威用於夫亡之時，爲慈。夫在而嚴威，是專制也；夫亡而柔順，是隳家也。故崇寧之責，類俞母之痛笞；義官之抑，類歡母之勞思；千戶之遺，類賈母『女尚何歸』之戒；太守之教，類軻母嬉戲、賈炫之遷。於戲！太安人其古之貞慈乎！故當其今康強，百歲未可量也；當其後德之流行，千歲未可艾也。且太守方將布惠澤於絳土，著賢聲於晉邦，不日徵爲部曹，進爲卿佐，所增封於太安人者恭人、淑人未已也，豈啻千歲云！」

解梁贈別詩序

玉松子仇時茂，首皤皤然白，策騮馬，從青衣，自雄山問言解州，予迓之曰：「子非天上降邪？聞子違潞州有日矣，奚久而後至此？」曰：「森去歲仲冬訪趙隱士復蒙於蒼溪，又歸也。今年正月八日，又違潞，訪寇涂水都憲於榆次，不遇，遇其父封公，猶吾子所言乎都憲者焉。乃遂入樂平山訪白巖公，白巖公適之平定，俟十日而後獲見，遂贈我以二詩。西來洪洞謁司徒公，司徒公用白巖公韻作四章以贈森，其子韓三進士所書也。遂過絳州謁司馬公，乃先飲森於其戚黨，醉終日，次日方飲於其家，醉終日，是時其子陶正郎已戒邊行矣，故訪子意甚速而行甚遲。然崇寧宮桃李之譏，則森終身所未遇也。」曰：「於戲！美哉壯遊。玉松子斯行也，予其贈子言乎？」玉松子曰：「子如有言，甚無遺趙復蒙。」涇野子曰：「子如不言趙復蒙，吾必不贈子矣，吾如不序趙復蒙，子必不訪吾矣。」於是解人程秋官、解庠周掌教及從予遊者皆有詩。玉松子舉鄉約百二十人，修家範，同居四世矣，詩故多道之。

庸齋雜録序

庸齋雜録者，我明靈丘東長四奉國將軍殿下裒集諸文學之詩詞，而以常觀省者。庸齋，其別號也。夫庸齋有王侯之尊，金玉之戚，乃忘其富貴，抑其驕侈，讀書談學，躬行求是，且以庸自號，其賢于人遠矣。乾九二曰：「庸言之信，庸行之謹。」夫人多忽于平常，而用心于創異，故孔子以庸爲善世德博者也。漢景帝時有二王焉，河間王德被服儒術，修學好古，所招得書與漢朝等，又皆古文先秦舊書，周官、尚書、禮記、毛詩、左傳，山東諸儒多從而遊。淮南王安雖亦好書，然率多浮辯、神仙、黄白術。其後河間謚獻，淮南不竟，則河間其庸也，淮南其不庸也。故後漢東平諸哲，皆以獻王爲師。若庸齋者，將非今之河間乎？沁水李司徒公不虚美人，其爲庸齋説，義皆實，語不泛溢，而又本之中庸戒謹恐懼以慎獨焉，則殿下之所造，當又極於高明矣乎！

庸齋諱聰游，字惠民。

挽南江子詩序

南江子林君典卿既歿於解州官邸，邦之士民朝夕哭臨七日，醵牲致奠，如失父母。既而曰：「此省吾邦人之財，節吾邦人之力，教吾邦人之禮者也，乃今死且還臨海乎！」又有相向而哭者。於是能詞者作誄言，能興比者作詩怨，如古薤露、蒿里。洛陽人之祝王奐者數輩也，其門人鞏鎰、侯畛裝潢爲卷，請序焉。嗚呼！予之謫解也，南江子即遣子幹師事予，因以相共語論，晝則資之以訪政，夜則資之以談學，當其劇契遠邁，雖古之人或薄焉，乃今至有此乎！嗚呼！予之痛，又有非解之士民所能知者，則其言不能不爲之先也。

山西鄉試録前序　代作

嘉靖四年秋八月，山西鄉試士千三百有奇，遵制取六十五人，刻其文二十篇。某及教諭某某，訓導某某，謬膺試事，則不得不一言以告二三子也。

夫國家取人以言，而用人以行，則言行非兩物也，故言亦行也，行亦言也。其行高者其言醇，其行卑者其言駁。故僞士之言如萍，烈士之言如金，黠士之言如韋，不恭之士之言如猱。故天包萬善，厥語雷霆；地載百物，不見而章。有司者既持是以校爾二三子也，爾二三子者，説經能窮德政之妙，説史能達治亂之源，説乎時務能知利病之所在。或發揚萬物，何仁也；或辨定取予，何廉也；或條政籌邊，何智也；或憂國恤民，何忠也；或鄙僞輕詐，何允也。有司者既信爾二三子之言而登取之矣，二三子行其無負爾言哉！況巡按御史夙懷圖報，于爾監臨，某官某人、某官某人于爾提調，某官某人、某官某人于爾監試，提學副使某人于爾先後簡拔，鎮守太監某人、巡撫都御史某人、巡按御史某人皆于爾振作鼓舞，其外某官某人又皆于爾維持相成，二三子行無負爾言哉！況爾皆太行、河汾之秀，堯、舜、禹、湯之遺民，皐、夔、稷、契靡傳之流英也。堯舜甚惡巧言令色孔壬而嚚訟靜言者，雖於其親子近臣，亦棄之而不恤。若皐陶采采之載，傅説惟艱之行，亦又耿耿也。二三子行其無負爾言哉！

鄉試録後序　代作

嘉靖乙酉八月，山西鄉試録成，某從試事後，得申告諸君子曰：「夫諸君子亦知有司拔二十一于場屋者乎？爲爾言能明乎道也。爾知有司貢六十五于朝廷者乎？爲爾身能行乎道也。某嘗徧觀爾文矣，論仁惟恐不如舜，論忠惟恐不如周

公，論聖惟恐不如孔子。有司者既已心悦口誦、目擊把玩之矣，所望於諸君子者，其行之無改乎！昔者齊轅固生及公孫子並舉於漢，轅生直，公孫子反目事之。轅生曰：『公孫子務正學以言，無曲學以阿世。』言曲學者，素學本直，瀕行則變其故，而狥君相之欲也。今觀公孫之策，其不合于堯、舜、周、孔者鮮矣；及其行也，以一布被諛言入武帝之左腹，乃賣長孺，黜仲舒，使漢治虚耗而危亂，皆曲學之罪也，諸君子能不怵惕於中乎？夫士之且仕也，其言仁智忠聖若是切矣；及其既仕也，人曰『汝堯汝舜』，則恥赧不肯當；人曰『汝周汝孔』，則推避不欲居。甚至依違利害，模糊是非，終其身老于位，無毫髮裨世而止以富貴畢，人猶以老成歸之，則何以異間者之言乎？故恥赧者，本末嘗實也；推避者，本末嘗有也。今觀諸君子之言，某安敢謂其不實有哉！然而兹往則不可不思勉也。苟或他日，德有未立，政有未成，則人之稱斯録也，真言語之末，某亦不能不與有愧矣！」

鄉約集成序

予往年謫解時，過潞州東火村，見仇時茂率鄉人舉行藍田呂氏鄉約，甚愛之。至解州，選州之良民善眾百餘人，倣行於解梁書院，而請扆、王二上舍主之。方恨其無定規也，而時茂以其所行鄉約條件一書見寄，且請校編，於是遂并舊所抄略於會典中諸禮參附之，而第其篇次，節其繁冗，以附仇氏，凡十四篇。若修身齊家之旨，化民成俗之道，則先提學周秋齋先生序之篇端矣。

解州志序

予至解數月，秋官程君萬里率解士夫同州守林君典卿來曰：「解志，教諭呂孟堅雖嘗采輯，然尚未備且嚴也，兹惟涇

野子託焉。」未幾，巡鹽雷石盧公亦曰：「判官可輟民事，以具一方文獻。」柟乃使解之二三子分門纂録，或訪諸巖谷，質諸耆宿，徵諸史志，藁且半。今年春，內濱初公巡鹽繼至，亦若雷石子之命也，且下檄同知張君敬之，令以州之無礙官資爲工食費，解志因賴以就。

夫解，轄五縣，據條山，撫鹽澤，雷首之所盤抱，黄河之所侵匯，乃堯舜甸服之地，神禹建都之邦，皐陶、稷、益之所治，風后、龍逢、巫咸、傅說之所産也。然往稱沃饒，而今多彫敝；舊號時雍，而近不免訟鬬。但敦樸勤儉之風，猶或存焉。斯志之作，豈爲工文而務博，實欲舉古以化今。然風之自，則在仕乎其地者以續皐陶、稷、益之政；俗之成，則在生乎其地者以求風后、龍逢、巫、傅之學也。

志凡二十二篇，州歷序因革也，州治稽建置也，職官先統馭也。官之所統有人，故戶口次之，又有土，故田賦次之。中條山，解之鎮乎，凡山皆由是出焉。解鹽池，其解之川乎，凡水皆于此關焉。是故物産可知也，州貢可興也，禮俗可明也，兵匠可壯也，書院可崇也，亭閣可樂也，祠祀可修也。不見古之爲政於斯者乎？故官師列焉。不見昔之起家於斯者乎？故人物列焉。然皆由選舉而出之，往者不可考，近者則章章也，故選舉列焉。斯其賢，丘壠猶存而宰木尚拱，與條山爭峻，大河競長也，尚不可爲勸乎？故陵墓終焉。

其校正訛失，則學正周君文中云。

初氏家乘序

柟謫解之明年，內濱初子巡按河東，得數謁侍焉。初子曰：「判官舊太史氏，守直筆，且爲上經筵講官，久說尚書、論語，甚無依他判官體見我。」於是每見輒欵語。一日，出其家乘以觀，語及先世積行，而族屬單寡，或至殞涕。其言曾高祖以上，若言其父母之近；其言伯叔父母，若言其父母之戚；其言諸從兄弟，若其同胞也。雖蠢愚如予，亦感動焉。他日，柟

校略溫公集於河東書院，初子曰：「聖主之衮勑龍褒，不敢匿也；□縣公之清直，沱潛叟之淵穆，贈君省菴父之嚴毅，不能忘也；其諸名公之表、志、傳、贊、文、序、詩、賦，則又不忍遺也，緊子能一序之，使吾日思先貽，以酬諸清時乎！」序成，而先生以其日廩之餘，命匠刻之，曰：「此某孝思之集也，可以面先人於地下矣。」於戲！世有求忠藎于孝弟者，宜于是焉考乎！

義勇武安王集序

王集，元季巴郡胡琦已嘗編刻，名關王事蹟。國朝解郡（州）［守］〔一〕相繼者，又增刻二三次。然今板本模糊，文字缺謬，則已不可傳遠。間方理解志并蠹王之世傳，竊欲校刻此集，未能也。乃潛江初公巡按是地，爰有是命，又懼耗貲損民，非王所欲，即以其香火餘金充工食費。於是柟遂得申次其文，裁刪其冗，采補其缺，或考諸蜀記，或質諸本史，或訪諸當陽志，或問諸常平里，而王集成，凡六卷。

柟嘗謂：勇不善用，匹夫之力，賁育之憤也；勇而善用，聖賢之道，文武之怒也。當漢末世，劉先主帝室之胄，志復漢室，分義攸宜。諸葛孔明讀書隆中，諳曉邪正，亦必待三顧而後起，則亦君子之常。惟王家在解梁，身爲布衣爾，乃見超乎億人之上，趨數千里外，擇主而事，挾義而興，使先主恢復之志首決者，皆王之力。則夫資稟之高，學問之正，睠玆叔季，鮮其儔匹，配義與道，此真其勇乎！

又嘗謂：凡天下大業之成，雖其時主之聖，天命之新，然皆賢人君子、才智忠賢爲之經營；及其敗亡，皆小人浸漬以致之。若乃臨危遇害，小人者又竄身謀己，改面事人，而賢人君子獨效節不去，則天道似多福淫而禍善，老、莊、鄉原之徒由

〔一〕「守」，據明隆慶元年刻本重編義勇武安王集改。

是稱也。然則王之事亦天乎！昔者齊崔杼弑君，晏平仲以爲人有君而人弑之，而不亡不死不行。及被劫盟，則仰天歎曰：「嬰所不惟忠於君、利社稷者，是與有如上帝。」乃歃。君子猶或譏其不亡不死不行之非義也。然則凡食漢土之毛者，孰非其人而暇恤其諱乎！彼曹操、孫權，漢世雄賊，已勿足論；其餘從而事之者，雖其籌策之良，材力之盛，則亦盜跖「分均」、「出後」之仁義耳，又安可與王比方？孔明因論馬超，推王在黥、彭之上，目爲絕倫，豈曰無見？夫人而直，雖死猶生；人而不直，雖生猶死。人而仁，雖屈實榮；人而不仁，雖伸實辱。王可當孔孟所論直仁者乎！

王嘗曰：「日在天之上，心在人之內。」後欲觀王之心者，惟當觀天上之日耳。若乃曲儒陋士疵王矜己傲物以取敗，夫以王之所負，其視當時人不啻犬彘。故於孫權罵以貉子，絕其請婚，非以爲狂也；其於曹操報刺顏良，封還賜金，非以爲廉也。其旨深遠而其道廣大，舉吳、魏君臣皆不解其故，雖後之君子，不過目以國士虎臣耳。然則王之心又安可語邪？故今校王傳而因間論其心，注之各章之下，使貪夫懦士、亂臣賊子，雖死尤不免於懼云。〔一〕

司馬文正公集略序

司馬先生傳家集，柟在史館得之于侍讀安陽崔子鍾，以簡袠重大，取其要，急屬吏抄出，曰集略，凡三十二卷。未及對讀，崔子遷南大司成，柟謫判解州。今年秋，潛江初子〔二〕見集略而愛之，曰：「溫公致君澤民之道，盡在于是，不可以莫之傳也，且解夏廼其故里，尤宜急行。」於是命柟校刊於河東書院。然是書既經吏手，字多訛漏，遍訪蒲、解，皆無畜本，特以意見校正，付梓人氏。末復得是書於沁水李司徒及運城張學士家，欲全刊之，業已垂半，廼以類補附，亦少完矣。

〔一〕明隆慶元年刻本重編義勇武安王集後有「嘉靖四年冬十月既望，後學高陵呂柟撰」一句。

〔二〕「初子」，嘉靖四年刊本司馬文正公集略作「初公」。

昔蘇子瞻謂公能動天人、信華夷，皆本於一誠，是固云爾。然使明有未至，則亦不能動中機會，如庖丁之於牛也。故柟謂公之道直如汲長孺而不訐，識如賈太中而不驟，文如陸敬輿而不冶，廣如韓稺圭而人不可欺，任如程正叔而世不能黨。使在孔門，則閔騫之孝友，季路之忠信，子貢之達，冉求之藝，未知孰爲後先也。於戲！實立於脱桃之餘，智發於擊甕之頃，行成於警枕之時，君子謂公天資學力皆不可及，不其然乎！韓退之云：「孟子純乎純，荀、揚大純而小疵。」程子亦云：「本朝純而不雜者三人，以公爲首。」則公其亦荀、孟之徒歟！奈何王安石、呂惠卿沮其道於生前，章惇、蔡卞輩又遏其道於死後。則公雖欲闢邪説、正人心，亦臧倉之於魯也。故柟又謂宋一用公，以成元祐之治；一不用公，以成赴海之禍。公可謂國之蓍蔡者乎！然則[一]斯集之刻，豈徒然哉！[二]

雙泉詩集序

雙泉集者，蒲藩殿下之所作也。其詩清而麗，雅而則，有古鵲巢、湛露之風。雙泉歿，未期年，而其子南溪殿下思其所嗜，思其所樂，欲板行此集，以篤孝物焉。昔漢楚元王恭儉靜壹，惠此黎民，納彼輔弼，垂烈於後，其臣韋長孺作詩以美之。今雙泉之詩與元王同，而其嗣南溪君，文雅該博，敦詩究禮，克肖厥前，又非楚夷王可比。則夫雙泉之詩，於齊家治國益爲有徵，其永傳也必矣！柟得因是而覩我明麟趾之休，騶虞之化於無疆矣。於戲，休哉！

[一] 嘉靖四年刊本司馬文正公集略「然則」後有「侍御公」三字。

[二] 嘉靖四年刊本司馬文正公集略後有「嘉靖四年十二月乙酉，賜進士及第、平陽府解州判官、後學高陵呂柟謹序」一句。

稷山縣志序

此志爲秦王府長史梁君弘濟所編，綜核物理而稽具人賢，則亦密矣。其子進士〔一〕格將入梓以傳，乃獻諸巡按御史潛江初公。初公曰：「凡文美則愛，愛則傳。此志雖美，能無不盡然者乎？可視諸呂涇野君正。」遂兩謁予曰：「此不獨潛江子〔二〕之命，亦格繼先大人之志，而思昭敝邑者也。」按志，自建置以下凡十四篇，析類明而記事實，密不啻云爾。且此邑去后稷所産之地甚邇，「而后稷始稼穡於此」〔三〕，邑因是名，周人所由有也，而志不具，豈非缺典乎？乃梁君能編於數百載之下，而進士又欲梓於登科之後，斯其意亦美矣，其文不必一一論矣，志也不亦可永乎！〔四〕

靜學殿下孝感詩序

於維我明宗室之賢，靈丘靜學殿下喪其母夫人，居廬墓側，朝夕哭奠，負土以築壘壠，自餈粥食。墓有枯栢，復生緑蘖，爭榮于羨道。復有慈烏巢菴，靈獒守夜，羣鳶宿樹，雙鵲結屋，白鵬疊翔。於是青茅冬茁，丹草夏生，羣童拾翠以相餉，鄉耆繪圖而矜贈。嗟夫！烏鵲老稺，猶有生氣，感格猶可説，至于枯栢重榮，豈非孝極誠切回天地者乎！昔安東將軍王儀歿，

〔一〕「進士」，同治稷山縣志作「進士君」。

〔二〕「潛江子」，同治稷山縣志作「潛江先生」。

〔三〕「而后稷始稼穡於此」，據同治稷山縣志補。

〔四〕「斯其意亦美矣，其文不必一一論矣，志也不亦可永乎」一句，同治稷山縣志作「斯其意亦美矣，不亦可永乎！嘉靖丙戌春三月」。

其子哀攀栢而號，涕淚着樹，樹爲之枯。儀死非其所，哀亦常人也，非殿下可比，而枯栢再生，又豈生栢淚枯者之所能及乎！然則殿下之孝，果超出尋常，而我朝以孝治天下，化自九族者，又豈異代所能彷彿哉！於戲！冊中諸歌頌，可永不刊矣。

贈張伯含考績序

侍御張子伯含既考三年之績，其僚王子天宇、唐子應詔語予曰：「故事，御史滿三年，率有贈言。張子與吾子及應鵬、鳳儀輩舉進士十五六年矣，屢嬰憂病，今始一考。且其人開朗端重，思樹綱紀，十三道率誦焉，宜不可無贈。」

予曰：「然。夫張子，都人世家，同年友之儁也。其守御史，秉正黜邪，爲德爲民，固已夙夜匪懈矣。兹者三載之考，張子豈遽以是爲足哉！昔者沈文燦之考績也，予告之以九病，曰：『見善忘舉者妬，知惡廢劾者比，中心依違於是非者譎，借公行私者佞，意存覬覦者狡，懼禍結舌者偷，指摘疑似者刻，怒人傲己盖其所長而論者忿，喜言奔競便儇者貪。』昔者成秀卿之考績也，予告之以『考績必知神者而後能之也。於此有貪人焉，稱曰廉；於此有穢人焉，稱曰潔；於此有忠人、良人焉，惡其不善事我也，稱曰常；於此有勢人、權人焉，懼其陰能毒人也，稱曰賢。如是考於宰衡，宰衡告於聖人曰：「是知時務者也。」乃黜其所謂常者，進其所謂廉能與賢者，署之曰御史材，即百官皆變爲貪穢，天下之民寃鬱死亡，日亂而不知也。於此有貪人焉，稱曰墨；於此有穢人焉，稱曰污；於此有忠人、良人焉，雖其不善事我也，稱曰賢；於此有勢人、權人焉，雖其陰能毒人也，稱曰姦。考於宰衡，宰衡告於聖人曰：「是達國體者也。」於是進其賢者，黜其所謂穢墨與姦者，亦署之曰御史材，即百官皆化爲忠良，天下之民歡欣樂生，日治而不知也』。夫張子與沈子、成子皆同僚且同年也，宜兼斯二者而有之矣。雖然，告沈子者皆由於己，告成子者半係於宰衡，而其究亦在己也。夫張子無獨委諸宰衡爾矣。」

嘉靖乙酉舉人敘齒録後序

此吾陝乙酉舉人敘齒録也。咸陽米惟善齒敘在先，嘗同諸君子以書索後序，而劉以鴻實介焉。予以兒子田在列，未宜文。既而曰：「諸君子既與田同舉，則予在鄉曲間有一日之長，問而不告，咎在予矣。夫天下之益，莫過於朋友，而風雷之象，獨以『見善則遷，有過則改』爲言，古之君子所以日進于高明也。諸君子仕則以政相勵，處則以學相勗，獨有外于斯乎？且予告諸田者亦不外是，諸君子無寧以予言爲卑近踈遠乎！不然，試持是以質於舉主直菴鄭公、督學漁石唐公，以爲何如也？」

太孺人唐母鄭氏七十壽序

太孺人唐母鄭氏者，贈監察御史篁嶼先生之配，陝西提學憲副唐子虞佐之母也。今年六月五日，實維初度之辰，陝之三司卿大夫咸稱壽，使使問序焉。

於戲！母今七十矣，唐子其喜乎！於戲！母今七十矣，唐子其懼乎！夫柟，關陝之鄙人也，與唐子不惟同年又同道，不惟同道又同志。惟其同道且志也，其于同氣又何間焉！則唐子之喜懼，于柟得無關乎？夫太孺人，靖江令聽菴之女，楚雄判溫卿之妹也。既歸篁翁，每出奩具以給匱乏，至且罄竭亦無怨惡。姑遘劇疾，飲食藥物，身自供事，不解衣帶，浹三月餘。姑疾且革，髮飛蟣虱，妯娌避去，乃獨親爲沐浴，殯殮以禮，蘭溪婦女傳以爲式。及舅喪，自思州歸，乃贊篁翁，厚以襄事，其有囊槖，悉讓諸叔。至喪篁翁，哀毀之過，痛及道路。夫太孺人于其尊者如此，其卑者可知也；于其死者如此，其生者可知也。開化方思道論母異諸人者有五，亶其然乎！故今年已古稀，益健裕不老，則孝敬貞慈，於是乎徵數百歲未

艾也。於戲，唐子其喜乎！昔者范母以其子滂齊名李、杜而壽，孟母以其子軻齊名顔、曾而壽。唐子始令郟城，盜不至郟。既爲御史，巡按雲南，滇人誦稱。既提學陝西，諸士化其德而習其材，於是儒風丕變而民志思向，則唐子之行于是，而成諸母者，亦多矣。抑不知唐子今日之壽母，將止使其母爲范母已乎？抑將使其母爲孟母已乎？唐子爲范，則母亦范；爲孟，則母亦孟。母爲范母，數百歲耳；母爲孟母，數千歲未艾也。於戲，唐子其懼乎！

於是諸卿大夫皆曰：「若唐子者，又豈止使其母爲孟母已哉！」

橫渠張子抄釋序

橫渠張子書甚多，今其存者，止二銘、正蒙、理窟、語録及文集，而文集又未完，止得二卷於三原馬伯循氏。然諸書皆言簡意實，出于精思力行之後。至論仁孝、神化、政教、禮樂，自孔孟後未有能如是切者也。顧其書散見漫行，涣無統紀，而一義重出，亦容有之。暇嘗粹抄成帙，注釋數言，略發大旨，以便初學者之觀省。謫解之第三年，巡按潛江初公恐四方無是本也，命刻諸解梁書院以廣布云。

周子演序

柟自幼誦濂溪周子一二言，即中心愛之，如覿其人。若當清風明月下誦之，更無他文字可好，第恨未多見其書耳。既舉後，得全書刻本於寧州呂道甫氏，又恨編次失序，雅俗不倫。暇嘗第其先後，因演其義于各章之下，分爲内外二篇。既謫解，而巡按潛江初公亦甚好焉，遂命刻之解梁書院。於戲！周子精義，具載此書，蓋入孔、顔之門戶也。雖微演，亦可通。但始學之士，因其演，味其言，即其意，思其人，則必不以文字爲視斯書矣。

二程抄釋序

二程子明斯道于宋室盛時，其言行多發孔孟之蘊，人若有良心未死者，讀之未嘗不忘寢食也。柟年十七八時，嘗夢明道及呂東萊立涇野草堂之上，而柟升階質疑，聆其語論，雖夢中亦豁然，以爲東萊遠不及也。以後動静起居，時復思見，但愧末學，實未有所得耳。既舉後，得全書于安陽崔子鍾氏，每諷誦之，益不能釋手。但解説六經、四書之語，與門弟子問答行事之言，統爲一書，則浩大繁博，初學觀覽，不無難顔。暇嘗抄出心所好者，集爲八卷，凡二十九篇，稍釋其下，以備遺亡；而于詩文亦抄出數篇，以爲外卷。巡按潛江初公見之，命刻諸解梁書院，而以其贖罪金紙作工食費。則斯抄釋其是也，柟何敢隱；其非也，柟又何敢以掩哉！始學之士，倘因是而求二夫子之志，以遡孔孟之道，則亦其有小補乎！其傳是書之門人姓氏名地亦列諸後。

重刊四書集注序 代作

四書集注，海内家傳人誦，官以是舉其政者也，士以是行其學者也。顧其板本多出南建書坊，天下之士自蒙穉以上，皆仰鬻於書客，山、陝、河南得之尤難，予甚憫焉。夫是書即孔、曾、思、孟之精藴，發堯、舜、禹、湯之遺旨，其切於民，不啻布帛可衣，菽粟可食也。衣食不繼，飢寒切體，是書少有不存，令人喪心失身，以致禍於家國天下，不但己也，予甚懼焉。暇日乃命字人小書入梓，雖不能遍及多方，可以補缺助乏，使學者有所資取云。

重刊漢文選序 代作

自六經、四書後，關切學者無如漢文。漢文而又選之，其精也已然，類多董、賈之英發，馬、楊之籌思，于政體民俗，顯如指掌，以其去古未遠，猶有三代之遺意焉。昔漢河間獻王好先秦古文，今俱已傳布世間，然自是之外，則漢文又其亞乎！且國家治隆文盛之時，而是書不廣，亦爲缺典。暇日命工入梓，使四方學者因是以求六經之盛，或可得也。

重刊唐文粹序 代作

吳興姚鉉即唐人文字中選其高者、美者爲唐文粹，雖不及漢文質確，然具一代之精華，列二三百年之物，實則固不可以莫之傳也。且韓愈、李翺輩之文，元結、杜甫輩之詩，亦非苟作。自宋以來，文士韻客率多習倣而不能，則固不可以莫之傳也。是書舊有南建書坊板本，脫落殊甚，兹特繡梓廣布，使學者于是考得失、察純駁，以上求乎古之文，則未必無小補云。

重刊宋文鑑序 代作

宋文鑑爲宋名儒吕伯恭等編集，簡質雖不如漢，華藻雖不如唐，然其間如周、程、張、邵之書，韓、范、富、馬之疏，皆據經明道，即事切理，純粹精確，又非漢唐人之所能及也。顧其板本多在南雍不廣，兹特命工刻之。觀者取其所長，棄其所短，於修身治民之用，無往不可。若乃因周程之精義，以繹孔孟之墜緒，則又係人之志力如何耳。

内濱紀進冊子序

客有爲内濱子圖其履歷者，以紀進也，曰「瀦芹春雨」，言始學於瀦庠也。「湖桂秋香」，言鄉薦也。「宫榴照日」，言舉進士時，當夏五月，袍笏出遊，輝映榴花，志在赤心報國也。「臺栢生風」，言守御史，傲歲寒，凜風霜，爲國植綱紀者也。蓋自董學鉅省，或持平棘寺，或德孚九座，或位晉三槐，皆可緒別而次録，故竊題其端曰紀進云。於是内濱子覩之曰：「昔者程正叔之紀進也，曰：『頤五十以前誦讀，六十以後著述。』予獨不若此乎？昔者孔孟之紀進也，孟子曰：『我四十不動心。』孔子以志學至不踰矩，列六級，予獨不法此乎？」呂子曰：「今兹之圖，多主功勳，孔孟之言，多主道德，然其究一也，而道德尤邃。然則斯圖也，其尚未識内濱子之志乎！」

刻四書集注後序　代作

右四書集注一篇，予既序諸端矣，刻且完，恐學者汗漫無所事事也，乃又以其私所自得者語之，曰：「夫讀大學，知格致之方，即至善可得；讀中庸，知慎獨之處，即至誠可幾；能因事察理，熟則論語之一貫可入；能隨事致用，久則孟子之四端可充。四方學者，倘有取於斯焉，求諸心，體諸身，見諸政，以輔國家之盛，則斯編不徒刻矣。」

刻漢文選後序　代作

漢文選之刻，類多長篇大論，取其成章可誦而已。然就漢書觀之，如申公顧力行何如？汲長孺論禮樂仁義之類，雖寂

寥數言，予嘗以爲又漢文之尤粹者也。事漢文者，儻因今編，又進求之於上，則其所以治身輔世者，豈獨漢人物而已哉！

刻唐文粹後序　代作

唐文粹既刻完，然而辭賦、詩歌固睥睨數代而高出之矣，第于修己治人之方，猶恐或緩。惟韓退之文字明理致用，闢邪翊正，說者或以爲六經羽翼。學者若先從事乎此，次以治諸家之言，可一覽而畢也。

刻紀事本末後序

宋程正叔曰：「讀史不徒要記事蹟，須要職其治亂安危、興廢存亡之理。」又曰：「每讀史到一半，便掩卷思量，料其成敗，然後卻看，有不合處，又更精思其間多有幸而成，不幸而敗。」夫程子此言，或爲編年及紀傳而言。若紀事本末，一展卷便得其理與其成敗，則又不待掩卷思識與料而後得也。不待掩卷思識與料而即得，乃學者猶或不免記誦以資口耳，而于身世無益。則斯刻也，予又惴惴焉懼矣。

於河東書院別兩峯李子巡按四川詩序

兩峯李子震卿奉命巡蜀，道出山西，牌徼解州。蓋自離京時，即有意於啫柟也。乃先至運城，會其僚山西巡按內濱初公，酒。既而兩峯子即欲之解，內濱子曰：「是不可舍我而遽別，吾爲子速呂涇野來。」柟既至，內濱子讌兩峯子於海光亭，而以柟爲介。兩峯子宴內濱子於觀德堂，而以柟爲僎。柟曰：「有內濱公在，柟于介且不可。」乃辭僎席，然兩峯之意

猶偺禮也。明日，內濱子曰：「兩峯子既觴涇野矣，解也可勿至。解去蒲百有二十里，路多溪澗，近遭雷雨衝決，跋涉灘沙，雖六七十里，無候館郵舍，豈攜眷行者途邪？且涇野子常止河東書院矣，猶夫解也。」兩峯子曰：「是豈東千里取道之意哉！」柟曰：「兩峯子騰牌之日已至解矣，若獨兩峯行，吾豈敢阻乎！」柟於是列蔬粱，具雞黍，召解狄來以侑觴，而兩峯子亦欣然忘解焉。然兩峯之初至也，先遺一詩，會內濱於察院有五詩，海光亭讌有三詩，觀德堂讌柟有三詩，至書院之會，遂共有七詩，凡十有七篇也。內濱子曰：「他日賓至，亦有詩，數不過三五首，獨吾兩峯來，賡和如此之富。朋友之義，兄弟之情，風雨之懷，河山之勝，晉、楚、秦、蜀之蹟，激揚綱紀之志，咸略具矣。兩峯子匪誼且真也，能有是乎？」於是柟序諸卷端，録其詩於左，贈兩峯子行。

谷泉詩卷序

横渠張子曰「清虛一大」，言清則無所不照也，虛則無所不受也，故能兼高厚，洞鬼神，毓草木，流人道，物莫與之齊也。是故虛則百靈咸具，清則萬善皆通，此山澤之咸所由稱也。「子在川上曰：『逝者如斯夫！不舍晝夜。』」其有取于斯乎！予嘗登秦之終南、華嶽，晉之中條、太行矣，即有泉焉，其谷必逶迤之深谿也；即有谷焉，其泉必澄澈之碧泓也。故不谷非泉，不泉非谷。清虛者，宜于斯焉取求矣。昔者老氏之觀泉，不可謂非清也，然又知白守黑，以爲天下谷，豈其真虛哉？谷泉子不見黃河乎？葱嶺之谷，小如盌口，初出之泉，大可濫觴。今與子登龍門之頂，覽洶湧之流，雲霧生焉，風雨作焉，蛟龍起焉，舳艫遊焉，百貨興焉，乾坤翕焉，此其爲虛與清，又何如也！子有詩曰：「乘槎問星海，天門紫霞重。」其意亦在斯乎！柟魯人也，願膏車秣馬，隨子登閣，道涉牛津，以尋河、漢發源之谷、始湧之泉，不識許予否乎？

於是谷泉子曰：「果爾，則吾當與子鞭靈鼉，驅霆霹，乘朔風，擎白日，摩皓月，觀天地之倚附，掘陰陽之屈伸，淩虛而行，迎清而往，下視崑崙北如拳石，俯瞰洞庭南如杯水，彼樊谷、秦川，則又遺之矣。」呂子曰「谷泉子既事尼父之上達，予敢

不努力以求顏氏子之好下學乎！」於是傳諸詩歌，皆暢其意。

谷泉子者，襄陽人，儲侍御邦掄也。

王母萬氏八十壽序

王翼城利者，陽信董東樓公之里人也。予嘗習於東樓，而因識於翼城。翼城有母孺人萬氏，今年生八十歲。平涼學生張文錦之父，翼城之僚佐也。周詩者，則翼城所提調之高士也。詩與文錦謁序以壽王孺人，且道孺人之賢非常也。

予歎曰：「夫男氏之壽存乎仁，女婦之壽存乎順。仁則不夭不折，順則不競不妬。夫競與妬，多行於妯娌之間，非爲子女之故，則必以囊橐業積而忌之也。孺人之叔氏蚤死，其娣婦宗氏無出也，矢志確不改。孺人即以其季子貞與後叔氏，於是宗氏益堅其操，今五十餘年如一日。夫亡其叔而不貪，寡其娣婦而不侵，憐其危而不擠，當其義而不後，有其子而不私，有一於此，雖丈夫稱大君子，而況於女氏乎！昔衛莊姜美戴嬀任淵溫惠，夫孺人雖非戴嬀之比，而其德則固嬀之不孫也。蓋其心志精神，可質鬼神而對天地，此其壽豈啻百餘歲哉！」於是兩生歌閟宮壽母之章，而翼城士夫庶民皆願翼城大福其地，開瑤池蟠桃之讌云。

海光樓別序

丙戌春暮，寔惟首夏，內濱初公巡鹽且滿，於是百愚馬公來自蒲、解，谷泉儲公來自猗氏會餞焉，內濱子將宴之海光樓。三公皆命判亦來，判謂：「朝廷故令判僕事三公，敢與執爵之末邪？」辭。三公曰：「予輩但偶未判耳。當其時，欲判而未獲，今豈可絕已判者邪？且朝廷本心豈必使判盡若是哉？判而不在，止吾三人，是謂以官而會，上廣德意，下振士風，

道固若是乎？且吾輩獨不能爲有揖客者之武人邪？」於是申召判至。判或遜於坐，百愚子曰：「是細我也。」判或遜於行，谷泉子曰：「若是者飲罰爵。」於是判忘三公之貴，而三公亦不知其有判賤也，一時傳播以爲盛世之美事云。

初會於河東察院之後室，再會於運學之明倫堂，其三會則在海光樓。去年鹽池巡卒得一麞，内濱子令吏畜。俟二公至海光樓會，則刲麞。麞豆上，御者不以告，諸公誤爲豕肉食之矣。内濱子猶嗔麞饌遲，御者指豆曰麞也，諸公乃再一湌，方大笑褒麞，蓋麞肥腯潔白類豕云。凡會或議先賢之祀，或傷學校風微，或鄙刑罰之慘，或究禮樂之故，或傚風雅而作，或傾兄弟之情，判皆得而與聞之。蓋三公面有極論，退無後言，意未嘗不虚，志無乎不同也，一時傳播以爲盛世之奇會云。是時内濱子將先竣事，次則儲子，次則馬子，判則未有期也，然皆可以言別矣，詩盡發之耳。別獨曰海光樓者，此樓在鹽池北干，主内濱子言也。

壽太原令梅君序

太原知縣致仕歸德梅君諱寧，字某，今年六月二十八日其誕辰也。太原嘗教諭元氏，今夏邑教諭崔君文瑞者，則元氏之弟子員也。崔君蓋自解州司訓往夏邑，遂至歸德謁太原，敘師弟子禮，情義極篤，展如父子。太原之子指揮旻，孫生員儀，皆肖太原，歸德之人咸稱焉。崔君曰：「吾師之壽且考如此，吾師之德且福如此，鸞無以壽吾師。往在解，嘗識於呂涇野，誠得一言以上吾師，足罄鸞千歲祝矣。」

涇野子曰：「崔君在解，極敦樸不詭，年已近六旬矣。乃其師太原尚在，得無近八九十百歲者乎！崔君乃爲之索文以壽，此亦世之稀舉也。世方不知師弟子之重，朝門墻，暮戈矛，面恭遜，背訕毁，近親昵，久疎薄。崔君不蹈世習，則其所得於太原者必深，而太原所授乎崔君者必真且厚也。即是太原之壽，亦當遠邁不禦矣。況太原本應襲千戶，乃棄而不就，耽心詩書，中河南鄉舉會試乙榜。其教諭元氏，學正嘉定，則規範嚴謹，終不替初，所至成績，操持益堅。其初令雲陽，再令

太原，皆留心撫字，政善民安，則太原之見出乎衆表，其壽又當遠邁不禦矣哉！」

刻王官谷集序

王官谷在中條山北麓之内，爲臨晉縣地。往者秦敗晉師於此，而是地以衰。及司空表聖避朱梁之逆，構亭隱居。而宋、元以來，名卿碩儒數尋其勝而歌詠其事，則是地益重。然則山谷之盛衰隱顯，亦係於人乎！巡按潛江初公按部至是，以壁間古詩文多闡表聖之幽也，乃命臨晉尹丁君仲本裒集梓行，則是地以一表聖又顯於天下後世不殁也。然則人之計意於窮達，遺辱於鄉土者，獨不可念乎！

父子同覲詩序

嘉靖五年春，當大覲之期，山西方伯都人東渠李公領晉之府州縣官入覲，其子樂昌知縣伯和錞亦隨山東方伯某公入覲，于時方伯南湖閔公及諸縉紳咸榮焉。或曰：「世固有父子同仕者矣，幾能同覲乎？即有同覲者矣，幾能同至於家乎？」今東渠公父子斯行也，既恭於君，又篤於親，既勤於國，又履乎家。夫君親一道也，家國一理也。道無不同，兼之者亦有命焉；理無不一，備之者亦有數焉。山之東西，地若此，其甚遠也；官之尊卑，等若此，其甚殊也；内之父子，恩若此，其甚戚也；外之君臣，義若此，其甚嚴也。乃遠者近，殊者同，于嚴之下而遂其戚焉。此天下人之所難能，而東渠公父子獲之，若非有命與數，則亦東渠公所積累者異乎人也。雖然，此以情言也。

聞東渠公所領諸官以覲者，其所品題上下，亦嘗試之若昌樂者矣，曰：「吾若枉其賢否，即吾子在昌樂爲他人枉矣。」昌樂君所隨方伯以覲者，其所操持履歷，亦嘗憶其若事東渠公者矣，曰：「吾若惰其職業，即他下官在晉省者爲吾父所惡

矣。」「是此省之官，其賢者有如吾兒者乎，吾必薦之如吾兒，不敢匿也。」「此省之大夫，其明者有如吾父者乎，吾必事之如吾父，不敢惰也。」故東渠公直於行，足爲諸方伯式，其子無所怨也；昌樂君敬於職，足爲諸守令法，其父無所恨也。斯觀也，父子並忠，尊卑咸勑。由是而進焉。雖商之伊、巫相承，周之尚、伋相繼，以輔乎盛世者，皆可企而班矣。斯覲也，不亦又榮乎！

贈山西左方伯南湖閔公陞太僕序

左方伯南湖先生任丘閔公久著宣力之績於山西，天子嘉之，乃陞太僕卿，掌邦之馬政。其僚東渠李公偕藩臬諸公既餞之行，以柟在屬吏，且嘗叨職文字之末，委言焉。

曰：「於戲！夫兵曹以司馬爲稱，而馬顧爲太僕所領。司馬者，太僕其專職也。凡大厩羣閑，畿輔監牧，邊關苑寺，皆所督理，而三物之量，皆戰之供。內衛京師，外捍四海，咸于是乎屬也。漢公孫賀爲太僕，修飾輿馬，以待駕來，詩入栢梁，與九爵列。唐太僕卿亦掌邦國厩牧、車輿之政，位在三品。然則斯職之重，自昔然矣。南湖公斯行也，內畜駷牝之盛，外耀雲錦之美，懸皇威於日月，壯國勢如河山者，不在兹耶！夫不易得而服者，民也；不易得而平者，徭也。均民也，封域一限，勞佚有倍蓰之殊；均徭也，額例一循，輕重無低昂之變。公之爲山西曰：『爲民父母，行政顧不能如一鳲鳩之于子乎？』於是闔一省之人，絜四方之矩，即九則之等，立畫一之法。銀計二十七萬三千六百有奇也，凡在上門者，銖兩皆同，無州縣之異。力計一百萬八千七百有奇也，凡在下門者，輿皁皆同，無多寡之別。於是河汾騰歡，太行、中條皆生氣矣。夫公於其民如此也，而況於其馬乎！夫公於其外如此也，而況於其內乎！今夫馬，牧養不如法，孳生不及數，驗揀不實，養療不至。或乘而穿破，或不乘以調習，或隱匿孳生，或私轉借用。此其事亦甚細也，祖宗皆著之甲令，計數差罪，豈必以是瑣瑣者教後臣也？蓋事無大小，法有興廢，苟毛鞹之或忽，即塞淵之未純也。然此何足以爲公言哉！

公畿甸世家，燕趙名儒，文蚤鳴於翰林，諫尤烈於給事，既歷外省，益茂奇勳。公斯之行，漢、唐亦勿道，其必爲西周時之太僕，以進司馬，以進冢宰乎！旦夕承弼，使出入起居皆欽，發號施令皆臧，下民祇若，萬邦咸休者，文、武時之太僕也。慎簡厥僚，使便辟側媚皆去，巧言令色皆遠，非貨其吉，惟人其吉者，穆王時之太僕也。公其選于是乎！」

公名楷，字正甫。其兄名槐，字公甫，同乙丑進士。

底柱秋餞谷泉序

谷泉儲公清戎山西三年矣，將出境，内濱初公及劉虞川柱史偕枏醵餞於平陸底柱峯，是時侯方山憲副亦在行。谷泉子曰：「初，予有清戎之命也，李兩峯曰：『子往清戎乎？殆不能旬月歸耳。』及既竣事，乃見鍾石江公，曰：『某亦三年滿乎？』江公曰：『子今得說矣。』然則今日與諸君清秋細雨，躊躕徘徊，暢飲祖道之酒，賡迭撫景之詩，不行可也，行亦可也，不亦樂乎！」方山子曰：「諸公之差，巡按、鹽法、刷卷，率一年滿，人猶以爲難，獨清戎三年，他人之有斯差者，恒不及瓜代而去，或四月五月，或八九月，多則至一二年者也。乃谷泉子去父母，違室家，内不見孥，外不見鄉，單居孤處，談笑終日，竟洽厥期，其殆斯底柱乎！」

曰：「枏，谷泉子之屬吏也，蓋嘗服習其政教矣。寬而不縱，嚴而且和，談如懸河，辯若斷金，威不假於強梗，恩常推於孤弱，辭賦每凌李、杜，篆隸不減斯、繇。衆論紛錯，一言而折；庶事旁午，立談而辨，其必殆如斯底柱乎！今夫淮、濟、江、漢，亦天下之大川也，豈其無屹石哉？皆飄蕩不存矣。河大，非四水比，此柱乃挺然獨立中流，風雷驚不碎，波濤推不去，濁流過而不染，鯨鯢遠而難侵。封虬長蛟，或穴其窟；紫垢紅塵，靡黠其顏。若乃暴雨驟至，百川沸騰，其面愈晬；霜雪交零，四野無人，其膚愈春。谷泉子其必殆如斯底柱乎！初，谷泉子見三門之石橫列河中曰：『禹平，乃不盡乎三石，故留此奇以遺後人耶？』内濱子曰：『待谷泉子至而平之耳。』於戲！谷泉子幸無以此爲戲言矣。知平石難用斧斤，

則知爲天下柱不在木石矣。」

於是詩興俱起，賡和聯韻，七日而後發。

刊文潞公集略序

潞國忠烈公文寬夫集凡(二)[四]〔一〕十卷，蓋其少子維申討求追輯以成帙，而葉尚書少藴所爲序行者也。然今板本不傳久矣。沁水李司徒公叔淵家有抄本，字多差訛。他日，巡按山西潛江初公啓昭命柟校刊司馬文正公集，李公曰：「文潞公集亦不可以莫之傳也。」乃以其本付解州，柟得而校正其十七八焉，初公遂命平陽守王子公濟刊木以行。

嗟乎！公之集，誠不可以莫之傳也。柟嘗謂：「文行無二道，知行惟一理。其知真者其行至，其行高者其文實。」公方兒時，已有取毬之智；及令翼日，即用李本之策。報不言恩〔二〕，德如丙吉；祈宿殿廡，勇若樊噲。爲相賢于夢卜，上企傅說；知軍敏于錢穀，下陋周勃。唐介一劾，不惟與之同升，其子亦至集賢；李稷一侮，不惟使之八拜，其父亦且死感。(阻)[沮]〔三〕汪輔之以出御批，真臥護北門之體；抑夏竦以助明鎬，得討伐貝州之策。即更張而諷安石，或結社而請司馬。故契丹、北狄亦稱天下之異人，洛陽士庶乃立資聖之生祠。蓋公天性忠誠，器度宏深，既略且果，亦重而安，是以臨事風生，即物有方。故其所著典冊、章奏、辭賦、歌詩，凡以發所行耳。觀者就其爲人求之，斯刻者之意也。〔四〕

〔一〕「四」，據嘉靖五年高陵呂氏刊本文潞公文集（以下簡稱嘉靖本）改。
〔二〕「報不言恩」一句，嘉靖本作「報在不言」。
〔三〕「沮」，據萬曆李楨本改，嘉靖本同。
〔四〕嘉靖本後有「嘉靖五年秋七月，賜進士及第、平陽府解州判官、前翰林院修撰、經筵講官高陵呂柟序」一句。

謁傅巖祠詩有序

傅巖在平陸縣東二十里，里曰商賢，有水曰聖人澗，爲説版築之所。柟爲童子時，讀其書，慨慕其人，思欲一至其地而未能。既舉後，乃又授官史局，亦未克遂。去年內濱初公按部平陸，嘗至其下，有詩一絕，雖嘗和之，猶恨未親覯也。今年七月，送谷泉儲公南還。已而隨內濱子北謁巖祠，展拜既畢，登眺岡陵，顧瞻原隰，見羣山四圍，大河東繞，鬱鬱蒼蒼，渾渾灝灝。內濱子曰：「此真聖賢所產之地乎！且書云：『帝賚良弼。』夫説在版築之間，感通於君可也，乃至感通於天，則天真有主宰而説亦至神乎！夫天人一氣也，一氣則一心，一心則一理。説命曰：『憲天聰明。』故説之聰明，皆天爲之，天之耳目，説固代之。説蓋素以天爲學，而以天爲心乎！孔子曰：『丘之禱久矣。』帝賚之夢，豈偶然哉？雖然，有恭默之心，則雖版築之賤，霄漢之靈，皆入夢寐。不然，雖在乎其位者，或斥而去之，未肖其像者，已置而用之，宜皆未聞帝賚之爲夢也。然則帝亦不易夢，而天亦不易通乎！」是時同行者虞川劉子及柟皆以爲然，遂又各爲詩一章，以發説之幽微。內濱子乃命平陸知縣王紳葺其祠坊，刻其詩於石。

題夏大夫關龍逢墓有序

夏大夫關龍逢諫桀而死，其墓在安邑東北三里，有雙丘，皆傳爲龍逢冢云。巡按山西初公且滿期，過安邑，謁至其下。是時參政故城李公公遇、僉憲藁城王公廷言皆從焉，有餞席。工人爲關雲長單刀會，歷敘雲長之祖，至於龍逢，忠義一脈，英烈如生。公歎曰：「天地間之正氣，亘萬古而不磨，雖荒隴宿草之野，伶人賤工之微，猶或見之。」乃爲詩一章，以吊龍逢而風後人，柟聞而和之。公命安邑余尹昇勒諸石，葺其祠屋，鼎建其坊於前，曰「夏大夫關龍逢墓」云。

公諱杲，字啓昭，湖廣潛江人。

古虞秋意詩序

內濱初公巡鹽既滿，行次平陸，以俟南厓沈公。時沈公阻水稽程，公乃與虞川劉子及柟遊覽風物，立題賡聯以待焉。是時，平陸行臺之後惡竹萬竿，大小蒙翳，公令剪剔繁亂，使森疎挺直，日坐其下，或吟或酌，曰竹塢。竹塢之西有臺，高三尺，方四五丈，其上有殘葵數本，經秋不凋，葉猶旖旎，乃掃去荒穢，曰葵臺。葵臺之西爲鳩林，鳩林亦竹林也，雙鳩巢於其巔，有懸卵焉。若當日斜景暮，返照在竹，而羣雀萬千，如鼓笙簧，不避坐人，曰雀徑。公至平陸，在中秋前後，月色正好，徙椅庭前，團圓在栢，光映蒼翠，則曰：「斯月也，于栢尤宜。」曰栢月。少焉，清風徐至，四吹喬槐，其黃漸殞，颯颯有聲，曰槐風。及當日午之時，西垣之下，榴樹蔚茂，晚花稀疎，早實低垂，抽拽粉壁，玉彩參差，曰榴垣。而菊畹在東垣之下，半吐半開，不畏霜露，其開宴紀氏園也，見決明焉。出園見黃河焉，瀕河見剝棗焉，三題所由得也。

七月之初，送谷泉儲公同至三門，有底柱作。八月之末，送竹軒鄧公至店頭，有連城作。柟自解入平陸，過横嶺；公自安邑入平陸，經石槽。二詩皆五言。公於連城之南嶺開別宴焉，曰金雞堡。傅巖間田，先所過而作也；箕山魏野，後所望而作也。吳王廟嘗登拜其下矣，柴關嶺嘗訪究其跡矣。茅津書屋，爲虞川而作，林園近城，因數至其中賦詩焉，然皆古虞之勝也。

夫公與虞川同僚，柟謫在屬吏，乃公破體統，重道義，與觀山川之勝，探聖賢之跡，詠景物之幽，發乾坤之秀。故公之歸也，囊無長物，惟圖書十數篋，柟所書軸卷、碑板數百指及日所賡和詩數千首。然則觀公之德者，惟于此焉求之，可知其所邃矣。公去平陸已三日，留使守書，則凡前所贈言于公者，亦皆類此，固非有所阿而云也。

漁石之篇序

漁石者，今陝西提學憲副唐公虞佐之別號也。夫公舉進士幾二十年，其材德道義在諸同年之右。諸同年或位中丞，或位卿寺，或晉二司之正，年少者已數十人矣，而漁石子一憲副白首而不遷。公陞陝西在正德十六年，其風采動名在諸二司之前。諸二司或三年而陞，或二年而陞，或一年而陞，同時者已盡其人矣，而漁石子一提學六年而不轉。漁石子曰：「遲速之分，固不必較；去就之節，亦所當明。若乃秋水澄江，冥鴻在空，瀑布懸崖，山深水古，時則倚據石磯，垂竿長流，烹鮮酌醇，飛塵不染，乃龍夙昔之所愛也，子其從吾所好乎？呂子夕以爲然，龍朝拂衣焉；呂子朝以爲然，龍夕拂衣焉。惟義所在，非位之顧也。」

呂子曰：「漁石子之輕去就也如此，其壯哉！夫漁石子爲御史時，力剔姦宦，痛黜時弊。李論，雲南之巨惡也，一剪而滇鄙底靖；崔和，江西之積害也，一劾而江越奠安。直聲振於朝野，風紀揚於華夷。若乃近在陝西，忠誠格髦士之志，文武煥關隴之光。惟當道之數忤，故宦途之久稽耳。嗟乎！速化之術，人豈不知？古固有一言取相者矣，今豈然之乎？守素之滯，人豈不知？古固有十年不調者矣，今豈非之乎？若乃以行道而言，則州判不及提學明矣，然且由由焉，忘其東林之爲樹也。以養親而言，則違庭闈者不及隨膝下者明矣，然且囂囂焉，忘其涇渭之爲水也。是故當其道之可升矣，進愈速則愈美；當其道之未可升也，進愈遲則愈嘉。愈速愈美，即漁石之處皆衙署矣；愈遲愈嘉，即案牘之間皆漁石矣。故君子顧諸在我，不顧在人；故君子顧諸在性，不顧在命。然則漁石子又何必謂蘭溪之濱爲漁石哉！」

於是有識其意者歌曰：「江湖者，廟廊也；廟廊者，江湖也。君子不忘江湖，乃能立廟廊。」

底柱秋餞方山序

丙戌七月之初，内濱初公及劉虞川柱史偕柟餞谷泉儲公還，而方山侯公廷言亦將赴湖廣憲副之任，於是同餞之底柱。是日，方山微疾，遇雨，半途而返。柟隨三公之底柱，得覩河山之勝，禹蹟之大，皆曰：「惜乎方山不至是也！」或形諸歌詩以憶，或念諸壺觴以懷。明日還，至茅津，飲虞川書屋。方山子乃細問其狀，詳求其奇，悵然歎曰：「吾亦遊底柱矣！」谷泉子曰：「聞不若見之爲真耳。」呂子曰：「禹、皐陶、伊尹、萊朱與湯、文之智，雖有見聞之殊，孟軻氏固未嘗有優劣也。且夫爲底柱者，豈必真河中之屹石哉！審若是，則樵泰山之巔者，皆可小天下，而漁滄海之濱者，皆可小百川矣。」於是諸公皆以爲然。乃以其詠詩並得之虞川書屋者書之卷，餞方山子行。

古虞話別序

内濱初公巡鹽既滿，柟送之平陸，以待南厓沈公之至。乃竹軒鄧公方有三邊查盤之差，行次陝州，遣使來訊。内濱子發吏走邀，竹軒子即星言巾車，辰過黄河，共止行臺。内濱子開宴竹塢，呂子陪酌。夫竹塢者，内濱子所新修行臺後之竹林可憩處也。既且坐，内濱子曰：「往年以爲竹軒子代吾，可使涇野有依，乃不果。乃今待此竹塢成，而竹軒子至。斯竹也，其爲鄧公開軒，將事之不偶，亦有數邪？」

呂子曰：「竹軒子若代河東，固柟一人有依。今兹之行，則吾鄉之三邊軍民皆有依矣。與代河東，孰多寡乎？且今三邊，國之郭門，其儲畜金穀，皆士卒之心腹命脈也。竊聞在公庫庾者可查，在私庫庾者不可查，在行伍者可問，在將領者不可問。竹軒子斯行，將查問其可者乎？亦于其不可者乎？夫竹軒子慷慨篤義，豪邁過人，奮跡有司，諳知利弊，振立臺

端，克揚風紀。斯行也，將士馬可投石超距，追風逐電，而三邊民亦衽席而臥矣。果若此，雖於天下亦皆有依，而況於吾與吾鄉者哉！」

是宴片餉得詩七首。明日，虞川劉柱史亦至，柟宴諸河東精舍，得四首。又明日，内濱子送之金雞堡，得詩六首。乃取卷書之，以贈竹軒子。

斷金會序

斷金會者，潘府賓相仇、牛、郗、栗、宿五君子之所爲也。予往過潞州，時五君子者皆枉顧予，時已皤然老矣。予過潞已三年，而此會益堅不改，可知其斷金矣。易曰：「二人同心，其利斷金。」蓋參之以三人，則難也，況於五人乎！五人而心同，不改以永道，斯金也，真可斷乎！夫金於五行獨堅，水易決壅，火易撲滅，木可指折，土可芥取，惟金秉乾之性，爲艮之精，雖佛氏亦以爲難者也。五君子乃能同心，白首以效之，斯金也，真可斷乎！蓋聞五君子之爲會也，以俗之趨利也，則尚義以振之；以俗之無防也，則崇禮以正之；以俗之廢恥也，則敦節以警之。或分財以周困阨，或歌詠而陶性情，道有所在，身無不行。蓋雖老師宿儒不易能，而五君子飄然高舉，而不以爲難也。斯會也，不亦可傳乎！

陽武縣志序

陽武縣志，縣尹京人范子所索以刊者也。予初得舊志于實齋王先生，編次頗無倫序，而蕪辭蔓事，十居七八。實齋命予删定，乃得六篇共二卷。然陽武古名縣，而賢士哲人，代多有之。獨恨予未至其地，遍訪其故，則録十一於千百者，不可謂無也。有君子見，倘肯補其缺漏，正其訛謬，以不失古史之意，則固所願云。

積德之什序

積德之什者，贈菲泉司馬邦柱祭其先溫國文正公還京之作也。菲泉，溫公之十五世孫，宋南渡時，其遠祖侍郎汲舉家自夏縣還浙之山陰，自是不歸夏者十世矣。於是北人以司馬氏爲無後，南人以山陰氏爲失祖。菲泉子弁髦讀書，即悵然曰：「吾家涑水之舊，夏甸之豪，而晉宗室司馬孚之胤也，至吾祖溫公直道殊勳，冠絕宋代。乃吾積滯江邊，不能一還，反不若異姓者之歸暘、張謙，何邪？」此其痛心裂骨，蓋二三十年矣。既舉進士，仕刑部，則曰：「相謁祖有日矣，遷夏有期矣。」至是果求便差，日夜馳詣夏縣，遂獲舉丁亥元日之祭。

往年巡按內濱初公營新溫公之祠，謀遷司馬之後，勞勩萬狀，柟備聞之，以爲菲泉子旦夕來也，不意今始至乎！越明日，而菲泉來，容貌古樸，心神開朗，一握手間，忘形骸，出肺腑，契如金蘭，戚若骨肉。初，初公查獲水田百畝，籍之官版，以爲祭需，俟司馬氏後至而歸之。菲泉子曰：「相豈爲此田來哉！」予歎曰：「果若古語，非聖賢子孫，安有此言？司馬其中興乎！」於是南厓公夜讌諸冰檗堂，日讌諸海光樓，極談笑，三昕夕，以爲復見小司馬矣。又明日，予讌諸觀德堂，酒半，北登尊經閣。是日，山川濛濛，雨雪霏霏，四啓軒窓，縱覽煙霞。西望虞坂，東眺巫山，前指鳴條，俯臨鹺海。南厓公曰：「此非菲泉之高堠里家邪？夫其千里驅馳，百年懷思，尊祖敬宗，不啻卜子所謂大夫及學士者矣。斯行也，不可無言以贈。」

又明日，南畹讌諸河東書院，燭跋矣，予請名題焉。南厓公曰：「今夫司馬氏之散處江南者，于其溫公，乃無一能念之者；即有念者，乃無一能至之者；即有至者，乃無一能肖之如吾菲泉子者。斯題也，名曰『象賢』。」菲泉子曰：「相無微子之材，而先人不敢比殷湯。」予又請題曰「光裕」。菲泉子曰：「此復犯先諱矣。」是時，菲泉攜有元日祝辭，中具溫公常言曰「積德冥冥之中，以爲子孫長久之計」，予曰：「卷其以『積德』言乎！然若冥冥中無德之積，安能使十四五世之雲

仍，如吾菲泉者至是乎？若子孫計不長久，安能使四五百之墟墓，如吾溫公者至今乎？夫始與溫公之政讐者，安石也；繼世以與溫公之道讐者，惇、卞、檜輩也。聞其今子孫有改譜系，易宗派，如古別族于太史之輔果者矣。天人不遠，古今如鏡，可于司馬氏及四氏者驗也。且夫溫公道未盡行而殂，以其世之非辰也。菲泉學方滋茂而顯，當其時之正清也。吾知凡溫公之藴畜于宋代者，將俾菲泉畢發之于今矣。不然，方起大名之夕，夢公授袖中簡者，何也？」

西州別詩後序

西州奉別，其詩則吾省鳳翔諸舉人所作，以贈漁石子；其序則前太史對山康子所題也。漁石子初至陜時，諸舉人方秀才，肄業庠舍。今觀其所爲歌詩，有豳風、雅南之思焉，其志向有畢郢、曹岐之懷焉；區區取進士科，不足道也。則漁石子平日之教，可徵矣。夫登降失序，非智也；賞罰任情，非公也；沛澤有方，非仁也；會違有異，非信也。然則漁石子之道，因兹詩而益明矣。或曰：「漁石子巡按雲南、江西，其紀綱之振，至今尤使人誦之。」曰：「在雲南、江西者，政也；在陜西者，教也。爲政易，爲教難。」漁石子聞之曰：「山西之行，吾敢忽其易而忘其難乎！」

全懿冊序

全懿冊者，君子爲陳正郎忠甫之母都氏題也。懿，美德也，在婦人有三焉：一曰孝，二曰貞，三曰慈。孝，女懿也；貞，妻懿也；慈，母懿也。都氏以子忠甫貴，封太安人。初，父都公久病臥榻，太安人方十四五也，能刲股羮粥藥以進，父病遂愈，曰孝懿。既歸陳贈君，贈君病死，太安人甫十九歲，遺孤忠甫方十月，家事凋謝，不振其上，人日迫逐奪其志，太安人茹辛食荼，卒不渝節，曰貞懿。夫一子，至難教也；寡婦孤兒，至難爲情也。忠甫方就外傅，太安人即以道德仁義訓之，

有不承，答跪中庭終日，曰：「良謨而不思而父乎！」於是忠甫擇交取友，日進高明，舉進士爲今官，政行於時，而太安人獲褒封，視彼禽犢其子者異矣，曰慈懿。

夫孝而不貞，是不有其夫也；貞而不慈，是不有其子也；慈而不孝，是不有其親也。故一懿不具，則婦失；二懿不具，則婦虧；三懿具，婦德全矣。詩曰：「天生烝民，好是懿德。」然則太安人之得于天者多哉！今有學者于此也，處則能事其親若懿也，然而事君或違焉；出則能事其君若懿也，然而治民或背焉。則于全懿且或有缺，而況于太安人之爲婦人女子者乎！詩曰：「女德不爽，士二其行。」然則太安人之異乎人者多哉！於戲！永是懿，而上發之君，下發之民，以爲百世不歿者，其在忠甫乎！其在忠甫乎！

恩命録序

恩命録者，今少宗伯序菴李公輯其父母所得恩命而成之編者也。自勑命、制誥、御祭文至禮部題准，恩典凡七篇，寵錫三朝，榮及二世。上以宣乎洪休，下以發乎潛德。或曰：「此稽古之力。」或曰：「此際時之盛。」序菴公且繡之梓，乃欲判又有序焉。夫斯録也，懸日月于九天，揚忠孝于四海，固可風行矣，又何待于序？序又何待于判乎？將序菴公不忘舊好，又有得于斯録之外者乎！然則斯録也，雖千百世傳，又何難焉？

正學書院志序

正學書院志自公檄志至書籍志，凡九篇，今山西憲長漁石唐公提學關西時之所編也。元魯齋許公提學京兆，正學復明，其徒遂創作書院，而以是名之。于後，傾廢既久。國朝弘治中，邃菴先生今大學士楊公提學于是，乃重爲建置，拔取關

中之士學習其中，而虎谷先生王公接倡其教，於是相繼諸公亦皆奉導前休，力爲振揚，蓋至漁石公而滋茂矣。士遊其間而有得者，不但如魯齋日也。夫書院自唐、宋以來，其在天下者，或以洞名，或以嶽名，或以地名，或以水名，未有以學名者也，莫非學也，未有以正名者也。夫伏羲觀察於成紀而易興，文、武、成、康、穆、宣諸君，伊、呂、周、召諸臣，振起豐、鎬、岐、隴之間，而詩、書、禮、樂具，斯其爲正學與！然皆此地之能也。今其邦麟遊、鳳翔尚存昔名。然則士遊正學書院者，其必至是乎！無寧習爲唐以下人物，而孤諸公建修之意也。

丹心常在圖序

刑曹劉君以學以恤刑至山西，次至省臺，時丙戌十月矣，臺院諸葵已枯。以學宿十日，而葵復榮，紅白碧紫，爛熳堦砌。夫葵榮於夏，謝於秋，至冬而復生，丹心重傾，則其以欽恤爲念，思報聖明者章矣。故蓬菴世子聞而爲之圖，予覽圖，題曰「丹心常在」云。

河東書院贈別詩序

刑曹劉君以學之恤刑山西也，華南畹有草木回春卷，山陰蓬菴有丹心常在圖，予既皆有序與詩矣。乃以學唁予解州，至路村，猶未忍行，與予同居河東書院旬日，夜則論學，晝或談政。是時暑甚，每遇涼颸披襟，清陰臨砌，輒撫景命筆，登高賦詩，有飄然遠舉之意。於是周文中、辛孟儒二廣文皆從而和之，得詩凡若干篇。於戲！持法秉度之時，而有雍容揖遜之雅；參錯訊鞫之頃，而不忘鏗鏘酬唱之思。則刑曹斯行，其所得又豈啻活千萬人命而已。於戲！刑曹往矣，尚無斁於斯！

余子考績序

余子德陽爲河南新鄉二年矣，調山西之安邑以就繁者又一年，蓋將考三年之績於吏部也。安邑人周文卿、陶叔和、楊茂玉問言以贈。是日，余子亦在座，則謂之曰：「德陽子歷兩縣矣，其績孰多？」曰：「新鄉雖小，其政冗；安邑雖巨，其政專。新鄉之冗，其衢衝；安邑之專，其路僻。往在新鄉也，省一金，民知一金之惠，省十金，民知十金之惠，官聞易起而頌聲易作焉。今在安邑也，上惟監臨之奉，下惟額辦之供，爲之則不有，行之則若無焉。」

涇野子曰：「子爲道楊乎？子爲山松乎？夫楊之生道，過者或折其枝，蔭者或捋其葉，于人信易及矣，然而其身之寡乏，則日至而不知也。夫松之在山也，歲有雨露之潤，日無牛羊之牧，于人若無濟矣，然而其材之盛大，則日益而不知也。夫身貴有宅，而業貴自考。德陽聰敏條暢，有賈生之識；爽闓超邁，有鮑永之材。固不可以此而足也。夫木與石，天下恒用之材也。木也，斤至則靡，薪至則焚，固有見其濯濯者矣。惟石則不然，可轉而不可親也，可履而不可褻也，巍乎插天，屹乎蟠地者，皆石也。昔者，孔子非傲魯國也，登東山而小之矣；又非傲天下也，登泰山而小之矣。士而不孔子師，皆在東山、泰山之下，又何以觀魯與天下哉！故曰：「其行顓者其道宏，其心小者其量博。」且夫爲周之人，行周之政，服周之冕已矣。商輅近代，猶有可取，虞夏已遠，其樂與時，乃兼而用之，何也？其識不亦淺乎？是故學而不識爲俗，政而不識則覇。故君子惠而不有，溫而理。」

德陽，蘇州名族，予同考癸未進士也，故得論學與政。若世俗所考之常績，則不足以爲吾德陽述。

書敘指南後序

右書敘指南二十卷，爲浚水任德儉所輯類，侍御南厓沈公得之沁水李司徒石樓先生者也。南厓謂其稽名撰物，列事陳舊，可廣學者涉覽，遂命河東運使黄君德瑞梓行焉。夫是書，貴自王侯公卿，賤至奴僕皂隸，近自容貌言語，遠至宫室庾廥，大自天地日月，小至羽毛昆蟲，無往不具，蓋有以掇經籍之粹，而裒子史之英者也。故學者有疑則可問，有議則可索，取之有餘，用之不盡，其爾雅、小辨之遺乎！夫名以實稱，物因體定，事以禮起，古以今變。若乃以實而索故，即體而致用，據禮而發義，準今而惟始，不泥於跡之粗，而得其理之微，則亦庶乎爲入道之指南矣，豈非刊者之志哉！

劉氏族譜序

刑曹劉以學修其家十世譜已成，過河東書院，出以示予曰：「此仕思先伯父都憲公之志，補其遺編而集之者也。」嗟夫！予常好誦卜子之言曰：「禽獸知母而不知父，野人曰：『父母何筭焉！』都邑之士知敬禰，大夫及學士知敬祖。」當都憲公之爲譜，已及于高祖，而以學之譜，至始祖以下皆具，其志遐乎！今夫草莽之子，閭閻之兒，問及高祖，或不知名字；若始祖，則十無二三能道者也。非有大夫學士之志，乃能至十世而皆具乎！夫子孫固欲傳先祖之名於不歿，而先祖亦賴子孫而益顯。然其所以顯不歿者，在道不在文，在行不在言。劉氏自萬户公積德累行，至都憲、覇州兄弟已赫奕當世，而以學兄弟昆季皆又聯翩接蜚，不十年内，取進士者二人，取鄉舉者五七人，此亦不足道。而以學又卓然自立，臨事有決，而遇勢不撓，此其人豈啻顯其先于今日者哉！於戲！譜成而以學益知勵矣！

送玉溪王公考績序

嘉靖六年八月，玉溪子開州王公守平陽三載矣，例當上其績於吏部，其僚爲問言。柟惟三載之考，自唐虞已然。夫其開創之初，地或未闢，曆或未定，水或未濬，山或未疏，木或未刊，民或未粒，立三考之法，宜其然也。若乃承平之世，後官與前官不遠，此郡與彼郡多同，即有一郡未必垣壞，即有一垣未必盡隳，乃其法常行而其績數考，不知所考者何績也？若止訟獄之決，金穀之儲，科貢之積，簿書之程，即以爲明而陟之，又何難焉？恐非玉溪子之所爲考也。

夫天下莫大于綱紀，莫急于風俗。綱紀振，則萬目畢張；風俗美，則比屋咸醇。玉溪子動必由矩，事必存天，鎮定如山嶽，通敏如河海。議若可從，雖下僚必取；禮如有違，雖上官不阿。柟見在有司之列，數得與諸上官會，諸上官無弗心悅公也。自柟之至解也，又數得登山臨水，舍郊遊野，其所遇之窮夫、鬱人，談及公休，亦無弗心悅公也。於是，吏不嚴而治，民不威而畏，訟爭日息，禮讓日興，此其故云何？蓋有得于綱紀之振，而能致風俗之美乎！昔者，漢吴公爲河南守，賈生一年少秀才也，即請置門下，事事咨度，凡賈生之所言，皆吴公之所行，於是治平課天下第一。柟，公之屬吏也，無賈生之才，而公數有吴公之謙，則凡在三十六郡縣之內，碩德茂彦如賈生者，皆爲公所取矣。斯其道以理天下且有餘，而況於一郡乎！況於吴公乎！明天子方求興堯舜之治，而陋漢文帝于不爲。玉溪子斯行，當必外爲方伯、廉訪，內次冢宰、中丞，以弼亮乎！斯時，區區吴公之廷尉，且不足以頌公也。雖然，古亦有功名損于治郡之時者，以志滿而學怠耳，玉溪子亦不可不預爲之念也！

竪首陽山東向石刻序

夷、齊采薇處，自東髮慕之而未至也。即過蒲，南畹華原楚約南山謝應憲、首山史宗道、龍谷劉貫道暨舍親沮濱劉以學同謁祠墓。是日天晴，泛舟自蒲州西河而南行三十里，至下陽鋪，風雨驟至，遂舍舟登山，乃歎曰：「是天使吾數人者謁斯二賢也。」既參神，西謁雙冢，其東南有宋人墓刻古賢人碑及山谷黃公廷堅記，其前障以祠院，兩序皆不識當時背周向商之意，甚惘然也。已而進二冢之西，得古碑傾側，下插地中尺，乃愴然曰：「此非爲二賢初心者邪！」然碑字甚楷，微近八分，多似魏、晉間人書，此去古不遠，當以爲據。乃謀諸南畹，仍開東向之門，復竪此石，移宋石于羨道之南，置其餘也；移黃碑于二門之外，斥其論也。南畹於是即以官價買富人磚二千，各遣輿皂任負砌甃，遂乃竪古碑于二墓西中舊處，當辛乙向，宛乎二賢非豐鎬而望朝歌之志也。嗚呼！遜國之仁，扣馬之義，載諸經傳白矣，而黃子猶疑之。此碑立，則黃論可勿辯而息矣。

南畹名湘，海陵人，以光祿少卿謫知蒲州。南山名豸，前按察僉事。首山名魯，前給事中。龍谷名一中，前進士。皆郡人。沮濱名仕，刑部郎中，中部人，以減刑至是，而待予东來者也。

蒲津話別序

自予刻程、張三子抄釋，解士子雖多誦讀，惟吾克孝能詳其辭而暢其旨。每當風辰月夕，坐談往古，而克孝神思雋發，論辯萬折不倦。遂私竊喜，慶以爲有所得於解也。昔程子言涪陵得彥明、思叔二人以爲樂，予無程子之道，而克孝之學，則駸駸乎二人矣。夫士患奪于外者，志弱也；士患狃于近者，見小也。克孝志既不弱，而見又遠大，所望久于其道，常如仰

山堂前夜對之時，則其所至，當追蹤乎古之明哲，以爲斯道光。區區科第，克孝素所輕，于其別也，不以告。

門墻拜別詩序

門墻拜別，河東書院諸士子送南厓沈公之作也。書院自西渠張子建設之時，選取運學及諸州縣俊髦學習其中，又簡徵師儒，分經以教，一時文風蔚薈，豪俊〔一〕輩出。自是厥後，選士或止於運學，徵師不及於他郡，業既未廣，績亦弗懋。嘉靖六年之春，南厓子鹺政少暇，篤思造士，於是歷試運、解、安邑三學之士，拔其優列，登籍書院，命有司月給餼廩。徵解州學正周冕授易、禮、春秋，澤州學正郭顯文授書，臨汾教諭辛珍授詩，而柟間一至焉，以考德問業。公則躬率于上，發視于下，稽其出入，課其優劣，勸懲其勤惰。未洽朞年，士爭刮磨向進，浴德而澡行，雖爲太學生者，亦多競進，彬彬乎，濟濟乎，似可以企唐虞之風矣！

夫誠不立則僞習熾，公不至則比黨興，明不足則讒謗流。是故熱者火也，寒者水也，謂水爲熱，火爲寒者，僞也。驟雨時行，其至之地熟，其不至之地荒，若夫同雲霡霂，則無復不稔者矣。故君子公則和而廣，比則戾而隘。鏡之于物也，妍媸莫遁焉，冒之以塵垢，則西施爲嫫母矣。公嘗曰：「吾爲秀才時，赤子之心常存。入仕以來，則有防，則有戒，則有測，反不秀才時若矣。」此其慎獨之學，雖鬼神可質，不亦火熱而水寒哉！公之于法也，予侍公一年矣，未嘗一言干公，他人亦未嘗以一言干予以及公，知公之不可惑而比也。賢者貌愚，不肖者貌麗，知者言訥，儇者言利，以故者言婉，以售者言卑，欲行其讒者其言游，公皆能辨而折之，無爽毫髮，不明而能之乎？是故諸士子于公之行也，心實思之，非身之徒行也；身實行之，非口之徒言也。若夫築堰足課，釐鹽通商，則公之緒餘耳。

〔一〕「俊」，萬曆李楨本作「傑」。

別張師孔序

予初謫解，師孔輒負笈從遊，每有所論，便相似，當其飄然處，果出塵不凡也。然而朋友中多取其實，而短其爲人可欺。乃予不以爲然也，既久而滋信之。於戲！學之不明久矣，乃師孔有忠信之質如此，努力而往，有何不至哉！夫學之道，一貴識，二貴力。力而不識，雖行不至；識而不力，與不識者同。是以君子貴其全也。予往矣，師孔其無以予言爲迂而不用也。

於蒲坂別良輔序

程子曰：「學者爲氣所勝、習所奪者，只可責志。」予初謫解，他人多惡其爲時所棄而不問，乃良輔年少長於我，交舊契於前，獨奮然師我於見山精舍，此其志已加於人數倍矣，尚可用責云乎？昔程子好田獵，見周茂叔，自謂無此心；後十年見之，不覺有喜心，乃知未也。於戲！予往矣，安知吾良輔他日不盡去其氣習，而惟志之尚乎！良輔勗哉！

親藩大孝圖序

襄垣恭簡王，太祖高皇帝之孫，代簡王之子也。代王初開府於大同，而王方幼弱，即善事代王，竭盡心力，省定晨昏，其羞膳也，有古在視末原之意。大同地臨邊塞，俗尚獵較，代王喜焉。王數令衛士遠畋倒馬，開山之曲，或龍灣虎峪之地。若得珍禽奇獸，爲朱絲籠以供玩。其鮮也，則登乾豆，並薦之代王。或倦悶，則使臂鷹者捉兔以娛解焉。又或畜百禽于内苑，

導請觀遊。當誕期，身率宮僚牽馬鹿，爲南山之祝。他日有疾，親檢方書，以制藥劑，三嘗之而後進。疾既革，乃籲天，請以身代，哭動内外。代王薨，躬相兆域，輦齎食，具日餉，寢園而勞。羣工有石器，重不能致，乃躬挽其車，以先諸役。其廬墓側也，於是猛虎率馴，羣盜感化。漢書稱楚王囂之孝，而成帝于河平中賜詔曰：「素行孝順仁慈，之國二十餘年，纖芥之過未嘗聞。」然亦恐未能如王之純茂若此也。一時代藩諸王敦尚王行，命繪人模寫王之誠孝十有五紲，曰親藩大孝圖。按景泰元年，朝廷以璽書褒之，有曰：「勤學修德，克盡孝道，始終無間，有關風化大矣。」此其辭視河平又不減也。按察僉事蒲人謝應憲傳王「天授聰明，孝友玄成，心遊物理，鋭精經術」，蓋有所本云。天順中，詔許王徙建内地，王始就蒲。其子鎮國號淡菴者，嗣典邦事，綽有王風。淡菴之子西軒輔國，學行亦高古，追慕前烈，重裝遺冊，每圖各缺左方，以需高人歌詠，而請柟序之於其端。

於戲！國朝以孝治天下，其道尤自宗親始。故太祖高皇帝于每年四月念劬勞鞠育之恩，惟有感動，雖至聖誕，猶形夢寐。一日于後苑見巢鵲卵翼，錫類陳興，賜衣歸養，海内風動，比屋不犯。故一時諸王咸興，而王尤其褎然者也。柟嘗讀毛詩，至麟趾，則歎周文王之化及於後世之男；至何彼襛矣，則歎周文王之化及於後世之女。然則淡菴、西軒寶此冊如弘璧琬琰，以嗣其徽音而與國咸休者，猶可想已。

涇野先生文集卷之五

序

賀大司馬王公征虜奏績序

大司馬東平荆山王公既有青海之捷，咸寧霍尹書曰：「今嘉靖六年六月某日，花馬池夜不收，報韃靼自石舊墩拆邊十餘穴，進於鐵柱泉諸處。翼日小鹽池又報，三四千騎至癩馬房南行矣。於是公即使中軍都指揮李佐帥土漢官軍鎮守，陝西總兵鄭卿、參將劉文、延綏總兵趙英、寧夏總兵李義，各帥奇兵一二千，俱會於鎮戎所。又使遊擊都指揮卜雲帥遊兵二千有七百，鹽池參將苗鑾、固原遊擊夏欽各帥師二千有五百守備，環慶都指揮楊和帥師七百駐之各隘，聯絡堵截，而李佐則執軍門旗牌，分哨監督之。是日，出至三營岡，有報賊由平虜所、下馬房掏邊徑，至鎮戎城東來衝門矣。是時，領伏千戶楊淙、方良輔及指揮路瑞出城拒敵，而鄭卿遂督劉文諸將馳馬而前。於是塵沙飛障天地，虜膽已喪。卿乃議令趙英、劉文爲前哨，李義爲中哨，卿及李佐爲後哨，追至細溝墩，虜復爭耀盔甲以回敵。於是三哨齊進，而鎗砲弩矢皆風行電往，虜勢遽退，我師遂衝。其陣獲首三百餘級，韃馬百有四十九，夷器、盔甲、弓刀、衣物千有餘件。渠魁既殲，黨類亦殄。公詳以奏捷，且歸功於衆。皇上乃寵渥三錫，揉此萬邦。鵬受命諸公，請言以賀。」

呂柟曰：「是役也，嚴而不肆，一舉兵而遂勝之，與晉之郤冀戰獲白狄子於箕者同，可不謂敬乎！常武之詩『左右陳行，戒我師旅』，故淮浦既截，徐方自威，蓋以太師南仲治師，而程伯休父又分任其事也。鎮戎之役，上下協心，部伍有紀，與

望其旗靡，觀其軌亂者異矣，可不謂法乎！古者使卒如挾纊，公養士如子，秋毫不取，恩義洽浹，他有外寇，如子弟之捍父兄，可不謂惠乎！昔士燮分功於同列，公之奏捷也，如謙九三，有勞不居，左右尊卑，罔不同榮，可不謂順乎！待其自犯，不窮追，不遠討，雖古屯田湟中，挫罕、開以滅先零之舉，不是過也，可不謂定乎！夫敬則不弛，法則難撓，惠則足以使人，順則不妬，定則不貪功以徼利。有一于此，雖相天下亦有餘，而況總制三邊乎！然則公之出將入相之材皆可具見，豈惟可爲公賀，雖爲天下賀亦可也！」

壽經府牛先生九十詩序

漢伏生年九十，老不能行，猶能口授兒女子以傳經。西京以來，其風微矣，乃今於牛先生見之。牛先生者，吾友對山康子之師也。往嘗過武功，見對山事牛先生恭謹極至，每稱觴，拜跪如親父叔，牛先生撫之亦若親子弟，不以爲異也。予甚愛焉，乃竊問諸對山，對山曰：「此海總角之師也。海幼最跌蕩，師能繩我；又最惰懶，不嗜記誦，師能督我。凡海有今日者，皆師之賜也。」夫對山行敦大倫，學見大源，蓋天下奇才也。雖亦天分之高，而乃歸於牛先生之造就，則牛先生之爲人，其可當哉！牛先生嘗爲常州府經歷，予同年丁憲副元德者，其郡人也，數言牛先生之在常州，尺寸不失，毫髮無玷，有古昔先民之風。夫江南人心愛慕如此，可不謂有政乎！夫其教也得對山，而其政也至化常州，則牛先生之爲人可知矣。牛先生之貌敦樸，不類時人樣，動静皆有矩度，非其道，一芥不取諸人。其幼年閲過經史，遇問難，輒歷歷誦道，無隻字錯，宜乎其爲教爲政，異於尋常也。經言「仁者壽」，又言「不已其德音」，則壽考無期，則牛先生爲近之，其年又豈但百餘歲而已乎！於是諸門人、鄉人皆爲之歌詩以侑觴。

贈松石劉公陞南太僕序

松石劉公養和既有南太僕之命，典司馬政，其僚憲長蓮山翟公志南諸公將餞於澄江之堂，乃以言問。是時予將有南京之行焉，至潼關而使者猶是言也。

對曰：「夫松石之行，予固不可以無言矣。昔者松石之巡按吾省也，持憲秉度，退姦進賢，抑強扶弱，興利祛害，法行遠邇，忤觸權宦，乃逮繫禁獄。發轞之日，關中耄倪數千哭臥轍下，至有死而不悔者，則固已能得民之心矣。去歲爲吾省提學，關中人聞之，喜如雀躍，曰：『今復得見我劉公邪！』比松石車至潼關，士女迎者如堵墻，至有褰簾而觀者，或泣或喜，曰：『是我劉公矣！』於是膠庠之間鼓掌而言曰：『此先生至，士風不患不周、漢也。』乃松石敦本尚樸，黜浮崇雅，先行後文，銷頑烝善，一時士習翕然丕變。山川鄙邑有交望其先試我者，時雖未久，則固已能得士之心矣。夫至難服者，民也；至難一者，士也。松石以西漢醇厚望此舊民，以成周俊造望此舊士，宜其鼓舞之下，如桴拊鼓也。斯行也，又何有于一馬政哉！雖然，承弼之重，伯冏以是而顯；塞淵之秉，衛文以是而興。故草木鳥獸之若，金石摶埴之功，古得與九官並列，則亦非易事矣。況吾松石于學有本，于道有見，于致用有方，特借此一階，進登卿相，以輔弼乎君上，將使天下士民皆復於古，升斯世於大猷，飽閑廄之馬於不用也。區區得一關陝士民之心，不啻言已。松石懋哉！」

賀南岡唐公陞方伯序

吾省憲長南岡唐公既轉方伯矣，代之者則海山翟公也。翟公暨其僚請予言以賀。予曰：「豈惟可賀公哉！亦可賀吾全陝之人也。夫陝西內治八郡，外餉三邊，置封藩至百十，籍胥史幾萬千。其內差外貢，東經西返者，歲無一二日虛，有

常禄者又在所不計也，然皆于藩司需焉。苟非其人，則雖積食如終南、惇物，備飲如澧、汭、涇、渭，亦可立而盡矣。故必得體國恤民如公者，斯宜也。」

或曰：「公嘗守刑曹及憲副、憲長矣，董詹事所謂長于法律者也，于方伯似不宜。」或又曰：「公之爲福建也，其操持之嚴，學校之興，節孝之崇，賢能之薦，姦貪之糾，歷張、胡、程、王、周五御史皆舉其績。夫福建，東南之極方，而公徽人也，民情土俗，相去不遠，宜其效也。若陝西則西北，近塞之地，于公似不宜。」曰：「嗟乎！上以習泥論，下以氣拘論，皆非所以語不器之君子也。昔者夔能樂而不能禮，故以此名傳；垂長於工而短於虞，故以能指傳。若禹宅百揆，則工可也，虞亦可也，樂可也，禮亦可也。夫公固將有百揆之任，而思師大禹者也，豈惟可宜此陝之方伯哉！雖然，世有大氣習焉，人或未之察爾。蓋爲庶臣易，爲大臣難；居外任易，居内任難。易者，其職易盡也；難者，其職難盡也。非職之易盡也，初志方鋭而素學未壞，固有弗慮其後而行之者矣，故易；非職之難盡也，漸染既久而觀望亦熟，固有不惟其初而變之者矣，故難。若公既不受氣習於前，必不肯少渝其道於後矣，故曰：吾全陝之人皆可賀也。」

未幾，公又進左副都御使，思用予言爲益切。

賀海山翟公陞陝西按察使序

海山翟公既陞吾陝按察使矣，於是其僚憲副張公、江公使使告予曰：「陝西鉅省，刑獄尤繁劇，吾僚方思難其人以柄憲，乃翟公寔來。翟公長者，則吾僚可以資式，而麗澤於西土也增乎！」對曰：「柟西土之人，涇渭之處，而太華、荆、岐之遊者也。然斯土之人，本成周信義之士，而治之者或違；本前漢淳厚之俗，而驅之者或非。於是信義風微，狡獪情熾，威富肆行，貧弱無告者，恒見也。乃諸公有嘉於翟公之來，則吾全陝之福可知已。昔者予之赴召也，路越七郡，公方爲衛輝，衛輝之菜婦薪兒無弗悦公者。問其故，曰：『公能食我，公能教我，公能平我，公能佚我。』當是時，七郡之守皆莫之及也。

每竊歎曰：『安得使此公以救吾西土乎！』然則公今既在兹矣，政可以自剸，而非一守之卑；法可以通行，而兼八郡之廣。潼、華以西，甘、寧以東，吾知其舉安矣。昔者鄭叔皮寬盗殺人於萑葦之中，西門豹峻其法如峭壑，而鄰旁之民雖治，亦不免於怨。詩曰：『左之左之，君子宜之。右之右之，君子有之。惟其有之，是以似之。』言于左不宜者，于右未有者也，公蓋知所服矣。於戲！『式敬爾由獄』，『以列用中罰』，此非西周之隆而周公之所稱者乎？『張釋之爲廷尉，無冤民；于定國爲廷尉，民自以不冤。』此非前漢之美而太史之所述者乎？公履周、漢之地，而不日又有廷尉、司寇之遷。公位高責重，然與枏有同年之好、切磋之義，則予企望公者，又豈啻漢之張、于，周之蘇公已哉！公蓋知所服矣。」

送提學四川我齋蔡君序

昔予在史館，仙居應原忠數言我齋之學可敬也。及謫判解州，德清沈南厓數言我齋之行可愛也。故予與我齋雖未面覿，想像其形容，推測其志意，固已神交而玄識矣。丁亥之冬，予南轉考功，聞我齋適同僚宷，乃欣然就道，求償素懷。比馬過東葛，而我齋已遣吏迓予黄巖山中。及解舟江口，方興邸舍之念，而我齋已遍國中爲予問屋，得之柳樹灣西，實予心所欲也。既晤之後，聞言心醉，覿德情怡，政問其疑，事決其可，飄然兩忘，翕乎一趨，蓋又浮所聞矣。今夫禮，子產之所諳也，故能達六王四代之典；今夫樂，季札之所稔也，故能言雅、頌、十三國風之義。夫札，江表之吳公子也；僑，河南之鄭公孫也。地之相去若此其遠，學之相去若此其殊，乃於會遇之頃，兩相契合，略無所疑，至解縞帶紵衣以交贈，非前有所聞而後有所見，其能然乎？

他日，我齋方約期定程以講學，而四川提學之報至矣。然則好會難成，而美人不易遇，豈非予之不幸哉！雖然，方今士風多騖於文辭，而行或不之力；率習於巧媚，而信或不之篤。蓋不獨一四川然也。我齋樸古天授，清白素定，于以式化蜀士，其在斯乎！今夫鍾氏染羽，以朱湛丹秫，三入爲纁，五入爲緅，七入爲緇。夫我齋染士于道，猶夫鍾氏之染羽也，必

務七入而後可乎！士而七入，所受必深，所得必真，皆本色之賢，足色之材矣，取以理天下國家無難也。於是廳司諸大夫皆以爲然，請登其言於軸，以爲我齋勗。我齋者，浙山陰蔡希淵宗兗也，起家正德丁丑進士，［久］〔一〕隱于學官而後顯。

送仇時閑北還序

嘉靖三年七月，予自史館謫解，過潞州，玉松子仇時茂邀予至其里雄山鎮，獲見家範、鄉約之美。是日，宴予禮賓堂，石巖處士時閑以醫官致仕，烏帽角帶，與其諸兄列坐其旁。予初藐焉，以爲恒人也。及談古今人物，辨南北風俗，或探至諸經，或波及羣史，時閑皆能挈其微而刺其顯，揚其行而抑其辭，予甚訝之而未難也。及與之究程朱之奧，講孝弟之實，言則親切而意無窮，志有定向而力不倦。予嘗筵歎曰：「此從事正學者二十年之功也，子已至此乎！」明日，予西行，時閑束布帶，繫麻履，引三僕以送予。山經太行極巔，水涉漳、沁二河，馬行松椽之杪，僕探雲霧之窟，或躐石徒步數里，或買漿共憩前村，崎嶇萬狀，飢渴經時。予固以爲坦途，而時閑或殞泣焉，則勸之曰：「子閉戶不入城市者數年矣，乃爲我勞勩至此，即請歸乎！」時閑曰：「欄非以勞役泣，泣先生際聖明之世，而乃行路難也。」遂相隨至沁水縣，路且平，力請時閑東返，計程蓋四百餘里，乃作三詩以別，自是日懷時閑而未見者三年矣。

今年予官南都，二月之夕，燈已久張，有報時閑至者，予且信且疑，曳帶以迎，則深衣幅巾，垂紳絇履，已在門矣，曰：「甲申七月之會，於欄心終不忘，且栢齋、谿田二公，久仰之而未覿也。昨舟由江河，波濤如房屋起，舳艫輾側，舟人亦怖，欄歎曰：『欄積誠而來，乃逆浪如此，欄無見三先生之分邪？』須臾風定，乃沛然至是矣。」予歎曰：「斯道也久亡矣！自

〔一〕「久」，據萬曆李楨本補。

龜山由建之洛，元城由魏之夏之後，今見吾子乎！」夫吾輩待時閑於兄弟之際，而時閑處吾輩於師友之間，則固不可以楊、劉二氏比。然而其志之專，則實類之。且時閑北輕山谿之險，南犯江河之浪，此其心何所爲哉？雖世之大人君子，或以爲賈利而來，或以爲沽名而至，然皆未知吾時閑所造之深，所學之定，況其下乎！斯歸也，日遊東山之上，時坐學習之堂，其無忘予三人者之言，以求進乎先聖賢之道，益合其族，益睦其鄉，明人倫於上黨，開斯學於方來，可也。

初，爲時閑促裝以南來者，則其兄時敦、時表云。

送谿田西還小序

昔在弘治間，予與谿田馬子伯循及四五友朋入太學，同舍居肄業。或共窗讀書，或一寺習禮，或面規其過，或陰讓其善，或求法於祖宗，或問學於舜、顏。冬出，不辭沍寒；夏行，不憚祁暑。訪友或于深夜，論世或至千古。坐則聯席，行則接影。若是者蓋四年也。既登仕版，聚散無常，此仕彼或處，彼仕此或處。故予始仕翰林二年，而谿田則居憂；谿田既仕吏部二年，而予又在告。比予再仕翰林三年，而谿田已引疾；谿田起仕考功三年，而予又遠謫。廊廟山林，地或隔於千里；耕讀官守，業或分於二岐。互相違左，動輒睽乖，若是者蓋二十餘年也。今予方轉南部一司，而谿田正通政於南都。竊幸日夜得侍，尋舊約而追前好，以爲二十年無此遇也，乃谿田又以病去，則予安能以爲懷？況今聖天子厲精圖治，方興堯舜之道；於臣之中，有賢如吾馬子者，又引疾以去，則予又安能以爲懷？予年方五十，而衰白蚤至，諸病侵尋，暑濕風寒，皆不能禦。谿田年差長於我，而精健英敏，不減壯夫。乃谿田且以病去，則予又當何如而後可？呻吟山東之下，徘徊長江之上，當其意，固有欲谿田艤舟以待我者。斯行也，爲我掃嵯峨之雲，具涇渭之舟，吾當不久而歸，同採終南之藥，共療沉痾之疾，不知谿田肯俟我否耶？

壽誥封一品夫人王母趙内君六十序

誥封一品夫人王母趙内君者，南京吏部尚書致仕、進封新建伯龍山先生餘姚王公之配，今新建伯兵部尚書陽明伯安公之繼母也。六月十六日，夫人懸帨之期，是年蓋甲子一周矣。陽明之門人錢進士寬與其同志者走狀問壽。錢進士曰：「夫人受性孝謹，年甫及笄，不出閨閣，異姓兄弟，鮮見其面，有古閨門之肅焉；既歸龍山先生，恭順日茂，相待如賓友，有古饁耨之敬焉；妾媵雖衆，恒事績紡，諸子勸沮，愀然不樂，深示戒辭，有古主績之儉焉。人苟非己子，絜蘆而守奈。陽明幼年倜儻，庭訓甚嚴，夫人曰：『此兒聰慧，後當大成。』委曲保育，無所不至，不慈而能之乎？人苟欲利己，分荆而鬬禽。伯叔早逝，遺孤咸幼未大，夫人念之不置也，乃攜入京師，撫若己出，不義而能之乎？人苟欲私圖，攝隱以俟桓。龍山先生爲少宗伯，時例應蔭子入監。時守文幼，守儉雖長，庶出也，先生欲遲之，以屬守文。夫人曰：『守儉獨非吾子邪？』不公而能之乎？然則夫人之壽也，當何若？」

曰：「性者，命之所以定也；志者，氣之所以行也；德者，年之所由建也。其性存者其命立，其志專者其氣完，其德大者其年永。夫肅則固而不弛，敬則貞而不違，儉則節而有常，慈則均而不妬，義則廣而不貪，知公其榮則嗣緒遠。六者皆婦人之難也，而夫人兼之，此其壽又可量乎？聞之云：『天壽敬，地壽肅，日壽慈，月壽義，鬼神壽儉，松栢壽其榮。』天地、日月、鬼神、草木蓋將於德是壽，況其他乎！雖然，碩果在樹不食，猶一果也，惟種之於土，則生生化化之妙，歲月不可得而計矣。昔者孟子輿之母固賢也，微子輿明孔子之道，發六經之旨以覺後世，則其母之壽，又安能偕之以至今存哉！夫陽明子行茂而不倦，功高而不伐，雖當投戈之際，輒講藝之不輟；雖於白首之年，務赤子之不失。此其風固可以淑四方，而其學亦將以啓方來。當其志，固欲使夫人之壽偕之以至千百祀遠也。」

送順齋林民服歸省序

莆田林民服自舉進士爲巴陵，以至小司徒也，日鬱鬱思見其父竹石君暨母黄安人，不獲去。往年欲引例省親，乃上疏部，未之與行也。再疏部，未之與行也。乃遂三疏部，又未之與行也。民服曰：「二人離逖十餘年，不奉顔色，而豫宦遊，此尚爲有人子乎？」乃謀諸同年谿田馬子，曰：「此非皇上之意，但銓部視爲迂緩，不暇及爾。若寓書當司，查舉往疏，則易且速焉。」從之，遂得命，民服喜如雀躍，曰：「豫今獲見吾二人矣。」於是其僚諸大夫問贈言焉。

曰：「嗟乎！國朝以孝爲治，式化天下，故士之仕於京者，父母可行也，迎養於宦邸；父母或有所滯，不可行也，子六年一歸省。於是忠敬之風篤於士夫，孝順之俗洽於閭閻。其後國事日多，邊務日眾，崇才之政興，尚德之意微，而士之仕者，亦多急於功名之會，或壯年違親，白首忘歸。如民服之疏，宜乎爲難也。昔高皇帝於後苑見巢鵲卵翼之勞，遂令羣臣親老歸養。有陳興者，元鎮撫之被俘者也，憐其母在高州，亦賜白金衣帽遣歸，況其他乎！然則皇上之疏皆下吏部之意，其爲是耶！」

黄大理伯固曰：「竹石主人孝事繼母，一弟庶出，愛之尤厚。性重然諾，恤貧急義。念其父方齋公，舉進士，仕禮部，劾尊官，謫去也，則爲二子曰：『吾既已矣，汝益、豫二人者，獨不思繩祖武耶？』乃爲求師選友，誨無遺力，寧身執家務，不一累二子業。黄安人者，前提學未軒公之女。未軒公嘗爲翰林編修，有文史，安人得其閫範，又以之訓二子，於是二子皆舉進士，爲户部郎。」

然則民服兹行，豈偶然之故耶？按林氏家世曰：「于唐有林福者，仕爲尉，嘗爲親廬墓，致白烏甘露之祥，有司奏上，旌以雙闕。」況民服學博而雅，志廣而崇，行古而實。今且久次郎署，其内選卿寺，外陟藩閫，近在旦夕，乃視如土苴，惟世德作求而去，則民服是行，又豈漫無所見耶！召康公從成王之遊卷阿也，欲用有孝德者以則四方。宣王中興，乃選與孝友張

仲遊者之尹吉甫，使之北伐玁狁。今天子方隆成周之治，而光祖宗之化，如吾民服雖微有言者，當亦不久陟崇躋顯，以風示天下矣。

完名全節詩序

太子少保大司馬梧山李公參贊留務，天下士民所倚重也。乃丁亥之春，以四方災異上疏請免，上曰：「卿素履端謹，練達老成，可以勉留。」乃再疏，三疏，皆不允。公益感激思奮，如召公許留分陝以巡南國也。今年春，猶申前請，且讓賢以自代。上重違公志，始報允，賜馳驛以歸。公，蜀之內江人也，凡蜀大夫仕於南都者咸歎曰：「公斯之行，其名可謂完乎！其節可謂全乎！」遂皆爲詩歌於卷，題爲完名全節，而大鴻臚孟川鄭公請序諸端。

然柟自去冬轉官來，嘗晉謁公，鶴髮童顏，被服造次，接引後學，如春風鼓動。退自歎曰：「此真南國之紀，而縉紳之表也。」方欲操杖履以請教益，乃公又有此行，雖於公之節名有矣，然國家去一元老，所傷不既多乎！雖然，世有二貴：曰綱紀，曰風俗。然必風俗美，而後綱紀立。世方騖於奔競，而難於恬退。公斯之行，人始知寵不可固，道不可輕，禮讓日興，廉恥日重，去就日明，則公之行，雖以厲天下人之名節以補世教有餘也，而況於一己乎！

王武庫子中曰：「公舉進士，改翰林庶吉士，授戶部主事，尋調刑部。以直道忤權貴，出判岳州，執法不撓。夷酋至，謀火公屋廬，見絳衣神人而罷。其後陞知隨州，歷按察、京兆、巡撫，以及今日所至，皆著勳績而流歌頌。若乃盡參贊之責，極簡恤之方，不動聲色，坐奠南服，尤其偉然者也。」然則公於名節可謂終始不渝矣。夫士之仕於世也，矜於先而敗於後，猶枯楊生稊，未敢必其成也；失於早而補於晚，猶枯楊生華，則亦可醜也。昔匡衡甘貧窮經，其始非不烈也，而卒以贓敗，可謂鮮終矣。魏相正色秉道，其終非不令也，而進以許、史，可謂無初矣。然則節名之完，固獨後世之難哉！則公豈今之人乎！諸詩歌者，宜發揚而鋪陳之，以繫此風俗綱紀也。

莫庭序

莫庭者，今南京大理丞石崖林君以吉之所自扁也。昔其父都憲豫齋公爲方伯時，將之滇，詣以吉書屋，手書二言曰：「莫交無益之友，莫爲非義之事。」夾置籍中。既去，而石崖展書得之，憮然曰：「是吾父命我也。」遂以「莫庭」名扁，乃作手板，鋟刻其上，時復觀省，雖至南北往返，亦每自隨，未嘗忘也。既舉進士，爲名御史，爲良廷尉，皆率是教爾。昔者孔子云：「無友不如己者。」言求交益友也。至論益友，乃以「友直」爲首，而「諒」與「多聞」次之，蓋直則能聞其過而進于善。在易益之象言「見善則遷」，必言「有過則改」，故重直也。故天子不得直友則自聖，諸侯不得直友則自是，士庶人不得直友則自足。石崖遍交海内之士，吾見其知不可一日無莫無可矣，其寧止以友諒、多聞言邪！若夫義者，利之反也，石崖之不爲利而爲義也，雖途人皆信之，然而猶是云然者何？「君子之於天下也，無適也，無莫也，義之於比。」適莫之私一立，而無我之道必失。石崖固將外則紀綱四方，内則柱石邦國，其所以比於義者，又匪但如君子所喻者而已。雖然，人患不得直友爾，苟得直友後，則不義事自絕。昔者呂滎公之從胡瑗遊也，擇與伊川並舍居，以友直也。後察其學問淵源，即便師事乎程。「友直」也，豈曰友之云乎？然則石崖行道於天下，揚名於後世，以顯豫齋翁者，其必滋有要矣！

周氏族譜序

宜興周道通搜訪其先世，既三公而下，以至其兄弟子姪，凡六七世，爲荆溪周氏譜一編，有引，有例義，有圖，有傳，有表志。既成，而李空同子序焉。道通過南京，請再申教戒之言，以爲周氏子孫者世守也。曰：「有是哉！昔者齊之國、高，楚之屈、景，唐之崔、盧，宋之朱、陳，其族非不庶以多也，今固有莫知其祖而不記其

宗者矣。甚至氏智者别族于太史，而秦姓者不認爲檜孫，往往是也。予近在解州，見龍門王氏、夏縣司馬氏之後，或移家蒲坂，或別籍江表。地如此其遠也，時如此其久也，然尚有還故里，省丘墓者，此若無譜，又何以傳也？夫道通明敏忠信，篤志問學，早事陽明王公，獲聞心事合一、知行並進之旨。若以其所得，教之家庭，以爲父子兄弟足法，斯譜也，豈惟千百世可傳哉！若夫述前者據，信後者實，謀始者慎，迪來者簡，布言者忠，譜有五善，李氏已具之矣。」

送周道通序

宜興周道通自其家偕其門生邵武人魯守約入南京，過予柳樹灣精舍以談學。然道通近有耳疾，非大語則不聞，時令守約轉告，或寫書掌上以傳，既見而又對以問也。每言至適意處，輒喜動顏色，不知其他；若有未安，亦善婉轉開白，實有學之士也。

初會曰：「衛適見鄒東郭言：『學濂洛關閩，自孔子學下來。』或曰：『自濂洛關閩學上去。』如何？」曰：「昔明道兄弟十四便學孔子，後來尚不及顏、閔之徒。只學孔子，後亦未知如何爾。孔子，萬代之師也。」問：「交友、居家、處世，不能皆得一樣善，人甚難處。」曰：「此須有憐憫之心方好，憐憫便會區處他。如妻妾之愚，兄弟之不肖，不可謂他不是也，此仁智合一之道。舜欲並生，張子西銘具言此理，但千變萬化處，非言所可盡也。」問：「爲學只不問斷好。」曰：「何以能不問斷？」曰：「責志。」曰：「此亦是第二層功也，其要只是能知爾。能知得，便會顏子之欲罷不能也。」「則何以謂之知？」曰：「如體寒，思得衣以煖；腹飢，思得食以飽，是知也。」因問怎能得會知，曰：「在默識自省耳。」曰：「此固是要法。若隨事觀理，因人辨義，讀書窮理，皆不可缺。」問：「屢空之空，只是虚字。若言貧，恐小了顏子。」曰：「屢貧亦非小事，知破此，便尋得仲尼、顏子樂處也。」問：「今之講學多有不同者，如何？」曰：「不同乃所以講學。既同矣，又安用講邪？故用人以治天下，不可皆求同，求同則讒諂面諛之人至矣。」曰：「果然。治天下只看所輕重，問學須要成箇

片段方好。」曰：「纔要成片段便是助長。」問：「身甚弱，若有作賊盜的力量，改而爲聖人，方易。」曰：「作聖人不是用這等力量，見得善處皆行，便是力量，溺於流俗物欲者乃弱也。」

於是道通欣然曰：「衢最愛一虚字，平生樂聞善言，樂就善人。往在邵武，一病不醒者七日。少醒，曰：『生死止若是爾。』夫人患不知重所急也，苟此心遂也，雖明日死，亦無難。」予歎曰：「勇哉，道通！而乃自云弱乎？夫道通豈今日之人哉！」于其行也，恐彼此談學之言傳告聽聞之不審也，乃附書以贈之，蓋不嫌於煩瀆爾。

送林太平序

地官尚書郎西泉林君既有太平之命，過予柳樹灣精舍以談政。予謂之曰：「西泉子斯行，當使闔郡之民皆及時以煖衣，及時以飽食乎！」西泉子曰：「則何以能然？」曰：「昔者齊桓公出郊，見老而貧者猶自苦也，問：『無子以代勞乎？』曰：『有子五人，皆未妻，出傭于人矣。』桓公召還其子，妻之宫女，以爲仁也。告諸管仲，管仲曰：『君亦不仁夫。若令于國中男子二十而娶，女子十七而嫁，越是者罰，自無怨曠矣。』子誠如管仲令也，則太平民豈有飢寒者哉！」曰：「子亦未識時務乎！今夫窮巖寒谷之民，屋無儋石之儲，而通都大衢，至有厭粱肉而累綺縠者矣，則將奪此以與彼乎？」曰：「昔吾之家居也，東隣之人有四子焉，其二子則先妻出也，其二子則後妻出也。後子衣錦而食肉，先子絮蘆而粗糲不充腸。此豈非皆己之子哉？蔽於妻之先後而不知爾。西鄰之人有五子焉：一子樸，一子敏，一子矇，一子僂，一子跛。乃使樸者賈，敏者農，矇者卜，僂者績，跛者紡，五子者皆不患於衣食焉。子誠如西隣之人，則于太平也，將思之無不至，處之無不當，即民之凍餒者鮮矣。雖然，子亦嘗聞商斗周尺乎？蓋準虞律而定其大小長短者也。他日，入于秦市，睢增其寸，起損其分，冉鑿其槩，澤削其底。於是或以丈爲短，或以尺爲長，或以釜爲少，或以升爲多。凡抱布負米者，環咸陽之街，貿貿焉莫知所之。秦君懼焉，使人求收虞律者，則已匿而去矣。」

「然則如之何而可？」曰：「昔者西門豹之爲鄴也，治如峭壑，人不敢跕足以越，若横之以木，引之以索，雖竊盜姦宄，皆足縮縮而夜度矣，然後怒其侵軼我也，不亦晚乎？是故君子寧爲銅鏡，不爲玉杯。玉杯雖貴，止於玩物，銅鏡雖賤，可以照人。是故君子之政，雖有其制，不仁而不可爲也；雖有其仁，不定而不可爲也；雖有其定，不嚴而不可爲也；雖有其嚴，不明而不可爲也。明以立威，威以守定，定以行仁，仁以立制，雖吾子他日相天下，亦有餘也，况此太平乎！」

越明日，其僚湯伯元、胡貞甫諸大夫問贈言，遂書以送之。西泉子者，名鉞，字宏用，福之晉江人，予同年之厚友也。

刻聖學格物通序

聖學格物通凡百卷，今少宰甘泉先生增城湛公所編著。嘉靖四年七月，皇上勑侍從文臣直解經史進覽。是時，先生以翰林侍讀爲南祭酒，曰：「若水不可以身在遠，心不在聖躬也。」乃於作士之暇，纂著此書，以爲聖學之助。

蓋大學之道，惟在於明明德，以止至善。止至善之道，莫先於格物。物皆關于意、心、身及「家」〔二〕、國、天下，而格之爲功，惟欲其誠、正、修以齊、治、平也。乃自誠意以下，類其物之繁簡，列以目之多寡，或掇經史之格言，或闡祖宗之大訓，斷以獨見，歸於至當，意謂凡物不關于意、心、身及家、國、天下者，皆外物也；凡格不爲乎誠、正、修以齊、治、平者，皆喪志也。惟昔論語博文約禮之説，中庸好學力行之旨，曾子所受於孔子，而又以授諸子思者，于道固若此無疑也。先生蓋嘗體驗至六旬而後明，編摩至四年而始進，宜天語稱其「足見用心，朕已留覽」也。然是書豈惟有國天下者所當從事，苟欲修其身者，雖草萊之豎，膠庠之穉，皆不可以莫之爲也。

初，先生以祭酒考績，道過揚州，一時及門之士如葛澗、沈珠、蔣信、潘子嘉、程輒、周衝輩殆數十人實從之遊，創立甘泉

〔二〕「家」，據下文補。

行窩於揚州，講行先生之道，遵用格物通之意。比聖諭既下，諸生曰：「是可以板置行窩，省手抄矣。」謂柟舊爲先生禮闈所取士，嘗受教甚習也，請序諸端，然尚未能梓行。至是，侍御周君相巡鹽淮揚，乃命教諭高簡重爲校正，而江都尹某即捐俸加諸木，則周君上廣聖意而下明先生之志者，亦可見。是豈惟行窩諸生所當從事，雖以責天下後世不可乎？

元城語録解序

元城劉先生語録一帙，多其徒馬永卿所編輯，今山西副使端溪王子德徵又分爲六十二條爲之解。其言之純者則益發揮，以振開後學之志；少有未醇亦爲之辯難，使學者不昧所從。夫元城學「不妄語」於温公，其言豈有醇未醇邪？即端溪子之辯難者，(惟)[多][一]在右金陵而混儒、墨耳。審若是，則亦自其身之所至，心之所得而言，亦不害其爲未醇也。夫端溪子，今之元城也，其所解亦豈必盡然哉？然凡有所疑，必質諸師，辯諸友，雖隔河山之險，越江湖之遠，亦托兄若弟持冊而講，既明而後已。此其爲道之篤、好學之甚，雖元城當日亦恐不逮。斯解也，吾又知其必與語録共傳矣！[二]

送何栢齋北上序

南少司空栢齋何公赴少司空任，劉黃巖、鄒東郭謂予曰：「昔吾輩在翰林，公爲前進，然而其分則同僚也。今吾輩在南署，公爲亞卿，然而其分則堂上也。乃公不以今分之尊而忘舊分之親，談辯交際，猶夫昔也，當贈公以不變。」

[一] 「多」，據清光緒惜陰軒本元城語録解改。
[二] 惜陰軒本元城語録解末有「嘉靖七年秋八月涇野呂柟序」一句。

曰：「古人下白屋，賓幕僚，公豈惟此不變哉！然吾數聞其言矣，憂民之深，愛君之切，猶昔之慷慨也；數觀其行矣，律身之嚴，治心之密，猶昔之峻潔也；數探其問學德量矣，識見之正，致用之實，猶昔之貞固宏遠也。夫木變於冬，鳥變於秋，人變於長老，位變於崇高，豈惟其氣使之然哉？今有仕者于此也，獨對則一人焉，顯對則又一人焉；對少則一人焉，對多則又一人焉；對貧困賤弱則一人焉，對富貴權勢則又一人焉。年方弱冠，官始筮仕，已滔滔乎變矣，況其長老、崇高乎？故曰：『變亦習使之也。』則夫栢齋公之不變，其中固有所得而已定乎！今斯之行，其知所不變乎！夫長安陌路，公昔乘欵段寡煖而冒風雪之地也；左掖史館，公昔一布袍五七年之處也；順門之下，公昔抗疏言天下事之階也。今已十餘年，斯行也，猶然見之。況聖天子勤學好問，加志窮民，欲覩時雍風動之化於目前。公斯之行，尚可祇曰不變乎？或曰：『化而裁之存乎變。』變者，因時之道也；不變者，守己之道也。雖然，非有不變之道，則亦無以爲變；變隨時而不以道，則並其己之不變者變矣。」

於是二君子曰：「此可以告公行也。」各賦詩于左。

紫陽道脈録序

休寧人汪尚和年已五十餘，嘗數及予門。一日，出所輯朱夫子授受諸賢名姓行實一帙，曰道脈録，謂予曰：「尚和亦嘗從學於陽明王先生，王先生講知行合一之義，切中時學浮泛之病。顧學者聽之不審，傳之太過，遂至于貶吾朱夫子焉。尚和是以深痛之，做伊洛淵源，有是録也，使天下後世知朱夫子與一時門弟子問答者，固非若今之論矣。」

曰：「嗟乎！朱夫子何可當也！今已讀其書，解其意，乃又索其失而貶之，是操戈而入室也。但道乃天下公共之物，有見一句，聞一言，窺一隙，覻一瘢者，著論亦無妨。若或行在尺寸之近，而言在千萬里之遠者，是則可尤耳。夫道脈録固可以見朱門躬行之實，開時學之惑矣。但録首序道統，謂堯舜以來，傳至龜山、豫章、延平、晦菴，晦菴又以傳蔡西山、黄

勉齋四十九人，則又似以言語文字爲傳矣。蓋龜山之學，尚不及程門之尹焞，而豫章、延平恐又不可與堯、舜、周、孔比倫，若蔡、黄諸君去程門楊、謝諸君又相逕庭矣。至謂堯舜以來，皆一人相傳，則又使是道不許衆人爲邪！蓋是道有數百年無人傳者，有一時數人得者，有數人所得有淺深大小之不同者。是固舜、禹、皋陶、稷、契五人一時也，成湯、伊尹、仲虺三人一時也，高宗、傅説二人一時也，微子啓、比干、箕子、伯夷、叔齊五人一時也，文、武、周、召、太公望、散宜生六人一時也，孔、顔、曾、思、冉、閔、孟軻七八人一時也，周、程、張、邵、司馬六人一時也。其他爲之友者，亦有之矣；爲之徒者，亦有之矣。今夫漢儒，人所恥言也，然如董、汲、郭、黄、諸葛，雖朱夫子且或讓焉，況其門人乎！隋、唐諸儒，人所不道也，然如王仲淹、韓退之，雖兩程子且或取焉，況其他人乎！若是，則道脈録行亦可也。」

平陽府志序

平陽府志，前守府任丘閔公甫所輯行，正德丙寅後事未有也。嘉靖乙酉，予謫判解州之二年，今守府開州王公公濟間補輯重修焉，乃移取諸州縣未志之册，發附解州，欲依禹貢法編。夫今古異跡，聖愚殊才，經傳不同體，柟愚不能爲夏書後，於是即事設科，就地列篇，計策立卷，乃託解州學正周君冕指授二三子類附焉。予然後删其繁蕪，存其簡實，其文獻原志未采者不能增注，餘皆悉從其故。雖或醇駁失真，然承傳既久，亦無大枉。藁再成，予改官南矣，乃隨以來，暇發良吏明謄以復於王公。

於戲！平陽爲郡，其屬三十有六，中國之處，河山之勝也。堯、舜、禹、湯生而建都焉，風后、蒼頡、稷、契、皋陶、垂、益、伯夷、夔、龍、奚仲、龍逢、仲虺、傅説、伊氏、巫氏父子出而輔治焉。夫地一也，往何以聖賢若是其盛，後雖代有哲人，然卒不敢與稷、契輩比媲，豈惟其人寡志，典治斯土者將亦或未是乎？是故王公汲汲於斯編。聖天子方興堯舜之道，其下豈無有爲稷、契、皋陶之徒哉？於戲！生乎是地，莅乎兹土者，甚無止以考據視斯志也。

送檢菴馬君考績序

侍御馬君抑之將考三年績，其僚朱朝儀曰：「抑之嘗以職方主事守山海關，課騎射，簡商稅，輯居民，立一巨防。去年聖天子申立憲綱，選諸部寺有風力者，改實南北道監察御史，抑之獲以主事授南京山東道焉。當是時，廣東、湖廣二道皆缺也，至則即綰三道綬。或監督抽分，或存恤軍士，或清理冊黃，或巡視京城，或校編會典，咸明厥功。令甲京職考績者，改官前後品同，得通理；前官品大，後官品小，得通理。今抑之守御史又一年，故並前職，方考三年績也。夫人之材，或熟於邊，或不習於內，或優於武，或不足於文，或通於部，或不達於道，故公綽不可勝薛大夫，黃霸優於治郡而已，乃抑之隨授皆效。斯考也，其亦異諸人乎！」

乃謂朝儀曰：「輪人之爲蓋也，程部達常之矩，皆能得其妙，若使之爲弓則不能。弓人之爲弓也，幹角筋膠絲漆之材，皆能盡其巧，若使之爲蓋或不良。蓋滯於器也。乃若五材咸飭，百物皆辨，天時既得，地氣亦乘，非若工之垂不能兼矣。今夫以子貢方子賤，子貢長於言語，位於十哲，人孰不以爲優也。然自夫子言之，子貢祗成瑚璉之器，而子賤則爲不器之君子，其優劣又遠矣。夫抑之如此，其亦庶幾可進於不器者乎！」「則何以能至是也？」曰：「昔者禹有九手九足，故治水如神；舜有四耳四目，故恭己無爲。」「何謂也？」曰：「禹以九州人之手足爲手足，故不行而至；舜以四方人之耳目爲耳目，故不見是圖。」「則何以能然？」曰：「惟在克己爾。苟不能舍己從人，而惟伺察是事，則讒諂面諛之人畢至矣。當是時，雖欲爲禹之拜，爲舜之樂取，竊恐其所得皆非昌言與善也。」於是朝儀曰：「此豈惟可告抑之之考績哉！」

抑之名歛，河南上蔡人，起家辛巳進士。

鄭母俞太安人七十壽序

上元鄭氏維東淮之母俞太安人之七十也。有名士林氏時者，於鄭氏則四門親也。林氏女弟之夫爲何氏輔，何氏者，鄭氏之前母表弟也。何氏姻於顧氏昶，顧氏者，鄭氏之前母舅也。顧氏曰：「俞太安人不改其初，視吾顧氏兄弟，猶其俞氏兄弟也。」何氏曰：「有恩必任，無禮或愆，視吾何氏子姪，猶其顧氏子姪也。」皆常談諸林氏，林氏曰：「此古之女君子也。年四十六而寡，守鄭氏以有成。當其爲鄭氏擇配也，選於倪文僖公之孫女焉，六姻以爲明也。於是都邑稱貞焉，戚族稱肅焉，四方稱慈焉。」乃率二氏上七十壽，而以告諸予，曰：「大人舉鄭氏於禮闈，知其文也；處鄭氏於郎署，知其政也；觀鄭氏於鄉黨，知其行也。抑豈知其本於太安人之玄施哉？」

曰：「林氏而知滎公呂原明乎？其母則申國夫人也，其妻之母則張待制之夫人，於申國夫人則姊也。申國夫人之誨原明也，事事循蹈規矩。甫十歲，祁寒暑雨，侍立終日，在父母長者之側，不得去巾襪縛袴。張夫人之來視原明夫人也，見舍後有鍋釜之類，大不樂，且戒申國夫人無壞家法也。今觀俞太安人，則何以異於申國夫人，而爾諸戚黨，將無亦有類張夫人者邪！且夫爲箕裘之善者，非其性生也，但爲弓冶之後，則能善焉爾。而況鄭氏自鞶革食食之時，已受太安人之教哉！昔原明蓋嘗遍師焦伯強、胡翼之、孫明復矣，後因伊川之學問淵源也，年與等差，即首以師禮事之，遂與明道、橫渠、孫覺諸賢遊，由是知見益廣，不私一門，略去枝葉，以造聖人，不負申國夫人之教，遂使申國夫人至今千百載猶存也。然則鄭氏維東之所以壽太安人於數千歲者，亦若原明之用力已邪？又將進於原明之上而後已邪？」

於是林氏曰：「果若是，則吾六姻者，托榮於鄭氏以不沒者，亦在是邪！」

北山書屋序

金谿黃理夫於其縣治之北構屋數楹，以爲藏修之所，甘泉子題曰北山書屋。初，理夫舉進士不偶，入南監，時後渠子爲司成，理夫問業門下，後渠常稱爲高士，遂作維言以贈曰：「千石之鐘，其聲不石；萬鈞之弩，其發必中。」蓋以言夫成也。「眸子粒大，而納萬里之遠；鏡厚不盈寸，而照重淵之下。」蓋以言夫明也。理夫學之三年，若有得焉，於是知知行之在我矣。未幾，甘泉子繼後渠爲司成，理夫亦問業門下。甘泉子贈諸澄心亭，欲其中心無爲以守至正，且舉陸象山「東海西海，同心同理」之言以爲隘也。理夫學之二年，若有得焉，知心事之合一矣。至是理夫舉以告予，使予亦有言。

予謂之曰：「理夫又豈可以他求哉！夫甘泉先生，柟之座主也，其道果若是其廣也，縱使有言，不能出其範圍矣。後渠，則柟數年同窓切磋之友也，其道果如是其切也，縱使有言，不能如其近裏矣。惟夫守之而勿忘，行之而不倦，推之而益大，不泥言語之間，而得諸心身之實，是誠所願爾。不然，則未聞言之前，猶理夫也；既聞言之後，猶理夫也；三年之前，猶理夫也；三年之後，猶理夫也。昔者廣切之言，猶理夫也；今者繁多其辭，亦猶理夫也。」

江西奏議序

江西奏議三十五篇，中丞漁石唐年兄龍所著也。夫江西罹宸濠之荼毒，切於肌骨，其亂之成也。微許逵、孫燧二公之死，王公守仁、楊公鋭諸公之功，宸濠幾不能殄其亂之後也。微茲三十五篇之疏，江西幾不能安。是故戡亂在義以忠，輯寧在仁以明，讀此奏議可知矣。祭酒張公邦奇謂此有五可傳，信哉！

送劉君少功考績序

約齋劉子少功以南祠祭正郎通前考功正郎，考三年之績。且行也，其鄉大夫仕於南署者陳子良弼、田子世英皆爲劉子以問言。

予謂之曰：「劉子嘗爲考功矣，今乃考於考功邪！予方習劉子之考功以考功也，劉子乃問予之考功以考功邪！且夫考功者，北爲要，南爲散，北爲繁，南爲簡。劉子於其要且繁者，已身舉之矣，又何咨於是邪？今有桃氏、鳧氏於此也，其三制之長，數鋝之重，薄厚之震，侈弇之興，固已極其巧而盡其則矣。有栗氏、㡛氏者，乃從旁而議其身莖之分，音聲之石，播柞鬱，其可乎？雖然，聞之矣，唐之考臣也以言，虞之考九官十二牧也以績，周之考方嶽也以制度。子今通祠祭、考功而考焉，言、績、制度皆在矣，其慎乎！今夫金之雜者，考之以初火，色頓變而質暗減，若其真且赤也，歷百煉炊重爐，其體固自若也。是故古之君子考德以問業，考道以爲無失。道德者，本也；言、績、制度者，末也。如其道德未考而有違也，雖言、績、制度之最，奚加焉？如其道德已考也，雖言、績、制度之殿，奚損焉？且夫劉子起家儒素，厲志公忠，累葬期功，至十餘喪，頻與推遷，至三四品。聞人之異，不敢即以爲乖也；見人之同，不敢即以爲比也。故端慎已注于白巖，而公恕再書于龍灣，是其所自得於考功者已稔，將無亦庶幾于金之真且赤者乎！斯考也，其必持前以往，柟何能爲子加也？予獨惜夫鏡也，持以照人之妍醜，毫髮莫遁矣，然而其背垢或集而不知也，塵或累而不覺也。是故受考于人者易，考乎人者難。子是之行，斯患既已免矣，予獨且奈何哉！」

送白樓吴公考績序

白樓先生長洲吴公尚書三載矣，將考其績於朝，以當七十也，欲引年以乞休。凡我屬吏，皆欲柟爲贈言焉。夫公逮事三朝，出入兩都，今之元老大臣也。且柟之舉進士也，公適同考會試，習公之教，于今二十二年矣。及柟之改官南署也，公適爲堂上，習公之政，又三越年矣，則固不能以無言。夫公起家進士，選授編修，進侍講、祭酒、太常卿、少宗伯兼詹事，（執）[知]〔一〕制誥於東閣，僉舉且入内閣，乃又出爲大宗伯。未幾，又南來爲大冢宰。動德聲聞，著於一時，公固非當時之名臣邪？柟嘗謂大臣之道有三：一曰讓，二曰容，三曰公。讓則不爭，庶官乃和；容則不忌，羣賢乃登；公則不比，庶績可熙。公殆兼有之乎！

昔宋神宗謂司馬君實未須論他別行，只辭樞密一節，廷臣莫及。夫今之内閣、東閣握天下之要，公以資與望，於内閣無疑也，三以讓而不居；於東閣無疑也，十乞休而不處。乃今尤欲有所辭焉，則固加於人一等矣。秦穆公不忘黄髮之蹇叔也，乃致斷斷無技，休休有容之思。至曾子釋經傳，引之以明平天下之道。公嘗歷犯衆怒，累嬰羣猜，處之裕如，粥粥乎若無能，雖古之一箇臣者，將無亦庶幾乎！且公進講經筵，衆推其諒也；育材胄監，士飫其教也；典知絲綸，人欽其文也；總裁國史，筆秉其直也；三考禮部，一考京闈，録稱其得人也；既典南銓，不動聲色，縉紳欽服，屬式其程也。凡此皆人臣之所難，不公而能之乎？夫同陟千仞之山，當其前者則進之，當其後者則牽之，遂皆至於其巔，而我不知也。大爲萬斛之舟，彼載寶者亦受焉，此載菅者亦受焉，卒皆登乎其岸，而人不知也。公雖推以並此可也。

雖然，蹇叔老而穆公始知悔，君實擯而神宗始稱賢，又豈若聖上深知公之耆舊也，以「醇謹端諒，學行著聞」之言，褒於

〔一〕「知」，據萬曆李楨本改。

在北之日，而宫保殊寵，加於南來之時乎！　況聖上勵精化理，以圖至治，正地天交泰之時，知公之且考績也，寧立以迓包荒朋亡之君子矣，公固宜得尚中行以對恩私爾。　若公所常稱韓魏公保晚節之言，此恐亦涉於爲己謀者，柟竊爲公不願也。

送劉潮州序

嘉靖八年正月十一日，聖天子勑諭吏部，若曰：「人材難得，舍短取長，皆有可用。　故帝王重絶人，赦小過。　吏部通查近年但係進言獲罪、公事詿誤官員，有才識可用，能自改悔的，開具事由，奏請定奪。」於是吏部列上二十餘人，而印山子獲以太平通判陞潮州府同知云。

或曰：「官之陞降進退，視地之遠近繁簡。　印山子以憲副之被繫也，添注韶州通判，後當路以其遠也，奏調除太平。　今恩勑既降，而又陞潮州，豈惟視太平遠，雖視韶州又遠千餘里，其隸縣又減三分之一。　而同知於通判，又皆府僚也，同跪起事監司。　夫起之府判之中，而列之府同之間，拔之直隸之郡，而居之海裔之地，此亦爲陞乎？」曰：「非然也。　通判者，印山子始謫之官，猶爲山而功虧一簣，蓋止於此也。　同知者，印山子再起之官，猶爲山而雖覆一簣，蓋進以此也，不可謂不陞矣。」「然則何以告之乎？」曰：「印山子不聞漢顔駟乎？　其初不遇於文帝也，則以己之好武自尤；　其後不遇於景帝也，則以己之貌醜自尤；　其又後不遇於武帝也，則以己之既老自尤。　然終以大顯。　印山子文武兼濟，儀度壯偉，年在強仕，又非顔駟可比，而其所自處者，又豈啻如駟而已乎！　夫此皆以官之升沉論，非所以告達人高士也。　印山子不見子之先大夫乎？　守正迪直，不求於人，滯於太常、祭酒者十六七年，此其道固在也，故名印山子以秉監，字爲遵教者，則已垂範於今日矣，抑又何所求哉？」

印山子與予同舉戊辰進士云。

送汪都水序

工部都水郎中缺，蓋重官也，當路者選於兩京部寺屬，得南户部員外郎汪君淵之漢以陞補，上從之。夫都水之職，雖舟車、橋梁、織紝、量衡無不兼隸，而治水爲專業。治水之政，雖天下之河渠、溝洫、塘港、圩堰無不兼統，而漕河爲重務。漕河之務，雖偕其僚員外、主事十餘人以分理，而文移之裁定，舉措之因革，利弊之興除，上呈而下施者，則惟視篆郎中主也。淵之兹任，不其重乎！

或曰：「往年黄河之決徐、沛間也，阻塞漕河，由支流以綱運，艱阨萬狀。聖上用廷臣議，别開新河於濮、曹之間，然費計數億，役計百萬，官大小計數千，行三年而無成，則治水誠難事。而禹當懷襄之時，又非此比，乃行所無事，其真神乎？」曰：「然。禹有九手，又有九足，故神爾。」「何謂也？」曰：「禹以九州人手爲手，以九州人足爲足也。非盡以九州人手爲手也，用九州人手之高手，則不疾而速，而九州無遺手矣；非盡以九州人足爲足也，用九州人足之健足，則不行而至，而九州無遺足矣。今之爲水者以一手足而自用，其下雖有千萬手足，莫不折右肱而壯前趾矣。」「然則欲爲九手九足也，有道乎？」曰：「子能使人擊鼓告以道乎？」曰：「若是則心不平。」「子能使人擊鐘喻以義乎？」曰：「若是則心不樂。」「子能使人擊磬語以憂乎？」曰：「若是則心不喜。」曰：「三者且不能，若鐸鞀並奏於前，子必忿然肆怒以沮人矣。故曰：禹之神在拜昌言爾。」又曰：「言之昌否，猶玉石之難辨也，素不識玉者之肆而買碔砆矣。故喜聽言者，又當索其故也。」於是鄖佩之諸君子曰：「此豈惟可告淵之，雖以告諸同治水者皆可也！」胡貞甫曰：「此豈惟可告治水者哉！」

淵之，明經潔行，懷寧名士，癸未進士。都水之行，正宜學禹以往，無令胼手而胝足爾。

送黼菴柴公北上序

嘉靖七年十一月，朝廷冊立中宫，南都九卿推大司徒平川王公進賀表，寺監諸卿推光禄少卿黼菴柴公德美進賀箋。黼菴將行，其僚毅齋劉公與其同鄉諸大夫皆以爲榮也，贈之詩而問序，且曰：「昔者孟獻子聘於周定王，定王以其賢而有禮也，特優寵而厚賜之。及襄王以士莊伯之來，未有職司於王室，減於卿禮一等，且令勿籍。聖天子堯步舜趨，明懸日月，威行雷電，遠陋乎襄、定。廷臣或儀度之爽，敷奏之失，爲鴻臚、御史之糾者，月數人焉。吾黼菴出入瑣闥亦既久矣，斯行也，固非辈朔可比，而其獲皇眷以沾晉接者，又豈啻如孟孫蔑而已邪！」

呂柟曰：「聖主以不徒敬爲喜，忠臣以不賴寵爲榮。是故古之賢王與相，於其臣工之自遠來也，民之休戚則問之，政之利害則問之，夫然後四聰達。古之賢臣以其出行在外而有所見聞也，有益於國者則告之，有損於國者則告之，夫然後萬里見。聖天子方勵精古道，率行關雎、思齊之盛，以御家邦而圖化理也，諸相臣又欲仰副四嶽之詢者久矣。公斯之行，其知所以對之乎！且公清謹如抃，庭有茂草，重厚如勃，舉無惰容。昔爲給事，多所建白，切於時政，今豈可以南而不知哉！公不記監軍於山東乎？當是時，流賊剽掠，屠破曲阜，殃及孔氏，其文廟諸賢，亦遭污穢，至使數千載禮籍樂器俱灰於兵燹，誠曠代斯文之厄也。其故以廟貌單外，不在曲阜城中爾。公乃奏請移縣就廟，統築一城，以爲孔氏萬世保障。今斯之行，又非山東之事可比，則其以所聞見待清問而答公論者，當必預圖之矣。」於是毅齋曰：「果若是，豈惟增榮於吾僚吾鄉而已哉！」

公名奇，蘇之崑山人，起家辛未進士。

南山類藁後序

此藁爲故大司寇南山先生盱眙陳公所著，諸體咸備，格力不凡，讀之可以起遐思而引逸興也。夫詩自言志之教微，玩物之態行，於是或纖麗以榮華其詞，或恠幻以艱深其事，或摸擬以蹈襲其體，或率爾以鄙俚其言，初不發乎性情，終不止乎禮義，施之於教則無益，措之於政則有損，求之乎爲人則不可得而知也。是故天明五紀，地效四維，人貞五典，物設萬類。故君子捋草木以盡天下之色，鼓雷霆以盡天下之聲，闡幽隱以盡天下之蘊，旁日月、交山澤、錯鳥獸以盡天下之變。聖人於此在治忽，賢者於此明邪正、辨得失、察存亡。詩豈可以易言哉！

他日，有問江、鮑、徐、庾、應、劉、沈、宋以及二陸、三謝之詩者，則對曰：「亂世之作也，宜勿有於世矣。」問曹植、王粲，曰：「塗斯人之耳目者，則自是爾。」問李白、杜甫，曰：「應博學宏辭科則可矣。然而君子猶間取之者，謂有近乎史者也。」是故於前漢，吾得韋孟、蘇武焉；於後漢，吾得梁鴻、諸葛孔明焉；於晉，吾得陶潛焉；於唐，吾得張巡、元結、韓愈、顏真卿、司空圖焉。其他諸作，論富麗則有之，探其志，不亦可悲乎！故君子不知風，不足以成俗；不知雅，不足以立政；不知頌，不足以敦化。夫南山公以貧賤爲故物，富貴爲儻來，狥義爲有志，苟祿爲知愧，公恕爲心宰，淫詖爲口羞，推誠爲不欺，撝謙爲匪驕，信樸質而不回，繩軌法而不解，懷真太密，毀方不慣，力思填海，愚恐墜天。此其所自贊者也，然皆形見乎詩矣。故言雖大而非誇，意則真而調高，非苟作也。於戲！安得及見乎斯人，請與論梁父諸作，以上遡古虞廷之歌乎？然則子才繩其祖武者，雖以此藁爲昔肅慎氏之矢可也。

種穀篇序

虚齋子將有少參之行，涇野子告之曰：「子之廣東也，其務種穀乎？」曰：「吾職在督糧爾。」曰：「穀不種，何以得糧？」「則何以種之？」曰：「子其墾田乎？其行水乎？其時使於民乎？」曰：「斯三者，各有司存，蓋非吾職也。」曰：「田不墾，則穀荒；水不行，則穀槁；使之不以其時，則穀不實。乃徒較數歲之中取盈焉，則爲子之厲廣民也。」曰：「是皆守令者之事，雖欲爲之，不可得而兼矣。」曰：「今豈必使子親負耒耜而後耕乎？豈必使子手開川瀆而後水乎？夫監司與守令異事者，後世之弊也；守令與監司同德者，先王之道也。程子曰：『今之監司專欲伺察，守令專欲蒙蔽，故民多病。』於戲！此於他人且不可告，而謂吾子爲之乎？子之行郡縣也，見田野闢，塘堰治，詞訟簡，民有餘力，則曰：『是良有司也。』親召其人而禮之，而勸之曰：『吾以爾書最也。』則夫糧也，取之斗則有斗，取之石則有石，不煩「夏」〔一〕楚而國用足矣。子之行郡縣也，見田野不闢，圩巷不治，訟爭多，民無遺力，而簿書奔走之惟勤，則亦曰：『是良有司也。』親見其人而不之戒，曰：『吾姑宥爾。』取之升不能以畝出，取之秉不能以丘出，雖噬臘而穀不種矣。是故總銍禾秸之入，皆盡力溝洫者之爲也；鮮食艱食之奏，皆暨稷播種者之爲也。」

然此皆及弘齋陸子講之觀音巖下，語已録，具略於遊燕子磯記，而此又詳之，曰種穀篇云。

〔一〕「夏」，據萬曆李楨本補。

荆人父母篇序

疊峯君婺源潘希平既有荆州之命，且行，謂予曰：「何以告我？詩亦不勞，文亦不勞，但直言吾病，則可爾。」予曰：「君已寡過矣。」曰：「吾亦知吾病，喜於幹事，則易差也。」曰：「予方病人之不肯理事與不能也，而今又以爲病乎？雖然，事之幹也，常有父母斯民之心乃可爾。」曰：「若此心，則不敢不存。」曰：「吾恐君之未能推也。」「何哉？」曰：「吾嘗見君之教子也，居之高樓之上，時其飢，餽之食；時其渴，餽之漿；時其寒，加之衣；時其上樓也，使人扶之；時其下樓也，使人接之；時其書聲不聞也，使人催之。慄慄焉，惟恐傷；切切焉，惟恐惰。君之守荆州也，亦能如是乎？」曰：「家小而郡大，子少而百姓多，必如此，是亦難。」曰：「但未推之耳。苟推之，雖四海九州可也，而况於一荆乎！且其屬州縣之吏，不有如君之言者乎？則告之，告之而信則用之，用之而效則禮之，則雖沱、潛之遠，皆如己之子矣。其屬州縣之吏，豈皆盡如子之意者乎？則告之，告之而不信則用之，用之而不效則禮之，則雖江陵之近，皆非己之子矣。」

曰：「然即今荆也，力役之後，饑饉之時，租税既免，而禄米犧廪不可缺；歲辦既蠲，而往來供億不可少；民又不可取也，用又不可支也，如之何？」曰：「子之家，朝無饔而夕無薪，客無饌而僕無糧，則亦索之樓上之子乎？亦以他有所處乎？故君子之於民，寧爲親父，無爲三父，寧爲親母，無爲八母。雖則親父也，尚有見賢而惡，見不肖而溺愛者矣，况三父乎！雖則親母也，尚有見甘旨而悦，見糟糠而疾者矣，况於八母乎！傳曰：『如保赤子，心誠求之，雖不中不遠。』古人有行之者，漢召信臣、杜詩是也。斯行也，若又當置聖天子重太守之勑於座，則於荆也，不勞而治矣。」

送柴四川按察序

工部副郎漢南柴君伯徵既有四川提刑僉事之命，其僚何起莘大夫謂予曰：「於伯徵何以告之？」曰：「伯徵，予西土之彥也。斯行也，其使蜀民善事父母乎！篤於兄弟乎！親於九族乎！厚於外親乎！信於朋友乎！賑於貧窮乎！絕於妖託乎！止於竊盜乎！」曰：「吾子誤矣。伯徵今陞於提刑，此九者，多提學之事，非提刑也。」曰：「此正爲提刑者言爾。吾子不見漢嚴遵乎？隱卜於成都，爲子者來，卜孝不卜逆；爲弟者來，卜恭不卜慢；有訟者來，卜和不卜戾；有財者來，卜讓不卜爭。於是蜀中一時風動，民俗改觀。夫遵，逸士也，且能以孝弟和讓化蜀民，而伯徵威則執法，尊則方面，雖百司庶府，皆在所詰察而按治，而況於民乎！」

「然則何以能使蜀民如此也？」曰：「古之折刑以降典，後世則惟刑之折而已矣；古之制刑以祇德，後世則惟刑之制而已矣。是故竭情於例分之字，於法非不良也，然而於德或未敦；盡心於折杖之剩，於律非不精也，然而於典或有忘。今夫欲水之清者，則將澄其流乎？亦以潔其源乎？故君子不以發姦摘伏爲能，而以明義惇信爲貴；不以峻法訖威爲功，而以更化善治爲賢。且不見古之肺石乎？三日而情無不得。又不見嘉石乎？旬月而恥無不格。是故刑明於不孝，而民皆善事父母矣；刑明於不弟，而民皆篤於兄弟矣；刑明於經正，而民之造言者絕矣；刑明於定志，而民之背亂者息矣。況吾伯徵昔推大名，廉公明允，當是時，四府之訟有難決者，皆願歸伯徵矣。及其徵入戶部也，又能持平迪正，名重地曹。斯往也，苟益廣大而貞固之，則雖與昔之治蜀如張詠、趙抃者並可也。」

鄉語篇

吾鄉柴伯徵抵南工部副郎方一二月，遂有四川提刑僉事之陞。當其未陞也，或報述職考察之事，有吾伯徵者，意謂曾忤當道也，南國之人皆譁焉。及其有此陞也，南國之人又皆喜焉。夫一柴伯徵之升沉，而係通都人之好惡，伯徵其勿忘此意乎！夫考察之事，吾亦前聞，乃即謂僚寀曰：「材賢如吾伯徵而有此，必非吾伯徵也。」既而有報親見伯徵之名者，則又曰：「魯人豈無有與曾參同名者乎？必非吾伯徵也。」或曰：「何以知之？」曰：「藺相如、廉頗，戰國之士也，且能先國家之急而後私讐，而況今之當道將欲輔弼聖天子，以圖四海之太平者乎！」然則伯徵斯行，又豈可以他求哉？其惟推此意乎！是故蔽茂叔則爲王逵，拔杜甫則爲嚴武，不可不慎也。

今有郡縣官於此也，言足悅其耳，行足悅其目，供膳奔走足悅其口體，此其人非不可喜也，然而民或冤而未伸，囚或係而未明，事或滯而未舉。子則曰：「斯人也，但知迎吾之私而不知奉國之公者也。」大則以言斥之，小則以杖捶之，曰：「吾而可欺乎！」今有郡縣官於此也，言不能出諸口，行不能當其意，供膳奔走皆無能，此其人非不可怒也，然而不剝民而民安，不鬻獄而訟平，不惰事而職舉。子則曰：「斯人也，但知理國之公，而不阿上之意者也。」急則下堂而迎之，暇則逆以爲上客，曰：「吾而不信乎！」且伯徵亦嘗聞鄉先正王端毅公之處二御史者乎？有李御史興者，巡按陝西，酷刑殺人，至三原呼公名而詈之，後人命太多，罪當大辟矣。有韓御史雍者，當點郊齋，至吏部堂，從甬道上直呼公名，時論太薄，議當即黜矣。然公奏於孝廟曰：「御史興雖酷，無私，可免死。御史雍直而有材，可超遷。」孝廟俞允，釋興，陞雍爲僉都御史。伯徵斯行，存此念以待屬郡縣吏不可邪？審若是，豈惟可治一四川，雖他日宰天下，亦若端毅公者不可邪？

送齊陝西按察序

南刑部正郎蓉川子齊瑞卿，桐人也，既有陝西僉憲之命，其僚寀〔一〕曰：「蓉川子以進士高第選入翰林，爲庶吉士，授給事，且晉都矣，銓司以其文學風力，推陞提學僉事而不果。未幾，忤當路，(調)〔謫〕〔二〕官去十餘年，乃今始得兵備僉憲於寧夏。夫蓉川子之同年，位京堂者已數十人，參藩司之政、晉三品者已十數人，而蓉川子今始云云，寧不謂之遲乎？」

曰：「於古有五遲，而陞官不與焉。修身不篤，頻失頻復，年且老而無成，曰行遲；心或有所見於理也，口不能爲之形容，曰言遲；見闕不能補，見遺不能拾，見姦讒不能彈，懾懦觀望，曰諫遲；臨民不慈，設施措置不以道，下弗被其澤也，曰政遲；折獄繁多，其辭不能明允，曰刑遲。此五者，蓉川子有一於是乎？昔漢之伏生、轅固年已老矣，而後能傳其經。當其時，雖有少年蚤貴而反目者，今不與之數也。宋之韓氏、范氏、司馬氏、文氏、富氏，年率七八十且百歲矣，而後能明其業。當其時，雖有少年蚤通而讒擊者，今不與之論也。而況蓉川子年且未艾，而道已如此，則正所謂速爾。且夫寧夏，周、漢盛時，皆爲郡縣。自晉室不綱，赫連氏遂建都焉。魏、唐以來，拓跋氏世據其地，而德明、元昊之際至宋極矣。國朝混一，羌夷竄伏，賀蘭、莎羅以東，省嵬、石觜以南，巍然一重鎮焉。蓉川子斯行，有綱紀之司，有兵穀之寄，或築降城於河北，或運芻粟於靈武，北望酈延，又與宋韓氏、范氏之經略者並可也。且邇歲以來，安化變於前，哈剌横於後，雖其彼之不淑，然而在我者，其亦有以召之乎！然則蓉川子斯行，雖以省朝廷西顧之憂可也，又豈曰遲乎？」

於是陳忠甫曰：「信乎！常人以積一級、進一階爲陞，今如子之言，是以立一德、建一業爲陞矣。謨與蓉川子同寀處

〔一〕「寀」，萬曆李楨本作「來」。
〔二〕「謫」，據萬曆李楨本改。

而比屋居，知蓉川子必以吾子之言爲是而用之也。」

送林大理石崖北上序

傅說曰：「明王奉若天道，樹后王君公，承以大夫師長，惟以亂民。」夫自大夫以至師長，位雖有等差，然其體國之心，爲民之志，則固皆同爾。予獨於後之爲人臣者，未嘗不痛恨，其弊在驕諂也。夫爲上官者，其言雖多是，然而亦有未盡是者焉；其行雖多善，然而亦有未盡善者焉。若屬官行之即從，則曰恭我；言之即唯，則曰敬我；雖拱揖之禮變爲磬折之態，亦則曰畏我。於是乎驕風成。爲屬官者，其言雖未精，然而或有一得焉；其行雖未純，然而或有一當焉。若上官者，聞其有論，或以爲踞；見其有行，或以爲專；雖脅肩之笑變爲垂帨之體，亦或以爲慢。於是乎諂俗興。夫驕諂盛行，豈惟僚屬于一堂之政者之日非哉！故後世治不及於咈都之時者，此其道豈難見乎！

南大理丞石崖林公以吉一日枉問予，稱其屬評事陸鰲之字伯載。他日，會陸子以告，陸子曰：「公豈惟稱鰲之字哉！及席，則曰：『可抗禮，上下坐。』及談，則曰：『可忘分，兄弟處。』及議罪讞獄，則曰：『可忘情，朋友交。』鰲感公之知遇，非一日矣。」予驚曰：「斯道也，今亡矣，乃於吾石崖見之邪！昔趙清獻公爲使於蜀，周茂叔方簽書，合州判官或讒茂叔，趙公臨之甚威，茂叔超然處之，趙公疑終不釋。及趙公守虔，茂叔適佐州事，趙公熟視其所爲，執其手曰：『今日乃知周茂叔也。』夫石崖之道，非止爲清獻，而伯載蓋已爲茂叔之學者也。及其相契之速，相知之深如此，則伯載何茂叔之不可到，而石崖已高出清獻公之上矣。以此而都廷尉，又何有哉！」

或曰：「何遽如此？」曰：「大禹取益贊，而有苗格；齊桓公不忘簷下老人之言，而伯業成；皆是道也。」又曰：「斯行也，若過於是人而忘己，狃於從權而廢經，則又不敢以爲石崖告。」

敬所詩序

敬所君者，鄉進士荆門黄叔春之父也，諱標，字仲峻。嘗構亭沙溪之陽，扁曰敬所，因自號焉。其誨叔春兄弟曰：「煦等敬爾言，爾言不敬，禍戎興；煦等敬爾行，爾行不敬，邪僻集；煦等敬爾業，爾業不敬，荒墮至。」又曰：「此非我告爾也，爾祖以『持敬』爲號告爾也。此非爾祖告爾也，爾曾祖以『文敬』爲號告爾也。」

涇野子聞之，歎曰：「夫敬所君可謂能紹前，可謂能開後矣。稱先世，其孝也；誨子弟，其慈也。一敬立，而百行具，其『敬所』乎！」初啓東曰：「先生賦性警慤，通毛氏詩，能文辭。居常嚴正，寡言笑，雖接尋常人，慎於王公大人。遇鄉鄰有匱乏者，又能推所有以拯濟，蓋篤行君子也。」涇野子曰：「敬所君豈惟以言教子弟，又能以身教之矣；豈惟以文承先人，又能以德承之矣。昔楚有龐德公者，雖之田野，敬恭不替。然其風久微，先生其蹤而繼之哉！然則叔春光大先生之志，雖以此敬紹聖學之傳可也。」

張氏族譜序

學士君子之爲家也，有五懿焉：修身以立信，宜家以明禮，尊祖以達順，敬宗以廣孝，睦族以求仁。然而非譜則莫或見也。揚州人張汝礪蟄者，鄉進士也，譔次其族譜，凡三篇。其上篇載祠墓、祭田、祭禮、圖注、遺像貌。中篇列系自七世祖宣慰使彦華以下支派、嫡庶、婚姻、卒葬、禄秩。下篇列墓銘、行狀及一時諸名人所爲序述。蓋於五懿頗庶幾焉。夫汝礪先世皆積財富稱揚州，至汝礪獨且顯，而其爲家乃如此，則固已異於他學士君子矣。夫學士君子者，將以治國平天下者也，當其未仕之先，所宜急者莫有過於身家，身家理而國天下不難矣。然而學士君子往往舍其本源，巧藝以謀進，多術以干顯，後

雖有國天下之責，莫從而理也。故予於五懿獨重焉。汝礪曰：「敖父嘗謂敖曰：『昔世專攻生業，後人又因陋就簡，族遠親盡，無所聯屬，嘗竊痛焉。』敖是以依倣古典，定爲宗派次第，使吾張氏子孫知所根本云。」嗟夫！汝礪父儀，布衣也，而其志已先汝礪如此，其視學士君子又何如哉！斯譜也，可遠行矣。

東溪行樂壽圖序

東溪先生鄭君者，潮陽人也。其内姪周進士克道曰：「先生力學好古，敦禮輕財。嘗構別墅曰東溪精舍，日與諸子講習其中。若風和日暖，則邀致白沙門人吴月庭者遊溪取魚，以娱情於詩酒。鄉里神仙其事，因繪行樂圖，而名人達士多題詠焉。今年十月八日七十之初度辰也，孚既與其子經哲遠在萬里外，敢問何以爲樂處，以廣先生之樂且壽之於無窮乎？」曰：「於晉，吾得陶淵明焉，三旬九食，十年一冠，而容貌自好，可謂樂矣。然五男不肖，不免以杯中物自遣，未可以爲樂之廣也。於宋，吾得邵堯夫焉，花望高閣，草行小車，而肺腑常春，可謂壽矣。然伯溫雖賢，而纘成其先者，尚未大著，未可以爲壽之遠也。夫世見有敏卓之資，堅定之操，而又受學於甘泉先生，廣東溪之樂而壽其道於無窮也，其惟世見乎！」克道曰：「何？」曰：「吾欲世見爲曾參焉，孝通乎神明，禮問諸經緯，學傳之十章，道唯于一貫，斯其父曾晳所樂於浴沂風雩者，千萬載不没也。」克道曰：「然。」

他日，世見之兄世平亦自京師會試歸，同詣予，又問焉，予再告之，曰：「經正敢不與吾弟以是勗。」

送弘齋陸子伯載北上卷阿分韻詩序

大理寺副弘齋陸伯載既被徵，五山潘叔愚、玉溪石廉伯、東沙張惟靜醵餞之玄真觀，邀予以同讌。酒行，三君曰：「伯載茲往，有言責之任，而吾輩有朋友之義，則何以贈之？」是時飄風自南，五山曰：「當分卷阿詩，限韻贈陸子也。」然以予差長，遂分「鳳凰鳴矣」一句于予，其後以次屬，有未至之友，亦以是續也。予曰：「伯載斯行，上以媚天子，下以媚庶人，皆在是矣。然必先作率憑翼孝德之士，顒昂圭璋之人，以綱則四方，而後可使君子彌其所性，似先公，主百神，以常其純嘏也。」於是諸君子曰：「果若是，聖天子並駕文武，不啻如周成王也。伯載亦必如鳳鳴梧桐，而不戀車馬乎！」

送九峯山人鄒君還山序

九峯山人鄒君辰甫年且七十，頭不白，目炯炯射人。自無錫來過予柳灣精舍，遺予所著通史補遺，因談及史事，上下數千年，常變數百條，治亂之跡，邪正之實，隱顯之情，屈伸之故，明如指掌，辨若懸河。予曰：「以如是人，布列官師，淑士而濟民，平政而理國，無往不可，乃隱處山林，今耆且老，惜哉！」山人曰：「璧雖老，爲學之志未嘗廢，但悔雖一舉人未之取耳。」予曰：「卻多此一悔矣。即山人之學，充其至也，公卿皆不讓，何有於一舉人哉！」嗟乎！吾未見老而好善如山人者也。

他日，人招山人飲，飲中多俗客，語言乖禮，山人惡如蛇蝎，憎如寇讎，言及輒怒，髮衝冠，十數日不能平。予曰：「山人於人之召也，未往當度之於先，在往當處之於中，既往當忘之於心。」於是復有召者，山人皆不往。後皆三稱山人高，山人又不自居，歸其美於予。嗟乎！吾未見老而惡惡如山人者也。

山人且歸，來別以問言，予曰：「山人年六十有八，乃矍鑠不衰，好善如此，其專惡惡如此，其嚴比於強壯年少人且過之。予年五十一，而衰病如此，何也？」山人曰：「璧五十四以前亦頗弱，五十六以後日健一日，即不爲詩文，悶悶思睡，但拈筆，精神反倍。子如璧之年也，恐亦當如是耳。」予曰：「嗟乎！山人雖孔子所稱耄期稱道不亂者，亦可馴至也。昔伊川言五十以後加健，予亦有疑，今乃亦驗之於山人乎！惟山人斷其一悔，積此三高，相與爲伊川之學，以求進於『不知老之將至』之處，不識山人以爲何如？」

於是南都卿大夫知山人者，皆贈之詩以高其爲人。

送東畹田雲南序

南戶部正郎東畹田君世英既有雲南之命，其僚李君子大、胡君貞甫及其諸僚與問贈言。予曰：「諸君子亦聞魯季子〔一〕之爲單父乎？三年而化成，巫馬期短褐易容往觀焉，見夜漁者得魚輒釋之，期曰：『既得魚，何又釋爲？』漁者曰：『季子令魚滿尺而後鬻於市，所得小魚，故釋之。』期以告諸孔子，孔子曰：『季子之德至矣。使人闇行，若有嚴刑在其側者。』期曰：『季子何以至此？』曰：『誠於此者行於彼，季子必用此術也。』夫季子一用治言而其化若此，東畹子誠以此試諸雲南，可不勞而治矣。」曰：「單父小，雲南大；單父且近爲鄒魯之邦，雲南遠在要荒之服，且昆明、宜良似易矣，若晉寧、嵩明之僻，呈貢、楊林、羅次、三泊之陋，皆僰、爨、蒲察所雜處，而麼些、禿老、和泥、百夷所參居者也，似不可例以季子之治。不見近日之鳳氏、安氏乎？一爵級之爭，遂至攻城勞旨而不已。」

曰：「不然。物之威猛難近者，莫如龍虎，然亦有擾而馴之者矣。昔者武城人性至武勇，不孫讓，子游既得是邑，憂

〔一〕「季子」，據呂氏春秋審应览具备當作「宓子」。下同。

之，不暇寢食。他日，嘗隨夫子學琴於師襄，得七月之調；問禮於老聃，得五禮之詳。遂取以教邑中數家子，已又教數十家子，已又教數百家子，期年而絃歌之聲騰閭閻、遍村落。夫子至武城，聞而甚喜焉。東畹子誠如子游法，能其邇，以柔其遠，則雖南詔之俗，生好劍矛，死寡葬祭，崇尚釋典，侈爲鬬訟者，亦皆可變矣，況其他乎！雖然，此亦有機焉。周宣王時，有高牧者善牧牛羊，乃適弦蒲之藪，近楊郃之澤，以求爲之牧。於是牛耳咸濕，而羊角皆濈。虞、虢之牧，水草不足，而效之，牛羊皆騫崩不暇，豈有茁壯者哉？故君子之教民也，與其尚富，不若恤貧；與其崇貴，不若逮賤；與其多用，不若寡取；與其附權，不若從經。易曰『豶豕之牙』，觀象者所宜深玩也。」

諸君子曰：「世英，侯官名族，起家甲戌進士。初仕，授新淦鉅邑，恩威並施。既拜戶部，積弊聿除。且其孝于二人，友于伯兄，閩士皆歸高焉。」曰：「若是，則東畹子斯行，豈惟可方漢之張喬哉！」又曰：「予僚胡君原學者，滇人也，知滇事詳且真。東畹子訪之而後行，必又有多聞矣。」

送湛惟寅序

湛惟寅者，吾甘泉先生之族弟也。今夏自增城來問甘泉先生，予往拜之，雍睦之度，淳愨之態，謙抑之風，綽有甘泉先生之教焉。他日，惟寅且行，適有小疾，乃臥牀上，屬周道通曰：「爲我問諸涇野，何以告我？」予曰：「昔者王仲淹倡道于隋，一時兄弟績、凝諸人皆無不善；呂與叔講道于宋，一時兄弟防、忠諸賢皆有可稱。今惟寅所至，寧非時之績、凝、防、忠者哉？惟寅其勉乎！斯歸也，告諸湛氏，有尊者焉，有長者焉，語之曰：『昔王珪者，仲淹之族叔父也，亦講學河汾，以仲淹爲師，得其道以輔唐。』有卑者焉，有幼者焉，告之曰：『昔呂義山者，與叔之族子弟也，皆能傳家學，有與叔之志，廣其休以化秦。』今甘泉先生爲少宗伯，方佐佑聖天子以治理天下，而其道則自家人宗族始。惟寅之賢又如此，固不可不分甘泉先生之志以圖之也。」

送駕部張君體敬省親序

番禺人簡齋張君體敬仕於南兵部，自司廳以至駕部郎七年矣。令甲京官在嚴慈侍下者，得六年一歸省。於是體敬於今八月某日獲俞請，以省其母夫人潘也，乃偕其僚林質夫、王時化來問言。

體敬曰：「宰之斯行也，其心惟吾子知之，故枉之以言耳。」曰：「予非子，安能知子之心？」曰：「昔者惠子非魚，且知魚之樂。惠子與魚，人物殊也，而況子之於宰哉！」曰：「若是，則知子之心者，固莫先於僚矣。」林氏曰：「省親雖例也，然人率或滯於公而不能，格於私而未遂，故仕南士大夫幾百輩，獲此舉者，歲無三二人。體敬踈曠省問若是其久也，離逖海廣若是其遠也，忽獲茲行，可不謂樂乎！」曰：「此可以語數，未可以語命。」王氏曰：「體敬夙抱文學，馳聲東南，乃不獲一進士科，斯其心所當欿然者也。夫今兩都六曹郎多進士除，其或間列舉人，必其學行政業加於進士一等者始得之。體敬積司廳以至此，則固非常人矣，以此歸省太夫人。太夫人年已七十有四矣，眼見體敬以駕部大夫來也，喜慰當無任，可不謂榮乎！」曰：「此可以語命，未可以語性。」

「然則體敬之心如之何？」曰：「二君知藪師之毓草木者乎？夫其草已萋萋茂，木已竦竦挺矣，然而藪師之心則未已，必欲其薄雲日、插霄漢，而後快於心。亦嘗聞潘太夫人矣，慈孝夙成，閨門嚴肅，而又習識典故，熟誦鄉賢，有古三遷、斷織之風。其有體敬也，每誨之曰：『宰爾爲美人乎？爲大人乎？爲天民乎？爲安社稷臣乎？且夫斯鄉也，於唐有仕者焉，著大臣之節，爲詞人之冠，所黜皆(雅)[邪][一]佞，所引皆正人，或進金鏡之録，或論資格之弊，忠而不詭，義而不阿，其風度重於時，曰曲江張九齡焉。於明有隱者焉，紹浴沂風雩之美，永傍花隨柳之休，或棄史官而不居，或樂園田而不舍，清

[一]「邪」，據上下文改。

而不激，樂而不流，其學識重於時，曰白沙陳獻章焉。此二賢者，名固播於今昔，行皆著於鄉曲，然亦未必拘拘皆進士科也。子之仕也，能爲曲江，其或隱也，能爲白沙，吾又何憾焉！』嗟乎！體敬今日去白沙之隱雖遠，而上致曲江之仕已漸近矣。體敬其諗諸母夫人之言，而又進以過之，使潘自曲江、白沙之母，上比於三遷、斷織之賢，不可乎？則二君所謂樂與榮者，恐未可以易此也。」於是體敬曰：「是固吾母之積慮，而宰之方寸日夜孜孜求以體之者也。吾子能言之，可不謂知宰之心乎！」

送刑曹副郎王君惟賢北上序

嘉靖八年之長至也，南都公卿大夫士例當預遣官進賀表，於是禮部選於九卿之屬也，得刑部員外郎王邦瑞焉。柟聞之曰：「善哉！是吾鳳泉子宜陽人王惟賢邪！足耀乎斯行矣。」

未幾，其僚屠國望、劉以中過予曰：「子知惟賢之斯行也，獲二德乎？」「何哉？」曰：「昔者惟賢自舉丁丑進士，改翰林庶吉士也，固應分職清華矣。然以姻聯藩府之例，出知廣德，繼改滁州，故雖有出入禁闥之心，將白首絕望也。豈期部使者屢辟交薦，或曰：『材行方茂，可督學政。』或曰：『姻親已絕，可晉京職。』於是惟賢得以滁州知州陞今官，又得以今官進賀表。百年戀闕之志，一日瞻宸之心，勃然遂矣。此非人力所能也，可不謂得於忠乎！方惟賢之在滁也，迎母屈夫人以就養。未幾，屈夫人以姑張夫人耄耋家居也，而諸子未能當其意，即歸侍乎張夫人焉。乃惟賢離逖二夫人之膝下也，日鬱鬱不能爲懷。既渡江，滋懊惋不自適，思生羽翰，飛往伊洛矣。表進後，家在便道，可省視二夫人，以娛彩弄雛也，於惟賢子孫之情，暢然快矣，可不謂得於孝乎！」

曰：「惟賢之在翰林也，予嘗得其文名矣，蓋能讀墳典、丘索以及先秦、兩漢之書，一時爲古文詞者推先焉，以爲可求左、揚、班、馬之緒，黼黻皇猷無疑也。乃幾授史職矣，而又外補。及惟賢之在滁陽也，予嘗見其政治矣，蓋能師刑政德禮，

以端檢吏，導民之本，一時稱古循良者歸重焉，以爲可希龔、黄、卓、魯之舊，敷宣聖化無愧也。乃幾陞憲臣矣，而又內選。夫可內也，或外也，則當其在外也，行乎其外也，不必以在內者爲泥也；可外也，或內也，則當其在內也，行乎其內也，不必以在外者爲滯也。乃若雖外而未忘乎內者，則謂之仁，古之人有行之者，周伯父之於康王是也。書曰：『雖爾身在外，乃心罔不在王室。』雖內而能達乎外者，則謂之義，古之人有行之者，仲山甫之於宣王是也。詩曰：『王之喉舌，賦政於外。』是故惟仁也，則資於事親以事君者，懇至而不詭，其孝益純矣；惟義也，則資於事君以治民者，貫通而不變，其忠益精矣。惟賢之獲二德，其必究圖以至此乎！惟賢而究圖乎此，則他日又或外也，以爲方伯廉訪也，必以其在內者行之也，於〔二〕「君德無所匿矣。又或內也，以爲公孤卿相也，必以其在外者行之也，於民情無所閼矣。」於是二君子曰：「若是，則內外無定位而孝忠有定理也，敬授以告諸惟賢。」」

〔二〕「於」字後至文末一段，原本闕，據道光楊浚本補。

涇野先生文集卷之六

序

壽東溪王君子儒序

東郭鄒子有甥曰王生一峯者，謁予問壽其父東溪子焉。予曰：「夫壽也者，壽道爲上，壽德次之，壽業次之，業又不壽，民斯爲下矣。」曰：「一峯自先世宋魏國文正公以來，世惇詩禮，至吾父克纘前烈，舉有秋試，列官刑曹，不失舊物，可不謂壽業乎？其在監利也，寬舒民力，諸役咸省，廉公大著，而刑曹之休囚釋冤，尤重一時，廣陵節侯以來之積咸明也，可不謂壽德乎？吾高祖易簡公直而慈，有祠於澂江；曾祖朴菴公嚴而正，有徵於幹蠱；祖益齋公文而舉，有聲於南雍；吾父繼之，學不廢於時邁，志不屈於位卑，寧舍車而徒，不爲祿以仕，可不謂壽道乎？」

曰：「雖然，是在東溪子，於吾子無與也。故在東溪子者可數百歲，在一峯者可數千歲。」「然則一峯何以能數千歲其父也？」曰：「一峯不見汝鄉之歐陽永叔乎？昔者永叔之父觀，雖天性仁孝，祭先垂涕，死獄求生，固賢也。然微永叔直振于諫垣，文著于翰林，動與于定策，公昭于力救韓、范，名成于並駕韓愈，即潁州推官，又何以至今且千歲存邪！」曰：「一峯不材，敢不努力。然今茲之問壽也，蓋稟吾兄一嶽之命，同吾弟一崧之志，而來者也。」曰：「一峯又不見漢京兆人之韋文高乎？嘗爲清河太守，著名德，有三子焉：孟曰叔文，去官以琴書自娱；仲曰季明，聞友人之難，至棄官以救；季曰季節，爲令長；皆有惠化及人，廣都爲立生祠，學行重於一時，號稱『韋氏三君』。故此三君者，使其父自漢至今且數

千歲猶存矣。吾一峯歸以告諸伯氏、季氏，則東溪先生之道德事業，雖以越數千歲可也。」

秋江別意詩序

安福易栗夫學於東郭鄒氏，以東郭子予友也，亦數枉論學焉。予曰：「夫爲學莫如去過。去過殆如去病，所病不同，爲醫亦異，一病既去，百體咸嘉，故雖商湯以改過不吝爲稱，而孔子以聞過爲幸，見過自訟爲未見也。」他日，栗夫又曰：「寬也，貧甚，然亦嘗求處乎貧矣無怨，雖未至樂，然已過於無諂矣。」曰：「爲學之道，惟此爲難。苟處貧而樂，則道已在我。昔夫子以顏氏簞瓢不改其樂爲賢，苟或因貧改樂，雖破瓢半簞亦夫子所不與也。昔周子令兩程尋孔顏樂處，其自言見大心泰無不足者，則正其樂處也。世之人所以長戚戚者，正爲有不足處耳。」栗夫曰：「只此改過處貧之言能行之，於道亦近乎？」曰：「然，此實學也。夫子謂回『其庶乎』者，惟屢空耳。」是時栗夫且行，有詩成冊矣，遂題之曰秋江別意云。

前溪楊隱君詩序

前溪者，隱君楊俞充之別號也。先世家於泰和之城上元，曾祖成軒翁徙居今長溪，遂定居焉。溪源發於龍泉之遂江，中分二支，環流門外，東復合而入江。秋冬不涸，溉田萬頃，隱君樂焉，自號兩溪，以其溪之復合也，更號曰前溪，遂歌曰：「尓源孔同，尓流胡殊？亦既東逝，亶復厥初。浸此稻薪，溉彼菑畬。猗嗟澄澈，我臨我閭。」邊溪兩岸，闢池數處，引流入池，畜魚厥中，風花雪月，杖藜獨釣，乃歌曰：「有魚洋洋，在池之央。朝下于藻，暮上于梁。誕其樂矣，引茲兕觥。」池邊皆有小丘環立，列植名木，歲久森茂，長夏烈日，不知有暑。隱君晨往宵歸，岸幘輕裾，席蔭其下，淡忘塵慮，乃歌曰：「彼蔚者柳，蔭茲桑田。兔則有蹄，魚則有筌。彼猗者竹，逮此町畦。我穡既考，我酒盈巵。」冢子允弼肄業之時，則數攜之，緣

溪循塍，觀稼問魚，乃歌曰：「嗟汝心之明兮，如此溪之澄兮。嗟汝學之征兮，如此溪之行兮。嗟汝業之習兮，俾我心之懌兮。嗟汝志之惰兮，微予躬之過兮。小子而忘白樂天、朱晦菴勸學之文乎？與誦之習。」及允弼既舉於鄉，克守庭訓，奮往前修，乃東師王陽明，北師崔後渠，而有得也。時又有弟允輔及子良柱矣，隱君乃復引孫挾子，朝暮臨溪，不問世事，猶昔誨允弼日也，乃歌曰：「輔猶爾兄，柱猶爾父。無或不臧，俾我心疚。維木有根，維禾有秀。上帝孔明，式懋爾幼。匪言勿口，匪行勿又。」於是幼子弱孫，皆駸駸乎尋向上去矣。

初，隱君孝友性成，七歲而孤，竭力事母，當父忌辰，悲號動人，服代兄勞，不懼險阻。乃又輕財重義，拯貧恤孤，皆出於所信。予聞而爲之詩曰：「築堵視楨，築堂視基，爾先孔懿，爾後宜祁。峩峩喬嶽，寸木亦嘉，風雨霜露，莫不令儀。翩翩鳳鳥，爾竹是棲，令聞孔彰，百世攸馳。」

送葛平陽序

磁州葛君延之既有平陽之命，其僚楊叔用、胡貞甫、鄭維東來曰：「涇野子嘗吏平陽屬郡矣，知平陽習，則何以言平陽？」

曰：「平陽，堯都也，今其地猶有陶唐氏之遺風焉，修而振之，則在延之耳。是故風后掃除世垢，猶廟於解州；倉頡治官察民，猶文於臨汾；后稷播時百穀，猶地於稷山；皐陶明玆五刑，猶冢於洪洞。於箕山，吾得許由焉，輕世棄瓢，猶溪也；於安邑，吾得關龍逢焉，死諫忠君，猶墓也；於夏縣，吾得巫氏父子焉，保乂王家，猶峪也。傅說之學，猶歸乎平陸之巖；伯夷、叔齊之仁，猶茁乎西山之薇；虞公、芮伯之讓，猶閒乎中條之田。玆十有三人者，多平陽之產，張三皇、五帝、三王之治者也。延之今爲平陽牧，則可求對乎十有三人矣。夫削堵看楨，端影看形。故濁不去則世不清，文字不興則治不飾，養之不周則盜竊多，法之不允則譸張衆，恬退寡則貪風熾，正直隱則讒諂興。故邦事治而後能慈，典學明而後能

忠，節義獎而後能仁，謙讓舉而民斯不爭。延之顧獨不可志於此乎？」

曰：「延之方正剛直，不矯不阿。自其治樂清有效，徵爲戶部也。臨政秉法，確不可奪。嘗奉勑查催閩、廣二省錢穀矣，嚴明而不漏，寬平而不苛，蓋趙、魏之豪而南曹之明也。且磁與平陽地相近，人與平陽俗相習，延之苟志於此，雖不及古十有三人，則夫漢之尹翁歸、唐之裴度、宋之趙鼎、司馬光四人者，顧不可企而及之乎？」曰：「嘗聞之矣，爲邦有三序焉：有克己之仁，斯有用賢之智；有用賢之智，斯有安民之效。夫十三人及四人者，古今雖不相及，然其道率不出此也。蓋其爲法甚簡，而其爲功亦不難。今日之事，豈敢使延之騖於博而不事乎約哉！」

延之名覃，別號釜陽，起家正德甲戌進士。

送周克道還潮陽序

潮陽周克道孚先來金陵，不赴會試，學於甘泉先生。甘泉子既北轉，克道送至彭城別矣，且還潮陽。其友永豐呂汝德來曰：「則何以送克道也？」曰：「克道云何？汝德云何？」曰：「克道，與之同居，見僻地則喜；與之同行，見茂林修竹則休。其心拳拳然隱也，絕無仕進情。若懷則不然，道以中庸爲至，行以已甚爲戒，學而修諸己，仕而措諸民。其常也，數語之，堅不從。不知涇野子是耶？非耶？」

曰：「人之出處，如飲食之飽飢，當自知之，當自得之。予安能入克道之左腹耶？雖然，『他人有心，予忖度之』，克道蓋以便宜自取而以勞勩委人，蓋以簡易自求而以冗多捐世。初見克道，嘗因問與講精一執中矣。予曰：『此本日用常行之事，甚平易，乃他人以爲難。』克道曰：『其知者以爲易，其不知者以爲難。』予驚歎曰：『克道而及此，雖不會試可也。』他日，以告於甘泉子曰：『湛門有人矣！』誦其言習。甘泉子曰：『孚先而亦至此乎！』然則克道之意，將非猶喜其易而厭其難耶？夫乾坤示人易簡矣，人不能於易則不能於難，人不能於簡則不能於繁。今天下之爲中庸者多矣，乃數陷

於胡廣者，何耶？是故火不潛則不光，木不殖則不榮，君子之道不知退則不知進，不知處則不知出。汝德而可以克道爲終隱乎？汝德而可以克道爲過中乎？」又曰：「終南捷徑，又非敢以爲克道送。」

前溪文集序

竊謂文不徒然也，必本諸行，達諸政而後成。是故其行敦者，其文實以切；其政平者，其文簡以明；其行與政躁而浮者，其文誇詖而支離。嘗持是以觀往古，雖碩人鉅卿，莫能掩也。

予年友前溪景子伯時者，上元人，孝事其母陸太安人。太安人雙目病瞽數年矣，景子隨所至求醫，卒得金篦於京師南門，遂復明，覩見諸子孫。時庭藼陡綻，如盃盞大，舉家喜如狂。有二弟，皆庶母出也，嘗訪景子，景子待如同母弟，撫愛如穉弄時。他日，捐舊產，盡畀二弟，不有也。其在史局、春坊、冑監，語無阿比，行不苟異。予三病在告，每維持調護于當路，俱得完歸。當其意，身雖恒仕，不自以爲通；予雖數去，不以我爲泥。蓋有古長者之風。故其酬答著述，率出新得，漫興偶作，亦蹈前工，文趨秦漢而不詭，詩奔晉唐而有餘。若乃繪章句以爲麗，博引譬以爲富，辭雖多而無味，言滋巧而不根，以吾景子視之，幾何不爲異端哉！

顧憲副英玉者，景氏之門人，裒輯其藁，以類相從，凡數十卷。英玉之兄方伯公華玉出以示予，命簡存之。然言多有關義，不可棄，略黜十一，猶邁尋常。揚州人火氏誠者，景子之厚人也，深感其行於既往，欲傳其文於方來，予故略言。景氏之文有本如是，觀者能因言測求，亦可以得景子之爲人矣。

樓山肥遯詩序

樓山肥遯者，鄉進士臨湘彭平甫大廷之友爲其父隱君汝器作也。樓山，隱君之號。山當臨湘之東，跨板谿之南，層巒疊嶂，高幾百仞，蜿蜒崒嵂，狀如樓閣，而又古木杈枒，蒼黛蒙翳。躡磴升覽，則見洞庭如沼，衡嶽如丘，其翠微出泉，深潛蛟龍，歲旱有禱，霖雨立來。隱君結廬其下，日引耆舊，讀書彈琴，載酒賦詩，飄洒風花，嘯傲雪月，不知年已七十餘也。於是交遊朋侶率稱「隱君子」，而平甫之友有是詩云。

夫天下有山，遯所由名。蓋士君子學成矣，或不得志於時；時清矣，或不得志於地；地安矣，或不得志於人；人賢矣，或不得志於道。於是有見色而往，垂翼而飛，甘於自足以遯者矣。然或遯之在尾而不先，則有厲；遯之有係而不決，則有疾；皆未如肥遯君子志超乎事外，身居乎物表者也。或曰：「聖明在上，賢俊在列，奚肥遯爲？」曰：「巢、許生於堯、舜之日，夏黄、盖公顯於高、文之世。人各有懷，歸於其好。樓山君樸茂端介，孝友性成，義倡宗族，困恤里閈，而又恥事紛華，不入城府，凡所交遊，匪伊異人，其庭訓孫子，必諸聖賢。有司或榮以冠服，宿以鄉飲，睆而不受。則夫棲隱樓山，展矣肥遯，何所疑乎！夫隱顯乘除，如寒暑代謝。故畜不久，則著不盛；積不深，則發不茂。若乃開潛炳幽，摛耀懸光，引翠微之泉以通濂溪，充樓山之脈以學東岱，則在平甫乎爾！」

玉溪詩集序

竊謂詩有三便，皆志之敝也。便奇者失雅，便俚者失風，便于言貌諂佞者失頌，三便興而詩亡。故君子以發性情，止禮義爲正。詩至唐室，人稱其盛矣，然李、杜未免於奇，元、白未免於俚，其他諸君子又或工言貌閑諂佞，而廢其實也。然則風

不可見乎？曰：「采芝結髮，可以觀風矣。」雅不可見乎？曰：「鴻鵠深耕，可以觀雅矣。」頌不可見乎？曰：「賴有房中之樂乎！」然而其德亦下矣。彼渥洼之馬，齋房之芝，又何爲哉？予在解時，嘗求見玉溪全詩而未獲。今偶觀一帙，睇其旨，殆有志於詩乎！玉溪子道德氣節，偉焉一時。方守南康，選進俊傑，力復朱子之學，安知其不先能興詩也。

送王克孝還解州序

昔予之判解也，克孝從予遊且三年矣。當是時，予方刻周、程、張、朱之書，以爲求入論語、孟子之門。他人之賢者，守其一二則有矣，若乃篤信躬行，不言而學日進，無警而業日修，則未有若吾克孝者也。嘗私喜曰：「吾得解州之美，其在是乎！」

他日，予改官南都，克孝不忘往日之聚也，束裝買舟，泛黄河，渡大江，屢瀕於風波之險，以至金陵，謁予於柳灣精舍。當是時，予足病甚劇，方欲徙鷲峯東所也。乃及休寧胡孺道同室，居數月，日講夜誦，無少休暇。凡南都之顯官文人，未肯一拜，奇山麗水，未嘗一觀，則其中之所得者可知矣。

春中，克孝父母書來，云思克孝，克孝歸心遂動，曰：「吾不能侍吾師矣。」每欲留之，言及二親，輒涕泣懸下，如孺子嬰兒之態。予曰：「世之云學者，類多從事於高談闊論而力行不顧，至或使聰敏之士亦率文性命而質汚濁，言周、程而行庸俗，凡其智巧辭辯，適足爲饕餮奔競之資，視吾克孝何如哉！然則克孝茲往，如之何其爲功？卜子夏曰：『日知其所無，月無忘其所能。』其往從事於斯乎！夫克孝之在兹也，吾無以益克孝，惟是鷲峯東所之人與仰山堂上之人，未嘗少變也，將亦非『月無忘其所能』者乎！惟是衰病腐朽之人猶昔見過自訟、寡過未能之人，未嘗少惰也，將亦非『日知其所無』者乎！是固克孝飲食起居之所親見者也。克孝歸，如相信不忘，斯二言亦爲多。行見丘孟學、楊仁浹、鞏邦重、張師孔及王子中所典書院諸賢，亦以是告之，使相勗。」

改齋文集序

泰和有高賢曰王宜學者，舉進士，爲翰林庶吉士，授編修。予嘗獲與同史館，偕試院。其人孝不違心，忠不違身，貞不苟異，和不苟同。志若有定，視勢如無；義若有見，臨難不顧。夫自祖宗培養士氣以來，聖明振作文教之下，君庶幾得其完者乎！君歿無子，其女嫁爲泰興學諭劉教妻。教卓有志向，暇嘗萃集君遺文數百首，問序焉。予曰：「古者以行爲文，後世以言爲文。夫惟以行爲文也，凡其著述，皆發乎在己之先得也，是故簡而切，是故實而理，可以範俗，可以弘化，雖其人已歿千萬世，重如蓍蔡，不敢慢焉，蓋非徒以其文也。夫惟以言爲文也，凡其著述，皆剽乎他人之先失也，是故藻而泛，是故虛而詭，可以惑世，可以誣民，雖其人且存咫尺間，輕如糟粕，不欲觀焉，蓋非徒以其文也。嗚呼！改齋之文，予知其必傳矣。改齋有季路聞過則喜之勇，伯玉欲寡未能之志，雖夫子所稱篤信好學、守死善道者，亦可幾也。若使存且至今，其造詣當必有無可改者。嗚呼！改齋之文，予知其必傳矣。其素行之實，列在東郭鄒氏序。」

別胡汝臣東行詩序

予居鷲峯東所，沐陽胡汝臣聚講焉。他日，汝臣言及周公處管、蔡不如舜之處象，及漢趙苞忠孝未先事，予甚驚服，以爲自與他同志者講，未有如此論者也，此其言殆幾於道乎！未幾，汝臣歷滿，省其父都憲公於浙，來告別，則謂之曰：「汝臣昔所論者，言也；今所往者，行也。昔所言者，知也；今所行者，仁也。夫言至而行不至，孟子比諸狂；知及而仁不及，孔子不以爲必得也。斯二者，於道皆病焉。顏淵曰：『舜何人也？予何人也？有爲者亦若是。』故志必如顏淵，學必如舜，道之不獲，鮮矣。顏之志，雖簞瓢不改其樂；舜之學，雖耕稼亦取諸人。汝臣行矣，予冀汝臣之無弗舜、顏淵也。」

於是諸同志者皆爲詩於左。

日講存稿序

日講存稿，今太宰紫巖先生劉公之所著也。聖上御極，講筵先開，公自翰林學士至兩任少宗伯，先後四年，皆爲日講官。凡所陳説，依經採傳，增損數字，義輒明曉，雖奧旨微辭，皆見於指掌間。公每進講，積誠累日，飲食動息，質對於天，故忠敬篤至，有孚顒若，於聖賢之道，若親覩也。昔程正叔、范淳夫在講筵，不事言語，而直以誠意感動，裨補良深，公真其儔歟！聖上即位以來，今且九年，凡三重九經，率出淵衷，多自裁定，四海罔不祗畏。究厥本源，實在親賢禮儒、敦信經籍耳，斯固世人所未知也。公嘗自述講筵之難，存此稿以示子孫。若乃傳布天下後世，以明聖上好學不倦之心，不可乎？夫自訓詁辭繁，經義反障，於是學子大夫率馳心他岐，爭崇異説，不如務本，故文日弊，俗日偷，其於政亦有害焉。存稿如行也，以正士習而敦文教，不又可乎？

稿計尚書五十有二篇，大學二十篇，孟子一篇，論語四十有三篇。

送别程惟信詩序

予自至南都，中傷暑濕，雙足難履，日事湯藥，鮮接賓客。戊子之秋，歙進士程惟時訪予柳灣精舍，語論契合，别久懷思。明年，其弟進士惟信亦獲會焉，未稔也。又明年，移居鷲峯東所，惟信方業太學，乃數聚論學，情好亦篤。惟信曰：「世之論學者，言或出事物之表，行或滯塵俗之中。以然論之，學惟言行合一之爲美乎！」予曰：「惟信而及此，學可謂知本矣！易不云乎：『默而識之，不言而信，存乎德行。』於此有人焉，辯如懸河，談如鼓簧，非不可聽也，然文飾之頃，肺肝

畢見，耳聞之，心鄙之，不以爲僞，則以爲欺，是言而不信者也。於此有人焉，訥如鉗口，默如結舌，非不可略也，然形著之間，風神具存，目視之，心重之，不以爲醇，則以爲真，是不言而信者也。夫言與行豈惟合一者哉！故曰：『君子與其言浮於行也，無寧行浮於言。』今之士於先聖賢，求其行則不如，然每於其言，則議之素，甚不取也。惟信之歸，與子之兄，其殆免此失乎！惟信而猶夫今之士也，則子之兄之名，子之字之義，其謂之何？」

壽黄母王夫人八十序

武進黄進士子充業太學，是年五月二十日，爲其祖母王夫人之八十誕期也，問教言。

涇野子曰：「子充而聞晉李令伯乎？孝養祖母，至徵爲太子洗馬不就，使其祖母劉壽至今千年未艾也。夫令伯直能養耳，且使其祖母壽如此；若子充克肖其賢，則王夫人豈啻如李劉哉！」子充曰：「祖母操持嚴重，閨閫肅整，有古闔門之義。字此諸孫，蔬果必均，歲序燕集，少長咸睦，有古鳲鳩之愛。二女皆庶出也，撫如所生，無或妬嫉，有古小星之禮。衣率補綴，躬事紡績，祁寒暑雨，耄耋不改，有古主績之儉。若遇祭，先禮賓，必致洗腆，罔有不欽，有古季女之齊。兹五者，皆祖母之聖善也。萬善雖有念兹之心，而無繩武之行，則何以肖諸？」曰：「子充而見江滸之竹乎？往年所移之本，終尋丈耳，加之以壅培，滋之以沃壤，潤之以雨露，曾未幾時，其孫竹之茂，可以插霄漢而凌雲日，比于祖竹，不啻百千。故小過六二曰：『過其祖，遇其妣，不及其君，遇其臣。』子充而有邁跡之勇，又何患於祖母之不千萬歲哉！是故知肖其義，則幾微之察，公私之辨，必達諸性情矣；知肖其愛，則民吾同胞，物吾與也，必博及並生矣；知肖其禮，則羣而不黨，矜而不爭，必化及同儕矣。儉如克肖，雖以節天下之財可也；齊如克肖，雖以格天下之神可也。審若是，則祖母之聖善，必廣且遠，又何患其不千萬歲哉！」

於是子充拜曰：「萬善聞斯言矣，敢請從事如竹，以詩書爲雨露，以師友爲沃壤，以樂善不倦爲壅培，可乎？」曰：

「存誠以端其幹，閑邪以剪其蘖，遠塵俗之染以解其支蔓，則亦不可少也。」

贈鄭廣南序

莆田鄭君諧甫仕掌南刑曹正郎，乃有廣南之命，南國大夫率以爲屈。其僚趙克恭、林太和、宋元錫曰：「廣南遥在雲南之鄙，與古器野、阿迷、師宗爲隣，水陸三五月而後至，諧甫遠矣。地多儂人，種類百夷，桀黠一忤，矛戟森興，往守或假居臨安以遥領，諧甫險矣。俗多跣足，或醢鼠而啖蟲，人倫道格，諧甫難矣。」

涇野子曰：「三君子以葱嶺、月支爲邇乎？往者漢使非有大故也，爲一渥洼之馬，經歲籍程而必至。今廣南固輿圖版籍也，而諧甫領命握篆，載旌行驛，惡乎遠？嘗見深山之谿塹乎？冒之以榛莽，數虎羣行，墮其一於中，瘡額破脛，數日不得食，張頤以待人。有行樵憐其餒也，遺之乾餱，朝夕以爲常。未幾，雨滑失足，亦墜虎傍，虎識其爲樵也，情意戀慕，使扶己尾出谿塹，即以其前掌援樵，亦得出。夫廣南，固不險於虎矣。邛、都之國多猿猱，戲熊羆而侮松杉。有嗇夫獲三猱焉，教之揖則能揖，教之拜則能拜，遂作人禮狀，而況於漸漬王化於數百年之地者乎！」

三君子曰：「豈謂是哉？惟是時俗之論曰：『險遠之郡，不以處親昵，以處疎人也；不以處通達，以處滯人也。』乃諧甫筮仕北部，以違親道遠，奏改南曹。當在工部，抽分蕪湖，蕪湖士民今尚頌美。若乃持論端方，臨刑執持，士林又皆稱服，雖古之孝廉賢良可望焉。斯其人固宜晉近清光、分符畿輔矣，乃有廣南，是故惜耳。」曰：「居中原之地，當文明之邦，承其故案，行其恒移，詩酒袖拱，足以了辦，夫人而可也。乃若險遠之地，苟非君子，固有望其境而先去者矣。諧甫兹行，將非聖明有不忘遠之意，簡其賢而畀之，使之懷柔邊徼，綏和夷、僰者乎！且三君子而知耕叟篙師乎？當其遠者而能之，則不患於其近矣；當其險且難者而能之，則不患於其夷易矣。吾知諧甫之學詣聖賢而政成卿相，自此廣南始也。」

鹿門鄭公挽詩序

鹿門鄭公伯興丞大理甫閲月，疽發背不起，吊客盈門，欷歔悼嗟，南都諸公卿皆爲誄詩以挽之，其僚大廷尉中梁張公請予說其詳。

夫鹿門嘗爲文選，數月即能揚賢抑愚，爲明時光。使由大理積烝崇要，必將滋務得人，壯固元氣，補於國家不淺，乃年方六十二而卒，則諸公卿惜之者，豈爲鹿門一人哉！或曰：「人有隱憂潛慮，口雖不言，氣血陰鬱，亦能疽。鹿門望重資深，乃位出晚進之後，又其族屬單寡，年已耆艾，子未成立，亦能疽。」曰：「斯二者皆爲身謀家計，不知吾鹿門者也。鹿門在文選時，有友勸其苟改度，即在乘輿列，鹿門拒之曰：『吾寧舍車而徒可也。』未幾，有邛州之行。今以二者病吾鹿門，誤矣。且謂范增何人也，進不知擇主，仕不知行道，在君子所不取，然猶憾其策之未行也，以疽死。況吾鹿門學詣明誠，才抱經濟，見善必好，見惡必惡，忠藎自許，圖報明時者也。爾乃見民餓殍不能救，觀時災異不能弭，憤懣填胸，激憂成疽，固其然乎！夫自古忠臣烈士，隱居求志，將行義以達道也。乃或志不克償，當言而隨人囁嚅，值行而同人趑趄，或掣其牛，或濡其尾，苟有丈夫之心者，其何以爲懷乎？故如祖逖輩，往往以疽死，不獨彼范增也。」

或曰：「聖人與世推移，隨物變化，志所未竟，輒以疽死，則其量亦褊而道亦細乎！」曰：「聖人立命，其次植義，其下沉俗。命既未能立，有義而已，義又弗植，而惟俗之沉，乃以爲大量而道高，則後世聖人亦多矣。嗚呼！若吾鹿門者，雖謂之未死可也。」

送孟時齋序

監察御史濟寧人時齋孟君希周在南道六年矣，上陟爲陝西參議，分守西寧，總理涼州邊餉兼典水利。將行，謂予曰：「何以告西寧乎？」曰：「栴，西土之人也，聞邊塞之士罷於衣食甚矣。」曰：「易亦嘗諗諸耆舊，軍儲不足，預移當司，免使就急耳。」

曰：「君即如是行也，朝廷其無西顧之憂乎！夫士之有官，猶其有家。今中人之家有兄弟焉，有子孫焉，有女婦焉，月費幾穀，歲費幾布，日費幾薪蔬，爲之家長者，必夙夜焦勞，先爲之處。有餘則畜，不足則營，務使凍不及體，餒不至膚，然後快於心。乃至守一鎮軍民，顧不能使之飽煖，待求而後與；又或不能對其欲，過時而後給；又或不能補其債，容姦而後發；又或不能盈其數，至使行伍含忿、甲胄興讎，則豈有他故哉？凡以視之不如己之兄弟子女耳。且不見近日之北邊乎？一失士心，亂數年而後定。故君子之策邊，以禦敵爲下，養士爲上。昔者趙充國欲從先零以及罕、開也，當是時，辛武賢阻於前，浩星賜抗於後，乃充國堅執屯田十二利而不改，卒之從枕席上過師，支解羌虜。故曰『足食，足兵』，言食不足而能足兵者，未之有也。夫西寧，固漢湟中、張掖之地，充國所嘗從事者也。今公所典糧儲，可當充國時大司農之轉穀。而居延、白亭諸海，木連、西寧諸河之水，利足以灌溉隴畝，即趙氏屯田猶在也。公斯之行，吾知壯固西陲，坐摧胡虜，不啻如前漢時已。雖然，於此有二人焉，其初皆有中人之產者也，其一人之兄弟子女厭粱肉，其一人者藜藿不充食。夫父母之心，斯二人豈不皆有之哉？乃其貧富懸絕，何邪？則亦其爲之長者，勤惰異其趣，奢儉殊其途，供應賓客之往來改其度耳。故貧者雖視親子戚弟張頤露膚也，亦莫如之何矣。公斯之行，豈惟但以其移委諸他人哉？公，東魯之儒，舉有進士，早聞夫子文事武備之旨，及爲御史，又能剴直無所循阿。公斯之行，雖自陝以西之兵穀可寄也，豈惟一西寧道哉！」

送朱秋厓考績序

予既自考功改官矣，吏部聞於上，以職方郎中秋厓朱君子純繼予。未數月，秋厓並前刑、兵二部俸，得考五品滿，諸僚謂宜有言贈秋厓也。曰：「予雖舊考功也，不如新考功之明且公也，安能言？」曰：「去歲，有劉少功者嘗爲北考也，且言之矣。」曰：「嗟乎！考功不分於新舊，則固不可分於南北矣。予獨惜夫今也，南北考功亦大異矣。夫南北之設官如不同也，則南北之考功異也，宜也；南北之設官如不異也，則南北之考功也，又奚不同乎？」

或曰：「職有繁簡，則位有輕重；官有遠邇，則勢有低昂。宜其然也。」曰：「豈謂是哉？方予之爲考功也，南以爲明者，北亦以爲明，宜其然也；然亦有三二人焉，不以爲明，或黜且後者矣。南以爲幽者，北亦以爲幽，宜其然也；然亦有三二人焉，不以爲幽，或陟且先者矣。所見異行，所聞異辭，將非予久叨史官，兼守州判，專習文墨，不閑吏情，是非爽實，賢愚迷真，宜其然也。惟吾秋厓守開州而政成循良，在刑曹而法稱平明，爲職方而繁劇之決，既諳殿最之實，滋深課覈之舊。其在南之所考者，蓋與北不相符節者，鮮矣。萬有一二焉，非北之差，即南之謬，非南之謬，即北之惑。朱紫既淆，玉石亦混。今茲之行，試詢其故，可乎？夫爲政之道在安民，安民之道在知人。雖虞、皋陶之告大舜，亦以此爲當務之急也。如其有十一二之異也，誤也，猶可說也；十有三四，不可說也。如其有十三四之異也，疑也，猶可說也；若或侵淫至於十七八焉，則雖有十一二者，口雖辯不敢言，足雖健不能行。將使閭閻之民，陰生無頭之癰，皮膚猶人形也，而氣血內潰，蒸銷肌骨，爲之醫者，方塗之以芩黃之藥，不亦誤邪？然則南北之考功亦重乎！君子於此以觀世也。」曰：「秋厓方考已績，安得以是言也？」曰：「於他人者之考績，爲其一人者言可也。於考功者之考績也，而以是言，則所考之績，廣且大矣。」

秋厓名紈，蘇之長洲人，起家辛巳進士。

贈吴參議序

嘗讀史，於西漢得汲長孺焉，招之不來，揮之不去，吾愛之重之，以爲仲路之儔也。於東漢得黄叔度焉，澄之不清，澆之不濁，吾愛之重之，以爲仲弓之儔也。仰止千載之上，徘徊風氣之餘，得其近似者，其南海之吴成甫乎！

或曰：「成甫政方初試，官始就顯，何遽至是？」曰：「君子見幾於利害之萌，常人迷心於得失之際。方予之爲考功也，官雖郎署之間，職有課覈之責。乃成甫瀕考六年績也，予會之，欲語而遠其席；予遇之，欲就而策其馬。當其時，成甫上無可援之人，内無可憑之勢，孤立自好，隱練行業。予陰重之，曰：『斯其人，殆有所見乎！』及成甫之已考績且久也，勢可行資，鎮重不動；官可速轉，積滯不怨。當其時，予既久於郎署，而且改乎閒局，乃成甫禮遇益厚，辭貌轉篤。予陰重之，曰：『斯其人，殆有所養乎！』嗟乎！士風係於治道世運不淺也，隆汙占焉，升降卜焉。即有位或顯者也，趍之如雲霧，稱之如賢聖，雖平日不足其人者，亦改面矣。即有勢或去者也，議之如吹毛，賤之如棄核，雖平日深受其益者，亦變情矣。夫方其顯也，其趨我者之言，未必皆真也，然人情喜譽而惡毁，遂不知己之所至，而以趨我者之言爲真也，軒然自褒而傲物者多矣，天下之士所由不至也，是故治道難隆焉，世運難升焉！方其晦也，其棄我者之言，未必皆當也，然人情好榮而惡辱，遂改其己之所守，而以棄我者之言爲當也，欿然自貶而逐物者多矣，天下之士所由不與也，是故治道日汙焉，世運日降焉！嗟呼！此吾有取於汲、黄二君，而重成甫之近似也。」

未（及）［幾］〔一〕，吏部請于上，陟成甫爲福建參議，其鄉仕南都者黄國興諸大夫請贈言，遂書以與之。成甫名章，廣東南海人，起家辛巳進士。

〔一〕「幾」，據萬曆李楨本改。

贈魏尋甸序

費人蒼厓魏君宗召爲南戶曹至正郎七年矣，上以吏部請，陟爲雲南尋甸知府，其僚周宗道、鄭惟東曰：「宗召莅事精敏，洞察吏弊，而又稟受剛直，人不敢干以私。至其接人，誠篤樂易，和而不同，於世味泊如也。斯其人，分符鉅邦，佐參雄藩亦宜，乃有今轉乎？」予聞之亦疑焉。未幾，黎平太守祝仁甫者，予年友也，陞四川參政焉。又未幾，刑曹正郎鄭諧甫者，予所知也，陞廣南知府焉。

夫黎平，貴州之僻郡，尤劣於尋甸，其守且陟至大參。廣南視尋甸滋遠惡，且屈鄭刑部以往，此不可以說尋甸邪？夫南詔之地，往隸蒙、段，而尋甸即新丁、仁德處也，人多僰、玀，俗近百夷。皇祖開國以來，於洪武十六年并省，爲美、歸厚二縣定爲大郡，自是爲守以治者，無慮百人，然皆未聞有用夏變夷之政。或且今年速寇，明歲興戎，如今日之安銓事者接踵也。聖天子重忘遠之戒，弘並生之仁，是故於其遐邦夷府，多簡賢能以往，使宣德化而臻治理，於是宗召有此尋甸耳。「然則治之者如之何？」曰：「昔諧甫之往也，嘗告之以馴虎教猱矣，言虎猱尚可馴教，而況廣南之民乎！然則尋甸可知已。是故子視其民者，未有不父其我者也；弟視其民者，未有不兄其我者也；生徒視其民者，未有不師長其我者也。乃若賊傷其民如虎猱焉，則民亦未有不寇仇其我如虎猱者也。夫子謂子張曰：『言忠信，行篤敬，雖蠻貊之邦行矣。』夫士而忠信篤敬，蠻貊可行，而況於爲民父母者哉！宗召固夫子之鄉人也，改蒙、段之俗爲鄒魯之風，其在斯行乎！區區如仁甫之擢，以至卿相，不足爲宗召道也。」

宗召名公濟，先籍山西汾州，後爲山東之費人，起家正德甲戌進士。

魏氏雙壽序

太守魏宗召之父東蒙先生嘗舉山東高第，尹邢臺，有善政，以宗召貴，封南戸部主事。今年生八十有四歲，其配邵氏封太安人，今年生八十有一歲。宗召之友爲宗召問壽序。予曰：「宗召胡不問壽於鄉人之孟氏乎？」曰：「孟氏，鄒人也，去費遠，今歿且久，安能問諸孟氏？」「宗召胡又不問壽於鄉人之孔氏乎？」曰：「孔氏，魯人也，去費近，今歿且又久，安能問諸孔氏乎？」曰：「子嘗聞孔孟之父母乎？」曰：「稔聞之矣，爲叔梁紇及顏氏、仉氏也。」曰：「孔孟歿且久，而其父母，子尚能言之，則其壽不待問而知矣。」曰：「濟所知者，名也；其所不能問者，實也。」曰：「有實則有名，有名則有壽。名不足而有壽者，鮮矣；實不足而有名者，鮮矣。」「然則其實也，濟知之矣。博文約禮，孔氏之實也，於是乎一貫得；知言養氣，孟氏之實也，於是乎四端充。將無在是乎？」曰：「然。此所以謂子爲孔孟之鄉人，知壽二人於無窮矣。予縱有言焉，豈能以及是乎！」於是宗召歎曰：「濟以爲壽親之道在問四方，今乃不出乎吾鄉。」

朱拙翁七十壽序

儀真學生朱永年學於鷲峯東所，一日問壽其父拙翁處士，曰：「年父字天祐，性賦質直，不飾言貌，而又慷慨樂易。少既廢舉子學，乃殫力生產作業，又能計會，多獲奇贏，家因饒裕。其事年大父，旦暮旨甘，滫瀡不缺，堂廡敝，即改致輪奐，以悅其意。年季父生一子，得惡疾，日視湯藥如己子。他日，季父謝世，撫其遺孤，愛益篤。里中柳生者，志士也，家貧而行與俗違，乃延爲年說章句。有急難，出重資解脫，不爲計生。年兄弟五人，每訓以柔善。童時曾讀小學書，恒謂年曰：『書不必多讀，只小學能行，用不盡也。』則先生何以使年父壽至數百歲也？」

涇野子曰：「年聞陳咸、尹彦明之父母乎？咸父，丈夫也，教其子以諂；尹母，則婦人也，欲其子以善養。夫道之在天下，顧其人得之何如耳。如其得之也，雖婦人不讓于丈夫。況拙翁處士質直自取，陋陳萬年而不爲哉！年雖爲咸可也，爲彦明可也。且子他日固欲事君矣，其道即拙翁之悅親者可充也；固欲事長矣，其道即撫弟遺孤者可充也；固欲推賢讓能以居朋友寮寀矣，其道即柳生謝氏事者有餘也。」曰：「年不至鷲峯東所，則止知吾父之道高，而不知其所以遠之者則在年也。聞先生之言，年雖努力以學張子厚之事殿中丞，程伯淳之事太中公，不可乎？」曰：「年能如是，則拙翁處士雖數千歲未艾也。」

賀惲器之受旌序

嘉靖七年，湖廣鄖、襄、荆、常及安、沔諸處旱熯爲虐，人至相食。聖皇降勑，以責荆楚之官發金以拯桂玉之歲。當是時，宜興惲君器之方爲均州守也。均州僻居山谷，石多土少，地瘠産薄，而又緇流蠶食，雜役蝟興，一遇凶歉，視他邦尤劇。君曰：「若俟内帑，民死久矣。」乃借庫出銀，以立則而行糴；定價勸糶，以安貧而保富；審籍列户，以給票而發倉；計口開單，以分日而程月。或給批以來遠糴，或准貨以易官穀，或出告以速四商。鬻男女者不出境，遺老幼者有所館，典田宅者必至官。販牛者望封而退，納香者謝兵而進，無賴妖譏及諸盜竊者，皆使漁獵樵蘇而息。於是上官率良其策，而郡民實受其惠，他地不免於死亡，而均人獨無溝壑憂。然其究在稽里正之攫，遴忠信公正、崇廉恥、重身家者以委之也。比歲少稔若，已陞户曹郎矣。

未幾，撫按諸公謂：「人主御臣欲激勸於將來，當課功於既往。」乃旌舉一時藩臬守令賑濟賢能官員，而君在竭力殫忠之列。上令户部移咨南曹，轉行應天，羊酒奬勞，蓋異數也。且一時湖之守令不啻數百輩也，遇旌者九人而已，而君居其先；一時列郡不啻數十州也，免飢者三州而已，而君居其首。宋富公之賑青州，將不於惲君而再見乎！或問：「堯舜病

於博施濟衆者何？」曰：「此爲有天下者言也。且博施非難，濟衆爲難，蓋有博施而不能濟衆者矣，未有濟衆而不能博施者也。是故，儲有千則發之千，儲有萬則發之萬，拱手計數，人人而可爲也。惟夫與之升者得其升，與之秉者得其秉，此非加志於窮民，用哲於知人，行義於革姦，審方於辨物者，不可得而然也。嗟乎！如惲君之法行，雖當時以救全楚不可乎？聖天子方勵精民瘼，以求免堯舜之所病者，思得人以用。惲君如不自多，益充大其所有，他日雖進至卿相，佐聖天子，以身親見其濟衆於天下可也。」

寶制堂私録序

夫文何爲者也？以明道也。夫道何爲者也？以經德也。其德厚者其道廣，其道廣者其文行。是故靡辭不足以闡幽，洽辭不足以適治，遊辭不足以貢俗，艱辭不足以辨理。故叔孫豹謂臧文仲之言立，而孔子謂子産之辭不可已也。今觀梅國劉公介父之作，其殆似之乎！昔者予之在告也，梅國提學自蜀來，褒衣雅度，私以爲真士子之師也。及予改官南都，又數聞其孝以終母，廉以睦鄉，恭以下士，嚴以繩貪，有古明公卿之風。故思見其著作，常棘棘焉。乃今固有斯編乎！夫梅國且將肅百僚，貞百度，股肱王室，使聖主之德流行於四海，雖周之召誥立政，商之說命皆可企而作也，則其文豈啻於此乎！其文體之美，詳在司馬林公序，而析類次題，則鳳陽守曹君仲禮之所校定者也。

木齋胡君雙壽序

木齋胡君汝季與其配汪氏生皆七十，其子大器學於鷲峯東所，托其友章宣之、王伯啓問壽焉。涇野子曰：「所告壽於孺道者久矣，乃於今日而始問乎？所告壽於孺道者多矣，乃於二友而始問乎？昔者孺道欲爲文，則謂之曰：『汝能爲七

篇仁義者乎?』孺道至徹夜不寢,思往焉。昔者孺道欲求行,則謂之曰:『汝能爲程氏二難者乎?』孺道至失其家婢而不怒,思往焉。昔者孺道欲爲德,則謂之曰:『汝能爲漢之石建、隋之楊椿者乎?』孺道至事兄猶父,躬執湯藥,處鄉如家,身行謙素,誾誾乎,思往焉。今孺道所造,其實踐能充之也,木齋君、汪夫人之壽,吾可以千歲定矣。今孺道所造,未實踐能充之也,木齋君、汪夫人之壽,吾不可以千歲定矣。」

二子曰:「木齋君慷慨剛正,見義必爲,雖未籍學,然事親殯葬,與禮不爽,其克恭二兄,怡怡如也。又嘗開塘灌田,波及鄰里,殆千餘畝,霞阜之野,齊口歸仁。他日,出穀賑飢,有司授以冠帶,棄而不着。生子四人,勉使爲善,不溺流俗。汪亦柔順孝慈,而賓祭勤儉,巷無居婦。即是行也,豈不可以數百歲哉?」曰:「是在木齋君、汪夫人,不在孺道。是故孺道如前所爲文,即汪可以望伋氏之輜軿而並驅也;孺道如前所爲行與德,即木齋君可望太中公、萬石君之芳躅而接武也。是豈惟可使其父母千歲哉!」

於是二子以告孺道,孺道以告其兄大周、大同,共獻諸霞阜之堂曰:「世世子孫無忘也。」

杭澤西八十壽序

己丑之夏,太學生宜興杭錫賢封谒予於柳灣精舍。未幾,持日惺卷以索題,予嘗爲之說上蔡以至曾子三省之學。錫賢既別,恒不忘,數以書來謝。今年冬,錫賢乃列狀,托其友周道明問壽其父澤西先生,且曰:「封父爲兒時,即穎悟不常。乃四十始舉進士,授官吏部,歷稽勳、考功諸司,所交皆當世名士。雖已顯,猶爲講經會,乃被儕輩憎擠,仕外爲福建提學副使,後陞參政至布政云。然厭塵事鞅掌,抗疏勇退。於是吏部奏於上,有『歷仕有年,持身無失』之褒。既歸,乃葺園疊山,與弟雙溪都憲公及諸弟徜徉山水,飲酒賦詩,不問世事。明年正月八日即八十之初度辰也,則封何以壽吾父至數百歲也?」

予歎曰：「錫賢而忘往年『日惺』之題邪？且錫賢不見荆溪之篛乎？其搖風呼雨，映水漱石，固美矣；然非引根茁筍之暢茂，則固無以爲此篛之光遠也。昔者上蔡爲惺惺法之學，不啻使其父壽也，雖曾祖商者至今猶存焉。曾子爲三省之學，然後獲聞夫子之一貫，使其父晳與己並壽今，雖以等南山之無疆可也。然則錫賢欲壽澤西先生至數百歲者，惟在不忘日惺耳。夫惺也者，心之星也。是故衡有銖兩，鈞石之星也，若爲塵垢所掩，則不可得而辨矣；天有斗樞，三垣五緯二十八經之星也，若爲雲霧所障，則不可得而辨矣。夫人心之有星，亦猶天與衡也。而錫賢心之有星，則固澤西先生之所授者。錫賢而果能日惺惺焉，不掩於塵垢，不障於雲霧，行與衡平，動與天遊，則詩所謂『彼醉不知，視天夢夢』者，皆有愧於錫賢，而錫賢之壽其父者，殆與謝氏、曾氏可媲矣。況澤西先生之道自足以傳方來者乎！於戲！壽澤西先生之言，於錫賢日惺之外，果無餘説也。」

澤西先生諱濟，字世卿。

壽林母吳孺人七十序

處士林基學自莆田來過鶖峯東所問予曰：「賢母吳氏出洙陽望族，虞部員外贈郎中瑆公之外女孫也。生有高識，復閑禮度，既歸先君，無違宫事。雖吾祖恥齋及吾曾祖璞菴皆稱重之，以爲可以範女流、起林氏也。先君心度怡曠，好延賓客，不時之需，皆母辦具。先君又過怙賢兄弟姊妹，終歲無怒容，吾母矯之以嚴，今皆賴以成立。及先君既歿，綜理家務，猶如強壯，宗戚閭里，贈遺周救，罔有不宜。明年十月，壽躋七十，而賢資不逢世，朝夕乏鐘鼎之養，謬意高遠，學不能潤身，則何以使吾母至千歲也？」涇野子受其簡，而基學亦移之鶖峯方丈居焉。

今年三月，基學又申前問，涇野子曰：「基學所言者，皆在母孺人者也，不在基學者也。在母孺人者可數百歲，在基學者可數千歲。昔者顏子之養親也，先以其簞饌之親，而後餕其簞，其親不以其簞爲貧也，顏子樂之；先以其瓢飲其親，而

後啜其瓢，其親不以其瓢爲薄也，顔子樂之。故能使其父路母（仉）〔姜〕至今數千歲猶壽也。如使其父母不悅於簞瓢，乃顔子自以爲樂而不改，則雖夫子不肯稱其賢，而顔子又焉能使其親壽至今存邪？基學其自卑近處求之，不可乎？何謂卑近？人之所言，吾亦言之，實非人之所言也；人之所行，吾亦行之，實非人之所行也；人之服食，吾亦服食之，實非人之所服食也。世之學者，溺意於官禄詞章而忘其身心之何在者，固非也；若使抗志高遠，立論宏闊而躬行不繼者，亦非也。何者？言行相背，體用殊途，道術裂爲天下私也。基學蚤棄科舉，專心學道，不求仕進，已高出常人之上矣，若是鐘鼎之養之念未盡絶，則猶夫在科舉也，抑吴孺人亦未能忘情於是邪？如吴孺人能忘情於是也，是誠天下之賢母，可與尹彦明母比肩矣，而基學雖終身負米以養之可也，又何憂不能潤其身，如顔、曾氏哉！然則吴孺人之壽，基學雖使至數千歲可也。」

少保工部尚書俞公七十五壽序

嘉靖七年三月十六日，宫保大司空西湖先生臨安俞公生七十五壽矣。耳目益精，音聲益亮，動履益矍鑠不衰，當其壽，豈啻百歲有餘乎！

或曰：「遐筭之人，猶長生之木，厚受而不剝者壯其幹，多静而不折者達其枝，有功而不居者忘其蔭，見美而不貪者足乎己，臨難而不避者定其心。公天授醇樸，背如岡阜，長大博雅，無一巧偽習，是有幹也。除御史不久，居一鴻臚十餘年，在通政亦近之，玄修潛養，不求人知，外感無所撓，是有枝也，省百工費，陰施於民，既戡定邊患，處之若無，是不有其蔭也。人方爭炎，己則守涼，人方爭榮，自云非枯，其視權勢通顯泊如也，則其在己可知矣。爲少司空日，塞北有警，上曰：『保定等五府武備，非其人不可。』乃命公兼右僉都御史往涖，公即毅然星駕，無所顧忌，則其於心可知矣。昔衛武公和身守抑抑之戒，學盡猗猗之竹，壽越九十且百歲，宜乎瞻望公者，以爲難老也。」

呂柟曰：「此猶末也。去冬，予道經歸德，其城西有廟巋然，問諸士人，皆曰：『此宋睢陽五老祠，今少保俞公所重

建也。』公釋褐爲行人時，差典周府喪禮，途感瘧疾，幾不能生。舟次歸德，仰天歎曰：『某五歲而孤，賴母教育，至有今日，萬一客死，遺母孰養？天如佑我，獲事母終，死亦無憾！』失聲痛哭，醫侍皆泣。是夕，忽夢五老，鬚眉皓白，立語：『爾母壽高，汝壽亦遠，官且崇顯，病當尋愈。』公即請問，答曰：『此地五老人耳。』旦訪其詳，則宋太子少師杜衍、侍郎王渙、司農卿畢世長、郎中朱貫、馮平，年皆八十有餘，致仕里居，用唐白樂天香山故事，結社賦詩。形於繪像，有廟于斯，歲久而頹，公遂捐俸，托守重爲建置。其後公母太夫人年八十有七，公官果至今尊。去春，四疏乞休，上遣中官賜羊酒蔬菜。再疏乞休，上賜敕致仕，給之歲夫月廩。即者優遊泉石，強健倍昔。昔孔子謂仁者壽，其門人有若以孝弟爲仁之本。然則人之能孝，猶木之有本乎！當公根疾念母之時，其誠已通天地、達鬼神矣，斯其志雖千萬世永可也，區區浮生之一二百歲，何足爲公筭乎！」

於是其子南京都察院都事意民以予素受公知也，請登其言於軸，寄壽於杭，杭父老子弟聞之，皆歌南山篇以侑觴。

醉泉朱公七十壽序

刑部主政烏程朱瑞卿來曰：「雲鳳斬焉，有母氏之喪未除也，煢煢哀疚之間，幸吾父醉泉翁年登七袠而尚健，少慰不肖之懷耳。則何以使至千歲也？吾父諱仁，字以德，受性敦愨，亦復直率，無所文飾，雖敝〔一〕衣疏食，恬然處之。其於世之聲色紛華，絕無所好，惟資給不肖以學，至假諸富室鬻產而償，亦無難顏。家後少裕，又以貸貧，雖棄貲不校也。性頗喜飲，意不在酒，若遇合志之朋、知義之友，則日與酬酌，不知其他。去郭二十里有別墅，在棲賢山，每花辰月夕，攜三四耆舊，角巾野服，駕扁舟而往。使僮子引壺觴，捧卷帙，或席地而酌，或倚樹而吟，以自適於溪山林石之間。嘗受有冠服之榮，一赴

〔一〕「敝」，萬曆李楨本作「布」。

鄉飲，棄去不就。於是有大人君子識其意，號翁曰『醉泉』云。今八月二十四日，其初度辰也。」

答曰：「若是，則醉泉先生之壽詎可量乎！夫泉也，出於山下，放於四海，行而有常，流而不盈，疏天地之命脈，發陰陽之秘結者也，飲而以是爲醉，吾知其有節矣。昔有爲吏部者嗜飲，至盜鄰舍酒，醉眠其槽甕之間，予嘗以爲濫矣。有爲從子作詩以戒者，至以酒爲狂藥，則又恐其言不能盡行，人不肯盡信，予嘗以爲隘矣。惟淵明有酒斟酌，堯夫飲喜微酡，之二夫子者，則予所喜慕也。乃今見醉泉先生之事，將無庶幾乎！今夫火，盡露其魄，不久而化，若潛之於物，養之以固，則雖甲夜種旦，日求無弗繼者矣，而況於泉之有本者乎！然則先生之壽，可知其遐筭也。莊周曰：『注焉而不滿，酌焉而不竭，而不知其所由來，是謂葆光。』夫葆也者，藏也，大也，久也。惟於光也，藏斯大，大斯久矣。又聞之云：『壽有三：有王澤之壽，有聲聞之壽，有行仁之壽。』夫王澤之壽，在書五福之首，不過百歲耳。若夫聲聞、行仁之壽，則乃人子所與臻，蓋不啻數百歲已也，是在瑞卿焉。」

簡軒文行集序

張武庫沖霄刻其父簡軒先生所爲詩歌暨諸名卿所撰先生之碑、志、傳、贊，凡百餘篇，曰文行集。他日，過予曰：「先君子不獨文焉耳，而行實先之。」然亦嘗聞諸其鄉縉紳矣，亦皆曰：「張簡軒溫而敏，恭而畏，信而孝，雖暗室屋漏，未嘗敢欺，而窮通得喪、患難死生交變於前，不一易其守。當時遊其門者殆百餘人，多科第去，而簡軒君竟不獲一遇，然其志亦可取矣。」嗟夫！世之爲詩文者，多迷心於煙雲花鳥而不知志之所向，故雖連篇累牘，君子以爲未文也；其或文也，又心與口違，身與辭舛，雖論皆仁義，言皆堯舜，君子以爲未行也。然則簡軒先生以布帛菽粟之文而有人倫日用之行，斯刻也，又何難焉？聞之云：古之君子積學累行，畜而未發者，多顯諸其後。然則光前人之志，而見諸事業、措諸天下者，其在沖霄乎！雖然，文，末也；行，本也。本之不足，而惟末之事，雖以往時沈、宋、鮑、江、二陸、三謝，亦無足取，況其他乎！然則

沖霄之爲繼述者，當必急所先矣。

簡軒諱鯨，字文升，松江之上海人，弱冠已知名，卒年纔五十餘云。

約齋序

莆田劉子少功以「約」名齋，蓋取夫子以約鮮失之意。夫約，要也，又儉也，大抵對博而言，有所會歸也。今夫絲，千緝萬縷，甚無頭緒也，有所約焉，則各順其理而不亂，以爲錦綺羅縠，黼黻文章，以飾身而華國，無往不可。道之千變萬化，事之千條萬緒，必有所主，何以異諸？則夫子所謂「一以貫之」者，其約乎！七十子之從事夫子也，非不皆習聞其說也，然或以辯失，或以藝支，或以勇淺，或以名蔽，惟顔氏、曾氏獨得其傳。故顔子曰夫子約我以禮，曾子克唯一貫，而孟子謂其能守約也。然則居是齋者，其有志於學顔、曾而上求孔子之道者乎？少功誠如是也，予願摳衣捫齋，以示我於入室焉。

貞順集序

儀制正郎莆田方世佩以簡書付歙人吴成並貞蔭集謁予，聞集乃成祖母汪氏守節，成問諸名公大夫所爲文詩者也。予歎曰：「世有如吴汪者邪？乃如此其貞乎！世有如吴成者邪？乃如此其順乎！世之秉節者，至於撫遺骨已矣，於其孫恩已薄；世之尚孝者，至於事孀母已矣，於其祖敬已衰。夫仕榮之歿也，汪年二十四，上托以六十姑羅，下遺以二歲孤廣。汪植桑種秬，啼泣蠶績，撫孤既立，有子五人。而孤死，乃又撫其五孫，與婚與業，至八十餘歲而後卒。古紀季之存酅、夏侯令女之有曹氏不是過也。夫孤廣之歿也，成年不過十五六，乃於汪也，生則問壽於學士程篁墩、尚書戴浮梁，歿則問序傳於太常羅杳峯、太僕都玄敬、郎中王開州、副使方思道，其詩則幾滿百人。或跋山涉水越數千里，或候門跪苑守

一二年，蓋自弘治庚戌至今幾三十餘年。昔漢石建、唐李密之守訓陳情不是過也。」

夫厲貞集，方按察之所題也，言汪之貞以厲時人也；貞蔭卷者，羅太常之所題也，言汪之貞以蔭後人也。予遂改其集曰貞順，言非汪則成不能以有今日，非成則汪不能以傳後世，汪爲貞婦，成爲順孫，皆可以風化四方矣。

江陰劉氏家乘序

江陰劉氏家乘凡二十卷，光禄卿毅齋劉公克柔所裒輯，九峯山人鄒辰輔所校編者也。爲誥、敕文者計十有四，爲碑、志、傳、狀、題、贊者以百計，詞、賦、詩、引、序、歌者以千計。蓋公自釋褐以來，即謀顯其先人，寢食行坐亦未嘗忘，故積言富多，率皆名筆。他日，辰輔難於彙分，欲以十干爲别，列誥敕於乙集，公曰：「乾敢後其君乎？」辰輔又欲以文序分生榮死哀爲丙集、丁集，公曰：「乾敢先其祖乎？」於是辰輔詣予曰：「壁往日雖聞毅齋名，未聞毅齋道，近因講譜，乃知其毅於忠與敬也。」

呂子曰：「卜子嘗云大夫及學士始知尊祖，求其人而不得，乃今見毅齋公乎！夫人之生也，與化同運。然千姓之内，聞無四五；數世之中，達不二三。間有名士焉出，因以闡幽發微，昭潛揭隱，則於其先也，雖販繒織蒲之末，屠狗醫牛之細，亦與圭爵章甫者並耀史冊。蓋天地不以貧賤富貴專人，而積行累德之家，固終用明昭也。夫劉氏，自諱茂叔以來且九世，其族屬單遠且百指，雖代有哲人，殊無顯者，逮於毅齋煥知其祖。茂叔開端於無錫，信之啓家於江陰，耕樂表墓於黄山，鶴軒立傳於張簡，而友桂翁重銘疊贊，不可殫述，雖遠在公署，彥美之裔亦波及袒免緦麻之戚。夫毅齋者，豈惟止於始知尊祖者哉！故自耕樂而施，雖達得纓繂之先，皆由是明也，可與廣順矣。自友桂而施，儒偆泰秦，以至剛源珍瓛，皆由是恭也，可與廣孝矣。由身而施，堯、禹以至芊彝，皆由是睦也，可與廣弟矣。由子輔學而施，登政麒麟，以至選嵩，皆由是昌也，可與廣慈矣。夫孝、弟、慈、順、忠、敬者，道之六物也，而毅齋務之，以其五物以處家，以其一忠以居國，斯不可謂之善行

乎！宜乎世之善言者，皆歸之毅齋也。然家乘成而乞休之報適至，費庶子曰：『毅齋善事友桂翁及母薛淑人，甘髓之味，精毳之服，一菓一蔬，必先之而後用其餘。若訓淑義方，即籍記不忘。在戶部以清慎直方忤權姦，五下獄而不渝其志。』嗟乎！五物以孝爲本，以敬爲地，而一忠則以直爲難也。乃毅菴咸明厥躬，而又徵諸人言，劉氏子孫之於斯譜也，其善守此五物，以來忠於國乎哉！」

壽余封君詩序

南京陝西道監察御史柳州余行甫勉學仕於南越年矣，迎其父碧梧先生來。今年八月五日，適先生六十之初度辰也，南海吳誠輔、臨桂秦相之諸君子皆廣東西人，與問壽言。予曰：「先生之居柳溪爲況也。」曰：「先生既去合州矣，又有行甫矣。家食十載，日無一事，惟耕督僮僕，讀課孫子，奕留朋儕，酌延親舊，或撫悠然之軒，或臥北窓之下，於世澹泊如也。古稱提挈天地，獨立守神爲真人，象似日月，益能致壽爲賢人，先生將非有賢人之況者乎！且先生自舉廣西，不偶禮闈也，得歷教於臨江、海鹽、吉安，皆身率以正，動嚴以規。既取風憲，甘於自黜，不賂權姦，三邦之士咸頌焉。及其出令光澤，禮感太守，義遏橫寇，勇斷富孀、逆僧之罪，邵武之民咸稱焉。及其陞守合州，供應省其費，寇竊散其黨，豪猾杜其姦，積逋完其課，權貴失其欲，合州之民咸思焉。此雖以壽一二百歲，不可乎？」

曰：「予欲諸君子更壽先生至數千百歲焉。亦嘗見園丁之接花菓者乎？於園有株木焉，花開如錢，菓結如繭已矣。他日，接之以枝，不三二歲，其花大如盃，其菓大如盂，然猶以常木接也。而況於樹本巨也，乃又蘊澤於根，達脈於幹，則其發韡萼而懸碩菓者，又何如哉？且謂程太中何時生人乎？」曰：「多淳化、至道間人。」曰：「此其人自淳化至今且千年，然猶長視久履，存而不歿，比於朱顏黎首者，尤強壯焉。安知碧梧先生不如是人也？夫太中之永壽者，以伯淳爲之子耳。伯淳之爲御史也，神宗召對之日，進說甚多，大要以正心窒欲、求賢育材爲先，以至誠仁愛爲本，不飾辭辯，不急功利，

常言人主當防未萌之欲，不可輕天下士。其尤極論者，輔臣不同心，小臣與大計，興利之臣日進，尚德之風浸衰。神宗至俯身拱手以聽。今聖天子遠駕堯舜，已非神宗可比，而行甫之爲御史，適與程子同，則固當以程子爲法也。行甫而法諸程子，以誠意感動，則聖天子必將見采，以裨諸行事。當時被其澤，方來仰其德，而行甫之立身行道，揚名後世，以顯碧梧先生如太中者，又豈可以年歲數哉！」

送倪宗玉知廣南序

上元倪君宗玉既有廣南之命，其僚何起莘、方其大及其女弟夫鄭維東謂予曰：「夫廣南雖府也，然遠在雲南之鄙，地多儂人，俗類百夷，蓋與古器野、維摩、阿迷、師宗爲隣。其跣足長襦，絲髻尖笠，醢鼠啖蟲之風，今尚有之，即昔持摩道之地，疑非人所居也。蓋其郡治自洪武中建置於平突坡來，百六十年無重繕者。往年鄞人楊守雖少葺理，又旋罷去。故宗玉斯行，徘徊躑躅以爲難。且宗玉，太子太保、禮部尚書文僖公之孫，少保、吏部尚書文毅公之嗣子，生長都邑，居養宦門，未習蠻方，一難。年十三以蔭授中書舍人，十九而蒞任，九載陞南工部主事，積至今官，久宦清華，未諳夷情，二難。」

曰：「士之仕也，豈必先履其任而後踐其階乎？豈必預至其地而後居其位乎？是故優於此者，必足於彼；堪乎其繁者，則不患於其簡也。且宗玉昔爲中書也，嘗同武安侯冊封岷世子矣，固卻鹽金，一無所受。厥後在南部，抽分龍江，則陳列便宜；督修城池，則庶役咸悅；監收磚廠，則宿弊聿革。及綰綬都水，剸繁治劇，動有條理，四司大夫，齊口褒嘉。且南都乃鄉里親戚所在，有道者宦之猶甚難也，宗玉仕幾二十年，操持之正，明敏之材，又皆無可議焉。苟持此以往，則雖治廣南如腹裏，不難也。且宗玉不見文毅公之探親宣平乎？地當邊徼之外，身居朔漠之中，日與韃靼爲隣，時以干戈爲處爾，乃因楨陵之霽雪，登高岡以作賦，喜豐年之瑞，慶羽檄之停，視虜窟穴如遊青溪，其忠勇何如也！又不見文僖公之奉使朝鮮乎？即席命筆，文不構思，座客侍人，縮首出舌，駭歎驚服。及試以難酒，一飲數斗，未嘗沉酣，夷人畏之如神，其文雅

何如也！夫廣南不險於宣平，不遠於朝鮮，而宗玉又素有繩武趨庭之學，苟持此以往，則雖治廣南如家庭，不難也。昔漢太尉楊伯起、楊叔節以清白致位三公，而其子司徒伯獻又以德業繼之，傳其道於子文先。魏尚書僕射杜伯侯，鎮南將軍杜元凱以材德致位將相，而其子尚書左丞世嘏又以名勳纘之，垂其休於子洪治。然則宗玉之光前裕後者，亦在斯行乎！」或曰：「漢班超與任尚書，亦宜載之篙中以行。」

送鄭成昭知臨江序

南刑部正郎莆田雪齋鄭君成昭既有臨江之命，其同鄉仕南都者皆欲贈之言，而正郎諧甫者，其族孫也，乃爲之來問曰：「族祖舉辛未進士，于今幾二十年矣，他同年多官尊而位顯，族祖今始得臨江，功名之際，可謂屯蹇矣。」曰：「雪齋君直乎？」曰：「直。」曰：「剛乎？」曰：「剛。」「則何以明其然？」曰：「族祖自鉛山知縣有治績，徵入爲刑部主事也，時錢寧竊柄，以事干請，族祖力沮之，竟以直道行，於是錢寧銜之。未幾，謫降臨清州同知。錢寧敗，陞知州。又嘉靖改元，查録守正被害之臣，乃獲陞南刑部員外郎。四閱月，轉郎中，然又以養病去。六年之冬，病起復任。今春，乃有此陞。」曰：「然。吾固意有此，不然，今其官未必一臨江也。夫時有遲速者，在天之數也；道無損益者，在我之真也。古之人有速者矣，一歲而三遷，今豈以爲盡然乎？古之人有遲者矣，十年而不調，今豈以爲盡非乎？如其在我者之已真也，雖一歲三遷不爲速；如其在我者之未真也，雖十年不調不爲遲。故君子求諸我，不求諸天；守其真，不泥其數。即使雪齋君阿錢寧而安其位，今且躋華歷要，然爲父母國人之所難言，又安能如今臨江之爲美也？況聖天子近勑吏部，特重太守之選，至戒御史不許作威折挫，異時跪啓俗禮，一切革去。二考有治行者，得陞僉都御史、按察使；九年有治行者，得陞侍郎、都御史。然則今日臨江之行，不減於二司矣，又何爲遲乎？雖然，此猶以官論，不可以煩吾雪齋君也。夫臨江，古吳越之地、漢都尉之邑，自宋江南轉運使張鑑奏割瑞之清江、吉之新淦、袁之新喻以隸臨江也，而後臨江之郡始壯以大矣。其後

相繼爲臨江者，如林沖之之措置有方，彭合之蠲秋苗耗末，張著、孔本端之勸諭士類，江溥、王伯大之賑荒有法，臨江人至今千百年猶祠祀之。雪齋君入其國而祀之，兼取其長而措之政，以爲諸守令者法，又可以遲速論邪？」

贈張公陞按察序

昔者予之在京也，東隣有沮濱劉副郎焉，與夏山同官於刑曹，會必言夏山賢，而夏山亦或枉問予，因爲其翁作荆溪篇，曰：「美哉！夏山，可與之以學舜乎！」比予之在南京也，同年有約菴周都憲、石菴段地卿，則常之鄉大夫也，會亦必言夏山賢，而夏山亦數寄問予，因爲其號作夏山篇，曰：「美哉！夏山，可與之以學禹乎！」乃夏山治常三年，正大弗詭，高朗令終，抑賦砥，稅田桑，有餘力，恕在良善，威逮豪強，既安闔郡，亦殄江盜，擣及巢穴。聲聞於朝，錫賚有渥，羔羊在躬。於是廣人鄭翹、易人馮越、陜人劉秉端，屬邑吏也，荷表則之誼，興頌禱之情，有懷難述，假言于予。是時夏山適有上命，晉遷福建憲副，因受其問，作常州篇，曰：「美哉！夏山，可與爲龔、黃也。」

或曰：「擬人必於其倫，舜、禹聖人，夏山雖賢，似未能爲。若龔、黃，不過漢循吏，夏山且進臬司，以望卿相矣，乃混爲媿休，不亦錯乎？」曰：「舜老而慕親，禹無間然。夫夏山風木之思，不忘荆溪翁，而齋扁以爲顧諟之資者，曰：『禹嘗至是山乎？』夏山而不已其學，不渝其操，又何患舜、禹之不可學哉！乃若龔、黃之字民平賊，長於治郡矣，及其爲相，聲名損於其前。夏山自是以往，外撫雄藩，內登臺省，當又有陋兹龔、黃者乎！今夫登泰山者，方其迤邐梁父之間，徘徊石閭之際，則固高步接武，不以爲難。若夫三觀之巔，天門之上，崎嶇乎雞籠、蓮花之峯，跋涉於酆都、馬棚之崖，則非益著其力，更進其勇，不可至也。然則夏山滋知所自勵乎！」或曰：「時俗，爲有司則數善事上官，爲上司則好人佞己，習以成風，困窮因是不獲其安。夏山之行，而不及是，何也？」曰：「夏山在常而不阿，則在福建必不陵下矣，何俟言？」

夏山大輪字用載，浙之東陽人，起家正德甲戌進士。

送張臨洮序

嘉靖八年，當天下述職之期，南充張廷茂芊登科甫十餘載，歷俸不五六年，乃以南戶部正郎陞知吾陝臨洮府。夫臨洮，境接巴巂，地控邊陲，南捍鍾存，背阻大河，北狄之道，西羗之鄰。其爲俗也，前志皆稱其勁悍而質木，好勇而喜獵，尚武而務農。然地有升降，政由俗革，則固不可執一論也。昔趙充國、馬援，兩漢之名材也，當是時，此地雖已置隴西郡，而先零、罕、開猶雜居互處，時肆侵掠，二君皆能挫擊諸羗，留屯於此，其勢之難者，已如此矣。及至晉世，蘇則爲太守，撫循有方，諸羗歸附。宋遂改爲熙州，而王韶、姚雄、苗綬、种師道諸君子由此其成名也。況今聖化漸濡之久，王政誕敷之遠，非異時可比，而又得吾張君以鎮理之，吾知臨洮民可賣刀劍而買犢牛矣。

今夫雞之育卵也，當其外者移之內，當其內者移之外。及其既雛也，飢至則引之食，鷹至則覆之翼，雛然後遂其生而免於患。君子處華夷之間，盡柔能之道，則固當審誠於是矣。且廷茂，方伯庸軒公之嫡孫，四川鄉闈之魁選也。初授兵曹主政，不二月，丁内艱。服闋，尤思親未置，不干仕進者二年，戚友亟促之而後行。既補戶曹主政，以至改南，或監收天津，或榷稅北新，律己嚴正，涖政平恕，軍民咸悅，商賈無滯，爾乃撝謙不伐，常若有失。以此爲臨洮，將聖天子所求治行卓異之守者，不在若人歟！

送大理少卿石厓林公北上序

石厓林公以吉既有大理少卿之命，其鄉友劉少功謂予曰：「夫石厓者，都憲豫翁之子，而吾莆田之望族也。吾莆人一時仕兩都者蓋百輩，士胥以千計，而石厓之賢，則獨推焉。莆人皆爲詩成冊，欲得一言於其端。」

曰：「於戲！某受知愛於石厓者舊矣，不知其鄉人尤爾甚也。今有縉紳於此也，官方筮仕，名始通籍，乃即傲宗族，陵鄉曲，買田問屋，耀衣榮食，以爲鄉人苦。於是鄉人或私斥其名，或公詈其祖，或咀呪不欲其顯，甚至欲戕其身而火其家者相尋也。其視莆田人於石厓何如哉！漢張湛矜嚴好禮，動止有則，在鄉黨詳言正色。建武初，爲左馮翊，嘗過其里平陵，望寺門而步，主簿進云：『位尊德重，不宜自輕。』湛舉禮與孔子之事，以爲父母之國所宜盡禮。然則石厓之所得於莆人者，將非以湛之道乎？夫古之明王，登崇賢智，以爲卿相，必於鄉焉舉，必於里焉選者，誠以不能於家，則不能於國，不能於鄉，則不能於天下，蓋以先其本也。夫大理，天下之平也，誠得如吾石厓有鄉行里德者以往，又何難焉！而況於久已試之者邪！書曰：『獄成而孚，輸而孚。』其在斯行乎！且夫陳平，世人之所不甚重也，然其後日宰相天下之業，基於其先里社分肉之均。是故君子以覘其微也。石厓爲程朱之學，而思敦仁義之道。斯行也，必將淑問如皐陶，或且即日大拜以慰天下之望矣。若曰位已尊而德已重，或自怠而驕，則非吾石厓之所爲也。」

刻雪洲詩集序

嗟乎！詩之難言也久矣，安得起少司馬雪洲先生聽其緒論哉！粤自世降，詩刪、人泯、樂亡。韋孟得其志，不得於言；司馬相如得於言，不得於志。若乃志既不失，言亦爾雅，蘇子卿爲近之，晉、魏以來難道也。是故其志定者，其言簡以重；其志儉者，其言質以實；其志剛者，其言果以斷；其志直者，其言明以厲。吾以是而觀雪洲之詩，將無似之乎？嘗聞胡稽勳矣，言雪洲事事不苟，如古人行。又聞孟中丞矣，言雪洲廉介無比。巡撫時，孟氏爲屬縣吏，當出巡，雖二司茶饌，不一受，獨受孟氏饌，曰：『重其賢，以勸他官耳。』於戲！雪洲，柟未之能晉謁，即今所聞，當其志從可知，而況其言之昄昄若是哉！先生之子戶部襄將刻其詩於梓，謂予嘗學詩，問序焉。於戲！予方有見於志而未能，又安能以序雪洲詩？然而先生之志，則固不可泯矣，因推著之以告。夫爲詩者，不止於音韻格體也。

文數十首，意亦類詩，皆附刻。

賀李君尚友陞車駕主政序

應天儒學教授李君尚友既有車駕之命，其徒孫葵數十人來曰：「吾師漢東先生之廸我應天也，峻守以教廉，崇慤以教信，嚴範以教禮，博物以教智，時課以教業。吾諸士方奉如蓍蔡，駸駸然向進也，乃遽有今遷，吾諸士以爲失依歸，則何以贈諸？」

涇野子曰：「是安陸人李尚友邪？吾嘗習之矣。昔者於鹿門鄭氏之第，見文賦焉，其才傑以敏，其氣直以剛，每竊高其胷次焉。他日，其徒曹廷欽、汪威問學於鷲峯東所，數持其策問以觀，稽古以證今，對時而裁務，無所不具，則又歎曰：『古所謂博學而切問者，當非若人與！』然則孫葵之言奚疑乎！雖然，文事易，武備難；訓士易，治兵難。非武備之難也，文事而不能達諸武備者，斯難耳。燕、趙之人善爲車，若使之爲舟，則於舳艫檣柁皆莫能措手矣；吳、楚之人善爲舟，若使之爲車，則於轂轞軏軸皆莫能用巧矣。是故君子舟車咸宜，水陸皆可。然則車駕之晉，豈非尚友文武兼閑之地哉！世之文士方騖於浮媚，尚友既於應天而敦革之矣；世之兵力方憂其虛弱，尚友之在車駕，以告長而曁僚者，又豈能恝然哉！君子之仕也，盡其在我者而已，位之升沉遲速不論焉。聞尚友之初舉湖廣也，可以速取科甲矣，乃不忍以其親一日餒也，輒解路金，買田養親而不行。及尚友之既舉進士也，可少遲以取科道部曹矣，乃不忍使其親一年貧也，甘就學官，以祿養而不待。是其於升沉遲速，已出他人之見矣。苟於車駕以往，恒猶是也，則道在必行，時不能移，勢不能屈，吾於尚友沛然乎！苟於車駕以往，未或猶是也，則他日雖積登卿相，人亦將謂子前勇而後怯，而尚友豈必其然哉！」

贈陝西提學僉憲鳳泉王子序

南京吏部文選員外郎鳳泉王子惟賢既有陝西提學僉憲之命，其僚潘五山諸君以予嘗同寅也，委贈言焉。

予曰：「予鄉得鳳泉子以督學也，全陝之士應丕變矣。予嘗讀思齊之詩矣，鳳泉子其使『成人有德，小子有造』乎！又嘗讀靈臺之詩矣，鳳泉子其憶『於論鐘鼓，於樂辟雍』乎！昔者先王以士爲民物之本也，是故辟雍樂而後庶民來，庶民來而後魚鳥麀鹿若，以小子爲成人之始也。是故見小節焉，踐小義焉，雁行分任提攜，不至於頒白而後賢俊眾、政化成。後世或不然，苟有詞材也，雖小子未造，則登進之以壓長老；苟無詞材也，雖成人且德，則抑挫之以孫童丱。是故長幼爲之陵替，辟雍因之不樂，而欲民來物順，不可得也。鳳泉子澡行中州，績學翰苑，孝弟著於家庭，政教明於官守。既理劇郡，尤重銓司，蓋得學之正者也。斯行也，當使西人復見是詩乎！」

或曰：「此西周盛時之詩，今其跡已蕪矣，無已則唐乎？」曰：「蘭池、三苑之靡，望春、梨園之侈，士人多爲詩賦沒矣，不足與也。」「無已則漢乎？」曰：「平舒、五時之事，石渠、白虎之講，士人頗爲訓詁溺矣，非其至也。故予於鳳泉子西周之行，拳拳於周、召相成之道也。且予嘗涉渭臨滈，自滄池、飛渠，至于豐芑，以訪米廩、東膠、瞽宗、頖宮之處，凡羽籥絃誦之教，書禮乞言之舊，皆聞之矣。又嘗渡漆、沮、灞、滻之水，觀於肺浮、嵯峨、太華、九嵕之區，以訪家塾、黨庠、術序之故，凡太師少師之模，上老庶老之訓，皆聞之矣。鳳泉子踐其地而稱之，猶樹柳耳。且鳳泉子，洛陽程子之鄉人也，明程子之道已久矣。程子之論詩與西周也，以得關雎、麟趾之意爲重。鳳泉子按河州而巡麟遊，其風猶躍然可覩也，又豈賴於予言哉！況聖天子方復棫樸、菁莪之治，以綱紀四方，鳳泉子豈不足以襄此作人之化，而基他日燮調之具哉！」

鳳泉子，河南宜陽人，起家丁丑進士，選爲翰林庶吉士。以有藩府親，出守廣德及滁州。後藩府親歿，例得入爲京職，至今遷云。

贈五山潘君考績序

五山潘君叔愚之考稽勳三年績也，太宰紫巖劉公既以「勤能詳慎，材優兼攝」而譽者公平，署上考矣。將行，以覲聖天子，其僚在軒諸君以予舊同寅也，皆以五山之美告於予。

予曰：「信哉！諸君之知五山子也。夫五山子，予知之亦舊矣。當勞而不辭，居長而不傲，多文而不伐，優於政事而不自足，既篤同好，亦寡私繫，豈惟其績可上考哉！雖於考德也，吾亦將無疑乎！夫學者之於德也，不患立志之不高，患其力不足以繼之耳；不患立言之不妙，患其行不足以充之耳。是故觀蒼海而歎汪洋，非得水者也；惟夫攜侶以乘航，上瞻搖光，下窮尾閭者，斯得乎百川之會矣。覩岱嶽而歎崒嵂者，非得山者也；惟夫奮足而躡梯，下遺石閭，上止天門者，斯得乎千峯之尊矣。夫五山子，吾嘗見其行浮於言矣，無或使其言浮於行也；吾嘗見其力充其志矣，無或使其志匱於力也。昔者有子學夫子之言，其言無弗似夫子者矣；曾子學夫子之行，其行無弗似夫子者矣。然則行浮於言者，其入於德也，又何疑哉！於戲！五山子行將晉受聖主之眷，他日雖積至卿相，亦將自是亹亹乎！寧肯以今日之考及諸君之語爲自足哉！」

贈玉溪石氏序

夫學者之於師也，不在於效其言，在於聞其言，得於心，見於身，發於事也。昔者予之守史官也，陽明王子方在銓部，得數過從說論語，心甚善之。後陽明子遷南太僕及鴻臚，而予再以病起。當是時，穆伯潛爲司業於南監，寇子惇爲府丞於應天，嘗寄書於二君，曰：「陽明子講學能發二程之意，可數會晤也。」比予再告且謫，而陽明子官益尊，道益廣，講傳其說者

日益衆，然視予初論於史官者頗異焉，於是日思見陽明子以質疑而未獲也。

及改官南來，而陽明逝矣，方切悼歎。居一年，得見其徒玉溪石氏廉伯，則喜曰：「斯人也，非他止效其言者可比，其善爲陽明子之學者乎！其聞其言，得於心，見於身，發於事者乎！」古之人之於道也，同己者或知其惡焉，不以其同而私喜也；異己者或知其善焉，不以其異而私怒也。後世或不然，爲陸氏之學者則嫉朱，曰：「何其支離乎！」爲朱氏之學者則憎陸，曰：「何其禪寂乎！」今夫道，豈有彼我哉？人自歧之耳。咸之九四曰：「貞吉，悔亡；憧憧往來，朋從爾思。」夫苟至於貞也，日往可也，月來可也，皆不失其爲明焉；寒往可也，暑來可也，皆不病其爲歲焉。苟惟喜同惡異，幾何不蹈朋從之害哉！予之學，不能陽明子之萬一，而陽明子嘗曰：「夫夫也，是可與語者也。」陽明子之道，予也魯，未能從，然人之議之者，則輒語之曰：「予講道之人，而索其過，非仁也。」今石氏爲陽明子之學而取予，予未能爲陽明子之道而心敬石氏，至形諸寢食，則石氏非善爲陽明子之學者乎？夫石氏苟不已其道焉，則他日雖日月生明可學也，寒暑成歲可學也，然則石氏自視亦不可細也。

是時，吳、楚之學者蔣實卿輩數十人皆信石氏之學而樂與之遊，因其考武選三年績也，請予書別語。於戲！若考績之榮，固不足爲石氏言也。

瑤池蟠桃圖詩序

鄜州宋獻可仕爲南京山西道監察御史二年矣，其母魏氏生五十有六歲也。獻可數謂予曰：「宜也羈宦於此，不在吾母膝下，每當晨昏，鬱鬱不自安。茲繪瑤池蟠桃圖以致遐祝，願一言敘諸詩之端，庶紓宜望雲之心乎！且吾母克相先考裕菴君，存不違經，寡不渝節，鄜人稱貞焉。事先王父母長史君、杜孺人備極誠敬，旨甘無缺，鄜人稱孝焉。宜兄弟姊妹四人，先君既逝，皆撫教成立，至使宜有今官，鄜人稱慈焉。此其爲婦道母儀亦完矣，則雖以等蟠桃可也。且近者郊祀覃恩，家君

贈監察御史，而母獲封太孺人矣。」

涇野子曰：「獻可何必蟠桃圖哉！且予嘗見壽安圖矣。昔者程伯淳之母壽安縣君侯氏也，生伯淳，神氣秀爽，異於常兒。嘗抱付諸姑任氏，能指遺釵，侯以爲異。長遣就學，勸太中即事名賢。後爲御史，進説甚多，不飾辭辯，惟以誠意感動，大要以正心窒欲、求賢育材爲先。又言輔臣不同心，小臣與大計，興利之臣日進，尚德之風寢衰。遂忤執政，直道益彰。至今儒生學士皆師事之，歸其功於母侯氏，而侯今且千歲存壽未艾也。然則獻可爲是圖，不尤愈於瑤池者乎？且獻可剛明方正，事至立折，無所顧忌，當其資性，稟受於魏太孺人者，固未嘗減於程伯淳之於壽安縣君也。使其學如伯淳，爲御史亦如伯淳，又何患魏太孺人不數千歲與侯同哉！不然，則世之爲蟠桃圖者，吾見亦多矣，乃皆未能於其親加一日月焉，何邪？且夫孝者，所以事君也，而況於以母之孝以爲孝乎！貞者，所以處僚友也，而況於以母之貞以爲貞乎！慈者，所以使衆也，而況於以母之慈以爲慈乎！誠如是也，則將使其母傳天下，揚後世無已也，又豈蟠桃之年所能限乎！」

涇野先生文集卷之七

序

別東郭子鄒氏序

予與東郭鄒氏之在南都也三年矣，每以居室之遠，會不能數，然會必講學，講必各執所見，十二三不合焉。初會於予第，東郭曰：「行即是知。譬如登樓，不至其上，則不見樓上所有之物。」予應之曰：「苟目不見樓梯，將何所於加足，以至其上哉？」東郭亦不以爲然。他日，同適太學，雪中行，已過長安街北矣，東郭曰：「今之太學，非行安能知哉？」予指前皂曰：「非斯人先知適太學之路以引馬，予與子幾何不出聚寶門外乎？」蓋自是所講數類此。乃東郭又以學、問、思、辯以爲篤行，於「知及之」亦然也。予曰：「『非知之艱，行之惟艱』，非有商傅說之言乎？世之先生長者，恐人徒知而不能行，至於立論過激，以爲行然後真知耳，非謂以知便是行也。是故格物致知、明善知天皆屬知；誠正修齊、存心養性皆屬行。但行必由知而入，知至必能行耳。」

有學於鄒氏之門者或見予，予必以予之所見者告之，且曰：「今之學，以甘貧爲本，改過爲急。苟能行焉，講知行之不合無損也；苟不行焉，雖講知行之合無益也。」然而其徒多守其師說，未之能信也。間有從予遊者亦謁東郭氏，東郭子誨之曰：「知即是行。人能致良知焉，則非義襲而取也。」予曰：「此說固然，然必知義之所在而後可集耳。」

東郭且行，恐予猶懵然於是也，過予復論之，其愛厚之心甚盛也。然予終不能解，惟以前說宛轉開陳，遂講及執一之

學、喜同惡異之弊，累數千言而後已，東郭子始少然之。恐東郭子別後，猶前說也，書之卷以贈。

贈乾菴李君序

南京刑部郎中李乾菴惟大既有陝西僉憲之命，予聞之歎曰：「是秉廉不惑者之李乾菴耶！朝廷用人恒如此，即士不鼓舞、民不阜安者，鮮矣。」予嘗往拜乾菴矣，廐繫下駘之馬，室無函丈之席，四壁蕭條，一僕藍縷，以官之俸金給家之凶歲。乃歎曰：「誠如行人及戶、刑二部諸僚之稱也。斯人也，分巡西土，當非地方之福乎？且自予至南都，遇諸士論學，必曰甘貧，遇諸大夫論政，必曰廉。」

或曰：「學何不一貫之講？政何不多材之談？而乃區區論甘貧與廉，不亦腐乎！」曰：「士之甘貧，則簞瓢之顏，枕肱之孔，皆可學矣。大夫而能廉，則下塞漁獵之途，上杜奔競之門，百姓皆足閭閻，厭粱肉矣。夫惟甘貧則能廉，夫惟能廉則必甘貧之士也。故予於李乾菴之廉，獨深敬慕焉。雖然，乾菴斯行所典者，刑也。夫刑也，明不盡則是非淆，公不至則喜怒偏，慎不致則生死易，決不果則姦偽滋。夫明公慎果，雖生於廉，然廉矣，而明公慎果或未至，則亦非其廉之性也。昔者包希仁可謂廉以明矣，然而脊杖臀杖之間，吏能罔之，包莫能辨焉，則包平日所事者，察而非明也。蘇孺文盡法於清河太守，非不公也，由君子觀之，未免用意以徼名耳。是故子貢有信陽之行，夫子謂之曰：『爲吏者奉公以(刑)〔利〕民，不聞枉法以侵民。』〔一〕治民莫如平，臨財莫如廉，廉平之守，不可改也。言人之善若己有之，言人之惡若己受之，故君子無所不慎焉。又謂子路曰衣敝縕袍而片言折獄，有如是之果也，而不能從政者鮮矣。是故慎如端木氏，果如仲氏，則乾菴雖由清刑以理全陝之民，猶運掌耳。況乾菴之道，明白端重，無所循阿，他日受知聖上，或入爲廷尉，或晉掌秋曹，以與周之司寇蘇公

〔一〕孔子家語辯政原文作：「知爲吏者奉法以利民，不知爲吏者枉法以侵民。」

齊名，吾見其有餘也。」

乾菴西行，予方臥病，不及言。既去矣，予鄉仕南都者思乾菴之爲人，俾予爲是以相告，知乾菴之不棄邇言也。

旌節卷序

旌節者，旌安福人周君之配許氏節也。周君諱梯雲，以子侍御煦貴，已贈監察御史，許已贈太孺人矣。奚旌乎其節也？言乎其初也。婦之抱節者亦多矣，奚獨於許乎？節之被旌者亦多矣，奚録於周乎？許之節有五苦，周之旌有三難。夫許也，年十七而歸贈君。越二年，而贈君歿，琴瑟之好，未及中世，一苦。哀毁幾絶，即欲身殉，止以七月之娠，忍死圖存，以紹周後，二苦。當是時，父以其年少也，欲使再適，乃矢死靡他，以事舅姑，外無可資之親，内無可仗之力，誠孝所極，鬼神可通，三苦。每自言曰：「生男吾守，弗男弗生。」厥既生男，曰：「天意有屬於夫家，即二世獲嗣矣。」誓與存亡，以告周人，危疑自堅，心等金石，四苦。侍御繈褓，嘗得危病，抱泣籲神，寢食俱廢。及其少長，紡績資學，給油伴讀，辛楚叢懷，猶昔在娠之日也，五苦。夫以如是之苦，其旌又何難耶？令甲守節在三十以前，奏旌在五十以後，太孺人卒年四十有九，格於常例，一難。凡旌者先申舉矣，則行查；行查矣，則覆勘；覆勘矣，則覈實；覈實矣，則保結；保結矣，則類請。經五移而後獲。若節婦或當覆勘而死，或當覈實而死，或未類請而死，其行雖烈也，皆中寢。太孺人五移皆未行也而卒，二難。其例雖當旌矣，然文滯於歲月，事稽於吏胥，苟非有力之家，以及在顯之官，莫能成也。然而侍御前以諸生而含抑，後方釋褐而未命，三難。於是侍御曰：「吾母忍死以存煦，煦既成立，而母志未顯，何以生爲？」乃遍訪掌故之儒，歷詢守節之家，得於桐城縣人陶亮之妾吴氏亦四十九歲，孝廟特旌，又與陶鏞之妻鍾氏、陶繼之妻方氏死後獲旌相同，乃言曰：「煦母守志於十九之年，比三十者已前十年，其爲志尤難也。煦母死節於四十九歲，比五十者止欠數月，若不死甚易也。」其辭凄慘，人鬼泣聽。於是五苦之節始白，三難之旌遂獲。

於戲！許有侍御，則雖三難亦無難矣；許無侍御，安知一旌不十難也。周有太孺人，則雖五苦亦不苦矣；人苟非太孺人，則雖一苦莫能堪也。是故凱風之婦，其子已七也，然猶以勞苦而嫁；孔悝之鼎，其先雖顯也，然猶以誣美爲銘。故凡侍御之有今日者，皆五苦之所造也，由侍御言，則謂之三窮焉。故凡太孺人之有往日者，皆三難之所始也，由吾儒言，則謂之一理焉。子非母不成乎其爲孝，母非子不顯乎其爲節。子母二人，更爲一道，死生殊途，共永千載。於戲！若太孺人者，真共姜、夏侯令女之儔。而侍御痛太孺人之能秉節於家也，則必能秉節於朝而不渝，以與古名賢班矣。

諸知侍御者，皆爲之賦詠其事云。

賀雷州知府易後齋七十序

予同年南京人後齋易君今年生七十矣，四月二十二日則初度之辰也。當是時，同年仕於南都者有五人焉，致仕在南京里居者有二人焉，皆將稱觴以賀。而後齋有子曰同，學於鷲峯東所，先謂予曰：「諸年叔之壽吾父也，雖以酒；吾父之托壽於諸年叔也，唯以言耳。」乃召工繪玉洞桃花萬樹春之圖以展予，且曰：「安得使吾父常如此圖乎？」

予歎曰：「後齋年兄其有子乎！且予嘗聞壽有三在焉：不在言在行，不在人在己，不在身在其子孫。後齋天授質樸，少喜書史，肆意文翰，聚徒授業，資養二親，每當時祭，必致洗腆。既舉進士，滋篤政務。海寧之撫字，刑曹之明決，雷州之牧政，至斷疑獄，活十數命，寧忤當道，以至罷歸，不以爲悔。既著績於所至，亦騰譽於四方。材德既美，職位未滿，是其己之行以致遐壽者，已有二在矣，又奚賴於人與言哉！惟是在子孫者，則同也，不可不勉。昔者，許仲平年七歲，受學於鄉師，一日問其師曰：『讀書欲何用？』其師曰：『應舉取科第耳。』曰：『如此可爲致君澤民、扶持斯道乎？』師大驚，謂其父通曰：『賢郎穎悟非常，他日必有大用，吾不能爲子之師。』後仲平果拜相，遂成用夏變夷之功，以續周、程、張、朱道統之傳，使其父通至魏國惠和公，壽到於今數百年未已也。同之年已弱冠矣，而予之學又不敢止以鄉師自比，則同之讀書

所欲用者，固又嘗講之亹亹矣。所謂壽在子孫者，不同是乎？然則許衡傳，同自是不可不日誦而夜思，身體而力行也。同苟能，則後齋公雖壽至數千年以與惠和公並，可也。」於是諸同年皆稱難老之觴，而同舞彩衣於堂下。當是時，視後齋真如在玉洞桃花中矣。

贈陳順慶序

南京戶部郎中侯官陳君良弼既陞知順慶府矣，適胡貞甫來，予曰：「人臣之材賢有大小高下，與之郡則有廣狹遠邇，蓋言堪也。順慶，古巴郡岩渠之地，金泉、棲樂以雄峙，嘉陵、渠彖而襟帶，既領二州，亦隸七縣，外阻重慶之徼，右達潼川之封，則實郡之廣且近者，非良弼之高賢大才，不可得也。夫士之仕也，不患大用之不至，惟患公論之弗獲。人可大用也，偶得卑官，則衆惜環至；人可小用也，偶得重任，則羣誚立興。良弼陟順慶，而上下寮寀，無弗以爲宜，則於公論又獲之矣。雖然，治郡有三常：一曰正士之常，二曰足民之常，三曰明法之常。士不正，則口誦孔孟而身爲儀秦，欲以成化，不可得也。民不足，則貌若親順，而心實仇讐，欲以致治，不可得也。法不明，則姦譎肆行，而良善陰挫，欲以措刑，不可得也。夫良弼於三常，將無已籀之乎！

良弼有門人李實者，記良弼既舉乙榜，司訓臨川，善誨諸生，多所獎進。嘗校文廣東，得人最盛，以被屢薦，陞推吉安，秉公惟哲，民有善謠，至與異時陳茂烈並名爾。乃既取風憲，改南戶部。蓋嘗榷稅新河以便民，督儲鳳陽以袪弊，監督芻糧以正法，典掌司牘以完逋負而釋寃禁。繼又校修會典，清處屯田，總巡倉場，罔有不嘉。斯行也，充臨川之教，以正蜀士，即無不化之蒙；充戶部之政，以足蜀民，即無不獲之夫。若又以吉安之理通其變，使民不倦，以措刑有餘也。雖然，一人也，或一日下七十城，或三年不能克二邑，豈其智於前而愚於後哉？志之不繼耳。一材也，以治郡則有餘，以爲相則不足，豈其長於此而短於彼哉？學之不至耳。是故爲衛泉者，必以鄭藪爲難；爲鄭藪者，必以楚湖爲難；若爲越海，則諸水皆

細而歸焉。予嘗聞志於伊尹矣，一夫不得其所，若已推而納諸溝中，則二州七縣者，豈真爲廣乎？又嘗聞學於顔子矣，至欲以夏時、殷輅、周冕、虞韶以爲邦而佐王，寧肯以一郡爲有餘乎？吾知良弼順慶之往，必不肯自謂已能之也。」

予之賢不及良弼，良弼之材優於予，獨以予年少長而無能也，乃同貞甫諸友數與予處，故予於良弼之行也，言志與學云。於戲！元齋教授之志，古靈先生之風，知良弼之必不忘也。

送趙溫州序

南戶部正郎守樸趙君文卿既有溫州之命，其僚秦象之諸君謂予曰：「異哉！文卿之爲仕也。當其始也，由南戶部主事進郎中，又進南吏部稽勳郎中，又進北兵部武庫郎中，又進武選及職方郎中。自下而上，由遠而近，若是乎不謂之陞耶？當其今也，推補光祿少卿矣，而不獲；乃推補尚寶少卿，亦不獲；推補大參矣，而不獲；乃推補憲副，亦不獲。至是始得溫州焉。去京堂而就監司，去監司而就有司，若是乎亦謂之陞耶？」

曰：「子亦嘗聞陞降有出於位之外者乎？大行不加，窮居不損，況知溫州也，而以爲非陞乎！亦嘗聞陞降有出於時之外者乎？上下無常，進退無恒，況於推光祿也，而以爲非降乎！昔有齊人懷千金者矣，之楚而買荆山之玉，裹以錦綺，載以舳艫，中流而遇暴客，並千金亦失焉。使不之楚，其千金固在也。鄭人獲良馬數十匹，不自用，散諸宗戚比鄰，而自留其一駘，鄉人皆以爲愚也。他日，廐焚駘斃，宗人歸一良焉，戚人歸一良焉，比鄰各歸一良焉，不數年而前馬俱至，無缺乘。使其初也，良馬皆在閑廐之下，今爲灰燼久矣，雖欲求一騬，不可得也。是故知退者知進者也，知降者知陞者也。況吾文卿，畿輔名學，燕趙碩士，兵穀具練，文武咸閑。自督揚州商課，已邁介守之聲。後處職方，參戎之劇，尤多經略之績，士林固以材卿名大夫望之矣。然則溫州之往，豈能久淹驥足耶！當路者固暫試之，以爲他日大用之途耳。且即溫州亦不可以易而視之也。過於慈者失其義，過於嚴者失其仁，過於恭者失其智，過於察者失其禮。由其道而無慾，得乎民而無損。文

卿雖自此以陟臺撫而正藩臬，皆其地也；雖自此以邁循良而登聖賢，皆其所也。區區京監何足云！」

文卿名錦，涿之良鄉人，起家丁丑進士。

抑齋序

抑齋者何？抑抑子司寇公周充之齋扁也。公，崑山人，嘗號玉巖矣，棠陵方子之所題也。公又自謙曰：「君子比德于玉，吾不能。且吾之名廣也，言心體之大耳，充之則無所不該。苟不從事於抑，而有下學篤實之功，幾何能稱吾名與字乎？」夫公爲御史時，以直言被謫廣東懷遠驛。厥後權姦既誅，召復舊職。乃又有直言，謫阮州竹寨驛。去驛不百步，則灌莽也，虺蛇虎狼之所，穴處而遊行。公乃獨居其中，止次子士淹侍焉。一夕，夢老人柱杖以過，問其年，曰：「八十矣。」詰旦偶展，及大雅，見抑之篇焉，諷詠不已，既而頓悟歎曰：「夜所夢老人者，非衛武公邪？今所讀抑詩者，非以啟予邪？全令德而堅晚節，當不在是乎？」乃遂扁「抑齋」於燕居，以自儆焉。

夫公兩言之事，皆關切大政，言人之所不能言；其兩謫之地，皆窮極荒遠，處人之所不能處。當其志與氣，固可以橫四海而塞天地，不可謂非廣也。乃猶以「抑齋」自勵，則公之所進，豈有窮已乎！且予嘗讀抑詩矣，不過謹於言行耳。故抑於言，則必磨白圭之玷，以惠朋友而承萬民；抑於行，則必慎屋漏之覿，明爲民則而幽爲神格矣。公如是也，又何慮不稱其名與字哉！雖棠陵子所謂玉立千仞之巖者，將無亦在是乎！若曰斯抑也，以前之挫而爲戒，以位之高而或持，是皆不知公者也。

贈柯掌科考績序

獅山柯君元卿爲南吏科給事中三年矣，考其績於吏部，諸諫議餞之青瑣外署，以予同寀也，邀陪餞讌焉。酒行，須野丘君曰：「南都之害，馬快船劇，有司計窘，無所於處；抗論袪弊，不畏讒傷，自獅山始。凡内府之庫人、門人以及關人、厥人，冗濫滋甚，侵漁細民；論汰其半，以復舊額，自獅山始。操江戰艦，向無紀極也，亦皆閲視分明，定爲恒規，自獅山始。聖皇欲節財裕民，班給關防于南科，而獅山監督倉場鹽局，凡三十所，剔蠹刷垢，歲省萬計。其己丑考察，論黜精當，後有留者，旋亦贓敗。他細事且勿言，此皆昭昭然在人耳目者也。」

予歎曰：「獅山子之績果若是乎其多也！」獅山子曰：「相方以是爲慮耳。夫銖銖而較之，將其鈞石者得無或遺乎？寸寸而察之，將其尋丈者得無或誤乎？天下之事，各有攸司；百官之職，各有所重。猶之藝麻者，舍其縱横之畝，舉畚鍤而治他人沃桑之園，力雖勤，桑雖盛，非己分也。且古之言者無專職，後世有專職矣，乃又分理他人之職，兹予所重慮也。」

曰：「然則獅山子之慮可知已乎！於此有樹桃樹梨焉，已蕡其實矣，然而蠹蟲陰飡其核，明嚙其膚，遠咀其枝葉。園人朝治一蟲焉，其夕猶夫朝也；夕治一蟲焉，其朝猶夫夕也。園人憂，乃問樹於藪師，則告之曰：『如欲毓斯木也，必壅其根，沃其旁，時初歲以振其身，則無蠹患矣。』園人從之，而明年桃梨乃實焉。昔者齊景公爲其亡馬與鳥也，欲罪圉人及燭雛，晏子乃皆益之以三罪而數之，其後圉人乃獲生。陳平以決獄，錢穀不知其數也，而漢文滋重其賢。齊景不足爲明時道，而陳平亦非獅山子之所欲，捋其言亦有其方乎！且朝廷寄公道于科道，凡人材暨錢穀、兵刑、禮樂，必委之以稽察。科道以爲真，則信其真；科道以爲僞，則信其僞。即如是也，百司知懼而諸弊聿革，其陰有益於國與民也不淺矣，乃獅山子猶過慮焉，則真有取於藪師者乎！夫事有兆謀而時有定機，是以君子别小言大言之入也。故如其未得言也，雖使歐陽子以

書切責者，亦不失其賢；如其可言也，雖司馬君實以剌義勇之微，面折韓魏公，不以爲抗也。且獅山子以光明端愷之心，而爲博大正直之學，既舉丁丑進士，作邑於永新，與有擒濠之功。繼令於商河，又有拯飢之勞。夫治天下猶治一邑也，獅山子已蚤譆而豫閑之矣。茲爲諫官，又得與宰相公卿論可否，爭是非，以共治天下。斯往也，雖因以獻納，上輔聖主之德光天之下至於海隅蒼生，以成偉績也，不在是乎！」

於是諸諫議曰：「子司符也，而言吾科，豈其欲爲杜蒯者乎？」

贈侍御楊德周考績序

南京湖廣道監察御史東岡楊君德周之考三年績也，其僚王君元玉會諸僚餞於憑虛閣，曰：「東岡子自爲御史也，使之巡城則閭閻不夜驚，使之折獄則訟至能辨，使之外巡羣倉、內巡九庫，其考稽之密，繩糾之嚴，姦弊無不革，至有言于上，亦無弗中理也。」

曰：「東岡之績有大於是者，亦嘗聞之乎？今夫富人之爲宮室，非一手所能成也，必使栭人爲楶，桷人爲榱，闑人为槉，簃人爲連，祊人爲門。若乃勵其勤惰，察其巧拙，使羣匠咸效其能，則在夫督工者也。若羣匠或競功而爭雋，則督工者又得以定其上下，息其喧嘩，俾富人之室家胥慶以落成焉。於是主人計績班物，則羣匠受下勞，督工受上勞。故東岡之績，非他一官一司者可比也。昔者秦穆公既得百里奚，而耳目聰明，思慮詳審，公孫友雖致上卿以讓，君子不以爲貶也；鄒忌之仕於齊也，既舉黔涿、種首、北郭刁勃以來，徐、楚、燕、趙之國，雖從車羅綺，君子不以爲過也。此雖小國之臣也，亦皆審於績之大小而安之耳。今之御史，得與宰相百官論是非，天子且胥天下之賢材以付之，使其別白優劣，進退善惡，以圖太平，其績可小數乎？於此有十畝之園焉，既樹梓漆，又種松檜，冀數年之內可以作琴瑟而充棟梁也。然旬月不視，則葛蘞荆榛，蒙虆縈盖，下不成蹊，上不見日，其中無所有也。於是主園者覔園丁以芟治，然或秉斨未審，而持刃未熟，則或並松梓

而除之。主園者排扉而視，徒見其疎朗空闊，可恣遊憩也，遂以爲園丁良。厥後琴壞棟橈，將覓材於園中，無可用者，則園丁之爲績，亦不易立乎！故古之君子數觀治園以治世焉。聞東岡初令寧晉，子惠邑民，除去姦慝，卓有聲稱。後以材勘治繁，烝調吳縣，吳縣賦多役重，素稱難治，東岡莅之，易如樹柳。夫治天下與治一邑同，況御史振肅百僚，與佐理天下者同，故予得因以言治天下之道，知東岡必不以今三年之績爲滿也。東岡苟益進於盛焉，則他日雖積登卿相，以佐理天下者，亦由是乎！」

東岡名叔器，福建侯官人，嘉靖二年進士云。

感恩盡思詩序

南刑曹正郎鄭君從商數謂予曰：「尋父菊軒公，生嘗業儒，愛山水，多所吟詠，桂林人稱菊軒處士焉。尋母曾氏，以德內相之，當是時，家事蕭條，母常紡績，寒暑不廢，而尋又孱弱，父教於外，母訓於內，勉以夙興夜寐，無少懈惰。尋既成舉人焉，爲嵊縣矣，乃吾父母相繼以歿。及尋陞入南刑曹，後蒙聖恩，贈吾父如尋官，母贈爲安人，然皆未之能見也。興言及茲，涕泗摧裂，諸相知者憐吾榮親之未逮也，皆有詩章以詠歎其事，則何以教之也？」

曰：「從商而知仲子路乎？其貧時，身食藜藿，爲親負米百里之外。親歿之後，南遊於楚，累茵列鼎，願爲舊事，不可得也。他日以告夫子，夫子曰：『由可謂生事盡力，死事盡思者矣。』然即夫子言之，則從商今日之事，得非感恩盡思者乎？宜以是題之冊焉。雖然，亦不可止於思也。昔日仲路雖片言能折獄，考其所自樹者，能使千乘之國不信其盟，而信其一言。從商當折獄之任，而明決忠信，又常希乎仲路，雖由此以使菊軒贈君及贈安人如子路父母焉，並千萬年存可也。」

贈侍御田德溫考績序

南京江西道監察御史小村田君德溫考三年績，其諸僚合餞之，而鈍菴何君道充數過予問贈言，曰：「宏嘗爲六合，小村子時巡江也，不以其不材，嘗辟之於朝。且嘗斷一流囚焉，蓋得其情之真矣，小村子三駁而予三執之不改，不以予爲倨也。小村子嘗三過六合矣，予皆適有公差他出，不及一迎事，及覽吾之政績，詢吾之行事，曰：『此其爲吏亦可乎！』不以予之失迓爲簡也。」

予聞之歎曰：「鈍菴而知民之休戚，時之隆汙之幾乎？惟繫乎士風之直與佞耳。今夫爲巨室之棟者，必取深山之材而不用街巷之木，豈其惡近而好遠哉？以其材碩大無朋而能直耳。他日，予之在外也，見爲上官者或不然。其屬吏田野不治，獄訟不息，然以其善趨承而有依恃也，則遂忘其瘝官焉，以爲賢而薦之。其屬吏貨財不好，請謁不行，然以其好戇直而守迂愚也，則遂惡其徼名焉，以爲不賢而棄之。是故上官一舉錯之間，真休戚隆汙所關也，則小村之事，豈非予所深慕而敬羡者乎？聞小村嘗爲麗水知縣，剛明方正，能慈惠於細民，上官獎且辟者，凡十餘次焉。既爲御史，諸所巡視監理、查盤刷卷、巨魁就擒，遂蒙聖上金幣之錫。夫若是，則小村之取於鈍菴者，豈非首績乎？又聞小村云：『玉生平無所長，惟是長史家君每以忠孝庭訓焉。玉奉差或之任，每便道歸省，必以是訓玉。今且考績，又得便道以省吾親，自念職益重而政未成，又將勞家君之訓，玉深懼無以對之耳。』夫若是，則小村之成今績者，又豈無本乎？雖然，斯政也，行之一處易，爲力大行焉，則或變；斯孝也，行之強壯易，爲學終身焉，則或忽。小村他日或進臺撫以至宰相，其取人猶夫於鈍菴也而不變，即天下之不康乂者鮮矣。小村他日雖越耆年以至耄期，其順志猶夫今日也而不改，即後世之不揚名者鮮矣。」

小村，山東利津人，正德辛巳進士。

贈劉體乾考績序

石首人劉體乾爲江陰二年，並前館城華亭之俸，考其績於吏部。江陰進士吳萁、陸九齡方業於太學，謁予於鶩峯東所曰：「涇野子知吾劉侯乎？自莅江陰，壹志愛民，動法古昔，立四戒以阜民，守五程以安民，定三規以烝髦士尔。乃自修清約，食多蔬腐，絲竹歌舞，一不經目，自行儉樸，以爲邑民先。於是化被綺山，風行海上。斯往也，雖漢之循良，何可讓乎！」

涇野子曰：「是舉癸未進士名欽順者劉體乾邪？予舊知之矣。人之言曰：『文不足以知行，言不足以知人。』豈其然哉！方體乾之會試也，予適得其卷，未知爲誰氏也。然其念民之無衣，至言圖不可繪藍縷之狀；憫民之無食，至言耳不可聞呻吟之聲。予撫卷歎曰：『此其人下必能澤民，上必能致君者乎！』遂持以告于主考先生。主考先生閱，三試皆相類，以爲有古風，必非常士也，即列置上等。今如二生言，則予之所取於體乾者，亦將非妄乎！

夫騰口之說與造道之言不同，專文之家與篤行之士不類。蓋花之剪綵爲者與其有本而生者，遠觀之，雖其紅粉瓣蕚，亦略相似；若就而細玩焉，風神光潤，生意盈溢，有本者自不同也。予固不能比孟氏之知言，然而於體乾則既驗之矣。且昔者之評體乾也，不啻此耳，以爲爲臺諫，則必能直言天下之事而不回；爲藩臬，則必能均濟困窮之民而不偏；進爲中丞、宰衡，則必能甄别海内人材而不私。體乾考績而行此，其位皆可以漸而至者也。若其所行皆如予之所評，則予之自幸於非妄者，又何如哉！況體乾之高祖方伯公舉永樂辛卯進士，爲翰林侍講者三十年，纂修國史，銓集六經，多出其手，直以不干楊文定公，仕於藩司而止。祖刑部君舉天順甲申進士，在刑曹有冰檗之操，明信之聲，乃未究其志而卒。則體乾之所以發潛顯幽而光先世之積者，雖起周、程之道，而樹韓、范之業，亦可也。」

贈葉敬之考績序

南刑曹主政旗峯葉君敬之將考三年之績。他日，邀餞敬之，而棟塘陳君忠甫、雍里顧君武祥亦在座。於是敬之偶言及董仲舒、諸葛孔明、程伯淳之於道也，予曰：「董、葛可謂立矣，於權恐未能。若伯淳，則庶幾於化乎！是故言於神宗則斂容以待，言於安石則敬其忠信。雖司馬君實純誠能信於華夷，欲用伯淳，猶慮其無以異於元豐，後當累人耳。故伯淳若用，董、葛不足道也。」敬之曰：「董不及程或然矣，若孔明則三代遺材，文中子謂其可興禮樂，恐亦未可少乎！」曰：「孔明豈惟不及伯淳，雖蕭何亦未之能及也。」武祥曰：「論人品，孔明優。」曰：「正謂人品不及何耳。」棟塘曰：「論學問，蕭何劣。」曰：「正謂學問劣於何耳。」

「然則蕭何之學與人品，奚當乎？」曰：「何之學，雖未及周公之大且純，然而人品則固有伊、呂之風矣。當漢高之未肯入漢中也，則勸之入，養民以致賢。及已致韓信、陳平諸賢矣，乃韓信忽亡，則不告諸王而身追信，漢高疑其詐，則曰：『取天下，必斯人也。』漢高欲將之，則曰：『此不可如呼小兒輩禮也。』乃教之築壇以拜而問策。夫惟築壇以拜而問策也，秦楚之士、天下之賢皆自杜南蜀中而入，如飢渴之就飲食於漢也，乃然後出漢中以定三秦。長於籌者用其籌，長於戰者用其戰，長於計者用其計，而我惟給饋餉以繼其後，故雖取天下如卷席以定漢業，而人不知爲有何也。孔明之時，雖漢失人心，然尚挾帝室之冑，入蜀後，並未聞吳、魏之賢有至者爾。乃區區校簿書，列陣圖，用巧於木牛流馬之他技，果於自用而不知也。在蕭何，則謂之夫我不暇矣。」「然則蕭何奚爲能是也？」曰：「不以喜怒爲愛憎，雖胡、越人皆如兄弟矣；不以異同爲賢愚，雖仇讎人皆如朋侶矣。是故蕭何之所用者，皆范增之所毆者也。此夫子獨絕乎無我，而顏子請事於克己也。謂蕭何未有所聞，可乎？」於是三君子頗然之。酒既，而敬之猶申告行之請，曰：「即所講者可贈敬之，以爲他日位至卿相需矣。」

棟塘名良謨，安吉人。武祥名夢圭，崑山人。敬之則台之太平人，起家癸未進士。

贈邊華泉致政序

大司徒華泉邊公守南戶部尚書二年矣，去冬來數疾作，每帶病聽政，其湯藥調攝，則間居於家。於是都御史汪公言於上，吏部覆疏，准歸休。報至南都，或者曰：「公既疾矣，但去之少後耳。」其僚少司徒新山顧公謂予曰：「公歸之心久矣，惟是聖上方勵精堯舜之治，則不敢以己疾自便，重違聖上心，是以遲遲耳。報至，而公喜曰：『吾可浩然歸矣。』」

予爲之作而歎曰：「蘇子卿不云：『臣之事君，猶子之事父。故父母愛之，喜而弗忘；父母惡之，勞而弗怨。』其殆邊公乎！或者之言，何其細也！公斯之見，何其大也！夫大臣宰相之度，過人遠矣。今夫詩，儒人之所喜談而力爲者也，刪後以來，士林率稱漢蘇李、唐李杜之爲其模，而作者不可以縷數，今且千餘年，無能一追其蹤。我朝弘治以來，當文明熙洽之時，於是公與慶陽李獻吉、安仁劉元瑞、信陽何仲默、姑蘇顧華玉、鄠杜王敬夫、侯官鄭繼之諸君子，奮翼聯起，刮磨砥礪，首倡雄製，當其鏗鏘，真可頡頏李杜，以爲聖代一時文字之光。彼慶陽、信陽、侯官既以足乎此而往矣，公與安仁、姑蘇乃皆致位九卿，而公所至，又漢三公之地，昔人所謂『品職冠服可同丞相，郊廟服冕可班太尉』者也。乃公益寬厚博大，雍容鎮重；且事至立折，慷慨不回。凡所著作，多飾諸政，恐李杜大用，未能及茲。則公雖先數月以去，又豈如今行之爲明哉！且公年二十，發解山東，即成進士。既諳禮於博士，旋昭諫於兵科，一仕提學副憲，屢任南北太常。明辟著於司寇，砥賦行於牧伯。蓋進退有儀，而出處致審者矣。則公之去就，信非或者之所易識也。有習于公者曰：『公雖疾也，政務少暇，輒披覽經史，所積書已充棟，猶抄集不少暇。夫公職總地官，位如此其高也；甲子未六十，年如此其不老也；乃其志與學，又如此其不倦也。苟使不去，以竟其所有，則其行道於時者，雖漢劉寵不足比也，又豈啻今日乎！』雖然，書不云：『雖爾身在外，乃心罔不在王室。』公歸歷山之下，瞻依泰山之旁，頤養天和，保愛道學。聖上思元老舊臣，再起公於冢宰之

位、台鼎之間，公雖力舉伊、傅、周、召之業可也，寧肯喜於今之解任而自已乎！」

後溪西遊詩序

後溪子年少時，從其父蘭溪先生籍於延安之葭州。既弱冠，與予同舉陝西，已而又同舉進士。被選爲御史，久或節推平陽，出守鄭州，遂以同知蘇州而去，居浙之蘭谿者十餘年，蘭谿蓋後溪子之原籍云。後溪子曰：「寬生長南方，宦學北地，凡燕、趙、雍、豫之境，足跡所至，皆已十七。獨建業，吾南州之勝也，未獲遊覽，豈不闕典？」乃從溪買舟渡錢塘，泛大江，直抵秣陵。凡金集、虎丘之邃，牛首、花巖之麗，罔不收入詩卷，以暢襟懷，名之曰西遊録。間以示予，問序焉。予得而觀之，歎曰：「後溪子爲御史，則思振肅羣工；爲州府，則思綏集百姓。然其志未竟也而罷，今皆一泄之於詩乎！斯遊也，後溪子豈徒恣盤樂云哉！雖然，後溪子如不以一西遊自足也，歸息蘭水之上，醉起金華之側，載裝琴書，重整行李，趍梁甫，詣泰山，以窮其奇而探其神，更爲東遊録以並西遊，如之何？當是時，若遣一价以問序，予雖千萬言亦不辭也。」

贈秋陂王僉憲序

祥符人王君元玉自行人選授南京湖廣道監察御史，明而有斷，直而不阿。上以其風采昭著，可戡繁劇也，方三年，即擢江西僉憲，坐司理訟焉。其僚宋君獻可爲問言，涇野子曰：「予有一言，久懷之，未敢以告人，告人恐人之不用也。」曰：「子知王君久，王君亦知子之久也，宜是以來於王君，而猶憂其告之不用也，奚謂相知之久哉！然則所謂一言者，何如也？」曰：「『不遠伊邇』，皆予與君及王君之所早聞而幼識者也。」「雖然，請試言之。」曰：「非予之言也，夫子之言也。」「在六經乎？在四書乎？」曰：「近在大學，重在論語，雖六經也，不外是耳。」「然則子何言之難，而秘之固乎？」曰：

「祇恐王君以爲易而不然爾。」曰：「王君如以爲易也，宜無是問矣。」曰：「夫子不云：『必也使無訟乎！』」曰：「若是，宜其憂人之不用，而慮王君之不然也。夫古今異世，風土異情，今天下方多訟，而江西尤甚。易日月以售私，更姓名以欺公，幻有無以愚吏，鬻證佐以藏姦，籍威富以干紀，挾德怨以陰報，覓簡牘以陽謁。此七者，蓋不可以慈母訓而文儒分也。是故大其桎梏，猶有以爲徽纆之細者矣；重其鞭箠，猶有以爲楚蔓之輕者矣；廣其囹圄，猶有以爲畫地之隘者矣；極其聰察，猶有以爲木訥之可犯者矣。今乃曰『無訟』，雖則夫子，對時則謬，不亦誤王君乎？且何以能無訟也？」曰：「大者勿論，姑以田土一事言之。昔者條山之頂，平陸之區，有膏腴之田數百畝焉。虞公曰：『此虞田也。』朝耕其西畔焉。芮伯曰：『此芮田也。』暮侵其東壠焉。分爭詬辯，積數年而不決，乃相與跋雷首，泛洪河，以訟于西伯。履華陰而足欲蹣跚，濟涇渭而舟欲遡洄，且至豐鎬而訟心皆息，以置閒田矣。於是周之皐門，積歲常開，而無金矢之入，肺石生苔蘚，嘉石映日月也。」曰：「苟若是，果不能有訟矣。宜將告諸王君，使誦無逸之書焉，曰：『徽柔懿恭，懷保小民，惠鮮鰥寡，不遑暇食。』使歌思齊之詩焉，曰：『雝雝在宮，肅肅在廟，不顯亦臨，無(斁)〔射〕[一]亦保。』『不聞亦式，不諫亦入。肆成人有德，小子有造。』以不負子望王君以求學孔子、文王也。然則王君斯行也，其亦甚重乎！」曰：「然。」

王君名琇，起家癸未進士，予嘗獲見其試卷，有深學。

贈司馬君守懷慶序

監察御史西虹司馬君魯瞻爲南京四川道五年矣，蓋臺中之望也。比懷慶守缺，銓曹以爲此中原之處，而河山要害之地

〔一〕「射」，據詩經大雅思齊改。

也，乃奏陞魯瞻。予聞而往拜之，君曰：「其郡也，若之何？」則謂之曰：「蓋嘗九過是郡矣。依太行，帶沁、沇，襟黃河。黃河善徙，徙南則北民無田而有稅，徙北則南民有稅而無田。野王之墟，恒以是爭也。孟之力，（能）〔罷〕〔一〕於途衝而未休；甯之畝，荒於風沙而未墾；皆予所親見也。乃若軹陟及溫，多傍山阻而近斥鹵，其民剽疾而寡固。以吾司馬君之道而涖之，遠可如寇恂，近當如文彥博矣。」

他日，君又過予曰：「子所言者皆土俗也，其何以益泰乎？」曰：「君亦嘗聞茁北山之牛及來丹山之鳳者乎？朝日則三芻，暮日則一水，牛始能飫其腹而濕其耳，以載耒耜而服畎畝不難矣。若鳳則希世之瑞也，乃日種淩雲之竹，歲栽朝陽之桐，遠射鴟張，近彈鵂鶹，清明映日，湛虛接天，於是九苞之鳳，不翽翽而來，噰噰而鳴者，未之有也。故君子愛眾如茁牛，養善如來鳳。君又嘗聞高陽之里有九男之父乎？其五子皆賢人也，其四子則不肖。其父於五子，則陽稱其善以愧四子，於四子則又陰沮其惡且勸之改，以追五子。於是四子亦如五子材，而九男之父安以樂。詩云：『鳲鳩在桑，其子七兮。淑人君子，其儀一兮，心如結兮。』君誠待民若子也，又奚但如茁牛與來鳳哉！雖然，山有藏玉，居巘者乃知；田有蘊莠，在畝者始明。覃懷有栢齋何公焉，予嘗評其學，比之仲路端木賜；論其政，嘗期以韓、范、富、司馬也。斯其人，乃今臥病王屋之陽，採藥（溴）〔淇〕〔二〕水之陰，君行而咨度焉，豈惟可治黃河之陽哉！君他日雖外掌藩臬，內歷卿相，斯其道，亦有餘矣！予安能以益於君！」

君本陝西咸寧人，國初，籍南京錦衣衛。其父芝居先生積學而未顯，至君乃起家癸未進士。於是陝人仕南都者，自都督容堂楊公、廷尉中梁張公而下，亦皆欲予有言也。

〔一〕「罷」，據萬曆李楨本改。
〔二〕「淇」，據萬曆李楨本改。

贈宋潞安府序

潞安府者，故潞州也，地廣而阻險，其名雖州，其實則府。然但以州名也，以知州理之則甚難，一不得人，民斯失所。故近者青羊山盜聚數萬，出沒澤、潞，招結姦回，虜格士女，拒殺官軍，僭號不軌者數年矣。土兵屢伐之而敗衂，且或執及守令，莫敢誰何。聖上赫怒，乃命河南、直隸、山西興三面之師以討之然後平。既而曰：「潞已安乎？」適有言者謂宜改州爲府，遂創建潞安府焉，置上黨縣以附郭，即青羊山開設平順縣，通舊長子、屯留、襄垣、潞城、壺關、黎城皆隸焉。是地於商、周爲黎國，於秦、漢爲上黨郡。唐、宋以來，非軍則府，倚太原而跨河朔，據太行而控平陽，本重地也。及府既建，吏部以爲此新造之邦而險要之郡也，民方釋干戈而瘵瘡痍，田方治耒耜而墾汙萊，苟非克慈克訓、克廉克斷者，不足以授之也。於是選於兩京科道部屬資望相直者，得宋君元錫焉。聖上遂俞允之，而元錫謙虚若不能勝。

他日，過予曰：「何以爲潞安乎？」予曰：「元錫有前賢之心，苟舉前賢之政，於潞安也何有？今之守令之治民也，奔走官署則有餘，而閭閻之敝陋，田桑之荒蕪，固未嘗一着目而加足焉；勞勩簿書則多長，而禮讓之廢弛，忠孝之陵夷，固未嘗一朝喻而暮督焉。青羊之盜，豈無自乎？君之斯行，潞安民賣刀買牛，賣劍買犢不啻也。」曰：「聞太原、遼、沁、汾、澤之兵皆集戍潞安，而兵備憲副且開司焉。如子之言，則兵將可勿用邪？」曰：「元錫而治潞安，當使環潞之境，夫妻鬻琴瑟，兄弟置塤箎，村落遍絃歌。雖有兵將，安用之？且予嘗過潞州矣，有仇氏森者，一丈夫耳，猶能用鄭氏家範、呂氏鄉約睦其族及百口，化其鄉及百家，彼何嘗用尺寸之弧、錙銖之刃哉？況吾大君子之爲政乎？」

越數日，具餞宋君，論及治道，稱程伯淳書「視民如傷」之爲賢也，曰：「伯淳之在晉城、鄠縣也，民已安矣，猶視之如傷，況今潞安之民已傷矣，又當視之如何哉？吾知元錫於此，固有如慈母之抱羸兒，嚴父之訓癡子者矣！詩緜蠻不云乎：『飲之食之，教之誨之。』其宋君之於潞安哉！」

雙萱並茂詩序

南京刑部主政崑山沈君廷材來謂予曰：「大楠之父守齋君配王氏，年且強，無子，而大楠本生父樂清君配許氏，生大楠兄弟四人，而大楠其三也。先王父麟臺君曰：『不可使沈二無子。』遂告諸沈氏廟，立大楠爲守齋君後。未幾，守齋君、樂清君相繼沒，而二母撫育大楠有今日，其後也，不知其非生也；其生也，不知其或後也。而大楠之事二母，其後也，則若其所生也；其生也，亦若其所後也。故許年八十矣，猶如大楠之懸弧矢時也；王年七十又三矣，猶如大楠之在繈褓日也。故大楠雖痛二父之皆逝，幸喜雙萱之並茂。但大楠舉有進士，仕爲縣令，而王母獲蒙恩典，封太孺人，許母則未之及，是所欲然耳。許母三子七孫，曾孫一人，而王母止大楠生一子，是所欲然耳。於是諸僚友皆作詩稱壽，以寫大楠之心，不知涇野子何以使吾二母皆至千歲，爲大楠終身樂也？」

曰：「廷材何必以是盡心哉？且廷材嘗言許母儉素不華，上事舅姑，始終一禮，恭于樂清，歿乃斂戢，諳曉書史，用訓諸子，勞心苦節四十餘年。廷材繼其志，以勿忘於行可也。廷材嘗言王孺人順事守齋，朝夕惟謹，既在湯藥，猶代家務，課桑督農，未嘗少懈，雖廷材有過，輒加痛懲。廷材繼其志，以勿忘於行可也。是故二太夫人之道，有孝焉，有友焉，有勤焉，有儉焉，有貞焉，有慈焉。廷材繼其孝，則忠斯至矣；繼其友，則信斯近矣；繼其勤儉，則夙夜匪懈，羔羊在公矣；繼其貞慈，則無成有終、福及羣黎矣。二太夫人之道，雖立於一時，而廷材衍之，可至於千載。千載之下，稱二太夫人比于壽安縣君程侯者皆是也，顧廷材不又樂乎？」

於是廷材取以上諸二母，以效南山之祝。

贈陶杏垣還彭澤序

杏垣陶君仲文者，五柳先生之後，江西鄉進士欽民、欽夔之父也。善爲李袒之學，兼究内照圖術，且於素問、靈樞亦總覽而有得焉。由是諸診劑迥與他庸醫異，獲効數多十全，又能理奇疾異病，皆不在今常行方，故一時名重於江南，江南人以爲佗、扁復出也。異時寧藩宸濠聞君名，甚重之，使人召。君謂宸濠不可見也，逃匿於九華山中。比宸濠既敗，而君始出。江西人曰：「陶仲文雖不中甲科，其志節優於李士實、劉養正萬倍矣。」於是江南人益重君，謂君不但長於醫也。

去年，大司徒邊公疾，徧金陵、姑蘇醫，無一效。乃使使請君來，數日即效，謂邊公曰：「埜治四分，公自治六分。」邊公弗能也，又弗效，故其疾隨復隨效，隨效隋復。君曰：「埜不能即瘳邊公之疾矣。」有歸志，而邊公又不欲君遽返。於是君召其二子欽夔、欽臯自彭澤來，師事予於鷲峯東所，曰：「埜至金陵，豈止爲行醫來哉？」余亦心重其有所見焉。居二月，君及二子行，於是大司馬浚川王公、少冢宰甬川張公以下皆爲詩贈之，欽夔之友章宣之輩遂以序問予。予是時以諭解州略一帙贈君，以濂溪、横渠之書贈二生，即謂之曰：「君及二生之歸也，然獨以醫治人之身乎？以醫治人之身，有效有不效。若以道治人之心，無弗有不效者矣。是故諭解州略，君可用之以治汝鄉之人心。周演、張釋，二生他日可用之以治天下之人心也。夫五柳有道而未用，生子五男皆不肖。君雖未用，而五男皆材。果以予言爲可取也，則五柳先生畜而未發之志，隱而未顯之學，當不有在於今日乎！欽夔、欽臯亦不可不奮往前修也。」

封君戴先生暨配杜宜人八十壽序

鄞人茂軒戴君以伯子鰲貴，封南刑部員外郎，配杜封宜人。聖上登極覃詔，又以鰲貴，授四品服色。今年生八十歲矣，

宜人生七十又九歲，即八十也。是時，仲子鯨仕南京工部主事，季子舉人鷙業太學且滿歷。工部及鷙謂予曰：「家君子生鯨兄弟五人，兄鰲仕知尋甸府已歸，兄鰲顓典家政，弟鱉成進士爲四川按察僉事，鷙若是矣，皆家君子庭訓、吾母幼教之德也。茲八月三日，爲家君子初度之辰，乃鯨不在膝下，工部將遺鷙東還，用祝南山壽，則何以畀之一言乎？」

曰：「工部與鷙可欲使公爲鄠人張殿中丞乎？張公於景德、天禧之間，今已數百年矣，其壽猶與太華、終南爭高未艾也。可欲使公爲汴人程太中公乎？程生於乾興、景祐之間，今已數百年矣，其壽猶與嵩山、黄河爭長未已也。夫親之壽雖在其身，實在其子。子之壽親，不惟其言，惟其行。不見渭、洛二水乎？夫渭，張氏之所居也，當其發源鳥鼠也，止可濫觴耳；及其灃、涇、漆、沮次第而入，始波流澎湃，達河而入海。夫洛，程氏之所居也，當其發源熊耳也，猶可厲涉耳；及其澗、瀍、伊水次第而入，始水勢浩蕩，入河而宗海。昔者張子厚精思力踐，仁誠禮樂，性命咸諳，而天祺德性老成，直道匡時，爲殿中丞光，故殿中丞至今猶在也。昔者程伯淳造詣精粹，見道分明，孔顏之學，於斯重顯，而正叔以道自任，率履不越，開先賢哲，夷險如一，爲太中公榮，故太中公至今猶在也。況茂軒先生少負不羈之才，長教八閩之郡，行先孝弟，躬恤貧窮，讓財無鬩牆之忿，篤友如伐木之詩。於是鄉之大夫與其父老曰：『吾猶及見戴先生有古之道也。』鄉之子弟與其齊人曰：『吾乃幸見戴先生有後之福也。』是其所至，固不減于前修矣。而杜宜人慈良巽順，供蘋蘩，勤織紝，至老不倦，亦有壽安縣君之風焉。使工部及鷙之所履猶夫子厚及伯淳兄弟也，則將使茂軒先生與殿中丞、太中公並，而杜宜人可與侯內君比以長久也。」

柳氏家譜序

嚴州柳進士士亨作家譜一帙，持以謂予曰：「本泰先世以魯展禽食邑爲氏。晉、唐間，族屬繁衍，著名河東，代有聞人。黄巢之變，播遷江左。爰及有宋，居於睦州建德之下涯，柳氏再顯矣。宋末元初，有號上戶者，行義宗於鄉邑，維時方

臘煽亂，避兵獅峯。至正初年，朝奉君富八者，則本泰之七世祖也，爰自下涯出贅駱氏，因家黃饒。至四世祖勝華，明經歲貢，授知澧州，進階四品，是生祖泰安州學訓導諱時者也。至本泰父常恒，亦歲貢爲國子生。夫自朝奉之定居，今七世矣；自澧州之力學，今四世矣。賴先世之澤，以有本泰。本泰闒劣，無能繼述，有所顯揚。則涇野子何以語之也？」

曰：「昔予在解州，嘗編聞喜裴氏傳、夏縣司馬氏傳及河東柳氏傳，不知河東柳氏即士亨之前修也。夫裴氏，自漢代遵、曄以來，名卿碩士，無慮數百人，至今咸永不歿者，惟賴中立耳。直言權倖，宣諭跋扈，既成淮、蔡之功，尤摧鎛、异之姦，以身係天下重輕者三十年，於是裴自寅、樞以前皆重光矣。夫司馬氏自漢遷、晉孚以來，賢臣逸民，無慮數十輩，至今皆久不歿者，惟賴君實耳。幼有敏識，口無妄語，三劄五規，爲時要策，辭樞拜相，爲世大範，以名係夷夏安危者二十年，於是司馬氏自池、炫以前皆重光矣。惟柳氏自景猷仕魏之後，支派殊眾，縉紳尤多，或宦南、北兩朝，或歷魏、宋諸代，或以功著，或以行顯，或以寵盛，或以文名，然皆未有如中立、君實之粹者也。振百代未洪之緒，立一時肇造之家，以如中立之於裴、君實之於司馬者，不在吾士亨乎？卜子夏曰：『野人知父母之何筭？學士大夫知尊祖而敬宗。』夫學士大夫，學其道以爲大夫者也。然則士亨之學於道也，必有所務矣，必不以圖世系、書昭穆爲已足也。」

士亨篤志斯道，故及之。

贈張惟靜提學序

南京禮部儀制郎中東沙張君惟靜既有江西提學副使之命，其僚秦懋功、吳宗仁來問言。涇野子曰：「昔者予之初渡江也，即勞東沙枉問予於柳樹灣中，遂獲與東沙遊。厥後見東沙數詩焉，接物命景，對時興致，清新俊逸，標格不凡，則歎曰：『此非鮑照、謝眺之作乎？』他日又見東沙數文焉，製辭紓情，發微闡幽，高趨簡質，不同乎流俗，則歎曰：『此非左氏、國語之作乎？』東郭鄒氏者，東沙之寮也，去年雪中速客飲，時弘齋陸伯載、虛齋王子

崇及東沙皆在坐，偶談及易艮之象暨噬嗑諸爻，而東沙說皆有根據[一]，不詭於常。時或泛論焉，東沙又爲他語以折予，予自覺其非，而不辯其言之激也，則謂子崇曰：『東沙又深於經學，固不可專以鮑、謝、左氏、國語目也。』且東沙素行孝友，賦性愷悌，風度逸邁。然則斯行也，其惟以經學導士哉！」

秦、吳二君曰：「作士不用詩文矣乎？」曰：「師之導士，如禹之導水，導之以正，則趨於正；導之以他岐，其不旁流爲患者，鮮矣。予嘗遊龍門，遵蒲坂，尋雷首，放於三門、砥柱，又東至於殽澠、成皐之間，見黄河由兩山中行，雖有濤漲，無或泛溢。比至徐、濮、曹、滕上下，土性踈慢，而岸崖陀斥，於是周徙砣礫，漢改頓丘，雖有瓠子之築，宣房之宫，至今捲掃不休，亦無如之何。使導士不以經學，而以他技先焉，是謂決龍門、破蒲坂，大壞隄坊，河未至徐、濮之地，而已氾濫於中國殃人矣。況夫士習易於趨卑，猶水之易於就下，何也？蓋各就其性之所近，以爲所好而進耳。是故高者耽玄，卑者溺俗，治詞者忘物，榮名者廢實，喻利者損義。此五者，多士之病也，其藥石皆具於六經。是故經學者，士子之隄坊也。故謂東沙斯行，專用經學以導士云。」

東沙名時徹，浙江鄞縣人，起家癸未進士。

贈胡福州序

山陽胡君貞甫仕南戶部，方總巡諸倉，乃有福州之命，於是黄日思、林太和諸友問贈言。他日，會飲於東園，貞甫曰：「聞福州有丁科八分，每歲一征，苦於繁費。若十年一征，則簡且省也。」涇野子曰：「夫民，次第輸辦，易爲力，一并科，率難乎其爲餘矣。且民多無十金之藏，而日惟尺寸之營，兼歲總會，獨先安之邪？」又曰：「福地多僧，僧多田，田多租於民

[一]「而東沙說皆有根據」一句，萬曆李楨本作「而東沙陳說的乎有根據」。

間。既租矣，未二三年，則匿前租，射後租，名曰重章。痛懲其僧，不可乎？」曰：「是豈惟僧之罪哉？此必後租者多威與富，以陷僧耳。威富既訖，則無此患矣。今夫瞽者，人所易忽也；冕衣裳者，人所必敬也。乃夫子待之，皆過趨坐作，無兩心。楊龜山以爲一貫之道，論語之要，盡在於是。獨不可移以治租田乎？」又曰：「歸無牒之僧行於俗，割有餘之僧田以業之，不可乎？」曰：「易不云：『已日乃革之。』君子行禮，不求變俗，謹修其法而審行之。市井賤丈夫，鬻一菓一菜，百僞千詐，叨得升勺，聊以糊口，聖人不究其隱焉。彼僧行者，顧不當是邪？夫凡有血氣者，皆當並生而兼育。所可以汰此輩者，惟德化既行之後耳。」

「若士則何如？」曰：「福，禮義之邦，詩書之藪，皇化久漸之地也。子是之行，課文非所先也，談經非所急也，若有孝子悌弟、烈士廉儒、義夫節婦，子雖造廬以禮，出儲以犒，本之於誠，將之以敬，可也。易曰：『中孚，豚魚吉。』言能中孚，雖豚魚亦可化，而況於人乎！且自予至南也三四年矣，見子食無兼味，衣無重采，客無雜交，物無妄取，固鎖先門，六年一日，予清不如子。詩曰：『溫恭朝夕，執事有恪。』禮曰：『執虛如執盈，入虛如有人。』久求斯人矣，乃於貞甫見之，予慎不如子。政務填委，剖決如流，井井不亂，吏息其姦，民服其心，予明不如子。苟言之必有之，苟諾之必踐之，考道稽德，上下咸允，予信不如子。此數者，貞甫皆過於予，而予猶論處租科僧儒之事者，豈以貞甫爲不足哉？大抵勇於爲義者，或不恤其他；切於變俗者，於其經未必慮也。貞甫，淮人也，不聞汲長孺之治淮陽乎？折其箠楚，殺其賦稅，停其營繕，驅其智慮，日臥齋堂之中不下階，而淮陽大治。此固不可移以治福州邪？若是，他日爲時社稷臣者，亦必在子乎！貞甫懋哉！」

貞甫名有恒，初號筠亭，取節也；再號慎齋，取獨也，皆可以知其爲人矣。起家嘉靖癸未進士。

贈招蕪湖考績序

涇野子與胡生大器談學於鷲峯東所，每歎曰：「守令之設，凡以父母斯民也。民飢則思食之，民寒則思衣之，民勞則思逸之，民愚則思導之，民危則思安之，民强悍盜竊則思懲而除之。有父之嚴，有母之親，斯可爲守令矣。然必本之以忠信，敦之以慈祥，優之以寬厚，守之以廉潔者，而後能之也。得若人而徧布郡邑，臥赤子衽席上矣。惜乎！未之多見也。」胡生曰：「吾縣招侯，雖不能盡如斯言，亦可謂庶幾乎！但與時頗不合耳。於是有以招侯爲長者，亦邑人也；有以招侯爲短者，亦邑人也。義者以爲廉也，貪者以爲寡於才也，惠者以爲慈也，暴者以爲劣於威也。」涇野子曰：「大器不聞夫子告林放寧儉之禮乎？勤卿果若是焉，爲政之本已近之矣。昔者仇香之長蒲亭也，寧憂鸞鳳之不足，不求鷹鸇之有餘，故不孝雖如陳元亦皆化之。但恐勤卿於爲政之本，不欲以仇香自處耳。若夫寬嚴得中，仁義兼舉，勤卿久當自得之，無慮其與時不合也。勤卿嘗有事於京，夜宿於鷲峯寺，且謁予於東所，自是遂以長者之禮事予不改，豈以予能知其心乎！若夫考績之殿最，知勤卿必不以爲重輕也。」

勤卿名廣，學于其門者，號鶴臺，起家廣東鄉進士。

壽封君省菴丘公序

省菴先生者，今監察御史提學南畿丘君以義之父也。先生少爲晉江學生，受易於虛齋蔡先生，蔡先生常曰：「得吾易者，丘生也。」於是閩以南，治易者多宗師之，門下士蓋數百人。當是時，侍御方垂髫，亦同諸門人受易業。他日諸門人屢登科第去，先生屢不第。他日侍御又登科第去，先生又不第。乃從往例歲貢入太學，既又以侍御貴，受封如其官，然皆非其志

也。每歎曰：「某篤於學者，謂苟得一第，以行吾志。身親見於明時也，乃竟不獲，豈其我學者之非邪！」每拂鬱嬰襟，疊發奇疾，隨以侍御孝養承歡而又起也。今年十一月十二日，先生於是生六十歲矣，益矍鑠強健，懷抱悅樂，前疾不復作。當其所自得於易者，又非往日也乎！

於是侍御方有學政，來謂予曰：「養浩何以使吾父至數百歲哉？」先是恒齋馬公亦語予，予謂恒齋曰：「有是哉，丘先生之英也！且孟子何人也，年四十始不動心；謝安既老矣，以一捷而折屐齒。即先生發憤於五十之前者，不可易議矣，然則今益矍鑠悅樂而無疾者，可知已乎！且己之第與諸門人之第，孰樂？」曰：「諸門人之第樂。萃先後殆數十人焉，數十人之行其學，皆己之學也。己之第與子之第，孰樂？」曰：「子之第樂。子之第，一大比，至薦百數十人焉，百數十人之行其學，皆己之學也。」「於此有樹花焉，其英蕚皆着於千枝百幹，而其本則不一着，謂英蕚非本之所有，則不可也。」「雖然，先生之樂，尤有大於是者，可知已乎？」曰：「昔者邵堯夫少時自雄其材，慷慨力學，至廢爐扇，講易於家，就問日眾。卒之德氣完粹，洞徹中外，吟笑終日。於是老穉倒屣，以聽車音，既厚風俗，亦成人材。夫堯夫亦未嘗舉有科第，顧其樂如此，而其壽至今數百年猶未艾也。乃先生潛心理學，寢食皆忘，於易有說，於四書、正蒙、通書、皇極皆有論解。雖願先生爲今堯夫，不可邪？」曰：「先生之樂，又有大於是者矣。堯夫雖壽，第其子伯溫、仲良猶未大行耳。昔者程太中之子伯淳之爲御史也，進說甚多，不飾辭辯，或請防未萌之欲，或戒輕天下之士，至使神宗拱手以聽。今以義既承庭訓，官又同於伯淳，其薦賢作人者已有緒矣。斯往也，動與伯淳準，則即未便入啓聖明，然而南畿俊秀，則江海之英也，誠使皆誦伯淳之言，體伯淳之行，以爲國家材，侍御且將爲今之伯淳，而省菴先生壽與太中公等，傳數千年不啻也，顧先生不又大樂乎？」

贈地曹黃日思考績序

儀真黃君日思爲地曹照廳，將考三年之績，入覲聖天子。行有日矣，其僚友韓汝器來曰：「日思與偉交且數年，苟有

諸心，必發諸口，既無隱伏，亦不文飾。夫子論益者三友，而以友直爲首，日思其偉之直友乎！」

予歎曰：「美哉！汝器之取友也。今夫直有六難。言直，人難與語；色直，人難與親；立直，人難與並；行直，人難與隨；好惡直，人難與同；取予直，人難與偕。今汝器以日思爲上友，豈惟日思之美哉！且予嘗聞日思之父雪洲先生司馬公矣，博學儉德，直躬而行。蓋於言、色、行、立、取予、好惡，皆無或乎有曲也。然則日思之無所隱飾者，其亦有雪洲先生之風乎！予之於日思也，其學則無所聞，其年則少有所長。乃日思常枉問予，予置之上坐，日思曰：『襄不安。』他日，三枉問予，予必置之上坐，日思三曰：『襄不安。』問其故，日思曰：『襄嘗受言於莊渠魏子矣，曰：「此之南都，可與涇野子處。」襄而上坐，是非所以見涇野子之心，而襄將有忘於莊渠子之志耶！』於是遂辭上坐，則日思豈惟直於一言哉！日思雖以司馬公蔭，大舉甲科，然而蚤受庭訓，克傳家學，身通毛詩、禮記；及入胄監，博交天下名士，德器益美；照廳之守，十三司僚友無弗以爲賢，而部尚書尤器重之，則日思豈惟直於一言哉！於此有取巍科高第者矣，然言或逢勢，行或迎時，則雖致位崇顯，君子不以爲榮也。是故直有二美，亦有二疵。以義直，謂之正直；不以義直，謂之婞直。以道直，謂之讜直；不以道直，謂之絞直。誠使日思益充其所有，配義與道，無往而不直，無時而不直，則雖浩然之氣，亦將有可求矣。朝廷久需如是人以大用，或出守一方，或喬轉二司，振乎風俗，綏此黎庶也。則日思仰光於司馬公者，又何如哉！」

壽王母俞氏八十序

王母俞氏者，南京禮部主政王君直夫之母也。今年十月四日，生八十歲矣。直夫問壽言，予因問曰：「聞君之在長洲也，猶寄居他人屋，然乎？」曰：「斯吾母之志也。先訓導府君宦業涼薄，微有田屋，吾母命庭讓之二兄。二兄者，前母之所出也。庭是以今猶寄居耳。」曰：「於戲！直夫只此寄居，真可以壽俞母至數百年矣！」「庭惡能使吾母至是乎？」

曰：「吾常見舉進士者矣，當年即有良田，當月即有美屋。君今舉進士且十年，官至郎曹，乃猶無產而寄居。持是道而不變也，豈惟可壽俞母至數百年哉！不見宋李文靖公乎？其爲相也，於利害則報罷，於水旱、盜賊、惡逆則力奏。其慎重先識，至使王文正、張忠定皆深歎服有遜爲真聖人者。然其治居第於封丘門外，廳事前僅容旋馬，頹垣敗壁，不以屑慮，藥欄破壞，不命葺治，乃譬諸巢林一枝。文靖由是也，至今數百年論宋名臣者多以爲首稱，而其母亦數百年未亡矣。則直夫他日所造，又安可少乎！」

直夫曰：「果若是，斯吾母之德也。吾母好觀羣籍諸史，不但以誨庭也，雖諸女婦相聚，必與之講明某可爲勸，某可爲戒，至繆彤兄弟，公父歜之備官，尤懇切言之。凡塾師課限於庭者，暇必督責庭。比其乏也，雖使庭授鄉學以業養，亦不令違義以干人，庭是以有今日耳。且吾母生尤甚異，年十五得瘻疾，臥牀蓐者五年。一夕，夢青衣童子授丸藥服之。既覺，香猶在口，病遂愈。又三年，而歸先君。其處前母遺子女，真如己出，而勤儉辛楚，不可殫述。則身教乎庭者，又已豫矣。果若斯言，壽可數百年也，皆吾母所自致耳。」曰：「若是，則俞母之資，固近於孟母仉氏。而直夫繼志以述事者，於他日之得志也，登卿相以行素學，亦如孟子弗爲堂高數仞，榱題數尺者，則直夫之壽其母也，又非但如李文靖母矣。」

贈汀州知府劉文韶序

南刑部正郎鶴城劉君文韶既有汀州之命，乃以其鄉朱秋厓子紈問言。予曰：「予嘗宦遊兩都，行歷數省，多接諸藩臬郡守矣。其賢者，必其洞民情者也；其不賢者，必其懵民情者也。夫民情雖隱，其發也多於獄訟；官職雖衆，其練也莫如刑曹。故凡爲刑曹者，出而以藩以臬以郡守，常十七稱賢也。然則文韶何有於汀州哉！」諸大夫曰：「文韶之在刑曹也，使之決獄，固無不明；使之兼督營繕，亦無不理。至於審覈死囚，多所全活，尤人所難。於是部尚書周貞菴公有『精爽詳嚴』之考，吏部及河南道亦稱其『練達操持，明爽平恕』也。」

曰：「若是，則文韜又非他刑曹者比，其於汀州，又何有哉！夫刑以齊之，雖時務之急，然德以道之，尤出治之本。韜苟又以其有諸己者之德，如所謂操持平恕者，而開先士民焉，則夫汀也，不又升於至治乎！況汀州，重山複嶺，水迅溪廻，前引交廣，背達江浙，俗雖質直而尚義，民亦剛愎而好鬬，難治之國也。故自唐天寶之前，開福、撫之洞，臨長汀之溪，以有斯郡也，涖守之官，無慮數百輩矣，然惟一陳軒者擅名於元豐。當是時，蝗不入境，年穀屢登，汀人大樂，至使黄庭堅有詩以紀，以爲『平生所聞陳汀州』耳。原其爲政，惟一清靜愷悌，無他技也，則道德之能格民，有如是乎！文韜斯往，亦如陳氏焉，行見汀人之歌曰『宋有陳氏，明有劉君』矣。況文韜，長洲世族也。始祖德基爲黄州統領，著名於宋。先祖順之爲平江提領，有聲於元。高曾叔祖發解應天國子祭酒。至其父中丞先生爲方伯，時又以直道忤於宦瑾，罰粟八百，揚名士林，于今爲烈。文韜固將繼志述事，位漸卿相，道終高朗，不但與陳軒比也。」

文韜名烱，起家癸未進士。

南垣便養圖序

南京兵科給事中進賢何德徵作南垣便養圖以詒予，曰：「涇野子知吾母舒氏今封太孺人者之志乎？昔者先考繼直君早年失怙，育於祖母李氏。太孺人既歸先君，每事内相，祖母寢疾三年，乃朝夕侍側，務悦其心。先君好客，雖於夜飲，肴果必備。生祉兄弟四人，三兄皆殤矣。祉復多疾，撫育訓誨，辛楚萬端。加以祖母既逝，先君亦亡，哀疚造家，至有今日。及祉既舉進士，兩疏歸省，未荷俞允，乃附舟迎養。居京一年，不樂風土，鄉思日切。既拜戶科，懇疏諸上，若曰：『人臣無在家之思，始可以勵在官之志；人子有養親之孝，斯可以盡事君之忠。』疏兩進，始改今科。仰惭恩德之未報，俯愧劬勞之難酬。便養之圖，則何以命之乎？」

涇野子曰：「諫垣雖有南北，其務忠則一；事親雖以便養，其行孝則同。吾聞孝有五至，忠有七經。心無逸念，敬之

至；口無過言，厚之至；見義必爲，愛之至；廣近仁賢，榮之至；揚名後世，壽之至。故君子以五至爲孝，而奉養其次焉。好惡無偏，經之情；進退無失，經之體；邪私難干，經之信；諫止應時，經之則；心同寮寀，經之用；動中機會，經之方；事先大體，經之本。故君子以七經爲忠，而南北不論焉。雖然，有五至者必能盡七經也。吾嘗以此而觀德徵，雖或未之皆備，然而其志與學，則固亹亹於是矣。德徵而不已其功，益求其所未至，則夫便養猶善養也，南垣猶北垣也。他日德徵位登卿相，猶如寇平仲捫足折節之意，則雖使太孺人揚名方來，與寇太夫人並美有餘也。」

送韓汝器北上序

嘉靖十一年正旦且至，南都羣臣先期進賀表，而戶部郎中洪洞韓汝器廷偉序當捧持，以行其竣也，又得便道過家，以省其父運同清寧子暨其伯父玉峯大參公。乃來問予曰：「何以益偉之斯行乎？」

曰：「美哉！汝器之行也，可與知忠矣。君子之仕也，恒以近君爲悅，一不爲竊其寵，二不爲憑其勢，三不爲叨其利，惟在盡道於己，暢於四肢，發於事業，質於君之前無愧也。汝器之在戶部也，言不越經，政不違則，發憤修道，澡雪日密，夙夜在公，此其心已可對聖明矣。斯行也，將羣臣頌禱之誠，祝萬壽日增之盛，鶴舞鵠立，萬象快覩，書所謂『昭受上帝』者非歟！昔齊大夫管夷吾嘗朝於周襄王，襄王嘉其督不忘也，勞之有加禮，而夷吾固辭，君子以爲管氏能世祀也。夫夷吾，伯臣也，且取於襄王如此。豈若吾汝器學於王道，久積悃誠，其所感動而爲一時之光者，又何如哉！則已不待言語之間，而輸忠於朝者深矣。且古不云乎：『求忠臣於孝子之門。』乃汝器大事竣也，不遑他念，便以省親爲事，則其所輸忠者，又豈爲無據哉！

夫清寧子，予未之能識也。聞其以舉人通判嘉興，同知開封，歷著政績，瀕陞兩淮，運同屢疏辭官，乞養忠定公於家。若玉峯則又予之素知也，其守懷慶時，予適過郡，是時忠定公年八十矣，乃玉峯見予無他言，惟問壽忠定公詩，予識之，至今

未忘也。然則便道之省者，固繼玉峯及清寧子之志乎！則汝器之所輸忠者，又豈爲無自哉！雖然，忠固以孝爲本，孝尤以忠而大。汝器不見忠定公之致身乎？爲諫官十餘年而不調，居司徒論八黨而甘危，道全終始，名著華夷，至今士林論正德中名臣，推爲第一。汝器又必繩其祖武，益篤乃學，益礪乃節，益齊乃位，益弘乃政，絕塵而奔，動與道俱，用光顯於前人。雖與伋、虎之纘戎太公、召伯者並，亦可也。」

贈顧廣東序

南京吏部驗封郎中顧雍里武祥既有廣東參議之命，繼雍里者，江夏馮三石子和也，乃同諸僚爲問言。涇野子曰：「雍里之行，於予有二損，於廣東有三益。昔者諸僚嘗飲於雞鳴寺之憑虛閣。是日，予未能有辭爵，醉徹面目四肢，行不能正履，語不能及常，戴月吟馬上而歸。旦日醒，甚悔之。未久，諸僚又飲於白鶴道院，酒至投壺，予三辭爵，雍里曰：『子無以雞鳴爲戒也。』予喜而謝曰：『敬聞過矣。』乃自後少能辭爵。雍里行，予無以聞過，一損也。雍里居無惰容，行無肆武，言無輕發。他日雨甚，予與胡在軒佇立司廳，雍里從外來，寡雨具，馬濺泥，濡裳半齊，乃益張拱整步，不失尺寸。予與在軒語曰：『此非漢茅容者乎！』雍里又善爲晉、唐人詩，諸僚政暇，觀蓮憩竹，瞻山臨水，探梅玩月，其搊題綴句，俊逸雄偉，動出塵想，近自何、李後，未見也。當其志，雖發乎性情，止乎禮義者，亦可望以入焉。雍里行，予無以見善，二損也。」

「然則三益於廣東者何？」曰：「雍里之上有撫按，見其恭而有禮也，能不相感以善乎？雍里之儕有僚寀，見其敬而無失也，能不相信於法乎？雍里之下有士卒庶民，見其廉而有度也，能不相阜於財乎？」曰：「若是，則雍里之往，更無所進邪？」曰：「雖然，聞之矣，君子之學在己者不爲有餘，在人者不爲不足。昔有貫珠巖下者，其智取於齊襄監門之士，一信陵君猶虛左車迎以廣學也。故夫子以不器之君子歸子賤，若端木氏者，直謂之瑚璉之器耳。故曰：『知微知彰，知柔知剛，萬夫之望。』雍里雖他日以此相天下可也。」

雍里名夢圭，蘇之崑山人，起家嘉靖癸未進士。

贈張君之成都序

隴西張君彦卿以吾陝鄉進士自光山教諭進爲南京國子學録三年矣，既考績，遂有成都通府之命，於是陝人仕南都者屬予爲贈言。先日，彦卿亦過予曰：「傑行有期矣，請涇野子一言以勗我。且傑久棲學校，於民事未閑也。今茲之往，有錢穀之劇，有獄訟之繁，有簿書之叢委，傑實懼焉。」予曰：「天下之事有難易，而道有淺深。故事以訓士爲難，治民爲易；道以典教爲深，出政爲淺。故俎豆重於泉貨，夏楚先於桎梏，業課首於文移。彦卿於其難且深者已躬行之矣，又何有於淺易者哉！」

曰：「成都沃野千里，襟帶二江，西扼吐蕃，南撫蠻獠，阻以劍閣，抗以峨眉。傑雖非專府之尊，然上有撫、按二司，皆所奔走以事，下有崇慶、漢、綿、威、茂諸州縣之民，皆所稟移以理者也。則何以堪之？」曰：「彦卿亦聞子産之治鄭乎？其事上則敬，其養民則惠。」曰：「婷妸取容亦謂之敬，姑息刑罰亦謂之惠乎？」曰：「君子之道，惟中爲至。如其當盡之禮也，則毫髮不可缺；如其殺人以媚人也，則周茂叔先有所不爲矣。夫三十二州縣之民，何者非君之赤子乎！彦卿如存父母之心，則所以察其飢渴，問其寒冷，開其昏愚者，已先得其心矣，豈必使彦卿家至而戶與哉？凡至乎其前者，一人即百人也，十人即千人也。如梗治之徒，痛整之而不貸，一人即千人也，十人即萬人也。且彦卿光山之教已在人耳目矣。日者南雍之分堂也，其行靜以潔，其志公以慤。他日嘗謁甘泉湛子，亦亟稱彦卿學行之良。後遇甬川張公、方齋林公，皆如其言。故諸鄉先生常望彦卿旦暮選取科道也，乃遷此官，方以爲未盡彦卿之材，則彦卿又何懼乎！雖然，臨事而懼者，基治之本。彦卿如不忘乎此懼，皆如其前所言焉，則彦卿他日積登藩臬方面，亦不足爲榮，惟是庶幾於道，則諸鄉先生今日之意也。」

贈黄伯元考績序

弋陽人黄君伯元爲南刑部山東司主政三年矣，將考其績於吏部，其僚李文興、林太和爲問言。予曰：「朝廷立法，雖以三年、六年、九年之績爲考；士君子立身，則以百年千年之績自考也。士而能考千百年也，則雖三年之績劣，不害爲無績；士而不能考千百年也，則雖三年之績優，未必爲全功。所謂績者，非必戡禍定亂、掀天揭地而後然也，惟此一心之德傳之悠遠不磨耳。是故稷急於播穀，回樂於陋巷，其績之有無甚明也，知之者以爲同道。禹抑洪水，孟軻闢邪説，其績之難易甚明也，知之者以爲孟子之功不在禹下，故至今累千百年，其照耀日月無異也。故君子之爲績，亦求諸己而已。不識伯元將止以優三六年之績而已也，亦將考千百年之績而後已也？如將考千百年之績而後已也，則其所以追法乎古之人者，不遑暇食矣。」

文興曰：「伯元嘗爲浙之武義縣，蒞官行法，馭吏治民，一皆敬慎不苟。乃若刑曹之政，決斷明敏，尤衆所共見之。則伯元者，豈徒優三六年之績者哉！」曰：「伯元既若是矣，其益奮往力邁，仕則學禹、稷，處則學顔、孟，不可乎？」或曰：「禹、稷、顔、孟，大聖賢也，曠百世莫與並肩，遽欲學之，不亦迂哉？」曰：「士患無肯爲之志耳。是故旦爲顔、孟，昨雖非顔、孟，旦以後皆顔、孟也。夕爲禹、稷，朝雖非禹、稷，夕以後皆禹、稷也。」「爲之則何如？」曰：「在我者，自衣服、飲食、宫室始；在民者，一飢一溺，皆我飢溺之也。且伯元之祖石厓先生以風力御史著於憲廟之時，伯元之父團峯先生以嚴整家法表於潭石之里。伯元思光前烈，以考千百年之績，必不肯以斯言爲誣也。」

贈蒲汀李公考績序

蒲汀先生濮州李公爲南少宰三年矣，將考其績於朝，司廳及四司大夫來問言。栴曰：「先生之績，豈可以年數計哉！然即栴一人者觀之，亦可以占一二矣。往年予履南考功任，初謁先生，即置上坐，予曰：『堂屬既分，體統攸定。』先生曰：『獨來則從我，同四司來則從子。且吾與子自正德七八年以來，經筵則聯班，史館則並局，其爲寮宷久矣，今豈可以新而改舊乎！』予無以應。未幾，先生以直道忤時，引疾北歸。去年，聖上思用舊人，起復於前位，時予已移今官矣。他日瀛州勝會，至厭予以並席，舉費、賈二公故事以告衆。夫予一人者之身不足道，則凡其餘卑賤之品，知先生遇之，皆不忽矣。今雖贊先生以此入相天下，亦可也。昔宋富文忠公爲相，雖微官布衣謁見，皆與抗禮，引坐語從容，送之及門，視上馬乃還。自是羣公效法，遂改自唐以來旁唱尊重之敝習。先生爲今之富公非邪，抑尤有大者焉？周公相成王，語其子魯公曰：『故舊無大故，不可棄也。我文王之子、武王之弟，成王之叔父，於天下亦不賤矣。然我一沐三握髮，一飯三吐哺，以待賢人。』若有白屋之士，則躬下其居以訪之。」夫富公之所抗禮者，猶於其來謁者也，豈若周公不待其謁，屈懿親冢卿之尊，身親下於其家哉！然則先生即登相府，雖爲周公，不可乎？」

或曰：「公孤職在燮理弘化，如必徇曲勤細，敬以爲相，恐人以爲何子之不憚煩也？人君之治天下，非一人所獨理，而賢相之業，必不使匹夫匹婦不獲自盡也。然則士有務名以邀榮者，則亦下之乎？」曰：「有周公之明誠，則所下者皆藹藹之吉士。苟非其人，惇、確、惠卿輩安得不奔走於其前哉？先生早受父大司徒杏岡先生之庭訓。及弱冠，舉進士及第，歷翰林編修、學士。講筵明切，史筆讜直，主考會試，又號得人之盛。其在南也，克舉大體，蓋有經濟之學者也。斯行也，聖上必將眷留，入登臺司，以成太平之業。則所謂周公之道者，豈惟栴一人者之所祝望哉！」

陸氏重壽序

昔唐崔山南之曾王母長孫夫人年高無齒，不粒食，其王母唐夫人每旦櫛縰笄，拜於階下。即升堂，乳其姑，故長孫夫人雖無齒，猶數年康寧無恙，皆山南之王母克孝之徵也。乃今於太學生陸縉之父母見之乎！縉父名禮，字節之，號敏齋，於予爲同年進士。初授廣州推官，取擢南京戶部主事，歷員外郎、郎中，頻陞方面矣，乃以母厲太恭人高年，再疏乞歸省，武宗俞允之，當其志，雖一歲三遷不顧也。未幾，補知柳州府，歎曰：「親在不遠遊，禮之素志也。今有君命而不行，人其謂我以柳爲遯乎！」乃留其室高安人以侍母而身之柳。未久，復三疏懇乞終養，今上改元，亦獲遂請，當其志，雖即取藩臬不顧也。於是敏齋自此家居，日事太恭人者，今十餘年矣。

高安人自適敏齋，遭家中替，黽勉其間，事太恭人夙夜祗畏，未嘗有惰容。故太恭人今年生九十有四歲，矍鑠如艾強年，雙目不花，燈燭下尤能觀史書細字，戚黨女婦輩以爲雖一二百歲可到。而敏齋及高安人又皆年登六旬，健壯倍常。無錫人皆謂厲太恭人之壽，乃敏齋及配之孝所致也。然則縉豈非今之崔山南，而敏齋及高安人又何讓於唐夫人之夫婦哉！況敏齋爲推官，以清謹明恕著於廣州。在戶曹，出納平允，而又慎密有材略。高安人則躬服補綴浣濯，妯娌和厚，閨門肅穆。若是者，實敏齋及高安人孝悅其親以致壽之本源，於崔氏傳又所未有也。則敏齋他日起事聖明，移孝爲忠，以顯揚厲太恭人於後世者，又豈但比於崔氏而已乎！雖然，長孫氏、唐氏皆女流也，以一崔山南壽傳至今數百年不沒，則縉之所以度越山南，以收鄉族之盛，而振子孫之昌者，尤不可不自勉於學也。

贈顧頤齋考績序

頤齋顧君志仁在南銓曹，將有考績之行。或問于予曰：「何以謂之考績也？」曰：「考績者，考夫義也。義則爲績，弗義則雖有績而弗與。」「何謂也？」曰：「今夫較獲禽之績者，得若丘陵，可謂多矣，然一近於利焉，則君子不爲也。較廣土之績者，得乎天下，可謂重矣，然一非其義焉，則聖人不爲也。故義者，績之質也；績者，義之功也。故君子適莫皆無，而惟比于義也。」

或曰：「率土之濱，雖皆王臣，然而有遠近之分焉，有輕重之別焉。是故均一郎署也，在北則近，在南則遠；均一銓曹也，在彼則重，在此則輕。顧君去近而之遠，舍重而就輕，可謂貶績矣。今乃合而考之，則前績多，後績寡，斯亦謂之義乎？」曰：「義有以遠爲近者，則不得謂之遠，是遠於位，非遠於義也；義有以重爲輕者，則不得謂之重，是重於勢，非重於義也。」「然則顧君前之近且重者，非義乎？」曰：「義也，近亦義，遠亦義，輕亦義，重亦義。」「則何居？」曰：「於其遠且輕者既義矣，則其居重與近可知也。古之人，固有欲出入禁闥而好近者矣，固有欲得齊卿相不欲去而好重者矣，君子未嘗不許以義也。苟非其人，雖謂之無羞惡之心者，可也；古之人，固有欲辭樞副而好輕者矣，固有欲解說書思爲永安尉而好遠者矣，君子未嘗不許以義也。苟非其人，雖謂之無是非之心者，可矣。顧君能如孟、汲也，近與重皆可也；顧君能如馬、程也，遠與輕皆可也。故曰：無適而非義也。往年顧君初入吏部，嘗聞劉約齋言其材之美矣。既居吏部，又聞林基學言其學之正矣。比得數聯讌席，瞻德容，聆法語者，又數月也。則其所以辭近而居遠，舍重而就(近)[輕]〔二〕者，其爲義四方，固皆誦之，豈待於予之言哉！斯往也，當考課之責者，固不能以南北爲重輕矣。」

〔二〕「輕」，據萬曆李楨本改。

顧君名陽和，字志仁，福建莆田世族，起家嘉靖辛巳進士。

贈林瓊州序

丹丘林君質夫歷任南京兵、刑二部主事至署郎中，有瓊州之陞。或曰：「瓊州，古珠厓、儋耳之地，蒼屹、黎母、那射、石版之所盤廻，南龍、延澄諸湖之水襟帶而墊隘。於是生黎數犯其邊，羣蜑恒肆其患，颶風時振其居，賈捐之所謂『霧露氣濕，多毒草蟲蛇水土害』，欲棄之者，乃今航海而往，質夫遠乎！」或曰：「瓊在大海之中，幅員二千里，既領三州，復隸十邑，雖畿甸鉅郡不逮也。乃若合浦之珠，顏羅之藤，翡翠玳瑁之珍，五木七寶之貴，甲於天下，乃握符而居，質夫富乎！」涇野子曰：「不然，是非以言質夫也。前之者是以難言，輕質夫也；後之者是以利言，小質夫也。若質夫，則予久知之矣。夫時有變易，志有定守。質夫之在車駕也，管撥四十二衛馬快夫船，盡革異時内臣多索船隻，歲省各衛夫船之費至十四五。他日，守備論其擅減進鮮船隻，藉有公論而免。夫減船之事，利害甚重，乃質夫力抗之而不撓，彼瓊州之物，當視之如糞土矣。質夫之在刑曹也，持法嚴明，吏胥畏服，諸僚稱材焉，蕞爾瓊管，何足難乎！況此地自漢末至五代，中原避亂謫秩之人，多立家而占籍，今衣冠禮樂已班班然矣。異時姜唐佐、王進慶及明興王克義、丘仲深者，皆由此其産也。或者之言，豈知今之瓊州非漢之珠厓乎？」

「然則質夫爲之者如之何？」曰：「君子之治庶民，猶天之於萬物，父母之於子也。天之於萬物也，以三時生之而不足，以一時殺之而有餘；父母之於子也，自少撫育教訓之，瀕老或不用一荆。故君子與其威浮於恩也，無寧恩浮於威；與其義浮於仁也，無寧仁浮於義。故君子因其政，不易其俗；行其禮，不違其情；宣其樂，不逆其生。故居山者不以魚鱉爲禮，非賤魚鱉也，山所不有者而責之，則固矣；居澤者不以鹿豕爲禮，非薄鹿豕也，澤所不生者而求之，則淫矣。故曰：知慈而不知嚴者，母而不父，民斯玩；知嚴而不知慈者，父而不母，民斯攜。夫玩雖不合於矩度，然猶有民也，至於

攜焉，民斯去矣。此恩威重輕之別，仁義大小之分，君子不可不蚤察而詳圖之也。書曰：『柔遠能邇，安勸小大庶邦。』此非古之格訓乎！」

質夫名文華，莆田鉅族，起家嘉靖癸未進士。

贈少參棟塘陳君序

棟塘子陳氏忠甫以南儀制郎中陟湖廣少參，戒行有日，涇野子餞之鷲峯東所。酬爵既行，棟塘子曰：「昔者吾子之論大禹也，止以『菲飲食，惡衣服，卑宮室』定聖人焉，恐此三者不足以盡聖學之精微。」涇野子曰：「此正其精者耳。仲尼至聖也，於此三者，再言其『無間然』，而吾子乃猶以爲不足乎？夫後世學者多騖心高遠，興論新奇，或遺落事爲，饌浮五鼎，衣度齊紈，田連阡陌，屋亘里閭，不知其過也侈，然猶以爲得道者有之。吾子蓋嘗鄙之矣，乃又有是言，何也？其以吾子常從事於菲食惡衣，而謂禹不但如是邪？」

曰：「近有應仁卿者，嘗論精一執中，其言頗妙，第於予之心有感焉。」曰：「精一執中固在於飲食、衣服、宮室之間耳。」「若是，則何以謂之人心道心也？」曰：「夫人豈有二心哉？心方之乎形氣，其道即寡矣，私而有害，不亦危乎！心方之乎道義，其人即寡矣，隱而難見，不亦微乎！故人心雖危，其實可制，而不可無；道心雖微，其究可著，而不可昧。故飲食、衣服、宮室者，心之人；菲飲食、惡衣服、卑宮室者，心之道。此之謂惟精乎！此之謂惟一乎！此之謂允執其中乎！當舜之時，巢父、許由之徒有見於道心也，遂至捐飲食、衣服、宮室而去之。堯、舜、禹曰：『世豈有不服食者之道哉！此賢智者之過乎中，不可以教天下後世也。』饕餮窮奇之徒有見於人心也，遂至貪飲食、衣服而亡之，堯、舜、禹曰：『世豈有喪禮義者之人哉！此愚不肖者之不及乎中，不可以教天下後世也。』由是言之，精一執中，皆自飲食、衣服、宮室而作矣。後世學者，或既爲巢、許之論，而又兼行饕餮窮奇之事，宜中庸之道，三代以後，民鮮能乎！」棟塘子曰：「吾子

之發精一執中，視仁卿又少白乎！」

棟塘子天性孝友，博學能文章，見善而能好，見惡而遽絶。歷仕禮、兵、刑、工四曹，皆以清謹明公見稱，蓋有志於學圣人之徒也，惟恐執乎中者或少偏焉。於其別也，直述席間論答之語以識之后，將以瞻斯道之有傳也，少參之政，不足爲棟塘子語矣。

棟塘子名良謨，浙之安吉州人。

涇野先生文集卷之八

序

贈恒山張公北歸序

予同年恒山張公仲齊，提督操江三年矣。去冬適朝覲、會試之期，海寇竊發，公分兵勦捕，十九垂滅。言者未聞，先以論列，皇上震怒，至削籍令歸田里。南京公卿自大司徒鳳山秦公以下皆有詩章，大中丞治齋萬公爲問序焉。予往唁公，因言曰：「夫盜，與其難戢於後，不若善息於先。昔陳忠奏立捕盜法，凡強盜爲上官所糺覺，一發，部吏皆正法，尉貶秩一等；三發，令長免官。公誠如是行也，寧有他盜乎！」公曰：「迂哉，涇野！夫吏各有所統，而權各有所屬。予方責巡捕之官，已爲過甚，又安能以及守令之長邪？夫今日之事，將予人言之未盡聞乎？下情之未盡得乎？籌策之未盡廣乎？刑罰之未盡適中乎？有一於此，皆予之咎，不能仰承聖天子憂民意，削籍尤爲薄遣耳。」

予歎曰：「事權有分制之異。鎮江罷參將之戍，江淮承水旱之餘，會逢其適，有數存焉。乃公皆責諸己而不尤人，便欲角巾歸第，其有古大臣省愆思過之風哉！予與公同第二十有五年矣，知公久且深，正足以平物而不迂，直足以振紀而不撓，明足以察姦而不譎，廉足以立威而不回，信足以孚人而不同，忠足以體國而不比，守足以秉節而不移。甚至片移尺牘之或失，雖下官之申稟，亦必采之而不以爲難。予嘗以爲邦之司直，士之楨幹，竊冀朝夕大用以澤民也，乃遽以盜發而獲戾，雖謂之命，亦可也。乃公猶自責己不已，如此豈以當其難，未可他諉乎！漢武帝時，禁民挾弓弩，而吾丘壽王奏言：『宇

內日化，方外嚮風，其盜賊猶有者，則郡國二千石之罪，非挾弓弩之過。』夫今以數十郡邑，不能撫字招安，小民日毆桀黠無賴，爲盜於江湖島嶼之間。乃公以一人之力而任捕除，即盡力捕除，盜且又生，將若何？然則公之自責不已者，豈以當以其先未有所請乎？聖天子志復唐虞三代之治，方恭默思道，或究盜起之由而略捕盜之法，則必霽威再起公於撫治鈞軸之地，雖海隅外戶不閉，行者不持寸兵，臥赤子衽席上，亦可企而見也，然則公之引咎責躬於往者亦已矣。惟是，雖在江湖而有廊廟之慮如范仲淹者，則固當夙夜不暇，無但優遊林泉自以爲息肩也。」

贈大司成方齋林公序

方齋先生莆田林公汝英守南京國子監祭酒越年矣，上命改北國子監祭酒。且行，其徒楊鈞、歐陽乾元數十人來曰：「方齋先生之教我諸生也，楷範端以慤，啟迪正以勤，差歷之拔公以平，寬而有制，嚴而不刻。諸生方日漸月化，以求登夫岸也，乃今舍我以去，當路者不亦厚彼而薄此乎？」

涇野子曰：「無以爲也。『夫仁者，己欲立而立人，己欲達而達人』，諸士豈未聞方齋子講邪？且諸士欲立達於己，顧不欲在彼者亦然邪？夫辟雍雖有南北之設，論輕重廣狹，北雍尤廣且重，蓋在天子輦轂之下，四方秀造輻輳，於是得方齋子蒞之，教遠而化博，以成國家棟梁榱桷之材者何限。不三二年，並南雍諸士布列內外，上以移風，下以易俗，裨補於明時不淺，不猶愈於在此乎？且方齋子嘗任翰林編修、春坊贊善，爲上經筵講官。其言溫厚和平，多所啓沃，蓋有宋范祖禹之風焉。聖主每御文華，意未嘗不在贊善也。況今水旱爲災，盜賊竊發，報無虛月。斯行也，方齋子仍任講筵，必有訏謀正論，仰贊聖主，即致中和以成位育之功，蓋不啻一辟雍作人而已，不猶愈於在此乎？諸士抑嘗聞龜山楊先生耶？龜山固福建人也，嘗師事明道程子於潁昌，及其歸也，明道曰：『吾道南矣！』後龜山官祭酒，雖未久，風化所及，蠻夷知名。其後延平李氏、新安朱氏皆傳其道焉。夫龜山所仕，猶在靖康之間，而其所傳惟止於一隅之士，乃其道今數百年爲士林師仰

未衰，豈若方齋子當斯世大一統時，受知聖明，兼兩京國子祭酒，得天下英才而教育之，則其所以係國家之重而明斯道於當時，以傳於後世者，當又不肯讓龜山矣！」

於是諸士持之以告焉，方齋子曰：「予嘗言涇野子迂腐，乃今望我以是，實與素心合，涇野子豈真迂腐者邪！」方齋子，莆中望族，起家正德辛未進士，選授翰林庶吉士，云云。

贈何嘉興序

進賢何君德徵守兵科越三年矣，陞爲嘉興太守。涇野子往問之，德徵曰：「甚矣，嘉興之難爲也！近聞其郡之田有百數則焉，官民互隱，美惡交射，科辦之雜，又無紀極，冊易於逓年，稅忘於累主，此有田或無糧，彼有糧或無田，其何以勘而定之乎？即一定之，豪右興讒，桀黠叢怨，不五七年，不能平也。」曰：「雖然，苟有父母斯民之心，將思之無不至，行之無不當，令之無不從。且古之爲大司徒者，環四海九州之內，山林澤藪之間，皆可以畫經界、立封畛，使無一夫之不獲。德徵他日之進，不啻司徒已也，乃又難於一郡乎？且聞近嘗查理兵、工二部矣，疏革積弊，所省於軍民者不啻數萬。今得郡而專制之，視於二部，顧不易邪！夫所不易於郡者有三：一曰守之不定，二曰公之不至，三曰驕心之未滅。斯三者，于德徵皆無焉，故予謂嘉興數月而可也。」

曰：「守也，公也，不驕也，祉自忖雖終身能不改，惟是明無不照，躁無不除，則未易能耳，故懼其弗勝也。」曰：「于〔一〕嘉興之中，豈無可師友者乎？豈無可賓客遊者乎？豈無可蒭蕘采者乎？豈無可狂夫擇者乎？誠使恭敬以訪之，參互以考之，案牘以證之，于是之中，得其非焉，于非之中，得其是焉，于政有不明者，鮮矣。若夫躁心之釋，惟在不尤人

〔一〕「于」，萬曆李楨本作「彼」。

耳。子嘗云：『一語爽于口，即大書于壁，以資顧諟。』守是道而不渝也，又何躁心之難釋？且嘗于邸報中見德徵之疏矣，以爲苟自是之心一萌於中，則意氣遂形於外，惟見己之善而不見人之善，喜於聞人之過而不喜聞己之過。予謂時務之急、治道之本在是也，豈其己能告於朝，乃不能行於己乎？昔者，予之同考癸未會試也，獲子之卷，私料其必忠信正直、憂國愛民之士也。今且十年矣，見德徵苟可盡孝於母，雖辭近密而不顧其榮；苟可盡忠於君，雖犯忌諱而不虞其害；苟可盡力於公，雖逆流俗而不畏其難。嘗喜曰：『科目亦可以得士，疎迂之人亦可以知人乎！』故即其已往者，知不難於嘉興也。然則猶有是懼者，豈非不已之心哉！蓋惟能懼，斯不懼矣。嘗見馭於羊腸之阪者，謹其聲控，視其險阻，不終朝而過，馬無雙步蹶，至於坦途，稍縱其心，馬或有誤足矣。近予過碧峯，聞有定僧焉，召而問之，對曰：『心冷已三十年矣。』則謂之曰：『人之治心，當如天道之寒暑晝夜。若纔一冷，則便熱乎，吾恐汝之未能常冷也。』未幾，僧述往日有尊官過問者，頻行，偶視其腰帶横金，自驚失禮。則詰之曰：『此非汝之熱心邪？』僧茫然自失，遂忘其三十年之冷心也。是故求明心、釋躁心易，守也、公也、不驕也，不可不時時惴懼以爲難者也。」又曰：「明生於公與守，躁釋於不驕。」

送中丞海隅毛公致仕序

海隅先生陽信毛公以都御史總督南畿糧儲越年矣，朝廷以言者准公致仕去。予往拜問，見公言論閒雅，動静從容，不失常度，出而歎曰：「公真有所養乎！」越三日，公枉報拜予，問之曰：「公歸居住縣城乎？」曰：「然。有茅屋數間，且與縣學對。」「夫公入仕如此其久也，致位如此其高也，乃尚茅屋乎？」曰：「自爲主事以來，每歲俸入率積一二十金，於今三十載矣，中間婚子三四焉，嫁女一二焉，遭親大故不計也。今歲奔走荆、蜀之間，明歲往來江海之上，在外日多，在内日寡，雖欲爲美室，不可得已。」「然則公歸其樂乎？」曰：「予師張先生者尚健也，予友董某者尚在也，予姻王某者尚存也。家無長物，歸與打雞漉酒，以頤餘生於聖明之世云，胡不樂？」既送公起，入而歎曰：「公真有所得乎！」

明日，戶部郎中湯汝承數君子者，皆稟公事事者也，乃告予曰：「公之遇恩輩也，恭而有度，和而不流，于情之中有法存焉，于義之中有禮存焉。恩輩甚辱公厚，無以酬公，故欲得吾子一言。」予因是憶往日嘗與總兵楊公論吾鄉一先達類西漢人物，容堂曰：「則海隅者，固東漢人物乎！」他日，學士穆公謂予曰：「子南來，與海隅遊乎？海隅富有學問，與論天下事，援古據今，如倒囊出物，滾滾不竭。」

夫楊、穆二公素不阿其所好，而數君子者之舉，又舊日之所無者也，益以驗予之歎服乎公者，豈偶然哉！然則公之歸也，不可自謂息肩爾矣。昔漢董仲舒以病免，居家專志修學著書，漢廷或有大議，如郊祀、繭栗、宗廟、梟鸞及雨雹、雷霆諸異，必遣使者如張湯、鮑敞就家往問，其對皆有明法。今天下邇年來雷彗旱蝗，其異不一，朝廷欲求其故而不得，又必省諸於碩儒處士，則董氏學，公不可謂之迂也。況今虜酋小王子擁衆折邊，攻燒榆林、延綏、墩臺，衆至十萬，遞到番文，假言進貢，其情叵測。朝廷方遴安邊驅胡之材，則公者非其人歟！昔宋范希文帥邠、延、涇、慶四州，預築清澗、大順諸城，復承平、永平諸寨，開墾營田，取賊地而耕之。於是明珠、滅藏大賊皆鼠首奔竄，至使熟戶蕃部稱希文爲龍圖老子。朝廷不日起公總理延州，則希文經略之具，宜又當皇皇夙練矣！

學獨樂園序

學獨樂園者何？曲沃李季和爲南京後軍都督恒齋馬公天錫作也。嘉靖五年間，公以右都督鎮守薊州、密雲、永平、山海地方，嘗奏薦陸尚書、豊學士等官，忤旨革任，着南京後府帶俸閑住，乃卜居徐氏東園，不攜室家，杜門謝客，孤處五載。則東園者，其公之獨樂園乎！或曰：「東園之勝，甲於南都，無問縉紳韋布，皆獲遊樂。今乃比諸司馬君實之獨樂園，而惟公能學之者，豈以心遠堂即讀書堂，一鑒亭即弄水軒，滌煩亭即種竹齋，登眺月巖即望轘轅之見山臺乎？又他人之於東園也，或暫觀而不能久留，惟公常居其中，隨芳飽玩，迎時飫賞，獨樂之趣，將深有所得者乎？」

曰：「當公之殺流賊於裴子巖、野雀窩也，劇賊崩潰，遂成狼山之績。既而殺胡虜於洪山口、栢崖塘也，匈奴挫衂，遂收中路之功。既而追斬犯邊韃靼於白羊谷也，威震北狄，遂壯薊州之鎮。凡外人之望公者，以爲威如熊虎，鎮如山嶽，邁如風雷，常比諸李廣之斬賢王、霍去病之六擊匈奴，可仰而不可攀也。乃今棲遲東園，焚香讀書，射隼投壺，粥粥乎，隱約如經生，澹泊如處士，五年之久，不越外戶。回視前日威望，漠然若不在己，惟以日費俸錢，無以報國爲愧，軍民之窮獨不得其所者爲憂，則公者即古所謂用則爲龍虎，不用則爲屈蠖。故謂獨樂園者，非公不能學也。

且予嘗聞公之守中路也，擦崖子當胡人出沒之地，絕無城寨墩堡，民方耕牧，輒被虜掠。公曰：『此不可以旦夕戍也。』乃令部下具一月糧芻，親帥材官五兵營于崖表，列陳如長蛇，鈎戟長鎩，據崖藺石營內，砍木伐瓴，百工咸作。匝月之間，城池廨舍，次第立興，雖軍士之釜甕場圃，亦皆與具。然後乃遷守禦官軍，無不樂從，至今爲一壯塞。又聞公之戰洪山口也，伏兵丘山阨隘，身領控絃白挺數十障以盾，士伺據山側，候胡入口二三百［步］〔二〕，乃自蹶張引強以斷後胡，而先胡半爲伏兵所殄，餘皆緣谿澗竄逸，羣胡聞之，號哭豕遁，自是不敢牧馬洪山口。往者胡人進貢，自入喜峯口，傲橫無狀，三堂者禦之不嚴，蓄之無恩，至使羣胡擁圍以爭厚賞，其三堂可於座上虜也，故有把兒孫嘗刺副參矣。公之驗放也，耀威以覿兵，申令以示禮，明法以彰信，厚犒以結恩，布段無不中衣，牛酒無不中食。於是折掃箒兒之指，鞭小失台之背，羣胡皆魚貫而行，孫如膠庠。他日，有盜胡掠二樵夫以去，公召其酋花當，與之一矢，不五日，縛盜胡並二樵來。公示之賞罰，後以爲常。則公之學獨樂園，豈亦先憂而後樂者乎！

雖然，若使公三二人者常在陝之三邊，即漢之河西五郡，唐之河北三城，皆可以復。瓦剌黃毛之猛，亦不敢窺賀蘭、蹂降城、犯黃河。凡河套之內，天倉之東，浩亹之西，桑麻徧野，而華夷可爲一家矣。乃今棄公於此，恐一旦有警，起公無及乎！故宋自君實居獨樂園後，而熙河、銀夏多事，予又於公之學獨樂園也，不免先爲邊陲憂矣。夫君實，宋之賢相也；

〔二〕「步」，據萬曆李楨本補。

公，今之名將也，公之於君實，豈可但學其獨樂園而已哉？ 雖學之，爲君實不可乎？ 君實再起，遂成元祐之治。今聖天子篤念宿將，再起公於南京後府，然聞北虜尚壓境，即委公以攘夷之權，公當益懋忠貞，矢竭心膂，爲北門鎖鑰，驅腥羶於陰山、瀚海之外，因以遥制亦卜剌、吐魯番，重舉屯田，用成安内之功乎！」

贈楊容堂致政序

南京中軍都督同知容堂楊公年七十矣，今春上疏乞休，聖上特准致政。異時武職大臣請老者，非閑住則養疾，惟公初得致仕，蓋與文職大臣等，實異數也。公將還陝西故里，其僚問贈言。

予竊惟平天下之道，固在君相明德絜矩以爲大本，而兵食二政則亦事權之重，不可忽者。夫兵莫急於西北三邊，食莫要於東南諸路。西北之兵，以總參爲據；東南之食，以漕運爲關。若乃兵揚沙漠而坐銷邊塵，食充官軍而久負人望者，則公其人乎！ 夫爲將有三德焉： 一曰謀遠而不泄，二曰見功而不貪，三曰有過而不蓋。有此三德，其他攻城略地，斬胡開邊，皆細事也。初，公之守備固原也，值北狄入寇，大折官兵，雖公部伍，亦在左次。時巡撫周公欲公減其數以報，公堅不肯，具以情上，周公愚之，公對曰：「人臣失事之罪小，欺君之罪大。」其後紀功者覈實諸漏，匿者皆被辜，而公之名遂重於時。及爲總兵，鎮守四川，同巡撫高公統兵征勦大夥流賊，賊迫於失險，願得招撫，高公即以爲功，具疏奏聞，三請於公，公不署銜，且曰：「賊情叵測，寧無後虞？」及公以疾去蜀，諸賊果叛，諸附功者，推逮不免，其衆始稱公高。

往年亦卜剌侵據西海，吐魯番、回夷煽起爲患，而匈奴亦復入套。公嘗獻議於總制楊公，暫舍西海之賊，遣使哈密，許其通貢，以當克其再來之謀，專意套賊，則備少力強，戰守皆易，俟其出套，然後徐及河西，所謂「易以計破，難以兵碎」者也。未及數年，套賊果已壓境，今且燒墩折邊，震驚中外。使其初議果行，全北邊軍民之命，省數萬兵糧之費，不啻也。昔漢神爵間，諸羌背叛，趙充國請馳至金城，圖上方略，言先零首爲叛逆，他種劫略，可捐罕、開暗昧之過，先行先零之誅，遂上

屯田策。卒之從枕席上過師，坐支解羌虜，降者三萬餘人。當是時，辛武賢誘其功於前而不從，浩星賜獻其侵於後而不聽。則公爲將之三德（足以欸國）〔足當充國〕〔二〕，而西北人常稱公料敵如神，築城如金者，其亦有此乎！

乃若漕運之政，虞夏以來未之有改也。秦漢之間，實無良漕。唐開元時，猶用一斗錢運一斗米，惟劉晏以戶部侍郎領漕事，即鹽顧傭，即傭置吏，即水置舟，即舟造艎，即艎定綱，即綱定人，卒不告勞，舟不告遲，一時稱便。國家漕事，自永樂十三年始罷海運，通今運河，然其所利，雖在黃河，而其爲害亦不小。故其間障有隄防，灌有塘湖，委有泉溝，啟閉有閘，遏禦有壩，卒有總，船有數有式，官上下有掌，地淮、徐、臨、德通有倉。蓋事爲之處而物爲之備，雖古和糴之利，轉搬之便，皆可推而行也，但法久弊生，歲遠政湮。及公奉勑掛印，提督漕運也，竭殫心力，修復廢政，故一時稱漕運十二便焉。一實糧以免水兌，二嚴程以革寄囤，三造淺船以補撥裝，四革掛欠以絕私債，五就清江廠以造洋船，六開通惠河以省軍腳，七更兩江二總及遮洋總以從人便，八改駕運京操諸衛以便附近，九奏革沽頭閘官以汰冗員，十奏減船廠之浪費以節民財，十一禁權要派索運船之蓆價以裕公用，十二省跳板以杜侵耗。故五七年間，運銀積二十萬，足以賞軍；蓆銀積九萬有餘，足以修船；車腳積銀纔三二年也，亦至二十餘萬，足以填實太倉。此皆陰補於國，人所不知者也。公真可以續平江之政，而劉晏不得專美於唐矣。然充國籌邊，年七十有六，公今尚少充國數歲，而北虜又復壓境，朝廷棘惟得人以攘夷安夏，疇咨海內宿將元戎，舍公其誰？不日起公以閫外之寄，則公當益懋忠貞，罄展謀略，廓清塞外，使永無胡沙之驚。詩所謂「方叔元老，克壯其猷」者，尚有望於公焉，公勿謂身在江湖，而忘廊廟之憂也。

〔二〕「足當充國」，據萬曆李楨本改。

壽山福海圖詩序

上虞陳君道源仕爲南京福建道監察御史，其父雲溪先生今年壽登六旬。正月之初，道源之僚十數人協爲壽山福海之圖，各譔詩篇以寫道源遐祝之意。瀕舉，而道源以言事被繫。既釋歸，於是道源持其圖展予請言，曰：「吾父少籍縣學，輒能工舉子業，上虞人皆言可拾芥取進士科也。會有縣尹者，善侮學師，及其乘轎以詣學，諸學生置其轎於他所，縣尹騎馬去，移學諸生於上官，獲削籍者三十人，家君亦與焉，於是上虞人曰：『惜哉！陳器之亦罷也。』乃家君自是徜徉百麓之山，吟嘯五雲之溪，絕念仕進，一志高尚。然稟賦近仁，當先王父母卒，喪葬之具，皆出身辦，不累兄弟，雖錢穀之輸，亦多自先。及名吾兄弟四人以濂洛洙泗，庭訓之下，戒諭切至。或聞比鄰有撻其子弟者，輟食往救，如痛己子。心更誠篤，凡夢寐中鬼神語告，後罔不驗，雖吾舉甲科名數，至叨今官，及近被繫之事，皆前知焉。」予歎曰：「雲溪先生之道如此其高邪！昔者齊景公探鳥㲉㲉弱而反之，晏子拜賀，以爲得聖王之道也，況於救鄰兒乎！然則道源之壽之者，亦有據矣。且道源今爲明道程子之官，若能爲明道程子之學，則雖壽雲溪先生如太中公可也。」

他日，道源復過鷲峯東所，且曰：「明道之學如之何？」曰：「惟仁耳。夫仁者之心，以四海九州爲一身，越人之飢，猶己口之無饔也；胡人之寒，猶己背之無綿也。故大舜欲並生乎頑讒，伊尹恥溝壑乎一夫之不獲者，皆是仁也。學者之心少有未仁，其不違天下之好惡，狥一己之喜怒者，鮮矣。」「然則何以能仁乎？」曰：「必有事焉，可也。蓋凡物之所至，人之所接，念慮之所起，雖一衣之鮮潔，一語之出納，皆常見夫此仁而勿忘焉，斯爲有事矣。」「然則有時而或忘者，何也？」「此必有其根焉。夫人之病各不同，而其爲忘之根也亦以異。好詩者以詩忘，好文者以文忘，好名者以名忘，好勢利者以勢利忘。人苟各隨其所忘之根而除之，則其有事於仁也，自無終食造次顛沛之違矣。」於是道源曰：「涇野子命我哉！」曰：「道源不忘乎是，則自此以往，亦如明道得志，可使萬物各得其所，凡四海九州之人皆在所救，而雲溪先生往救比鄰之

子者，於是乎廣矣。是雖壽雲溪先生于千萬年，與日月爭光，可也。山海之圖，又其細焉耳。」

贈余行甫考績序

東臺余子行甫爲南京陝西道監察御史三年矣，正月之初，將北上考績，以言事被收繫。既釋歸，始過吏部以給移，於是其僚陳子孔修爲問贈言。

涇野子曰：「東臺往歲迎其父碧梧先生來，奉歡稱壽，悅動南都，吾知其孝矣。今春之北逮也，臨難而不戚，遇善而不攘，聞禍而不怵，同行之僚皆稱任焉，吾知其友矣。果若人言。昔有君子書之下考，其色自若；書中之考，其色不喜，於是盧承慶以爲寵辱不驚也，遂書上考。若東臺者，當非若人歟！是故君子之仕也，其上考德，其次考行，其下考績。績以徵諸民也，爲下；行以見諸僚也，爲次；德以格諸君也，爲上。德有五至：諷而無私則愛至，將而不阿則直至，尊而不懾則敬至，犯而不欺則信至，匡而不猛則忠至。五至具而德崇矣。行有六疵：一於可人而索瘢，二於憸人而盖愆，三於勢人而附美，四於讒人而離羣，五於比人而喜同，六於利人而解義。六疵去而(友)[行]〔一〕成矣。績有四懋：其情可殺也，其律不可殺也，君子雖不殺也，刑亦近於殺也，是之謂懋義；除其陷穽而憐其愚也，開其藩籬而指其迷也，究其胚胎而傷其誤也，是之謂懋仁；棰楚之下，相鼠歌焉，桎梏之餘，行露詠焉，是之謂懋禮；折獄片言而可爲也，刖人有實而不用也，是之謂懋信。四懋具而績建矣。昔者張天祺嘗爲御史矣，以靈寶采稍歲用民力，久爲困擾，乃言於朝，止籍隸監園夫，日月課伐，以足歲計，民力自是以蘇。推是政也，績之不建者鮮哉！呂獻可爲御史，知無不言，言無不盡，一時諸僚如范純仁、司

〔一〕「行」，據萬曆李楨本改。

馬君實，或稱其貞固，或美其先見，同心戮力，以獎宋室，雖謂其（友）〔行〕〔一〕之成，可也。惟明道程子又有大焉，其在神宗時爲御史，進説以正心窒慾、求賢育材爲先，以至誠仁愛爲本。嘗言人主當防未萌之欲，不可輕天下士；其尤極論者，輔臣不同心，小臣與大計，興利之臣日進，尚德之風浸衰，神宗至俯身拱手以聽。是所謂崇於德者，蓋嘗以告東臺矣。之三者，東臺必居一于是乎！」

或曰：「崇於德者必成於行，成於行者必敏於績，不可以支離説也。」曰：「若是，則所望於東臺者，不又周已乎！」

東臺名勉學，廣西馬平人，起家嘉靖癸未進士。

贈侍御方體道考績序

儉菴方子體道嘗過鷲峯東所以談學，曰：「夫道之不明，學者之過也；學之不明，講授者之過也。夫棄學而不講者已勿論，間有從事於講學者，乃執己見，騖高談，捐行事而不顧，斯道之病益甚矣！」予曰：「子鄉晦菴先生之後，於今學者尚有遺風乎？」曰：「吾鄉之士氣節、辭章、訓詁者，亦有其人，第如晦菴時之諸賢，則甚鮮耳，抑其無倡之者乎！如黄直卿之遠器，李敬子之任重，張元德之篤志，蔡仲默之博雅，陳安卿之善問，李公晦之果決，葉味道之好古，石子重、輔漢卿之勤勵淳謹，皆一時之良也，然多散處異邦，初志未必皆同，得晦菴兼收而丕作之，始駸駸乎，達材成德，爲時名儒，斯道賴以一明。」

予曰：「雖然，晦菴之倡道也，延平李愿中開其源，廣漢張敬夫、金華呂伯恭，建陽蔡季通爲之友，斯晦菴有所資籍耳。雖則二程亦有然者矣。微當時，茂叔、堯夫、君實、子厚輩爲之師友，程子又安能獨明斯道，上承孟氏不傳之緒，下開尹、謝、

〔一〕「行」，據萬曆李楨本改。

游、楊、馬、張諸賢，以至晦菴耶？由是言之，師友之功誠大矣。故孔子得師於三人之行，大舜取善於陶漁之地，良有以也。且游定夫，儉菴之鄉人也。在宣和間爲監察御史，大著直節，程子稱其德器粹然，問學日進，政事亦絶人遠甚。蓋誠於中，形諸外，儀容辭令，燦然有文，人望之皆知爲成德君子。故傳程氏之道於東南者，定夫與中立寔並名焉。儉菴固今之定夫也，而其官又與之同，日兹發明程氏之道，上以告諸朝廷，下以行諸四方，不可乎？彼晦菴不作，黄、李諸賢之事，亦不待言矣。且儉菴坦明高邁，博學好古，與其僚二三人相約告善規過，以爲慎獨之學，久事於此也，人皆不知。然則行程子之道，又何有哉！夫才可操萬斛之舟，必有不肯捨柁者矣，不然者非舟師也；力可舉百鈞之重，必有不肯息肩者矣，不然者非烏獲也。」

或曰：「功從何處起？」曰：「自師三人、取陶漁始。夫何故不能於此者？皆其不能舍己者也。」

儉菴名日乾，福建福清人，起家癸未進士。

贈張存良考績序

南京廣東道監察御史鳳溪張子存良將考三年之績，且復命於上也，其僚陳子道源爲速贈言，予因問之曰：「鳳溪之所復命而考績者，何事也？」曰：「其一，牧田侵隱於勢豪，今勘出者二十四萬餘畝矣；其二，雞田鵝田久没於宦寺，今勘出者省戶部稻穀數千石矣；其三，典牧官田，内外軍役恃守備之勢，率占取焉，而典刑勳戚者之子孫或無立錐，今皆查復舊規，遂增兵部租銀六百餘矣。」涇野子曰：「鳳溪嘗過此，論及史事，凡前代政之廢興，時之治亂，權勢之盛衰，民情之休戚，歷歷如指諸掌。予以爲漫談也，不知乃親見諸行事乎！予獨惜夫其所勘出，何若是之少乎？」曰：「數千萬畝田出於一旦，猶以爲少，何也？」曰：「晉之田四十餘萬畝，齊、魯之田七十餘萬畝，蜀、楚之田三百餘萬畝，秦之田三十餘萬畝，吴、越之田二百餘萬畝，其中豈無侵失者？鳳溪何不一一勘出之邪？」曰：「涇野子迂矣！鳳溪一人身耳，又無重

命，安能盡至四方之里哉？」曰：「吾欲鳳溪以一人身化十人身，以十人身化百人身，以百人身化千人身，將四海九州之遠、窮邑小聚之僻，皆可堪矣。」曰：「古亦有是人乎？」曰：「古之人有行之者，伊尹是也。當其耕於有莘之野，不侵人畔；凡郃水之陽，瀵水之曲，其耕者皆化，亦不侵己之畔。於是商湯聞之，三聘以爲相，尹遂相湯，行井田之政，七十而助，西不盡流沙，南不盡衡山，東不盡東海，北不盡恒山。凡四海之內，斷長補短，方三千里，爲田八十萬億一萬億畝，而溝洫之通，封植之立，貪暴豪强者，舉不得以淆其分界，信乎無一夫之不獲也。故曰：『湯舉伊尹，不仁者遠也。』夫鳳溪能如伊尹之爲，則今勘出之田誠少矣，不然，宜人皆以爲多也。」

曰：「鳳溪縱能求爲伊尹之學，其如無位何？」曰：「安可謂鳳溪不便卿相？且鳳溪之官，固可告天子以用伊尹者也。苟不惟其本而徒殫力於其末，則四海九州之遠，信非鳳溪一人身所能到也。故舜有四目四耳，禹有九手九足，説者曰舜以四方人之耳目爲耳目，禹以九州人之手足爲手足，故能風動四方，地平天成。斯行也，若先以此復命，而後陳勘田之數，如之何？」

鳳溪名心。浙江餘姚人，起家嘉靖癸未進士。

贈鄧汝獻掌教政和序

泰和鄧子汝獻去冬同其友陳子發、楊充之數人謁於鷲峯東所，問修身治民之學。涇野子曰：「聖賢之道，雖千言萬語不能盡，切於今日之急務者，惟有二焉：一曰改過，二曰甘貧。」「何謂也？」曰：「改過不惟能盡己之性，人物之性皆可盡矣，行之列國，則爲仲由，行之天下，則爲成湯。甘貧不惟能足一家之用，百姓之用皆可足矣，行之於己，則爲顔子，行之於人，則爲大舜。」

明年，汝獻春試不第，曰：「吾而拘拘以甲科爲事以拂吾志，是忘涇野子之教也。」遂以乙榜從選，授政和教諭云。既

過南都，乃謂之曰：「夫師儒之官誠重矣，苟得行其道，雖公卿奚讓焉！如其公卿也，或失其道，雖於師儒有愧焉。且夫政和界在建陽、崇安、浦城之間，當南宋時，名儒輩出，晦菴朱子實振起於此，今其遺風猶有存者。汝獻斯行，其再舉之以教政和可也。」

或曰：「朱子之道雖大，然以爲學規莫如胡安定教授蘇、湖之爲切也。蓋嘗嚴條約以身先之，置經義齋，治事齋。經義齋者，擇疏通有器局者居之。治事齋者，人各治一事，如治民、治兵、水利、筭數之類。」曰：「雖然，安定固一時之名師也，第其條約頗支離耳。蓋聖賢之經乃所以治事，天下之事皆本於經。歧爲二齋，則經義非治事所關，治事又在經義之外，似非合内外之道，於聖學有疑焉。惟朱子之教，爲己務實，辨別義利，每三致意於謹獨之戒，欲學者窮理反身而持之以敬。從遊之士，迭誦所習，以質其疑。意有未喻，則委曲告之而未嘗倦；問有未切，則反復勉之而未嘗隱。故一時學者，遠器如黄幹，任重如李燔，篤志如張洽，善問如陳淳，博雅如蔡沈，果決如李方子，好古如葉味道，或以成德，或以達材，皆濟濟有見焉。汝獻之教政和，信不可舍晦菴而他求矣。況汝獻年以強壯，言及父司寇，即慕如孺子時，其恭兄汝粹，有君實保戀伯康之狀。凡與人交，言不妄發，發必踐之。其孝弟忠信，已有誨人之本。誠使又不舍晦菴之志以爲教，則斯道當一明於時，區區甲科真不足道，而予所講甘貧改過之說，將無亦在此乎！」

於是汝獻拜曰：「玉瓚願謹受教而措之行，不敢以時俗學官自待也。」

贈俞舜牧考績序

二江俞君舜牧爲南京山西道監察御史三年矣，將考績北上，其僚問贈言。明日，宋獻可以其札來曰：「此二江之自筆也。」札曰：「稷，浙江建德人。家君諱廷貴，起家歲貢，授山東平陰訓導，陞伊府紀善，至審理正致仕，壽今八十有三歲。長兄夔，丁丑進士，任四川僉事。次兄龍及弟貢，皆邑學生。」

予覽之曰：「此札與考績奚涉乎？若非二江問慶壽序，必其請一樂堂記也。」曰：「二江固爲考績札耳。」曰：「果若是，則二江之績不可及矣。古人一言之出不敢忘父母，一行之美不敢後諸兄，將非二江之謂耶？且獻可嘗言其奏革黄冊之宿弊，條陳江洋之盜賊，裨陳治道以濟久任而拔幽滯。其他分祀有疏，舉劾有章，罷革南京堂官有議，署掌河南、湖廣等道之篆。凡此蓋多風紀所關，政務所急者也。乃二江或沒而不列，又或列其一二於後也而不先，則二江於道德功名之際，緩急輕重之間，已了然矣。昔馬時中之爲御史也，嘗曰：『吾志在行道，使吾以富貴爲心，則爲富貴所累；使吾以妻子爲念，則爲妻子所累，是道不可行也。』今二江動以父母兄弟爲先，其行道之志沛然難遏，將不可爲今之馬時中耶？二江嘗署河南道印矣，河南道者，考覈南京部院、寺監、衙門屬吏之賢否者也。予在考功時，得與河南道通。河南道以爲賢，考功常取其十九焉；河南道以爲不賢，考功常取其十八焉。蓋詢訪既博，稽察尤切，是故然爾。夫二江之在河南道也，其書稱職者，必先道德者也；其書不稱者，必其先名利者也。二江常以此考人。今其登吏部而考於人也，必居一時之最無疑矣。雖然，君子之志於道也，救時爲急，薦賢爲重。今天下，北方春夏貴雨，而山西、河南、陝西等處，或旱乾數千里間，使老稚轉於溝壑。南方春夏貴暘，而應天、徽、寧、蘇、松等處，或霪霖一二月間，使麥稻蝕於蝗蝻。若是者，盡謂之天數，恐未必然。若歸之人事，則夫當言路之責者，選建明德於九州，以救飢餓於一時者，固有夙夜不遑暇食者矣。昔曾子之廣孝也，雖戰陣無勇，以至殺一禽、斬一木不以其時，皆以爲非孝。然則二江推具札之意而充之，則其極也，雖光於四方，通於神明者，亦可馴致乎！當是時，其勳績又豈他人所能考哉！」

贈大司寇貞菴周公考績序

貞菴公履南京刑部尚書位三年矣，將考績北上，以覲聖天子。南都諸公卿皆有贈詩，其僚南津胡公以序屬予曰：「公掌邦刑三歲，決小獄訟幾何，斷大辟幾何，覆勘重臣勳戚罪犯幾何，實有古五聽三訊之風，圜土肺石之教，其績真關繫國體

者也。」予曰：「是豈公之績乎？」曰：「公初令文安，凡賑飢、育馬、作學、禱蝗以及鹽糧、桑絲之處，民無不阜。及爲御史，或諫止佛事，或疏設虜備，或薦雍世隆之賢，或發寺人李興之姦。及在大理，以保釐受賞。在操江，以弭盜馳名。節財著于司空，擇將稱于兵部。其樹勳明時已久，至於今考，不亦偉乎！乃不以爲績，則公之績也，如之何？」

曰：「予嘗見三山里有富人爲巨室者，栭人雕楶，閈人敷笓，祊人竪闑，宊人程檼，桷人削榱。丈或失之短，尺或失之長，方或失之廉，圓或失之流。乃速工師一定規矩準繩，於是羣工皆效其巧而措其能，遂成巨室之美焉。故大臣者，官家之工師也，上以道德佐人主，中以綱紀正屬吏，下以風俗化士庶者也。唐、宋之季或不然，知君有所喜也，裒所好者以迎其喜；知君有所怒也，緼所惡者以濟其怒，謂之得君則可矣，於道德則未也。其屬斷罪克允矣，因其非我意也而拒之；其屬斷罪未公矣，因其如我意也而從之，謂之崇勢則可矣，於綱紀則未也。天下人心本直也，見巨公貶道以求合，莫不改其直焉；天下人心或曲也，見巨公守義而獨立，莫不變其曲焉。故大臣之動止雖微，係乎風俗者不淺如此也。

聞公嘗以父疾乞養病，未幾，居憂，例當入京取勘符。當是時，宦瑾方横也，其友勸公曰：『子以病歸家，以憂入京，恐不免，可貸數百金以賂瑾。』公曰：『以金而市惡名，非心所欲。』卒得致仕罷。他日，又以言事罰米督輸京邊，有同年請公過揚州以處具者，公曰：『方次苫塊，痛不能出，且利之所在，害之所伏耳。』破業以應罰，人皆於公稱愚，知者以爲公高矣。且久居要路，未嘗一肆驕侈，一侵鄉閭。宜公於患難之際，見親而不見官，見義而不見利者，如此其壯也。人言公於戊子仲冬已擢南刑曹矣，而己丑初春即改北，以手敕下閣議轉也。然蒞政方四十二日，桂相適以事去位，言官交劾，下之於獄，所司詣公請正，公曰：『重臣被劾，起自言官，朝廷命有公道及律例耳。』他日告當道亦若是。又曰：『司問來，可則行，否則駁，亦常格也。當審時，若肯服辯，即當擬審奏聞取斷，他莫之能比。』次日有旨復改公南刑曹，人皆爲公稱屈，知者以爲公陞矣。且久列上卿，未嘗一奏祥瑞，一獻佞諛。宜公於進退之際，見法而不見害，見公而不見私者，如此其定也。將所謂忠在道德而不逢阿其意，正在綱紀而不適莫其心，化在風俗而不傾側其身者，公殆近之乎！昔成周盛時，蘇公爲司寇，能列用中罰，故能長此王國，刑措四十餘年，功及成王之世。公雖爲蘇公不可乎？況聖主方興唐虞之治，欲刑期無刑，

親見四方風動之化，則公之往也，其明五刑以弼五教者，雖晉爲溆問之臯陶，不亦可乎！」

太宜人王母侯氏八十壽序

開州人王子德徵歷任山西、河南按察副使，陞遼東太僕卿。當是時，其母太宜人方八十也，德徵歎曰：「我何以遼卿爲哉！」遂疏諸上，辭不去。今年春，太宜人年八十又一歲矣，偶得危疾，幾不能起，德徵乃齋戒沐浴，籲天請以身代，且矢之曰：「萬一母病瘥，崇慶願斷酒肉三年不一御。」未幾，母疾果駸駸然就平復。

今夏，開州守孫君憐德徵之蔬食也，屢欲開矢言，德徵曰：「天能從吾，吾顧不能從天耶？吾而反矢言，是使崇慶以母病既癒而騙天耶！」比入秋，遂遣從弟崇賢渡黃河，泛長江，之鷲峯東所，爲太宜人問壽語，並以其答大理少卿韓公汝節論道書下問焉。書曰：「古之學也，道與事一；今之學也，道與事二。此君子所以惟支離之患爾。不然，聰明如釋老，何可當也！夫惟其外人事而爲道，故横渠謂之往而不返也。」又曰：「盈天地間皆氣也，氣而形皆物也，物而則皆道也。知形之顯于有，即道之妙于無，知道之妙于無，即形之顯于有，非舍形氣之外，復有所謂道也。」

予覽而歎曰：「不會德徵數年矣，乃今見此進，其可當乎！斯言也，且未論德徵行與不行，然言能至是，亦可謂有見矣。謂此非太宜人之所與者邪？是故人子能一美言，即父母之美言也；人子能一善行，即父母之善行也。昔二程勵志聖賢，著書立言，上比孟軻，人皆歸于太中公擇師之教，故二程有是言也。黄叔度澄之不清，撓之不濁，其行可幾顔子，人皆稱爲『牛醫兒』，故叔度有是行也。當太宜人之疾也，德徵精誠禱於鬼神，幾死而復生，使八十餘年之人矍鑠倍昔，雖百歲未可量，是可謂壽太宜人之體矣。若又能即其所論之道，行其所見之言，見物即道，見事即道，見己即道，見人即道，見寢食即道，見窮通即道，見天地鬼神即道。見之即行之，行之即得之，則太宜人之壽將與南山比高，東海比深，雖千百年未艾也，是可謂壽太宜人之道矣。是故壽其體者數百歲，壽其道者千萬歲。數百歲者，德徵已能行之；千萬歲者，德徵不可不

勉也！」

南莊詩序

南莊先生王君廷實者，今南刑科給事中景純之父也。南莊篤於好善，遇士大夫之賢者，必禮而敬之，或延以教諸子。性喜施予，見貧乏不能存者，輒解推所有以周之，有古義人之風焉。嘗蓄書植花，掃室靜坐，對爐熏，終日不外出。著一衣，經十年無垢瘢。其行孚於鄉黨姻戚，有古潔人之風焉。季兄瓊嘗赴象州學正任，母梁氏就任焉，君諫弗能止，乃以舟隨之象。及中途，兄母果中瘴，歸返桂林。君追趁至吐血仆於地，過者曰：「身著青衣，必廣東遠人也。」解以草藥而蘇。當是時，母疾危甚，有白醫者神而痊之，人以爲先生至誠所感云。踰年而母卒，先生哀毀餟粥七十日，凡所受遺，命兄弟之子，二三孤皆撫育而婚嫁之，有古孝弟人之風焉。

後景純發解廣東成進士，受刑科給事中。於是甘泉子爲君立傳，一時瑣闥諸君子皆有詩篇。及景純改南科，南縉紳亦有作也。他日，持以示予，予曰：「諸言者悉矣，惟是傳先生於千萬年者，則在景純耳。昔漢劉路叔少有智略，武帝謂之千里駒。然路叔常持老子知足之計，大將軍霍光欲妻以女，輒不從。嘗爲宗正至封侯，寬厚好施與，家産過百萬，則盡以振昆弟賓客食飲。陰及其子向，治行修飾通達，能屬文辭，宣帝擢爲諫大夫。會初立穀梁春秋，向受穀梁，講論五經於石渠。及成帝時，因缺救補，應時諫諍，至纂洪範五行傳以上。蓋皆事干近戚，言犯權倖，明於治亂之機，達於災祥之故，洞於天人之道，自有諫章以來，未有如向之昭切者也。然其言雖未大行，姦讒亦因之斂縮，忠良時爲之退進，有補漢室，其功不細，至今稱名儒焉。夫南莊君之道近路叔，而景純襲其餘德，至拜官又與向同，則其所以朝夕獻納，因時諷議，當亦有同於向者矣。況今水旱相仍，災變迭見，每上廑當寧之慮，而景純材學洪博，直亮茂著，其所建明，比諸向當又諄切也。誠如是，則所以延南莊君之道於千萬年者，不啻更生之於路叔矣！」

西山類藁序

西山者，祁門謝君一陽之别號也。嘗築室西山之麓，讀書學道，門人稱爲西山先生。性好吟詠，多所題作。既没矣，門人裒集其藁，各以體裁分類，曰西山類藁云。祁門汪子礿者，嘗持類藁謁予曰：「外王父幼甚敏懿，聞康齋吳先生講道小陂，遂棄舉子業，不遠千里從之遊。凡聞康齋之言，率心體力行，以求自得。其所疑，則精思審問，必究其旨。康齋嘗語人曰：『近得謝生，斯道有可望乎！』既歸西山，旦夕率妻子躬侍親側，無怠惰容。凡坐立，未嘗北面；居私室，與其妻相待如賓友。文公四禮，久墜未舉，乃力行之，以爲鄉人先。迺合邑之謝氏，肇建祠廟，立始祖唐金吾公以下數主，歲冬至祭焉，正旦則率長幼參拜，或講讀孝敬之道於此，以詔族人。今子孫世守，蓋不獨以其詩也。」

越明年，祁門謝溉者又謁予曰：「先王父，晉太傅文靖公之後、朱子門人龔州助教諱璡者十世孫也。兒時常同儕輩遊入文廟，遍觀聖賢像貌，歎曰：『聖賢亦人耳，吾獨不可學乎？』聞者已瞰其不凡。既受教吳聘君之後，日自砥礪，躬行孝弟忠信，式是鄉閭。於是邑侯鄭君問政焉，郡守幸菴彭公問祁志焉。則其學雖未大用於世，然已行乎其鄉矣。」予歎曰：「予當童稚時，已聞康齋聘君之名，然不獲見其人。既入官後，數尋求其徒而訪焉，皆未獲。今乃聞西山君之學如此，真吳門之高弟乎！夫溉，西山君之孫也。夫礿，西山君之外孫也。古之君子抱孫者，良欲有所授耳。故下武之詩以『繩其祖武』爲美，而小過六(四)[二]〔一〕之『過其祖』者，於其孫則宜也。兩生誠審於是焉，再起西山君之道而光大之，則可謂不獨行其類藁，又能行其家學矣。」

〔一〕小過無「六四」之爻，「四」當爲「二」之誤，六二爻曰：「過其祖，遇其妣；不及其君，遇其臣，無咎。」

贈石泉潘公考績序

南少宰石泉先生婺源潘公將考三年之績，南都諸公卿皆有贈詩，少宰之屬爲問序焉。予曰：「公之玆考，已歷三任矣，其績孰爲盛乎？」曰：「公在大理，平讞明允；在吏部，衡考精實，已不待言矣；惟是在鄖襄者，則又盛焉。當是時，地方饑饉疫厲之餘，公乃黜貪墨，節財用，招撫流離，發儲粟以賑餓殍。未幾，河南之盜入武當，陝西之盜入上津，四川之妖寇入漢中，侵軼震撼，甚猖獗也。公則請建巡司以障險隘，割取香錢以充軍實，設保甲法以聯守禦，立更番團練規以振師旅。於是河、陝之寇三月而平，蜀、漢之孽一鼓而擒。盜賊既息，刑罰亦省，乃作新士氣，敦正風俗，三邊爲之底定，朝廷遂有金幣之錫，則鄖襄之績，實非人所易及者也。」

予曰：「抑吏部之績爲獨盛耳！諸君不見獵事乎？當舜之時，歷山有嘉禾千畝，北山之三狐殘其數壠焉，南谿之狡兔蝕其幾丘焉。歷山主人引韓盧以獵之，於是獲三狐，縛狡兔，而田始成，然而嘉禾之踏踐者亦過半矣。未久，而狐兔又出焉，則歷山主人不勝其獵，乃身之蒲坂，訪諸虞益。益謂之曰：『若塞三窟、杜陰穴，窒其出入，絕其種類，則可高枕而臥矣。』從其說，遂無田患。是故賢材者，斯民之庇也。使當時，河、陝、蜀、漢之間皆得賢材以居藩臬守令，則不（能）〔致〕[一]驅盜於鄖襄，公雖欲成非人所易及者之績，其可得乎？夫吏部實賢材之樞，而少宰則佐冢宰以統百官、均四海者也。當其進退抑揚之間，苟各當其材而不謬，即天下之爲藩臬守令者，皆斯民之庇矣；當其進退抑揚之間，苟不當其材而或謬，即天下之爲藩臬守令者，皆驅盜之徒矣。近嘗同少司空中梁張公有石城之行，中梁曰：『石泉政本忠信，行出孝友，實予同年之信厚也。』則歎曰：『果若前言，向使如公數人者，布列蜀、漢、河、陝之間，則雖無公以撫治鄖襄亦可也。今天下西北

〔一〕「致」，據萬曆李楨本改。

之旱方數千里，東南之蝗經一二月，海寇出沒于江洋，北虜跳梁于邊塞，秦、晉、梁、豫之民流離餓殍者不計其數，其究豈可皆謂之天哉？ 然則，當賢材之樞者，能不隱於心乎？ 公誠遴選如公之在江浙漳武者，以爲藩臬守令，使天下皆得其人，既可以弭盜而阜俗，亦可以召和而豐年，不尤愈於鄖襄一隅之績乎？ 故曰吏部之績爲獨盛也。』」

曰：「子之言似矣，其如南北之異位何？」曰：「大臣之言論風采，朝建于家，暮行于國，方動于此，即至于彼。（具績）〔且公〕〔二〕之斯往，雖上告聖主以爲政之本，下告執政者以建官之要，蓋皆同心一德之事，固可立而行也。 近嘗聞待選吏部之官者，率多不問義而問命。 於是有十年不調之令，問之卜人，曰：『命也。』有一歲三遷之守，問之卜人，亦曰：『命也。』夫使天下之士皆樂於談義而輕命，即民之不利者鮮矣，豈非天下之福乎！ 使天下之士皆樂於談命而舍義，即民之不害者鮮矣，是豈可不爲之寒心哉！ 夫公之所居與其所可言者，皆在進退賢材之地。 故曰吏部之績爲獨盛也。 且聖主見公之令儀而稽公之茂烈，即聞冢宰且虛席矣，宜將柄用乎公，行見可使野無遺賢，蒼生皆被乎其澤矣。」

玩月嘉會小序

韋菴自松江來，四峯會諸同年，宴之世翰堂，則八月七日也。 比十日，半窗宴之於其第。 是日雨甚，予計十二三日必晴也，請宴之鶩峯東所。 半窗曰：「斯二日皆有他約，十四十五則何如？」曰：「吾同年兄弟睽違數十年，或三兩月不聚，直此中秋，而韋菴且遠至，亦奇會也，過此雖多酒亦不嘉。」遂定宴於十五日。 期晨起，聞曲林自句曲山中來，予喜如狂，曰：「此真奇會哉！ 古所謂千里命駕，以赴一日之雅者，此也，當非神交乎？」不及拜，先摺簡以邀，曲林曰：「不簡亦赴宴。」日夕，風晴霧散，皎月當空，絕無纖毫雲翳，而諸年兄皆襟懷開灑，超出塵世之外。 乃曲林執五骰，又皆得紅，遂浩然

〔二〕「且公」，據萬曆李楨本改。

蹶起曰：「戊子中秋，涇野有柳灣精舍之宴。今年中秋，又有鷲峯東所之宴，人生幾何！」即問筆賦詩一絕，諸年兄皆次其韻。是時，後齋、曲林皆七十，其詩皆燈下作細字書。四峯、韋菴及予皆斑白，獨前川、半窓朱顔青鬢，然四五人者之字畫反壯大不及二公，僕從環侍者謂二公真仙人云。

詩畢，興猶未闌，乃西遊鷲峯寺，對月環坐殿臺，又有數作。是時，月華益清爽，真三五年所未見者，豈惟吾七人者之奇會，其會此月亦更奇耳。若十二三，半窓無他約，十四日前川亦允請，則曲林焉能與會，而月色亦未必然也。故改奇會爲玩月嘉會，見禮之所由生也。因歎曰：「同年三四百人。初憶宦遊中外，可百年常際會也。今仕隱且勿論，即存亡已難計，會此者僅七人，所不忘者，獨筮仕初心之信耳。因知君臣相遇，真有定數，其致位崇卑遲速皆不可計，所不忘者，獨筮仕初心之忠耳。傳以忠信爲禮之本者，其此乎！不知諸年兄以爲如何？」

田氏家乘序

有田氏，辰州望族也。成化丙申間，家乘已成，思府教授廬陵劉君有序焉。其一言彭縣教諭由舉人起，其二言雲陽知縣由貢士起，其三言思府推官子玉由舉人起。科第簪紱，相繼不絶，已爲田氏文獻徵矣。至子中之世，又數十年未具也。他日，子中又問序焉。涇野子曰：「惡用是序爲哉？」對曰：「不序則吾田氏之乘不能傳千百年耳。」曰：「廬陵之序，當日已湮蕪，微子中書以示予，其誰知之？是傳田氏於千百年者，在子中，不在文序；望子中於千百年者，在斯道，不在科甲。子中不見周召氏、晉司馬氏乎？當君奭太保周室，司馬孚守正嫉邪於晉朝，固已開先二氏之序矣。中世以來，漸不稱道，日以衰微。至於有宋，堯夫出而召氏再顯，君實起而司馬氏重興。且子中博學敦行，楚之名士也。若又能篤志斯道，由深潛以至純粹，處則爲堯夫，出則爲君實，吾見煥知其祖，不憂不千百年也。夫省科，子中已有之，所將有者，進士科也。苟徒以是爲足，而不惟斯道之求，又或惟斯道之求也，志忽於隱微，力輟於流俗，則子中之所以篤有田氏之祜者，雖於彭縣、

雲陽，亦不能增美，而予之序，又豈能有加於廬陵者哉？子中行矣，光前裕後，其在兹乎！」

容思先生年譜序

容思先生年譜者，少保大司馬幸菴彭公之所編也。公從孫職方郎中前御史續已入梓，問序焉。初，予在學童子時，聞先生守南陽，身先教養，所建志學書院，皆精選一時豪俊，誨以古聖賢道。厥後柴冢宰公照、王少宰懋學出而以政事鳴，舉人張景純輩處而以文行鳴，則歎曰：「得公數人分布省郡，士習有不正者，鮮矣。」又聞公自萊州歸，小泉周廷芳者，守墩軍士也，一旦讀大學而有聞，遂盡治五經，篤信力行。吳恭順侯者，請教其子，小泉對以往役則可，往教則不可，志節高峻，言不空發。先生乃訪諸秦州，數與交遊講論，期以尋濂、洛、關、閩之緒。於是蘭州俊髦如少保及王至善輩十數人，皆勃然興起，並敦古道，至今蘭州士風甲於他邦，則歎曰：「如公數人散處田里，鄉俗有不美者乎？」比予既入官，會其子翰林檢討炅及蘭人殷主事承緒，質問前聞，皆曰：「果然。」然尤未究其詳也。今觀少保所編年譜，然後知前所聞先生之道者，得什一於千百耳。蓋先生仁以及民，皆出心誠之求；義以守身，皆本志道之定。負休休有容之量，抱蹇蹇匪躬之忠。如先生之道行，出可以移天下之風，豈啻一郡而已哉！處可以易四方之俗，豈啻一鄉而已哉！惜當其時未能大用耳。雖然，有子如檢討，有從孫如御史，皆思守先生之道而力爲繼述之學者也，行將爲斯年譜徵矣，則段氏文獻且傳諸後世，又豈啻關一時風俗而已哉！

贈楊陝西僉憲序

玄洲子仕爲南京大理評事四年矣，乃有陝西僉憲之命。將行，凡陝西人仕南都者皆曰：「陝西皆吾輩之故鄉也，自嘉

靖八年，秋旱禾不收；九年，熱如隕火，弱夫瘦子或行十餘步斃，或貿布糴米於途中斃，若是者不啻數千人；十年，飛蝗蔽天，糜芑秬秠，殘傷殆盡；今年，自正月不雨至於秋七月，麥禾皆無。陝西歲不熟者凡四年，於是百姓多餓殍，流離入市廛者，十去五六，編戶爲之大稀。北虜窺瞰其隙也，突入邊塞，無所掠而後返。玄洲子斯行，其有以招徠而綏寧之乎！」或曰：「此皆郡守縣令之事，玄洲子持法於臬司，官尊而階峻，安可以是望之邪？」

曰：「郡守縣令之不救其民，寧亦非法之未行者乎？諸君子不見綱與網乎？綱散而不收，則諸物皆去；一振其綱焉，則網雖萬縷千緎，自有條而不紊。近聞朝廷嘗發數十萬金以賑陝西，可謂至仁也。司會者計口分金，人金三錢。然貧者或未得，困者或未及，即貧困者之得且及也，然而多端之費，諸弊之耗，三金未至而已去其二矣。故予嘗謂博施非難，濟衆爲難。博施者，如發數萬之粟以與民是也；濟衆者，民皆得數萬之粟以爲實用是也。故仁人之政，與之斗者，民受其斗；與之升者，民受其升。德如流水而不壅，政如金墉而難穴。若是者，非有持法之長吏以旌淑而別慝，吾未見其能然者也。夫玄洲子，少師石齋公之姪，司馬瑞虹公之子，修撰用修之弟也。其家學源流遠有所承，而又年少能文章。取進士，又能持重不苟，選入翰林爲庶吉士。邇在大理，平允克當，士林歸偉。其於仁民之道，蓋不獨聞之久，則亦學之深矣。故於斯行也，敬以仁告焉。」

贈許廷章北上便道省親序

嘉靖十一年冬十月，南京文職羣臣先期進明年正旦賀表，都察院經歷靈寶許廷章次當捧行。廷章甚喜焉，曰：「詞之斯行也，進可以上覲聖主，歸可以下省吾母矣。」於是其僚諸侍御亦曰：「廷章斯行也，公可以盡爲臣之忠，私可以盡爲子之孝矣。」乃爲之問言。他日，廷章亦自枉焉。

涇野子曰：「昔者戊己之年，君嘗與予談及邊事矣，凡陝巴、牙蘭之故，弩溫失力之詳，赤金、罕東、嘉峪、敦煌險阨之

處，歷歷如數狎人而指熟路。當是時，君方幕前府也。予歎曰：『廷章居散秩而不忘重務，其志遠哉！』邇者又嘗與予偶談及憲務矣，曰：『激揚之道，在得人之實，不在以喜怒爲清濁。舉錯之方，在當人之材，不在以同異爲崇卑。』予又歎曰：『廷章斯言，則又異前聞矣。』然則斯今之往，仰行其忠固不待言，其歸省母高太夫人也，尚有不悦者乎！昔陳堯咨之母馮氏，以堯咨出守荆南，惟攻弧矢，則責之曰：『汝父教汝以忠孝輔國家，今不務仁政善化，而專精卒伍一夫之藝，豈汝先人之意邪！』夫廷章務於忠孝，斯往也，吾見母子聚樂，匪夷所思矣。且廷章獻表之後，會其伯兄少宰焉，見奔競之風熾也，方務於進賢退枉，欲正天下之士習；會其仲兄司徒焉，見災傷之地廣也，方務於損上益下，欲厚天下之民生。歸以告高太夫人曰：『伯兄夙夜不安寢，將休休有容，以好人之技聖，爲國家壯元氣，母無慮伯兄哉！仲兄日昃不暇食，將孳孳不倦，以憂民之飢寒，爲國家阜元首，母無慮仲兄哉！』於是高太夫人見廷章之行如此其端也，聞廷章之言如此其切也，必慰喜曰：『季子主事方筮仕，吾不能以遽厚望。吾所日夜拳拳於懷者，惟汝兄弟三人耳，今汝兄弟三人者果若此其懋也，汝父襄毅公之志與事，足克繼述，許氏孝謹之風，燁然其盛乎！』於是河南人曰：『古人云：求忠臣於孝子之門。柳溪許廷章一行，忠孝且俱，堯咨及其兄堯佐、堯叟不能專美於宋也。』

蘊齋陳翁八十壽序

蘊齋先生陳翁，字主德，泰和之處士也。年十八時，祖臨安公沒，無厚遺，即抗志作清白吏子孫。及父順菴公病溲遺，每籲天祈身代，暗垂涕泣，面收淚談笑，以開其心。他日，母病風疝，啜痰唾，驗甘苦以求瘥。蓋力田孝廉，有古逸民風。順菴公嘗羨以爲得子黔婁云。故公能身率以正，教其子昌積學有成，發解江西，文名重一時，然數會試不第。今年春，子發冀一舉以慰翁也，然又不第，乃歎曰：「甲科遲速，固知有定數。第八十歲父癯僂在堂上，無以爲對耳。」其友仕者且規之曰：「甲科亦不可無。子發不見與人交乎？人見其儒巾襴衫，不免先興慢心，比其扣知子發也，雖加敬亦後矣。子發盍

斷割古文學，一念舉業，來科管取高第，且以酬藴翁。」於是子發鬱少解，走諸名公，索壽藴翁文詩，而後過鷲峯東所，涇野子曰：「子發從舟來乎？」曰：「然。昨將至真州，用數金買一舟，行十餘里，見舟主若失意者，并其金而還之，乃以他舟至。當其在先舟也，與南城人張氏子同舳艫居。張氏子頗不良於兄，昌積常謂之以能思先父母，必能恭厥兄矣。」曰：「子發之初入京也，華亭弟贈一鉅舟，子發揮而不用，爲已約友人章宣之同舟矣。夫子發其去也如此，其歸也又如此，似已見道於舟乎！比於登高第者，不啻爲多，又何鬱鬱於甲科哉！夫烏帽金紫，皆儒巾之化也，但有先後之間耳。如其秉執志節以有道也，雖儒巾亦爲榮；如其乾沒名利以失道也，雖烏帽金紫亦爲媿。且子發不見程正叔、邵堯夫乎？彼且甘此儒巾矣，人焉能慢之哉！」

明日，子發偕宣之問壽藴翁言。曰：「子發之歸壽藴翁也，道豈遠乎哉？夫水行也，固見道於舟；陸行也，或御車，見道於車；或乘馬，見道於馬，何者非鳶魚之飛躍乎！在外也，固見道於友；在內也，或行家庭，見道於家庭；或睦宗族，見道於宗族；或處鄉黨，見道於鄉黨，何者非夫婦之造端乎！且藴翁清白之廉，可以貫金石；啜菽之孝，可以質鬼神。子發繼其志，而有得於斯道焉，居則化行於一鄉，出則政行於四方，將可壽藴齋於千百年矣。晉人有積粟數萬鐘者，偶見越人之犀象、翡翠而愛焉，盡出其粟而易之。未幾，天久不雨，方數千里旱，年無粒米入，犀象不可饔，翡翠不可飱，乃遂困且餓，然後知粟之貴於犀象、翡翠也。今子發見道於舟，皆晉人之粟也，彼犀象、翡翠何足以易吾之寶哉！夫堯夫之學既安且成，壽其父古至今不沒。然堯夫猶偏於隱者也，不足以爲子發望，若正叔之壽太中，子發不可不深長思而踐履篤也。子發而能若是焉，雖曾參之壽點，顔回之壽無繇，亦可力而至矣。」

楊母尹氏六十壽序

楊充之將還泰和也，過鷲峯東所曰：「人皆有母，不如吾母之爲苦也；人皆爲子，不如完之爲子不能慰乎其母也。

母今六十矣，諸苦皆歷之，及完兄弟二人者之成立也，蓋無所不盡其心焉。完歸，其何以壽之乎？」涇野子曰：「充之欲壽其年乎？抑壽其德乎？壽其年，其德不可得而兼矣；壽其德，其年可得而兼矣。充之不見程母侯氏乎？侯年未滿百，惟伯淳帥其弟正叔壽之以德也，至於今且千年也，猶存之矣。充之若身爲明道，帥其弟爲正叔，不患尹夫人之不能千年也。且夫長江發源岷山之下，止可泛盃耳。惟繼其後者能開導之，鬭瞿唐，刊大別，使汶、漾、潛、澧諸水皆受焉，於是日夜不息，趍東海千萬年不已也。充之若欲壽其德，雖使尹夫人如長江可也。」

「敢問壽德之謂何？」曰：「通於神明，光於四海，之謂壽孝。民飢則食，民寒則衣，之謂壽慈。夙興夜寐，不懈於位，之謂壽勤。羔羊五緫，之謂壽儉。」對曰：「有是哉？涇野子之迂乎！此皆名卿良大夫之道，完曲儒也，焉能以望此？」曰：「充之稟受端愨，學術醇雅，尹夫人之志，豈使其止若今日已哉？充之能思尹夫人事王母孀居之敬，不患於不能壽其孝也；能思法祖文貞公之教，不患於不能壽其慈也；能思夜績衣敝之事，不患於不能壽其勤與儉也。是故壽親之德，在實不在文，在行不在言。充之而果有實行也，雖予之文言，亦無所於用矣。」於是充之拜曰：「微文則不能聞其實，微言則不能得其行。完敢不敦茲實行，以爲吾母千萬年永，而以負涇野子之文言。」

章母朱氏七十壽序

進賢章宣之之母朱夫人，怡菴公之長子南京留守前衛知事直齋先生之配也。嘉靖庚寅之夏，宣之從予遊於鷲峯東所，共學古道，暑不知扇，寒不知爐者，將三年也。然予每以宣之睽違朱夫人膝下慰問焉，宣之必曰：「吾母以詔受教門墻，甚悦也。每寓書來，無爲定省慮，故詔得以專志於學。詔惟恐學之不能習先生也，先生無憂詔焉。且昔者詔之生十年也，吾母即遣離家五十里從師學，不姑息。及弱冠，遊邑庠、鄉舉、赴會試，小違數十里，大違數千里，亦不以爲念。今豈以在先生之門，旬月得音問，知吾母之必不慮也。」予歎曰：「賢哉，朱夫人乎！蓋有孟母三遷之志矣。惜予之道不及子思，不足

以爲宣之師也。然居嘗與宣之講授，攷諸行事，懲其過愆，督其將來者，則固以孔氏爲宗，未嘗須臾離也。」

今壬辰仲冬，宣之告歸省，偕其友陳昌積拜曰：「詔即還進賢省吾母矣，吾母明年九月六日則七十之誕期也，欲請一言以爲壽，可乎？且吾母事先之孝，雖金釧不惜解；處家之勤，雖晝夜不停績；相先君之恭，雖脫簪珥以需賓客不爲倦；待猶子之慈，與之婚娶，教之成立，殆若己出，不以爲疎。凡其濟窮急難，有古匍匐往救之風，族黨戚里，皆齊口稱其仁惠，不以爲異。詔，蠢人也，無能發於其德，雖學於先生之門者三年，知所向往矣。其歸也，豈能以盡慰吾母之心乎？」

曰：「宣之無以予之不似子思而不以孟氏自勉也。孟氏之道，雖不外出於仁義，而其學則惟在於擴充。且即朱夫人之五德而充之：充其孝，則所以忠君者至；充其勤，則所以居業者備；充其恭，則所以事長者篤；充其慈，則所以子民者切；充其惠，則所以處僚寀朋友者周。是謂立身行道，以顯父母，揚名於後世，將使朱夫人壽數千歲而未艾，上可與孟母仉氏等埒，顧不可乎？」對曰：「詔敢不努力以從事，但尚未聞用功之約耳。」曰：「窮理以知言，集義以養氣，則固與宣之日探而月討者也。」

北村劉先生集序

竊聞之，詩之爲訓也，深矣。得於耳，可以開舊聞；得於目，可以廣私見；得於口，可以平逸氣。故詩有五材，惟君子爲能舉焉：獻俗而不俚，列政而彰義，極幽而不隱，貢善而不諂，刺惡而非怒。故歌之房中，則美化流；謠之鄉黨，則親睦行；賦於朝廷，則綱紀立；發之軍旅，則威武振；頌於郊廟，則鬼神格。斯其爲不苟作也。今觀北村先生之詩，其格體固不敢以遽論，然而其志則固有在于斯乎！故上思則忠，下思則惠，外思則義，內思則恩，信思則久，慈思則遠。凡高密之撫字，戶曹之剔弊，刑部之明決，其隱皆於詩焉發乎？

昔者李伯藥見王文中子論詩，王子不答，伯藥退，謂薛收曰：「吾上陳應、劉，下述沈、謝，分五聲八病，剛柔清濁，各有

端緒，音若塤篪，而夫子不答者何？」收曰：「嘗聞夫子之論詩矣。上明三綱，下達五常，於是徵存亡，辨得失。故小人歌之以責其俗，君子賦之以見其志，聖人采之以觀其變。今子營營馳騁乎末流，是夫子之所痛也。」是故詩以言志，虞廷之所以昌也；或以眩藻，六朝之所以衰也。夫北村先生固王子之鄉人也，其仰止王子而思以再興者乎！劉氏家傳曰：「先生博學多聞，工高詞章，雖理鉅邑劇曹，不廢題作，日不暇給，夜漏十二刻，猶聞吟聲。」或謂脱凡，近得肯綮者，亦邇俗論，非知先生者也。雖然，王子論詩固至矣，然而其後郊、時、勃、勴，皆未大顯，又豈若先生之長子紫巖公舜卿進士及第，自翰林編修，累官今太宰，進退天下人材，入相天子在即。次子黄巖舜弼，以庶吉士入翰林，累官修撰，今官大參，賦政鉅省未已。則先生之所恒吟不休者，當亦有明於斯乎！紫巖公常言先生捐舘後，裒集遺藁，得二十卷，未及鋟梓，仕路奔馳，恒攜以隨。及轉南禮，發篋頓亡，百計究尋不獲，懊恨至成疾，以爲先人田廬器物雖或廢，猶可再理，惟兹遺集，精藴所發，一失難復，深自追咎不已。給由過家，二子爵、恩訪諸鄉舊，四拾散逸，亦謄鑱石，方有今編，纔十一二耳。其餘發揮奥義，可追古作者，率多放遺。

嗚呼！如先生之全集存，則所以思繼王子之志者，當不又有徵乎！紫巖公深懲前悔，梓行今編，若乃劍出豐城，珠還合浦，則尤其所深望也。文數首，意多與詩類，其誥、勑、碑、銘，亦皆附行，又以徵先生之道德，質諸詩文，不徒言也。

河東周先生新受誥封序

河東先生周君廷珍者，南戸部郎中宗道祖堯之父也。宗道舉癸未進士，出守潁州，既立三載，綽有政績，方請誥封，遽補南曹，移文遷延，閲年未獲。去歲考績，始償厥志，於是誥封河東先生爲南京戸部員外郎，其配李氏爲宜人。明年，宗道還南都，謁予曰：「祖堯父母之德，於是其少酬乎！昔吾父少拔鄉校，以二親既老，終鮮兄弟，爰棄學業，勗帥吾母，養親於薄荷，營生事竭力，死幾滅性，黑髮頓白，送終之費，鎔及□□。其誨祖堯，戒警日切，稍從嬉戲，輒加鞭策。年及弱冠，恒

呼小字，俾生深愛心。吾母偕德，孝慈並名，恩詔褒封，實天昭其隱乎！祖堯固無能用力也。」

涇野子曰：「宗道今兹可用力矣！昔宗道既舉山東也，偶因友邀晚歸，先生誨之曰：『天下事獨此舉止邪？輒從荒廢如是。』涕隨言落。宗道即愧懼，杜門斬絶私出，求所謂天下事者以用力也。及出守潁州，過家也，先生勉之曰：『一不可阿諛逐時，二不可峻刻殃民。』宗道至，袖簡從政，寧過於惠下而不甘於迎上，至忤方面被怒而不悔以用力也。」「然則祖堯今兹可用力者嗚呼存？」曰：「宗道無以一誥封其親自足也，宗道不見汝鄉之孟氏乎？加齊卿相，若可動心矣；然惟求在己之言與氣，使達於政事而塞於天地，不知卿相之爲榮。又不見汝鄉之曾氏乎？論富晉、楚，若可駭俗矣，然惟求在己之仁與義，使慊於吾心而尊乎吾德，不知富貴之爲美。」曰：「此以爲己，固可以爲親，雖卿相富貴，不害其爲多也。昔人捧檄，色動之心，則謂之何？」曰：「己之與親，義不可以兩視，道不可以異待也。且宗道又不聞孔子稱舜之大孝乎？則曰：德爲聖人。」

東山書院儀節序

東山書院，仇氏時淳承其兄時茂之意而創建之，以教育鄉之俊秀者也。時淳之弟時閑欄嘗從予遊，往年自潞渡江，已問書院記歸矣。兹復具儀節以問序，蓋嘗與谿田馬子請訂者也。其儀自立學釋奠、月朔釋菜、月望謁廟始。入學及春秋釋菜，立學入學教授，朝晡升堂教授，歲時稽考，朔望、元旦升堂諸儀殆數十條。其從祀諸賢，則以有關於書院者爲立主焉。蓋皆敬神端始之義，隆師重道之規，思以移風易俗，而長養人才，求爲聖賢之學者也。昔予之記書院也，嘗以設科於書院，望時閑使爲鄉人標準。今去記時已數年矣，時閑之科條遠不能見覩，此儀節當非其大概邪？三代時，學校之美，當不于今再見乎？且近聞時閑侍母之疾，母飯一口，己亦一口，母飯再口，己亦再口；母一日不飯，己亦一日不飯，母二日不飯，己亦二日不飯。甚至設言母若不在，己亦隨之不在，聞者無不墮淚。其誠孝足通鬼神，豈惟可感化潞之後進哉！予在江南，

凡鶩峯東所諸士談及，無不心服，于四方可知也。然則時閑書院之建，豈特舉此儀節而已哉？固有篤行以爲之本矣，則儀節斯不爲虛文，其傳也必矣。雖然，孝子之事親，以體其心爲至，親既老且往，而子必欲隨之偕往，是豈親心之所欲乎？親心不欲而子必欲之，是一節之士，非中庸之道也。時閑試以所祀先師以下諸賢觀之，曾有是事乎哉？夫時閑建書院以教人，而乃以此行率之，其誰乎從之？時閑而少推母夫人之心，則必不以一死爲道，而事親如事天者，皆在是矣。斯儀節，豈惟可傳之天下，雖垂之後世可也。

贈石高州序

南吏部文選郎中玉溪石子廉伯既有高州之命，其僚龍村賀子仁、后江楊惟仁諸君餞之尚書第，而予亦與焉，且以予年少長也，請先行爵。爵再舉，又適洗，玉溪子辭曰：「古禮有再爵，無三爵。」予曰：「然。玉溪子由夫古之道哉！雖以此古禮爲州，不可乎？今夫世之爲守令者，其事上官也，拱或至於磬折，拜或過於君親；其使下民，耗其財不知損，疲其力不知休。蓋皆不能以古禮節之故也。如再爵之禮行，敦士風而正民俗，于高州何有乎！」

坐定，后江問：「赴高州之期，當在發春邪？」玉溪子曰：「素多病，而廣路尤熱，俟秋冬而後起台州耳。」后江曰：「若愆期而爽度，無乃不可乎？」對曰：「簡性疎懶任真，涇野子所知也。去年之考績也，久菴、治齋二公嘗薦之時相，簡未能一謁焉。未幾，又薦之時相，乃取閱門簿，查無簡名，則曰：『此人初未嘗來見我耳。』有友又促使往見，簡終不能。且不聞今日之治齋公乎？官至二品，以一言而罷，進退利鈍，又安能以容心邪？」

予歎曰：「達哉，玉溪子！將孔子所謂可與立者，不殆庶幾乎！使其初少屈以謁權門，今内爲京堂，外爲藩臬顯官，又安有高州乎！夫玉溪子嘗師事陽明王公。陽明以致良知爲教，學者類能言之，然或當行而不知向背，臨言而不知從違者，亦有之。玉溪子真可謂不背師說者矣。如玉溪子守其道不變，而又濟之以古禮，豈惟可爲高州哉！雖他日積登卿相，

以成經濟之業，亦由是乎！」或曰：「高州居二廣之間，據叢山之(間)[險]〔一〕，前揖銅魚，後拱寶峯。近者猺獞爲盜，肆行猖獗，阻塞道路，擾及電白、信宜之地，茂名幾于不守，蓋多難之邦也。玉溪子持古禮而往，是猶以結繩而治干戈也。」曰：「不見漢龔遂之於渤海盜乎？ 單身之郡，未匝月，民多賣刀買牛，賣劍買犢，數年之寇皆爲良民，彼豈嘗持干戈以往哉！故玉溪子之致良知者，正有見於今日也。」

玉溪子，台之寧海人，起家嘉靖癸未進士，歷官兵、刑二部，皆以清白端謹名。

劉氏族譜序

劉氏族譜者，今太宰紫巖先生輯其家世宗派而爲之者也。世傳本元城劉忠定公之後，當金、元之亂，有諱務者避兵徙於襄垣劉渠，又自劉渠卜居長樂鄉蕭家堡，今十有一世矣。長樂公二世生子鑄一人，鑄三世生子厚、嚴、贇三人。至四世世村行，則十人矣。五世彥實行，則二十人矣。六世景初行，則三十餘人矣。至七世時占行，八世伯福行，九世恭行，十世至寧行，率多五十餘人，不足則四十餘人。十一世大興之行，方來未艾，不可數計，皆長樂公一人開之也。故自長樂公至至寧，則先生繼別之大宗，所謂百世不遷之宗也。自耕樂處士至北村公，則先生繼禰之小宗，所謂五世則遷之宗也。乃先生皆裒而序之，考而傳之，可不謂能收族者乎？ 夫能收族則能敬宗，能敬宗則能尊祖，可以親親，可以尊尊，可以[正]〔二〕名，可以出入，可以長幼，可以從服。繫之以姓而不別，綴之以(食)[系]〔三〕而不殊，可不謂能幾于禮者乎？ 昔伊川、正叔作程

〔一〕「險」，據萬曆李楨本改。
〔二〕「正」，據萬曆李楨本補。
〔三〕「系」，據萬曆李楨本改。

氏家牒，自中山少師以來歷爲紀載，至於賜第京師、卜居醴泉，御書、詔勑移載以藏，雖於影帳侍者、承旨老嫗備録不遺。今斯譜也，既列圖系、居址、行蹟，而於誥勑、制策、序記、誌表、詩賦，亦皆分類編次，將無非伊川意邪！

或曰：「族譜所以重婚冠，明祭祀，敦喪紀，不徒爲也。故大夫士祭省其於祫，服窮於袒免，越五世則絕也。譜族而十一世者，何居？」曰：「古者天子之子繼天下，其支子出爲諸侯，故不得祭七廟。諸侯之子繼其國，其支子出爲大夫，故不得祭五廟。大夫之子繼其家，其支子出爲適士、官師，故不得祭三廟。時當封建，祿多同姓，已有先我而祭之者，故不敢爾，周道然也。自漢以來，庶人有百世之祖，列士垂累代之胤，可以學士大夫忘其宗而與野人都邑之士論哉？族雖百世譜可也。夫伊川官止說書，未能大行，獨賴與門人弟子講學之故，使程氏家牒傳今不磨。乃先生弱冠及第，累官學士，以至於今。長樂公之子孫雖繁盛，然而精明之氣，純厚之德，則固獨萃於先生一人，宜其大發於兹。今且北轉入相聖主，行當自牖啓沃，對時經濟，以行道於天下也。若然，則既廣長樂之源，益宏耕樂之流。吾見斯譜也，天下後世皆爭誦以傳，襄垣劉氏不得而私之也。」

紫巖文集序

此紫巖文集，乃太宰襄垣劉先生之所著也。古詩及近體，凡千餘篇，序、記、奏疏諸文，殆二三百篇，方來者不計，可不謂富乎！然詩則清新俊逸，本性情而循禮義，無險怪語；文皆平正，說道理透徹，不詭於古，可不謂達乎！夫富而不達謂之俚，雖多亦奚以爲；達而未至於富，則於論學與政未免缺漏，如彼耒耜、錢鎛之器一不具，不能爲良農也。然則斯集也，可不謂盛乎！

昔宋嘉祐之間，學者爭務奇僻難澁之詞，文體大壞，識治者懼焉。及歐陽永叔者出，敦尚平實，其典文衡，崇雅黜浮，頓革士習。今天下文風多好魏、晉、齊、梁，辭賦議論，漸入虛寂，衛道之士，數有隱憂。如斯集行，亦可少變頹俗，則先生固將

爲今之歐陽子乎！先生弱冠及第，入爲翰林編修，累官學士，以至今位未已。當正德間，嘗與相論及經筵講學及他史事，偶有不合，則曰：「某豈懷姦者乎？」時相皆惕然。嘉靖七八年間，以内翰宿學、禮曹久佐一不能媕阿時相，至使後進晚出多登臺輔，而先生甘居南吏閒曹，不一動念焉。去年，又聞先生偶失其父北村公之集，日夜懊恨至感疾，半載而後瘳。其愛弟舜弼，教之成名，嘗偶病在途，憂輒形於色。真可謂端重在朝，孝友在家者。故所爲文詩，思致親切，超出羣衆，有本者如是乎！歐陽子於范仲淹之謫饒州，作朋黨論，豫息黨錮之禍。其事父覲兄眪，孝敬兼至，則其行固亦類是耳。宜其出，雖先後異時，文固將一揆也。雖然，先生本欲帥舜弼爲明道、伊川以事北村公爲太中公，又將使二劉之在今，亦若二程之在宋也。

小學章句序

小學一書，新安朱夫子之所編定，其章句則今虎谷先生和順王公應韶之所著也。自有小學以來，饒雙峯有注解、題辭，熊勿軒有句解，近世黄江陰、吴海虞、陳姑蘇、陳天臺各有解注，並行于時。然章或未釐，句或未析，音切又或未著，以待初學尚爲未備。於是先生薈萃諸家，參取折中，章分句解，犂然明白。雖於衿纓負劒之微，亦皆辨別洞曉，其于初學甚便焉。雄山仇氏樸建東山書院，以教鄉之髦士，並刊是書，使誦習之，蓋以端立教之本，而廣明倫敬身之義也。士讀此書者，當於章句之間而得人倫修身之道可也。苟或不然，徒以章句視焉，是豈先生之初志哉？先生原有序，並曾提學亦有序，其言斯書甚詳，仇氏其皆訪刻並行乎！

涇野先生文集卷之九

序

送治齋萬公南歸序

嘉靖壬辰之秋，聖上以彗星再見，令兩京文職大臣陳言時政得失，於是南京右都御史治齋萬公疏列八事：一曰公推薦，謂用人不必屢推，惟在先知其人，以察眾舉之異同；二曰辨國是，言疑信一差，則邪正倒置；三曰審蠲除，言勿赦拖欠，惟預免來年徵辦；四曰通鹽法，許商人就邊輸糧芻，以中正鹽，其帶中餘鹽則納折色；五曰裕邊儲，除招商中鹽外，納粟則勿限地方，和糴則勿抑時價，足食則通漕關陝；六曰廣矜宥，宜放免大禮大獄謫戍之人；七曰正憲體，言本院問完囚犯，巡按舉劾官司，及操江、巡江各有攸典，無得別有牽制；八曰先實務，願去聲容繁飾，及屏好動喜事之徒。疏奏，聖上曰：「萬鏜本以所司屢推未用，意在怨恨，明說『後推未必勝前』等語，下吏部參看。」覆題：「准罷位去。」柟往唁公，公曰：「是鏜之罪也。疏惟論後推之在人，乃頓忘先推之在己。言雖出於無心，跡則涉於有意，既設詞之未詳，宜在法所不免。荷聖主神明寬仁，弛其誅戮，止於解職，得歸田里，可謂幸矣！」

柟歸而歎曰：「古之大臣善則稱君，過則稱己。萬公於罷位而能知過，其有古大臣之風乎！且公之所言者八，而聖主之所怒者一，以其一事以怒公，其餘七事則用公矣，公未爲不遇也。聖主求言於大臣者眾，而去者獨公一人，乃公之去，又以一言，其餘數千言已自效矣，聖主未爲不納也。夫七者，皆今日時務之急也，又聖怒之所未及，公罪之所不入，儻在廷

之臣有見事之善也。俟霽威之後，或中其義以獻焉，或推其詳以論焉，內以幹國，外以壯邊，何者非公之遺功哉！夫爲人臣者，殞其身有益於國則爲之，況去其官以有益於國乎！故謂公未爲不遇也。昔范希文參知政事時，亦嘗條列時宜十數事，未能盡行，遂出爲河東、陝西安撫使。未幾，仁宗有憶於其言也，復詔入爲參政，與韓、富並命。希文益鋭意天下之事，遂成慶曆之政，爲宋室光，未必非前條列之故也。公行矣，聖上或因廷臣之言，有懷於其說，不日起公當鈞軸之地，且將觀公之行，以顧前言也。況公平日履廉迪正，自吏部、太常、京兆以至于今，夙持綱紀，守憲不回，風采懋著，士林敬服，宜知其不已於此也。且希文初嘗進百官圖及四論，以指廷臣之遷進遲速及邪正公私之實，亦如今所謂公推薦者矣。坐是落職饒州，益自進修不已，常曰：『士居江湖之上，當有廊廟之憂。』則公又豈肯以有江湖也，恣爲耽樂已哉！」

於是其僚義峯潘公以爲然也，取其言歸諸公，而南都羣公卿皆賦詩。

海山詩集序

海山集者，故太常少卿姚公元肖之所著也。集多詩，詩多贈答、壽挽之作，作多說性情而本禮義，沖雅清淡，有唐韋應物之風焉。初，公在考功時，倡義進言，諫止南巡，武宗盛怒，罰跪五日，撻於廷，多至死者。公幸復甦，腿股如桶，肉碎八九寸，公云：「若有益於國，則一身亦何足惜，且喜死而復生，得以苟延殘喘耳。」夫死生之事亦大矣，公當竭忠之日，身幾斃而無難色，則其平日居家之孝友，行己之端嚴，蒞官之清正，皆可知矣。宜乎發之吟詠者，氣味雋永，非尋常之作也。昔者謝靈運、沈休文、鮑照、江淹、吳筠、孔珪，其詩非不工也，由君子觀之，或失則傲，或失則冶，或失則怨，或失則怒，良以無其本故耳。然則海山之集，人雖曰不傳，吾不信也。

公歿之後，餘稿散失，其弟太學生繼律收其遺亡，止得詩百餘篇，分爲二卷，并以其行實、誌表及誥命、諭祭諸文，編次成帙，將以入梓。嗚呼！觀海山之集者，既誦其詩，又考其行，足以徵予言之非誣也。公之履歷，具誌狀中，不列。

廣文選序

昔梁蕭統編定文選，粵自秦、漢迄于齊、梁，騷賦、詩歌、詔冊、表啓，時且千年，煥知其舊。第博雅君子泛覽別籍，見有遺詩脱文，則又每病乎統焉，然未有能廣哀散失，粹纂重行者。今少司寇梅國劉公英特之材，博大之學，旁搜羣書幾二十年，類摘門補，世採人增，凡統之缺漏十九攢完，學士觀覽，無不足之歎。長垣侯君子方守揚州，謂可遠傳，乃命學生葛澗校正差訛，既且入梓，遣使問序。

涇野子曰：「懿哉，梅國之用心乎！夫自乾坤典謨以來，載籍宣昭，歷世誦習。然三墳或隱，九丘多支，惟左史倚相者具能讀之，楚人歸善，尊爲至寶，白珩不齒也。鄭公孫僑使於晉，適晉侯有病，卜云：『實沉、臺駘爲祟。』雖叔向莫知，乃問於僑。僑具述高辛玄冥之遺，參、汾主封之故，通國驚動，以僑爲博物君子。然則梅國斯編，其有滋於學士之聞見者富乎！」或曰：「文選以毛詩序與思歸引序並列，廣文選以思親操、猗蘭操與胡笳十八拍操同卷，聖愚不分，經騷不辨，惟多是取，不揆之道，亦以爲富，可乎？」曰：「不見詩、書、春秋邪？古詩美惡咸收，至三千餘篇，因得取爲三百篇之定。古書及中候聖狂皆載，幾千餘篇，因得取爲五十篇之定。左丘明傳述魯史，將數十萬言，治汙具存，因得取爲千五百條之定。廣文選如行也，焉知後無作者不因此而說漢禮晉文，比於古文獻之足徵者乎！審若是，且將恨收取之未盡廣，又奚暇議其醇疵哉！」

書凡二千餘篇，爲卷者八十〔一〕，其門分類析，皆准昭明之舊云。〔二〕

〔一〕「八十」，明嘉靖十六年陳蕙刻本廣文選作「八十二」。

〔二〕明嘉靖陳蕙刻本後有「嘉靖十二年春二月朔旦」一句。

空同李子集序

空同李子者，陜之慶陽人李二獻吉也。既歿矣，遺文詩殆千百篇，其甥曹君仲禮守鳳陽，將梓行，問序焉。他日，玉溪王子公濟過，會予於燕子磯，予告之，王子曰：「信哉！李子之集不可以莫之行也。一爲古選樂府，即如曹、劉、阮、謝；一爲歌行近體，即如李、杜；一爲賦記序書，即如屈、宋、賈、馬。擬之而必至，創之而先合，海内士爲文若詩者，多宗法之，真天下之奇材也。」予歎曰：「果若人言，向使李子一爲定性、訂頑，即如程、張；一爲大學、中庸，即如曾、思。惜其力不加之乎此耳。」

王子曰：「人有定品，材有定格。必居一以限之，吾懼子之難乎其論世也。」曰：「子雖知李子矣，猶未如予知之深也。昔在弘治中，天下方苦於二病三害六漸，如人元氣受傷，棘須療理，然自卿相以下，莫能計也。李子時爲戶曹主事，詳列其故，犯貴戚，觸近倖，不顧刑戮，惟冀民生之遂焉。及正德之初，幸閹八人，日導武宗，造爲淫巧，支蕩其心，狗馬鷹兔，擊毬角抵，隨欲而中，時號『八黨』，然自輔弼以下，莫能正也。李子時爲戶曹郎中，乃奏記部尚書洪洞韓公，韓公深取之，即令屬草，旦率羣臣伏闕，請除八閹，惟冀君德之成焉。嗚呼！使弘治之疏行，即病害皆去，而下可爲民；使正德之疏濟，即贊御皆正，而上可爲德。當其爲志，雖商傅說、周召虎皆思可企而及也，又何難於曾、思、程、張乎！今顧其爲集，乃工于曹、劉、李、杜之間，精于屈、宋、賈、馬之埸。夫世有干霄之材，斲而爲侏儒之柱者，則必悔；人藏照乘之珠，分而嵌糟醨之槃者，則必怨。此非其力之不贍，乃其蓺之未審耳。故予每讀二疏，深爲李子驚；及觀他文詩，則又悵然惜矣。」

曰：「李子存，吾子不以是告；李子亡，吾子乃以是言。將無陷於病李子乎？」曰：「非然也。吾于李子，生既不能數會，死若又不能以盡言，則爲負此知己，使天下後世知吾李子止可爲曹、阮、李、杜輩，而不知究其極有如此之美也。且今天下之材如李子者幾人哉？如李子之材而未究其極，予而塗人也則可，予而苟一交遊也，寧能忘於懷乎！夫如李子之

材未究其極也且如此，天下無李子之材者，乃或又遺其大而惟他乎狥焉，則又豈但爲予之所惜乎！雖然，觀李子之集者，能先請事乎狀疏一卷，徐以讀他文若詩，亦可以思過半矣。」

贈朱葵軒應詔北上序

都督僉事葵軒朱公德之其僉書南京中軍也，法得同五府侯伯、都督諸公輪直禁城三日。一至尚寶司驗换令牌，於是得數與公交際焉。一日，公曰：「振在兹，食厚祿而履峻階，他無所事，惟於數日後一入直耳。往在邊鄙，常整搠數千人馬，身彍弩蹶張，或殺胡陰山，或抗虜洪塞，以當朝廷一面之寄，受祿戴寵，亦無媿耳。」予於是未嘗不壯其勇而敬其略也。邇者韃靼猖獗，及密雲、古北殺掠官軍，聖上以廷臣會議，急擇將領，又揀素有勇略，歷任邊方，熟知夷情者，行取數人於京，以備急調，而公居其一焉。

予歎曰：「公素有是言，乃今有是行，其足以償所志乎！雖然，予固不知兵，然於戰守之機，則亦嘗聞之矣。孫子曰：『凡先處戰地而待敵者常佚，後處戰地而趨敵者常勞。善戰者，致人而不致於人。』『出其所不趨，趨其所不意，行千里而不勞者，行於無人之地者也。攻而必取者，攻其所不守也。守而必固者，守其所不攻也。』趙之北邊良將有李牧者，常用是術矣。居代雁門，備匈奴，以便宜置吏，日饗士，習射騎，謹烽火，匈奴即入盜，急收保，是數歲亦不亡失。匈奴數歲無所得，以爲怯；邊士日得賞賜，皆願一戰。牧乃大縱畜牧，人民滿野，匈奴少入，佯敗，以數千人委之，單于乃大率衆入寇，牧又爲奇陣，破殺匈奴十餘萬騎，單于奔走，十餘歲不敢近邊。夫牧雖用孫子致敵之法，然猶以數千人委虜，非萬全之事、王道之純也。況後世將之於夷，如羊之畏虎，一入輒驚，不敢與戰，任其虜掠，既退而追，稍獲數級，即奏上功，以獲厚賞，又非牧之可比。今公之勇略若此，斯行也，如有閫外之寄，多在代雁門北邊，即牧所居地。若欲竭力盡忠，以酬聖主知待之恩，無有過于往法李牧而又上進者矣。況公少孤蚤奮，自襲其父指揮同知以來，屢立戰功，歷任都指揮及大同遊擊、本鎮副

總。正德初，轉陞宣府鎮守，掛鎮朔將軍印，後以疾歸田里。他日，大同逆軍爲變，聖上勑起公討平焉。公益罄展材謀，稅介抗旌，計斬渠惡，鎮中底定。遂陞總兵，鎮守大同，掛征西將軍印。然則公斯之行，益當知有其國不知有其家，知有其忠不知有其身，以不負乎明時可也。」

於是後軍都督恒齋馬公取而書諸軸。

送胡南津還沭陽序

南津胡公仕爲南刑部侍郎既三年且獻績矣，乃有致政之命。費庶子偕予數人往唁焉，公適飲于石泉少宰而歸，喜氣滿容，顔如渥丹。予曰：「公之去位也，樂乎？」費子曰：「二人論之，千萬人惜之，固不樂哉！」光祿王子曰：「夫君子之去有三樂，崇階極品不與焉。故有其位無其功，不樂；有其官無其名，不樂；有其身無其子孫，不樂。夫自有位以來，吳白衕、詹師富、黄苗俚，皆閩海之鉅寇也，公嘗擣其巢穴，服其權要，而汀、漳以寧。佛朗機、牙里海牙、哪嗟曷昆，皆南海之譎賊也，公嘗破其三舶，置之九法，而廣、粤以定。若乃究姦婦之罪，雪髑髏之寃，靖盤石之亂，其功則甚多也。在福建則肖像勒石，在廣東、江浙則夷民畏服，在刑部則端重嚴明，輿論尤多，其名則甚著也。公長子效才爲名御史，出守真定，士林稱美。次子效忠，潛心正學，綽有遠器。其子孫則甚賢也。」

曰：「諸君子亦嘗聞魯顔闔乎？居於魯鄙，哀公問治道焉，闔對曰：『有虞氏未施信於民而民信，夏后氏未施敬於民而民敬。』蓋言而後信，信之細者也；不言而信，信斯深矣。動而後敬，敬之小者也；不動而敬，敬斯至矣。是故大鵬不滯於溟海，故能乘九萬里扶搖之風；良才不受乎斤斧，故能隱千萬重宥密之山。公之斯去，蓋將不計其功，而惟明其道，位不足以言之也；欲逃其名，而惟耽乎實，官不足以論之也。又以其餘，身教子孫，倡道學於淮海，先風化於南州，一身之事不足以盡之也，則公之樂，殆有出乎塵埃之外，而通乎廣漠之鄉者矣。士有言分膺寵召，以成經綸之業者，則公當視

之如浮雲矣。」

公字重器，別號南津，弘治乙丑進士。

送程齋盛公還潮陽序

弘治末年，程齋盛公初爲翰林檢討，時西涯先生爲相，公見時政有闕違者，率一二僚友拜諍于其第，言未獲用，引疾南歸。比予叨入翰林，未嘗不高公之爲人也。近至南都，繼公爲尚寶，得數從宴會講説之末。夫伏羲、神農之學不傳久矣，公嘗著五行論，言消息盈虚，必折衷於伏羲；其言藥物，皆出炎帝精藴，陶隱居諸君不逮也。故自予至南，得公之益獨多。迺公遽有致政之命，於予心惘然若有所失。及同介立林子往唁焉，公欣然有喜色，曰：「聖恩甚深厚，得以此官歸矣。」予曰：「公之德可以易士風，其才可以經世務，正宜烝在輔弼之地，以成俊偉光明之業，乃遽至此。」公遜謝曰：「豈敢云然。兹歸也，若買田問舍，以奢侈榮耀驕惰其子孫，決不敢爲。倘一息尚存，此學亦不少廢，謹身節用，以爲子孫法。暇則栽藥種樹，順養殘生，歌頌聖明耳。」因述其友及其弟招隱之詩，暢然灑落，有絶塵而奔之態焉。

予出而歎曰：「人之所不能違者，時也；道之所不可廢者，學也。時有升降，陰陽盡之矣；學無止足，鳶魚見之矣。陰陽盡窮通得喪，皆非在我者也；鳶魚見體用顯微，皆非在物者也。故君子植金梔於嬴豕之頃，用視䍐於震鄰之候，觀於時以知天命，篤於學以知人道。知天命則去就輕，人雖曰不樂，吾不信也；知人道則存省熟，人雖曰不樂，吾不信也。然則公之欣欣有喜色者，其殆有見於斯乎！」

明日，倪維熙同其僚數君問公贈言，遂書此。

贈浚川王公詔改左都御史序

浚川先生儀封王公爲南京兵部尚書參贊機務三載矣，茲者詔至，改都察院左都御史。是日，予方偕僚友出郊，遇野人焉，皆曰：「王公去，南都軍士靡所依恃矣。公能杜私役，精武選，罷横歛，黜豪猾，汰泛差，振綱紀，南都士固欲家像而屋祝之者也。」答曰：「野人知一而不知二。使公蚤就此改，雖四海遠，可均也。」僚友曰：「果然。公文章趨孟、董，器識追丙、魏，才略擬韓、范。斯行也，整肅百僚，旌别淑慝，于均四海，裕如矣。」

曰：「豈惟是哉！公于此數者，雖皆無焉可也，有一于此，則凡四方之挾所長者，皆得投其隙間以進而不知也。故君子不可以有己，斯可以有人。夫人之品見乎諍譽，而己之情形於喜怒。聞譽而喜，見諍而怒，雖智者亦所不免；聞諍而喜，見譽而懼，雖仁者或有不能。夫世之爲諍者多義士也，爲譽者多利人也。世之怒諍者多惡異者也，喜譽者多好同者也。於其諍譽之來，而能中喜怒之節，則於好惡之正、義利之辨、治亂之源，亦思過半矣，非智仁之至者不能也。不然，譽人梟征而諍士就戮者亦有之矣，則夫君子之喜怒，豈細物哉！且謂司馬君實何人也？宋室之純臣也。其心欲罷新法，蔡確窺其意，順之而譽則甚喜；蘇軾識其機，逆之而諍則遽怒。夫確之邪，衆人皆見之，顧君實豈不知哉？乃蔽于在己異同之心，而忘其在彼諍譽之故，遂使一忠誠者亦臨事而眩矣，況其他乎！夫左都御史者，國家之重臣也。高皇帝初御宇内，即置御史臺，設左右御史大夫，從一品，與中書省、都督府擬古三公之尊，而尚書不與焉。尋定設左右都御史。至正統初，顧公佐爲左都御史之後，英宗難其人以繼也，歷數年不設左。蓋其職專以糾劾百司，辨明冤枉，提督各道御史，以正諸不公不法等事。其於人材之進退、民生之休戚、世道之升降，關係甚急也。則其所以公喜怒而照諍譽者，尤不可後矣。」

或曰：「論語言政，必酌取夏時、殷輅、周冕、虞韶之法，今獨詳於一己之喜怒者何？」曰：「若無孔氏之四絶、顔子之四勿，而徒欲紛更制度，則凡爲譽如佞人、鄭聲者，皆紛至于前，不自知矣。夫公嘗再辟予于朝，予固不敢以爲公私，公于

予亦未嘗有德色也。予嘗屢談道于公，公固不以予爲戇，予亦未嘗以公爲有怒意也。則公斯之行，當無君實之失而有孔顏之得乎！且公之直諒在臺諫，儒雅在翰林、提學，經濟在藩撫，孝友敬讓在鄉里，忠貞廉明在朝廷者，人皆先能信而言之矣。惟是以喜怒處諍譽者，則誠持憲之大本、當時之急務，雖他日晉宰衡入輔相，亦不外此。故予獨拳拳焉，知公必不以爲迂腐而忽之也。」於是其僚莪峯潘公曰：「絜矩之道亦在是乎？」曰：「然。傳不云：『所惡於下，毋以事上。』雖前後左右，何往而非是哉！」

送四峯張貴州序

四峯張公子才以鴻臚卿出爲貴州參議，余同介立林子往問之。坐定，歎曰：「公其陞乎！」公曰：「去卿而就參議以爲陞，何也？」曰：「公亦嘗見輪人乎？其爲輪也，克和三才，能法陰陽，可規可矩，可水可縣，可量可權，固國工也。然置之江漢湖海之地，於是轂不能直，篆不能正，膠不能厚，筋不能數，輻不能齊，牙不能指，凡柁人、篙人皆環議而笑焉。他日，燕趙之人知輪人之良也，請而置之河濟之北、恒山之南，於是輪人得以施其巧，凡圜匡直均，同侔之法，罔有不精，以行澤如割塗，以行山如摶石。自是速輪人者無虛日，而輪人之名遂大振于中原矣。且余與公之同年也，今二十有六載矣，在南都之會，尤爲數見。公論用人，必崇恬退，權倖之門不欲謁；論理財，必獎廉節，奢侈之事不肯爲；論聽訟，必貴簡實，徂詐之風必欲息。若乃事繼母同於親母，而通國稱孝；處母弟無間於己，而鄉黨稱友。歷官既久，家無十畝之田，則豈非古之孝廉君子者哉！尓乃自筮仕以來，北滯於中書、尚寶，南滯於鴻臚，久羈散秩，棲遲閒居，無所事事，兹有貴州之行，豈非輪人趍於燕趙之地乎？德可以遠施，才可以大著，於是而總憲，於是而典藩，於是而撫巨省，於是而正位九卿，屈指可到也，故謂公自此陞矣。且夫崇政殿說書與永安尉，其職之榮辱相懸也，乃有欲舉其職者，寧辭說書而甘尉。永安縣令與治中別駕，其位之繁簡相遠也，乃有欲展其驥足者，必傲百里而思大行矣。即公貴州之行，聖天子正試公于盤根錯節

之地以別利器也，豈可泥以爲降乎？」

或曰：「貴州在滇、蜀之間，萬山之叢，左阻五溪，右距盤江，犵狫異性，苗羅殊俗，治之亦難也。」曰：「禮不云：『因其道不變其俗，通其情不失其宜。』是故有不火食者矣，則燔炙之法雖美，不可以強聒也；有不粒食者矣，則饔飧之劑雖善，不可以遽告也。況公厥德既厚，而負才尤優，其因人而施，隨地而處，固當無入而不自得矣，必不肯以此爲降，泥于懷而不解也。」

公，滁之來安人，早受其父太守樸菴先生之庭訓云。

贈中梁張公考績序

漢書言：「文景之世，黎民醇厚，恥言人過失，閭閻厭粱肉，斷獄數百，幾致刑措，有周成、康世之風焉。」予讀史至此，未嘗不追慕其時而思其故也。當是時，周勃木彊質厚，可屬大事，與張相如俱稱長者，兩人言事不能出諸口。後有萬石君石奮父子，馴行孝謹，雖於子孫，不名；有過失，對案不食，待肉袒謝；上賜食，必稽首如在上前食之。數人者，率爲丞相卿侯，見重朝野，一時如周任、張歐輩，皆引列僚佐。然後知文景之治有所自也。今天下承平日久，祖宗德澤道化既遠且深，文運士氣於是爲盛，故賢智輻輳，忠篤輩出，如吾鄉中梁張公尤其著者也。公談道論政，若不出口，至於不言而信之德，不動而敬之學，實亹亹焉。中丞孟有涯嘗曰：「人數有所高論，然稽其行蹟，察其事爲，多不相似。若中梁公者，恂恂木訥，然事至而即辨，法行而不滯，政棼而必舉，信乎行在言前，古之鞠躬君子者哉！」予嘗以爲知言。

蓋予與公同舉陝西，今三十三年矣。孝弟之在家庭，篤敬之在鄉黨，信義之在朋友，西人固皆家談而人羨之矣。其廉明之政，光大之規，嚴謹之操，宜爲交遊僚友者稱許如此也。蓋公自爲廷尉，訊讞明允，其所平反者十常三四，未嘗對人一語。且邇來工部之費，頗稱繁重，歲辦月耗，動至千萬，公佐其長石湖何公，事從節約，役惟減汰，每計省於民，不啻百萬。

及其工成績效，絕口不道往事，則公當非今之周勃、石奮者哉！聖天子崇尚道德，方厭浮薄喜事者，思得忠慎博大之輩登庸任使，以廻古醇厚敦龐之風，則公斯之行，必在所簡用眷注作天下厚先也。夫正臣之近遠，係士風之醇澆、民生之休戚、世道之升降。故歷考前世，其世將升也，則尚行者有枝葉焉；其將降也，則尚辭者有枝葉焉。公如其進也，則豈但予鄉黨者之願哉！雖九州遠皆然矣。公之益懋于道可知也。沈既濟嘗曰：「緩行徐言非德，工文善書非材，累資積考非勞。」故謂公之斯行，其爲最，真有出乎是者矣。

公，漢中南鄭人，字伯翔，別號中梁，聞西漢之治又甚習也，起家弘治乙丑進士。

贈賀子考績序

薊州賀子子仁，其先本吾陜之延安人，自筮仕吏部司廳，即同吾陜人仕南都者爲鄉里會。今其考績也三年矣，於是吾陜人皆欲贈之文。賀子固遜曰：「惠何功之有，敢辱諸丈者之雅乎？」

予歎曰：「賀子有功而不居，可謂知德之虚乎！以言爲所重，可謂知行之實乎！虚以進善，其造無涯；實以履方，遠而不禦。持斯道也，其績豈可量哉！且亦嘗見繩人乎？大匠之爲宫室也，授繩人以墨斗，他無所爲，凡鋸人、斤人、斧人、鑿人、椹人皆受直焉。不然，則析木失強弱之分，削木錯厚薄之宜，以爲宋檼棁榱皆難也。夫司廳者，吏部之繩人也，堂非司廳無所受，四司非司廳無所受。是故文選得以序其位，驗封得以實其勞，稽勳得以察其故，考功得以明其人，吏部得以挈其綱，皆司廳之績也。賀子有是績者，今三年矣，乃尤讓而不居，人雖曰非德之虚，吾不信也。且賀子孝心純篤，婉戀父母，猶有嬰孺之態；友誼顓慤，交際寮寀，不失忠敬之心。蓋言不苟發，行不輕動。凡南都大夫士之至吏部者，其辭命儀度，必先咨訪，事竣之後，莫不敬其篤厚周慎云。則君之爲績已有其本，匪直積勞累功而已。雖然，德必弘而後虚可大也，行必毅而後實可久也。昔者曾氏、子輿嘗爲是學矣，故論弘必以任重爲至，論毅必以道遠爲至。吾知賀子必以曾氏之學爲

所從事，不以一時廳官之績爲自足也。」

賀經府王君暨配劉氏七十雙壽序

予判解州時，太學生王克孝光祖從予解梁書院。比予改官南都，克孝自解渡黄河，涉大江問予於金陵且年矣，始北歸，自是每歲必遣使以問予。今歲憶予之將考績也，又遣使逆予至金陵。是時，克孝篤道之行與其記予問答之言，凡在鷲峯東所者皆傳誦之，無不慕克孝之爲人，思欲親見之也。於是戶部正郎楊叔用，嘗會克孝者也，而忘其年，偶見其使而問焉，使者對曰：「若干歲矣。」因問其父經府君及母劉氏，對曰：「皆七十歲矣。」叔用遂告諸三四僚友及章宣之、易伯源曰：「吾輩慕克孝之爲人，而無以伸其敬。今其父母已七十，度克孝之心必欲壽之至千百歲者也，盍問一言於涇野子，附諸使，持以賀克孝乎？」

予聞而歎曰：「此義舉也。夫經府君積學未第，以歲貢士授登州府經歷，處則以孝友忠信式於解梁，仕則以清慎勤敏稱於山東，固古之明經敦行之士矣，而劉夫人又以孝敬忠慈佐之。然惟修其德於晉之西鄙，不求聞達於四方。今叔用諸君皆秦、楚、閩、越、浙、廣、蜀、歙異地之良也，乃同慕克孝之行，敬其人以及其親，則克孝之所以壽其父母者，雖以此至千百年不可乎！昔漢河南張元伯遊太學，及其告歸也，其友山陽范巨卿約後二年當過拜尊親。比至其日，元伯割雞炊黍以待之。其母曰：『二年之別，千里之約，尔何信之深耶？』及期，巨卿果至，升堂壽母，盡歡而別。夫元伯獲巨卿之拜母，猶出於素會與宿約，然而一踐其言，至今傳千載不磨。豈若克孝之於諸君子，或一覩其貌，或未見其人，義契於數千里之外，神交於三二年之間，則克孝所得，固有出於元伯之上者，而諸君子好善崇誼之舉，足可以敦薄俗而起頹風，殆又非巨卿之所及乎！雖然，此猶其在人者也。克孝於此止可驗在己之得失，不可據以爲榮辱也。昔者予之在解也，克孝嘗講明道之學，別久不知造詣何似，若果有所得焉，則所以壽其經府君、母劉者，雖萬世亦有辭矣，克孝不可不因此而益慎勉之！」

同年雅會詩小序

自庚寅來，同年會南都者七人焉，然每會必有作，每作必因物命題，庚寅以前多未録。辛卯之春，於黄筠溪觀畫菊，而張恒山有作，各次其韻，於是四峯鼇爲七會。未幾，恒山北歸，筠溪北去。今四峯又西去，半窓又東去，仕南都者止予一人。雖遇物，將誰爲題？雖有題，將誰爲唱酬？然則一時兄弟之情，交遊之好，規切之義，又安可得乎？此予欲去未能之念，益不能置也。四峯有册，命書七會之作，因題其端曰雅會，著久要云。

贈葉東平序

今年考察之期，葉子子大與外補之列，其僚友及相知者皆愕然稱屈曰：「葉子而亦然乎？」夫天下財賦以南戶部爲重，南戶部財賦以江西司爲要，蓋其所理之金穀，内則應天，外則江西之巨省也，弊多而吏易姦，則冗而民易猾。葉子之典斯司，以精敏之才，秉廉公之心，行平明之政，查隱匿以懲頑慝，稽逋欠以足國用，窒秏蠹以安良善。至估價一事，雖忤權要而不顧，南都人固皆稱爲才大夫矣。且他日之同知廣信也，以營建龍虎山之第，爲惜財愛民之故，力抗中官，至收繫詔獄而不悔，可以知其他矣。乃今有兹行，豈非屈乎！」

涇野子曰：「君子之于天下也，雖義以爲質，信以成之，然非禮以行之，遜以出之，則其事雖濟，亦不免於道之議也。蓋能者怨之府也，直者忌之地也。故君子己能而不有，雖直而不居，則得其道矣。況子大忠信孝謹，欲致此也，何有哉！且亦嘗聞班婕妤乎？當成帝之時，與諸妃嬪媛嬙侍上於宫中，乃飛燕寵冠後宫，偶一失容，他侍者竊笑，班婕妤獨斂容若罔聞見。成帝瞰知，歎其修德者用心之苦如此，於是班氏終成帝之世獨免焉。夫班氏，猶婦人耳。不見言游，孔門之高第

也，司士賁嘗問襲牀之事，言游直以爲然而不讓，至使縣子譏其汰，以爲專以禮許人。言游然後知在己雖熟於禮，聞斯言，而又得其所未至也。然則君子于天下之事，豈可不知綏與虚乎！」

或曰：「『忙後錯了』，張觀參政告新學者也，今乃以語子大，不亦過耶？」曰：「道無大小，理無精粗，豈以人之長少而限之哉！」「虚者之謂何？」曰：「顔子何人也，仁不違於三月，政則兼乎四代，古之德行人也。何以能至此乎？曾子曰：『以能問于不能，以多問于寡，有若無，實若虚。』夫虚也，在顔子且然，而況于他乎？是皆爲子大講切於鷲峯東所者也。苟能從事焉，雖積小以高大，他日上輔聖主以成王佐之才者，亦不外是也。」於是倪維熙適來，且曰：「子大之過在有餘不在不足。」曰：「維熙真知子大矣！夫處不足者其學難，處有餘者其學易。不足之學在於充，非大而不可爲也；有餘之學在於無，非忘而不可爲也。」

未幾，子大有東平之命，遂書其說「以贈之」〔一〕。

賀倪氏重慶序

南戸曹正郎倪維熙之父曾浦先生以舉人署教於靖安，未久而歸仕，不攜家隱則爲親，且念古人留餘之義，今年生六十有八歲，已膺郎中之封，其配王氏封安人，則七十矣，是倪氏之一慶也。維熙之祖大參先生配于有林，封太安人。太安人自去大參先生之後，貞慈不回，今年生九十有一歲，猶康強難老，且見維熙之兄紘生子已娶妻矣，是倪氏之重慶也。維熙偕樊少南過鷲峯東所以告予。

予歎曰：「是誠人間之難得者也！自唐崔山南之曾祖母長孫夫人、祖母唐夫人之後，乃今於倪氏見之乎！雖然，一

〔一〕「以贈之」，據道光楊浚本補。

慶之道雖在親，實在子；重慶之道雖在祖，實在孫。夫林太安人九十餘歲，非慶之至者也，惟其貞慈不回，以撫有倪氏，使子孫玉立蘭茁，爲八閩光，斯其以爲慶乎！曾浦先生及其配之皆七十，非慶之至者也，惟其孝親誨子，敬身不變，使其子雙舉進士，一爲御史，一爲戶曹，以發其庭訓之懿於四方，斯其以爲慶乎！由是言之，祖之慶乎孫者，在貞慈不在九十；親之慶乎子者，在孝敬不在七十。然則維熙爲子孫以篤此二慶者，豈有舍貞慈孝敬而他所用力者乎！且維熙明敏端懿，鎮靜潔齊，若移孝以事君，則忠無不精；移慈以使民，則惠無不廣。貞以履位，處經事而不失其正；敬以臨政，遭變事而不失其權。身立於此，道行於遠，信於天下，光於四海，則將使林太安人及曾浦先生之道可千百歲常存也。且維熙不見孝感縣太君張氏及太中公、壽安縣君侯氏乎？則固洛、汭之女流、伊陽之丈夫行耳，惟有明道兄弟爲之子孫，故其壽至今不磨也。維熙之於重慶也，亦如是焉，則所以于學于政如明道者，自有不容已矣。不然，或篤於自好而不樂取人，專於爲己而不肯爲人，明道之志或有未類焉，雖林太安人及曾浦先生亦不肯以爲慶也。」

送黄日思養母致仕序

儀真黄日思仕爲南戶部照磨且四年矣，以繼母陳淑人老且多疾，欲乞休以歸養，數過告予。予謂之曰：「忠於國者即孝於家者也。不見古毛義奉檄色動者乎？且子才敏而達，心易而直，行廣而廉，政通而明，言剴而切。官位既清，交遊多賢，歇歷若久，上可以報國，下可以顯親，未爲非太夫人之志也，可勿歸。」他日，母疾再作，垂涕泣，又過予曰：「襄不能一日於此矣，但考察期至，先去則有嫌耳。」比考察既舉，而日思之賢在高等，則又曰：「是襄渡江之時矣。」遂具疏以聞。疏行半月，恐其未遂也，隨之以後疏。聖天子方以孝治天下，洞見其情之真切也，即於其前疏俞允焉。

明日，日思喜而來曰：「襄今也得與吾母團戀聚首矣。自先母張淑人之亡也，先司馬公繼配今吾母，以撫襄至成立。襄之才既非大用以光先司馬公，又違吾母於膝下，膳不能視寒煖，疾不能嘗湯藥，甚負先司馬公托吾母於襄之意，此襄之日

夜膺心者也。今獲茲告，於襄也，豈不悦乎！」曰：「自予及諸君講學于兹也，方賴日思告我之過，繩友之愆，以共明乎斯道耳。乃日思遽有此行，於日思爲親之志遂矣，於吾輩講學之志不亦孤耶？」對曰：「襄定省母後，九月當再來耳。」曰：「日思斯行，如超塵埃而脱樊籠，豈得云然？」對曰：「涇野子豈以天下再無章宣之賢耶？」予爲之動容，遂拜别而去。

晡時，倪維熙來問言。曰：「孝足以繼親志，廉足以輕爵禄，信足以辭聲華，立足以起頑懦，守足以恥奔競。此五者，皆有補於士風者也。昔范堯夫以父母在，凡調官皆不赴，以爲純仁不可重於禄食而輕去父母，雖近亦不能朝夕在側，遂終養焉。則日思又豈非今之范堯夫乎！所願日思歸田之後，守其道而不變，充其學於無窮，無惑流俗，無染放曠，不以己之所已得者爲自足，而以閔騫、曾子之孝爲必可至，斯吾輩所講之學，亦有徵夫天下後世矣。」

椿庭遺痛册序

椿庭遺痛者，易伯源痛其父逸軒先生年越五十即告不禄，己方弱冠，未能逮養，抱恨終天，以自痛者也。伯源曰：「泉父幼肄儒業，長攝家政，敦篤簡默，其性愿以愨；人樂親就，其情和以平；面斥人過，其志毅以方。家無餘蓄，厭飫經史，敬承東涯公清白之風，其行孝以潔，友于兄弟，艾年不改，其倫篤以厚。乃泉蠢然弗似，則其所以爲痛者，不但于年之不永，兼于其道之未傳也。」

涇野子曰：「吾知伯源之痛矣。可謂思其志意，思其好樂者乎！予之於先太史公也，生未能盡遂其意，亡未能盡繼其志，每自悔恨，中夜不眠，計無若何。惟求置此遺，體於斯道之中，以無作先人羞，爲可少解耳。於是出言必思先人以發，舉足必思先人以行，取衣必思先人以製，當食必思先人以飡。時所競者不敢以競，非先人之義也；世所怯者不敢以怯，非先人之勇也。是以行年五十有五，髮雖白而心尚赤，道雖遠而力未歇，凡以爲痛先人耳。今伯源亦有此痛，故於予之所痛者盡告伯源，知伯源當亦若是而不爽也。嘗見伯源言及椿庭，雙淚懸落，其所以矢心篤志，用光于逸軒先生者，予已玄識之

矣。行當與伯源共力，以觀斯道之成，不但爲兒女子之痛已也。」

懶軒秦君六十壽序

秦汝化遊於鶩峯東所，一日曰：「泮父懶軒君今年生六十矣，涇野子何以爲言乎？」曰：「懶軒君之懶也，如之何？」曰：「吾父懶於財，其隨吾祖之任也，所得養廉之資，盡與兄弟，公共不以私。吾父懶於世味，嘗曰：『窮通壽夭，已有分定，不必苦較，有所希覬。』吾父懶於外事，每戒不肖輩，凡鄉閭爭競，不得與聞管辨。吾父懶於回互，凡里中是非曲直來質者，正色折之，無少假借。凡此四懶，皆吾父之性成也，遂以『懶軒』自號云。」

曰：「汝化亦嘗聞七懶乎？乃有權門勢府，炙手可熱，一入其門，通顯立致，世固有懶於奔競者矣。乃有當途要路，出言莫違，一和其聲，賢聖改稱，世固有懶於諂諛者矣。乃有城狐社鼠，陰肆姦慝，屠戮正士，求解盈門，世固有懶於鑽刺者矣。乃有貧不聊生，覓幻化術，投隙而進，伺欲而合，入于左腹，坐致萬金，世固有懶於逢迎者矣。乃有利害交戰，榮辱爭持，既罔是非，渾無可否，富貴以終，世固有懶於雷同者矣。乃有恃才妄作，謂人莫己若，己有過而不知，人有善而不聞，世固有懶於驕亢者矣。乃有畏首畏尾，日虞禍患，一見尊顯，奴顔婢膝，垂首流涎，不能自立，卒以取敗，世固有懶於怯懦者矣。夫先知四懶則鄉有善俗，後知七懶則世有良材。今汝化忠信敦慤，方正明達。其未仕也，已受四懶於庭訓；行且仕矣，若又能推廣此七懶焉，則汝化處可爲孝子，出可爲忠臣，忠孝兼盡，立身行道，而懶軒君之教可以傳四海，永後世，其壽之長也，上可與北斗比高，下可與廬嶽爭久矣！」

懶軒字某，九江湖口人，少爲舉子業，棄而不就，又自以爲懶於（是）［仕］〔一〕云。

〔一〕「仕」，據萬曆李楨本改。

贈夏仁甫還山序

涪州夏子仁甫仕爲南戶部郎中二年矣，適考察之期，仁甫乃以疑似之事爲人所簧鼓，流于執事者之口，遂得冠帶解職去，諸與仁甫遊者甚惜焉，曰：「仁甫守身如此其廉也，居家如此其慎也，臨政如此其明也，接人如此其恭也，蓋有古莊士之風焉，乃不幸遇萋菲之讒，媒孽其短，遂離魚網之設，使爲善者沮，不亦可惜乎！」

涇野子曰：「市之無虎，衆所知也。然一人曰市有虎，不信也；二人曰市有虎，不信也；至三人曰市有虎，雖智士亦爲之色變矣。曾參之不殺人，衆所保也。一傳曰參殺人，不信也；再傳曰參殺人，不信也；至三傳曰參殺人，雖慈母亦爲之投杼矣。故成宜陽之功者，謗書盈篋而不顧；致長平之敗者，憂在于去頗而用括也。雖然，此猶以其在他人者言之耳，若在仁甫，何計于是哉！不見董仲舒乎？勵志下帷，非禮不行，漢之醇儒也，進不得爲卿士，乃以江都相致仕而去。惟董子學益不懈，動師孔子，著繁露、玉杯諸書，發明春秋，以大有功于斯道，於是後人追崇其學，至擬諸孟子，當時身都卿相者不與焉。故君子以謀道爲重，謀祿爲輕；以得學爲大，得官爲小。然則今日之事，雖去仁甫之官，固未能去仁甫之道，則仁甫之歸也，豈肯以去其官而並去其道乎？如仁甫之不去其道也，則所謂對天地、質鬼神、合日月、貫金石、並山河以永者，皆在于是，又何賴于一官哉！」

他日，仁甫聞之，請益焉。曰：「世固有以仕爲勤者矣，勞勞于簿書會計之間，日不暇給，由君子觀之，非勤也。固有以隱爲逸者矣，優優于詩酒登臨之際，冠不思整，由君子觀之，非逸也。蓋前此之勤，非行義以達道；後此之逸，非隱居以求志故耳。仁甫之歸也，涪水之濱豈無丈人乎？豈無儕友乎？豈無俊髦乎？慈惠端慤之行成，雖丈人瞻式矣；忠信切偲之行成，雖儕友傚法矣；謙恭孝弟之行成，雖俊髦承師矣。近可以爲訓於一鄉，遠可以傳業於天下。然則仁甫之往，又何賴于一官哉！」

劉忠愍公年譜序

余自童子在學校時，聞忠愍公於正統八年上修省十事，忤於王振、馬順，下詔獄，其死甚慘，未嘗不想其爲人。及仕南都，見其孫後府都事祚，言貌動止，敦慤雅重，則嘗與鄒東郭歎曰：「忠臣烈士，後昆必茂。天祐善人，良不誣己。」他日，後府持公年譜以問序。予展閱之，公自舉進士筮仕主事以來，或建祠置祭田，或分俸供家廟，或置義田義塾以給宗族，或主治具以立鄉會，或上疏以晉邑尹何澄。及其爲侍講也，或請備京師水患，或疏極畿內水荒，或請罷麓川之征。蓋於鄉家惟恐其俗之不厚，於朝廷惟恐其政之不舉也。十事之疏，豈如一時狗名士之所爲者哉！宜其歷年愈久，其事愈著；傳世既遠，其名滋烈。彼一節一行之士，真難與公比倫矣。後府蓋嘗受教於無錫二泉邵公，乃有此編。二泉謂公不但爲諍臣，又爲諍子、諍弟、諍友。此譜行，真可以使人臣欲死忠者知有本也。公名字、履歷詳於譜，此不列。

贈余晦之應詔北上序

嘉靖十二年，期當考察南北御史，去者五六十人。蓋聖上勵精求治，而執事者承意唯恐後，於是雖微過小疵，率多不(晉)[留][一]，而能言之士，亦或波及一二焉。於是改主事、評事及推官、知縣、教官以補其缺，蓋皆稽諸輿論，素有風力之人，實精選也，乃南京大理評事余子晦之居首徵焉。

明日，晦之問予鷟峯東所，曰：「則何以語光乎？」曰：「御史職在辨明邪正、糾舉賢否、以人事君者也，所貴不以喜

[一]「留」，據萬曆李楨本改。

怒爲取捨耳。有人於此，言或逆於心，行或忤於意，禮或不至於前，若可怒也；察其志果賢焉，則當忘己之怒，雖三辟於朝可也。有人於此，言工於媚悅，行善於趨承，禮篤於周厚，若可喜也；察其心果邪焉，則當忘己之喜，雖三劾於公可也。且近者浚川王公之被徵也，予嘗以是告之。晦之之往也，又能如是，則總其綱於上者，既端好惡之本，而振其風於下者，又得是非之實，真足以佐聖主任賢勿貳、去邪勿疑之政矣！天下之不平治者，未之有也。況晦之忠信果敢，明敏端方，思報國以赴科，爲養母而改南，其忠孝之心，素所蓄積者乎！」對曰：「政有大體，言有大機。忘其體而枚舉細故者，雖謂之姦人可也；違其機而先後失時者，雖謂之迂儒可也。光嘗久慨於心矣。若公喜怒以正取捨，光自忖或不難焉。」曰：「晦之何言之易乎！」

越數日，餞晦之，曾宗周、林廷彬諸友皆在也。晦之偶言及有見侮者，詞色頗不平，則謂之曰：「此細事也，何損於己？此泛人也，何關於政？而晦之且若此，則夫公喜怒以正取捨者，果不可以爲易而忽之也。」於是晦之瞿然曰：「光誤矣，如之何？」曰：「志在天下國家者，則其小可略；身繫三綱五常之任者，於其他皆忘之矣。昔程伯淳、馬時中皆嘗爲御史，可法也。伯淳之志，惟在以誠意感動人主；時中之學，則曰：『吾志在行道，雖富貴妻子，亦不累焉。』晦之之往也，取其二三策，試恒觀覽焉，不可乎？」

贈馮臨安序

三石馮子子和既有臨安之命，適有公讌會於玄真觀，三石遜坐焉，且曰：「故禮如此，況今外補乎！」予曰：「三石亦爲俗言耶！」或曰：「三石宏才雅學，慷慨剛方，出言不諱，屈遠如此，甚爲同志者惜。」予曰：「豈爲三石，亦薄臨安耶！夫明時以華夷爲一家，選其賢者於遠且難，以免外顧之憂，厚望之也；選其不賢者於近且易，以免內顧之憂，輕視之也。三石豈肯以賢者爲不美，以不賢者爲美乎？且文帝、武帝，西漢全盛之時也；董子、賈生，漢儒一代之美者也。然董

子未嘗列位於卿，止相乎江都；賈生未嘗通籍於朝，止傅乎長沙。夫江都、長沙，小臨安數倍焉，董、賈且樂爲之矣。如董、賈以江都、長沙爲遠且小也，則董、賈當日何不或一歲三遷，或一言取相，超趨崇階，躐登臺司，而甘此卑微者哉！是故當其道之有行也，惟患位之不高，非以高位爲患也，位高則道廣；當其道之未行也，惟患地之不遠，非以地遠爲患也，地遠則道近。如三石子初貶道以求合，自北吏部而轉焉，今以久居卿寺之列，又安能與臨安論遠近哉！故予謂三石自北而南，固知其賢；自南而臨安，滋知其賢矣。若以爲屈遠，恐非知三石者也。雖然，奉身固貴乎直，不直則道不見；馭夷則貴於柔，不柔則政不立。柔之爲道，因其俗勿變其常，通其情勿泥其經。有不火食者矣，從其獵較可也；有不粒食者矣，從其犬羊可也。雖然，自漢、唐至今，凡身都將相，手握權柄者，皆嘗經歷邊疆、撫綏夷虜而後取也。則三石斯行，又安可謂之遠哉！」

三石名世雍，字子和，楚之江夏人，起家嘉靖癸未進士。

湯氏族譜序

司徒郎湯子汝承持其家世譜曰：「不腆寡族，中山商氏之後。先世鼻祖伯堅氏自楚之孝感，實仕於蜀，終則止焉，維今潼川安岳縣永康鄉實爲攸居。伯堅氏以來，延及不穀，九世於茲。賴天之靈，菑害不生，奕世載德，以迄於今。若我清谿君、義安君、養恬君，咸以樹憿範俗垂於後昆。比我先大夫白山君，懋學植德，登仕先朝，實能修其職業，休有令名。肆今不穀暨我諸父昆弟而下，夙夜祗懼，亦惟是先業是嗣，是寡族之紀也。昔吾上世嘗考而論之，以示於世，先大夫實克成之，明訓修義，於是乎取焉，弗嗣其佚將大。不穀欲以聽命於梓人，承先志也，其謂何？若將班敷德義，徼福於寡族之先廟也。」

涇野子曰：「不佞不能達世家之誼。夫吾子之舉也，其知禮乎？夫禮以正家。昔者先王之治天下，莫大乎治親，故尊祖而敬宗，收族而重廟貌。故有百世不遷，以厚本也；同姓合族屬，以萃渙也；繫姓綴食，百世而婚姻不通，以遠別

也。故人道親親也，自天子達于庶人，五服之制，聖人有所不敢過也，而尊卑之倫、昭穆之序，胡可遺也！今子之族可謂蕃矣，蕃則遠，遠則踈。仁人之族也，則恥踈焉，故譜系之作順矣，上治祖宗，下治子孫，旁治昆弟，孝之至也。然吾聞之，君子非辨族之難，而比宗之難。是故廣義修睦，遠利釋貳，散比崇公，尚忍侈教，然後禮可得而立也。禮既立，以居則賢，以傳則昌。」

蘭峯詩集序

蘭峯詩集者，大參蘭峯先生程公時昭之所著也。詩凡數卷，皆清新不腐爛，有古作者風。予一覽之，愛不釋手，豈徒以其詩哉？蓋公骨鯁之忠，冰霜之節，燦然吟詠之間，快人心目爾。即有絺章繪句，攡文琢字，上軋沈、宋，其爲華藻，固云美矣，然而其行不足稱也，其志不足取也，由正人莊士觀之，則比之雕蟲俳優矣。公在江西時，嘗忤逆濠，誣參他事，拘留不獲考績。竟遇其變，公密訊其子舉人鋭起兵討賊，垂死，賊舟反風，得不焚溺。其後當事大臣不與分白,反坐謫戍。於是鋭抱憤哀訴，始獲釋免。且公守南昌時，不阿文選以求美官；當宦瑾時，不奉司禮而辱過客；在兵備時，不從權要以冒公，而自掩其績。蓋皆守正秉節，侃侃然丈夫之爲也。宜其形於詩者，詞嚴意正，讀之凜然有生氣云。公之考方伯公原有竹巖詩集，兄昊登丁未進士，弟昌與予同年進士，仕終四川廉使，鋭又嘗從予遊於鷲峯東所，則公之所源流者又可知矣。

公諱杲，起家弘治癸丑進士云。

送宜山陳公北上序

宜山陳公以副都御史巡撫南畿二載矣，聖上召入爲大理卿。或曰：「中丞、廷尉皆内朝之重秩也，等亦無甚差異，奚

爲改哉？」予曰：「巡撫，一方之司也；廷尉，天下之平也，誠不可易以爲選也。或一方無人，猶可擢賢以代；天下之平，不得其人，民之蒙殃者多矣。且平猶衡也，砥衡者雖以權，持衡者則以繫。持之者或失其平焉，則或有以銖爲兩，或有以鈞爲石者矣，故善持衡者不輕移權。苟得其情可辟也，雖天子曰：『三宥。』亦必曰：『法如是，不宥也。』況肯撓於權豪乎！苟得其情可宥也，雖天子曰：『專殺。』亦必曰：『法無是，不殺也。』況肯溺於習俗乎！若是，則怙終姦宄無幸免，良善忠直無枉罪，刑一人而天下之爲惡者懼，宥一人而天下之爲善者勸，斯是以爲天下之平乎！故堪是職者，非吾宜山公不可也。昔漢文帝恭儉仁義之主也，乃選張釋之爲廷尉焉。有犯驚乘御馬者，文帝欲當以大辟，釋之止令罰贖；雖至於盜高廟玉環者，亦斷以法而不阿。於是漢人歌之曰：『張釋之爲廷尉，天下無冤民。』流芳青史，垂範千載。則吾宜山公顧不可爲今之張釋之者哉？且公辭寡而中，行方而毅，貌崇而恭，守儉而樸，才敏而慎，備此五德，固一時之良也。予西人也，往見公巡按陝西及分巡漢中，風采懋著，西土咸仰，則其他敭歷山東、南畿、山西、雲南以及今巡撫之政者，皆可知已。斯往也，其必爲張釋之無疑矣。況聖天子聰明仁孝，思追虞舜，不止爲漢文帝而已。公之往也，益懋其忠，益執其法，以柔濟剛，以可濟否。予曰辟，汝惟勿辟；予曰宥，汝惟勿宥；則見惟明克允，以教祗德之風復見於今日，公雖追法乎皋陶亦有餘也，況釋之乎！吾知公固亹亹於是矣。若乃以忠諫爲誹謗，正論爲妖言，則固非明廷尉之所行於聖世者也。」

於是其僚輿浦王公、方山張公皆以爲然。公字子敬，湖廣德安人。

廬陵曾氏族譜序

廬陵曾氏族譜者，南京刑部主事曾宗周之所編也。曾於夏鄫子曲烈之世勿論，然而自點以後，皆可考已。由漢車騎侍郎實以上，皆居於魯。由據不仕新莽，南遷吉州以下，數居廬陵、泰和、永豐數邑地。其間雖偉顯於唐，竦顯於五季，中顯於宋，然未有能紹子輿之緒而光大之者也。宗周之爲斯譜，豈獨序昭穆、別支派、收族屬而已哉？其志殆欲明子輿之道乎！

初，宗周之見予也，予嘗論及體仁之事。未幾，宗周有提牢之差，凡囚人之衣服、飲食、藥餌、桎梏，察之無不精，視之無不周，處之無不當。於是囹圄皆茹其慈，寮寀皆稱其才，則宗周之於仁似已有見於提牢矣。夫仁之體，豈惟是哉？昔子輿之論仁，則以弘毅爲至也。予嘗推其說：「弘如天覆地載，斯物無不並生焉；毅如不舍晝夜，斯道無不流行焉。」審若是，豈惟可譜曾氏一族而已，雖以類四海九州之族可也。宗周問：「何以能弘毅乎？」曰：「子輿言，吾友嘗從事者，又可以詳觀而修省之也。」

太宜人樊母計氏壽序

南工部郎中樊子少南過鷲峯東所曰：「鵬家自義勇公之世燿起耿山，功著牙爪，爵列金吾千兵。自茲以後，玉公、清公以至鎧公，皆能紹繼其業。至吾祖剛公，始籍信陽，流離之餘，轉徙之後，樊氏中替，而先大夫贈君之日，家步滋頻。然而先大夫抗志尚義，不同尋常，又得吾母太宜人以爲之助，於是樊氏再興矣。先大夫尚儉，嘗鬻菜草、賣酒漿以自業；太宜人則身不衣帛，助其儉焉。先大夫尚勤，力田業作，或賈於外，驅馳道路，日不暇給；太宜人則辛楚百出，酒漿米菜，躬親執事，以助其勤焉。先大夫嘗賈正陽，有報淅水里家大水漂沒者，則遽問其父母惡在，盡忘其他，正陽主人太息曰：『樊二公大孝人也。』太宜人善事舅姑，久無惰志，以助其孝焉。先大夫嘗買綿湖廣李氏，歸旅舍，閱數多，輒返之；嘗買田牛氏，溢與三金，其人自減以告，不允也；又嘗以錢穀行息，大斗出，小斗入，其久逋者，焚券猪槽中於淅水里，人皆以爲至義也；太宜人則事無專制，以助其義焉。今年生七十有五歲，七月十二日則設帨之期也。鵬以便道過家，則何以爲壽乎？」

涇野子曰：「少南其可以他求哉！惟在念此四德而不忘，充此四德而益廣耳。少南不見汝鄉之淮水乎？其發源胎簪之山，止可濫觴耳。厥後受汝、灘，納泲、泗，於是白浪滔天，洪濤湧日，北吞黃河，南敵長江，以趨於海，亘千古不已也。少南能使太宜人如斯淮焉，又何慮其不千歲哉！況少南質行忠信，文學博雅，能充其勤，則必終日不食，終夜不寢，雖孔氏

不知老之將至者，亦可學也。能充其儉，則必羔羊素絲，布被匪飾，雖禹之菲飲食、惡衣服、卑宫室者，亦可學也。於孝而能充，經所謂『夙夜匪懈，以事一人』，道行於人主者，不在兹乎？於義而能充，傳所謂『所欲與聚，所惡勿施』，利及於百姓者，不在兹乎？誠如是也，功加於當時，澤及於後世，頌休德而歌大名者，皆歸之，太宜人可與古淑人壽母比肩，雖數千歲亦有餘也。」

紀德篇序

紀德篇者，爲劉邦奇紀憲副嚴公之德而作也。邦奇嘗謁予曰：「正德初年，奇父某號君賈於西蜀，當時奇生九歲矣，弟邦固甫二歲，於是十餘年無還書，而邦奇已爲邑學生矣。痛父之久于外也，乃出尋父，至荆、蜀諸處，無所遇。聞雲南金齒、永昌有賈客劉姓者，與父且同名，遂給假提學，同弟邦固徒步求訪，又無所遇。騰衝衛者，外接緬國，内雜僰夷，山溪陡險，中夏封域，蓋盡于是矣。聞有百人遊商居此者，亦偕弟復至其地，又無所遇。然道路日險，蠻寇時發，自料兄弟死此，不能生還。當是時，憲副餘姚嚴公適出巡焉，邦奇入求見，乞命土人導尋吾父。嚴公聞邦奇高陵人也，乃越萬里之險至是，驚歎感泣，憐慰如骨肉，即令土人領奇緣邊色訪，又無所遇。乃又賜金米，給腳力，送出所部之地，復寓書建昌憲副胡公，亦令人導訪資給焉，亦又無所遇。初，邦奇至金齒，見士夫、土人稱嚴公之廉明曰：『自金齒建永昌以來，政平民安，蠻夷畏服，人不敢干以私，蓋無可與比者也。』邦奇微賤，且未謁拜門下，偶爾至此，蒙公恩德如此，雖未獲見吾父，而邦奇兄弟軀命皆公所賜者也。推公之心，豈欲邦奇終失其父如今日哉？公所爲人，雖與青天白日對，可也。邦奇歸高陵九年，于此矣，未嘗一日不在公之左右，願乞一言以爲公酬。」

涇野子曰：「劉生亦嘗聞朱壽昌之事乎？壽昌早失其母，求徧天下，得於同州。同州太守第五琦奏聞於朝，遂旌進壽昌。生之求父雖未得，然其心與壽昌未始異也。嚴公之待生，其感泣資給，厚意周至，與第五太守之道，又豈不異世而同

符哉！夫生之索文酬公，隨予至華山而後得，當其意，雖至江左亦所願也，則其萬里求父之心，豈不出於真誠者哉！公之資給待生，遺書至建昌而未已，當其心雖至奏聞亦所欲也，則其平生崇孝之道，豈不出於固有者哉！爲子者能如生，則可以化背逆之俗；爲政者能如公，則可以興孝弟之風。故予謂生之求父，公之待生者，雖以風俗天下可也。」

送玄菴穆公致政序

天下之事有方聚而遽散，乍合而輒乖者，睇道則增感，撫情則愴懷，予於玄菴公是也。正德初，予舉進士，同公仕翰林，居則比鄰，朝則聯班，登途則並鑣，出舘則更僕，言疑相訊，行慎相稽，自以爲得善聚矣。未幾，公以忤權姦調官南曹，而予亦以病免西歸，其爲離散者蓋數年也。至壬申間，予雖既起而又旋返，則猶是離也。嘉靖初，予應詔再起，同公侍講幄，進則考忠，退則視履，或因經以諷，或緣史而規，共仰篤棐之風，各勵納誨之志，自以爲得善聚矣。未幾，予以言事謫判解州，再進南曹，其爲離散者又數年也。至辛卯間，公亦改南，而又旋轉，則猶是離也。今公典南太常一年矣，而予以其佐來，方竊慶幸以爲斯聚必久，所懷必愜，奈何未匝月，公又以南太廟災，自陳解位，若茲之離且散，當又何日而聚哉？如之何不增感而愴懷乎！

或曰：「公，聖上日講之親臣也，爲學士將十年，嘗七擬侍郎而未陞，在太常雖一年，又三推侍郎而未就，文行重於縉紳，名實加於天下。聖天子若思直講之臣，公當復起，或掌南禮，或佐吏曹，以爲吾子之聚者，可計日待也。」曰：「子未聞數乎？官之陞沉進退，正與人之聚散離合等耳。即使公起，又安能必予之不去乎？且如公者既去，況予之不材，又安知不爲之後乎？雖然，公之初有報也，予往唁焉，公欣然曰：『心知不久於此，第未知何事去耳。今茲之去也，不以人劾，不以己專，可不謂之歸乎？便當從吾所好，以溫舊業耳。』予歎曰：『公有不愧屋漏之學，有忠信博雅之器，有獨立不懼之操。其戇直近汲長孺，隱厚如雋不疑，孚信如韓康伯，經術近劉向，史通近司馬子長，道學近程正叔。乃且益篤其道，益邃

於易，兼究老佛，折衷孔孟。在位固表儀朝著，不在位則益式是鄉黨，風流四海。公固不以陞沉進退爲意者，而予於聚散離合間，又不能不爲之重矣。』」

於是南都羣公卿皆然其言，用爲祖道篇。

西園雜著序

西園薛子君采既歸隱於亳，杜門謝客，窮天人之秘，探道器之源，究性命之蘊，雖仙佛諸籍，亦皆博采廣搜，會其旨歸。於是以其所得，著爲論說，凡數千言，大抵皆禮樂度數之故，陰陽鬼神之情，政教法令之本，君臣民物、古昔聖賢之懿。果行焉，可以適治也。其門生賈君體仁將梓傳之，予謂賈君曰：「西園子，博物君子也，久任吏部，已閱天下人才矣。茲者仕優居亳，又如此其學也，宜其所言皆揆事中倫，正名定物，無詭於經，足資於世乎！」遂名其書爲西園雜著，並以數語弁諸端，觀者當有以取於斯也。

定遠三應序

邇者道過定遠，遠人無老穉遠近皆稱邑侯唐子薦之賢，至道路有謠，叩其故，皆曰：「自侯來，甲省戶費，稅減羨征，馬止京債，塘開水利，鹽盜遠遁，訟息藹越，倉庾充盈，祠壇完整，學校咸興。此九利者，其大概耳。」予歎曰：「民之安危生死，關係守令。誠使天下令皆如子薦也，而民焉有寃抑者乎！」

未幾，子薦來謁，問爲政。曰：「子能得民如是耶！」答曰：「直不敢有擾耳。若里有高年敦行之民，或召至廳堂，酒食勞勸，令之轉化各里，其不率教者，懲其一二。於是凡錡所行，民多信從，知錡之政，凡以爲民，無他也。」予歎曰：

「昔予判解時，亦嘗若是，至今解人頗多懷思，其別予時，號送不捨。子薦專縣也，其政又加予數倍，他日定遠人必尸祝而尸頌之矣，則士之功名，又何必公卿爲滿哉！」明日，定遠之鄉大夫士凡數十人來拜，曰：「唐侯之在定遠，兩夏無雨，侯禱輒雨；一冬無雪，侯禱輒雪。邑人感侯之誠，能爲民昭格天也，率侈爲詩歌，作三應圖，不識肯一與之序，以廣其傳乎？」予曰：「諸君知三應之故乎？維在唐侯一念之誠，實由平日九利之積也。且子薦方求爲寂然不動、感而遂通之學，後當隨感而應矣，不啻三應也。」於是子薦聞之曰：「錡固不敢以三應而自足。」

恩榮雙壽序

恩榮雙壽者，刑部副郎王君仲行之志也。仲行過予曰：「正思父石谷君今年生五十有八歲，母華氏今年生六十歲，強健不老，此其雙壽皆得於天者也。石谷君今年封南刑部員外郎，母華封宜人，鄉黨歸美焉，此其恩榮皆得於君者也。石谷君受性慤直，履端迪嚴，每當祭先，如親見之。事其伯父龍山冢宰如事父母，篤念訓教，白首不忘，奉身廉養。通古文詩，然不屬草，以爲德不如古，他美弗傳。遇事慷慨，有古人風。又面斥人過，人多畏避。宜人克慈克順，其相石谷君，勤苦無間，又以柔濟剛，家務滋振，此其道德皆得於其身者也。獨念正思爲之子，年且長矣，雖舉進士至有今官，然無毫髮裨益於其父母。乃誕期且至，又身在千百里之外，其何以爲獻邪？」

涇野子曰：「仲行而未聞邢臺女乎？將嫁而懼其步之不工也，問於姆氏，姆氏曰：『臨邑有邯鄲女者，善爲步，周旋則中規，折旋則中矩，西施不能比其態，宋子不能並其容。』乃之邯鄲女而學焉。未匝月，而趨蹌疾徐，皆獲其巧。今仲行叔父陽明子之壽其父龍山冢宰也，學以良知爲本，政以戡亂爲能，江浙之士從而遊者千餘人，於是龍山先生雖以冢宰顯，實以陽明子永其壽也。然而陽明子之進退於庭，陟降厥家者，仲行固已耳濡目染，心醉親炙，非但臨邑之邯鄲女矣，況石谷君又嘗指之以爲教者乎！仲行如思陽明子之言以爲言，即言可中理矣；思陽明子之行以爲行，即行可式臧矣；思陽明子

之或有不及者而及之，或過者而節之，率由周、程上遡顔、孟，即道可庶幾矣。夫然則石谷君得於其身與其得於天於君者，皆有限，可百年計；其得於仲行者，可千萬年計，壽無窮也。且仲行嘗言先世王逸少爲會稽内史矣，然逸止善行草字，自晉至今，壽數百載不沒，而況仲行克修家學，敦明先聖賢之道者乎！足知其使石谷君之壽如海屋添籌無筭也。」

送少司空新山顧公致政序

天下之事有求之而不得者，有不求而自至者，不惟可以語命，亦可以觀義也。方新山公之爲少參也，三疏求退而不遂，至棄官以歸，而副使、參政之命，更接踵以臨門。其爲侍郎也，七上乞休而不遂，至移書以懇，而素望供職之詔，更優禮以勤渠。當時公之心固在泉州之新山也，然義雖主於退，而事不與之偕，其如命何哉！蓋自是公益輸悃邦計，許身公家，暫輟明農之志矣。故今南太廟之災也，隨衆附疏，拘例陳劾，事不關於己，災不對乎職，豈其有必去之意乎？乃俄允辭位，遽獲還山，命既乖於進，而時復與之值，其如義何哉！於是其屬楊叔用、江伯馨曰：「公之爲司徒也，奉身以儉，涖政惟勤，服食有常，夙夜在公，有古羔羊五紽之風，凡我諸司，罔弗瞻式。今其去矣，衆正觖望，將君子之進退固有命乎！」其鄉李仲復、倪惟熙曰：「公之居泉州也，言不越度，行不違禮，孝友於家，任恤於鄉，有古望步寺門之風，凡我後學，將爲表儀。今其歸矣，髦士迎門，抑君子之出處固有義乎！」

予爲之歎曰：「義也者，命之本也；命也者，義之符也。義不精則命不明，命不立則義不行。諸大夫之言命者，實以公之有義也。不然，誰其以命爲惜哉？諸大夫之言義者，實以公之有命也。不然，誰其以義爲美哉？昔者孟子言孔子之退也則以義，其於位之得不得也則曰有命。公固常以孔孟爲師者也，故於其問也，著義命篇。」

送東川段君考績序

東川段君紹先爲南職方正郎三年矣，將獻其績於朝，凡吾同鄉仕南都者咸往賀焉。白山周行之曰：「美哉，東川之績乎！夫南都六曹，以兵部爲重，蓋有機務之責也；兵部四司，以職方爲要，蓋有地方之係也。乃東川之爲職方也，補伍則勤而不漏，受逃則寬而有制，驗操則簡而不苛。凡五城兵卒之給直，内十三門、外十有八門之關戍，皆待之以恕，而選之以嚴。於是南都之兵士莫不畏而愛之，悦而誦之。當其獻最，豈他曹署所能及乎！」楊叔用曰：「昔者東川嘗爲杞縣矣，杞縣之田多拋荒，有糧者或無田，有田者或無糧，逃竄既衆，遺累滋廣。東川乃申均田之法于上官，遂畫四封之内，立方丈之標，計以頃畝，畫以繩區，編以名氏，定以冊籍，躬造其隴，手籤以驗，照田定糧，計糧付地。一區之内，雖兼乎數姓，而田無虧欠；一人之身，雖散於數區，而糧無羨剩。於是居者無幸業逃，而復者有資產，概縣之田，均於數月之間。上官嘉其法，遂通行於中州。當其績，雖一省可收也。」宋獻可曰：「昔予之爲行人也，東川方爲御史，能忘身家之私，進忠讜之論，上逆龍鱗，下捋虎鬚，性命危於累卵，直聲動乎士林。當其績，雖天下可明也。」

涇野子曰：「東川之績如此乎！然自予至南都，與東川遊者已三年，見東川之貌，若積卑官而至此，初無御史之態；聞東川之言，若抱虚襟而涖政，初無矜人之詞。夫東川，皋蘭人也，將無有志於其地之黄河乎？」趙良佑問其故，曰：「子不見近日之涇、渭、漆、沮乎？惟其爲身之狹也，一遇大雨，百谿皆注，量不能受，盈溢泛濫於兩岸之外，頹田屋不下數萬，溺人畜無慮百千。一入黄河，羣流旁趨，細若絲縷，行千餘里而干涯之人眠帖席。夫何故？惟此黄河爲能容耳。夫東川苟爲是學也，則他日所至，其可量乎！」楊天瑞曰：「予藏有容思集，知東川之曾祖也，蓋嘗爲斯容矣。守南陽，一奏績，義夫節婦滿由冊。當其時，比名於西漢吴公，而關陝人以爲可希蹤横渠也。則東川學斯容於庭訓者，蓋已久矣。」曰：「東川如是，雖爲蒼海以輔明聖，亦所願也。」

東川名續，起家嘉靖癸未進士。

送劉長沙通判序

安福人劉君孟純爲光祿寺典簿已七年，凡再考於部臺矣，於是吏部書其最，可大郡任也。適有長沙督糧通判之缺，遂具題請，而上賜允焉。孟純且戒行，其僚蔡彦、劉廷諸君來曰：「孟純雖嘗從公遊，然而其爲簿之詳，恐未聞乎？孟純之在廳也，祁寒暑雨，日必一赴，偶未涖廳，夜寢不安。孤處一邸，不隨家累，四壁蕭然，無異寒士。至於出納之際，明而無私，其爲廉也，雖古之懸魚庭中者，亦可庶幾焉。寺中供用冗費，動與内宦相涉，孟純疏革時弊，三呈於堂，俱加許可，轉請得旨，歲省民財殆數百千。怨任於己，情忤於人，奉公秉正，不恤其他，當其爲直，雖古之杖衛縱牧者，亦可庶幾焉。」

涇野子曰：「懿哉！孟純。迺能至此乎！夫居官以廉爲本，人臣以直爲正。廉則百姓無不足，直則庶士無不端。百姓足則教化興，庶士端則風俗美，如此而世道不升者，未之有也。安得如吾孟純者數百輩布列内外諸司乎？昔者孟純之曾祖南雄公督賦浦江，卻鄉友之畏俎；校文南畿，辭有司之供帳。爲治中而門無饋遺，守南雄而稅清絲毫。妻子不攜，經三十年，時人比之范丹。孟純之廉，將無雄之比乎？予又聞孟純之父司空恭襄公觀政西臺，足不至貴顯之門；修史東閣，身自任筆削之公，抗禮中貴於嶺外。雖被繫而不悔，上書自陳其官，況至開釋而不誇。勢利在前，一不能回，時人比之董宣。孟純之直，將無述之比乎？」「然則孟純無以加諸？」曰：「書不云『直而溫，簡而廉』者，尤孟純用力之地也。孟純若又能從事於斯道，不其可得乎！予與孟純有一日之遊，故以是終篇焉。」

孟純名珙，以其父司空恭襄公之蔭，積學胄監，筮仕典南光祿寺簿云。

送大司空石湖何公致政序

石湖先生山陰何公守工部尚書五年矣，邇以災變請罷位，未獲也。至是又以老疾乞骸骨，聖上俞允，賜馳驛。先是，乞休者數不從，即從之，亦無善歸，乃獨公有此，真異數也。故報至，而南都人咸歎曰：「榮哉，石湖公之歸乎！」其屬諸大夫咸來問言。

予曰：「公茲之行，固柟所願言者也。夫治天下以得民心爲本，得民心以散財爲先，散財以節用爲急。初，予至南都，太廟半頹損，計修可用數十萬金，若行派辦，當天下騷動矣。公經營有藝，移借有方，比落成，費止萬餘金，較正德中一寢之修不及十一。國子監堂號殆數百楹，每一北行，其敝陋不忍觀，諸師生率就民舍以居，若欲葺理，非數千金不可也。公治之未洽年，卒不告勞，財不告匱，煥然一新，足爲育賢之所。工部軍器局久燬於火，每一造作，率假廠錢，甚不便也。適有寺人空第，公乃計價易之，不改榱瓦，周築崇墉，遂成宏局，百工皆居其中，若當重建，所費豈可貲筭？夫以國之大事在祀與戎，而太學尤賢士之所關也，公治之必先，成之不苟，用財不濫，如此則其他可知矣。人言公自爲主事時，護送壽王檄，減行舟二千，省財可萬計。爲郎中時，力拒内庫虛出收單，至忤姦宦，誣下詔獄，竟莫能害。其他卻永平之贐金，平廣西之巨亂，裁悼陵之冗費，省通惠運河之腳價，爲民之心，惜財之志，蓋積之有素，不俟詳矣。

夫大學論理財，雖以生之衆爲之疾，以開財之源，實以食之寡、用之舒爲節財之流，此平天下之大政然也。凡公所至，有不得於大學之道者乎？昔者堯舜之時，民皆阜財解慍，時雍風動，固雖稷、契養教於其先，實亦工垂節用於其後也。莊周不知大道，至謂垂有巧思，擬諸魯般之徒，乃欲擿工垂之指，不亦誤哉！不然，茅茨土堦之日，漆器不用之世，垂雖有巧，將安措手？公雖比方虞垂，豈不幾及乎！夫後世流俗率謂仕者至於極品，終受寵賚而還，以爲榮歸。假使其在官，上無

補於國，下無益於民，徒娉婀取容以臻穹〔二〕爵，雖進有晝日三接之遇，退有路車駟馬之錫，由君子觀之，祇謂之辱耳。故公之歸，人皆榮其官尊寵高，予獨以政成功立爲公之榮歸也。」

贈鄭維東知德安府序

南戶部郎中鄭維東既有德安之命，開宴于其第，辭予及諸友，偶語及爲守之道，維東曰：「幸菴彭公之爲徽州也，當其時，豈無一二之小失，然至今徽人無大小無弗思彭公如父母，至立祠而尸祝，豈其有他道哉？惟純誠愛民，恩入人心深耳。」涇野子曰：「維東移以治德安可也。」因謂楊叔用曰：「曾聞吾鄉人有爲浙郡守者乎？其爲知縣、御史時，已著冰櫱之操。及至浙郡，其僚則侈人也。一日，侈人之內邀其內以飲，珠翠盈身，可數百金計。其內首無重飾，慚沮而歸，數恚告焉。浙郡守嗔不聽，久亦稍用其言，於是政聲頓減于其前。故守之確，道至少保而不改；守之少有不固，一浙郡而損矣。」維東曰：「此涇野子之至教乎！」

他日，諸友餞維東於心遠堂，因言汲長孺開倉救飢之事，愛民真如子，不暇計其專命之罪也。葉子大曰：「于後世恐不能行，必三請于當路而後敢。」曰：「即如是，民委溝壑多矣。子不見人間父母之于子乎？未寒與具其衣，揣其薄也，又絮之；未飢與具其食，防其餓也，又餕之；未難與病也，諭之以道，時其患之至也，又捍禦而藥石之。若是者，豈使其子先知而後爲之哉？又豈俟請於他人而後爲之哉？況長孺之事，又已親見其飢寒而爲之者乎！今乃又以爲難，宜必有所曲意爲之者矣。且維東之在戶部也，利必欲興，害必欲除，雖囤基之費，（間）〔門〕〔三〕吏之稅，亦必言諸公而正之，恐病民

〔二〕「穹」，萬曆李楨本作「崇」。
〔三〕「門」，據萬曆李楨本改。

也。予素不明於政，因維東而識錢穀出納之機者多矣。況其操持之嚴，以南都人宦南都地十年矣，人不能干以一私。行舉長孺之道也，又何難哉！」楊叔用曰：「於維東不患其不興利除害也，事有可因者姑因之，第勿使姦吏爲蠹於其間，斯善耳。」曰：「維東而又兼乎此，他日奏績於朝，雖治行課天下第一，入爲廷尉卿相，與漢吳公等，抑又何難哉！」於是子大曰：「所謂恐後世難行者，正以作維東耳。人苟存心於愛物，法無不具，豈直維東可爲乎！」維東曰：「往日雖多，所謂不及，近會尤切於淮也。」

維東本閩人，國初以大戶填實京師，遂爲上元縣人，起家嘉靖癸未進士。

歐陽孺人陳氏六十壽序

泰和舉人歐陽曰大來鷲峯東所曰：「乾元之母陳氏，少司馬靜軒先生之孫，梅齋先生之女也。年及笄，歸御史家君碧谿先生。即執婦道，凡幼所讀古列女傳及孝經、論語，皆見之行。上孝先大父母極誠敬，中相家君，處則贊其爲學，仕則贊其秉節。及其有乾元兄弟四人也，幼誨於膝下，親受句讀，及長訓飭有常，如是者三十年猶一日。今年五月二十八日則六十初度之辰，雖亦強健不老，而乾元爲子者之心欲使數百年皆如今日也，則何以致之？」

涇野子曰：「夫曰大而未聞先世魏國夫人鄭氏之壽乎？方永叔之四歲也，家貧無以資學，鄭夫人教以畫荻習書。永叔既長，益邁於進，至以文章節義冠於當時，遂使鄭夫人至今數百載猶存也。嚮微永叔邁於所進，則鄭氏潁州推官之配耳。是故道在陳孺人者可百歲，學在曰大而壽之者可數百歲也，惟曰大益求其所以如永叔者可耳。雖然，鄭夫人之壽，而歐陽氏一家人能誦之，而廬陵郡一國人能誦之，又不若通之天下，傳之萬世，如大任者之爲壽也。」

是日，楊允弼亦在座，允弼曰：「大任之子，文王之學，惟在望道而未見乎！」因問之。曰：「顏子已能見道于卓爾，乃文王顧不及邪？蓋顏求孔道之實，至覩形象，而文王得斯道之虛，不自滿假，皆生于一望也。夫人之有心通於目，目之

有神通於天地萬物，望則目之用也，見則望之真也。是故君子之學惟在望，而其有得也惟於見。羨墻，日用之物也，唯舜則能見其堯；杆盤，沐浴之具也，惟湯則能見其銘。人之於望，苟不邪僻而常正焉，則可以見鳶魚於夫婦之近，瞻輿衡於蠻貊之遠。凡遠取諸物，即近取諸身，是雖文王純亦不已之學亦可造而入，顧不能使其母上希大任也邪？苟此志一懈，而于日用云爲皆疎略遇之，則溺於流俗也，以爲造道，則雖欲壽其母如鄭夫人者且不能，況上希大任乎？陳孺人幼訓膝下者，不可不寢思而食念也。」

於是曰大拜曰：「家君碧谿先生訓乾元者亦嘗至是，乃至涇野子又聞其微，則公明儀所謂『文王我師，周公豈欺我』者，乾元不能不努力矣！」

贈秦象之知曲靖序

雙山秦君象之任南戶部正郎，既有曲靖之命矣，其僚葉子大來曰：「雙山之在戶部也，凡綜理出納之間極其明審，上不失於公，下不失於民，中未嘗一言一行失於僚友，凡十三司皆齊口褒嘉，可不謂材乎？行以阜曲靖之民，有何難哉！」涇野子曰：「子大而未聞乎？昔者予之在考功也，雙山方爲吏部司廳，與處甚契厚，有政必謀，有疑必問，有人物之淑慝必與辯，有暇必講學，有茂林幽谷當其興之至也，必與偕往以相適，有新詩或旨酒，必與唱和酬酢而後已。乃雙山和不失之同，矜不失之爭，語不失之多，默不失之少。當是時，冢宰及四司無不加敬焉。雖行以作曲靖四州二縣之吏，亦又何難哉！且子大知山陽胡貞甫乎？蓋淮安之信人也，言皆有實而不妄，嘗稱雙山之教山陽矣，廉足以厲士之貪，公足以服士之心，勤足以作士之惰，端足以正士之行，山陽人言數千載無是師也。故凡山陽士之南都或應試者，必之雙山候問焉。則雙山行以作曲靖七學之士，當有不待言語之繁、夏楚之細者矣。」

「然則於雙山之行，更無所益乎？」曰：「聞之矣，人之材各有所宜，其用各有所長。故優于治郡者，或短于爲相；

能爲治中别駕者，于百里之小或忽也。若乃鸞鳳於枳棘亦棲，瑚璉於信陽亦重，自非學爲不器之君子者不能也。且夫曲靖，負金山，瞰石保，瀟湘襟其前，白石江帶其後，交、廣之衝，蜀、貴之阨，固雲南之雄郡也。但其地人雜僰、爨，俗兼漢、夷，或脱帽以爲禮，或木牀以爲戲，或大環覆胸以爲婦飾，或片木刻物以爲契券，蓋不可純以中國理之者也。聖天子方敦柔能之政，而興混一之化，則雙山之知曲靖，固其選擇而使之者矣。然則因其俗不違其常，從其情不失其宜者，固今日之所當從事者乎！昔唐有韋仁壽者，嘗爲曲靖都督矣，能收兵保障，至於西洱蠻夷悦服。然猶在武德之間，蒙、段二氏尚不梗化，而仁壽之政已能如此。況今曲靖沾濡皇化既久，而雙山之材行政教又皈皈若此，斯行也，豈特追蹤仁壽已哉？他日雖如韓稺圭所至有遺愛，夷狄畏慕，及其還朝，北虜常問安否，以圖畫像者，亦可馴而至也。雙山勗哉！竊恃有舊僚友之義，則不但于其已能者爲滿望也。」

雙山名儀，廣西臨桂人，起家鄉貢進士云。

風木圖詩序

昔予在陝時，河内王明叔以甲戌進士出尹盩厔，偶同對山康子有太白、終南之遊，遇明叔焉，溫恭愷悌，其言論或追述厥考即墨先生焉，予嘗私重明叔以爲篤不忘也。比予改官南都，而明叔已僉憲山東，則既十年矣，一日寓書于余曰：「暘之于先人也，年雖近強艾，而懷思猶如齠齔之日；官雖屢遷轉，而追慕猶如庭訓之初，遂作風木圖以志。感知暘者皆有詩賦成帙矣，則涇野子何以爲言乎？且先人早歲穎特，長從關中邢司徒先生學，端嚴誠恪，深獲器重。尋領順天鄉舉，授尹江西太和。太和俗頗競訟，而先君持廉秉公，方及三年，百姓向化。後補即墨，敦崇德教，蠶月麥天，不閉四門，閭閻安堵。及先伯客死無子，孤女俱幼，遂棄官以歸，同先母潘孺人撫養諸孤，選賢以嫁，李御史經、邢御史昭皆其婿也。其教暘學，課讀甚嚴，每逮夜分，至有今日，是多涇野子舊所聞也。風木之悲，豈容已乎？」

曰：「明叔職司憲臺，毋但觀風于木，其觀風于民乎！觀風于木，一墓上之物耳；觀風于民，巨省雄藩皆可得而理也。故觀民之風敬也，可以知己之莊；觀民之風讓也，可以知己之謙；觀民之風貴德也，可以知己之仁；觀民之風賤貨也，可以知己之義；觀民之風顓慤不譎也，可以知己之信。自汶、濟以東，龜、蒙以西，皆是風也，則先夫子即墨一邑之風，廣爲東人一省之風矣，此顧不可乎？若明叔由此而又不已其道，則他日積登廷尉卿相，雖風動四方亦有餘也。」

陳思古集序

陳將軍思古汝玉，安吉荆溪鄉人也。少有將略，讀書便領大義，以爲丈夫當雄萬人，何以書生耶！年十七，襲父爵懷遠將軍統衛事。至弘治十八年，用尚書劉公薦，陞署都指揮，總揚州漕運，搜剔冗濫，歲省米五千餘石。正德間，追捕劉寇，斬首數千級，又攻破孝豐陽賊，俱有功，陞實授用臧都御史，拜參將。宸濠之變，領兵駐下江，節制鎮常、蘇松、儀真軍，歲省米萬五千餘石。事平，賜銀牌、金花、朱衣。嘉靖五年，天子廉得其狀，拜南京坐營。至則人不知持兵，將軍曰：「兒戲也！坐食國家，而緩急無用，何豢豕之異！」乃比什伍簡卒，不能兵者去之。六年，改坐團營，旋復拜參將，理會通閘，河成，歲運百九十餘萬石，省車腳費三十餘萬金。十年，天子益知其能，拜南京後府署都督僉事，兼理操江，節制安慶、九江下至鎮江諸軍。事兵數十萬衆，戰船十萬艘，署府事如故。天子曰：「爾往來視江上下，無安坐都城。」將軍拜命，滋懼曰：「嘻！吾無功而屢受上賞，惟當鞠躬盡瘁報國家爾。」

涇野子聞之曰：「夫古謂師旅皆道也，其信然哉！夫思古承祖、父之業，起一旅，三十年而至上將，握金印，横紫綬於腰，呼吸百萬，可謂至富貴權寵矣。然節財愛士，喏喏如不出口，羞稱功伐，至以盛滿爲憂，豈所謂居寵思危，不溺于富貴者乎！雖古名將有不可企而及之者耶！是宜傳其集以示四方乎！」

涇野先生文集卷之十

序

淳菴處士許君六十壽序

涇野子曰：「自予至江南與諸友之講學也，在柳灣精舍則有休寧胡孺道，喜予言，未嘗忘，退或劄記，率相似也。在鶩峯東所則有歙人許汝賢，喜予言，未嘗忘，退或劄記，率相似也。比予居太常南所，兩生以大比之後，又同處三四月，當其進修，視昔者益通明且堅定焉。來年正月十四日，則汝賢之父淳菴君六十初度之辰也，汝賢與其姪壽卿偕孺道來曰：『象先甚不肖，無以爲淳菴家君悦。茲誕期且至，象先歸，將稱壽觴，則先生何以教之乎？』予謂孺道曰：『淳菴君則何若？』對曰：『淳菴恬靜樸略，不好華靡，訥訥然，言若不能出諸口，有古周任之厚焉。痛家業之中衰也，北度大江，耕商和州，以資孝養。嘗遭父疾，親煑湯藥，左右扶持，晝夜不眠，有古孫咎之志焉。父令與諸弟之索居也，其服飾器用倍厚于君，示重嫡也，君痛泣辭謝。其父既卒，遂以精美者分歸三弟，自取朽敗。後諸弟有婚喪之事，則又竭力贊襄，俱使得所，有古薛包之風焉。』」

予歎曰：『有是哉，淳菴君乎！汝賢今茲之致壽，不可以他求矣。夫敦厚者，先進之禮樂也；孝友者，聖賢之政事也。惟造詣有淺深，則功用有大小。在淳菴君可謂生質之美，暗合古人者矣；在汝賢，則當盡學問之功，益充其先美可也。汝賢不見江滸之灌木乎？其初止一本耳，有善植者，析其條肄而種之，不數年遂成千章之林，百丈之材，其上可以碍

雲曰，其下可以蔭行旅，皆其善植之功也。汝賢植淳菴君之道如植灌木焉，則稱於鄉黨者可以稱於天下，稱於宗族者可以稱於後世，其爲壽於淳菴君者，豈啻數百歲哉！且鷲峯東所之言，皆偶會之說詞耳，汝賢一不能忘，至於劄記亦相似，矧淳菴君之道得於庭訓之久，而受之躬行之餘者乎！汝賢能纘成而光大焉，則雖晦翁之發韋齋亦可期而至也，又豈但式穀似之而已哉！是故享壽之名則在淳菴君，致壽之實則在汝賢。』」

盛氏族譜後序

太學生盛範卿從遊於鷲峯東所者三年，比予居太常南所，持所自編族譜一帙來觀，曰：「楷家世居儀真者，自永樂間始祖伯謙公創爲族譜以來，今族屬繁衍矣，無復有能再譜之者。楷生也晚，然而尊祖敬宗之心，推恩收族之意，則固與楷之年日進而不能已也。茲編且考，則何以語之乎？」涇野子閱之曰：「夫世系作，則本枝有條而不紊；世傳作，則行履有據而可考；文詩録，則名德常著而不泯。範卿之於家者如此其厚乎！且範卿兄弟四人，儉菴君蚤已令之析居矣，其第三兄業既析而又貧也，範卿復請與同居，不忍遠去焉。當宗族之中有若人焉，則範卿之心可知也。然則範卿之爲此編者，豈徒文字乎哉！」於是範卿曰：「楷請教而先生以是語，不幾於溢美乎？」曰：「範卿毋是已也，不聞古之君子又使天下人皆能收其族乎？」

朱程問答序

南昌太守婺源程君仲樸輯其遠祖允夫先生與晦菴朱子問答之言爲一編，曰朱程問答，暇以問序焉。予披覽之，然皆辯難論、孟之奥，疇咨太極、西銘、鬼神、禮樂之羣疑也。予然後知朱子集注諸經四書者，雖皆出於手筆，然亦當時羣賢講論之

功耳。若允夫者，亦其一也。仲樸乃能輯而表之，豈獨昭先人之隱績，亦以使四方治經之士，知朱子之學有集諸儒之長焉。雖然，斯問答也，於解釋訓詁居多，惟吾仲樸質明而志美，學博而行篤，見人之善而扶其弱，見人之非而抑其強，蓋將以論、孟經籍暢於四肢，發於事業，不但一問答訓詁間也。夫然則仲樸之克光厥祖者，雖以此編傳之千萬世不磨可也。

誥封太宜人劉母陳氏壽序

太宜人劉母陳氏者，南京禮部祠祭司郎中、前吏科都給事中平嵩劉子實夫之母也。今年三月十有四日，生六十有八歲，且七十也，而太宜人之鸞誥適至。實夫喜走謂予曰：「世揚碌碌不才，而吾母劬勞萬狀，無以涓埃酬報，叨冒聖恩，衮詞褒喜，賁及誕期，而世揚寸草春暉之心少舒，不知何以使吾母至千百歲也？且吾母自繼室吾父誠菴君也，力持婦道，夙夜匪懈。及父既沒，秉節不邪，端柔勤儉，閨範懋昭，閩人稱貞焉。吾有兄二人，前母林氏之所出也，吾母字之，無異於所出，鳲鳩之愛，可方古昔，閩人稱慈焉。不識此可以致千百歲乎？」

曰：「是在實夫已耳。且予嘗聞淮水之名矣，以爲出臺簪山者，即洪流也。近過其地而詢諸人，其發源止可濫觴耳。及潁、汝、渦、泗諸水以次而入，然後其流始大，與黃河、江、漢竝名齊驅，稱四瀆焉。故在太夫人者，百年之貞慈也；在實夫者，千年之貞慈也。實夫不見易之言『貞』者乎：『天地之道，貞觀者也；日月之道，貞明者也；天下之動，貞夫一者也。』實夫之在諫垣，固已秉貞矣。自茲以往，或外而藩臬，或內而卿相，皆秉是貞而不渝焉，上足以格乎君，下足以帥乎僚，擴其心，雖與天地日月爭光可也。實夫不見曾子之論慈者乎？其言曰：『慈者，所以使衆也。』蓋民餒其腹，雖或使之，則腹枵不欲行；凍其體，雖或使之，則體解不能行。實夫邇爲司牧，固已嘗用慈矣。自茲以往，或外而賦政，或內而陳善，皆用是慈而不改焉，近足以悅乎民，遠足以育乎物，擴其道，雖與乾父坤母比恩可也。是其爲貞慈也，豈非延太夫人於千歲者哉！昔者孟母有仉氏生孟子而失其夫，守節矢靡他。及教孟子學爲聖賢，至於三遷其居不以爲勞，誠可謂貞慈矣。然

微孟子承其貞而廣之以義，體其慈而擴之以仁，何以訓當時、傳後世也？則有仉氏者，故戰國時一婦人耳，奚能至今千百載猶誦孟仉氏如存不没乎？實夫必有所取於斯矣。」

贈宋君獻可陞知真定序

仰山宋君獻可既有真定之擢，同鄉楊叔用諸友適來，予爲之喜甚曰：「聖天子於此地真得人哉！」叔用曰：「涇野子之喜，其以獻可爲鄉曲之英乎？」曰：「固然。但吾儕有知地者或不知人，有知人者或不知地。予知地又知人，是以喜之耳。今夫真定隸州縣三十有二，西盡於平、定，東薄於瀛、濟，表山帶河，接海據關，拱皇極而通羣省，蓋京師之門庭，畿輔之要地也。往者正德中，流賊扇亂於坻霸，真定無守以控扼之，遂使衝突馳騁，南鶩河、洛，縱横於汝、蔡、徐、淮之間，毒及天下。蓋此地風迅沙飛，人馬剽悍，一迫於飢寒而失其心，頃刻呼號，輒成羣黠，雖有滹沱、沙漳之險，不能爲之限域也。」叔用曰：「獻可之爲御史，則嘗聞之矣。巡城則參論監局之貪横，掌道則會彈權姦之彌進，（刻）［劾］〔二〕述職官而言無不當，巡下路江而威無不宣，其他條陳江防諸事，緝獲通番雜貨，帶管本科並點軍門，以及監試科場之差，皆風力烜赫，在人耳目者也。此其人以守真定，足知其有餘裕矣。」曰：「雖然，予之所言乎真定者非但已也。真定當衝路之衢，民疲於力役而艱於衣食，予欲使欒、鄗、趙、晉之間，雖或冠蓋相屬于路，而民肩不生疣，足不生繭也；雖或縻芑苣蔔之未獲，而民（杵舂）［枯春］〔三〕饔飧不缺也；雖或麻枲綿絲之未收，而民寒冬衣褐皆完也；雖或晝不建旗於城，夜不振鐸於巷，而終歲犬不生氂，馬脊生肉也。」

〔二〕「劾」，據萬曆李楨本改。
〔三〕「枯春」，據萬曆李楨本與下文「民寒冬衣褐皆完也」一句改。

叔用曰：「若是，則又不知獻可何以能之乎？」曰：「子亦嘗觀建業之斢水車乎？於此有數百畝之田者，遌於鴻池，田高於水不啻尋丈。有能爲百斗之車者，或挽之以力，或推之以牛，掣池中之水如貫魚，斗斗皆行田也，於是禾易長，畝終善，且有年矣。聞獻可之巡江也，有下官怠於趨承而簡於禮遇者，獻可徐察其有守能愛民也，遂薦之於朝。當是時，其人方懼其劾也，及獲是舉，乃自慚且歎曰：『吾可謂以小人之腹度君子之心矣。』然則獻可之爲真定，又豈可以他求哉！夫三十二州縣之長貳，豈無若人之賢者乎？有則奬進之，優接之，當其考也，以最書之，則賢者益勸於善矣。豈無不及若人之愚者乎？有則懲督之，摧抑之，當其考也，以殿書之，則愚者亦改其過矣。賢者益勸於善，則仁政流行於四封；愚者亦改其過，則暴政滅息於一日。如是而民力不蘇，衣食不足者，予未之前聞也。」

他日，獻可言此郡之奔走繁劇無暇時。曰：「苟有子民之心，則雖奔走送迎之頃，皆仁政耳。」獻可又曰：「巡江之事偶然之見，恐不能以周茲郡也。」曰：「是在克己既盡，則認人不錯，於天下且有餘，況於一郡乎！獻可苟持此不變其學，他日身都卿相，進退天下人才如辨黑白，於予言當一驗也。況獻可孝敬忠信，剛明正直，鄉黨皆稱之乎！」

獻可，陝之延安鄜州人，起家嘉靖丙戌進士。

贈須南野陞陝西僉憲序

陝西榆林之西路在延安北數里，即古大順招安萬里之地，蓋切近虜境之要路也。舊額除按察憲臣一人駐劄新城，以督理糧儲，整飭邊備，兼理詞訟，凡民庶之安危、軍士之勇怯、將領之勤惰，皆得稽察，于以壯國威而禦外侮，誠重任也。邇者三年述職考察，既黜其瘝官者矣，輿論以此地非廉明威惠、信厚周慎者，不足克堪，乃選於衆，得吾南野須公孟觀以畀之。當是時，南野方奉勅出巡廬、鳳等處屯田，而督憲治齋萬公又嘗題將蘇、松、徽、寧等處屯田一體兼管，司徒輿浦王公亦坐名題准清理營房、倉場、教場等項地土。行且三年，諸劇就緒，朝廷稔知其才賢，故復有是擢耳。予往拜，南野退遜以問西路

之事。

予曰：「夫西路，予雖未獲履其地，然予西人也，亦嘗聞其大略矣。使南野移所理南畿屯田者而往治之，豈有不如拾芥者哉！夫士有五懈，而馬有三罷。穀粟後爨則腹懈，布花違時則體懈，賞賚失實則勇懈，曲直混淆則心懈，苦樂不均則情懈。青不及接，馬罷於野；秣無飽芻，馬罷於廄；行不裹菽，馬罷於陣。懈與罷既除，而邊塞不壯者，未之有也。則何以能之乎？惟在釐其將領耳。往在正德間，聞他衛有貪將，善懈罷士馬者也。一日，虜驟入塞，士馬不肯爲之前，卒至失機，其貪將猶侵漁其下，買絨蟒内賄當路，以求逭誅。未幾，大敗，殺士民殆數城而後去其官。當其時，雖貪將之罪，亦諸監臨察視者之過也。然則南野兹往，先問士馬，即知其將領矣。昔者有宋韓稺圭、范希文皆嘗經略延州以北之地，即今西路諸處也。稺圭則增土兵以代戍兵，久之，器械精堅，諸城有備，至謀取横山以撓夏國。希文則墾營田，復廢寨，練士卒，熟羌亦爲之來歸。當其時，至有『軍中有韓范，賊皆心寒膽破』之謠。夫宋去今不遠，其故跡遺法猶有存者，南野誠取其長而用之，雖他日出將入相，以總制三邊，亦有餘也。」

贈呂君君言陞知兗州序

觀復呂君君言既有兗州之擢，其刑曹諸寮來曰：「則何以贈兗州乎？」予曰：「夫兗州，先師夫子之鄉邦也。夫子與諸弟子論政者多矣，君言能取其二三策焉，足可以治兗州矣。昔者夫子語子貢曰：『足食，足兵，民信之矣。』語仲弓曰：『先有司，赦小過，舉賢才。』兼斯二者，其於兗州也，如運諸掌乎！」諸寮曰：「君言嘗北爲户曹，南兼刑工。在鈔關，則杜請托而包攬息；在屯田，則立節慎庫而金籍明。論採珠之弊，至罰俸而不悔；(致)〔極〕〔二〕聽訟之慎，於傳致而

〔二〕「極」，據萬曆李楨本改。

不事。此雖於兗州有餘也，何賴於二子之政哉？」

曰：「此固君言有立政之本，但其致用，尤不可以廢古耳。於此有畜絲積羽之人，不可謂無具矣。然非學水湅之法於慌氏，豈能得涗水漚絲、暴日與井之詳？非學染羽之法於鍾氏，豈能知漬湛丹秫、三入五入七入之數哉！故事必法古而後可以得道也。蓋在子貢者，乃安民之要；在仲弓者，乃用人之方。夫食者，民之口體也；兵者，民之手足也；信者，民之腹心也。得乎民之口體，則手足腹心皆歸我也，故安民之政，以足食爲首。闔郡之事，非一人所能辦也。是故有器使之道焉，則有司當先矣；有已日乃革之道焉，則小過當赦矣。夫然後去其不職者，進其克職者，賢才當舉矣。故用人之政，以有司爲先。今之餒民食者多矣，或淫其額以取盈，或致其期以足賦，或追其蠲以填虛，或玩其時以誅無，或重其役以鬻產，或博其罰以耀威。機無方丈之布，而官有匹縑之征；田無長畝之獲，而公有庾釜之取。凡此皆可以絕民之咽喉，而銷人之（飢）[肌]〔一〕膚也，此奚以足食乎？有司之不先者，凡以恃己之長耳。誠能委之錢穀以覲其廉，察之桑麻以觀其悳，試之甲兵以觀其勇，課之禮樂以觀其文，移之刑罰以觀其斷。字民矣，雖倨而不與怒也，且注褒；戕民矣，雖諂而不與喜也，且注貶。如是以先有司，未及舉賢才也，即有司已變爲賢才矣。夫兗也，統州若縣幾至三十，凡古之曲阜、滕、嶧、鄒、單、泗、汶、鉅、鄆、曹、穀、郯、費諸名邦壯邑皆與焉。而君言廉明持正，抱立政之本，聖天子已知其賢材，而遴以畀斯地者也，誠又兼二子之政以往焉，豈不可收兗州之治如昔人不下堂而成者哉！夫苟持是道而不已其功也，雖他日身都卿相，若夫子告顔子以斟酌四代之政者，亦可企而學也。」

君言，揚之江都人，起家正德辛巳進士。

〔一〕「肌」，據萬曆李楨本改。

贈陳師禹出守岳州序

南京留守後衛揮使周時準平者，玄菴穆子之門人也，以予厚於玄菴子也，遂以事玄菴子之禮以事予。一日謁予曰：「平有上司武選南橋君者，蜀之巴人也，往年以工部營繕主事督理南京太廟功成，大司空石湖何公疏聞焉，尋得進位武選。寬不失嚴，慎而有禮，凡平之諸僚輩無以爲南橋贈，惟吾涇野子一言，將無不可乎？」則應之曰：「夫南橋者，豈非陳君師禹乎？吾久敬之矣。當其登癸未進士也，予與知其文學之材焉；及出令長安也，予與聞其循良之政焉。若營繕之事，時予方守尚寶，數出長安諸門，而師禹量度謀爲之詳，課工節財之法，披星沐雨之勞，夙興夜寐之勤，又予所親見者也。今時準言在武選者，又如此其美也，斯其人以守岳州，夫何有哉！夫岳也，沅、湘、衡嶽接其前，漢、沔、州峴帶其後，左瞰洞庭，右俯彭蠡，蓋兼有江湖之勝者也。民雖刀耕火種，而尚義好文之俗不減於舊。以師禹而治之，猶建瓴水於高屋耳！雖然，邇歲以來，水旱爲虐於天，而誅求肆害於人，民之罷於衣食者亦甚矣。故君子治郡之罷，猶醫者治人之病，其受痛之急而救之，斯民免於危亡耳！」

或曰：「何以爲先乎？」曰：「是不可遙視而闊料也。夫醫者之劑也，必先切脈而後知病之標本。是故病在臟則後腑，病在腑則後臟，故穀梁子曰：『民勤於力，則工築鮮；民勤於財，則貢賦少；民勤於食，則百事廢。』蓋得其道矣。師禹如知切脈之仁於仁岳州也，必先哀煢獨而恤顛連，塞枵食之竇而補榹衣之缺，家與之穀粟而戶授之絲麻矣。如是，雖旦夕之頃，亦可起其罷也。昔者陶士行亦嘗鎮巴陵，即今岳州之地也。當是時，方其杜弢之亂，而士行乃使鄭攀平定其地，綏懷得宜，深得荊楚人心。況今其地久霑濡乎聖化，又非士行時之可比也，而師禹之材賢所至，取效又彰彰如此，則雖於全楚無難也，而況於岳之一郡乎！夫苟持斯志而不渝也，尋見其政成民頌，晉掌藩臬，入都卿相，行道於天下，揚名於後世，又何不可到哉！」

贈陝西參議南莊喬公序

南莊喬子伯藏守南京浙江道御史六年矣，今春有陝西參議之擢，駐劄莊浪。報至，吾謂吾鄉之士曰：「莊浪其得人哉！夫莊浪在西寧之北，鎮藩之東，迺古月支、龜兹之地，故吐魯蕃覘於前，匈奴、瓦剌伺於後，亦不剌竊據於西海，治北衛孤懸河外，甘肅賴以餽給，臯蘭藉以藩護，實一邊之要地也。得吾南莊以分守于兹，聖天子其無西北之憂乎！」或曰：「南莊惡乎長？」

曰：「惟其有實心耳。不見江南之爲籬人者乎？以栢爲楨，以杉爲題，以簜筠爲經緯，而織之以鋒其巔，於是室宇暢達，貨財攸居，長幼卑尊皆爲之安樂，飄風不能撼其躬，積雨不能蝕其本，暴客不能肆其刃，比鄰不能攘其雞，凡以栢與杉皆實心木也。即者大工之興，計費可二百萬鎰，以太倉内帑不足也，乃派辦于天下，蓋將人人賦而户户科也，少有愛國之心者，不勝杞人之憂矣。南莊遂奏言曰：『海内未脱凶荒，而各曹量有畜積。如户曹之餘鹽餘課，兵曹之缺官柴薪，工曹之没官贓仗及各處撫按、司府之贓罰剩派，苟一那移動支，亦足以暫資急用。』於是上允其言，即天下之閭閻遐荒皆受其賜。此非有實用者乎！

往者予及諸友講學於鷲峯東所，既久而未效也。他日，南莊及其僚方體健數過予。一日講及此學，南莊曰：『予與體健二三友默約一規，善則相勸，過則相箴，政則相議，功則相勉，以爲慎獨之學，且數年不敢以告人。』予驚歎曰：『蓋嘗觀君之行事而重其履，聞君之言論而嘉其識者，已舊矣，豈知乃陰爲是功哉！此非有實學者乎？』是故有實用，由有實學；有實學，由有實心。南莊子持是有實心以蒞莊浪，豈不足以捍外衛内，如江南之籬人者哉！往者吐魯蕃用牙蘭之計，結婚於亦不剌等類，黨勢強勝，侵掠哈密，奪其城印，至使甘肅震擾，朝廷累遣重臣經理其地，歷數十年而未定。使當時莊浪有守預防而早圖，以佐甘肅之棘，豈至是哉？然則南莊斯行，以實心而布實用者，當如救焚拯溺矣。今夫中土之民、上國之

士，苟一食不繼則朝不能以逮夕，一衣不足則冬不能以及春，而況邊陲之子、疆圉之卒，身履沙漠之地，躬禦虎狼之寇。苟枵其腹，瘦其體，而欲以得其死力者，予未之前聞也。然則南莊推廣實用以強此衞之兵，聰明睿智皆由是出可也。他日兵修政成，晉臻卿相，守在四夷，亦自是乎！南莊勉哉！」

南莊名英，保定東鹿人，起家嘉靖癸未進士。

莊浪篇有序

莊浪篇，申贈南莊喬子也。恒齋子見知于南莊子，南莊子有莊浪之行，恒齋子問於涇野子，涇野子爲作莊浪篇云。

問莊浪卒，曰：「夫卒也，既遠酒泉，亦逖西寧，孤處黄河之偏，無所附依，徭東則白羊、石板不守，徭西則鹹水、大沙無具，苦灣、紅城以爲朝暮，武勝老稚而作比鄰，負弩而腹不宿飽，執殳而肘不抗扎，蓋三邊之苦卒也，故君子常綏之如子弟焉。」

問莊浪馬，曰：「夫馬多以茶易之蕃人，以給衞卒者也，其寺苑閑廐之馬至者則鮮焉。卒得其壯者，且或羸矣，得其羸者，豈能以有馬哉？卒不能以有馬而責馬於卒，並其卒亦失之矣。是故戰無彪虎之壯，追無飛翰之疾，退有班布之怯，是歸罪於泥淖之陷也。」

問莊浪衣糧，曰：「豈惟莊浪，凡三邊之遠，皆關陝八府之民所供饋者也。故自潼關以西，未秋則男舂粟，曰：『將以食邊也。』未寒則女織布，曰：『將以衣邊也。』然粟至而卒或無斗釜之入，布至而卒或無尋丈之惠，蓋率因公以先扣，緣役以預奪矣。於是卒不能自存，離位取裝於其籍，裝即（辨）〔辦〕[一]而返伍，則又次第以賂上官，其營屋猶然懸磬四壁立也。

[一]「辦」，據萬曆李楨本改。

故雖以全陝之力，不能給三邊之費矣，乃不免招商於下，取帑於內，如是而猶或不足。於是寒餒之士關弓而起，如近日寧夏、大同之手刃將領者，已數數也。彼且不誘虜幸矣，又安望其禦邊哉？ 夫三代以上且未能引論，即漢初解衣推食，與士卒同辛苦，晁錯所論輸粟塞下者，豈有是哉？」

問莊浪蒭菽，曰：「馬春夏牧青，秋冬食枯，菽則臕馬者也。故蒭取於廥者，計馬有數；菽取於庾者，計馬有量。故馬或春夏食枯，有奪其青者也；或秋冬食木，有奪其枯者也；或日夜食糠麩，有奪其菽者也。雖上無施奪，士或以蒭代薪，以菽代粲者，則並其馬，士亦奪之矣。及虜入塞，赴陣其骨立之馬，跛蹀蹣跚，見胡即仆，聞鐲即僵，乃以責馬之不進，豈不後哉！ 故君子積蒭菽如水火，用蒭菽以劑量，姦宄不能耗其數，貪穢不能損其真，於是駟騵成彭蹻之材以赴虜，如虎狼之捕犬羊也。」

餘冬敘録序

餘冬敘録者，燕泉先生何公之所著也，蓋於經史子集、文武事變，皆旁搜博取而詳說之矣。昔楚有左史倚相，能讀三墳、五典、八索、九丘，楚子遂以爲國之善人，寶之過于白珩。公固楚人也，又生值聖明之世，而乃有此録，言雖述乎舊物，論實裁以新義，豈惟使人考古而通今，亦可以使人勸善而懲惡。予未能習於倚相，當其學，恐亦不出此也。人徒知公奉身潔白，履官方正，政事在邊鄙，忠節在朝廷，以爲漫爾樹立也，亦豈知其學有源本，如餘冬録所具者乎？ 則公當非明時可寶之一善人乎！ 然乃使投閒置散，序其學於餘冬録，堯舜在上，而野有遺賢，此何以辨也？ 雖然，間閲録中所論顔、曾、思、孟之際，周、程、張、朱之故，不可謂公無所見也。顧乃以魏董遇之三餘，齊甯越之十五年學，漢東方朔之三冬不畜枕自比，則公豈專博物洽聞者哉！ 昔之君子，率隱約以卑況者，其志遠矣。然則觀公之道者，無徒概於其自序也。

暘山永慕詩序

暘山者，葉君世民之別號也。其子定甫泓從予遊於太常南所，每言暘山自幼至艾，未嘗有一不順親之心，亦無私貨私畜。遇其父竹軒翁暨母劉氏之疾，嘗稽顙北辰，求以身代。既卒，哀毁逾禮，見者感泣，遂築室父母墓傍，當暘山之麓，因號暘山，蓋欲其舉目入耳，不敢忘親也。於是其執友傷其意，矢爲詩賦，作暘山永慕卷云。聞之休寧人云：「暘山常自痛曰：『古語云：親戚既歿，雖欲孝，誰爲孝？其殆萬邦之謂乎！』」然則暘山真可謂永慕者矣。予謂定甫當努力斯學，終日乾乾，夕亦惕若，務使道得於己而學成於身，處則化鄉，出則濟時，使暘山子身親見之，無或少惰其力，孝有不及，亦若暘山之永慕竹軒翁也。

贈鶴亭王公考績序

鶴亭爲副都御史巡撫大同已，又改撫遼東。未洽三年，晉陞南京大理寺卿，閲四月，通前理考三年績云。於是南都自大司馬紫巖劉公、大冢宰介谿嚴公以下皆有贈章，其僚楓崗徐公請予爲之序。予雖與鶴亭爲同年，然自予被謫以來，數任於南，其在大理平允之績，身親見之矣；其在大同、遼東者，則未能與聞焉。楓崗曰：「大同違邊牆止二百餘里，軍民被匈奴虜去逃回者，公嚴諭邊守審明，護送該隸處所，其原籍本鎮者，官給押送人役白金五錢，外省者倍之。於是虜中走回人口，父母妻子，咸得完聚，而又撫恤窮困，令各得所。未幾，以他論改用公於遼東。然遼東之地與胡爲鄰，每遇開市入貢，公撫處有差，虜率信服，莫敢侵掠；其諸將官罔不固守疆埸，弗敢貪功以啟邊釁。癸巳，大饑，人相食，公奏發内帑賑濟，地方賴安。」

予歎曰：「嗟乎！使公未去大同，即往遼東而又復召用也，則郭鑒、馬昇輩未必興亂，而韃靼諸胡未必至邊，敢盟大同肆行挾制，如近日者也。夫銷患於未萌之前，人所不見其功，率以爲細也。平亂於既熾之後，人所共驚其功，率以爲大也。然自君子論之，惟獨取於曲突徙薪者耳。則公之功，亦可想見矣。昔者李牧，趙北邊之良將也，嘗居代雁門，備匈奴，以便宜置吏，市租皆輸入幕府，爲士卒費，習騎射，謹烽火，多間諜。爲約曰：『匈奴入盜，則急收保，有敢捕虜者斬。』如是數歲無所亡失。趙人皆以爲怯，乃以他將代牧，徼功生事，致匈奴爲邊苦，所得不償所失。尋復用牧，牧終守前約，乃大破殺匈奴十餘萬騎，滅襜襤，破東胡，單于奔走，十餘歲不敢近邊。公雖比方於牧不可乎！雖然，撫邊之功似難而實易，平獄之績似易而實難。昔晉士燮常重内憂而輕外寧者，良有以也。是故汲黯、王旦在内，而淮南、西夏之謀皆寢。若唐、宋之季，喜用紛更之人，即天下日趨多事矣。然則公之於此，固有所隱於心而思追蹤乎張釋之、于定國不已也。吾知其必仰思皋陶，上弼聖主，下慎庶獄，使風動四方而絶蠻夷猾夏者，亦在斯行乎！」

公字應時，武功中衛籍，直隸丹徒人。以進士選授監察御史，有直聲。陞山東按察副使，整飭天津兵備，克獲劇賊，欽賞彩段花銀。尋陞山東參政。已而按察江西、布政河南，皆著有懋績云。

贈南野歐陽子考績序

南野歐陽子崇一以翰林編修出爲南京國子監司業，今將考三年之績于朝也，南都羣公卿皆有贈章，大司成鍾石費公欲予爲之序。或者聞歐陽子之考績也，問曰：「治水者以疏導爲功，治火者以焚萊爲功，提兵刑者以平寇決獄爲功，皆可指而見也。歐陽子爲少司成，職在訓迪諸生，其事隱而未見，行而未成，乃亦謂之考績，何也？」涇野子曰：「亦嘗見北門作室者乎？解人計鋸以受金，筄人計榑以受廩，榱人計櫘以受資，鏝人計堵以受餼。若乃定鋸以示分，比榑以示度，差榱以示數，會牆以示塈，則惟工師者，懸尺斗而操繩墨以指揮之者也。是故他吏之爲功雖顯，而其效甚近；司成之爲功雖隱，

而其效甚遠。」

「惡乎存？」曰：「惟在正士習耳。夫立誠而言，蹈矩而行，奉規而學者，士率如此，雖謂之習不正，不可也。工於媚悅，閑於奔競，安於偷惰者，雖謂之習之正，亦不可也。士習如其皆正也，即天下吏皆得其人，而民蒙其福，不啻一水火兵刑效治耳。歐陽子蓋嘗識其機而用力於是矣，當其績，又孰能爲之大乎！昔者陽城嘗爲是官也，諸生有三年不省親者，城曰：『諸生篤於文而薄於親，吾又何以教爲？』乃遣使歸省，於是一時士習以孝爲重。聞今南雍之士固有不待遣而數歸省者矣，豈其賢於陽城時之士哉？蓋多假借之言不勝告乞之繁，即先誠之訓反爲後僞之囮耳。歐陽子有父母俱在也，曰：『德既仕於此，不能歸養，而又離逖二親，其謂諸生何？』乃顓迎二親，晨昏定省，三牲以養，愉惋之誠，風流南國。於是諸生曰：『歐陽子豈惟言教，將以身教我者乎！』薰其德而化者，蓋種種焉。聞歐陽子嘗爲州守，其撫字之勞，又與陽城在道州者同。又安知他日或當大論，力定國事，不與陽城同哉！然則歐陽子雖爲今之陽城不可乎？昔予校文癸未會試，嘗見歐陽子試卷矣，歎其弘博醇實，當冠易房也。然歐陽子學于陽明王子，其爲文策，多本師說。當是時，主考者方病其師說也，予謂其本房曰：『是豈可以此而後斯人哉？』其本房執諍，終不獲前列，一時遇閱其卷者皆惜之。及歐陽子爲司成，遂以其師說良知者，日講授諸生，益擴充而廣大之，蓋將仰師孟子並其良能者亦以率人，不但思同陽子而已。歐陽子茲往，固知有所亹亹於是矣。」

於是鍾石公曰：「佐吾立師道於天下者，正有是耳。」

贈羅江冼公三品考績序

羅江冼公之在南京也，仕大理卿者二十有一月，仕工部侍郎者七月，仕太常卿者八月，蓋三年於茲矣，皆三品也，考其績於朝。予在僚末，將授大理，工部故事，醵諸上卿以餞且徵文也。公乃謂其屬顧子彥夫曰：「無以爲也。茲既與涇野子

同僚，即涇野子文可也，醵餞亦從太常故事宜。」

予歎曰：「予久薰公之德而諒公之心矣。茲也，果若是乎！夫大理之平反居多，而不執不隨，人之生於公手者衆矣。工部以節省爲正，而頹廢亦未嘗不興，勞之著於南邦者多矣。若太常之寅清日懋，肅恭匪懈，不愆陰禮，思格明神，又予所親見而景式之者也。然此皆不足爲公多，惟茲遜處簡靜，不賴榮耀，則豈人之所易及乎？

初，公舉進士，知安仁縣，時以父鷗侶先生年高路遙，不能迎養，至今言及，猶爾隕淚。及自太興進選監察御史，蓋嘗迎母楊淑人於京邸。楊淑人不習其土也，遂舉還順德。未久，公以懷母之故，申乞終養，其言詞懇切，讀者酸鼻。當是時，公爲御史已七年矣，首差督捕盜賊，嚴校不能刺其隙；再差查盤湖、貴，同事無不服其節；三差巡按應天、徽、寧諸郡，而貪猾豪黠無不畏其威。於是御史大夫深加器重，簡掌本科者一年，而輿論歸高，且晉丞大理也。及終養疏舉，僚友皆慰勸需遷，雖遂翁冢宰亦憐其才而沮其行。公曰：『光之思母，度日如年，不知有此官矣。』泣涕俱下，遂翁愴懷，始爲之調護允旨焉。即日戒行，中丞東沂王公令諸御史輟公出送，以榮孝舉，冠蓋祖帳，聯絡都門，有丁御史楷者比諸陳茂烈云。

歸養七載，而楊淑人歿。服闋，撫按、司府數爲勸駕，公復引疾再告，亦獲所請爾，乃寄情山水，固將終身于是。巡按廣東涂謝諸君訪知其賢，屢奏恬退，以列其純孝睦鄉之實。然則今茲三任之績，予雖縷縷數也，又豈足爲公多哉！昔公之爲安仁也，一志慈民，凡陂塍塘圳，疏治殆盡，野無曠隴，安仁人至今賴其利。又善於折獄，民心悅服，凡近安仁州縣者之有訟也，無不乞於撫按臬司以歸聽焉。故公雖受一邑之命，而實兼數縣之事。

邇年故宰桂公，安仁人也，公在安仁時，桂爲諸生，安仁之政，心所服也。比至執政，薦陞通政參政，再陞太僕少卿，及拜推坐院僉都御史，冢宰方公謀諸中丞汪公，汪首稱公，方以公鄉人也，抑陪以吉林公皆未用。尋言官論方事，乃波及於公，汪因極陳始末，公心斯白。夫即使公欲進之心速，則十五年韜晦山林，又何以辨也？聖心既知其賢，尋陞南京光祿卿焉。且公舉丙辰進士，今四十年矣，同年者數位至尚書，或且尚書致仕以去，而公始階工貳，乃又以南太廟災自陳乞休，不允，改任今寺，續又請以前官致仕，亦不允。則公委曲於進退之間者，蓋未嘗不以十五年山林而爲念也，又安可以今三任之

績爲公所多而屑陳之乎？ 雖然，以十五年山林爲念者，公之本心；以千萬世社稷爲念者，臣子之至願也。公其益懋有位，仰答聖慈，不日烝在輔相，罄輸忠藎，措國家於磐石之安，於公靜養之素志，不亦愜乎！ 遂初之賦，姑置勿及云。」

壽容菴處士程君世大七十序

容菴處士之七十也，其子爵欲上難老之觴，以嘗從予遊也，欲予有言，又以予數言處士也，未敢遽請。比予起南都而北上，乃囑其戚友胡孺道追予懇壽言。予方有公事也，未能遽應，孺道曰：「先生豈以容菴君爲不足耶？ 容菴君世居休寧之由溪，剛方樂義，善事父母。於其沒也，作泣椿、見萱二卷，求名筆不下數百篇，石亭陳內翰爲之類次成編，名終慕集，而先生亦既跋之矣。其造書屋，課子居業，遠近來士，燈膏有助。郡伯鄭雙石公高其義也，爲書『萬峯書院』以褒之。君又買地一區爲義塚，以瘗里之貧餒；構永濟石梁於歙之衢路，創祠宇以合族人。皆其所義舉也，寧可不一言乎？」

涇野子曰：「予豈不知處士哉！ 昔予嘗抄釋周、程三子書，授其冊於爵。處士見而悅之，曰：『是書也，豈爵一人私哉！』遂捐金刻梓於由溪，使江南士慕程朱之學者皆獲一見焉。夫三子之書，誠予素所耽愛，然予一人抄釋，一人行之而已；得處士以刻，千萬人皆可行也，處士斯名不亦稱情乎！ 此其壽雖數百歲可也。若乃充處士之道，處則肖之於學，仕則宣之於政，壽致數千歲而美名不泯者，非予與孺道所能，則在爵乎爾！ 則在爵乎爾！」

贈楊叔用陞知馬湖序

膚施楊君叔用仕於南戶部主事至正郎六七年矣，乃有馬湖之擢，凡吾鄉縉紳在南都者，及叔用知舊諸君，皆欲予有言以贈，而叔用亦曰：「先生如有言也，其詳說馬湖之政，本源將奉以周旋焉。」涇野子曰：「昔者子之爲祁縣也，身率以

正，慈盡百姓，無少妄舉。民有訟爭，與分曲直，各中其情，兩造讋服，善者咸勸，頑者改圖。遠如澤、沁，亦乞上官於君歸聽，蓋凡所批委執法身讞，未嘗因勢低昂。若遇征税，先期令辦，惟恐鬻產。比去祁，祁人涕泣攀送，如失父母。當其時，予亦奚有所言乎？及子之在戶部也，戶部以金穀爲職，而銀庫總巡之差，則又大且重焉。子守銀庫，凡出納交承之間，雖數百萬之衆，十三省之輸，罔不明實，無錙銖爽。其督修庫室，鞏可千年，巡倉則攢典具潔，運官糧長率速完起，細至蓆格草式，皆與輕處簡裁，靜重惠澤玄施，於是戶曹堂屬指數歸高。當其時，予亦奚有所言乎？則馬湖之知，人皆謂子才大而郡小，枳棘棲鸞鳳矣，又何待於予言邪！」

曰：「惟馬湖艱哉！蓋古僰侯國之境，漢置犍爲、牂牁二郡，唐則置羈縻馴、騁、浪、滈四州，地雖以府名，屬則無州縣，蓋皆夷夏雜居散處山箐者也，本源豈能以理祁縣與戶部者理之耶？」曰：「君子學有要領，則應無不當；心有所見，雖蠻貊之邦亦可行也。且叔用忘三十年前雲槐精舍乎？子與趙幼孜之來也，予嘗講虞書第二篇至『咨，十有二牧』矣，其言曰：『食哉惟時，柔遠能邇，惇德允元，而難任人，蠻夷率服。』子蓋聽之真而信之篤矣，豈非爲今日之用哉！夫古之州牧即今之郡守也。馬湖之地，赤崖、雷番之内皆邇地也，泥溪、平夷、蛮夷、沐川之外皆遠地也。辨其遠邇，而以（擾）〔優〕〔一〕以撫焉，則省方之道得矣。地雖要荒也，豈無有崇本好仁者乎？豈無有包藏姦惡者乎？別其賢愚，而以敬以遠焉，則馭人之道得矣。然此又皆以及時足食爲先耳。若是，蛮夷有不率服者，吾未之前聞也。行見印部以西，烏蒙以南，當繈負其子而至矣。」

「然則爲馬湖若是之易也？」曰：「自吾抄釋程子十年於兹矣，未有能用之者，而子言於是，行於是，或以決疑政，蘇困吏，亦於是足知其所爲矣。自子居戶曹七年於兹矣，所服猶士服也，所居猶士居也，食無二味，用無長物，至拜四品，不能具衣紳，足知其所守矣！予嘗見世之仕者矣，有以官爲仕者，有以道爲仕者。以官爲仕者，惟恐其官之不日陞也，道或不

〔一〕「優」，據萬曆李楨本改。

加增焉； 以道爲仕者，惟恐其道之不日陞也，官或不加美焉。子之往也，如馬湖之政成，則道斯陞矣。視彼道不增而官日美者，其孰爲榮辱得失哉？ 子必不以馬湖爲遠，必不以泥溪諸長官爲惡。」

重刊許山屋百官箴序

百官箴者，有宋山屋許君太空之所著也。太空嘗讀周辛甲虞人之箴，於是作箴四十有九篇，蓋自左丞相以下至太子太保、師友僚屬，其諸司羣辟亦略具矣，而於丞相、經筵、諫官尤致丁寧焉。蓋將上以爲德，下以爲民，不啻儆百官已也。初，太空讀書嵋峿，嘗受學於鶴山魏了翁先生，與謝枋得爲友，學有源本。及廷對憂勤逸樂之策，則謂「使人君逸樂者，宰相竊權之具」，時相深憾之。他日，有徐元傑者攻史嵩之私，史陰殺元傑，君率三學諸生伏闕訟冤，致論朝廷時政三事，又忤賈相似道。故雖行如此其高也，官終運幹而止。然則百官之箴豈爲己哉？傳曰：『國家之敗，由官邪也；官之失德，寵賂章也。』夫上有賈、史專權以章寵賂，而山屋雖欲行其志以作千官箴，其奈何？嗟乎，痛哉！雖然，賈、史遺臭萬年而不足，山屋之箴傳至後世爲龜鑑尤有餘也。自今觀之，許與賈、史當孰爲得失哉？始傳其書者，門人李夢科、從孫汴。再傳其書者，六世孫琡英。三傳其書者，九世孫亮熙。夫山屋之子孫思其道，傳其書，且欲敦其行至九世遠，益昌熾如此也，彼賈、史之子孫又安在哉？即有存者，又不欲認之爲祖，與無者同，此尚不可爲善惡者勸戒哉？

贈楊君匯夫考績序

岷山楊君匯夫守南國子監典籍者九年矣，將考其績於朝。吾鄉士夫榮匯夫之行也，開宴於心遠堂，俾予贈之言。於是王仲和曰：「凡士大夫仕於南都，自府、部、院、寺之羣僚，速則三年遷，遲則六年遷，即不然七年八年遷者，率以爲滯且久

矣。匯夫越九年未遷，而且考績，不亦深滯者乎？且匯夫所代之前官，或三二年遷，或四五年遷，至匯夫九年有餘，此何以辨也？」趙邦佐曰：「夫仕者，時也；時也者，數也。與時合者，其進速；與時違者，其進遲。於此有人焉，言不加直，行不加方，其績亦未甚著也；當其時者，以爲斯人也，不忤衆，不違物，乃順時之君子也，於是有一歲三遷者矣，其數豈惟三年哉！於此有人焉，言無少曲，行無少回，其勞亦未或寡也；當其時者，以爲斯人也，鈍而不敏，迂而不通，乃逆時之贛人也，於是有十年不調者矣，其數豈惟九年哉！」

「由是觀之，則數之有遲速，在外者也；道之有得失，在己者也。匯夫亦顧其在己者而已矣，在外者奚暇論哉！且匯夫自守典籍以來，凡催管補修二十一史，委刷進呈諸書，無不日殫心力。其代署典簿廳印，催督匠作，修葺文廟，慮無不周，而敦厚純謹，恥言人過，歷司戍五七公咸加褒重，而南雍之士與接者，靡不稱美焉。則於在己之道似亦得之矣，而邦佐所論遲速之數，信不可爲匯夫言也。且匯夫不見令先祖先父乎？國朝凡舉一甲進士者，苟無他故敗行，率二十餘年得入相，雖庶吉士進者，遠亦不過三十年。匯夫祖莊敏公發解陝西，中正統己未會元榜眼，自編修屢官至戶部侍郎、尚書。一戶部十餘年而未進，既致仕矣，始進太子少保。匯夫之父太常公自舉戊戌進士，行且三十年矣，始至少卿兼侍講學士。夫莊敏公慎獨之學，化及闕觀之女；經濟之才，績於南雍之日。而太常公早承庭訓，思肖先明，然皆不能附時以速進。予於匯夫又何疑焉！惟匯夫日懋厥學，不懈於位，紹庭上下，繩厥祖武，衍莊敏公之風於千萬世，則爲在己之正道也，其視一時位之遲速，孰爲榮辱哉？」

贈潘君弘夫陞知太平序

南戶部正郎如齋潘君弘夫既有太平之命，其僚解君問贈言，涇野子問其前，曰：「弘夫，閩之懷安人也，少舉鄉進士，嘗同知桂林府且七年，而後進南戶部也。」曰：「斯其人易爲太平矣。」曰：「太平，古麗江地，朝廷昔日羈縻之處，雖領有

四州、十有五縣，然其民多衣冠不正，飲食亦殊，金櫃、鰲頭之表，青連、隴馬之外，皆夷獠雜居也。吏於是而著名者，惟元李維屏一人。以爲易爲，何也？」曰：「子知行路乎？有越人於此將適北燕，跨馬則痪其髀，登車則裂其胔，履恒山而懾其巔，濟滹沱而濡其尾，其艱且危也。若使趙人、邢人以適燕，褰裳策蹇，可計日而至金臺、閭城矣。即使越人適楚，亦若趙人之適燕也，蓋將馬使舳艫而柸視彭蠡、洞庭矣。聞張司成言弘夫之在桂林也，既本經術，亦信法律，廉介有守，方正不阿；議處目兵而營舍以建，應迓湖兵而剽竊咸戢，招撫蠻寇而酋長帖服。下民茹其澤，上官奏其賢，則既於桂林已效矣，是何有於太平哉！蓋太平雖在桂林之外，然土俗民情亦不甚相遠，則固趙人之燕、越人之楚也。」

解君曰：「弘夫往在桂林，其佐也；兹在太平，其正也。佐則旁觀，其職易舉；正則自剸，其職未易以成。」曰：「雖然，弘夫之在桂林，其太守之公平正大以慈惠小民者，弘夫必嘗好其賢而心與之矣；其太守之姦讒貪酷以戕害其民者，弘夫必嘗惡其不肖而心鄙之矣。今若以其所好太守者爲太守，而不以其所惡太守者爲太守，其於太平也，又猶燕人之燕、楚人之楚，人雖曰不易，吾不信也。」解君曰：「然弘夫果能若此，當不日見其報政治平，內進卿寺，外進藩臬，亦勿難也。」

壽聞人母王太孺人七十序

聞人母王太孺人者，提學南畿聞人邦正之母也。邦正舉進士，令寶應，徵拜爲御史，乃得封王爲太孺人也。王，餘姚之名族也。海日先生又舉進士第一，官冢宰，其兄也。陽明公以兵部尚書討叛伐逆，樹勳一時，且當干戈倥傯之日，講學不輟，倡道東南，其兄之子也。太孺人早受姆訓，深諳家教，奉其女儀，歸於聞人貞菴先生。貞菴先生少籍邑庠，綽有文譽，蓋與海日先生並名餘姚者也。然未究厥業，賫志蚤逝，當是時，太孺人年方三十也，守節訓子，至今年乙未六月十二日，於是生七十歲矣。邦正開宴於敷教察院，司寇石塘聞公、中丞南臯王公及諸上卿皆登堂稱壽，而司諫錢、陳二君俾予說其意也，

以上太孺人焉。

予曰：「婦人者之道也，有二焉：一曰貞，二曰慈。太孺人自貞菴先生之歿也，食荼菇苦，思明夫子，秉節不渝，七十年如一日，里女以爲難，可不謂貞乎？生二子，長闓也，邑學生，爲救邦正之病，祈以身代，遂因是以卒，太孺人曰：『有是子也，又死於友。』于遂晝夜哭，喪明，專督邦正曰：『盍副汝兄之志哉！』邦正用成進士，董學政，可不謂慈乎？夫貞則婦道盡，足以慰貞菴先生於九原之下，古之共姜、叔姬者其儔也。慈則母儀全，足以淑邦正提學於四海之內，古之程侯、張某者其儔也。是其壽亦可遠傳矣，又何賴於數公者之壽哉！雖然，數人之壽，可增十餘年；百人之壽，可增百餘年；千萬人之壽，可增千萬年。吾所說壽者數人耳，若使千萬人皆壽之，則在邦正，非予之所能及也。今夫大江以北，西不盡金門，東不盡廣陵；其南也，西至騰雲而遠，東至闔閭而遠。當其地建置學校，殆一二百處，則夫青衿而居，菁莪而遊者，斯其人豈啻千萬哉！斯其人不啻千萬皆欲壽太孺人也，太孺人之壽有不千萬年者哉！」

或曰：「斯其人有賢者焉，有不肖者焉，何以能使之皆壽也？」曰：「賢者日勸於善，惟恐德之不修焉；不肖者日改其過，惟恐才之不逮焉。」曰：「則何以能勸善而恥不肖也？」曰：「在邦正推太孺人之貞慈耳。以一人之貞也，廣而爲千萬人之貞，以表正南畿之士，纖枉毫曲不容焉；纖枉毫曲之不容，即千萬人之能貞以壽也。以一人之慈也，廣而爲千萬人之慈，以並生南畿之才，微忍薄私不行焉；微忍薄私之不行，即千萬人之能慈以壽也。蓋嘗讀棫樸之詩矣，其言壽考也，惟在作人之道，使成人有德，小子有造耳。然則邦正當作人之責，而其所以仰師先聖賢，以壽考其太孺人於千萬年者，孰有外於造小子而德成人哉！」

徐生椿萱具慶序

椿萱具慶者，爲都昌徐道徵之麟序也。道徵從予遊數年矣，今年乙未會試不第，再過南都，作椿萱具慶圖以壽其父秋

山君及母王孺人，因謂予曰：「吾父今年正月二十九日，六十有四之初度也；吾母今年九月二十九日，六十有二之初度也。夫吾徐也，雖著姓雙港，然累代考妣率不偕老。今吾父母年踰周甲，以望古稀，際茲具慶，喜越常分。都昌自開科以來，莫或有父子繼第者。吾父登正德丁卯鄉舉，而麟叨舉嘉靖辛卯以續其後，吾父母咸悅。由麟私心言之，謂之椿萱具慶不可乎？」

涇野子曰：「父母壽望古稀，道徵以爲具慶，如使父母壽至千百歲也，不又具慶乎？道徵能纘秋山君以取一第，以爲父母悅且慶也，如使道徵登科，德行政事以與古顔、閔、冉、仲齊名也，不又且慶乎？是故在天者不可必，君子求其在己者而已矣；在外者不可泥，君子求其在内者而已矣。且道徵言秋山君教立淮陰，政著象山，寬猛兼濟，正直不阿，自治清慎，無所污累。後改奉化、如臯，守持不變，救災恤患，存活尤衆。至太守連州，草寇竊發爾，乃奏計上官，身任撫討，甫及三月，賊皆底平。他日田州之變，上官知君，檄委策應，君益殫心力，寢食皆廢，遂成貞疾，奉身以還。王孺人内政甚勤，備嘗艱苦，怨惡不形，歷隨仕路，清謹之助寔多。夫秋山君雖在州縣之間，其欲盡忠於國如此其篤也；王孺人雖在閨閤之内，其所守貞於家如此其至也。道徵苟推其忠，自今日之學以至他日之事君上，其心無往而非忠焉，則可以顯諸廊廟，一象山、連州不啻也；苟推其貞，自窮居之守以至他日之臨民庶，其動無往而非貞焉，則可以達諸海隅，一雙港、都昌不啻也。夫然是忠貞之在一家一邑者，道徵能演之於天下；忠貞之在一世一時者，道徵能傳之於後世。既篤繼述之心，遂成顯揚之孝，將使秋山君及王孺人壽千百年不啻也，是其具慶不又大且遠乎！」

於是道徵曰：「麟敢不努力家學而他求哉！」

贈姜君錫知臨安序

廣安姜子君錫既有臨安之命，其齊、魯、徐、揚之士咸曰：「臨安，古句町之國，善闡、阿棘之所分據，烏麼些、爨之所錯

居。其民短衣跣足，佩兵採獵，舊稱建水，爲雲南極邊之地，姜子斯行，不亦遠乎？」其荆、楚、巴、蜀之士又曰：「夫臨安也，漢屬牂牁，唐屬黔州，領四州四縣及九長官司，北抵瀓江，西連楚雄，乃滇海之上闉，廣西之都會，違廣安不及匝月，姜子斯行，不亦近乎？」

涇野子曰：「諸非所以言臨安也。聖天子兼統華夷，一視無外，據德授官，因材畀位，豈有遠邇之心哉？若齊、魯之論行，則固有忘遠者矣；若蜀、楚之論行，則固有泄邇者矣。夫君錫，予舊知之，何嘗有所擇於遠近哉？雖然，知近者必知遠，能遠者必能近。今夫武功，於予爲近，於君錫爲遠。君錫之爲武功也，砥其賦而民不困，時其役而民不罷，平其爭而民不枉，弭其巨寇，民豫遠於害。於是藩臬十獎，撫按九辟。今去武功且十年，每過是也，邑人攀戀如父母不忍舍。夫君錫於武功之遠如此，其於臨安之近可知矣；夫予知君錫於武功之近如此，其於臨安之遠可知矣。他日倪維熙言君錫之在户部也，理糧芻而釜斗尺寸無所差，管銀庫而銖兩毫分無或訛，蓋精於錢穀者也。馬子約言君錫之在刑部也，聽折明決，招議無詭，僚有疑獄，率來質辨，雖呈稿於堂者，亦或移之以理，蓋審於獄訟者也。予曰：『斯二言者，皆君錫之緒才耳。』蓋數於君錫談學，至論及二親，孝思滿容，戀慕猶若爲兒子時態。他日聞母喪，不數日，束裝星夜奔，棄諸塵俗辭謝事，不在念，予心私重之。夫唯此一德，亦足以化臨安，何況兼此多才，而又先之以武功之循良耶！」

於是嚴子元瑞曰：「然則於姜子無所益乎？」曰：「即其材擴而充之，使滋廣大焉，如曾氏之言弘；即其德而守之，使至悠遠焉，如子思之論久。則雖他日位卿相、輔國家，亦有餘也，而況臨安乎？然則又何必於臨安論遠近哉！」

君錫名恩，起家嘉靖癸未進士。

贈二槐沈子陞知延平序

崑山二槐沈子廷材自南刑部主事簡調文選主事，歷陞郎中，至是受延平之命也。延平有九士子者業太學及歷事諸部，

來問予言以賀之。涇野子辭之曰：「邇來憚於言辭，無以應九士子耳。」林士子祥曰：「涇野子即不容吾九士子，其能忘吾楊中立、李願中耶？」

予輾然曰：「九士子其發我哉！予久思起楊、李之道而無托，二槐子則予舊所知者也，斯行也，楊、李之學其屬以再興乎！昔者程子之講道河洛也，唯將樂楊子立雪門牆，載道以南，於是沙縣羅子徙家南平，師楊蕭山，潛思力行，任重詣極。越至劍浦李子復從羅學，謝絕世故，怡然自得，當其所造，冰壺秋月，瑩徹無瑕。至其以仁問答，傳道晦菴朱子，使天下後世崇其學，誦其詩焉。然皆楊子載道之功也。夫將樂、南平、沙縣、劍浦皆延平之隸邑地也，往何以諸賢如此之盛！今去李子時未及三四百年，雖有名卿、才大夫顯著於時，然如爲李子之學者，則未之能聞焉。豈其地不生是人乎？抑生是人也，固上無有作之者，乃至使隨流顛踣，因質限沮者乎？二槐子斯往也，博訪郡士，躬爲延攬，於其中有篤志者，有潛思者，有力行者，有博文者，有任重者，有器識者，東拔一人焉，使爲楊、李之學，則郡東之士皆興矣；西拔一人焉，使爲楊、李之學，則郡西之士皆興矣。賢俊四興，教化振立，則楊、李之道重明於延平，于以阜成閭閻之民，猶樹蒲蘆耳。況二槐子系出趙宋義倫之後，國初有趍菴君者，積書千卷，以儒名家，教子四人，俱著文學，科第相續，代不乏人。至二槐子登癸未進士，出知東明縣，守己愛民，均田賑貧，除惡平寇，甚爲上官所重，至有『一私不立，百度惟貞』之考。其在刑曹，又乃盡心明允；在吏部，持體正大。則延平之往，正宜滋廣素蓄，益懋乃位，首重作人之教，復明先賢之學，不可厚自遜也。苟或以爲迂緩，不切今日之務，又或以爲高遠，非一時所易就以自遜焉，則豈予之所知二槐子者哉？」

於是九士子曰：「祥、南山等亦不敢不努力傒志，以仰承太守公之休德。」

王封君醒菴七十壽序

醒菴王先生者，泰和縣之南富里人，刑部主事如悔貞吉、舉人如性貞善者之父也，以如悔之先知平山縣也，於是得勑封

平山知縣云。今年乙未八月四日則七十初度之辰也。如悔之僚、如性之友皆稱觴宦邸，頌祝南山，而君方皓首童顏，倚席銜杯，其樂陶陶，人觀其壽，數百歲未艾也。當其期之未届也，如悔、如性嘗以長者禮事予，問壽封君千歲之術，並以其友吳用晦之傳來也。吳用晦者，廬陵之名進士也，言封君字懷賓，一字問道，蚤篤儒業，中休山林，耽嗜玄寂；系譜宣派，創祠收族；其輸税力徭，每先公期；里人質辯，片言剖決，信如蓍蔡。至其篤誨三子，因「貞」命名，咸則往訓，斯亦古之孝悌力田、忠信諒慈者乎！

此其躬之所被者，固可數百歲矣，若欲延之至數千歲，其術則在如悔、如性，不可他求也。且如悔而知醒菴君名以「貞吉」之道乎？夫易爻言貞吉者幾二十，然至於「精義入神以致用，利用安身以崇德」者，則惟咸之九四爲然。如悔之求貞以吉也，果能杜朋從之思，免悔亡之戒，則雖使醒菴君如日月以生明可也，如寒暑以成歲可也，當其壽豈可以限量哉！如性而知醒菴君名以「貞善」之道乎？夫易書言貞善者幾盈策，然至於「學聚人之仁以輔主聖，學理財之義以禁民非」，則惟動之貞一爲然。如性之求貞以善也，果能内而觀乎爻象，變而見於功業，則雖使醒菴君體貞觀以塞天地可也，法貞明以對日月可也，當其壽豈可以筭數哉！雖曰不數千歲，吾不信也。

於是如性持以告如悔曰：「是果在吾兄弟二人耳。」遂書之以上。醒菴君曰：「涇野子之言，誠當日名汝兄弟之旨，汝兄弟果如是言焉，吾又何慮哉！」乃俾侍者申録之，以貽貞譽。

贈御史燕崖李君考績序

燕崖李君仲謙爲南廣西道監察御史三年矣，將奏績於朝，其同舉嘉靖己丑進士者，有在部署焉，有在廷評焉，皆曰：「吾屬拘文循格，抱簿掌故，幾能有益於國家哉？惟吾仲謙年兄之在道也，以六事言彗星，關切時政；以四事言蝗旱，裨益倉塲。至於查錢糓百萬之弊於鳳陽，免守陵三千之士於京操，以及奏劾冢宰王公，被繫詔獄，罰俸半年而不悔，尤其績之

烈者也。」

涇野子曰：「此績之在燕崖，特其緒餘耳。諸子亦嘗知鳥之鳴乎？鶯鳴於柳，鵲鳴於簷，雉鳴於崖，鳩鳴於堞，鵬鳴於漢。或以發春競秋，或以貢喜呼雨，人之聽之，未嘗不忻然愛也。乃若著至治之休，輝文明之世，上以昭德，下以塞違，羽翽翽以淩高崗，音噰噰以蒞朝陽，斯鳳鳥之鳴，又海内所共快覩者也。夫李君蓋將爲鳳鳴者也，豈肯如諸鳥之嘖嘖喈喈乎！夫物有基本，事有會通，蓋以言其幾也。故不得其幾者，雖千言尤不足；若得其幾者，雖一言猶有餘。譬之解結，鑴雖利也，使横挑而悮入之愈鬈，固而不可理；若得其幾而投取焉，可不勞而就緒矣。昔之君子，或數年不言，至一諫而成功；或率啞不恥，至一語而動主。李君蓋稽之熟而審之久矣。況李君飾身勵志，澡行浴德，遜於鄉黨，睦於宗戚，楚人稱賢焉。乃又疏達政體，諳曉章陳，虚心從善，見事風生，國人稱材焉。則其所以惟暨乃僚，詳而後舉，動而不括，沖天驚人，以成一時之殊勳者，固可旦夕而見也。」

於是諸君子曰：「果君是，豈惟吾同年者之光哉！亦聖天子之所以優禮言責者之深願也。」遂取其言以告燕崖。燕崖曰：「祺有是心舊矣，思以圖報盛時，以與古埋輪都亭，簪筆側階者齊驅，不知涇野子以先得予之心乎！」

贈吳君德徵考績序

東原吳君德徵爲南都察院照磨三年矣，將奏其績於朝，其僚侍御諸君過予問贈言，於是俞君有孚、王君天錫、高君子卿來曰：「德徵之在臺屬也，慎以修職，巨細必閲；遜以持己，衆寡無慢；勤以厲學，經史不廢；信以處寮，交際無詭。他日承署司廳，夙夜惟寅，規度滋整。當其所志，殆尚友於古人者乎！惟時輿浦王公方總臺憲，見君風儀，深加器重。今兹之考，至有『敏識可任以事，磨勘不盡所長』之注，則德徵斯行，將何以贈之邪？」

涇野子曰：「天下之事成於謹而憤於忽，故孔聖之論三軍，亦不過『臨事而懼』耳。事而能慎，謀始必周，慮終必至，

雖於大政亦無不可也。常人之情，貴則驕賤，富則驕貧，強則驕弱，衆則驕寡，於是妄自尊大、好人佞己之徒接踵而出。持是遜以往也，雖無他技之大臣，亦不過是耳。自公卿以至士庶，皆有日爲之分藝，惰慢則偷，安肆則荒，故古雖賢聖之君亦以無逸爲戒也。上世淳樸，忠信相與，故士風敦厚，民俗熙皥。厥後勢利之態興，乃率諂以相悅，僞以相取，譎以相欺。如茲信之道行也，雖片言之微，重於千乘之盟矣。夫吳君果具此四德，將見斯行也，超起殊遷，殆不滯於斯官乎！」

於是吳君聞之曰：「夫此四者，彭年以爲小廉曲行守身之常法耳，乃不知其廣大高深如涇野子之所云乎！彭年敢不努力於斯，充其所未極，補其所不足者哉！」侍御諸僚聞之咸曰：「東原子果若是焉，於他日分省方面，又何有哉！且德徵先世出粱駙馬都尉僧永，爲長興望族，呂蒙山故宅存焉。其後林霏、樵樂、棲雲、巢松、甘泉諸君雖隱德弗耀，然皆有詩文行世。叔祖瑆、珍、叔綡俱登進士，官南北刑、工二部郎中、主事。而德徵早失怙恃，能自成立，司空沈公雅愛之，妻以季女，呂山之吳，不墜其緒者，寔有賴焉。又其居家也，睦族訓子，躬行禮讓，嘗請于從叔祖太守貞默公修舉鄉約，行之數年，鄉人多化。」曰：「德徵之優於官者，寧非其本於家邪！若自茲以往，學與政日懋不已，則雖德崇業廣之地，亦可遠至，而況於尊階峻級邪！」

雪坡顧君八十壽序

雪坡顧君，常州無錫之高士也，今年生八十歲也。其子彥夫仕於南京太常寺典簿，往年以恩詔封雪坡君如其官。至是，彥夫將有考績之行，其行也，得便道過家，稱壽雪坡君，乃拜予以問言。涇野子曰：「雪坡君之近態則何若？」對曰：「精神滿容，鬚髮始白，眉黳如漆，登涉不倦。」「則何以能至是乎？」對曰：「吾父受性閒曠，恬於世味，遇佳山水，徜徉終日，樂而忘返。素能料事，懸定成敗，後無盩爽。彥夫叨魁鄉舉，喜不見面，屢蹶禮闈，亦無慍色，蓋其胸次淡薄，寬平灑落，無所係累，乃真足以致壽乎！但不知繼此亦可以至數千歲耶？」

曰：「是在承美，不可專歸於雪坡君矣。承美不見寺中之紫薇乎？當其初，樹之幹，大如盃盞，厥後土壅其柢，水漫其旁，金剔其蘖，於是本堅如石，體碩如柱，枝接四簷，葉蔭雙墀，丹萼叢開，小者如升，大者如斗，經久不謝，寺中人吏無不瞻翫歎賞，以爲得水土金之力也。是故在雪坡君者，天道也；在承美者，人道也。天道惟命是聽，人道可以力致。且承美之爲簿於斯也，廉潔自守，絕無外慕，至或取米於家給饔於官，則亦可謂不忘其恬於世味者矣。使更能堅持此操，雖他日位卿大夫亦若是焉，則雖衍淡薄之家風於天下可也。自予之至太常也，與承美共事一年矣，凡事之是非善惡，祭品之精粗，鬼神之享祀，承美皆能力持正論，剖決不謬，陰喜其得良助焉。使他日當大任，臨大難，亦能迎刃而解，無所回曲，其與夫料事懸定成敗者，大小何如耶？且承美舉南畿亞元，文詩詞賦，一時南國稱才焉；乃淹屈散僚卑官，自他人處之，鮮不昂然自足，怏然不平者矣。爾方自視欿然，惟以學之未進，政之未善是懼也，忿不留於中，怒不形於言。充是以往，而益廣其量，益緝其功，則雖於仁也，亦將有可求而得者矣，何止於面無喜慍之忠乎！果若是，真可謂立身行道，揚名後世，以顯父母者，故謂承美雖壽雪坡君數千歲有餘也。承美其無忘此紫薇。」

鵠亭處士李君七十壽序

李亨夫會試還，謁予太常南所，既而將歸武昌，拜曰：「萃辱遊於涇野子之門下，不識亦知吾父鵠亭君之爲人乎？吾父天授樸實，事至即行，言多徑遂，不避諱忌。常惡世俗浮靡爾，乃遠紛辭繁，寡所交遊。少時儒業郡庠，後爲親老，自求削籍。故事父母甚謹，不知有其己也；處伯兄甚恭，不知有其利也；待諸姪子姪撫教甚篤，不知有其勞也。處族黨親故，比鄰州里，既睦且任，不敢有所疎慢。明年五月九日，實七十之初度也，吾母□氏少家君止二歲，亦並強健不老。夫七十，自古稱稀，吾父躋此，皆其所自致耳。萃欲延至數千歲，不知亦有術乎？」

涇野子曰：「予與亨夫日言壽親之道，乃亨夫又問之耶？昨者諸友之講仁也，『己欲立而立人，己欲達而達人』，雖

博施濟衆，亦由此進，非其壽之實耶？」對曰：「有是哉，亦邇迂矣！此堯舜之所病，而以望於韋布之微，於壽親奚涉乎？」曰：「士而爲十數人之學者，是以下壽壽其親者也；士而爲千百人之學者，是以中壽壽其親者也；士而爲億萬人之學者，是以上壽壽其親者也。欲親之上壽，而不爲億萬人之學，是無其體也；欲爲億萬人之學，而不博施濟衆，是無其用也。故子所言鵠亭君者，一鄉之壽也；吾所言於亨夫者，天下後世之壽也。昔者顔子有見於此，樂簞瓢而事克復，雖天下亦歸其仁，故壽其父顔路至今千餘年猶存也。曾子有見於此，彼富貴而事弘毅，雖天下亦散其財，故壽其父曾晳至今千餘年如生也。」於是亨夫再拜曰：「果若是。萃之斯歸也，請於涇野子所嘗言以仁爲課簿者，當日從事焉，不敢須臾忘矣。」曰：「亨夫而無忘於斯言，數千年之術端在是哉！」

具慶重封圖序

具慶重封圖者，禮部正郎項君遷之爲其父鶴山君暨母婁氏作也。遷之曰：「鶴山君今年生六十有七，矍鑠不老，母婁氏生六十有五歲，康強倍常。喬生平無他悅好，惟茲二親夙夜所安耳。孟子曰父母俱存一樂也，可不謂具慶乎！」遷之舉進士，授南京膳部主事，封鶴山君如其官，婁封安人。及遷之晉司兵部，鶴山君封職方員外郎，婁安人封宜人，敕誥疊加，寵命更新。遷之曰：「吾父母教喬之心，而喬報父母之德，庶幾其少舒哉，可不謂重封乎！」

他日謁告於予，以問壽言。涇野子曰：「遷之之壽親也，乃止以踰六望七者爲具慶，郎官宜人者爲重封而足乎？」遷之瞿然曰：「則何以開我？」曰：「今天下莫大於權，亦莫尊於勢。權能生殺予奪人，勢能利害榮辱人，故權勢所在，人多趍之。乃遷之筮仕而就南，被取而改南，惟知道義之重，而不知榮貴之美，在他人固卓乎不可及矣，則壽其親者，豈啻踰六望七而已哉！人之言曰：『以權壽者，權亡則壽亡；以勢壽者，勢去則壽去；以道壽者，權勢雖無，其壽固常存也。』故閔子之壽親，寧在汶上而不爲費宰；曾子之壽親，寧正而斃而不用大夫之簀。凡以永親之年於無窮也。況鶴山君

質直好義，博洽能文，建祠廟以聯宗，勸鄉閭以息訟。雖無隔夕之儲，而豪吟達旦；雖無科第之官，而明醫濟人。渥受寵命，泊如寒素。妻宜人又溫柔持家，勤儉內助，因禱祠而廢殺，雖當病而知命，則亦可謂同德比行，人中之傑，女中之英，固自可致數百歲矣。而遷之又以敦行勵志，獨立不倚，使更能守此不變，益充其所未至，學以衍其美，所以致壽於鶴山君及妻安人者，又數千載亦可也。古之曾母、閔公至今常存不沒者，遷之不可不使其親與匹休之也。」

送大司馬紫巖劉公應詔北上序

紫巖先生劉公爲南兵部尚書參贊機務，適御史論諸大臣，而公亦在列，聖旨曰：「劉某取回京用。」將行，五府都督暨侯伯諸公問於予曰：「劉公之在此也，事總大綱而條貫自理，其機務之重亦無不當，官軍方仰賴，不意乃有今言，然聖意眷留則固厚焉。乃外人又議，被言者十餘人，其餘或罷或謫，或調或改，獨公深荷倚注，更取回京，此何故哉？」

對曰：「諸公亦嘗知巨室傭人以植家乎？初得數傭，老練敦實，作事遲緩周悉，不失舊榘。主人惡其不敏也，率擯之遠去，乃別求便速之傭。便速之傭妄迎主人之意也，數更舊以爲新，幻遐以爲邇，浚實以爲名，渝經以爲奇。然立功雖易而見效則難，務家雖頻而居業則寡，甚至廩食虛耗，營爲無節，童僕犯令，四鄰不睦。然後主人者覺後傭不如初傭之爲愈也，遂又棄之，而復召初傭以還。當是時，人雖有言於初傭，主人亦不之聽。今茲之事，將無似之乎？況公之在北署也，自學士以至禮部侍郎，皆爲上經筵日講官，其所說論語、大學、典謨、訓誥，率根本義理，明暢親切，關係治理。予嘗親見，歎其非浮辭蔓語，有宋范祖禹之風。此義浸沃淵衷，而聖學謙虛，懷公之直講已久矣。茲者偶因人言，反觸初心，其召公回也，方恨其遲，而又何外議之足滯乎！但今天下之士，特立者固多，然亦有執其隨而媚悅者矣。習以成俗，如風偃草，如水流濕，其勢則然也。公之斯行也，上之或進秘閣以參密勿，次之或開東閣以知制詔，又次之或爲宗伯以典邦禮，然皆輔弼之地也。吾固知公必用其舊學矣，肯爲習俗所移乎！況江南之地，素無蝗蝻也，今其飛蔽天日矣，公之所親見也；河北之地，素無

叛卒也，今其卒犯遼朔矣，公之所共聞也。公爲致中和之學者，理宜星夜北馳，上贊聖皇，以成位育之治可也。若區區循進退辭讓之節，在處一身者則可以，處天下國家者，非予之所知也。」

海山慶壽圖序

南刑部廣東司郎中曹子廷寵數謁予曰：「誥父青丘山人以誥在刑部之故封主事，誥母蔡氏封安人，明年六月皆八十初度之辰也。誥奔走于官，十年未省，玆得履滿且歸矣，便道上壽，第愧無言以爲稱觴之具耳。且吾父思吾祖隰州君之德，每念於心，輒勵於行。事祖母陳氏，承顔順志，爲所鍾愛。篤於兄弟，有無相共，不分彼我，或割雞烹魚，雖夜必餉，黄岡人稱孝友焉。既中鄉舉，教諭渠縣，表尚氣節，崇奬德義，士有甘貧好學者，必加優厚。令黷貨，乃諷以言，使更所行，徼惠於民，令反銜之。忽臺察至，乃姻聮也，遂以中傷，臺察不悟，叱之於庭，吾父義不受辱，趍出長歸，時方三十九歲耳，渠縣人稱忠直焉。蔡安人上事祖母，克盡婦道，遇誥叔伯，敬恭無懈，凡所操持，咸媲德於父。不知其壽皆可以延數百歲邪？」

涇野子曰：「廷寵既圖海山矣，亦知海山之所以然乎？夫海也，雖曰原泉之大也，惟其江入之，淮入之，河、漢亦入之，然後汪洋溟淵，亘千載而不涸也。夫山也，雖曰平地所爲，惟其朝加一簣焉，夕加一簣焉，歲月恒加一簣焉，然後崒嵂嵯峨，歷百世而常尊也。廷寵之立身行道，苟增益於父母，如趨海爲山焉，則所以延其壽者，豈止數百歲乎！廷寵不見青丘山人之於隰州君耶？隰州君方學生而明敏，乃感時政，三上書於朝。厥既受官，或奏發久積祿米，活數千人；或奏辯誣陷死囚，平反甚衆；或膺一品冠服，往訊土官讐殺，至判定緬漢地方而返，此其績甚烈。然得青丘君以纘其緒，而孝友忠直光於楚、蜀，於隰州君始顯揚也。夫青丘君止一學諭耳，於其親且如此，況廷寵舉進士爲司寇耶！苟充其所學，當其顯揚，雖數千歲亦可也。」

曰：「誥之官雖多於先正，誥之道未加於前修，深爲是懼耳。」曰：「廷寵無厚遜也。常人之情，履富貴則驕逸，遇權

勢則懾挫。聞廷寵既舉於鄉，肩或任擔，已受乎官，手自撑舟，則亦可謂富貴不能淫矣。鎮守之人，雖隻錢不與，當路之家，雖一法不貸，則亦可謂權勢不能挫矣。予之學甘貧賤而恥附權勢，廷寵乃能同予，肯與之遊，則其志與學固可知矣。廷寵苟守此以往，雖他日位至卿相亦不改也，則士風可正，民生可厚，澤加於當時，功垂於後世，豈但使青丘君、蔡安人壽至數(千)[百]〔一〕歲而已哉！歸其以此告諸廷可。」

一溪王君還山序

竊聞之，士有雖退而實進，雖辱而實榮者，行道于時，不合則去是也。邇年以來，余於江西見二人焉：其一則一溪子王汝學者，建昌之新城人也；其一則黄氏直者，臨川之金人也。一溪登正德癸酉鄉舉，授知漳州平和縣。尋上正禮養儲之疏，當路排拒，下福州獄，迺罷其官。一溪退居於楊溪别墅，遂誦「世紛無盡，生事隨足」之句，菜羹疏食，不求聞達。余聞而敬羡焉，當非其所謂實進而實榮者哉！初，平和迺閩、廣之交，峻阻之會，豺狼所嘷，盜賊所巢，近以弗靖而設縣焉。矩度草創，張弛恒難，一溪力爲之振刷而精明之，聮其里閭，優其長老，教其子弟，裁以義而綏以仁。比三年考滿，諸宿爲盜賊渠魁者，率稱新民，詣巡按以保留。今其地有棠陰鳴愛録，去任後，民皆隨地立碑焉，重立生祠於東門之内。然則一溪之所以上疏，豈徒内無實政，外要虚譽者哉！一溪之子子卿材從予遊於太常南所，嘗問壽一溪之言，而一溪適遭母憂。余謂子卿曰：「欲壽一溪，無他術，惟在繼一溪之志與政，擴而充之，雖以壽之千萬年可也。」

〔一〕「百」，據上文及萬曆李楨本改。

雙壽榮封詩序

「雙壽榮封」者，水部盧君子書爲戶曹王君子山之父確齋先生、母安氏題也。確齋今年生七十歲矣，猶矍鑠不老，安之年亦若是焉，其健不減於確齋，當其強有力，雖百歲未艾，於是武邑人皆稱「雙壽」云。初，子山舉進士，爲鳳翔推官，三年而政平訟理，乃得封確齋如其官，母得封爲孺人，武邑人咸以爲美談，於是稱「榮封」云。予道過臨清，子山已進戶曹，権商稅於是地，乃偕子書以問言。

涇野子曰：「君子之壽，雖在年實在德；君子之榮，雖在官實在仁。故箕子言『攸好德』於『考終命』之先，而孟子謂仁則榮也。聞確齋君勤業農，致家饒裕，訓子向學，罔間寒暑，資給之費，幾于破家。及子山筮仕理刑，深加戒諭，歷示欽恤，而安孺人之道亦足比埒，則亦可謂迪德邇仁，固已俱壽榮之本也。使子山能繼其志，德教溢乎四海，濟眾及於天下，則確齋及安孺人之德與仁，當傳諸後世，雖南山之壽，賢哲之榮，亦不過是矣。」子書曰：「子山方佐戶曹一司，雖日夜祗德求仁，恐未遽能溢四海、及天下也。」曰：「凡有事商於此者，丈舟尺車，何者非天下四海之人哉？若是子山見之無不真，處之無不平，雖當権征之頃，而有寬恕之意，則下固不虧於民，上亦可足乎國，即此一政，亦已可博德廣仁矣。使又能不已其道，雖他日位列卿相亦若是焉，則其所以榮壽乎確齋、安孺人者，又何如哉！」於是子山拜曰：「宗恒敢不努力，以負涇野子之期言。」

廢菴謝君七十壽序

予自南太常改官北上，謝夢卿送至淮安，拜而曰：「熊父字天然，號守拙，又號廢菴。幼性聰穎，稍長即知學，能崇謙

抑，敦樸實，安貧處約，無外慕衣，不求華食，不求美居，不好玩弄，志不惑佛老，甚好善疾惡，親賢樂義，皆其恒性也。初年壯志四方，無非禮之履，既而歸侍親側，朝夕左右，未嘗居私室。親沒，哀痛殊至，居喪悉尊家禮，以先鄉人。喪終，立主私室，晨昏拜奠。其訓家之弟姪，誘善懲過，率如己子。處貧困及解紛爭，皆爲之盡心曲處，有慈有斷，人皆服焉。年幾五旬，以違親日久，遊藝未遂，憂思惟勞，遂至喪明，廢菴之號所自更也。爾乃抱鬱懷痛，砥志礪行，不失始學之功，行年七十矣。熊又不才，不能早爲顯揚，以致榮壽，則涇野子何以命之乎？」

曰：「予與夢卿相處已多年，其論人子壽親之言，不下百數十篇，大要以能繼其志，擴充光大爲本也。況廢菴君孝敬純實，親賢睦族，諸行卓卓，身訓夢卿者如此，夢卿可不思所以繼之乎？夫爲士之道雖多端，而孝親友賢尤爲急務。子能思廢菴君之孝，益充廣焉，如曾子所謂事君不忠，戰陳無勇，以至殺一禽、斬一木，不以其時，非孝之說，則斯孝也，可以光於四海，通於神明，區區宗族稱孝不能也。子能思廢菴君之親賢，益充廣焉，如大舜之取於耕稼，取於陶漁，大賢則爲之師，次賢則爲之友，則斯親賢也，可以行於邦國，達於天下，憧憧朋比往來不論也。況吾夢卿溫良而敬直，坦易而嚴謹，如此而不已其功，則雖學爲古之程朱，以顯其親，如太中、韋齋壽千百年，亦無不可也，夢卿其勗哉！」

涇野先生文集卷之十一

序

監規發明序

國子監規乃太祖高皇帝爲諸監生作也。作於洪武初年者爲舊規，凡九條，永樂三年申明之。作於洪武十五年者十二條，十六年者八條，二十年者二十七條。成化十年間，祭酒周洪謨嘗通刻榜諭諸生矣。故諸生入監者，必先讀監規而後治餘書。近見諸生率艱於背誦，又或擇其易讀者，捨其難讀者，於是監規雖已行，實未爲諸生有也。竊嘗仰思我太祖之心欲得真才以爲邦家實用，其於諸生雖坐立進退之間、飲食衣服之際、號舍齋堂之處、誦讀講解之詳、課試倣字之細，皆本道義而有榘範，愛之至而教之切，真天地之於物無不覆幬，無不持載，父母之於子飲之、食之、誨之、教之者也。此其恩德深重，化育周洽，則監規誠諸生所當先讀，又不可以有所擇也。柟自蒞任以來，深懼淺薄，不勝其職，以負我聖皇委任之意，乃日誦監規，條釋其下，詳演推廣，如異代諸儒箋注五經四書者，使誦讀之頃，因傳以求經，不以爲難，又知字字句句皆道之所在，不可有所擇而或舍之也，因名曰監規發明云。諸士子除將已行監規莊誦外，其於發明録一帙，時加覽玩，自當手不釋乎監規之卷矣。

儀禮圖解序

儀禮本周公所作，其篇目甚多，遭秦焚書，漢高唐生止傳其十七篇，與淹中經同。后倉能明之，然多士、庶人、卿大夫、諸侯之禮。宋朱文公欲以儀禮爲經，禮記爲傳，其徒楊復遂圖解儀禮，存其篇於十三經注疏中。柟卒業太學時，嘗約所友五七人率其子弟習行於寶邛寺，今三十餘年，心未之能忘也。近蒙聖恩，誤授今官，圖報靡稱。伏覩聖皇以禮樂爲治，而太學尤禮樂所先之地。用是仰承德意，旁求儀禮圖本，偕其僚童公思與在監習禮公侯伯及諸士子演行，使知揖讓進退之節，以沐聖上菁莪、棫樸之教，而效雍熙太和之化也。第此書稀少，止訪獲一二善本，乃命監生王世康輩手抄其圖，月數日藝業焉。尋將具題請敕工部刊印，而未遽行也。有監生盧堯文、魏學詩、汪尚庭、錢寅、余誨者，廣求儀禮圖以觀爾，乃奮然興念，身自書寫校正，且捐貲刊刻成書，送觀以問序焉。

柟歎曰：「美哉！此五士也。昔姚樞居於輝之蘇門，病一方學者之無書，乃自板小學諸經，嘉惠輝士，於是許衡亦自河内就書於輝。厥後元之數儒敦尚經義，尊崇古道，說者多歸功於樞焉。聖明在上，家詩書而戶程朱，夫豈前元可比。然而五士者之所刻，則固太學諸生之一助，蓋不待如樞顯達後而始著矣，固可徵聖世人材之盛，而諸士子於此書，尤當行之而必著，習之而必察也。」

詩樂圖譜序

詩樂圖譜者，取詩經周南關雎以至商頌玄鳥可歌之詩八九十篇，被之八音，以爲圖譜者也。夫此詩樂自周室盛時，奏於郊廟朝廷，頌聲大著。漢唐以來，俗樂聿興，新聲代作，而三百篇之雅音絕響矣。洪惟我聖天子龍興以來，敦崇古道，修

明禮樂，一時俊髦，罔不思奮。柟自蒞任以來，仰承德意，偕其僚童司業課藝諸士，習行儀禮，內有用樂之處，選知音監生衛良相等率其友百餘人，取前詩篇，日每歌詠，諧之音律。未及期年，衛良相於前諸詩皆能畫圖定譜，除鐘鼓柷敔之外，列爲六調：一曰鐘磬調，二曰琴調，三曰瑟調，四曰笙調，五曰簫笛調，六曰塤篪調。每一用之，渢渢乎，有古音之遺。柟益歎曰：「聖明作人之深，而古樂亦不難復也。」因命傳教六舘諸生，以養其性情之正，育其和平之德，仰副我聖皇教養之厚意也。

或曰：「漢賈誼請興禮樂，文帝答以未遑。武帝用協律郎李延年造天馬、芝房之歌，汲黯深非之。今此之舉，何也？」曰：「汲黯之論、文帝之言，固孔孟之旨也。昔孔子以仁爲禮樂之本，而不專於鐘鼓玉帛；孟子推好樂之心與民同樂，則聞鐘鼓之音者欣欣然有喜色矣。惟我聖皇具關雎、麟趾之義，篤愛民好士之心，邇乃定郊廟之大禮，復雅、頌之古樂，本末具舉，質文兼修，正所謂建中和之極，而行以位天地育萬物者也。當其隆盛，追復西周，豈但如漢文帝而已乎！」於是諸生皆歌靈臺之篇，而詠棫樸之雅。

正學書院志序

侍御余子晦之巡鹽河東鹺政，既舉，乃曰：「予身履唐虞之墟，目覩稷、契之舊，顧風俗未振，醇良未興，是光以一鹽自足也。」爰度運城之東空地若干，創建正學書院，並建塾學於其傍。嚴選信厚端愨之士羣業其中，暇則親臨訓迪，以明孝弟謹信、恭敬學文之道。而又舉行藍田鄉約，延致仕馬、張諸君爲約正副，講習古義，表正羣物。一時志士聿興，齊民多勸。於是監生王世相纂輯其事，作志七卷，而都運詹子諸君走使問序。然其志亦采予判解州時事，苟有題引，是予自多其績也。既而曰：「昔召信臣之守南陽，常開芍陂以灌民田，後杜詩繼之，不隳其烈，南陽人遂有『前父後母』之謠。予之道不及信臣萬一，然而當時之心，則固不敢以一善自私，便欲博及四方也。今去解且十年矣，侍御乃能兼攬古今，廣開藝局，雖予淺

陋，亦與舉行，凡蒲、解諸地，莫不聞風飈起，挽回古道。是予行之一郡者，今充而爲數十州縣之廣；試之一時者，今傳而爲千百年之遠，豈特一杜詩繼召信臣而已哉！則予又何敢以一己之私而廢侍御之公乎！斯志也，雖以共天下及後世可也。」

贈少司成桂濱張公陞南少常序

予自南太常少卿補今官，既至京邸，宿於公署。當是時，桂濱張公尚爲少司成也，即夜枉問，續燭話舊，叩所以教人之道，蓋已示之大略矣。未數日而公南少常之命下，即以予之缺也。予歎曰：「予方慕公以叨同僚，而公乃不恥予之不良也，以同予之先官。予適至而公往，公將行而予來。睽離之久，猶爾南北，合並之難，信如參、商，事之奇怪，一至此乎！」

公戒行有日，問曰：「何以贈我？」對曰：「不外乎留我者耳。昔者子路問事鬼神，夫子答以『未能事人，焉能事鬼』。蓋幽明惟一理，而知明爲先；人神無二道，而格神則易。今公已能教乎人，又何有於事神哉！且嘗察公之教人矣，寬而不失之縱，嚴而不失之刻，順而不失之阿，逆而不失之犯。操縱得宜，處置有方，諸士子無不畏其威而懷其德，信其令而式其文，故於公之將行，咸戀戀不舍也。然則公赴太常以事神，又何必他求哉！雖然，予於太常未考厥職者有遺悔焉，淮冢欲變而未程，壎蔬欲藝而未圃，廚米枉汰而未還，樂師欲正而未請，秩祀有失而未經。或頻舉而遭更代，或適議而遇遷改，遂使懿業未修，正政躭弛，至今抱悔者，不啻此五者而已。公之往也，斟酌其事，損益於時，或大補其缺典，或盡釐其紀文，當必又有出於予志之上者已。公海内名流，翰苑宿儒，聖上方興堯舜之治，暫假公禮樂之司，不日詔還近禁，漸進密勿，敷宏雅之才，攄經濟之具，南都少常真非公久淹之地也。公必駿奔厥職，靡禮不備，靡樂不和，其肯如予之有遺悔乎！」

公字子陽，廣西桂林人，起家正德丁丑進士，選爲翰林庶吉士，讀中秘書，授翰林編修，歷任兩京國子司業，至今遷云。

冼母陳氏六十壽序

冼母陳氏者，吏部觀政進士南海冼奕倩之母陳也。去年，奕倩舉進士，思母不置，每中夜興曰：「安得吾母自南海來，饌此進士升斗祿乎？」於是遣人迎之南海，母曰：「吾兒桂奇舉進士，吾聞之，喜而不寐，吾意亦欲北耳！」乃使其父家弟某侍舳艫，並攜奕倩之室以來。舟至臨清而某歿，母號泣泊舟不欲進，曰：「吾爲吾兒來，而使吾弟野死，吾何以進爲？」奕倩聞之，驚悼戰懼，四體無措，夙夜使人慰母於臨清，權厝其某，若迓母於京邸。然母終思弟某，對食則泣，遊庭則泣，雖以奕倩愉惋之誠，旨甘之奉，百計不能解也，曰：「除使吾弟之櫬歸窆南海，吾淚始可收耳。」是時，奕倩授官期不遠，乃置然曰：「母情如此，而桂奇奚以官爲？假使母憂成疾，是尚爲有人子哉？」遂列疏上天子，吏部覆題，得送母南歸。然其時已至今年正月，陳夫人於是生六十歲矣，奕倩之友數十人因作金臺祝壽圖，各賦詩歌，而奕倩請予序其事。

予歎曰：「陳夫人在家承順父母，既歸履齋君，敬恭内業，無違宫事。履齋君既歿，尚志不渝，節操比冰霜，迪訓奕倩，至有今日。而其處弟某之變，又痛切如此，則亦可謂古淑女之孝有貞慈者。有此四德，神發其祥，其壽自可長視遠履，不啻百餘歲矣。金臺之祝，又何以也？無亦使奕倩發孝以忠君，移友以處僚，貞固以立本，敷慈以字民，推是四德於國乎！夫陳夫人具是四德於身，一家人一鄉人知之壽之而已；奕倩果能推是四德於國，則雖天下人後世人皆可知壽之也，是其壽豈可以年歲計哉！且奕倩未第時，嘗謁予於南太常之别邸，會晤雖未久，然已瞰其志之不凡矣。比今過此見奕倩，母來則來，母去則去，母樂則樂，母憂則憂，進退無必，惟母是據，則奕倩推四德於國也，又何難乎！奕倩而不難於是焉，其視世之口談心性而不知置身何處者，其爲壽其親之遠邇也，奚啻倍蓰哉！」

封户部主事南山周君暨張安人雙壽序

予在南都時，户部周謙之嘗過予以論學。比予改官北上，謙之問壽其父母南山君、張安人，言皆且六十也，予已諾之矣。今年春，謙之考最，又申前問於端範亭。

答曰：「孟子云：『爲高必因丘陵，爲下必因川澤。』吾願謙之爲高而無下也。夫爲高而不因丘陵，則用力多且難，子有自然之丘陵，惟望勿舍之以他騖也。昔者汝鄉之張敬夫，篤學踐履，取論語中夫子與諸弟子言仁之事，類萃成帙，曰洙泗言仁録，以資顧諟遺同志。斯其學益深見本原，一時師友門人皆推讓其純正，傳數百載而益光。故子之漢州崇祀敬夫，並拜其父魏國公，正位廟貌以祭之。子誠學仁於敬夫，如藉丘陵以爲岷峨之高也，則所以壽南山君者，亦如敬夫之於魏公，當數千載遠不啻也。況南山君生而抗志幹蠱，恥櫜鞬之粗，爲聖賢之棄。既生謙之，六歲而出就外傅，十歲而教督文業，五鼓呼之以興，乙夜伴之以寢，寒暑匪懈，淡泊是甘，張安人又茹荼食辛以佐之。於是謙之甫及弱冠，即成進士，爲小司徒，而語默動止，惟聖賢趨，皆南山君、張安人之賜也。然則謙之之所以繼其志者，雖欲不爲敬夫不可得已。夫敬夫之學仁也，固爲顓周矣，然猶不若張子厚之論仁廣大切實也。子厚論仁人之事天，比之孝子之事親。謙之之事親，誠如仁人之事天，則所以壽南山君、張安人者，又豈可以年歲計哉！」

「謙之何其用力也？」曰：「夫子不云乎功在終食、造次、顛沛之須，驗在富貴、貧賤、取捨之間。」

順德府志序

順德即古邢國，漢鉅鹿、常山地也，風門、百巖之所環拱，濁漳、沙河之所襟帶，蓋明時之股肱郡也。舊有志，訛漏不善，

今太守孫君元朴自涖任順德，篤志慈民，政平訟理，四境之內，盜賊屏息，民安其業，則曰：「非往無以開來，失古何以貞今爾？」乃考摭遺失，遹追舊典，選委師儒，纂成斯志，將以具文獻而詔士民也。涇野子覽而歎曰：「後世郡邑之紀，有古列國諸侯史之遺意。然時世雖異，而道義則未嘗不一也，乃王仲淹謂陳壽之書、范寧之春秋，思過半者，蓋以遷、固而下，製作紛紛，率競博洽而鮮勸戒，其志寡也。斯編也，當其志不亦遠乎！」志自郡紀以至外傳，凡三十四篇，豈惟足徵，亦可詔後，其可傳無疑矣。

孫君諱錦，陝西綏德衛人，起家嘉靖丙戌進士。

封君王水樓先生雙壽序

水樓先生王君德容者，南京禮部郎中國珍文儒之父也。國珍爲戶部主事時，封水樓君如其官，今年生六十六歲，所配陳氏封安人，今年生六十四歲，於是其鄉縉紳咸謂其有雙壽之榮也。往年予在南都時，居太常之清風亭，與水樓君之第甚密邇。當夫春芍初榮，秋桂正芳，常邀水樓君枉過，散適於空庭之中，遊賞於爛熳之地，則見水樓君撫景欣暢舒懷，笑談矍鑠之狀，似四五十歲人，未嘗不擊節忻羨，以爲深有所養者也。今年夏，國珍以考最北來，問雙壽之言，且云：「水樓君年弱冠時，有司舉入郡庠，百方避免。及長，堅志不求仕進。賦性仁孝嚴敬，公正勤敏，讓風水以與弟，割己有而濟人，赤子之心，古人之行，近雖受封，泊然若無。陳安人亦貞順柔嘉，勤儉剛正，濟人利物，視人飢寒猶己痌瘝，媲德不愧。」

予歎曰：「往年之欣羨，固知水樓君之有此哉！雖然，此其在水樓君者也，蓋非所以爲至也。若乃引其孝以事君，而忠蓋在朝；廣其仁以慈民，而德澤在野；法其敬以居位，而職業罔有不修；擴其公以涖事，而進退無不可度；推其儉讓以處寮宷，而有羔羊之風，循牆之規；充其濟人利物之心，而使無一物不被其澤。以赤子之心而爲大人之心，以古人之行而變今人之道，將見水樓君之德可壽於一鄉，而國珍之衍之者可壽於天下；水樓君之德可壽於一時，而國珍之繼之者

可壽於後世。是可使水樓君暨陳安人壽數千歲不啻也。且國珍不見長江乎？初發源岷山者，止可濫觴耳。其後羣流引附，遂至浪浴日月，濤隱雷霆，以爲南邦之紀者，亘萬古不替也。況國珍純篤忠信，見利不惑，臨事立判，而又抗志高遠，步趍聖賢，然皆水樓君、陳安人之賜者也，則吾固知其自不能不廣其道於無窮也。」

壽萱圖詩序

壽萱圖者，國子學正巴陵余子叔載爲其母李孺人作也。初，予在南都時，叔載方典教於蕪湖。他日，以事來謁予於鷺峯東所，予甚重其威儀端雅，志向不羣。以後雖未數聚，然或寓書寄聲，義未嘗不相通也。比予改官辟雍，叔載已先陞學正於此矣。爾乃孤處退省一室，寡交際，絕取予，若物外人者。問其故，言李孺人年八十在家，乃不攜妻子耳。然叔載日以屬官禮事予。既數月，偶以他事來，忽言及鷺峯事，予曰：「叔載而忘鷺峯之舊邪？」曰：「坤未敢忘，第恐諸僚以坤爲拔援耳。」予曰：「師我在前，屬我在後，禮曰：『有其舉之，莫敢廢也。』此天地間之大分，又何嫌疑哉！」於是叔載瞿然改執舊禮，予於是滋重叔載之爲人恥爲趨承奔競者也。

又數月，叔載以壽萱圖來，且言：「李孺人凡古今格言諺語切於日用者，一有所聞，多能默識，發諸論說，亦多中節。遇事無大小衆寡，處之秩然有條。既歸時隱先生，事舅姑，皆賢之。內政旁午，躬執勤儉，裕用拓產，家法甚嚴，於坤兄弟中，雖素鍾愛者，稍有咈意，撻之不貸，嘗曰：『上等之人，不教而善；中等之人，教而後善；下等之人，教亦不善。若等甘於下等人乎？』其紡織多至夜分。見坤兄弟學業無進，又責之曰：『吾聞孟母斷機教子，懼不成器也。若等可不知自勉乎？』夫吾母治家教子如此，乃至有今日。是年八月四日則八十初度之辰也，幸賴強健矍鑠，未甚有老態，不知涇野子何以語坤，使吾母至數百歲乎？」

曰：「叔載又豈可以他求乎！夫李孺人尚以孟母自待，乃叔載反不以孟軻自期耶？且叔載受母之質如此其美也，

奉母之言如此其謹也，使能踐形以益美其質，篤行以益顧其言，則李孺人之道爲之益廣，而叔載自比於孟子者爲不難矣。當使李孺人之壽至數千歲，如孟仉者，至今猶存且芳也，不可乎？」

宋四子抄釋序

宋四子者，濂溪周子、明道程子、伊川程子、横渠張子、晦菴朱子也。朱子曰：「程氏兄弟二人，其學既同，其言無異。」遂稱程子云，故曰宋四子也。予謫判解州時，嘗抄釋周、程、張三子書，解士丘東魯、王光祖校正而刻之解梁書院。比予官南都，光祖復篋是書，問於鷲峯東所。於是休寧程爵見周子、程子，取而刻諸由溪；維揚葛澗見張子，取而刻諸江都。同志之士欲求周、程、張子之道者，皆可因是以知其大略矣。比予既守太學，其誨諸生，每稱四先生之言爲人五經四書之門戶也。乃徽中戴冠、胡大器、黄卷、汪雲、黄本静、汪光儉、洪釗、胡其仁、黄登諸士侍側曰：「是刻諸江南者之三子書也，冠輩尚能誦之，但恨未能博及天下之士耳。願暨同志曹顥、羅瓊、吳時敘、黄錫、吳文達、汪鳳梧、汪櫓、汪一中自爲校寫重刻，拜請朱子者以加諸梓，使海内遊太學者皆得誦習四先生之言，以求爲孔子之道，當見士風可正，民俗可移，不尤愈於一由溪、江都之行乎！」予然其言，遂並抄釋朱子以附之。於是冠輩持是書，請博士南海蕭子日強、莆田鄭子汝舟重加校正，遂入諸木，曰宋四子抄釋云。

朱子抄釋序

予在江南，徽中士從予遊者請刻朱子抄釋，予諾之，未有以應也。比守太學，徽士戴冠輩十餘人復以是請，予乃取門人楊中立所編語略者，遺其重復，取其切近，抄出一帙，條釋其下，以便初學覽閲。夫朱子之文，動千萬言，學者少而讀之，至

於白首，不能窮盡。乃今落落數百條，何也？曰：「君子之學，雖貴於博，而尤要於約也。苟惟其博之趨，在朱子大賢也則可，於學者之學，豈不泛濫而無所歸哉！學者苟於是編少加意焉，然後以觀朱子之全書，自當知所從矣。且因是以窺周、程、張子旨奥，上溯孔、顏、思、孟之道，亦可優入而不難也。」

贈博野掌教邢君序

予初守太學，掌科王龍塘諸君子枉謂予曰：「敝僚邢掌科汝默者，其父古松先生弘仁，山東名士也，爲臨邑選貢，求就學職，獲授博野縣教諭，請一言以贈，罄吾僚友者之情也。」

予歎曰：「予不知爲人師之難，近守太學，方信其不易矣。夫士之來者，聰明才辯固多有之，然頑梗强悍、安逸自取者亦不無其人焉。又或富者怙財，貴者恃勢，朝教而夕更，昨誨而今違，導之以禮，或不循其節，陶之以樂，或不諧其音。予每求其故而不得也，則歎曰：『當非予本之未端，而我教之未公乎？』遂痛自刻責，敷陳古昔，於是諸生始頗有聞言而信，見行而迪者矣。今龍塘子言古松先生之爲人也，五歲失恃，善事繼母，無異所生，友愛諸弟，喜怒與偕。隨父靜海，繼侍岢嵐，一心藝書，無所外慕，祁寒暑雨，亦不釋卷。其甘淡薄，出於質性，輕財履義，毫發不苟。凡處友朋，厥孚交如，至於論事黨直，人或不堪，退無怨言。親故或偶失義者，輒自懼曰：『得無爲古松所知乎！』夫古松先生如此，則是其本已端，而在我者已公矣，以訓博野之士，吾知其令之無不行，禁之無不止，又奚有予之所歎者哉！夫使天下郡邑之師，皆如古松之有本也，則其士之入太學者，皆可以不煩告詔鞭策而趍道矣，予又何所憂歎哉！夫民生之不厚，皆由士習之不良；士習之不良，皆由師道之不立。聞有勸古松就封子官者，則對曰：『人各有志，我又何以子之官爲哉！』夫子之官，已所成者也，且不欲就，况其在他人者乎！則古松之志出乎風塵之外，拔乎流俗之表，雖安定胡瑗、泰山孫復之立師道，亦不過是。以是而作士之良也，雖傍郡連邑，皆將易心興志矣，況於一博野乎！嗚呼！安得天下如古松者數百輩遍布庠序，以爲太學賢

士之張本，則民生之厚可坐而見矣。」

贈沈南湖考績序

侍御沈子文瀾將考三載之績於天官氏，其僚曰：「沈子自縣令進拜監察御史，嘗兼綰數道印綬，數道無壅事。其掣鹺商，商無怨言；其恤軍士，士無離伍；其差視羣倉，巡按鳳陽，諸弊聿革；而又條陳時事，皆關政體，非他累一績、具一勞者可比也。」

涇野子曰：「夫御史之職，激揚有道，舉錯有方而已。夫激揚之道，不惟其喜怒，惟其人，即百官之惡德者遠矣；舉錯之方，不惟其同異，惟其才，即百官之不才者遠矣。若是而百姓有不蒙其福者乎？行而考諸天官氏，雖曰不職，吾必謂之職矣。如其狥己之喜怒也，清濁必至於混淆；如其泥己之同異也，賢不肖必至於倒置。若是而百姓不被其殃者，未之前聞也。行而考諸天官氏，雖曰職，吾必謂之不職矣。夫文瀾嘗與予論均徭之事矣，重役不頻于乞丐，輕賦不假于富室，余嘗以爲有鳲鳩之志，真民之慈父也。他日又爲其父敬軒君請墓銘。敬軒君歿已十餘年矣，文瀾戚容盈面，舉言淚垂，予嘗以爲真時之孝子也。文瀾若又移孝爲忠，則必視君如腹心，知無不言，言無不盡，婉轉委曲之間，即有回天之力矣。移己之縣者以待諸守令，則其所鼓舞勸戒者，即有風動之勢矣。以是而行，激揚舉錯，即才德皆至，又焉有喜怒異同之說哉！文瀾，予禮闈所取士，知其必惓惓于是也。」

椿萱榮壽序

椿萱榮壽者，工部正郎鄧子一新壽其父節菴翁暨母劉宜人者也。節菴今年生八十歲，劉宜人少四歲，皆以皇太子誕

生，覃恩德膺誥命云。於是一新之僚友曰：「翁素嚴毅樸實，孝友兼盡，樂聞善言，一事耕讀，不藝他業。宜人慈惠好施，紡績至老不倦，又能教諸子以禮，宜乎有此眉壽且榮也。」一新乃作椿萱榮壽圖以樂之，留都大夫士咸歌詠以侈其事。

他日，一新以告予，予問其詳，一新曰：「文憲父日無所爲，農事之暇，好觀孝順事實，然必盥手而後開卷，有所得輒見之行，母偕復爾。」予歎曰：「節菴、宜人之壽此可以躋性，百年未艾也。雖然，猶在一新能廣之耳。去年，予在太學，有泉州進士黃鎮卿者從予遊，甚重一新，言能教邑士子，邑士子至今思慕，猶蘇、湖人之仰胡瑗。而一新之在工部，又能秉度奉程，不忿干素，工部上下皆稱良焉。他日繼此，益廣節菴之行，成節菴之志，益恭所事，不懈於位，秩晉公卿，亦不改其操，常如所謂盥手而讀孝順事實者，則必澤加於當時，風流於後世，節菴、宜人壽雖千百年猶存也。」

贈殷良器考績序

昔者予之在太常也，數署寺印，得二屬友焉，其一爲無錫顧承美，其一爲長洲殷良器。夫太常職在祀神，蔬果有戶，犧牲有所，酒醴有程，香帛有度，樂舞有士。然積歲既久，廢弛因仍，廚門敝而不扃，道流惰而無矩，宜藝神之罪難矣。我爲此懼，每舉一賢也，二屬友或導之於前，或推之於後，必使其義立而後已。每懲一愚也，二屬友或發之於始，或斷之於終，必使其愚儆而後止。予私喜曰：「苟爲堂官者皆得若人以爲屬焉，何患不能以事明主哉！」故常恨不能即日同升諸公耳。又嘗見二屬友所製文詩，皆格力不凡，超入古作，乃承美舉應天亞元而未獲甲科，良器選貢於鄉而未獲一舉，又數惜其才屈於散秩也。

比予改任太學，遇銓部必曰：「安得使顧彥夫者爲太學博士，爲我諸生說經乎？」銓部亦有然其言者，方舉而遽去任，於是承美猶滯於兹。比推及南禮署篆，南吏方有入賀之行，即日出印，而良器考績文移適至，乃謂其考功曰：「予素知其人，乃不能一書其最。夫賢如二屬友也，其不遇如此，豈非有數哉！」雖然，遇不遇者數也，學進而不已，志立而不渝，行

修而不願乎其外者，則君子之常也。二君子茍審於斯，又何患於不遇哉！不觀古之大賢上士，亦不待崇階峻位而後顯也。

乃其僚李博士惟中數爲良器問考績之言，於是乎書。

贈趙士美考績序

仲南趙君士美爲御史三載，考績於宰衡，吾陜縉紳在南都者咸曰：「懿哉，趙仲南！三爲御史也，巡視西北二城，巷無犬吠；查閱府庫倉場，糧無鼠竊；差視蘇、松、常、鎮江防，積盜瓦解，歲久客舟無虞。當其爲績，誠一時之偉然者也。且其隨事進説，應時陳言，皆不詭不詖，率布忠悃，豈惟吾鄉有光哉！是獨不可一言以賀乎！」

涇野子曰：「士居小官難，居顯要易。諸君知士美治撫寧乎？撫寧遠在邊鄙，地險而民貧，士美治之，如抱餒兒病女。他日有寺人自山海關回，貨車十餘輛，役騾數十匹，計蒭菽之費，日不啻十數金也。乃又張威以索撫寧，士美凝然不動，曰：『彥之寧解此知縣，不忍毒吾撫寧。』公廪之外無羨餽，且革關人之濫。寺人居數日不能行，至停其數車而後往，遂毁士美於京師，而士美之名反滋重。夫士美於其難者如此，則其在顯要者之績可勿訝也。且君子以立心爲上，立功次之。邇聞馬子約言士美當薦人之時，偶亡一賢，既覺，寢不能寐者數宵，此其心雖以質諸鬼神可也。斯往也，益廣其知人之明，益堅其祛邪之操，見賢必舉，舉之必先，見不善必退，退之必遠，雖古之名御史，當亦不過是矣。」

刻博趣齋藁序

虎谷先生和順王公自舉成化甲辰進士，歷仕禮部祠祭至都御史，凡平日所著文詩、奏議以及學政、兵務之章程咸具焉，自名曰博趣齋藁。意蓋以志道、據德、依仁爲本，遜而不居，此特其遊藝之一端耳。夫先生學爲孔孟之道，身兼文武而材備

體用，其道德仁義固未嘗不於文字間見也。某年十七八時，先生提學陝西，深受其開喻獎拔之益。凡先生之言語動静，恒以爲師模，而一時西土士風，亦駸駸乎復古矣！及先生歿，某遂撰次其行爲墓誌銘，亦略具矣。第其著作之富，力莫能爲之傳也。往來過雄山鎮，會玉松仇時茂，嘗語及此，而時茂素慕先生，即以其藁托某校正，命其弟時醇、時閑輩刻之。然某官事紛冗，兼以道路奔馳，校未及精，而時醇使人過江取回是藁入梓，以完兄命，且裝釘送覯問序焉。予覽之，甚悲喜，蓋是書非先生不能著，藁非仇氏不能刊。先生雖無子弟門人以永其業，而秉彝好德之君子，則固不以先生存亡而有間也。然後知道學，人皆可爲，而生前之成敗、利鈍皆不足道矣。

藤蔭先生壽詩序

國家百餘年間，華夏、蠻貊罔不率，俾數年以來殞將喪師、損威耗財，甚矣。予嘗以爲，壯邊惟在于鼓將，强兵惟在于飽士，人多以爲常談。邇者北虜吉囊率其部落覘寇莊浪，時且麥秋，人倚爲命，若不獲刈，則賫虜糧矣。侍御文江胡君伯時巡按隴右，聞此虜變，馳至金城，集諭諸將曰：「往者小王子屢寇河西，亦不剌雄據海外，吐魯番糾連回夷，住牧西羌，爾等擁兵自衛，既不能討矣。今吉囊馮陵至此，乃又欲顧身家耶？」先是，伯時下車，察士卒之飢寒，周其糧餉，足其布花，增其餱鈔，懲其凶魁，士固有欲投石超距者矣。至是，諸將聞御史之令，咸攘臂自奮，有以纓繫吉囊之志。比至紅城子，選遣健卒，各持銃砲，夜逼虜營，更迭燈發，賊數潰亂，自相蹂踐，驚徙外遁，達旦始定。如是者三，而我軍偃旗息鼓，匿不見形，虜始則驚疑，終則以爲虚弱，益不爲備。文江乃命諸將各出驍騎，數道並進，直擣虜營，斬其梟帥，並奪器馬。旬月再捷，獲級百餘，匈奴遠去，邊民獲麥，無不饜悦，露布上聞，重加賞賚。則予之常談，乃于侍御一驗。

未幾，會伯時于途，伯時乃問藤蔭先生六旬之壽言。予曰：「即河西之事，亦可壽藤蔭先生于數百歲矣。」復曰：「將無益之乎？」曰：「不見子鄉之程太中耶？太中之子伯淳亦嘗焉御史矣，其論王道十數事，並諫人主防未萌之欲者。

今其遺書固在也，侍御取而行之，豈惟可靖一河西哉！豈惟可壽藤蔭先生於數百歲而已哉！且藤蔭先生早遊黌舍，博暢經史，才足經世，退耕于野，嘗廬親墓，孝感紫藤，引蔓墓側。其所配喬夫人沒，先生年纔四十六也，鰥居守義，矢不更配。至教御史兄弟，義方懇切，偕之大道。是藤蔭先生之賢，固欲追蹤太中，而伯時之壽其父者，又肯讓伯淳而不欲匹之耶？審若是，則藤蔭先生之壽，雖數千歲無涯也！」

崑山鄭氏族譜序

歲甲午，鄭生若曾請序其家譜於金陵，予已諾之矣。茲申前請，予覽之曰：「若曾之先，故開封鄭人也，從宋南渡，始家崑山，今已四百餘年，譜凡三修之矣。一修於晚宋，再修於天順初元，三修於若曾。其開封舊本，今固存也。其曰太師豊者，譜之第一世祖也；曰學士億年者，始居崑山之祖也；曰季四者，始傳宋薛產醫之祖也；曰玉者，國朝立籍醫院之始祖也。遡本窮源，功德並茂，其爲昭穆傳記、支分派別，亦既詳且明矣。予感而歎曰：『休哉，鄭氏之種德乎！』夫恥爲元臣，樂事義莊，以贍宗族，皆綱常倫理之大，宜其生男多賢，而女婦之克貞也，其於譜也亦榮矣！雖然，綿延昌大，使先德永永弗斬，責在爾後之人。夫譜，所以明一本也，故縱而觀之，自始祖以至於若曾，皆一氣而禪者也，不容不反其始；橫而觀之，親屬遠近，莫非一體之遺也，不容不篤於親。夫反其始，則尊祖；篤於親，則合族。尊祖合族，而譜之輯也，有其實矣，若曾其勗諸！雖然，嘗告若曾以學仁矣，仁則以天地萬物爲一體，雖於天下族皆可合也，而況於一鄭氏乎！」若曾曰：「孝子不匱，永錫爾類。先生之言，匪直訓曾而已，曾知所敬矣。」

雪舫處士方君七十壽序

雪舫處士之七十也，耳目聰明，步履矍鑠，身走霜雪中，築鳳臺於水口，以利鎮人。當其壯健，類四五十歲人，歙中士率滿口褒嘉。其子太學生鑾嘗從予遊，過金陵問壽言，手持雙溪鄭大參、東峯汪少卿二序曰：「恐涇野子不知吾父悉也。」雙溪之言曰：「雪舫君平生樂交與，嘗舉數千金托諸其友而盡之不訝，復與之，竟得其報。」東峯之言曰：「雪舫君內而家族，遠而鄉黨，有鬩爭者，有孤苦者，有是非曲直相角者，乃爲之平其忿，植其弱，解其紛，汲汲皇皇，不暇寢食。」

涇野子曰：「由雙溪之言，則雪舫固古之義士也；由東峯之言，則雪舫固古之直人也。義則利不可溺，直則曲不可回，持是道而不渝也，豈惟可百歲哉！昔者鑾之遊鷲峯東所也，謂予曰：『家父以鑾從弟遊京師而不返，俾鑾浮江至此，欲同領明教，偕之以歸。』予嘗歎曰：『雪舫於其猶子如此，則於其子時鳴可知矣，豈非有古孝友之風者乎！』今觀雙溪、東峯之言，信不誣矣，則雪舫豈惟可百歲哉！雖然，百歲之壽在雪舫者也，衍之而至於數千歲，則在時鳴爾。時鳴不見漢之石建乎？其父奮敦篤重義，口不輕然諾，諸子有過，召立終日，不與顏色。後建守其家範，尺寸無違，嘗取奮中裙廁牏，手自浣滌，諸弟效法，時稱長者。漢至今千餘歲，建父子猶在也。況時鳴進用有待，使學如不及，以雪舫一人之義直孝友，暢於四肢，發於事業，達之於千萬人焉，行道當時，揚名後世，則雪舫君之壽，雖數千歲有餘也，一石建之壽其父，何足爲時鳴道乎！」

李孺人七十壽序

太學生胡大器自都下來至金陵謁予曰：「解州王舉才與大器及黃卷、吳梁十數人同遊業北雍，義氣相孚，情相厚。聞

其母李孺人今年十二月某日七旬之誕期也，舉才以父恩榮君琳先逝，值母壽期也，又自離逖膝下，不能稱觴，累旬懷苦，無以自解。卷輩相率醵金，裝軸賦詩，寄壽解梁，請序以宣舉才之思。」

涇野子曰：「卷、器，徽人也；梁輩，松江人也；某，魯人也。地去解梁若是其甚遠也，人與舉才若是其殊俗也，乃皆敬舉才，欲壽其母，舉才如未能順親，豈能信友若是乎？然即諸友之欲壽其母，則舉才之能壽其母也，可知已。昔者予之判解梁也，舉才羈丱，與其兄舉直、舉善從予學，當時已聞李孺人之賢矣。其祖舉人濡，司教永寧、曲周、南樂，以善誨人鳴。其父歲貢經，任伊府工正，以良於其職。故孺人奉其閨訓，歸恩榮君，克盡內助，無違宮事，所生四子，皆教之以道，彬彬然，聞於三晉。比予自太常過解，舉才以鄉試中式，舉善已廩膳高等，時解太守、學正諸君暨解梁書院諸生、鄉約諸耆且百人也，送予至靜林寺，開宴萬栢之中。諸生憶予在州之日，曾教童子詩歌，請重肄詠，予諾未已，舉善即出班倡衆歌者。然舉善年已近三十矣，憶昔教歌之歲，方當弱冠，乃今老成，朗誦不忘於宿昔。予深感動，泣數行下，收不能已，乃益知恩榮君、李孺人教子有義，方王氏之昌熾未艾也。夫予在解時，鄉約諸耆托王太學、閻節推，書院諸生托丘孟學。節推已化去，丘、王已出仕矣，則謂舉才曰：『叔元不可不承其緒也。』舉才聞予言後，日居書院，禮舉其廢，樂修其壞，俗振其頹，經辨其疑，鄉約繼其成，恒若初舉之日不懈也。有余御史誨之者觀風河東，還至京師，褒嘉不置。於戲！舉才不日試春官，對大廷，有官守言責矣。其舉措發於事業，施諸民物，近則光於四海，遠則垂於後世，則李孺人之壽，雖數千歲不啻也，斯固器、卷諸友之志乎！」

謝氏族譜序

王源謝族凡七八百人，自南唐銀青光祿大夫諱詮者以來五六百年矣。銀青公生三子：居王源者，孟芳之五世強也；仲端之後居黨安、聞水，今幾二三百人；季佺之後居茅嶺、汾溪及祁城中，今幾八九百人。然初皆祁門縣謝村里人也，世

遠氏繁，三支百宗，譜亦異牒。王源之譜，今已六修之矣，猶有遺而未收者焉。強十六世孫有曰祚、曰紋、曰華者，孝弟力田，思繩祖武，恒欲聯王源之族，以纘銀青之緒。乃命其姪顯重加校編，積歲成帙，分爲五卷，始於申伯受謝，至於子孫雲仍，罔不明著，其制誥、勑命以及藝文，亦皆備載。他日，華之子顧嘗從予遊，持斯譜以展予，予覽而歎曰：「王源之譜可謂盛乎！雖然，發族本於祖宗之德，收族係於子弟之賢。子孫賢，則雖在袒免之外，猶若期功之親；子孫不賢，則雖在兄弟之近，猶有鬩牆之害。顧不聞德澤君之爲僉憲乎？躬秉忠清，信及虺蛇，當路訴冤，積害頓除，浙人畏如神明。此其政恒在也。顧不聞章甫君之居適齋乎？敦禮迪義，親喪泣血，力追古風，日與汪環谷講學桃墅，從遊甚眾，斯文一時鳴於徽中。此其教恒在也。顧又不聞銀青公之初開爾謝乎？自少英邁，才兼文武，當南唐元宗之間，累進讜言，數平患難。及周師攻壽州，唐以齊王景達爲元帥，陳覺爲監軍。達遙爲聲援，覺意不決戰，銀青公請重元帥以撓監軍之權，計不見聽，遂變前名，攜家祁南，其視棄大將軍官爵如脫屣耳。此其忠烈恒在也。顧歸以告諸父叔，使族中俊乂子弟，聿興懿志，共步前修，使禮文由是而出，恩愛由是而篤，信義由是而明，孝友施於家，忠貞著於邦。斯譜也，不亦又有光乎！不然，止以標名字、係支派爲事，則世之爲斯譜者亦多矣，而又何貴乎問予言也！」

贈南少司馬乙峯蘇公考績序

乙峯先生西安蘇公將有考績之行，同鄉諸縉紳謂予宜有言，且曰：「公之績雖考於三年，而公之爲少司馬並前太常卿、少司空也，今已十年三品矣。積勞多而累功高，惟吾子鋪之。」曰：「是奚足以言公哉？是故有大臣之績，有小臣之績，建一功、樹一業、決一獄、營一室、練一卒，計數而開，並署而課，此小臣之績也。若大臣者，言論風旨，進退動靜，百司具瞻，多勞不與焉。公邇嘗進表北上，竣事，而適有少宰之缺，人謂公舊吏部也，例當居此。然新體凡遷權要近秩，必有所請謁焉，而後可得也。人以告公，公曰：『吾豈可躡私門而取公爵乎！』即日束裝出彰義門，夜宿於良鄉，公遂不果改吏部。

未幾，少司馬缺，公南少司馬且久也，例亦當北改。是時，公已還南矣。人謂公少濡滯，兩缺必有一得，免兹三年之行，惜乎公之不然也。公聞之曰：『吾寧爲三年之考，而不欲苟爲一旦之趨；吾寧爲數千里祁寒暑雨，往來奔走之不憚煩，而不欲爲咫尺捷徑之行。』聞之於人，人皆稱曰：『乙峯公其有大臣之體哉！斯其風真可以敦薄寬鄙矣。』即使公有北缺之改，人以爲進表而往，遷官而行，未必有今日之懿稱也，其孰爲美惡輕重哉？

昔漢張釋之始事文帝，十年不得調，久宦減仲之產，不遂。後爲謁者僕射，從文帝登虎圈驂乘，行至司馬門，或至霸陵，及出中渭橋，應對輒據法理，文帝率皆稱善，後遂爲廷尉三公。令治案盜高廟座前玉環事，亦不阿旨，天下後世稱爲盛漢名臣。然則人臣事君，惟懼政至而不能舉經以謀國，祿至而不能守道以濟民耳，又安可論位之遠近，官之要散哉？此固公之素志與定見也。且公初舉進士，出令榆次，榆次素稱刁悍難治。公至之日，平易近民，懲其桀黠，而又砥平役賦，均（涂）［除］[一]水利，民愛如父母，既久不忘。被召行取額注科道，公辭而不居，授兵部主事。因有他譏，忤於宦瑾，謫播州桐梓驛丞。瑾既誅，召還，授吏部考功主事，至文選郎中。凡選用人才，士林稱公。後陞太常少卿，以至今位，則公之履直迪義，而不苟於逢人者，蓋自昔則然也。兹往也，或晉正卿，或入輔相，益懋忠貞，表儀朝著，風行海內，勒勳鼎彝，是吾鄉曲者之深望也！」

贈李端甫陞知杭州府序

或問學，曰：「仁。」問政，曰：「仁。」「何謂也？」曰：「學亦政也，政亦學也，學政皆仁，內無有己，外無有物矣。」

[一]「除」，據萬曆李楨本改。

「何謂己？」曰：「喜怒哀懼愛惡欲七者，［由］〔一〕情而不由性之謂己。」「何謂物？」曰：「飲食、衣服、宮室、車馬、五穀、三金、百用之類數者，由利而不由誼之謂物。今夫天，日月星辰繫焉，風雨雷電作焉，霜露雪霰變焉，飛潛動植形焉，百千億萬萬物生焉。今夫民，父母尊長稱焉，子孫卑幼呼焉，攻刼穿窬出焉，寇仇罵詈興焉，（孤）［弧］〔二〕矢戈戰之毒至焉。故學能仁則己克，而上與天道達；故政能仁則物化，而下與民志通。上與天道達也，一物不遂其生，吾憂焉。夫何故？即己之肱折而股（夷）［痍］〔三〕也，膚刺而指缺也，吾惡乎不憂？下與民志通也，一夫不獲其所，吾慮焉。夫何故？即己之兄纍而弟縶也，子餒而孫瘃也，吾惡乎不慮？昔者顔子以仁爲學，飲於瓢，與五齊三清同；食於簞，與膾炙熊掌同；居於陋巷，與畫棟彫梁同。七情皆輕，一仁獨存，故曰『不遷怒』；怒且不遷，其他可知矣，故曰『不改其樂』；樂而不改，其心可知矣。及其以仁爲政也，酌虞、夏、商、周之制，取韶、時、輅、冕之宜，得其道，使治不泥，通其變，使民不倦。民厭文，濟之以忠；民厭輅，和之以韶。參伍不居，神化無方，斯民歌帝力於何有，日遷善而不知也。」

或曰：「此其道，蓋宰相丞弼之責，乃以告郡守，可乎？」曰：「職有大小，道無二致。道行於郡，則四封之內安；道行於國，則四海之內安。夫漢遵三代者也，當其時，如黄霸、于定國諸賢，多由郡守陟晉御史大夫及丞相，道安可限於郡守邪？況端甫孝友忠信，章丘名士，其令魏縣，砥（則）［削］〔四〕徭役，節省里甲，弭戢盜賊，敦崇節孝，賑災捕蝗，敷教興學，政成循良。去魏之日，舟出天雄，魏父老子弟垂泣涕送，不忍釋焉。一時上官有『四知克畏，六事孔修』之考。其後二守鈞州及永平，兼以晉任南京金部，益諳民情，稔練政體。公退之餘，猶肆力問學，追逐史帙，窮經致用，則固有爲仁之基矣。暇

〔一〕「由」，據萬曆李楨本補。
〔二〕「弧」，據萬曆李楨本改。
〔三〕「痍」，據萬曆李楨本改。
〔四〕「削」，據萬曆李楨本改。

嘗過予論學，率多稱仁以說，而又顔氏故里人也。則夫杭州之政，方繼憔悴之後，飢渴之時，誠舉仁而敷焉，凡天目、秦望之外，岊䓘、武隆之徼，山叟溪童皆興浴沂之樂，稻塍筍塢皆引鼓腹之風矣。端甫既成杭州之政，他日晉爲卿相，舉此措之，以佐明聖，又何難於四海之民哉！」或曰：「何以能仁政於杭也？」曰：「郡領九縣，九縣長吏誠與之同心，使共宣力焉，凡其俗之近奢靡，汰而去之，無虐煢獨而畏高明，此其大機也。」

端甫名冕，起家嘉靖丙戌進士。

送南塘宋公應詔進佐都察院序

御史大夫南塘宋公總督南京糧儲且三年矣，凡諸利弊既已興革，官軍皆及時獲食餉，有大益於根本重地，聖天子賢之，乃以廷臣交推進佐都察院事。公將覲霄漢之輝，依日月之光，總激揚之柄，振剛紀之風，以阜成海内煢獨者也。時大廷尉鶴亭王公方署南都察院篆，暨副都御史東皐邊公適代公任，乃集諸縉紳詩歌餞公江滸，請予序之。予問公之詳，二公言：「公自云由弘治乙丑進士除知睢州，改監察御史，閱年以病歸。尋陞浙江按察僉事，未幾，以母病，又歸。數月，母卒。服闋，陞山西按察副使，兵備潞州。歷陞山東、四川參政、布政，晉南光禄卿至今位。鰥官竊禄，實負聖恩，平生無一可書，曷敢欺罔以自立碑乎！」

予歎曰：「於戲！南塘公之不可及也。夫自公至南都，予數聞其言論，婉而且嚴，不輕然諾；數覩其威儀，恭而有度，不失尺寸；又數察其交際，上不失諂，下不失瀆。語所謂『無眾寡，無小大，無敢慢』者也。故牧愛形於州守，剴直彰於御史，憲臬克振於晉、越，旬宣久著於蜀、魯，則其政績皆正大光明，可敬而誦之者也。乃公漠然不居，視如浮雲過目，將明智者守之以愚，俊偉者處之以謙乎！求其人于古，殆西漢丙少卿吉之儔匹邪！昔武帝時，詔治巫蠱郡邸獄，宣帝真皇曾孫方幼，以衞太子事坐繫。吉以故廷尉監徵，乃擇謹厚女徒，令保養曾孫，置閒燥處。數病，數相視，致醫藥。後因望氣

者言，有詔盡殺獄繫者，吉閉門捍拒謁者令郭穰，曾孫得免。吉後入爲光祿大夫，又奏記霍光，迎曾孫於掖廷，即帝位，遂絕口不道前恩。尋遷御史大夫，有士伍尊者上書言吉保養，狀下，吉削去尊辭，專歸美於胡組、郭徵卿。他日，掖廷宮婢則令民夫上書，自陳阿保功，辭引使者言吉，識則無功，降庶人去，宣帝始知吉有舊恩終不言，大賢之，封博陽侯。夫當幼病而養帝，當詔刑而全帝，當議立而迎帝，此臣子之極功，豈惟恩流海內，殆漢天下萬世之勳也，乃蓋而不彰，隱而不露，豈非敦篤君子者乎！　故致西漢黎民醇厚，恥言人過，比美周成、康世，皆丙少卿輩之風也。公自光祿卿、御史大夫且進輔相，其履歷已多，與丙少卿同，而其言論行事，又率類乎少卿。今茲之行，益懋篤恭，獻納明主，屹然爲邦之司直，使諸御史承其下風者皆敏於自求，而不敢過於責人，正於自處，而不敢陰以報乎恩怨，用成有明醇美之化，以還虞夏師師相讓之風，不啻比隆周、漢中世而已，可也。若乃總揚以振綱紀，在公特緒事耳。」

贈張運夫陞山西兵憲序

琴山張君運夫既有山西兵憲之擢，凡吾鄉士大夫仕南都者請予言，答曰：「予方欲有言於琴山也。昔者予之謫判解州也，倣取藍田鄉約以教州之士民，請諸當路建解梁書院。月朔望，耆民髦士序謁鄉賢祠，出升仰山堂，予親臨課校。若有孝義信厚，克化鄉里，並能講律誥及古賢孝人者，則請出勸酒，蒙士歌侑。行幾二年，訟爭既鮮，盜亦頗戢，耆壽修行，小子有造。予既遷官南來，則謂解梁士民曰：『去矣，無漏我堂館，無圮我牆堵，毋折我樹栢，居其室則思修其業，讀其書則思師其人。』未幾，琴山以監察御史忤於執政，謫繼予判。郡政之暇，一事書院，耆民考德於鄉約所，童子問業於養蒙館。院基不足，則拓其地；庭栢或菑，則申其植。若乃甃墉以限內外，種蔬以杜苞苴，躬行君子，表率士民，又非予之所能及也。於是解梁書院賴以緝熙光明，至使相代巡鹽御史或取其高年以托賑濟，或倣其良法以式運城，或迭其詩歌以教節奏，皆琴山後繼之功也。即使予去而琴山不繼，又安能以成解州之俗，而動解士民之思，至今十餘年不忘哉！　今茲之行，若過解梁，

能不又爲士民之一新乎！」

或曰：「琴山今陞兵備僉憲，駐劄石州，連屨岢嵐、保德、吉、隰四州，分馳崞興、大寧、石樓諸縣，東據偏頭，西接黃河，以達神木、府谷之險。而北虜每犯是邊，當其扼要，不減雷雁。是地去解遐遜，而又職非其居，今以解事告之，不亦迂乎？」曰：「古之選將，必取悅詩書而敦禮樂，其折衝千里之外者，則不出樽俎之間也。張子兵備，若非移解梁之法焉，則何以使士修其孝弟忠信之實，奮其攻殺擊刺之勇，如手足之捍頭目，子弟之衛父兄者乎？且往年寧夏之丁廣、何錦，近歲大同之郭麻子諸人，非其明事哉？」

或曰：「乏軍起於缺糗，獷士起於長傲，如解州之教，吾恐不足以捍內而壯邊也？」曰：「琴山嘗爲襄、邑二縣矣，額課之外，歲積五百，足代夏稅，野捍之鄉，定立征期，咸遵約束。及其入爲御史也，言必以正，無所回頭，薦必以善，無所滯緩。巡鹽兩浙，奏立成法，雖遇權要，亦不畏忌，至被其中傷而無悔。其在南刑曹，有姦民豪富，雖羣咻相囑，輒抵於法而不聽。戶曹遇軍鬻幼女，憐其徹夜號哭，爲出價以還而不言。以此而蒞石州，加以解梁之教，所謂期月之間，可使有勇且知方者，不在斯行乎？雖他日巡撫山西，入爲卿相，亦不過是也。如但以年資深遠，與後進者同征；歷任清苦，與貪墨者並儕；艾強孤介，與和光者同塵。灰其心而倦於勤，惰其志而慢於行，以忘解州之初也，則予且將仇子，而況於他人乎！故於琴山之行，特舉解州之事云。」

琴山名鵬翰，陝西慶陽人，起家正德甲戌進士。

贈侍御王子清戎浙江序

侍御王子德仁近有浙江清戎之命，蓋殊差也。予與其父家爲同年，往賀焉。德仁曰：「何言乎浙江也？」答曰：「予知陝西不知浙江。雖然，將浙江亦無同乎！昔者予邑有陳氏、東氏者同街里居也。陳氏本靖虜衛軍，久

苦於衛之朘削也，乃賄軍吏，盜改籍，衍國冊，去其『陳』之旁，上通於兵曹吏，逃匿姓名於漢中竹山。數年而靖虜清冊至縣，勾東氏補伍，東氏以爲素非軍也，對官吏桀傲語。官吏曰：『爾貫址同，姓名同，宅地同，奚而強辯以避役乎？』即解東氏以填伍。又南里有兩李者，一氏民，一氏軍，其田宅率相似也。軍李氏者，亦豫更尺籍，竄滅己名，注以民李氏之祖名，而逋于他方，賄軍吏曰：『遲（七）〔十〕〔一〕年而後清也。』十年而後清，遂解其民李氏爲軍，〔民〕〔二〕李氏莫能白也。然此則自其變者而言之，若乃著在令甲者，凡軍士逃則（根）〔跟〕〔三〕捕正身，亡則起解戶丁，老疾則選壯替補，幼小則結勘紀録，戶絕無丁則行挨究，中途在逃則責原解，赴衛違限則隨在送問，官吏縱容害人則處以重刑，隱藏傳送則罪同本犯，寄住影射則通移挨查，冒名代解則本犯調衛、代者替伍，拘無名籍、迷失鄉貫則軍調遠戶丁原衛，若殘傷肢體、意圖窺避則全家發充煙瘴，此其爲法亦甚嚴矣。然而自首復役者免，借撥征進逃故遺男孩孺者免，垛集軍故戶止一丁者免，見任文武官及吏儒等戶上三丁者免，戶絕結勘三次者免，先爲事充軍後薦起爲官者免，僧道充軍故者免，是又未嘗不寬也。故不嚴則法隳，不義而不可爲也；不寬則恩缺，不仁而不可爲也。寬嚴相濟，仁義並行，祖宗於軍旅之事，亦可謂曲盡其道矣。若乃因其法，用其宜，斟酌舒慘，權衡輕重，不在浙江斯行乎？

雖然，法如此其嚴也，又如此其仁也，爲軍士者，亦可以無逃匿而免於清勾矣，何若而至於隱藏傳送，寄住影射，明知重伍而故迷失鄉貫，明知煙瘴而故殘傷肢體，此其故何也？夫清勾逋逃者，其末也；究所以逋逃者，其本也。昔漢晁錯言于文帝，募民相徙，以實塞下，省北戍之事，寡輸將（將）〔之〕〔四〕費。又飭邊吏，存恤所徙之老弱，善遇其壯士，和輯其心而勿

〔一〕「十」，據萬曆李楨本和下文改。
〔二〕「民」，據萬曆李楨本補。
〔三〕「跟」，據萬曆李楨本改。
〔四〕「之」，據萬曆李楨本改。

侵刻，築室置器，醫巫婚祭，田桑墳墓，各從宜處，使先至者安樂而不思故鄉，則貧民相募而勸往矣。夫錯，漢深刻吏也，其言猶如此其厚也，所在皆募徙之民，非若今之邊軍自祖土著者也，然猶可以戀邊而不去；所（指）［隸］〔一〕皆西北苦寒之地，非若今之浙軍多隸南丹、奉義、（得）［德］〔二〕州等衛，猶可以水土習而不惡。則今之逃者，可知其本矣。夫居安而惡遷，好生而憎死，樂富而厭貧，此常人之情也。乃有占殷實作軍伴，勞而貧者任其力，即軍裝以侵漁，而行者喪其資。月糧不獲支，則準科差；布花不獲領，則折雜役；首級不獲雋，則賣豪強。故軍以煙瘴爲衽席之安，殘傷爲舞蹈之樂也。［昔］〔三〕英宗皇帝即位之初，詔凡內外衛所官有將殷實軍士賣放買閑，新勾不行恤存，抑逼在逃者軍士事故，管軍官不將在營人丁收補，及以見役軍妄作事故者，清軍官具奏題問。聖謨洋洋，顯究弊根，垂憲萬世，惟在乎人奉行之耳！

夫德仁英邁忠信，博貫經史，志在天下國家，數進讜言。其於士民也，欲革姦猾之弊，而措之衽席，作之勇銳者，固其素心也。茲行也，可知其本末咸舉矣，將召虎、方叔由此其選，必不如他人者應一常事還也。」

德仁名獻芝，徽州歙縣人，起家嘉靖壬辰進士。

贈南京光祿寺少卿石淵傅君考績序

石淵傅君朝晉爲南京少光祿三年矣，將考其績於朝，諸公以予與石淵有塲屋之雅也，皆欲予有言，且曰：「南光祿亦統四署，署皆以奉先殿爲首事，月有供養，歲有薦新，極敬重也。其他太常諸祭殆百餘起，多取辦於斯，而直隸、浙江等處解

〔一〕「隸」，據萬曆李楨本改。
〔二〕「德」，據萬曆李楨本改。
〔三〕「昔」，據萬曆李楨本補。

納犧牲粢盛，以登簿正者，皆有額數，甚則至差科道監視收受，其務直繁劇矣。乃石淵或代長以任其勞，或署篆以蒞其事，精誠思通於鬼神，嚴正每倡乎僚屬，法守恒肅乎廚卒，可謂嘉績多於光祿矣。」

予曰：「是豈足以言石淵之績哉？初，石淵仕南刑曹，旋以憂去。起復調北，未洽，再朞，法比精練，迴拔行輩。銓部推薦於上，簡擢山東道監察御史，巡鹽山東，積弊聿革，鹽法大行。尋復巡按江南，當是時，習尚和同，法多廢弛，贓吏蠹民，豪右梗化。石淵既至，劾罷贓吏，數輩未發者，至欲解印綬以去。其豪右多罹誅鋤，縮頸斂跡，而又平反冤獄，開釋無辜，徽、寧、池、太之間，霜旱以時，民安如堵，此則予所親聞者也。今夫良篙師操萬斛之舟，載千人之衆，中流而泛瞿塘。當是時，灔滪大如牛馬，篙師乃迎風舉棹，背石搖柁，須臾而過瞿塘，千人者皆鼓掌笑謝於篙師，以爲險中獲安也。下至三峽、大別，篙師信舟而逝，舟中之人至有相呴呴鼾睡者矣。夫石淵已良於巡按之難，又何有於光祿之易哉！南野歐陽氏言：『石淵孝於二人，于伯氏朝宣自幼師事之，友恭篤至，長亦不衰，鄉黨皆重其行焉，而又倜儻□爽，識達時務，綜理微密，志慕古先，不肯與時浮沉，可以大受。』則其所至建績非偶然也。雖然，官怠于宦成，心懈于績著。石淵自此陞矣，雖他日位至卿相，勳勒鼎彝，亦必視之如浮雲，而惟此心之勉勉者不已也。是予所贊于石淵者。」

石淵名烱，江西進賢人，起家嘉靖癸未進士。

贈掌科南岡曹君考績序

南岡曹君德仲守南京戶科三年矣，將考三年之績，其僚陳子山甫、尹子商衡爲問贈言，且曰：「高皇帝最重戶口圖籍，南京玄武湖中有皐洲，乃令工部構屋於皐洲上，殆數百楹，屋有架閣，四圍水也，非蕩舟不能至。凡天下造到黃冊，咸投送戶科，戶科覽驗，照入後湖。若有舛訛漏遺，則用監生數百人清查，乃行駁復造。及遇雨雪，則又以時曬晾。凡天下戶口登耗有誤，田糧盈縮有差，皆起文本貫告投戶科入湖征冊。故湖冊，我明天下萬世之寶也。南岡職司其居已三年久，其勞勩

不可(單)[殫]〔二〕述，心思不可勝究，其孰績如之乎？」

予曰：「是奚足以言南岡之績哉！夫自文皇帝建都順天之後，兩京皆設六科，事體相同，蓋謂參駁、糾劾、言事，無或異也。夫參駁係君上之明違，而於其德則有補；糾劾係臣僚之邪正，而於其政則有賴；言事關天下之利病，而於世道則有裨。今夫天雖純陽之物，實兼五行之氣，然而因其運之速、行之健也，不能無缺焉。善事天者，常因其缺而補之。故天耗缺其木，則煉青石以補之；天耗缺其土，則煉黃石以補之；天耗缺其水、金、火，則煉玄白、赤石以補之。於是天資其材力之長，復於混沌之初，四時行焉，百物生焉，而自不待於言也。(久)[九]〔三〕達之衢，有同往者數人焉，一人困於酒，仆諸途；一人荒於內，陷諸溝；一人躭於金銀珠玉，倒眠於東肆。有端丈夫者過焉，睨而視之曰：『是吾比隣里巷人也，吾焉可恝然避邪？』遂扶仆者以解其酲，出陷者以懲其色，覺倒眠者使無黷於貨。於是其他如三人之病者聞之，皆惕然惺，勃然改，是何也？以其所糾劾者當也。於此有古銅人焉，聯屬四海九州之血脈而爲之者也，凡三百六十五穴無不具焉，蓋神農、軒轅之所劑定，扁鵲、華佗之所校行者也。於是有胃痛者，則示以足陽明之箴；有心痛者，則示以手少陰之箴。病在四肢，則示之標也；病在元氣，則示之本也。知無不言，言無不盡。上有勿藥之喜，下有護疾之戒，太和行於兩間，世道升於大猷，豈但裨焉而已哉！夫南岡英敏忠信，博貫經史，練經濟之才，志在天下國家。其晝之所爲，夜之所思，動之所趨，言之所入，僚宷友朋之所講議，三年之間，於此三者蓋稔諳之，相時而必行者也。此其績，將百僚皆讓焉，一圖冊之勞，真不足爲南岡道也。」

南岡名邁，四川榮縣人，起家嘉靖壬辰進士。

〔二〕「殫」，據萬曆李楨本改。
〔三〕「九」，據萬曆李楨本改。

封監察御史禾江傅君暨配劉孺人雙壽序

禾江傅君以子國鼎之貴封監察御史，配劉氏封孺人。劉今年生六十歲，禾江君又長三歲也。國鼎爲御史，履信迪義，直躬而行。偶有微疴，上疏得告，謂其僚姚宗舜曰：「某不樂爲御史，惟予父母咸壽榮封之爲樂也。某不憂予之疾之難瘳也，惟吾父母行年踰六望七，思一稱觴以祝眉壽之爲喜也。且吾父好友樂易，貧而能安，寒家則有子孫遵教，而又能息人忿爭，以興里讓。吾母沉靜端重，不輕言笑，孝於舅姑，恩在族戚。鎮初出門，惟以慎刑爲訓。凡鎮之有今日，皆吾父母之賜也。今甲子一週，而某躭榮食寵，離逖膝下，鬱鬱無聊，疾由是作也。泉州茲往，豈其得已哉！」

涇野子曰：「國鼎誤矣。昔楚有士伍鶴者，辭於其君而事其親，其親弗願也，使士伍鶴復仕，以盡其職，成其名焉。而況國鼎抱博雅之學，練經濟之才，際聖明之世，爲名御史，而不爲士伍鶴者乎？夫呰窳縮朒之子，負數十斤，行數十步，則仆於途；有木強魁岸者，舉千斤於肩，日行百里不趑趄；力不同故也。子有木強魁岸之力，而當多事之際，乃引疾以往，竊爲國鼎不取也。國鼎若移禾江君之孝以事君，則忠藎至；移其友以處僚寀，則同寅協恭者衆；移其樂易以御民，則民可近而得其情；移其安貧以臨財，則百姓足；移其閑家有則者以報國，則娼疾姦讒遠；移其息忿爭者以涖政，則寇盜迸絕，夷狄賓服；移慎刑之訓以行法也，則怙終不縱而冤抑不枉。此其在職之仁與在家之孝，國鼎試權焉，孰輕孰重；試度焉，孰短孰長。是故仁行於國，其爲孝重且長者也。孝重以長，則親之壽當如山嶽之峙而不可易，如江河之流而不可禦矣。國鼎斯往，如有取於斯言，吾知稱觴之後，勿藥之餘，雖絕裾以登舟，不俟駕以載塗可也。」

贈靜菴袁公詔改北少司徒序

南少司徒靜菴袁公既有進改北部之命，予聞之喜甚。越翼日，其僚大司徒桐溪錢公枉托序，且曰：「知靜菴者莫若同年也。」予辭不獲，諾之。或曰：「子他日無是喜，亦無是諾，今果知靜菴者耶？」曰：「然。昔者靜菴公初巡按於越也，見有溺女之事，思欲禁之，謂不塞其源，雖三令五申，民亦不從。乃先汰裝奩之費，革紛華之用，民始肯育乎女。比公去越十餘年矣，有父母長成女子者曰：『是某年巡按君之存女也。』數其歲，實當公日，則其所活人命，豈可數計哉！公嘗見途有餓莩，甚愴心焉，乃買他人田數畝作義塚，凡無所歸者，率於此收瘞。其後撫按，所至之處，常令有司勸作富民興建義塚，量減門差，歲終開報葬過人數，每滿任去，計數殆且萬千。山東多盜，一倡亂，千百爲羣。公巡撫時，捕盜必獲，獲盜必誅，於是良民安如堵墻。歷城、章丘諸處窪田將億萬畝，一遇淫潦，麥禾無望。公改任待替矣，因民之訴，遂下令以田數定夫額，鑿渠以通河，導河以入海，匝月之間，億萬畝田皆成膏腴。蓋公心在斯民，聰明睿智皆由是出，他率類此。而戶部之政，又人所共見而稱誦者也。若乃在大理時，席尚書以辰州宋知府之忤己也，先於巡按湖廣之日，刻其人命數十，贓私數萬，上遣公偕司禮監太監、錦衣指揮同往勘焉。瀕行，席以揭帖囑公者再，公皆不視而還之曰：『彼自有在官卷案也。』既至，其他人命皆因公覈而明，惟一人命，司禮、錦衣欲償知府以阿席，公以律例執不肯，且曰：『殺人以媚人，吾不爲也。』輒以贓坐知府去。其後勘回，公甚危，賴聖明洞察而始免。」

或曰：「果若斯言，則公於民如此其仁也，其於權勢又如此其義也。仁義並進，豈非實有道學者乎？」曰：「豈啻此哉！往年進表於京也，予嘗與公同事，每聞有權門之往，蹙然不欲行。既見矣，飄然即欲去。且公爲法司已三十年，致爵位已三品，乃宮室隘陋，自奉菲薄，夫人冠紳衣，尚未克具，孟子所謂『我得志弗爲』者，今於公見之矣。如公數輩進長臺省，將士風勃然而變，民生熙然而阜成矣。私心以爲甚喜者，真在斯也！」或曰：「於公無增乎？」曰：「持斯心也，雖位

至端揆而不變；堅斯學也，雖耄期稱道而不改，是予之所願耳。若乃因俗而爲通，逐流而自愛，予知公心所深惡，必不然者也。」

公字醇夫，保定雄縣人，起家正德戊辰進士。

贈曹寧波序

南刑曹正郎曹子廷寵既有寧波知府之命，予往賀焉。言及前榆次寇司馬嘗爲寧波矣，廷寵曰：「惟寇公爲是郡嘉邁，詎焉能繼之乎？」涇野子曰：「子懼其多勢要也，比於瑞安則何如？持法而不撓，履正而不私，奉義而不阿，俟命而不懾，公論既明，勢要亦無如之何，則既已能於瑞安矣。子懼其多獄訟也，比於廣東司則何如？凡應天合郡以及府、廠、錦衣、留守諸衛，有詞皆歸折，蓋南刑曹之第一劇司也。晨湌而入，晡時而出，入則先僚，出則後侶，五年於兹，既無冤獄，亦無滯事，則既已能於廣東司矣。然則何有於是郡乎！」對曰：「願翌日詳教之。」

於翌日，而其僚陳士仁、趙立夫來曰：「則何以贈廷寵也？」曰：「予有千幅之被，無翡翠飾珠璧緣，著以湖纊，紞以揚綾，厚方三寸，紉之久矣，願以贈之。予有四規之鏡，自照所思，存之七日，可見千里，既無所將，又無所迎，應而不藏，往而不去，磨之勩矣，願以贈之。予嘗獲五劒焉，乃歐冶子之所鑄，秦薛燭之所相，蓋錫出赤堇之山，而銅涸若耶之溪者也，貯之繡襓，積有歲月矣，願以贈之。」

二子曰：「贈被何也？」曰：「詩不云乎：『哿以富人，哀此煢獨。』故有踝尰者，與覆其足；有折臂者，與覆其肱；額瘍者，覆其首；背疽者，覆其脊，凡鰥寡孤獨顛連，比裂其幅以給之，使郡及屬邑當寒不畏其凍者也。」「贈鏡何也？」曰：「賊仁之人，其容白；殘義之人，其容赤；侮禮之人，其容玄；寡智之人，其容黄；不信之人，其容青。以此四規照，肝膽畢露，而況於妍媸乎！」「劒何以有五也？」曰：「純鉤以待稔惡，湛盧以待横逆，豪曹以待叛亡，魚腸以待

海寇，巨闕以待劫盜。」「古之人有行之者乎？」曰：「若房琯、孔戣、陳襄是也。三子者，皆嘗刺明州而令慈溪矣。戣善用其被，雖蚶蛤淡菜之微，奏罷其貢，歲充役夫四十餘萬，而況肯遺權貴乎！於是時，民多有衣卒歲矣。襄善用其鏡，興學校，所注意講求者，惟民間之利病，蓋毫髮無不知，而皆興革之也。於是時，鰥寡無（盖）〔虐〕〔一〕矣。琯善用其劍，以德化民，鑿湖溉田，其有害於民者則劒之，於是黠吏豪惡避而逋逃者數千人。況吾廷寵飽諳經濟才略，志在天下國家，素不畏強禦，而又法例練達，若兼三子之長，而用三物以得宜，豈惟可繼寇公哉！雖他日大行其學，衣被四方，亦可也。」

廷寵，湖廣黃岡縣人，起家嘉靖丙戌進士。

贈南戶部周正郎陞知雲南府序

戶曹正郎周子謙之爲部屬方六年，舉進士方七年，銓曹知其賢且材，遂有雲南之推。以雲南在會城之中，轄隸四州九縣，即古益州、昆湖、滇池之地，崇岡巀嵲，激澗縈紆，爨、牢、僰、玀，於民十七，時恬則蜂屯蟻聚，有事則獸駭禽奔，蓋人自爲險，勢難統一。故往年安、鳳二氏之亂，及木邦、孟密之構，必先趨是郡而攻之，極其雄劇者也。

謙之過予曰：「滿往意得中土一郡，選取屬州縣之茂才於郡以造就之，乃今有此乎！」涇野子曰：「予方病時之提學或撫按、郡守多此舉也。夫科目已有額數，與其善文辭者速得之，孰若有實行者亦與之乎！且均一士也，與選者何恩，不與者何仇？是舉一興，士率兢浮文而薄實行，欲民生之遂難矣。且謙之蚤受南山君之庭訓，幼穉勵學，不問寒暑，年甫弱冠，即成進士。而又質直好義，事不合理，噫嗚而去，樂交賢友，吐露腹心。其誦書窮理，寢食或廢，蓋語默動止，惟聖賢師，故予嘗期以學南軒張氏之仁者也。邇者交趾之亂，聖天子方有南顧之慮，予聞謙之報，喜曰：『雲南治矣，雖交趾亦可

〔一〕「虐」，據萬曆李楨本改。

服也！』乃謙之猶惑於俗，而欲選教茂才者乎？」對曰：「涇野子誤矣。交趾遠在此郡千有餘里之外，逾臨安、沅江、老撾者，樂車里之險而後達其境。日者朝議欲起四省之兵，出大將，會征南將軍以伐之，猶謂其難，況雲南一郡乎！請先言治雲南。」

曰：「昔者齊宣王出獵於社山，有父老十三人來觀，王曰：『勞矣。』召賜田不租，又賜勿徭役，父老皆拜賜，中有閭丘先生者獨不拜，宣王問焉，對曰：『臣之來，願得壽、得富、得貴耳。』宣王曰：『壽係於天，非寡人所能與。寡人倉廩有限，焉能以多富？大臣在職，小(官)[臣]〔二〕不缺，焉能以悉貴？』對曰：『王若選富室之有行者以爲吏，平其法度，則臣得壽矣；春秋冬夏，振之以時而不數擾，則臣得富矣；王出令，使少者敬長，長者敬老，違令者罰，則臣得貴矣。若賜田不租，則君之倉廩虛；賜勿徭役，則君誰與爲役使？』宣王從其言，齊國大治，甲於天下。夫謙之所屬州邑，不必拘貴賤也，課其田桑，長其雞豚，治其紛爭。其中若有一二孝悌修行者，如得其真，或爲之禮貌，或移之勸獎，或減其雜差，則士不思奮，民不思勸者，鮮矣。南軒氏之仁，于今日身親見之矣。漢后倉能通五代之禮，徐生善爲容，至則選若人焉，使相民間冠婚賓祭之禮，因其俗之所宜，參用先王之典，俎豆列於品類，玉帛(榮)[集]〔三〕於羅次，燦然有文以相接，藹然有恩以相愛，而孝弟忠信之道達矣。予又贈子以鳧氏之鐘，后夔之磬，韗人之陶，單父之琴，瓠巴之瑟，衆仲之六舞。至則或戛擊於堂，搏拊於室，萬舞於兩堦，而中正和順之氣通矣。未及三年，雖交人也以爲雲南且如此，況於朝廷之上者乎！莫不解甲冑而覩揖遜之容，投干戈而觀羽籥之舞。當其氣象，真如洪武初年，張鶚菴之在滇、黃忠宣之在交也，不可乎？而謙之陟長藩臬，進登卿相，亦是物也。」

〔二〕「臣」，據萬曆李楨本改。
〔三〕「集」，據萬曆李楨本改。

贈張仲立陞知順德府序

汝陽張子仲立舉嘉靖癸未進士，是年予濫司同考，仲立雖非本房，然其博雅之學，英敏之才，則固共敬其名矣。至於涖政決事，卓有執守，風采懋著，超邁尋常，予又陰重其人焉。往年推陞提學浙江而未獲，去年推陞山東參議而未獲，乃今膺順德之命。將行也，偕其僚董道夫、許國華問順德，並以其政略二、祭王文來。

涇野子曰：「懿哉！仲立。可與論過化存神矣。」道夫曰：「斯二者，上下與天地同流，仲立雖賢，未可遽以是與論也。」曰：「昔者予北赴太學任，會馬氏津於彭城，馬氏曰：『所謂過化者，非但毀謗侮訕之來而不有，雖碩功偉勳亦浮雲過目，無而不留者也。所謂存神者，立此心體，至明如歛霧之日，至公如同雲之雨者也。』予歎曰：『馬氏之學，知予遠哉！』惟如此過化也，則視千萬人之身如一己之身，譽之而不喜，犯之而不校者，皆妙道，日入高明，所進豈有窮乎！古之人有行之者，大舜是也。疎而河濱、雷澤之人誚其拙而不記，親而有庳之君怒其賢而不藏。及其有天下也，四方風動，黎民時雍，四嶽九官十二牧推其聖，而不自以爲是焉。惟如此存神也，則即一人之心通千萬人之心，不言而信，不行而至，無物不照，無鬼不伏，日對帝天，所至豈可測乎！古之人有行之者，孔子是也。端木賜問之而無言，仲子路請之而不禱。及其所獨得也，雖顏氏之子既竭其才，歎高堅前後而莫知其所在焉。

人言仲立筮仕行人，正靈川王之祭，兼卻其金。考福建鄉試，亦辭其幣，是科稱爲得人。及忤當路，謫官同知青州，懲革姦猾吏書盜用印簿、抵換民壯、賣富差貧；去青之日，捐卻屬州邑贐金，殆且百數。此在他人，固煊赫之蹟也。顧吾仲立以爲過者而化之，上希大舜不可乎！仲立於青州辭神之日，披瀝肝膈，諒無汗顏，至告其師王南原者，則自誓於無聞之年，獲以一善成名，使其地下無宰予之悔。夫青之城隍雖亦神稱，非海內之所通尊；南原雖賢，亦未易擬以宰予之師。將別有所謂神乎？願仲立存之，以仰師乎孔聖不可乎！且仲立少即傑特，雖爲諸生時，先後提學皆以國士奇之，蓋有志於

斯道者也。故予以神化、舜孔之事期仲立學，仲立試行於順德，以爲他日作卿相之張本，如何也？」

贈四川少參東穀孫君文宿新任序

東穀孫君文宿既有四川少參之擢，分守嘉、鄘諸處，予聞之，雖爲文宿喜，實爲文宿未滿也。或曰：「戊戌之春，考察之後，科道部屬在南都之出陞者，多則郡守，少則僉臬，而文宿既參雄藩，猶以爲未滿，何也？」

曰：「予嘗數閱邸報，見諸言事者，多攟摭瑣細，掇拾腐爛，不曰八條，則曰六款。若比論不足，則牽引無辜，以填對偶，其關係利害、干犯權倖者，則固匿而不言，以爲知時務也，乃文宿之在諫垣，獨識大體。當其時相各立黨與，旁開門戶，私相比周，鼓舞奔競，陰逐善類也，其誰敢言？文宿痛列其隱，悉疏其弊，以爲必如此而後天下治，人以爲文宿身墮虎口矣，賴聖明洞察，特宥而不問。及時相告訐事發，多官會審，乃有出言鄙倍，横肆桀傲者，其誰敢抗？文宿掌其案曰：『當言者未言，當避者不避，互相諠囂，是尚爲有朝廷乎？』遂劾應避之相，人以爲文宿頸逆鋒刃矣，賴聖明照臨，時相既去，文宿雖下獄而輒釋。及他日，王給事以諫言謫爲典史也，當考察之年，患病未至，吏部參其有怨望之心，其誰肯辯？乃文宿疏論：『典史與臣舊同寮寀，素抱忠悃，並無怨望。』吏部並參文宿黨護，因謫高平縣丞，蓋亦聖上先知其忠直而薄譴之也。今文宿蹇滯卑官，棲遲散寮，亦已久矣。兹陞也，使得進列卿士班行，寧不爲省寺之一重乎？

昔者予嘗過少華峯，見樵夫往來其上，檡樸不能生，榛橡不能長。及至太華之麓，萬峯岑嶔，千岩聳翠，玉女峯指而不可到，蒼龍嶺仰而不可即，晏子所謂『松栢既多，望之盡日不厭』者也。夫何故？傳言其上有白額虎、金睛豹，以爲此山之護守也。使文宿即諫垣而進卿寺，當非太華之虎豹哉！其誰敢採藜藿乎！漢武帝時有汲長孺者最戇直，張湯善紛更，則面折其過；公孫弘善阿諛，則面斥其非。武帝内深嘉之，稱爲社稷臣，不冠不見，隱然爲漢室之重。至使淮南諸國謀爲不軌者，望黯之風而皆寢。東穀兹往，勿因前之屈以貶其道，益齊其位以施諸民，他日積進卿相，當亦如長孺之在漢廷，不

可乎！」

贈經府黄性之陞知石阡府序

南京左軍都督府掌府事永康侯徐公、忻城伯趙公過予曰：「經府黄君性之近有石阡知府之擢，請涇野子一言以爲贈。」予方抱病，懇辭。越翼日，二公復過予，仍以是請。越三日，性之乃來，見予之病也，畀以萬應膏、香穀烏苓二劑丸，並抄三方以貺，且曰：「服此，疾必瘳。」續亦以言問。予曰：「子無文摯之目，長桑君之口，華佗之手，而遽擬沛相、陳奎之神膏，安能必其效乎？雖然，若有效，予又豈不能一言以告子哉！」曰：「敏材之方極真不假僞，雖秦越人之起趙簡子亦不過也。但藥之奏效在旬月間，而一介行李在旦夕起，涇野子豈可待藥效而後言乎？」

答曰：「予固不能三方，亦有二方焉，人人之所通用者也，子能識之乎？其一方則嘉種之穀，蓋炎帝之所貽，實后稷之所浴種者也，秬秠可以生人，穈芑可以祀神。子其遍耰於琵琶筆槃之野，匝植于深溪石蔭之間，灌以烏江，浸以厓泉，而又省耕於春，課耘於夏，使皆方苞穎栗，雖葛彰葛商之地，比有積倉，閭有積箱可也。穀梁子曰：『一穀不升曰歉，二穀不升曰饑，三穀不升曰饉，四穀不升曰匱，五穀不升曰大侵。』子欲飫石阡之民，此嘉種之方不可不先務也。其一方則帝女之桑，長五十丈，其枝四衢，葉大盈尺，赤理青華。子之於石阡也，使市居者植桋桑，山居者植檿桑，澤居者植隰桑。凡四長官司之人，各爲箔如廣場，爲簇如大屋，切不可如漢尹昆以爲非初、至初務也。當見四封之内，豈惟老者可衣帛，雖黼黻文章皆由是出也。二方既立，則民日不慮饔飧，寒不憂襖纊，以興禮讓，以除強梗，將石阡之遠封，可比中原矣。且子初署烏程學訓，躬行以率士，乃聘典廣東乙卯文衡，所取士稱得人。服闋，改補順天。復聘典湖廣乙酉文衡，所取士亦稱得人。九年滿，入大選，考登部元，遂除山西解州知州，是時予以判官方去解而南遷矣。爾乃歲遭大歉，賑濟有功，忠信愛民，解人慕悅，立去思碑。及陞九江同知，清戎造冊，一不擾民，亦有去思碑，予所作也。撫按交薦，遂有經府之陞。然則石阡之擢，非

徒偶爾。而君之素履明白，足可嘉尚。且其二子具登鄉舉，皆昭庭訓，亦嘗謁予，器宇靜嘉，則君之于民可知。然則二方之贈，亦非漫然也，君其懋哉！以需後寵。」

君家世雲南晉寧州人，起家某科舉人。

贈陳正郎陞知姚安府序

莆田陳子士仁爲南刑曹主事至郎中未五年，乃有姚安知府之命，將行，來辭曰：「祥麟於先生無光耶！」涇野子曰：「士仁而亦薄姚安乎？昔者程正叔思盡其職，雖永安尉且欲爲之，而況此二千石之專城者哉！夫士君子之光，正在學之深淺，力之厚薄，政之舉廢。乃若官之美惡，地之遠邇，位之崇卑，不與焉。夫士仁飽諳墳典，旁疏子史，所至人多從遊，莆人望諸陳茂烈，湖士擬以胡安定，其學亦深矣。素履自持，含章不露，官至大夫，舊屋未改。馬子約言：『雖書翰亦精妙，然數隱而不耀，恐長于人。而司空胡公每稱其甚有德，若其行亦厚矣。』他日，張僉憲運夫會飲吾鄉之士，曰：『鵬翰仕刑曹，見陳士仁者，律例極精，每決罰，咸當於理。其請議讞，有所難疑，更竄數字於法輒準，雖部尚書亦重其明。』夫運夫久爲御史，老法司也，且推士仁如此，則士仁之於政也可知矣。茲三者，騰輝士林，傳芳百世有餘也，其爲光大矣。乃士仁猶不自足而取於他光乎！

夫官之治民，猶農夫之治田也。有農於此，有田溢千畝，亞旅不澤，疆域不選，東不知溝澮，西不知畎洫，雨不耰種，霜不秋殺，鹵莽而畊，滅裂而耘。及其收也，此有滯秉，彼有曠穗，蕢穀兼刈，稗秔同穫。計工食之費，耗倉箱之儲，當其所入，不及所出，終歲勤動，而不免於飢餓。是雖千畝之多，不及百畝之少，詩曰：『無（佃）［田］〔二〕甫田，惟莠驕驕。』其此之謂

〔二〕「田」，據詩經齊風甫田改。

乎！於是田畯且將請置限田以裁之矣。有農於此，有田惟百畝，塍圳既明，瀦泄有法，追琢其業，夙夜是力，趨澤而耕，比旱而耘，既朽荼蓼，亦耔本抵，於是秬秠如玄山之禾，黍苗皆陰雨之膏。及其收也，良稷可以烝畀祖妣，饒利可以賚及鰥寡。是雖百畝之少，可浮千畝之出，詩曰：『禾易長畝，終善且有。』其此之謂乎！於是田畯且將請立勸田以褒之矣。夫田多而不治，猶郡大而不理；田少而不荒，猶郡小而克舉者也。當其始，若有美惡之分；當其終，不知孰可得而軒輊之也。然則士仁於姚安，不可以爲小而忽忽矣！況人之言曰：『朝廷方議有事於安南，其與雲南接境諸郡，咸遴選賢能之士以往。』而士仁之學行又章章如此。斯往也，雖視姚安如上郡以理之可也。他日進登卿相，亦自是耳。」

士仁起家丙戌進士，初授湖廣東安知縣七月，以才堪治繁，調改麻城，乃即告病，不及一月，求爲學官，改授浙江湖州府教授，居四年而進刑部云。

刻橫渠先生易說序

予訪橫渠先生全書有年矣。往在解州，刻其東、西銘、正蒙、理窟、語録並文集一二卷，其他未之見也。去年，蘇州舉人黄省曾謁予，言及之，獲此易說。暇嘗披閲，其言簡質，實於發經、開物、修身、教人甚切也，當爲先生之書無疑矣。予竊謂，易本爲人事而作，雖歷四聖，其究一揆，非專說天以道陰陽也。故孔子以君子行此四德解乾元亨利貞，示諸卦爻，皆此例耳。今以質諸易說益篤焉。太學生劉椿、程爵謁見此書，好愛之，椿請入梓，爵同校正，則先生之易固與程傳、朱義並行於世不泯也。

涇野先生文集卷之十二

序

半閒先生沈翁七十壽序

沈新之將之官，來問於予曰：「家君諱嵩，字汝南。少事舉子業，棄而不就，居第雜於市廛，退然如遠在林野，恂恂自持，與人無忤，惟以教課子孫爲業，於是自號曰『半閒』，言其於物無所擾且撓耳。某月某日壽七十也，願一言以爲壽。」

予惟壽也者，受也，受其所授而不失焉者也。天以一元之理全授斯人，固欲人之（壽）［受］〔一〕之也。氣稟殊其分，攻取紛其欲，則有不能全其所授者矣。故夫子曰「仁者壽」，又曰「仁者靜」，則靜也者，固壽之原也。今翁自號曰「半閒」，蓋自道辭也。當其心固已闃其無人，庶乎靜之旨矣。夫棄舉業而不事，是閒於聲華也；混塵俗而不染，是閒於利欲也；與人無忤，是閒於形感也。此則翁之爲閒，可通乎其靜，所謂能全其所授者，非歟？翁雖度百歲有餘也，豈啻七袠哉！雖然，翁以半閒自受，其將以半不閒者授新之乎？昔新之嘗問我以達孝之旨，予答之曰：「夫子以達孝歸武王、周公，原其所以爲達者，則爲善繼志、善述事耳。夫孝之爲道，萬古一趨也。今新之舉進士，節推大郡，其所明服者可知已。夫殊而賾者，物之跡；隱而茂者，物之情。推測、訊鞫之下，果無不允者乎？平反、比附之間，果有不允者乎？則其所以思之於繼日，

〔一〕「受」，據萬曆李楨本改。

行之於待旦，對時而折獄，因情而擬法，不狃於己見，不撓於勢壓，情狀微曖之難，而有明清之公，此豈止於半不閒者？蓋無時而可閒也。雖他日晉臺諫、陟卿相，亦猶是耳。此又新之以全不閒者壽先生也。夫先生以半閒自壽，百年有餘而已；新之以全不閒者壽先生，數千歲未艾也。」

贈大京兆毅菴孫公致政序

應天尹毅菴先生孫公德夫今年生七十矣，乃據禮與例上乞休疏，聖皇以其情詞迫切，不欲重違，乃如所請。明日，其僚四泉楊公協諸卿寺大夫以贈言枉問予，予初不知也，甚訝之曰：「毅菴雖老甚健，且材德咸優，乃遽去乎？」四泉曰：「毅菴公方甚樂耳。」予曰：「固知其甚樂也。」或曰：「何以知之？」曰：「君子有五樂，而有位不與焉；君子有三憂，而去位不與焉。」或曰：「無位而樂，猶有位而憂乎？」

曰：「然必先有位而憂，然後無位而樂。故獨樂園作于免相之後，而先憂之言蓋執政時發也。是故君子有其位，憂無其學；有其學，憂無其行；有其行，憂無其材。玆三憂者，多因在其位而常生者也。言于君雖未必盡行也，然潛移默轉之間，寧非其力乎？或以薦賢，或以糾邪，未必皆盡黜陟也，然賢者勸而爲善者衆，邪者懲而爲惡者孤，即士風攸關矣。民者，君之赤子，因其疾痛顛連，愛護保全，亦不傷吾同胞者也。物吾與也，使之以時，用之以禮，無或暴殄，而天和完矣。君子已仕則有寮寀，猶未仕則有朋友，言足以孚其心，行足以服其志，所交雖廣，信無不立焉。玆五樂者，多因去其位而後知者也。

公自南科以至今秩，或因宣大、昌平巡事指切虜禍，如膚受之愬；或因郊社、祭祀之愆期，稱述祖戒，如密邇其訓；或因視朝、經筵之疎闊，舉引故典，如身際其時。未幾，廻鑾御宇，當非公之忠諫乎？其曰公舉劾以嚴考察，崇綱常以奪私情，任老成以廣言路，尚廉恥以正士風，黜姦貪以懲凶惡，皆切務也。一時賢能頗安，而彬、瑯、喜、宣諸輩皆遠矣。民壯濫

役則革之，工匠買閑則汰之。令浦城以恤窮獨，嚴操備以固江防，發逆濠以杜禍變，民力有逸而顧有不安者乎！皇店抽稅而商賈不蘇，織造太冗而機戶浸繁，宮殿久役而工程無期，倉場歲計而濫支日廣，穿甲詭寄而賦役難均，內府上納而解戶搭販，重紙湊陪而行頭消乏，皆與力救正之而無有不阜者乎！在南科則諸諫議倚其公，在藩司則衆牧伯賴其（任）〔仁〕〔一〕，在京兆則寮佐及屬恊其心，不可謂不信也！

於此有吳江之篙師者，造萬斛之艅艎方成，而遇大賈收貨以征，其貨多雷廉之藤蔔，禺氏之玉，汝雅之金，垂棘之璧，赤野、黃反之珠，醯町山之銀，陸焱、水蝨之魫鰿、餘蚳，月氏之瑪瑙，蘇湖之杭稻，松揚之縝綾，天竺之車渠，巨蜓州之玳瑁，瓊厓之翡翠，殆數十萬金貨也。篙師者受其數十鍰之直，盡裝其貨於艅艎，役羣櫂以開舩。乃日居飛盧，夜坐翟室，遇風濤則布金錨，遇砥磧則命水絃，遇暴客則命鐲鼓、弧矢。宵無熟睡，晝無酣食，坐不穩臀，立不停足，其憂何如也！已而越桃源、下邳之險，過呂梁、徐沛之洪，比出蓮渦，（底）〔抵〕〔二〕於天津，艤於路干，盡受其貨於九衢之市，無少沾濕滲漏。大賈得以仰事俯育，睦族親隣，惠下柔遠，篙師之喜而後可知也。使當時遇險而不持，萬有一虞以（臬）〔隕〕〔三〕厥載，大賈叱責、罵詈，褫其衣而反其直，欲求一樂得乎？而況五樂哉！故毅菴公之樂，雖發於去位之日，而實積於有位之時。不然，將悔恨尸素之不暇也。雖然，公志於爲社稷臣者也，豈肯以斯五樂自滿哉！吾知廟堂之憂，又在江湖之上矣。」

公名懋，浙江慈谿人，起家正德辛未進士。

〔一〕「仁」，據萬曆李楨本改。
〔二〕「抵」，據萬曆李楨本改。
〔三〕「隕」，據萬曆李楨本改。

贈周懷玉之任序

周懷玉既有廣州通府之命，職居捕盜。去年會試，欲過南京問予，同舟友人不便，乃托林子之書以抵予曰：「來年會試遇不遇，必至此。」已而章宣之會試亦不遇，來曰：「懷玉已授官矣，約必過謁。」今月二十五日，蓋大暑後七日，中伏之六日也，酷熱鑠金，道鮮行人，懷玉乃解裝鎮江，買棹飈至。予與諸友歎曰：「忠信哉！懷玉，果至矣。持此以往，豈惟可判廣州哉！」

越翼日，偕諸友餞於玄真觀，懷玉問廣州。予曰：「自宋初至今，仕廣州者雖崇階峻級，無慮數千百，然皆名不可得而詳，世不可得而論。乃惟濂溪周子一人，官雖提舉刑獄之卑，名並日月照臨之顯，其故惟在以洗冤澤物爲己任，雖瘴厲險遠而不辭，厥志克立，誠能形著耳。懷玉茲往，再起其風，仰追遺蹤，不可乎？」對曰：「璞不才，恐不足以答遠望也。」曰：「昔者己丑之秋，予講論語於鷲峯東所，嘗曰飲食男女乃做功處，衣服宮室乃觀心處，言語動靜乃體驗處，夢寐交遊乃見道處。當是時，聞者數十輩，然而如懷玉潛思力行，以斯言爲可信者，不過數人耳。乙未之夏，予講論語於太常南所，嘗論仲弓之敬簡，非止坤道；顏子之不遷怒貳過，可至位育。當是時，聞者亦數十輩，然而如懷玉有講即契，以斯言爲不妄者，不過數人耳。乃若諸所論難，言或違逆，意無齟齬，一時諸友，淺者稱其有見，深者服其有得。殊不知懷玉乙未之所至，乃自己丑相信而然也。夫君子之志於道也，不患言之難，惟患言而必信之爲難；不患信之難，惟患信而必行之爲難；不患行之難，惟患行而必得之爲難。若苟信矣，又何患行與得之難哉！解裝買棹之事，可無難於懷玉矣。廣州之政，又豈有異說乎！」

對曰：「但此地之盜多起賭博，率與海寇相通，捕之不能窺其巢，禁之不能遏其勢，視他處盜頗難耳。」曰：「是不難。易不云：『豶豕之牙，吉。』夫是盜也，始於有財，卒於無籍。有財多貴富之子弟，肆驕侈爲賭博，而不思其後。然其

父兄可講也，其子弟可諭也，其法度可嚴以立也，君子于是以行義焉。無籍多窮迫之桀黠，思身家爲痛恨，而恒悔其前。然其閑田可農也，其空地可廛也，其上官可白以處也，君子于是以行仁焉。仁義交舉，職思其居，憂勤惕厲，於此乎切，聰明睿智，由是而出。凡一念之動，皆處盜之策。道在内，勢在外，信在己，名在人，豈惟可戢廣州盜哉！雖他日聖明徵晉以爲大夫卿士，可使方國外戶不閉者，亦在是也。」

懷玉，福寧世族，起家福建乙酉舉人。時章宣之諸友爲問言，遂書爲序。

贈南野歐陽子陞太僕少卿序

南尚寶卿南野歐陽子崇一既有太僕少卿之擢，凡寺監諸卿大夫皆欲予爲贈言。予惟馬政之設著在令甲，廄牧有定所，闌換有常法，折糧有恒額，收買有實值，印俵有成規，於南野可頤指而辦也，奚待予言。且南野昔自編修爲司業以（表）［考］〔一〕績也，予嘗贈以正士習焉。士习，天下之大事也，南野已行之，何有於斯馬乎！

或曰：「斯馬也，以供内御，而力（事）［士］〔二〕校尉皆可作其勇；以給騎操，而邊卒塞士皆可振其氣；以俵孳種，而攻駒朋椿皆可充其閑。蓋聖朝克詰戎兵之急務也，顧可少之乎？」曰：「即使南野成雲錦數十萬，如唐王毛仲；立法于金馬門，如漢東門京，豈足爲南野多乎？雖然，昔者伯樂薦九方皋善識馬於秦穆公。公使皋求良馬，皋得一馬牝而黄者於沙丘，歸以告公。公取視之，則牡而驪者也。公謂伯樂，言皋不識馬。伯樂曰：『此真良馬也！在精不在粗，在内不在外，皋得其天機耳。』已試之，果日行千里不爽。請與南野論馬於牝牡驪黄之外可乎？夫管夷吾，伯大夫也，從齊桓公還自

〔一〕「考」，據萬曆李楨本改。
〔二〕「士」，據萬曆李楨本改。

孤竹，以馬爲知道。豈惟管氏，雖孔子聖人也，以驥爲有德而稱之也。然此馬也，豈必皆朱鬣金睛，出犬戎、雞斯之產；汗血馬足，發大宛、渥洼之種哉！是故，雖騏驥也，亦必編之皂棧羈靮之中，以馴其性；羣之駑駘踶齧之內，以弘其量；服之鹽車九坂之間，以多其材；馳之周道修途之上，以日閑其輿衛。日中而出，日夕而入，蹄可以踐霜雪，毛可以禦風沙。用之戰伐，則奮如虓虎，足以決敵而折衝；用之追逐，則迅如飛龍，足以駢風而比電。執轡則如組，御驂則如舞，行地則無疆，蓋無遠而不可至，無入而不自得，無行而不與二三子者俱也。斯馬也，尚有不良者乎？若乃爲白馬生以諫，如張湛；執策數馬以對，如石建父子，此有漢之太僕也。旦夕承弼厥辟，使出入起居皆欽，發號施令皆臧；慎簡乃僚，使便辟側媚皆去，巧言令色皆遠，非貨其吉，惟人其吉者，此有周之太僕也。亦願南野次第而行之，以張塞淵之本也。」於是諸卿大夫曰：「果若斯言，雖比於白馬非馬之論亦可也。宜贈南野行。」

南野名德，江西泰和縣人，起家嘉靖癸未進士。

贈簡州知州程惟時序

歙人程惟時去冬北赴會試，過予曰：「默今會試越五且六矣，昨拜辭老母，老母與默同泣，且曰：『吾早年望夫，中年望兒。汝父既沒，汝弟又亡，今止遺汝，倘授一官，不問崇卑，吾心少慰。莫效汝弟，驅馳道路，竟於無益，吾甚怨恨。』且去秋母病，幾於不起，默裂心治劑，偶尔有感，倏忽轉生，入仕之言，益切默懷，不知先生以爲何如？」涇野子曰：「予初至南都，居柳灣精舍，惟時即從予遊，今蓋十餘年矣。其魁舉應天且勿道，其志向、學識、行業、材略，蓋亦友朋中之寡儔者也。夫臣子之仕也，於立功建勳，流澤於黎庶，垂名於竹帛，多進士科者爲然。惟時可進士科也，乃遜而以從母命，恐先夫子亦不然乎！若他人吾不言，在惟時雖十科待亦不遲也。」惟時頗然之。

既至京，迺寫予意以復問其母，其母深不然。且聞惟時覆舟於丁字，沽鼻衄於入場後，即作書星夜遣人至京，嚴示以不

第必授官之言。惟時果又落第，乃向天再拜曰：「默不敢違。」遂赴吏部試，得有簡州之命，然又離家遜遠，瞿江險惡，於迎養難。乃復悔棄予言，夢寐不寧，心神恍惚，數廢寢食，路至浦口，猶不渡江，遣子白說。予復之曰：「惟時泥亦至此！夫天命、君命、母命且然，即師命在是矣，又何疑？所願者，畢力效官，以無辱命耳。夫今之州守，即古之刺史。昔者瑯琊王陽亦嘗爲益州刺史矣，簡州固益州地也。陽之益州，過九折阪，見其險惡，乃曰：『奉父母遺體以涉此，豈得爲孝？』後王遵繼陽爲益州，行至此阪，謂吏曰：『此非王陽所畏之路耶？』吏曰：『然。』遵遂促前驅，疾馳過阪，曰：『陽爲孝子，遵爲忠臣。』然由此觀之，忠孝豈有二道耶！夫盡陽之孝，即爲遵之忠，盡遵之忠，即爲陽之孝，雖視瞿江如象馬牛也，又何難於險惡哉？」

惟時始即日渡浦口江，過予問簡州，予謂之曰：「理簡州亦無他法，即柳灣精舍所講愛民之仁耳。是故胥吏爲姦，不仁也；臺隸爲蠹，不仁也；豪黠爲武，不仁也；編徭頗側，不仁也；賑濟虛惠，不仁也；悖逆爭鬭，不仁也；田有蒿萊，不仁也；溝洫淤淺，不仁也；里書盖蔽，不仁也；盜賊竊發，請謁公行，四民晝不甘食、夜不安寢，不仁也；野桑無沃葉，不仁也。」惟時曰：「此數者皆謂之不仁，何也？」曰：「子不見昔者子路之爲蒲乎？夫子入其境，見田疇盡易，草萊甚辟，溝洫深濬，知其恭敬以信，故其民盡力也。入其邑，見墻屋完固，樹木甚茂，知其忠信以寬，故其民不偷也。至其庭，庭甚清閑，諸下用命，知其明察以斷，故其政不擾也。則夫諸政之有弊者，豈非愛民之未仁耶？惟時誠體母氏愛惟時之心以愛簡州之民，則簡州之民無不得其所而治矣。即簡州之治以復母夫人，則母夫人之喜又何如哉！當是時，雖君命可對，天命可格，惟時晉陟部寺，以至大夫卿士，亦必由是，與登進士科固亦未嘗不相同也。」於是章宣之諸友爲問言，遂書爲序。

太子太保兵部尚書秦公七十壽序

太學生江陰徐洽嘗從予講論語於鷲峯東所。一日曰：「洽有子衍嘉爲今宮保大司馬鳳山先生秦公之孫婿，公次子太學生思宋則嘉之外舅也，故公於洽爲父行，而思宋與其兄舉人思魯則洽之婚姻也。公有孫男子六人，其孫女子不列，其娶與歸者，多錫山之名族，皆洽之四門親也。公之古稀誕期也，諸眷屬皆請公卿大夫文詩以頌禱。洽，魯人也，辱在門墻，敢乞一言以爲公壽。」予諾之曰：「若鳳山公者，亦予所願壽者也。」未幾，予改官太學北上矣，洽又以書請於太學，未能以應也。比予再改今官，洽使其价三持書復申前請，然公於是年已七十有四矣。聞其人曰耳目益聰明，步履益矍鑠，強健類五十上下人。且與錫中耆英結爲社會，化導鄉曲，風行禮讓，走卒知名，四方仰重。

予歎曰：「公殆宋之文潞公乎！夫公敭歷中外，一爲尚書，更轉四部，歷事四朝，類潞公身都將相五十餘年。巡撫湖廣，遭值寇亂，躬親矢石，戡定逆獞，有安楚録以行，類潞公出知秦州，元昊黠虜懼不敢犯。公嘗兩參機務，旋即休去，名重士林，類潞公兩以太師致仕，英特威重，人所仰賴。若乃提學河南，獎拔俊士，後多成材，爲時名宦；其在吏、禮二部，又能分別善惡，整齊儀矩，則又潞公所未兼有者也。潞公壽九十有餘，皇祐、至和之初，兩登臺相。今上上方堯舜之治，久惜民瘼，思惟舊人元老，置諸左右，以更化而善治。不日蒲輪之徵，照耀夫椒、芙蓉之峯矣。當是時，公必以一己之壽壽天下之人，凡天下之人，以至八蠻九狄，皆欲千壽其公，若洽輩婚姻之間不但已也，是又類潞公四夷知名，而契丹耶律亦敬其爲異人者也。」

贈侍御謝子清戎序

監察御史狷齋謝子良卿既有清戎之命，其僚俞有孚、趙士美、錢汝載咸爲問贈言。予曰：「邇有清戎小言，已著於王子浙江篇矣。」汝載曰：「謝子云不必清戎，苟有論學之語，尤所躭愛者也。且謝子嘗自敘曰：『受性質直，不諧流俗。』因以『狷』自號。初令浦城，民有不堪於法者，譁而不寧，或欲骫法，勸之少貶，應曰：『惟聖人爲能過化存神，非聖人而事事悅人，是鄉愿也。』力執前政，不肯少渝，民久相信。比及考績，知謝子從此陞也，遠近老穉，扳號牽挽，留鞮爲識，設位儀門之右，祠且祝焉。乃後知狷之能感人也。然謝子在南道，則又通敏練達，事至無礙，有大議論政務，即能究其終始，考其得失，定其成敗，諸僚多倚重焉。邇者添設鎮守，國人以爲皆莫敢論矣，謝子獨草奏千餘言，據故典，明是非，列利害，□□□□□□贛，真得告君之體。乃欲實封自行，諸僚愛其詞之良也，偕附名焉。今其奏吉凶未可知，則謝子可謂臨事不懼，雖古之通達國體者，將亦能乎？第不知在浦城而狷，在御史乃又通，何也？」

涇野子曰：「夫謝子殆有見於斯道乎！夫其狷者，正以立通之體；夫其通者，正以達狷之用。狷而不通，於己則潔，於世無益，其害也滯，絕物逃世者之徒也；通而不本於狷，於人雖合，於守則喪，其害也流，和光同塵者之徒也。昔者原思辭常祿之九百，處蓬蓽之一室，甕牖繩樞，鶉衣敝履，亦狷矣。子貢結駟而過曰：『夫子病乎？』答曰：『思貧也，非病也。』足以折賜之貨殖，不受命矣。思雖狷，似又近乎通焉。田常欲亂齊以伐魯，孔子曰：『魯，父母之國，何以紓難？』子貢乃爲之說吳伐齊，說越伐吳，一出而數國交鬬，魯免於禍，亦似通矣。及受孔子美言傷信之教，矯揉其學，至聞性與天道，似亦得乎狷焉。若乃狷通兼體，體用咸具，於孔氏門人惟顏、曾二子爲至耳。是故簞食陋巷，雖萬鐘而不視；耘瓜耕田，雖致邑而不受，可不謂狷乎！至於四代之制，一貫之旨，則獨聞之。然後知通乎道者，有先狷也。夫謝子之學，必將求至於顏、曾氏而後已乎！」

汝載曰：「果若是言，一清戎何有哉！信謝子不以清戎爲問也。」

謝子名瑜，浙江上虞人，起家嘉靖壬辰進士。

周詩漢傅贈魏太守之西安任有序

少穎魏子子宜既有儆郡西安之命，有細民報曰：「魏大夫守西安矣，惟此鉅邦，非大夫莫可與治理者。嘗見其總巡矣，所莅官攢殆數百人，諸省糧長殆千餘人，至難馭也，莫不服其明而信其公，畏其威而懷其德，蓋有不恃捶楚者矣。」異日，有會魏大夫，猶執昔讓，既退而歎焉，有臺人曰：「魏大夫迪道厚而履義堅，宜其然乎！嘗見其進退有度，言動不妄，雖吾僕隸千百輩，莫不誦其人也。」予歎曰：「易有之『邑人不誡』，其魏大夫之謂乎！」

他日，有請於西玄馬子，馬子曰：「往歲嘗署戶部篆矣，識魏太守焉。接其容無諂瀆，聽其言無誕支，察其行無矯揉，誦其文詩，渢渢洋洋，若鳴金石而紉黼繡也。」未幾，諸舊與太守遊者問贈言，且曰：「子宜少承父祖之訓，強學飭行，無敢惰苟。既爲諸生，先後提學試輒首褒『文行雙嘉』。筮仕南戶，差管倉塲湖冊，及監督鳳陽倉糧，續典揚州鈔關，咸秉廉正，無毫髮疵，文案官胥具信不爽。三年考績，至有『雅淡簡重，清嚴慎勤』之注，故吏部以缺風憲奏改監察御史。乃尋陞本部廣西司員外郎，續陞山西司郎中。」

涇野子曰：「予前所聞於子宜之上下人者，亦若諸友之言。然而自子宜所云，則又多歸美於其先人，以及兩提學、三司徒公之教，則吾子宜之進，其可量乎？且予與子宜處者五六年矣，其事明誠之學，篤仁義之道，練經濟之材，抱天下國家之志，予心所敬重而口常美談者也。今茲遷吾西安守，民其受多祉乎！夫西安，於周在王畿之內，於漢爲京兆地，又爲內史、馮翊、扶風三輔之國。然其地山峻水汛，土厚泉深，民生其間者，多剛勁強悍，粗淺羡力，爭競喜訟，至貧破其家，叱嗚不顧。又西二邊，密邇番虜，而星軺日郵，絡繹道路，一有輸繕，騷動雞犬，民或戴病吁口，拍瘡賣衣，以赴公令。蓋其尚義輕

生，自周、漢來然也。夫當文、武、成、康之時，自陝以西，周公主之，西安正其首治之地耳。詩有臣工、噫嘻、豐年、載芟、良耜諸篇，以及豳之七月，皆張其治具者也。於時風雨和調，糜芑麻麥，秀壓洫壠，百姓衣食饒足，無所爭訟，刑措四十餘年，禮讓蔚興，頌聲大作。其在漢初，敦用兒寬爲內史，雋不疑、張敞相繼爲京兆尹，韓延壽爲左馮翊，尹翁歸爲右扶風，於時閭閻厭粱肉，阡陌之間，有馬成羣，黎民醇厚，恥言人過，當其雍熙，頡頏周室。子宜斯往，必挽西漢之俗，以上遡成周之風乎！」

子宜名廷萱，許州人，起家河南辛卯亞元，連舉壬辰進士高等。

贈上濠湯子陞雲南僉憲序

上濠湯子而栗爲南刑部陝西司員外郎數年矣，乃有雲南僉憲之命，其僚桂守誠、馬子約諸友爲問贈言，且曰：「而栗言嘗有一日從遊之雅，則不可無文以爲別也。」涇野子曰：「夫而栗其於雲南僉憲也，猶折枝之易矣，又奚言乎？」二子曰：「豈其在刑曹也，剖決明敏，犯無遁情，折斷允公，囚無冤口，臨蒞勤惕，狴無滯獄，下誦其賢，上稱其才，優於雲南者耶？」

曰：「是固然矣。夫凡人之情一也，然處險者難，處夷者易，蓋盤根錯節不若坦途熟路者之爲輕也。在人之才一也，然居遠者難，居近者易，蓋殊方異類不若同好合情者之爲安也。夫崖在瓊府之南千有餘里，即漢珠崖地，賈捐之所欲棄者也。蓋其地孤懸海島，瞻顧萬山，石版黎峩之所盤回，澄島石蟹之所旋繞，霧露氣濕，多毒草蟲蛇水土之害。生黎十六，熟獠十四，而蜑酋番猺錯生其間，中國往者，舊有『千之千不還』之語。乃而栗入選吏部，考列高等，爲忌者擯，遠知是州，人不堪其憂，而栗曰：『唐韋執誼、宋崔與之皆尊官高賢也，且久居於此，寬顧不能守此州耶？』乃奮然就道。至即廣布仁恩，薄示刑罰，雖撫異類，亦如同胞，察其飢寒，問其疾苦，緩其征輸，達其嗜欲。居五年，遂與崖人習，崖人皆能知其心。於

是監司相信，撫按三辟，未六年而以母憂歸矣。服闋，改任高〔州〕〔一〕府之化州。化雖比崖差裏，然在銅岡、來安之陽，茂名、羅陵之陰，即古高涼、石龍之地，唐所謂辯州者也，俗雖簡儉，然頗敬鬼。而粟至日，適值兵荒，當道征輸，棘於星火。過督，下弗堪命，少緩，上有專責，兼以往守僻視此地，恣爲漁獵，化人困苦極矣。乃政倣兒寬，與民爲一，裁其闊狹，黜姦冒之吏，業遊閑之民，捐贖金以代轉餉，息力役以後催科，賑窮養老，興學迪士，於是戶口日增，風俗日美。比去之日，民有至臥轍留鞮者矣。

夫崖與化，其遠與險，誠非人所居者，乃而粟之往，既無他災，亦且即治，於其難者已如此矣。而況雲南僉憲，分符臬司，總法臺端，委蛇退食，容與在公，一令之宥，足以勸善，一辟之信，足以懲惡，其爲化理，豈但折枝者哉！雖然，人之情恒警於難而忽於易，猶馭驂者率慎於羊腸九折之坂，而周行之上或眇之也。昔燕田單一日下齊七十餘城，至攻翟，旬月不下，其後因魯仲連一言，始克下之。然後知易者使傾，危者使平，不可始勤而終怠也。而粟若蒞滇之日，恒如居崖之時，治滇之人，常如治化之民，詩用『匪懈』，書用『明允』，終始其道，以資格爲俗見，以窮民爲赤子，雖他日徵陟卿尹六曹，亦猶是也。當其仁，於師尚不讓矣。」

或謂而粟曰：「雲南多珍玩，如大理石亦其一也，宦於其地者，多傷民財力，取以賂權貴而侈私家，而粟其革此弊乎！」予曰：「而粟昔於崖之玳瑁車渠，化之樹石屏，不一睨視，而肯睇大理石耶？吾知而粟非禮勿視者，猶當炯崖、化之目矣。」

而粟名克寬，永豐世族，起家江西鄉進士高等。

〔一〕「州」，據萬曆李楨本補。

賀太子少保大司空石菴蔣公七十壽序

宫保大司空石菴先生蔣公今年八月十九日七十之初度辰也，參贊機務大司馬輿浦王公乃公之己未同年也，偕南京六曹長貳具壽軸、羔羊、朋酒往賀公，而以言畀柟，且曰：「公爲御史，雅持大體，多所建白，闗切時政利弊。既陞知敝府揚州，視民若傷，裁其闊狹，憂樂與同，汰損科罰，胥史銷姦。他日，武廟南巡，扈從需擾，躬抗其魁，下免漁獵，揚人戴如父母，去後塑像以祀，顔貎惟肖，底今不忘。布政湖、江、楚、越，咸明農賈，老穉各有懽心。及巡撫河南，北抵恒山，南通長江，西距潼華，東接齊魯，方數千里之省也，乃公物政顓定，誠在令先，庶司祗若，威惠懋著，黄髮黔首，如墻堵安。未幾，恊堂南憲，疊轉南北工侍，法例既宣，裁省冗耗，於地方尤宜。尋晉今位，加太子少保，寔聖心之簡在也。年已古稀，矍鑠倍常，百餘歲壽，不卜可知。」

柟曰：「輿浦公所言者，皆公自河以南者之事也，若自闗以西者，則柟知之矣。公甞參政陝西，以督糧儲矣。當是時，亦不剌住海西，黄毛虜在河套，吐魯番侵哈密，三邊告急，全陝如燬，百姓起科，不遺餘粒，乞運不恤，重繭守催，不惜鬻子。微公斟酌其間，緩急其内，廉静其下，寬嚴其法，豈惟諸寇奔突豳、乾，即涇陽、華陰之良皆變矣。故公於吾陝有保傅之恩，西周之民今尚談思，欲壽其公者，雖數百歲亦本心也。雖然，輿浦公及柟之言，皆據一方而言者耳。夫兹大司空也，漢常與大司馬、大司徒或同太尉爲三公，故荀爽起巖穴爲司空，人以爲登臺司也。若少保之於成周，又在三孤之列，故成王以毛公爲司空。斯其職，下居四民，以時地利，上理陰陽，以象五嶽。今聖天子方思任老成，以不遺壽耉，不日徵晉冢卿以還登臺階，或授黄門之几，或錫靈壽之杖，則公經綸密勿，恪奉祖章，以康濟天下小民者，雖九夷八蠻咸被其澤，其爲稱壽，又欲其千餘歲不已也。且漢趙太尉喜年踰八旬，心力克壯，三葉在位，練達國體，明解朝章，而猶遜讓自處，言不稱老。公殆欲與之爲儔乎！周衛武公和年九十有五矣，言於國中曰：『凡在朝者，無謂我老耄而舍我也，必恪恭於朝夕以警戒我。』聞一

二良言，必誦志而納之。今見於詩淇澳、賓筵及抑之諸篇可見也。公殆欲與之爲儕乎！審若是，則公之壽傳諸後世數千載亦有餘也，豈可以年數計哉！」

菊隣處士吳君七十壽序

菊隣處士吳君者，太學生体惺之父，吳興之逸士也，今年生七十有六矣，其九月十日則初度之辰也。舊嘗以九月爲菊月，九日爲菊節，君之誕日，實於九日爲隣。而君常蒔菊盈圃，花時撫玩，朝飡其露，晝晞其日，夕飲其陰，菊下每成蹊焉，蓋素性愛之而不倦者也，乃遂以「菊隣」自號云。乙未之年，予在太學，其春，体惺就貢入監。當是時，太學生殆二三千人也，不五七日，病者數人。予數訪通靈樞、內經、方脈、藥鈐之士，立爲知醫禮生，使劑療之。未幾，有報体惺者，即使視三二人，疾皆能興起。以後凡有疾者，皆使体惺往醫，醫輒多效，遂以体惺爲吾之良知醫也，度越他知醫遠矣。及予轉官南來，体惺亦告改南監。然予自今春夏來亦數數疾，体惺亦數數來胗視，去則使其僕盒劑以餽，予用他人藥多不驗，獨体惺藥朝用暮益，夜用旦益，益歎体惺往真有功於太學諸生者也。他日，叩体惺，對曰：「体惺父菊隣君或少違和，体惺常劑數方，應候而進，無不痊瘉，吾父晨昏左右，恒不離体惺藥。先生之疾，惺亦瞰之熟矣。」

予歎曰：「体惺可謂在家爲孝子，在監爲信友，在予爲敬士矣。南野歐陽子言菊隣君常云：『菊乃花之隱逸，吾生隣焉，天之命我者在矣。』遂不求仕進，擬志淵明，乃訓体惺以忠孝節義，讀書循理，心不外慕，自有樂地，期以經世之學。亦常見体惺文藝行業，果可遠到，然皆菊隣君之與也。且菊隣君樸雅醇良，動遵禮義，鄉人信重，而又覽觀史籍，善惡成敗皆示体惺。体惺誠能充其所與及所示者自醫其身，無但以醫養其親體，而必以道養其親志焉，則他日以一身之醫，醫四方民之疲癃殘疾顛連鰥寡者，自有餘也。斯時也，行親道於當日，揚親名於後世，則菊隣君之壽，豈啻傲雪淩霜於東籬，儀鳳舞鸞於千仞者哉！雖數百歲亦常芳也。」

法曹陳子榮壽其親序

長洲里人以陳刑部子年之父道原先生暨其配顧氏年偕六旬，並膺恩典，褒對伊始，內外重輝，宗戚咸悅，以爲榮壽而賀之。他日，子年問其益，涇野子曰：「聞道原先生幼輒聰慧，讀書循禮，醇謹雅飭，屹如成人。既孤孝母，根諸天性，恭厥伯兄，撫字孤姪，恩義周浹，甚爲叔祖中丞公所鍾愛。而又坦夷樂易，無疾言遽色，平心率物，仗義輕利，人不忍欺。訓子義方，敦延師模，貧不廢禮。既謝吳江醫學訓科，優遊泉石，不涉城府，當其孝友慈諒，宗族鄉閭咸則而誦焉。又傳顧夫人身通小學、孝經，婉娩淑慎，肅持閫儀。父疾刲股，親嘗湯藥，其中帬廁牏，手自浣滌。姑既年老，臥起與偕，滫瀡時進，而又勤儉綜理，家賴不墜。當子年讀誦，箴刺組織，伴至夜分。偶遘危疾，行路人禱，天起孝婦。夫醇雅勤儉，以勞觔骨，皆黃耇鮐背之本，而孝友任慈，以完性真，實不願人文繡之具也。此其爲壽，自能度越百歲，而其榮也，令聞廣譽，將四邑人咸羨慕矣。又何賴於宗戚里人之祝及丙申疏乞之恩，然後爲足耶？」

子年瞿然曰：「椿惟知以此爲榮壽，不知在吾父母者已有餘乎！然椿也愚戇，不識繼此亦可以榮壽千餘歲耶？」曰：「是又在吾子年耳。子年不見同鄉之范希文乎？於其父母且勿論，雖其祖履冰，唐宰相也，至宋已弗聞矣。乃希文汎通六經，感激論事，奮不顧身，先天下之憂而憂，後天下之樂而樂。其在環慶，元昊破膽。及權知開封，上四論及百官圖，譏切時政，善類賴之。至使其祖履冰亦榮壽，祇今千載不滅也，其父母榮壽之久可知也。子年忠信沉毅，質美向道，近舉進士在刑曹，諸所決罰，率依于祖。誠使又爲希文之學，舉希文之政，行希文之志，則道原先生及顧夫人之壽，亦可千餘歲；而其榮也，將聿光賢俊，頡頏豪傑，輝達四耀，垂後世有餘也。雖子年位至卿相以誥封，亦不足比其榮遠矣。」

道原先生名澐，世居吳江陳湖。顧夫人亦吳江著姓。

趙正郎重慶榮壽序

南法曹正郎趙立夫同其僚陳子年詣予曰：「一中之祖字以仁，今年生八十有五歲矣，嘗值恩詔，賜高年冠帶。祖母張氏，今亦生八十有三焉。一中父字克潤，母蕭氏，俱閱甲子一周有餘，以一中之今官也，誥封吾父如一中官，母封宜人。一中竊念自學仕以來，無分寸毫髮有報於國也，而一中之祖孫父子際遇若此，身在重慶榮壽之下，私心竊甚喜，則何以引延於數百年乎？且吾祖自少讀書，顓事家人，生産業作，不妄交談。年二十時，娶張夫人，方閲一年，接值曾祖父母憂，乃獨居靈側，苫塊逾四年，時有贈以孝子傳諸文詩者，今尚在也。及一中舉進士，守汝州，遺書舉辛玄馭云：『兒子從宦貧乏是好消息，一中不可以家爲念而内愧我。』乃今耄耋之境，矍鑠强健，騎馬登樓，不藉人力。張夫人亦身甘淡泊，蠶繅紡織，躬執其勞，以教女婦，喜怒之色，不見于面。而吾父母又皆孝敬恭儉，以順于祖。當其重慶榮壽，殆有此道，將百餘歲亦可占乎？」

涇野子曰：「立夫若求有千餘歲之榮壽，亦可占也。立夫不記垂髫時，在高年公之膝上，克潤先生之庭前訓乎？如今小學日記之司馬君實是也。夫君實天資學力，兩臻其美。實立於脱桃之餘，智發於擊甕之頃，行積於警枕之日。故其成也，直如汲長孺而不詰，識如賈太傅而不驟，文如陸敬輿而不冶，廣如韓穉圭而人不可欺，任如程正叔而人不能黨。使在孔門，則閔騫之孝友，季路之忠信，求、賜之藝達，未知孰爲後先也。是以道久愈盛，名遠益彰，遂使其祖征東將軍陽，其父知晉州池至今數百年也榮壽如一日，而其爲慶也，豈啻一重而已哉！况吾立夫質性沉毅，忠信不詭，守汝州有循良政。其任刑曹，執法不撓，而果斷中理，蓋有求爲君實之志者乎！斯往也，使益懋斯道，挺拔奮迅，勿忘其所有事，雖位至卿相而不渝，以爲今之君實，上顯高年公、張夫人暨克潤君之表裏，其爲榮壽，將千餘歲不已也。」

賀封御史靜軒苟君暨配袁孺人榮壽序

封御史靜軒苟君彝之者，今南京湖廣道侍御蒲州苟省夫之父也。靜軒君今年生七十有五歲，八月十一日則誕辰也。省夫之僚俞有孚、王希舜偕十三道諸僚皆醵具稱賀，謂省夫能榮壽其親也，而以言問予。予曰：「御史、孺人之封，信榮矣，然皆在於君者也；七十有五之年，而又矍鑠不老，信壽矣，然皆在於天者也。果若人言，恐未足以盡致賀之道乎！」王希舜曰：「聞之云：靜軒君垂髫受學于塾師王仲威，仲威號有榘範，即能允迪。其教未成，童祖家析矣，隨其父商秦州，秦中夏都憲、黄吏部素稱學究，且里居也，靜軒君賈暇，輒往問經術行業。弱冠還蒲，爲學生即迥拔等夷，舊同硯席者，咸仰視之。成化甲辰，歲大侵，學徒逖散，趯四方熟，靜軒君援例入胄監。後授山東聊城縣丞，聊附東昌，路當衝衢。乃分俸養親以甘貧，竭材治劇以任勞，或委攝旁邑，或承勘棼事，或拔名士，或辨寃獄，聊人戴如父母，上官褒以廉能。乃忌於鄉官，被誣而歸，遂以親老日侍，抱屈不辯。會值詔書，得返冠服。當是時，九川吕子道甫者，方自都諫謫倅蒲州，數重高義，樂與定交，其爲人可知矣。袁孺人上事舅姑，得其歡心，聊城出委，或數月離廨，孺人嚴肅門闈，恒如在衙。斯其年高，而偕受恩榮者，不偶然也。」

予曰：「固有道矣，然皆在於靜軒君、袁孺人之身者也。」「必何如而後爲能盡其道乎？」曰：「是在省夫耳。省夫不見蒲州虞鄉之張玄素乎？玄素父母初亦未甚榮顯與壽也，惟玄素秉心忠真，議論讜正。當唐貞觀初，太宗問政，對以隋亂因君自專，身決庶務，日斷十事，中者其善，有如不中者何？一日萬機，積其失，不凶何待？太宗稱善，即拜侍御史。及四年，發卒治洛陽宮乾陽殿，且東幸。遂陳五不可，比諸煬帝、桀、紂，太宗嘉納，至言後往雖露坐何妨，乃罷役賜綵。當是時，魏徵在廷，獨號一時梗挺，乃歎服曰：『張公論事，有回天之力，其仁人之言哉！』歷遷少詹事右庶子，而其諫正太子承乾尤加切直。今且數百載久，玄素名益彰茂，而其父母賴以榮壽，不止於炫爵封數周甲而已也。況吾省夫之鄉與玄素同，官

又與玄素同，近見其諸所差任建白，多抑僥倖而恤窮獨，崇正直而杜奔兢，風采奮揚，是其志操又與玄素同。斯往也，日益懋敦其道，比績玄素而又過之，將使靜軒君、袁孺人之榮壽可以齊前賢而溢千齡有餘也。」

於是省夫拜曰：「儻使吾父母榮儕前賢而壽溢千齡，汝安雖夙夜努力以往，不敢倦也。」

衢州篇　爲李太守邦良作

南禮部精饌郎中李邦良既有衢州太守之命，乃偕其僚問衢州，且曰：「此地前有四守，率被訟去，不能終其任，而遂又薄弱多病，亦不欲久於世也。」

涇野子曰：「前四守者之去，恐非皆衢人之罪也，必其心衢人多未之知耳。邦良茲往，當使衢人皆知其心乎！知其心而民之不悅者，鮮矣。又何難於衢州？邦良亦嘗聞漢張騫之窮河源乎？西至葱嶺山、星宿海，所經之地，多滓泥、古里、淡巴、婆羅、阿哇、忽魯之種，其生率獸心鳥喙，非人所居也，騫往返數年而未嘗有害。又嘗聞夏大禹之導江漢乎？南至彭蠡、洞庭，所遊之處，或峋嶁、祝融、西陽之險，三峿、匡廬、龍會、儲潭之阻，其幽多神姦鬼怪，非人所安也，禹往來且八年而未逢其害。蓋騫之心，人皆知其爲窮河源以通遠，非有他意也，雖虎豹犀馱亦皆遁避矣；禹之心，人皆知其爲除水患以安人，非有異謀也，雖魑魅魍魎亦皆潛匿矣。若使邦良之在衢也，愛其獅橘以賂上官，朝取十筐，暮取百筥；喜其藤紙以厚(記)[私][二]室，日取十(一)[百][三]，月取十千；則其心誠衢人所不知，固有怒及橘藤之少，而怨及筐筥之大者矣。恐四守者之去，亦由是也。若使邦良之在衢也，見姑篋之南，自爛柯以至於九龍、浮盖之間，凡常山、江山之區，有田數千

[二] 「私」，據萬曆李楨本改。

[三] 「百」，據萬曆李楨本改。

頃，此不治其塘圳者鞭其背，彼不修其陂塍者笞其膚，農隙方殷之日，無或少息焉。大末之北，自崢嶸以至唐臺、石門之處，凡龍遜、開化之野，有桑數萬株，不浴種者桎其足，不盆繅者梏其手，蠶月方兢之時，無或少逸焉。則見三衢之人莫不曰：『鞭笞我者非厲我也，欲我之有食也，男歌於野矣；桎梏我者非賊我也，欲我之有衣也，婦勤於機矣。』則吾邦良之心，如白日懸天，清流在地，莫不仰其照臨，而籍其潤澤，尚有一夫之不知者哉？雖魯公儀、鄭子產、漢黃霸、龔遂皆可頡頏矣，安可與前四守者論高下邪？且邦良質直好善，躭學不倦，嘗仕北禮部，於法有違亦持之，而陳子發嘗言於我，則固已有父母斯民之本矣。此其志意風聲，衢人已先知之。」

前云者，因邦良自遜之言而解之也。

贈鴻臚趙邦佐九載考績序

初，予始至南考功不久，邦佐亦爲鴻臚矣方六年，與邦佐同至任者已遷官去矣，人謂邦佐可數月亦遷也，然不果。方七年，有與邦佐同至任者已遷官去矣，人謂邦佐可數月亦遷也，又不果。乃至今九年矣，猶未遷，遂以秩滿考績去，至貧乏不能以自行。或謂邦佐曰：「人之云遷者或有所作於己，或有所贊於人，邦佐使早爲之，當不至九年矣。」答曰：「升沉之際，國卿豈不介意哉？第國卿取貲於家，供費於宦，出則賃馬，行則覓僕，至九年而無倦者，凡以不肯使愧此心耳。故凡吾之不遇者皆其命也，焉敢效尤於人乎！」

涇野子曰：「彼都哉，邦佐！殆有漢顏駟之風乎！昔駟之不遇於三君也，自謂拙醜不武，而不敢怨其上。百世之下，未嘗不以駟爲良士也。日者有會於諸卿大夫，有桂濱張公者，舊爲國子司業，今爲太常少卿，揚言于座曰：『久署鴻臚寺矣，然見北上有趙序班者，寺中人皆稱其既閑禮度，又練政體，勤慎清苦，終始如一，上下大小，齊口褒嘉，是時考績，吏部注亦相符云。』即使邦佐得一州縣之佐，領牒而去，何如今鉅公鴻儒之公論哉？故古人以令聞廣譽蔑視文繡，醉酒飽德，薄

此膏粱也。邦佐之不從人言也，當有所見乎！且邦佐，同州世家，其考子德先生嘗中鄉舉高等，歷尹交城、饒陽、金鄉，以能廉稱。其叔父世忠先生嘗登癸丑進士，歷任御史、憲副，以能直稱。而從弟國良在給舍，又以不阿權要，甘於外貶。則邦佐之所自得於家庭間者，已遠且久矣，他日所造，殆不可以淺近論。若乃久晦而明，積滯而通，此固天理人事之常，不足爲邦佐瑣瑣也。」

是時，鄉中權德昭、傅起岩諸友具軸以賀，謂予之言或是也，取而書之軸以贈。

文氏家譜序

文氏家譜者，徐州掌教文仲芳之所編者也。文氏，漢成都郡守文翁之後。翁守蜀時，德教懋著，蜀人眷留，遂爲蜀人。至唐莊宗同光乙酉，諱時字春元者，爲唐帳前指揮使輕車都尉，自蜀往鎮江西。未幾，石晉代興，乃隱藉永新。傳至七世，曰諱奎者，開館廬陵之富田，遂遁籍廬陵。又傳七世而至宋，生天祥即信國公，則理宗端平元年丙午也。信國公無子，以其姪升子爲後。升子有孝行，號學山，當元初，以禮聘爲集賢學士。其卒也，葬廣西之鬱林州，子孫遂家焉。於是文氏居廬陵者，則文惠公璧之後；而籍鬱林者，實信國之後升子學士也。學士傳十世而至仲芳與弟楷，至九疇、九有，則已十一世在鬱林者矣。

夫文氏之譜初修於信國，公自爲序。再修於文惠，則呆齊劉公序之。至仲芳，則三修之矣。乃問仲芳曰：「二序云何？」對曰：「劉序多道信國公行事之實，信國公之序則言以天下視國則國親，以國視家則家親也。」涇野子曰：「果若公言，則公之序譜也，固志在天下，而其究未嘗不本於家也。雖然，家親而後可以親國，國親而後可以親天下。當公之志，欲自末以窮本；若序之志，則欲篤近以及遠，實不相背也。孟子所謂『親親而仁民，仁民而愛物』者乎！推是道以承信國公之休，不在吾仲芳以導後昆耶！」

靜菴處士徐君七十壽序

靜菴處士宣城徐君年且七十，矍鑠不老，其子監生亨之、孫舉人元策拜問壽言。

涇野子曰：「亨之能爲曾子輿，則汝父靜翁可與曾晳比高，雖壽數百歲不啻也。元策能爲楊叔節，則汝祖靜翁可與楊寶並美，雖壽數百歲不啻也。昔者曾子輿之爲學也，一日三省，隨事精察，既真積之久，遂豁然而通，身聞一貫之旨，手著十章之傳，魯人以爲得大學之道者，惟子輿其人焉。於是其父晳也，藉以並傳至今數百歲焉，謂子輿非壽其父可乎？昔者楊叔節之爲道也，通京氏易，旁覽羣籍，守四知之庭訓，拒百萬之賂遺，既爲侍中尚書，力諫私幸梁(徹)〔胤〕〔一〕，忠正有徵於勸講，劾姦不辟乎單匡，漢人以爲有父祖之風者，惟叔節其人焉。於是其祖寶也，藉以同永至今數百年焉，謂叔節非壽其祖可乎？聞靜菴翁受性英敏，早躭問學，外隆乎名師，內孝于父母，安靜以持身，勤儉以起家，敦『三毋』以教子孫，曰：『立心毋欺，出言毋易，制行毋苟。』崇『四有』以處族鄉，曰：『交際有禮，然諾有信，貧乏有助，老病有賙。』於是行符於士論，德重於鄉飲。當其勿較橫逆，不履城市，飄然物表也，似亦有古浴沂之風焉。有父如晳，亨之肯不以子輿自力乎？當其念耕牛之羸蹶也，不忍屠食，痊而全之，怡然心安也，似亦有古放雀之風焉。有祖如寶，元策可不以叔節自勉乎？夫亨之、元策誠有取於予言，數世公卿不足道也，當使靜菴翁之壽自數百歲以至於千祀有餘矣。」

於是亨之與元策拜曰：「不意今日得聞斯教，行將竭才以請事於子輿與叔節也。」曰：「子輿事見孝經、論語及小戴記曾子問諸篇，叔節事見班固東漢書其父伯起傳中。元策若又進法乎伯起，以比方於關西夫子，吾知靜菴翁亦不汝靳也。」

〔一〕「胤」，據後漢書楊震傳改。

贈南少宰鐘石費公考績序

鐘石先生鉛山費公履少宰任通前禮部者三年矣，將獻績于朝，南都九卿諸公皆有贈詩，太宰甘泉湛先生以序畀我，乃應之曰：「柟習於鐘石公者舊矣。柟自嘉靖六年赴南考功任，明年公亦自翰林出赴南尚寶任，自是交際周旋，密於在翰林時者一紀矣。然公之班敘數在柟右，而公輒念翰林之先班也，多遜處其左。公爲庶子則讓尚寶，公爲祭酒則讓少卿，今且皆侍郎矣，或遇私讌，則又讓於禮部。往年祭酒之缺也，公正爲南祭酒，衆擬公必轉北矣。當是時，其兄大學士鵞湖先生且再起入相，公寓書於路曰：『北祭酒缺，甚無念汝弟，必以呂少卿改。』書至再三，言極諄切。比鵞湖先生履相位，不鄙菲材，竟用其言以薦之。夫公與柟，正秦、越人也，公處之如此，其他可知。夫公可不謂有大臣之度者邪？聖天子龍飛，登用宰輔，多公之鄉識。聞公與之議事，必合人心之同而不順其意；與之論人，必公天下之選而不徇其情；與之談道，必盡臣子之忠而不阿其所好。不惟身不與比，亦且口不肯譽，屹然卓立，靡所依違。公可不謂有大臣之識者耶？初，公之在翰林侍從也，嘗得告過家。當是時，逆濠方横，且欲爲援，公恒避去，與之絶跡。他日，公昆弟數人或觝於法，有司者執之棘，諸昆弟欲逋匿以謝譴，公萃而勸之曰：『第就執去，吾能救汝脱。有罰，吾爲汝當之。』於是有司者論諸昆弟于罪罰，鍰無少爽，公皆與之金，俱分入贖，諸昆弟免，出謂諸子姪曰：『微翰林兄，幾令予輩不良于有司。爾等各慎迪常訓，無干再憲也。』於是凡鉛山勢家聞之，亦皆斂跡無横民。公可不謂有大臣之風者耶？」

或曰：「公考績行，而以器度言之者，何也？」曰：「不見夫海乎？江、漢來則受之，淮、泗來則受之，雖大河自崑崙、積石而來也亦受之。量惟如是之弘也，是以百川皆能濟乎人，而九有皆可安其居矣。人惟有器識也，於凡榮華勢利、熏目炙手者，皆視之如水面漚、花上露耳，蓋其見定，其論自直，夫孰得而撓之哉！君子苟言有物而行有恒也，則風化自火，而出者皆可爲父子兄弟足法也。況公所居之官與其所履之道，不日徵晉冢衡，爰入台輔，寄絲綸之責，行經濟之業，所需乎

識度與風教者尤不小也。所望益大其度，仰思休休之臣；益礪其節，確守無黨之義；益懋其忠，遠求四方風動之效。夫然則公之識度風教，雖傳諸後世亦有餘矣。吾知公必不以其所已能者自足也，吾又知公必不使如公之告人者亦以告公也。」

公起家正德辛未進士，選入翰林庶吉士，授編修，至春坊贊善，出爲南尚寶卿、國子祭酒及今位。

費氏傳芳集序

鉛山橫林之有費氏也，海内人率誦說仰重焉，蓋不獨以鵞湖先生狀元宰相，勳在鼎彝；鐘石公以翰林編修，今方少宰，道行於時而顯也。其先也，父之同母兄弟五人焉，三中鄉舉，一登進士，官至參議，兼有政聲，已鳴江西矣。其後也，中鄉舉者又五人，登進士者二人，及第者一人，各著材賢，士林歸榮，宦族實鮮比也。初，復菴少參以鉛山費氏五玉擬諸燕山寶氏五桂。今也蘭桂碧玉，森立庭砌，進修日懋，世濟其美，豈啻一代五玉而已哉！信乎！誦說仰重者徧四海也。

或問其故。曰：「嘗讀南山有臺之篇矣，蓋山有桑楊，則其葉沃若而可遠觀，足爲邦家之光；山有杞李，則其實甘美而可養人，足爲民之父母。然必先有多根之臺萊者以爲之基本，然後不但爲光與民之父母耳。又如栲杻枸楰，而德音茂密，保艾乎其後矣。文莊公丘氏曰：『費氏有隱君子者，別號樂菴。樂菴公配周夫人，是生五玉公。乃紹先世之逸休，開後嗣之儒業，刲股以養贈考之疾，百計以雪季父之冤。事繼母如所生，友厥弟以分艾。少從塾師，輒知論語之義；長課諸兒，極喜中庸之解。聞陳氏之學，千里遣子，受孫尹之教，終身不忘。若乃敬老恤貧，解難已爭，崇禮敦義，獎善化暴，鄉人有過，惟恐公聞知，比諸漢王彥方云。』則樂菴公豈不如詩之臺萊以立費氏之基者哉！宜其子復菴少參功祠呂梁，武著三苗，以繼其志矣。而五峯贈公入給家費，出應公役，捍過強暴，勤苦百狀，孝及祖母，敬于嫂妹，手收曾祖之遺骼，逆季弟于風江，以篤生乎鵞湖先生焉。順菴贈公孝敬曲盡，賑貧恤族，恒迪勤儉，家道日隆，幹蠱勞瘁，憫荔舟之覆，平饑歲之糶，下

馬以避樵路，捍兄以禦寇難，內無鬩墻之畜，外無門第之伐，以篤生乎鐘石少宰焉。夫鶩湖已矣，今篤費氏之祉，以光前而裕後者，不在鐘石公邪？

公不見河南呂氏乎？呂氏自蒙正、蒙亨以至公著之間，狀元一人，及第二人，致位宰相者二人，皆有功德，鳴於宋室。雖其祖夢奇以及龜圖、龜祥積仁累行所致，然非原明學士篤志斯道，交遊程子，守中原文獻之傳，爲呂氏奕葉之光，何以使夢奇侍郎以來數十世不歿，至今人猶欽仰乎！則夫復菴少參俾山陰君謄輯傳芳之集，待公發而後梓者，固欲亦如河南呂氏者乎！燕山之竇奚足比哉！吾知公之以往也，益開誠布公，集衆廣忠，以輔乎我聖明之治，而宣化於海隅。則見斯芳也，且傳天下以及後世，一費氏不得而私之矣。於戲！爲費氏子孫者，處則盡其孝，仕則盡其忠，其亦知芳之所自，而勿忘孝謹之風乎！」

贈李君陞任山西少參序

南工部營繕正郎昭菴李君時昭近以陵廟功成，進陟山西參議，其僚周司廳及四司大夫來問贈言。涇野子曰：「予於十餘年前已知時昭有今日之遷矣。」薛都水問其故。曰：「昔者嘉靖甲申之秋，予自翰林謫判解州，路過曲沃，君是時方爲曲沃二年矣。見其勸民之耕田也，理溝洫，畜牸犍，儲糞壤，痔錢鎛，豫趨澤，明封植，禁侵掠，農田皆臧也。見其教民之蠶織也，樹桑墻下，蔭無妨田，布株廣隰，葉無黃殞，剔其萌蘖，枝率遠揚，遏其條青，花有碩實，女織咸勤也。勸節五酒曰：『古者非正祭不茅縮，非親賓不釃酒。酗則賊德，吉則洗腆。』勸蓄六畜曰：『多畜母牝，不奪孳尾，食之以節，用之以時，則有恒肉。爾民無或不孝，易爲竊盜；爾民無或不弟，易爲病廢。宜敦術塾之義，各重班白之老。』於是民俗漸改，士風日新。乃又申白戶口食鹽之積累，屯留力役之過少，太平接遞之偏輕，一時所省於曲沃者，不啻數千萬金也。若其自奉，雖菜肉油紙之辦，廄馬宅祭之費，亦皆汰革，不以厲民。於是沃人戴之如父母，愛之爲歌謠。予嘗歎曰：『謫宦西來，於潞見仇

氏能用書以化其鄉，於沃見李令能用書以化其縣。予讀書四十餘年矣，盡空言耳，不如一夫一令也。』

比時昭陞知隴州，益懋其政，日新其良，養老課農，儲粟立社之事已皆成效，而建三岔之腰站，改郿縣之析布，於隴人尤便也。則君之材，豈啻可爲山右一少參哉！斯往也，或分守一方，或佐理司事，其所統治者，不但一州一縣而已。苟使所統之州皆治如隴州，所統之縣皆治如曲沃，不以功之已建者而自怠，政之已成者而自足，則其所進可無已乎！且時昭不聞漢黄霸邪？爲郡則優，爲卿相則劣，凡以其生於自足與自怠耳。聖天子方興乎隆古之治，將令孝弟力田者滿於海内，黎民醇厚，比屋可封；選遷愛民如子之人，以爲方嶽之長，公卿之貳。當不舍吾時昭矣，時昭其勗哉！」

時昭名暹，直隸滑縣之世族，起家鄉進士之高第。

贈趙曲靖序

廣州丹山趙君元默爲南戶曹正郎未六年，陞雲南曲靖軍民知府，其僚江伯馨諸友爲問贈言，且曰：「元默初舉弘治辛酉鄉試，屢赴禮闈不第。嘉靖癸未，遂入銓曹，考居部元，除授湖廣澧州知州。母憂，既闋，補除保定祁州。九年，陞中府經歷。嘗感激獻忠，以圖補報，列上九事。又嘗上宗廟圖，並説及條款數事，深蒙聖明采納，令宰相呼至閣門，諭以用心供職。癸巳之夏，乃陞南京戶曹。夫言禮諸臣，率多柄用，否則亦至顯位，獨元默之言既行矣，乃官居南戶，已非優處，今又遠守曲靖，知友咸惜。」

涇野子曰：「昔者廣川董仲舒嘗對賢良策，其於天人之際、禮樂教化之論，三代授受之道，言極明白剴直，用之可立有效而坐成功者也。漢武帝固一代英邁之主也，乃不用其言，出爲江都王相。乃若嚴安、徐樂、主父偃輩，所論多匈奴邊務之末耳，朝上書，暮召入，至謂相見之晚。則人臣之進言，其遇不遇，固亦有命乎！宜乎顔駟能自辭於三世也，豈以元默而不知之哉！聞元默幼同甘泉湛先生及應天鄧訓導受學於白沙陳内翰。當是時，白沙之徒殆百餘輩，今且數十年矣，惟甘泉

子博大爾雅，所至勸人爲善，其學鳴於天下；應天履廉迪義，確守儒舊，足爲士子師模；曲靖讀書文明臺，慷慨瀟灑，常思浴沂之風。三君子者，學之所至，雖或不同，然皆有光於師門者也，位固不能以限之矣。夫曲靖也，豈足以拘吾元默哉！」

秋中，倫祭酒彦式得告南還，予同渭厓霍宗伯餞之石頭城下，時元默方臥疾烏龍潭邊以待奏，至聞倫公行，有詩贈予，覽而愛之，遂次韻和其一章，方寫以贈元默，然元默已瀕行矣，即襓一琴並琴歌及素作數篇以貽予，予曰：「元默殆以予爲知音者乎？無亦以予詩有『細雨黄花獨弄琴』之句者乎？予未登白沙之門，然而元默似亦有其遺風者哉！則夫伯馨諸友甚無以曲靖惜元默也。乃若多建白於經府，及在戶曹查出僞造印顆，積歲拖欠金穀之功，知元默必視之如芥，不留於心，若昔舞雩三兩之詠矣。審若是，當其所進，雖化曲靖如中原，亦必曰『蓋偶然爾』，然後知元默得斯道于白沙者不淺淺也。」元默名善鳴，廣州順德之世族。

贈地曹艾治伯考績序

米脂人艾子治伯爲南戶曹主政，管後湖版籍三年矣，將考績於朝，諸同鄉曰：「艾子斯行，或留北部，或陟正郎，會晤者稀，涇野宜有言，以贈其別。」予謂周白山曰：「若録治伯宦績至，則可據以爲語耳。」旦日，治伯躬自來曰：「希淳之在後湖雖三年，然查冊有士，書辦有丁，曬晾有役。淳也，隨人而入，隨人而出，如彼湖舟之往來，積歲累月，實無寸功，方慚尸素，又何宦績之能録？且從先生將二年矣，愆咎時出，昏弱日懼，惟先生賜教言以箴之乎！昔者欒克有餔餟之從，孟子則責之；冉求有聚斂之失，尼父則責之。淳之身百孔千瘡，其過浮于求、克者萬千。斯行也，若獲箴砭之言，淳當載以周旋，比諸絃韋矣。」

予歎曰：「於懿哉！治伯，殆有見於斯道乎！往者與治伯嘗共論詩樂矣，治伯皆能究其微而正其音；嘗共論讞獄

矣，治伯皆能剖諸律而折諸例。夫刑也者，爲政之法；樂也者，德之熟而政之成者也。茲二者，非治伯所常司也，治伯且兼明之，則於其版籍可知矣。且篤孝其親于家，移教其弟于南，尤人所難能者，乃治伯皆遜而不居，且求其所過，當非有見於斯道者乎？夫聖賢之道，以仁爲本，而其學以虛爲要。蓋嘗觀於天之春矣，淑氣一至，萬物咸育，無纖芥之遺生焉，其殆仁之所爲乎！又嘗觀於地之海矣，汪度恒開，百川皆注，無支派之滯流焉，其殆虛之所爲乎！故伊尹樂好生之舜，而欲無一夫之不獲。孔門自顏、曾之外，子賤則能取善，子路則喜聞過，故夫子特許以君子。及果於從政也，予固不能求昔賢之萬一，然而治伯望道之見，則固加予一等矣。弘治間，邃菴楊先生嘗提學陝西，見米脂學陋且敝，移令有司重建。至正德中，有司者既鼎修矣，問其記於高陵，予嘗以文、行、忠信爲說，曰：『聖人之教有四：舉文則道明，舉行則性盡，舉忠信則德行定而命能至矣。窮益於鄉，達澤於世，聖人之道，滋用有光。』今去記時三十餘年矣，米脂諸俊傑能用斯言者，不在吾治伯邪！所望治伯終日乾乾，益懋介直，他日位進公卿，必行斯言於天下也。治伯勗哉！治伯之材，雖足以有爲，而其志恥於輕進，故每以林麓爲樂，其友因號曰『居麓』。望治伯無以是爲戀也。」

治伯起家嘉靖乙未進士。

贈王道宗知潞安序

王子道宗爲南刑部正郎，陞知山西潞安府。夫潞安，前七八年間猶潞州也，後以既平青羊山之亂，始陞州爲府，設上黨縣以附郭，即青羊山設平順縣，並舊長子、屯留、襄垣、潞城、壺關、黎城皆隸焉。吏部奏選賢能以涖府事，於是初擢保定人宋天錫圭以往。當是時，天錫用其言，居三年而潞安治。今道宗之有潞安也，托馬生翀來問。越翼日，其僚胡孟和諸友又爲之請贈言。夫道宗去天錫時又數年矣，潞安民固已衽席臥而米肉飽也，其何以加諸？

聞之曰：「凡地方之治，和甚難而乖亂甚易。」夫民譬之孩提，撫摩之，乳哺之，顧復之，朝夕鞠育之，既久而後得其歡

心。苟或一失其欲，即呱呱泣，刺刺語，反面而啼，棄糗而嗔，既不認爺，亦不望母。當是時，雖再加撫摩乳哺，亦難乎其能初心也。故治羸兒癡子猶易，而御飽煖頑慧之孺(亦)〔寔〕[一]難，古所謂飢渴易爲飲食，而積玩之稺不可與正論者也。昔者道宗嘗令陽城矣，視民真如其子，凡事靜約，不一剝擾，至贖小犯，量收粟穀，若銀買穀石，皆粒粒淨，顆顆勻，以貯預廩，久無紅腐。比道宗去陽城數年矣，陽城遭歲侵，時尹出其廩以賑業貧餓，凡民與升者得升之用，與斗者得斗之用，皆能充飢腸而改菜色，乃益思道宗如父母之至親、兄長之至仁。不然，必不肯長顧卻慮以至此久遠也。他日，道宗進陞戶曹主事，差收太倉糧儲，見監收內臣之朘削乎士民也，遂告諸科道同劾之。後被其中傷，至謫官外補，亦不怨。比公道既明，始復進南刑曹正郎，乃益竭明清之心，盡聽折之材，嚴冰檗之操，未三年而遂有茲擢。然則道宗之往也，其勿渝初心，滋慎職任，民已治矣，視若未治，亂已戢矣，視若未戢，當使潞安允升于治平，而無他後虞可也。

道宗，河南衛人，舉嘉靖癸未進士。是時予在翰林，得分考，雖不出予本房，而道宗又高陵人也，於予有鄉土之情，又嘗同王如[二]晦過加禮於予。予知道宗凡事思進，不惟(肯)〔不〕[三]少改其道，當益充廣而光大乎素學，他日積致公卿，以經濟乎天下有餘也。

文溪文集序

文溪集者，宋侍郎忠簡公李先生之所著也，其文質實而簡勁，盡脫陳俗。初讀頗難，偶以爲樊、柳之儔也。及觀跋菊坡

[一]「寔」，據萬曆李楨本改。
[二]「如」，萬曆李楨本作「汝」。
[三]「不」，據萬曆李楨本改。

之作及淳祐赴闕奏劄，乃知公正直忠信，學宗清獻崔公，而立朝之讜論，浩氣骨鯁淩人，數被史、嵩之讒沮。有經綸之才，而不獲輔相之任，其言之奇古，固有由也。語曰：「爲之難，言之得無訒乎！」不其然哉？公至今十餘世矣，其嗣孫翱仕爲南禮部主客郎中，言動不苟，文雅清修，綽有公風，方將纘公之緒而益光大之，則公之道雖未大行於一時，而實遠流於百世矣。吾知斯集也，當與文溪並行于永久而不替乎！

贈方城楊公進改太僕卿序

方城楊公自山東布政陞南光祿卿，未數月，改太僕卿，日近天顔，君子以爲猶進也。南都諸公卿以予與公翰林舊僚也，欲委贈言，而其僚石淵傅君又爲之懇。或曰：「咄哉！方城子之不遇也。公，辛巳狀元及第，未數年，同榜已有登相位者矣，而公方陟春坊中允，人以爲甚屈也，則亦已矣。未幾，又調出外任，或提學於晉、豫，或督糧於青、兗。既轉布政，方擬中丞，乃遷南光祿卿矣。夫太僕猶光祿也，既無啓沃之責，亦非編摩之任，雖云在北，何異於南。咄哉！方城子之不遇也。」涇野子曰：「不然也。客亦嘗聞魯織室之女乎？既有容德，亦有良材，十五而學浴繭，二十而善盆繅，隣女皆歸高焉。既嫁于夫，妯娌、諸姑妬其材之長也，數短毁之，於是下綺機，出緹閣，西漚麻于陳，南鑊葛于越，夜不息紡績之聲，日不停奔走之勞。歲月既久，積累益深，鄉黨、國人皆惜其能而稱其屈。有賢妯娌者聞之，乃備言諸夫，使之脱去征衣，復登織室。爾乃辨其苦良，察其精粗，縷縷不紊，縭縭不纇，經緯既明，玄黄自成，以爲黼黻文章，騰蛟龍而舞鸞鳳，上可以補衮衣之缺，下可以被四表之民。則方城子固亦魯織室之女也，又何爲不遇哉！况聖天子方隆堯舜，思得臯、契、夔、龍之輩以爲陪側。予所望於公者，惟於當遇之日，恒思未遇之志可也。昔者王孝先之爲貞也，學諳六經，科取三元，懇辭會靈之使，因被欽若之擠。其後復進於相也，力制章獻之臨朝，遂列昭應之五害，開陳無隱，辯博有餘，進止如有尺寸之度，清修常無溫飽之心，恩不欲出於己，謗則常斂於身，宜胡文定稱其儼然不動，而楊億自以爲獨不敢戲者也。吾知方城子他日之積進登

相，其施爲謀猷亦如孝先之在宋室乎！方城子文章在史館，其教養之功庸在山東西、河南北，兹不贅。」

贈順德知府高升之序

南京户部雲南司郎中高子升之既有順德知府之命，其僚司廳張希尹、副郎丘孟學爲問贈言。涇野子曰：「是嘗通判順德者之高升之耶？斯其人而守順德，當如樹柳之易矣。」二子曰：「豈以其先判順德也，寬釋冤抑，體恤幽隱，查理倉庫，清刷文卷，百姓有『超生』之謠而然者邪？」

曰：「是固然矣。且亦嘗聞玉工之事乎？楚國有玉工孟乙者，獲卞和之璧，乃日操椎鑿，夜砥沙石，以爲圭瓚璋瑑及琬琰璧琮之屬，雕爲龍麟鳳彪之文，鏤爲松桂穀蓖之章，於是子姪比隣皆得日視而時觀之。他日有問子弟以杼上者，則言其可近葵首也；有問比隣以好度者，則言其可無鼻射也。有齊人之子學玉於孟乙，乙乃提其耳以誨，臨其面以命，使爲璧琮，則類裸圭；使爲判規，則類邊璋，甚不率教也。何則耳？所聞者不若目見者之爲深也，路初由者不若熟行者之爲易也。夫升之之判順德也，已更一二守矣，與之兄弟處而堂廳坐，不但子姪比隣已也。蓋民情既諳，土俗亦稔，其守之長者則取之，短者則棄之，有餘者則汰之，不足者則補之，斟酌損益，與民宜之，當見治順德真如樹柳之易矣。

且升之舉正德辛巳進士，初仕寧波推官，值日本倭夷入貢，互相仇殺，奪城劫庫，禍連寧、紹。升之挺身督戰，勦除魁惡，巡撫歐公首薦其賢，且瀕行取。乃陞襄陽同知，屢遭災傷，立法賑濟，民多全活。他若清軍伍、處夫馬，咸有條格。未幾，陞南户部員外，尋改北部。奉勑督理漕運，歲額四百萬石，每歲災傷，減免十五。時大同告變，上命全運，乃日夜躬督，歲增羨米。竣事，陞本部四川司郎中，因撰通倉志。嘗懲溫州衞運官以法，忤於當道，順德之判，由此其謫也。然則往日所折屈之處，豈非今日所得力之地乎？天道之增益善人，固如是哉！況升之之伯父某先生嘗爲南大司徒，經營國計真如家務，上佐公室之急，下蘇百姓之困，其成法固不出於而家也。升之少習其庭訓，長聞其官政，當不啻孟乙之子姪耳。斯往

也，滋懋其善政，丕著乎仁聲，不日烝晉大拜，外則巡撫，內則公卿，以爲朝廷宗廟之圭璋瑚璉者，亦自此順德耳。升之其信斯言哉！」

贈趙子明知瓊州序

鄞縣人趙子子明，予於三年前識之於順德途中。當是時，子明方同知順德也，予下車禮貌之，特優厚與欸語，復從容移時刻，且慰之曰：「久舉進士，筮仕行人，瀕授科道，乃上封事，甘謫閩藩照磨，已陞池州推官，今始滯茲順德邪？屈哉！」子明遜謝不敏，言溫而禮恭，予曰：「不久於順德矣。」越明年，進南刑曹正郎，會晤於江左。未久，有瓊州之陞，枉過請別。翼日，其僚姚正郎爲問贈言。

予曰：「瓊崖在大海之中，幅員二千餘里，蓋一大都會也。予嘗三爲瓊崖贈言矣，用其言者，率得民心，多樹政績，階銜日起；不用其言者，輒速官謗焉。當其道，惟在好而知其惡，惡而知其美耳。蓋瓊即古珠崖、儋耳之地，蒼屹、黎母、那射、石版之所盤廻，南龍、延澄諸湖之水襟帶而墊隘。於是生黎數爲之寇犯，羣蜑恒肆其禍患，而颶風亦時振其屋居，賈捐之所謂霧露氣濕，多毒草蟲蛇水土害，欲棄之者，其可惡如此之甚也。乃若既領三州，復隸十邑，地產合浦之珠，顏羅之藤，翡翠玳瑁之珍，五木七寶之貴，甲諸天下，其可好又如此之甚也。雖則可惡，然而其俗淳樸儉約，質愨畏法，牛羊被野而無盜，凶歉歲侵而無丐。苟正其身，端其令，以得其心也，即民戴之如父母，信之如師保，歸向至焉，歌頌生焉，其美又如此也。雖則可好，然而中盤黎峒，外際海寇，上遠按制之官，下多恣肆之處。苟或一見其欲，少肆其情，以失其心也，即民嫉之如仇敵，戲之以干戈，忤犯興焉，侵伐起焉，其惡又如此也。是故馬之失可惡也，而或者以爲福；璧之獲可好也，而或者以爲禍。故君子務以得民心爲本，不以地之遠邇爲念。苟得其心，即瓊崖之險遠，如順德之近矣。苟或不然，即使子明內守順德，豈不又在瓊崖之外哉！且子明之在行人也，先因出使岷府，上瑞蓮之疏，而以儀鳳、洛書爲真瑞。後以起復前任，論尊

養之禮，而以禹穴、舜冢爲先規，則子明之於好惡美惡，蓋已知之明而見之審矣。斯往也，惟持此志而不渝，守此學而不惑，則他日沛然斯道有餘裕也，吾又何疑焉。區區外進撫臺，內進公卿，又何足爲吾子明道哉！」

涇野先生文集卷之十三

序

贈董正郎致政序

刑部正郎西沙董君潤卿將考六年滿，而有四品之擢也，非憲副則少參，無已則鉅郡太守也。黄金橫腰，緋衣華躬，世之士大夫多冀得此以爲榮美，潤卿可不數月而有之也，乃以母老思鄉，遂飄然乞休歸去。報至，來告于予，予曰：「潤卿何遽有此乎？」曰：「琦領鄉舉，致位此官，自分足矣；年艾若此，亦自分足矣，又敢有分外之望乎！」「於母氏之意如何？」曰：「母云：汝爲秀才，官至大夫，外佐名郡，内司法曹，吾年耄耋，已受恩封，歸樂鄉井，亦甚嘉悦，何必尊官大爵，然後爲快哉！」

予歎曰：「賢哉，母也！古聞尹母惟以善養，今見董母不以禄養矣，則潤卿之賢能，固大有本源者乎！雖然，潤卿，夫子之鄉人也，不聞子貢之事乎？昔者端木子貢倦於學，求息而事君，夫子告以執事之恪；又求息而事親，夫子告以不匱之孝。夫子貢之倦於學，猶今潤卿倦於仕也。若思息於家也，則必移事母之孝，下以誨子弟，旁以訓宗族，知潤卿又自分或不足矣；思息於鄉也，則必移處家之道，近以化比隣，遠以正州閭，知潤卿又自分或不足矣。是故道無止息，不分於仕隱，故子思等鳶魚於天淵；學無止足，不間於顯微，故夫子歎逝川於晝夜。予判解時，有胡孟和者，潤卿之同僚也，其言潤卿之判嘉興也，催科不擾，撫字有方，常例既革，額賦盡完，遂蒙欽依旌異焉；其言潤卿同知處州也，吏畏其威，民懷其惠，

屢見知于監司，疊書賢于薦剡焉。邇在刑曹，其清白之操，寬厚之政，又予所稔聞而恒羨者也。夫嘉興，此潤卿也；處州，此潤卿也；刑曹，此潤卿也。今還恩縣，乃肯又一潤卿乎？世之士大夫在官也，率多矜持不失榘度；一致仕還里，輒曰：『司言者不吾劾也，執禮者不吾繩也，持法者不吾律也。』日以買田問舍爲常，詩社酒會爲高，遂使士風淪替，後進淫惰。慝者多在位，婪者多在職，皆前倫教之也。故曰：鄉無善俗則世乏良才。夫子所以以仕學爲一，不許子貢之倦也。久與潤卿相知，必不如世之他致仕者爲也。」

靈椿榮壽圖序

戶曹主政呂鳳儀作靈椿榮壽圖以告予曰：「韶父渾齋君性敏好學，讜正樸茂，被服儒雅，業且登科，遭例授羽林衞經歷，封徵仕郎。尋陞磁州同知，以正衞官之侵軼乎州也，爲守詿誤，起送赴部。韶母舒孺人先卒於京，父因護櫬還里，自輟仕進，惟日以教韶暨兄弟音、章、歆、韻五人爲事，談詩說禮，泊如也。今年二月五日實六十初度之辰，韶以怙育之篤，庭訓之蚤，賴有今日，嘗疏乞貤封，已蒙聖恩，准給如韶之官，榮莫大焉。韶思壽母無及，惟欲吾父壽比靈椿八百且千歲也，因有此圖耳。不知可使韶能如是以遂其心乎？」

涇野子曰：「鳳儀，楚人也，生於衡嶽之封內，日夕瞻望此山，其能學爲衡山乎？夫衡也，宿當翼軫之分，上應璿璣之度，列峯七十有二，瀉泉三十有八，而祝融、紫蓋、石廩、天柱諸峯，東與泰山之日觀、天門、鷄籠、馬棚相望而峙者也。鳳儀誠能學如衡山，則足以爲南國之紀，不騫不崩，其壽渾齋先生也，將附天亘地於無窮，八百靈椿又何足道哉！且渾齋君好學，合乎智；讜正，合乎禮；樸茂，合乎信；蒞官行政，見勢不撓，詿誤赴部，自棄其官，合乎義；政有遺愛，磁人立碑，合乎惠；自舒孺人之歿也，教鳳儀兄弟五人皆成儒業，而鳳儀且舉進士，筮仕版曹，練經濟業，慨然有志於聖賢學，合乎慈。此六合者，皆君子之德也，而渾齋君有之。」

「鳳儀雖欲學衡山，何以能益於六合邪？」曰：「鳳儀之學山也，必至於樂焉，斯可耳。夫子不云：『知之者不如好之者，好之者不如樂之者。』鳳儀學山誠至於樂焉，則舉天下無可尚之物，尚復有遺聖乎？」「學山至於樂也，則何以能壽吾父耶？」曰：「夫子又不云：『仁者壽。』自樂山而得之也。」「然則學衡山之功如之何？」曰：「自學黄岡山起。君子之道，辟如行遠必自邇，辟如登高必自卑。鳳儀其自黄岡山而學上衡山，自衡山而學登泰山，學力果至於此，當是時也，材能已可希乎聖矣，又何事於仁乎！鳳儀勗哉！」

贈李潭水還任河南序

潭水李先生者，山西平定州人也，以會試中乙榜，除授吾高陵教諭。垂七載，陞鞏昌府教授。未六載，以母夫人憂去。服闋，補直隸廬州府教授。未幾，陞伊王紀善，六年而進五品服色。予嘗三過洛陽，皆得會晤於郵亭，數惜其才大未施諸用。潭水亦嘗曰：「初與予同年同選者，今多進補部僚，或擢豸史，言行於君，政及於民。奎起家二十餘年矣，尚拘滯如木偶人，素學荒落，初志蕭索，宜爲知己者惜也。」予曰：「潭水行懿而慤，才敏而精。當其在高陵也，迎養二人，教撫諸弟，且令庚、箕從予遊於雲槐精舍。當是時，念、愈兩生尚未成童，然已頭角嶄然矣。諸生觀法身教以遵教令者，翕然丕變焉。是其孝友之行，可通神明；篤信之學，不愧往哲。天之報子，不在其身，則在其子弟乎！」比予四過洛陽，時庚、箕二弟繼舉山西，念、愈兩生同登進士。且庚、箕重卒業於太學，器益深邃；念、愈同拜予於函丈，志益高遠。予欲即見潭水，以矜前言之先見也，而潭水以省親平定矣。

今年春，念爲錢塘令，愈爲太常博士，皆且三年。潭水乃以他事，道便至錢塘，續至太常，予始得會晤於禮部外第，執其手曰：「夫潭水孝友之誠，庭訓之正，天今報子有驗乎！」未幾，潭水將還洛陽，其戶曹馬郎中，則潭水在高陵時之門人也，其傅行人、喬主政、王評事諸子，又皆錢塘、太常之同年且交遊者也，皆裝軸歌詩以贈其行，而以言問我，且曰：「潭水

先生斯行也，可謂樂乎！夫豈啻以錢塘、太常雙登進士，同任美官，不久進爲科道而樂邪！蓋以錢塘惠而明，上官嘗注曰：『無一民之不服，無一政之不善。』他日所建之勳可知矣。太常博而雅，南都嘗稱曰：『請文者多之焉，論詩者多聚焉。』他日所造之學可知矣。」

予曰：「殆又不啻此也。予嘗瞰潭水以四品服色之事，潭水以爲縱雖有之，亦非吾身所親致也。當其微意，亦可測乎！昔者董仲舒歷事江都、膠西二王，言本諸道，非禮不行，王雖或驕，久皆見化。後老於廣川，漢廷遇郊祀雨雹之類，數遣上使就家問明，至今千百載垂名不沒。吾知潭水壯志，必欲追法斯人，求與並名，而後以爲樂乎！」

於是諸子曰：「誠如涇野子之言，則錢塘、太常又不知何如其用力，以廣潭水先生之樂於無窮也！」

送毖所何封君還泉州序

封戶部主事毖所何君孔偉者，何元孝述之父也。元孝舉進士，任南京戶部雲南司，未數月，即懷二人，忘寢食，走使者迎養於宦邸且半載矣。毖所君以諸幼子猶在晉江也，乃思南歸。予具觴以餞曰：「元孝之在此也，朝饔舟粲，暮茹黃韭，間佐以腊魚，非供養不市脯。唐辛玄馭以兒子在宦所者，貧乏不能存爲好消息。今毖所君可謂目擊雲南之詳矣，豈啻得其消息而已哉！斯歸也，不亦樂乎！」答曰：「誠如涇野子之言也。昔吾六歲失怙，刻苦儒術，不竟其志，棄爲鄉閭諸童師，資其束脩，以養吾母，克恭二兄，身雖屢空，恒無怨言。兄弟既析之後，漸破其業。及元述鄉舉報至，予即毀其甑竈，與弟同爨，迨今十餘年矣。家有祠堂，日必夙興，灑掃焚香，近雖暫寓官舍，亦不肯廢。蓋予常舉古人忠孝勤儉之事，如范文正公輩以訓諸子，而於陳萬年教子咸之諂則深鄙且惡焉。此予所以砥身勵行於夙夜者，正惟恥躬不逮於言耳。然則今日消息之好，豈亦其能繼吾志者乎？」

涇野子曰：「毖所君猶未知元孝所造之遠耶！往年予在太學也，方舉監規而棘賴乎丞也，數言諸銓部。當是時也，

元孝方教授惠州也，其善教聞天下，銓部舉以語我，予喜曰：『繩愆得斯人焉，舉監規如樹柳耳。』日望元孝夕至，夕望元孝旦至。然元孝滯於途涉，三時而後至，予已改官南禮矣。於是予常恨元孝之未獲同事，知元孝之心亦必不爽也。當元孝之至監也，凡予所已行者，則繼之不肯廢；凡予所未行者，則補之不肯遺。故諸士子言元孝之在監，亦若予之未去監也。及元孝之陞今官也，乃來拜曰：『述未得事涇野子於北，今乃獲請之於南乎！』夫君子之道，不以離合、親疎、遠近、生熟異其心而變其志，于以通天地、質鬼神可也，予於元孝見之矣。然則元孝之於毖所君也，雖仰希曾子之養志亦肯爲者乎！豈但如范文正公而已哉！毖所君斯歸也，不又至樂乎！」

未幾，鄭汝德、林以謙諸友問贈言，遂書之。

林母蔡太安人七十壽序

林母太安人蔡氏者，南京戶部主事林子君修汝永之母，枕書君思敬之配也，今年三月二十七日則太安人七十有四初度之辰也。君修之僚友仕南都者何元孝輩醵裝壽軸，問予言以稱賀，且言：「枕書長逝時，君修年方七歲，太安人新嫠。初罹家步孔艱，百苦叢集，迺身任其勞，既操井臼，亦藝紡績，晝殫厥力，夜忘其寢，咀柳母之參連，服鮑桓之布裙，鞠育撫教乎君修者，今且五十年也。乃君修承顏順志，攻苦向學，明經修行，遂領正德庚午鄉舉。以家貧不能甘旨乎太安人也，就教南樂，轉陞國子助教。所至之處，躬行以率士，嚴科條以程業，士種種皆知向正，而君修端謹之風、孝廉之實，歷爲執政者所薦。至有今官，獲貤封，於太安人劬勞之心，亦庶乎少慰矣！不識繼此猶有可益君修，以壽太安人于久遠者乎？」

涇野子曰：「元孝不聞宋呂原明者耶？當其十歲上下時，雖其母申國夫人性嚴有法度，教原明事事循蹈規矩，然至其德器成就，大異衆人，則非申國夫人所盡與也。初，原明與伊川程子俱事胡安定先生，居並舍。原明少程子一二歲，察其學問淵源，首以師禮事之。一時明道程子、橫渠張子、孫覺、李常諸賢皆獲交遊，由是知見日以廣大，略去枝葉，一意涵養，

以造聖人。至今且千百載矣，論程門高弟，必以原明列諸尹、謝、楊、李之間，而其母申國夫人又因原明壽至今不沒也。予初抵太學任數日，而君修即遷今官來，雖未能數相會晤，然其才行之美，則已心敬之矣。當其志，雖仰希程子，亦所優能，豈但可爲原明已乎！君修而能誠如呂原明也，蔡太安人之壽不待賀祝，當亦如申國夫人格於千百載久遠矣！」

楊氏族譜序

四泉楊公謂予曰：「昔者先君子光祿公嘗曰：『吾欲作宗譜而未及，將有待於爾麒乎！』當是時，先君子方丞藍山縣，地僻而俗囂，民獠錯居，事多廢滯。隣邑安仁、衡山交互梗黠，歷數令，咸齟齬去，當路者奪取令篆，付先君子爾，乃一志奮庸，績用茂著。比後乞歸，邑民上章借留，乃浩然長往。先君子所未及於譜事者，政阻之也。夫譜，所以崇孝而傳信也，吾不能追斯業矣。且吾楊氏出唐叔虞之後，伯僑自晉歸周，封爲楊侯，一脈胤衍，至於上饒，兵燹屢更，家乘失傳。麒生也晚，雖不逮見先世，亦蚤聞于諸父矣，又安能追斯業邪？昔吾鄉先正歐陽永叔亦嘗譔家譜矣，上不及於長沙，下致詳於景達。吾欲竊比爲例，所及知者不敢或忘，所不及知者不敢強附，系以宗圖，纂爲譜牒，用傳示子孫。惟吾子弁一語于端，使後世知斯譜之所由，庶以考先君子之志也。」

涇野子曰：「語不云乎：『先世有善而不傳，是不仁也；誣其實而不真，是不義也。不仁與不義，非所以教來世也。』然則四泉公之爲斯譜也，其志遠乎！夫教後以正，猶有弗正者矣；始納於邪，後將奚觀？四泉公厲冰檗之操，篤貞信之守，博雅謙恭，好賢樂善，思以光前而裕後，其殆居諸仁義以爲正者乎！楊氏子孫其滋茂恭厚孝忠，以不詭諸仁義乎哉！」

王氏家録序

王氏自周靈王之太子子喬以直諫廢，世修黄帝術於緱山，其子宗敬爲司徒，時人號曰「王家」，至今蓋六七十世矣，公侯卿相，世不乏人。南大理寺評事壽卿喬齡乃纂其譜牒，通爲世系，自晉錯以後，如指諸掌，壽卿篤孝之心，可謂曲盡其誠矣。暇又謂予曰：「王氏自文正公旦自叙五十世以迄于汝梅，曰王氏原譜，建炎南渡間，扈駕所攜之舊本也。自工部尚書文穆公侯與從弟朝散郎守、中書令兼侍講鈇、右通直郎平江軍節度推官監潭州鎮南遷，始家餘姚，凡居南者系之曰王氏南譜。家藏舊有文正公及懿敏公素二遺像，傳守綿遠，集所爲像、贊、詩、序，曰王氏遺像集。自南渡至今，十四世孫椿字廷壽號培軒，喬齡之父也，生三子，暨弟高、嵩。喬齡登乙未進士，授今官。高、嵩皆庠生。歲丙申，皇太子誕生，推恩封吾父培軒君如喬齡官，母熊氏爲孺人。維時迎養金陵，而年壽俱七旬以上，喬齡之僚友、同年及同鄉、親戚之在此者，共爲三槐餘慶圖及詩文以貽之，曰榮壽集，總原譜、南譜、遺像、榮壽爲一帙，名曰王氏家録云。請一言括爲之序，以示後之子孫乎！」

涇野子曰：「惟孝子能敬其父母，惟順孫能敬其王父母；敬其王父母者則有孫，敬其父母者則有子；有子者孝之成也，有孫者順之效也。即觀文正公極探討考索之力，備編纂類次之勤，以明數十世於前，不順而能之乎？既觀元公休徵失繼母朱氏之愛，盡剖冰嫫雀之誠，以傳千餘載於今，不孝而能之乎？壽卿將數編而總籍之，可不謂有休徵、子明之志乎！壽卿又不見河汾仲淹之道耶？身通六經百傳，約之以禮，周公、孔子之道於是乎且復明焉。此亦壽卿之先正也，其爲宗譜玄謨，至虬上下數十世，煥然復著於後，於今百代稱賢焉。壽卿嘗與予論安止幾康之旨，洞徹精微，慨然有上求前古之志。然則復爲文中子之學，以爲王氏千百世光者，知壽卿必不厚遜也。」

別顧承美序

昔者予之在太常也，當是時，正卿已去，代者未至，予署寺篆，而承美適典簿於西廳，凡寺事之可否行止，皆得與承美論決焉。如欲變淮豕之惡，蒔園蔬之美，復廚米之舊，葺烹屋之新，究禮樂之器，獎端愨之士，彼此論究，互相辯難，幾于成章，而予改官辟雍去矣。於是數言承美於當路進爲監丞、博士諸官，以贊予之不逮。機會一失，遂不可得，使予不能繼公叔文子之美者，今尚抱歉也。比予改官南禮，與承美處益親切。暇嘗問其所作，乃書十解以示予。一曰正朔解，二曰數目解，三曰春秋解，四曰左氏解，謂左氏長于史才，博通古今，豈有不知當時之正朔乎？閔、莊以前，去世既遠，或有誤傳，若昭公七年〔一〕夏六月甲戌朔，日有食之，祝史請用幣，平子曰「止也」，太史曰「當夏四月，謂之孟夏」，是言周之六月爲夏之四月也。夫昭公在春秋之末，皆左氏見聞之切實者，其尚有誤耶！五曰春王正月解，六曰三正解，七曰伊訓解，八曰七月解，九曰史記解，十曰孟獻子解。或引梓慎火出，於夏爲三月，於商爲四月，於周爲五月；或引獻子正月日至，可以有事於上帝；七月日至，可以有事於祖。夫其十解之辭，反覆辯難，多宗左氏王周正月之言，而以辨宋儒之說春王正月不然也。以視予說，雖亦不同，然而博雅精究，斯亦勤且良矣。乃如是之人，久滯寺簿，始陞通府，斯固銓曹者有遺明，然而承美又何必尊官峻爵哉！所望不以在外者爲念，而於在我者，當益修其所未至，以求與古之先達者匹休可也。

承美起家舉應天亞元。

〔一〕「昭公七年」，以下所言之事發生在昭公十七年，此處有誤。

晦菴朱子文抄序

或問：「晦菴朱子何以文抄也？」曰：「朱子之文浩瀚無涯，學者未能徧觀而盡識，是以抄其要者以範後進耳。」「海虞吳氏抄於宣德之初，安陽崔氏抄於嘉靖之中，皆切近矣。合觀二抄，不下數千萬言，並計所不抄者，雖萬億言不啻也，不亦已多乎？」

曰：「公都子以外人好辯譏孟子，孟子以爲不得已也，朱子之言亦不得已之意乎！昔者漢高祖馬上得天下，不事詩書。惠、文、景、武繼之，仍襲戰國、亡秦之故。挾書之禁，久而復弛，於是何、蒼以刑名爲相，良、參以黄老飾治，徹、賈以遊説傳行，諸治申、韓、蘇、張之言者，猶紛然競也。廣川人董仲舒者，三年下帷，一遵孔子，進退容止，非禮不行，學士咸師尊之。其言主于正誼明道，而以春秋爲大一統，位雖未顯，道則常行，六經用章。斷獄者引經折僞，繫囚者受經問道，或印綬加身而守死，或汙辱釋掾以觀仁，至有鞠躬盡瘁、斃而後已者，用能扶漢業于四五百年。

魏自建安七子以來，崇尚五言，爭昡靡麗。晉、宋承之，汩于齊、梁、陳亡，或怨以怒，或冶以纖，三綱淪而九疇斁，至篡殺以相尋。河汾人王通者出，隋開皇之初，進獻十二策，以期太平，退擬六經，纘明先聖。一時董常得其藴，王珪、魏徵、杜如晦輩發於事業，以開唐初之治。李唐之世，半踵漢而襲梁，達摩、羅什之氣未斬也。蕭瑀合掌禮佛，稱地獄以拒傅奕。至有宫人出而爲尼，畜髮以踐太后之位，濁亂海内，幾殞唐祚。宜乎永真以後，元和以前，迎佛骨於天竺，舁傳禁内，雖號學者，出舍爲僧，夷狄熾而中國滅矣。河陽有韓愈氏者出，奮不顧身，上表論諫，其言曰：『人其人，火其書，廬其居，明先王之道以道之。』表上而身貶，言出而道章，誠足以正人心於百世也。

宋承五季之亂，立相多仍舊人，於是君子小人迭相柄政。王欽若出守天雄，閉門誦經。其後安石撰著新經，益肆其姦，至使李沆、寇準不獲常用，而司馬君實、兩程夫子且被逐譴，遂致徽、欽狩虜，汴京丘墟。南渡以來，諸儒學術又復不同。陸

子靜高才篤學，亦名儒也，倡爲一偏之學。其徒楊簡揚其波而助其瀾，宛若文殊辟支之護法也，而況陳同父、張九成輩，或以功名，或以詞章相競於時哉！婺源晦菴朱子者出，先格致以擇善，即誠正以固執，事爲之辯，言爲之論，理不明不已，道不直不休，聖學至是亦大復續乎！是故董子明春秋而人心正，文中子續六經而聖道顯，韓子闢異端而正教明，朱子辯羣說而斯文之實學定。」

又曰：「聖學雖以言而明，亦又以言多而晦。析危微之弊〔一〕，求精一之中，此三聖人示萬世道學之的傳也。故朱子又嘗言曰：『惟曾氏之傳獨得其宗。』今觀大學、孝經、論語、曾子問諸篇，果亦不如此之多也。學者誠因朱子之言而專師曾子，於聖道有不可至者哉？審若是，朱子之功亦又大矣。」

某官某地某氏命其人梓行傳布，〔二〕意深遠乎！

陝西鄉試録後序　代作

嘉靖庚子之秋，陝西鄉試録既竣矣，某以執事當序諸末簡，以申告爾諸士子。曰：「於戲！諸士子知中式舉人録乎？聖皇崇重斯典，凡以爲治道設也，故格之以言行焉。言行者，君子之樞機，所以動天地、感鬼神也，而況於治道乎！粵自虞、夏以來，凡其言之立者，必其行之立者也；凡其行之能立者，必其言之能立者也。故主司者於爾諸士子，雖因言以占行，又將以其所言徵諸行事而驗之也。今夫如矢之言，必烈士；如金之言，必莊士；如春之言，必醇士；如韋之言，必懦士；如剽之言，必貪士；如石之言，必慤士；如猱之言，必不恭之士。

〔一〕「弊」，萬曆李楨本作「介」。

〔二〕「某官某地某氏命其人梓行傳布」一句，萬曆李楨本作「侍御潁川雙溪張君光祖屬藩司梓行傳布」。

此七言者，豈不出其肺肝而呈其手足哉！宰我、有若善爲説辭，似能立者矣，然中狷之士亦或索其疵而尤之，不以爲聖人也。閔騫、丙卿率不言也，或至老且歿者矣，然哲睿之士亦多得其情而信畏之，必以爲忠孝之豪傑也。今爾諸士子沐休明之治教，説易能釋卦爻之隱，而于四聖無遺藴；説書能列帝王之變，而于四代無厲政。詩之説也，真能解頤，而六學之旨已精；春秋之説也，真起廢疾，而五體之情可得。于禮既不忘羲、農之舊，然於古亦不泥也，又不膠儀、周二經，然于今亦不滯也。論能發萬理之源而不窮，策能折今古之實而不窘，使有司者至或擊節歎賞而不寐，以爲得佳士也。斯往也，其踐所言哉！

今四方多故且勿言，姑舉關中之弊，雖曰旱乾頻仍，歲久不登，胡虜出没，邊常不靖，以爲戕斯民衣食之源也。然而或酗于而鄉，或鬩于而墻，或詬于而里，或棼于而邑，或盜竊于比隣，或劫奪于道路，凡經史所載之陋習，近多有之。此豈可專歸罪於民哉？此豈可專歸罪於歲與兵哉？夫天下之惡一也。諸士子往也，遲速大小雖不同，必皆服官政矣，其何以釐此哉？即爾秦、隴之人有適趙、魏之地者，遇車師，授以六等之車數，歸語鄉人曰：『我善爲車者也。』樸屬微至皆有法，輪軹軫轐皆有節，既已爲之矣，近不能超崤、函，遠不能歷太行之麓。夫士也，若道聽途説，而言不本諸躬行心得者，猶隴、岍人之爲車也，其能終踰絶險以不臭厥載者幾希。夫聖人於静言庸違者深責之，今諸士子已公言之矣，又豈肯公違之乎？是必言而民莫不信，是必行而民莫不悦。」

壽對山先生康子七旬序

對山先生康子先歲之六旬也，枬適過家，約作壽序一首。未幾，奔走南北，日不暇給，久未踐約。今歲庚子，先生年已六旬又六，且望七旬矣，乃益童顔龐眉，鳳翥鶴舉，且猶能弄璋，由病軀老態視之，真仙人也。枬喜甚，謂執友曰：「先生其數百歲未可量乎！」或曰：「涇野子壽人多矣，未嘗喜，即喜亦未嘗至於甚，何獨於先生若此乎？且先生每酒必用樂，每

樂必用歌，曲多所自撰，又或用工人妓者雜笙管奏之，涇野子亦取而壽之，何也？」答曰：「此其細者耳。南海霍子方以爲先生隱於此，而子乃議之耶？且先生之孤忠大節如勁松鍊金，柟也鈍，萬萬不及也。凡先生之壽，繫於世道者不淺。其出也，保愛君子，端人由是而進；其處也，表正鄉閭，諂風由是而息。天壽斯人，如之何其勿喜甚乎？」

昔者先生之在翰苑也，當正德己、庚之間，宦瑾竊柄，威侮縉紳，雖洪洞韓忠定公、慶陽李二獻吉皆所逮繫。李子獄，手扯衣襟，噬指血書曰：『康子救我。』先生乃速渼陂王子以告曰：『海許友以死，分也。但念老母在，恐被及耳。』王子曰：『若有他虞，止罷君官已矣，諒亦不至老母也。』先生慨然曰：『即如是，海何惜一身之官，而輕二賢之命哉！』遂入言韓、李事於瑾，瑾鴟張恚甚，先生徐言曰：『海來爲公，非爲二人也。』瑾訝，問其故。答曰：『洪洞雖不識事體，然負正人之名於海內；李二文章超絕一時，關西之光也。倘二人受戮，即公之名隕矣。』瑾時若有許可之意。明日，二人得不死。洪洞寧家教授子孫，子孫至今有登巍科躋顯任篤斯道者。慶陽謫官之後，漸轉憲副，提學江西，作人寔多。韓、李履虎尾而不咥，一時正人爲之生氣，足爲善者勸，而直言極諫之士接踵不絕。世皆高韓、李之名，而先生保全君子，陰登善類，以贊斯世於隆盛者，人殊不知也。

韓、李既免之後，其士林被先生言語之傷者皆曰：『瑾以韓、李八黨疏草，痛恨切骨，康子（之）〔一〕[一]言而脫二人之命，當非有親於瑾耶？』於是康子果罷其官，如王子之料矣，至今三十年未起也。正德末年，蜀人有仕爲少司馬者，素與先生稔也，取道武功，先生留饌焉，司馬曰：『家兄尚在閣，入京必白家兄對山久屈林下，請一出也。』先生答曰：『康海豈在爾兄處取功名者哉！』司馬愧笑而去。他日又有提學副使者訪先生，副使曰：『康太史以萋菲之讒罹此虞羅，久投閑散，於予心甚不安。盩厔王給事亦久廢矣，予欲薦太史、給事於朝，則何如？』先生答曰：『此語也，有願聞者，有不願聞

〔一〕「一」，據萬曆李楨本改。

者。吾子典吾陜一方文衡，關西士子皆周、漢之遺，咸仰範焉，豈可不自重乎！』其人惶赧無地。一時門人侍吏聞之傳於人，而奔競諂趨之風爲之頓絕。則先生豈非出能護賢才，處能變士習者哉！柟所喜甚而壽之者，此也。

柟嘗以先生出處數事遇人樂道之，以爲先生之道極於此矣。去歲還山，辱先生枉問予北泉精舍，予同友人餞之西郊，因論及用人事，先生曰：『若任此責，當先進君子，其小人不須搏激，則自潛消默化矣。』予驚歎曰：『此柟三四十年窮經之功方有此見，乃先生開口便與聖賢暗合耶！不可及，不可及！』友人問其故，予曰：『即舜、湯舉皋、伊，而不仁者遠之旨也。』今歲二月，會壽於谿田馬子，因舉所聞浚川王子與栢齋何子書論聖人有變通不執泥，何子答之書曰『接淅而行者亦聖人也』。浚川之書意在箴何子之過于退，而何子之書亦箴浚川之必于通也。先生判之曰：『此皆今之畫紅模兒秀才者也。若古之皋、夔、稷、契，志在蒼生者，意豈若是踐跡乎！』予又驚歎曰：『自別先生後，日力斯學，自以爲可幾及也。今見先生造詣益高遠，可謂有命世之才，人所難知也。彼以詩酒聲妓之細測先生者，不亦宜乎？』柟願天壽斯人，雖至數千歲未可量也。」

貞節趙李詩序

趙李者，趙太學生漢之配李氏也，守節有聞，爰獲旌賜，郡士大夫歌詠其事，其婿學生陶機叔度彙而成帙，以光前淑，以勸來媛者也。初，李氏之適生也，年甫二十，生即早逝，遺厥翁姑，起敬起孝。姑嘗有疾，寢問堂外，每進湯藥，口必親嘗。及疾既革，焚香籲天，乞以身代。翁姑壽終，哀毀踰禮。仗節冰檗，余四十年，忠貞之風，孚尹旁達。越有御史奏請於朝，旌表厥門，光輝里閭，加賜白金三十，鄉黨傳誦，以爲異數。歌詠之詞，不徒然也。機嘗與弟舉人梓從遊於解梁，至是梓至涇野，機寓書幣問序焉。夫婦人之事夫，猶臣子之事君，從一而終者也。婦人從一則爲貞，臣子從一則爲忠。貞婦多則閨門正，忠臣衆則天下理，風俗所係，治亂攸關，而可少此舉耶？然則予豈徒以機之舊也而序之乎！

沈元明詩稿序

都下人有張詩子言者，於正德戊、己之間嘗師事予於宣武門左，時子言已能爲詩賦古文詞，翰苑之良多稱焉。後予改官南都考功，子言乃泛黄河，渡長江，問予於柳灣精舍。既歸，不相見者十餘年也。嘉靖乙、丙之間，予改任太學，子言病已臥榻矣，屢遣僕來期謁予，予以其病也，遏止之。未浹旬，予往問其疾，則已蓋棺矣。又數日，其友沈東元明持李杭州達狀爲子言索墓銘，遂以子言事予之禮以事予。予乃歸子言銘，而元明即家自礱石敦工鐫勒，或覽而垂涕泣以讀焉。予憐其意於子言之戚若骨肉之切，暇問之曰：「元明何以知吾子言如此之深，友吾子言如此之厚耶？」答曰：「自吾之交子言也，吾母老在堂，遇誕辰，子言則稱壽；遇元日，子言則跪拜；遇鮮脆，子言則問遺，事吾母猶其母也。子言今死矣，值誕辰元日當疇，誰至吾母哉？東安能不待子言如兄弟乎？」予歎曰：「子言、元明可謂燕之范、張，今之陳、雷矣。彼其以詩酒合者，詩酒乏則疎；以勢利交者，勢利盡則傾。視元明爲何如人乎！」他日，元明又出其素所爲詩數十篇，大抵多與子言唱酬之作，其於忠孝友于之意數寓焉。則元明也，豈徒以其詞而已哉！是宜敘之於端，因以憶谷風、伐木之舊云，冀元明日懋於學而不已其功也。是詩也，問序在嘉靖乙未年，至是而後能答之。

雲夜吟序

雲夜吟者，心漁先生錢君希明之所撰，而又以自名者也。心漁生三歲而喪明，既長，令人誦詩書、道正事於其側，不數遍即能心記不忘，於是作爲詩曲，皆發乎性情而不違乎禮儀，紹興人謂心漁目雖失明，而心之明固常存也。則其所以鼓瑤琴，吹杖簫，間爲蓍卜，比於嚴遵鳴蜀者，皆其緒事也。昔左丘明、張藉亦嘗盲目，其著作文詞，發揮道理，至今不沒，固不以

其盲而廢也，況明、藉之子且不傳乎！乃心漁之子洪甫寬蚤習庭訓，高舉進士，方爲國子監丞，佐司成以教育天下英才，當其立身行道，思欲揚名後世，以顯心漁於數千載焉。將見斯吟也，行爲百代之「晴晝吟」矣。

賀解梁太守解母郭氏八十序

涇野子方致思於北泉精舍，有解州司訓薛仲野偕武進少尹王子中暨鄉約諸耆、書院諸生咸來訪予。時天久不雨，道路多流移，守令且因他事過客，剝削誅求，不念民隱，咸歎息焉。薛、王二子及諸耆生咸曰：「吾解州近得一守姓解名情者，其良吏乎！蒞郡數月，即迎其母郭氏以養之。郭母今已八十有五也，守旦視其膳，夕問其安，夜陳其政事。念民之飢，即欲推其食；念民之寒，即欲解其衣；念民之勞，即欲息其力；念民之科擾過甚，至欲其去官而不肯應其私。邇者貴官之過解也，他郡費且千金，吾解數十金而止。至兩司命治候舍之饌，亦損其席數而不從其言，曰：『情見民之窮也，情豈忍剝其肉以食其人乎！縱上官有責，不過免情官而已。』」予歎曰：「予昔判解，解民於予素有情，解守如是，解民其安堵乎！然則解守之孝，郭母之賢，皆可知矣。」

未數日，太學生張汝附、侯子耘亦來，其言亦如薛、王諸友言也，且以幣爲守索壽母文，予諾之曰：「解守能壽解之人，汝解人固當爲之壽其母也。昔宋有尹彥明嘗因考官不正策問，投筆而出，告諸師以諗諸母，其母以爲善養，至今尹母壽千百載不没也。況郭母有呂申國夫人教孤侍側之嚴，有魯公文歇母躬織紞效績之儉，有宋陳堯咨之母忠孝仁政之訓，兼古數淑之賢，其壽當傳數千載乎！汝解人如欲罄南山之情，止可願汝守益宏其政，益堅其節，以與古龔、黄齊驅，則郭母之壽，雖茂數千載不啻也！」

李母蕭太淑人八十壽序

蕪湖李生原道嘗學於涇野呂氏，今年既登禮部司務任矣，其二月十九日，則其母太淑人設帨之辰也，太淑人於是生八十歲矣，乃康強悦豫，如六七十歲人。司務來問壽言，且曰：「吾母年雖八十，猶能日夜紡績，以率諸婦女，蓋自先尚書公學士以來，垂五六十年如一日也。」

涇野子曰：「夫紡績也，在婦女論亦其常事，乃古今人恒重此者，何也？夫婦女之事紡績，猶農夫之事稼穡也，豈惟關乎一家之盛衰，雖天下之治亂亦恒由之。故刈鑊之詩，周之所以興也；蠶織之休，周之所以亡也。雖桓、莊、頃、匡之後，魯有敬姜者，猶聞此風，其訓子歜之言曰：『王后親織玄紞，公侯之夫人加以紘綖，卿之内子爲大帶，命婦成祭服，列士之妻加之以朝服，自庶士以下皆衣其夫。社而賦事，烝而獻功，男女效績，愆則有辟，古之制也。』乃責歜以爲僮子備官，占魯之將亡。則紡績之事，豈其可輕者乎！今宗銘乃能稱太淑人之賢，以老猶紡績爲首事，當其志業，可謂優於歜百倍矣。斯往也，使益廣其志，學不安於淺小；益崇其政，業不狃於卑近；推紡績之事，使家無不績之女；推稼穡之事，使野無不耕之夫，則太淑人之道行於家者，宗銘能衍之以行於國矣。當其壽也，豈啻可至於百餘歲而已哉！雖揚名千載，上與敬姜同芳，亦有餘也。」

多士贈言篇序

侍御龍岡陳子宇之刷卷於南畿也，取太學生百餘人以查理各衙門諸卷之弊，且竣事，曾文奎、應楨諸士皆來告予曰：「諸生之歷事於此也，始事之日，陳公即諄諄約束於規矩之中，曰：『情奉勅來，與爾諸士皆共理天工者也，其敬諸。』於是

諸生皆省心責己，不敢惰肆以負其意。今既數月矣，敬畏如一日也。尋且注選以歸，深感懷公之多益，無以爲報，敬請一言以爲公謝，亦以示教于我諸生也。」

涇野子曰：「善哉，問乎！世有親受業於師長之門者，歲月既久，訓誨亦深，恩義如父兄，親厚如膠漆。比其後也，一語不合，百怨即生，或毀於人，或讐於己，如呂步舒之于董門，邢和叔之于程門，操戈入室，面從背違者，代不乏人也。今觀諸生之言，豈惟見陳子爲政之良，亦可以見陳子立教之善也。人言陳子初舉進士，出尹劇縣，庶政咸明，吏畏民懷。既擢御史，風采茂著。然則今日政教兼舉，豈偶然之故哉！夫諸士子志於道者也，然道無往而不在，則其學無事而可忽。今夫斯卷也，皆嘗學道之人而以事見于政者也。得其精者，可知其人之良矣；知其疵者，可知其人之陋矣。諸士子於涉歷之間，反求諸己，豈不可以懋學而入政哉！昔者樊遲問仁，夫子告以執事之敬，雖之夷狄不可棄也。夫道莫大於仁，孔門自顏子以下，未嘗輕許，然其修爲之方，亦惟在執事之敬而已。然則約束於規矩之中者，固不可視爲淺小之物，別求道於高遠以失之也。昔有善爲車者，日從事於車也，輪行如運規，輻直而不菑，輞利如割塗，雖周行萬里，皆指日可到矣。乃又厭其藝之常也，薄而不爲，南之荆、揚以習舟事。於是其心支蕩，其業荒窳，舟未成而車之巧亦廢矣。故遇事而即學，約束其心，不出規矩，雖大學之道亦不外是。諸士子其無以陳子所教專爲刷卷設也，其以是質諸陳子。」

王母方太安人六十壽序

涇野子曰：「予嘗聞之矣，背德而不敬其親者，頑愚之子也；感其親恩而後敬者，中常之士也；不必有其德而自能常存其敬者，上智之子也。是故伯俞雖杖而猶泣，寇相捫瘡而益懷，豈必其皆有恩德者哉！況太安人之恩德如此，蓋之兄弟滋法其德，處則力於學，仕則行其道，則太安人恩德施於家者，可衍而施於國天下也。然則太安人之壽，雖傳千百歲不有

餘乎？子如不力，但念母之恩德，其與尋常人家兒女子之戀其親者何異哉！」[一]

新昌呂氏家乘序

新昌呂氏家乘者，封君芝山先生中遂命其子侍御信卿之所纂著者也。呂氏自始徙新昌十有七世矣，子姓凡二千餘人，先後仕者七十有二人，有德慧而隱者十有九人，間有文詩傳家者亦十數人。信卿曰：「洵如無聞已矣，幸而學道以有知也，乃忘其所自而不之考録，先人地下能不于洵誅乎？」乃日事鈎稽詢輯，粤自太岳佐禹有功封申，太公相周平殷封齊以來，及于唐御史大夫延之居河東，節度使琦之居河北，皆表焉。琦後有三侍郎院：景德侍郎院之後爲丞相大防，長興侍郎院之後爲丞相蒙正、夷簡，而琦爲天福侍郎院，生兩子。余慶，參知政事；端，平章軍國重事。端子荀，荀子誨，誨七子由誠死節，其子億蔭爲大理左評事，隨宋南遷，占籍新昌，是新昌呂氏本河北天福院侍郎琦之後，而申、齊之裔也。乃遣使以示予。

涇野子曰：「於戲！新昌之呂，盛哉！信卿之纂，實哉！柟亦齊呂之苗裔也。求其先止于宋理宗朝，其前無據也；訪諸藍田四呂氏之里，其族湮無聞也。今得信卿序略，乃知膚功碩勳之後，果爾蕃衍後，又不虛傳也。柟嘗觀王仲淹于隋唐之間矣，其序王氏自盖先生江州君之著述無遺焉；又觀程正叔于趙宋之世矣，其序程氏自司馬喬伯、太子少師羽之爵謚無遺焉。亦非王、程兩氏之自撰也，蓋兩氏者學師尼父，顯親揚名，如使勿父何、正考父、木金父以及祈父、伯夏並名者也。然則信卿斯纂之志，豈徒求爲王、程兩氏而已耶！且信卿嘗枉問予于白雲洞中，稔知其學之正矣。斯往也，孝子之事親，仁人之事天，可必其功之不已也，而凡爲呂氏子孫者，其亦知所慎乎！」

[一] 此篇疑有闕文。

贈大司徒前總督三邊大司馬松石劉公之部序

嘉靖庚子九月間，固原黑水苑捷至，聖心嘉悅，綸音渙褒，以松石劉公總督經略，懋著勳庸，加太子太保，蔭一子錦衣衛正千戶世襲，賞白金五十，紵絲四表裡。一時協同建功撫按、副參、三司諸臣亦多進階受賞，而公又尋陞南京戶部尚書，公讓之曰：「昔者於安鞏成師，郤克、士燮且皆以爲晉君之訓二三子之功，臣何力之有？况今聖天子在上，安夏攘夷，德威並隆，誠洪洋公所謂『廟謀獨運，聖武遠揚』者。且元臣贊襄於先，羣帥協力於後，致有今捷，和惟免於誤用先縠、原軫足矣，其何力之有乎！」

未幾，撫按羣公問序以賀。前史官呂柟曰：「審若是，雖未臨黑水苑之戰，可知其必捷矣。且公之總督三邊也，學原六經，謀用羣策，忠義持身，仁惠蒞政，推赤心以待士卒，時秉鉞以嚴軍令。故茲役也，豈惟鵬東輩效其力，雖張奴兒、野百斤者，亦能手斬吉囊之子那顏及其戚人矣，其餘賊屍拖扶而去者不計其數，蓋滿須彌寺韮菜坪也。當夫六月之候也，公已親詣花馬池，調度防禦，趲運軍餉，查理墩塘，較閱邊備，督令各屬添領定邊及右五諸營精鋭。而洪洋公亦駐劄固原，委官管理運糧，召買軍需戰馬，督征積逋矣。

當夫正月之初也，俺答、阿不孩已引黠醜渡河駐牧，公即嚴督諸屬，各遵先令，又行府、衛、州、縣、驛遞、監、苑，遇警棘堅壁清野，其各府衛備各馬步官軍民壯並甘、涼下班者，分佈平涼、靜隆一帶，至固原嚮石溝諸處矣。及至深秋，大勢達賊果欲搶三岔川、定邊諸處，自乾溝濳入也，公即斬戍溝兩鼾睡指揮，以號羣師，乃四發火牌，督令(付)[副]〔二〕總魏、周二公，各勵所統官軍，兼程進勦，勉以忠義，上報明時。遂急調蘭、靜諸處官軍及甘肅遊兵各路應援。而洪洋公慮虜乘隙東侵，亦

〔二〕「副」，據萬曆李楨本改。

急調原議延、涼諸兵並下班官軍，巡按雙溪張君及沃州呂君又皆督令運發火器供餉，其同心如是也。孫子曰：『善戰者先爲不可勝，以待敵之可勝。』然則黑水苑之役，我之先爲不可勝者久矣。又曰：『治戰之道，攻心爲上。』那顏一斬，吉囊魂飛魄散矣，諸賊不奔何爲哉！夫自弘治年來，虜賊一入，動稱數萬，而吉囊狡詐猛悍，甲於諸夷。去冬既入河套，跧伏窺伺，不曰西搶海子，則曰北虜黄毛爾。仍于八月間潛入之後，即遭大雨彌旬，道路泥濘，弓解馬蹶，技莫能施。公固歸功於聖上德威並隆，山川助順也，而公之忠赤，感動天人交應，豈獨一殺伐之功而已乎！洪洋公曰：『虜入我境，既遭挫衄，報復之舉，勢必相尋，防範機宜，時不可緩。』

夫公陞且去矣，承其後者，應知其重爲軫念，而公當亦如趙充國杜浩星賜之語以告聖上也。雖然，夫子之論政曰：『足食，足兵，民信之矣。』公斯之行，掌國計百萬之需，自九重玉食之奉，以及官胥之廩祿，士卒之衣糧，皆於公焉攸司，其責又不輕於一方之總制也。若乃使舳艫蔽江，運卒絡繹，免瑞醉人於盛唐，常振有人於前宋，以實京邑，以寢驕夷，使足食果先於足兵，以仰符夫子之言者，於公真有望矣。雖自是使天下民信之矣，將亦可企足而致乎？」

封監察御史東村張公榮壽序

東村先生張公五十且七也，其子侍御雙溪君方被命巡按陝西，得過潁水之上，舞綵稱觥以壽先生。凡雙溪之同僚數十友皆賦詩爲軸附獻焉，中有樊渭野者寓書幣于予以問序，且曰：「先生舉河南己卯鄉試，授令三原，不數月，厭仕進而歸，以教其子雙溪兄弟四人，日夜課督不少倦。乃以身先，博學慎行，孝事二人，克敬友朋，見人不善，導之以正。或陰有他眥，消沮蔽藏，懼聞于先生。令三原雖未久，號令嚴明，至今傳頌。當其壽也，焉可倫乎！」

涇野子曰：「信然乎哉！莊周曰：『人上壽百歲，中壽八十。』言壽之難致也。先生之爲道也，學博則德蓄，如葆光

之火而不息；行慎則義立，如鎮静之山而不拔；孝可以式是人子，不蹶其本也；敬可以厚此親（交）〔友〕〔二〕，不偷其俗也；化及不善，里仁之美可恒也；正以爲令，花封之政可傳也。此雖上壽，又何難焉！雖然，此在先生一身者而言耳。陽嶼有仙人山，其頂有平石，方十餘丈，蓋仙壇也。壇陬有筋竹焉，葳蕤青趣，風來動音，自成宫商。石上淨潔，無少纚㩜。然其初惟一本也，既久而後有子竹，既久而後有孫竹，引根茁筍，筠篁直挺，上干雲霄，下蔽仙壇，微風一至，鈞天廣樂，音滿人世。故君子之道，行于一身者壽百歲，行于一邑者壽二百歲，行于一郡者壽五百歲，行于數郡一省者壽千餘歲。今雙溪君按節三秦，風動八郡，華山、黄河皆其所奠安也。誠使廣先生之道，以學行而倡西周之士，以孝敬而導西漢之民，德化改乎不善之俗，嚴明懾乎姦佞之輩，則先生之道行于一身者，雙溪君廣而爲一省之政矣，此其壽先生豈啻百餘歲而已哉！雙溪君方將舉庶官之真賢者于朝，不使倖進者售其巧；斥庶官之真惡者于衆，不使貪酷者肆其僞。此易簡之道、誠明之學，所以廣先生之道者，其大本乎！雙溪君他日進位卿相，以行道於天下，雖壽先生于數千歲有餘也。」

陝西奏議序

陝西奏議者，雙溪先生張子之所著也。嘉靖己、庚間，雙溪巡按陝西，遇大政事必奏議聖主俞允批處而後行，陝之八郡、三邊以及四鎮之急務，罔不釐舉也。雙溪子既滿且去矣，有良司牧者録次成帙，爰加諸木，將以範後之有事西土者也。然其内雖有獄訟、錢穀數條，獨於條畫邊防之事爲詳，蓋以當其地也，又於區處宗室之事爲詳，蓋以當其遇也。涇野子讀而歎之曰：「雙溪子真可謂昭代之俊傑而識時務者乎！夫政因時而變，議以時而立，違時而議，不知務者也。故賈生建治安于漢文而七國卒平，董公論春秋于武帝而六經遂章，韓退之闢佛氏而正教著，司馬君實折新説而王道明，亦猶禹之抑洪

〔二〕「友」，據萬曆李楨本改。

水于有虞，孟氏息邪説于戰國，凡以當其時而務之也。假使賈生以息邪説爲急，君實以抑洪水爲先，雖言之辯如此其富也，文之麗如彼其工也，然于政無益，于世無補，迂亦甚矣，君子以爲不知務也。雙溪子之奏議，若巡按他省則非所先，巡按陝西則爲切要，故曰陝西奏議，以範後之有事西土者可也。雙溪子若執此以往，雖他日皋謨、伊訓皆可求而得其術矣。」

雙溪子字德徵，名光祖，潁川人，起家嘉靖壬辰進士。

烏臺風教序

雙溪先生張君巡按陝西且滿期，適邊功告成，命下待陞京職。先生出省北上，東次太華之麓，以需代者，蓋嘉靖辛丑正月也。先時西安、咸、長三學師生感先生之道德，裝爲烏臺風教之冊，積有詩歌焉以拜別。長安教諭楊英者，使學生張大政北渡渭河，請予序諸端。

涇野子謂之曰：「諸士子膠庠居而章句習者也，焉能知先生而爲之詩歌以序乎？」生曰：「涇野子不聞士尚志耶？凡先生之政，皆生輩今日之所願學，他日之所願行者也，豈待先生申其呫嗶以爲諸生之益哉！即庚子之大比也，其舉者罔不以爲喜也，其不舉者罔不以爲當也。罔不以爲喜，是長諸生好善之心者，先生也；罔不以爲當，是堅諸生懲惰之心者，先生也。先生若久于斯，雖古之『成人有德，小子有造』者，生輩亦可期而至之矣。況先生之于政也，刑賞必揆諸公，剌舉必求其當，施捨必合乎宜，予奪必歸諸理。宗室有善，必先以聞，有不善者，亦不敢盖其愆也。邊防有警，必先以奏，雖未至者，亦未嘗後其謀也。此皆師生得於聞見之親，以端其趨向之志者也。比于朔望之課教，旬時之賞勸，考督之激進，賚予之周給，其爲益也，不啻多矣。使先生而久于斯，雖使生輩有成德者，有達材者，皆可期而至之矣。」

涇野子曰：「先生之至此，凡問文也，匪伊異人以爲介。初問貢院記，使張訓導來；繼問賀松石公序，使謝府訓來；繼問書呂沃州卷，使王生紹美來。兹也之子又來，其言又若此，則先生之風教雖溢乎全陝，西安、咸、長三學尤其所親炙之

深者乎！予不可倦于辭而沒諸士子之初心。」

賀七峯方伯孫翁壽序

嘉靖辛丑，七峯翁生七十有六也，其外甥楊子時亨仕爲高陵縣教諭。正月之中，予嘗報拜年禮，拄杖而行，惰於跪啓，楊子曰：「涇野子反不逮吾七峯舅之爲健也。文泰孺時嘗受學於七峯翁，翁時攜之膝下，飲食教載不倦也。然翁率樓居，今年已望八旬，上下樓梯，如強有力者，無少懾懦趑趄，兒孩童夾持之，揮勿用也。若有遠方賓友書至，雖燈燭下猶能裁箋答作，字如蠅頭細密蔑潦草。」

涇野子曰：「審若茲，七峯翁上壽矣，予蒲柳之質也，安能望其萬一。粵自釋褐之日，已私重翁爲長者，行此雖數百歲可也。且楊子於去秋已請予爲壽翁序，予曰：『若翁之壽，予所願撰者也。』楊子隨以報翁，翁復書謝予，乃詳録其父家與楊子之祖交親履歷，並列張孔明所著序詩諸文辭，比之管、鮑、陳、雷不啻也。予覽而歎曰：『方爲翁作壽序，翁於己事頤吻末不一及，而獨備先世之德，如恐予之不良於鳴也，此其處心積慮，仁孝兼優，鬼神咸通，當其壽雖數千歲可也。』且翁自舉進士，内艱服闋之後，筮仕兵部武庫主事，歷陞武選郎中，選法嚴公，請托不行，凡襲替銓注，一主貼黃，雖本部堂上以及大冢宰有所囑授也，執黃以視，若不聞命。他日諸司偶觸聖怒，挐跪午門，被笞謫倅德安，無少怨悔。尋轉湖廣憲副、陝西行太僕寺卿，再轉湖廣右布政使，所至廉靜，而塞淵之心，詳慎之政，和緩之風，雖久且老不渝也。若乃恂恂居鄉，謙謙自牧，匍匐以惠宗戚及閭里，邑中三尺之童罔弗敬畏也。此其立身行道，不讓周、漢時之碩儒名卿，自可長視久履，壽考無期矣。宜其言則古昔稱先人，行則舉步示兒孫也。」

翁諱鳳，字鳴和，初爲洛陽人，後隨父入嵩，遂爲嵩縣人。三月二十三日則初度之辰也。

典膳忠菴任君七十七壽序

典膳任忠菴者，蒲郡之巨族也。吾邑司訓張南圃者，蒲郡之名士也。忠菴有子曰道，年將弱冠，治詩書，肄文學，求其師未得其人。當時南圃以周易名蒲坂，忠菴又素交于南圃，乃歎曰：「非南圃無可以爲道兒師者。」遂齋戒率道執贄謁南圃，師於門下，以供灑掃役。自是忠菴與南圃情日厚，往來日相密者，將四十年也。及忠菴之既七十也，南圃已爲高陵司訓矣。忠菴之表弟王邦禮者嘗曰：「吾任表兄性素至孝，父嘗患疽且危，數禱于天，求以身代。未幾，疽愈，人稱孝感。先是家事寥落，表兄奮志，商遊垂四十年，卒致潤屋。及後與異母兄弟析爨，中分貲產，略無難色。族兄端孤貧無依，表兄生具服食，卒治棺斂，恭敬之心，久而不替，雖鄉人楊綱氏者，亦多所資庇也，表兄致行篤厚如此。今七十有七，望八十不遠，不一壽之可乎？且邦禮方遊業於三原，去高陵甚邇也，南圃先生既司訓於高陵，交宗伯甚稔也，今之問壽文者多之宗伯，表兄且上壽，邦禮可不因南圃先生以問宗伯乎？」南圃既枉問予，且曰：「忠菴素好詩禮，早遊江河，雖大冢宰丹徒楊公、少司馬榆次寇公、大諫議首山史公、大司馬南澗楊公皆素敬之也。」

涇野子曰：「丹徒嘗提學關中，予以師禮者也。榆次，予在京師時同窓學者四五年，合志友也。首山，遊太學日居雖室遠，不三五日，不一會聚也。南澗，素交於蒲、解之間，今且提督三邊軍務。予雖病處山林，亦爲治生也。夫丹徒、榆次、首山、南澗，皆當代之名卿大夫也，然皆知敬乎忠菴，將非忠菴之孝友誠慤有以取之乎！然則忠菴之壽，雖數百歲未可量也。」遂書歸南圃以贈忠菴。

大司馬南澗楊公家世序

南澗先生蒲州楊公位至兵部尚書兼督察院右都御史，總督陜西三邊軍務，保乂王家，威行塞外，乃自念曰：「今日所至，豈守禮一人之力哉？實祖宗積德所致耳。」遂撰楊氏家世，托枏序之，蓋嘗有一日之雅也。按狀：公之高祖諱敬，先世爲山西霍州白道三里人。勤儉持家，散粟濟貧，鄉黨稱爲楊佛兒云。勝國末，避兵南陽，生有四子：純、謙、誼、整，皆讜直方正。明初，建設保安州，詔民充實給業，免差三年，遂編籍焉。然四子者，又能周飢賑乏，人皆以「太公」、「二公」、「三公」、「四公」呼之。二公性復淳雅，不與人忤，日惟力田誦經，遠邇愛敬，曰「大福人」也，即公之曾祖云。生二子：曰琳，淳厚明農；曰璀，聰慧警敏，日習經史，俱通大義，嘗爲庠生，貢入成均，後授陜西蒲城縣丞，廉直不阿，遺愛在蒲。致仕歸籍，以保安之近邊也，過蒲喜焉，遂移居之，不復再仕，保安產業留讓琳子，乃獨開家于蒲，是即公之祖，誥贈右副都御史，配吳贈淑人者也。爰生公父通及叔道焉。通仕至鞏昌府通判，後以公貴，贈官如蒲城先生云，人於是稱贈公爲鞏昌先生，所配高氏贈淑人，次室李氏封太淑人，即公之生母也。

鞏昌先生初治尚書，大有聞譽，五舉不第，援例胄監，後授陜西苑馬寺長樂監監正。外艱服闋，改授陜西按察司經歷。當是時，方伯王公衡與巡按李御史鸞訐奏，被逮錦衣獄。事明復職，陞順天府薊州同知，委勘皇莊，亦逮錦衣獄。事明復職，尋陞陜西鞏昌府通判，又忤宦官劉瑾，繫錦衣獄，一年始釋。足知素履剛正無私，廉介寡欲，三罹大獄而俱免，一貧至老而無求，乃又承先世之積，發奕葉之光，宜有大司馬公如今日方隆而未艾者也。鞏昌先生七十又六歲卒，生子七人：守仁、守義皆增廣生，而義應詔授儒官；其三即公也，以正德辛未進士筮仕戶部主事，累官至今位未已；守智典膳，守信增廣生，守廉、守潔俱所鎮撫。

初，佛兒避兵南陽也，雖生四子，純、整不嗣，二公生琳及蒲城先生，誼生二子斌、榮。後生子孫皆籍保安，其在蒲者，皆

蒲城先生之後。而鞏昌先生之七子者，守仁子一：廷鸞。守義子二：廷鳳、廷鶚，生員。公之三子：尹，生員；戶、凡。守智子四：廷豸、廷麟、廷熊、廷驥。守信女一。守廉子四：上，生員；止、立、直。守潔子一：平。子孫繁衍，員員其來，兩地相望，歲音不絕，真昭代公卿間所罕有者也。

昔漢于公積德行善，爲縣獄吏，決獄公平，自言多行陰騭，可高大門閭，令容駟馬。至（孫）〔子〕〔二〕定國果爲丞相，永（侶）〔三〕爲御史大夫。後漢楊寶行華陰山北，見一黃雀被鴟鳥所搏，墜地爲螻蟻所困，寶救之，取歸，置巾箱中，飼以黃花。百餘日，毛羽成，飛去。其後有黃衣童子再拜曰：「我王母使者，感君仁愛，授以白環四枚，令君子孫潔白，位登三公。」後寶子震爲宰相，震子秉爲太尉，秉子賜爲司徒，賜子彪爲郡守，四世三公，德業相繼，子孫仕宦不絕。然則公之先世，自佛兒散粟賑貧，不啻救一黃雀也。蒲城先生佐縣，無所妄取；鞏昌先生歷官通判，一貧如洗，則其所及乎人者多矣，而況於物乎！而公位大司馬，乃內省孔篤，約束甚嚴，論盈謙否泰之數，立驕奢損抑之戒，宜其子孫盛多，庭訓日新，比漢于、楊尤當過之，唐之崔、盧不啻言也。吾知司馬公攄忠報國，爲時名世者，蓋日懋而不已乎！

高陵縣志序

縣久無志，舊志雖美，亦多疎略。弘治辛酉，予忝鄉舉，即事斯志，往來京師，篋載以行。入翰林後，秦、晉之越歷，河海之奔馳，稿未或忘，垂三十餘年，斯編麤就。今春，學博楊子時亨以諸友之請，使數士來謄此稿，予以未真，不敢從命，乃懇以請發篋，與之謄。將終編，徐侯宗義請加諸梓，予茲固辭，門人楊九式等曰：「國家百六七十年，縣志不著，豈非缺典？

〔二〕「子」，據漢書于定國傳改。
〔三〕「永侶」，應爲「永」，據漢書于定國傳刪。

況遇明侯，欲行王政，多用教化，適今不梓，後復如先矣。」予始諸之。式等取而詳加校書，並增一二以答徐侯，而劉岸又手圖三幅，志益章章。

或曰：「志先地理，附以渠堰，何也？」曰：「昔在周、漢之間，井田既行，溝洫未廢，民食其利，故不頌豐年則稱陸海。阡陌既開，鄭渠名秦，白渠名漢，而澧、澇、灞、滻諸水，南灌羣塍，東漕支渠，亦因是以名也。厥後官雖設而他委，渠既久而或湮，地征如初，民力衰薄，故地理、渠堰，志復初也。」「建置之志，録諸公署耳。縣今裁減，丞簿不設，而局驛館院之録，不亦多乎？」曰：「清平鄉析於三原，孝義、安信、張橋諸里析於臨潼，縣如此其褊小也，而稅課猶舊，馬驢牛車之站猶給他地，民日滋貧，縣日滋罷，其誰省憂？故志建置以憫今也。」「祠廟而後寺觀者何？」「抑異端也。」「戶租、兵匠、物產通爲一志者[何]〔一〕？」曰：「兵匠之力，物產之財，皆出於戶租耳。」「洪範四五紀，五曰曆數，蓋有國者之所事事也，高陵小邑耳，而述曆數，不亦迂乎？」曰：「楊元甫懿〔二〕，元之大儒也，被徵史局，作授時曆，雖成于辛巳之年，實可千百世行之無弊也，以其縣人也，故述之耳。」「禮儀見行有儀注諸書，可勿抄略矣。」曰：「儀注雖本於集禮而未備也。又近年聖皇御製孔子祀典記說，未登會典，窮鄉下邑之士，安得聞之？以柟從禮官之後，嘗習聞於公所，故因而志之，不敢隱也。其附以縣俗者，且本禮儀以示經常耳。」「職官之考，亦[以]〔三〕存舊章也。官師之傳，秦公子市或爲君，漢趙周、翟方進或爲侯，韓延壽或爲左馮翊，采入官師，豈不濫乎？」曰：「事有關於吾縣者，斯志之。且去古則近，去今則遠，雖詳乎古，猶恐其或略也。」「人物之志者，凡以示(表儀)[後學]〔四〕耳。生乎其前者非一二人，然多不傳者，生如株木，歿如秋草，惡乎傳？」「傳之

〔一〕「何」，據萬曆李楨本補。
〔二〕「懿」，據馮從吾關學編當作「恭懿」。
〔三〕「以」，據萬曆李楨本補。
〔四〕「後學」，據萬曆李楨本改，嘉靖高陵縣志亦同。

者，言乎表表者耳，將爲後學所承式者也。是故長厚不如漢周文、張叔，端直不如唐于仲謐，博學守道不如元楊元甫，「孝廉不如今宋先生」[二]，皆非夫也。」「節婦亦人物乎？」曰：「男子不如婦人者多矣。昔有賢，後人且以女中堯舜目之矣。」「科貢恩蔭，正人物也，而又後之，何也？」曰：「自科貢恩蔭而能學道，即人物耳；不學乎道，是科貢恩蔭而已矣。」「則何以邸宅、陵墓終志也？」「王侯生曰宮邸，歿曰陵；大夫、士、庶人生曰宅，歿曰墓。故生有邸宅，則歿有陵墓；歿無陵墓，猶生無邸宅也。語曰：『君子疾沒世而名不稱焉。』凡以慎其實于生前也。」「原陵、偶陵亦名稱乎？」曰：「道雖不足，位則有餘，故事有以位存者，此之謂也，又以示執政者防微之意也。微不防，夷狄之中國，且陵墓矣。」[三]

兩淮運同靜菴韓公七十壽序

靜菴韓先生之七十也，誕期在夏六月，其子陝西憲副汝器得便差，將趨洪洞稱壽觴，曰：「猶幸及今冬爲古稀慶也。」且曰：「家君，忠定公之第三子，以易經登弘治乙卯鄉舉，禮闈累不第。正德辛未，就選授嘉興通判，以秩祿可養忠定公也。然專職水利，崇本抑末，杜息嚚訟，而又春行阡陌，農桑咸舉，撫按交薦，嘉興稱平。六年，陞開封同知，管理河道，仍拓嘉興之績，則曰：『行所無事者，智；與水爭地者，愚。予敢用私智以自鑿哉！』已而水循故道，民免昏墊，嘉績多於浙江，撫按屢登薦剡。三年考績，應獲殊擢，以偉伯方參陝右，而忠定公年已八十，遂抗章乞休，吏部覆題有『恬退孝養可嘉』之褒，陞授兩淮運同知，致仕。乃獲專養，晨昏定省，務得歡心。越五年，忠定公以壽終，鄉人雖稱忠定公厚得於天，而亦歸美家君孝養之力也。平居不履公門，不談官事，當倣真率故事，以爲長春新會。若乃賙貧拯急，睦族和隣，教子義方，鄉黨

[二] 「孝廉不如今宋先生」一句，據萬曆李楨本補，嘉靖高陵縣志亦同。

[三] 嘉靖高陵縣志後有「嘉靖辛丑夏五月壬辰涇野呂柟謹序」一句。

取法。而偉母贈恭人郭氏者，其母儀婦道，爲女氏準繩，尤家君之所刑于者也。隴右書至，方切古稀之慶，改官命新，適遂遊子之情。且偉得稱壽吾父足矣，地之美惡，職之繁簡，何敢計哉！所念北堂靈椿之篇，惟先生一語耳。」

予固以憂辭。則曰：「此偉西來東行之積志也。」乃言曰：「聞汝器今玆之改官也，止以然諾進退之細，獲少忤上官，諸僚勸之一揖笑開而已，乃堅執不從，曰：『官可棄也，揖不可行也。』至有今差矣。昔忠定公一給事九年而改，既參議八年而遷，後官至大司徒，謚忠定者，皆其不速於改遷之效也。汝器寧改差而不改揖者，豈非尚有忠定公之遺風乎！汝器洪洞之過，充此以壽靜菴先生，雖至千百歲亦有餘也。且往年講於鷲峯東所者，正若是耳。汝器乃能相信而不渝，則於斯道之高遠者且有望焉，況崇階峻級何足爲今日語耶！」

壽魏母劉太孺人八十序

去年辛丑之春，古厓魏先生巡按陝西，有事茶馬。時初入關，自華州過高陵，會晤之頃，乃言曰：「吾母劉明歲且八十，職事有間，因便獲省膝下，欲得涇野子一言以爲千萬歲祝也。且吾母初歸吾家，舅姑咸老，每五鼓興盥漱，以治中饋，饔飧脯蔬，身親洗腆，不委婢媵，雖有姑命，令少休息，益不敢怠。至於補綴絍箴，常執其勞。及吾叔亦治學業，吾祖以束脩之難也，時吾父已增廣生員矣，乃令以衣巾免業居鄉。吾母益事耕耘紡績，不辭其苦，雖於厚薄炎涼，倍知其味。及吾弟洪紹亦知學也，吾母伴二子讀書，多至更深。若遇時祭薦新及姑舅誕期，必先事供養，無少或後。其推食分羹，徧及家衆，諸幼雖或腮飧，亦勿倦也。」

涇野子歎曰：「古淑人慈母，道正如是。然則古厓之有今日，豈偶然哉！昔者陳嘉謨少號『小由基』，嘗爲知制誥，出守荆南。比回，其母馮氏問曰：『汝典名藩，有何異政？』答曰：『州當孔道，客以堯咨善射，無不歎服。』母曰：『汝父教汝以忠孝輔國家，今不務仁政善化而專攻卒伍，一夫之藝，豈汝先人之意耶？』以杖擊之，金魚墜地。後嘉謨感奮，勵

志仁政，官至卿相，與其弟堯佐、堯叟爲宋名臣，並鳴後世。夫嘉謨亦蜀人也，而古厓爲嘉謨之後學，習其休風久矣。況太孺人躬行於上，身率以教，而凡中饋之勞，蘋藻之潔，束脩之資，燈燭之相，自古厓及洪紹在學之時，固已舉先聖賢之道，訓之詳而誨之切矣。而古厓之爲御史，讜直不比，能行所學，爲時明諫。近在陝西，既舉茶馬之政，尤嚴舉劾之典，百辟畏其公，諸司欽其政，又不同于嘉謨初號由基，而陳馮失教于專精弧矢而已。然則魏太孺人之壽，雖數百歲未可量，豈陳馮之可及哉？」

僉憲康君曰：「古厓學趨孟軻，將望其母于三遷仉氏之間。」曰：「若是，太孺人之壽雖數千歲不啻也。」

送湖廣按察副使魏少穎之任序

初，魏少穎之陞知西安也，予方侍南禮，其同僚皆憂之曰：「子宜身弱而郡繁劇，恐不勝其勞。」予獨甚喜之。少穎時任總巡之差，其祗候僕隸人等皆稱曰：「隸輩事魏公甚謹，魏公語默動靜有威重，隸輩守其令，毫髮不敢犯，雖十西安亦有餘也。江南糧長環總司而望輸納者，日不下百餘人，其弊端杜而復穿者，雖鼬鼯穴不啻多也，然皆畏魏公不能弊。」予獨甚是之。既報有西安也，曾一言以相告，少穎艴然不以爲是也，當其意，惟知有道，不知有所謂長者矣。予獨甚重之。

及少穎之涖任也，民皆安其業，黠吏猾卒不得一擾乎鄉縣，周、漢之四民咸喜之。投牒換移，如取如攜，不俟更宿，有所告訴，必願以歸，隻錢升米，無所于用，周、漢之山林道路黃童白叟咸是之。嘗遇試士，專持大體，巧言不能行，凡經品題者，必居魁選，士誦詩書，咸樂其學。至宦邸澄清，湛如秋水，貨客利夫，遠遁千百里外，不敢一闖其門，尤人所喜談者也，周、漢之成人髦士咸重之。及其季年，時當饑饉之歲，又有師旅之虞，上官者謂陝城之東郭人煙輳集，百貨出積，非啻千室之邑，甚爲陝地要害，雖山西北郭不足以比，不可不急爲之城，然非吾少穎無可與托者。少穎乃陽爲土役之舉，因行賑濟之道，雖得民力，亦足民食，宛見子來之風，遂有金城之固，不啻陝人以爲千百年之利，凡晉、豫、楚、蜀、青、齊、吳、越，四海九州之仕

於關中者，無不咸敬之。以是知予初之喜重與是者，亦非徒然也。

及聞少穎之憲副湖廣也，予雖喜重與是，乃未及初陞西安之日。或問之，涇野子曰：「君不見黃次公乎？初爲潁川太守，百姓嚮化，孝子弟弟，貞婦順孫，日以衆多，田者讓畔，道不拾遺，養卹鰥寡，贍助貧窮，獄或八年無重罪囚，吏民鄉于教化，興于行誼。遂賜爵關内侯，黃金百斤，秩中二千石，潁川孝悌有行義，民三時力田，皆以差賜。及爲丞相，號令風采，不及丙、魏，功名損於治郡時。夫一次公也，始勤而終怠，先賢而後愚，人心之易變如此，則予于少穎初之喜重者，安得不深念乎！昔予之侍南禮也，與一少司空者爲隣，其人端謹周慎，每見羣公卿之疏闊自作者，則羨以爲大才必大用，於渠心有疑焉。一日詳以問予，予對曰：『詩云：小心翼翼，亹亹令聞。將文王非與！』司空深然其言。予懼少穎之不但次公也，故喜重少變焉。少穎不日進拜憲長、方伯，或巡撫吾省，以至卿相，必當戒次公之怨，而恒師純亦不已之學，則予之喜重與是，以及天下人之咸敬少穎者，豈有替哉！」

時乾州判官孫由義嘗以賢能受知少穎，言于上官，得調署長安篆，又知少穎治郡之詳，于其行也，請予序。予遂以素所知者略言之，且望少穎無如次公已也。

贈雙仲祥陞鎮原縣序

成都雙仲祥會試不第，以母老，思就學職，吏部奏署朝邑教諭。涖任端謹，身率士子，而又勤於訓誨，各督修其業，英敏者尤知嚮往于上。方越三年，即舉二士，上官稱績。他日聘典浙江文衡，收拔皆知名士。既已，復任陜省，藩臬無不稱賢，至動撫按交薦於朝，未洽二考，得陞鎮原知縣。先時，巡撫洪洋趙公請大光祿谿田馬公及予同修陜西通志，以仲祥數人分理其事，因與仲祥數會聚切磋焉。仲祥將行來辭，因問別言。時高陵徐侯，仲祥之鄉人也；呂二司訓，仲祥同事修志者之友也，皆執軸爲仲祥請贈言。予以憂病辭不獲，乃具蔬果以餞仲祥，適有遠使來投書。

饌畢，將餕羣僕，仲祥曰：「可先勞遠使。」予按箸歎曰：「即此頒餕一事，舉鎮原如拾芥耳。且予嘗舉孟子之言『善政不如善教之得民』，頒餕之政，豈非自善教中來乎！今夫貴者，人知其高爵峻階而敬之也；富者，人知其積粟累金而敬之也；篳門圭竇之微，輿臺僕隸之賤，人孰不知其可忽而輕之也。若乃於貴者導之以分，富者導之以禮，微賤者導之以各輸其力，雖至於負薪畚土之人，而重任、輕任之分並亦若較然不差，非仁人君子不能也。社祭之均肉，里宰之細事也，陳平至以致相而成功名；羊羹之享士，口腹之微物也，華元氏至以失人而敗宋師。若仁人君子之心，又非以成敗利害計論也。于此有冕者焉，雖少必作焉，雖過必趨焉，不敢慢也；于此有瞽者焉，雖少必作焉，雖過必趨焉，不敢慢也。宋儒楊中立以此爲夫子一貫之道，而予嘗謂『逝川』之語，則以爲夫子『不舍晝夜』之學與文王『純亦不已』者同也。仲祥於頒餕之事能充之而不已焉，雖夫子、文王亦可學，而況於鎮原乎！他日見知聖主，進拜臺諫以至列卿，施澤于四方，固其餘事耳。仲祥勗哉！」

仲祥名應麟，舉于四川高第。

涇野先生文集卷之十四

記

雲槐精舍記

邑郊東后土宫，槐樹匝陳谥塘，老者一二百歲，少者九十歲、七八十歲，孫槐蓬生不筭，虬枝蟠幹，矗入穹窿。二月迤徂，肆發葉稠，晝蓋日，夜映星月，時與涇雲渭霧縈綰綢繆，接秋花開十里，外望之黄如金山。長夏居之，不知酷暑，風雪交零，宛非人世，時有奇羽靈禽，棲鳴其上，如鼓笙簧。殿西有屋，蔭當其下，聚徒結廬，曰雲槐精舍。屋凡三楹，蕭然面渭，討論古經，言萃於斯，曰講經堂。堂含二室，東室曰仰華軒，西室曰望河菴。華，秦華也；河，大河也。翼堂西面而列者，十五椽陋室也。室卑淺，傴僂而進，成以十五椽焉。邑士不得居，有異地者，去來續居之，又曰廣居。廣居西徂二仞，古有甎井，甃而汲之，用給乎硯穎，灑掃洗沐，曰文藝井。井薄南序，棄地二尋，縱横畫畦，種以諸色菊本，秋來花發，紅白碧紫，爛然幽香，坐讀其塍，舍書吟哦，執友訪談，多槩於斯，曰菊畦。

董仲舒祀田記

新昌劉君讓判兩淮鹽，莅政四年，奉身自計，乃捐常秩百金，買田於江都，當靑草沙，爲方二十畆，募民佃種，年征租錢，

儲於丹廩，貿物供簿正，春秋祭漢董仲舒，祀事孔明。新昌當官，可謂知重矣。董仲舒，漢醇儒。孔子明先王之道，志在春秋。春秋，孔子之政也。七十子衰，田方、吳起、馯臂、禽滑釐之徒接受孔門，各成其私。於是蘇秦、張儀、犀首、周冣、韓非、申不害之徒變機相軋，攘聖人之道而亂之。鄒人孟軻闢邪說，明春秋，以尊孔子，莫能行也。秦、漢之間，厄斯甚矣。董仲舒一師孔子，進退容止，非禮不行，學士咸師尊之。建元初，對策言春秋大一統，宜純用孔子術，罷諸治申、韓、蘇、張之言亂國政者。自是邪說滅息，統紀一，孔子之道大明於世，自董仲舒始。然武帝不能用也，乃令相江都王。江都，驕王也，化。又令相膠西，猶江都也，亦化。足見其用春秋之道矣。故劉向以爲王佐，管、晏弗及也。呂步舒傳其業而不知，公羊高發其指而不精，故君子之道鮮矣，故崇君子之道者亦又鮮矣。又曰：「廣川，董子故里，膠西亦江都也，亦有如新昌之舉者乎？詩曰：『于以奠之，宗室牖下。誰其尸之，有齊季女。』夫天下郡縣皆祀董子，董子享不享。」戊辰十月。

悔齋記　爲崔子仲鳧索作

涇野子曰：「君子之志於道也，其求己也，惰悔，銳悔，歇悔，泄遺悔，欺悔，襲悔，迂悔，冶悔，漫漫爾悔，執執爾悔，沾滯爾悔，粥粥爾悔，束束爾悔，自是悔，自晝悔。其處人也，亢悔，軟悔，慢悔，諛悔，矜悔，譎悔，可詒也悔，隨悔，忮悔，求悔，觸觸爾悔，訐誣乎人悔，狎侮於人悔，毀悔，譽悔。其求權也，重悔，輕悔，高悔，卑悔，隱悔，露悔，進悔，退悔，同悔，異悔，既過而悔。悔無悔者吉，不悔者凶，數悔者憂，憚悔者吝，更悔者勇，滯悔者懦。吝懦近凶，憂勇近吉。憂存明，勇存敬，明敬存乎志。」

雒氏重慶堂記

正德四年五月，三原雒仲頫西歸，言曰：「昂父今年生五十五年，昂母少三歲，俱壯健不老。昂王父少王母二歲，王母生七十九年，俱鮐背眉壽。孟子曰『父母俱存，一樂也』，昂父母、王父母俱存，昂樂矣。請爲昂作重慶堂記。」曰：「人之有此一樂者亦多矣，胡孟子言之難，吾子知之深邪？人少不知學，長而無聞，不足爲父母喜；又其甚者，邪侈頗越，蠱心毒身，仇戚賊黨，爲父母憂。此雖父母存，又何樂之有？故孟子次第三樂，言必得二樂、三樂，然後爲能知一樂也。卜子夏曰：『禽獸知母而不知父，野人曰：父母何筭焉？都邑之士則知尊禰矣，大夫及學士則知尊祖矣。』子固宜勉於孟子之言也。子質明而志美，溫恭抑遜，執事不屈撓，言必求法道，行必求法舉，復大徧博經史，良丈夫也，子固宜勉於孟子之言矣。故曰：『誰其基之？惟祖之績。誰其成之？父母如天。式穀爾子，克敬二人。式穀爾孫，爰篤于祖。』故不敬其父母者，是無子者也；不敬其王父母者，是無孫者也。故君子愛其父母，以及人之子；愛其王父母，以及人之孫。」

羅節婦陳氏記

大庾王廷和曰：「雩都人羅鎬，予故與交。鎬父世序娶於興國人陳處經之女，爲節婦陳氏。陳氏生十七年，即能婦人之道，用幼所習孝經、烈女傳以行，乃畢宜於羅氏。世序生三十二年死，陳生二十五年也，亦欲從世序死，姑日閑之，得不死。乃曰：『所恧於羅世序者，有如青天。』乃自是不務膏沐，以終身也。二兄公相繼亦死，人曰：『舅姑耄耋，兒弱，兄公且皆死，靡所依矣，盍渝也？』曰：『嗟哉！斯正妾罄節之日，渝不忍也。』舅姑又且繼死，人又曰：『復誰爲哉？爾

子自當克家，盍渝也？』曰：『吾志已在蒼蒼矣！』乃督鎬兄弟力田務義，以勿替於先羅。今且六十有一年，大志果考，蔑有瑕纇，縣省以聞，獲旌其閭。」太史公曰：「於休哉，此婦人也！懿德貞行，烈如金石，志對青天，自求多福，老而彌堅。共伯之妻，有華衞詩；文叔之妻，諸曹氏有餘辱。夫陳也，世序資之以明夫，鎬資之以明子，羅陳資之以各華其宗黨，豈直已哉！經曰『人性善』，『人皆可以爲堯舜』，果哉！」己巳春。

秋山記

永新人賀醫居秋山，乃自號「秋山」。秋山者，禾山也，禾山者，永新之西山也。醫姻吳工部曰：「永新之南，綏原巃嵸，隋屬鵝嶺，秀特如繪。綏原之東，龍頭削立，雙巽文筆，相顧拔地，情若昆弟，又曰義山。我嘉樂之，潔己皆不名，何取於秋也？」醫答若曰：「鳥各有止，人各有嗜，得止乃寧，得嗜乃豫。嗜竽者薄瑟，嗜玉者薄碔砆，嗜賄者薄身，嗜誼者薄物。夫秋山，以著介嗜也。夫顏瑯邪，唐之烈丈夫也，宴遊於斯，耽樂不棄，溪上懸厓，手澤存焉。永新諸山，誰敢與並？我嘉樂之。夫秋山，以著介嗜也。」涇野子曰：「山川之靈，爰降俊豪，明德君子，增芳山谷。首陽拳石，如金如玉，貪泉洋洋，渴者不酸。故君子閱諸其外，責諸其内。不道而華聲，識者恧焉，稱以泰山、大河，奈何哉！」己巳夏。

吳氏繼善堂記

繼善堂者何？桐廬吳楷之所構也。堂何以言「繼善」？繼善慶堂也。善慶堂者，吳楷曾王父之所構，寧陽侯某及今尚書之所扁也。二公何以扁此堂？嘉吳楷之曾王父也。何嘉？爾能犒王師也。正統末年，閩寇方興，二公提師，道越桐廬，吳楷曾王父能犒之爾。然則楷之繼之者，奈何？曰：「犒王師，似忠；有華於前人之閭，似孝。繼其忠，則知所以爲

臣；繼其孝，則知所以爲子爲孫。」己巳冬。

徐生壽親記

呂子曰：「君子之於親也，愛之而已矣。君子之愛親也，壽之而已矣。夫壽親有三道焉：得其上者之謂聖，得其中者之謂贤，得其下者之謂才。」張詩曰：「何謂也？」曰：「壽其德者，萬世有辭，金石同其堅，日月齊其明，非聖而能之乎？壽其齒者，順厥考心，身其康強，年越其度，非賢而能之乎？壽其業者，箕裘不壞，爲他人有，非才而能之乎？故聖也者，盡性者也；賢也者，盡情者也；才也者，盡力者也。」詩曰：「世有子，非聖賢與才也，而親年九十百歲者何？」曰：「生而不長，沒而不聞，辟之草木，當秋而殞，雖謂之不壽，可也。」曰：「古亦有子，誠聖賢與才也，而其親凶短折不壽者何？」曰：「爲誰？」曰：「孔子少孤。」曰：「何以知之？」曰：「聞之禮云：問于五父之衢，葬叔梁紇于防云。」曰：「若然，雖謂之壽，可也。不然，何吾子生千百載之下，尚聞之邪？故自是者則欲夭其親善，自奉者則欲夭其親齒，自敗者則欲夭其親業。三者，鳥獸之道也，然而違聖賢與才亦不相遠矣。故能不自是，則可以作聖；能不自奉，則可以作賢；能不自敗，則可以作才。」己巳年月日記。

瑞諼記

史暘逆母陸氏上元奉諸京邸。初，母哭先太史公喪明，左劇，如燕不能北。寒恒榻火，并夷右目。宿醫，醫皆曰：「公母瞽，弗醫。」暘涕泣樹諼曰：「諼花母瞻。」諼二年不花，暘徧索國中醫，晉人侯生號金針于國南門。庚午夏，宿生，生曰：「生剌瞽，須臾見，三日視，七日遠，四十有九日息，恒弗渝。」暘徵生，生坐母幽室，啓牖，金箴入，皆旋瞳子三，弗隱，

雙視俄炯然，曰：「汝暘也。」須臾，時諼花如赭階下。乃闔目昂寢，綃玄菽加目上，滴水沃菽三日夜。四十有九日，出幽室，以視物，猶童子目也。乃八十滋健，受太孺人封。初，暘家樹龍爪數年不花，戊午秋，莖突然起，花繁碩，暘舉應天。戊辰正月，家折梅插瓶，無本也，二月花，三月實，暘及第。暘友柟曰：「龍作雷雨，膏澤天下，戊午花徵也；梅實調鼎，戊辰花徵也；孝子思忘憂，庚午五月之花徵也。故君子欲下膏澤以調鼎，存乎孝。若是，太孺人烏乎不悅？悅則康，康則壽無疆。」庚午四月。

紹文堂記

紹文堂者何？無錫俞諫議泰之堂扁也。堂何言「紹文」也？紹前人之文以示之後耳。始祖貴四，早嘗草昧，抱經而隱，其文樸以靜。曾高祖安一，心主忠信，身行謙退，誣入尺籍，以德而削，其文恭以孚。高祖德惠，學究經術，官舉人才，遭世不靖，未竟厥志，其文默以烈。曾祖宗海，抱痛讀書，未獲永年，其文儆以恪。厥祖友梅，篤于修己，不求人知，恭而有禮，沉而有容，耄耋稱道，不改其初，俞氏之孝，誕弘于兹，其文敦以確。厥考味泉，厭飫經史，旁疏諸藝，凡所諷詠，自情而發，從遊百數，多底於成，爰及厥弟，亦克有立，其文博以達。

然則何貴四、安一云爾也？曰：名字也。友梅，別號也，宗海之子恭也。味泉，亦別號也，友梅之子謙也。紹文而始於貴四者何？俞本汴人，宋氏南渡，始籍無錫，其譜亡矣。貴四當元始，有考焉爾。何以不及支派也？諫議實生於味泉，自紹文而言，貴正宗也。然則諫議之紹之者如之何？質直而不固，斯可以紹樸靜矣。蚤舉甲科，拾遺瑣闥，積誠而動主，言必中會，竭力回天，罔或頗越，斯可以紹恭孚矣。篤而定，斯可以紹默烈矣。昂霄淩雲，斯可以紹儆恪矣。報國如家，守學不渝，斯可以紹敦確矣。糾率寮寀，共濟舟楫，敷時休德，種此四方，斯可以紹博達矣。」癸酉。

重建米脂縣文宣王廟儒學記

延安米脂縣文宣王廟及儒學舊在上城，卑隘不足以奉先師、業士子。弘治壬、癸間，陝西提學副使今太宰楊公乃令知縣徙今下城，建大成殿，五楹南面，碧瓦鱗次，重楣藻棁，疏甍丹楹，朱壁塗。東廡、西廡，皆北上七楹，文牖丹楹疏闌，朱壁塗。戟門在二廡南中，南面三闑。丹神庫在戟門外東序，西面三楹。神廚對庫在西序，三楹丹闑。欞星門在庫廚南中，南面三闑，丹黼桷，朱壁塗。明倫堂在大成殿北，三楹，背面以山，堊壁塗。畫楝、文檎二齋，在堂南對列，如廡之在殿也，東西皆三楹，黝闑牖，東廒四楹。東齋在西號舍，東十有三楹，西有十三楹，西齋在其東。庠門在二齋南中，南面，一闑黝縣扁，堊壁塗。建射圃焉，步方六十，廳三楹，在庠東。

正德七年夏，延安知府趙君楫曰：「米脂初無舉人，學建而舉，高堂楊公之功也。」予曰：「先生作學，誕不止此。夫聖人之教有四：舉文則道明，舉行則性盡，舉忠信則道定而命能至矣。窮益於鄉，達澤於世，聖人之道，茲用有光，是作者之意也。」

劉侯戮虎記

華人曰：「華南山六虎，伺逕咥人，莫敢攖。道路蕪蕪，二年旱。知州劉侯憂之，祝神，召虎人逐虎，布穽網。一日獲虎二，山興雲，虎至庭，雨。又布穽網，一日獲虎一，山興雲，虎至庭，雨。又布穽網，一日獲虎三，山興雲，虎至庭，大雨。咸戮之，鹽其肉，以食人，南山平。」華人又曰：「劉侯芟暴，猶戮斯虎也。」涇野子至華聞之。正德七年十月記。

重修華州治記

正德壬申春日惟吉，華州太守鑫吾劉侯錦鼎緝州宇，爰遵故趾，據渭面華，乃六州堂，寔惟五楹。州堂前楠交厦，南面，合掌而張翼，中虚四達，以爲堂首。庫當堂東，南面，祇藏鸞輿。廳當堂西，南面，州幕涖焉。吏廊東在庫南，西面北上，西在廳南，皆十楹。儀門在吏廊南中，南面三闑，内樓二，外樓二，夾陳而列，以冒四碑。譙樓在儀門之南，三楠。小樓在譙樓二耳，左居鐘，右居鼓。廡在左小樓之東，楹四十箇，有祠焉，以祀天駟也。右小樓之西爲狴犴，右之獄神于是乎享之。理事所在狴犴之後，大門在譙樓之南，南面三檼。稅厦在大門之内，北面十楹。作復堂焉，曰退省，在州堂之北，南面五檼。四第在復堂之旁，一曰郡守之第，二曰郡貳之第，三曰郡判之第，四曰郡幕之第。吏舍在四第之東，楹六十箇。榜舍在先門之外，十楹而右。旌善亭在榜舍之東，南面。申明亭在右榜舍之西，南面。徙預備倉於州治之内，倉西草場也，故曠地，立少華書院焉，乃新儒庠及陰陽、醫學。

夫堂也者，明也，君子以明己而明民焉。廳也者，聽下之情以告上也。君子將營公署鸞輿爲先，故庫在東。厦者，夏也，大也，於是乎大以立政也。門，問也，聞也，君子以問，小人以聞。樓碑，重德也。譙樓者，嗚樓也，以嗚俗而治之也。有鐘鼓者，貴令聞也，君子而不仁，則凡聞鐘鼓之聲者，疾首而蹙額矣。祀天駟以奮武也，享獄神以明刑也。退省者，退而自省也，行有不合於民者，於是乎思之矣。第也者，地也。亭舍倉庠，皆治之目也。故君子居堂則思明，至廳則思聰，遊厦則思寬，出門則思問，視碑則思後，登樓則思危，振其鐘鼓之聲則思實，奮武則思文，明刑則思仁，燕處退省則思過，居第則思不愧於其地，覩目則思綱。故君子視真而聽令，端本而不墜。於是百姓懷，鰥寡無盖，安土而樂天，衆目有條而畢舉。

登真觀記

涇野子曰：「幾也者，君子之所重慎也。故審幾者賢，見幾者聖，知幾者神。虛哉，老子之於幾也！何其肆焉而不審乎！老子之道，可以自守，不可以及人；守可以自庸，不可以及人庸。自守則鉅，人守則孤；自庸則行，人庸則塞。故老子之於幾，未同焉耳。故幾正而動之邪者，有矣；幾未正而動之不邪者，未之有也。」

或曰：「老子之於彝倫絕乎？」曰：「未絕。故論子孫祭祀不輟，言父子夫婦也；以道佐人主者不以兵強取天下，言君臣也；先後高下之論、主客之辨，言兄弟賓主也。故違吾儒雖異，其不同者寡也。今其徒之於老子也，守五病而又滋之以五異焉。夫絕仁之義，去父子矣；絕聖之義，去君臣矣；絕義之義，去兄弟矣；絕禮之義，去夫婦矣；棄智之義，去賓主賢否；是謂五病。戊己黃芽之徒，完真之異也；禳災祈祥之徒，應附之異也；五金八石之徒，丹客之異也；叱風呵雨之徒，術士之異也；周章化緣之徒，遊方之異也。故五病興，其徒無完人；五異興，其教無良法，其幾使之然也。故易曰：『差之毫釐，繆以千里。』故君子不可不慎其幾也。故孔子之言，遠如天，近如地，履之而實，測之而廣，其敝寡矣。老子之言，惚如夢，恍如影，捕之而無實，取之而無用，其行寡矣。」

曰：「老子之教可以治天下乎？」曰：「可。『一曰慈，二曰儉，三曰不敢爲天下先』，於治天下也何有！」「老子之教可以治身乎？」曰：「可。如『五色令人目盲，五音令人耳聾，五味令人口爽，馳騁田獵令人心發狂』，於治身也何有！」「然則何以病於其幾也？」曰：「孔子曰：『擇其善者而從之，其不善者而改之。』」

登真觀楊崇曉修老子宮成，記于是，以觀趾功次記碑陰，以講老子之道記碑前。

河東書院記

正德甲戌春，御史安陽張子仲修巡鹽河東，官吏革慾，商民胥悅。夜讀書，晝誨諸河東生，乃從官司之請，作河東書院于上曲。於是諸車人、店人、牙人願獻木石暨力，諸工師願獻能，諸園藪願獻厥植。乃選義士命理，乃築堵周七十雉，乃作先門三楹南面。北渡石杠，儀門三楹，又北講經堂五楹，阿棚前南面，層階雙桐夾階，桐外有二松，夾陳皆松栢苦槐。東爲崇義齋，五楹西面，西爲遠利齋，五楹東面。碑亭二，在二齋南，南面。齋負序，序交儀門之南墉。儀門東，東號門南面。東號門而北，東上號門、東中號門、東下號門，皆西面北上。東序在其前，三號皆南面三楹。自門折道以登，其旁皆夾樹，下楸、中槐、上桐，背階二梨。其夾階也，皆茨栢。號皆有廚二楹，在左西面。儀門西，西號門南面。西號門而北，其制如東號門，而北表二門，皆雙楸。退思堂背講經堂北，五楹南面，二槐夾階，茨栢在其南。四教亭在堂北，亦南面。堂東偏南下爲左曲房，西面，其後胥人房。西偏南下爲右曲房，東面，其後隸人房。西墉之西，東墉之東，蜂房皆四區。

四教亭北築閣構樓，曰書林，上祀三晉名賢，側藏籍。其林帶水爲環，池如圓璧，以種蓮泛舟，曰「天光雲影」。又北爲亂石灘，灘北爲山九峰，中峰曰仰止。亭東曰杏壇，西曰桃源，旁皆甃井，曰源頭。四洞先後山曰遊仙，蓮池在山後麓，巘岫巒岩，皆有茂木縮霧縈雲，故左曰豹變，右曰鳳鳴。自環池，東爲石榴園，日心亭，西爲蒲萄園，月種亭，皆背松棚，鞠籬見山。在山北西面，亭曰悠然；其後牡丹園，亭曰麗景；又其後紉蘭園，亭曰予珮，皆西面，竹逕通幽。在山北東面，亭曰綠猗；其後茶蘼園，亭曰微風；又其後籍草園，亭曰一般，皆東面，亭皆南面。自仰止山後，歷青楊而北，爲遊息亭，又北爲百果園，其山北東麓、西麓皆甃井，槐亭，轆車上水，潛山翼流，南過源頭，又南會于亂石灘，又南匯爲環池。環池東南閘

（滾）［流］〔二〕過東蜂房，南縈東號廚，至東號門之南，東匯爲方塘，西會西流于石杠。其西南閘流亦如之。又北（滾）［流］〔三〕分灌山後諸園，至於百果。

故君子入先門則懷德，瞻儀門則正履，視碑以懼後，居齋以齊心，陟崇義思入神，降遠利思窒欲，升講經堂思考業，處退思以防過，守四教以存誠，仰山以樂仁，覽水以樂智，覩蜂房以思義。仁且智與義矣，斯周德。日心忠也，月種順也，忠順不失，斯見歲寒不凋之節。故松棚在其後，松棚者，與松爲朋也。是故歷亂石灘可以知險，登書林樓可以知危，遊杏壇以述古，訪桃源以濟世，憩悠然以正出處，閱麗景以觀造化，撫綠猗以成圭璧，賞微風以識乾坤，若是乎，可以遊息矣，故遊息亭終焉。譬諸草木，既爾斯果矣，百果園又終焉。

鎮鄖樓記

邢臺人王君震太守鄖陽四年矣，胥吏法，百姓安，盜寢無事。乃正德甲戌春正月，以鄖中譙樓先火，乃築基如闍，甃以甓，洞門橫達，門涂方軌。基廣七筵五分，筵之三。深以五筵，崇二仞旋楹其上，二十有八箇，崇四尋三分，尋之一。復檐連甍，重栭累節，丹牖朱欄，虎軒翬桷，處此鐘鼓，以告人晨昏。夏六月落成。初，撫治鄖陽都御史劉公琬肇建斯樓，名以鎮鄖，後合肥人張公淳、東平人王公憲相紹撫治，咸符劉志。太守克承其下，斯樓乃考，乃使使二千里取記。

史氏高陵人呂氏曰：「斯樓，木石積也，惡能鎮鄖哉？諸公托言耳。往年趙鐩諸寇劫掠竹山，鴟醜西侵竹谿、房縣也。鄖雖東有方城、黎子礐，南有天馬，西有九室、石門、黃竹之險，亦爾搖兀不鎮，矧斯樓也！當是時也，微太守守於下，

〔二〕「流」，據萬曆李楨本改。
〔三〕「流」，據萬曆李楨本改。

諸公續撫於上，鄖幾不有。鎮鄖者，其在諸大夫乎！故以慈惠鎮鄖，則鄖親；以紀綱鎮鄖，則鄖理而不亂；以忠信鎮鄖，則鄖慤；以禮俗鎮鄖，則鄖雍睦；以什伍鎮鄖，則鄖有勇。内不虞變，外不怵寇，斯鄖人瞻諸大夫若斯樓矣。不然，樓百丈高奚爲？昔者楚子商臣滅江、六、庸，爾横也，麇子師百濮次於選，楚人謀陟阪高以避。夫鄖，故麇也，我憲廟乃立郡焉，然隸荆襄，距揚越，通川陜，隣徐豫，四省之交，萬山之會，江漢之津，金錫之穴，流離之聚，風塵之所也。諸大夫之在斯也，其上者則克斯撫，其下者則克斯牧，豈惟鎮一鄖哉！斯皇圖之大賴也。不然，百姓聞樓鐘鼓之聲，固有蹙頞者矣。」

於是介者持以告太守，鐫諸石，又以告嗣治鄖者之諸大夫。

贈太師左柱國謚端毅史部尚書王公祠堂記

記曰：古者聖人之以神道設教也，自天地、六宗、山川、帝王，載在祀典，固以觀天下矣。又祀其先正之有勳庸賢能者於其鄉，所以廣教也。柟嘗習于王太師端毅公矣，豈惟可祀於其鄉哉！

成化初年，歲凶，劉千斤及蔣虎亂于荆、襄、南陽之間，河南、陜西、湖廣騷然矣。憲廟選於衆，使公爲右副都御史撫治之。公遂及平蠻將軍李震擣巢南漳，賊且潰，衆欲退保襄陽，公曰：「苟一舉足，襄陽亦不可保矣。」已而賊平。於是給牛田以業貧，發衣廩以恤孤，編版圖以安來，與符節以從歸，復守禦以振武，建關隘以禦暴。期年而襄陽、南陽底定矣。郭景、戎達鎮守雲南，太監錢能者之私人也，假勑入交，姦索金寶，遂啓邊釁，廷臣莫能往撫。時公已爲南京户部右侍郎，改左副都御史往焉。比至，首劾錢能之罪，郭景懼而殞井，遂沒金寶，獻逆獄，繫戎達，禁侵擾，嚴賞罰，綏南甸，伐羅雄，而雲南平。

我明衣食京師億萬之費，漕河耳。公嘗總理河道矣，其疏殺邵伯、高郵之水，纖悉備具，遂著漕河通志，雖百世可行也。昔者自景泰來，法司鹵於用律，人情未允。故公嘗論姦盜之皆削職，懲凶德也；論僧道及僧道官犯罪之同，律正本也；論運米、做工及煎鹽、炒鐵、充軍、伴儀、膳夫之皆開釋，廣詔旨也；論義勇、民壯、舍餘、勇士、力士及軍匠、囚逋者之皆免

紙，著同仁也。至於諫雲南之貢黄鸚鵡，閉邪心而杜讒也；劾王敬、王臣之取寶玩，端上志而蘇下困也；救給事中周紘，御史李興、張昺，布政劉福，知州劉槩，知府孫仁黎，求明存法也；諫出員外郎林俊、經歷張黼于獄，闢言路而攘異端也；論參議高禄、守備蔣琮，昭公道也；辨院判劉文泰，究姦邪也；諫逐繼曉，惡左道之惑衆也。孟子曰「法家弼士」，公非其人歟！

其初知揚州也，歲饑且疫矣，公曰：「吾惡在其爲民父母也！」乃嚴齋沐而禱神，省政事而責躬，發庾廩而賑饑，沮征科而綏下，制醫藥而療病，雖於其親子若弟，不過若是懇也，故揚人立頌德碑焉。厥後陝西、河南大饑，人相食。公時司馬南京，既奏開納米、納銀、度牒諸例矣。又奏諸湖廣、江西、浙江搬銀分餉，三省委京官以董振，且曰：「人一日不再食則飢，三四日不食則病，五七日不食則死，故救荒宜若救焚之棘也。」當是時也，三省之人民活于公者，奚啻萬萬哉！昔王賀活百千人以爲陰德，視公之廣狹何如也！

初，高皇帝以應天、鎮江、太平、寧國、廣德、鳳陽興王之地也，令其田官糧征半，民糧免；其後官糧十七，民糧十三。及其久也，民糧田率歸豪右，官糧田則細戶也，故數府之人貧富懸絶，莫能損益。公奏令官糧量減其耗，民糧亦少征焉，公私便而遠近悦。此於高皇帝之法，奚可謂不善守也！而又奏免蘇松、常鎮、應天、太平諸府秋糧六十有五萬，湖州府糧二十有六萬，其馬草亦邇是，而民莫之知也。世之致位通顯者，匿天變而不告，忽民隱而不恤，以爲固寵爾也，公曰：「惡用是人臣者哉！」是故蝗生開封、衛輝、彰德則乞休，彗見地震南京則乞休，沙飛晝晦裏河一路則乞休，地震毛生常州則乞休，黄沙災傷鎮江、寧國諸府則乞休，旱災應天諸府則乞休，京師地震則乞休。然每乞必自責，自責必懇諫，懇諫必求任賢、去奢、恤下、蠲税而後已。故其卒也，天變回而民心悦以安矣。

公舉正統戊辰進士，自翰林庶吉士出爲評事，歷知府、布政、左右副都御史、南京户刑部左右侍郎、南京兵部尚書參贊機務、吏部尚書。既已鞠恭盡瘁，所至建勳若是偉也；比其歸也，又以其餘力著石渠意見四卷、拾遺二卷、玩易意見一卷、詩文十卷、歷代諫議録百有二十卷，並奏議二十卷、漕河通志二十卷。其言近而達於理，實而適於用，大而關於治體，顧山

林隱逸纂艱深書，騷人墨客作浮華文，以駭世而諂俗者，真廢物耳。

祭法曰：「法施於民則祀之，以死勤事則祀之，以勞定國則祀之，能禦大災則祀之，能捍大患則祀之。」夫五者有其一，尚致祭而報焉，公兼有而俱懋，一三原之祀不足以爲公報也。然則都御史遼陽陳公之舉祠西安，同知太原楊君、三原知縣麻城鄭君之奉修者，其公祠之權輿乎！故柟既具應祀之績，又系之以詩，使有事春秋者歌訟焉。詩曰：

浩浩白帝，惟華之望。殞靈誕時，太師攸興。幹此帝室，四國是升。豈不令聞，銘于太常。一章。

板板倔黠，亂我荆楚。太師爰征，南漳是擣。既登穀鄖，亦奠襄武。哀此流逋，南國于舞。二章。

憲帝嘉止，乃烝太師。逖彼滇海，交人斯窺。波及羅雄，亦是潰其。太師爰赫，當道問豺。姦宄既伏，永奠南夷。三章。

凡厥有位，惟此庶民。太師秉心，慈介且宣。既鞠徐揚，亦拯晉秦。天降厥戾，黽勉刻身。無慮弗忠，無謀弗賢。膏澤爰下，四國攸均。四章。

昔先皇帝，既恭既哲，惟太師是說，乃建冢宰。姦蚩攸哲，訏謨孔靈。補衮之闕，越有娟嫉，公是滋烈。五章。

皇矣聖孝，敦禮維嘉。肇踐龍軒，寵存于家。公既雲遊，輟朝悼嗟。司空九祭，乃造冢阿。美矣陳公，建祠不那。史柟作誦，其風肆遐。六章。

上蔡先生祠講堂記

監察御史光山人王君相語柟曰：「史氏而知今少宗伯吾師上蔡李公之教乎？昔者吾師以翰林檢討、浙江提學僉事喪母而歸蔡也，吾汝人五六十輩者得事之稟六經焉。以固者達其變，以用者閑其守，以志者祛其邪，以法度者求其性，以會通者先其忠信。故今五六十人者，或貢焉，或舉焉，或進士焉，皆厭飫師程粲粲已。」曰：「教哉！憂而勤，其志遠矣！」

又曰：「史氏而知今大司寇藁城張公之政乎？昔者藁城公之知吾汝也，上蔡謝子之祠久且圮，藁城公加修之，作講

堂、書屋於其後，延吾師焉。故吾汝人之及師門，蓋藁城公登之也。」曰：「政哉！近而思，其良於先務乎！詩曰：『就其深矣，方之舟之。就其淺矣，泳之游之。』宗伯公之謂矣。詩曰：『于以采蘋，南澗之濱。于以采藻，于彼行潦。』司寇公之謂矣。夫謝子，程門之高弟也，某嘗習之矣。惺惺之法，以存心也；知命之論，以定志也；去矜之學，以知分也；師冕之說，以下學也；勢利外物之用力，以進德也；日用言動之爲課，以居業也；博學而反，以知要也；桃杏之仁、輪廻之私，以辨異也；覺以洞仁也；敬以屈禮也；烏頭之服，以自得也。是故心存而志定，知分而下學，進德以居業，知要以辨異，則足以體仁禮而自得矣。宗伯公之教，其務此乎！是以設科如是其善也。司寇公之意，其爲此乎！是以定居如是其切也。某也恨其時未及諸君子鼓篋並遊，以身見發揮謝子者如之何耳。然則行謝子之道於今日者，其在諸君子乎！夫然斯二公之教之政及諸君子之學於謝子爲不歿矣。」

於是侍御君取而加諸石，以示汝之來學。

少岷山記

少岷山者，蜀故安樂山也，在合江之西。三峯削立，十有二盤，絕巔如雲門，又如雉堞，古木蒼藤，棲霞映日。其南也，爲榕山，二石聳峙其巔，崒嵂巀嶪，曰乾峰。之溪自仁懷山來，縈少岷而東下，與月臺溪會其前也，入於汶江。汶江即岷江也，自茂州而來，乃過少岷山。蒙泉在少岷山中，無水，雩則獲水，獲水則雨。延真觀在山畔，居緇流，可以憩焉。初，地官曾璵讀書安樂，嘗出遊大岷，登青城、天彭，覽觀七十二洞，歷汶川，入盤龍，泉慈母，遂上雲山，數乳川、白狗之峯，西望煎氏，東瞰江流，朝宗於海，粵号牂泂，顧瞻隴首，返曰：「岷下山莫如吾安樂。」故改安樂爲少岷山，思終身焉。

涇野子曰：「昔漢何岷肥遯西充，肆今充有南岷山東石之志，柟故知之，豈惟何生哉？其使少岷與大岷齊名萬載乎！夫大岷連峯千里，江水出焉，東潤荆、揚、吳、越，北與崑崙、黃河爭功海內，少岷之志其在斯乎！」甲戌冬。

涇陽縣修城記

涇陽，西安壯縣，北據嵯峨，東峙唐原，西控小仲山，涇水自仲山而南以東，帶縣入渭，土肥而產秀，人豪而物明。歲久城圮，廳廟單外。乃正德丙子，知縣盧龍李君某、縣丞衡水李君某協恭營城，主簿滋州祖豆及典史陳玘乃作涇人役，築堵倍舊，月城、重門鞏固無前。初，唐太和間，涇流穿城以給民用，歲月漸湮，今亦疏行如昔。復作石渠鐵牖于水門，以障城垣，三月而落成。於是縣舉人劉直、魏弘仁，學生吳憓謁記。

呂子曰：「嗟乎，有是哉！坎明設險，豫急暴客，城郭溝池以爲固，禹、湯、文、武、成王、周公由此其選也。故莒廢巫臣之戒，不備渠丘，而楚浹辰克其三都。故君子之於城也，山之欲其奠也，淵之欲其池之邇泉也；鞏用瓴甓，規而礱之，欲其閎闢不褻也；矩之倍堵五分，其堵之廣，以其二爲敵臺，欲其遮也；幹用楝，楨用榱，汗楮如崩，堵花不凋，欲其（石）[實]〔一〕也；疏而不露，盾身而遐望，欲其隱而睥睨也；闉門不如里門，里門不如公門，公門不如廟門，廟門不如城[門]〔二〕。城門鴻則郭門如翕，城門褊則郭門如拒。故覩其郛郭，占其金城，以保者來，以寇者去，以叛者息，以貨者聚，以禮讓者歸。故厚如負黿，堊如塗蛤，欲其顯以遠也；飛樓厥巔，臥卒而頓甲，欲其崇以廣也。

柟聞之：烝城如霰，見晛曰消；石城如革，蟲蟻蠹朽；金城如木，火烈則爍；人城無比，萬年不破。若乃蕭、亳殺游，京、櫟殺曼伯，陳、蔡、不羹殺比，渠丘殺無知，蒲、戚出君，咎在過城。若乃堅城七十，齊取于燕；長城萬里，漢取于秦，咎在恃城。故君子仁以築堵，禮以闢四門，不貪以立四隅，安安以建樓，法以濬隍，文章以營雉堞，忠信以表楨幹，仁聲以大

〔一〕「實」，據萬曆李楨本改。
〔二〕「門」，據萬曆李楨本補。

郛郭。故郛郭洪，遠人格；楨幹崇，邇人安；雉堞明，下觀而繫；隍險，衆罔敢越；四隅介峻，厥威雷霆；門正，由之者衆；堵安，百姓聚；樓烈，瞻之者遠。」甲戌冬。

夏縣重修大禹廟記

正德十年，臨潼人楊樞子極知夏縣，大禹廟圮，樞重建焉，其規弘固于昔者（二十）〔十二〕[一]也，夏人問記焉。呂柟曰：「於乎！大哉禹乎！天由是明，地由是理，人由是定。兼三才而成之者，其禹乎！昔者孔子曰：『吾說夏禮，杞不足徵也，吾得夏時焉。』故至於今，行之不易也。劉康公[二]及趙武臨河曰：『微禹，吾其魚乎！』故至於今，履之弗溺也。箕子曰：『天乃錫禹洪範九疇，彝倫攸敘。』故至於今，從之弗能亂也。兼三才而成之者，其禹乎！」

時有修仲渠者與聞焉，問曰：「昔禹治洪水，手胼足胝，猶繼之以跛，余懼仲渠之難績也。」曰：「非然也。柟聞禹有九手，故不僂；禹有九足，故不痺。是故乘輴于北，朝岍、岐而暮至碣石矣；乘檋于南，暮沱、潛而朝過九江矣。今子以一手足而治仲渠，幾何不跌而跛哉！如於四海，吾見其沒子也。」「可得聞與？」曰：「吾聞禹之治水也，左鐘右鼓，前鞉後磬，夙夜縣鐸，故能以九州人手爲手，以九州人足爲足，是以不行而至，不疾而速，若是神也。書曰『禹拜昌言』，其斯之謂與！故舜有四目四耳，斯無爲矣；禹有九手九足，斯無事矣。傳曰『舜目重瞳』，『芒芒禹跡』，『經啓九道』，[三]蓋謂是乎！」曰：「若是，我知仲渠矣。」曰：「其然乎！柟嘗過玉市矣，一肆沽璞，一肆沽碔砆。有千金之客，睨璞而不顧，解

[一]「十二」，據萬曆李楨本改。
[二]「劉康公」，據左傳昭公元年當作「劉定公」。
[三]「芒芒禹跡」「經啓九道」一句，左傳襄公四年原作：「芒芒禹跡，畫爲九州，經啓九道。」

千金買碔砆以歸，以視玉人，玉人曰：『非玉也。』返則行矣。如常不識玉，吾懼子之入市而買碔砆也。」「然則奈何？」曰：「柟聞舜告禹曰：『人心惟危，道心惟微，惟精惟一，允執厥中。』故能知夫昌言也。」

於是夏人以爲發禹也，勒諸他山之石以爲楊子之知務。

重修學古書院記

監察御史嘉定程君以道在正德庚、辛間以進士初授三原知縣，庶政咸明，尤敦士習。憫學古書院之圮也，躬率富人，申爲修廣。乃殿乃枋，乃堂乃齋，乃建致遠，乃建上庠下庠，乃建名宦，乃建鄉賢，功績倍前，風俗且變。訖落成，被上命，遷今巡按陝西監察御史。南崖李君元白觀風三原，有賞斯役，乃立石構樓，以昭休烈，令三原君鄭君本恭問記焉。柟以憂三辭，教授申君偉躬懇之，則不獲已。

夫昔者柟之在太學也，秦知府世觀嘗言學古於我矣，李子敬之作也，義而勇；蕭集賢之記也，恭而則；王太師之復之記也，正而果；程悦古、許慎獨、馬雲岩三處士之教也，勤而法。悦古有雲陽志，雲岩有遵述録，慎獨之學獨不傳。嗟乎！學古之舉，其有所感乎！夫古之學不明，異端害之也。夫古之異端猶可闢也，後之異端不可闢也；古之異端猶異類也，後之異端則同讀古之書者也。是故懷術者稱權，記醜者稱博，諂俗者稱通，臨事含糊淹滯者稱處，談玄者稱高，治辭者稱文，蹈襲性命之言者稱理。斯七稱者，豈不皆學於古哉！以成德則不足，以妨政則有餘，誤天下蒼生者，皆此夫也，老佛其細諸。

夫古之學猶今之學也，語人以古之學，駭然以爲怪者，太卑者之見也；語人以今之學，蹙然不安者，過高者之見也。某聞之，苟學古人之心，雖行今人之俗，猶古之人也；苟存今人之心，雖讀古人之書，猶今之人也。故縫掖章甫，當時之衣冠也，孔子則用之，人不以爲同塵也；夏時商輅，前代之制度也，孔子則取之，人不以爲反古也。故紛亂之內有結繩，矛戟

之中有干羽，簠簋之間有汙尊。夫人莫不飲食也，不知其味，則雖嚼無虚口，終日不飽矣；人莫不奔走也，不得其路，則雖行無虚歲，終身無歸矣。若是，則書院雖曰「學古」也，與張秉氏三官廟奚異哉！昔之學古者，莫如仲尼，故曰「信而好古」，又曰「好古敏求」。夫信，則無二心，敏則有功，既信矣，又焉有不敏也。諸君子師于斯，弟子學于斯者，其求所以信之乎！知所以信焉，於學古也何有？若是，豈惟無負于諸作者、復者、教者哉！以道之修，元白之石，亦于是乎如日月也。

元白名素，以道名啓充。乙亥。

固原州行水記

正德乙亥，鎮守陝西等處右軍都督府都督僉事平涼趙公文祇奉制敕，駐劄于固原州。州井苦鹹，不可啖釂，汲河而爨，水價浮薪。朝那湫雙出於都盧山，左流州曰東海，右流州曰西海。西海大于東海，湛澄且甘。公及兵備副使景左議道入州，乃使都指揮陶文、指揮施範帥卒作渠，期月而成。襟街帶巷，出達南河，過入州學，匯爲泮池，池以石甃，面起三梁。於是農作于野，卒振于伍，商賈奔藏于肆，士誦于庠。學正李佐暨生員史暐諸人走狀謁記。

柟惟易稱井養無窮，先王以勞民勸相。夫慈深者策遠，見高者謀實，幾明者敦本，蔑敵者重守，流風者植芳。昔趙充國屯田湟中，先零、罕、開坐困俱降；耿恭際危拜井，而解疏勒之圍。公斯之舉，何可無之！今天下大鎮五，陝西有三。然榆林依紫塞，寧夏負賀蘭，甘肅盤合黎而據祁連。總兵各作一邊，長城自堅萬里。惟此固原雖裏，受敵實衆，矧八郡咸維，諸道攸通，三邊一隙，四寇豨突，漠漠平原，莫可扼遏，三輔爲之震驚。故元載議城于至德，曹瑋築軍于咸平，忙阿剌立路于至元。故將不作士，遭敵必潰，士不戀土，作之弗起，土靡嘉實，驅之不戀。公兹之舉，可謂授干戈于卒手，納忠勇于士腹。若夫誨孝弟，視衣糧，閑韜略，杜侵漁，簡什伍，嚴法選器，可由此以寢朝廷西顧之憂，誰云不然。

初，柟筮仕史氏，識厥兄斌于御史，宇岸洪遠，心竊雅重。已而擢貳京兆，賦政益新。由公視之，當誰兄弟也。昔漢張

煥、段熲、皇甫規、嵩叔姪，皆此西北人物，建功當時，史策高(上)[之][一]。由公兄弟視之，諸君子難專美矣。公滋懋哉！

新修劍州名宦鄉賢祠記

李白夫守劍州四年，拓城以據險，哀民以實州，開市以讐商，嚴賦以餉邊，籍兵以禦暴。則既增劍門之險矣，疑其非本也，乃復禁婚姻之瀆，申喪祭之典，斷質劑之弊，息鬻証之訟，罷誣盜之姦。又疑其非示久遠也，乃復崇孔明之祭，新兼山之祠，建忠義之廟。遂旁搜碑志，采摭羣傳，得仕於劍者之名宦五人焉：曰李德新頻，曰張文節知白，曰趙教授大全，曰陳光祖升卿，曰禹狄道祥。得生於劍者之鄉賢七人焉：曰景漢伯鸞，曰李巨游業，曰李養正逢，曰王孝子讚諦，曰文博士同，曰王清虛山人省，曰陳進士槩。乃請諸御史盧君師邵立祠以祀焉，師邵曰：「可共祠祀之，名宦東室，鄉賢西室。」白夫遂走使問記。

呂柟曰：「固國莫如守民，守民莫如振俗，振俗莫如存紀。夫君子之志可則也，其言不可遺也；君子之行可程也，其政不可磨也。日月晦，則天不明；山川晦，則地不靈；聖賢晦，則人不立。故鄉賢者，俗之表；名宦者，政之紀也。俗良而民志定，紀正而民力足，斯其道以理天下可也。夫劍門，兩川之咽喉，全蜀之保障，一夫據，萬夫懾，天下之至險也。然邇來趙鐸屠于前，鄢藍陷于後，豈其無一夫哉？故先民以仁，猶有殘夫；先民以利，叛夫多矣。易曰：『豶豕之牙，吉。』故君子嗜風俗如飲食，好紀綱如衣裳，其所志者深也。

夫德新端而威，文節清而介，教授訓而理，光祖惠而信，狄道直而廉，仕於劍者皆如此，紀綱有不存乎？漢伯博而遠，巨游節而忠，養正玄而公，孝子信而純，博士潔而高，清虛山人靜而逸，進士直而明，學於劍者皆如此，風俗有不一乎？語

[一]「之」，據萬曆李楨本改。

曰：『欲視其影，顧視其履。』天下之道，貞夫一者也。故君子處爲鄉賢，斯能出爲名宦，是故其祠一也。其祠一，其教切矣。夫人不瞻山，則不知所履之卑；不觀海，則不知所至之淺。如覩政而無匹休之志者，民賊也；如見賢而乏思齊之心者，鳥獸也。後之君子可不懼乎！今天下多事，征斂百出，盜竊時發，奔競風行，白夫乃能虞其本而圖之，而百度亦作，是能闡幽廣迪，昭古訓今，上奉邦國，下固全蜀矣。恐他日之祠，亦不能免白夫也。」

白夫名璧，廣西武緣人。師邵名雍，蘇州人。

仇氏同心堂記

同心堂，此上黨仇氏丈夫會飡之堂也。仇氏世處潞州南雄山東火。自其高祖給事君肇開厥家，至宿州吏目楫、瀋藩儀賓森，蓋五世矣，家衆汔百指未析也。於是考鐘而食，家範成。且鐘八聲，内外升有序堂聽訓；鐘九聲，丈夫則食於同心堂矣。一家之人本同氣也，本同氣則本同心。心，氣之主也，故以約氣血，綴骨肉，聯族屬，流恩愛，（秀）［修］〔二〕禮讓，纘前休，廸嗣續，咸（知）［係］〔三〕於此。如心同，以居四海九州可也，況於家乎！夫二人異姓也，同心雖黄金可斷；君臣義合也，同心雖天命可永，況於父子兄弟乎！

夫祠堂尚孝，宗子尚賢，家長尚公，典事尚能，冠婚喪祭尚敬，男教尚義，女教尚順，家庭尚肅，族類尚睦，田宅尚勤，錢穀尚量，飲食衣服尚儉，賓客尚恭，預防尚智。此十有四範者，非同心，惡能有之？如心同，雖以範四方可也，況于家乎！昔張氏以忍處九世，花樹韋氏以會處數世，近世鄭氏以義處十餘世矣。夫忍必有所不安，會必有所不合，義必有所不利，然

〔二〕「修」，據萬曆李楨本改。
〔三〕「係」，據萬曆李楨本改。

猶勉焉十餘世不衰。若同心，則又焉有不安與合與利哉！雖百世可知也。於戲！仇氏之子其志於仁乎！嗣是之來哲，其永念厥初。苟不紹舊德而興異心，雖富如陶朱，君子以爲守錢虜也。於戲！仇氏之子孫四方于爾觀焉。

予言其事，而請記者寺丞李升之堂。

三原縣知縣程君去思記

君諱啓充，字以道，四川嘉定州人，舉正德戊辰進士，出知三原。君授氣清粹，載履端修，幼學尚書，沉潛淵奥，四代之政，克暢其會。厥既涖縣，行之以忠，拯扶孤困，或使有攸，猛捍姦頑，痛懲罔假，力正婚喪，繩之以禮，罔俾大汰。下車一年，女無愆期，僧道四食，民死弗召。若有服飾踰數，並論以法，督率髦士，濟濟有蒸。政聲旁行，上官歸高。他有疑詞，重犯多下，君所咸與平明。君又能悉采民瘼，條上上官，並獲許允，通移闔府，澤及異邦，官雖專縣，實若郡守。三載考績，帝用明徵。未洽期年，士思于庠，農思于野，商賈思于市。

初，予值史舘，鄉人來京，咨訪君政，獲聞數事，甚驚畏焉。既病還山，邂逅見君，咸曰：「無之。」乃歎曰：「人惟無美，有則美皆歸焉。越既棄縣，民心滋慕，非種德胡能致是。」乃遂告三原人曰：「百爾君子，勿用憂思。今天子陟黜臧否，程君不爲給事，必爲御史，上以輔德，下以振紀，惠之所溢，被此多方，匪直一三原也。」三原人曰：「是吾人朝夕翹首者。」於是致仕同知張尚文、典膳李道源、義官晁慧、耆民陳鉞、梁濟、杜宗學輩而刻諸他山之石以告將來。正德丙子季夏。

河東運司學進士題名記

天下鹽運司四多無學，而河東有學；天下學多立石題名，而河東題名於壁。南昌熊子天秀巡鹽河東之期年，既已罕

禁垣、鼎廟學，瀕行，而建題名碑，走幣於柟以問記。

夫河東，較利之地；運學，講義之府；商賈，逐末之流；髦士，務本之人。故非義無以辨利，非士無以形商。故作事莫如敦實，敦實莫如尚名。進士者，未仕者之所求以至者也，已仕者之所由以行其志者也，其名可不重乎？故録字以尊名也，録經以原名也，録登科次第以實名也，録地以稽名也，録官以成名也，録始仕及未仕者虚其下方以俟名也。録始正統丁卯，本運學之復建也。諸士子朝升而暮降，左瞻而右顧，前之車，後之轍，昔之形，今之影，寧無怵惕於中乎？曰斯人寬，以戒狹；曰斯人果，以戒疑；曰斯人剛，以戒懦；曰斯人廉，以戒貪；曰斯人忠信，以戒偽；曰斯人達，以戒滯；曰斯人高尚，以戒汚；曰斯人諂，病吾直；曰斯人弱，病吾立；曰斯人暴，病吾仁；曰斯人險，病吾心；曰斯人誇，病吾德。奉七戒，祛五病，於是考政，於是善俗，於是康國，其科巍，其名顯，其熊子之志乎！不然，則彼進士者，三年之間而四五百人，當日即弗聞者多矣，又奚貴邪！

柟聞之，昔者稷、契題名於唐虞，益、臯、龍逢題名於夏，伊、傅題名於商。七君子者，固晉産也，名至今存，並日月光。故有題一世名，有題千萬世名，諸士子如欲題千萬世名，以與七君子並，則熊子固欲磨上黨之崖，礱太行之石，挽西河而模墨本乎天下矣！

熊子名蘭，柟姓呂。

河東運司學舉人題名記

此舉人科題名碑，亦南昌熊子天秀之所建也。有進士題名碑於左矣，又奚有此乎？録未登進士者也。如登進士，又移其名於左，如不登進士，終其名於此。然固加於歲貢士者一等矣，亦可以勸士，亦可以戒士，則不可以莫之建也。雖然，如其進士也，貪禄位，附權幸，蠹忠直，虐百姓，漁貨財，殞聲而墜望，殲躬而殄後，此雖視樵漁者不如，況能及爾舉人乎！

如其舉人也，秉公忠，履廉潔，奉軌度，綏窮獨，濟艱危，安國家，銘鼎而勒彝，光前而裕後，此雖視師保者不讓，況肯論彼進士乎！是故名以實貴，亦以實賤；名以實薰，亦以實蕕。實有大小，名有遠邇。諸士子不見卜子夏乎？所登之科特文學，居西河，西河人事之如夫子，使當登科德行，又不知何如也。抑又有之：伯夷，流寓也，而首陽賴之顯；關羽，武士也，而解梁爲之神；王通，布衣也，而龍門籍之高。斯三子者，非其里人乎？又登何科邪？諸君子儻有事於斯言，則能子題名之意不歿矣。

河中書院題名記

蒲州城東舊有岱山神祠，頑夫常挾神以漁貨，男女錯雜于路，弗辨也。同知慶陽呂君道夫出行見之，曰：「是尚爲有岱神哉！夫岱，東嶽也；蒲，西河也。非其主，豈神？故雖瀆不能神。」乃謀諸知州石首王君用章，改建河中書院，選籍蒲生學於厥中。二君遂告諸晉大夫，咸嘉許焉。未訖歲，而諸學生已駸駸然可科第者數十人也。二君曰：「宜先立題名石以作之。」遂使使問記。

呂柟曰：「夫名，不可以莫之題也。有進士名，則諸舉人懷之；有舉人名，則諸學生懷之。諸學生，固民也。至於有是二名，上以廣化，下以善俗，奚所不是？人之生也，孩孺不名，則親戚廢；遊業不名，則四肢闕；仕宦不名，則祿位傾。昔夫子疾沒世之無名，至其自任成名，小在執御。茲所題名，豈啻執御哉！雖然，學不究執御之旨，名舉人，辱舉人，名進士，辱進士，又奚貴於題茲名哉！不然，三年之間，題茲名者幾千人，如夫子以執御名者無孑夫焉，則名者又何謂耶？如得執御之名也，雖不題茲名，又奚憂哉！夫四時運，斯名天；百物生，斯名地；晝夜定，斯名日月；動靜常，斯名川嶽。無實而有名者，盜也；小實而大名者，幸也；暫實而久名者，儌也。儌以幸，君子不處。故一欲不窒，仁名隳；一利不斷，義名挫；一長不具，材名玷。君子之于名也，未齒而始有，沒齒而終有，蓋齊壽天地而並光日月，此石焉能題其名乎！

若乃生如春華，沒如秋草，雖題名太行之上也，人亦弗之視矣。而況或長惡不材，處則蠹鄉，出則病國，則茲石之名，召詬速戾莫甚焉，又豈不爲予憂題茲名哉！」

重修南鄭縣儒學宮廟記

夫政有統紀，由教者新；教有規模，尊師者隆；師有胚胎，育徒者切。故君子不知幾，不足與有行也；不知本，不足與有用也。聖人之道，譬之庶人，則宗祖也，宜家祀而戶祝；譬之帝王，則天地也，宜南郊而北社。然繁儀不若重言，重言莫如體道，體道莫如信經。昔漢高帝之王漢中也，固常懷少牢之誠于夫子，想君臣之儀于綿蕞。文、景、武昭光明之世，大啓膠庠，丕闡儒風，海內康乂，不愧于商、周。中間數傳，戚畹秉政，嬖倖據路，天下紛紛然亂，則亦博士倚席不講，學舍鞠爲園蔬之故也。今天下一統，建學薄于四海，然時葺而歲新之，則在(有)[守]〔一〕土之良吏耳。夫俗之隆汚，賢才之多寡，政之興廢，咸決于是。

夫南鄭，固漢漢中地。今漢中爲陝西省郡，南鄭則郡附，郭邑、郡邑各一學，而夫子廟、尊經閣則共之。蓋國初洪武八年，知縣陳師錫之所創建。成化九年，按察副使東(明)[平]〔二〕梁公覲之徙置今地者也。二學夾廟而離逖市廛，固士子所也，惟歲月既久，縣乏修飭，庠舍傾圮，僅存厥基。正德戊己之間，四明介齋呂公和，江東碩儒、陝西憲副，既駐節於關西，即行道於下車，憫茲庠之尤廢，以興復爲己任。乃新尊經閣，乃新明倫堂，乃齋，乃號，乃倉，乃庫，乃廚，乃射，乃及教官之第，

〔一〕「守」，據萬曆李楨本改。
〔二〕「平」，據萬曆李楨本改。

煥然一新，師生(者)[有][一]依。渢渢乎，琴瑟之奏也；芊芊乎，菁莪之茂也；濟濟乎，俎豆之列也。蓋欲挽鄒魯之風，不啻爲文翁之化。

縣有教諭淮揚陳君楫者，舊知于予，乃使鄒生鳳謂予曰：「介齋先生之撫漢中也，盈儲畜，徧郡縣；空囹圄，生草莽；戍西鄉，盜賊息；練什伍，賞罰信。若乃買山以築城，劾姦以庇民，則尤其表表者也。」涇野子曰：「此於介齋也何有？夫道無無用之體，人有不學而能，蓋得其幾與本也。易曰：『豶豕之牙，吉。』爲學爲政，皆宜若是審也。故由政而言，崇教所以舉政也；由學而言，明理所以克己也。介齋已見諸政，諸生不可不從諸學。不然，豈惟負介齋作養之意，而孔孟之所以爲吾徒者亦荒矣。則夫土木之傷民財，版築之勞民力，又何言哉！諸生其念之乎！」

理是役者，通判周君盛、推官范君昇、知縣牛良、判簿郝貴，而陳君及訓導翰，則又其正教諸生者也。

運城人攀留楊運判記

楊運判者，蘭陽楊君彥夫士魁也。初，彥夫與予同年舉進士，有志行，同年友皆重其爲人。既授戸部主事，益肆力於政。瀕陞正郎，乃以他事累，謫判河東運司。居河東四年，人皆以爲屈，彥夫益修其職。未幾，又改判大名府，河東人如失所依。有進士王一中者，受知彥夫最深，乃言運城人之意，具狀托涇野魏進士弘仁以問記。

狀曰：「彥夫之判運司也，祛弊疏滯，平其偏頗，若有便人之政，皆請諸御史君行之，御史君亦重彥夫，有舉措亦問規畫，凡疑獄劇政，處決不留。若乃苞苴之絕，姦僞之革，豪強之息，彥夫尤致力焉。又開五經舘以延生徒，生徒種種成器，多取科第，丙子舉人十四人，丁丑進士一人，皆其徒也，方來者尚未艾。」然則攀留彥夫者，豈獨運城民哉！若彥夫自所得者

[一]「有」，據萬曆李楨本改。

亦已多矣，又何計官之崇卑乎！

是事在正德丁卯之春，予聞而記之。

重修華州學宮文廟記

正德戊寅，濮陽桑子汝公某來守華州，每謁夫子廟，曰廟舊；退登明倫堂，曰學舍隘而且圮重，非所以尊道而毓賢也。己卯之春，裒有材木，興土重修。乃問於巡撫都御史鄭公陽、巡按御史張君欽，皆曰可，問司府，亦曰可，遂誕修正殿。殿棟且橈四柱，度其下不可瞻，乃出二十金募棟，即有獻棟者，棟與二十金，棟延五尋，圍二仞。二廡戶牖，樞斷而鏝彫，四壁落塗，皆易材重丹，至於戟門。遂作欞星門，謂其爽度也。乃作名宦祠，在戟門之左，南面。其右作鄉賢祠，亦南面，祠皆三楹。乃修明倫堂，堂廡如跂。乃修講堂，堂楹如岸。乃修誠意諸齋，齋題如翼。乃修泮池，池水如淵。乃作山字門，窈乎若少華峯跡諸其前也。號舍不足，足作者三十楹。乃新射序，豐中侯矢咸具，至於廚饌，器罔或缺。

或曰：「夫子之在也，賢陋巷，許長府舊貫之言。今茲之作，豈其所好？」柟聞之：敦夫子之道，數仞其宮墻，亦宜。不然，三臺兩觀，春秋所深惡也。今天下承平日久，倖喜貨，官喜諂，士喜驕，吏喜姦，卒喜惰，富商喜通，煢獨喜黠，守令者多迎厥喜，弊由是滋。聞桑子爲政，凡征役、征稅、征課、征布、征金，皆令民刺名征具以自投，無羨分，有羨分輒還之，於是吏人收人無隙而私。有人嘗投金三分於庭中，吏睨視之，輒罷吏。其僉一里之長老，必選多材而有恥者。嗚乎！桑子。予雖不詳他政，據此可謂奉經秉道不逆夫子者矣！宮廟之作，豈其過乎！如桑子無良政，而興是土木若世俗吏，則豈不反干于夫子之怒乎？且桑子，夫子之鄉人也，治春秋，舉進士，其於夫子之旨詳矣，宜乎其不妄用民力若此也。則夫世之緣是以射私而欺公者，又豈非桑子之罪人乎！

是役也，督工者訓導張繼宗，相之者某官某人，請記者訓導某人，撰狀者山東參政張公濳，爲予詳之者生員郭從禮。

華州疏水渠記

山東參政華人張子用昭狀予曰：「華城之北，自五六里外，地卑且洳，西至沙隴，北至渭干，東北至華陰之蘆灘，歷壹坡、天鵝池，將百餘里，計田數萬頃，然遭淋潦，即爲池沼，不可種藝，民患之。華自有守以來，莫肯與省。濮陽桑子汝公蒞華未一年，循行郊原，至是曰：『吾何忍斯土民之塗泥至是乎？吾何惜數月之民力而不樹數千載之黍稷乎？』又曰：『是地有五患：沙河漫，柳子河游，太平河衝，敷水駛，槿頭河瀰不可涉。天作淫雨，五患滋騰，民將魚鱉，矧茲田疇。』乃集民而告之曰：『一害不除，百利不興。害始除難，利終受易。』乃量地作渠，計民受工。民勤而渠成，渠成而水落，水落而田出。渠四，四渠率遠十余里，而石孟渠尤廣深。於是諸河由其道，千畝興其利，斯華人百世之福也。」

呂子曰：「柟聞之武功康子德涵言桑子爲華也，有道不拾遺之風。比者華民及諸屬縣民貿遷來高陵者，又多道桑子能黜吏，姦吏至出入不敢與人偶語。夫姦盜者，良民之斧鉞也；沮洳者，良田之蟊螣也。故姦盜猛如虎，沮洳劇如豺，豺虎交作，殺民何算？今桑子教民以禮讓而姦盜息，養民以田疇而沮洳去。謂桑子非華人之父母不可。今天下多事，而誅求愈急，安得如桑子者徧布諸司乎？如天有意於斯民也，使斯人之徒者秉鈞軸，協參贊，天下之喜可知矣。嗣桑子而來守斯土者，慎無棄厥功。」

李氏家廟記

劍州太守李白夫使其子得輿、得友獻書于予曰：「璧，廣西武緣人。要荒之俗，崇淫鬼，忽事祖禰。璧嘗謀諸兄璀建祠堂焉，有廟，有垣，有廊，有阼階，有西階，有陳，有廚，有庫。廟中有龕，藏先世神主，吉蠲之儀，俱從故典。重懼後人之

渝，泯兹追遠之志，謁記登石，用垂不磨。」

呂枏曰：「禮：天子七廟，諸侯五廟，大夫三廟，適士二廟，官師一廟。説禮者曰：『七廟者，祀七世也。若官師，止祀一世，不得祭其祖。』宋程氏禮：『冬至祭始祖。』朱子曰：『熹則不敢。』故家禮祀止四世。夫三代諸侯多出於天子，其始祖天子祀之矣，故諸侯五廟。大夫多出於諸侯，其高祖諸侯祀之矣，故大夫三廟。適士、官師多出於大夫，其曾祖大夫祀之矣，故適士、官師二廟、一廟。自漢以來，郡縣天下，諸侯非繼禰之宗，大夫有百世之胤，諸侯而棄始祖，大夫而棄高祖，適士而棄曾祖，官師而棄祖，則庶人例當棄其父矣。夫自天子至庶人，分有貴賤，而祖無親疏之異；禮有隆殺，而孝無彼此之殊。竊議天子七廟七世，太上也；公侯卿相一廟五楹，祀五世；大夫一廟三楹，祀五世；郎吏一廟二楹，祀五世；庶人宗子祀五世於寢，似亦義起之禮也。如家禮之説，援古則似僭，通衆則尊卑混淆，故程氏禮則近經。今天下閭閻庶民多畫神主於軸，其譜牒可考之家，雖十世祖皆祀之矣，未聞有禁也，故程氏禮，本人情，通上下，可以發孝，可以殫仁，可以洞幽，可以昭明，可以酌古，可以準今，于孝子順孫之義，其庶幾乎！雖然，此文也，如諸侯、大夫能治其國家，雖豚肩不掩豆，其祖固享之；如其廢政防賢，病國虐民，雖八佾、雍徹，其祖亦怨恫也。

白夫孝親友兄弟，極其純篤，自筮仕以來，直躬率士，有古胡瑗之風。鄉人自蜀來者，言劍州民戴太守如父母，路遺馬策，人不敢拾。然此猶白夫之細耳。白夫志溯伊洛而道存明誠，固已玄格其先人矣，詎止作此廟哉！雖古之君子將營宮室宗廟爲先，今之君子將營宮室宗廟爲後者，亦鮮矣。白夫斯舉，蓋將起數代之廢，變百粤之俗，李氏子孫其善繼之哉！」

涇野先生文集卷之十五

記

高陵后土宫記

高陵距河門東北有祠焉，土人因其像曰孃孃廟。成化初，提學副使伍公福扁其殿曰后土宫。弘治中，知縣朱璜時社人建獻殿焉，記其梁曰坤柔宫。柟自先世以來生長神之境，毫髮以上，皆神所賜，然求其名不得其義。蓋如土人之稱，意雖親，近於褻；如大夫學士之稱，意雖尊，近於僭。褻則不恭，僭則難格，社人何以事神？考古經，據今典，此其方社之廟乎！夫社能出百穀、養庶民。社，陰也，有母道，土人之稱或因是而生也，然不可忘其故。社，土也，實地類，大夫學士之稱或因是而廣也，然不可無其方。昔者魯大夫季孫意如旅泰山，孔子譏其非分。庶人而祭地祇，其制何居？若如土人稱，謂昔櫛髮坐水、鞭龍騰仙者說，則又惑衆誣民莫甚焉，其背經遠矣。故謂祠爲方社之神，故曰高陵后土宫云。

我太祖高皇帝制天下鄉飲酒禮，府州縣官行之學宫；社飲酒禮，里人百家行之社祭之宫。故今東街社人春祭神以三月十八日，即古祈穀之意；其遇雨而賀，即古秋報之意。其他遇旱而雩，遇災而禳，遇疾病而禱，遇無子孫而乞，遇元宵獻燈，皆於神所。然惟祈報之禮既畢，社人序齒燕飲，猶存初制，而神爲方社審矣。夫神既主一方生民之命，是默贊地天之泰，陰暢山川之鬱，光毓品彙之生。保兹元元，申眷窮獨，使君子獲福，足勸爲善，小人獲禍，足懲爲惡。一方人衆，戴神真如慈母，畏神真如鳴雷矣。

是廟也，北垣枕古官道，闊十二丈有八尺； 南垣亦臨官道，闊十丈。自北而南，延垣四十二丈有五尺。正殿五楹南面，後寢三楹，湫池在其中，甎甃幾至泉，療疾者率取水焉，獻殿三楹，在正殿之前，中虛四達。其南鐵鑄醮盆，高方丈。鐵香鼎高四尺，在殿內。鏞在盆東北。小鐘在後寢内東。順盆南五尋爲露臺之南，大門三楹。廡在獻殿左右，皆三楹。殿東迤北有道院焉。司香火者居之。殿西以北有屋三楹，蓋古集場坊所改建者也，社中士人多讀書其中，柟舉人時亦嘗居以授徒焉，因名曰雲槐精舍。

夫柟既論記如右已矣，以俟正于後之君子，乃復爲詩二章，使春秋有事祈報者歌頌焉。

首山記

首山者，大參王公拱之之别號也。拱之，襄城人，首山在襄城南三百里，其西爲具茨，又其西爲紫雲，又其西北爲嵩高，爲少室，爲太行、西華。羣山崒嵂，咸胎於此，故首山云。山陰舊築别墅，南面。墅皆名木善卉，春夏蓊蔚峅嶬，冬亦蒼翠。三槐幔庭，門耀五柳，幽窈奥鬱，恍若洞天。其東南則王氏佳城，密邇乾明寺，松檜森矗，蔭接别墅。汝在别墅之北，適别墅則濟、汝。汝北有潁，潁至襄城曰渚河，渚河與汜駢而行。東溠，昆葉水也，亦與汝、汜、渚河襟帶首山。

拱之當其隱而未仕也，日遊兹山，南望桐栢，西瞻具茨，北眺嵩、少，以周覽汝、潁、汜、溠。於是吊七聖之迷，問洗耳之故，訪漢、宋之遺，傲莊、列之夸，錫考叔之類，闢繆彤之戶，思子產、甯越之烈。乃辭首山，渡湾而涉易，北至於恒山，棲栖鳳闕之下，啓青鎖，駁黃麻，封皂囊，巖廊之傍，稱忠直焉。拱之曰：「恒山雖榮，不若首山樂。」已而西往三千里，至於太華，遂遍遊終南，惇物、崆峒、賀蘭，汲黃河水灌甘棠樹，騰涇、渭、灃、汝、漆、沮以膏黍田。旬宣之際，雖困於虜寇而不怨，西周之地稱清惠焉。拱之曰：「太華雖高，不如首山逸。」

涇野子曰：「我知拱之矣，蓋欲自兹首山，遵淮而東，渡汝、濟，超徐、兗，登泰山而觀滄海，拭日月之垢，瞰螭龍之窟，

斯歸休乎首山耳！ 果若是，則斯首山也，真可以首天下山矣。」

西溪草堂記

西溪草堂，東谷張子用昭之別墅也，以在華城西南七里南面，曰西溪。中構棟屋三楹，丹牖而黝闌，扁曰西溪草堂，西涯相公之小篆也。翼堂而列有二菴焉，弄月菴在西序，東面；吟風菴在東序，西面，皆三楹。庭除碧竹二塢，葉繁碩而森秀，予甚愛之，東谷子猶以爲庸竹也。仰止堂在竹塢之前，亦南面三楹，東接民屋數家，雞犬蕭然，村落幽曠，益資西溪之雅。自仰止堂而南，蹴石趨沙，將三十步，有乘丘焉，兩人挾而後能登之。松風亭在其上，松大盈抱，葉蒙密蔭，遠竟畝，其下有觀音堂。東谷子曰：「吾將借名焉耳。」乃酌酒勞予跋涉之苦，曰：「君可醉此松下。」予三爵皆舉白，遂醺然。南出民間場，循場而東下，雀行稻塍百餘步，至於水磨。水自少華麓乘堰而來，磨屋迎之。過磨屋，瀑布懸下，聲如夏雷。北行迤邐至民家門，東折而逝，環草堂後，周西溪之稻，皆此水也。水涯垂柳縈紆，與石錯植，徑不方足。於是背草堂，北渡荇溪橋，過株桑而東佇，臨觀鳳泉之出。泉東數尋，有負丘，上祠水神，松檜蓊鬱，蓋泉脈之所自也。東谷子曰：「予欲築亭於泉上，曰觀泉，可乎？」予曰：「此泉有瀸有濫，有氿有沃，有湀有瀆，其自此觀山也，或襲或英，或伾或岑，或嶠或扈，或巋或崥，盡在目中。夫山親而益真，泉邇而益詳，山泉相映，張氏養聖功者，其在此乎！ 請更之曰蒙亭。」蒙亭北皆陸地，宜黍宜麥，宜糜宜芑，直達社基。社基者，唐杜子美遊春故地也，去蒙亭殆三二里，其地益高爽，雖好看山，然遠而不切，不若蒙亭直入其室也。東谷子曰：「欹湖子來西溪，云草堂南面，恐對山勢不過，改今北面。」予曰：「不然。初，東谷子學欲登泰山，奚懼對此少華乎？ 且背山開門，又何須用此西溪哉！」於是東谷子然予言，故記作南面。

解州重修文廟學宮記

解州夫子廟暨學宫久圮，京人朱君璟知解州，先事重修正殿，改究琉璃，礱石爲欄干環月臺。又於明倫堂後購地，欲作講堂、饌室，而明德、至善、知止三齋以及倉庫亦皆一新。學正洛南張思誠遣學生吕鳴鳳、譚謙來涇野問記。

記曰：先王立學，擇民秀才學于其中，學成而用爲公卿、大夫、士，以治民之頑愚，使各得其所。恐其無所儀式刑也，乃左立先師孔子廟以象之，使學者象孔子言，象孔子行，象孔子以爲政，而後天下可得而平也。孔子成春秋，譏雉門兩觀之作，而刺御廩災之不修，故識治君子率篤意宫廟焉。夫周室末，文盛而質微，故君子率言夏、殷之禮而思從先進。我太祖高皇帝重傷民命，勑諭碑榜，惟先德行後六藝，然猶有隋唐後之弊焉。何者？志弱而自貶，一病也；望高而力不繼，二病也；見善而生憎，三病也；遇卑污而樂與之同遊，四病也；或怵于利害，不思己身之大而棄歲月，五病也。五病不除，雖僥倖一第以自肥，與商賈奚異？夫解，堯舜之域，而稷、契、皐陶之鄉邦也，固非他地士風可比，萬一有之，豈惟負孔子之教、太祖之政哉！

舉之者，朱君某；相之者，同知龐君爵。朱字國信，順天大興人，狀稱其清謹博雅。龐字天錫，咸寧人，亦同志有爲者也。

重修昭慧院記

昭慧院之建，未詳時代，在高陵城東三里，俗以其在涇陽、渭陽、咸陽之北也，又曰三陽寺。然經歲既久，垣圮瓦脱，鼠穴佛股，雀巢伽藍之耳。正德庚、辛間，住僧滿愍率寺旁居民銀奈、銀孟常、陳景陽諸人，各捐貲物，召匠重修。佛殿僧房，

次第改新，周垣百堵，堅高倍昔。工訖礱石矣，乃介銀生世華以問記。

呂子曰：「往年柟嘗遊終南，至草堂，覩鳩摩羅什之塔，覽法華經之栗矣。然塔院蕭條，羅什骨存而不知其栗矣。雖彌昆吾、御宿之谿，然今已爲王人者有矣，況爾愍輩此役者哉！」愍曰：「登覺岸者，不以興替渝念；遊菩提者，所知奉佛而已。今兹衆生，沉欲海而不悔，焚忿坑而不濯，投利穽而不怨，墜名淵而不悟，死酣壕而不醒，騖迷途而不返，落榮網而不飛。甘此七難，不登諸大，可乎？」涇野子曰：「惟兹七難，正坐[一]佛徒。夫佛，西方之賢哲也，幻妄人生，贅疣有爲，陰濁世界，見病山河大地。此其學，雖非陰陽之正、仁義之中，然滅心以忘世，絶塵以逃生，指相以如來，則豈今日爲之徒者可捫其墻哉？惟夫杖遠公之錫，而三藐不聞；著達摩之衣，而一歸未解；誦白馬之經，而百詐叢生；晝祇園而夜花市，身比丘而心跖術。佛如有靈，亦忘慈悲之心而加丘山之譴矣，況吾孔氏之徒者哉！」

於是滿愍等謝曰：「微呂子之言，吾輩止知築垣究殿爲事佛矣，自今敢不刻斯言。」於是歸而勒諸他山之石。

重修天王寺記

正德庚、辛間，僧海傑赤足化緣，重修天王寺成，蓋祖正統間僧圓訨、圓許及成化間僧明宣之功而修之也。諸附寺居人請記，時有學者在傍曰：「昔賢毀淫祠，諫迎佛骨表。今諸寺遍天下，陰耗民財，潛愚人心，使金碧輝煌而殿閣浪費，佛如有靈，亦不忍也。記如作，不亦傷吾道乎？」呂柟曰：「佛豈惡人哉！爲其徒者之罪耳。吾何以不言乎？夫佛以寂滅治心，雖非精一之中，其視世之乾沒於利欲者遠矣；佛以慈悲爲教，雖非仁義之正，其視世之殘賊相加、妬嫉相形者遠矣。但佛貪生而惡死，儒有視死如歸之處；佛以山河爲贅疣，色相爲滯碍，而吾儒所用力者，正使山河安而色相順也。乃其徒

[一]「坐」，萬曆李楨本作「生」。

小，不達其初，遂至捐人倫、別親戚，或燃指焚頂以爲玄施，或興齋治醮以爲廣度，甚至毒風俗、昏教化，皆其徒之所爲。佛如有靈，實弗忍也。吾可以不言乎？」

於是海傑拜曰：「吾奉佛而不知所以學佛，海傑有罪，海傑有罪！」乃歸而召匠勒諸石。

新建元城書院記

元城，大名屬縣，宋忠定公劉器之先生之故里也。先生，司馬溫公之高弟子，今其史傳、語録，天下固已家傳人誦矣。江西劉子遵教秉監以僉憲兵備於此，謂大名乃先生首善之地，而諸士子高山景行，以爲天下先者，尤其所切也。於是盡闔郡淫祠，建書院於府治之西，曰元城書院，本先生也。吾邑侯翟汝揚清者，大名高士也，來謂予曰：「近得鄉大夫書云元城書院落成久矣，未有記，託諸太史，以示我大名諸士子於久遠云。」

呂柟曰：「嗚呼！至誠之道不行於天下者，則以學者虚而不真，仕者猾而鮮實耳。學不真故俗弊，仕不實故政偷；俗弊故治日少，政偷故亂日多。先生初見溫公，問『盡心行己之要』，溫公曰：『其誠乎！』問『行之何先』，曰：『自不妄語始。』先生力行七年而後成。厥後爲正言，爲司諫，逢邪必劾，不退不已，遇慾即繩，不改不止。遂爲章、蔡諸姦所逐，以煙嵐爲飲食，虺蛇爲朋侶，鴆劍爲朝夕，瀕於死者屢矣，而先生至斷醴酪，婦女不御，求爲元祐完人。人見其八十而無疾也，問之，則曰：『惟一誠耳。』

嗚呼！先生之學，或取達摩之禪，或宥荆公之姦；其爲誠也，雖與孔子、子思所論至誠少異，然立朝敢言，人畏爲殿虎，遭變不渝，人稱爲鐵漢。至嶺外扶母而行，雖神蛇者所至草木皆披靡，遇先生而自退。學不妄語而至於是，亦可謂慥慥乎言行相顧之君子矣！今天下學虚於口耳之末，仕滑於奔競之途，去異代尤甚。然則書院士子，所當盡心行己者，其有過於不妄語乎？」

或曰：「此亦易事，先生力行七年而後成者何？」曰：「此即夫子所謂訒言也，充其極則仁也，仁猶誠也。夫言行無二道，心口同一理。自非上聖，中心不能無妄；自非下愚，中心不能無不妄。二者並根於中，互誅於外，則必交戰於前。當其不妄之勝也，雖欲妄，自恥妄而不甘；及其妄之勝也，雖欲不妄，自貪妄而不舍。此先生所謂掣肘者也。如知其妄而禁之，如縛龍，如射虎；不然，妄其傷我矣。如其不妄而從之，如飲食，如衣服；不然，不妄其棄我矣。故妄者愚，無妄者聖，不妄者賢，十七不妄者次賢，十三不妄者次愚。易曰：『不耕獲，不菑畬。』斯其道也。諸士子學不妄語而至於『未富』之地，則雖至誠之域亦可入，又豈非先生之忠誠乎！」

書院自城隍以西直達西城，正堂七楹，曰某。後堂五楹，曰某。其後則忠定公閣，高七尋。正堂之前爲大門，三楹。東號十聯，聯五間，西號亦如之，皆在堂左右。院西隙地，計畝四十，社學、射圃及倉庾皆在焉。其前也，有蓄魚池。城外馬兒莊治地二十餘頃，則日給書院士子者也。提調則知府任公某，主教事者推官曹君嘉，分教者内黄教諭張時啓、開州張潮、張垣、張淑。嗚呼！諸士子思劉子及諸君作養之心，而遊業其中，則必不負忠定公矣。

是役也，始於正德己卯之夏，終於辛巳之春云。

重修清真觀記

曩弘治辛、壬間，予同友人讀書東郊后土宫，與道人張道隆同舍異室居二年。予治孔氏，道隆治老氏，道雖不相謀，居久則情親。癸亥，本縣清真觀久圮，觀在東南二十餘里吳村原上，吳村社人狀縣曰：「清真，古觀也，不知創自何代，然西魏文帝嘗遊過觀中。觀中石槽圍方不及二尋，槽水常盈，以飲隨駕馬千餘匹，不減升斗。文帝異而問焉，主觀對曰：『臣有飲馬珠在内，水故不竭。』遂頓首獻珠焉，文帝受之，敕建此觀。正殿五楹，欀貫瓦釘，皆範銅爲之，兩廡月臺，甃之瓴甋，屹然雄峙於渭河北岸。原上仍給地若干，以贍觀士。乃今歲久荒頽，獨殿基、田地、槽井依然無恙。乞遣祐玄觀道士一二

住持此觀，漸次修復。」

於是縣遣道士黎道翠及道隆住居。然未久，道翠死，而道隆身率其徒化緣鼎葺，迄今二十餘年，興築觀垣三百餘堵，雜樹諸木無慮百株。重整舊基，仍修正殿，得銅貫數根於敗礫之下，冶鏤鐵脊，究成五楹，楹皆六椽，角脊獸吻，恍然蛟飛，遂塑繪老子及諸神像於其中。月臺門闌壯麗倍前，南門直瞰涇渭合流其下。殿之東南垣外，乃作道院。院北與殿基同一原也，井濬原土二丈，始與道院地平。空橫三丈，縱及三尋，南爲洞門，直達道院。其北倚崖起構樓厦三楹，有廊脊與原埒。厦前除地，猶餘一仞。厦下中北，鑿洞作房，長幾二尋。厦内東一洞，西一洞，寒冬居之，單衣而汗，若當祁暑，如在冰室。出洞門，東西皆有厦屋二楹，以居徒眾。其南客廳之東爲角門，巷行而南，乃前門也。前門雖臨涇渭，不及殿臺上觀之寥寥乎，猶豁眸也。

往歲嘗送予友康修撰德涵於此，徘徊登眺，曲洞層丘，一一賞識。是日天晴，南山一帶，翠繞如屏，而涇渭瀠映，滔滔東逝，乃勃然興懷，欲漁樵於此，與道隆猶昔東郊日也。今年殿閣、神像粧彩已訖，道隆及其道友郭雲谷來問記。予歎曰：「道隆其有材力者哉！使其初治吾孔氏中庸之學，其所造必滋可觀也。夫道隆衣不帛，食不肉，奔走不休息，竭力此觀，以爲尊奉老子然也，不知老子之心果欲如此乎哉？嘗讀五千言矣，不曰守雌則曰守黑，不曰玄牝則曰嬰兒，雖與吾孔氏仁義之旨不同，然其清靜無爲則亦至矣。斯觀之修，不幾於有爲乎？」於是道隆惕然悟曰：「呂子命我矣！」

兵部武選清吏司題名記

夫武選者，知銓注武人，對文選設也。題名記者，題諸郎中、員外、主事名而記之也。舊記事詳而名略。兹陳德英諸大夫悉索洪武來選簿而申諸石，請柟記之也。是故以終官係歷任，以歷任係發科，以發科係籍，以籍係字，以字係名氏，而屬之司，三官于以考勳而詢姦，訊仁而摘暴，稽廉而尤貪，明明而恥幽，進壯而退劣，崇實而卑偽，貴嚴而賤疎。兵有七程，題

名近之。夫自文武道分，文以知化，武以知衛，皆於民焉食之，其選不可不慎也。今天下都司二十一，留守司一，衛四百九十一，守禦、屯田、羣牧所三百十一，番夷都司衛所四百七，而儀衛、宣慰、招討、宣撫、安撫、長官司不計，則其爲兵不啻萬億，爲官不啻百千，食乎民力者不啻盡矣，咸於斯司焉宰分，名可不題乎？

故今制，統軍以三爵伍府，聯軍以九職，謂總兵、參將、遊擊、守備、協守、備倭、提督等。榮官以十有二勳，柱國至武騎尉。秩官以二十有四階，榮祿大夫至忠武校尉。咸於斯司焉（參達）〔登選〕〔二〕，名可苟題乎？故內以衛宮闕，外以障邊陲，中以宅生靈。故雖上有部尚書、左右侍郎卿三人，然皆提綱而挈領，不及斯司之精專；下有職方、武庫、車駕三大夫司，然皆析務而承緒，不及斯司之體要，名可易題乎？故今法，以六黃正親供，正續、內貼、外貼、大小。以伍實釐誥勅，歸附、征克、陞轉、衛所、流襲。以伍除徵選簿，陞、調、復、傳、特。以六地敘功次，北虜、女直、西番、苗蠻、內地、反賊。以九誅慎軍機，殺降、失機、陷城、逃敵、激叛等。以四義御流官，都指揮僉事以上，及義男女婿襲者，及革授者。以七咎斷世襲，典刑、敗倫、不孝、失機、劫盜、退陣、人文不至襲。以八戍懲專縱，擅調發、不策應、縱擄掠等。以七罷戒不恪，緩報、稽需、違期、歇役、私賣器馬等。以加陞課部卒，以遞降練什伍，以附過御還職，以三試定武舉，以考選比試併，鎗達材而程力。故斯司郎中二文選，員外郎一文選，主事五文選，而其遷之也，內或列卿佐，外或雄藩而鉅鎮，亦與文選略等，名豈徒題乎？

夫功莫大於安社稷，嚴莫大於存綱紀，智莫大於止傳陞，勇莫過於黜貪猾，信莫大於守律令，愛莫大於登賢才，廉莫大於清交遊，此非其實耶？夫實盛則名雖勿題而常存，實之不足，雖好名者莫能保旬日美也。國家百五十年來，郎中由范子敬，員外郎由李本，主事由孟禮，不啻千人，如得其實者，必其人名位勳德顯如日月，至今人猶誦慕之，則其字亦尊，籍亦光，科亦榮，歷官亦重也。使其無實，固有如今日待查選簿而後知名者矣。如其待查選簿而後知名也，又奚能知其字與籍、與科、歷官哉！

〔二〕「登選」，據萬曆李楨本改。

於時德英及路君敬夫及吾年友李君宣之及蔣君汝潔、汪君汝潔、王君子中皆曰：「斯往也，敢使他日待查選簿而後知名，以辱吾子言而愧斯石乎！」柟曰：「石選簿又何難焉！」於是諸大夫咸曰：「玆知所以先石選簿矣。」

河南太守吳君防洛記

洛出商州冢岭山，冬夏人可涉。至盧氏，東澗南入，猶小也。至永寧，玄滬西入，溪北入，峪穀東入，乃漫大矣。至宜陽，昌谷南入，其西宜入，又其西汪洋入，其東刀轘入，又其東大宋川入，乃滋大矣。至洛陽，瀍，穀城水也；澗，白石水也，皆以次入，於是洛始大，雖不能北比洪河，凡豫州水皆莫能及也。若附以雷雨霖潦，而鳳翼、魚脊、嶕嶢、廣陽、鐵嶺諸山水皆下於洛，洛於是瀰漫，北浸河南城，於是沒及風雨壇，於是沒及演武教場，於是沒及城外民垣屋。前守者皆莫之省也，今太守吳君廷瓘曰：「瓘方欲利我河南，乃且害不能祛，何居？且夫壇，神所也；場，武地也。神不能事，奚其治人？武不能揚，奚其振文？吾父母河南者，何居？」於是選輯屬縣而告之曰：「某石於川，某木於山，某土於丘，某倉於竹，某鐵於鑪。」既乃輯吏而告之曰：「某作永寧役，某作宜陽役，某作鞏役，某作澠池諸邑役。」乃作於洛，殺之時，辛巳之冬，壬午之春也。乃先鑿渠於洛陰以移洛，乃築此延防，亘五里，防成而洛由地中行。

嗟乎！柟邇會廷瓘，意漆乎其憫窮也，志宥乎其惕患也，言論風望萃萃乎其棘職也，洛宜乎其獲防哉！夫河南省以開封爲首郡，至其名省，乃不以開封而以河南，則此河南雖郡猶省也。洛不防，殃及河南矣，則此防洛豈直一郡之烈哉！夫天下之水莫大於河，而郡適當其南；天下之地莫中於洛，而附郡縣適際其北，則此防洛豈直一省之烈哉！夫河，羲畫之所由興也，龍馬出焉。夫洛，禹範之所由傳也，奭、旦諸誥之所由作也。神龜出焉，風雨陰陽折衷焉，則此防洛豈直一時之烈哉！於戲！予於是知廷瓘思弼河圖之政，思宣洛書之化，思繼周誥之教矣。是時，貳守桑君汝公以侍御潘君景哲狀來，則汝公協心之忠，景哲樂善之義，亦皆可勿朽也。

廷瓘，休寧人，予戊辰同年進士。汝公名某，濮陽人，甲戌進士。景哲，洛人，辛未進士。

重修大興縣治記

武功人張邦獻舜舉爲大興二年，庶政積舉，百廢就理，愧縣宇之久頹，思重修焉。乃問於順天尹萬公仕鳴、丞王公伯圻，皆曰可。又問於巡按御史，亦曰可。既乃上請於帝，帝曰：「輦轂邑廢且如此。」乃使工部給沒官材屋六十間，則正德時幸僧法王方丈也。

邦獻乃作縣堂三楹，南面。左簃一楹爲幕廳，右簃一楹爲庫。其北作退省堂五楹，前有穿堂三楹，直達縣堂北樀。縣堂前東西廊皆十有四楹，爲六吏之房，房各二楹。戶又有糧科，兵有馬政科，又及刑工皆有南北科，各二楹。故通承發、架閣，凡二十有八楹也。儀門三楹，左簃達於承發，右簃達於架閣。先門三楹，有雁墻犴狴在先門之內、儀門之外，當西序之西，東面。倉在穿堂東西，皆三楹。氣樓完其前也，皆有巷塗，左自幕廳之東而門焉，右自庫墻之西而門焉。縣官居第皆在退省之後。既落成，邦獻以圖問記。

予歎曰：「壯哉，斯縣之規乎！遠哉，邦獻之志乎！夫斯縣，古薊縣也，至遼而爲析津府，至金與元則名大興，亦或爲府。國朝永樂初，建鼎北平，則爲京縣。凡天下縣，千有一百二十七，莫能先也，故斯縣官，又加天下縣官一品，是宜勿陋。往嘗報拜邦獻，馬至先門，簷瓦離離欲隕，踟躕而後敢入。既升堂，殘礫零甓，丘積二墀，周垣鏝堊，皆皸凋，宲廇棁欀，漏痕如雲，兩廊笓斷如垂絲，吏僦民屋以居，當刀筆詔而後入。廐在後堂西墉下一土櫪，不能容賓馬。予問其故，邦獻曰：『斯縣自始建以來，守者視以逆旅，未嘗葺補。至正德年滋甚，權姦接踵，誅求百出，閭閻無駐足，縣官疲於奔命。月十三日升衙，東門有玄明之宮，西山有賽十景之寺，珠玉裝綴，金碧交錯，費踰千萬，雖非盡出斯縣，然爲斯縣者亦難矣，奚其不弊？故舜舉撫大興二年而後能用其力也。』嗟乎！今作斯縣，雖取材工官，則固昔者細民物也，夫民今而後得酬之矣。嗟

乎！治亂相尋，公私默運，富姦無終據，私家不常有，權寵者可以戒侵漁，有民社者可以怵豪幸矣。」又曰：「此酬乎民者，特一木石耳。若往年，盡發沒官金以代一二年軍需，而爲積疲之民酬。予當親見其禮樂之興，又自斯縣始矣。」

役始嘉靖元年秋八月，終二年春三月。

朱御史修復宋相文正公司馬先生碑祠記

御史朱君士光巡鹽河東，至則先適夏縣鳴條岡之涑水鄉謁溫公墓及其世家，拜於祠下。祠二，一祀公之父待制池暨公，一祀公之子右正言康。祠皆裨隘而餘慶禪院又前障之，士光弗是也。乃遵詔例，命夏縣㮚令察鼎建其祠爲一宇，正堂三楹，撤二舊祠，附以材，作兩廡，廡皆三楹，廡南作應門。將毀禪院，既而曰：「司馬氏之後既西遷敘、南遷山陰矣，存此猶可以爲墳守。」則止斷佛殿之北檐，用廠門除。又闢路於院東墉之外而達，猶爲先門也。門外有坊，表曰崇賢。誠一堂在崇賢之西，三楹。其前也亦有坊，表曰仰德。於是坐待制於祠中，南面坐公之兄大中大夫旦于左，西面坐公于右，東面坐正言于大中之後，邇窔；坐公之猶孫兵部侍郎朴於公之後，邇奧。父子祖孫，萃有一廟，弗相戾也。

士光又曰：「墳故有清忠粹德碑，哲宗篆也，而命蘇學士軾爲文。紹聖、崇寧間，姦人章惇、蔡卞擊裂其碑，瘞諸深土，額趺雖存，巋然中莽。」君乃命解州判官牟景孝訪石於絳之稷山，獲奇瑻焉，紫潤堅鏗，礱且成，長溢二丈，厚二尺有五寸，闊三，其厚七寸，百牛所難移也。況自稷達夏二百餘里，復阻以汾、涑。迄冬深，禾刈，塗凍，河殺，農隙，客筏，亭積，又可橋梁，乃濟。遂摹舊篆於額，重勒蘇子文，以豎于原趺之上，倏若元祐三年之所建也。仍作亭以居之，亭四柱，柱高三丈有二尺，四面皆有橫桴而洞虛玄達，視司馬桂之碑樓亦無遜焉。功始去年秋七月，凡五月而告成，其財取諸運司之羨。

於戲！蘇子有言：「公之道，信華夷，動天地者，至誠惟一而已。」夫感天人者，效也；存誠一者，本也。然其致用之德，尤有可述者。公嘗論治心之要，一曰仁，二曰明，三曰武。公蓋庶幾蹈之。公惟仁也，視百姓如一體，是故新法病民，

即辭樞密；義勇遺害，即犯宰相；救災節用，即倡廷僚。甚至身羸食少，而以死生委命；病革夢語，而於朝廷未忘；四患未除，而歎死不瞑目。公惟明也，不受名山，度諒柞之難制；議耕窟野，計河東之省輪；論辯新法，雖惠卿亦阻；料覆王氏，雖安石不知；志綏遼、夏，必趙滋、高宜之請戮。公惟武也，見義如嗜欲，好善如飲食。是故濮王之議，不避帝親；宗儲之建，不懼帝諱；充媛、夏竦、麥允言葬謚之論，不畏帝寵。又力罷曹佾之使相，黜任守忠之交構，劾王廣淵、劉居簡之私結寄資。是故誠一暢發，天人協應，宜士光修復碑祠之移，曰「民懷懿德，雖勞不怨；吏重風教，雖費不奢」云。

且公之初薨也，天下畫像以祀，哲宗命治墳壙，發陝、解、蒲、華之卒，計工萬有八千九百三十三，至選尚方百工爲葬具。咸淳間，且令天下從祀孔子廟廷，若是其盛也。然自惇、卞欲毀其冢，而墓祠實廢。元大德間，張式始祠於夏學之左。元祐間，李榮祖始作塑像。至於士光祠，斯備矣！宋碑既仆，至金皇統間，王廷直謁墓，見銀杏生龜趺之側，蓼枝蟠屈，周蔭交獲，如幄如蓋，廷直乃緣杏索碑，得諸趺下，因裂四分，並其額趺，共成六石。而選碑翻刻，彼則未能，其在今茲之舉也。

夫士光名寔昌，江西高安人，正德戊辰進士，素志溫公之爲人也。

大科書院記

大科書院者，甘泉湛先生與其徒講道之地也。西樵在廣東會城西南百二十里，南海之間，村山方四十餘里，凡七十有二峯，大科乃其第一高峯也。正德間，權姦踵（横）［接］〔一〕，忠良率遁匿山谷不出。先是南海方子叔賢解綬吏部，投隱西樵，登官山，入翳門關，於小科峯西北石泉洞之前，構紫雲書樓以居，右傍紫雲峯、觀翠巖、伏虎石，而左以寶鴨池、石排村爲依。方子以爲得西樵之勝，遂號西樵云。丁丑之歲，甘泉先生守史官，以母夫人憂去。免憂，乃自增城三百里外攜家來，亦隱西

〔一〕「接」，據萬曆李楨本改。

樵山中，陟相原巘，得斯大科，以爲此西樵之本山也，可以屋處。方子曰：「留此峯久矣，以待甘泉子耳。」陳謨曰：「西樵東峙而西北面，故山勢東自雞冠頂、玉泉巖、雲谷洞而來，東北自江浦巡司，歷黃旗崗、望夫石、碧雲村而來，東南自閘頭，歷聚仙臺、紫姑峯、龍爪村而來，其脈皆結於大科。故大科在小科之南，羣峯之中，獨崇廣焉。」

大科之下，爲煙霞洞，西面，在仙掌巖之北，先生所注二禮處也。巖東爲煙霞後洞，門東北開。其前也，爲仰止亭，蓋主仰大科峯而設，自此亦可以登大科云。煙霞洞之奧作崇經樓，又其前作茹芝堂，又其前作正義堂，又其前作樂閣。閣下爲門，皆西北面，門外朋石矗立，如雙扉拱開，又曰石門。大鼓石在茹芝之左，又其左至於望沙臺，皆崒嵂奇峯也。金鐘石在石門之右，北與鷓鴣嶺諸峯並峙。大鼓石者，山人以聲名也；金鐘石者，山人以形名也。古者學設鐘鼓以考業，斯二石其天設乎！己、庚之間，四方學者雲集難容，諸生乃共作凝道堂三楹於石門之下，亦西北面。左右簃皆有業館，曰寅、賓，亦如堂面。其南作進修齋，北面，齋簃皆業館，亦皆北面。其北作敬義齋、館，以對進修齋，制亦如之。又作業館二於其前，東南面，以與賓館上對。乃作禮門于二館之中，扁曰大科書院。自門而前，越長嶺，經雲路村，又前過橫嶺，乃東適鴨頭，西適大涵之通衢也。於是撫巡諸公命有司建太史第之石坊於禮門之前，其西有池，曰月池。池外有田，田外爲煙霞洞門。蓋坊非先生之志，而又以「煙霞」表其先門也。洞門之西有錦巖菴，其北有泉，自鷓鴣峯來，經月池之前，西穿洞門而出，以合巖背村南來之泉，下逕錦叢林中，爲水簾懸下，四時如一。於是龍泉北經石子田村而來，垂虹泉南自雲端村陽而來，皆先後入水簾之下，會爲瀑布於廣老坪，注于石澗。西樵之靈脈，皆萃是矣。

石澗之北有樂堯莊，先生常偕門人刈禾處也。觀音巖在石澗之西，上下巉巗，人不能到。其麓有保鎮寺，而石澗則直出數百丈瀉下，經觀音巖之右，衝擊響震，注寺後，繞寺前，北會於風門凹之前，又北流三里(遠)[達][一]於急水，亦大科前之一奇觀也。其雙泉發大科之前麓，折而西北行，歷寶鴨池瀑布而下，又西繞雙魚麓而北，諸小泉皆歸之。又北穿石橋，抵石

[一]「達」，據萬曆李楨本改。

泉，又北東會於觀翠巖，泉爲湖，直達石泉洞，則先生與方子日沿流而東往來之境也。雙泉北會眾流，過無底井，繞石笋，注於豬坑，達於江。大科之後麓有三泉焉，一發南麓，瀑布而下，經雲谷洞陰而東；一發五指石東，經雲谷洞陽而東；一發北麓，至雲谷之北，會二泉於大坑，東過石笠，至玉泉巖，爲水簾而下，東入於江。玉泉巖寬朗曠夷，先生常至此以望增城者也。湛子講學巖在九龍洞龍爪村東南，紫姑峯西北，與通天巖、桂笏臺、九龍巖、萬竹臺相聯植，一泉西自沖天鳳繞寶峯寺而東，經九龍洞而南，皆環流講學巖，外經七星巖，而洞在丹崖千仞之中，蓋爲西樵最幽之處。其程鄉縣人監生陳洪顯置學田二十有八畝，則在山下。一日，請記。

呂柟曰：「嗟乎！自宋程、張二氏發揮孔孟論仁之旨，其後教者罔或知授，學者靡或肯求，故斯學鮮矣。甘泉先生之在大科，豈獨與其徒優遊山水以避世哉！近嘗讀其大科規訓，自諸生服食動靜之微，性命舉業之通，童僕薪水之細，莫非據仁以陶鎔。學者若能守之，雖頑如石可柔，懦如韋可強，昏昧如醉夢可醒，躁妄如猿猱可定，殘忍如豹虎可慈。柟昔爲先生禮闈所取士，每謁先生，聞言斯懌，覿容斯肅，退未嘗不矯揉鈍質也。今大科之士親受規訓，其所得必有多於我者。宜先生往年被徵，而大科士六七人輕萬里之遠，易半年之程，蔑科舉之利，從先生而北來也。諸君今次第且還西樵，其常如先生之在大科乎！幸勿止以山水之佳空自適。」

唐氏種松記

瓊山唐子平侯弘治中以戶部主事引疾養母。正德間，母終，既合葬於父封君榕菴先生之新兆矣，乃聚族人謀於宗子世傑曰：「冑家本興安人也，自宋淳祐間始祖景聲爲瓊州太守，及其瓊山縣尉宗立占籍瓊郡，以肇開文亭山之祖塋，今幾三百年矣。族眾難聯，墓久盡荒，盍重修乎？」唐人咸以爲然。乃築垣塋域，百堵咸興，其外種松五百餘株，買田其旁，招佃六家居之墓左，使司灌培而護墳墓。今年平侯既陞僉憲，行，且以是告焉。

呂枏曰：「嗟乎！唐子之築垣而種松也，於其族有七教焉。唐氏之族且千人也，往皆各私其親塋，或不復知有文亭山也，今則歲時節序咸先奔趨修奉，是教之敦本也。自太守、縣尉、戶録、教諭、遯山居士諸祖以至御史、同知之輩，墓以百計，平侯固以加石增土重封倍前，今則樵牧難至，不復往日之荒頹，是教之哀死也。世有名人，故墓多碑碣，森如林立，計坐七十有餘，歲久趺瘞額傾，文字殘缺，平侯固已更顯改竪，今則剝擊難侵，銘表無恙，是教之訓生也。往者族人附葬，率溺風水，多入祖塋，干犯穴壙，殘礙骨肉。弘治初，封君封羊盟侯，定立質劑，不得再附。斯盟也，今可百世不磨，生死咸安，是教之尊祖也。平侯嘗曰：『幽以萃鬼，明以綴族，莫重於祭。』遂笲族醵錢，以定祭本，若士之廩者則出初月之米，貢者出贐之三十一，科者出贐之二十一，官者出祿之十一，以續其本。歲貸其本於一人，取其子錢，以供祭品而修祭儀，有事皆統以宗子之名。每三月一日，松栢改色，蒼翠瞻望數里，唐氏子孫士女隨宗子謁祭其中，是教之敬宗也。初，縣尉之修文亭山也，護垣、享亭、券臺、墓道，秩然咸備，兼置守佃數十家，居多閃村中，世遠陵替。封君雖嘗訟復其半，不至若今兹之盛且光也，是教之述事也。封君且沒，猶以未種松爲恨，至平侯克承其意，猶封君思太守之雙榕而取以自號者也，是教之繼志也。是故敦本則末茂，哀死則生者昌，訓生則死者安，尊祖則後昆裕，敬宗則統緒不亂，述事則業隆，繼志則家人和穆。詩云：『如松栢之茂，無不爾或承。』其封君父子之意乎！」

又曰：「唐氏子孫而知兹松之難乎？夫斯松也，非爾蒼屹、雁峯之所能有也，蓋皆渡江涉水，采諸丹崖、臨高之山，包以蒲茅，載以舟船，行三四日程而後至，甚難。初種之日，幾過千本，生而存者，止得其半，甚難。凡此皆封君百歲生平之志，平侯隱居十八年之樂，佃人六家者日夜壅灌之力也，甚難。嗚呼！唐氏子孫既知七教，又知三難，則必不見松而思爲薪，入蔭而徒爲憩息之所矣。豈惟可明平侯治家之政於千載，有能因是而得教天下，傳後世之道者，亦在乎志也。」

全終堂記

都察院右副都御史南山周公公瑞，弘治末年養疾山間，正德戊寅七十有四，考終于家。武宗毅皇帝勑禮部致祭壇，工部具葬費，而江西參議陳君墀奉命窆來。庚辰正月七日，其子中府經歷讓等安厝於州東太鄉六都逸山，後依崇岡，兩山夾峙，修江襟帶其前。於是遵制爲域，周垣百堵，建亭其中，祇奉皇言，乃作堂三楹，春秋奠祀。在亭之南，其左則神道碑，少傅大學士邃菴楊公所撰者也。君子謂公歷官中外，清白一致，卒沐殊恩，光前蔭後，遂名其堂「全終」，而府經以記來問。

柟曰：「嗟乎！終之難全也。昔曾子啟手足以示全，著戰兢也；子張呼申祥以告終，幸庶幾也。然地有仕隱，則身有行藏，要其爲終，皆不可苟也。夫公自筮仕以來，細者勿論，其所遭之事，最難終者有六。歷官兵部，清戎內外，得卒八萬，皆可斂怨而速禍，難終也。然才猷茂著，而余、馬二公相繼稱獎，凡有章奏，且與參謀。其在浙江杭州之滯獄千人，嘉、湖之餓殍萬計，武康、德清、安吉之盜賊及郡縣，杭、嘉湖之圩岸崩塌，殃遍畎畝，難終也。然或訊姦而釋冤，或糴富而勸分，或懸金以傳魁，或石岸而濬港，無弗立濟者也。布政河南，出納之羨，至四十七萬有奇，雖至潔者難終也，然皆悉登之籍，無或少私焉。

弘治戊午，乃陞右副都御史，巡撫甘州。初，太宗皇帝封元後脫脫爲哈密忠順王，傳至天順間，國王死，無子，母監國，有吐魯番者襲奪其敕印，其部落奔居甘肅。至孝宗皇帝，嘗遣大臣經略之，亦無功。未幾，哈密擁眾立陝巴，復被虜去，承其後者難終也。公至即修武備，建議絕貢，放其使臣於瘴鄉，於是吐魯番畏服，送陝巴及敕印於甘州。公復奏冊封陝巴，並賜答吐魯番之禮，又奏以奄克孛刺從女爲巴妻，於是諸部悅服，遣使入貢，上賚賜金幣以彰殊績。及其調內巡撫陝西也，達賊小王子擁眾十餘萬入河套，侵薄延寧。朝廷遣尊官統京兵二萬五千出至延綏，饋餉仰給於陝，然皆坐食不戰。恭順侯吳某者提兵防河，聞賊勢猖大，亦移疾還省，虜遂猝入鎮原柳征川，當其處者難終也。公既轉輸延綏，劾罷吳侯，而又以土兵

千二百人襲走萬虜。虜侵固原，固原先備，虜侵平涼，平涼先城，虜遂殺謀者而去，而公所獲賊級以百計，人畜以千計，器物以萬計也。薊州草場地數千頃，內監、京營、民產相雜，自成化中互爭，文武大臣科道數勘不定。孝宗皇帝知公才望，調改巡撫，然權貴齟齬，難終也。公至請官會勘，躬臨量度，取景泰中案草判之，明予奪，正疆界，不少遷就。疏入而上覽至日昃，曰：『草場自此無訟矣！』

況公所遭之人，其最難終者又有三。在憲廟時，寵宦汪直、梁方、李孜省皆欲援公爲助，公委曲辭解，而稱謂亦不失正。比直、方、孜省既敗，他人多貶斥，而公獨不污以終。在孝廟時，陝西鎮守太監劉琅懼公來陝巡撫，寓書中貴以沮之。然公之才望見知君相，中貴不能移也，乃反調琅於他鎮，而公更見重於琅以終。在武廟時，劉瑾肆威，毒害縉紳，雖以他事詿誤公，罰米數百，而公竟無可疵咎以終。此三者，尤人所難能也。然則扁全終堂者之君子，其亦深知公乎！

蓋公生應祖夢，諱曰季麟。少治毛詩及春秋，精思勤誦，夜或不寐，鄰染爲之罷碾。既籍郡庠，提學接稱，選入白鹿書院，益諳性理。中遭家變，躬事薪水，膳價過例，拒而不受，事覺獨免。及其鄉舉之年，江漲溯洄，遂爲寧識。若夫順以事可安，孝以事梅月，友以誨公儀，慈以訓諸子，若出天性。然則公之全終也，亦其善始者乎！周氏子孫其知所以世守其風哉！」

重修洙泗講壇記

洙泗講壇在孔林東一里，乃夫子與其徒三千講道之地也。自夫子歿，子貢輩築場之後，人專事孔林，此地鞠爲茂草二千餘年。至元戊寅，宣尉東野濳偕孔澈嘗修復焉。明興，猶新。正德中，盜火其門，殿廡亦敝。嘉靖改元，巡按山東李御史獻暨吾副使山東孟參議洋乃重修而增治之，未落成。呂參政經繼完其事，使使問記。

修撰高陵呂柟曰：「嗟乎！昔夫子眠不及時，食不及日，與其徒棲棲皇皇，思以救天下、教萬世者，此地正其本根。

乃後之人忽不知事[二]，雖廣建墓石，繁植宰木，豈夫子所欲乎！」或曰：「夫子之道，固難格於後世。周以來稱盛時者，非漢、魏、隋、唐、宋、元邪？斯其代，不盡講而見用者，則爲蕭、曹、房、杜；不見用而能講者，則爲董、王、程、朱；且講且用而行其私，則爲禹雄、林甫、安石。」曰：「嗟乎！是謂講者未必用，用者未必講，且講且用者未必於夫子之道益也。且夫子之道，何道也？伏羲之卦爻，炎帝之耒耜，軒轅氏之衣裳，堯之中，舜、禹之精一者也。可以生人，可以秀人，可以阜人，可以壽人。是故能反回之信，能屈賜之敏，能怯由之勇，能實師之莊，斯道之講於學者也；取時于夏，取輅于殷，取冕于周，取韶于虞，斯道之講於政者也。子思子曰：『萬物並育而不相害，道並行而不相悖，小德川流，大德敦化。』此其實乎！

後世見用於時者，或後立而先權，是故道蔽於權矣；能講於下者，或後權而先立，是故道細於立矣；且講且用而爲之害者，既非共學，猶難適道，故權、立俱喪矣。今夫夫子之道猶大路也，塗亦可通，巷亦可通，有能爲方駕之軌者亦可通；夫子之道猶大海也，罍亦可取，瓶亦可取，有能爲萬石之瓠者亦可取。是故以容教子桑則可，以容教子張則不可；以言教子騫則可，以言教子我則不可。何者？主靜非不善也，施於陸氏之門，益其禪也；務博非不善也，施於王氏之門，豐其蔀也。故夫子所講之道鮮矣，故佛氏或得而議我也，故老氏或得而笑我也，故治日常少亂日常多也。然則洙泗講壇之修，將斯道可由是而明乎！將夫子之靈其真在於斯乎！」

重修束鹿縣護城堤記

束鹿，保定隸邑也，滹沱河自雁門來，經靈壽、平山、晉州、深州，於直沽入海。束鹿間於晉、深，縣址卑，而沮、洳、滹沱之來也，西韓河自大鳴泉南入，綿蔓、甘陶自平山入，松陽自秋山入，衛自靈壽入，故滹沱至束鹿滋大，北凌束鹿城。四城故

[二]「忽不知事」，萬曆李楨本作「弗知其事」。

有堤水殺，後邑民或犁堤藝穀，堤漸夷。

正德己卯秋，大水，晉涅槃口決，滹沱氾濫於束鹿，沒丫河，潰城西北堤，西北堤大決，徑淪西城，城外積淤，高於街巷，公私舍半傾頹。辛巳秋，患愈棘，城内水或尋丈高，窮民迯入鄰邑，富者編筏而寢食焉。縣令臨潁谷鍾英障不能止，乃告諸巡撫都御史江西周公公儀及郡守陽武王君德輝。德輝時病臥牀，聞之攬衣起，謁周公，而先往，至則城且陷，乃召束鹿士民之富者曰：「患若此，屋產且勿言，其如爾父母妻子何？尚可叉手歎息待斃邪？」令曰：「三人爲囤，填決壑。」得千人晝夜填，填口愈狹，水愈急，德輝乃告於河曰：「嗟乎！滹沱乃欲魚鱉吾束鹿赤子乎？」有頃，決合。自始填，凡五日，束鹿人曰：「神相之也。」周公臨視，喜曰：「束鹿免矣！束鹿免矣！」謂德輝曰：「太守得無加病乎？」時歲方沍寒，而德輝扶病督率，病反瘥抑，其救人之心有所通邪！

已而德輝又告周公曰：「不一勞，不永佚。如復舊堤，斯束鹿千歲之利也。」德輝乃興四千役，作堤四城，堤基皆廣十丈，上廣六丈有五尺，高丈有二尺，長二千一百丈有奇。乃以郡判劉君某提調之，谷鍾英統領之，主簿于獻、典史趙晟人領二千役，王官、義官及儲省祭官人領二百役，役分堤五尺有奇，堤足皆樹樫柳，内外盤錯，而德輝旬一課焉。工始正月，至四月而告考。於是邑人致仕教諭焦讓及義民王勳會其鄉諸耆俊曰：「是役也，實拯吾束鹿人子子孫孫於衽席者也。然非王公上協周公之心，下作諸執事者之志，今尚有束鹿乎？」乃謀諸學諭南陽王璣撰狀問記以立石。

於戲！柟近過保定，遇憲副賈會期，言德輝之救束鹿，略亦若此。夫昔者德輝之爲御史也，先皇帝所諱言者建儲事耳，德輝乃屢抗疏言之，可殺其身而不顧。及其守永平也，鎮守太監誣民謀叛，杖殺數命，德輝平反其餘，至繫禁獄七月而不悔。其與束鹿之陷溺也，身嬰厚疾，觸風雪，程畚梮，躬執其勞，忘其病而不辭者一也。嗟乎！格天存乎信，建功存乎仁，使力存乎度，敬上存乎忠，慈下存乎公。謂德輝庶幾乎此五者，非邪？嗣治保定者，幸無棄其烈。

德輝名光，同予戊辰年進士。周公名季鳳，毛澄榜進士。

郭氏忠孝堂記

郭氏者，唐忠武王子儀之後，泰和千秋鄉游溪里之望族也。忠孝堂者，辰州知府郭君仕從其太學兄仁及諸兄弟構以祀先者也。郭氏至以謙之世，又分族焉，曰坑口郭氏。忠孝堂在游溪族中，而坑口郭氏得通祀焉。

堂高二丈有四尺，闊去其高之一丈二尺有奇，廂四丈二尺有奇，其深也加丈有二尺有奇。御書閣在堂後東面，高二丈有七尺，奉藏天子敕命也。閣之下爲神室，厝五龕，以奉五代木主也。在堂前，鐘左鼓右。廳門之外，則辰州進士之坊也。工始正德戊寅之七月，至九月而落成。

初，郭氏諱瞿者，當唐季由金陵徙吉之什善鎮。瞿八世孫連徙今游溪里，後至諱復可者，辰州之七世祖也，富而好禮，生男子六人，曰：均詳、德祥、壽祥、文祥、慶祥、履祥。德祥者，思伯仲之多，篤塤箎之好，紹復可之志，乃構堂於居第，扁曰敦睦，以識孔懷焉。已而宋、元擾攘，毁於兵燹。既克有定，仍纘前堂，扁曰積善。德祥入國朝，猶得爲千夫長，董區賦焉。生二子，曰：彦清、彦高。彦清早卒，遺孤可權、可衡、可平。三子者，奉妣蕭氏而善養，乃更其堂額曰壽萱，詳少師蕭公尚約記中。可權生克哲，克哲生五子，曰貴溫者，號和軒，則辰州之考，天子敕封爲大理評事者也。封君雖與諸兄弟共奉壽萱堂，然意每欲拓之而未就。至是太學、辰州與其兄弟克成厥志，而吉守伍公以文山遺筆「忠孝」字來，於是太學、辰州兄弟遂廣兹堂，更舊額而以名之，則郭氏世堂曰敦睦、曰積善、曰壽萱者，至是滋光大矣。

堂既扁，祀事既舉，諸兄弟謂太學、辰州曰：「内思爲德，外思爲民，夙興夜寐，維忠是營，其在吾二兄乎！」太學、辰州乃謂諸兄弟曰：「庭思上下，家思陟降，夙興夜寐，維孝是往，其在吾諸兄弟乎！」有儒士聞而善之曰：「太學、辰州之忠，寔孝是本；諸君子孝，未嘗不爲忠也。郭氏子孫可勿替引之矣！」辰州或以告焉。呂子曰：「是爾祖忠武王之志也。」遂作記。

南和縣劉侯修學記

南和，順德府屬縣，在府東四十里。學在縣治東南，明倫堂翼以文行齋、忠信齋，在大成殿北，南面。號舍四聯，聯五楹，在殿西西廡之西，南面。其前爲神廚，庠門在欞星門東。正德庚辰，吾陜中部劉君尚德授知南和，首理宫廟，謂古今之制，廟皆左學，而南和廟門反出庠門之右，諸生進自庠門，循東廡東墉而北繞周廟，行日六里也。劉侯於是開起鳳門於欞星門西，爲夾道，如東庠門之制。其北爲門，東面者四，以通四號。又其北盡第一號之地，折而東作右角門，在學甬道之西，西面與左角門對，以通齋及堂。當第四號門之東，開西角門於廟西序以適廟，而對廟東角門，以通齋及堂。於是扁東庠門曰騰蛟門，以對起鳳門，而欞門獲居其中，不啻在學左也。騰蛟門北亦作號四聯，聯亦五楹，皆南門，如西號制。入騰蛟門以適號，其爲門西面者，制亦如起鳳門北。其東第四號之前，匯水爲池以種蓮，曰蓮池。倉在文行齋之東，東第一號之北有牖焉，以隔之。倉北牖之北爲教官之第，當明倫後堂之東，堂西亦教官之第，其南有隙地，以屬西第一號。自欞星、戟門至殿廡，皆鞏甃瓴甋，棟榱吻瓦，咸以次新，黝堊之飾，遍及齋序射堂。騰蛟門外之東，建興賢坊；其對也，建育材坊。在起鳳門外之西，又自城街至於村落，分建社學七十有八，以儲學材。

於是劉侯曰：「璋爲汝諸生殫予心，致民力，捐公財，使爾等有門易進，有堂易升，有室易入，有齋易齊其心，有號易考其業，有夫子廟在中易聞其道。」於是以經立會，會有長；以會係籍，籍有稽；以籍定期，期有課。於是諸生駸駸然，蒸義而薰教，懷德而問記。

呂柟曰：「侯，吾關中世家，舉順天，都憲公聰之弟，刑部主事仕之父，先戶部主事佐之叔父也。侯思家學之由起，乃欲行之爾。南和，侯可謂愛縣如家，愛士如子弟者，非歟？」又曰：「劉侯爲政，流澧河之利，崇宋璟之祀，息五花佛之異。壇壝備飾，候館有增，征斂惟則，農桑見效，徭賦以衡，城隍可守，衙署倍新，不獨一興學也，故諸生深信云。」

記據生員鞏進狀，焦通、黄彦成圖。

西嶼草堂記

西嶼草堂，吾年友建寧楊乾叔之别墅也。西嶼去建寧城十里，臨澄深，據崇巘，岡巒澗渚，映帶遠近，斯亦羣山之囿也。野人嘗爲之鑿池焉，池中小嶼，矗矗拔起，松篁叢翳，而煙禽雲鳥時往來焉，望之崚嶒，緲不可即。乾叔思作小堂於其旁，堂中圖書數千卷，環堂有稻畦，有藥圃，有松塢竹徑，有瓜芋區，有采芳之洲，飼牛之柵。其背也，有小佛刹。入谷邃，則有泉渟洌，汲之者殊鮮，有幽人之貞焉，因名曰履泉。其西所臨溪，乃武夷、雲谷之委流，即建溪也，可以放艇而蕩舟。東巘之巔，亦隱有佛刹，躡危磴以上，依而遐覽，雖千百里，舉在目中。乾叔養疴山中，日居西嶼，侶伴漁樵，若與世常相忘者。及復時以出，又復馳情引夢，欲尋盟而終老焉，乃思與戴氏東池、何氏山林、張氏靈璧園駢美而比休。

嗚呼！予病涇野時，亦嘗東林書屋，無山可陟，無泉可漁，獨孤松叢竹，聊似西嶼，愧顔多矣。然且不欲如戴、何、張氏者恣逸遊之樂，縱詩酒之賞而自已也，況此西嶼哉！若夫欲瞻木聽鳥而感江安人之兆者，則其志不可及已。

遊王官谷記

王官谷者，唐司空表聖隱居之地，今少參許君德徵重修而增飾之。往時諸友多言其勝，涇野子至解之再月，偕丘孟學往遊焉。馬至故市西折而南，谷水北流入市，問即貽溪也。沿溪南行五里至谷口，路多巉岩石礙馬，丹柿赤棘夾路掛裳衣，躑躅至先門，伏馬而過。道流引登高致門，門下砌石百級，夾扶之而後能上，見危閣焉，道流曰：「上祠玉皇者也。」乃齋沐冠紳，升閣參拜。下閣，北至三詔亭，又北過休休亭，參謁表聖。日已暮，乃南過了了亭，飯於聚仙堂。飯已，有侯、段兩

生讀書於白雲洞中，招而後至。白雲洞，則元孤雲子李了了菴所居，以學休休者也。乃南臨石泉橋，望天柱峯，則見羣山四周，若子孫環拱，而此峯孤高插天，與故市街所望益不同，蓋其峯南之崇山又遠也。渡橋，夜與孟學連榻於石泉洞中。洞在天柱峯根，其前有清流，自東瀑布泉引來，而西匯爲小池，欄干護焉。寢洞，談今古、論往籍，久而後能寢。

晨興，瞻玩表聖像，飄然有出塵態。讀休休記，乃知其抱經濟材，與時不合而隱，甚可痛惜，但未題耐辱居士，則枘又病其隘也。壁間多宋、元人詩，皆有思致，徘徊遲久。道流引登西山觀秦王硯，硯大如碾盤，無口，下如尖底碓。表聖山中記已有此名，其秦敗晉師于王官時所遺者乎？自硯旁，不由故徑，懸下蒼崖，觀雙人石。石在天柱峯西北，倚峯而立，上有圓石二枚，恍若人面狀，又似北望秦硯，而欲濡毫者也。道流又欲西觀藏雲洞，比至蘆葦泉，言洞常出雲而泉更甘洌，云爲曹仙姑地。未往。直趨掛鶴臺，瀑布自天柱直下，而臺在其左旁。鶴二月來，五月生子，去有懸草眠跡焉。臺東，與孟學四人各據一石而坐，北瞰天柱，益突兀，有「四瞻雲日俱無影，止有一峯高接天」之句。欲東升以觀東瀑布，道流難之。又欲南進以睇黃河，道流又難之，乃歎曰：「天下奇觀，豈可盡哉！」遂北返，坐聚仙堂而飯，時已辰巳間。

飯已，東遊豬耳山，又東南至瀑布，登懸崖以觀之，聲如雷轟，貌如雪舞，瞻瞰更久。乃下崖，旁流而行，北至柿林，臨流編坐磯上，孟學坐一孤嶼，有僧在樹頭摘柿而落紅滿地。吟興俱發，恨筆硯少，孟學以一筆蘸流中，即嶼石而膏之，得二絕句一律，予得六絕，兩生皆有一二絕。僕人自故市沽酒至，道流菹以鮮蕨、秋英，乃滌卮澗中而傳酌，蓋不羨古流觴也。遂北至觀泉亭，則東西瀑布合流之地，而前御史安陽張仲修建斯亭，以博養正之趣，即表聖之濯纓池也，徙倚詩成而還。問修史、覽照、瑩心、九籥，擬論諸亭及一鳴窓，道流皆曰「忘之矣」。乃謂孟學曰：「枘嘗薄唐詩人，若表聖者，豈可以詩人目哉？枘舊過聞喜，以塵事問德徵，德徵時已休矣。今見其所舉，予見笑於德徵者多矣。」遂歸息聚仙堂，取朱御史壁間詩韻，與孟學賡和之而後寢。

又明日，道流以予不至仙姑洞也，昧爽取蘆葦泉中水煑豆粥，佐以萩以餟予。畢，乃自石泉洞南登，路如蚯蚓，檜栢交錯難進，乃以手拊道流輩，一皂又一繩引道流手而後上。至秦無隅塔前，比望，不見娥眉坡。是日微陰，蓋予已出雲霧之上

矣。盤曲再登，至李孤雲塔，乃歎曰：「世之廉夫清士不用於時，避世而至此邪！則豈非時之執政者之失哉！」孟學曰：「然。」又東繞而上，至八仙洞，洞已到天柱峯腰，洞口俯瞰，謂孟學曰：「彼李孤雲者，風斯下矣。」出洞，又欲直上天柱之頂，以問所謂「四時行，百物生」者，更取開山斧以夷山中魑魅魍魎而後返，道流皆謂路不可行，扯予衣帶脫。然予益努力勇往，幾至其巔，俯瞰八仙洞，又渺乎其下，當其飄然之意，蓋又非此流所能與也，又歎曰：「不知當時表聖之足履，德徵之攀緣，曾至此否乎？」孟學曰：「可記之，以諗表聖及德徵。」

董氏祠堂記

東樓董公癸未春命長子邦治據禮作祠，在正寢東偏，南面。堂三楹，棟宇成采，四壁堊塗。廚在堂左，西面。庫對齋房，在其東。其前有重門，祠扁在先門之額。垣周於外者幾十雉，除田百畝，以供春秋之簿正，上祀四世神主，冬至亦用其祖，合族人一祀祖塋，有羨則儲之異廩以葺祠。

公曰：「琦世家居陽信之董莊，五世祖質菴諱仲，兄弟三人，質菴長。高祖樸菴諱彥良，兄弟二人，樸菴長。曾祖欒菴，一人，諱禮，於族兄弟長。顯祖簡菴諱子友，兄弟四人，簡菴長。顯考東墅府君，一人，諱彝，字秉常，於族兄弟長。至琦亦一人也，又於族兄弟長。蓋董氏自質菴至吾邦治凡七世，皆宗子也。質菴言動無華，樸菴如質菴，欒菴有襟懷，超然若自得，簡菴寡與言笑不妄，四世皆明農。東墅府君雖仕爲抱關，然篤孝喜賑，董莊、石墩、雕鶚咸稱焉。蓋董氏自質菴來六世，至琦而後顯也。初，琦既舉進士，得令高平，勤民而祿薄。既陞部屬，在部勤事而祿薄。茲僉事數年，民事之勤，雖不敢緩，然而祿積稍裕矣。夫琦傳七世以後之宗，籍五世以上之德，積二十有二年之祿，故祠與田作。」

呂子曰：「禮：『支子不祭，祭必告於宗子之家。』故夫人也，生曰宗族，明以收族也；卒曰宗廟，幽以統鬼也。族無宗則子孫亂，廟無宗則祖宗廢，斯祠在公不敢不作也。昔者孔子謂宰予曰：『聖人因物之精，制爲之極，明命鬼神，築爲

宮室，設爲宗祧，以別親疏遠邇。教民反古復始。』故曰：子孫之守宗廟者，其先祖無美而稱之，是誣也；有善而弗知，弗明也；知而不傳，不仁也。夫自質菴至東墅之積行若此，斯祠在公不能不作矣。齊管仲祀其先人，鏤簋而朱紘，賢大夫也，而難爲上；晏平仲豚肩不掩豆，賢大夫也，而難爲下。若欲酌今古之中，而復蒸嘗之禮，斯田在公不可不置矣。」公於是遂懇請記之以詔來。董祠落成在今甲申年夏五月。

思政軒記

軒在府廨中堂之前西偏，太守王玉谿先生之所構也。軒儲經籍律令數拾本，太守退堂而居軒中，於是考古，於是準今，思政之所未行者而行焉，思政之所已行者而質焉，故軒名「思政」，亦玉谿子用甘泉湛先生之言而扁也。孔子曰：「政者，正也。其身正，不令而行；其身不正，雖令不從。」玉谿子爲秀才時，已沉涵六籍，政之體具矣。爲御史時，已條暢羣律，政之用行矣，乃又構此軒而思邪！夫禮之無盡，如林葉之難數也；法之無窮，如繭絲之難計也。非(理)[禮]〔二〕之難數也，(理)[禮]〔三〕以時而運者不可泥也；非法之難計也，法對情而變者不可定也。故經者，律之本也；律者，經之推也。經以用律，無廢道；律以行經，皆良法。是故君子思焉。傳曰：「思曰睿，睿作聖。」夫玉谿子之所思乎政者，其志遠矣。不然，軒前之花卉春榮而松栢冬翠者，亦其云何！

〔二〕「禮」，據萬曆李楨本與上文「夫禮之無盡」一句改。
〔三〕「禮」，據萬曆李楨本與上文「夫禮之無盡」一句改。

絳州重立古法帖第一記

易繫辭傳曰：「古者結繩而治，後世聖人易之以書契，百官以治，萬民以察。」於戲！文字之興，其在斯乎！後世乃有迂儒鄙士，不知出此，留心於末。雖以王羲之之賢，敗筆如塚，洗墨成池，亦用力於點畫鉤撇之間，至使唐太宗英主也，以蘭亭記殉葬，安在其能治官察民乎？

予嘗盤遊於涇、渭、漆、沮洲渚之間，打起鷗鷺蟲鵲，見沙上爪痕羽印，皆類古文，其絳州所傳倉頡書乎！或如風行水上，或如雲出山前，或遠取諸物，或近取諸身，真天縱自然之妙，昔侯芭學奇字於揚雄，恐未升其堂也。世傳夏王大禹作黿書，謂禹治水，玄黿兆祥，沙門懷英乃至作黿鱉之形，此何以爲也？今見絳州禹文亦類鳥跡，少降而就真，則沙門體誤必矣。漢魯共王得尚書於孔壁，皆科斗文字，近世遂作蝌蝦狀。今觀夫子所書吳季札石，於禹無間然矣，將所謂科斗者，以漢文形之而名邪？至若史籀，周宣王之太史氏也，又在夫子之前，而岐周石鼓文多類此書，後人以其不似鳥跡，乃取諸鍾鼎文爲古文，以附鳥跡，而凡史籀字，又別作籀文以傳，如元楊桓六書統之說。然今觀籀文，與禹、孔亦不甚相遠，此又何以辨也？大抵古人寡言重行，文皆簡質，後世一義數語不能盡，一事數紙不能畢，故率棄本而務末，於治官察民難矣。絳州守延安程君騰漢於州治左壁間得頡、禹、孔、籀四書，乃真古法帖，刻而未移晉府者，至是表而請記，豈爲文字傳哉！

甃修河東運司城記

嘉靖三年秋大水，河東運司城幾圮，侍御巡鹽雷石先生盧公堯文甚惻焉，乃欲甎甃以圖久遠，然以瓜期且屆，姑甃東

面，以俟後哲。落成，運城人知州謝君譽、太學生張昇等曰：「嗟乎！斯運城人子孫千歲之利也，不可不記公之德。且此城，羣省交會，一方具瞻。然地近鹽，則鹻易嚙其足；土挾沙，則風易彫其膚；板帶礓礫，則雨易剝其面，故今歲霖霪已淪乎邪。而又內處富賈，盜易窺；城大無兵，盜易攻；巷寡土著，盜易取；雜聚五方之民，盜易入；土無嘉實而有厚藏，盜易剽，故往年流賊幾突乎郭也。故公乃選官吏，輕訾筭，定征役，謹命令，遵其定規，教其新矩，裁其崇卑，壹其博狹，均其厚薄，灰焚條山之石，甎差粥鹽之賈，輦編車丁之腳，工採蒲、解之匠，力用坊鹽之夫。於是基闊二十有五尺，高加其闊之十尺，首去其闊之十有五尺，周城九里有奇，東面積工，乃至二里三分，故磚計二十千，灰計二十千，凡兩月告考，屹爲重鎮。」呂柟聞之管夷吾曰：「大城不可不完，郭周不可外通，否則亂賊姦遁者作。」故莒廢渠丘，楚克三都，而智瑤思以汾水灌安邑也。公斯之舉，所係乎國者重矣！

運城人又曰：「一面甃，三面皆可甃也；一面舉，三面皆可俟也。於此可觀五實焉：險設而不驟，力舒而不迫，財撙而不汰，業廣而不專，名成而不私。於此可觀九固焉：農有固業，士有固志，商有固貨，賈有固肆，官有固職，課有固辦，國有固望，人有固瞻。於此可觀七教焉：惠足以教度財，寬足以教節勞，智足以教豫事，厚足以教敦本，信足以教不叛，材足以教經國。」呂柟曰：「此在公特一緒物耳。柟近謁公，論文貴質不貴艱，論政貴平不貴刻。是以編掣常鹽，商無退怨；洞開三門，民無偏利；地不重給，丁無積累；訟不拘人，獄無冤滯。而又申修書院，課藝不倦，博愛運學，拯貧不私。此則真甃運城者也！且公之官可行道於天下，當其志，又欲城九州而守四夷，曾以此城爲功邪？」

於是運城人曰：「問甃運城記，得聞甃天下城記矣。」於是公聞之曰：「將判官不忘往日之同寅，厚望於我邪！知勉矣。」

公諱煥，河南光山人，辛巳進士，以翰林庶吉士改今官。

涇野先生文集卷之十六

記

東楼書院記

少參董先生天粹作書院于其陽信城之東郭。是地舊有園數十畝，林木葱菁蔚薈，乃擇其中爽塏處構巍楼焉，公遂以爲號，又以爲書院云。楼三楹，上儲羣經衆史及諸子集，其下爲堂房，公時坐而講學焉。房列兩齋，齋皆有三楹，左曰依仁，右曰遊藝，諸子及學徒居之。静觀亭在東樓之後，亭下鑿渠，桔槔汲水，環亭而流，植荷其中。渠外皆種以名花異卉，又其外皆蔬畦，引渠水亦可灌而藝也。又其外植麥禾、荏菽諸穀，當錢鎛銍艾之時，公亦遊觀而娱視焉。公僉憲山西，分巡河東，而柟適謫判解州，得習聞公政。其他縷之不能盡數，即鋤強横，詰姦惡，均徭役，皆可謂邦之司直而民之父母矣。遇友人，輒稱説，以爲美談，乃不知其道在東楼書院中來邪！夫士之仕也，其閑於法者，常棄經不治，以爲腐也；其專於經者，又率薄其法，以爲俗也。乃公明於法之用，而不忘其經之體，豈可得哉！公指日位晉公卿，敷政天下，其亦在是乎！其亦在是乎！

馬氏祠堂記

馬氏祠堂者，萬泉教諭綏州煙山先生所建也。祠在延嘉山北、梔子峯下，惟一檼，内安三龕，祀曾祖至考三世，以曾祖

別子也，不得祀高祖其旁。親無後者，亦皆木主，祔食于龕中。左龕之南邇東壁置櫝，藏遺書衣物，物四櫝。右龕之南，祭器藏焉。堂外列作東西兩階，南爲先門，其外繚以周垣。又置祭田若干畝，祀以四仲月及歲月暮。若正至朔望則參拜，俗節則薦以時食，皆依朱氏家禮。煙山先生之子太史汝驥與予同僚於翰林，予謫判解州且行，太史曰：「茲祠堂者，家君建在正德辛未七月，未記也。」

呂柟曰：「卜子云：『都邑之士始知敬其父母，大夫及學士始知敬其祖。』故程伯淳以厚於自奉、薄於奉先爲非道，煙山先生可謂即敬通道矣。或曰：『鏤簋朱紘者濫，豚肩不掩豆者隘。此祠在煙山先生不爲濫，在太史公不亦隘乎？』然君子行禮在信不在物，君子事先在孝不在奢，故太史亦嘗曰：『思以根孝，祭以達思，禮以嚴祭，孚乃用禴。』夫煙山先生率禮迪義，化夏縣、萬泉。太史奉其庭訓，秉文篤道，炳帝左右，亦已庶乎明德之馨。若乃廟貌堂堂巍廣，褒建厥家，滋光前休，其亦自此始乎！」

煙山先生諱驄，字士乘，以郡歲貢士起家，筮仕夏縣訓導。自曾祖處士來，三世皆集義躬稼，至煙山先生始仕至教諭，封編修，而太史益篤其祐于未艾焉。

平陽府重修文廟學宮記

竊聞之，飾羣神之祠不若修夫子之廟，修夫子之廟不若誦夫子之言，誦夫子之言不若遵夫子之行，遵夫子之行不若承夫子之意。夫平陽之文廟學宮修自弘治辛酉，考於正德丙寅者，太守西平張公良弼也。磨碑於山，文言於石，竪於嘉靖乙酉者，太守開州王公公濟也。夫自丙寅至乙酉，幾二十年矣，乃西平作而不碑，開州碑而不作，其亦庶幾承夫子之意者乎！夫子之修春秋也，「壬申，御廩災。乙亥，嘗」則書，蓋戒夫用於易災之餘者也；三臺兩觀之作皆書，蓋戒夫淫用乎民力者也。故忘意於養士立教之地，知義者不爲也；過求於釁廟考宮之時，知仁者不爲也。昔者魯公子魚好潔，其宮廟取狙猍、

新甫之材以治之，故夫子録其詩曰：「新廟奕奕，奚斯所作，孔曼且碩，萬民是若。」而閔子騫仍長府之舊，則亦取其言也。今有先作者於此也，木未架而扁已斵，壁未堊而石已礱，甚至侈功以專美，諛上以引名，因動以計利，云令後世無以加者皆是也，其視西平何如哉？今有後作者於此也，或微飾以兼舊，或小補以昡新，甚至繪絢一加，云柱礎皆已立，戶牖一緝，云棟宇皆以興，削其榜，易其名，以爲無前之績者皆是也，其視開州何如哉？韓子曰：「莫爲於前，雖美弗彰；莫爲於後，雖盛弗傳。」若西平、開州，可謂彰與傳矣。然前之作，非欲後之碑也，後不能以不碑者，猶夫作之人耳；後之碑，非委前之作也，前不得而不作者，猶夫碑之人耳。故作者曰：「一勞而永逸，不然，數築無實則民罷，夫子之所不喜也。」碑者曰：「畫一自可守，不然，如塗塗附則民罷，夫子之所不喜也。」漢召信臣守南陽，能修湞、滍、泌、淅諸水以溉民田。後杜詩繼守，不廢其跡，而民多樂利，遂有「前父後母」之謡。此直一惠養耳，而況於西平、開州爲修道立教者哉！且開州之好善如貪，寸長不遺於人，則於用力乎夫子之宮墻者，傳可知矣。故雖有補飾潤澤之績，亦皆沒而不言，惟恐功之在己也。且西平立政如古，一事不苟於己，則於率遵乎夫子之道者，彰可知矣。故雖有盡心竭力之誠，亦皆去而不留，惟恐功之在己也。

夫平陽，堯、舜、禹、湯之墟，皋、夔、伊、傅之地，諸士子固其遺良也，若誦法孔子之言行，由西平、開州之意而往焉，亦庶乎其可入矣。書曰：「惟周公克慎厥始，惟畢公克成厥終。」夫西平已往矣，爲周公不爲周公，柟不得而知焉，而開州豈止欲爲畢公者哉？他日守先王之道而不肯變者，其殆斯人夫！諸士子宜棘請事斯人矣。

大成殿楹七，廡東西皆有三十，戟門三，先門三，鄉賢、名宦二祠亦置其旁皆三，尊經閣三，明倫堂五。東齋皆以道名，曰：弘、體、凝、味。西齋皆以心名，曰：傳、明、收、格。號凡五十八。於戲！此亦可觀作者之志與碑者之心也！西平名文佐，成化甲辰進士；協力以作者，則同知平灤許公莊、通判遼陽王公鐸。開州名溱，正德辛未進士；協力以碑者，則通判京人黃公鍾、推官肥鄉喬公年、臨汾知縣張君佐。

直隸潼關衛重修學宮文宣廟記

潼關衛學屬陝西，而衛則直隸兵部，蓋陝西之東境，河南、山西之西塞也。學宮在衛之右，宣廟在學宮之左，皆南面，歲久圮壞漏敝，於是衛指揮使孫君懋勳承宣重葺理焉。自大成殿、兩廡、東西序、廚、庫以至欞星、戟門，皆易簷改棟，變櫳申簃，其朱壁漆龕，琉璃黝甃，煥然聿新。而明倫堂與四齋以及師宅、生號，亦皆次第重考。工始嘉靖壬午三月，落成於癸未冬十月。於是士氣倍增，文風丕振。教授曹君璉，訓導郭君隆，學士王蕃、謝憲諸人謀石頌功，乃以太學生吳錦至京問記，以彰懋勳於不朽。

曰：「於戲！懋勳。予於正德初筮仕史官，取道潼關，懋勳以父郎中天常先生方務試禮部，不罷，乃襲其祖清軒之職。當是時，束髮不勝冠，然儀貌語論即雅飭類儒者，嘗陰器其不凡。後數年，聞又力抗權宦，雖瀕於死而不悔，則又未嘗不歎吾陝之有守也。於戲！是固宜有今日宮廟之舉乎！且夫潼關險聞天下而壯固全陝，自成化至正德年來，流賊毒遍九省而關中不擾，豈真以其山巖之崒嵂、兵革之鋭哉？則孫氏世守斯地之績亦不可少也。昔晉郤縠悦禮樂而敦詩書，漢祭遵雅歌投壺，常克敵取勝，則懋勳其人也。且斯學也，清軒先生亦嘗修於成化之時，而君能繩其祖武，可不謂得孫道乎！天常先生又嘗舉於弘治之初，而君能紹其孝思，可不謂得子道乎！夫宮廟之所申重者，此二道其先務也，乃吾懋勳已能身教斯士，有提調之本矣，豈啻一土木興哉！於戲！衛之諸士其勉矣。」

猗氏縣重修學宮文廟記

猗氏訓導冀君九經暨諸生來解曰：「猗氏尹長安王君子推下車謁先聖廟，至學宮，見其敝漏，即召匠議資，規措重修。

正殿五楹，東西廡三十楹，皆改建堊丹。暨神廚庫二楹，在東廡南。二庫之中爲戟門三楹，戟門傍碑亭二座。亭東宰牲堂三楹，亭西鄉賢祠三楹。二亭之中有泮池，池南爲欞星門，門壁皆琉璃，高丈有五尺，闊五丈，先知縣徐誼創建，而今亦增飾之者也。壁東竪義路坊，壁西竪禮門坊。明倫堂五楹在殿北，其東頤養房二楹，其西井養房二楹，日新、時習二齋在二房之南，對以毓秀、興賢二門。祭祀、制書二庫，饌堂、倉庾，莫不更新。」

涇野子曰：「於戲！子推。子，關西之豪也！予聞解人曰：『王猗氏嘗均解徭，自況以關雲長，當其無私，雖神鬼可質。』比予遇路村王良輔，良輔言：『猗氏初至，而四方學者從之如雲，誨諄諄不倦。』此其道已可對夫子矣，宮廟之修，豈惟其末哉！猗氏生曰：『公誠足以通幽，明足以檢俗，才足以御煩，藝足以開士。』謂子推非百里材，亦其邇見者也。且子推，予同考癸未之進士也。予雖未得爲本房，乃子推曰：『是固一日坐堂上試我者也，義不可薄，俗不可隨。』及予且謫判官，而子推猶以長者事予，則子推所志遠矣。此其義已欲入夫子之宮牆，而思見宗廟百官者也。諸士子其於重修之微意而求之乎！」

張氏佳城記

張氏佳城者，華州舉人張之榘儀正之所築也。儀正喪母安人東氏，葬諸少華峯陰之麓，遂結廬墓側，朝夕哭奠，餘日則誦喪記諸禮、蓼莪諸詩，其聲呱呱，烏鵲咸哀，於是孝泉北湧，山雉南馴，衆稱感焉。儀正又構堂寢房序，張闑三重，松楊交植，榆柳森秀，客名之曰張氏佳城。蓋雖其父參政公他日百年之後亦可憩。儀正使人來曰：「之榘生三十年，先安人撫育之恩、教督之義，如天地河海，不能盡言。之榘幸且有今，未能祿養一日，終天之恨，苦不堪生。玆者塲室之居，苫塊之處，少盡菽水之誠耳。不知先生何以教我？」

予曰：「往嘗聞廬墓孝子多寒士窮人，如王裒、徐積輩，與其親同甘苦，其疢疾動心忍性而然者也。乃儀正，刑部侍郎

之孫，山東參政東谷之子，翰林修撰對山康子之婿，且處豢養，掇巍科，而茲行豈非性有所見之明，學有以變其居乎！則又非寒士窮人比矣。夫道無窮，惟孝爲大；夫學無常，惟盡孝爲先。子於是益擴而大之，遠而至之，將他日輔天下，使人各親其親者，亦在是乎！於戲！儀正。予與子父氏、舅氏皆交厚，其懋之哉！」

絳州尊經閣記

尊經閣爲絳州守程君騰漢所重建。閣在絳庠之中，基高七尺，閣崇三丈，蓋舊有址傾頹，而今鼎修者也。其中羣史諸子集皆在，而獨以經言者何？經者，常也，謂常道也。常道，則親、義、序、別、信之倫，忠恕之則也。學者欲篤行乎此，必先明諸經；欲明諸經，必先尊奉之而後可。故雖孔子且曰：「畏聖人之言。」而王仲淹亦曰：「通於夫子受罔極之恩。」於其言當歿齒而後已，則夫閣云「尊經」，不徒然也。今夫山僧谿道，以吾儒視之皆異端也，彼其先佛、先老之言，洗几而觀，焚香而誦，或收之輪藏，或膽以金泥，若此乎，其不敢慢也。乃若吾聖人之經，可以治身，可以治人，可以育物，乃或忽焉，不知所敬，宜其教化弛而風俗敝也。程君以政本在是，故創建茲閣，則其所施爲措置者皆可知矣。諸士子其體行之，慎無忽經而自卑云。

安邑縣重修儒學記

安邑縣儒學多廢壞不治，某年月日，知縣事乾州陳君自寬邦敷重修焉，其壯麗十倍於昔，蓋請諸巡按御史光山盧公、潛江初公而舉之者也。安邑諸士子來問記焉。

予惟學記有云：「玉不琢，不成器。人不學，不知道。是故古之王者建國君民，教學爲先。」然則自寬之修夫學也，豈

徒然哉？蓋欲爾諸士子知夫道也。古人云：「今日記一事，明日記一事，久則自然貫穿。今日辨一理，明日辨一理，久則自然浹洽。今日行一難事，明日行一難事，久則自然堅固，渙然冰釋，怡然理順。」如此方謂之知。苟一行有未盡，則是知之未至也，故曰：「誠明無二道，知行非兩事。」予嘗見二人焉，有指山畫谷者，有入山臨谷者。夫指山畫谷，猶想像也；入山臨谷，則所謂山之高、谷之淵者，益真矣。今徒事記誦者，特指山畫谷之儔耳，烏足以言知邪！

夫安邑，禹故都，昔舜授禹曰：「人心惟危，道心惟微，惟精惟一，允執厥中。」兹數言者，可謂知之至矣。今所謂尚書者，固在也。諸士子生禹之鄉，讀禹之書，慕禹之道，而不知禹之學，豈特有負於陳君哉？昔卜子夏嘗爲魏文侯師於安邑。夫子夏在聖門文學科者，而其論處賢人、君父友也，則以易色、竭力、致身、有信爲己學，其視今之持文墨者何如也！兹聖賢者，皆鄉產也，諸士子顧無景仰之心乎？倘有所得，則由子夏之學，亦庶乎其知道矣。於乎！大禹聖人，乃惜寸陰，至於衆人，當惜分陰。今諸士子之中，豈無善學大禹如陶士行者乎？若夫陳君善政最多，兹亦可見矣。

臨晉縣改修儒學記

慶陽丁君大本守中以鄉進士來宰臨晉，政餘，進諸生率勉淬勵。以儒學廟廡、堂齋、官廨頹圮，且規模陋隘，恐不足以作士氣，乃謀諸寮寀、師生、鄉士大夫，改作焉。學後空地棄坑塹深丈餘，南北五十丈，東西四十步，先屬教諭李孟賢、訓導張玕平之，遂移退省堂于此，東西各增號房十五楹，分爲五聯，後立官廨。由是改舊退省堂址爲明倫堂，兩齋各增十五楹，益以簷廊、碑亭二，在明倫堂之前。由是改舊明倫堂址爲大成殿，東西兩廡率皆增飾聖賢像，金碧輝煌。神廚在東廡東北，倉庫在西廡西南。乃又改舊大成殿址爲戟門，戟門址爲欞星門，皆增楹高闊。外竪房二座，儒學門三楹，內禮門、義路二座。

時巡按萊陽王公、潛江初公相繼賢之，乃發贖罪金若干兩以助其費。經始於某年月日，落成於某年月日。諸學生咸感

德，欲識不忘，持狀問記於柟。

於乎！士子之學與不學，蓋由上之人振作何如也。丁君往年遺其子與其邑之二三子從遊于予，今又有此舉，則其志當不小，諸士子其無負乎哉！且吾聞之，君子有三患：未之聞，患弗得聞也；既聞之，患弗得學也；既學之，患弗能行也。君子有五恥：居其位無其言，君子恥之；有其言無其行，君子恥之；既得之而又失之，君子恥之；地有餘而民不足，君子恥之；衆寡均而倍焉，君子恥之。諸士子之爲學也，能奉此三患，存此五恥，于以善俗，于以康國，以爲名士焉，其丁君之志乎！苟徒借爲出身之階，假爲媒利之計，行與言違，名與實浮，寧不有愧於斯建邪？諸士子不見張玄素乎？唐太宗治洛陽宮，乃上書諫止，魏徵歎其有回天之力。不見有司空圖乎？拜諫議大夫，乃高臥王官谷不起，時盜賊不入其境。茲二子皆其邑人也，其學術、事業寧不與日月爭光邪？況東有傅說，西有伯夷，北有王通，相去不過百里，諸士子豈無三子者之遺乎？倘有采于斯言，則茲學也，當與傅巖、首陽、龍門並鳴於世矣，諸士子其無負乎哉！

平陽府重修平水泉上官河記

平水、上官河泉出府西南三十里平山之下。平山者，莊周所謂藐姑射山也。平水泉之原爲金龍池，池上爲龍祠。又東二百步爲平水神祠，祠前爲清音亭，而上官河，之源則在金龍池西南，近條山焉。池東數泉，皆入上官河而水滋大，遂東過清音亭之後至張家橋，而平水亦或派入，俗所謂「十二官河分流以溉臨汾、襄陵之田」者也。蓋自是以至劉村鎮，夾河三十六村，爲田二萬餘畝，皆資焉。然自張家橋東過石曹澗，至於趙半溝，其南支流爲上中河，而居民新開飲水之處則在其北焉。又其東爲席坊橋，其北則受小石橋之平水、席坊澗之山水，水多泥淤、沙礫，上官河遂不復東行，而南入上中河矣。於是席坊、祿穽、麻冊、南小榆諸村皆受其利，而麻冊洞以東二十餘里無復勺水之潤矣，於是上官、上中民交訟焉。

太守王公曰：「上中河者，私也；上官河者，公也。上官河博而遠，上中河狹而近。不法不德，則守不堅，法則民畏

而訟平，德則民化而訟息。究厥病本，其在席坊橋乎！」有張滋者，善治水，遂使滋決席坊壅，濬平水、上官河之源，於是上官河滔滔東注，直抵劉村鎮，以復其舊，而略玉、下院、東宜、補子、塔頭、段澤、馬務、南劉、宰息諸村，皆成陸海，不圩而稻粳茂，不雨而麻麥熟，蓋雖江、渚、湖、濱，不足以方其美也，而上中河之民亦分程限日，均沾其澤。或有尊賓嘉客道入平陽，太守則邀謁平水神祠，坐清音亭之上，瞰官河之源流，賦詩飲酒，與民同樂。歌曰：「官河漾漾兮百穀成，水無私心兮民不爭。」

判官呂柟曰：「王官谷瀑布泉下流爲貽溪，水可灌田千餘畝，唐司空表聖立法，谷人以時用之，至今不廢。若鄴旁漳水、秦鄭國渠、蜀煎、南陽鉗盧陂、燕故戾堰，上可富國，下可足民，故跡尚在，而日以湮，其弊豈惟民哉？太守嘗云：『政在善俗，俗先禮讓，禮讓之興，在閭里、田桑、雞黍之間。』夫虞、芮亦平陽屬邑，昔人訟田不決，如周以平，皆慙而還，置間田焉，今猶有遺風也。於乎，人孰無是心，安知他日兩河之民不爲故市民乎？於乎，上官河其永矣！」

重建李太守行水碑記

李太守者，京人李義方琮，舊平陽知府也。行水者，成化末年，修利澤渠及永利池也。利澤渠者，長沙李學士先生東陽有記曰：「元中統間，有引汾水者，由趙城衛店堰而東流，合霍、澗二水爲渠，以溉趙城、洪洞、臨汾三縣田四萬畝。至順元年，晉寧路達魯花赤朶兒只因地震渠壞，又浚汧口五十二，小夾口十九，有桔槔護夫，皆具以教農興事。國朝，歲久渠湮水壅。成化甲辰大旱，太守請於當路重浚此渠，引汾水於洪洞西北，築壩以截其流，復取霍、澗之合流於羊獬，鑿地四區，灌而汲之，以爲覺槽渟洩斯水。又於高河築壩三丈，窪有十四節，啟閉以時，灌溉沃饒。引其餘水入流城中，資萬室飲，傍水地價頓至十倍矣。」

永利池者，錢塘倪宗伯岳有記曰：「平陽郡城水脈鹻鹵，不可民用。宋慶曆初，知州潘天傳引東山臥龍岡黃蘆泉水入

城爲池，植蓮其中。金源氏鹻水塞池。國初，郡守徐仲聲北引汾河衆利渠水穴城注池，以供衆汲。中爲土梁，界池爲二，甃以瓴甋，四方各長二百有二十步，其深七尋，植檻於梁上，便人往來，名永利渠。歲久衝涸，兼豪右侵據，民罔攸賴。成化乙巳，太守委官募役，給之米粟，重加濬治，傍池鑿井，朝夕利及，而銀買車運之苦遽革。又慮池瀦停濁，鑿通池前郡學，及不由兒濠環爲芹泮，城外之水皆可引入無滯。又於澗河、羊獬之間，甃石爲梁洞，殺上流勢，用去霖雨泛汾沒溺民田之患。明年秋，請諸當路，剏爲引水洞，長千有百尺，過水洞長亦半之。井橋既具，花木茂植，乃作書院於池側，以居俊秀，其利始永矣。」

判曰：「枏昔過洪洞、汾、趙之間，見溝洫縱横，禾麥肥美，以爲江南、湖東亦不過是。詢諸田父，皆曰李太守公之澤也。枏近謫解梁，長老皆傳太守能公鹽利，屯開西場門，解人餽千金而不選。今見李、倪二記，則太守豈徒區區小惠寸功哉？且太守當成化甲辰，歲大凶，飢民嘯聚於垣曲山者數千人，盤據刼掠，勢甚猖獗。事聞，上命鎮巡官相機勦撫，僉憲郝公進兵無功，賊盜熾横。巡撫葉公淇駐節曲沃，憂形于色。太守進曰：『此屬本三省齊民，爲餓飢窘至此，宜先撫之。』葉公曰：『此賊據山殺人旅，拒憲臣，當誰撫邪？』太守毅然曰：『琮任之矣。』

旦日，遂屏騶身衣冠，單騎入山四十里，賊擁其後，環山逆衆皆抛石吶喊，從者曰：『急矣！』太守不懾，益進賊前曰：『吾平陽知府也，來救汝耳，何見疑？』時賊首有靳亮、袁通、劉福成者，皆嘗被理其訟，遂覘認曰：『此真李爺，恩主也，可毋犯。』且率衆下山，引入賊巢。時已暮，去縣幾百里，太守乃語賊首曰：『汝輩皆良民善衆，今以飢餓之故，不思久計邪？可聽我撫諭，下山與賑濟一分，各回籍，免往罪，妻子亦可全。不信，與爾有約書。』賊設榻寨中，具牛酒以享太守。解衣巾，就榻坐，賊皆羣進跪泣曰：『此真救我命者，雖死願下山。』明，太守書招撫紙旗二面，即令袁通輩前執，賊衆二千餘人皆降至縣。葉公、郝公曰：『此非人所能，真大丈夫也！』遂宥賊俱如所約，地方以寧。事聞，上賞太守金帛甚厚，而垣曲父老以石刻太守像，構祠以祀之。太守於其賊如此，則其行水以利民者，可由知也。且昔之治鉗盧陂者，皆紹前官之烈，而治渤海之盜，亦在豐稔之時，豈若太守舉百餘年之墜典，而平飢亂之巨寇哉！太守而在兩漢，龔遂、杜詩當遜居下

風矣。」

太守舉天順甲申進士，授南京吏部主事，擢驗封司郎中，改刑部郎中，陞知平陽府，後遷湖廣參政、山西按察使及福建左方伯，卒。所至政績亦多類此，今若在，樹動天下可知也。今山西左方伯東渠公，其弟也。聞太守之事於今平陽知府王公公濟及晉之父老，柟因得敘而重記之。

新甃運城西南面及廣郭門記

河東鹽運使司城，國課于辦，寶藏于興，四方商賈于萃，而城多鹵鹻，易於彫圮。往年巡按盧公堯文已甃東面，留三面以俟來者。去年，潛江初公巡按繼至，運大夫皆請續前績，公弗應。已而夏雨水，鹽未花。秋大熟，民不困。公曰：「使民斯其時乎！夫人既不採鹽，丁輸一二百甎城，可旬月舉也。」乃謂運城西面受患尤急，遂自九月興作，以石甃基，續以瓴甋，月城亦充拓改甃，可轉車馬，至十月而告考。致仕知州謝譽、監生張昇等相謂曰：「此運，吾人子孫千秋利也，宜紀諸石。」

柟歎曰：「於此有先作之者矣，而後者不繼，其先者亦孤於此；有後欲作之者矣，而中者不續，其後者亦沮。斯役也，可以紹先，可以開後，豈一己之庸乎？昔者周公之治殷也，克慎厥始，微君陳和中，則畢公亦何以成終哉？夫雖三后，且欲其協心如此也。故公之斯役，甎不陶冶，其材不匱；役當豊稔，其力不困；諸料既備，使之農隙，其心不怨；物土有方，其功不遲；官有定守，工有定規，其成不苟；量而後行，其令不壅；信而後委，其人不悖。故一時庶民子來，舉鍤如雲，歡呼如蹋，雖鼛鼓有弗勝者矣。昔宋城城，而城者有『睅目皤腹，于思丹漆』之歌，則以華元棄甲而復也，豈若公之斯役，七美咸具，而得民若是深乎！且公之巡鹽河東也，懼屢役以動民，乃修補禁牆，幾於百里；疏濬姚暹諸渠，長七千有八百丈；築堅硝池、卓刀、七郎、黄牛、李綽諸堰，皆長四五百丈；建廣察院堂室廊屋至四五十間。乃又表前賢以勸士，立溫公之祠而謀復其後；建解梁書院而敦勸其善；修河東書院而因立西渠張仲修之祠；新運學鄉賢，乃定河東自古

之哲人；廣六經羽翼，遂板行關雲長、周茂叔、司馬君實、程伯淳、正叔、張子厚之集。則斯城之役，又何難焉！且斯役也，木取諸廢寺，石取諸條山，灰取諸谿谷，甎取其空役，力取諸閒丁，則凡他役之舉，可由知也。於戲！柟嘗數謁侍公，論治，即人情而不私；論學，據天理而不浮；論文，明道義而不險。故馭商有式，督鹽有法，治官有體，愛民有實。是以諸役之興，人樂從而無怨也。公指日大巡一方，且宰治天下矣，宜必充是以行而不渝乎！」

公聞之曰：「呂判官望予亦深哉！」公諱杲，字啟昭，嘉靖辛巳進士，授四川道監察御史。西城高二丈五尺，長四百四十丈，城門樓、角樓皆新建云。

遊龍門記

龍門在秦、晉之間，萬山之會，禹治水極力之地，形勝甲於海內，久懷遊覽而未獲。內濱子曰：「天下之美，不努力一至，惰違不可補。」他日，谷泉子西巡，亦猶是興也。乃四月之初，實齋王子以隨谷泉子之清戎也，先自安邑至河津，以俟二公。明日，谷泉子自萬泉至。又明日，予自解州猗氏至。又明日，內濱子自運城至。是日雨甚，內濱子陟降懸坡，跋涉泥潦不倦也。既且集，二公曰：「如來日霽，天既佳期矣。」來日者，月五日也，果霽。

於是實齋王子先往龍門，予繼往以同俟二公。道過辛村，謁卜子祠，召其雲裔撫問焉，有題詩。北至清澗，風大作，從者曰：「俗傳食豕肉詣禹廟，必風。」予未諾，然以懾寒，入福聖寺加衣，兼録途中作。風滋甚，返袂蒙面，衝風而往。過神前村，始至龍門山麓，乃緣棧道，步履而升，一吏外持以防惴墮。既謁禹像，風益焚輪起，撼松栢，騰砂礫，上蔀天日，下掩河汾，肅肅然，森森然，直若蛟變虎嘯，而禹在殿上，使羣怪持雷斧、秉神斤以闢龍門也。然實齋席設亦無豕肉，王子曰：「俗傳于義無害，亦可從。」未幾，二公亦經卜子祠而至。既拜禹，升殿，有攜尊從者，置之神几。內濱子曰：「禹惡旨酒，可避之東下。」谷泉子曰：「禹所惡於酒者，旨也。此酒不足以當禹惡。」酒行移時，食且舉，風息。食有饅頭飣，其餡者豕，又

不風，不知俗傳者何也。土人又曰：「此地日有潮風，蓋兩山夾立而大河中出，嵐氣縈廻，空洞薄觸，即颼颯無所於散。」此或其真云。若乃食豕犯諱，厚誣聖人，於經無取焉。食既，乃遊觀四壁，金碧丹青，十三雕樹，蓋自六籍、羣史、四書、諸子，凡言禹事者，無不開方絢識，且筆精義遠，非時工可到。殿記在元貞年間，此壁之圖，必其並興。關中人稱岐山周公廟畫，殆不過是也。既而進謁後寢，見塗山氏像，止二嬪侍側，而冠裳樸質，猶可想見古風。

出廟西南，乃捫青蘿、緣曲磴以上望河樓，即谷泉子所改吞吐雲雷樓也，在龍門東闉之上，蓋梁山中斷而東峙者也。前臨中流，上作石室，旋柱其外，以爲轉廊室，塑十閣羅像，俗言至此絕險之地，與死爲鄰也。樓外俯黃流，淩白雲，孤山直對其前，而雷首、中條渺渺冥冥，乍見乍沒，皆入望眸。從人舉爵者三，而風又作，不可留，乃附僕背，蹴磴而下。二公先適流丹亭，實齋王子北至河堧，以觀遡舟。予謂斯樓不可無識也，乃獨上寫一絕於石室東壁而下。二公使人召予至流丹亭，北倚石崖，其南半懸中流，栢柱斜度其下，上用板棚鑿板，（入）［如］[一]井口以汲流，即取勺水於滄海也。亭扁則白巖喬公小篆，谷泉子甚羨取焉。下亭，乃從内濱子北就實齋王子於河堧，路西即河，其東皆怪石層崖，崒嵂崎嶇，不可以步，而内濱子飄裔如飛，予力追不能及。至堧，則西山東轉，北遮河流，不見來處，佇灘環望，四面皆山，如人院落，其前則兩山拱峙，真若龍門。有煤舟自北絡繹而來，棹歌漁唱，不可殫圖，此其爲禹穴乎？或曰：「龍門之外，河洲之上，青草萋萋，黃沙瑩瑩，視河之高，不過咫尺。若遇秋水氾濫，雖百里之漲，千尋之濤，不能侵一坯土焉，是則禹穴者也。」内濱子曰：「禹，古今之大智，而乃喪身於此乎？」谷泉子曰：「會稽亦有禹穴云。」其在河之堧，方欲即舟北行，以求所謂「玄流三汲浪」者，或曰在金門五七十里，或曰在吉州百餘里，不能往，徘徊悵望，而西方孤雲與寒雨驟至，乃即攙僕南返。

蓋天下奇觀乃不欲人盡覩，而風雨幻忽，雲雷時出，亦此山之神妝點修飾，聳來者之瞻乎？然斯遊也，不可謂不索其隱而得其奇矣。故既歸，夜夢猶在此山之上。明日以告二公，二公曰：「子可作龍門風雨遊記，以發精一執中之妙。」遂

[一]「如」，據萬曆李楨本改。

分題爲四韻一詩，並謁大禹廟及谷泉子龍門懷古者，則又次其韻，共八章云。

重建薛文清公祠堂記

文清公薛先生祠，在其縣河津南街東面。粵自弘治九年之夏，給事有奏禮科楊廉，禮部具題，勑下省邑，鼎建祠宇，兼賜名額，崇儒重道，日照月臨爾。乃草創之初，規制隘陋，久且傾頽。嘉靖五年三月，山西按察副使王公陽武光按部河津，奮然興懷，欲於本道贓罰米石，量除百金爲增修具，遂告諸巡撫都御史江公貴溪潮、巡按御史馬公信陽録、儲公襄陽良材、初公潛江杲，咸嘉所舉，有褒揚辭。馬公又發金五十，改建舊坊尚書坊，初公亦爲祠事先降十金。於是王公委平陽同知許君琦、猗氏知縣張翼董其事。乃買民地僧院，增拓厥基，建廟五楹，廊廡重門，鳥革翬飛。謂柟嘗從儲、初二公至河津謁先生也，請記其事。

嗟乎！先生，今代儒之道學，其一人乎！先生之生也，紫衣兆母齊之夢，母將就館，夢紫衣人來。啼聲動祖義之卜。先生生有異質，家人欲棄，祖聞哭聲，乃止。五臟露如水晶，其清透骨。七歲通乎論、孟，其智鄰神。方垂髫髻，參議欲請見而不往。謂李宗問。既嬰法豸，師保求識面而不得。楊文貞士奇。道若可行，雖卑官不屈；先爲大理少卿，後爲大理丞。義如難從，於權勢奚顧？謂抗時貴。玉田謫戍，皆元之耆儒也，不敢以師自居，稱聖門之有人。先生方十五六，隨父在玉田，諸御史謫者，永嘉徐懷玉、高密魏希文、濟南王素亨，父請之教先生，諸君皆以友處。金陵鎮守，皆時之巨璫也，不敢以勢自處，雖卻扇而不怒。太監興安袁誠於端午送扇，先生辭曰：「賜扇乃天子事。」不受。疏講學以禦侮，虜既入而遽退；己巳之變。布恩信以撫苗，檄方馳而蠻平。語貴州都帥。辯冤獲咎，逆師保而不悔；蘇松飢民乞粟富家，放火逃海，上遣少保王文往勘事。懲姦伸法，雖豪右之罔赦。在南京大理寺。或雪夜以抄經，雖獄院而誦易。謂辯誣忤王文、馬順、王振。志在作人，一磬士之必録；提學山東，將退王。法若可伸，於軍妻之必辯。謂校尉通百戶之妾，誣其妻

賀氏，壓魅其夫事。既受爵於公朝，不知私室之謝恩；爲大理少卿時，對楊士奇、曹鼐時語王振擅權，公卿屈事。欲傳道與來學，豈對科舉之旁問。稱病出閣，寧犯乎吉祥；謂諸公拜賀曹吉祥。慷慨就獄，思比於劉球。學士劉球先忤王振，死獄中。英廟易服以見，若遇汲黯之必冠。時上小帽短衣，聞先生至，變長衣。石亨請勑與歸，則舉許衡之懸梁。時亨又請勑與先生教鄉里生徒，先生舉魯齋故事。見幾而行於醴酒不設之時，見石亨弄威福柄。得書而比於居落不答之老。謂得李賢諸公書。守車輪戶牖之志，監銀場而黜貪墨，一時軒、耿諸公不足以方其清也；謂都御史倪、尚書九疇。爲菽粟布帛之文，録讀書而究性理，一時劉、李諸公不足以並其文也。謂文定定之、文達賢。故蹇、夏、三楊勳矣，人或議其節；忠定義、忠靖原吉、文貞士奇、文敏榮、文定溥。張、許、劉、周節矣，人或議其幾。冢宰紞、修撰觀、學士球、紀善是修。吳、陳、羅、胡有極高明之學，道中庸恐未同；諭德與弼、檢討獻章、修撰倫、敬齋居仁。黃、李、王、于有以身殉國之勇，盡精微恐不逮。忠宣福、祭酒時勉、司馬竑、肅愍謙。

若乃先生以力行爲讀書，以明道爲修辭，清而不詭，異而且同，潛學孔顔，抗志程朱，老不殊壯，困未改通，許魯齋之後，未有見其能比者也。故當其存時，或曰：「今夫子。」山東及四方士子稱。或曰：「真鐵漢。」通政李錫稱。或曰：「好官一人。」太監金英稱。或曰：「不愧往哲。」冢宰何文淵稱，薦欲代己，時方提學。或曰：「躬行實踐。」學士江淵稱，且薦入閣。或曰：「本朝理學一人。」大學士李賢稱。或曰：「學已至乎樂地。」都御史張鼎稱。其不平者止權貴耳。及其既歿，或曰：「今之真儒，當入孔廟。」禮科給事中張九功奏。或曰：「明體適用，比元大儒，當入從祀。」工部侍郎姚謨奏。或曰：「潛心理學，可祀廟庭。」布政許讚奏。或曰：「有功名教，侑食廟庭，無忝。」冢宰喬宇序。其未祀者，蓋有待耳。

然則今日之舉，振頽風而警後學，廣德意而顯前哲，豈爲泰乎！且是祀，王公之父爲丞河津時，受委上司所督修者也。丞嘗言：「當事［則］〔一〕制於掌印，程期則逼於尊官，使建置之未稱，雖棄官而猶悔。冢嗣憲副思光前志，繼修遺績，夢雖徵於王氏，今實兆於有薛。」丞修祀時，憲副尚夫舉丞巵，夢於先生，先生告之吉語。謂先生之匪神，胡前知之如覩。既哲靈之不

〔一〕「則」，據萬曆李楨本補。

沒，庶寢成之孔安。

先生諱瑄，字德溫，別號敬軒，文清其謚云。

河東鄉賢祠記

監察御史初公巡按山西且期年，一日登河東書院之書樓，見三晉諸鄉賢木主扃閉其上，而積歲釋菜不修，且師士子瞻仰展拜亦難，甚憫焉。他日，至運司儒學，見鄉賢祠一所空設，而中無一主，曰：「此不可安祀書樓上之賢以示諸士子邪？」又曰：「河東運司非一府一州邑可比，則生乎其地之賢，凡有事斯土者不可漠然視也。」於是取前巡按御史安陽張仲修所查定諸賢而增損之，乃命運司增飾室宇，創置龕案，遂立主敘位，撰文安祀，且定春秋常行之儀。其未舉之前，經營籌畫，與中府經歷張君棻及梢有聯句二首，則公之積念於斯鄉賢者，其志亦勤矣。諸士子朝夕遊瞻，皆不知所敬承而式法之乎！祀自風后、蒼頡，凡八十四位，其文並詩列諸後。

公諱杲，字啟昭，湖廣潛江人，起家嘉靖辛巳進士。

夫子像殿記

河東書院，前巡按御史安陽張仲修所建，而夫子遺像石刻乃立於退思堂後四教亭下，適當人往來必由之地，至其下者每不能常恭。蓋禮主於恭，恭數則慢生；心主於敬，敬數則褻起。今巡按潛江初公曰：「書院諸布設皆善，獨夫子像在當路，甚不可耳。」流觀其中，見九峯山北峙，而書樓巋巋然在前，曰：「是非安祀夫子所邪？」乃命運司移夫子石像於九峯山之南麓。既定，乃起殿三楹，四壁內堊塗，外皆甎甃，丹牖朱戶，煥然山前，南望書樓，若夫子身所指顧以示後學者也。

公至河東之年，嘗選學中俊士四十餘人肄業書院。比秋，已舉三人。今年又選少且敏者十餘人亦肄書院，且謂之曰：「爾諸生知（尊）［遵］[一]夫子之道乎？夫進學以修德爲先，素行一虧，其餘不足觀已；大本既失，所學亦奚以爲？諸生若外矯飾而内姦回，口詩書而心市井，或騁血氣而淩傲師長，或挾仇讎而傾擠朋儕，或家居而倫理弗惇，或外遊而行檢不飾，皆得罪於夫子者也。致知雖以力行爲重，而進道尤以篤志爲本。志苟不篤，雖日置夫子於當路，祇成褻慢耳。今茲殿之成，蓋不獨尊安夫子之像，亦以使爾諸士子知所以敬夫子者，在實不在文，在信不在貌也。」其移像聯句二首刻諸文石。

公名杲，字啟昭，嘉靖辛巳進士。

重修封丘廟學及羣祠記

異時予嘗與友朋論有司少能如漢循良吏愛民者。及判解來，始知民心甚可獲，往往使之不得其所者，皆有司之過也。封丘者，河南開封之屬邑也，其令龔君汝登蒞任三載，邑乃大治。汝登之僚符尚、王珽者，予舊識也，乃偕其丞杜君列狀告予曰：「嗟呼！封丘之敝久矣。自龔侯至，其善政不可枚舉也。蓋嘗進羣吏而語之，各舉其廢，至謂工吏曰：『祠廟之圮，壇壝之傾，是可已乎？』於是修宣聖之廟，新賢聖之像，廡庫諸舍、戟欞二門，以至堂齋號宇，罔不葺理。於是八蠟有主，鄉賢有祠，社稷壇興，山川壝起。乃又崇城濬池，高臺巍樓，民罔不悦，神無不歆。不知涇野子肯與而記之乎？」

予曰：「於戲！汝登。予同考癸未年之進士也。當其時，諸考試先生固欲得明經篤實之士，入則爲國，出則爲民。其意汝登所立至此，豈非今代之龔遂乎！不日入爲臺諫，進位卿相，皆自是基之耳。汝登不可銳於始而殆於終，優於小而忽於大也。」

[一]「遵」，據萬曆李楨本改。

汝登名治，羽林前衛官籍，其先山東堂邑縣人。祖訓，奉勑守備白羊口有功，陞都指揮，掌福建都司事。父鐸，以業儒，府部會舉，掌衛事。汝登乃其廕襲讓之弟而從文者也。廟成，在嘉靖五年秋七月。

重建溫國文正公司馬先生祠堂記

夫夏，乃宋司馬溫國文正公故里也，墓在城北鳴條岡高堠里。高宗南渡，子孫盡室遷浙之山陰、蜀之敘州矣。元大德間，張式始祠公於夏學之左。延祐間，李榮祖作塑像焉，歲時有司致祭。然規制隘陋，歲久屋敝，致使先生像貌皆被雨淋漓。巡鹽潛江初公按部至夏，憤然興懷，見所居察院深邃而松栢茂密，慕公之極，則曰：「是非棲神所邪？」即欲移祠先生焉。及與巡按馬公、清戎儲公會議，遂改建祠於縣治東北。其墓南北二十有六丈，東西十丈。正廳五楹，廳前東西廡各三楹，廳後正寢亦五楹，其東西廂各三楹。廳之南中爲二門三楹，左右爲角門各一楹，又南建坊以爲大門焉。周垣高廣，視舊祠治十倍焉。其費皆初公發縣贖罪金二百餘兩，他無所取，蓋恐厲民，非先生所安耳。祠外又考得官地水田九十畝，則以實簿正供祭祀，將俟他日司馬氏後至而歸之也。且落成，公謂柟宜有記，而夏縣單尹文彪實受委理，又懇問焉。

於戲！先生之道，感天人，存誠一者，蘇子嘗言之。其致用之德，庶幾乎仁、明、武者，予嘗言之。昔者神宗謂左丞蒲宗孟曰：「如光，未論別事，只辭樞密一節，朕自即位以來，惟見此人。」斯則天子慕之矣。先生自洛赴闕庭，衛士見之，皆以手加額曰：「此司馬相公也！」民遮道呼曰：「公無歸洛，留相天子，活百姓！」所在數千人聚觀，斯則國人慕之矣。海內傳誦以爲真宰相，雖田夫野老皆號「司馬相公」，婦人孺子亦知其爲君實，斯則天下慕之矣。遼、夏遣使入朝，與吾使入虜中者，虜必問先生起居。及爲相，遼人敕其邊吏曰：「中國相司馬矣，慎毋生事，開邊隙。」斯則夷蠻戎狄慕之矣。豈非其所謂誠一、仁、明、武之著邪，而況於至其邑里哉！夫龍鳳之爲物，人固知敬且慕，平居則或談笑而道之。及臨其淵，撫其巢，龍鳳雖往，而傾羡注歎之情，視平居尤甚也。夫夏，其司馬氏之淵巢乎！至其祠，其不動六陽九苞之懷者哉！且

初公至晉，即托柟校刊先生之傳家集矣。斯舉也，又非止臨淵巢而歎龍鳳者也。里之英雄俊髦，宜知所嚮往而不可後矣。

馬公名録，字君卿，信陽人，正德戊辰進士。儲公名良材，字邦掄，襄陽人，丁丑進士。初公則諱杲，字啟昭，嘉靖辛巳進士，蓋以巡鹽數至先生之邑里者也。

重修平陸縣儒學記

平陸縣儒學在城東南隅仁和坊街東，宋祥符二年，縣令麻吉建。國朝洪武間，開設學校，知縣孔守道就其地復建焉，然僅當南城之下，而廟無明倫堂。弘治、正德間，始開南城一堵爲文廟門。今殿、廡、堂、齋多就傾圮。巡鹽潛江初公以本院行縣贖罪金若干兩，命知縣王紳重修之。雖至持敬禮門、義路、拔萃射圃、鄉賢之祠、師生之地，皆煥然一新。既落成，而初公去河東已五日矣，教官李善等率諸子問記於予。

竊惟平陸北據條山，南瞰黄河，本虞公國也，詩虞、芮質成即此。於商有傅説焉，孔子刪書而取其三篇者，此地産也。於春秋有宫之奇、百里奚焉，孟子論人而取其忠智者，此地産也。今去三子二千有餘歲矣，其山之靈，河之秀，豈無鍾萃於人若三子出於其間，以爲孔孟之所取乎？初公按部，登覽山河，景仰前修，其爲此舉，蓋以三子者望爾諸士子，以要諸孔孟也。夫宫之奇、百里奚不暇論，若傅説與伊尹並，後世論相者，率以爲稱首，豈非聖人之儔哉！諸士子登其巖，拜其墓，讀其書，寧無感發興起者乎？且初公至河東，於聖賢之祠，學廟之制，恐傷財以厲民，乃率以其贖罪金代爲建修之費，蓋非以黌庠之偉麗，爲士子容身媒利之所也，諸士子其亦無負於斯人乎！

初公名杲，字啟昭，嘉靖辛巳進士，授四川道監察御史，巡鹽在嘉靖四五年間。

白石樓記

白石樓在曲沃縣東南二十里白石山陰，凡三楹南面，濟溪李仲南之所構也。山即紫金山之支，名曰白石，燕人張詩嘗過而名之，故樓亦以是名云。樓東西介於景明、白水二村之間。蓋山有瀑布，自巔懸下，其西一支爲西溪，經景明村。其東一支爲白水溪，經白水村，貫穿樓院，入於西溪。樓南爲白雲洞，古蹟也，兩石欹倚如門。元末兵亂，骸積其内如莽，仲南皆舁而葬之，遂復爲洞。洞之西溪之中，孤嶼巋然，曰釣臺，而濯纓磯亦在其旁，蓋於是乎洗塵土而滌班垢也。飲牛灘在溪西岸，牧人吹笛，驅牛羊，朝歌夕舞，影映溪流。其前爲觀瀾石，溪水初自山巔而下，湍急淜激，仲南於是乎嘗探本也。樓東南爲翠微巖，又其上爲臥雲峯，崒嵂嵜嶡，雲物環宿。石橋在樓南，徑跨西溪，蓋眺山覽水之利津也。其樓北有桃花塢，爲富室園林，内多桃柳，三月花放，雲霞爛錦，深不知處，可比武溪。仙人石亦在山下，蓋因形而名之也。

夫仙人多好樓居，仲南構樓北山，而又有此石以應之，仲南之志其爲仙人乎？初，仲南與予徒張詩爲友，能爲漢魏聲詩。於是北過燕，西入趙，抵蒲、解，遍閱山水，曰：「無如吾白石山也。」遂構茲樓，思終身耳。於戲！懿哉仲南。予亦有山水之癖，家住涇渭之旁，太華、終南之陰，不日西往，仲南肯一過，當同登其上，眺畢郢之周原，瞰成紀之卦沙，聆岐山之鳳，追靈囿之麟，區區繫牛之地，栢天之苑，又細觀耳。仲南曰：「子肯爲我東道主，鑌當裹糧而行，不憚勞也。」涇野子曰：「東方有喬岱焉，覩凫、繹如拳石，睇洙、泗於掌上，又不啻太華、終南也，予久好慕焉，又肯偕遊乎？」仲南曰：「子如不終棄，鑌雖繫白石樓以往可也。」

樓構於嘉靖五年六月六日，落成十一月之望。

臨汾縣重修文廟學宮記

臨汾尹任丘袁君伯昭既鼎修其縣文廟學宮矣，教諭耀人辛孟儒狀予曰：「廟學在縣治西崇道坊，初爲元李察罕帖木兒祠堂，洪武十一年易扁爲宣聖廟。其殿重簷五楹，二廡去殿隔遠，東西孤峙戟門，即其賽禱樓也，蓋皆因陋就簡，疎闊鄙野，部次不格。宣德間縣令袁衡、弘治間縣令馬龍皆嘗重修，實未增廣。正德間，三原李仲創建號房堂齋，開拓學地，獨廟貌尚未改作，因仍至今已二百年，梁棟簷瓦，蠹朽飄殞，風雨每至，凜凜懼頹。嘉靖五年秋，伯昭來尹，謁廟，每顧珍等曰：『臨汾爲晉大邑，而廟乃儉陋彫敝如此，吾不得辭其責。』迺請諸太守開州王公，申諸巡按平原張公，咸以爲善。於是鳩徒二百，庀材八百，計金三百。裁太高，則去殿之重簷；補所缺，則增隅之廊廡；鄙太卑，則聳構櫺星之門；惡太俗，則剗去賽禱之樓。攻取增損，各適其宜；疏密廣狹，咸中于法。乃又於東開通學衢，以便出入。完美盡於一時，功烈加於百世。且於繁劇之暇，銳意振作之方，文風士習，蔚然丕變。功始季秋一日，成于仲冬某日。力取諸逸夫而民不知，財取諸大家而官不費。」

予曰：「嗟乎！人之爲室，譬如爲學。學之爲的，中庸而已，高則太過，卑則不及，行不至則有所缺，見不大則淪於俗。故君子去浮僞矜誇之習以損高而遜志也，振懦弱苟且之趨以遠卑而上達也，和而不同以裕俗也，致廣大而盡精微以救缺也。能是四者，則義禮成性而材德咸美，於吾夫子之道其庶乎！然則伯昭稟諸開州而修乎宮廟之志者，遐哉邈乎！若乃以土木之事粉飾宮牆而標致膠序，必非其然。諸士子其勗諸！」

平原名祿，開州名溱，伯昭則前丁丑進士，三任縣官，尚未遷，淮其名也。

省克堂記

程子曰：「學孔子莫如學顔子，學顔子爲有入處。」朱子曰：「惟曾氏之傳獨得其宗。」然則後世學者師法聖賢，自孔子而下，顔、曾而已。曾子以省爲功，故曰：「吾日三省吾身。」顔子以克爲學，故曰：「一日克己復禮爲仁。」然則大參邵公之以「省克」名堂者，其志在顔、曾矣。春秋傳以勝敵爲克，後世以宮名省，此其言學何也？曰：「己私之難遏，如勁敵之難攻，雖有力者，皆爲所靡矣。故能克去己私，則物欲難侵，禍患可免，如敵之退也。過咎之既稔，如宮禁之深密，雖敵且智者，皆爲所迷矣。故省求其過，則病痛自知，出入有向，如宮門之有察也。」

游廣平曰：「曾子大賢也，且以三者日省，學者所省，又不止此。當推類，無所不省可也。」曰：「此非所以學三省也，若從事於此，則其學益荒矣。夫三省者，曾子自其所不足者而言，學者如欲學曾，則亦先自病之所急者是省耳。」「程子曰：克己先從難克處克將去。」曰：「此非所以學顔子也，若先從難處克，則其病益多矣。夫克己者，夫子自顔子所未純者而言，學者如欲學顔，則亦須使己之所有者盡去耳。然則省克堂之志，其在斯乎！」

重葺河東東察院記

河東察院既久敝，前巡鹽光山盧公堯文且行，屬今巡鹽潛江初公充拓鼎建。初公至既數月，命運司營繕，乃移居於東察院。東察院者，則巡按及清戎諸公所至以居者也。是時，信陽百愚馬公君卿方巡按於是，襄陽谷泉儲公邦掄方清戎於是，皆且至河東。然谷泉子知東察院亦敝甚，乃寓書初公曰：「聞君修察院，不知客所居者亦嘗念及乎？」於是初公登堂則治官事，退居則命輿皂增飾葺理。然堂後多危墻隔遮，甚隘陋，又多坑塹。於是除墻堵，平坑塹，豁然洞開。有杏一株適

當寢室之後，乃作獨杏園。其東作春妍塢，其内起百花亭子一楹，其前則種植諸卉。自春妍塢而北適西，則晚翠塢也。其内構十竹亭，統亭周匝皆種以解山之竹，又取静林王宫之栢亦間植之，其堂前兩墀種栢皆成行列，三二月栢竹俱有生意。公曰：「是不可以待二公來邪？」方其經營之始，每客至，公輒留欵，或出題限韻，賡和聯句，則公適物之情，待友之義，皆可見矣。

詩皆列諸後。虞州有劉御史翀，北坡爲張經歷棻，條山爲程員外郎鵬，龍泉爲張員外郎蔓，小泉爲李參議淮，涇野爲柟，内濱則公之别號，諱杲字啟昭。

觀底柱記

底柱在平陸縣東五十里，大河自蒲津西來，至是微折而南，是柱正當轉曲之間，在三門山之陽，紫金、駱駝二峯之西，其形如柱，植立中河。今年三月，内濱初公、谷泉儲公及柟約往觀之，期至秋初，蓋谷泉子之行吉也。乃七月三日至平陸，同劉虞州四人緣河北岸，崎嶇而東至其下，登拜禹廟。出臨先門，坐且未穩，私心急欲一觀斯柱。乃引河人蹈禾黍中，迤邐南望，仿佛窺其形狀，但爲雙樹所蔽翳，不真爾。既坐，三公問從人底柱何在，從人羣指，而三公尚未得覩。予曰：「西岸雙樹蔽翳而突兀祠前者是也。」谷泉子曰：「不知涇野已先見耶，又隱而不言，可乎？」予曰：「柟所見者心也，諸公所未見者跡也。是故見形忘形，見聲忘聲，斯則真底柱爾。」諸公皆大笑，乃飯。

飯已，自先門之磴而下，東緣河滸至於懸崖，去河咫尺，倚崖而立，南望斯柱，果形狀峭拔，與河中諸峯不同。時暴雨新落，大河泛漲，是柱頗偏西岸。予又疑曰：「往何以謂之柱在中流邪？」虞州子曰：「河至秋闌冬後，則東流倒於西岸，而是柱正當中爾。」諸公更欲前進，求至其所，而路益隘阨。内濱子乃命繪人扶二吏往，直至紫金峯東，與柱相對，而東岸山砰有古刻「底柱」二字，及唐、宋、元人銘詩，繪人皆謄來以觀。遂開尊河滸之上，面流三爵，蓋是時跋涉艱楚，不能再步爾。

內濱子浩然歎曰：「斯河也，自崑崙、積石而來，北過龍門，東至底柱，納水不啻萬流，過山不啻千重，雖崇嶺峻巘，俱闢避左右，無一能當之者。獨此柱高不及數尋，圍不及百丈，乃巋然中流，上撐昊天，下係厚地，污濁不染，波盪不去，亘萬古而不磨。」曰：「人之一心，本與乾坤相通，或爲巧言左語所入，或爲讒論正議所拂，遂移其正理，變其常性，是非顛倒，真妄錯雜，乃不若此柱何邪？」谷泉子曰：「今日之遊，豈真爲是柱哉？」

於是諸公皆憑高命酒，臨流賦詩，以發其精幽，既而曰：「禹固留此柱以教萬世之疑懼者乎！」其諸聦和皆後列。五年七月五日記。

別解梁書院記

涇野子自解梁書院且行，謂王雪岩子中暨丘孟學、王克孝曰：「三君子稔知書院之所起矣。予於嘉靖三年八月抵任，九月即謀斯舉於前守林南江。當是時，止創鄉賢祠一所，中祀州及五縣名哲，工未完而南江逝矣。於後，即祀之前立禮和堂，延子中及宸文質、張師孔主教童蒙，兼率鄉約善民。一時風行，而屬邑耆俊士亦多至者，朝夕絃誦，朔望冠射，彬彬乎，濟濟乎，斯其地有不能容矣。於是名公鉅卿、鴻儒碩彥來觀禮讓者，歲無虛月，然皆隘是地焉，而莫能闢也。巡鹽初公三至斯所，獨悵然曰：『斯不可洪而大之，以容諸耆壽俊髦乎？』即捐其贖罪米錢紙，計百餘金，移州擴治焉。而諸士民見之，亦多向義輸財，來效工食費。乃於禮和堂前建仰山堂，其前四齋相向，一曰讀律誥，二曰課農樹，三曰正婚祭，四曰均市渠，遂取鄉約耆民所長者，分處四齋之中。

然仰山堂成，而對山康子適至，題其前曰『彝倫攸敘』，置對一首，則欲企箕子而不直爲文中也。後堂三齋，曰禮樂，曰射御，曰書數者，則居蒙士，然皆於子中典焉。其禮和堂後有格物、誠意、正心、修身四齋，則居學中生員願來者二三十輩，而孟學統之。其西則構養正館，蓋以予方與孟學、克孝同寢處禮和堂，乃以是爲子中所居，以授童蒙，蓋谿田馬子近至之所

處也。其東因構鄉約所焉。於是扁儀門爲『禮義相先之地』，扁先門爲解梁書院。而初公所建大坊，則直達東街之通衢矣。其院中塍植條山之栢，溝引龍谷之水。前者爲方塘，後繞於祠屋，採蓮種芹，無往不可，蓋三年而始成。

予坐仰山堂之上，見條山當面，蒼翠四圍，日夕躭玩，至忘寢食。或聽耆民讀律誥之文，或和童子歌豳、南之詩，或課俊士誦周、程之書，或得黎庶輸金矢之訟，恍若身際羲、黄之世而莫知其他也。他日，觀築堵曰：『板板皆吾心所在。』有一士妄焚木屑者，則撻之曰：『汝知此木之義乎？雖尺寸未嘗科於州人。』謂其樹曰：『種則隸也，生則予也；力則隸也，心則予也。毋折予枝，毋踐予本。』夜隨擊柝者以觀號，見逸或寢者，且笞之曰：『與汝是地爲逸乎？與汝是屋爲寢乎？且汝有是身，止於工文詞、謀科第以爲人乎？抑以求汝身之所始，思汝心之所終，觀天地之不遠，念父母之常存，明無人非，幽無鬼責，以求不同於秋草者乎？』予往矣，三君子並識之，以告諸俊蒙稚，及乎三年之所嘗言。』

上黨仇氏新建東山書院記

東山在潞州東南七十里雄山鎮，仇氏時茂森族居於此。時茂自其父祖及兄時濟楫輩與其子孫同居者，蓋四世矣。又嘗修舉藍田呂氏鄉約，以化鄉人者，蓋三百餘人矣。興建義學於其舍旁，以教鄉人之子弟者，蓋五七十家矣。猶以爲未足也，乃於雄山之東嶺，平其巔巘，填其硐壑，爲方五畝甃石爲基，崇丈有五尺，圍六十餘丈，其上繚以瓴甋，以爲周垣。乃於其內先建先師祠三楹，祠有重墉，其門南啟。後爲學習堂三楹，主教者居焉。齋四：曰志道、據德、依仁、遊藝，在堂之前相對列。堂南爲入德門，門南構樓，崇丈有五尺，以儲古今典籍，曰尊經樓。其左右則井、廚、碾、臼、碑、亭皆具。樓外屋六楹在二廂，以居園丁田卒。有橋突起於其南，下爲横池，凡東山之水皆趨聚焉，實登樓入門之始途也，曰格心橋。斯役也，蓋三年而後成，倡之者雖時茂，而經營創作，則時淳樸尤專任焉。時閑欄奉時淳及時表桓之命，披風霜，冒波濤，渡江而南，以問記。

涇野子曰：「夫書院自唐宋以來，白鹿、嶽麓處多有之，蓋以理學校也。然其後多課諸生文藝、科第，而於朱子舊規鮮有舉者。夫東山書院之建，其無止以佔畢工辭華而已。」或曰：「何以爲規？」曰：「即家範以教家，而家道皆可正矣；即鄉約以教鄉，而鄉俗皆可美矣；即義學以教子弟，而子弟皆可材矣。蓋先師夫子及諸賢之道，實不外此。士能於此，雖以治天下邦國有餘也。」又謂時閑曰：「子博學而篤行，恬於勢利而厚於倫理，真石巖之處士也。望即於此設科，以待鄉之俊秀而教育之，明先聖之道，爲邦人之式，無爲厚自遜也。慎之哉！書院之建，人將以爾爲標準也。仇氏而不能慎終如始，則書院也，雖近世之課文藝、科第者不逮，而況其他乎！」

定性堂記

定性堂者，岑山書院中之講堂也。初，岑山先生程侍御良用爲秀才時，嘗偕同志讀書岑山，篤志正學，謂洛陽程子論道，定性爲要，其於經籍微旨，聖賢奧義，盡在於斯，遂扁厥堂，朝夕請事。既舉進士，推府汀州，擢職內臺，清戎兩浙，皆以所學於是者行之，雖遇權姦勢豪，廷諍便便，不一齟齬。卒官之後，民頌其政，士思其德，於是徽守鄭君玉采取輿論呈諸巡撫陳公文明，乃即侍御之號建岑山書院云。於內起定性堂，其後立侍御祠室，以詔來學。至是其子進士默來南京問記，且曰：「今之學者，不於內則於外，於外者窒塞，於內者荒唐，則何以謂之實學？」

嗟夫！定性之說，橫渠張子問於先，晦菴朱子釋於後，固已悉矣，又何說？但其書曰「猶累於外物」者，言失其內也；曰「惡外物之誘」者，言失其外也。故性之德，合外內之道也。故在外之物，其理皆寓於在內之心；在內之心，其理皆通乎在外之物。不可以物爲非我也，「反身而誠，樂莫大焉」，孟子之說也。不可以心爲無物也，「盡己之性，則能盡物之性」，子思之說也。是故有聖人之事焉，有學者之事焉。廓然而大公，物來而順應，其喜怒因物之當喜怒者，聖人之事也。心求其大公，物思乎順應，當其怒時，遽忘其怒，而觀理之是非者，學者之事也。今以聖人之事而語學者，是中人而語上也，

茫無所進矣。今以學者之事而語聖人，是上人而語下也，泥不能明矣。夫程、張、朱皆大賢也，故其論皆已幾於聖。初學之士，其必自學者之事始乎！不然，岐徑一差，幾何不爲入定出定之禪乎！張濬言岑山去郡城一舍，壁立中江，障堤率水，卑視羣岫，撑柱穹蒼，左右縈流，遠與金、焦爭勝，已有定性之象。故侍御取以自號，而書院亦以是名，於其堂遂昭然扁也。

與齋記

與齋者，前參政德清吳公從岷之齋扁也。公生而峭直果毅，遇事不屈。其父禮部司務封奉直大夫中隱先生曰：「此非所以居世也。」每以「容與」誨之。公遂榜於燕居之屋，因以自號。既舉弘治丙辰進士，乃丁母俞宜人憂。服闋，授刑部主事，曰：「刑以司民命，吾父所謂『容與』者，其殆爲此乎！」於是比罪不苟，得情勿喜，部中稱允。越三年，奉勑録囚南畿，惟事欽恤，多所平允，凡冤抑屈鬱獲伸其情者，不啻百千。越二年甲子，陞本部員外郎。大司寇以爲故事部中本科，必得明允公正者以居，斯讞書不差，憲政克舉，遂選於衆曰：「吳員外郎可。」

公既受委，凡十三司之章奏，無不詳審裁割，一適於正。若非得於容與，則固無以使成輸之咸孚也。厥後僉憲江西，丁封君憂。服闋，改僉河南。是時盜賊充斥，而順德、河南上下，山西、山東之間，南北路衝，統束不一。公以劇材，勑兼四衞，禁戢盜賊，並理詞訟。卒之，地方寧輯，撫按交諭其賢。乃改大梁道，事尤繁重，兼以歲歉河決，漂没田産。公招來振濟，督察隄塞，心力咸殫。於是民頗安妥，鎮撫交辟，上有文綺之賜，是在正德戊巳也。其參議山東，當庚辛、壬癸間，是時流賊楊虎、劉七方熾，倡亂山東。公或統率官軍，相機戰守；或杖劍截伐，深入賊巢。蓋斬首不下百餘，生擒幾乎滿千，上又增錫銀牌矣。其後憲副山西，參政河南，勦張天捷之劇賊，以安汾、石；勘代府將軍構隙，以得真僞；殄南陽之凶賊，以安流離。皆此類也。

夫跡，公之政多著於兵刑之間，而見於威武之揚，人疑其當爲剛強莫敵之勇也，而不知所以得之者實在乎與齋爾。蓋

「臨事而懼，好謀而成」，夫子所以告子路者，其中隱先生以告之公者乎！後之雅歌投壺，折衝尊俎者，將非皆此意邪？易以地水爲師，傳曰「藏至險於至靜，蘊不測於大順」[一]，而歸諸「貞，丈人吉」。吾又於與齋驗之矣。與齋名江，從岷其字也，於辛巳年引疾致仕，日親詩酒，築室苧菱湖之西洲，從懸舊扁云。

甘泉行窩記

甘泉行窩者，今少宰甘泉先生增城湛公所過之地也。嘉靖丁亥冬，先生以大司成考績北上，道出維揚，其門人不期而至者五十人。居一日，秉贄而謁者又幾十人，先生樂之，有至止之意焉。車且起，有葛澗者請立會友約，後而來者益衆。澗乃謀於諸友，選地於城東一里，承甘泉山之脈創行窩焉，曰此可以聚同志之士，講先生之道也。揚故有甘泉山，蜀岡諸阜咸發脈焉。高二三十丈，望五十里，其巔有泉甚洌，曰甘泉，與先生之號不約而同。行窩正當其結聚處，此所以名也。遂扁於先門，柟所書也。門北銀杏一樹，大將十圍，高十餘丈，乃就樹築土爲墠。墠北築基爲堂，堂曰至止，先生所題也。其心性圖說在北墉，鐘磬在東墉，琹鼓在西墉，二齋在東序、西序，燕居在至止堂北，廚庫在燕居左右。繚以周垣，凡六十有二丈。垣外有溝，溝外有柳，先門外有池，池水與溝水襟帶行窩，而池上有橋。當行窩之旁，又置田二十餘畝，以資來學。其費也，初議出於衆，後澗皆辭之，蓋身所獨舉，因以問記云。

曰：「昔宋二程子適僧寺，大程入門而左，從者數十人。小程入門而右，從者無幾。小程曰：『此便見頤不及家兄處。』今先生一過維揚，從者如雲，則何以異於大程。柟，先生禮闈所取士，受教獨深。先生每令門弟子隨處體認天理，求心事於合一。近復推廣皇上敬一之箴，蓋凡言動皆此教也。大程言：『天理二字卻是自家體貼出來。』則固無以異於先生。

[一]「藏至險於至靜，蘊不測於大順」一句見朱熹周易本義，原文爲：「伏至險於大順，藏不測於至静之中。」

然則凡居行窩者，又豈可他求乎？昔程子自謂：『予得劉、謝輩，而從之者日益廣。』近予讀雍語，多潤所問對也；讀合一訓，多潤所輯行也。潤，揚人也，與其弟洞蚤從先生於南雍，能篤信乎先生。故先生未至揚，而揚人已傒志如是，然則葛非湛門之劉、謝乎？主行窩之教，立先生之範，以式是來淑，不在葛君乎？昔元有程悅古者，隱士也；李子敬者，義士也。子敬富於財，而病世之學者難乎道，乃捐貲建學古書院，敦請悅古以化鄉人，至今子敬與悅古並傳不朽。葛君之學與志，又匪但如子敬，而先生之道，又非但如悅古，蓋泝伊洛而上，企鄒魯者也。是故處則明義以變俗，出則興道以振風，光行窩於萬年，明師教於百世，葛君固不得辭其責矣。」

貞節熊四之女記

吳友青州博興人熊四必悅慶澤，以父方伯公良佐之命，婿於故少司空孔公聲伯焉。司空本宣聖五十八代孫，與必悅皆山東人也。司空先籍長洲縣，必悅因婿亦籍吳縣，與司空今皆蘇州人矣。必悅生女壽芳，五歲字於無錫人秦漢。秦漢伯父爲大司徒金，外祖父則都御史毛公珵也。於是婚姻咸嘉，伉儷胥悅。乃正德十三年正月二十日，漢暴病死，芳女聞訃，痛哭自縊，賴婢子救免。後父母鄉鄰憐其少且賢也，欲奪其志，則又自縊，屢奪屢縊，又潛髡且刵，以明厥心，父母鄰里始驚信之，詳見少傅大學士守谿先生傳。近必悅送其子壽栢鄉試應天，乃攜以謁予，其器度溫淳，雅可敬愛，則女節可徵矣。

初，予與必悅讀書長安，以道義相勗，思以治諸躬而刑於家。今必悅乃親見其女賢如此，對談數日，喜而後可知也，然必悅方自以不能取進士科仕於王宦爲憾。夫必悅之道已行於子女，又何必在其身哉？必悅曰：「慶澤將因子女而顯矣。」曰：「若非必悅身教之篤，閫範之正，庭訓之蚤，又安能以有此哉！」或曰：「觀方伯擇婦之故，司空館甥之詳，其所源流於東魯者遠矣。」

是舉也，經知府申呈者二，曰：徐君瓚、胡君纘宗。經巡按御史移獎取勘者四，曰：劉君景宇、林君有孚、葉君忠、東

君郊。經禮部大臣奏給貞節牌扁者三，曰：吳公一鵬、劉公龍、桂公萼。事在正德十二年，而舉行在嘉靖三年四月至於六年秋七月。

重建睢陽五老祠記

睢陽五老者，宋太子少師杜衍、侍郎王渙、司農卿畢世長、郎中朱貫、馮平也。五人者之致仕里居也，年皆八十上下，用唐白樂天香山五老故事，結社賦詩，不干時事。睢陽人敬如蓍蔡，至繪像以傳。其殁也，里人祠而尸社之，蓋在歸德城西數里云。歲久，其祠傾圮，今太子少保、工部尚書臨安俞公乃重建焉。

公初舉進士，爲行人，憲廟差典周王喪禮，途感瘧疾，幾不能生。舟次歸德，乃仰天歎曰：「琳五歲而孤，賴母教育，至有今日。萬一客死，遺母孰養？天如佑我，獲事母終，死亦無憾！」失聲痛哭，醫侍皆泣。是夕，忽夢五老鬚眉皓白，身僅三尺，立語之曰：「汝母壽高，汝壽亦遠，官且崇顯，病當尋愈。」公即請問，答曰：「此地五老人耳。」且訪其詳，則所謂有宋睢陽五老。公病中言曰：「果若是，琳當爲五老修復此祠耳。」厥後公母太夫人果年至八十有七而終，公官果至今尊，壽已越七袠，而五老祠則自爲行人、爲御史、爲通政時已營建之矣，未記之石也。至是，公四疏乞休歸臨安，寓書請記，而其子都察院都事君惠民日催焉。

嗟乎！予嘗讀宋史矣，見衍爲開封，權要不敢干；典銓衡，胥吏不敢與；爲宰徼，幸無所得；至封還內降，減省調發，給散公租。仲淹，門士也，與爭是非而不愠；韓、富，同寀也，每事咨問而不驕。既退，不葺居第，遇兄厚於幼時，蓋宋之髦期稱道不亂者也。而渙、長、貫、平任雖不至世昌，行亦類之，是其生能有聞於前，故其死能有知於後。若公者，雖微斯夢，而或經斯地，亦當召其守官，與興祠廟以倡風化矣，而況其神之靈托公以顯如是哉！雖然，予嘗謂公有五德焉：醇厚博雅，無巧僞習，曰厚受而不剝；久任閒散，不求人知，曰多靜而不折；儉省民費，百工咸理，曰有功而不居；權勢通

顯，視之泊如，曰見美而不貪；命餉邊師，無所顧忌，曰見難而不避。則公固今之杜衍也，臨安之社當亦無忝睢陽矣。然則斯石之立，豈惟宋五老之可傳哉！

臨淮縣重修文廟學宮記

鳳陽之臨淮縣學，洪武甲戌遷崇儒坊，即舊府學也。然自弘治己未，知府孟侯繼修之後，殿廡堂齋，損敝滲漏。去年，府經歷王君璋受知府底公在中之委，署臨縣印，覩宮廟之若是也，乃告諸底公，底命重修焉。於是王君庀物鳩工，躬督緝理，一時士民多相勸，輸木石，助工役，乃委典膳吳完理焉，不三月而落成。教諭蔡邦玘、生員馬升諸人走狀問記。

嗟乎！臨淮，古鍾離之地，當濠梁之上，江淮之間，昔惠、莊二子之所遊處，淮南賓客之所招集，風流波盪，文詞並興，凡以排孔孟而詆墳典，陰遺兩晉、六朝之亂者也。宋蘇軾乃言莊子之於孔子，實予而文不予，陽擠而陰助，欲援孔而入莊，是何道也？近時士論清談漸盛，行實或衰。茲學之修，諸士子遊業其中，務講明孔氏之學，措諸實行，儲養以待用可也。況鍾離，我太祖高皇帝龍興之地，鳳陽又首建學校之處，聖德神化，發行攸先，而漸濡惟久，諸士子又不可以僻儒陋生自待也。昔者大禹朝諸侯於塗山，執玉帛者萬國，濠亦塗山地也，學宮故在其塗山門內。然求禹昔之所自處，惟在菲飲食而孝鬼神，惡衣服而美黼冕，卑宮室而力溝洫爾。夫飲食、衣服、宮室，甚切於人，乃明王猶菲惡且卑焉，況他人乎！諸士子誠能即此而請事，則足得修身治國之道，所謂無間然者，可想矣。諸士子其視諸塗山門。

涇野先生文集卷之十七

記

學易窩記

荆溪子築學易窩成，問記焉。涇野子曰：「易，手也；易，足也。」「既謂之手，又謂之足何？」曰：「不手則僂，不足則跛。能持而行，易在斯乎！」「何以不言心？」曰：「持亦心也，行亦心也。何持無心？何行無心？」「則何以言學之？」曰：「凡天地皆物，凡物皆身。身而不物則僻，物而不身則馳，身物咸通曰易。是故孔子之翼，周公之爻，文王之卦也；文王之卦，伏羲之畫也。伏羲之畫，仰觀天文，俯察地理，遠取諸物，以近取諸身也。」「然則孔子五十而始學易，衞四十而學易，不可乎？」曰：「有聖人之學，有賢人之學，有學者之學。聖人之學，究其極也；賢人之學，思其誠也；學者之學，求諸始也。荆溪子心明而習正，能即身以見物，其庶乎！其庶乎！」

遊燕子磯記

己丑之歲三月丙辰，虛齋王子崇邀弘齋陸伯載及予同遊於燕子磯，蓋講之去秋，而今始踐之者也。是日晨興，予獨先往，北出觀音門，即傍山西行，其路巉礓偪仄，輿馬皆難，乃令吏扶持，迤邐而步。登弘濟寺，階磴十數層，病足艱進，一皂前

挽衣袂，一皂後擁推之，兩吏攙掖而後上。出寺而西，則觀音巖也，怪石礧垂，蒼黛參差，上接雲霄，而大江自龍江關西南來，直過其下，俯按女牆睇之，頗可驚駭。僧曰：「此其下基皆石甃，僧衆朝夕行，猶坦途爾。」予歎曰：「果然。苟有基，雖臨深淵亦無妨也。昔列子言當呂梁之上，履危石，足二分垂在外而不怖者，尚未似僧言穩爾。」乃從僧上觀音閣。閣亦傍巖，下就江唇築基，基上交豎九柱皆丹，柱上棚棧構閣，閣三面皆闌干，凭之瞰江，若在樓船頂立也。

是時，晴見萬里，日映碧流，江豚吹浪，上下逐波。西望定山，細如蛾眉，東指瓜步，小如丘垤。他山皆閃閃冥冥，如落雁蹲鵠，不可辨矣。昔予在解州，嘗遊龍門，酌底柱，登流丹亭，汲河烹茶，以吊禹墳。至此乃勃然興懷，將天下奇觀尚有過斯二者乎！夫河，北方之經也；夫江，南國之紀也。而龍門、底柱以及茲巖，不可不謂之能觀瀾矣。已而曰：「彼禹之親窮其源流者，又不知何如也。」閣之東厓上有石刻詩，乃白巖喬公篆書。覽畢，方欲和之，而虛齋至。未久，而弘齋亦至。乃解袍帶，復同升閣上，流覽歎賞，久而後下。虛齋欲列椅懸巖下，對江而酌，予頗難之。弘齋曰：「此何妨！昔予至天臺、雁蕩、天柱一峯，突兀崒嵂，四面如削，其高不啻數百丈，亦嘗茶酒其下。」予聞之，又飄然志在天柱峯頭矣，歎曰：「安得素心人共晨夕於此以終身邪？」虛齋曰：「近亦厭俗累爾？」予曰：「此又非物來順應之意。夫政則亦有然者矣，惟當求諸己，不當疑諸人。我無滲漏，他何足較？」弘齋曰：「大抵置得喪窮通於外物，而後無不自得也。」予曰：「然。今之爲政者，徒知征民而不知民之所以征，徒知杜請謁而不知請謁之所以杜。是故寬行於催科之始者，仁也；嚴立於請求之先者，信也。」是時虛齋方有少參典糧之行，故及之。

已而虛齋又列席於觀音堂，予曰：「此非唐虞也。」二君因論及禹以至聖不可知之神，予曰：「則何以能神？」弘齋曰：「物至無不知則神。」虛齋曰：「精義入神。」予曰：「精義乃入神之路，非所以盡神也；若無所不知，亦自神之用而言爾。必也其至誠乎！惟至誠則能公且明。明而不公，非神也；公而不明，非神也。是故雖妖孽或有善焉，雖禎祥或有不善焉，故至誠如神也。」是時，酒肴既行，僧茶再至，而予和白巖公詩亦成。

卒爵，欲往燕子磯。虛齋乃招二篙師來，泛舟而往，舟中猶傳杯，不三爵而至觀音港，解舟登壽亭侯廟。先至水雲亭，

其扁爲予友景前溪所書，精采如神存。乃面江小坐，與觀音巖看江又不同矣。遂上謁壽亭侯，其祠左簃有大觀亭，亦前溪書。至此看江，日隱斷雲，煙霧霏微，蒼茫無際，與水雲亭又不同矣。遂攀松捫蘿以上燕子磯，磯皆巉石疊起，水圍三面，其石罅猶見江轉磯底，此可以高覽八極無礙也。乃弘齋欲坐於磯盡頭，予力挽之而後坐中磯。道士曰：「五七年前，江衝磯前，故磯下水深不可尋丈。自立關廟後，水頗遠磯而去，今南徙磯東數百家矣。」然斯言也，特欲靈雲長而實不知雲長也。二君皆補和前詩。虚齋又命行酌，然酒鑪中火寂，三召之而不至。頃，一介來曰：「有尊官三人者，已遣人至此掃庭除治器具，夜即來也，可先去。」是時已暮，弘齋便欲拂衣回宿觀音巖，予與虚齋皆不可。虚齋曰：「此或其道士誤遣此介爾。」召道士而數之，道士屈，予遂作登燕子磯詩以發笑。火至酒熱，傳杯興酣，北望泰山，東瞰滄海，灝氣縈廻，靈光掩映，蓋又不知此身之在天地間也。

抵暮而下，則虚齋又命列豆籩旅肴核於水雲亭矣。予曰：「此又非唐虞也。」蓋平日與二君交遊，常曰：「唐虞時，言人之短不爲刺，言己之長不爲誇。故禹或曰吁，而臯陶不怒；臯陶或自曰都，而禹不嫌。後世口雖溢美，心實隱情，在外有餘，在内不足，學廢政弊，皆此出也。」故飾情之辭，過禮之費，彼此有見，稱唐虞規。遂命僮子撤其繁品，三人兩几，一燈長江。已而盪櫓槳呼欸，乃泊舟投磯者皆次第而來。虚齋曰：「舟中之人至此，亦可謂得所止矣。」予曰：「然。恐懼憂患、好樂忿懥於是時皆免乎！」二君乃補和予磯上詩，而予方懷前溪「水雲」之書，欲題而未竟也，乃皆入道院就寢。夜中鳴雨大作，頗擾夢寐。

晨興，詩完，書卷於倚磯亭中。垂畢，有報太常西唐牛公、毅菴黄公自祭天妃廟放舟來矣。二公聞予三人者在，乃即枉顧於倚磯亭，揖罷，乃遂邀往大觀亭，云有設也。予三人者送至水雲亭暫憩，二公請延上座，固辭。西唐曰：「此繁文不可有。」予曰：「此文卻不可無爾。」遂酌二公，而後赴大觀亭之宴。因述昨暮道士之事，爲一大笑云。予問：「自西來，新亭何處爲的？」西唐曰：「據盧循傳，其敗在江西南而後東入於海，似今馴象門外爲是。」予曰：「志稱勞勞亭亦近是，此或然也。」於是西唐或舉海上諸寇，自尉佗以至孫恩；或舉太行諸賢，如岳飛、劉因、京房、東晳、許魯齋之輩，而不以爲誇

也。穀菴或言曲江何真開嶺保障之功，或舉昌黎、元城、東坡避地之美，而不以爲謙也。於戲！自聖祖開國以來，混車書於六合，兼江河於一統，故予得與諸公登斯亭也。言徵今古，氣吐風雲，人秦越而志合，地南北而道同。雖約之於半年，乃遇之於不期。情本玄通，義則神授，笑語無擇，酧酢不筭，則予常稱唐虞之風者，不在斯行乎！

當是時也，霧雨飛冥，魚龍上下，長江與天同色，燕磯與岱埒高，果心曠而神怡，真忘形而無我。遂歌伐木之篇，載詠山徑之曲，而不知其聲之魯也。歌亂，虚齋、弘齋皆賡之不已，以贊投壺而散。然獨予酩酊殊甚，輿過佛國寺而後醒。

遊靈谷記

三月之暮，五山潘子約諸僚同遊於靈谷，予以足疾不能遠馬，賃輿先往。蓋靈谷之松，亘四五里，周幾十餘里，東至木公山以爲界，森鬱茂密，不可數計，而縱横絡繹，雜列間植，微瓴甋甃路，則不得其門而入矣，實予心所躭樂而酷嗜者。往年同南橋李子日午而始往，不久即返，未盡其奇，於心恒不忘。故五山約，亦不俟聯鑣而獨先也。

至第一禪林門即下輿，步徙里餘，就蔭佇立，四面睇望，虬枝蛟枚，如麻如葛，然體幹瘦細多不可棟，間有三二合抱連圍者，則又爲羣木壓挽匝擠不能直挺，予歎玩焉。而又步徙其下，瑤草仙卉，碧紫爛熳，或並藤蘿纏樛縈蓋，問諸吏皂不知，但曰野花，則又歎曰：「彼抱美含芳於幽獨而不名者，其殆此乎！」比至方丈門，見洪武十八年至二十九年高祖七敕，備言栽種松竹果子之由，禁止耨取松枝、牧馬、打草之事，乃然後知此寺風景所造甚遠，而今日公退遊覽猶蒙其蔭也。再進至青林堂，見簷前懸榜高祖親制山居詩十二篇，賜覺義清濬者，益悉靈谷幽勝，乃知此寺非偶然也。及登堂，而覺義可浩出拜曰：「公忘往日竹澗之遊，乃久不至邪？」予曰：「一年一度到山中耳。」

未幾，五山及雙山秦子、在軒胡子、雍里顧子、郭山況子皆至，南橋以目疾不至。乃爲團聯坐，蓋以況子遜予及五山也。予曰：「山遊猶執古禮。」在軒曰：「此郭山之盛德。」乃遂舉達摩面壁之事，學亦良苦。予曰：「是蓋入定之功。然使

其心有所定，雖終日入市朝，猶寂寂爾；使其心無所定，雖終年面墻壁，猶擾擾耳。」雙山曰：「聞有寶志公像，安在？」雍里曰：「殿後。」予曰：「亦嘗見其像矣，清臞殊甚。」在軒、雙山曰：「果亦出塵。」郭山若曰：「況居廣居者乎！」而未盡言也。

五山遂舉其鄉寒山拾得及豊干和尚昇天入岩之事以難衆。予曰：「太虛、人物，實一體也。太虛之氣，不得不聚而爲人物；人物之氣，不得不散而爲太虛。若曰仙佛白日昇天，彼太虛茫茫，何所安着？安得不謂之散而無邪？但世之忠臣義士，聖人大賢，其所養者既固，則其歿也，氣未遽散，有時焄蒿悽愴，猶露精采，人皆神之。雖煉精葆氣之士，其道雖殊，然而死亦不驟解散，或依草附木，托親倚故，時一見焉。好事者益張大而奇異之，故有今說，然其氣未有久而不散者。今夫呂嵒、鍾離何以不數見邪？」雍里遂證以遊魂爲變之事，或曰：「堯舜只他幾千年，其心至今在者何？」曰：「此卻是真神也。若欲堯舜復生而見其形，不可得矣。」「何以曰羨墻見堯也？」曰：「譬如人子將祭先人，其夜夢見父母依舊行坐、依舊說話，又或入室而聞歎息之聲。是時父母已不存，然而夢中、白日猶能見者，蓋神交也。夫心之誠即神也，子之神即父母之神也。若欲見他人父母，雖用意作夢亦不可得。是故天子有天下，故能夢帝賚良弼，若士庶人自無此。」又曰：「鬼神亦甚顯，即看天地便見，看日月便見，看吾身便見。」在軒曰：「程子何以曰：『若道無時，安能信得及；若道有時，賢卻向某討？』」予曰：「此又非天地日月之鬼神，乃世人所常云云者也。」於是諸君頗有然與之意，而予遂曰：「不知文帝前席賈生時，曾論至此否？」

已而五山又舉海門牛渚潭產龍無數，傍石厓近水處皆龍窟，或出沒焉，或卵育焉，舟過其下亦不傷人。他日，黃龍初起，有楊氏者射之，中其一目，黃龍遂將楊氏舟挾置山巔，然至今楊氏亦無害，其餘數十舟，當時反皆覆沒，不知何也？予曰：「龍德而正中者也，豈有所擇乎！」曰：「若是則數十舟之覆，不幾遷怒邪？」曰：「龍精于目而不見乎石，其被眇也，未免奮怒震騰，風雷雲雨並作，數十舟者適當其處，故覆。楊氏舟或近岸傍山，故不及。若龍有意，則楊氏舟不止此矣。但楊氏射龍，自是不可。此物能興雲雨以生人，而乃害之，是將受學於支離也，亦異於周氏之斬蛟矣。」五山又曰：「龍見

珠則始成龍。」予曰：「龍始生，角翼未具。既久，有角而爲蛟，有翼而爲應。九陽之氣既完而有珠，乃始能變化升騰耳。故語曰：掘驪龍之珠，猶爲道以明著，爲致曲之驗也。」雙山、雍里曰：「龍自有珠爲是。」

然是時已過午，遂出遊大佛殿，又其後登禪堂。崇峻弘敞，爽人心目，而寶公石像正當其下，爲吳道子所畫，果非塵世形態，旁鐫自著十二時歌。予謂諸君曰：「天地且以十二時分晝夜，此歌雖嚮晦宴息者亦忘，予恐其並日出而作者亦非矣。」又北觀寶公塑像，在浮屠塔下，旁有長梯，壁立不可上，乃已。遂出東觀，入功德水之九曲，曲上一松奇古，或云高祖掛衣處。其前羣礎散布，半掩苔蕪，欲求其故不得。召浩，浩以足瘡辭不至，則遣一僧來。問松不知，問礎不知，問壁間畫亦不知，曰如此則曰如此，曰非是則曰非是。予笑謂五山曰：「此亦子鄉之寒拾邪？」又曰：「如此卻是真僧爾。」遂至無梁殿，殿皆瓴甋，作三券洞，不以木爲梁，只此一殿，費可萬金。其規制又多自齊梁時來，國朝雖或補葺，然必不加也。五山見木主書諸尊者名氏，猶以問僧，僧亦以不知對，遂皆笑而出。乃上西廊，觀吳道子所畫折蘆渡江及烏巢、佛印、三教畫壁。雙山曰：「此三畫猶可，此則不可。」此則者，謂三教壁也。予曰：「雖猶可者，亦皆僧欲輕帝王、小公卿，而實未能忘之本相也。」

乃還登青林堂，詰浩請之何以不來，浩頗辭屈。五山乃又行酌且飯。酌未半，有滿親住持者來參，持學士顧公詩以觀，蓋顧公九和依僧語作二偈爾。觀畢，滿親請茶，許之。時日已大西，遂行，而浩乃送至琵琶街，自鼓掌請聽琵琶聲，口兼呼，諸從者亦鼓掌。予曰：「月泉足又不瘡，手又能琵琶矣。」浩亦大笑，然實未有聞也。因問此殿前何以有此聲，浩曰：「空谷作聲爾。」曰：「此殿以上，凡四五層，其上者何以無此聲？」浩不對。在軒、雙山皆曰：「山谷之聲，太近亦無，太遠亦無。虛實之間，遠近之中，乃又夾以長廊，俯以崇臺，此感彼應，氣使然爾。」遂西至竹澗，有閉關僧鑿板竇以通飲食，竇上懸「棲雲處」三字。予曰：「此室中亦有雲邪？」浩曰：「雲則無處無之。」曰：「若果棲雲，不必用此板隔限矣。」五山遂屢以偈語詰浩，浩不能對，以他語應，遂出。時滿親以邀茶至，見壁上懸二尊官詩，浩與滿親猶指矜云云，曰：「僧但不到家，到家便見其家中所有無爾。」遂還。予先至朝陽門，俟諸君而後別。

五山名穎，字叔愚，寧海人。雙山名儀，字相之，臨桂人。南橋名清，字介卿，龍陽人。在軒名廷祿，字原學，雲南人。雍里名夢圭，字武祥，崑山人。郭山名維垣，字翰臣，高安人。予則名柟，字仲木，號涇野，高陵人。

遊高座記

五山子既有靈谷之遊，予欲南遊高座寺，未有期也。乃四月五日，予適有斗酒雙雞，欲邀諸僚於部選官廳，而予方查吏冊未畢，畢則諸僚多歸，尚獲邀五山、在軒二君以共酌。已又移酌於省中竹塢，已又移酌於雙松、二枳之前，蓋皆前此未到之地。清幽無塵，鳥鶴時來，真市朝中之山林爾。既而曰：「予欲數日邀諸君於高座，登雨花臺以看江也。」頃之，有友饋鮮魚者，暢然曰：「此其促高座爲來日乎！夫古有肥□、肥牡以速伐木遷喬之友，予有白鵝、鮮魚，顧獨不可邪？」遂發請。明日公退，南橋先至，予始至。未幾，五山、在軒、郭山至。未幾，雍里、雙山至。是日，南橋初得三月中邸報，於是談王道頌聖學，或論人材之進退，或言政事之因革，辯而不激，直而不劌，身在高座之上，而心如遊司廳之中。蓋諸君勤政體國，遊觀未忘所事如此。

饌既，乃北入永寧寺，上木末亭。亭在聚寶山巔，長松巨杉，皆在其下，然不可一蹴上，猶令吏皂夾扶，三四憩而後至。每憩必依松靠栗，或蹲或佇，又或迂徑躐石，乃能再步。登亭四望，草樹殿閣，參差掩映，蒼翠無際，絕可圖畫。乃歎曰：「身果在木末乎！然微此山有基，豈能至哉！」乃重有感於務本云。亭中三爵以解倦，而僧出淹菹近酸，頗有野趣。啜茶，茶不及山下茶遠甚，蓋水難也。遂還至高座，乃飯。予歎曰：「江南自有此奇以供遊玩，是以往時雖名賢碩彥亦沉溺其中，其君亦或開宴於松陵岡，或捨身於同泰寺，偏安江左，不復知有中原。山水誤人，人誤山水邪？若江北雖有高山穹林，人多勤苦其中，不知登眺，亦且不暇。」郭山曰：「江西亦然，然尚有樸意。」既而曰：「即日雖遊覽登眺，興豈盡在是乎？」

已，雙山遠出先去。五山、在軒、南橋入座於方丈深處。雍里乃復言及六代盤遊如彼，而今六合混一，且有茲遊，固不勝於往時邪？鮑、謝諸賢不足道矣。予曰：「時之治亂，亦係文之高下。異時靈運以傲，休文以治，鮑、江以怨，吳、孔以怒，莊、融以碎，陵、信以誕，劉孝綽兄弟以淫，湘東王兄弟以繁，眺淺而捷，總詭而虛。故六朝危亡，易於反掌，諸賢當任其咎矣。諸賢者，一時之耳目也。然至唐而始少變，猶未盡復焉。」雍里曰：「唐之元結意頗高雅，文亦脱俗。」曰：「次山者，甘泉先生之所好也。往在京時，至更舊字元明爲次泉，以比元子。如寱記、丐論，以及五規、二惡，雖謂之明道亦可也，當其造詣高遠，不在昌黎之下。而磨厓之頌，漫郎諸詩，李、杜豈能及乎！」雍里、郭山皆以爲然。予曰：「斯遊也，亦不可無詩以紀。」於是雍里已有吟意，乃復入尋三君於方丈深處。然亦劇談，恨又未聞爾。遂同詣雨花臺，臺已爲遊人所據，塵囂不可登，悵望而歸。

步過安穩寺，五山曰：「此寺必佳。」乃又往。入先門，見雙栢，細縷懸下如垂柳，初皆不識也。僧曰：「娑羅栢爾。」是寺，僧皆衣藍，言貌亦異，而遊人絶蹤。乃引至後山，其巔比雨花臺更高數丈，寬五七倍，隔松杉看江，若練帶，森森晶晶，從西南來。五山喜曰：「吾固意有此奇景爾。」遂藉草列坐，共爲眺覽，笑曰：「雨花臺之阻恨瘳矣。」遂還。

遊省中南竹塢記

省中竹塢者，太宰廂房前之竹林也。直挺森茂，其蘀厚數寸，然莖如甌盃，稀疏處可容几椅，而葉則蒙密如雲如盖，不見天日，當夏無暑。往年與江郎周子嘗飲歌其下。他日以告在軒胡子，胡子遂嬰心焉，於四月九日欲召諸僚同酌是也。

乃先邀至其司後堂，人爲一席，予曰：「過矣。」所上酒肴皆雲南法，甚清雅潔素，有雞鮓，用萵笋諸新蔬雜作之，曾未食也。乃歎曰：「丈夫生而有事於四方，今吾輩豈必身至雲南之地哉！覩其人，食其食，雖滇海、昆明既在目前矣。」已而五山問郭山以華林事，郭山曰：「此其地久已平定。」予曰：「是非吾鄉劉用齊公所輯寧之處邪？」郭山曰：「然。今

其處已塑劉公像而祀之矣。」諸君因問用齊之詳，予與郭山同言：「此人爲瑞州守，被華林賊擄去，住賊寨三日，聲色不動，賊皆焚香羅拜，又擡送至郡者也。然嘗令曲沃，每罰人以棗菜，令僧道收暴藏之，偶歲荒，出以濟飢。而又匹馬雙皂，遍行村落，勸富給貧，曲沃人戴如親父母。今雖尚書致仕，若遇清明前後，或之塋莊，其鄉人雖蓽門圭竇，召無不往。有時醉後，村人折野花插公帽邊，擡以遊樂，公亦不拒。是人蓋嘗師事介菴李錦。」在軒曰：「李錦者何？」曰：「舉人，直躬慕古，非其力不食。嘗廬墓，所食多麩麥仁伴莞豆，炱以爲饔餐，人饋之，一不受。介菴同時有雍公，尤剛介。嘗以爲吳縣令，有同年友以事至吳。舊規每作衣物值百金以贈，至雍公則斷之，曰：『吾於朋友何厚？吾於赤子何薄？』後巡撫大同，因杖李參將不法，被科道劾爲民去。」諸君皆歎素所未聞，思至其里焉。

於是五山因大同遂言及甘肅各邊遠近，予曰：「是邊去西安頗遠，此處至西安，正與各邊至西安等爾。」在軒言哈密之事，聞尚未定。南橋曰：「牙蘭者，魁也。」予曰：「已不在矣。」曰：「昨見會試策，猶以爲問。」曰：「此或言其後爾。彼在弘治時，已爲阿黑麻之謀。雖然吐魯番固仗牙蘭，然其所以致哈密再失城印者，則成化、弘治間諸公失處爾，是以牙蘭能離間威劫赤斤、罕東、阿端、曲先諸衛，而弩溫答力以及罕慎、陜巴者，由此其被虜也。然而因時斟酌，隨義柔能者，則正可慮爾。」是時，飯畢。在軒遂邀至南竹塢，列一席於竹間，乃言：「往者竹林七賢豈亦若此乎？」五山言：「竹林今何處？」在軒曰：「當在太行、衛輝之間。」予與雍里曰：「多在江南。」在軒曰：「近太行者爲是。蓋七賢在惠、懷之時，尚未渡江。」在軒言是。五山曰：「曾見竹林七賢圖。」予曰：「予嘗題此圖矣。云：在前無魏，在後無晉。在國無君，在家無親。在官無政，在鄉無俗。圖之者，不知彰善邪？抑以播惡邪？」五山曰：「此說是也。」已而雙松之席既列，又移酌焉。適有大鳥飛過，五山又談及鴇羽之詩，辯名物，論風雅，議比興，皆歸於性情之正，而後別。

遊雞鳴山記

雞鳴山爲南都之勝，久懷遊覽。改官南曹三閱年矣，未能以償此願也。予僚郭山沉翰臣於四月十二〔一〕日公退之暇，邀諸僚同造焉。予策馬以赴，而五山已先至。乃登憑虛閣以眺，浩然歎曰：「我高祖開創之遠略，規制之深意，於是乎在目前矣！故增都城於東南，而建宮闕面方山也；取四方山河意。立太學於西北，而營堂齋倚雞鳴也。取晨興勤苦意。陵寢在東，因鍾阜也；倉庾在西，邇長江也。演武於內外教場，無處而非警惕也；祀功於上下山巖，無時而忘勳勞也。後臣當如何以保此志邪？」於是五山爲予指點龍之起伏，極言風水之盛。既而曰：「但外城甚遠，居人稀疎，防保頗難。」曰：「此亦可謂遠慮。明時方以忠信爲干櫓，禮樂爲城隍。且聖祖意甚廣大，若非遷都北平，此地至今即儀鳳麒麟之外，皆其比如櫛矣。」

已而雙山、南橋至，已而在軒至。乃又起憑欄，問商陸，辯王瓜。既坐，南橋顧諸號舍言：「往時孝慈皇后之崩，高祖使人察諸監生之妻無哭泣者，遂斷績麻之賜。」予與五山曰：「此真父母與子一體之心！其當日恩德可想，宜其能肇造乾坤於後日也。」酒行，食有桃仁。在軒曰：「此桃杏皆曰仁，其意甚美。」郭山曰：「取生意爾。」五山曰：「瓜亦曰仁，麻亦曰仁，皆此意。」予曰：「黍稷稻穀卻皆曰子，槐枳卻皆曰實。蓋惟誠則仁，惟仁則能生育而爲子，其義一也。此古人所謂糟粕煨燼無非教者，先聖名物，豈偶然哉！」已而在軒顧憑虛閣曰：「今有此論，此閣卻不虛爾。」曰：「微此，吾輩又安能有所憑而言邪！」五山曰：「此閣異時絲竹歌舞之聲，日不絕響。吾在監齋時，猶恒聞之，今日卻漸好矣。」曰：「官僚若有公暇小適，可借此談學論政，觀覽景象，以暢襟懷。縱監中後進聞之，亦知矜式。若流連劇戲，如六代淫遊，真可

〔一〕「二」，萬曆李楨本作「三」。

鄙爾。雖以雷次宗之開館，齊子良會文學之士，以抄經史於此，亦非不美，然資浮靡而工藻麗，則又何益？」諸君皆以爲然。

已而雍里至。是時先坐者皆有酒，而雍里獨醒，予曰：「吾六人者當各陪雍里一爵。」雍里執不肯，皆再請之，雍里曰：「某固當有後至之罰，但量淺爾。」予曰：「雍里之言，婉而不迫如此。」乃已。爵再行。遂北上浮屠塔，然病足難登，乃令吏皂牽挽擁擡，止到第二層，兩股蘇蘇不能舉，在軒、雍里獨至其巔。已，在軒亦來。六人到，坐塔中，傳杯三巡以解勞。在軒曰：「程子所云『相輪』即是此。」予曰：「今與諸君已坐酌其中矣。」又曰：「雍里久而不下，將貪詩逃酒邪？」雙山曰：「此四字下得甚當。」予曰：「予數人者，皆四海九州之士，一時會晤於此，得以論心觀物，豈易得哉！所願盡去世調，一意太真爾。」諸君又深以爲然。已而雍里亦下巔來，予問曰：「不有所詠，必有所得。」雍里曰：「其上所見與在下一般，但鷹隼之飛，湖山之勝，益親切爾。」予曰：「子可謂極高明乎！」

既而下塔旁立，指塔曰：「適到某層某層。」雍里曰：「在塔中不知其高，自下而望，乃如此太高邪！」曰：「高處皆自此起。」五山遂招遊於塔後竹林。至則林中茁笋如盂如盃，五山命一僧看守，無令從者傷折，且曰：「此以慰其心爾。」在軒曰：「此林中又雜以一果樹更好。」予曰：「在軒每有奇見。」又曰：「古今人不相及，今日竹林之遊，昔賢恐未有此。於戲！雖酩酊之中，不出準繩之外，乃真遊爾！」已而僧折笋送茶果，分外清遠。茶畢，五山言：「有僧秀林者善琴，可往一聽。」至則秀林鎖門出，賣藥長安市去矣。予乃戲寫一絕。於是五山又促行者追召秀林。未久，秀林果至。焚香坐操顏回一曲。五山謂予曰：「可反前詩矣。」予又戲寫一絕。乃知凡遇不遇皆未可定也。

遂還至憑虛閣以飯。飯已，命吏取桌上肴果分散僧眾及從人，蓋不知其爲郭山設也。時予已醉甚，微聞五山曰：「此意甚好。」然瞠目而視，見南橋獨醒，曰：「南橋當陪酌。」南橋以手指目曰：「目疾。」雍里謂南橋猶繫心於目也，予遂爲短賦而自吟之。於是郭山曰：「他日之宴未有若此歡晤之甚者，豈其地宜有今日邪！」予曰：「程子不云此地，不知前此曾有人到此，說此話否？」遂皆出閣，揖散。馬過「十廟」，時月已盡光華矣，照至其家。然是日倦醒兼病，再日而後能興。

遊白鶴道院記

四月十二日，雞鳴山醉歸，步過西華門，雙山秦子曰：「十五日當請遊梅花水。」云是日有堂上行，不坐部，可以出遊也。南都故事，司屬出遊多因堂上行，而諸堂上或送客，或他往，司屬乃得借一日之暇以遊覽。然自予爲吏部司屬已年半矣，雖堂上他出，諸僚皆不出，而予以多病亦未獲一遊。雙山以近日有靈谷、雞鳴諸遊也，遂有是請於目下。乃十五日有堂上，不果行，改十七日，雙山亦又改至十七日。然是晨大雨，去梅花水實難，雙山欲移遊附近道院，云有故鄉蓮酒已開尊矣。予曰：「天雨，又開此酒，即附近道院不減梅花水也。且豈惟堂上行有改移，雖天亦使此水有改移矣。」於是開宴於協律郎朱氏之白鶴堂。

比予至，而五山、南橋已至竹亭矣。未幾，郭山至。然朱氏舊有崇樓，乃同登臨焉。見道士居屋，如櫛瓦參差，如魚鱗上下，而煙火之密，不減於都衢。良久，有報在軒至，乃下梯同雙山迎之白鶴堂。雙山便行獻酬之禮，予曰：「前此俱未有此。」雙山曰：「舊多在城内飲，今在城外飲。」予曰：「合内外之道也。」坐定，饌有新笋，亦新自臨桂來，其味极清。問之雙山，曰：「此毛竹笋，他處無，惟廣西有，其心實也。」予曰：「心實故味美。」五山又言：「浙中亦有實心竹，可作鹽笋，又可爲箭笴。」予曰：「惟心實故能直。」蓋美二君言也。頃之，有暴雨過。即霽，而雍里至。予曰：「方雨，正慮雍里難行。」雍里曰：「適至城門避雨爾。」予曰：「今與先到室中者同矣。」

雙山又移尊竹亭，是時予已醺然，而雙山勸酌不已，雍里曰：「子無以雞鳴爲戒？」予聞之甚喜。蓋雞鳴之遊，予實酩酊不知，而雍里以是見規，於是深以爲感，以後得少節飲。然而雙山勸酌尤不已。既至出亭，又令每人引白，予視五山、南橋，在軒皆不欲飲，乃言曰：「予忝從交遊之後，凡一飲會，或行視山川，吟覽風景，不專於酒，乃爲雅。」於是遂出觀醴泉亭。是泉蓋文廟禱高祖之疾，感格天地而湧出者也。有穹碑在泉上，莊誦未半，有二白羊跳舞不已，或登龜趺之間，或上

泉口之石，或近身弄衣，或侵尊銜果，恍惚有虞庭獸舞、周詩肱升之意。在軒以爲真徜徉，雍里以爲真常羊，而五山、雙山、南橋、郭山皆喜極，有與物相通之意。予曰：「今可謂得羊矣！古之挾策博塞者，安得不失此邪！」已而五山欲觀南天門，乃策馬而南。見一江自溧陽來，至南天門前，西流入大江，而天門對方山，負紫金，跨青龍，挾定山，真天府也。西過犧牲所，而還至地壇，北方雲起。在軒曰：「雨已下鐘山矣。」未訖，大雨如注，沾濕衣冠。予曰：「今日可謂步過天門帶雨歸，雖梅花水安能易此？」四月十八日記。

遊牛首山記

牛首爲金陵鎮山，每登城中高處，輒見山之雙角如牛狀。往時僚友陳魯南數言其勝，且言獻花巖尤奇，示所撰志。抵南且年半，未能一至。四月十九日，雍里顧子有牛首之邀。明日，南橋李子有獻花巖之邀。予喜謂同僚曰：「二美恐難並得。或風雨炎暑之阻，亦不可知。」他人聞之，亦爲予慮，恐夏且半，暑已盛，不能遂也。

及期，予先出門，過承恩寺，憩僧白雲方丈。白雲即出諸公卿詩卷，兼以己作，己作中有「心未了」之句。予問曰：「僧今年幾何？」曰：「八十五矣。」曰：「年已如此，何事未了？」曰：「自覺尚有未了處爾。」已而雍里至。予問：「壁間懸賦何人作？」僧曰：「僧自作爾。」頃又言：「某太監者已亡，可惜寶玉家貲盡爲他人所有。」予謂雍里曰：「此僧未了者，名利心爾。」既又曰：「僧先住梅花水，是時無水。住十日，祝佛，水即出，且洪大懸流，有羣鳥來翔。自爲鄭太監所邀至此，向時水聞亦減少。」曰：「白雲來此幾時矣？」曰：「二三十年。」曰：「亦有前異乎？」曰：「無。」曰：「住梅花水十日且有水出鳥翔之異，二三十年於此，乃無一異，何邪？」曰：「僧悔至此爾。」曰：「然則爾心未了者，雖謂之此可也。」已而五山、雙山、在軒、郭山皆至。

既飯，乃行。雍里以其輿易予輿，予辭不得，曰：「古道也，乘之先往。」乃至牛首之背，歎曰：「俗言高祖怪杖此山

獨不北拱，此或誤傳乎！蓋天地間，萬山環列，而江河四繞，其中則堪輿也，此牛負而戴之，首宜其南向爾。」再行里餘，山益陡峻，輿夫力罷，予與五山下輿，令吏扶持步徙，少息輿夫，因訪識檡樸二木於五山。然輿夫遂長往不待，雙足剌剌脫脫，不能舉武，使呼輿夫，輿夫始候乘，因曰：「以佚道使民，雖上山亦易也。」比至弘覺寺，即古佛窟寺也，偕行有嘗先至者自下而指之曰某爲文殊洞，某爲兆率巖，某爲捨身巖。予視之，高幾千丈，壁立峻絕，決不可登。舊傳高一千二百尺，周四十七里者，豈盡然邪！在軒曰：「尋當至是爾。」

比入禪林先門，過天王殿，石磴百層，如甃壁然。予又恨足攢眉，懼不能登，於是令兩皂擁撐，一吏引袂而後上。有長杉數十章並古松夾植堂涂，幹插霄漢，葉蔽雲日，而竹梧楓梓，亦附植錯列，可棟可梁，可宮可廟，陸可車輿，水可舟楫，文可琹瑟，武可弧矢，歎曰：「美材盡在於是，乃見於佛氏之域耶！」過金剛殿，階磴亦峻嶒陡絕，其右有虎跑泉，僧云草衣文殊講授之時，有龍女送水，雙虎跑地，而得此泉，味甚甘冽。然此或僧神其水而以名也。上大雄寶殿，其月臺有銀杏一株，曾被火焚其身，復生枝幹，而身畔燒痕猶存，然可五六人圍，葉散布蔭蔽墀砌。雙山曰：「此樹當時止燬其幹，其根未傷，故有此。詩曰：『顛沛之揭，枝葉未有害，本實先撥。』」

已而雍里遂舉酌於銀杏之旁，而在軒獨登文殊洞、兆率巖。自山巔松杪，青巾白衫，揮扇而下，衆共瞻之。至席，遂談巖洞之幽勝，而五山、雙山、郭山皆有意興，飄然起觀塔影去矣。在軒舉舊有二友，見美色途中羣行，一友閉目而過，一友正目而過。正目者曰：「此亦人子也，見之當視如己之家人親戚，亦何妨？」予曰：「此閉目者亦未爲不是。」雍里曰：「古止說非禮勿視爾。」予曰：「昔予弟栖年少時，隨予在太學。嘗出行，不拾遺黃金環。後馬谿田以告監丞陳陝州先生，先生謂諸舉人曰：『栖事亦佳，更不如拾而懸票於衢，令遺者得之尤好。』予曰：『陳公之言用也，予弟之事本也。』」則無異於在軒之二友矣。」於是雙山談及塔影，予曰：「此不怪。閉門有孔，視之則有，不然則無。」頃視之，果然。蓋塔尖自門孔中透入，故有倒影爾。於是同諸君上石磴，瞰辟支像，出憑石欄遠眺，見萬山之間，麥牟已黃，稻畦方青。予曰：「此果江南之樂土也！」在軒曰：「有山可薪，有隰可田，果然。」遂西至文殊洞，懸石礌垂，不可入，而五山、雙山邀予坐其中，摩

文殊之肩曰：「爾安知吾輩至此邪？」又令從者移去洞口香几，遠眺，江山畢見。

出洞，予足已跛矣。雙山、五山又邀往兜率閣、捨身巖，予不能去，雙山曰：「爲其名不可邪？」曰：「其實不能爾。」二君躍然往，遂登其巔去矣。而在軒、雍里、郭山亦自他岫去。予遂引一僧以還，其雞藤山虎之細，樫葉栗花之微，皆自是識也。至碧雲堂上前屏，遂書一律。既而諸君方還，雍里乃洗酌碧雲堂上，而五山、在軒各言所見之勝。在軒曰：「兜率之上是何物？」五山曰：「予手浣佛腳之水，身臨昭明之池。」予歎曰：「二君所見雖有不同，然大略皆已到山頂上矣，視予全未往者可奈何！」是時，佛前麥燈一掛，五山曰：「適北來途中，見收麥甚喜，窮民足充口矣。」郭山曰：「見男婦勤苦塲作，又用碾磙，甚可愛，此江西所無。」曰：「此則江北盡然爾。適見此，不覺興鄉思也。」在軒曰：「可移去桌燭，獨觀麥燈好。」去燭，而麥燈頗暗。五山曰：「當再添一撚。」在軒曰：「恐傷籠，反不可。」諸君皆曰：「可謂能防患矣。」予曰：「每添一撚，則增一明，雖三五撚可，雖百十撚可。若手巧自不妨籠，但籠周柱條則當減耳，程子所謂『減一條，少一條暗』也。」諸君大笑，以爲然。是時，五山興極高，遂同雙山分榻於辟支洞西，而在軒亦宿萬山拱秀方丈。

晨興，雍里、郭山因言及爲學之事，予曰：「竊謂自古道統之傳，無過好問好察、捨己從人乎！蓋此非克己者不能也。」遂同二君往問三君宿處。先過在軒，而五山、雙山適亦下巖來，憑軒南眺，見羣山羅列，如揖如踞，皆在目前，而青雲紫霧，或流山腰，或冒峯頂，在軒、雙山又恨此障。予曰：「此本山谿所能，且其粧點變化，精神具在，正可細覽。若赤日特照，則焦土頑石竝見，又何觀邪！」五山亦曰：「然。」既茶而出，欲往視五山、雙山宿處，二君曰：「既斂衾枕，其處亦非吾所有矣。」乃自下瞻望良久。

而南橋自城中五更起至矣，蓋昨日爲太夫人忌辰也。雍里復邀至碧雲方丈共飯。五山又欲予同觀佛腳泉、昭明池，然予足不能行矣，止。遂西觀龍池，白石爲坎，深方數尺，水清見底，冬夏不竭，其旁皆石崖壁立，高數十丈，穹窿幽險。五山曰：「此正龍起處。」是行也，微陰，有涼颷，雨夜中作，遂霽。

遊獻花巖記

南橋催赴獻花巖，予與五山獨先出禪林翠微以往，遇陡絕，則又下輿小步。五山乃出夜中所爲詩三篇以觀，有慈民之心焉，有復古之志焉。雖上輿，猶諷誦之不已。比過長庚池，則又下輿，並觀池水。乃遂至獻花巖洞，洞當巖下三尺，石嶁爲深室，內有懶融僧像。洞東石穴爲門，出門則獻花巖亭也，而白巖諸公皆有題，白巖題則自篆者也。坐定，僧德達送茶，而雙山、南橋、在軒、雍里、郭山皆來。北望牛首，婉如圖畫懸掛目前。

已而入寺登殿，僧衆皆擊鐘磬，誦彌陀，魚貫而迓。遂上觀音閣，看牛首益真切。南橋乃令設一几環坐，取酒解勞。旁有紙帳石牀，一僧宿處於是者十餘年矣，或歎其難。予曰：「此正可憐。使果有所得，猶不枉一生。不然，祇同一禽鳥耳。昨見牛首禪堂諸僧亦類是，何異土穴中貛鼠邪！可惜誤用力於是，而終無知也。」郭山以爲然。已而德達又引上翠微亭，予與在軒各坐一磯。五山、雙山及南橋、郭山遂上山巔，攀松倚峯而立。自予坐處望之，又如在平地望山上人也。及南橋又取壺榼至，諸君亦少（降）［憩］[一]，周環各坐一磯，傳觀五山三詩而後下。德達遂獻茶於小星槎流，觀莆汀諸公留題。有一僧在東室閉關已半年矣，言貌如焯灼態，予曰：「此僧若能爲學，何所不可？」惜惜出，赴南橋之席於官廳。南橋談及武宗南狩之事，予遂言涂水寇公應變救人之政，諸君皆以爲賢。南橋又言陸司成之事，予又述何栢齋往日講書並與虎谷王先生論馬陵格致之說，諸君皆欣羨，以爲未嘗聞也。

是時，日已近未，諸君先返，以赴來日坐部，予以倦病，不獲同歸。送諸君將下山，還臥官廳榻上，未成寐，而在軒又送酒饌來，予不能禮使者，於榻上作謝帖去。旦日向晨始能興，然猶惛眩無精采。有僧元太虛者，年七十五矣，謂予曰：「近

[一]「憩」，據萬曆李楨本改。

有一僧道山者，北京白塔寺僧，善說佛經，兼通三教，可召來爲公解悶。」於是德達即往呼之。然予方欲便，使僕持杖防虎，適山後去。比還，而道山已在門候。因問：「山所說經是鳩摩羅什時譯邪？」山遂自周昭王、漢明帝，佛之出沒沿革，以及姚萇、興父子崇尚之詳，歷歷道之不遺。予曰：「僧亦用此多識乎？」山驚笑。予曰：「不防。有識而後可去識爾。」山曰：「佛有五蘊、六根、六塵、八患、五十一箇心法、八十八使、九十一思惑，識亦不可無。」曰：「苟有識，雖千萬心、億兆根塵、患惑皆有也。若是，則何以能入定？」山曰：「但不視外物，返觀內照，久靜則得之。」予曰：「此恐未然。夫人已睡着，而心或在千里之外、五欲之中者有矣，安能內照？」山曰：「雖夢中亦要捉得住此心可。」曰：「此功當在未夢之前可爾，既夢安能捉？既捉安能夢？」山又笑。

又問：「牛首見文殊、辟支二像，何時僧也？」山曰：「文殊修行於五臺，只今亦常放光。山住五臺時，近五臺數百里內，時有五彩雲物張布，或自露其身。」曰：「爾當時何不手執其衣而問之：光何以止在五臺？又何以止露身於五臺？此花巖處何不露身？」山曰：「亦有對面認不得者。」曰：「你試放一光，吾觀之。」山亦大笑不對，謂元太虛曰：「公知家中話，又能破識矣。」「辟支者何？」曰：「辟支有二義：一曰圓覺，一曰獨覺。夫佛者，覺也，是又一乘法也。」予曰：「佛固是覺，不知覺欲何爲？」曰：「欲明此性爾。」「明此性欲何爲？」曰：「人當臨終之時，皇皇張張，手忙腳亂。此時若能捉得住，此性便不隨氣飄散，有所安泊矣。」曰：「安泊在何處？」曰：「佛有五乘，有天乘，有人乘，有聲聞乘，有圓覺乘，有菩薩乘。見性者皆謂之乘矣，雖投胎奪舍皆可也。」曰：「臨終之時，不用捉拏，順其所之，以還太虛如何？」曰：「可惜此性爾。」曰：「然則佛教真私爾。夫人人皆有此性，與太虛同體，若明得盡時，則人人各得其性。生死隨氣與太虛流轉，不消把持，不用著力，方是正理，方是手段。若如佛言，既去人倫，又奪人舍，遂比父母，懽如夫妻，淫詖已甚，又安有性邪？其狹小亦甚矣。」

山曰：「佛界甚大，此中國止爲東震旦世界。蓋有三千大千世界，有億萬對日月，有億兆箇天地。故龜茲之西，涔泥

之東，無窮極也，故曰『芥子以納須彌』爾。」曰：「爾山卻未悟邪！此正其狹小處爾。且山除東震［旦］〔一〕世界，再曾到幾個世界邪？」山笑謂元太虛曰：「公是家中語。」曰：「予未讀佛書，此但以我所見難汝爾，然山亦聰明，不知初從何師？」曰：「山少受學於泰楚山，故有今覺。」曰：「楚山吾亦曾會，善臨王羲之字，嘗出以示予，又對予談及建文、永樂間事，此人恐非佛學。」山謂元太虛曰：「公又破吾師矣。」曰：「覺亦不難，雖六祖菩提樹之悟亦不難，但持行則非易爾。」山曰：「山至此已數年，亦數爲各寺所請，講法華、華嚴、楞嚴、金剛諸經久矣，然言（不）［下］〔二〕輒悟者亦少，安得謂覺易乎？」曰：「爾所説者經爾，曷不與之説心？彼心明，自有戒行，不愧於佛，雖非中道，亦是修善。昔寶志公説法，天爲雨花，雖是譬喻，然亦可見當時僧衆亦專篤法戒矣。」山曰：「説心正是，不落筌蹄。然山亦嘗就眼説眼、就耳説耳矣。」曰：「爾當就心説眼、就心説耳可爾。道華嚴有四法界，然以予觀之，只有一耳。」山曰：「一在何處？」曰：「才討一，便不是一。」又曰：「山亦好箇資質，可讀儒書，儒道本大。」山曰：「淵魚各有性，雖釣不上船。」予曰：「爾蓋陷溺之深者，未可以言辯也。」遂下巖回，復過憩白雲方丈，又自謂其舊日功德以索詩，予曰：「有是功德而爲鄭監守墳，惜哉！」作一詩與之而歸。

歸後，翼日祁暑，又翼日大雨，不能晴。乃知獲遊山林亦有天數焉，初予恐及他人爲予慮者，皆過矣。

遊敬亭記

五月五日，五山有敬亭之邀，而郭山頃亦折簡來，云同五山子作端陽節飲也，至則吏已設席敬亭中西面矣。夫敬亭者，

〔一〕「旦」，據萬曆李楨本補。
〔二〕「下」，據萬曆李楨本改。

部後堂之題名亭也，先正以「敬」題扁，垂示常儆云。於是五山、雙山及予議曰：「此地堂上先生雖不常至，然頗有西面之嫌。」雙山曰：「看山而坐最妙。」予曰：「雙山高識雅調如此。」在軒曰：「更開窓扇，則山光雲影，盡浮杯酌中矣！」於是改席北面，郭山仍爲團聯坐。是日雍里假，南橋有清涼之行矣。剝粽，酒數巡，郭山將上所餽，以考功司前有蓮池也，乃移置部選官廳以就蓮。至則綠荷滿池，而一蓮獨綻，紅粉映日，真如拭洗，乃同諸君繞池熟玩，羨賞久之。在軒曰：「真花中君子也！昔爲濂溪所愛者有以哉！」已乃赴郭山之設，設有菖歜雄黃，從俗節也。酒三舉，然其廳暑甚，不能坐，遂移席於竹塢。已又移席於雙松二枳之間，往日所見之筍已數丈高矣，乃傳杯石池邊上，抵暮而後散。

明日，雙山曰：「昨日之遊，其相談也，君自堯、舜、禹、湯以及啓、太甲、周、漢、唐、宋以來，立嫡立賢，禪繼之義；賢自伊尹、周公、管仲、晏嬰、公孫僑、平、勃、丙、魏、賈誼、汲黯、黃憲、孔明、郭泰、尹焞以及建文末年方、王、齊、黃之故；經自木瓜、式微、載馳、泉水、栢舟、關雎、抑、定之方中、石門、于越、于稷、葵丘、首止、于虢、于申，使札來聘，於越入吳之旨；事自庶富教化、禮樂制度、因革損益、先後緩急之宜，無不劇談而詳評，視他日之遊，其論頗精而義更美，猶可爲一續記，以附獻花巖之後也。」予曰：「往者諸遊，多因山緣水，借草牽花，或以足跡所至而發，或因眺覽所及而成，故雖有辯博之語，亦皆行事之實與出於感觸，義本乎性情，猶可記，以不忘交遊之雅，於後自考也。乃敬亭之遊，其論雖多，反涉於空言，其行則寡，卒歸於無益，可勿籍。」既而曰：「吾誤，吾誤，雙山之言是也。前此之遊，雖有不虐之戲謔，終陷光景之流連。豈若敬亭者，目視扁而警惕，心喻義而斂肅，既主一而不馳，乃直內而無他。易曰『敬以終始』，其在斯乎！苟存其跡而不沒，實質之道而無詭，固當記之終篇，以增益於諸遊。」於是諸君子曰：「今日以往，雖常以敬亭爲盤紳可也。」既乃緝自遊燕子磯詩各因題類編而以得詩先後爲次，凡八九十篇云。

仰止亭記

仰止亭者，青陽祝尹之所構也。正德末年，陽明王公與其徒講學九華山中，一時青衿之士，如雲滃霧集，而致良知之說，以行爲知之論，由此其發也。其徒守之如父母之命、蓍龜之告而不敢易焉，然亦有得者焉，亦有不得者焉。故天下之士，是陽明之學者半，不是陽明之學者亦半。

他日，弘齋陸子伯載、東郭鄒子謙之，固螽從陽明遊者也，數以難予。予曰：「予敢以陽明之學爲是乎？予敢以陽明之學爲不是乎？」二子曰：「如子之言，不幾於持兩端乎？」曰：「不然。昔者先正以一言一字發人，而況陽明之學，痛世俗詞章之繁，病仕途勢利之爭，乃窮本究源，因近及遠，而曰行即知也，知本良也，亦何嘗不是乎！但人品不同，受病亦異，好肉者不可與言禁酒也，好奕者不可與言禁財也。故夫子訒牛之譟言，色商之直義，達師之務外，懼由之好勇，故德不成，材無不達。如人之病瘡，有在手者，有在足者，有在肩背者，有在面目者，皆足以滯一身之氣而壅百骸之腫。所病去，則全體無不安矣。故受藥亦易，而起其病亦不難。故有知而後能行，未有不知而能行者也，猶目見而後足能走，未有不見而能走者也。若曰見守齊舉，知行並進，此惟聖人能之。故陽明之學，中人以上雖或可及，中人以下皆茫無所歸，故論語不道也，亦曷嘗盡是乎！雖然，自夫俗儒而言，忘其良知而又不知以行之爲急也，其弊至於戕民而病國，則陽明之學又豈可少乎哉！」

去年陽明已逝矣，其徒江若曾輩思之不置，祝尹曰：「某初欲建仰止亭於九華山，今陽明雖不在，豈可以生死而易其心哉！」若曾遂以伯載問記於予。然則尹真賢達，而若曾亦可謂真得陽明之學者矣！斯其賢亦不易得也。他日振陽明之學於九華山，其在斯人乎！

潮州府海陽縣重修儒學記

海陽，潮州府之附郭邑，以在南海北干，曰海陽縣。潮每至是，即古潮陽也。其學舊附府學西偏，有知縣陳垣者，遷置府治之西製錦坊。宋理宗紹定間，知州孫叔謹、知縣張煥皆嘗增築重修，而端宗景炎三年，兵燹盡矣。國朝永樂、宣德、正統間，參政鄭阜、御史丁寧、知府王源諸人雖嘗繼修以拓前元舊規，然隘者莫能廣也，庳者莫能崇也，缺者莫能補也，陷者莫能平也。地既因於僻陋，士遂習以惰偷。教諭常熟陳君察積監察御史陞大理少卿，以薦讓高賢，謫典是學。既至，而潮守王公袍志同作人，謀協義舉。夫然後廣隘崇庳，補缺平陷，棟桷咸明，宇序皆飾。既落成，陳君乃因使問記，且曰：「何以使海陽士子爲仁人爲義士、爲忠臣爲孝子？」

予曰：「嗟乎！地有甸荒之異，心無不同；人有山海之殊，理無不一。昔者昌黎韓公退之謫潮陽也，當其時，人不知書，士未向學，文公乃延請進士趙德，尊爲學師，以教士子。自是潮陽文物彬彬，比於上國。後至有宋許申、林巽、盧侗諸賢，皆繼取高科，先後相望，多海陽產也。夫韓公直以其文教潮陽，爾其效驗猶如此，況陳君以行教海陽者乎！是故教之以仁，主敬而克己，海陽無不仁人矣；教之以義，賤貨而輕財，海陽無不義士矣；教之以忠，憂國而愛君，海陽無不忠臣矣；教之以孝，繼志而述事，海陽無不孝子矣。傳曰：『其所令反其所好，而民不從。』陳君見賢必舉，舉賢必先，可不謂仁乎？舉進士二十五年，未嘗有私客，不聞有利舉，可不謂義乎？年且白首，一志公家，方物出謀，社稷思安，可不謂忠乎？與其弟司業君寰協德養親，屢棲泉石，不求競進，家無長物，父母咸悅，可不謂孝乎？則仁義忠孝，陳君之所好者也。海陽士式化者深矣，又何憂其不然哉！余又願君毫忽之間，隱微之際，無非四德之著以爲教，即劉允之仁、張夔之義、馬發之忠、李關之孝，當於君起海陽之後，接踵摩肩而出矣。然則宮廟之修，豈細事哉！於戲，海陽士子其體吾陳君之志乎！」

是役也，屋計：文廟七楹，廡東西各十楹，戟門五楹，明倫堂五楹，講堂五楹，齋、號舍二三十楹。金計：初用三十

斤，貿地廟實缺陷者用六斤，益用二斤，終用二十斤。官計：惠州同知蕭君世科，潮通府張君繼芳、陳君碩，韶州通府唐君侃，而君與王太守則終始之者也。是役也，經始嘉靖七年某月日，記于八年六月望日云。

五溪書屋記

五溪者，池州青陽縣九華山之五溪也。一曰龍溪，二曰池溪，三曰漂溪，四曰雙溪，五曰澗溪。出山五谷，合爲一流，妙當山央，宛若地梯，九峯羅綻乎芙蓉，六泉旁湧乎金璧，於是南引翚翠，北入大江。世傳江南之山，莫秀於九華，九華之勝，莫過於五溪。蓋結吳楚之美而鍾江湖之英者也。

嘉靖乙酉，青陽生江學曾、施宗道來南都受學於吾甘泉先生，暇或談及九華，先生飄然有往居之意，二生對曰：「願築書院，鵠立以候也。」越明年，柯喬者亦及門受業，勃興共構之心。又明年，邑尹德興祝增北覲而還，亦翻然欲助舉之。二生乃遍選九華之妙，獲兹五溪之邃，諏日程工，召匠計木。其地舊有小菴，後帶淫祠，祝尹即日廢撤，用廣厥基。宗道曰：「經營出於民力，於義則弗堪，創建舉於公家，其事則難久。」乃身出貲金以董其務，而祝尹損俸以贊其成。中建講道堂五楹，東西皆有廂屋，堂後建心期亭三楹。諸君以先生之未至也，又作望甘泉臺，時登眺以候焉，皆謂之五溪書屋云。工始己丑之仲夏，落成是年之初秋。

未幾，甘泉先生自南少宰被命徵入爲少宗伯，二生及潮州周孚先、貴溪呂懷、宜興周衝、懷寧尹唐送先生至淮安，或至彭城。先生猶拳拳不忘九華也，使道通、堯臣居五溪，限之以三年，有詩以遺；使克道、汝德遊九華，望之以九秋，有詩以送。諸君歸皆示予，而施、江二君星言先往，哀是地之秀俊以候也，因以問記。

嗟乎！九華者，古九子山也，今兹之名則唐李白之所改也。白與高霽、韋權輿嘗訪道江漢，憩于夏侯迴之堂，開簷岸幘，坐眺松雪。以兹山舊云九子，按圖徵名，無所依據。太史公南遊，略而不書，事絕古老之口，復闕名賢之紀，雖靈仙往

復，而賦詠罕聞，於是始改爲九華，有聯句云。然其詩或歎標日壁霞之景，或羨玉樹羽人之況。吾甘泉先生之遺尹、周也，其詩則曰：「人人有真源，自酌乃自得。」送周、呂也，其詩則曰：「神物貴變化，九仞安可停？」彼李白之訪道，曾至此乎？夫先生嘗患人之徒知而不能行也，則著「知行並進」之說；又嘗患人之徒養心而忘所有事也，則著「心事合一」之說，而以「隨處體認天理」發之。諸君之於九華築居者，其以是爲居而無忘乎寢興；遺行者，其以是爲行而無忘於動履；送之遊觀者，其以是遊觀而無忘於登覽。察之隱微之際，驗之於飲食男女、人倫事物之間，久當見五溪同出一源，九華生於一本也。夫揚州有甘泉行窩，葛澗所作也，予嘗記之以是爲說矣。金陵有新泉精舍，史際所作也，予嘗記之以是爲說矣。九華先有仰止亭，祝尹爲陽明王先生所作也，予亦嘗記之以是爲說矣。今又於五溪書屋云。蓋枏爲甘泉先生禮闈所取士，受教最久且深，故敢發先生之旨以告諸君，願從事乎力行而不文飾於外也。不然，則行窩也，精舍也，書屋也，適足爲先生多，而予之記爲贅辭。

重修平陽府臨汾縣文廟記

臨汾縣文廟在縣治西偏崇道坊，本元李察罕帖木兒之祠，國朝洪武十一年建學於兹，易扁爲大成殿。然格制既乖，復不當陽，不厭士衆心。宣德以來，縣尹相繼葺其浮略，無能改作。嘉靖丙戌，任丘人袁尹淮請諸太守開州王公溱、巡按武城張公録，審方辨位，依式樹規，殿材半構，工役方興，已發狀請記於予，而袁適陞泗州去，厥功未考。嘉靖戊子，膚施人董君珊繼袁治汾，覩厥墜緒，心用弗寧。會巡按三原穆公相令郡邑修飾廟署，敦作文教，董是以獲請申揚前業，而新守磁州葛公覃亦視績加飾。於是殿堂龕室，戶牖廊廡，門墻臺序，咸次第舉。諸生請諸學諭辛君珍列狀，發使濟江問記。

枏惟兹役雖崇先聖，實爲後學，後學學先聖之道，不可他求。蓋道雖大，進之則有漸；理雖深，造之則有端。昔者先師以易道之未明也，譬之出入之門，以開示後學。故斯門也，其闔闢則謂之乾坤；一闔一闢，往來不窮則謂之變通；見

形則謂之象器，制用則謂之法，利用則謂之神。諸士子之於斯也，行乎其序，則必盈科而後進；覩乎其墻，則何數仞之難窺；瞻乎其門，則奮獲入之或寡；循視廊廡，則歎後賢亦可登；窺乎戶牖，則知納約之可明；登陟殿堂，則思仲子路之已升，而顓孫子張之難與並爲仁者非也；優入龕室，則思衛武公之相在，而澹臺滅明之不至室者是也。借物而遠取，即身而近求，凡絃誦歌舞之時，皆藏修遊息之地，然後聖道無往不可學，而此身無時離道矣。昔者予之爲袁記也，以損高益卑、補偏袪俗爲說，蓋即時措之中以言也。恐諸士子疑或難焉，茲又自墻序門臺以告之，將入道者有途乎！且夫董君者，質直好義，有古循吏風，其身示爾諸士子者已多。得吾言而不棄，益奮往前修，希踪鄉哲，雖古放勳之堂室，亦可循循然望以升入矣。

董君字邦奇，舉嘉靖丙戌進士。

鏡閣記

鏡閣者，西巖先生崑山顧公孔昭之所構也。公第舍之南有園數畝，其父侍御君嘗疊山鑿池，雜植花竹，奉娛厥親。至公乃於池上甃基構閣，日靜坐其中，觀察物理，超然有得，歎曰：「昔朱子於方塘半畝得天光雲影之邃，知源頭活水之妙，潛今亦可謂親見之矣！」遂名其所居曰靜觀草堂，題其閣曰鏡閣云。

初，公既舉進士，選爲庶吉士，授監察御史，凡所論列多干權倖，直聲震中外。乃又深思王化之本，纂進治要之書，孝廟褒嘉，大臣咸偉，薦督畿內學政，燕趙志士彬彬向進。及遭宦瑾肆姦，怒其持正，沮出守蜀之馬湖，未至而罷。瑾既敗誅，臺諫屢薦，竟格時例不起。夫公爲御史十年而得馬湖，去馬湖二十年而竟老於家，然則靜觀之趣，鏡閣之見，其真有所得乎！夫天，鏡於所生；地，鏡於所出；人，鏡於所儕。故河海匯，雖沫斗咸爛；日月懸，雖彈丸畢照；萬物列，雖美惡得失不能。蓋故天行健，振海河而不洩；地行順，帶日月而不墜；人行誠，備萬物而不遺。是故君子於鏡，以明誠也。今夫

西施持鏡則喜，自慶其妍也；嫫母持鏡則怒，自慚其醜也。妍醜不在於鏡，喜怒遂興於己，然而非鏡則無所於知也，則夫西巖公求照於無物之地者，其道邃乎！且公有叔詹公，予嘗僚於翰林；公有子封部君，予又僚於吏曹。蓋皆久資之以爲照者，則孰非公之爲鏡哉！乃復欲不自是，謂予亦公之鏡中物也，問記焉，則孰不爲公之鏡哉！於戲！公可謂真有斯鏡閣矣！

閣建在嘉靖年月日，廣三楹，崇若干尺。

長洲縣名宦祠記

長洲名宦祠在縣學堂塗之東，祠屋三檼，南面。其門有樓，西面，中祀唐、宋以來諸治長洲者之賢師尹，乃今學諭武林孫君景時之所考定，與鄉賢祠對立者也。夫民寡雍睦，由士缺禮讓；學無風教，由古昔之未表章也。是故則堵視楨，端影正形，君子之道，象賢爲大。夫自有長洲以來，爲縣者不啻數百輩，然於唐止得三人焉，於宋止得九人焉，於我明止得四人焉，其亦選之嚴乎？將亦材之難乎？夫臨民以仁爲本，爲仁以誠爲至。仁而不誠，人猶感之；誠而以仁，民罔不懷。蓋仁則必廉，其惠將無不厚矣；誠則必公，其明將無不照矣。今夫岑仲翔敏而文，談戴詩而遠，蕭叔慎莊而威，鞠顏叔嚴，王元之雅，劉禹昌簡，王彥成方，常希古信，陳長卿惠，項德潤廉，龔深父忠而憤，宋楚材正而篤明，周岐鳳、董子威、金貴之亦皆材行表著於時。竊恐於仁誠之道，或亦未滿也。然近者數百年，遠殆千歲，其名尚煥然封域存，其神尚洋洋乎祠廟中不歿，而況仁誠之咸備者乎！是故方來君子，或政於邑，或教於庠，其自十有六公而上求之乎！

南京戸部分司題名記

南京戸部分司在鳳陽府治之東，度支鳳陽、留守以及懷遠、長淮、洪塘諸衛所官軍金穀殆數十萬，其征受於河北江南者，凡十有八九郡。往時以各衛官或他僚董也，然武弁不免自濫，官吏或至侵漁。乃宣德中，欽依差南京戸部主事或員外郎一人監臨焉。自是以來，駸駸乎且百人矣，而南陽王公鴻儒、嘉魚李公承勛皆由此其興也。於是前主事徽州葉君份志欲搜往題名，岳池湯君紹恩已伐石壽州，未樹也。乃吾三原秦君鎬嗣二君以有爲，懼前哲之無聞，走使問記，以明勸戒。夫計資俵銀，驗口出穀，雖一隸首可也，何至勞茲小司徒哉？夫衆無不濟之謂惠，出有先後之謂序，當其可之謂時，衡量皆實之謂信，行伍窮困皆獲其欲、下無掊剋之謂法。茲五者，非君子不能也，故以煩小司徒焉。是故能乎此者，則士無怨言而頌聲作，是謂善於其職也；不能乎此者，則士有凍餒而衆心離，是謂不良於其職也。然則題名之記，豈非以徵實哉！且鳳陽乃高皇帝龍飛之地，初欲定鼎於兹，故郊社宮闕，制猶南京，而淳皇帝之陵寢在焉，諸衛環護以綱維四海萬邦者此也。諸君繼緒以往，其所以綏士卒而圖根本者，當必不以度支爲細務矣。

新修白鹿洞記

玉溪王公公濟守南康，修白鹿洞成，其僚咸寧馬正甫爲問記。予曰：「洞自唐貞元以來數百年矣，奚待玉溪子而後修？記自宋東萊呂氏以來數十首矣，奚待柟而後記？」是時，其僚會稽謝近之方在南京，曰：「夫洞也，李賓客豢鹿隱居，本以是名也。繼作者亭閣臺榭，樓館橋圃，日新月盛，以資遊覽，其洞則固蕪然沒矣。玉溪子春祭諸賢，齋宿於斯，夢中得洞於明倫堂後。曉鑿土山，深爲邃窟，甃以貞石，匡廬風物，胥此焉，哀而後白鹿之洞存。夫記也，當東萊爲晦翁朱子撰

述之時，賢哲輻輳，蔡沈、黃榦、李燔、張洽皆儒林之美也。粵至於今，老師交承，青衿絡繹，不啻萬輩。然求如往日倡明正學，有裨治道者，又何寡乎！若記出而後白鹿之規復。」

予歎曰：「果然。種樹者務本，不務剪綵以爲花；立德者務行，不務空談以爲高。夫白鹿書院之有洞，猶吾儒之有六經也。有事白鹿者，不修其洞而惟遊覽諸奇之攻，則何異於學者馳騖於訓詁辭章而忘其經之正哉！夫訓詁辭章盛則經障，經障則行漓，行漓則政弊而俗偷。賢士大夫之至於斯也，乃猶攜壺榼，勞供(頓)[具][一]，臨山釣水，徜徉於亭閣臺榭以爲樂。或又傲視人世，自稱高致，則吾不知也。且聞其地有田数千畝，有屋數百間，費此田屋以業遊覽之徒，今之君子之爲計亦左矣，宜乎百姓以爲地蠹。是洞修，而諸遊覽之所可廢；是記作，而諸不在講明經術、躬行道義如朱子舊規者可勿入。」

玉溪子名溱，開州人，舉進士今二十年矣。嘗爲御史，能振綱紀。又嘗守平陽，予爲屬吏，親見其政類龔遂、黃霸，而守政秉直又過之。茲洞之修，朱氏之學其將復興乎！是故立師貴行不貴文，選徒貴嚴不貴多，師徒之進學貴誠不貴虛。使玉溪子而能再興朱子之道，雖久於南康亦可也。若止以修洞名，則洞也，猶夫亭閣臺榭也。洞高丈有二尺，深視其高又四尺。工考於嘉靖庚寅之春。

村前彭氏二堂記

廬陵彭進士用遷所居之地曰村前，其族人蓋百眾也，嘗作二堂焉，當族屋之中。其一曰祀先堂，以祀漢大司空長平侯宣至宋處士仁德公以下凡數十主；其一則復古堂，初名集賓，元末兵燹，與祀先堂俱廢。後雖漸復祀先，然仁德四孫分四

[一]「具」，據萬曆李楨本改。

小宗，各爲一祠，而集賓之毁，久未克建。成化中，有給事公序者協族鳩材，重建集賓，扁曰復古，祀先之祠，亦未克合。正德中，復古堂火，延四祠。益府審理詔、濟南同知誥雖嘗有志修復而未就也。用遷乃同殫心收族輯衆，合四爲一宇，鼎復古於再新，萃不齊之主，置簿正之田，烝嘗既稱，燕會亦舉，義倉儲捐輸之稻，睦族用生息之餘，益彬彬乎君子之家矣。他日以告於予而問記焉。

曰：「士之有家，猶王侯之有國也，賓祭固其大者耳。是故不祀其先者，是無後者也；不敬其賓者，是無主者也。故君子篤於尊祖敬宗，以教子孫；厚於禮賓酬客，以教長幼。昔者夫子謂仲弓曰：『出門如見大賓，使民如承大祭。』夫仲弓無南面之居，而於使民出門之間，且如賓祭之敬，而況吾用遷舉進士，將有官守爾，乃合九族之人爲二堂之事哉！然夫子於祭則受福，而古之聖人比寅賓於出日，則夫用遷身行其道而率是族人者，固不止於粢盛之腆、樽俎之豐而已。」

於是用遷曰：「喬之斯歸也，敢以敬告於吾有彭氏。」祀先堂修在某年月日，復古堂修在某年月日。

白石書院記

白石書院者，有宋白石先生上饒劉公體元之所遺，八世孫今太學生旦所復建也。

旦曰：「白石初從太學生周郁習舉子業，不以爲足。已而聞勉齋黄直卿講道閩中，即執贄走謁，得居敬窮理之要。舉太學進士，授寧國府教授，以父喪，棄官不出。築精舍於里之白石，肆力於學，晝所作爲，夜必書以自警，少有未慊，不能寢寐，一時學者多從之遊。其子泉山自謙能世其學，師事姚翰林承旨，歷官編修，綽有聲名。於是廣精舍爲書院，祀文公朱子並黄文肅公，仍分田以膳學徒。其嗣子山村朝任，緝熙其業，田林增拓，不虞饘橐，厥事升聞，賜額曰白石。後遭兵燹，堂宇頹廢，百餘年來，莫能興復，於旦心有憂焉。近提學徐公一鳴雖嘗訪行修舉，然事屬公作，隨興隨寢。旦曰：『崇師重道，不必徐公。繼志述事，豈賴他人？』於是謀之諸父諸叔以及昆弟，咸出貲力，共新故址。於其後乃作崇道堂以棲神，前作明

經堂以講學。堂之東西作數十室，以藏祭器，以聚學徒。其先門仍扁曰白石書院。於旦心庶幾少安，則涇野子何以語旦乎？」

曰：「希周以是紹泉山則有餘，以是紹白石則不足。白石時止一精舍，而其道克明于是；泉山時大建書院，而其學未必如白石之妙也。是故崇道者不在玄靜危坐以爲高，體之而後崇；明經者不啻講說辨析以爲明，行之而後著。雖然，非明經不足以崇道，非行經不足以體道也。明而行之，其在希周斯往乎！」

體元名養浩，自謙名光，朝任名埜。書院復建落成在嘉靖八年某月日。

涇野先生文集卷之十八

記

錢氏重建祠堂記

無錫磚橋錢氏，有宋吴越忠懿王之後也，蓋數百年於兹矣，子孫率能纘修禮遺，世登其休。今太學生榞者，猶篤先祀，畢力繼述。乃於嘉靖戊子之春，當正寢東闢地，建奉祀，居神龕，以祀高、曾、祖、考四代之主，其朔望新歲序祭享，皆如朱氏家禮，以教後之子弟。榞之曾祖梅堂公遷自新安，已能肇建祠屋。至於貞菴，滋宏厥志，置祀田。味泉之世，族屬繁衍，家燬於火，乃興重屋，以修祀事，長沙吴文定公記焉。其後復使長子增拓前址，再爲鼎置，華亭錢太史公記焉。若乃規制宏敞，文章彪煥，蓋至榞而始大備云。

嗟乎！自叔季以來，風流寖下，人不念始，率重於婚姻而薄於祖先，腆於燕會而疏於祭享，甚至名登仕版，主尚未立，官至卿士，祠或未建。閭閻細民，何足異乎！乃錢氏能世敦其禮，益光大之，不亦賢邪！雖然，孔子謂能明禘嘗之義者，治國如視掌；則能明祠堂之道者，治家不亦易乎！是故祖之於孫也，享順不享逆；考之於子也，享孝不享違；兄之於弟也，享悌不享慢。孝悌與順行於身，而祖宗父兄享於上。然則榞之所以篤錢氏之祜於無窮者，榱桷之麗，粢盛之豊，又其所後乎！

梅堂諱某字某，貞菴諱某字某，味泉諱某字某。數世皆輸穀，受有義官。祠堂落成在某月日。

木齋處士胡君暨配汪氏壽藏記

休寧人木齋處士胡君汝季思三者，今年六十有九矣，其配汪氏生七十歲，矍鑠不老。處士爲人慷慨剛正，見義必爲，雖未籍學，然事親殯葬，與禮不爽，又作永思亭以追慕焉。其克恭二兄，怡怡如也。又嘗開塘灌田，波及鄰里，殆千餘畝，霞阜之野，齊口歸仁。他日，出穀賑饑，有司授以冠帶，棄而不著。生四男子：大用、大周、大同、大器。大器爲蕪湖生員，遣從予遊，勉之曰：「讀書須爲好人，富貴皆外物。」其三子者早令業商，已皆有成立。君遂盡以其家付之理，不問也，惟日覽書史閱耕耨耳。其配汪公鋭之長女也，柔順孝慈，而賓祭勤儉，巷無居婦，鄉人或稱爲女中丈夫云。有地黃栢鋪，則其所置也。他日，處士閱其山自婺源發脈，行百餘里，至千秋嶺，斷而復起，層巒疊嶂，綿亘又三四里，至黃栢而聚，可結穴。其右輔以一山，有水雙溪匯於其前，爲深潭，潭畔有洲，竹木森茂相映。又其前有石山，如几案拱揖，與來山皆相應也。處士於是呼諸子曰：「此可作壽藏矣！」乃具瓴甋，召工人開穴而離，以考其事。

嗟乎！昔公叔文子與蘧伯玉登瑕丘以爲樂，而伯玉請前。夫彌牟雖非伯玉之中道，然而視浮生如過客，以塵世爲逆旅，比之戚戚於貧賤，津津於富貴，惑心於導養之術，溺志於還丹之訣者，不既有間乎？嗟乎！若處士，古之所謂達人高士者，非歟？且其四子業各趨成，足以光處士於無窮，而處士暨配悅樂康強，雖數百歲何艾哉！

壽藏作在嘉靖八年某月，工訖於九年某月某日。

重修二忠祠記

二忠者，漢關雲長、張懿德也。劉先主玄德與之結義桃園，起兵討賊，興復漢室，志雖未成，義則已立，曰「二忠」云。

其祠則解人義官王君某捐地以建，其孫登州府經歷守春捐貲重修者也。然雲長，解之長平里人，志殲二賊，威振華夏。其歿，天下後世皆以爲神，室祀而屋祝，解人事之尤謹。予判解時，嘗編次其行事曰義勇集，已傳行矣。惟懿德雖號萬人敵，然如破魏將張郃以安巴西，功在益州，多神於蜀。解人合祀，或者疑焉。曰：「懿德，雲長之友也。蓋皆切磋琢磨以求成乎忠者也，固不可以地之遠邇，名之大小別。是故微懿德，雲長之道或不能若是之大；微雲長，懿德之勇或不能若是之顯且久。王氏合而祀之，其有見乎此，不可以勸不義而戒不忠邪？」周皆磚甃，有坊在其前，石爲柱，費皆經府所自出。有子曰太學生光祖，嘗師予於解梁書院，以修明周、程、張、朱之學。比予改官南京，又泛黃河，涉大江，事予於鷲峯東所。其歸也，以是請曰：「此吾父祖之志也，則不可以莫之存耳。」

祠落成在嘉靖四年之夏。

定遠知縣劉侯去思碑記

定遠民有九十四歲者張源撰其去任知縣劉君德輝政績一編，凡十有三略，率縣中父老數百人達於署篆主簿熊慶演，求立去思碑。熊曰：「慶演有少年時友呂涇野子者，樂道人善，盍往問之？」於是生員沈愚、耆民孔銘爭走以來，予以多病辭，遣還。數月又來曰：「劉令去任久也，未嘗以是邀民；熊簿他縣官也，不能以是速民。出於草莽之志，求報鸞鳳之政，如之何其拒我士民也？且夫治是縣者，宋有包孝肅，元有安承事，自是以來，寂寥不繼。碑如不作，不掩人之美乎？」

按，流民略曰：「承荒役之後，民半逃移。乃給票免差，勸令親鄰收恤，或賑糧助牛。未及三年，流民孫演諸人復業，計口殆至五千。」拯疲略曰：「目擊時難，雞犬不存，每爲流涕。乃罷除濫征冗費，及諸里甲科害，經歲隸不下鄉，而又春秋行省，勸貸移傭。其後牛羊蔽野，鳳、臨諸縣多來就食。」息盜略曰：「本縣界於江淮之間，鹽徒盜賊，時行流劫。乃立保長、甲長，分領村鎮，互爲應救，撾鑼爲號，差功行賞，如有被盜之家，責償保甲。行及朞年，夜無吠犬。」屯田略曰：「飛

熊、英武及留守七衛屯田坐落本縣，然軍民雜處，衛署隔別，訟輒經年。乃待之如一，無所低昂，分斷田産，惟秉至公，悍卒豪民，罔不懾服。」化暴略曰：「禁斷土豪喇唬，不得侵奪細民、包攬差稅、陷誤良善。或誨諭以榜，或覺察以方，或懲戒以蹟。未久，潛孚革面，變爲平民。」止訟略曰：「凡諸詞訟止仰，告人拘提，到即剖決，輕重咸允，犴無繫囚。」塘堰略曰：「當農隙時，設塘堰長鼓，率使水人衆修理塘堰，至三百有五座。其難耕窪處，又作私塘數面，灌溉咸足，因致富庶。」蝗略曰：「嘉靖七年，蝗飛蔽天，乃禱祀遺捕，備極誠懇，蝗入他境。」馬略曰：「差俵大馬，多負京債，痛革其弊，民用不擾。」里略曰：「革除大小直日，年省里費一二千金。里用一人支候，餘務農業。」抄戶略曰：「禁除里老羣醫，不得二季下鄉抄戶，並斷時奉舊習飛錢走稅，爲村落苦。」門略曰：「日輪陰陽生一司典門簿，雖豪宦公謁，亦必注籍，私囑請托不容。」吏略曰：「設立考牌，給付各吏，升堂抱比，若有稽遲，記件痛懲，事無廢閣。」

涇野子曰：「後世郡邑民庶未獲安養者，惟爲長吏者狃於畏豪右，通姦讒，重賄賂，行請謁，肥身家，殘窮獨，虐貧賤故爾。今觀劉德輝得定遠民心者，惟改是爾。嗚呼！諸略豈惟定遠一邑可行哉？雖四方令用之亦可也。豈惟定遠一時可思哉？雖百年遠思之亦可也。」

德輝名熇，直隸完縣人，起家嘉靖辛巳進士，今陞戶部主事。慶演，山東博興人，本鳳陽縣主簿，以賢能調署定遠篆。相成其事者，爲新令吾省渭南賀君應璧甫。

一樂堂記

一樂堂者，前處州太守石峯張君爲舉人盧汝立勳題也。汝立，縉雲人，居東鄉竹川，其南百步，建斯堂焉，前即汝立舉人坊也。汝立之父梅軒君生七十有七歲，母應氏生七十有九歲，皆且八十也，矍鑠日健不老。生汝立兄弟六人，孫男子十有五人。汝立曰：「勳無樂乎爲舉人，惟是父母俱存，兄弟無故，則以爲真樂耳。」將孟子所謂「一樂」者，亶其然乎！則

此一樂堂者，實汝立之志，石峯因以扁之耳。他日，汝立有事於南都，問予曰：「則何以教勳奉此堂哉？」涇野子曰：「是不可以他求也，汝立苟於『二樂』、『三樂』之皆具也，然後知此『一樂』之無窮矣。汝立不見他人之爲父子兄弟者乎？雖父母年且耄耋，或至忤犯；兄弟雖數十人也，不免因氣以鬩墻，臨財而忿爭。夫何故？初不能格致以明善，遂不能誠正以修身，仰有所愧，俯有所怍，故於其親亦有物我，安在能知其『一樂』也？昔者荀淑有子八人，世號『八龍』；陳太丘之二子，其德等高，時人以難爲兄弟美之。當是時，淑、寔年老皆在，而兄弟皆無恙也，其會聚之頃，至感動天象，照耀帝里，於荀、陳之家，樂而後可知也。汝立敦樸學古，不同流俗，見義勇爲，無所回曲。梅軒君稟賦疎淡，性喜吟詠，老鮮外慕。應夫人又以勤儉佐之。凡汝立之所有者，不可謂無所自也。汝立苟充其所有，真得乎『二樂』，馴致於『三樂』之地，則其所謂『一樂』者，豈惟可與荀、陳二氏者之兄弟比方哉！雖孟子言『王天下不與存焉』，亦在是乎！」

堂建在嘉靖四年月日，凡三楹。梅軒君名懋，字時勉，梅軒其號也。其子曰燭、燿、熉、煉、杰者，則勳之兄也，皆同居。而梅軒之弟桶號栢軒者，年亦七十有五，四子，其次子點者亦舉人。君子於此亦可考盧氏之和氣云。

重修環谷書院記

環谷書院者，以環谷先生汪德輔而名也。其地在祁門縣東一里許衣秀墩蒼鶴之山，爲祁門最勝處，本漢裨將梅鋗故址，後爲巫覡竊據，前郡守留君志淑始釐正之，創建環谷書院。後燬於火，庠士汪禔輩嘗請修復，未行也。庚寅，莆田陳君光華以己丑進士來尹祁門，適提學章君、丘君先後命復舊貫，陳遂捐俸倡衆，鳩工度材，竭力經營。中構堂三楹，以祀環谷先生。右構一堂，爲名宦祠。其左則立文會堂及膳堂，以資諸生講肄。堂前則甃石臺，環以闌干。堂西鑿方池焉，翼亭其上。號舍、庖廩，罔不畢舉。且訖工，縣簿東陽盧君默以其兄煦與予同年也，使庠士謝用、葉金偕其子太學生堯夫問記。

按環谷先生，晦翁門人，世傳第四人也。生甫六歲，能通孝經、論語、孟子。稍長，其父東山處士即以所聞於雙峰饒氏

之學以授之。故先生既舉泰定中鄉試，遂棄前業，奮往正學。嘗師事浮粱吳可堂、延陵吳朝陽二先生，而鄭師山、汪巢深實與交遊。後以經學教授宣、歙間，其吳國英、汪天應諸賢皆出其門。高皇帝平定天下，聞先生名，於洪武二年遣行人聘至京師，同學士濳溪宋公修定元史。書成，特旨一班俱留祿仕，先生力辭不受，賜金幣遣歸而終。所著易、詩、春秋、四書有音考、纂疏等注，禮有補遺、類要，綱目有凡例、考異。其平日語學者曰：「聖賢之學，以躬行踐履、操存省察爲先，文章特其餘事。」則先生之所著述者，亦非專事於言語文字間也。興復書院，不亦宜乎！遊業其中之士，固當考先生之行，上遡晦翁傳道之舊，以淑諸身而及於人可也。若但騖心於言語文字之間，則雖遍注六經羣史，障道滋甚，豈忠事先生者乎？

書院落成在嘉靖辛卯秋九月，相成其工及董役之人列碑陰。

重修靈應觀記

靈應觀在南京都城内西南隅烏龍潭山左，其右瞰石頭城，虎踞關地，據江山之勝者也。中祀宋敕封英濟武烈廣利王王公諱盖之神，蓋舊有弭災捍患、驅魔行雨之功。國朝宣德間，南京守備太監羅公始建祠於此焉。於是禱除妖狐，則雷電立作；雩祭旱暵，則霖雨輒至；火起而祝，應口以滅；舟行而風，隨感以息；江北蝗蝻，生發一乞，筆判皆絶；凡都城之人，有禱響應。乃正統二年，羅公奏聞並請名額，英宗皇帝欽賜爲靈應觀云，仍准朝天宫道士俞用謙主祠事焉。歷歲既久，殿宇傾頹。嘉靖八年春，觀之住持孫用明募緣重修。當是時，南京守備太監王公堂、少監夏公綬捐貲監造，創建三清大殿，凡樓閣像設，門廡庖庫，罔不重加儼飾。落成既久矣，未記也。至是，夏公乃以南京守備太監李公之簡書問記。

竊惟神人惟一理，感應無二道。未能事人者，必不能以事神；感神未誠，必不能以有應也。古之忠臣烈士、義夫信人，生不能有爲於時，死與風雲雷雨相爲朋侶，因人感召而至者，如關雲長及靈官往往是也。祠觀之修，於理亦宜。或曰：「既神矣，除妖有所，不能覃及於九山；降雨有方，不能偏行於四海者，則何居？」曰：「道有大小，則效有遐邇；靈有

廣狹，則應有淺深。是故龍馬負圖於河，應仰觀俯察者之精也；靈龜獻書於洛，應隨山導水者之心也。仲尼未見周公，志在行道，乃覩其貌於夢寐之間；伯有不同良霄，意在定鄭，乃已其厲於立後之際。天地無心，能命萬物之化生；聖人無我，能速天下之和平。故仁人握饗帝之機，順孫操格祖之權，靈應之道，斯其爲至乎！凡事神者，尚其觀省哉！」

工落成某年月日，贊修之人列於碑陰。

重修義勇武安王廟記

予嘗兩至燕子磯，謁王之祠廟於磯巔。其廟南面向江而開，盡收江山之勝。蓋自隋唐以來有之，乃歎曰：「王之靈，其妥於此乎！」同行者曰：「大王四海之內家祀而屋祝，乃獨妥於此，何也？」曰：「王之生也，志欲恢復漢室，(出)［兼］〔一〕吳以誅魏，用成一統之業。乃爲吳陸遜、呂蒙陰行譎詐，斃王於當陽長阪，吳謂可以萬年江左以圖神器也。豈意不數載，孫皓面縛歸魏。至晉、唐，纔百餘年也，王已祠乎其地，凡吳之士女老穉，病則禱痊，險則禱濟，危則禱安，旱則禱雨，兵則禱平，水火則禱息，絕口不稱權、遜輩，惟王之尊焉。則王生雖不能取吳，死已有其地而血食之矣。初，吳之請婚，王嘗罵以貉子而絕之，今其人果安在哉？故曰：『王之靈，其妥於此乎！』於戲！勢利在人，有時而歇；天理在人，無日而泯。此豈惟見王之志常存，而人心之不死又可見也。予判解時，嘗敘刻王集，其略曰：當漢末世，劉先生以帝世之冑，志復漢室，分義攸宜。諸葛孔明讀書隆中，諳曉邪正，亦必待三顧而後起，則亦君子之常。惟王家在解梁，身爲布衣爾，乃見超乎億人之上，趍乎數千里之外，擇主而事，挾義而興。使先主恢復之志首決者，皆王之力。則夫資稟之高，學問之正，睠兹叔季，鮮其儔匹，配義與道，此真其勇乎！孔明因論馬超，推王在黥、彭之上，目爲絕倫，豈曰無見？夫人而直，雖死猶

〔一〕「兼」，據萬曆李楨本改。

生；人而不直，雖生猶死。人而仁，雖屈實榮；人而不仁，雖伸實辱。王可當孔孟所論直仁者乎！王嘗曰：『日在天之上，心在人之內。』後欲觀王之心者，惟當觀天上之日耳。則王之靈固已通天地、貫古今，其妥於此又不足言矣。」同行者曰：「然。」是時，道士陳永淳與其徒鄭德臣隨侍而聞之，拜而曰：「王之廟久建而未修，武宗南巡之日嘗至於斯，恥其隘陋，憫其傾圮，於是南京守備太監黄公倡諸中貴捐貲修闢，今始煥然宏闊軒朗，卒爲棲神之所矣，碑已礱而記未勒。」時同行者則前監察御史開州王公溱也，即爲之轉請，遂録其言以付之。在嘉靖辛卯之中秋日。

志勤堂記

歙之潭渡人望雲子黄君廷祉於其家思誠堂之西建志勤堂，以勗二子沂、沐學，且以遡其先唐芮公之休也。沂，儒士，能文賦，隱處其中。沐隨望雲子籍於揚州學，學於鷲峯東所。遂偕沂謁予曰：「家君建斯堂，意深遠甚。乃沂則行而未成，沐則業而未立，則何教諸？」

涇野子曰：「二生知斯『志』乎？凡以求夫道也。二生知斯『勤』乎？凡以據夫德也。夫志於道，而以惡衣惡食爲恥，雖孔子不與議；勤於德，而終日乾乾矣，夕或不惕若，雖周公不敢保其無咎也。故能立斯志矣，則日入高明，於道有未及者，吾未之見也；能致斯勤矣，則日就堅定，於德有未得者，吾未之見也。昔者伊尹以君不堯舜、一夫不獲爲恥，故其志超千古而獨高。曾子隨事精察，三省之功，日未嘗忘，卒得一貫之傳，故其勤邁諸子而獨盛。夫周公、孔子、伊尹、曾參，皆古大聖賢也，其言其行皆不外乎此。二生之於志、勤也，能如是乎？抑未能如是乎？欲爲是乎？抑不欲爲是乎？如欲爲是也，雖未能遽至於是，則有能之之日矣。如不欲爲是也，則其所謂志與勤者，又豈予之所能知哉！世固有以登巍科、躋顯官，徒耀閭里而震庶人以爲志者矣；世固有以工文辭、專記誦，徒邀浮名而背真性以爲勤者矣。是豈二生之所欲爲哉？是故周公、孔子之言，伊尹、曾參之行，二生固當有終日不食，終夜不寢者矣！」

於是二生曰：「家君雖建斯堂，得涇野子之教，斯知所從事乎！詩云：『夙興夜寐，無忝爾所生。』敢不敏！」旃堂凡三檼，左右皆有廂房。落成在嘉靖某年月日。

南京錦衣衛重修記

南京錦衣衛設當通政之南，東面爲鎮撫司者二，爲中前後左右水軍、屯田、馴象諸千戶所者十七，皆在衛堂之前，南北以對列。爲局者一，爲鑾輿、擎蓋、扇手、旌節、幡幢、班劍、斧鉞、戈戟、弓矢、馴馬司者五十，皆設於其所。其爲堂廳、廂房屋也，四百有五十。爲庫以貯鑾駕者一，在東長安門之東北面，其屋亦六十有五。此皆洪武初之額建者也，歷年遼遠，傾圮相尋。正德元年，指揮房公汝玉奏准修理，動用廬州官錢開端充飾，未克盡考，乃房公陞任去。正德七年間，指揮丁公世膺爲其僚，李公克成專托以終前業，復動官貲，畢力竭作。乃簡千戶閻真等爲之程工鼓力，羣室具興，增至七百，已落成矣。嘉靖十年，復行葺補，輪奐咸新，鞏可悠久，乃偕知府易君士美問記。

柟竊惟錦衣之設，其設名雖與留守、神策諸衛同，其體統實與五府等埒，蓋即漢執金吾之職也。故將軍、力士、校尉皆禁人也，於是衛隸，直駕、侍衛、巡城皆貴任也，於是衛司、捕姦、鞫囚、巡視、牧馬、驗裝、快舡、會同、巡江、存恤、新軍、審録、監決、考選、軍政皆重事也，於是衛參。故番麥有所，紅花有廠，屯糧有額，草場有籍，廬州有縣。故鋼板以蓄威，金牌以懸寵，銅魚以寄信，麟衣以耀榮。雖至上直之卒，或得給銅錢於甲庫，關熟米於禁門，蓋實天子之親軍而兵權之重任也。牙署既敝，法得申修。雖然，營繕有三忌焉：委不得人，則資姦蠹；使不以時，則損人力；用不以法，則耗公帑。惟公敦厚寬信，自秉公廉，蓋嘗奏准襲替回衛千百戶矣。年方二十，即獲管事，凡衛之官軍，罔弗敬服。故以委人則羣材效能，以率作則衆力用敏，以調處則寸朽不棄。故先後兩役，事不告煩，卒不告勞，人不告議，而工考矣。昔衛文公營宮室於楚丘，能得其道，至致騋牝之多，強於政治。然則公當國家全盛之時，而申修近署如此，公雖以建上將之旗而禦鉅鎮之險有餘也。

詩云：「灑掃庭內，惟民之章。」夫庭內一灑掃細事耳，且爲民之章表，而況於爲此大役哉！則公之超拜而勝理大務可知矣，因記以告諸後。

公名福，直隸揚州人。

三近齋記

三近齋者，古菴毛君式之之齋扁也。古菴病世之學者言道雖遠而實昧，行道雖遠而實異，任道雖遠而實弱；又或以知爲行，而無三者之分也，乃作三近齋以自警，曰：「憲將由此以入德而造道乎！」他日，其徒舉人唐音速予記。

予曰：「非知無以明道，知之不能而不好學，終於不知而已，故纔好學則理窮而愚破，性開而心盡，道之不明者鮮矣。世有以好學爲行者，是弗視地而傷跣也。非仁無以體道，仁之不能而不力行，終於不仁而已，故纔力行則私忘而理順，邪閑而誠存，道之不行者鮮矣。世有以力行爲知者，是已登岸而又覓舟也。乃若好學之或倦，則暫明而又昏；力行之不繼，則雖得而必失。此皆志之不勇，不恥不若人也。是故三近舉而達德可入，達德入而達道可至。今夫舜何人也？古之大聖人也。然猶好問焉，好察焉，自耕稼、陶漁以至爲帝，好取善焉。故曰「舜其大知也與」。人不如舜而不好學，豈非自愚者哉！今夫顏淵何人也？古之大賢人也。然猶善不伐焉，勞不施焉，雖簞瓢陋巷，樂不改焉，故曰顏淵「其心三月不違仁」。人不如顏淵而不力行，豈非自賊者哉！古菴贈徐養齋之序有曰：『近世君子偏志頓悟，立論奇高，力詆朱子，以居敬爲綴，以致知爲支離，專心棄事之說，遂瀾倒於天下。』觀是言也，雖舜之知亦可望以入，人曰不好學，吾不信也。古菴復鄒東郭之書有曰：『資稟高者，蚤年卓立，其次必積累。憲三十以後思三十前事而悔，四十、五十亦莫不然。今至六十，悔益切而心漸平，勉求寡過，然亦晚矣。』觀是言也，雖顏淵之仁亦可望以入，人曰非力行，吾不信也。然則三近齋者，實古菴入德造道之室，以視數仞之堂，畫棟雕墻之屋，真土木之妖耳。他日當見古菴之於道，不止三近而已也。」

齋凡四楹，落成在嘉靖某年月日。

古菴，常州武進人，其起家正德辛未進士，仕爲禮科左給事中，旋自棄去，歸隱於山云。

南京工部重修太廟成欽受勑書記

初，南京工部等衙門、右侍郎等官，何公瑭等會題修理事宜，太廟爲先。及山陰何公詔來履尚書任，尤謂急務，會同內外守備等官，復請於上，首舉斯役。方越一年，工用告成。乃偕諸臣奏言曰：「茲舉也，臣等雖協謀供事爾，乃人心競勸，早獲成工，實皇上孝誠之所感，聖祖神靈之所佑也。」於是聖上稱其盡心督理，節省財力，勞績可嘉，特降勑褒獎，以酬其勞，用稱孝思之誠。南都諸公卿舉首歎曰：「聖上奉先之孝，何公爲臣之忠，皆可覩矣。」他日，其僚右侍郎張公羽偕其屬謂尚寶司卿呂柟曰：「此誠明時之盛典也！尚寶故史氏，宜爲敍述，將加諸石以告夫後。」

柟聞之，君子之營宗廟有五至焉：一曰至敬足以孚神，二曰至儉足以節財，三曰至惠足以慈民，四曰至勤足以致期，五曰至公足以範後。昔魯未修御廩而嘗，春秋譏其不敬。乃公初任，惟茲爲正，易楹布筦，罔不定嘉。嘗從諸公卿並觀，恍若天府，可謂至敬足以孚神矣。初，部司會計工料用銀五萬有奇，及工之成，萬有一千而已，比於正德間修寢殿之費計省十七，可謂至儉足以節財矣。其爲用也，取九千金於蘆課班匠，取二千金於缺官柴薪，取鐵栗、松木及杉、楠雜木於清江、寶缸二塢及瓦屑墹諸局，取磚灰於琉璃諸窑，取原買過修宫大木以借用，取銅絲、金箔、硃漆、蓆篾、油麻諸顔料於庫市，皆不一派於下而傷乎民，可謂至惠足以慈民矣。正德之工經五年而後考，今之落成者，正殿九楹，二廡三楹，並欞星諸門、神廚庫及宰牲諸亭、晾牲諸房且百餘楹，或更新或飾舊，其工十倍於昔也，乃日率其屬陳謨、勞來督課，不遑暇食。始於嘉靖庚寅二月，瀕辛卯五月而畢，無歇日焉，可謂至勤足以致期矣。昔趙充國屯田湟中，比其歸也，有浩星賜者勸其勿告兵事利害於上，恐嫌矜滿。充國曰：「吾老矣，若計小嫌不言，恐後無人言者，非國之福。」茲也，勒石以告後，其爲國家用財慮者甚

遠，可謂至公足以範後矣。夫具兹五至，足徵一忠；建兹一忠，豈不足稱聖孝之誠哉！且公自爲郎官、知府以至巡撫、司寇，皆加意窮民，存心節財，行將入爲宰衡，當益上輔聖主繼述之本，臻位育之化，彌災眚而綏華夷，所謂明郊社禘嘗之義，治國如視掌者，又可觀矣，蓋不啻於修其祖廟已邪！

容菴記

辛卯之秋，徽府學生程爵赴應天鄉試不第，將歸見其父容菴君，其友胡大器、曹廷欽因請作容菴記。則問之曰：「何以（爲）［謂］〔一〕之容菴也？」兩生曰：「容菴先生事父母，生盡其禮，死盡其哀，此其大者勿敘也。惟是尊賢禮士，好善能施予，襟度宏闊不可測，古所謂汪（汪）［洋］〔二〕千頃波者雖不敢比，當其器識亦殆庶幾乎！是故以『容』名菴，蓋以著其志云。」則又問之曰：「兩生亦嘗學斯容乎！當其能容也，如舜之容象，禹之容有苗，孔子之容桓魋，孟氏之容臧倉，如天之無不覆，如地之無不載，不亦可乎？當其不能容也，管叔而讒周公，張耳而毒陳餘，公孫弘之逐仲舒，林甫之間九齡，安石之黜君實，若苗之有莠，若粟之有秕，不亦不可乎？」兩生曰：「然則所謂不容何？病不容，然後見君子者，非歟？」曰：「在外者不可必也，在我者不可小也。」「然則何以學容？」曰：「同人於野。」「然則何以學去不容？」曰：「無我。」二三子皆徽之美士也，爵又在容菴庭訓之下，宜皆從事於斯乎！不然，是爲容菴者，止容一家人耳，安謂其以廣爲名，世大爲字哉！」

容菴凡三楹，建在嘉靖某年月日。

〔一〕「謂」，據萬曆李楨本改。
〔二〕「洋」，據萬曆李楨本改。

江陰縣新建啟聖祠碑記

江陰學生黃慥持其師教諭熊氏清、訓導汪氏栗、趙氏儲之狀，偕禮幣謁予曰：「縣啓聖祠命下之時，先尹體乾適陞進去。今尹仁輔來，繼厥職初，謂茲役誼不可逭，乃正月布令，爰興丕作，邑中義民凡十數輩樂趨召工，未建匝月，祠用告成。敢請信言，勒諸他山之石。」

曰：「憶昔有知常謂宣聖曁顔、曾、思、孟，肇明斯文，垂憲萬世，山谷之僻，齠齔之兒，咸知誦習。究其本源，如叔梁、點、路種靈孕秀，篤生聖哲。閱秩祀典，廢或不載，即我夫子、回、參諸賢，其能恝然忍諸？又回、參、伋、軻配食夫子，父反卑屈列位廂廡，子如有靈，坐寢震驚。今際明主，推聖賢心，下議禮臣，別建啓聖祠，當文廟東偏，內祀叔梁啓聖公，配以參、回、伋、軻之父，下逮程、朱諸儒，其父亦與享焉，然後聖賢之心於是爲快，真大典也。且茲役之舉，上可以使爲父者能教厥子，知所以慈；下可以使爲子者克事其父，知所以孝。關切人倫，轉移風化，非淺淺故也。仁輔乃能知爲急務，克先圖之，揆諸斯道，其殆庶幾乎！」

狀又言仁輔爲邑，能興學校，理冤枉，抑豪強，毀淫祠，禁妖巫，弭江寇，諸政聿新，宜茲營建，知所本歟！祠中爲啓聖廟，翼以二廡。其中爲唐陳，甃以瓴甋。其前爲門塾，絢以丹漆。始今年二月十六日，終三月三日，未二十日而完，足可考悅以使民也。

仁輔姓李氏，名元陽，雲南太和人，舉嘉靖丙戌進士，擢翰林庶吉士。其篤志正學，蓋嘗聞諸通政馬氏伯循云。是役也，諸董工及捐貲助役之義民皆列碑陰，亦爲從事各工者勸。

榮養堂記

榮養堂者，太學生吳人馬子遇爲其父遺安翁之所構也。翁自四十以前喪其夫人某氏，再不配，今且八旬，矍鑠如強壯時，無玷義。問宣昭，歷聞於上。於是巡按東君以羔羊養，郡守徐君以薪米月養，秦安胡君具奏聖天子，准照八品官例，以優免人丁，終歲養。吳人咸以爲榮，太學君故有是構焉。

他日，翁孫進士承學過鷲峯東所以告予，予謂之曰：「是外榮也。」「何以謂之內榮？」曰：「在太學君以西銘爲內榮，在進士以下武爲內榮。」「何謂也？」曰：「西銘言孝子之事親，如仁人之事天。太學君誠如是也，則是以仁爲養而不以羔羊，且使遺安翁爲仁人之父也，不亦榮乎！經曰：『仁則榮。』蓋謂此耳。昔周之亶父、季歷能積德累仁，至武王而能纘之，詩人至作下武之篇，稱其：『昭茲來許，繩其祖武。於萬斯年，受天之祜。』進士誦詩而有得焉，則他日以繩武孝之道而輔聖主，可使四方皆來賀，而其佐也，亦於斯萬年矣。則其養遺安翁也，又豈啻月與終歲已哉！斯是之榮，不又大乎！」對曰：「承學敢不勉力，以告於吾父，以致悅於吾祖乎！」

堂凡三櫺，其基盈畝，在居第西偏。前襟銕缾，後倚修竹里，左通臥龍街，右聯鳳凰鄉，南臨長河，與旌表褒義坊對，亦吳中之勝地也。落成在嘉靖某年月日。

耕雲堂記

耕雲者，泰和人壽官周君充賢之別號，太學生英德庸泓之父也。君三歲失怙，母氏鞠育。長肖自立，思光前修，敏於田畝，純其藝黍稷，雖賈英德，尤耽是業，遂以「耕雲」自號，且扁其堂焉。力本不衰，壽登八十，茂膺冠服之榮，好德考終，江

廣咸稱之。初，君先世諱羨者，於宋仕爲僕射，其所居千秋里有陸地焉，方三十里，每遇愆陽，率爲曠野。僕射乃築槎灘一陂，半截江流，開圳灌田，三十六支兩九都悉治其利，獲田膏腴三十萬畝。後圮於暴水，田皆蕩析。僕射四世爰生仲和，嘗爲英州刺史，官至銀青光祿大夫，致政歸高。目愴前廢，別築硐石一陂，洩殺水患，捐田百畝，以贍陂用，遺令世選一人掌之，六百餘年，於今爲烈。周氏世食其澤，篤茲耕讀，綿衍家聲不墜。故君號耕雲者，上以昭祖德，下以垂嗣緒也。庸泓曰：「英德，古英州也。先君以銀青遊宦之邦，身復客賈，不忍遽忘，令庸泓髫補英德學生。方赴南雍，先君捐舘，輿櫬還葬，痛切肌骨。每瞻茲堂，深愧繼述。」

涇野子曰：「庸泓無一於痛也，汝先君以『耕雲』扁堂，其欲庸泓耕道以肯構乎！夫耕雲之澤，及於鄉黨鄰里；耕道之澤，及於四海九州。」「然則道亦可耕乎？」曰：「古不云：『聚之以仁，種之以義，耨之以學，播之以樂。』凡以爲耕道也。是故心耕爲上，力耕爲下。力耕則莨莠除而嘉穀茂矣，心耕則私欲退而天理深矣。故曰：仁在於熟耳。」對曰：「庸泓敢不奉置斯言於堂右，以篤志爲耒耜乎！」

堂成在某年月日。

南京戶部新建浦子口草場記

江北浦子口城舊有應天、橫海、龍虎、武德四衛，各有倉以給官軍月米。其馬三百疋之草豆，則渡江關，支於南京諸倉場，水陸腳費，十耗其七，有司輸納，亦稱未便。於是巡馬千戶何金呈於分司監督主事張旍，呈於本部尚書鳳山秦公、侍郎新山顧公，偕當司郎中王君鋭等，奏准改馬豆於江北諸倉，收放上納及遇缺乏糴買，皆監督委官掌理，價從科道校定時估。其堆草之場，則就武德衛廢棄倉基，更爲築建。監督劉君憲親勘其地，委四衛指揮趙欽諸人估計厥費，聿興斯役，未及數月，功用告成，郎中湯君紹恩偕其僚問記。

予歎曰：「美哉，斯役也，可以觀平天下之道乎！」或曰：「以一草之微而知平天下，不亦難邪？」曰：「八卦，天地間之大業也，昔人於一梅兔能見之；斯道，古今之大路也，昔人於一門戶能見之。夫此草場之改建也，其用言足以知取善之智焉，其弛力足以知恤民之仁焉，其節財足以知方物之義焉，其因利足以知便下之權焉，其畜威足以知保障險阨之略焉。處一草而五善具，雖平天下之道，又豈能外於此乎！予嘗慨夫後世爲天下者，非果於自用則狃於自私，非薄民於繁難則困民於因循。如草場之法行，於平天下也，又何有乎！夫秦、顧二公已有相天下之責，而諸君子又皆積政以俟大行者也。當其今日之所爲，與其他日之所建，足食足兵，民罔不信，以爲國家延億萬年之休者，固自有在，蓋不啻處一草場已也。」

是役也，官廳及門凡七楹，坊牌一座，秤蓬凡二座，守舖凡四座，堆草方基凡二座，圍墻間墻百四十有八丈。金用三百六十有奇，皆取諸應天府修倉之儲。工用三千有奇，皆取諸三倉餘。砌路至街渠百五十丈有奇，磚石半取諸拆剩壞廒。其帶管草場則於橫海、應天二倉内選用一倉官口焉。場在應天倉之東北面，後倚高崗，右鄰橫海。倉舊基爲地二十五畝九釐，及撥補留守、中衛、坍江地一畝七分，共地二十六畝有奇。場用十有一畝七分，餘皆附屬於場。其左近城則隔出空地，以防水火。若產萑葦諸物，遞年取賣，以備修倉之用。

是役也，工起是年四月十一日，至秋八月落成。

靜修書屋記

襄陽劉孟禽從予遊於鷲峯東所，聞予說論語，輒辯難不置，不以忤予爲難，而以窮予爲信。故每有說，予必以孟禽爲可知，而孟禽既退，以予說爲必可行也。他日，又作請益數十條以問予，予俱答之，以孟禽爲可問，而孟禽亦以予所答者爲必可得也。然請益之條雖多論語疑義，其一條曰：「鸞於仲冬二十一日，期當聽講，以陰雨晦冥，靜坐閉戶，頓覺此心虚明，凡有觀覽，便自省悟，似於道理有會合處，若可上達。竊謂一日無欲，可作一日聖人；一月無欲，可作一月聖人；終身無

欲，可作終身聖人。不知是否？」予答曰：「有志之言也，但恐入市朝時或有欲，則與閉戶靜坐時又不同矣。故聖人無入而不無欲，一靜坐不可便了也。子如視金革百萬之衆，甲科烜赫之榮，文繡峻雕之美，貨財充積之盛，艱難拂亂之際，耄耋昏倦之日，皆如此號房之靜坐也，人雖曰子之非聖人也，吾不信矣。」

孟禽且歸，乃又問曰：「昔者吾父嘗築一室，名曰槐衢書屋，命鸞會友講學其中。積十年而鸞獲舉於湖廣，於學似頗有聞，皆槐衢靜修之故也。鸞遂捐坊牌餘金，易隙地於襄城東南，誅茅爲廬，扁曰靜修書屋，追憶先人，以圖後進，敢請一記，以昭前休。」予歎曰：「美哉！孟禽之舉。前靜坐有得之言，其亦本於此乎！昔者諸葛孔明之隱襄陽隆中也，嘗曰：『才須學。』曰：『學須靜也。非學無以成其才，非靜無以成其學。』及其既相先主，遂用開誠布公之道，以建恢復漢室之功。然則靜修書屋，將孟禽亦聞孔明之風而思興起者乎！且孟禽號房靜坐之志，又不啻以孔明自處已也。斯歸也，勿忘前言，勿廢先緒，以聖人爲必可學而至，斯不負靜修之意耳。」「然則靜修亦可爲聖人乎？」曰：「聖人之道，惟仁爲大。夫子曰『仁者靜』，意正謂此。且『聖人定之以中正仁義而主靜』，亦汝鄉周茂叔之言也。孟禽果能有得於斯，則仲宣之樓、習家之池，不暇念及矣！」

書屋凡若干楹，落成在嘉靖某年月日。

嘉樂堂記

嘉樂堂者，錦衣徐東園子之所構，冢宰白巖喬公之所題也。則何以言「嘉樂」？易曰：「亨者，嘉之會也。」君子嘉會，足以合禮，故曰「嘉」。禮曰：「樂者，樂也。」君子樂得其道，故曰「樂」。故嘉而不樂，則其嘉必不恒，猶夫不嘉也；樂而不嘉，則其樂必不真，猶夫不樂也。既嘉且樂，君子於此以定禮而觀道也。

夫東園子者，中山武寧王之裔孫也，累葉勳戚，亦云貴爾；錦衣席餘，蔭綬厚祿，亦云富爾。乃富貴雙遺，驕泰並忘，

既篤循墻，亦嚴茹素，孝隆萱草，睦洽宗黨，恤鄉禮士，咸崇其雅，皆可謂幾於禮矣。乃猶自視欲然，每懷靡及。夫東園子持是心而不已也，豈有不底於嘉者乎！於是日臻暇豫，歲履優遊，既鮮憂懼，亦寡局促，興至則詩，賓至則觴，宜乎其樂之若此也。或曰：「古之言嘉者，多驗於人；其論樂，多以貧而見。故嘉客、嘉賓著於白駒、鹿鳴之什，帶索而歌，乞食而詠，則榮啓期、陶淵明之輩。今表於東園子堂，不亦左乎？」曰：「嘉在交會之間，初無賓主之別；樂在心體之安，豈有貧富之分。使東園子以富貴而樂也，誠難與論嘉；如其不以富貴而樂也，又何必與榮、陶等而後然哉！雖然，樂不足以進東園子，所可以進於古之人，邁無忌而超薛文者，惟在於嘉耳。隨之九五曰：『孚於嘉，吉。』言嘉之道必有諸己而能孚焉，斯爲可樂而吉也。吾固知東園子顧諟茲扁，一有不嘉，即不快於心；必其念之所興，身之所接，盡於嘉乎，乃然後泰然樂以無窮也。」

堂成於某年月日，在高皇帝賜第之左，南面，凡若干楹。近大司馬浚川王公亦有記，論「嘉樂」之義尤稱詳。

李氏家廟記

李氏家廟者，大司徒石樓先生李公之所建也。公既歸田，爰卜居第之東南，相其陰陽，絜其廣狹，樹基捄垣，建茲廟焉，奉安高、曾、祖、禰四代神主。其位以中爲上，左右次列，遵時制也。春秋享祀，節令參謁，悉依朱氏家禮，守舊典也。於是沁水人慕其美，起而從之者數十家。他日，公發使渡江以問記。

呂柟曰：「夫道，以禮爲大；夫禮，以孝爲先。故草野之人，等父母於何筭；都邑之士，惟豊禰之是知；若乃既尊其祖，又敬其宗，非學士大夫，其孰能之！則公家廟之建，豈非卜子夏之所取乎？故程子推孔門之義，祭始祖於冬至，祭先祖於立春者，有由然也。」或曰：「古諸侯五廟，大夫三廟，適士一廟，臣不踰君，禮之大分。如取程子始先之祭，則朱子非歟？」曰：「古諸侯多天子繼別之支子，故不得犯天子以祭始祖；大夫多諸侯繼禰之支子，故不得犯諸侯以祭先祖；

周道然也。漢唐以來則無是矣，庶人纂十代之譜，列士考百世之傳，祖之祭既無人代，禮之實可以義起。然則公之家廟，雖推以祭始祖亦可也。禮曰：『忠信，禮之本也；義理，禮之文也。無本不立，無文不行。』故未能事人者，不能以事神；能明郊社之義者，斯足以治國也。公初爲御史，已馳直言之風，厥後累官臬司都憲，積登司徒，政在多方，功在國家，皆李氏之先欣豫於地下者也。書所謂『黍稷非馨，明德惟馨』，其謂此歟！乃又建此祠廟，訓於宗戚，式是鄉黨，宜其沁人從化，不令而行乎！然則李氏子孫及沁中敦理之士，無徒襲其文，不求其本也。」

廟屋凡四楹，東西有翼室，其前也，重門序起，對石樓山。落成在某年月日。

南京戶部重建銀庫記

南京戶部銀庫在本部後堂之東南，北面，當玉音樓之南，凡天下之穀金、布金、稅金、絹金、鹽鈔金、戶口金、贓罰金皆委輸焉，數盈百萬，以需軍國之費，蓋天子之外府也。異時，金發應天庫收，後以法理不便，奏建於兹。然木屋崇墉，不受風日，歲朽月蠹，支持實難。於是部尚書鳳山秦公、侍郎新山顧公以當司勘呈，奏准重建。仍即舊址，一用甃石，發圈以作，横長五丈九尺，其深丈有八尺。周壁皆石爲腳，瓴甋積甃至頂，高丈有三尺，身厚四尺。門鐵衣之，高七尺有奇，虛其中者，十有四丈有奇也。門左右有鐵牖以受明。庫内又爲小庫者八，皆用圈作，以别十有三司之金，一曰浙江，二曰湖廣，三曰江西，四曰陜西，五曰山東、山西，六曰福建、廣東，七曰廣西、雲南，八曰四川、河南，而貴州不與。庫北建廳，三楹南面，有事收放者涖焉。庫南作小舍，六楹北面，則戍庫也。周垣十有八丈有奇，高二丈。先門在庫門之北，一楹，外鍵。既落成，司大夫以二公命問記。

予歎曰：「美哉，斯役！可謂知重泉布之地矣！」或曰：「長府改作，閔騫抑之；大盈之建，史氏譏焉。銀庫之美，何也？」曰：「家有美玉，韞匵以藏，賈獲數金，什襲之而不以誨盗焉，何者？以其可救一家人之命耳。況乎爲國之

儲者，生民之休戚，國計之盈縮，邊餉之充乏，主上之問有無皆繫焉，如之何其不重以固乎？且斯金也，皆農夫之脂膏，機女之汗血，既多取之，可輕視之邪？故予謂斯役，傳久不壞，一勞永佚，有爲國之忠焉；作事不苟，動有取法，有守職之信焉；臨財克惜，費出不濫，有體民之仁焉。三美咸具，雖移以爲天下居賢材亦可也。」

是役也，初具議者，郎中鄭淮、湯紹恩，主事許瑄。選委督建，卒成厥績者，郎中楊本源、張素。督同匠作體勘估計工料，兼事修理者，工部郎中劉讓瑱。移文經費者，郎中周祖堯。是役也，先修鹽引庫，徙貯庫金，隨修架閣庫，以護文卷。通計用金九百有奇，料則取之工部修理之餘木，役則取之工部修倉之餘丁。

是役也，始於嘉靖十一年八月十五日，落成十一月二十六日。

嚴氏家廟記

嚴氏家廟者，大宗伯介溪嚴公之所建也。嚴氏，分宜望族，世居介溪。至公，子姓繁碩，爰遷東堂，密邇學宮。尋以堂南有山鈐岡，蒼翠壁立，爲邑巨瞻，乃作鈐山堂。既而曰：「禮：『將營宮室，宗廟爲先。』今雖卜築新居，廟豈可後乎！」乃樹基定礎，作廟五楹，在鈐山堂左，南面，鏝堊黝棱，宧窔咸明。內安五龕，當北墉下，皆南面，以祀始祖及高、曾、祖、考神主，中以爲尊，左右次列。先門在其南，扁曰嚴氏家廟云。

公嘗言：「朱氏禮祀止四世，蓋承封建之舊。程氏禮祀及五代，則實子孫之情。故建茲五龕，致尊祖敬宗之意，極敦本崇始之誠。」乃遂作祭式，春秋有事焉。寢後建崇屋一座，以貯宸翰賜書，曰御書樓，層宲疊樀，刻楶丹閬，屹然與鈐山埒平，足爲宗廟依據。子孫瞻拜廟下者，可以觀孝與忠矣。夫禮廢既久，人率厚於自養，薄於奉先，雖學士大夫之家，多同都邑草野之人，公斯之舉，敦薄俗而起頹風，足作一邑禮先矣。況公位居正卿，典司邦禮，輔天子以禮教萬民者也，公斯之舉，四方爰發，足作天下禮先矣。禮曰：「義理，禮之文也；忠信，禮之本也；無本不立，無文不行。」公嘗言始祖諱某者，

厚德不耀，畜祥衍慶，施及平菴，取進士，爲御史，舉劾方正，風采茂著。累官副使布政，辨冤賑窮，活人甚多。越至於今，葉歷四代，三世咸贈，皆有積行。大發於公，博雅清修，功在朝廷，行將入相以道佐人主，而康濟天下者也，則所謂禮之本者，公又殆兼之，不徒以其文耳，此雖以傳後世亦可也。

廟落成在某年月日。

羅江冼氏祠堂記

羅江冼氏祠堂者，南大理卿羅江冼公之所建也。冼氏在秦漢間散處嶺南，甚繁衆，至佛山之鶴園，族屬滋盛。元季有諱緯者，則公之曾祖也，乃自鶴園就業於鷺洲之羅江，其與佛山皆南海縣西淋都地也。明正統乙巳，黄寇亂平，乃割西淋之半暨東涌、馬寧三都建順德縣，治於大良，而鷺洲隸焉，於是羅江冼氏遂爲順德人。故公建茲祠堂，推其諱緯者之父爲高祖，凡四代，遵禮繼別爲宗之義，其冼氏大宗，則佛山人祀之，羅江之祠不援也。祠在大理居第之東，構堂三楹，中立四龕，皆髹漆塗，奉安四代神主。自堂至寢，作捲棚以入。龕東置一鉅匱，以藏遺裳衣書物；西亦鉅匱一，祭器受焉。堂前數武爲重門，重門之南爲先門，麗牲碑在中庭。周祠皆崇墉，幾三十丈有奇。寢東作齋室三楹，有離垣，其中隙地雜植果卉，以供時羞。設祭田焉，因世以撥，各計見產十取其一，約足供祀而已。若有贏餘，儲俟葺祠，示後人以儉，皆公所自裁定也。

昔者卜子夏受學於孔門，其傳以文學爲名，其文學以禮爲先，然其言謂大夫學士獨異於草野都邑之人者，爲能尊祖敬宗也。公斯之舉，當非卜子夏之志乎？且公嘗言：「高祖，創家之本也；曾祖，始遷之主也；烈考，祿不逮養，痛失之前也；慈妣，乞養以終，僅得之後也。故自敭歷以來，確守清慎，顓持憲度。」則可謂孝思真切，舊事忠信者矣。行將晉位正卿，以道經濟天下，凡其教於家者，又以教之於國，則卜子所謂「禮後乎」者，公殆又兼之，不啻具此祠之文耳。

祠經始嘉靖甲申八月，落成於十二月乙酉。

王氏祭田記

王氏祭田者，鄉進士金壇王貞立標之所置也。貞立之父靜菴先生存日開治墳壠，殆五十畝，手植松竹，遺業後人，又於壠畔置田三百，支授四子。及貞立之三兄亡也，其田幾入於他姓。貞立聞之，痛曰：「先骸未寒，而附壠之土頓亡，則將及松竹乎！則將及丘墓乎！吾父九原之下，其謂標何？」乃漸以其價還之。已而曰：「田既歸，而標獨居有，亦非所以對先人也。」乃出其田四十畝，額爲祭田，釐以四支，歲較水旱之中，程其租課，以授家人子孫。定以四分之一，用供祭饗，其三贍其不給，遞相爲主，週而復始，百世以守。諸凡輸將徭賦，則取鬻松竹，三年斧斤一入，其當年糧稅，則四支子孫均辦。且曰：「吾父疇昔嘗夢祭先，昂首仰視，見標在上，覺而語曰：『標其尸此祀事乎！』況吾先世在宋則伯敦之孝壽宣昭於岳陽，明興則思恭之知禮見稱於金沙。衍鍾吾父，孝友因心，好學忘殆，教諭江湘，生徒咸化，乃若釋僕媍之竊金，息戚黨之積訟，尤爲鄉人美談。仲兄栻克成厥志，起家進士，知汶上，未究所蘊，齎志淪亡。今獨餘標，而諸子姪尚未能立，有愧前作祭田之設。不識可以興其志乎？」

涇野子曰：「善哉，貞立！祭田之舉，可以觀孝慈矣。夫世之孝子多隆於生存，親既死亡而猶篤，可謂知所繼述，斯其孝之純者也。世之愛其所親者，未必謀其後也。乃若贖其廢業而畀之，憐其貧乏而恤之，傷其離析而合之，慮其愚惰、不知自長也，乃式諸居桐以誨之，斯其爲慈，不亦厚哉？古所謂施於有政者，將無以庶幾乎！夫貞立自少以明道、希文自期待，比從予講曾氏之學，當其志，固欲事君如事父，處國如處家，惠此四方之煢獨如子姪者也。宜其立敬愛於己，以爲學問本源，殆將自此懋積以及其餘也。然則王氏子姪可不知所慎守而充大之哉！」

遊盧龍山記

嘉靖壬辰九月六日，葉子大暨黄日思、楊叔用、周宗道、倪維熙過鷲峯東所曰：「涇野子僻居於此，久未遠出，今登高節且至，盍爲盧龍遊，以續浴沂舞雩之風乎！」期九日往，時方小疾，辭。諸友曰：「當十一二日乎？」曰：「雖十四五，豈不可乘月以行哉！」約已。七日，天大雨。八日雨，九日又大雨，十日至十二日雨雖不甚，皆未止。十三日霽。諸友曰：「涇野子之智，殆又非臧武仲乎！」

乃申前約，遂於十四日至山，開宴於東道院老子堂中。維熙曰：「傳謂夫子稱老子猶龍，又謂問禮於老聃，果然否？」曰：「猶龍之説，恐其徒之溢言。問禮之事，今固存於曾子問篇矣。由其徒之説，必欲尊彼而抑此，其辭誇。由吾儒之言也，必欲虚己而問人，其辭平。孔、老公私之別，於其徒亦可見乎！」已而子大言：「莊、列書亦多識見，有筆力。」曰：「斯其人資質亦高邁，學孔氏之道而不能，乃馳騁己意，纂捏人名，虚設事踪，漫爲支誕之辭，思與孔氏並傳，蓋其原皆出於老氏。於是世之資質敏達而跌蕩者，多流溺於其中而不覺，當其弊，足以惑世而誣民。猶龍之説，其殆斯輩之爲乎！昔程正叔不讀莊、列書，蓋有以也。」是時酒行數斝，殽俎錯陳，有水陸之珎焉。予詰之曰：「往與諸友講顔子簞瓢之樂，此宴之設，得無不相信耶！」子大曰：「若顔子之宴夫子，亦必備物以致敬乎！」曰：「如顔子必備物而後爲敬夫子焉，取於屢空而少西氏者，宜非夫子之所説矣。」

酒半，躡石磴以上山，諸友先往俟予。予以二僕攙扶而升，路峻險甚，至翠微已三憩。叔用待予，予歎曰：「登山之難如此乎！」叔用曰：「爲學如登山，果然。」曰：「叔用於登山亦見學乎！然不可畏其難而遽已。」遂竭才以上，突至其巔，巔磨盤平，即閲江樓舊址也。縱目西望，方山、青龍東峙，牛首、花巖南拱，其西定山，迤邐綿亘，黄巖裏江而東，直抵瓜步，皆可見也。内則鐘山崒嵂，建極而起，萬松森蔚，祖陵攸棲，而長江羣峯，四面旋繞，真天造地設乎！下見艨艟巨艘，往

來絡繹，指北而（超）〔趨〕〔二〕，足可觀一統之盛，而吾輩學爲輔君以保治者，誠不可忽也！初，皇祖欲建閱江樓於此，惜其費財，垂建而止，乃歎臣下無一人來諫。夫此樓若建，費亦不多，乃皇祖猶有此言，若見後世無益之作，不知當何如也！然則臣子或遇執藝之職者，可但已乎？於是諸友皆以爲然。

已而子大曰：「此山如許之高，既登，而天猶如此高也。」曰：「子大何相信之速乎！豈非因予說顏子事，便欲仰之彌高邪？斯其志，可與學天矣！」時旁有藤蘿附松而生，至綢繆松身，蒙蔽其頂，且著花焉。日思乍不識也，怪而問焉。叔用曰：「此樹本松也，被他物纏繞，遂並己身亦不能辨，不知何時得脫灑也。」曰：「昔橫渠謂人被流俗習染，如直木爲藤蘿牽扯，解支蔓，自可尋向上去者，其殆叔用之言乎！」時有數鳶且飛且鳴，旋繞空中，適當坐上，徘徊久不去，宗道曰：「今日可謂見鳶飛魚躍，察於上下矣！」子大曰：「鳶亦有識矣。古人謂六馬仰秣，豈虛語哉！」叔用曰：「將此鳶亦知道乎？」曰：「鳶非知道者也，知鳶飛者道也。」予遂有「日月雙鳶度，乾坤一水流」之句。

須臾，晚煙四起，皓月東升，遂偕諸友乘月而歸，如前約。於是叔用次第其事，予覽而正之，作遊盧龍山記。

明旌表張節婦李氏碑記

嘉靖甲午春，予以公務路經山西，時大理少卿南川張公得告還石州，予遇於太安驛，公拜而曰：「先伯夏邑丞爲先兄璞娶於有李氏義官文之女也，蚤從姆訓，克具四德，及歸先兄，允執婦道。正德丁卯，先兄病卒，李方二十五歲，哀痛深至，感動鄰里。篤念叔琇幼穉未立，而二孤德教、德化俱且孩提，舅姑在堂，徬徨無依爾，乃矢死靡他，一志孝慈。謹樸無華，躬行勞瘁，上事舅姑，洞洞屬屬，凡羞殽饌，敦牟巵匜，滫瀡甘滑，罔不精嘉，少有不具，輒毀簪珥，以補其乏。後遭疾病，專事

〔二〕「趨」，據萬曆李楨本改。

湯藥，毋貳爾心。比至喪葬，哀毁斂殯，蔑爽於禮，雖經生學子，不過如是。琇方始學，訓遣慇懃，一衣一食，必先於二孤。及娶馮嬙，處如兄弟。厥後琇、馮相繼病歿，涕泣襄葬，不慮居財。友於姊妹，咸得其情，少有窘缺，惆恤必至，諸姊子女，率來依歸，與嫁與婚，不至失所。博及族戚，喪病咸托。賢聲丕著，合郡褒嘉，不但曰『節』而已。嘉靖辛卯，州守李君欲備以聞，未幾遷去。繼守王君轉達守巡胡公、陳公，巡按王公覈實再勘，貞節無貶，遂聞於朝，准錫貲建坊，重加優恤，實壬辰九月十五日也。其子學生德化懷母節行，寢食未忘，爰琢貞石，思勒恩典。展轉籌惟，顓乞執事，以流永久。」

予歎曰：「艱哉，張李之節乎！遐哉，德化之志乎！非有張李之節，德化何所於成？非有德化之志，張李何所於傳？母以節爲慈，子以志爲孝，子母二人，與道同歸，予於張門見之矣。雖然，此猶在李者也。德化其遠法鄒人孟子興不可乎？當子輿之幼也，其母仉氏食則教之以信，居則教之以遷，於是子輿幼無所失，長有所成，談仁義之道，變縱横之世，尊之者至與孔、曾齊名，至今千萬世，學者師承不磨。德化所自樹立者，若能企及子輿焉，則所以傳李節者，雖石固有時而泐也。」

明誠精舍記

明誠精舍者，太學生解人王克孝光祖之所建也。初，嘉靖三年秋，予自翰林謫判解州，克孝同諸士子從予遊於冰玉堂。當是時，克孝年弱冠，即穎拔出羣，器識超邁。及予建解梁書院，克孝則同丘孟學日夜侍予於禮和堂，當其篤志迅往，與孟學常爭先焉。六年，予改官南曹，克孝有懷於予，又負笈渡江，侍予於鷲峯東所。一日，出學思録數卷以覩，多記予嘗言細行，或克孝有問，予偶答之語。予初不知，而克孝私録者也。微克孝至江南，雖予亦不知克孝矣。以後克孝與休寧胡孺道大器同齋寢處，强志精思，數至夜分，躬行實踐，蔑視榮利，又能佐予作史約藁。凡南都之貴官顯人，未嘗一謁其門；雖奇山名水，天下以爲勝槩者，未嘗少遊覽焉。若非其中有所重於此者，豈能至是乎！

居洽年，克孝以父經府君老，思歸省，且曰：「光祖抵家，必建一精舍，上奉先師夫子及顔、孟至馬、薛七八賢，修道其傍，其何以爲精舍之扁乎？」予曰：「中庸論進道，惟以知行爲事；論知行，惟以明誠爲功；論明誠，有爲己、知幾之資質者爲本。蓋爲己者，文溫理，入誠之資也；知幾者，遠近風自，入明之資也。人無此資，則必不能謹獨，以入明誠之域矣。故程子曰：『便儇狡利，去道遠。』而吾行天下，閲人多矣，克孝可謂有是資質者矣。斯精舍也，當以『明誠』爲題乎！」

克孝既去之明年，予以公務北行，聞克孝卒矣。他日，路至真定而西取道，乃過哭克孝之墓。經府君乃邀予至其家，見明誠精舍，謁先師諸賢之祠，規模峻整，堂宇幽邃，宛然如與予所談者。其銘座警壁，一言一字，多出於予。抆淚不能觀，歎曰：「克孝相信，一至此乎！予雖能言，不如克孝之能行也。」經府君曰：「此兒自立此精舍，學每至雞啼而後寢。我呼之曰：『他人之爲學者，計取科第，爲人所知。光祖既棄舉業，何勞空自苦如此，當誰知之？』對曰：『爹爹，豈有爲學之士要使人知乎？』」經府君泣下，予亦泣下，侍坐者十餘生皆環泣下。予歎曰：「此明誠精舍不徒立也。」予再至江南，經府君使人來曰：「兒光祖爲此精舍，厥心良苦。先生何記之，慰其心於九泉！」

予遂次第其事而歸之，時嘉靖十三年冬也。克孝所著有學思録七卷，並女戒、牧民篇。

新建篤志書院記

汝寧郡城之北，汝水自天息山西來，過隍堧而東，其北干有淫祠焉，宫殿巍峩，瓴甋枚實，奥區當陽，祭非其鬼。太守漆濱廖子德濳蒞汝之閲月，往視焉，乃謂汝人曰：「名邦善地而此祠淆雜，何以教吾汝乎？且夫漆雕開者，汝産也，當夫子將仕之時，即有未信之對，篤志之説，千百載下，學士大夫誦仰焉。改祠斯賢，豈獨爲汝人師表哉！」遂建篤志書院，以漆雕氏名也。創竪雄方，南臨汝上，碧波騰輝，通都咸仰。其北爲先門三櫺，又其北爲儀門一櫺，左右皆有角門。儀門之北爲聚

奎堂五楹，其南東西皆有齋，齋六楹，貯書閣在聚奎堂之北，閣之下立漆雕氏主。其東有屋三楹，西面；其西亦如之，東面，居學師焉。環樹栢柳，殆至千章。乃選汝郡屬學名生敬業其中，資給廩餼，太守時臨課焉。今及大比，汝郡之舉者十九出書院云。太守走幣以問記。

涇野子曰：「邇予之過汝也，漆濱子開宴於聚奎堂，予參拜漆雕氏而後即席，謂漆濱曰：『此祠惟一主，若程伯淳嘗宦於汝，周茂叔亦產於汝，豈不可取以配祀漆雕氏乎？』答曰：『昔先正微顯而闡幽，且夫祀不可以莫之專也。故二氏之在汝，衆所知也；漆雕氏之在汝，衆所未知也。多賢以爲祀，其誠易散也；一賢以爲主，其心易一也。故獨主漆雕氏乎！』予爲之歎曰：『斯亦可以觀漆濱子之篤志矣！』予素不識漆濱，每於邸報中見其爲御史時之論事也，切而不泛，確而不浮，其奏每入必行而不寢，良以其志之篤耳。及自任汝，汰減財力，民受實惠；崇重文行，士敦實學，其殆書院之謂。夫汝之士子，必於篤志焉求可也。昔夫子之論道也，以志學爲始，以篤志爲先。宰予、冉求皆聖門之高賢也，宰予惰其志而晝寢，夫子比諸朽木；冉求廢其志而自畫，夫子攻以鳴鼓之。二氏者，於漆雕氏何如哉？志果有見於斯，雖自漆雕氏以至顏氏不改其樂者，亦是志耳。嗟乎！汝之士子，毋以漆雕子爲少，毋以漆濱子爲簡。」

新建王官書院記

王官谷在蒲州臨晉縣之南六七十里，其谷逶迤深廣，入其中，四山盤結壁立，如人院落。其東有瀑布自巘岫懸下，曲流出谷，至於故市，以溉山陰諸田，名曰貽溪。蓋唐司空表聖辭朱梁之詔，選茲勝地，隱居之所也。予謫判解州時，嘗參表聖祠，過三詔亭，讀休休傳，問了了菴，登天柱峯，宿白雲洞，坐釣貽溪，欣然忘反，遂有詩曰：「此心已與茲山約，日過東巖不肯歸。」已而有僧自艮峯賷茗來送，西谿一鶴衣道人以豆粥二盂，佐以秋蕨繼至，云此仙姑泉飯也。予諾而歎曰：「表聖不在，乃使此流享其勝乎！」有記一首，留付白雲洞中書生。今年甲午，予再過此谷，不覺且十年矣。乃臨晉焦尹毀寺拆

觀，請諸提學曹公改爲王官書院，且請予作牌坊，並題表聖祠扁，而又以書院記請予爲之。

歎曰：「壯哉，焦尹之志乎！美哉，曹公之意乎！夫虞鄉當在此谷之西數里，皆大舜陶漁耕稼之故地也。當時風動四方，此地乃其張本。至周，質成讓田，亦在此山之陽。唐室既衰，朱梁僭逆，表聖舊臣，猶抱孤忠，唾示朱梁，不啻犬彘，借笏朝參，本心乃見，將無尚有慕古之風乎！書院既作，不徒爲資遊覽登眺之所，其必選敦行孝弟、博習經史、務本崇實之人，延請爲師以立院主，使之開設科條，以待四方俊秀。徐以勸導鄉里，凡民或舉行鄉約，勤於業作，秀崇禮讓，比方風動之世，以助宣皇化，斯爲良舉。苟惟居記誦辭章之徒，以較科第之利，其進多謀家，無益於國，退多謀身，有損於鄉，改此書院，視前寺觀有何如哉？其作興之人，反不有辱於表聖乎？況敢望有虞時之人物哉！斯舉也，其小責存臨晉縣尹，其大責在提學先生。」

書院落成在嘉靖十三年某月某日，其堂齋亭閣列碑陰。

宿州吏目仇君時濟去思碑記

涇野子公退坐廳上，有布衣氈帽、龐眉白鬢之老排闥而入，跪於廳下，頓首曰：「小人宿州衣巾生員趙恩也。宿州二十年前有潞安人仇君楫字時濟者，以太學生爲吏目於宿州。蒞任以來，奉禮守法，事皆有程，廉以持身，恭以敬長，信以居僚，惠以慈民。嘗督兑糧，斛槩稱平。嘗捕寇攘，選用膽略，巨賊咸獲，道路無虞，至今賴之。又能興學禮士，敦崇詩書，州俗休美。後以父喪去任，不復仕進。宿州無老稚遠近，無弗思仇君者。近聞其家立家範，起鄉約，化行潞安，皆仇君所創。宿人聞其風，亦爲是舉，而恩僭爲鄉約正。則仇君者，不惟生能濟乎宿，死猶能風乎宿也。於是宿人相與立六丈之亭，磨數尺之石，以表去思。聞明公素號不沒人善，故敢不通以介，不副以幣，口乞數語，以著吾宿人報德之誠云。」

涇野子畩然曰：「是雄山鎮仇時濟也。予十年前嘗過雄山矣，詳觀家範，愧於未能歷覽鄉約，行於解州。夫時濟之從

弟凡四人焉：『時茂貴而不驕，時淳厚而不華，時表信而有守，時閑處士也，博學篤行，嘗從予遊於江南。夫時濟之同鄉凡數百人焉，老者慈而善誨，幼者遜而勤業。木工如張提，尺寸不取；禮生如秦倫，素食終喪。説皆時濟啓之也。乃汝宿人又有此請，然後知時濟出有所爲，處有所化，真可謂潞安之鄉賢、宿州之名宦矣！予安能没而不書哉！惟是汝宿人毋徒慕其人而不行其善也。』

明贈資善大夫南京工部尚書舫齋李公新阡記

舫齋李公維正者，唐西平王晟之裔孫也，後籍蕪湖。至公，兄弟並顯齊名。公以副都御史巡撫遼陽時，忤於權宦劉瑾，遂致仕去。及瑾既誅，詔復起用，巡撫順天。三年考績，陞兵部右侍郎。尋與時倖江彬、朱寧輩齟齬，復引疾致仕去。聖上御極，首詔天下羣臣守正被害者，歿得加贈。公之子舉人原道具故請於撫按，撫按覈實，得旨加贈資善大夫、南京工部尚書，錫誥命焉，實嘉靖癸未閏四月二十三日也。

初，公再引疾時，歲丙子春，圖卜塋域，躬往相地，得其兆於龍山廠，手畫地形，以示原道。是年五月，公告終。於是原道同墓人廖旺往視前兆，四勢空闊，風氣不聚，頗與手畫矛盾不協。乃移相於龍山之東艾蒿山之下，龍虎交映，隱顯相承，的有發脈源委。謀及卜筮龜蓍，咸從爾。乃再倍地，直券易胡諒以爲定域。比將窆掘壙，深坎未半，中當古冢，甓甃四墻，石蓋其上，文字磨滅，不辨時世。乃復移上數寸，急瘞古冢，槨外灰槅，近與相接。未幾，朝廷寵賜祭葬，遂鳩工構屋，以爲饗堂，樹石神道，徵文翰苑，用章舊烈。

初，公天授穎異，與兄維善同登甲科，歷事戶、刑二曹，理財讞獄，上官咸高。及轉藩臬閩、兗、秦、晉，所至有聲，猶重民隱。比位中丞，讜直滋著，權姦孽倖，罔不含心，然今安在哉？而公膺誥螭碑，開阡艾山，過者誦德，休問載路，乃然後知君子之道久而後益章也。原道席公之慶，隱圖繼述，篤兹顯揚，使公未究之藴重布明時，公其永晏乎哉！阡開在某年月日。

涇野先生文集卷之十九

記

重修南京詹事府右春坊記

南京詹事府在翰林院之南，西面，内設府堂暨左右春坊堂，蓋舊制也。自文廟北都之後，宫寮裁設，惟存主簿一員，於是府第積廢，鞠爲茂草。嘉靖十年，主簿卞來周爰相視，則歎曰：「南都根本之地，詹府首善之所，四方觀望係焉，荒頽若此，何以表儀？即遇大祀，齋宿亦無於所，豈爲靖恭？且羣署咸明，府獨若此，與無人同。即今右春坊存屋五間，甓瓦雖敝，棟宇猶完。左春坊存屋五間，其瓦半謝，材亦可補。移左合右，少滋他料，即可成章。」遂稟諸司空石湖何公、中梁張公，發金四十有餘，且使營繕司副郎劉君公重來董斯役，而簿自捐柴薪三名。乃立先門，乃祠后土，乃建右春坊，在先門内之北。前堂五楹西面，其後堂亦五楹，即右春坊之舊也。左右皆有廂屋，屋皆三楹。新舊完毁，起頽興廢，南都改觀焉。

予嘗一至其地，見藝樹成列，分溝有向，則歎曰：「簿治官事亦若家事乎！詩云：『灑掃庭内，維民之章。』夫庭内一灑掃且爲民之章表，況於已廢之址復立庭堂者哉！斯其人得非公爾忘私者乎！昔春秋譏毁泉臺，見先人之業不可廢也；魯頌稱泮水之遊，示後人以文不可忽也。夫簿亦有得於經者乎！雖然，微何、張二公篤於正作，簿亦無以成其志焉。法得並書以爲見義勇爲者勸。」

是役也，經始嘉靖壬辰三月二十八日，落成冬十一月庚申日南至。

世敬堂記

世敬堂者何？南京吏部驗封主事慈谿趙君元質之堂扁也。堂之扁「世敬」者何？元質嘗讀師尚父丹書曰「敬者萬世」之義，遂取以名其堂焉。則何以取於「世敬」也？元質曰：「文華家世自宋魏王廷美之後，數傳至少傅公遷卜居於慈谿，終宋世，宦弗替建。元有寶峯先生偕者，潛心理學，倡道東南，遊其門者多有顯名。再傳至國朝諱淳者，以明經召爲杭州司訓，與同邑王尚書公來、陳祭酒公敬宗友善，邑中稱『三人傑』焉。杭州之子增即祭酒婿也，與弟坤俱篤志好學。坤進士，而增以老隱，生子廣宗，亦業儒不第，教其二弟皆成立，而仲繼宗亦舉進士云。廣宗生子諱孟，封主事，即文華父也，仰承祖訓，績學著名，累舉不第，恬澹自若，常教文華兄弟務身心學，以纘寶峯之緒。蓋寶峯之學，先於主敬靜見道體，又能因時變通，無所偏窒，雖未嘗沾一命、典一邑，然而郡縣守令多執弟子禮，受成法爲良吏。蓋趙氏自杭州以來，皆纘戎寶峯而敬承之者也。惟文華孤陋寡聞，進寸退尺，故堂扁『世敬』，固將昭前人之明德，實以旦夕起居，省愆黜過，奉以周旋，無忘寶峯之道也。」

涇野子曰：「嗟乎！元質之尚志矣。夫敬者，德之聚也。故孔子以敬身爲大，而文王於敬止則緝熙焉，皆丹書之旨也。元質以是扁堂而用諸身焉，豈惟可昭前人之德乎！且元質才明而志美，學博而行篤，一與人交，輒見底裏；人有善，雖弱不凌；人有非，雖勢不護。若又能從事於敬，當其學之成也，雖以修己之敬安人安百姓也，不可乎？寶峯隱於前元而未顯，元質用於聖世而大行，此雖於寶峯之道煥乎增光，亦有餘也！」

新建和州儒學記

和州學正鉛山張子乾澤偕王光謨、撤鏞、葉泓三生渡江來曰：「和州儒學舊在州治東南，然地形湫隘，學宮偏側，光嶽之靈未結，賢材之生惟難。邇年以來，屢當大比，士鮮登科。惟兹百福寺在城中央，高朗峻拔，凡歷陽、八公之麗，雞籠、龍鬭之祥，陰陵、鳳凰之邃，皆抱聚於斯，而梁峴、桑梅又皆拱峙其前，襟帶烏江長流，以爲一州之勝者也。爾乃邪正倒置，百年於兹。往時黄提學、沈知州、薛同知皆嘗疊興，慨歎莫能遷改。兹者隴西王君朝用以監察御史謫判於和，思人才爲首務，惟學宮之先圖，乃訪諸州守澤州孟君雷、同知桂林鄭君琬協謀僉同，請於巡撫都御史彰德馬公、提學御史餘姚聞人君、巡按御史陳君，咸重此舉，齊口褒嘉，鄭君且捐俸金四十。王君遂並所得，毁淫祠、革濫恩、清官房、鬻隙地，諸金八百，盡委督役陰陽官李鉞、盧勲諸人，即百福寺撤其佛像，葺理學宫，式示厥程。乃建先師殿五楹南面，兩廡二十楹。其南爲戟門，戟門之左爲名宦祠，右爲鄉賢祠，皆南面。又其南爲欞星門，欞星門之南爲市河，引其水作泮池。成德、達材二坊在池北，東西對。欞星之東爲儒學，其北爲道義門。道義門之北折而西爲明倫堂，在先聖殿之北，南面。堂北爲敬一亭。其自道義門而入爲崇正書舍，中建啓聖祠，南面。祠北爲會講堂。經始嘉靖甲午五月，落成於十一月。敢請文記，以示和之來學。」

涇野子曰：「是役也，以扶正而抑邪，君子之於斯可以教，士子遊於斯可以學，文物中興，四州快覩，作之誠是也。然開學之舉，雖官師之盛心，而力學之志，諸士子不可恃其地以爲然也。昔者予嘗遊秦、晉之間，訪商、周之跡，見伊尹、傅説所起之處，皆莘野巖築之陋，而磻溪之迂僻，則太公之所自發也。諸士子苟惟道是志，惟德是據，惟仁是依，惟藝是遊，漸摩相觀之久，積累造詣之深，將賢聖可望以出，何有於科第者哉！夫然則張籍、何蕃、張孝祥兄弟皆不足多，而王子行甫暨諸君振作之功，亦不愧往日游酢、范純仁矣。」

是役也，同知南海周君世雄暨鄉大夫知府朱君錦、府判陶君賡、李君春皆嘗捐貲以助，而州同嘉興施元、四明周琮、吏

目恒山周克裡亦皆贊其成，乾澤暨訓導陳瑞、劉伯璋均爲勤事云。

汪氏樂壽堂記

樂壽堂者，徽州太守雙石鄭君子成爲荊山處士汪君克安題也，其書則宗伯甘泉湛子之筆也。君天授沉靜，雅好讀書，兼善筆札，亦閑詩律。髫年失父，備嘗險阻。事母江氏，養則致敬，歿則致思。而三弟之處，亦皆怡怡孔休，里人稱孝友焉。乃若勢午事龐交變於前，君談笑禦之，不動聲色，其圖機應變，咸中會通。性耽山水，不事貨殖。諂容媚態，不設身體。行年六十，未嘗皺眉，他有俚語村詬，百犯不校，戚黨鄉人，咸服其量，比諸河海，於是與接者皆感其包容而興其恭敬，遂聞諸太守雙石鄭君。太守曰：「吾郡中有是人哉！夫其貨利不嗜，孝友兼植，靜定自取，當非學於仁乎！夫其怡怡於家，休休於仁，面無皺眉，心無校刻，當非學於智乎！夫學智則可以周流無滯，其樂可知矣；學仁則可以靜而有常，其壽可知矣。」遂題「樂壽堂」以歸君。君拜受曰：「仁未盡仁智之學，顧獲太守公樂壽之教，仁敢不努力，比諸紘韋，且以訓諸子遠，使亦從事於斯焉！」

他日，遠謁甘泉湛子，湛子遂作大書以爲扁。他日，遠又謁予於太常南所以問記。予曰：「獲是樂壽者，荊山君處鄉之行。衍是樂壽於後世以壽荊山君於無窮者，則惟明志在天下國家之學也。」

太守之題在嘉靖丁亥二月，湛子書在今年乙未七月，予記在九月一日。

孝友堂記

孝友堂者，胡處士大用之所構也。處士傷足以問弟疾，冒雪以持母輿，其誠心至意，已爲鄉黨稱重，廼復遣其弟大器學

於柳灣精舍。他日，大器失一女奴而不較，則大加賞進，於是大器奮然向道，益恭其兄，莫之能禦也，所旅蕪湖，里人皆誦説焉。大用乃構堂，扁曰「孝友」，日與兄弟勗帥以往。未幾，大用卒。既二年，其諸弟果皆成立，有行義著聞，而大周至來鷲峯聽講中庸者數日，暇謂大器曰：「吾兄弟粗有聞見以獲寸進者，皆長兄之教也。然而其志則不可沒也，曷問言涇野子以記其實？」曰：「美哉！胡氏之兄弟也。大用一人倡之，大器一人繼之，而諸兄弟皆趨於義焉，誰謂其家不可教乎！更望大器益力於學，益篤於道，他日而效用，推此孝友，上以施之君，下以施之民，中以及諸僚友，于以行斯道於天下，以與古程、張、司馬諸賢比隆可也。不然，則亦鄉黨稱孝、宗族稱弟者而已耳，亦奚貴於斯堂哉！」

佘氏義田記

程進士惟義曰：「廉有姻戚佘文義者，字邦直，號梅莊，歙之巖鎮人也。少貧且困，克勤業作，絕棄華靡，一事敦樸。未逮強壯，輒起厥家，豪於徽歙，至有義舉，雖費樂爲。佘氏頗蕃衍，有窘餒不能自食者，邦直乃爲捐貲，置義田百畝以贍養，田皆膏腴，畝金二十。又爲立窖藏，選建賢直，典司出納，人月給穀有額，惸獨疾苦者倍其給，童穉則半之，瀕冬則以粟易布絮給號寒者。壯不能婚者爲之娶，病其無居也，爲構義屋數十楹以居之。又爲棺槨衣衾以救不克葬者，而義塚於是乎亦興。蓋將波及於鄉人矣，此又不盡取於義田而以他助者也。」涇野子曰：「賢哉，邦直之行，惟義之姻乎！夫爲家以義不以利，則九族睦而家道昌；爲國以義不以利，則庶明勵而世道盛。夫惟義行且試春官，登巍科，其以佘子之行於家者而行之於國，與佘子並鳴於徽中不可乎？」乃爲之記其事，亦因以告諸惟義。

白鶴山三思記

白鶴山者，楊邦彥應詔葬其祖父母及母處也。三思者，邦彥思其母暨其祖母與祖者也。三親生於建安，葬於建安，則何以三思乎？邦彥曰：「余母劉氏，宋大儒屏山先生之後。自適吾父，恪執婦道。嘗隨吾父奉祖之廣，偶遘熱疾，百醫不起，路遙火化，裹歸骸骨。當是時，應詔方九歲耳，年雖蒙稚，抱屍號哭，斷食數日，殆如瘨癡。今生三十五矣，每瞻鶴山，猶蹈廣州，驚魂四飛，此詔之所思者一也。當吾母之亡也，詔如喪心顛殞，窮無所歸，祖母鄒氏撫摩鞠育，百計娛詔。病視詔藥，飢哺詔食，寒問詔衣，母亡尚有視息者，賴有祖母耳。迺吾祖再任香山，祖母亦亡。當是時，詔年十四矣，頗能治經作義，曉解順恭。茲瞻鶴隴，幻若香山，此詔之所思者二也。吾祖古菴君文行早著，屢舉不第，入貢京師，司訓廣州，迪士孔端、黃佐諸人皆出其門。未久憂去。其後香山之教，得士尤多，提學虞公屢口褒嘉，至有『晦菴邦人』之贊。其督誨乎詔，速冀成立，無少休暇。嘗探詔志，對曰：『志欲求道。』祖時微哂，責以固守。比其遘疾，綰付鎖鑰，畀此家務。當其時，詔年十八，執鑰號痛，祖亦流涕。今也學未大明，德未獲立，每拜鶴山，悼痛靡禁，此詔之所思者三也。」

涇野子曰：「傷哉，邦彥之懷乎！夫生死者，天道之常；忠孝者，人道之經。子之思三親也，無徒焦勞於念慮，當日淬勵於躬行。且爾三渡南海，兩越梅嶺，舁柩露宿，躡履喬虎口，不辭其苦。乃因爾祖之誨，輒撰八閩之賦，追慕晦翁，以見厥志。子其勿忘初心，師晦翁以溯孔顏，卓然自立，詳審沉潛，處則敦族化鄉，仕則致君澤民，道行於當日，名揚於後世，則三親者雖沒猶存也，不亦愈於徒思乎！況楊氏出鳳陽之裔諱福者，永樂初以靖難功，歷陞建寧都指揮使。征交趾黎季犛，死於陣，朝廷旌焉，世襲指揮使。福生鐸，鐸生海，以平汀、漳功，亦歷陞福州都指揮使。夫福州、建寧奮其義勇，位至都閫，以裕後嗣如此，而邦彥又可不思光其前哉？」對曰：「應詔自爲學生時，常慕先生。故既舉後，自北而南，以從先生遊，惟欲聞此道之要，以爲吾母暨吾祖父母者孝耳。今乃以『卓立沉潛』見訓，詔有不從事於此者，是忘吾母暨吾祖父母也。」

未幾，余改官北行，邦彦買舟渡江送之六合，遂書以記之，在嘉靖十四年九月二十五日。

耐齋記

耐齋者何？石州二守鍾君主毅之别號也。齋何以「耐」名也？主毅君自遊鄉校，耿介剛毅，不屈外物。暨任福建都斷，克慎庶獄，清白自持。嘗奉檄督部官料上入京師，毫髮無取。其守閩安夏鎮，痛革時弊，私鹽禁貨，罔敢有犯，時有「閩海風清」之譽。及二守石州，糾集民兵，把隘據險，以遏寇虜，岢嵐重塞，賴以寧謐。他日，催理邊儲，不畏權勢，亦可裨於國用爾。乃年未六旬，高蹈山林，泊然世故，晚節益堅。夫世有四耐焉：耐欲者則不屈於物，耐劇者則不擾於事，耐撓者則不折於勢，耐窮者則不貪於位。然則主毅君之以「耐」名齋者，固有見於斯乎！主毅君之子貴嘗從予遊，爲問耐齋之記。予謂：「四耐雖在主毅君，師道當動心忍性，無所不耐，以底於道，爲耐齋光永，不可耶？」

齋扁某年月日，記在嘉靖十四年九月二十八日儀真公署。

慶源堂記

慶源堂者，少司馬莪峯先生潘公之所建也。堂在婺源北鄉桃溪之西明道上坊，中爲廳堂，側列寢室，山環溪遶，市囂絶遠矣。則何以「慶源」名乎？斯工也，始嘉靖癸巳五月，落成於秋九月。方落成之日，而聖天子推恩海内，公以三品京堂得誥贈三代，並廕其一子者之典至焉，制詞有曰「積有慶源，發於再世」，故取以名云。則何以獨取於「慶源」也？斯基也，乃先潘初購以爲遷居之所，以其鄰於荷恩、保安二寺，嫌爲一空地棄，族英僉業而納税焉。厥後官假爲存留倉，且書之籍册，曰官占民地也。弘治間，倉徙於縣治内，基仍爲空地棄。比嘉靖龍飛，崇正黜邪，僧人樂於歸化，二寺俱廢，荷恩并入學

宮，保安改爲書院，而前地始可居矣。於是白於撫按，行之府縣，稽契籍，覈於衆庶，皆曰：「此潘氏舊物也。」乃得復還，給爲世業，公始克承先志而構堂焉，故所以「慶源」云耳。他日，公具以告。

涇野子曰：「斯堂也，可以觀君恩之厚焉，可以觀臣忠之篤焉，可以觀祖慈之遠焉，可以觀順孫之孝焉。夫忠也、慈也、孝也三者，人德之大者也，潘氏兼而有之，然後可以感天地，格鬼神，速君恩也。則凡爲公之子孫者，居斯堂也，千萬年世守其道，不可乎？故予嘗讀斯干之詩，雖王侯之胄亦在於孝弟云。」

六合尹何君去思碑記

予在南都時，聞前御史田君德溫巡下江，而何君道充方令六合，嘗斷流囚，田君三駁而道充三執不改，田君不以爲倨。比三過六合，道充適公差他出，不及一迎，田君覽政績，亦不以爲簡。予固嘉田君之高，而恒思見道充行政之詳也。比予改官北雍，道過六合，六合之父老僕隸無不誦道充之賢，至有歎息咨嗟於輿馬之傍者，乃然後益信道充之循良，而驚田君之高一至此乎！他日，六合之人思道充不置，專太學生袁悌具書列狀以問碑。

涇野子曰：「予何可拒六合人之志，而沒吾道充之績哉！且吾嘗聞前武選張君元明之言道充矣，謂六合，古棠邑也，密邇畿甸，南北道衝，民棘於供賦，饑饉薦臻，憊弗能支。及道充爲令，迺以身率民，首正風俗，闢浮屠，懲暴扶善，禁奇衺之物，驅淫蕩之徒，民相告，弗犯干憲，邑以大治爾。乃清修苦節，涖事嚴明，尤見義敢爲，不畏強禦。有貴戚與豪民訟，久而不決，當道委官，率莫能平；道充往廉，即得溧陽，民有人命，逮詞拷訊，械死相繼，事竟不白。御史下君，遂得平允，訟者咸服，爲主以祀。京兆黃公稱其清、慎與勤，一字不少。戊子，嘗修驛館，君意不欲妄費，忽大木數十浮至龍津止焉。野鹿入於治內，馴擾不去。庭柯二雀，一生八雛，晨夕飛匝庭除，如所畜養。又有二鴿自天而下，沐浴盆池，毛羽粲澤，不類凡族。邑人驚爲四異，爲詩以歌。予乃然後知田君之取道充者，蓋有見於此也。道充今爲名御史，又能以六合之政而按郡守

令，則其所得乎民心者，不啻一六合也。道充他日位進公卿，勲著内外，銘太常而勒鼎彝者，皆自此碑始之也。」

道充名宏，號純菴，廣東順德縣人。

重修武定鎮城記

武定，古齊無棣地，即周賜太公履北至無棣者也。國初因元，仍稱棣州，永樂初改樂安州。宣德初，以平漢庶人之亂，始改武定州矣，然猶未有兵備之設也。乃流賊飆起於正德之中，猖獗山東，蹂躪南北直隸。於是許忠節公由之以樂陵令禦賊有功，陞山東按察僉憲，兵備於斯，遂爲建鎮之始。而武定北拱京畿，東衛齊魯，西南以控趙、魏、徐、兗諸地，兼以襟濟、汶而帶運河，遂爲重鎮矣。第其城池屢經修葺，未克鞏固。先僉憲覃懷王君明叔雖嘗請議，未果，遷去。至是僉憲二衢王君在叔繼爲兵備，蒞政之日，圖厥先務莫急於此，且曰：「往者霸上盜起，北趨青淮，南必由此。於時附近郡邑濱及陽信、海豐、樂陵、霑化、德平、商河、齊東、青城諸州縣人士，咸奔赴鎮城，避寇求全。夫今聖明在上，天下太平，萬無往事，然或水旱相仍，飢寒嘯聚，則此地豈可旦夕帖席者哉！」遂奮然集議，申請撫按，偕允而行爾。乃程役動衆，計費課工，軍民咸樂趨事，未期年而成。

於是濱州彭知州師有以公委閱視城池，告於武定州唐知州侃曰：「武定爲濱州腹心，今城池既固，濱州亦可無憂，豈特武定蒙其庇哉！」乃咸喜牧守之有具，偕爲請記，且曰：「是役也，王公發金易灰於章丘、鄒平，易薪於海豐、霑化、陽信、商河，建造瓴甋，窨二十於東城之厓。金用本道贓罰米紙等物，完計三十有九鎰。役用所屬團操民兵，更番赴工。董役之官用其嚴選廉幹屬吏。城四門，皆有層樓腰用。樓之臺十有一，敵臺百有九，崇七百有五十仞，袤二千有五百尋。池隍皆深濬，殆及泉。於是四方至者，瞻望巍峩，屹不可犯。內有教養斯民禮樂諸士，外可以潛銷姦宄之萌，雖宋崇寧中牛尚書之建甃，不過是也。」

予聞之歎曰：「美哉！王君之舉也。夫春秋雖譏魯侯之夏城郎，然備豫不虞，則善之大者也。故莒渠丘公不修城池，敝且惡陋，至使楚人浹辰克其三都，君子則甚非焉。夫武定，京師之藩蔽，山東之咽喉，城之良是也。且王君嘗著大人說矣，蓋以天地萬物爲一體，而復赤子之初心者也。當其志，固欲爲天子城九州而來四夷，豈特城一武定哉！宜其在給舍，凡所諫議，本於大體；在兵備，政教修明，軍民敬服；舉措得宜，役費有經，建此大業乎！吾固知自兹以往，不獨以一城自足矣。二州守之懋於循良，亦可占也。」

君名璣，衢州西安人，起家嘉靖己丑進士。濱州嘗從予遊於鷲峯東所，同武定皆江南高士，宜其立。工始嘉靖乙未八月，告成於丙申五月。

全椒縣重修文廟儒學記

全椒學沈教諭良渡江來南都曰：「全椒，古譙地，今滁之屬邑也，其文廟學宮在邑治之南，其河之陰。正德壬申冬，督學御史黃君病其湫隘，嘗命潘尹悰遷於其河之北，於時規制草創，弗加於舊。庚辰，孫尹贇；己丑，吳尹音俱嘗增葺，猶未改觀，尋率頹圮。乃乙未秋，陳誨謫令兹土，慨然興復，撤毀淫祠，兼鬻官棄地，得百金，言諸巡按蘇君、督學聞人君，咸以爲宜。於是計庸量期，庀工搜良，首事文廟，殿廡咸考，神廚祠庫，亦並建列，堂齋倉庾，其新孔嘉，開廣射圃，袤盈八丈，其延三倍於袤，名雖修葺，實踰創建，視昔大不侔矣。」

涇野子曰：「學不作，君之責；教不立，師之責。學作教立，而德不進、業不修者，士子之責。今諸士子之所進修者，非孔、顏、思、孟之所授者邪？昔孔子教顏子者，以文與禮，文之不博，禮不可得而約矣。子思授孟子者，以仁與義，一有不至，利必爲身害矣。然其言雖殊途，其旨則同歸。故君子以仁義、文禮爲德業，而忠信立誠，則其所進修乎是者也。但士多患於懷居，而道每喪於自是。故決江河於聞見者，上智之人；事緝熙於日月者，希聖之徒。士而知此，則固有不遑寢食，

思躬行之不逮，虛心師友，恥一朝之未聞者矣。故大學之道，以致知爲先，而力行繼之。不見全椒之先正乎？宋張垍選置舍人院，執辭不屈，且上疏言國之治亂，由儒之興廢；及參知政事，知無不言，太宗嘗賜詩以昭其忠也。王彦成孝義著於鄉黨，而徽宗亦加顯褒之。二子者，雖不足槩以孔孟之道，然而名垂數百載不磨，亦其躬行之有效也。諸士其棘於進修，以求孔孟之所授受者乎！全椒有戚秀夫者，樂於講學，篤於進修，於諸士子爲先覺，其以是告之，可否也？」

工始於某年月日，落成於某年月日。

九江同知黄性之去思記

雲南大理黄子性之爲九江同知，未浛三年，進陞南京左軍經府。越明年，九江耆老數人謁予太常南所，爲黄性之跪請去思碑，予諾之而未有以應也。未幾，予改任太學矣。去年冬，予轉官南禮部，九江人又數輩謁予於寅清堂，跪申前請。予曰：「往已諾汝，固不可食言。且性之之貳九江，又無太守之專，汝等何思之切而求之數乎？」對曰：「吾黄父母官亦嘗署九江篆矣，不食九江一杯水，不用九江一片紙。」予曰：「居九江地，不用其水，饔餮奚具？爲九江官，不用其紙，文移焉行？」對曰：「府衙有井，額辦有紙，不擾諸民間，是以言不用也。」

予歎曰：「果若汝言，則性之真九江之父母矣！夫世之爲守令者，豈無長才大略？然在其位，民或畏如虎狼，惟恐旦夕之不去也；違其任，民或恨如仇讐，惟恐他日之復來也。夫何故？凡以剝民之財而餧其肌膚耳。乃然後知古之留犢懸魚者，雖非中道，爲貪夫疵其矯，激其畏天命、悲人窮之心，殆亦聖人之徒也。故予每見鰥寡孤獨之苦，而恒切守令之憂。然則黄性之知解州事矣，後予兩過解州，解州士民言性之與九江人略等，則性之之治九江可知矣，則九江人所言當不誣也。」

性之名敏才，起家雲南某科舉人。

陝州新開泮池記

陝州兩生陶進、王鈞奉其師錢學正舉暨三司訓啓來曰：「州學建於召公祠之東南，而州於古爲列侯，其學即泮宮也，然自開建以來，未有泮池，諸守相繼，莫之能興。今太守隴州閻侯蒞政二年，篤念斯文，見弘農衛後棄有隙地，當廟學之南，若疏鑿爲沼，導引城北活水流注其中，瀠洄廟學，於以萃納山川之秀，昭回雲漢之光，固其所乎！會管河憲副張君巡歷駐節，侯偕師生奏記憲副，憲副行香學宮，呼諭掌印指揮呂繼隆諸官，其諸官皆謂贊修文教，義所甘心。侯乃鳩工開造，周築垣墉，遂成鉅池，嘉惠陝學，樂育英才。且侯公正廉恕，撫愛郡民，種甘棠以仰師君奭，栽瑞蓮以求匹寇老。故泮之作，至侯始勃然而興也。」

涇野子曰：「諸友不聞漢皇甫規乎？蓋嘗爲陝州太守矣，仁聲大著，徵拜内階，爲漢直臣。侯固隴西宦族，早受其父司馬公庭訓，兄弟孝友，文盛關右，其居去規不遠，侯固爲今之皇甫規乎！昔魯侯之泮池，端大本以克明其德，卒之不但文教之興，雖淑問獻馘，收功淮夷，亦自是也。然則侯豈但取比於規而已邪！若乃北登底柱而挹大河之氣，南睹莘原而想伊尹之風，采芹池上，行歌釁序，以爲古之聖賢者，則又在爾多士，不可徒視此池爲優遊之具也。」

侯名俸。贊成其事同知劉璋、判官張惠、吏目楊世傑。三司訓則柳階、徐秀、陳忠言。池南北計十四步，東西五十步。其成也，在嘉靖十六年七月。

衍慶堂記

衍慶堂者，錫山鄒邦美甫之所構也。先世文忠公浩以直臣鳴於宋，其弟洞亦有兄氏之風焉，而未仕也，乃篤其慶以遺

子孫。至我明有靜修氏者，遂作堂於所居之左，扁曰承慶。五六十年矣，其孫尚以厥考智卿遺命，別爲堂於其右，扁曰紹慶。智卿諱愚，號拙隱，生四子，而甫其季也，紹慶後析爲尚之產，甫遂於紹慶之南又作堂焉，扁曰衍慶，蓋亦智卿之遺意也。夫堂以「慶」名，固本易以積善建也，故善則有餘慶，不善則有餘殃。故鄒氏自文忠公兄弟以來，殆千百年矣，其子孫皆蕃庶碩大，彬彬焉，侃侃焉，雄於錫山者，非其善也，而能有如此之慶乎？夫慶固不外於善，而善在鄒氏者亦不外乎直也。人之生本直，而況文忠公兄弟以直開有鄒乎！故出而仕者直，則進言必正，守官必廉，奉法必公，處僚必讓，御下必惠，有益於君民而爲國之慶也。處而隱者直，則治行必端，臨財不苟，修業必實，居族必睦，處鄉必義，有益於子孫而爲家之慶也。若徒以「慶」名堂，而善不足以潤是堂焉，非邦美之本心也。凡爾有鄒子孫其勗諸！

百歲堂記

百歲堂者，藍山司訓鬱林龐崑與其兄崧扁其祖母李氏堂也。李，竹溪處士諱瑄者之配，麗江推官厚之母也，生宣德三年戊申三月三日，迄嘉靖六年丁亥三月三日，實閱百歲，日數甲子，蓋千有百餘矣。於是州守李東嘉難老之壽，推優賚之典，躬賀其家，重華厥扁，凡鬱林鄉大夫士相率詩歌且稱慶焉。藍山既受司訓，道過南都以問記。

涇野子曰：「有是順孫，固宜有是壽母矣！昔者崔山南之曾祖母孫夫人壽亦百歲，口脱兒齒，不能粒食，其婦日升堂以乳之，史傳以爲罕事也。唐至今且千年，乃又於鬱林龐氏母見之邪！於戲，休哉！北流劉澄者，應天之司訓也，與崑爲友，言李初歸竹溪，時值兵燹，李乃黽勉内務，克勤克儉，上事舅姑，克盡孝敬，凡諸祭祀，蘋藻爵豐，罔不潞嘉。及處宗族鄉鄰，咸過於厚，而醇慤誠允，人無間言。其訓麗江，皆據義方，不同流俗，故麗江早領鄉薦，賦政平明。竹溪服闋，補推黎平，以李年老，懇乞終養，先李而卒，惟母是念，至托其子，鄉人稱孝。然則李之百歲，豈偶然所致哉！故箕子論敘五福，列『考終命』於『攸好德』之下者，良有以也。雖然，百歲之壽在李者也，衍之而至於數千者，則在崑焉耳。且李有八德：一曰

勤，二曰儉，三曰孝，四曰敬，五曰任，六曰睦，七曰慤，八曰允。崑誠能奉此八德，以訓藍山諸士子，使各修其身，各齊其家，以爲他日出而化民之本，則李之德宜於家者，可傳於四方，著於一時者，可垂於後世，則夫百歲之壽，豈不可以數千歲遠邪！」

重建泰州文廟學宫記

泰州文廟學宫自國初開設之後，至正統甲戌巡按御史蔣君誠亦嘗修飾，經今百年，傾圮日甚，不蔽風雨，或撑支其下，州司懼工役之大也，莫敢遽議鼎修。嘉靖丁酉十月，巡按御史洪君浚之垣按泰詣學，深爲慨歎。於是知州朱篸、學正李釗、訓導劉泮率于欽、柯經諸生呈稟獲允，且曰：「崇師修學，憲綱首務。君子用財，視義可否。致孝鬼神，飲食且菲。」但管典工役，必在得人耳，遂委添注同知前刑部主事朱懷幹監督其事。工將訖，朱乃偕州守貳暨諸學官遺生員張淳、唐度來問記。

予曰：「君子之崇敬夫子，不徒在文，而尤在乎質也。聞洪君欽差巡按於斯，其鹽法之暇，以育人材、正風俗爲先務，羣其俊秀，聯其賢哲，講習六經，時行學考驗，發明先聖人之道，至以『造端乎夫婦』試諸生。下及閭閻，亦編什伍，立以諭長諭副。淮揚之間，士風思變。則已得崇敬夫子之質，夫子所必悦者矣。宜其修飾廟貌，拓基隆棟，又兼乎此文也。聞朱之監督也，承洪君之意，選取端謹殷實官耆，托之分理磚石諸科，各首其公，拆卸舊材，登列印簿，以備節用。原址促狹，禮容亦礙，又開寛四面，各出三尺，周垣階砌，易磚以石。凡金木諸工，咸計日程，功計功程。價其藝業精練者，選立爲首，異其居肆，校閲攸歸，而合抱寸朽，具適於用。其諸提工者共宿公所，昧爽擂鼓，各作其衆，日暮始休。比其終，纖悉無所苟焉。然則洪君奉爲道之心以教爾諸士子者，深且篤哉！昔者嘗與二三友論夫子之道矣，惟始於夫婦焉。蓋夫子以二南示伯魚，而伯魚又以『造端』示子思，父祖子孫，家傳庭訓，惟此真切，其教門人，亦不外此。此而得之，家國天下可從而理矣。

往雖堯舜之道，文王之聖，亦皆以『刑于』爲本也。

夫洪君英邁忠信，博貫經史，蚤年即求爲夫子之道，思以見之行事者也。今乃舉此以示爾諸士子，則其作廟之意，端在乎此爾。諸士子日所從事者，又豈可他求哉！若所知不從此出，則其心昏惑蒙蔽，一物無所見，欲觀淵魚之察，不可得矣；所行不從此出，則其身窒礙僵仆，一步不可行，欲登泰山之高，不可得矣。諸士子其用力於造端焉，杜玄虛之論，爲致曲之學。或與大夫之賢，或鄉之與儕者求爲之友，以資其麗澤之益；其少者求爲之師，以法其模範之正。致謹於言行，不舍乎晝夜，處而蘊之爲天德，達而行之爲王道，及其至，雖察乎天地不難也，斯爲不負尊崇先師者之意乎！」

是役也，洪君先後准領本州及淮安運司贓罰凡若干金，並前葉御史發到光孝廢寺大小若干木。工始嘉靖十六年十二月二十六日，落成次年四月某日。

塋芝記

嘉靖丁酉七月十六日，予自高陵發程南來，次日至臨潼，又次日至藍田。因會鄉友，滯於藍田、渭南者十數日，方詣華州，遣次男昀還高陵。比予至南都，昀來書云：「兒渭南還家後，即展拜先塋，見祖墓旁有芝一本。昀恐被他人折傷，取而置諸家廟矣。」是年冬，昀赴太學去。今年二月，昀自京師回，遂圖畫前芝寄南都。予歎曰：「家中知此芝之產乎？去年六月中，予築先塋垣，仰思予祖予考，凡役用人力，禁取在官者。予承其意，出所積俸金，就土工以從事，縣大夫發來夫丁，皆遣去。垣既成，予歎曰：『此垣皆君之賜也。』且當是時，酷暑旱乾，予祝曰：『安得遇兩一二次，則此垣成矣。』未幾，數日果雨，垣成數十堵。遲十日，土又燥，不可築。又遇雨，周垣皆成。予歎曰：『此垣皆天之賜也！』然則今日之芝，天意未可知，而祖考之心則可推，豈以予不煩公役，以順九原之心者乎！子孫若解祖宗之意而守其規，則芝出爲榮。若違其意而犯之，則芝豈能常福哉！」芝圖至南都，在今戊戌年三月初四日，因記之，以示來世。

世德流光堂記

嘉靖乙未之夏，予講論語於太常南所，時建昌王子難來謁。未幾，予改官太學，子難同諸友送至揚州，時子難微恙，予苦勸還南都，然予心猶日惓惓然未愜。至濟寧遇錢貴徐，囑問子難，未報也。丙申，予改今職南來，聞子難病盡痊，且歷事以完，歸新城去，予然後心始安也。今年戊戌，予謂子難決舉甲科，乃又未偶，復謁予於禮部私第，與胡孺道同寢食。於是凡予素所論說，二生因得覽觀校正，予亦獲切磨之益焉。

居數月，子難將還新城，謂予曰：「材五世祖文會軒諱益字受謙，惇厚周慎，中永樂乙酉鄉舉，授霍丘知縣，專務以德化民。既歷再考，霍民數千詣闕保留。於是在霍丘凡十五年，乃陞無爲州同知，蓋時例也。請老於家，九十而卒。高祖進齋諱灝字清宇，孝友肫至，文學博雅，中正統甲子易魁，以親貧老，就仕學職。初諭雩都，母憂。服闋，改諭懷安。兩教著績，轉陞河間教授。是時，吏部課天下學職最者二人，拔陞提學僉事，其一人已擢授矣。進翁首最，適聞文會軒訃，哀毀成疾，終於河間。曾祖東峯諱鼎字德新，醇謹質實，隱德未仕，三十六卒。顯祖東川諱達字希賢，或賓舘臬司，或授徒里塾，學範嚴肅，多所成就。歲貢於京，得任建德訓導，敷教雖淺，士感寔深。祖初未仕，嘗鬻田以償族之債，讓地以息伯叔之爭。凡邑中析田索居，咸來質決，罔弗稱平，其忠厚公直，今尚美談。家君諱祿字汝學，別號一溪，早膺艱窶，奮志績學，中正德癸酉鄉舉，授平和知縣。其縣新設，矩度草創，教化未行。家君懷之以仁，裁之以義，表正以廉，區別以法，蠱壞既修，姦宄亦化。比及考績，雖稱宿盜，亦同詞保留。後以上正禮養儲之疏下獄福州，平和之民咸念其貧，跋涉山川，千里餽資。粵既罷官，民皆小里一碣，大里一碑，隨地勒文，以志遺愛。聞材至京，每探起居，懷思善政，眷慕無忘。然家居退耕楊溪，絕入城府，蔬食菜羹，不求聞達。舊歲遭例舉賢，士夫共薦，府胥寢閣，若罔聞知。夫自文會以至家君，計世已五，歷年百餘，然中間三登鄉舉，一被歲貢，官雖未顯，澤多及人。委祉於材，亦添鄉薦。故材仰思作室之底法，欲扁世德之流光，惟先生是

教焉。」

涇野子曰：「子難斯志，固漢韋孟之念家韋，宋謝靈運之述祖德乎！雖然，程明道亦嘗念先世羽、琳，希振遹、珦數公矣。然其爲官，或端明學士，或虞部員外，或吏部尚書，或太中大夫，若是顯也。然微明道充養完粹，玉潤春煦，學如顏子焉，則孰知數公爲尚書、學士哉？張橫渠亦嘗念先世曾祖及祖復、考迪數代矣，然其爲官，或爲給事中以贈司空，或爲涪州知州以進殿中丞，若是顯也，然微橫渠潛思力行，勇果實踐，學近孟子焉，則孰知數代司空、中丞哉？是故子難之生，固世德之積，若徒歸光於世德，是所求於先人者重，而所以自任者輕也。」「然則爲之奈何？」曰：「子難能爲程、張之學而不已其功，予他日改書其堂之一扁曰『有光』。」

世德之堂建在某年月日。

端本堂記

端本堂者，無錫蓉峯子顧公與立自扁其堂者也。堂在顧氏廳屋之後，寢室之前。蓉峯子自少參致政而歸，日嘗偃坐於斯，靜而存養，動而省察，外罕交遊，内惟端本。乃走使問記，且資顧謖。

涇野子曰：「蓋嘗學斯端本矣。昔者徂徠之麓，有日至後而植松者，其本深入地中，尋端如建標，堅之以杵樹，溉之以雨雪。凡附本者，皆旁衍四馳，遇石入石，遇確過確，牢不可拔。於是不數年，其幹丸丸插霄漢，其枝矗矗礙風日，其葉森森祛雲霧，如駢麈尾，其實離離四垂。有偓佺者日食其下，遂善飛行焉，不能及楊園之道，有棨杏且實矣。一富室愛其樹而欲私其實，當暮春，乃撅其本不純而置諸其家，乏培塿，植之不亭，壅之不厚，灌之不深，風東至則西靡，撥其本乎外見，乃三日而花落，五日而實殞，君子以爲疎於務本者也。」

或曰：「如子之言，將端本亦有時與方乎？」曰：「然。雞鳴爲善，一時也；終日乾乾，一時也；夕亦惕若，一時

也。三時具，其功密矣。格物致知，明善之方也；誠意正心，力行之方也。二方具，其學真矣。蓉峯子之端本也，誠如徂徠之人，則其出可以教國人，其處可以教子孫，其餘風可以傳來世，所裨於斯道者多哉！」

堂建於某年月日。

高郵州重修文廟記

高郵先師文廟故在州治之東，重建於天順四年，逮今且百年矣。垣宇日圮，不蔽風雨，鳥鼠且唐陳傴隘，庶草蕃蕪，每值享祀，至者歎惜。嘉靖乙未秋九月，新城鄧侯子華來守是郡，敷治更化，敦興禮俗，仰瞻師模，廟貌弗稱，即圖更新，無所於處。明年丁酉，諏得郡東時堡鎮元君一祠，愚民奔走，香火浩繁。迺謀諸郡士，議籍其材，撤彼就此，以興明役。首出祿貲，倡集僚儕，莫不歡然捐俸，棘赴義舉。其羣工食費，侯時措以給。乃委學司掌上籍，選命耆民掌下籍，程力權工，不爽厥式。其區處之方，錢穀之概，侯總攝焉。廟廡既考，而鄉賢、名宦二祠亦並鼎新。往年予赴太學任，舟過高郵，學正羅士賢率諸生拜問記，予已諾之。迄今落成久矣，復申前請。

予惟夫子之作春秋也，城中丘則書「夏」，作南門則書「新」，夷伯廟則書「震」，御廩災則書「日」，桓公楹桷則書「丹刻」。凡以重民力，節民財，崇正祀，黜淫祠，爲其所當爲而已。斯役也，殆有志於師夫子之道者乎！夫元君祀，典之所無文者也，毁其祠而以作先師之廟，豈惟黜邪崇正，並節用愛人亦具之矣。昔子華從遊於鷲峯東所，蓋嘗三講於是焉。今爲州牧侯守，見諸行事，豈非相信者乎！斯往也，固知益齊其位，益弘其政，益慎其法，不渝作廟之初心矣。諸士子日趨蹌瞻仰於宮墻之間，其所以省察己私，涵養天理，謹身節用，以養父母，守正閑邪，以明聖學，大爲他日新民之具者，當必不負鄧侯作廟厚望之意矣。

先師廟正殿五楹，南面。東廡十有二楹，西面；西廡亦如之。對欞星門五楹。戟門之內有池，池上有橋，凡丁祭暨朔

望釋菜，並以他事告至，告辭者皆渡橋。北爲儀位鄉賢、名宦二祠，各若干楹，在廟之左右。

是役也，始於嘉靖丙申夏四月二十八日，告成於丁酉春某月某日。鄧侯名詔，起家江西鄉進士。助成其事者，同知曾時中，判官羅岐、黄初、司璜，吏目朱守歆暨學正羅士賢，訓導某某、某某，法得書。

雲章樓記

雲章樓者，今春坊諭德漸山屠君文升居第之樓也。樓凡五楹，在武、漢二溪之間，當湖之上。蓋自漸山之父太保康僖公有是構也，凡以藏先世所得累朝恩命勑誥暨錫書者也，然未有額扁也。至漸山自侍讀進諭德，所獲宸章滋多，亦績藏于是焉，乃遂題其樓曰「雲章」云。凡以志聖諭睿翰，上以光祖德，下以式賢子孫也，其志遐哉！昔程子爲宫室，乃別構一室，以藏先室誥勑並影真以奉之，雖一二侍僮亦不遺，其所以篤不忘乎孝思者，後世稱仁焉。當漸山意亦復如是，則其所以求法程子，仰以表忠，俯以洪孝者，可知矣。屠氏世傳樓右接朱買臣、陸德輿之故宅，其北則顧野王讀書臺，嵬然上存者也。今視此樓，當風斯下矣。

樓構在某年月日，額扁題在某年月日，問記在嘉靖十六年之三月，以予因公事入京也。越三年之六月，予又以公事入京，始能答之。

黄氏祠堂記

黄氏祠堂者，少司馬雪洲先生儀真黄公之所創建，其子戶部照磨襄之所葺理者也。公在官有冰檗之操，剛正之氣，公直之心，無弗達諸政矣。比謝政歸，乃建祠屋，以祀其先世人。戶部嘗因繼母夫人之疾，飄然掛冠，東歸儀真，視疾之暇，惟

以祠屋爲事，乃問記于予。

涇野子曰：「承先人之業，莫大於繼志；順祖考之心，莫大於述事。聞戶部有子數人焉，皆教以雪洲公之道。思公之惡衣也，戒以勿美其服；思公之菲食也，戒以勿豐其味。或出而仕也，則必以其道行於時；或隱而處也，則必以其教行於家。是亦殆爲能繼述先人之志與事者乎！夫敬以合族也，仁以長恩也，孝以彰往也，信以徵來也，厚以振俗也，斯固少司馬未就之意，而委其任於戶部者乎！是故覩周旋登降之節，而敬生焉；起同宗共祧之思，而仁洽焉；考視履之祥，而孝昭焉；篤佑啓之則，而信孚焉；敦大成裕，物軌以彰，而俗厚焉。雖由此以風天下可也，戶部將不念之乎！聞諸禮云：『春，雨露既濡，君子履之，必有怵惕之心。』『秋，霜露既降，君子履之，必有悽愴之心。』率是道也。予嘗慨俗敝而歎知本之難矣。世有父母、王父母之具慶者，弗克祇服厥事，其甘旨遂所不言；而乃席貲眩侈，雖倣古立廟時食，且豐潔也。吾知崇虛而病實，靡文而喪真，雨露既濡，履之有不怵惕者矣，霜露雖降，履之有不悽愴者矣。故曰：『未能事人，焉能事鬼！』亦戶部視之何如也！」

是祠也，構當居第之左，爲堂三楹，中設大龕，分爲五室，中祀始祖，高曾祖考，左右次列，蓋宗程氏禮，以予所嘗論取者也。其後架以爲藏祭器之所，前豎門樓一楹，左右二門，由兩廊而進墀，樹以雙松，松外有墻，書屋在其前。其后也，有靜觀亭，四圍皆植大竹，堂扁則內翰前溪景公之所題也。

是祠也，經始嘉靖癸未之秋，落成在某年月日。記凡五年而後成，在己亥五月。

新立龍居集場碑記

登州府經歷王君守春使數生持狀來曰：「解州東北隅二十里曰龍居莊，東連運城，西通蒲坂，南抵虞芮，北距猗氏，且環以張格、小沼、買女、長樂諸村，其店市寬敞，而民人質實，四方多有來貨馬、騾、牛、羊者，誠可立集以聚之也，但前守未之

舉耳。太守解君以來，每事便民。一日出城，詢民疾苦，見有肩負交易於他郡者，遂相州境，立爲三集，而龍居爲首，于時同知王及、判官駱永聰、吏目周寀、學正姚克讓、訓導王卿、薛同、張文魁咸在焉。復恐法久弊生，爰立集長以主之。民于此乎便，商于此乎通，誠千百世之利也。守春謂其鄉人曰：『此而無記，非惟太守之善以沒，且後之爲守者無所勵矣。』鄉人皆諾而樂爲之。」

涇野子曰：「易不云乎：『日中爲市，致天下之民，聚天下之貨，交易而退，各得其所，蓋取諸噬嗑。』雖炎帝、神農氏由此其選也。集場便民，豈細事哉！往判解州，亦嘗立集西王，自謂能順民情，豈如今日解君三集並設哉！然則解君察民之瘼，知民之急，通乎土俗，達乎物情，解太守其賢于予哉！所望法立能久，民日有益而無弊耳。」

解太守名情，鄉進士，山東東平州人。登州字居元，龍居里人，予徒入鄉賢祠名光祖者之父，法得書云。

新修滏河橋記

滏河出平陽府曲沃縣東七十里滏山之下，西流而入汾河，近入汾處，適在高縣里中，乃通衢也，北達京師，以至宣大，南接秦蜀。舊有木橋，每歲冬修春卸，費耗民財千萬，若至秋潦泛漲，尤爲居民之害，民多怨咨。有志杲者，里僧也，見義勇爲，民復從便，各施金粟，伐石造甓，斬木村樹，沿河十里，各奏爾能。杲乃旦夕募緣，波及行路，未洽數歲，積財百千。乃告諸兵備僉憲辛子批行，知府茅侯轉仰知縣趙弘，委主簿包文昇督工修建。乃作石橋一座，其空有三，橋上起樓十間，以息行者。東南創構廟宇，致祀水神。垂成，而茅侯觀焉，謂誼不可無記也，即遣志杲持狀問記。

涇野子曰：「橋梁，國務所急，載諸工典，王政之一事也。夫晉有滏、汾，猶鄭有溱、洧，子產雖惠，不知王政，乃用乘輿而忽橋梁，爲聖賢之學者，每譏病焉。齊桓公，諸侯之流也，巖下有貫珠老人，解知九九之數，桓公得相夷吾，用九九之數伯齊國。則夫用志杲以成滏橋，可知茅侯之他政矣。侯素志于古人之道，躬行實踐，羞比夷吾、子產者也。斯往也，康濟天下

之險，不嘗平陽一滏橋而已，志杲輩亦得籍名於不朽乎！」

辛子名珍，陝西耀州人。侯名鑒，鎮江丹徒人，皆舊知于予者。

涇野呂翁之次孫永寶壙磚記

予致仕到家，得見兩孫，甚喜。其長孫師皐永胤，於去年隨其父舉人田會試，今尚未還。其次孫師伊永寶，則次子監生昀娶邑人張耆老公蘭之女金所生者也。永寶生未期年而張金歿，雖路人皆憐其無母也，予撫之于晝，予配李淑人暨其乳母並一二戚媪撫之于夜。

今年三月，生二歲又九箇月，將三歲也。然受性頗靈慧，其婉戀于予暨李淑人，雖成童弱冠之孝順者不及也。予每坐，必爲予移置腳凳。腳凳重，力不能舉，目僕者共舉之。又嘗因嬉戲棍，誤撞兄永胤之目，永胤怒，即跪拜掣膝，胤喜。當予將用茶酒，或與僕爭奉壺盞。有一僕故稱其耆老之名，恚詈不已。又一僕嘗稱其父之名，則又甚恚詈之，尋即告其父曰：「爹爹，某僕叫你名也。」及痘疹，見李淑人或他出，即掣其手曰：「勿出，看守。」問曰：「看守誰？」對曰：「看守永寶也。」有劉氏老姑者亦同寢，老姑或他出，其語亦然。乳母嘗掇腳以大便，用故紙以揩穢，則止曰：「是字紙也。」疾中每言「歸去」，或言「哥哥」者數聲。既革之子夜，數呼予至，內人以予在前堂外寢，不以告。既旦，則四月二日，寶已亂，不能言，辰巳之間歿矣，予深悔瘡曳之時未能救也。及將舉棺，焚所遺衣鞋，見一二錦繡繈褓，則歎曰：「其誰折寶之壽，損寶之福乎！」予在南都時，嘗寄書於家，兒子輩只可用粗布，不知其言之無益於寶也。

初，予既舉進士，在告後，嘗製一紵衣，先侍郎公斥之曰：「汝嘗言何粹夫著布衣，今忘之也。」予自是不敢衣重紵者二十年。至五十衣帛時，始用重紵，然亦未嘗作裏衣。至六十，同南都九卿冬至節會於禮部，諸老多言寒甚，有錢尚書者言潞紬可作小襖，老人骨寒，宜用之。予自是始置一紬襖，今服之四年未易也。予凡于索文之幣、來學之贄，積有紵綺，其用

多爲朝祭之服及家廟時祭、母侯淑人之衣饌藥餌所費耳。其有屋數間，田數十畝，皆先侍郎公所置，予不過修飾之耳，縱有一二增益，亦不多也。日夜所深念者，願生一賢孝子孫，勝於財產。不意永寶靈慧，異于孳兒，其姿容，舉縣人皆愛之。乃一痘遽去，將予又有他罪耶？因記於壙磚。

或曰：「未成喪兒，多棄於水火，不葬。寶未三歲而葬，且與記，禮歟？」答曰：「不聞夫子之勿殤童汪踦乎？」

重建敬一亭啓聖祠尊經閣記

夫治民莫先於作士，作士莫先於興學，興學莫先於崇道。洪洋趙公之巡撫陝西也，首事廟學，見省城三學聯於一區，規制宏偉，寔先列郡，則羨之曰：「壯哉！斯基也。」既而觀于敬一亭焉，在郡明倫堂之後，而甚狹淺，則曰：「非所以尊聖制也。」既而觀于啓聖祠焉，乃在先師廟之後，而室甚陋，則又曰：「非所以達聖孝。」既而觀于藏書樓焉，乃在郡明倫堂之前，規制庳隘，而收藏疎缺，則又曰：「非所以哀古典也。」遂檄藩司，俱爲改建。適侍御張君棟院事竣，因以謀之，侍御曰：「懿舉也！」遂建敬一亭於碑洞之後，五楹，其前與先師廟相直，蓋極其宏麗矣。乃建啓聖祠於學宮之東，亦五楹，當董子祠前，蓋極其軒廠矣。乃建尊經閣，亦五楹，於郡明倫堂之後，即故藏書樓也，蓋極其巍莪矣。

他日，遣學官問記，致仕侍郎呂柟曰：「君子之治，先其大者而已矣。敬一亭者，體道之要也；啓聖者，發道之源也；經籍者，載道之器也。故君子以道修身，以身用人，以人立政，而民不康者鮮矣。今夫怪誕之辭、佛老之書，於世無補也，然或爲之貝葉牙籤、輪藏朱樓以奉之者矣。今夫淫鬼邪魅、胡僧左道，於人倫無益也，然或爲之金貌檀骨、畫宇雕梁以祀之者矣。今夫馳騖於辯博而不知本，（迢）〔追〕[一]逐於崎嶇而忘所歸，於正學有損也，乃或譽其多識，奬其泛覽，以美之者

[一]「追」，據萬曆李楨本改。

矣。然則洪洋公之爲政，上以宣君德，下以釐民俗，前以明師道，後以詔來學，可不謂先其大者乎！」

是役也，棟梁取之咸陽，琉璃取之耀州，珉石取之富平，役匠取之咸、長兩縣，各給以直也，諸費取之司府贖金。是役也，始於庚子八月，落成于辛丑五月日焉。

公名廷瑞，字信臣，直隸開州人，起家正德辛巳進士。其德化政績，懋著西土，鎮服外夷，宜有茲舉在泮馘也。今聖皇嘉公殊勛，已陞兵部侍郎兼僉都御史，仍巡撫陝西云。張君名光祖，字德徵，河南潁川衛人，起家嘉靖壬辰進士。今巡按浦君名鋐，字汝器，山東登州人，起家正德丁丑進士。其藩臬諸大夫及府守有事茲土者，法皆得書。

蒲州新建閘河引水衛城記

嘉靖辛丑之秋，北虜自大同入寇山西，勢甚猖獗，聲震豫、雍，平陽以東，殘破不支。時趙君伯一方守蒲郡，作而曰：「斯蒲之爲城也，藩王宮殿不啻數十，公卿里居不啻數百，富民傑士，匝廛盈巷，闤闠萬千。保障一失，責在於統。」乃晝夜熟思，周爰咨詢，王公卿士，下至黎庶，罔不延訪，遂定策曰：「若有不虞，閘河引水，周流于隍，數萬甲兵不足懼也。」策定，僉以爲然。既而曰：「役使不均，煢獨抱怨。」乃計地定工，計民定役，計限程日。貧者出力，不遺差占之卒；富者出財，波及優免之家。勤者有勸，勞及督工之人；惰者有懲，刑及頑慢之輩。於是州衆咸作，挽襏齊奮，鼓鼛弗勝，西北建閘，高于河身，西南合河隍，深且將至泉。未及三月，厥功告考。於是蒲大夫方山、龍谷、竹門諸士夫會而言曰：「太守斯功，吾蒲人百世之利也，可無文石以詔後來乎？」乃遣孟生、劉生賫狀以問記。

涇野子曰：「美哉！斯舉也。豈惟蒲人之利，雖關陝以西，亦可賴矣！夫伯一其有得於仁義之道者乎！夫愛民之心不深，其何以爲仁？使民之力不均，其何以爲義？仁且義，吾于蒲州閘河引水見之矣。禦虜上策，有過於此者乎？狀言：『當虜之未至也，伯一君置一吊橋以防患，築堡砦以障內，造軍器以禦敵，設諸械以壯城，捕強寇以息盜，造巨舟以濟

危，革市賈以蘇困，儲糧芻以備軍餉，汰積年以杜飛詭，止濫差以遏需索，清獄囚以止冤濫，新學校以勵教化，毀淫祠以正風俗，禁巫嫗以別男女，抑強買以戢驕橫。』此數者，在他守令言，誠偉績也，在建閘引水言，皆細事耳。予既受請，乃致書伯一曰：『閘河引水，甚善甚難，非吾伯一不能行也。但恐水行之後，傷及河堧兩岸，田屋可賚，及貧民貧士如何？』然不知伯一處之周詳矣，遂復書深謝，則伯一者，豈非信道之深，見義之勇，吾鄉邦之光！他日進拜上卿，防患四夷，勒名鐘彝，當于伯一有望乎！」

伯一名統，別號麗山，起家乙未進士。

胡氏族譜記

歲壬寅，胡孺道自休寧來吊予於北泉精舍，乃留東廂以居。一日，出所撰胡氏族譜展予曰：「吾父木齋翁嘗嗟始祖朝奉君稅幹者，元末自婺源遷居霞阜，生三子，伯曰某，仲曰某，季曰某，以至今十數世來未見譜之作也。弘治中，經歷今陵公雖敘世系，言之無文，恐難以傳遠者耳。乃命大器及賦袁益考訂而成編，目凡有六，其文若干焉。」

涇野子閱而歎曰：「夫世系明，可與廣恩矣；正宗立，可與明義矣；列傳謹，可與考德矣；宅墓詳，可與永業矣；家乘附，可與足徵矣。此皆木齋翁之意而大器及賦者述而終之也。于是譜之作也，足以觀其仁焉；于是譜之成也，足以觀其孝焉。仁則能收族，孝則能繼述。能收族，善繼述，則尊祖敬宗之心於學士大夫等矣，當非卜子夏之意乎？雖然，予之所望於孺道者，固不止於此譜也。昔予官南都考功郎中，木齋翁即遣孺道學于柳灣精舍。孺道事予如事木齋翁，朝夕不忍離予也。竊嘗私喜，以為孺道有所得矣。及戊戌，予將北上還家，孺道曰：『他日，大器必至高陵。』當其意，雖顛沛患難有所不避。然而山川之險，跋涉之勞，何足為孺道艱哉！予亦誼其必至矣。既而孺道果至，在夏五月也。予喜甚曰：『孺道斯行也，予將以為天降耶！且亦能成得一信字矣！』宋楊中立往潁昌問程明道易爻，及其歸也，明道語人曰：『吾

道南矣！』夫中立，將樂人也，視休寧爲且近，而予高陵人也，比潁昌爲甚遠。予之道固不敢比擬程子萬一，而孺道篤志好學，輕千里來從予，則已駸駸乎中立矣！若孺道不以此自足，志益堅而功益專，言益謹而行益慎，則仁由是可以溥天地，孝由是可以通鬼神，信由是可以透金石，至於窮神知化之妙，然後爲繼述之善也。此豈但譜胡氏於今而已哉？雖以譜天下之族至於千萬年亦可也。孺道歸，而與賦其勗諸！賦嘗從予遊，亦可與言者矣。後之胡氏子孫欲知其顯祖收族之美者，其自木齋翁始乎！」

木齋翁恩榮壽官，名思三，字汝季，別號木齋云。

新建巡茶察院行臺記

徽州火鑽鎮舊設批驗所，與秦州駱駝巷稍子鎮同，後至巡茶劉君俱奉革去，惟火鑽鎮官雖革而印未繳也。嘉靖丁亥，猶銓注一大使來，然而于所無衙，于官無事，知虛銜耳。戊戌之秋，應天沈君中甫奉命巡茶陝西，至火鑽鎮，歎曰：「此地去徽、秦二郡俱且二百里程，而茶馬由是通焉，豈可以無官守與公署哉！況虜囚一寇，衆踰十萬。近者吉囊、俺答之種，最號精強，而哈喇慎亦黠虜也，不時南侵墻堵而來。雖有臨、鞏、秦、平、甘、寧、固、靖諸路之兵，然衆寡不敵，又多軟脆，望塵奔遁，莫敢支持。人徒以爲虜強而我弱也，殊不知禦虜在士，奮士在馬，畜馬在茶，行茶在公署。公署不立，而欲茶之行者鮮矣；茶課不足，而欲馬之畜者鮮矣；馬力不齊，而欲士之奮者鮮矣；軍士不奮，而外欲攘敵以卻虜，內欲安夏以保邦者，未之前聞也。然則火鑽鎮察院行臺之建，是其可少且緩乎？」

君乃先行廣寧、開城七苑，查見在大小兒騾、駒馬萬有四千有零，其倒死拐逃被盜者，皆備查其數，比之元額，率虧損十一二焉。如是而茶課猶縮，堡塞猶敝，馬之不寢耗以亡者幾希。雖有塞淵之心，其如雲錦之羣何哉爾！乃令漢中府歲辦地畝課茶五十四萬，依期起運。重禁茶園店戶盜賣欺隱，而中茶商人碩引之後，不得輾轉興販，別務生理，久不完銷，以稽

國課。雖山西諸處，各該原籍，亦必監候家屬。又令洮河、西寧二道督察三茶馬司官吏，于運到茶斤，不得收粗惡者于內庫以易馬，而以甘美之茶給商人。又令守巡兵備參將諸官責各衙門巡捕官，即理巡茶，而西戎、吐番、疊溪、松茂以至西寧、嘉峪諸處私販茶徒，不得肆行潛通番人以易其馬。又令各驛遞衙門，于發到擺站，瞭哨茶徒拘役及貧病者，各有所處。

又甘肅二行太僕寺，及陝西都行二司，嚴視官軍馬匹，不得走失瘡□，而椿朋地畝馬價亦皆及時完征。並禁官馬不得馱載私物，減其糧料。又令派定空閑牧軍守候，茶馬一到，即時俵領，勿得守至旬月，致馬瘦損，至齧柱檻。其各苑亦必相水草之宜，而騰駒遊牝，各得其所。圉長羣所，皆不得惰偷閑曠，以廢其業。又令苑馬寺通行各管三路官員，親詣各監苑，巡視塞堡，務必高墻深塹，堅實寬厚，保障地方，收斂馬匹，勿致損失。夫漢茶有招馬之資，番人有市馬之樂，監苑有飼馬之實，塞堡有護馬之所。行之數年，雖騋牝千億亦可覩也，比拘四驪，不啻言矣。徽州王刺史言君存心正大，行事嚴明，合省官民皆敬慕之，宜其錫馬蕃庶強壯邊圉如此也。

是役也，行臺正廳三楹，東西廂屋共六楹。後廳三楹，東西廂屋亦六楹，二門及先門各三楹。若大使之宅第，則在行臺之西，亦不下一二十楹，器用諸物皆具。是役也，始於嘉靖十六年月日，落成於十七年月日。未幾，君以竣事還朝矣。君去之第二年七月，予因徽人速記，遂述所聞君之美政一二，以告後來。

君諱越，字中甫，南京人，起家嘉靖壬辰進士。

陝西貢院重修記

吾陝方伯喻公、尹公暨大參王公使學官張穆持狀兼幣詣予曰：「茲嘉靖庚子大比，侍御潁川張雙溪先生實有監臨之任。先時往觀貢院，謂：『此乃國家興賢取才之地，不宜敝漏若此。且是地屢敝屢修，屢修屢敝，多非爲久遠計者。』於是會謀於巡撫都御史洪洋趙公。及春，諏日選委才吏，羣役爰作，次第舉新，堂廳門坊，規制倍昔，且奎壁中工適落成，正文明

時也。」

涇野子曰：「斯役也，豈惟可掄才於後，實可以作士爲先，君子于役，教化攸繫者此也。夫其自春徂秋，歷三時而後完，下如苞竹，上如茂松，不猶端士之學，日修月累，內主忠信，外持威重，真積力久，形著明動，成章而後達者乎！若乃修敝屢更，又何異於士也，怠惰荒寧，鹵莽滅裂，不積學於平日，一旦延至試期，剿取他人之言，姑應一時之考，以僥倖於一第者耶！聞之曰：『財不費而舍宇新，民未勞而士氣倍。』彼號令頻繁，人日奔走于道路，征誅稠疊，工日寤寐於役所；此其罷我鄉民，不忍見聞，又何以作士氣而使之興耶！且自房徂堂，自堂徂樓，自樓徂門徂坊，朗豁正大，噲噲壯偉，豈啻爲君子攸寧者乎！諸士過而瞻之曰：『此吾輩入而應期處也，此吾輩出而用世處也，吾輩之學其才德，洪麗巍峩，能入此處否耶？』故觀之九五，象曰：『觀我生，觀民也。』象曰：『下觀而化也。』斯役真懿舉矣，比美斯干不亦可乎！雖然，君子之舉賢才，凡以報國也，固宜崇重貢院之制矣；乃若士子修身以道，待上人之舉者，雖不必貢院之修敝可也。諸士子不聞舜舉皋陶，湯舉伊尹乎？此二賢聖者，皆秦、晉近地之產也，又何嘗待固其垣墉，厚其茨棘哉！諸士子若能仰體美意，雖試於垣墉茨棘之中，以爲國制爾然也，而其材之卓茂自爾，出乎其外如皋陶輩，固不可乎？

是役也，貢院坊在先門之前，其東騰蛟坊，西面起鳳坊對，咸改建壯麗。其北三門，高偉亦如三坊也。明遠樓在三門之內，瞭望樓在其四偶，至公堂在明遠樓北，南面。又其北爲四所：彌封、謄録、對讀、供給。收掌試卷房，凡二，東西對。二房之南有爲國薦賢堂者，北面。又其北爲外簾，臺察、藩臬對居焉，其廳皆扁以『精白一心』，又扁曰『公明』，皆在文衡門之南門。南則聚奎堂，舊止三楹，今增爲五楹，崇且廣矣，奎也有不聚乎？又其北爲主考廳，五經房在其左右對。夫雙溪君之巡按西土，激揚有方，賢邪難淆，隄防有道，請託不行，申稟有度，驗詳難誤，釋囚必真，姦惡知懼，互訪求實，積弊多革。雖至宗室輔導以及衛所軍職，亦皆取律行事。凡驛遞雜行，邊腹傳報，皆有注查時刻。乃又明冤有要，科場有條，宜於貢院有此懿舉也。雙溪君不日晉拜卿寺，漸轉宰衡，應知其益充是舉而不渝乎！」

雙溪名光祖，字德徵，河南潁川衛人，起家嘉靖壬辰進士。喻名茂堅，尹名嗣忠，王名納言。是役也，始於今春二月，落

成於秋七月。有事茲舉者，法皆得書。

許昌新建鄉約所記

嘉靖己亥之夏，予自南都捧表北上，道出汴梁，許州守運司張幼養方以公差在汴，謁予於行署。予以幼養舊從予遊也，問治許之政，對曰：「良知雖不才，然于先生之道不敢違也。良知履任後，謂論治者當識其體，養民者宜先乎教。乃于州治之東闢地一區，建爲鄉約一所。行令儒學官，會同諸生於公堂，同舉治政敦德者一員爲約正，以率約士。閑禮者二員爲約副，以掌約儀。才識公正者一員爲約史，以監約事。鄉閭耆民六行克敦者二十人爲耆老，皆免其雜泛差徭，以見優崇之意。仍舉生員年長、熟于禮儀者八人爲禮生，年少生員十人者，肄詩歌焉。每月朔望，赴鄉約所廳，約正、副宣聖訓，並示以四禮條式，舉善糾過，又申之告戒，明之憲章。凡入約人家，冠婚喪祭，悉自約所舉行，定爲章程。務主以誠實，持以悠久，庶道德可一，風俗可同矣。」

予又聞幼養之治許也，嚴上烝之禁，明示法例，革狡黠詐，贅少寡之弊，痛治尚氣輕生之徒，以詰健訟，雖至給引造冊、開場賭博、顧養馬匹、掛答綽攬之陋習，一皆盡於除絕。及聞鄉約之建，予甚喜曰：「幼養其相信哉！德禮，以道之於先；刑政，以齊之於後。而又以今律例之切近者，補解鄉約之未備，許民有不入善者，鮮矣。且幼養迪廉以持己，致恭以事上，廣惠以慈下。既已端其本，而又修先賢之教，明聖王之法，以化導於許。雖古之黃、寇之治潁川，當亦不過是也。斯往也，吾知其必堅之以敦慤，持之以久遠，雖他日進秩部署，漸轉卿寺，亦由是而不渝也。許人將頌德於碑，尸祝於祠而不已乎！」

是役也，先門三楹，其北爲中門一楹，又其北爲先教堂，南面五楹。其孝、友、睦、婣、任、恤六齋在堂東西列。堂之後也，爲講學堂，三楹。講學堂之左，建祠一所，以祀周、程、朱、張、涑水司馬、藍田呂氏，其陳太丘、黃次公、寇子翼諸賢則祀

於其右。又其北爲一亭，以安置高皇帝教民榜文。

是役事始戊戌冬十月，落成于己亥秋九月。

暮至渭濱觀網鰱記

清虚子偕三洞道人暮至清渭北干，立於洄渦之上，見鉅鰱焉，有中鮮、細鱗及羣蝦從者，不下數百千。鉅鰱臥淰四五蝦焉，坐淰細鱗二三焉，起淰一中鮮焉，已而揚鬐鼓鬣而飛，逐中鮮、細鱗數十并吞之。有漁翁持方丈絡頭而至，以修竿汕於渦中，遂獲鉅鰱，肥澤新美，不羨黄河之魴、楚江之鱘也。鉅鰱俯首叩地，張口呼友，若求解焉，其情甚哀。漁翁者憐其狀之苦也，復投於渦中。鉅鰱乃將渦中羣蝦須臾淰之盡矣，未飽也；又將細鱗盡淰之，未飽也；又盡淰其中鮮焉。已而無所淰也，腹且枵，遂浮于水上，瞠目而望他洄渦，若將趨焉。有舟子搖櫓蕩槳而至，見鉅鰱彷徨無依，遂捕之，横剖其腹，生蝦、活鮮猶有數千存也。舟子共歎曰：「甚矣！漁翁之不仁也。使其初也，既獲此鰱，不再投之於渦，雖細鱗今可若尺，線蝦今可若寸，以充萬人之食有餘也。今乃以小不忍而殃及羣鱗蝦，豈不誤乎！」漁翁聞而笑曰：「予自小學打魚，至今皓首老矣，不及舟子之才也。」清虚子歸坐洞中，聞之歎曰：「易不云乎：『立人之道，曰仁與義。』是故一吏肥，百民瘦，果然哉！君子而未仁，于道尤當汲汲也。」洄渦在渭橋之東，鰱魚多自濁涇玄甫藪來，經至高陵縣南合渭水。

遊白雲洞記

涇野子偕近渠張處士公蘭訪三洞張道人於渭濱，時四月五日已暮，三洞已出事於南姜里，其徒數人爇燈烹茗，掃二榻於白雲窩中，予與近渠對寢熟寐。既旦早淰，三洞至矣，提酒攜魚，喜見顏面，曰：「先生何以至此？」予曰：「君在南

姜，何以知吾至此？」答曰：「先生一來，消息不甚大乎！」遂開宴於白雲窩中。予聞三洞壽辰且邇也，稱一巨觥，並賦白雲詩一絕，自書焉，且曰：「久矣，予之不托於筆石也。」又明日，異省有守制縣令拜予於家，不遇，追訪至此，出數金以爲贄，既而有他請。予輒拒之，還其金曰：「汝在喪，予不能賻，乃反餽我耶！即此金以賻汝，不可乎？」又曰：「祁暑中，勞汝過我，不可使汝空歸。吾贈汝以有命焉，如汝之名已斥焉，非予所得而汏也；如汝之名已漏焉，非予所得而登也。近有兩生者，一親一故，問書於予，以應試於長安，予謂之曰：『汝文如可中，是予之書增其醜也；汝文如不可中，是予之書無所益也。』其後主試者皆不用書，惟糊名以列等，兩生者皆在優列，喜而歎曰：『信乎，涇野子閉書之有定見也！否則幾使人污蔑我輩矣。』」縣令色受，似有覺也，遂去。

既又飲於他所，有論編糧新重者欲豁訴，一人曰：「訴必有費而後行。」予謂之曰：「從編與從訴，費孰爲良？費少，從編可也；費多，從訴不可也。坐客皆從編，乃知事必有理，理明則人易信；言必有義，義到則人易開。事不可以強爲，語不可以費詞。」且暮，遂同近渠、三洞南至渭干，以觀涇渭合流，並看打魚之人。還坐場中，作詩十首，侍行者有明玉，於燈下備録之。

又明日，有縣募至，請予還縣，以爲縣人囑，答曰：「此行已爲漁樵人矣，待浴病湯泉而後返。」又明日，有異縣進士業者至，爲其友亦問書，即以告前兩生者誨之，其人亦謝去，是在八日。是日，予亦病，閉洞門臥，抵暮而後出也。旦日，周覽新雨，見禾花焉，陡然暢茂也。未幾，絳州陶季良攜其徒自北泉精舍步來，予方自渭濱觀網鰱而回，有小記持示季良共討之。

国家出版基金項目
NATIONAL PUBLICATION FOUNDATION

陝西出版資金資助項目

「十二五」國家重點圖書出版規劃項目

關學文庫・關學文獻整理系列

總主編 劉學智 方光華

呂柟集・涇野先生文集（下册）

［明］呂柟 著

米文科 點校整理

西北大學出版社

涇野先生文集卷之二十

書一

答崔吉士仲鳧書

受書之後，五七日把玩不歇，廼使空希頹靡中忽得一振警也，懇懇清誨，良中愚病。常自點檢，行不加進，拘之以昏；思不加精，阻之以懦。且當私意横起之時，極力按伏，未幾復起，然卒不能使之起，亦卒不能使之去，即劉質夫所謂「頻復，厲」；「迷復，凶」耳，是重疾也。來諭姑言勤苦太多，薄示其責云耳。若謂「優遊涵詠，待其自得，明於理以達諸事」者，此誠切要之言，某所當佩持者也。敬臣來言，吾兄漸加沉靜，勤於誦思。夫以吾兄平日之疏通，將事可拾芥去也，今廼如敬臣云云，是損高益卑，斂華就實。察其所存，當審其所見；諒其所至，當探其所得。及觀所謂「動之多過，由靜之無養，中間私意，大多浮躁，起滅不定」者，足見邇來心之存焉者多矣。雖然，養於靜以應於動固也，第事之在我以至在萬物者，苟不知爲〔二〕之所當爲而爲之，則程子所謂「雖公事以私意爲者亦私」耳，祇見夫靜之不能靜，浮躁由是起也。故大學之道，「知止而後有定，定而後能靜，靜而後能安」。艮之彖曰：「艮其背，不獲其身。行其庭，不見其人。」此說是也。今學者皆曰：「此事遠大，姑從近小而行。」抑不知學有綱領，雖聖人與愚人同，其節目則各隨人才力所通處用耳。大學「知止」之言與艮

〔二〕「爲」，萬曆李楨本作「理」。

之彖蓋綱領也，此而不同，學必有爲爲之也。如何？如何？不備。

答馬吉士敬臣書

竊嘗自念志大而力小。志大，故每有正助之意；力小，故恒有忽忘之病。正助不忽忘，猶可也；忘且正助焉，奚啻孟子所謂「非徒無益，而又害之」哉！承諭「勿正，勿忘，勿以爲小而忽之」，此正華佗視病，洞見人五臟，敢不佩服！但謂恐某「勞其精力者過多，養其靜虛者過少」，此亦仲鳧意也，於仲鳧書已略辯之，而又以質諸吾子。夫以是裁割某之正與忘之病，固爲親切，若持爲不易之規，恐未可也。且周子謂「靜」，程子云「虛」，皆以存理遏欲言之，其用心力大矣。今對心力言之，謂心力不可過多，靜虛不可過少，則心力者，無乃俗儒記誦之苦；靜虛者，無乃禪靜之寂滅乎？若謂寂然不動之靜虛，則又聖學已成後之事，不可以過少言也。

又謂：「多視損目，燈火爲甚。多思損神，爲文爲甚。」愛我之篤，處兄弟不過如是。然非禮而視，誠損目；果禮也，視愈多而愈明，燈火非損目之甚者也。非禮而思，誠損神；果禮也，思愈多而愈精，爲文非損神之甚者也。今不論合禮與否而直云云，必將蒙目放心，斯以免其疾乎？其曰「古人爲學，恒求於勤苦精敏之中，而得於修藏遊息之後」者，亦若未當。夫勤苦精敏未嘗無得，修藏遊息亦未嘗非求。若謂求皆在彼，得皆在此，是則動爲用功，靜爲成效。且其所謂修且遊者，初未嘗非勤苦精敏之爲，又安得列於藏習之科，與彼分兩事耶？以此觀吾子，近日無乃以勤苦爲病，習寡言省事之爲者哉？夫惟其以勤苦爲病也，是以將有爲也，恒有自難之心；及有爲也，又多自恕之意，如來諭者矣。別離已久，造詣未能親覩，但據手書，一二不合鄙意者，喋喋言之，以爲過防之戒，幸吾子賜覽而深察之，勿視以爲文過之佞而不教，所至願也。

與康太史德涵書

往日赴京時，匆匆不能拜别，至今懷恨。仗賴一路平安，十一月二十日抵京，含愧竊禄，足負知己。吾兄心跡明白，近日人多知之，其有今日，祇因言語之肆耳。夫言行一也，古之人未有不謹於言而能美其行者。惟望吾兄非法不言，以成大業，固非若是以要譽干禄也，吾儒之法自當爾耳。官之有無已知，豪傑不以爲意，但負此大材，遭時不靖，廢處山林，亦人所甚惜也。况志在斯民者，其自處又將若何而後可乎？承吾兄之教，日就栢齋，與化之效全未，思齊之心常存。若栢齋者，吾兄亦不可不念之也。伯循服已闋矣，可邀致滸西，與處數月，當大有益耳。道遠情深，臨紙不勝悵惘。

答馬固安君卿書

别久懷思，何似承教？品題佳詩，然試讀之，雖質矣，失之野，雖近矣，失之淺，蓋求古而又滯於今者矣。大抵此物不作亦可，儒者之業，實不在是。以吾兄之明敏溫恭，用力以求之，將無遠不至，視此物真草芥耳。如何？如何？仰承咸虛不敢效時人漫爾，唐突，幸甚亮之！

再答馬固安書

前書以吾兄虛心下問，輒敢冒犯。得回音，乃知芻蕘之言，不廢於高明之采，喜慰何可言！伯循累遭喪變，困若極矣，當其履歷，不愧前哲，所謂豪傑之士也。執事詢及，喜慰何可言！念吾兄質實溫恭，去道甚邇，作縣以來，澹泊自居，躬率

百姓，又能守法任義，不屈時貴。友朋有此，寧非世道之慶邪！僕前書觸冒，非偶然矣。惟望益堅此志，勿以外之毁譽、官之陞沉少動其心、渝其操。爲相知耳，不具。

與穆司業伯潛書

僕每念友朋中如吾子忠信文行不多有也，每欲就子，共成博大之業，以遂平生之志，而世事乖違，聚散無常，徒切懷想，爲之於悒，奈何？王伯安講學亦精，足得程氏之意，可與寇子數去聚論，不可緩視之也。妻父與僕刷印諸書，又希一催，令早寄來。此心之拳拳者，執事素所知也，不具。

復喬冢宰先生書

到解後，病冗糾纏，未獲省候起居，方懷企仰，忽蒙手教下及，愧感無任。仇時茂曾言執事哭吾虎谷先生高詩，但渠偶誤，未之見貽耳，甚懷想也。若虎谷先生志銘，不足以盡弟子追慕之情，且人微言輕，亦不足以爲虎谷先生之重。若吾執事所撰神道碑出，世方知有虎谷先生，而虎谷先生亦含笑地下，此固吾弟子者日夜拳拳所屬望者也。萬惟早成，幸甚！秋暑方劇，伏乞爲道保顧，不宣。

答張侍御仲修書

書來，足見大才當事之不難也。然一年之事，辦於數日之間，又有餘課，當是時也，此風一倡，恐啓御事者興利之念，此

幾當思。豪右之輩，苟不犯法，止可平心處之；寄聲友朋，不免傳播，安知聞者不生展轉媒孽之謀？此計當密。古言興利不如除害，疏導涑水亦非小業，此舉當審。利苟盡興，害苟盡除，在執事論，亦不足道也。哲人舉措，澤及百世，此志當遠。西來之人有托爲僕之朋友、親戚、鄉里請謁者，雖真必私，如以德相愛，此輩當絕。往日巡監事例，參互考訂，必有可取，定爲準的，使姦不能容，商便，民便，國便，用詔來者，此典當修。如何？如何？

與韓少參五泉書

得手教，乃知執事且未行，何以遲遲至此也？此去山西甚邇，到彼定省太夫人甚便，家事付令弟亦宜，聞又欲請沙苑回當家，此何說也？僕數日間亦欲北行，所教之言，感激不盡，但過望於我矣，愧汗。此行竊祿讀書則有之，他未敢有定見也。主上初政，而諸言者不肯舉其體要，乃煩冗腐爛，以致厭煩，是以後雖有嘉言，亦不能信也。沙苑之疏，固宜其然矣。天下事之壞，孰非吾輩乎！奈何？奈何？汝明家文字，匆匆不能舉筆，容圖之。所寄樂府及二行，風人之作也，其世德堂記太過於文耳，見懷之詩體格亦頗弱，然其意則不敢當也，容日補和請教。大復之故，甚可痛，不識其藁作何處也，亦曾圖之否？

復周江陵克述書

別來懷仰何限！往日山居，送李氏二生至江陵，已蒙過惠。乃初亭道長及葉正郎來，又辱荆箋蒲履，並驢金之貺，將無已甚邪！滿聞善政益倍戎縣，吏畏民懷，不可謂不行其所學矣！更望一志煢獨，真如江陵之嚴父慈母，以與古循良者班，則豈非友朋者之至願哉！半山先生歿，可痛，聞高大哥曾具行狀索銘過江陵，今尚未獲，想已葬邪？仁者之後，自然

昌熾，而佳兒之存，定亦不偶。僕於三月二日到京復職，家眷俱未攜，以舍弟梓歿，老母不欲遽離弟妻，則不忍獨攜妻子行耳。冬春間，謀欲迎取，然又以山林久居成癖，日夜未嘗忘涇干渭滸也，奈何？

與對山書

別來忽已數月矣，然追憶南山、渭水之遊日，未嘗不入夢寐也。數聞關中麥豆好收，益動人鄉思耳，奈何？賃居僧房，交與甚少，凡有過差，其誰規正？吾兄不可以在家不知，棄而不教也。固知吾兄不作入京書，然如僕者，豈可他人例也？老嫂葬事想已舉，則亦大歇心事也。聞再欲續絃，則前之者安存也？恐不可！恐不可！

與田憲副勤甫書

自癸酉冬別，今且十年矣，懷仰之私，何可盡言！中間人事變更如此，即何大復子乃不能永世，可不痛心者哉？緬惟執事德政及人，友朋之光，欣慰！欣慰！僕於三月二日到京，碌碌館下，無益職業，猶疇昔耳。兼以久居山林，疎迂成癖，而往時盍簪之契，俱散處四方，孤與悵惘，莫可晤適，則又未嘗不念涇干渭滸也。有便教，能不吝言否？

與寇大理子惇書

僕至京，得常與令弟子和相會，每見所作，取科第當不難。所恨德器與吾子少異，頗有富貴樣，不知何也？王伯安講學近精，亦得程氏之意，幸與穆子數去聚論乎！

復寇子惇書

爲別之久，天罰不肖，既失怙恃，終鮮兄弟。處則學未成，出則家無托，零丁孤苦，進退徘徊，世豈有如生者乎？屢蒙手教佳貺，爲感不淺。今歲三月，偶來京師，復職館下，碌碌尸素，豈如明教？然以山林成癖之人而迂愚無補，日未嘗不思涇干渭滸，不知何以教處也？執事德立道行，不愧往日會晤之志，此大丈夫得志，富貴不淫者也，今其可多得者哉！萬惟無自足，於聖學豈曰遙遠乎？

與景伯時書

去歲在山，聞太夫人捐棄榮養，不知吾兄哀痛悲號何似？然已見吾兄宦成德就，及麟孫之立，壽考而逝，亦無遺憾矣，吾兄其亦節哀哉！僕自失怙之後，往年舍弟梓亦背我死，即今零丁孤苦，出入無依，奈何？奈何？三月初到京，碌碌尸素，猶往日也，且同年皆去，而形影孤單，又有終南之想。若吾兄服闋入館，猶可以解此鬱鬱也。

復秦西澗書

五六日間，曾具書遞之韓五泉，想徹覽矣。面陳事，蓋因即日所講典三禮而言，非敢有所矯情也，蒙聖上已容宥矣，可寬慮。入舘以來，碌碌尸素，甚愧。有教言，望不惜。聞毁淫祠，此舉卻須斟酌。大抵所急者，除貪暴，安窮獨爲好耳，徐可以釐風俗而新之也。如何？如何？

復孟望之書

別後懷仰，何啻夢寐！乃始知友朋聚易而忽別，難爲情也。得手書，甚慰。聞之九川尊堂康强倍昔，益令人喜不自勝，執事可以一志斯民矣。仲默素弱，而加以文字之勞，故雍大記成，而其病漸央，奈何？奈何？聞其葬無墓志，豈非執事者之責哉？然則編次遺藁而使之不朽者，端有所望矣！交遊中亦多欲爲誄爲挽，以傷斯人之苦，然尚未之能舉，當亦不外今年也。

復蕭吉夫憲副書

別久，無任企仰！九川來，得手教並佳貺，何勝慰感！但愚弟以聲聞過情之人，而吾兄誘奬太甚又如此，益令人負愧矣！九川言吾兄材賢邁人遠甚，然則山東凋敝後，正有望於二三同年君子拯救之也。弟碌碌尸素舘下，倘不惜教言，亦願心銘而躬佩者也。

復朱士光書

久別，何任懷仰！溫公祠碑乃數百年缺典，而吾執事舉之一旦，豈非世道之幸哉！但記托匪人，不足以發揚執事用心之苦耳。緬惟執事言行風采，足紹司馬，而來書乃遜諸鄙士，真可謂謙己誨人矣！記中碑之闊厚及□皆懸度注之，若非其實，妄加增損也。其他舛誤□□□□統希改正。此金石之文，不可設嫌，凡設嫌，皆不相知者也。聞安民尚有子孫在長

安，卻不能鐵筆云云者，但以顯安民耳，如何？如何？粹夫等之舉，甚快公論，賢者舉措，自別如此。然所示數紙，讀之甚愧汗。匆匆不盡所欲言。

答山陰朱守中道長書

去歲得會晤京邸，私以爲疑可質，善可問，學可講，喜幸殊甚。乃日奔馳塵土中，忽忽如醉夢過一年。山東之行，幾欲具一夕之餞，以盡鄙懷，復以場屋事因循，未得一奉別，恨懊殊甚！

來諭云「悠悠者，此正爲學通病」，聞之惕然深省，然此亦不可無所據也。夫學之爲，以知近知寡爲本；學之行，以知遠知多爲幾。故萬里之外，非一目之可見；千鈞之重，非一手之可舉。若使泛爲而濫與，則又昧於近寡之道，而無以爲之本也。是故琢玉之家，不畜碱砆；煉丹之室，不積烈火。何者？火烈則丹飛，玉碱砆之皆畜，則玉之琢也，必不精矣。故君子之道，或以悠悠而廢，或以悠悠而成，惟視其所主者理欲何如也。僕山居時，或思朝曰：「何爲此塊然如株木而無益於世哉！」及朝居時，又思山曰：「何爲此尸然如蹲鴟而無益於世哉！」然則山居之思，非因久靜，朝居之思，非因久動，各有所自致也。雖然，朝居之過大，山居之過小。過小者，於己有失，於人未妨；過大者，不惟害己，並及其人耳。故君子寧爲株木，不爲蹲鴟，此亦僕之所自知者也。若夫惟仁人爲能愛民，惟義士爲能報國。仁莫大於進諸司之賢，義莫急於黜庶司之惡，若以此爲簿書，雖終日從事焉，又何妨！山東之政，當無大於此矣！

與宸王二上舍書

凡舉鄉約，必得經明行修、爲鄉黨士民素所信服者，立爲鄉約正，乃能成此大美。僕夜思之，無如二先生也。其禮生，

欲擇從僕遊者生員輩六人，如何？今略依舊規裁定二條，望二先生斟酌，明當舉行。

與東洲夏于中柬

僕與執事自既第之後，雖未嘗日久同處，然志或孚於夢寐，義相許如兄弟者，今蓋十七八年也。僕今以母病，不得已之情，章再上至貴司，執事直視如路人，漠然不一動心與僕覆題，則其餘與僕不相知者，僕又焉敢仰鳴哉！即日三乞本已下科，萬望憐僕懇切無他情，旦日爲僕一覆。十七八年知與之厚，尚有過此者乎？僕已臥病，不能出門，又不能再央他人，萬望照憐，幸甚！

與呂九川書

蒙差人賫手教至京下問，兼貺以盤費，甚感。自揣狂率無狀，深荷聖恩寬厚，得判解州，感激無涯，且與吾兄舊得蒲州相近，去家亦邇。嘗與幼通有詩以識，今再録之，足知吾兄也。凡罪人逐客，行不宜多見人，吾兄可亦不必相會，如何？蓋吾兄一出，消息甚大。有教誨之言，望備悉書之。昨聞太夫人甚康吉，望吾兄無遠念。

復林平厓書

近養病，事多不准，覩邸報可見。僕老母有疾，三給假，亦不獲允，則養病者又可知也。且山東之清戎，專職也，奉覩諸作及文移，盡可謂能行其志。於此益盡其心，益釐其弊，此政亦可以濟緩急而報明時，不勞因疾而自已也。且清戎事多不

終其差，乃貴衙門故事之不美者，不意吾執事亦欲踵而行之耶？

復孟都憲書

伏蒙教翰並高集厚貺，感荷不盡！子乾志文所添改誠當也。以鄙見言之，只依在正德年間所作刻之爲得其實，且於措辭亦有意也。如用今所添事，只附書於志石之末亦可，乃然後知子乾之不歿，而並吾當時撰志者之心矣。又先帝雖有宴遊等事，今已已矣，臣子只可隱諱，非若當上疏時之可言也。此等語若出子乾友人之筆，可謂薄君而厚友；若出執事之意，則尤不可使聞於他人也，如何？生菲薄卑微不足道，惟是明公勳位道德，世所仰重，而生且又辱教愛，敢狂妄請教。儻鄙言可采，幸再圖之！

復王德徵書

令兄先生將至手教，固知執事懇切求退之意，然出處之道，豈他人之所敢與議？若在平日義理相交者，不得不一言也。夫少參比風憲親民，易舉其職；山西比江西近家，易養其母。則何爲辭之？如僕者纂修之外，尺寸無補，而老母家居，且含愧竊祿，不敢遽云西歸。執事名德，世所共仰，又在寬裕之地，乃欲匿其學而不施，棲昭代之巖穴，窮先王之糟粕，此何所難哉！聞令親家亦同鄙意，故敢阻令兄，且廻望執事早赴任也。詩、禮二說，僕猶舊識也，大抵傳注已頗有支離者，若又與之議論發揮，僕無此精力也，故遷延至今，未能有議，謹附及。

與對山書

令姪世安至，得手教，甚感激！兼知老嫂已葬，令郎已入學，甚慰也！承問近日交遊，甚幸！甚幸！然弟性質遲鈍猶昔，諸名公處皆少親就，而諸名公以弟德薄，亦莫我肯顧也，獨湛先生以座主之舊，穆伯潛以比鄰之新，時或往來耳，此外鄉曲及衙門之公會例舉者，則皆不能免也。有所聞，幸賜教言，他人誰肯及之？又近日髮白志惰，於宦情甚懶，恐來冬不免求一差西歸，以續終南之遊也。

與涂水京兆書

即者遠別，以拘禁，不能望塵郊送，今尚怏怏也。兹到南都已久，不知拯飢振窮果有效驗否？夫拯飢如救焚溺，一念少緩，民命即喪。想諸政具停，專志於此也。遲半月十日不聞仁聲，則吾將先謂子爲尸位矣。如何？如何？况洹野兄在彼司成，可行之事皆宜磨切而舉措之也。

與柳泉方伯書

使來，得教翰並歲書之貺，感慰何限！別簡，足見衛道嗜學之盛心，欽佩！欽佩！且晦翁者，諸經之所由明，往聖前賢之志亦賴以不死也。後學未能即其門庭，豈可肆然議之！然而造道之士，亦當自得所入。故雖以孔子之聖，其徒有篤信不敢違者，有反求諸己而不遽然信者。夫篤信者，固爲學夫子；反求諸己者，亦未爲背聖人也。今日之俗，其一好和光

以同塵，其一好立名以自異，此皆聖門之異端，古人比其害甚於佛老，吾輩不可不深察也。時方春和，地方民果皆樂遂其生否？就此附問。

復寇涂水書

得手教，極知救荒至意，但不知今亦有幾分效驗否？想日夜不遑他務，專志於斯，聰明材略，皆由是出矣！明農之念，可且勿興，如何？家書已到，便附可卿，覓人寄回也。伯循兄到京已月餘，因初到感冒，今尚未能朝見，然亦不過三五日出矣。西澗事尚未有結期。往日在京，多蒙教愛，思欲克治鄙吝，尚未能，來書乃又作疎辭，何邪？匆匆不盡鄙懷。

答熊憲副書

近數得在薊消息，甚喜，甚慰！此地關係不小，而執事敉然戡定，蓋不止一方之功也。近日民窮益甚，而東南盜賊滋蔓，風聲一動，則此地尤宜預加慎備耳。所修薊志，得凡例，足占其文周而謹，意正而遠，有補名教不淺，蓋良志也。然又必得全籍一觀，乃敢肆然敘耳。其州所具禮幣太過，欲多辭之，恐違吾執事之雅；欲盡受之，又心所不安。今以其半返璧使者，令州中或爲恤窮之用亦可。蓋僕自作文以來，未嘗受此厚禮，惟往年朱士光年兄索文加厚，然亦不至是耳。蓋吾輩舉動必須有義方可，斗膽請教，如何？

與何開州粹夫書 甲戌二月

僕於去年十月二十二日進講畢，是時已患腿疾，不可履。至十一月，得家書，家母病不下榻，兼自料賤疾無終瘳之勢，意圖速歸。乃具本致仕，飜惹諸公一大怒耳，其本立案不行。十二月間，再具本養病，至今年二月初二日始准西歸。病軀無能，奔走道路，惶愧無地。聞執事德政及民，猶足慰也。世俗偷薄，政學不明，百姓無聊，士無趨向，所仰於執事者不淺也！柟臥病終南，日與藥餌爲友，見執事不知在何時。若或苟且征放，以負明教，自矢亦不敢也。臨紙凄楚，淚下沾衣。在途，匆匆不具。

與裴伯修書

往者重辱光顧蓬蓽，兼以數日之教，令人銘感何已！因乏便人稽書裁謝，罪過！罪過！仰間復辱手翰，益增愧竦！鄙詩之贈，因吾兄風水之論，及述青衿道士騎鶴昇天之事，遂有此作。蓋謂天下事如風水者，雖學者亦當知；但馳心於此，則于修真理性而上達於天之妙，恐不無舛誤也，詩故云然耳。如葬法一事，只如程子避五患之説，可以通行無礙。而朱子山陵議狀，其曰擇水土之淺深，穴道之偏正，以折刲大聲之非者則可矣。若夫論土勢之强弱，風氣之聚散，不敢以爲必然。至謂擇之不精，地之不吉，其形神不安，而子孫亦有死亡絶滅之憂，則又甚怪，而尤不敢以爲必然也。蓋上古之時，葬之（中）［山］〔一〕野，不封不樹，而孔子始封之。自秦、漢以來，始有山陵、原廟之禮，而中古迎魂立主之義，遂忽焉不講，乃專

〔一〕「山」，據萬曆李楨本改。

于塊壤之上求風水之合，以爲禍福之驗，世其有此理哉！雖仲尼而爲此論，吾亦不信，况出於郭璞、淳風之輩，以駭時俗之耳目，而不神於久遠者邪！審若是，彼仲尼以上聖人，又豈愚於郭璞、淳風而自殄其世耶？彼孫逢吉、趙彦逾者，又何足以知之？如不可信，以秦皇言之：其未帝之先，塋不知爲誰所擇以有天下；其既帝之後也，驪山之域亦海内葬師之選，乃二世而亡者，何也？恃在愛厚，敢不諜諜，倘蒙不鄙，尤希賜教！

復劉元瑞書

屢辱手翰，足荷雅誼！敝省復獲執事來撫，又何幸也！日者雨足，然止可種植菜麥，而西安以北數州縣之流離者，尚爾未復。執事者見熟不見荒，一概起税，則亦有反以雨爲殃者。畎畝之士，興感而泄於辭賦，不可謂其無也。古志士之感時興歌者，將非皆此類乎？滸西之集，皆一時醉狂塗屏抹壁之言，不意康七德允取而刻之，遺笑大方，又何敢以辱高詠也！材短德薄，無益於時，止可家食求學，與木石偶耳。來詩云云，類溢美矣。憂旱、喜雨之作，皆近詩也，録以求教。

答張仲修書

承命查定三晉名賢，奉祀河東書院。按史志，在古有若解州風后、平陽倉頡，在唐虞有若稷山后稷，在夏有若安邑關龍逢，在商有若夏縣巫咸、平陸傅説、首陽伯夷、叔齊，在周有若平遙尹吉甫、介休介之推、晉陽羊舌肸、西河卜商，在漢有若介休郭泰、太原王烈、解州關羽，在晉有若晉陽郭琦，在隋有若龍門王通，在唐有若太原狄仁傑、聞喜裴度，在宋有若平陽孫

復、夏縣司馬光、介休文彥博，在大明有若河津薛瑄〔一〕。

夫自周、漢以來，茲土名賢衆矣，然多有瘢垢：智如士會，奔秦而計撓臾駢；信如荀息，事君而不明嫡庶；友如鄧攸，位高頗媚權貴；忠如霍光，溺妻不正大義。王延之孝，仕於劉聰；柳宗元之文，黨於叔文。他若董狐、祁奚、宫之奇、段干木、周續之、周黨、王續、韓通、趙鼎輩，雖有懿行，不盡純粹，皆不得與諸君子並。夫後世士論弗正，多崇言卑行，貴名賤實。故馬融訓詁，雖殺李固，猶祀孔廟；尹焞正學，雖賢如朱熹，亦短其致知。以孔、顔之學觀之，後儒失之遠矣。故今定祀，惟取大節，不論言語，俾學者知所趨向。至若伯夷、叔齊、尹吉甫、卜商，雖非茲土之產，然食於斯，卒於斯，葬於斯，魂魄存於斯，又安知後來諸賢非四子之遺教也！且今首陽、西河、平遥區區小邦憑此四子，與日月爭光不朽。論三晉名賢，詎可遺諸！至若君實，夏縣雖祀，入祀書院亦宜，蓋書院統晉省而設，其志博矣！猶天下皆祀孔、顔，曲阜不可無二氏廟也。

匆匆考校未的，望吾子博采羣史暨諸耆英去取著定，實風化之大者也！

再答張子書

后稷之祀，初意如吾兄之意。尋謂「配天之事，出於我朝，則今甚不敢，出於前代，則今已罷祀矣」，若謂有當時配天之嫌，使後世遂絕祀焉，如之何其可也？且思文之詩，乃周家子孫追述之仁，一代之私情也，雖配天不爲過。書院之祀，乃晉國鄉土仰止之義，萬世之公論也，雖釋菜不爲卑。洪武初，曾以后稷配先農，雖尋罷祀，其初亦不以曾配天而不少變也。今天下鄉賢之祀，皆不請於朝，不列於祀典，非如所謂天地山川六宗歷代帝王截然而不敢犯者也，但出於其土，士人私尊之

〔一〕萬曆李楨本「薛瑄」後有「諸人」二字。

意，義起之禮耳。如皆取其賢之小者，去其賢之大者，以爲不敢，則又何以爲名教也？又如孔子，天下固祀以天子禮樂，而曲士小儒亦得家祭而屋祝之，人不以爲僭也。故后稷，周先也，周滅不祀已非矣。后稷，晉産也，晉之鄉人亦禁而不敢祀，何哉？若是，則稷山之廟，武功之祠，皆可毀矣。如禮可從，當自后稷至商叔齊爲正位，其餘以代而列左右。惟吾兄再與三晉禮士議之。

與薛孝夫書

別來懷想何已！得書，問及來使，足知及民之政矣，喜慰何限！所稱鄉先生者，如得其實，即民之望也，願以身事之而稟度焉，勿學世俗吏作父母官體也。蓋此等人必不求於官，則爲官者不可不求之耳，此單父宰故事也，望孝夫甚勿爲古今異宜之説，以渝其舊。其餘惟望因民情而行。若所謂大異於人者，則正己耳。於孝夫有一日之長，故又喋喋，知孝夫之必不我違也！

與伯循書

復蒙志文見允，無任哀感！不腆之幣，乃復拒卻，惶愧惶愧！墓地已從舊兆先父母穴，適當祖穴之南少東，狀略可改也。家乘中請封贈先父母事略即行實之詳，萬望采入。葬期決在七月九日辰時。高作蚤賜，得上石爲荷，專令周生敬速。不孝寡學，兼以荒迷失措，送終禮儀俱托周、張諸生。周生進謁，又望一教示也。

與康對山柬

不孝罪惡深重，不自死滅，禍延先父，雖以吾兄良方誠意，竟不能救，乃於五月既望背棄，不孝五内崩裂，爲之奈何？竊惟知先父者，莫如吾兄及谿田兄。志文已托谿田兄，而墓上之石敢求諸左右，諒在所矜憫而不拒也！葬期決在七月九日辰時。惟是不孝寡學昧禮，兼以荒迷無措，臨期非得吾兄一臨指教扶持，柟何以歸先人於地下邪！

再柬劉蒲城遠夫書

昨具訃疏，實申哀悃，去力所干，亦非得已。伏蒙成措，無任感激，再貺紙米，適增愧悚，兼讀手翰，不勝哽殞！統加賻儀，實非初意，故盡辭之，有孤高懷；盡受之，則昨賻疏爲餂之也。紙米等禮已告靈座，涕泗俱下。其十金仍作稱貸，但償期少寬則可耳，斯亦執事待柟之道也。蒙許送喪，實愚父子之大光幸！敬用泣候。荒迷不次，謹疏。

復厚齋梁閣老書

柟罪逆深重，不自死滅，禍延先父，未由號訴，不勝殞絕。伏蒙尊慈，遠頒異香，祇薦靈凡，無任哀感！賢書一冊，亦並拜領。往年朱給事中寄到書布時，柟正侍先父之疾，未能申謝，厚德稠疊，巖谷生輝！竊惟柟腐朽，無似獲籍門下，兼以迂愚狂悖，負教多矣！往年之事，非尊慈調護保安，胡能安全抵家邪！方切刻戴，乃復過蒙掛念，賜弟若此，自顧愧悚，何以克堪！風便，謹此申謝！喪病荒迷，不能具悉，伏惟台照不宣。柟謹疏。

謝唐虞佐提學書

竊惟執事憂道之勤，作人之誠，不讓先哲，三秦豪傑，袞然奮興，匪但科目之盛。此其澤我西土者甚大且深，西土人當子孫相繼銘頌也！側聞執事頗興明農之念，不知何邪？夫榮辱不在升沉，美惡不在遲速，執事知之熟矣。綽綽餘裕，非執事之時乎！

答寇涂水書

服闋後，舊病再作，不能出戶者數日矣。比得吾執事家人寄來手翰並白紬，荷感何已！恭審老叔在任榮養，此吾子之至樂也，欣慰！欣慰！老母亦賴庇粗安，小兒田已進學收增矣。呂憲副書昔已抵受，但曾許有挽吊先人辭，久未完約，將政務繁劇不暇及邪？往年仲修兄有書，言浙人論吾子太寬，而諸友亦不盡是其議。然山林之人，去彼懸絕，其言真僞，蓋不可知。大抵處窮民小過在寬，禁貪污刁詐在嚴耳。如何？如何？昔者妻兄寄奉紅絨，蓋因元絨有失補之耳，此其人粉身不足以酧厚德，乃以是瑣瑣掛齒，是使爲人子者無立足之地也，千萬勿介意！

答馬谿田書爲接慈聖皇太后喪

奉讀來諭，且悉大禮顛末，謹聞命矣。即日會長安馬公順、潼關孫天常二先生，亦如來諭。然公順云：「省城中鄉官聽哀詔而不接，別哭臨於書院而不與，見任同次即同次，雖近山尚書皆在見任後班。」天常則云：「南陽過公事，而王茂

學、柴公照在家，雖二司亦不與遜。」凡此皆朝廷之體，之二說奚居焉？有便，幸示來音！

與李御史元白書

日昨垂奠先考，情義惻惻，近俗所無，雖大君子闡幽崇古之心，不能自已。弟不肖，子孫何以蒙德至此！驄駕既興，感泣如雨，口啣首戴，沒齒難忘！所誨「繼善」二字，實切不孝之心，即欲置北堂，以資顧諟。非得名筆高作，不足以昭先人垂後戒也。生死肉骨，諒在所不禁。哀痛中，不能具禮，謹差生員周官晉謁下。奉讀所示諸作，忠而真，博雅而堅定，溢然於言表，瑣瑣體格之乖合，可勿論也。他年亦嘗奉擬數篇，以浼尊草。又鄉人凡指稱爲柟親識夥計人等有所干謁者，皆詐也，萬望勿聽，附白。

答李南厓書

觀風之敘，柟所願作，第以制中，不能速成，且執事方行事於此也，故欲俟服闋耳，執事何至遽責役而火板乎？將非方論讒謗而即懼邪？審若是，心齋、坐忘安在哉？只今謏言滔天，蒼生窮苦，仁人之所甚痛也，而執事之作，列民隱而狀邊愁，於世未必無補，即執事去河州，再刻豈能止邪！即不然，有如王扶風之舉者，執事又安能下火票邪！夫君子之處人，欲其免禍而趨吉；若君子之自處，毁譽災祥，付之外可也。故子輿知天，不論人之行止；仲尼知命，惟憂道之廢興。不然，雖築靜亭於扶桑之東、弱水之西，柟見其益囂囂也。凡此皆不背於前〔哲〕〔一〕，不知如何？南厓幽憩，謹撰一敘，斯其

〔一〕「哲」，據萬曆李楨本補。

意，亦可以占鄙意也。

夫君子之志於道也，非學之難，惟友之難；非友之難，惟一志者爲難。君子求之於一鄉，一鄉不得，求之一國；一國不得，求之天下；天下不得，求之古人。苟得一志而友也，上何懼暗於日月，下何懼淺於蒼海？夫執事於柟故不相識，往年未見而相思，今年既見而相契，所謂一志者，非歟？況火板之事，有徹臯之勇，當其意，萬里雲霄可一蹴而至也，則又安敢欺於一志者哉！來吏又有袖中之貺，爲執事作文，豈可受乎？

答谿田書

昔有所委，謹撰附彼。貴恙何似？應好節宣。所疑前詩，語近朵□則怨天，否則怨親，仲尼所不道也，如何？觀風之敘，重喪之人，誠不可作。比受來論，乃再力辭，並附高論一二，諒今已匱□矣。不孝惡□貫天，追憶往昔，親志未畢而逝，憂悔之懷，日夜附心，無可解去。兼錯謬時出，干犯禮教，百病叢身，日須藥石。睽乖高明，大損舊勇，辱累吾親，省躬奚竟？不有督悔，豈曰慈仁？討藥之暇，應多遺教。

奉虎谷先生書

柟罪逆深重，不滅其身，乃禍及吾親，五内潰裂，號訴靡所，殞絕方劇，伏聞尊恙，驚憂滋甚。夫斯道不明，借中庸爲説者，既以病國而毒民。其天資稍高者，不事文字聲名，則好奇自異，又或雖從事于道也，言雖富，講雖深，乃復不邇人情。柟皆以爲異端，浮諸老佛，私論雖汲黯、丙吉之徒，皆在韓愈、吳澄之右。方將仰夫子而正之也，而病勢如此，豈非天哉！方今聖明在上，天下猶可爲，願夫子善理尊恙，令使痊愈，奉對明時。即不能，力疾傳經，德化鄉里，以淑後覺，豈曰不可？審

若是，哲人賢士，不啻用必晚用矣！斯亦柟思孝先人，報德尊師，不忘君恩之志也！願以請正焉。喪病荒迷，不罄下懷。伏惟善加調攝節宣，不勝至禱！

復王端溪書

不孝惡極，禍及先考。伏蒙遣令親不遠千里，持札下慰，捧讀再三，情切骨肉，斯道之契，一至于此，哀感何已！竊惟執事志行於時，爲國增重，乃復厚奬來學，愧悚奚堪！所示二文，一崇吾道，一辨異端，世之所不可無者也。弟恨後世異端之言，多出吾輩，僧益其細者耳。悲夫！□□動履，篤志力行，日有所紀，而造詣不詭於孔門。此學不講久矣，乃今於吾子見之，當非一時之慶邪？願益珍重勿替，有教不吝，爲幸非淺！爲幸非淺矣！

答虎谷先生書

即者拜受王沁州寄到手教暨墨本諸詩，足知尊恙大愈，下懷無任慰幸！來諭言柟閉戶讀書，豈有此事？柟自甲戌年歸田，即侍先父病，不出門者一年有餘。比丁憂來，不與乎士俗交遊之會者又二年有餘。荒惑頹頓，不讀書者蓋四年也，若來諭，豈道路之誤傳乎？承問切己工夫及自得處，愛柟猶子之意，愧荷愧荷！然憂病交攻，諸念皆廢，又不親師門，過差時出，豈不自更，尚爾頻復。竊謂宣聖三十而立，後學雖未必然，若四十五十止學止立亦可，其「不惑」、「知天命」皆待七八十圖之。柟年今已四十，自揣去立且難也，然則吾師何以教我？「端居上帝臨，擊磬是何心！」知吾師之不可階而升也。謹奉置北壁，用策隳惰。第劄云「靜中自覺曰有進」，於弟子有疑焉，不知當其動時，乃無進邪？又不知何者爲「靜中」邪？幸指我迷！

壬申之冬，曾攜家一過榆次，然榆次無官，幾不能行。是時夫子亦在大同，故栢井驛有次韻之題，言不能進謁也。然自是再無榆次行，後期尚可求也。風聞吾師與寇涂水結姻，此事前有孔氏、南宮氏、公冶氏，後有程氏、張氏、朱氏、蔡氏，其他賢則未聞也。王給事有江南之行，通書甚稀，直卿不知爲誰氏字？馬伯循行取赴京矣。太行有何粹夫者，柟嘗比諸仲由、子貢，不知曾通問否？此人頗直言無忌諱，又無世俗浮華詩酒遊蕩之態，故與世寡合，惟柟甚敬重之，以爲真孔門之徒也。不知如何？近著何書？曾得良友及賢弟子否？往日改定綱目，曾脫藁未？此書真有錯，大抵事詳而志略，以通鑒考之，則又有遺者，皆大節也。如脫藁，幸傳示一二策，及著有他文字，亦乞教示。外志文章，奉寄遠意。

答王端溪子德徵書

柟荒惑頹頓，忽越大祥，奈何悲苦無聊之中，乃獲手教啓迪，且千里遣使，不鄙庸愚，以新著詩禮管見二部，披覩汪洋，如捧白璧，慰幸如何！感激如何！不策勵敬應者，非人也。木葉時凋，昔人在望，發憤忘食，展如來諭。然古之君子，得志則無私，不得志則無悶；後之君子，得志則矜持，不得志則放曠。古也任理，今也任氣，是以不同。在地之水，海爲大，傍涯而觀，其海愈闊；在天之星，斗爲綱，去杓而觀，其星始衆。君子非不欲識衆星也，握開陽，挹搖光，則四時具(之)〔二〕；君子非不欲識百川也，窮尾閭，究天根，則萬派明。匯澤釋禮而不考，晦翁注詩而自信。不考則非「寧儉」之意，自信則乖「無邪」之言，皆仲尼之宿憾也，君子又從而(疊)〔兼〕〔三〕之，不亦過乎？

夫禮莫大於宜，詩不越乎興，故商祝、夏祝間用於周世。儀、周二禮者，小記之經也，君子猶委諸。故孔子曰：「足，則

〔二〕「之」，據萬曆李楨本和下句「窮尾閭，究天根，則萬派明」刪。

〔三〕「兼」，據萬曆李楨本改。

吾能徵之矣！」又曰：「今用之，吾從周。」豈無意乎！若乃采傳而據經，本人而按世，援志而興言，錯時而立義，假象而匿形：詩有五實，小序具之。故孔子憂羣小之慍，知栢舟非婦人之辭也；論芑苢之行，知木瓜非男女之詩也。故說詩者以孔孟爲正，何者？其來遠，其道明也！韓嬰奇而冶，鄭玄物而疎，毛萇質，匡衡華，程氏兄弟撝其情，其他未免臆度也。夫義理可以心權，事實必由口授。生乎數千載之下，而以己意逆料數千載前之事，以爲盡不然也，則吾豈敢！故通今可以議禮，窮古可以說詩。禮本古人之跡，詩即今人之情。故(其)[柟]〔二〕嘗謂詩、禮當因跡以求用，易、春秋當外言而求意。不然，則雖多，奚以爲之？誚買櫝還珠之譏，宜矣。雖然，不觀繁枝，不知一本。以吾子用力之勤、博物之廣若是也，倘反求而自得之，是當登崑崙之巔，看寰宇之內，呂嵓、鍾離皆殤子，焦僥、桂莽真異類矣，又何必羨刀圭入口之詩，陷於溺博而惑人之地者哉？夫斯道之明，專賴直友，故夫子敘三益之友，直爲首。望吾子時賜藥石，勿復爲溢美辭，乃幸！

王虎谷先生、何粹夫皆邇居，亦嘗通問否？此二人者，柟之師友也。小兒資質頑頹，乃蒙良教，豈惟其子當書紳哉，其父亦領教矣！已即令謄置座右，不知將來肯體貼不負盛心否。

與端溪又帖

某既爲書論其義如前矣，再觀所發明，又不止如朱、陳二氏者見也。但重録舊注，便覺繁耳，蓋舊注已板行，不須疊疊也。如何？如何？其鄙見與意不合者，後當分注其下。此義理乃天下萬世之公，吾兄既不私，某又焉敢私之也！徐圖之別書。諭聖賢仙事，足見志超乎萬物之表，世復有斯人邪？起畏起敬！然恐知止有定者，非若是言邪。如何？如何？

〔二〕「柟」，據萬曆李楨本改。

與林幼培幹

嗚呼，傷哉！敬訃幼培賢契，乃尊南江先生於四月十三日酉時，病不起矣。先病中時，令尊不欲報家知，恐驚幼培闔家大小。病革，又欲報，則已晚矣。臨終時，衣衾棺斂皆吾與令弟及侯珍、翬鎰、張師道輩親看視之，停當牢實，可免慮。欲侯幼培來解，念道路阻修，且令尊臨終時亦云江湖遐遠，勿來也，故令棘棘收拾行李，且央管州印者起撥盤費，又巡鹽初大人已准狀從厚矣，目下便差的當吏役護送回家，不待幼培也。望將以此告三位令叔先生，不及再作書也，有後柬。

與李仲白書

數日前，貴庠李先生來，始知老伯捐館，憂中增憂，爲之奈何？即者王生來，得訃，又悉吾兄辛苦萬狀，此其情何以堪？恭審改葬，舉用艱大，奈何奈何？然自棺槨外□世俗行可且廢也。雖家禮中用財不經處，亦且罷之。蓋昔者夫子論於子路、行於子淵者，本不如是。行事不師宣聖，即是自小。便擬遣人進吊，奉候起居，先此謹復。秋深，服闋後，尚容柬問也。諸惟節哀，以求慰親于九原者，不宣。

答師巡按汝愚書

往日垂奠先人，至今哀感無已！茲復遠惠羊酒，則又非故人之待居喪者矣，將枏不孝罪大，用此以罰之乎？謹返諸使者。承問及地方事。夫小民窮苦，十室五逃，然無名之誅求，遠站之割剝，不時之攻築，方興未艾。枏地方中人，日夜驚

懼不寧，乃蒙當路者問及，必有以處也，足慰足慰！憂病中，草率不能具悉鄙懷，萬惟諒之！

奉瀘州高半山先生書

柟自違教之後，罪惡日積，禍及先父，乃於十一年五月十六日棄不孝以卒，哀號悲殞，忽且大祥，奈何奈何？恭審尊侯萬福，眠食康裕，兼屢受詩翰墨扇，益知健碩，無任慰解！無任荷感！惟是憂病疊疊，未晉啓問，死罪死罪！去思碑，衆翕然願立久矣。第不孝尚未過禫，用是稽遲，冬來便圖之也。外具青直紗一疋，奉作夏衫，暑中酌奕江邊用也；絳香一瓣，奉上師母，天人基前引遠忱。諸惟亮宥，不宣。

答馬敬臣書

得手翰，欣慰！何既往日二書實未獲也？西渠兄足疾既可，他不足慮矣。柟比因多病，諸事之到，漫不加省，止有園中數樹，與之終日問答，學業之荒，一至此哉！督學公正之聲，播揚遠邇，足爲吾道之光，慶幸何已！教條已先得一冊於九川，盡善盡善！比來各處教條，不失之繁冗迂闊，使士子難遵，則失之簡略淺近，使士子易愚，二者均於害道。如此教條，雖通行天下可也，所望者必踐斯言耳！即如士子善惡一事，乃學政大綱，執事以何法知之親而行之果邪？若得其實，鄉舉里選不善俗而成材也。貴恙既痊，宜一心在此，不可謀歸，於天下得行其志者，惟此官耳。以執事之材得此官，又欲謀去，此吾所不知也。門下士久思讀教條而未獲，既得之，則不能奉復矣，然大要不過前所言者。

與康對山書

弟至滸西，受吾兄教愛，固素分耳，不敢言謝。惟是貴處師尹友朋之情益盛往昔，則吾兄之處鄉人者，過不才萬倍，負愧感激！別後雨中至祖菴，四五日不晴，亦與終南賡和數詩，然嘗微詰之矣，並無一言疵議。吾兄但云每往鄠杜，遠路而行耳，然則吾兄之待之者，不亦過邪？此後願釋前疑，如何？大抵此人好高自專，猶未脫山態，若其他言，恐傳者之過也。回想冒雨至鄠，次日大晴，得與渼陂兄共遊南山，宿金峯，宴重雲，賦草堂，頗覽秦川之勝，所恨吾兄不與我二人者俱耳！仙遊樓觀，真爲缺典也。此未必爲盩厔吏之過，或者天意留此後債乎！與渼陂兄約，王子洲明春舉進士，當與吾兄共往賀之。仙遊樓觀之賞，此或其期邪！遊湯泉集，翟尹見之，堅請入梓，不知可否？若諸公珠玉，則固所願傳也。別後如有高作並敘跋之類，亦望下賜。

與秋季醇康德一德清以忠四子書

河西聯榻之愛，令人懷感何限！兼之清誨高唱，錫我百朋，銘之不忘，猶壬申之歲也。所望諸兄有懷日久率鄉之俊秀，各執一經請難對山先生耳。蓋此公一半生知，言出暗合古人；人如麒麟鳳凰，遭逢非偶，莫作等閑看過也。惟諸兄數不在左右，故先生亦自肆而不屑世務矣。此言蓋非謂一世發，亦非爲對山佞也。留意留意！

復盛都憲書

恭聞進位中丞，恨無借冠之力，奈敝省何？柟不材，荷蒙豎立坊牌，已切感激！乃復遠賜牌扁，兼降厚禮，光耀寒門，愧悚無任！二序委之匪材，努力爲之，殊愧筆弱，惟望痛加改教，遺休此土，亦大惠也！使回，先此奉復。

復南厓李元白書

昨所見教諸作，及今日吏來傳□□□，□而溫，切而詳，得體之作也。但用事或失先後，遣辭或欠簡質耳，如何？湖廣真江東南之上流，用人須采忠信廉明，用法須如雷電風雨，用心須如握髮吐哺，方可捍大衝而障多方也。高詩俱美，但僕於格律處爲未滿耳。攜去遊湯泉集，亦望傳教一二。

復對山書

貴邑志，鉅籍也，而馮尹以敘托我，甚愧！奉讀高作，足開茅塞，漢班、馬紀事多類此，近所未見也。記漆水一事，在貴邑東門外流者，目爲豳之漆，出晁氏注，而鄭漁仲所說自富平入渭者，本禹貢、寰宇記及地志而言。蓋此水乃自宜君、耀州、同官界來，經朝邑而入渭，在涇水及富平之北，故漁仲云爾。由是言之，關中有兩漆、沮矣。不然，則詩「自土漆沮」云者，即禹貢漆、沮，以在宜君、耀州之界，而當豳北，作詩者因記地而識此乎？則漆自當從豳北而東流，從渭于涇水之下也，故涇之屬渭在高陵，漆、沮從渭在朝邑，經曰「又東會於涇，又東過漆、沮」也。然漆、沮且自達何矣？若然，則「率西水滸」注

云「漆、沮之側」者，亦誤。蓋「率西水滸」自有他水，何必云漆、沮也？云漆、沮，則漆、沮又出岐山之西，直東而行，不得自武功之東而南流入渭，又何「率西」云乎？宫亭宅墓俱在地理，恐非一類。又其下及地理志文多有志似注解者，兼詩文並録，更礙觀耳。諸皆愚弟之疑，惟吾兄裁之！序文甚粗惡，尤望痛加改教後，親筆隸書之耳。

答何仲默書

往承寄奠先考並貺奠章，無任哀感！然已具謝啓矣，未審達否？兹敝土獲大君子之教，遠者周、漢之俗，近者張、吕之賢，豈曰不興乎？幸甚幸甚！又蒙手翰高詠並多多書曆，滋感滋感！過勞謙虚，借聽於聾，然山林之見，實無增長，所可以瀆高明者，惟在寬嚴適宜，少信下官言，乃士子之福也。詩賦非所以敦士習，尤宜慎旃。側聞先察士行，此王政之大也，若得實，尤妙。諸不具。

答李劍州白夫書

僕德薄才疎，何者先信於執事，乃遣二子不遠數千里借視聽於聾瞽邪？僕何以授二子哉？得輿敏而博，得友敦而慧，皆過庭之已訓者也，僕何以授二子哉？昔朱晦翁自建遣子師事金華吕東萊，此其心豈止非婦人之仁，蓋已廣矣。僕無東萊之範，而執事同朱子之心，甚愧甚愧！居二子在東園者，東園者，僕舊所讀書處也，在敝城東郭，中有二三良朋及栢竹數株。僕適東林，日輒過之，雖仰慚教誨食飲之時，然於寒暄安否之況，時未嘗不知，執事可免慮哉！抱病以來，百事俱廢，日與樹木問答，得一同志相處，輒喜不倦，况得君子之令嗣與之遊衍談説，即未瞻其面，固已見其心矣，其樂可知也！劍門，四川之吭喉，執事而在，全蜀攸賴。得輿言執事屢欲稱病求退，此不可！此不可！蓋君子與其求一安，不若歷一

險；與其便一身，不若便一方也。如何？刻石並皆佳妙，而諸禮又皆稠疊殷縟，受之惶懼！香帶粗紗，聊申遠意，揮存幸甚！

答李白夫書

人再來，得審尊侯康吉暨榮遷臨安大郡，何任欣慰！然尚恨當路者未盡知執事耳，豈道廣久而後顯邪？二子在敝邑，甚愧不能館穀。若得友者，其丹山之騶乎！得輿兼習五經，志言皆可觀，矯揉之，亦不易得之士也。但鄙教有愧寬柔，猶有強者風範，如何？所示諸君子皆海内名人，吾執事者之高友也，書云亦知賤名，則僕固已神交之矣！何丁廻，嘗有書並祠堂記、樂譜序奉去求教，想已筆削矣。兹附劍閣集序並子字說，仍希通示教也。濂溪巾之寄，誨我者遠矣，豈敢當！豈敢當！然而君子之心，則固未嘗不如此巾也。病冗，不盡所欲言。

復李白夫書

僕北接胡壤，而執事南處越外，不意僕之虛名誤動執事，乃遣二子數千里外來學涇野，此其爲師者必大有所增益，庶不枉此意之誠懇，此路之勤渠也。然僕範之無本，而教之無法，於得輿之放心未能一收，而得友之童志未能盡啓，豈不深負於執事哉！來諭云，執事四拜謝廟記，再拜謝教二子。廟記之拜，某不敢辭矣；爲二子之拜，祇增愧耳！尊容拜覩，即來瞻其言動，已宛然有道者氣象也。謹題數言，南向再拜，未知能測河海之涯否耶！鄉射禮略亦得大意矣，然古射禮雖大繁難，但其文不可增損；必欲令學者易省，只當別作一體耳。廟記添得甚好，遷居之謀亦可，古之人有行之者，邵堯夫自燕遷洛是也。若自祖考棺櫬移載以行，亦可否邪？再囑二子，到家可防閑，勿再令遠出求師，只守庭訓，自當大成就。大抵

年未老成，學未卓立，遠出，鮮不被小人誘也，雖有強者之師且不免，若如前諭寬柔當竟，何如邪？

與張東谷用昭大參書

宦邸話别後，即得兒子田血疾之訊，旦日不暇奉告而馳還矣，孤負盛設，罪萬罪萬！他日或從對山子赴此燕也，田疾今少差，北行當在蚤春。西谿草堂興致殊常，古來名人數數有此，則吾東谷夫子豈偶然邪！甚羡甚羡！宋史欲借一閲，即煩楊太守差二力扛送高陵，北行日即奉還，不識可否邪？試一謀之。貴處諸先生暨希轉致一拜也，以正秀才不及作書，亮察，幸甚！

復内濱公書

李生惟喬已令與馬模同窓矣。承念及愚父子，恩愛展如骨肉，感刻無任！田疾已痊六七分矣。某日事簿書，果未有頃刻暇耳。昨申請敦勸善良事，萬望再容十餘人。蓋此輩自開設書院鄉約之日，至今已將期年，其始百十餘人，節次遴選揀退，止存六七十人。其中十七八人，雖未知學問之正，而敦樸孝友，慈廉謹信，謙睦公直，皆出天性。且其年皆六十上下人，他無巧習，蓋驗之非一日，而稱之非一口，設若詐於爲善，亦足勝於爲惡。況遇大君子敦古崇正，亦千載之奇逢，百世之曠典，事出尊侯，人方知化。苟僞報苟舉以污明德，實所不敢！其節婦亦有十餘人，皆三十以下守節，至七八九十百歲無瑕者也，再欲續申，先此奉稟。近所請水患事，乞免本州鹽商修理禁墻，想亦見容一二也。

復李方伯立卿書

辱惠新書，感感！側聞忽興明農之念，此又何也？以執事之鴻材碩德，何事不能處，何政不能行！乃復效沉疴腐爛之人，不亦過乎？尚再裁之。居業録雖多蹈襲，然亦有自得處，其視世之人忘念於此者，又萬萬不同也，如何？

答樊季明書

領手翰佳貺，殊感！北行多在蚤春，若或取道山西，決至鳳岡一求教也。盛價所說近日相訴事，僕雖不詳所以，大抵其責在吾執事。蓋君子出則欲化民，處則欲化家化鄉。鄉不能化，並其家亦有說焉，乃徒諉諸在彼者之咎，則是反以聖賢待彼，而以市井自待也。夫骨肉非寇讐之比，鄉親非胡越之疎。昔者代國問仁人者且不答，而欲問弟姪鄉親之訴，少有知義之心者，又肯一苟應乎？竊意此事或者年老粗人往者挾富威、仗叔勢以横爲，執事既不能禁且縱之矣，今乃欲遏其既熾之焰，而責其三施不報之罪，亦已晚矣。執事不如早自刻責，訓其令器，如繆彤之爲，庶幾無傷於恩，無貶於義。不然，則九十在堂之父，八十在地之母，皆不喜吾季明也。蓋季明窮經致用之人故耳！如何？如何？

復陳憲長禹學書

往者渭南蒙枉顧，茲復遠辱羊酒之貺，且使者云自省城將來，此意良厚，感激不盡！謹拜領訖矣！敝省獲執事掌憲司，尋當見其窮獨受福也。側聞已毁惡祠，正人心，此關風化不小，他政之善，可因是企望矣！再囑，凡有指稱賤姓名弟姪

親族有所干謁者，千萬勿聽！不具。

與王太史渼陂書

春來再欲南問起居，而家人時復有疾，不能遂懷，奈何？側聞諸所拂亂，處之裕如，雖昔賢或亦難也，企慕企慕！即春亦欲北上，有教言，雖滿紙賜可也。往在京，曾奉和春興詩八首，久未呈上請教，録見又紙。而執事高作，檢盡書笥不見，甚愧藏襲之不謹。有暇肯令門人一謄與乎？聞有見懷之作，亦望并入。

復盧巡鹽書 初判解州作

某不材，得罪明時，隸官貴治。伏蒙仁人君子誤憫迂愚，曲賜禮貌。自顧卑鄙，誰勝寵榮！乃復遠頒珍貺，厚出手書，懸輝烏府之高，馳照條山之下。拜嘉階末，倏增悚惶！感德心空，何可言説！周邦庶士，皆興下白屋之思；浚郊彼姝，實慚對干旄之告。便欲奔走以往，展謝宫墻，又恐進謁之間，遺辱尊侯，謹專小吏賫布下私。倘與其進也，薄垂矜原；庶使其後也，重知激勵。秉筆實爲惴懷，臨辭未治蕪荒。

與王良輔柬

即者薄禮，乃復重之以裂帛，甚愧！所問葬法一事，大抵主程、朱之説，則豈能盡協家人之情而祛其疑？主郭、蔡之説，則天地之大，山川之厚，風木之深，彼以一術，恐未能窺測也。要之，以安親爲本，而定以人子無求之心，然後倣程氏五

患之說。而俗中有習郭、蔡之學者，亦微問之，而考其左驗，不識如何？鄙人於此罔然，承問，聊寄愚見，幸與高明再議之！

復王太守柬

屢辱手教，感刻何限！某忝竊屬吏，未修職業，而吾執事不忘舊與，有懷輒示，令羈宦之中，而得遂倚恃之願，感刻何限！竊聞之，人心不同如面，君子論世，盡其在我而已，在彼者不能必也，不知如何？明論在京亦曾一目，頗愛之，今得吾執事校定，當更精審矣！板行，得執事序言，甚幸！昨見遵道録後序，使人讀之甚快，非無益之言也。匆匆不盡下懷。

復王分守書

大題下委匪人，悚反不勝！奉讀老先生之集，類多大義所關，倫理攸繫，其承前裕後之意，未嘗一念或忘，非曲學晚進鶩心枝葉者可比也，足傳無疑，但鄙序有愧於其端耳！領命校正，中間尚有一二魯魚，不能盡篾。臨刻時，可使王學正仔細對過入梓。其注有「不刊」等字者，惟執事斟酌，若甚不忍前言之墜，可別作外集，如何？後面樂府數辭古雅，刻之首簡可也。集雖以出身仕隱爲次第，若類體刻之，亦自不泯其跡矣。緬惟執事爲親之心，篤道之志，世無與比，而老先生之高節鴻學，厚德醇行，亦古人之難也。故不敢草草復命，具此請教，統希裁正。

與楊叔用書

前承差過辱寄聲，茲者又辱差吏遠到解州，兼之手書厚貺，知感不盡！滿聞政成民安，且獲諸上官，涇河、渭滸之講，信不忘之矣！更望益追前修，幸甚！解州地僻事簡，堂尊亦頗相諒，好處有暇補葺舊學耳。小兒田新從陝西至解，然老母尚在家未到此，月若不至，當遣田又歸也。榆次寇都憲先生不知田歸矣。

復樸菴殿下書

某關西鄙人，仰殿下好善忘勢之風久矣。比謫居解州，拘於官守，未修參拜，以遂夙懷，方悵悵也。誤蒙以先王遺芳，及書帕珍羞貺至山州，登受之頃，愧反無任！伏惟殿下，今之河間、東平。某不材，何以得此厚愛，愧反無任！謹布感激之私，餘容專人走謝，伏惟睿照，不宣。

答趙隱士復蒙書

往過蒼溪，深辱教愛，多感！然吾執事樸茂古雅，日夜未嘗不在夢寢話談間也。李大有來，得妙作華翰，捧讀之頃，又如覩清風高節於目前，欣慰欣慰！恭審近有期喪，不知來春可能王官谷一遊否邪？妙作續當奉和。匆匆，不盡欲言。

復雷石子書

自平陸拜別後，南望河山，無任悵惘。得手書，謙虚已甚，而推奬太高，將非大君子樂與人爲善之心，不覺其言之過乎？甚愧甚感！夫斯學不明，由賢智者鶩於玄虚以惑俗，卑鄙者又率狃於習染而莫之振。近謁執事，面則感其言貌之定，退則觀乎政教之端，某久式模，但未敢告，恐近諛耳。乃反得執事兩書過與邪，甚愧甚感！即聞已黜南畿提學，夫南士子當漸篤實光輝之化，而變浮躁之習，不假言也。山南老先生處，想到家否？可遣人一問訊，此予厚友也。

復邃翁書

久聞出將西北，中外倚賴，某戴罪解州，未敢遽問，即蒙手書教藥，真如父師，兼以書絹之貺，登受愧感！伏惟道候，邦之柱石，義在四朝，既出濟國難，便圖夷夏永安。若小臣輕爲去就者，固尊師所不取也。瞻望道座，無任拳拳！

復襄垣殿下書

某素無樂道忘勢之實，而執事好賢忘勢之風，則固久聞而傾仰之矣。即者翰教諭奬太過，感激不盡！乃又貺之佳幣，悚反奚勝，豈敢受！某卑官末吏，不能有毫髮誠，乃廑執事厚與如此，蓋實中心所弗堪也，謹邁諸使，亮恕，幸甚！緬惟執事儒雅爲善，今之河間、東平也，當不見誚矣。林太守宅有收得尊卷，某欲一詩，而太守適不在，容異日具也。諸惟睿照，不宣。

復漁石唐虞佐書

某數年來辱吾執事之教且愛者，不啻河深而丘重。乃蒙差學官齎手書厚貺，遠問解州，窮孤之中，何勝欣幸！感刻感刻！且又托以大旨後語，此書皆窮理盡性之言，固不可以舉業類觀。而某不材，且素未學，乃不敢違命，以數語續貂，甚愧汗耳！惟吾執事斧正後加木，庶不爲此集玷耳。蒙問及小兒，甚感！然此兒自老母到解後，寒家有亡弟家眷無人看望，即今已戲彩堂下矣，人間之樂，無以踰此。蒙問及書經破義，往爲舉業時，諸生私録，原有說要一冊，但不及改謄，謹將原本封附。

答玉溪子書

某謹啓，前月王官谷叨陪遊覽，雖蒙執事貶尊延接，然須臾奉別，未能罄領教益。即者路村得侍左右，言學則知有人，不知有己；言政則知有民，不知有官；言理則知出諸心，不知擇諸口。古所謂真其人者乎！方執事樂道空同之詩才也，惟知彼行之嘉；及執事樂聞仇賓之德音也，又惟知此道之美。故雖以大方面之尊，乃懇致愧此老之辭，海內愛賢好善出於至誠，尚有如執事者哉？昔孔子以舜問察隱揚爲大智，而宓不齊惟能取友，輒稱爲不器之君子，至與堯舜儕。其達材如端木子貢，一瑚璉器外，無剩許也。玩修省主靜之誨，執事將非爲舜、孔之徒歟！夫論俗恒言，本說閭閻、田桑、雞豚之細，而春寒花遲之詩，多求望高遠之空談。執事乃皆推諸周禮、毛詩之後，將非所見者大，於其言之微末者，亦汲引之使前邪！知愧知感！故尊序猶欲顯出賤姓名，某不敢，重請刪隱矣。

於戲！以執事在此，而欲挽復唐虞之舊，亦千載一快事。若區區論上官之倨，作一氣節士，屑屑泥山林之自好，成一

詩文人，斷非執事所許矣！夫政有至要，則身不勞而舉；法有至神，則機不動而行。執事蓋稔於此久矣！鄙詩首句，委的不類其餘，今改「相」字爲「懷」字，「傾倒」二字爲「晤語」字，未知可否？八誣之改，及諸雜役之增，甚當。謹損益更换，具有文冊，再呈備采。又此恒言，乃勸化人語，不比常時文移，刊榜頗駭人，不如只作一書，另行數語文移附以此書，降各州縣，令自刊一冊，令學中社學、醫學、僧道及里老書甲之首，各與一冊。或將印下葉數，帖於社學等學及巡遞等衙壁上亦可。首序後面亦議數字，惟執事再酌定。

又答玉溪子書

前承賜到諸公佳作清染，得以飽觀而熟玩，豈惟得私淑於諸公，而於吾執事樂取人善之意，尤真師也！領命，俱題四字於卷端，則已抛磚於玉之前矣，又豈敢贅一辭哉！若空同四卷得一盡目，尤爲愛教之全矣！諭俗恒言序中增「閭里」二字，甚當。但惟此「平陽」句二字，恐不便愚民讀耳。「鄰有長」换甚好。「不斷苦心瓠」，用豳風「八月斷瓠」語，如不明，請一易之。思政軒記寫二幅，皆不可，意學八分書者，頗少安穩耳，今俱奉上，備采用。明遠樓分韻之刻，詩字皆今所罕見者，恐春寒花遲之刻，不能若是好也。然石已載至解州，磨且平，而臨晉縣尹近又爲巡鹽先生委署州印，亦此刻易成之一會也。正禮儀事甚當，但「逐於車塵馬足之後」一句，頗有傷隘氣象，不知如何？呂將軍宅上詩，足見憂時遠意，風人體也。張太恭人壽序，冊端謹書，爲燕喜壽母既有書，不可重有詩也。考貢二生回，又蒙手教，並寄何子粹夫書，多感！

復玉溪子書

蒙手教，兼賜府志一部、恒言二十本，感刻何限！然林典卿書方到，而典卿逝矣。典卿亦求進向上之士，其沒也，又無

妻子在傍，此何以歸哉？諒執事者必垂念矣！空同四卷展玩之，足占巡河南時之風紀也，但其中束子亦有不當録者。禹廟記文辭甚工，某八九年前亦曾爲夏縣作此記，由今觀之，真俚言耳！臥病涇野時，諸生講經，原有私録，然未有發，方欲質正是非，乃有來命，則益不敢匿其醜矣。今止有易說翼在，先奉上，請痛加教示回賜，幸甚！其餘散在諸生者，候收回，陸續内上。恒言板若再刻，甚好。前鄙字甚不可意，又欲點污空同四卷，恐不堪乎！若題跋則又好發寫己意，恐又如空同子之遵道録之爲異也，不題跋之如何？尊詩文集成時，萬望不吝！

復應素菴書

別後屢辱書教，足仞至愛，感刻不足言也！到解，與南江子林典卿相處甚厚，暇中又得一講學敘懷，足可遣日。乃此兒於二月初旬感寒，一病不起，至四月十三日作古矣。當時亦有一二良醫，藥皆不效，真可傷也！衣衾棺斂，皆生與其門下二三士及乃姪親視之停當，可無慮。欲使乃郎林幹來迎，江湖道遠，且南江子臨終亦云勿來也。今已與收拾盤費，當差州中的當人吏五七輩護送。幹若欲迎數程，可日查問驛遞行也。向所命墓表，續便附上。得舘陶、旅興諸詩，讀之足知近況之高遠，兼知令器之學進也，甚慰甚慰！

復漁石子書

久失奉候，方切懸懸。即者兩蒙手教，且問賤子田疾並貺祀餅，感刻何限！太夫人年登七十，何慶如之壽文！念路遠使難，謹草草撰訖，未有所發明，幸改教後用之。爲老伯母作文，義不可受幣，謹返璧使者矣，幸照存。兒田以去年仲冬初至解，未半月，即得血疾，屢止屢發，今其勢亦頗可，但尚未能起行。得手教至，涕泣濕牀，簣然不能爲書也。弟久欲假差

西歸，候省老母，求與執事一面，而日夜不能離田，奈何？奈何？此月二十上下，又不知如何也。南岡唐公文字亦撰訖，附使者矣。匆匆，不盡所欲言。外小書四冊，皆近刻也，奉上瀆覽。

啓初大巡書

前者手翰拜領，感刻無任！兹恃愛，謹稟本州印信。臨晉知縣丁某以本縣正官縣事久廢，欲回縣，則州印次當同知張某掌管。往者盧先生以知州林某在任，故瀕行委張同知管掌司印。只今朝覲在邇，州中諸事須本州官整辦，故丁知縣亦欲回家也。傳聞執事又委他官署印，未知虛的，衆皆以爲必無此事。且某以遷謫之故，二先生寛假窮途，處之閑散，得與解之二三子講習經義，此固某非常之遇，亦二先生不次之待，感刻無任！若是，則州中優閑一官已矣，乃又使張同知亦出，恐不可。且兼管二印，地方亦便，即不然，一府二州中亦有可署分司印者。某已語張同知，未有先生之命，即不敢回耳。某末官下吏，不當與聞大政，然草茅之軀尚未長逝，不得不爲解州謀。惟執事裁之。

致書解梁書院宸王二上舍

諸耆老善人每朔望或七八日到書院，可將大誥並律令及藍田呂氏鄉約，日記故事，近日本府發下諭俗恒言，摘其開心明目，關係身家風化，孝如曾參酒肉、伯俞泣杖，弟如田真荆樹，友如管、鮑分金，化盜如陳寔、王烈等類，一一俗語講譬，令其歸里，轉化鄉村街坊及家人子孫。其年五六十歲以上者令坐聽，三四十以下者立聽。後講之日，令報化過人數及不改過之人。本職量行勸懲，若有不順梗化之人，定依大誥、律令申稟上司究治。

復應元忠書

久別，何勝懷仰！邇者林典卿作古，事已奏訃，想達左右。兹輀車且行，某同周學正及典卿二門生鞏鎰、侯畛及三四吏，共乃姪林誥二家人，檢整行李盤費，俱各秤數封識，裝裹入箱停當，其外又有某手封紅字。若其棺斂事，則前已與二生親看的確，無慮也，幸告乃弟三先生及林幹秀才寬心。其行遲者，以各縣盤費到後耳。向受命奉撰尊祖翁墓表，草草脱藁附上，萬惟斧正，勿設嫌，幸甚！外具紗一疋，將遠敬。秋深，亦欲西歸。天各一方，請教無期，臨紙悵悵。老伯大人想益健裕百福，執事之樂何如也！匆匆不具，諸惟爲道保重，幸甚！

答玉溪子書

恭聞轉大參，不勝喜慶，不知的在何省？然請教無由矣，奈何？兹專吏持奉紗幣，聊表賀意。辱手教，委撰寫學記，不敢方命，謹如式寫，記用楷者書之，幸甚！且某，府之屬吏也，義不可領幣然後爲文，即令吏附上，萬望恕罪！二生器識學力皆可觀，足知門下無虚士矣，然聚講已數日，不能有所益也。林典卿蒙愛，彼此均感。其封到賻儀等物，俱轉附乃姪訖。瀕行，某仍作一書寄應元忠及乃郎公子也。遊王官詩已刻成，字甚拙，有玷高詩。且臨晉丁尹又差人專爲執事打數十葉，然此碑丁尹甚用心不苟，蓋其平日亦然也。説翼望示教藥，甚幸！書經説要、四書因問及一二論義已爲二生錯録矣，今具説序原本奉上，統希改教，萬萬！大抵此等文字不宜示人，蓋其中有不合舊説者也。改教畢，望將原本俱發回，幸甚！春秋有説志本，甚糊塗，未得謄過。其禮記原未有耳。空同卷具題之，然甚狂妄也。

涇野先生文集卷之二十一

書二

復内濱子書

近冒風，臥牀數日未起，昨午方少瘥。委定河西鄉賢，恐稽遲明事，乃考訂得百有一十六人，自風后至尹吉甫，當爲正位，其餘列左右。其下注圈者，意未決，備尊裁。大抵多依山西通志及平陽志耳。大烹以享聖賢，此非有道者之事乎！祭文亦草草撰訖。别具山菜三品，春酒一缶，附上引芹。

又復内濱子書

承慰問並佳貺，登受之頃，感刻無任，容走謝。河東先哲之訂，昨亦病其太多，承教。除有圈者去之外，如郤缺、樊深、陳規、閻元明、裴俠、荆可、趙綽、柳儉、裴寂、裴敬彝、薛大鼎、裴遵慶、盧操、狄青、柳開、文彦博、邵雲、王廷筠、劉祖謙、李復亨、李獻甫、賈邦憲、李新、李幹、衛述，同昨有圈者，共去四十三人，則自風后至叔齊爲正位矣。幸再斟處之！

與崔司成後渠書

昨吏回，賜手教，感感！聞汲生居喪如禮，喜不能寐，乃知賢者之積慶果如是哉！於吊之中而有喜者，此也。初公爲其先人墓表，意甚專確懇切，執事許以九月初領，乃今不果聞。又專人拜領，萬萬撥冗揮付，道遠人勤，義不可以尊官忽之也。僕今在河東書院校刊溫公傳家集且半，但此本當時吏抄字多差訛，而蒲、解十二州皆無畜此書者，仰求原本一校便返，十一月中刊完，當多增數部也，亦仁義之舉，幸勿訝勿拒也。有收得姓苑一書乞並賜。西渠不知葬否？前寄敬臣書，附去前所見教一段，以辭義深奥，讀數遍不得其旨，不敢答耳。西歸之義，請終教之，無曰出處事當自知也。

復内濱書

連日雷雨果迅烈，至坍塌墻堰，而勤吾執事省德咎躬之心，則豈非此地方所賴哉！聞今夜禁墻以西諸堰亦多衝損，其功甚大，非三五日程、一二州縣人可辦者，又不能不動執事之勞慮也！往日石堰之説，若沈先生至，可悉告，以永圖矣。志書遲三二日再謄一册，前藁統返璧二卷。暑中蒙皆揮灑，感刻無任！匆遽，不盡。

又復内濱書

辱差人送至楊醫及録刻佳貺，感荷不盡！□日走謝。恭審楊醫道體嘉勝，殊用慰懷。諸渠堰坍塌，誠爲可慮！然今日急務，惟先修缺口爲第一，其他高築墻堰，可徐圖之，蓋料此後水勢必殺。若決口塞遲，則盡諸河渠之水皆入鹽池，鹽將

三二年不能成，縱築高諸堰，亦必至秋暮矣。若是，則五月初旬爲不撈鹽之説者，亦可怪也。不識如何？小兒疾，楊醫言亦漸好，但田自覺尚弱耳。匆遽，不盡欲言。

答内濱書

志書編完，奉覽正。本州於五龍堰決口塞完，用多半日工耳，黄牛堰可保無事，但青龍堰決口二處，各長三四丈，蝦蟆堰決口二處，亦長二三丈，尚未塞耳。青龍堰在臨晉、解州之間，蝦蟆堰在臨晉縣故市之東，其西虞鄉、王官諸水皆東趨者也。青龍決口，即日本州差官領夫築塞，限明日而完。

答楊達夫書

往辱教愛良多，南北奔馳，久稽裁謝，罪過何可言！兹手教並嘉貺登受，殊切感刻！抵南，暑濕中傷，累醫未效，歸心如火，但未遂耳。惟執事道德文章，爲時瞻仰，乃過爲推讓，不敢當！所望壹志多士，爲國作人，與諸督學者表式，是所願也。貴同寅初内濱者，僕久受教見，希叱賤名一拜。此公極有道行，想在交遊也。力疾勒狀，不盡。

答王玉溪書

久違道範，時形夢想，偶得手書，如覩顔面。南康之屈，益見直道，不如此，不足爲吾玉溪子也。士君子立身天地之間，上不負於聖主，下不愧於良友耳，他何足道！平陽志得之冗迫中，有教言，望勿吝！且其書於西磐公之事無一及，後雖有

好文者，亦不知如何也。僕積病，日與藥物爲友，尚未西歸，奈何？奈何？經書石耳重貺，謹登拜嘉，臨楮不勝瞻戀。

答茅邦伯新之書

往在江南，重辱義氣相許可，此情實不能忘。久聞爲牧大邦，此地古先聖賢之舊墟，若一振作鼓舞，當見遺風復興矣。周飢困，治豪橫，省力役，平徭賦，重禮教，應知次第舉行也。吾邦魏守獄無留囚，人無私謁，想所欲聞也，偶漫及之。辱惠書段，附謝。

答楊掌教書

王生來，辱惠簡書，過加褒獎，衰朽腐儒，何克負荷！僕雕蟲小技，誤入□目，傳笑大方，敢云上比歐老乎？執事不日澄清西土，拱候會晤，以償素願耳！僕三畏未能，五品有負，敢知所謂三乘五蘊耶！王生回，謹此奉復。

復石巖處士書

得手翰，知貴恙尚未能履，心甚慘然。續云「學問之功，終不敢以病而廢」，當其爲志，雖古之名儒大賢亦不過此。君子立身天地間，惟求無負斯道耳，其他皆不足念也。山右自薛公後，僅見石巖一人耳。珍重！珍重！

復月梧喻方伯書

伏惟三后協心，種德西土，波及衰病之人多矣。乃復釐新貢院，作此髦士，端雖起於撫按，績實懋於薇垣，鄉閭後進，亦皆受賜矣。碑記之委，敢不敬承！且簡書過獎，禮幣重厚。而又顓教職以來，謙謹浮常。僕也匪才，其何以堪！謹登受拜嘉。撰次記文一首，謄真具稿，附上改教，倘蒙筆削，範我鄉人，實僕之幸也！臨書不勝悚悚。

復雙溪張侍御書

辱簡書厚禮，出常分之外，登拜，益深惶懼！承諭晦翁文抄之序，實後學之責，又諸賢及吾友後渠公所筆，安可辭耶！受禮增愧矣！往有謬朱子抄釋一帙，蓋主楊氏語略而成書者也。曾以似後渠公，公稍不與時，蓋不知有此文抄，而公亦未嘗輕出也。即讀數篇，則公深潛諳練之學，闢邪衛正之意，可謂精深而于斯道信有功矣，速梓之可也。又僕嘗謂朱子之文浩瀚無涯，抄之近約，良是也。第其嘗有言曰：「曾氏之傳，獨得其宗。」此尤晦公所深見也。今使學者師曾氏以入孔氏，則朱子之功斯又大矣。即欲爲序，以此意附之，不知可否也？序俟前所命作者完，月終呈藁改教。原書二冊，先返璧。坊牌辱掛念，感荷無任！附謝。

答王良輔書

初聞丞宜興報，甚喜。即得東書諸詩藁，則又甚愁。喜之者，以清溪積學年久，得一壯縣少尹，可行素志，廉公大著，使

江南士民知三晉有此高人，以爲吾道之光焉耳。可愁者，來書云：「汗顔增悲，入地無門。一癡監生，誤傳三塗。」並用及諸語言，舊習疊出，皆如喪心不識字之人，不知何故？末又云：「欲援之撫按翰林。」僕年已過知命矣，豈能從清溪顛倒爲人哉！恐此行爲南人大笑。詩軸亦勿書可也，然亦久不寫詩軸矣。

答大巡張雙溪書

僕衰朽棄才矣，辱大君子過爲獎與。舊坊在會城者也，蒙改建於高朗通衢，名筆懸額矣，乃復於本縣重惠價值，俾自修一坊，固雖大君子作人勵士之心無已也，第愧匪人，何克負荷！因念本縣人，曏昔欲立一經筵坊而未舉。兹承尊意，不敢浪費價銀，便竪此坊於寒閭之右。乃又不知進退，再求名筆，揮灑前字于額，騰輝敝縣，且使呂氏子孫瞻戴於無窮也！

再答雙溪書

昨白僉憲過此，辱多寄聲，感感！且云旌節不久北上，凡我西土士風之頹越，民冤之滯抑，失所仰正矣。各精舍木扁字匠不嘉，多失其真，因念僕於執事行事取法不暇，敢辱後學之遜乎！斗膽易爲「穎川」二字，僭妄其餘，大書數張，珍藏巾笥，以貽後人耳。先正宦蹟二紙，聞洪洋公亦將舉行，若被役使之末，願隨谿田公共盡心也。縣中抄書已完，元經亦查出附抄矣。坊牌於前月十九日已竪柱上梁，感刻無任！烏臺風教鄙序，想已塵覽，實不足以副諸士子感德之志也！

復雙溪書

適聞還旌即發，抱疾不能瞻拜，謹遣生員高阡代送，不勝繾綣之至！又昨陳憲長寄到陝西奏議一部，内有誤薦匪人之本，生見之，不勝驚懼。夫方薦匪人，匪人又作前序，此何以傳遠？萬刊除薦本，使匪人夢寐獲安，幸甚！若不然，除其鄙序亦可。斗膽昌言，采納幸甚！諸惟主持斯文，茂膺殊寵。

答提學章介菴書

往在南都，多辱教愛。頃者西土幸遇正人鴻儒，督學于兹，周、漢遺士，行見淳風再還矣！嘉慶無限！

答浦大巡書

傾仰高風久矣！敝省幸獲按治。行見明公之政，伸寃抑而汰姦猾，澤被西土，波及林野。僕之受賜多矣！乃復遠惠簡書，深爲屈遜，過加獎進，兼之羊幣腆儀，輝賁蓬屋，莊誦登受，實切感刻！霜府嚴肅，未敢具賀，遣人謹布謝懇，恭附來使。

答大司馬楊南澗書

西土幸獲明公總督保障西夏，豈惟全陝士民攸賴，九重亦無西顧之憂矣！欣仰何限！往年旌節過高陵，僕適在書房別業，有失恭候，續聞追送，則已不及矣。方切悔責，乃復辱華翰遠及，莊誦愧感！只此汪度包荒，雖折衝萬里之外可也。若乃時撫恤，明賞罰，以作士氣，在明公所優爲，不俟言矣。

答王大巡湛塘書

兩寄書俱到矣。説翼誤辱入梓，披覩驚懼！謫倅盱江後，亦今古之常事。然而崇賢聖之德，練經濟之才，未必非一助也。文集徽煙，敬已拜嘉。

復洪洋都憲書

辱遣楊教諭持華簡，云移建藏書樓、啓聖祠、敬一亭，命撰一記。顧此大題也，匪人何以勝任？且往命志書事，生於前月二十七日始至谿田公處，請定約於三月六日在竹林祠舉筆。兹奉申命，益深悚慄，兼之厚禮稠疊，愧荷奚勝！又敝縣敬一亭建非其地，望亦垂念。去冬免敝縣覇橋夫役事，蓋真見其邑小路衝民困也，謹此附謝。

答谿田書

茲遣崔、劉兩生謁候門下，質疑數處。且前命草諸考，力今不能，於經籍止考得易、書、詩並聖跡文字，其帝王考止有西漢、隋、唐數帝而已，外兵防、馬政、刑法、山川尚未完藁也，若春秋、儀禮、周禮、武經並禮樂、釋老、鹽鐵類，望吾兄命諸生考定也。又昨竹林祠欲枉顧寒舍，生近日衰病昏暈，酬酢拜揖，力皆不能，每一對客，倦臥數日而醒。望吾兄憐其不才，暫且停駕，不勝幸甚！此等處心照爲尚，不拘舊跡可也。生目今亦他出矣。即不然，月盡間，吾兄獨至一敘，如何？

又答谿田書

來諭到，「擬在十七八共到竹林，如何？臨期當再報也」。此務恐不可緩，受人之托，當急人之事。昔寇涂水作「敬事而信」文字，其内曰：「應一事，則心在一事。」王伯安以爲極得乎聖人之意。弟至今識之不忘，先生想亦知也。

答陶叔度兄弟書

春秋兩試，雖未獲舉，然觀來書，造詣更高遠矣！孝子事親之道，此其爲大者乎！若栢齋先生所謂「行法俟命」者，將無在此耶！

與渼陂先生書

初擬季春拜謁，請領教益。未幾，次孫出痘，入四月而歿。五月中，老母病泄瀉，至今尚未已。數約谿田馬公，當華誕日稱觴拜賀，今又未能及矣，補賀不知在何日？然亦不敢過孟秋也。數年之別，百里之遠，一請教如此之難，奈何？奈何？高生去便，謹此奉布積悃。

答王端溪書

昨諸稾，實欲請教，顧溢美過甚，何以克當！竊惟古之友朋，室路雖遠，道義實深，蓋以鄉閭之近，不得其人，則使求之河山江海之遙，雖至數千百里而不辭，凡以爲斯文之重耳。當其切磋之間，箴規之處，情同骨肉，而志斷金石，如兩程之與横渠，晦菴之與南軒，蓋皆殊方異地之人也。觀其遺集，曾見有一言過美者乎？執事自任道以來，頗錯愛乎愚弟，愚弟亦甚重於執事，故敢以此奉復，冀日後常聞過也。高詩甚嘉，誦之令人有出塵之想，但「亦到鳳凰樓」語，則傷偏耳。宜〔二〕久聞詔起，未見抵任，而來諭云「棄官之餘，疎懶多疾」也。將夫子仕止久速，惟係乎時者，乃不然耶？將吾兄欲學陳摶而又過之，不學夫子耶？陝西總志尚未完修，方欲借大儒名筆以增輝於黄河、華山也。知重，知重！力疾布悃。

〔二〕「宜」，萬曆李楨本作「某」。

復方伯喻月梧書

清風勁節，海内縉紳具瞻；行且柱石，廟廊康濟天下。柟私淑多矣，邇者乃辱翰簡過獎，莊誦之頃，實爲汗顔！厚禮太過，登受益深愧感！承差至縣，權留數日，祇若嚴命耳，實不敢留也。蓋僕致仕以來，止便閑散，若又有承差日在左右，將僕寢食亦不寧乎！謹方命遣回，附謝。勿使往復，幸甚！

答魏少穎書

遠辱遣人，將至名曆，父子徧及，並厚禮酒果牲(體)〔醴〕[一]，皆自省城而來，敬愛真切，雖在喪病中，不敢不受，但雙幣返璧。以郡繁事冗，應接稠多，執事安能一一皆及之也？速達之言，豈所望於執事？不變所守，真鷟峯之舊講也！不然，雖即日張桂，正士論之所恥言耳。不見漢之蕭、曹、丙、魏、龔、黄、卓、魯同一傳芳，千載無增減也！故君子之政，與其得上人之心，不若得小民之口；與其慎之于初，不若謹之于後。恃在知厚，因以喋喋。

答王國珍書

滁陽人到，得簡書、葛絹之貺，足感雅厚猶昔，不以久近遠邇易其心也，深荷相信之篤矣！執事茂學實德，偶有一蹶，

〔一〕「醴」，據萬曆李楨本改。

然公道自明，旋即超起，實他日大用之基也。詩云：「亹亹文王，令聞不已。」又云：「惟此文王，小心翼翼。」當非吾輩之所常師者乎？ 去秋遭先母之喪，今歲又罹風痺之疾，不盡所欲言，惟情照，幸甚！

與藍田趙尹書

昨雲谷郭道人去便，曾有簡，想入覽矣。 去後數日，少穎魏憲副過高陵別我，云鄠人文集曾分送七八本於藍田，想今已完刻矣，恐有差字，望先刷印三二部，舍親家文壽官者，尋訪族人去便，可托寄我也。

與王二守書

執事榮陞敝府，敝府之民受福多矣。 僕在喪病中，未能稱賀，幸亮之也！ 近少穎魏憲副過高陵，云鄠人文集俱托執事分刻各州縣府中，有禮房白雲者專管記查，而執事代少穎統命，又云今已刻過七八分矣。 今專舍姪生員呂噲謁謝。 其已刻過板，望先刷印一二部，恐有查訛字校正也。

答張二守幼養書

前過高陵，已辱枉吊，並奠先妣，不勝哀感！ 茲復辱書帕茶簍之貺，過厚過厚！ 又辱詢及鄠人文集，然於正二月間已爲少穎魏太守取去，言與趙曲嶺同刻也。 近少穎陞官後過高陵來別，見印得一二張，果然，則鄠人文集皆少穎散刻各州縣，而未完在家者，止有詩集四五冊，謹附來使吳守已。 如刻，止可書吾幼養官銜姓名也。 詩集再無副本，幸好收之！ 舍親家

張近渠在彼多承厚愛，謹此附謝，並拜曲嶺也。

答齊叔魯書

聞行取報，雖在喪病之中，牀褥之上，喜不能寐，不止爲叔魯久屈一伸也，良以主張斯文，扶持善類，以答聖主求賢之意，用酬明時濟世之策者，當不在此行乎！僕於足下有一日之識，而老病無百年之想，不能不惓惓于吾叔魯也！恒齋之家到，想問及。外封奠幣，望稍帶以付乃郎，幸甚！別具書帕小扇，將別意。

又帖

鄙集本不欲刻，一恐傳笑他人，一恐遺失原本。春初感疾頗重，而前太守少穎適遣使來取，意頗專急，且云雖或他轉，便托齊尹，齊若先有行取，有我在也。今少穎及叔魯皆去，鄙集恐不能盡全乎！雖有二守王公之托，恐府事煩劇，無暇及此。又聞票散各處，何從而完？意見必借叔魯之重，於二守公處一言，分遣使人催見明白已刻若干，未刻若干，庶使集不失落也，不知以爲如何？

與渼陂先生書

休寧人胡生大器儒道在江南，日仰慕吾兄之道德文章久矣，此來欲爲其父求一傳文，望念路遠心誠，勿拒也。胡生留住月餘以候便，不敢急遽耳。器所持贄見書籍，多器所自帶來者，內有一二鄙作，見希示教也。有詩章教言賜一二首，尤器

中心所欲而不敢言者耳。喪病中，不及備悉。

復幼養書

傳文力疾撰訖，此傳遠之文也，望改正後用之。荼幣之貺過矣！文集已爲少穎、曲嶺所刻，可勿再加災於木也。前吳守已帶去詩集數本，中有可忌諱者，望刪去勿刻，如獄中詩亦有數首，千萬！千萬！昨者張近渠厚擾兼贐，附謝。

答應元忠書

書來，極慰玆想！壹志士風，高趨鄒魯之舊，區區課藝，不足爲兄告也。伯載行，具啓薄儀，當已至矣。兒子田屢承念不忘，刻感何限！令器工夫當益遠大，但定志不隨時變改爲好耳。積病未瘥，尋且求歸，不知獲遂否。有便，尚希教我！

與章汝明書

往者南都會晤，執事正學直道，時與知己歎羨推重，但恨未久乃又被屈遠去，未獲深請教益，甚爲悵惘。玆者華簡書帕之貺，足慰遠懷。學庸口義倉卒未能盡讀，然少覩數條，真不背於孔門之學矣，足可傳也！往者與章宣之輩鶩峯講論，渠有私録數條，亦頗暗合於口義，尋當録寄請教也。聞馮侍御子仁已過家，想在所加禮而數聚講此學者也。匆遽不盡。

復唐應德書

去冬鷲峯別後，每憶孝容及正論，令人時形懷思不已。此道久不講，故流俗偷而善政寡。貴鄉古菴先生極力斯道，襄事後，想日夕相處而振扶之也。

復毛古菴書

執事直躬追古，以成鄉之後進，季札、言游之風，當復見於今日矣！唐應德稟賦英敏而志行端潔，不易之士也，想日夕相講以倡聖學，式瞻下風者，何慰如之！

答戚掌科書

足下引疾高蹈，聞之心甚不樂，聖明在上而賢者隱微，不能不於悒也。便欲往問一别，連日以丁祭不暇，即至六日，又以祈穀諸祭致齊公署，六日如尚未發軔，當追送崇文門外也。所諭「道義之門，只在此性存存而已」，德合天地，明合日月，亦不外是。大行不加，窮居不損，又何增減之有？君子斯行，必不以知禮爲幻妄也。匆匆布謝，不盡。

答牛水亭書

別久，想望高風，殊切鄙懷！遠辱古書嘉貺，足荷記存！同年兄弟之情，不啻骨肉也。典籍登受，極感！但近日於諸公卿見惠幣禮，一切拜辭，則於吾兄者不敢獨領耳。吾兄素知我者，必有以諒我矣！來諭推獎太過，豈敢當！然仰思吾兄責望之心，弟不知何如其用力耳！奉誦高詠，其憂國吊友之誠，溢然言表，忠臣志士之懷，出尋常人，見者自不同。如此乃進士公又有家風，吾兄之喜而後可知也。

答尹志夫書

得書，甚知清苦，然比簞瓢陋巷則又過之矣，此正當堅志熟仁之時。外紙所議良是，宜甚藏之，餘非所急急也。志夫迎養定心，以身率士，亨通自有時耳。

答劉紫巖書

去年仙舟發後，某日夜追拳不及，甚爲悵惘！履任，諸冗旁午，久稽裁問，方切瞻企，顧教翰波及，益深愧感！馳傳鹵征，公論咸屈，召起霖雨天下，當在不日。太行之麓，安能濡滯？雖有一二不知者之語，豈足以嬰高懷哉！

再答可泉書

雒大參來，辱簡書之貺，甚感！乃又益以紗幣何也？恭審當民瘼之時，側身勤政，聞言而懼。雖賢者亦不可無直友，信然乎！近聞州中百姓漸多生意，然孰非公之仁哉！須慰！人便，先此布意。

復寇中丞涂水書

得報，見暘姪高登甲科，喜甚！乃知大君子積慶之厚者，非他人可及，喜甚喜甚！即救荒事宜觀之，執事之種德西土者甚深，寇氏子孫當萬世榮！兒田過，蒙銀米之贐，乃不能一副雅望，夏首之舉，又在躊躇之間。但衰病之人，以得一日之安爲幸耳，出處之論，皆非所急，然而果不易遂也。老母及賤眷南來事且停止，待秋收後道路少安再處耳。饑荒在內而虜賊在套，此誠西土之危，執事之日夜焦勞，以訪委廉智忠勇之將者，想不暇寢食矣！

答無爲守朱子仁書

閣下鴻材厚德，屈此州郡，然志在慈民，今固芝山一郡之福也，諒不爽素懷矣！問及理郡事，大抵爲民父母，惟「如保赤子」一言用之不盡，但他人率視爲尋常，反用力於外耳，知吾友必不然也。

答鳳陽曹太守書

辱書教並詩帕之貺，登受，感荷不盡！來諭有悉作郡之難，然以執事處之，皆不當嬰高懷矣！中官武弁，何足言挫其餘？執事但當以主禮自處，以客禮待人，自無此計較耳。子京亦鄉邦之彦，望深爲愛護，偕之大道。若如此相加，亦恐失執事之美。不材衰病無進，慕執事之材德，間形夢寐，甚不願聞此也。語及，不敢不盡。

答彭全夫書

別來殊切懷思！既典名郡，應知德政及於煢獨矣，幸慰幸慰！士君子但能行其所學，有益於時，便於道無愧，不必計位之崇卑、資之大小也。此吾全夫之所優爲者，因以重及之。鎮城記草草脱藁，望改正後加石耳。

答馬谿田書

遠人書到，足見吾兄警教不忘之意，甚感！東郭之學信如來諭，然其言論雖如此，而行實不詭於古人。但言論流敝，未免使後生廢學，或他處覓耳。近其門下人及王氏門人及吾湛先生之門人或來相訪，某只説學只是「甘貧改過」四字，雖三五翻應對，百十遍發揮，不過如此。中有一二切實之士，亦未嘗不以予言爲救時之弊也。不知是否？承問及近日相處者，然亦有三二忠信不變，迥邁流俗，其人器當在周、漢之間，徐當以名告也。貴門生止王棟三四謁予，其餘皆未能盡會耳。匆遽力疾，不盡。

答丘汝中書

遠辱寄簡，並貺書布，甚感，存記不忘！所云「貧知府」，此真大丈夫得志，澤加於民之事也，足不負相知矣！世風偷敝原在此。足下學能見此，政能先此，雖古之循良又何讓焉！彼徒以口講爲道者，真不足齒矣！更望堅定不渝，雖他日位晉卿相，亦率由之，寧非斯道之慶乎！匆遽力疾，不盡欲言。

答陳忠甫書

承諭爲甲立嗣事。既非大宗，又非有爵土邦國者，比乙又無餘子，安得奪其子以後之邪？且宗法不行久矣，遽舉之，人情委未安耳。夫甲既不可聽其絕不繼，乙豈可聽其絕不繼乎？若有旁支，昭穆當則可也。舊聞伊川之子嘗後太中，未精考，試再諮諸人。

答朱士南書

遠辱簡書厚幣，具悉篤志斯道之意。大抵此道以仁爲大，且學以禮仁爲先，足下於朝夕臨政接民處最可驗也。果能於一道行之而內無悔，他日佐天下亦在是也。

答朱子仁書

來書云「欲求未發之中」，此固第一學問，然只且於已發處著力，久當大熟耳。大抵天下事若不諳練，遽欲中節，將恐陷於助長。世有設爲過高之語者，不可不細論也。如何？如何？

再答子仁書

揚州書到，足想爲民之政波及他郡，此學者躬行之實，又何淪落之有！史約獲辱文序，古樸典雅，並諸簡端，增重多矣！但「春秋以後，史幾何也」之下至「無史矣」一段，不敢當耳。大抵史約初意，謂郡史及溫公資治通鑒殆數百本，窮鄉好學之士，甚至欲讀其書而無財以購，且或購之亦不能誦一徧過也。故資治通鑒，惟王勝之閲一周，他士誦至數册，即思睡矣，是以畏其繁也。又謂史略及少微通鑒，或削去大事，存其小節，甚至數年不録，窮鄉好學之士，雖或讀之，然制度無考，綱領不貫，止便一時應舉，是以畏其簡也。前在告日，因將諸史抄其大者，略其言辭，以成一書，便於士子觀覽，非敢有追聖人之舊之意也。惟執事削去此段，仍以鄙意檃括入於其中可矣，如何？如何？前發來史約二册並後二册，統奉存覽，不必擲還也。

答陳子發書

遠辱寄書，過爲謙抑，誤加推讓，既感千里神交之契，復增五十無聞之愧，奈何？奈何？所寄諸作，高古奇特，直趨秦

漢時人語，真傑作也！ 但以鄙意言之，用意刻深，則或滯情於字句之間，其於斯道之正，不免有少累者，如何？ 大抵朋友高明者從事玄虛，謂文字行業皆粗跡者，此其人已流於太過；若止於辭章上求媲孔孟，則又不無不及之弊也。 令兄子明豪傑之士，一病痰火，遂至不起，寥落南都，失此良友，苦痛！ 然其後事皆進賢章宣之與垂涕泣而爲之者，其次華亭曹完性夫、三原王朝伯啓諸人亦皆在心焉。 夫生死固有命焉，而端人正士易簀，而獲諸君子與按款，則亦不可謂不遇也。 因便及。

答朱鶴坡子書

蒙城遞到教音，喜吾兄見采鄙言，古云：「狂夫之言，聖人擇焉。」果然。 夫士之立天地，通鬼神，雖後來，豈必須此官爵哉！ 吾兄見及於此，雖愚弟亦奮然思嚮往矣！ 承諭台峯兄諸郎克肖事，足慰遠懷！

謝解州諸君子書

遠辱寄至去思碑。 竊念柟不材無德，在貴郡無益，乃勞諸君子過爲奬譽，勒之金石，讀之愧汗浹背。 但稱許太過，實不敢當，請且勿立，覆而存之，如何？ 俟一二十年，我學不改，而解人思予或不變，然後竪之未晚也。 生非敢有所文飾，萬惟裁察！

答松石中丞書

往別，時辱教愛無限，今尚佩服，懷思無已。兹者西土之人饑饉之餘，乃獲執事蒞撫，視如赤子，召和〔一〕積穀，以爲久遠之計，何幸如之！生之庇賴多矣。乃復過縣問及老母，寓書念及遠客，銘感何限！竊念西人皆素信德化者，惟望益戢貪廣仁，使窮巖穴處之子皆沾飽煖，而孤聚荒落之處亦無雞犬之驚，兹豈不復周、漢之俗於執事之時哉！

答黃太常書

承教，甚感鄙意似與吾兄之意亦有合焉。蓋學本簡易明白，若如二先生者說，雖於學者惰於行之弊有功，然終恐於大學經文次第未合也。知行之說，自傳說告高宗，皋陶告帝舜，已兩言之矣，如何？

又答黃筠溪書

寺碑有考據，且爾雅但言「常」字取「常任」之義，未審耳。夫周之常伯亦固曰「常」也，何獨取「常任」邪？其顏師古所訓「奉持旌旗」之事，及漢官儀所取「社稷常存」之義，亦皆有謂，恐亦不可謂其陋與鑿也。若謂太祖首重太常之任，後與宗伯分陰陽禮，此說誠然。且嘗聞之先正云，言貴寺與五府並牙列在通政司之前，蓋與六部對也。洪武間有丘玄清者，甚

〔一〕「召和」，萬曆李楨本作「招利」。

能其職，太祖直以「丘太卿」呼之而不名，可知矣。其曰「夙夜」者，言純乎敬，此説尤美，第不知何所於敬耳？若便，得盡發揚之，尤妙也。

答谿田書

比來病況猶昔，而老母在家，不獲身侍，歸心如火，但尚未能耳，遲秋冬間想獲會晤也。邇聞學者從遊甚衆，得以復起程、張之緒，斯道再明，何樂如之！東郭執守師説，牢不可破，近與厪辯之，殆少然諾，恐亦未肯盡從也。

答程君修書

二程子抄釋刻本甚善，豈惟見君修信道不變之志，而君修父兄之賢又可知已。諸友既得之，乃皆勸之早讀而夜思，見諸行事，以不忘吾君修之功也。但若再得十餘部，諸相知者皆波及矣。近四月間，東郭子有考績之行，過鷲峯東所講論，將達旦始寢，然其意亦漸覺相合。不意入吾君修之夢，此豈尋常所能至哉！則君修近日學之所得亦可知矣。喜慰何限！

答東溪汪先生書

先生不以柟實無所聞，辱遣令器季瞻遊於鷲峯東所。然季瞻之行業庭訓已成矣，實無所增益。季瞻且還，又勞腆賜厚幣遠貺於柟，莊誦登受，殊惶懼！竊惟季瞻賢孝之學，棟梁之器，柟獲與處，方私自幸，乃敢勞先生委懿於柟邪！柟病況猶昔，南望杖履，操侍無由，風晨月夕，深用瞻戀！

答范伯寧書

側聞伯寧又有期年之戚，然老先生與伯寧抵家，而王母仙去，順孫孝子相對而别，則亦不可謂天人之遠也。考滿事以會典改用者，止理見任月日乃已。此間寺中諸友皆多向進，第恨久睽伯寧，指愆救過者爲頗少耳，安得不令人憶入夢寐邪！

答松石都憲書

手書再至，甚感拳拳！地方旱災，西人仰執事真如父母，乃又有此舉，何邪？況朝廷倚賴執事，以免西顧之憂，執事若堅執求去，此其爲義，實柟之所未喻也。側聞白渠及三輔諸渠皆已開濬，爲功甚博，升勺之水，皆吾執事之仁也。若使行水去處均獲沾濡，且能遠及，亦陝西四五十年一快事也。

答薛西原君采書

日昨「主静」請教，甚祛塵慮。别來百冗交集，雖就事體驗，然終被紛拏之害。答諸公書，僕細讀之，恐浚川公之言亦有是處，但此書尚未謄録，俟外日再寄耳。約言甚精，有裨政教良多，然其深邃處亦未免一涉於禪老。賢哲立言，寧近無遠，寧粗無精，使人人可守而行之，庶不遺害，如何？

答魏子材書

領手書，甚感教愛不淺！僕自少狂妄，謬希古昔，偶從詞苑，遂沉流俗。凡諸應答詞章，實不得已，然皆非心之所欲也，鑿性蕩情，時復作悔。至於易解諸詁，又二十年前得告家居，二三同遊之士因問經義，信口胡說，彼皆私記，積久見之，甚不如意，不免批抹數處，彼因成籍，自今觀之，殊可發笑。不意往年有解州一士攜過江東，至徹大君子之目，領教後，愧愧無地，欲收毁之，已無及矣！遡厥初心，畔援歆羡，豈曰無之行也，敢不努力痛改，以孤知我！令器質直可愛，足見庭訓之美，兼接呂、高二生，亦復絕俗，大君子之宫墻不同乎他賢有如是哉！陸伯載近亦來家，想日相晤語也。

答曹都憲先生書

柟不材，忝與令器文淵同年，而又先生長者種德西土，感人到今。過江來便，欲操杖履，候起居，不意偶中暑濕，經年未瘥，蹉跎延遲，未布心腹。乃廑先生長者不棄樗櫟，記存晚輩，誤遣令孫，貺之書教，兼以珍幣，登受莊誦，愧感交集！惟𫁲乃渥漥之種，問言動語，足占繩武之賢，欣慰何限！弟不材，無能增益耳！力疾草率，謹貢積悃，馳省台候。兼謝。不敏罪僭，諸惟台照，不宣。

答洪侍御浚之書

再得簡書並籍刻，甚感雅誼！禮幣前已辭於本州矣，不宜再受。蓋一事也，而有辭受之異，是使僕忽卑賤而畏尊貴，

貽辱於吾執事矣。故來諭不敢聞命，謹返諸使者。

答陸伯載書

屢辱教音，如獲面侍。執事爲道高蹈，更復何言！但衰病之人，猶尚尸素，則何以誨之邪？自執事去後，積懷無所於布，安得移玉燕子磯頭，共話疇昔也！莊渠先生想日夕晤語，斯道之任，當不在斯乎！

答胡可泉書

辱手教並試録書帕之貺，登受甚感！南都因有一二秀才相訪者，不過問疾敘客況耳，非有所謂講道之說。但近來從事於「不怨尤」之學，頗覺尚能耳，不敢不告也。解州有一監生王光祖者，實僕之同志，久不得其信息，不知今造詣如何。按臨其地，可一問之，取一書寄我，以慰遠望！弟甚思鄉，念親之心，與執事同，但未有便耳。

答曹性夫書

即日得手書，具悉雅誼。所謂「事多掣肘，欲寡過未能」者，此正心存後有得之言，將造次顛沛不違者，非是也邪？後世學者於道非篤，心於高玄，必馳志於文藝。如吾性夫之學，遇事著力者，能幾人乎？欣慰！欣慰！復明敦確，其兄復友明快，皆不易得之美質也。此歸，若吾性夫又身率以往，則夫明斯道於東南者，非吾性夫，其誰乎？

復招勤卿書

厚禮不受，則情不能已，受之則心實不安。僕與吾勤卿蓋海内道義之交，不在於物也。如有所遺，節之於禮，是君子愛人以德之意也。恃在契厚，故及之。

答樊少南書

遠辱手簡並書墨之貺，多感契厚雅誼！其罷補支預支之弊，苟當於理，有益於公，不計取怨於人也。所云「公事之餘，惟閉戶坐養此心」者，爲學莫大焉。若常從事於斯，雖顔子克己復禮之學亦不外是。乃又云「更無所事於學」者，則過矣。匆遽中，不盡。

答凌德容翰書

頃者須臾之會，不盡彼此之情，别來殊爲懷慕。近得柳士亨帶來書，益荷交厚契誼。來喻所謂「天下曉之」者，過是。大抵君子之志於道，寧求己之未至，而不尤人之未然；寧責行之不敦，而不辨人言之非。持是而不已，雖上達知天之妙，亦可馴至矣，如何？士亨行促，不盡區區，惟足下亮之！

答程惟信書

令兄將至手簡香帕，多感雅誼！兼在京時，愛及小兒，益深契厚！但書中過美，我何以堪，愧愧！春事偶屈一節，惟望同令兄再起二程子之學於今日，以振作徽之後髦，當不止以文學先也，如何？明禮一書，曾問令兄言之有暇應可作一業須看，如何？

答張汝敷邦教書

疊辱手書，足感雅厚契誼！所問爲學之道，大抵不過大學格致誠正而已。其格物之功，又其首事。若能即身之所至，事之所接，念慮之所起，輒用心窮究，不使差謬，久則理明，知至誠身不難矣，如何？

答魏子材書

前年明德到，辱諭「静覩春意」及「過惟憂民之事」，皆非尋常之見，喜幸得聞至教！邇日亦知循省嚮往，但寡弱未有所進耳，奈何？有便，望不惜誨言也。匆遽，不盡。

與弘齋書

前書想已入覽。久不聞教言，心甚懸懸！想數會莊渠公，靜中講論，定非塵土所能與聞。萬望念舊有一日之好，無惜誨語也！

與王克孝書

史約五代藁益精於昔。所語文藁、語録，孺道屢言及，皆峻拒矣。年荒極，知西北之苦，無如之何。諸賢位次，神主格式，面講可定。女訓之編，乃風化之本，甚善。世語編至東晉，足慰遠懷！王玉溪公之歿，甚可傷惜！天之不弔善人如此。聞移居書舍，足驗學業！如王難之路近，亦可召聚，使彼亦知大道之美，如何？二程抄釋差字便告刊者，但「釋」字之下「曰」字，乃某自去耳。外語録近頗增多，而克孝前攜去者並外篇，今皆抹去十分之三四矣。故雖在克孝處本，亦不可傳人也。今捎語録序並周、程書，箋紙見意。

答米仁夫書

昨者疊辱屈降，甚愧疎慢！別來又辱簡書，具悉篤厚雅誼，感荷不盡！且往年頃刻邂逅，而足下輒以長者禮見加，深愧狂妄，無所增益，足下乃比於春風之坐、骨肉之親，過矣！大抵學之蔽，雖其行之不篤，亦以信之不深；雖其信之不深，亦以知之不明。知足下純慤開朗，嗜道如欲者，友朋中真鮮其比。誠使嚮往不已，斯道有不在若人乎？幸即職業中見此，

無以爲羈而忽之，如何？使還，匆遽不盡。

答黄允靜書

久别，何勝懷思！往者勇歸，其孝心真可通鬼神，其於道已幾入矣！每遇知己，未嘗不羡慕也。去年又得手書，益感雅厚之意！子積行，匆遽中，草草列布，不盡。惟爲道珍修，益造其極，幸甚！幸甚！

謝邃菴閣老書

某至京雖未久，然受教愛者則甚深，蓋不啻延飲錫幣之厚，而凡語默動静之間開示之者，無所不在也。出京路，抵良鄉，乍違天顔，神鬼飛越，兼思相國夙夜在公，憂治好善，益切下懷耳。昨蒙差官賜票，造次附謝，殊不盡。

再答子發書

前書計已入覽。兹陳倉歸，謹附問老先生起居，想就康泰也，而子發孝心之慰可知矣。承養之暇，望擇直諒之友，日相講切，以修顔、曾之學。若漢文唐詩，但令可爲我驅使而已，無得被其陷溺，侵於正功，方是造詣也。近章宣之、王貞立皆至，見所持守，有確乎不可拔之意，令人喜幸無限，想子發所欲知也。邇來用何工夫？會何朋友？立何行業？作何文字？有所得，望無吝金玉耳！匆遽，不盡欲言，情照，幸甚！

答胡貞甫書

久别，實爲懷思！遠辱手書，具悉篤厚雅誼，兼以良劑之貺，愛切骨肉，已分其半寄老母矣，令人感刻，言不能盡！朱子全集實爲至寶。緬惟涖政越年，壹志窮獨，閩人受福已多，願益茂仁義之政，爲古循良不啻也。大抵職專則惠易下流，道定則功自上達。方於事上者固非所宜，而好從人私者又不可以艾下也。此間悠悠歲月，殊無長益，辱問及諸友，然宗道已丁外艱回矣，其人大有所進，古所謂「確乎不拔」者，殆庶幾焉。叔用留心二程子之學，已見於言動，能發揮大和，敦厚周慎，涖事不苟，益閑政務。其餘貞甫所未同處者數人，亦皆勵志嚮往，實慰予心，大抵多慕貞甫之爲端也。匆遽，不盡。

答韓汝器書

即者又辱簡書絺葛之貺，雅意稠疊，感慰何限！恭審政務益閑，因時隨事，多所陰救，甚慰遠懷！史約一向冗奪，未及改定，況能刻乎！匆遽，不盡欲言，情照，幸幸！

答范伯寧書

别久，實爲懷思！此間友朋雖有三五人相處，然求如吾伯寧直諒可以聞過者，不可得也。乃遠辱手書真切，嘉貺稠疊，感刻何限！遐想日在庭訓之下，棠棣之間，行業茂盛不已。西歸尚無計，考績又爲新例所止矣。匆遽，不盡。

答程惟時書

使者來，知令弟已襄事，甚慰遠懷！然聞哀慟之狀，辛苦之態，所謂雖鬼神聞之，當亦泣下者也。傷慘之餘，乃復念及鄙薄，辱貺書禮並序語録，情義懇切，而辭旨高遠，愧非予之所敢當耳。此道不明，講説過多者害之也。而惟時乃能於力行中見之，則斯學當不再顯乎？考滿，又爲新例所止，枉辱多貺耳。此間章宣之、王貞立復來相聚，舊學果增卓立，甚慰鄙懷！聞部引尚未取，想會晤亦不遠也。

答楊允之書

久别，甚爲懷思！辱專使齎書葛，足荷記憶之雅。且喜雖相别而能相信，慨然以聖賢自砥礪，則行業之日茂，可由知已，甚慰！大抵此道在人，如衣裳飲食然，不可使其暫服而或失體，暫飡而或枵腹也，古人所以無終食之間違仁者，良有以也。考滿事又爲新例所阻，遠勞使者跋涉千里長江，感歎何限！使還，草草布意，殊不盡懷。

答汪伯重書

遠辱千里遣价齎書墨紬布之貺，具悉雅厚至意。且覽書，益知造詣高遠，非復往日鷲峯中人矣，甚慰！甚慰！但云「終未有灑落處」，將其念尚他有所牽滯者乎？有則自觀其根而斷之，便到不改其樂境界也，更上一步，恐亦在此，如何？

答陳子器書

前書計入覽。令兄子明墓銘望改正後入石，此事吾子器與舉之，可以觀近日之所造矣。事完，望與子發切磋爲曾氏之學。子發高材敏博，毋令止爲一詩文人耳，乃尤見子器之能友也。此間章宣之、王貞立、易伯源、張淳夫諸友果皆勵志堅定，則子器兄弟不可但已也。見學敬、允弼諸友，亦望以是告之。匆遽，不盡欲言，情照，幸甚！

復柳士亨書

別來懷念同志如吾士亨者，未嘗忘於寢食也。近至南都，得汪時容送到兩書並嘉貺，深感相信之厚，兼知邇來造詣堅定，於斯文真有望也！更冀充廣，以求所謂博厚載物者，當見鳶魚飛躍於目前矣。匆遽，不盡欲言。

答張仲完書

往歲遠辱江邊之送，兼以雅作，甚感！即得來書，足荷相信之厚。至曰「無可息肩之期」者，則有見之言也。能乎此，雖周公之「終日乾乾」，又何不可學哉！會試想不遠，當一會晤，以敘闊懷矣！

答鄒廷俞書

遠辱記存，多寄曆録，爲感如何！緬惟旌賢剔蠹，流澤西蜀，乃復注意賓興，廣獲俊造，以副上意，賢人君子所至之地，不同於尋常如此。枉詢迂腐，豈有異説？只此虚心好問，雖守之終身，他日以相天下可也，況於一方乎！

答陳虞山書

僕自筮仕時，即知海内之士有好古樂善如吾虞山公者，每切懷仰，時形夢寐，弟未獲躬侍道範而聆德教爲恨耳。邇又辱簡書銅章之愛，登受殊增愧感！小詩一張，聊補前空，然實請教也。

答張範中渠書

辱華翰佳貺，具悉雅厚契誼，友朋有此，當非斯文之慶邪？所問益身心、切實學、及急務、除病四事甚善。但除病即急務，急務即實學，實學即益身心也。第其所謂病者，他人不能知，必自己將度受患深處，先克治之，其餘皆坦途矣，如何？

答余晦之書

得手書及諸作，足知河東之政，兼以所聞于道路者，喜慰何限！蓋賢人君子所至之處，地方便改觀爭光，果然哉！此

土本堯、舜、禹、湯之墟，而皋、夔、稷、契、伊尹、傅説之鄉邦也。足下振舉如此，豈惟今之士有益，雖於古人爲之重榮，鄙薄如予者亦獲托名於久遠矣。厚禮太過，何以克堪！諸作皆切實，清新純粹，金石之文，自當如是，莫之能疵。但以暇開卷爲命薄，則豈予所望於晦之者哉！舊處不見有此詩賦，覺之甚爲驚訝耳。解梁書院望亦留心振作，既委虞守主管，可謂得人矣。其西有王官書院，焦尹亦嘗奮志更修。如又其西有河中書院，乃呂九川所建者也。若皆各選耆德碩士以爲院主，如古山長之徒，俾之化導鄉人，誘勸後學，不止專習文字，即虞、夏休風可復再覩矣。焦尹亦嘗從予遊，蓋志士也，不知可與虞守同委分効其力否？

答呂九川書

久違懷仰，時形寢食。簡書兩至，皆已拜悉。大抵此出必須以得軍民之心爲主，而禁止科征、舉拔賢才，乃禦虜之急務也，他可姑緩之矣。同年諸公及同鄉劉公在彼，渠皆有所依歸，君早晚不可不存問也。

答夏方伯年兄書

執事往年於順德途中須臾會時，至今馳仰。緬惟吾兄旬宣大省，足知煢獨之受賜也。即者遠辱手教並典籍新書幣貺，登受，益感記存！使還，謹此布謝。

報崔後渠書

前日於宅上夜談，極領教益！其論四勿之仁、好問之智，甚爲真切，蓋天德王道全在於此。鄙見亦嘗至此，但不如是之精切明徹也。所示鄙人之過，尤所敬服，便當改此失，且欲推類以及其餘也，矢不負斯名言矣。昨爲西渠、柳泉各大書數字，欲刻置墓石，已□之王太守矣。西渠塋之東北隅已有一石而未礱，其催促完成在執事也。字在李西牟所，其碑陰欲書題辭數言，並附上請教。若柳泉者，則在執事，及乃郎回京自有處也。西渠乃郎屢招不至，薄意已附於苗世臣秀才矣。風雨阻于淇，草草留此。

再答戚掌科書

得楊生書，足知近日造詣堅定，喜慰何限！所舉孟子數語甚是，但不知自得景象果何如耳？所謂「先功夫而後文藝」者，又恐涉支離矣。前者佳作欲辨注數處，適有北行進賀之事，於書籍數日已束裝，當再寄也。

答宗伯渭厓霍公書

在京多辱教愛！僕性愚直，凡言語文字之間，信口胡說，而吾執事略不罪責，其汪度如滄海，乃僕尤言欲有容，則其無知甚矣！且瀕濟江而無船，吾部司官已先回矣，執事乃獨徘徊躊躕，區處竚立，舟發而後返，則其上以事君之忠，下以處僚友之厚，近時未多見也。行與袁公歎服，感刻不已。

答鄭維東書

維東之高行大材，豈待觀省行録而後知乎！然觀此益爲予心之所感也。自古哲人直士，率罹讒遭毁，然即録中專提宦族一節，豈非速釁之一端邪？士君子在天地間，何必以黜自沮乎！千萬無以此嬰心，逍遥乎無愧怍之天，以求天地鬼神之知。區區俗論，蚊虻視之可也。録宜藏之中笥，以示後人。匆遽，不盡。

答後渠崔公書

屢辱教愛，感德不淺！所云前二三書者皆未到，郭丞申士之書則領之矣。易象説恐過於執泥，以大指氣者固未是，以明指日者，恐亦未然也。「春，王正月」，多是削去前兩箇月，以夏之正月紀起耳，雖有漢以來曆書，率是因春秋附會以扣筭，不敢以爲的也，如何？士子日繁，而才力甚不勝任，有教言，望滿紙賜可也。偶有小詩，附上求教，幸不吝！

與滁州林太守書

彝卿足下，近解州耿、張兩生來，始知其伴任泰者瘍死於滁，多辱愛及。泰，義民也。僕至江南十年矣，解州耆民士夫每年必醵錢津，遣任泰渡江問安於我。今次至滁，未渡江而死，傷何如之！泰常依于監生王光祖之家，光祖每有幹，必托泰。泰往來江南十數次，道不拾遺，言必忠信，行不愧獨，難得之士。今不幸至此，能不一諒之乎！且光祖與此耿生，亦令兄之門人也，可知泰矣。萬望與一脚力或騾驢送至汴梁，幸幸！

與謝應午書

在京不獲會晤，曾留小書於侯經歷處矣。即過直隸，聞課士嚴密，拔擢允當，人心悅服，甚慰客懷！但按臨一郡，凡屬州縣正官皆以印隨去，若小縣缺官去處，倉庫獄囚，未免失守。必先責委得人，方可令其離任，不識如何？且於縉紳往來道路者不便也。廣平丘同知，予在解州時嘗從予學，其人涵養醇正，謹信溫厚，則固今子游者之滅明也，樂善君子豈不欲聞之乎？廣平接至官回，便草草附懷，皆據近所見，無所出於人者，惟情照，勿訝。

答仇文實書

京師會晤不久，而文實嚮道慕古之心，即令人懷思不已。得簡書珍帕之寄，益感雅厚！人回，小書扇領絹將敬，不具。

與石泉都憲書

昨郃州書到，多感多荷！近得本縣送看府帖，云執事准令兩司會議，欲將本縣窄短府舘爲僕改建涇野書院，講授生徒，即令呂新管掌。此其過爲推待，作興士類之意，極爲至厚，但此地前因易換官廳地基事，生已令呂新退換，不敢爲業。今復如此，是名不取而實取，即「舍曰欲之而必爲之辭」者也，固非生之自待，亦豈吾執事暨諸君子愛人以德之意乎！已令呂新具狀本縣告免，千萬停止！且各處書院近爲言者欲行拆毁，而賤號乃敢身自當之，兼令子弟輩掌管，以圖日後之利耶？千萬停止！又中部劉都憲及其子姪主事佐、郎中仕、鴻臚儼爲京官時，有司撥糧存起，未免有情，其後相繼彫謝，而

仕尚在配所未還。聞其家被讐人告發省城，一時監追，實難速辨。若容在本府本縣監追，如何？當其法自有公道，不敢言也。又三原秦參政偉者，亦守正不阿之士，近其乃配夫人之歿，其子貧不能具一櫬，亦望分付縣吏一拯助之，令得早與參政合葬，亦義事也。執事素敦道義，今且風化西土，因並及之。

答李端甫書

到郡未久，聲政載路，賢者易於爲邦，固如此乎！魏子宜已西行矣，所云其量一節，果中其病，於端甫恐亦當留念也！嘉簡過於自智，知賢益懋循良矣。米酒諸貺，已切感厚，乃又益紗段二幣，過矣！使還，草草附謝。

與應元素書

疊辱簡書嘉作，登受莊誦，受益良多！第以南北奔馳，歲無停馬，於吾兄處，懷仰雖切而裁問殊疎，罪過奈何？惟吾兄政可經濟而學甘簞瓢，乃不偶，爲時輩短所屈，在相知罔不歎息，想亦不久林石也。

與内濱初公書

春中得報，甚爲驚訝，凡與知己，罔不歎惜！蓋直躬而行，既有所忤，勢必至此，知執事必以理命自遣，不介懷也。河東事，近余晦之又一振作，於執事往日政教之善，又一光也。數月曾有書附滇中承差，想未到乎？田宗商回，草草附訊。

再答晦之道長書

前書計入覽。文稿序轉求銀臺林懋易先生，渠以其乃尊亦此號也，又返其禮。執事如欲求費司成他相知者，可寄書來，當問之。蓋執事與予既有此義，若爲之序，未免稱贊，他人不知者，反以爲比周矣。恭審振舉河東政教，豈惟鄙人之幸，其地方受賜亦多矣！王官書院記一首，蓋焦尹所求者，因敬附覽。塾學記中以牟爲協謀，牟固可與之人也。王氏家藏集序恐稱許太過，且執事爲其屬官，亦須酌言也。如何？如何？

答戴時化工部書

往在京，多辱雅厚。章宣之到，具悉相愛至情。近簡益篤意，鄙人何以克當！胡公所寄書及與西玄者，俱收領矣。徐中政務清簡，相益力於斯道也。外小書刻寄意。

答葉地曹子大書

久別，何勝懷思！疊辱簡書佳貺，益深荷感！緬惟遭困處險，百千萬狀，人所不堪，若處之坦然，乃真學問也！大抵窮通有數，遲速有命。雖他日處大顯之時，亦若今日處大蹇之地，通爲一理，斯其妙也！僕嘗躬自爲之，故敦〔一〕以告道厚

〔一〕「敦」，萬曆李楨本作「敬」。

耳。如何？如何？

答顧雍里提學書

過汴，極辱雅厚，方切荷仰。邇復辱差人擲柬，迎至磁州，此其情意宛如南省之舊，益令人懷感不已也！第其中以賀字見獎，頗於孤臣孽子不似耳。薄劣叨洪恩久矣，一旦離去君父，長往山林，不無瞻戀之意，且自省愆不暇也。

答可泉中丞書

比來滿望會晤敘闊懷，不料吾執事尚未抵任，甚惘然也！前覩撫巡規約，其處革官吏軍民之弊詳矣，又以爲雖多作樂府亦不妨也。今見中州災傷，未聞救民之政，乃復東顧室家，久而未至，忍使流離滿填溝壑。素日抗志千古，今其所行，乃與往日孜孜過門不入之禹不同，何也？將非猶爲樂府一誤邪？抑以功勞懋大，聖主一見，喜而遂自盈假邪？宜乎往日吳中同年諸友有多口矣。僕北行在即，遲一月仁聲不聞，中州倒懸，當誰望乎？

復李上賓年兄書

久違道範，何勝馳仰！緬惟林泉之遊，子弟之教，其樂無涯！令器應元得給假稱觴後，便促之北來，庶使年弟不失信於人，即吾年兄之遠教我矣。必不使應元濡滯膝下，馳騖人事，以誤彼之正業也，千千萬萬！

答可泉書

前戴主事人回，曾附謝柬，想已達也。兹復辱西玄集並古樂府之寄，益切感教！但樂府大逼漢人，語古雅工緻，何也？吾執事方在撫恤煢獨之時，而乃有此作，將不左於用心乎？故予嘗謂：「與其在上者有古人之詩，不若在下者有今民之謠也。」義切骨肉，語不覺大顥耳。如何？如何？

答王檗谷中丞書

辱遣令器伯止枉顧，兼賜華翰良醞，僕得見芝子，如見其父。數年睽違，馳慕之懷，亦少慰矣！醉酒飽德，又何言哉！乃又云選勝結第，讀書求益，可謂今之伯玉君子者乎！行當以爲師法也。但恐吾兄抱涇濟之材，棲遲山林，又不能遂其願耳，而公亦不可在江湖而忘廊廟也。

答胡甫之書

恭喜得令松陽，而以爲官卑。苟使仁惠及於煢獨，而循良政成，雖公卿奚讓焉！吾見其志之必堅，行之必果也！

寄西亭施聘之書

久違道範，何勝馳仰！王秀卿過此，又辱寄聲，益切愧荷！緬惟吾兄迪仁履義，確守六經之舊，士林傾仰。不日徵置卿相，霖雨天下，可懸知也。秀卿回，謹此附訊。

答東橋司寇書

恭喜榮拜，會晤不遠矣！所諭中庸中和之說甚當，若浚川公者之論，未免陷於性惡之偏矣。但吾執事既勸人以容物之義，又恐其怒也，令僕解之；既謂巡撫不能送厝，又欲僕言諸新來諸公，則於未發之中以及中節之和，不能皆合，宜浚川公若是言也。如何？如何？據按奉，復請教益，餘俟面質。

復克齋奉常書

當此大事之時，慎而後舉，明而後行，誠吾執事臨事而懼之盛心也！但喪祭皆朝廷大事，不期而遇於一時，將孰廢乎！部中文移皆采衆論之公，禮所謂「緣人情」、「義起」者也。得旨而後行，將不無後時乎！渭厓公有此論，僕意亦與合，遂有昨議，惟吾執事裁之。

答韓汝器書

去冬辱枉路顧我，甚爲簡慢。兹復辱遣人遠惠簡書邊議数條，兼以絨褐羊醴，足感雅厚！其所論「重守令，選邊官，以來豪傑；嚴清勾，廣召募，以審主客；查侵欺，稽隱［匿］〔一〕，以戒因循」者，此誠備兵之急務也。至若抽丁、選（走）［步］〔二〕兵之事，于予心有疑焉。司馬君實所論刺義勇之非者，將無似之乎？軍士不戀邊，必有其故。食不足，兵恐失其方。足下身任此責，不可不熟計而預處之也。如何？如何？使還，謹此附謝。

答崔洹野書

在京甚辱教愛，不但往所謂聞所未聞也。洹野序至前途便轉寄，不敢誤。惟是許弟一作，不知何日可慰鄙望耳！南缺如不得，亦且息念，恐不日起拜也，蓋中外人所共望耳。謝應午嘗從僕遊于南都，其人志向篤慤，博學明敏，又美文物，數進謁請益，可勿他辭，前吏想已告之矣。李伯華古書令馬彤抄寄，幸幸！

〔一〕「匿」，據萬曆李楨本補。
〔二〕「步」，據萬曆李楨本改。

答王良輔書

遠辱簡書紬貺，且以告別，雅意篤厚，知感不盡！此行鴻才積學，定中高選，素志將大行矣！然或一就秋試魁元之擢，知不讓他人也。所云翰林相識之人，良輔又何必掛念哉！北泉精舍之言，將又忘之邪？蓋僕自去年一出國門，凡諸縉紳即息交絕遊矣，況翰林之近侍者乎！雖有一二相識，義亦不可告也。惟良輔相信之深，凡前者之言必有諸己，斯慰遠懷耳！

復魏少穎書

遠辱遣使寄惠華翰，兼以酒果米牢，多感雅厚！所問文集，自去秋別後，寒家老少多患疾病，至今方就痊愈，一年之內，手未拈筆，目未覿書，而鄙藁因多散落，今辱問及，愕駭失措。乃於羣書先檢得序文二册，暇中望一校勘。若惠一名序，尤出望外。餘藁不日檢出，專人封識走送。

復洪洋趙中丞書

西人一聞明德君子撫茲全陝，不勝欣躍！邇者下車未久，崇寬簡，罷誅求，息煩擾，戢貪殘，西人真慰雲霓之望矣！忝與交遊，喜慰何限！益知其後益充是道而不渝也。方圖具賀，以山林之人未能遽行，乃輒辱簡書羊幣之貺，登受反增愧感。使還，謹此布謝。

答渭厓霍公小帖

生平日以公爲可〔一〕人也，今此疏如此，可謂阿私所好，不知人之甚矣！　聖主聰明睿智，足可追復堯舜，乃公所斂祭二人，掩蔽行私，引進匪人，至今令黄河以南，大江以北，僵尸數千里，賣子女不直百數錢，危亂至此。公寵信重臣，不能上告聖主，乃欲黨一亡姦，歸炎涼于鄉里良民，此何故也？　然則一二十年百姓無告受害，非公而誰？　公多學有志，一變而爲正人，有何不可？

答子從書

辱差人送，足感！　但汝器、子珍皆破格出别于南門外，乃來人云子從懼泥雨而止，甚爲悵惘！　且吾子從嘗過加禮於真定，亦嘗出北門爲别，今豈以予之還山而薄邪？　子從必不其然。　且予雖不及程氏，子從又寧肯讓立雪二氏者乎！　乃於泥雨有辭。　爲夫既相知之後，又焉用手本，似非待山人之意，使予不能無疑焉，將無尚有所云乙未進士之意乎！　夜中談，可謂罄出鄙衷矣！　願子從見道勿見官也。　數云「爲俗士累，欲去」者，正坐見官之病乎！　西谷不能漠然于高賢，附此。

〔一〕「可」，萬曆李楨本作「正」。

涇野先生文集卷之二十二

墓誌銘

馬母李氏墓誌銘

馬母姓李氏，雲岩先生三原馬公之次室，吾友伯循理之母。理蚤著文行，應弘治十一年省春秋第一舉人。十五年，柟卒業太學，同舍居四年。十八年冬十一月，同歸省。行邯鄲而馬母訃至，伯循驚怖僵冷，移時而蘇。已行，泣語柟於彰德路曰：「吾母未逮事吾王父母，每當忌辰，哭之哀。其相母君劉奠祭，必齋戒。恥世俗婦女不時相問遺，不饁不出閫，不有故不至外家閾。身能勤儉，當病不廢紡績。其有羡貲，藏以待乏。成化末年，歲大凶，人相食，母出所藏以給日用，予家得以全，田疇室宇且拓於其舊。吾父嗜詩禮，賓朋生徒訪而至者，日不絶踵，母每儲不時之需以當其意。其慈吾輩，恐其讀書不一也，服飲必親之。侍膝下，則諭以嘉言嘉行而誘之學。吾父爲鄉大賓，深衣冠皆其手製，其他帷殺衫著冠、襟巾、襪履倍常履。」因指所著布履曰：「此履也，將十年矣而未綻裂。性嚴重，見諸婦多言笑者必斥之，諸婦莫敢不懾。嗚呼！理不能狀矣！歸將修葬事，子爲母誌之。」柟飲泣而諾曰：「此皆柟之宿聞而以訓其内者也！」

至淇，柟以事留淇旬餘，藁落淇邸。至家，伯循貧不克葬，有俟於二麥之登，乃又狀曰：「母垂没，舅氏乘間乞一纚布。曰：『女娣平日不私假與，舅氏所知也。今豈以病且死而忽移其心哉！』舅氏歎息而去。没之日，學語之穉行坐啼失聲，吾父及母君哭之病。」柟撫床理前藁而歎曰：「姆氏之學廢久矣。若馬母也，苟非天資之美，則必有所學之也。伯循自謂

粗知禮義，固父師之教，亦母之力。然柟與伯循交最厚，其賢信乎自於此也。」

誕於正統十四年己巳夏五月四日，卒於弘治十八年冬十月十有八日，享年五十八。子男三：理、珊、琇。女一：御。理娶姜，生男希古、希一，女淑潔。珊娶李。琇未娶。御適袁氏。嫡長男璠，娶袁氏，生女淑靜。嫡長女昭，適王氏。皆字之厚。

欲筮正德元年六月十二日，葬於先塋之次。銘曰：

嵯峨之堂，清谷之陽，友人馬伯循有居曰綺埜莊，西北行一二里，葬其母。其德當於斯山而高，斯水而長！

劉母徐氏墓誌銘

郃州舉人劉澄之母徐氏卒，澄自爲狀，遣弟清請予銘。澄之賢，予故知之于吾友馬理，而又嘗識澄于南師，按狀且非誣也。乃志之曰：

徐，豳之著姓，陝州學正味道君璽之配也。徐自歸味道君，善事姑舅，祇若意命。及姑疾，不違左右，晝夜罔懈。姑疾革，握其手曰：「吾已矣，顧無以貽女，惟願女他日得若孫之婦皆如女耳！」徐揮涕籲天，請以身代。姑死，哀毀骨立，鄉黨稱焉。嘗逮事大姑若事姑也，又嘗逮事曾大姑亦若事大姑也。及其遭祭薦羞，必先事處之，不敢易也。

初，味道君之遊郡庠也，每雞鳴，必促起之曰：「妾聞爲學如撐逆舟，力少緩，不進且退矣。」味道君乃力究小戴禮記，獲領成化乙酉鄉書，後以年例授河南陝州學正。他日歸郃，謂其子澄曰：「昔吾之教陝州也，多達其材能，而監丞陳雲逵、給事中張九功尤著，人皆謂余之績。當是時也，微汝母勸道之勤，吾乃且倦矣。」成化末，米斗銀伍錢，家蓄米數百石，人謂味道君糶，可射利拾倍。徐乃力贊味道君貸於貧者，俟豊歲焉斂之，救人死而亦未嘗寡利也。時一貸者嘗與長子洪有隙，洪白當弗與，徐曰：「仇而勿與，禍且至矣。」乃倍他人與之，且令食之。其人曰：「吾妻女昨奪吾食，吾捶之幾死。在比

舍，意弗獲貸，以死圖之。今若茲惠，出望外。」遂涕泣而去。越二日，其人妻女果斃。人言徐勤儉立家，當非其質之美耶？

徐生三子：孟曰洪，年四十一而死。仲即澄，應弘治乙卯舉人。季曰清，業農。洪娶季氏，生男三。澄娶林氏，生男四。清娶程氏，生男一。女一，爲州人程翺妻。

徐生宣德甲寅四月十八日，卒正德庚午十二月二十一日，得壽七十有七歲。卒之明年辛未七月二十五日，葬於郃之大王城下新兆也。銘曰：

劉澄母徐，孝且慈，沒而葬之豳山陲。

文林郎高陵縣知縣李君墓誌銘

余嘗稱吾邑侯李子實有五德焉：思親老而篤，交友久而不衰，臨政勤而詳，接下惠而察，處用儉而有度。謂當終綏我高陵也。比吾應命入京未數月，侯乃不甘於部民之言，飄然掛冠即歸矣。比吾再病還山，聞侯又不祿矣。嗚呼！侯有此哉！然而其僚猶有存者，謂余曰：「侯之去也，與我與部民對理于上官，孰與我山林對經籍也！縱無愧於心，與我折足伸直于一日，孰與我逍遥飲酒以避世耶！當是時也，侯若在，公道自明，萬萬無恙。侯乃捨其細而求其大，侯不可得。」

侯初習禮記，中山西十九名舉人，得教諭吾省之寶雞。弘治乙卯，雲貴布政聞侯學行，聘典禮記文衡，是科雲貴稱得人焉。後又教授吾省之鳳翔。正德丙寅，河南布政聞侯學行，聘典五經文衡，是科河南又稱得人焉。乃自是陟尹吾高陵。在寶雞時，提學副使楊公、巡撫都御史李公皆以「勤教孝行」移文獎侯。在高陵縣時，巡按御史周君、總制都御史張君皆以「操守有爲」移文獎侯。然侯自寶雞嘗丁母劉氏憂，服闋，陞申王府教授，轉伴讀，伴讀而後教授鳳翔也。在伴讀，授勅命，進階登仕郎。嗚呼！豈可得哉！

侯諱珣，字子實，世爲山西霍州人。高祖譚甫，祖廞，不仕。父謙，配劉氏，實生侯及其弟忠。謙年三十歲卒，時劉年甫

二十五也，甘貧守志，撫君于有成，幾蒙旌表貞節而卒。侯配郭氏，生子男四人：長綿芳，室馮氏；次續芳，室張氏；次緝芳，室張氏；次纘芳，室劉氏。纘芳年十六沒。女一鶴齡，適郡人史直。孫男三：汪、涵、渭。女二：阿芸、阿繁。

侯生於景泰六年七月十六日，卒於正德八年十月十四日，得年五十有九歲。綿芳將卜正德九年十月日葬侯于霍北清石灣之原，以附祖塋，遣人千里索銘。嗚呼！余受侯之知甚，豈可辭！銘曰：

彘水之陽，霍山之堂，我侯攸成，有教有政，克裕克光，聲斯洋洋，後世所瞻望！

資善大夫南京戶部尚書正誼先生雍公墓誌銘

公諱泰，字世隆，別號正誼菴，陝西咸寧縣常寧里人也。先應天句容縣人，高祖太居生子安。洪武初，子安從戎西伐，編今籍。生清。清生鑑，字明甫，號逸齋，封文林郎，山西道監察御史，配王氏，封孺人。瀕育，夜夢神授白蓮一莖，日生公。孩孺即敦敏不譁，八年而事塾師，輒越諸兒，十三年選升府學，十九年鄉舉。成化己丑進士，明年出知吳縣。

吳濱湖，湖漲，淪田數百頃畝。先尹咸欲防湖，輒沮於富室。公至作堤，富室猶讒於太守，公立笞之一百。期月而堤成，雨暘蓄泄，吳到於今賴之，曰雍公堤。夫有妾死，妾父訟夫密殺吾女，兩月匿尸湖中石下。召訊夫，夫曰：「妾逃兩月，跡求無效，妾父脅財，始知死所。」公使視尸，死當近日，乃訊父曰：「夫夫密殺汝女，汝安知匿女于石下？此又豈兩月尸耶？必非汝真女，汝假他以(勾)[句][一]賂耳。」一栲而信。同年進士過吳，說求衣裯，不答。寮勸之，公曰：「余爲吳人父母，剝其子以賂友，於友何厚？於子何薄？」吳人無大小稱青天焉。於是巡撫都御史畢公奏曰：「吳縣知縣事上不阿

[一]「句」，據萬曆李楨本改。

諛，臨下寬而敬，剖決如流，官(反來)[友求]〔一〕貨不行，吏畏民懷。」上考。甲辰，詔擢爲御史。吳俗，令行，皆饋樓船。饋公，公不受，民涕泣固饋，乃駕至張家灣還之。吳人歌曰：「時苗留犢，雍公返舟。」

既守御史，彈射不憚高明，褒揚不滲卑遠。時威寧伯王公典院事，語親舊曰：「棘避驄馬御史也。」初巡南城，四城咸求折訟，公曰：「去，有主者。」民崩首不去。他官不辯也，公爲折之。於是豪右斂跡，聲震京師。巡關居庸、紫荆，士民讋服。嘗笞梨盜，後有首得遺驢者，訊之，乃前盜官梨者也。兩淮巡鹽且滿，巡撫都御史以公力遏權要，商民咸悅，復奏留一年。初，公至淮，皂丁貧而鰥者幾二千人，比及二年，具與完室。既去，淮南人詠曰：「客邊檢橐渾無硯，海上遺民盡有家。」又曰「了卻四千兒女願，春風解纜去朝天」云。

己亥，陞鳳陽知府，未到，丁逸齋君憂。服闋，改南陽。唐王奏取民田千頃，命下按察勘給。公力(報)[執]〔二〕不從，奏曰：「民去，王誰與守？」得准。汝寧知府及千戶淮相惡各奏，逮至千人，累年未判。撫按下公，三日而決。甲辰，司馬于公總制北邊，辟公山西兵備副使。公至大同，汰侵漁，振頑慢，廣墩堡，制兵車，以禦胡。胡自公至，不敢(褻)[襲]〔三〕邊。千戶韋英誣收謀逆百人，于公會鎮守巡撫，將坐實以聞。公曰：「人命至重，惡可輕舉？若出誣收，可謂賞一姦，殺百良，疑讞乎？」于公悟，從之。至京，果得誣，殺英，百人俱免。於是于公有疑，率召質決。

期年，陞山西按察使。或謂太宰李公曰：「雍某何以驟耶？」李曰：「雍廉使風力無雙，可以諸人遇之乎！」於是山西獄無冤鬱，綱紀肅然，公乃爲「一天白日，遍地清霜」之詩。有訟其子失養者，公垂涕泣喻子曰：「爾由繈褓何所食，得至今日？乃不顧父母之養，私其妻子，罪當誅。」其父復號泣乞原曰：「愚民老且死，僅有此兒，一時感怒，不知至此。」公

〔一〕「友求」，據萬曆李楨本改。
〔二〕「執」，據萬曆李楨本改。
〔三〕「襲」，據萬曆李楨本改。

始釋之曰：「慎勿又犯！」乃卒爲孝子。太原知府尹珎出遇公於途，前驄緩避，公召數珎。珎起，抖擻衣上污曰：「此豈失朝耶？」公曰：「汝毀裂朝廷體統，猶敢假爲悖言，非罪耶？」笞珎。珎訴於朝，誣以人命諸事，遂收公錦衣獄，無證，猶三月而後免。左遷湖廣參政。湖民被誣爲強盜者七八人，歷多官不解，御史下公勘，畢得誣狀，盡釋之，七人皆圖公像祀於家。武昌知府王達貪虐而喜媚權要，當述職，自布政、按察率與上考，公艴然曰：「泰敢黨達以負國耶？」獨注曰：「上官畏其暴，下民被其虐。」諸公變色。後達卒黜。

辛亥，陞浙江右布政使。太宰屠公家衆鬻販私鹽，鄉人效尤，幾至千輩，盜竊横行。公先收屠人抵罪，諸寮咸諫，公曰：「此等爲屠公禍，屠公豈知，禁此當非大助耶？如其知也，存屠公情，存朝廷法。」諸寮慚退。既而丁王孺人憂，未闋，吏部辟爲山東左布政使，固辭不起。己未，詔起爲右副都御史，巡撫宣府，疏辭不允。居宣府二年，諸所奏議，咸當時務，士民祗畏，邊陲宴安。士無室者，援兩淮例來訴，公復與完聚千人。參將李傑不法，部下狀公，公將參奏，李跪堂前，詭乞受責以圖自新，公遽信曰：「此亦軍法也。」令縛下大杖擊之，三軍股慄。初，李之屈也，策公必原，既乃譖公于時相曁科道，時相有戚黨，科道有稔習，公遂以擅打將官劾罷。乃日居韋曲別墅，不涉城市。秦簡王出入溫泉，駕過韋曲，欵語移時，留詩云：「寄與山東謝安石，莫因高卧負蒼生。」

正德丁卯，言官潘鐸諸人交薦公有「敢死之節，克亂之才」，詔復起公爲左副都御史，董操江，疊疏固辭，弗允。時宦官劉瑾用事，卿佐遷除，厚賂行謝，鄉人喻公，公曰：「進退在天，若奈我何！」未幾，陞南京户部尚書，又不謝，遂令致仕，罰芻米千石，速著有司促輸。宣府潘鐸諸人及前吏部尚書馬公文升、兵部尚書劉公大夏數十人皆以辟公，罰米有差。公自是復居韋曲，旦夕焚香危坐。食既，則拽杖撫童，徐步畎畝，或休諸樹下，或濯清泉，撫景自詠。於是田父羽流，皆得與公談稼穡、講鬼神，公亦或自謂與鬼神通，後進或少之。嗚呼！非公將有沮於人，使其志不獲盡行，極於此而言耶？抑其自信之篤，人莫之知，至於此而言耶？

甲戌，公年八十，族人及鄉大夫請公入城稱壽，公至，童顔兒齒，目炯炯射，人咸謂遐筭當越百度，乃十二月二十七日

卒。卒時，塌下若霆震數聲，故胡君謂公平生英雄不平之氣如此也。訃聞，天子復悼賜葬祭。先是，禮部復奏曰：「雍泰才明剛斷，既廢復起，操行清介，至老不渝。先是雖嘗被劾革職，但平生大節，非與世浮沉者可倫。」當時以爲確論。

初，公善事二親，蚤年苦學，至廢寢食。王孺人懼其疾也，屢抑之，公曰：「不若是，恐辱吾親。」及逸齋君、王孺人歿，哀（悴）［悼］〔一〕浮禮，蔬素皆三年。同學介菴李君錦博學履道，名通天下，選公而友。比公五試禮部不第，勸公仕，公曰：「易不云乎：『行而未成，君子弗用也。』」他日，李遭家變，召公稽疑，公曰：「凱風『聖善』、堯典『烝烝』，獨不可耶？」李未心允，公策驢長往，曰：「非吾友也！」李徒行隨五里，公坐驢上不顧，李挽驢曰：「命之矣！」公始降別。

奉身儉素，雖貴賓至，肉味止一二品。位晉司徒，猶未製緋衣，瀕沒而後家人製之以斂。不義之餽，一無所受，人亦不敢私賂。進士歸省，鄉人遺以束薪，便遣還。有友詰之，公曰：「昔伊尹非其義也，一芥不以取人，如之何方仕而先貪也？」未幾，巡撫王公會公，語曰：「前辟人不勝厥職，後不敢辟人矣！」公曰：「寧教人欺公，莫教公欺君。豈可因此而怠進賢之道！」王公退語三司大夫曰：「雍進士能識大體，他日樹立，非我輩所及。」後又退住韋曲，陝大夫守令苟非所合，不與相見。鄉士或從之遊者，公遭過必稱名面命之，不假辭色。至族黨有犯，必告有司曰：「甲是乙非，幸無爲雍某屈法。」故家人亦或怨其少愛也。有司嘗獲礦盜，盜誣引三川人千餘家，有司遣卒攝捕，卒因取財以爲收放，污及人婦女，有司莫止也。公使家衆捕卒數十人，笞殺渠魁二人，送其餘于臬司，於是三川人依公如父母。則公自縣至司徒，旋守而去，其所不見之志，可由據也。所著有奏議藁五卷、正誼菴詩集六卷，皆其意焉耳。

兄弟三人，公爲長。配宋氏，踰年卒，贈孺人。繼配馬氏，封孺人，有内德。生子男四，俱殤。女二：長嫁侍郎邢公簡之子知州野亭，次嫁教授田君賓之子典樂大有。馬孺人以四男之殤也，勸公禮娶王氏爲二室，生子二，亦俱殤。女二：長嫁咸寧縣學生郭桐，次即胡君之子儐妻也。馬孺人先公五年卒，王亦先公歿。乃再娶今廖氏，生男子一人，亦殤。

〔一〕「悼」，據萬曆李楨本改。

公卒之明年，宗人及鄉大夫始定其弟之子某爲嗣。卜丁丑年夏五月十日，葬公韋曲樊川之陽祖塋，附以二孺人。

銘曰：

維五月甲申，公即窆于樊陽，河、華咸震，四國齊悲。曰：天胡不憖遺我老，輔弼天子，以種德於蒼生？乃終不究爾道，乃復鮮世，有男弗壽，無女不臧，胡天不知而懵？茲者我老亶厚，躬恤國家，蔑有回志，幼壯耄耋，稱道不改，如山如鑒，如金如絃，如雨如雲，如鳳鳥之革，厥止定哉！皇祖舊景命，作材維經。誕我西土，哲人寔繁。景公出於真寧，張鷃菴發於富平，李介菴拔於長安，王黯菴生於河州，端毅太師起於三原。五君子者，忠勒太常，澤被方夏，風流來裔，克光於旦、奭、呂、張，則西士之傑然也者，公之儔與！或曰：汲黯直而信，申屠嘉剛而斷，公孫僑惠而不側，孔戡威而則，而公又裒之也。嗟余小子！零丁在疚，思孝先人，惟式是鄉之前修。矧由總丱，私淑懿德，苴絰銘石，厥心諒哉！厥有紕漏，胡足道哉！嗚呼！有日在天，有河在地，公云：「鬼神應並明而同流也。」嗣子昭爾，聞永康吉！

明奉政大夫雲南武定府同知龍灣先生高公墓誌銘

曰：嗚呼！吾師龍灣先生乃止此耶！昔者栴欲先生小則督學作一方士，大則司成均教育海內英材，今乃於武定止邪！昔者栴秀才時與先生約，一日仕，必謁先生於瀘。豈期雖仕而在官未久，病臥南山，前後十二年，夙志未償，而先生乃有此耶！嗚呼，痛哉！

栴十二而入縣庠，十三而先生來署高陵教諭。當是時，栴蒙未有知也，逐諸童生，習白談，或蕩或孩，孺子戲狀。先生曰：「栴也，亦若此乎？」乃策使與優等生羣。優等生業熟而行習，乃俾栴努力日夜追，勿敢後也。先生教人，作三冊：六德六行，爲上冊；冠、婚、喪、祭、鄉飲、鄉射、鄉相見禮，爲中冊；不能，爲下冊。生有一從焉，籍上冊、中冊，曰：「慎毋以此自止！」生有一不從焉，籍下冊，曰：「均人也，若何不能上冊籍？」既久，而諸學生數多免其下冊籍。先生夜五鼓

興，燈燭下課所限業。有一生竊斷椅絲，先生坐，幾跌仆，乃強起懸涕曰：「吾蚤作，豈禍爾諸生者哉！」諸學生皆泣下，求究頑生而黜之，先生曰：「姑勿問，將某教猶未入此人乎！」於是懦者振其志，暴者消其悍，愚者發其業，敏者考其才，樸實者遂其德，高陵之士郁郁乎有可觀者矣。當是時，相繼督學者邃菴楊先生、虎谷王先生皆曰：「高先生雖以教全陝士有餘也！」厥後先生秩滿而去，諸學生猶多守其規，志士又滋奮思而高明詣，其以科名顯者進士二人焉，舉於鄉者五人焉，皆先生所作士，乃去而遺績于他人者，而先生止以自考于部得第一，同知武定府云，是在弘治十三年。後二十年爲鄉人王顯之雲南按察副使能詳武定事。

武定夷方，土人爲知府，難與僚也。先生孚以結其心，信以革其面，禮讓廉潔以化其暴。既久，怡怡如兄弟處，遣其諸子從先生學。故武定雖僰、玀、阿迷難治之地，而先生處之如樹柳也。於是上官賢先生，委署楚雄府事，楚雄即以治如武定矣。是時，武定之南甸、石舊、元謀三縣民尚有逃食楚雄不返者，先生乃招來於庭曰：「爾輩非吾武定赤子乎？爾父祖墳墓安在？然武定今且豐，上官亦不汝棘，秋獲後可便歸。」及期，而三縣吏果報復業民者種種也。

孟密酋長思祿侵虐地方，屢撫屢叛，朝廷且有南顧憂。鎮巡諸公遴官往治，得先生焉。先生鄉屬突入其阻，思祿陳兵出迓，先生曰：「爾輩鴛鶩若此，不思有大皇帝邪？汝若退歸地，庶幾長有守土。不然，大兵至，悔何及！我此來，真爾改禍時也！」思祿指天感恩，乃渡江而返侵地，貢象馬方物。朝廷差人賜先生紵絲衣一襲，寶鈔五百，撫按宴先生於省會。大侯州土官兄弟相戕毒地方，上官復委先生往。先生與陳倫理之故、禍福之實，大侯兄弟悅如初。然孟密、大侯地方瘴癘，從常百餘人病，其不起者五六人矣，而先生獨無恙。常指心自言曰：「得非此中不欺乎！」又嘗勘尋甸十年之獄，賑順寧一郡之飢，清蒙化、楚雄、金齒、洱海之兵，靡不殫心致材而獲夷人心，古之「忠信可行於蠻貊」，則先生其人也。而柟言教人事，世可勿疑矣。

先生生而秀竦端重，立稠人中，不言而人自異之。五歲時，與羣兒夏戲江邊，先生吸水而歸，以濯母背熱，人訝之，即稱爲扇枕兒行也。及長，事父母疾，晝夜不懈。比卒，哀毀幾不能全。其襄大事，一遵先王禮。所配劉宜人者，郡耆朝縉公女

也，實能順先生而克助於内。宜人既歿，先生乃號半竹山人以自(固)[適][一]，遂獨居以終身。則夫高陵之教、雲南之政，豈偶然哉！

先生諱儔，字宗伊，龍灣其别號也，又號鈍菴，中弘治己酉鄉舉。其先江西清江縣人。高祖諱均祥，元末避兵於瀘，遂占籍焉。曾祖允文，不仕。祖譓，亦不仕，娶楊氏，生先生及伯子僅云。

先生生某年月日，距卒正德辛巳年五月日，壽七十有三歲。劉宜人卒正德壬申月日，壽若干歲，蓋先先生卒十年也。子男二：長鵬雲，娶某氏；次鵬先，娶某氏。皆嘗事舉子業，而恭雅慈良，猶有先生之餘風焉。孫男子六人：曰夔，郡庠生，幼名陜，鵬雲生之高陵者也，此其人或能發先生之志乎！曰龍，曰契，曰與，曰垂。孫女二。

兹嘉靖年月日，鵬雲將合葬先生、劉宜人於會龍山祖塋之次。鵬雲又以顯之狀來。柟舉筆輒淚，三日而後能敘之。嗚呼！先生躬備衆行而不自有，身通五經、六藝、羣史以及天文、地理、醫卜、筭書而常若無。當其志，豈柟之所能述哉！今其家所藏楚遊藁、鈍菴集或可略見其槩云。銘曰：

岷峨嶔寞，江漢斯發，山有奇精，水有神明。聚爲英靈，夫子攸拔，聰而能富，哲哉其(揭)[傑][二]！胡瑗在蘇，劉恕在越，經學攸明，夷俗歡洽。歸釣瀘江，春風秋月，百千萬世年，厥聲不竭！

邢母駱氏墓誌銘

定州知州咸寧邢野亭之母駱氏卒，翰林修撰吕柟采定州之友舉人張鬲狀，誌之曰：

[一]「適」，據萬曆李楨本改。
[二]「傑」，據萬曆李楨本改。

駱，臨潼故處士順之女，年十九歲次室於故戶部侍郎邢公簡云。初，邢公以甲戌進士授刑部主事，俸入猶薄，駱半事紡績，不異尋常人婦。及邢公守真定，參政浙江，尹順天府，爲南京大理卿，爲少司徒，官滋崇，秩滋厚，而駱自奉惟廉，錦繡珍寶，未嘗重御，所至僚屬婦咸以爲難。在順天時，僚屬婦問以麤物，乃謂之曰：「我君子身無妄取爾，諸君子所知也。此何爲者哉？」還之。鄉人流住順天者，被逐於主，欲役門下，邢公憐之，殆允也，駱曰：「此不忠兒，可勿許。」尋果再逐於他主。

邢公卒于侍郎，乃舁柩還咸寧，舊廬已爲諸族人有矣，駱義不力取，別出貲市物以居。鄰婦羅凶悍，人多苦之，駱每善誘之曰：「男子而悍，人猶恥之。婦人而悍，其恥若何！」羅卒向理不悍。人言邢公鴻材，懿德顯著，天順、成化之間，爲時名卿，而駱諳曉古今，中多裨補，此或其然也。誨二子讀書，夙興夜寢，必繩以期。及定州判荆州府，詳戒以居官之術，且舉書「與其殺不辜，寧失不經」語之，定州由是不數年樹聲荆州也。子二：定州，娶南京戶部尚書咸寧雍公泰女，生男二，曰鎔，曰金；次謙亨，國子生，娶張氏，生男曰鑌，女曰福女。女一，適陝西都指揮僉事昔梁，封淑人。

駱生於正統八年二月九日，卒於正德四年十一月二十一日，壽六十有七歲。筮以正德五年庚午十二月厝木塔里附邢公壙，是宜有銘。銘曰：

富如其貧，貴如其賤，貞如慈如婦如，其艱如。附司徒公，竁永康吉！

太學生趙君暨配王氏墓誌銘

君姓趙氏，諱璿，字宗順，別號渭濱，高陵奉政里人也。世居陽陵原，當涇渭之間，又謂之梁村。自君之父及君之兄弟賈鹽江淮，家累千金，爲邑鉅姓，乃三世而攻儒業，雅敦詩書，故梁村因君家顯，故邑人凡言必曰梁村趙氏。曾祖子安，祖真，俱躬稼不仕。父寬，娶李氏，生君。君受性英敏，遭父之喪，哀毁踰禮。比葬，結廬墓側，朝夕哭奠。少受學於馬教諭，

既而爲吾邑庠弟子員，溫恭自牧，謹言率履，且復材華驟發，一時宿儒咸推先，不敢與並。獨從兄諒、恕二君與齊名，時以其難兄弟也，號「三趙」云。

君試于董學者，多居首選，否則讓一人也，三則鮮矣。及于御史六試皆不第，乃若曰：「吾文辭之不修，吾不第，吾尤。吾修其文辭矣，而不第，是命也。吾將累年月以從歲貢士去也，吾不能；孰與我從例貢士去，以即解身爾也！與我跼蹐於州若縣之間，以折腰屈膝於人；孰與我徜徉涇渭之間，樂以終身也！」乃從例貢士入胄監，輒復飄飄然歸不仕矣。遂過汴入淮，渡江入吳、越，以視兄弟之賈，因購古經奇書，盈舟載還。乃大起書樓於渭干，日居其中，與沙鷗、渚鷺、汀雁、淺鳧以相周旋而不舍也。吾嘗從之坐，談及唐可汗，歷誦顛末，吾不能比也。又嘗若曰：「夫人以百年爲期，易盡也，世之生七八十年者亦鮮矣，況百年乎！唐人蟋蟀之詩有以也。」故乃厚於自奉。又或寄情詩酒聲妓之間，亦自細之弗嫌也。晚年復通醫藥，兼究黃芽之術，然竟莫能就也。涇野子曰：「乾、坤不能不爲坎、離，坎、離不得不歸乾、坤。而欲以一之，是有天而無地矣，其能天乎？故戊己、黃芽，孔子不道也。」

君生於正統八年正月二十八日，卒於正德五年五月二十四日，得年六十有六歲。配王氏，有婦德，先君而卒於弘治三年十月二十三日，壽則四十一歲也。乃繼配唐氏焉。子男六：文鉞，室吳氏；文鐩，室劉氏；文鈘，室張氏，皆王出。道保、佛保，唐出。文鉄，寵室朱氏出也。女一，字賈氏，亦唐出。孫男四：大定，文鉞之子；買定，文鐩之子；大兒、且且，文鈘之子也。孫女五。

筮正德六年二月二十日合王氏葬于陽陵原祖塋之左。銘曰：

惟帝在位六年，惟正德辛未仲春壬寅，惟穀孝子文鉞乃葬厥考渭濱君暨母王氏，惟先塋昭位實，惟陽陵原渭北干上。鞏之用甓甕，子子孫孫永瞻紀，無後難哉！

奉議大夫金華府同知思菴先生薛公墓誌銘

正德三年春二月二十七日，金華府同知渭南薛先生卒於家，柟友李錦以書報於京邸，柟爲之悼痛焉。冬十一月，其子乾操酒自其家持南參政釗所撰狀請銘。柟歎曰：「果哉！先生不復可得見矣！」

先生生有異狀，長大雄偉，鬚髯修美，腹有七赤痣，左膊一黑文字深入膚裏。生五歲，愛讀書。十一歲，解屬文賦詩。稍長，言動必稱古道則先賢。景泰七年，爲渭南學生，居止端嚴，不同乎流俗，鄉閭驚駭。善爲文章，說理而華。十六七即應鄉試，應鄉試者十有二次，試於提學，輒居上等，試於御史，則皆不第也。成化二年，縣歲貢，入太學，太學生接其言貌，咸驚歎，至有曰「關西復生横渠」者，先生由是名動京師矣。自太學歸，二親相繼以沒，先生跣足奔葬。時大雪盈尺，兼湭淺泥濘，亦不知避，迺後遂病腳氣，值冬月輒發。母嗜韭，母殁，不忍食韭者終身也。

二十二年，太宰尹公拔先生知山西之應州。國朝多以進士、舉人爲知州，而先生以歲貢爲知州，太宰亦爲知先生已。先生之治應也，首勸民耕稼紡績。時當東作，循察田野，民艱於耕種者，必賚之種子與牛；民貧負租及不能婚葬者，皆與之處。買牸畜數十給之煢民，令其孳息爲養。又務積蔬粟，不三四歲，粟至四萬餘石，乾蔬萬餘斤。尋當饑饉，應民免於死亡，其既竄而復歸者，劉僧兒下三百餘家，皆與衣食，補葺其屋廬與處，由是屬邑聞風復者沛然矣。又立義塚以瘞流民之死於道。道不拾遺。尤雅重學政，數至學舍，切切爲言孔孟之旨，故應人談至今不置也。

先是州南山虎累爲民患，先生祭之曰：「吾無虐政及民爾，虎何居食吾赤子？」旬日而虎殞於壑。蕭家寨北暴水湧出於中田，勢洶洶若將溺人，先生祭之曰：「是將殁吾民乎？吾惡在其爲民父母也！」痛自刻責。忽暴水如鳴雷下洩，人得不溺。城狐爲妖，民驚怖不能帖然，先生祝神明，狐死不爲妖。州有井水黃且鹹，不可人食，一日變爲白水，味甘，其民以爲善政之應云。故應人戴先生如父母，立生祠以報之。時巡撫左公鈺、葉公祺、侯公恂皆深異先生，疊薦於朝，謂先生學行才術，非止治區

區郡邑已也。乃弘治九年陞先生金華府同知，東南學者如陳聰輩數十人皆摳衣趨門墻矣。居金華二年，致仕，撰金華鄉賢祠志若干卷。正德改元，聖上推恩天下，得進階爲朝列大夫，至是卒矣，年七十四歲，宣德十年三月二十八日乃其始生也。

初，先生致仕家居，以事入長安，柟獲遇先生於長安之開元寺，因叩先生。先生言：「蘭州軍周蕙者，字廷芳，躬行孝弟，其學近於伊洛，吾執弟子禮事之。吾入太學時，道經陝州，陳雲逵忠信狷介，凡事皆持敬遇之，吾以爲友。凡吾所以有今日者，多此二人力也。周年四十，出求父四方，死矣。」因泣下沾裳，柟爲之感懷，乃信先生之學異乎人也。先生頗不理於鄉人口。先生遇人，無問人省解不，即爲說道，及至泣下，人或不樂聽，說亦不置。又不善接引後學，後學謁見，忽忽爾待之兒子等，人由是或疵先生之不情也。然柟謁先生者再四，見先生年已七十，日夜讀書不釋卷，聽其論議，皆可警策惰志，則亦今日之博學好古、死而後已者也，豈可盡爲之疵哉！

先生常病禮記破碎雜亂，非聖人所定經，欲辨注成書，沉潛者十餘年，僅三易藁，死矣。又好靜坐思索，凡有所得，如橫渠法，即以劄記。所著有思菴野録、道學基統、洙泗言學録、爾雅便音、田居〔一〕百詠集、歸來藁及演作定心性說諸書，言多有補於名教云。

父鑾，以先生官贈應州知州。母王氏，贈太宜人。贈君生三子，先生爲長，次悦之，次先之。先生諱敬之，字顯思，別號思菴。娶王氏，沒。繼室以李氏，李已聘於人，其夫四十年亡在外，不歸矣，亦不再字人，至是繼室先生也。王出四子：復心、恒德、謙光、乾操。操，縣學廩膳生。女四人。孫男：天錫、天祐、天昌、秀明、天麟、天賜。賜亦爲縣學廩膳生，年少而聰慧，又善爲舉子業，繼先生之志而大其門者，或此子也。

擇正德四年某月日，葬於韓馬里胡村先塋，合王宜人之兆。銘曰：

渭河之南，華嶽之北，思菴先生，有黯其宅。

〔一〕「居」，萬曆李楨本和馮從吾關學編皆作「疇」。

涇野先生文集卷之二十三

墓誌銘

襄陵尹胡君墓誌銘

蓮塘先生胡君歿，其子學生佑持進士王謳狀索銘，予以憂病辭不獲，謹再録其狀而銘之。狀曰：

君諱汝楫，字良濟，別號蓮塘。先世應天溧陽人。洪武初，曾祖士真以醫謫戍寧夏，遂爲寧夏人。正德庚午，安化之變，君奉其母太淑人入西安，編咸寧韋曲里籍。士真生雄，號唐渠，配酒氏。雄生蓮，號槐堂，配陳氏。槐堂公生五子：長汝礪，號竹溪，官至大司馬；次即君；次汝霖，號桐岡，衛學生；汝明，義官；汝翼，太學生。竹溪公爲兵部侍郎時，贈唐渠公爲通議大夫兵部左侍郎，酒贈淑人。槐堂公初封戶部主事，累贈通議大夫兵部左侍郎，陳封太淑人。

初，槐堂公教竹溪公及生徒學，獨委君以家務，君乃隱屏誦讀書，雖耕牧不輟，後選爲衛學生。槐堂公來試關中，已而唐渠公病，君與竹溪公晝夜身事，不避穢污。仲父昶病于賀蘭山後，違城二百里，君徒行往訊之。至且危矣，受命書遺言，悉中仲父意。及卒，扶棺而歸，遇烈風暴雨，乃號天痛哭。須臾霽，喪得抵舍。嘗應試關中，道出三原，渡渭，半濟，風浪洶湧，舟下三十里，舟人俱懾，君籲天曰：「吾輩有惡，固當溺死。或有一二顯者，停舟可也。」須臾水落，得濟。同試友人劉

慶病傷寒發狂，「同」〔二〕族皆避去，君爲延醫問藥，病尋愈，乃與同歸。後劉舉進士，爲御史，每以語諸人。

辛、壬間，竹溪公在戶部，有濕疾，適君學于京師，扶之不離側。竹溪公灸數十處，即與同灸以分痛，乃又飲酒奕棋以安竹溪公。乙卯，歸領鄉薦，會試禮部不第。父執趙儒適卒於太學，竹溪公爲治後事，君護其喪至寧夏，其家弗信也，開棺示之，其子始號泣而謝焉。是時槐堂公已病，君遂不解衣，不入室，與桐岡君日夜侍左右，不知倦。比歿，哀毀逾常，遵用朱子家禮，夏之人多化之。槐堂公受封家居，爲鄉約，君盡體行之，故槐堂禮俗三卷，皆君手著云。

既登乙丑進士，上命爲侍郎慶陽韓公母治葬，留慶陽一年。公餘，惟治詩書，士多從學，今編修劉泉、御史楊朝鳳、知縣張鵬〔三〕、舉人管律皆其徒也。丁卯，出知任丘，抑權要，杜請託。舊尹凡遇生辰，開宴受禮，曰：「此貪污者媒利耳，且劬勞之日可稱賀耶？」獄有江西人犯死罪，審獲生理，輒出之。戊辰春，新城有訴人命於朝者，連數百人，累考無驗。天子命御史羅君往按，羅委君，君拘衆訊，因曰：「此自縊死，汝何誣衆！」衆伏不應。君曰：「先毆後縊，地必有灰。」命工掘之，果然，衆叩頭稱神明。夏五月不雨，齋沐行三十里，取水扁鵲廟井，移時大雨。有近侍南下，所過索取以百數，任丘一無所予。渠大怒，令人來辱君，即下之於獄，懲既而後釋之，其類曰：「任丘不可過矣！」

己巳春，大饑，朝廷命御史分查天下錢穀，御史房君按部直隸，委君以真定諸邑，君因行賑濟，真定民甚賴之。嘗獲盜數人，錦衣校尉某欲爲己績，君弗與也。後有校尉某從縣甬道入，君又叱之，遂同以錢穀數事奏君以要賂。而君方病足，又聞桐岡訃，乃峻絕校尉。不數日，校尉勑收君下錦衣獄，歷按無狀，天子赦出之，是爲庚午春。君方改選吏部，一日大司馬王公召君至，則執其手問曰：「何錦何如？」君曰：「錦恃材而輕人。」問周昂，曰：「膽大而不學。」問丁廣，曰：「年少後進，勇力之士，不足道也。」問安化王，君誕之曰：「老矣！」王公曰：「三子者，挾王反矣。」君曰：「無能爲也。仇越

〔二〕「同」，據萬曆李楨本補。

〔三〕「張鵬」，萬曆李楨本作「張鵬舉」。

若在，可保無事。」又悉以河南諸將言之，遂作平西議以獻，歸而焚其稿。王公遂言之太監劉瑾，欲擢君都御史以平賊，君固辭之，後皆如君言。遂改知襄陵，雖蔬薪之餽不受。襄陵素苦酒害，君悉罷諸酒戶，惟後廳造酒數甕以應求者。有誤入殺人者稱屈，君搜得故刀，訪諸市，得屠人而以刀訊之，遂服誤入者免。

君之威惠方行，辛未大朝，乃著冠帶閑住，君遂奉太淑人歸西安，杜門謝客，究方脈，考藥性，人家有疾，皆親治之，亦罔弗效。又爲家政以誨子弟，督(億)[佑]〔一〕書「忍」字于四室。時家口已八十餘，皆待哺于君，客有勸之別處者，君固謝之。太淑人卒，君哭泣無時，水漿數日不御，遂以成病，三月始愈。丁丑，遣弟汝翼至寧夏舁槐堂公柩來合葬于雁塔左方，君攀泣流血。既葬，益鬱鬱不解，晝或廬于墓側，夜則宿于中庭，每自誦曰：「荒隴幾廻增悵怏，倚門誰復望兒還？」蓋詩成而君病矣，君殊未之覺也。乃戊寅正月四日卒，秦中士大夫皆悼惜焉。嗚呼！君豁達環瑋，少讀書有大志，嘗受易于給事中胡公昜，每欲爲古人之事。既弗得一償其志，退居數年，閉門修業，不干榮利，則豈不難哉！君文章行績，遭火無存，獨槐堂禮俗三卷、竹溪年譜一卷、蓮塘雜集二卷，今可考云。

娶茅氏，寧夏義民仲英女。子男二：長即佑，咸寧縣廩膳生，娶寧夏慶府引禮喻公賢女；次儐，娶咸寧戶部尚書雍公泰女。女一，許嫁慶陽韓垃，主事守愚之子、侍郎鼎之孫也。孫男二：堯元、堯封，佑所出。孫女一，儐所出。

君生成化戊子正月二十二日，距卒年五十一歲。四月二日葬從雁塔新兆，在槐堂公右。銘曰：

嗟哉蓮塘，乃止于此！學博而才高，行成而敦禮，固一代之豪士也。當其不死，常欲守志，出處之外，不加一字，豈不以中之所蘊者未申，而人之所稱者非其意耶！好爾無名，憐爾子弟。據狀勒銘，君心然未。寧夏舍危，三遷關中，就安百二。新兆覃覃，皆君手置，父兄咸遷，君心斯憩。諸姪彬彬，與子與義，所未發者，行當耀世。君哉康止！

〔一〕「佑」，據萬曆李楨本改。

崇慶州判恬菴先生崔公墓誌銘

昔枘受學於孫先生廷舉，孫先生受書於先生，先生遣季子官又受書於枘，故先生志行，枘得其真，不誣也。先生先拜崇慶，時枘在太學，而孫先生爲行人，除舘以養。先生日所論說，皆濟時行道語，語及暴官污吏，輒皆棄匕著不食。比先生至崇慶，則曰：「抑權右，解冤誣，其要也。」於是陳副使之弟以侵田刑，萬主事之姪以淩人罪，諸權右即惴懾。他日，蕭監生誣其仇強盜穀二袋，先生取袋，實之穀，令盜擔之，盜短人，跌不能行，蕭即伏其誣。嫠婦廖氏者，非人也，與馬英隙，因英暮過，出馬於外，以誣盜。先生曰：「盜馬者必遠遁矣。」至是具得廖姦。有羣盜誣富民張益同行，然其辭差。先生乃召益隱羣皂中，使諸盜各言益狀貌，齟齬。徐出益曰：「此其人乎？」皆曰：「非也。」益得不誣。

邛、郿、郫、溫諸盜百餘寇城，先生受都御史委，選用策士，一朝盡擒之。於是州人歌之曰：「崔公直如矢，清如天，權貴斂手無高言。」又歌曰：「趙酷刑，唐善貪，人心天理崔州判。」蓋先生奉身儉約，祿秩外毫髮不取。有民餽雙魚、僧餽一茶者，亦卻不受。遇公讌，必先返，不夜飲，每曰：「燭淚流處，人淚流也。」至於革春讌之浮費，寬甲里之雜歛，皆州人所心悅者也。然先生信行己志，而權要者陰使頑狡七訟先生於上官，然卒無驗，固數奬其廉能。茂州倉弊萬端，監收數得貲，被罪去，巡撫劉公曰：「非州判崔不可。」乃委先生。然遇病風濕，歎曰：「此天留我也！」即上書求致仕。劉公三差官察勘，未允也。舁先生親視之，具道委茂州意。先生辭之益懇，劉公歎曰：「知足知止，無若子矣！」遂檄州給道里費二十五金，於是州人涕泣塞道以送，且曰：「自有州官以來，未之見也。」

初，先生繈褓，鄰媼撫其腹曰：「此兒後必顯貴。」既學生，言論侃侃，上下信服。有韓參政者按縣，當月食，韓寐熟失救，諸生不敢請，先生以石擊其門，韓驚起，賞稟五斗，歎曰：「後必爲忠臣！」父病溢下九十餘日，諸兄弟姊妹生厭心，先生獨涕泣侍側，以簪引污下。比歿，哭幾喪明。與兄和索居十年矣，買地十畝，兄欲之，即破券畀之五畝。當歲貢時，劉知

縣安贖金三十，有刁民訟劉誣爲贓，又賂先生，約勿任，先生曰：「吾寧失歲貢，不可失天理也。」後在太學，祭酒、司業皆器重之，使同典簿收支月俸，且曰：「利不可誘，才足有爲者，此秀才也！」其既去崇慶也，盛暑耘耔，祁寒教授，疏食菜羹，一羊裘二十年無釐容。此其志，雖古孝廉、賢良、方正何讓乎！先生教人敦本尚實，遊其門者皆有所得，進士則孫先生，舉人則鄭侃及臨潼賀有年，貢士則來錦、吳和、宋鰲也。屬纊之夕，謂子孫曰：「汝輩今雖貧賤，安分爲樂。他日或富貴，毋驕傲，遺臭於後。」官泣，言後事不具，則曰：「汝不知，無財不可以爲悅乎？若強爲之，則孔聖不惜顏回，曾子不易簀矣。」嗚呼！世復有如斯人者耶！

先生諱璉，字宗商，號恬菴，世爲高陵郭下里人。高祖均采，配李氏，生大。大配石氏，生迪。迪配杜氏，生能。能配李氏，生三子：孟和季某，先生其仲也。生正統八年正月八日，卒正德十五年二月五日，壽七十有八歲。初配魏氏，卒。繼配亦魏氏。子男三：富，先魏氏出，娶田氏，死，又娶高氏，亦死，乃又娶孫氏；宏、官，後魏氏出。宏娶李氏；官，縣學廩膳生，娶杜氏。女三：長適羅傑，次適楊得祿，次字羅蒲，俱後魏氏出。孫男五：莊，娶孫氏，芸、芹幼，皆富子；芷、蕙，宏子。孫女四：長適董孟暘，次適孫子玉，餘幼，俱富女。曾孫女一。

擇是年四月二十八日合先魏氏葬邑城北先塋穆位。銘曰：

恬菴先生之葬也，其子官具衾柩，呂柟具石與文親爲之書，周鳳儀、鳳翔兄弟具鐵筆爲之鐫，皆不出於官之先有求也。嗚呼，先生其康哉！

通奉大夫陝西左布政使石泉張公墓誌銘

正德年來，天下多事，權要橫肆誅求，閭閻困極矣。諸司雖有志行之士，亦多依違，莫敢抗遏。丙、丁間，惟盛方伯應期頗能拒其一二，並戢其胥吏，遷矣。張公繼之，亦有其風，行將綏我西土，豈期今年辛巳十一月十二日病卒官邸，關中縉紳、

父老子弟罔不歎惜。屬纘之先，遺命家人曰：「我死，必請誌於呂太史。」嗚呼，痛哉！

公諱天相，字祐之，別號石泉，先祖南京宣城人。高祖德壽，生子榮，榮從戎山西太原左衛，遂占籍焉。榮生禮。禮生海，海以太學生授光祿寺監事，配陳氏，生公於成化癸巳九月十三日。公天性聰敏，不爲兒童嬉戲。九歲即治朱氏詩，作字方正端楷。是時山東敖公山督學山西，甚加器賞，選籍郡庠弟子員。年始十七，中弘治己酉鄉試，三晉人咸榮駭焉。丁母憂，至己未乃登倫文敘榜進士。庚申，授户部廣東司主事，差理太倉糧儲。時中宦挾勢出納，侵漁無紀，前官莫能禁也。公痛革宿弊，豪横頗息，且會當不謬，兵民多感焉。辛酉，賫散内帑於大同。壬戌，管錢穀壩上。癸亥，收德州倉糧，所至無瑕，且興革利病，下罔不悅。未幾，丁光祿公憂。

正德二年，轉江西司員外郎。三年，陞本司郎中，滋厲厥職，部尚書深委信之。明年，陞慶陽知府，其興廢除姦，勸農造士，猶急急然不忘也，故吏畏民懷，撫按交章旌獎。越二年，陞湖廣布政司參政，分理湖北道。時貴州苗賊叛亂，公詰兵揚威，征勦截殺，地方賴以安定。越二年，陞浙江右布政使。是時宸濠反逆，自江西攻城殺將矣，公協同三司，勒兵分討。未幾，轉陝西左布政使，方將大行其志，除姦吏，恤煢苦，杜請託，以爲三秦父母，乃今已矣，壽終四十九歲，不亦可深惜哉！

公篤意孝友，光祿公以公封承德郎，母陳贈安人，皆主事時恩典也。公遭光祿之喪，務遵古禮，不少違越。其事庶母龐氏、孫氏，亦盡敬養，而庶弟天敘、天祿、天秩皆無不感其愛焉。配洪氏，卒贈安人。繼配郭氏，封安人。生子一，曰光。女一，曰素真。俱郭出。

茲者天敘及光將以嘉靖元年月日扶櫬歸葬於太原之新兆，是宜有銘。銘曰：

昔者石泉嘗以米元章拜石丈人圖、馮德卿鳳池春雨之竹圖索題，蓋嘗漫作之矣。夫竹也，清而不可瀆；夫石也，堅而不可奪。斯二者，其吾石泉之學耶！當天假之以年，使其或守中丞以激揚清濁，或位冢宰以進退善惡，吾知介必與石同而節必與竹若也。乃今已矣，則吾所惜於石泉者，豈止一人之私譽哉！

兵科給事中許君墓誌銘

君諱理，字伯温，别號潛山，君上世爲陝西原縣人。君本許氏，中世而冒申姓，入科後疏於朝，乃復許姓云。曾祖達，以太學生爲大同、平陽二府訓導。祖翔，不仕，生三子，長銓，配朱氏，是生君及弟瓘者也。君受性剛方，人不敢犯以非禮。年二十四，以邑庠生領弘治戊午鄉舉。登正德辛未楊慎榜進士，觀都察院政。壬申，授丹陽知縣，有成績。丙子，徵授兵科給事中云。

君之在丹陽也，適當羣姦横征之日，有司率應上而不恤下，於是誅求之苦淪及民骨髓。而丹陽且當路衝，君甚痛之，凡供億之費，夫役之編，金穀之征，裁其十三，雖公署油燭魚鹽之細，亦有節處，寧忤當道而不忍毒民也。有豪右欺隱公帑至數千百緡，累歷縣令受其請謁莫能究，君遂寘之法而盡括其家於官。未幾，連歲二麥被暴水災，而君悉以前緡代，民不知有災也。於是强梗屏息而孤弱有托，撫按重臣交章辟舉，未三載而獲旌異焉。比其起丹陽也，縣民垂泣裹金爭送者千餘人，君盡卻其餽，至留鞮去。

既守兵科，遂竭力言責，雖撫鎮大臣之貪酷者，亦輒言於上不避也。方將疏天下之大弊政而更新之，乃以父疾，力請於朝而歸。父疾既愈，始還朝。未幾，父更以疾歿，而君又以憂歸。至正德庚辰十二月二十日，亦以疾不起，距生成化甲午七月二十一日，年纔四十八也。配張氏，生子一，曰沂，學爲進士業。女三，長嫁邑人郭翠元，餘未行。孫男一，曰進德。沂卜某年月日葬邑城西黎家山先塋之次，乃以刑部主事張知幾狀索銘。曰：

嗚呼！伯温。德且考而未壽，材且奇而未究，天於斯人，將畀之於其後。黎山之隈，爾當不朽！

誥封李淑人因氏墓誌銘

淑人姓因氏，字某，禮部尚書曲沃李公師孟之配，會試中式舉人鏞之母也。生六十有六歲，乃嘉靖元年十二月二十一日卒於家。宗伯公以鏞方試禮闈，秘不訃，計試畢，始遣家使，且戒之曰：「如舉人三試未盡，慎勿告。」故鏞於今年二月十六日始聞淑人喪。鏞號辟，謂其友張詩曰：「嗟乎！鏞以科第之故，不獲侍吾母之卒，即今年鏞舉會元、狀元，滋爲鏞終身恨耳！」乃泣寫淑人遺行托詩曰：「鏞素慕呂太史，呂太史今且同考試，未出場，鏞即行矣。如呂太史出，幸以上其狀求銘吾母。若不靳，則鏞猶可以少對於吾母也。」鏞於是不告禮部，不俟開榜，戴星而西奔。比予出場，鏞亦中式，而詩以鏞所具狀來。予歎曰：「傷哉，鏞乎！昔鏞離家馳驅，以爲即有科第，使父母皆及見之，以效樂也。乃淑人不少延，而鏞舉爲滋恨。傷哉，鏞乎！雖然，鏞自此以往，有職於朝，得行其志於天下，揚淑人之名於不朽者，當不止此科第耳。」

狀言：淑人聰明貞靜，淵塞柔嘉。而父禮以文行爲松江府教授，兄綱爲滄州知州，故淑人得早通孝經、列女傳，舉止不類常女，雖父兄家嘗私評，亦曰：「此福德女，他日必受褒封者也。」年十八，歸宗伯公。是時宗伯公方事舉子業，而淑人以勤儉相之。上慈舅姑，中諧妯娌，下惠臧獲，罔有不悅。雖不速客來，廚亦不乏具，惟恐宗伯公不盡歡也。姪金幼而喪父，淑人撫育如己子，金或不知其孤也。教鏞兄弟曰：「汝家世以詩禮名，汝兄弟當急時努力，毋墜汝先祖暨汝父之碩膚。」然則鏞今年舉者，亦淑人之志也，鏞亦可以少痛矣。淑人又奉身不奢靡而好施與，見凍餒未嘗不給以衣食。則夫鏞學之成者，不啻一宗伯之庭訓已。

初封安人，再封宜人，及公至宗伯，封淑人。自仁壽皇太后至莊肅皇后徽號朝賀，皆受有寶鏹采幣。生丈夫子三人：長即鏞；次鑌，監生；次鈞，恩生。女七人，懷慶府照磨耿霖、監生趙漢、舉人張頤、監生張欽、學生仇禄民、張鷃、陳信其婿也。欽、鷃、信，絳州人。孫男五人，承光亦恩生，餘幼。孫女六人。

擇今年月日葬之某原。銘曰：

懿懿淑人，晉女之紀，貞在宗伯，教在進士。厥德祁祁，鸞誥匪侈，古昔先民，鮑妻歠妣。康矣玄臺，令聞不已。

吕仲橋壙誌

此吾弟仲橋梓之壙也。仲橋戇直不回，有外祖家風，格至剖決，予雖讀書不逮，故予往來京師，家事胥賴焉。乃今彷徨無依。嗚呼，痛哉！子男留，聘文氏。女三：京，字生員王廷舉；菊，字郎中高公之孫承祖；袱，幼。日撫臨焉，皆未成立。嗚呼，痛哉！先季弟仲止二十一歲歿。仲橋生成化壬寅正月十九日，歿正德己卯十二月五日，亦纔三十八。嗚呼，痛哉！吾家自高祖諱興，曾祖諱貴，祖諱鑑，累世積善不顯，至吾父諱溥，封修撰，母宋，贈安人，其德滋大，斯其後宜碩盛也。予僅兩弟，又亡。嗚呼，痛哉！

葬在正德辛巳七月十二日，壙在吾父墓南東二穴。嗚呼，痛哉！

福建按察司副使封中憲大夫蓮峯先生韓公墓誌銘

公姓韓氏，諱紹宗，字裕後，號蓮峯，同州朝邑之南陽洪人也。初，弘治辛酉，柟與公之三子同試長安，邸一寺，朝夕遊。三子者，今儀封知縣邦彦、浙江僉事邦奇、工部員外邦靖也。時三子已靈俊度人，而工部年始十四即同柟舉矣。比正德戊辰，同三子試禮部，而僉事、工部皆又同柟舉進士，仕京師，乃茲習公而未拜也。壬申歲，病起赴京，始由華陰謁公於漆南，

然嚴範鴻度，柟未見，漢汲孺、劉向也，當亦不過是。再病以來，方議執杖（屨）[履]〔二〕屬者，儀封遣從弟奉都御史華陰屈公直狀爲公索墓銘矣，且曰：「公治命也。」嗚呼，痛哉！

初，公遠祖多髭髯，生宋季，譜失其名，世稱「髯翁」。髯翁生三子，遭金、元亂，乃使仲子避居慶陽安化之白合，季子避居洛南之横山，曰：「幸有來日，無忘朝邑也！」朝邑則先人域在焉，又當潼、蒲二關之衝，士馬所必爭，故命伯子不避去。厥後仲、季之嗣皆繁碩，而伯子幾世孫仕元，爲萬戶矣，然亦失其名，獨其塚在南陽洪之馬枋頭里，人猶呼爲「金牌韓萬戶塚」云。萬戶幾世孫名平輔，生得春。得春配孟氏，生恭，配不詳，生整。整字子肅，以字行，配白氏，生五子。其第二子曰顯，贈奉政大夫、刑部郎中，配張氏，封太宜人，是生公而以獲貴者也。

韓氏自平輔來，皆豪於財，而贈君少輒奉義克斷。有兄弟析者，不能決一缶，贈君時纔八齡，即笑而剋之，各付之半，父老大驚其非常。衙前張豁齒好折辱人，横行邑里，莫敢嬰，贈君往駡其門，無怨言，但曰：「是八歲剋缶者也。」父（滯）[性]〔三〕不嗜同州水，贈君置車一乘，日三十里往汲之。家有瓶金，白夫人常取之以與諸女，贈君瞰其將罄也，又益之。正統間，嘗輸粟五百以賑飢，例當表宅里，縣官以他怨不表，而贈君亦不請。然年僅二十九歲歿，時張太宜人生珏方八歲，而公且未晬，撫以自立，乃更獲表其宅里曰「貞節」云。

公稍長，受蔡沈尚書於叔父武清知縣倫。武清君剛毅能沮權勢，而又疏通致遠也，故公盡得其傳。起家成化戊辰進士，授刑部主事，陞員外郎、郎中，至福建按察副使云。當在部時，雲南、廣東二司號繁劇，公雖山東司，或兼佩二司綬，乃又或佩三綬，至十三司者有大獄也，部尚書亦付之處。張文安伯者，勳戚也，族人奏其不法，公當訊，而張以近倖來，然輒置之律。柯御史忠巡按直隸，劾都指揮王章，章故横且多内援，亦奏柯。詔公往勘，而章猶以守備體謁道中，公曰：「章犯人，

〔二〕「履」，據萬曆李楨本改。
〔三〕「性」，據萬曆李楨本改。

何得先謁勘官！」杖之途三十。比勘之，果如柯劾，章免官。時真定知府來謁迓，甚驕踞，然以其連姻近侍也，且大言曰：「朝廷曾念及知府乎？」公笑而不應。明日，取府券，盡得其私，奏抵於法。

大同鎮守石太監岩、巡撫都御史靈寶許公進各奏劾，詔差公正官勘，而公偕袁給事中達、周御史某往，乃獲石十大罪，而許公無瑕。袁欲輕罪許以稱石，公曰：「逆理與法，死不爲也！」一日，許公以文移使知府來白己事，而公適他出，袁、周受其移。公還，謂曰：「如鎮守亦欲移，二君何以分耶？」乃召知府來曰：「都御史雖尊官，今犯人爾，可以文移朝廷勘官乎？」知府抱移出門，鎮守移果至門，亦自返。比獄成，石獨奏公黨文職。朝廷震怒，以爲欺罔，下都察院獄，差司禮、錦衣、大理官改勘。於是許公卒以不避嫌疑左遷，而公卒非黨。

濟寧之魯橋王婦人者，挾妖以說人禍福，多中也，雖大夫士過者亦往占之。於是流入京師，通近倖，既敗，下公訊。公謂妖婦曰：「若所事果神，使爲若祈於我，即前貰若。」對曰：「妾神謂公正人，不敢即耳。」遂論死，詔憐其愚，杖一百。安遠侯某與都御史某惡奏，下刑部，有旨勿罪侯。公屢奏侯贓十萬、殺數十人，乞繫獄，勿宥，不獲。於是部尚書彭公曰：「郎中力窮矣！」乃奏曰：「唐文宗時有宗人逋官租者，詔赦之，京兆尹持不赦。夫郎中法官，非京兆比；侯所犯，非逋租比。陛下遠宗堯舜，此舉若文宗何？」然侯密於近倖，故卒無法焉。

有某伯者出街，一僧衝其引路，引路撻僧，奏伯下於獄。有司追僧，僧匿，太監梁昉門僧也。部尚書付公訊，公曰：「以一僧縲大臣，又弗出，綱紀解矣！」卒奏出僧而罰之。壽寧侯有門官樊舉人某也，樊因數代諸勳戚爲奏狀常不實。既公攝樊，樊匿侯所，諸貴皆與（授）［援］〔二〕，公卒致之獄。一日公出門，獲札子，具悉樊惡，且云：「必殺樊，庶無後虞。」公即呼樊來曰：「爾何自聲其罪乎？」樊色動，然不首，公曰：「第實首，貰而死。」樊曰：「公神明也。」誦其札甚習，蓋樊以公不可囑，故左其術以丐生耳，樊於是得編戍於遼東。有報義男婦者，當司論死，比朝審，太宰三原王公疑過重，當司不

〔二〕「援」，據萬曆李楨本改。

能對，公前曰：「義男毆父，則坐子毆父，律何耶？」王公曰：「義男毆父，爲下犯上。報義男婦，上犯下也。」公曰：「均之爲亂倫耳。」王公曰：「郎中言是。」乃卒論死。太原尹知府珎以怨誣奏山西按察使咸寧雍公泰，下刑部，部尚書且讞泰酷刑，當罷官。公棘見太宰王公曰：「雍泰，朝之直臣。太宰有進退人材之責，可避鄉曲之嫌而坐視耶？」王公遂奏泰所坐非例，得左遷參政。

弘治戊申，京師大水，米價騰翔，公奏乞應糧俸者，預支三月，價可平，詔戶部從之。有囚縊死於獄，巡風及提牢官故皆有罪，公曰：「巡風者，焉能及此乎！」乃言之部尚書，止參提牢，遂爲例。東廠錦衣之獄皆附刑部，有所枉，不敢辯。公送獄堂審，部尚書曰：「此獄自廠衛來耶？」公進曰：「大人第當視情法如何，勿問所從來。」聽者聳然。公在部九年，諸所鞫裁平反，多類是，聲稱綽然。

會大理寺丞缺，吏部將擬陞公。王員外嘉慶者，故誣奏公他事，下都察院獄，曰：「吾固知韓無罪，然吾今其不得陞寺丞耳。」有滕御史佑者，唆當問御史故稽其事。及寺丞缺補吳，王始自伏其誣，御史滕曰：「韓雖無罪，然同僚不和，當外調。」都御史疑之，移文刑部，尚書不欲決，而諸郎中公梁輩皆奮然曰：「王奏韓皆公錯，焉得言不和？」部尚書乃又移文吏部，太宰王公曰：「同僚不和，爲同署文案耳。郎中，山東司；員外郎，雲南［司］〔一〕；非同僚也。」事始解。蓋王隸嘗盜人馬牀，而公笞之；滕謀陞寺丞，忌公軋己；部尚書之妾父有犯，囑公而公未之貸也。

然未久竟陞公福建按察司副使，爲弘治壬子也。比至司，公曰：「按察職在糾察，諸司有犯，咸得理焉。」先是，三司內眷皆燕會，公禁之。他日，都司夫人來飲司中，公下獄將奏，都司免冠求貸始已，內讌自是革。都御史魏公瀚左遷福建左布政使，其子撻人於市，君過見之，即移文取其子問狀，魏夜逸之以歸。有屠牽執強市肉者以告，蓋鎮守陳太監舍人也，公下之獄，而捕其黨。陳曰：「若等不知新韓副使乎！」皆械送之公而抵罪。嘗受御史委同右布政分濬雙門河，公以灰識

〔一〕「司」，據萬曆李楨本補。

竿數百，遍插河中，引潮水以浸識竿，水退，而河之淺深遠近，具得之。濬未兩月，而所治雙門西河三十里皆考績，東治者尚騷然，乃發憤，以病去。司無吏廨，而右有奶娘廟，官屢欲毀之，而惑於閩俗，公遂改爲吏廨，無一人譁。有訟其兄奪田者，歷諸司而詞證契冊皆無據，公亦卒答其弟，弟出門歎曰：「人言神韓，亦與他官等耳。」既而公假以清軍事吊其里之故冊，而得其實也，於是鬻契僞證皆得罪，而其弟有原業。

嘗監試貢院，有書卷以嫌字不謄者八十人，公曰：「焉有一書經即八十人買中者乎！」閱其卷，得中式者四人。有滅場一人，文優而卷縫之印缺，公曰：「此必謄録者割之也！」乃告諸監臨，折其封稿，果不滅，其人爲吳琬。遂訊謄録生，生泣曰：「吾師也，寧忍操戈哉！」公曰：「有由矣。」滋訊之，得其情。蓋生之婭爲吳玠，亦應試，而生乃謄録，故生見誚於妻，生恐玠更中式，滋爲妻誚也，乃謀割玠卷，「琬」字皆從玉，在彌封中相似也，而又姓同，故誤割耳。於是抵生罪，謄玠、琬卷，皆中式。監臨與他官看一卷，欲取之，公以其不稱也，爭之不能得，乃曰：「願開封觀其姓名。」副使不言，吳監臨默然，始棄之。蓋公嘗聞近倖子弟關節來第也。當再科，其人又謀第，忌公在，乃先計中監臨，使公署司事，兼海道，卒得中式去。

鎮守鄧太監某杖殺一吏，御史、按察使莫敢問，公受吏家詞。鄧以高燕款公而厚譽之，徐曰：「何以處吏獄耶？」公曰：「先捕行杖者，得實，則奏聞耳。」鄧曰：「大人將至此府捕人乎？」公笑而不答。既出，召福州三衛指揮曰：「府行杖者皆爾下軍餘，明日捕不至，無復見我矣！」比捕，而鄧用策士之言，使行杖者訴之巡按胡御史某，胡果批訴於按察使，鄧復以四百金買吏家口，遂以吏病死而成獄。泉州府通判楊玠與知縣高廷誥，遂奏及巡按清軍諸御史、布按二司官，詔差給事中、郎中勘治之，歷歲不結，蓋楊故吏部也。於是付公治，公一訊而定，楊、高皆免官。

福建額設海道副使一人，奉勑專理海道，蓋海中山下有甘泉，海寇率竊泉以起禍，故以福州三衛指揮使［更］〔二〕戍海中

〔二〕「更」，據萬曆李楨本補。

衛。然戍者憚險，莫肯往，而當道者久亦不問。比公代理，出令曰：「職當按戍，不至者有常刑。」乃徐曰：「渡海下衛，諸失戍者皆抵罪。」然是時海寇王某已聚衆劫海上矣，公乃集兵伏要害，而選李指揮、牛千戶捕之。寇曰：「韓公不去海道，我輩不生，且鎮守嘗深憾焉者也，可因之以去。」於是以千金賂鎮守，而以書遺牛、李曰：「韓公已受賄許我矣，可無急也。」乃又計使鎮守並得其書。鎮守即奏公受寇賄，而公遂去海道。奏下兵部都察院，於是馬公文昇、戴公珊奏曰：「副使韓紹宗剛廉有爲，此係賊人反間之言，不信。」上曰：「是。」然未幾，丁張宜人憂，歸矣。

明年朝覲，有許給事某者，復以鎮守奏事爲言，遂罷公官。蓋許先爲舉人時，嘗教書於公之同僚家，頗緣爲姦利，公遂出之。而馬公是時已自兵部轉吏部，親知鎮守事者也，然亦畏言官而從之矣。國朝典章，惟朝覲罷去者，不得伸理。時亦有辯訴如朱公瓚者，皆獲直，而公亦卒不辯也。

公天性剛明，少輒異人。既讀書，日記千言不忘。嘗墜於洛水下，見赤面長鬚神人攜出水上，蓋關將也，今其家尚祀之。公暨諸子至貴顯，惡侈靡，輕財利，慎取予。在福建巡歷所部，數不御肉食。所配閻氏，封恭人矣，未嘗置翟冠雀服。而諸子既舉，皆不衣紬帛。獨念宦遊，不侍張太宜人，每歲時伏臘，輒嗚咽泣下，時遣人問起居、致甘旨。其所得俸金，盡以遺兄，以奉太宜人，雖在福建萬里之外猶爾也。然太宜人晚年失明，公輒夜夜拜北斗籲天。後數年，有醫至家門，自云能已目疾，遂以醫太宜人，一針而愈，公之兄方入取謝資，而醫已去，蓋異人也。

公雖和易近人，至居官守法，毫髮不可回，禍福不可動。若民苟無罪，雖鞭樸亦不妄施。福寧道最繁劇，公署之月餘，即沛然。又嘗兼他道，每當易道，而撫按諸司輒不肯改。後有王僉事寅者願署此道以盡力，未數月，王神采瘁然，而道政亦理。王問下人曰：「外議我署道何如韓公？」對曰：「使君不減韓使君，但韓使君稍閑暇耳。」王喜而投筆曰：「得如此足矣！」蓋公所至，率綱紀其大者，其餘不勞而正，故爲人所難也。公暇日又數召諸生，講授文義，所甄拔士如李廷梧、王仕昭輩數十人，後皆大顯於時。公在福建七年，爲御史所薦者四；既家居，猶爲文選黃河清所薦者一，而吏部亦數推河南、山西、湖廣、山東按察使，然皆不獲行，蓋有尼之於密者也。然公怡然自得，讀書談道，暇日則從戚黨友朋之會，無累也。

公自幼時即爲提學江西伍公福所器重，呼爲「小友」。既舉成化甲午鄉試，遂開講於華陰雲臺觀，弟子數十人，後皆大顯貴，都御史屈公直固其一也。後又入咸陽，歷岐、鳳、寶雞，觀於終南、太白，所至皆有徒從之遊。至其教子，一以義方。公若在堂，諸子非呼召，不敢過其前。僉事爲文選時，嘗寄衣一襲，輒戒之曰：「但當盡心官事，勿念及此也。」疾且革，猶以忠孝道德命諸子。宜其所立偉然，而四明楊公守阯以爲古人何加也。

公生於景泰壬申閏九月十八日，卒於正德己卯四月二十日，壽六十有八歲。初授主事，再授郎中封，後以僉事爲文選時，又受副使封，所謂中憲大夫也。所配閻恭人者，始封安人，再封宜人，其恭人亦文選封也。子四人：儀封，丁卯舉人，娶劉訓導女；僉事，初受考功主事，改文選，陞員外郎，調平陽府通判，陞僉事，以忤權宦去，娶張教諭女，封安人；工部，初受虞衡司主事，陞都水司員外郎，以諫言去，娶屈氏，即都御史公女也，封安人；其第四子曰邦翊，國子監生，娶仇教諭女，再娶史氏。三女：長蚤死，次適國子生李德元，次適王鋭。孫男三：仲議，仲讓，仲詳。孫女三。

公所著雜文百餘篇，詩賦千餘首，曰蓮峯集。銘曰：

維正德己卯秋七月吉日己酉，有韓氏窆於南陽洪之西原。犖礱崎嵬，嵰嵃灝顥，蓮峯先生，永寢永晏。漆沮北漶，黄河東篆，太華南峙，萬里闕中。是日也，晉蒲秦同，君子員員，殞淚執紼，四田成蹊。曰送先生，明德孔那，八閩百越，諒亦濳止。昔先生得金矢於刑曹，訖威富於南海，名不滿實，道遠而位邇，志士至今傷之。厥封維堂，烏鵲如咽。夫儀封篤而廣，僉事信而法，工部樸而茂，一代之良也。夫源不深，流不長，尺蠖不屈不伸。身與子孫，又何難焉？夫子康哉！

涇野先生文集卷之二十四

墓誌銘

明誥封太宜人郝母惠氏墓誌銘

太宜人惠氏者，贈知州毅齋先生之配，山西僉憲郝君道傳之母也。僉憲君陞自刑部員外郎，即欲奉太宜人於宦邸，太宜人不許，乃身自之任。未久，而太宜人訃至，僉憲君號擗曰：「世家不孝，乃以官故而不獲終吾母耶！」遂自太原戴星奔喪，馬至猗氏，迂道解州，啼泣曰：「嗚呼！吾母今吾不復見耶！吾母事吾祖父母如父母，食上必有甘旨，衣服垢，身自浣濯。當歲饑，家匱，長幼老穉無養也，吾母罄其衣粧釵環以畀吾父，吾父往來嵩、伊之間貿粟以養厥家，得免於飢。敬事吾父幾四十年矣，未聞反目。馮氏者，吾長伯母也；袁氏者，吾次伯母也。處極和順，不爭競，族婦氏稱爲三姊妹焉。他日，吾母危病，馮伯母撫枕而泣曰：『汝年不及我，而我賢不及汝，天其移疾於我哉！』袁伯母歿，遺女且少，無依倚，吾母撫若己女。既長，豐其粧奩與嫁之。吾兄弟三人，少皆不敏，吾母惟以溫言教訓，未嘗一叱咤之。聞有呪駡其子者，則痛惡焉，蓋其勤儉貞慈出於天性。年且老，手不釋紉箴纇絲，寸帛必經意，以爲吾兄弟輩存也。乃今以嘉靖五年十二月二日終，距生成化元年六月十六日，年纔六十二。儻獲銘諸幽，則吾可以贖不孝罪於萬一矣！」

呂柟曰：「嗟呼！太宜人之賢一至此哉！按，太宜人本蒲城荆姚里惠家女也，其父楫仕爲郟縣教諭，而贈君之父篤菴先生主郟縣簿，契誼甚厚，於是太宜人歸於贈君。未幾，教諭先生卒，其子鈞州同知周扶柩西還，而太宜人素衣糲食，哭

不間晝夜以求死。則其於舅姑家可由知也。嗟夫！太宜人之賢一至此哉！」有男子三人，長即僉憲君。〔二〕

明承德郎上元知縣涇川魏君墓誌銘

上元知縣涇川魏君者，字體元，諱弘仁，世爲涇陽之縣西里人。高祖永中在元末以德行爲鄉耆賓，生文昭。昭生祥。祥生瓚，字廷璋，舉鄉進士，爲山西安邑知縣，以君官進贈二級，配江西參議邑人趙公謐之女，是生君及典膳弘禮、義官弘智、考城令弘信，引禮弘道五人者也。君生而穎悟，氣宇軒昂不羣，少有文章聲，衆推以爲他日可並揚雄、蘇軾、虞集之流。他日，鄉試於省，與予同邸僧寺。每接談，議論侃侃，正而不撓，羣而不黨，有古益友之風，乃舉正德丁卯科。三試禮部皆不偶，則已至嘉靖癸未也。

是時，趙夫人且老，君曰：「使弘仁再科亦不爲遲，其如吾母不待養何？」乃就選銓部，得上考，授知應天之上元。蓋雖縣令，其品與順天之宛平同，猶京職也。是時，正值縣政廢弛之後，君竭力振揚，百廢興而六事舉。未幾，江淮饑疫，都憲李公托君賁粥以救荒，時賴以全活者甚衆。於是憲院、戎部、撫按、守備以及京兆諸司，凡政有未平而事有未考者，悉之君處，然而無大小、無强弱、無隱顯精粗，皆得其情。於是諸名卿如梧山李公、東湖吳公、松滋伍公，罔不嘉賞敦獎者至六七多焉。乃嘉靖乙酉閏十二月入覲京師，未幾，乃嬰痰疾，是月十八日卒旅邸，距生成化丁酉十一月二十二日，年纔四十有九。嗚呼！涇川子抱負甚宏遠，乃未究其所蘊而止是耶！傷哉！

君配郭氏，封安人，生丈夫子三人：長汝輔，娶朱氏；次汝翼，聘田氏；次汝臣。女子二人：長適生員劉寓，次適儒士王世德。孫男一：上元，君以其在上元時生名也。弘禮、弘道將卜嘉靖六年九月葬君於魏氏先塋之次，乃持君之友

〔二〕此處有闕文。

姚南知府邑人張君官狀索銘。銘曰：闕

明誥封亞中大夫宗人府儀賓玉松仇公墓誌銘

玉松諱森，字時茂，仇氏，别號玉松子，潞州雄山鎮東火人也。予於正德初病臥涇野時，已聞時茂兄弟同爨三世矣。比八九年間，時茂遣人問同心堂記，乃獲覩家範之略不爽也。嘉靖三年七月，予自史館謫判解州，過潞，時茂邀予至東火，徧觀祠屋及有序、師儉諸堂，義學、鄉約諸所，貞女、烈婦四氏祠，接見同會老幼二百餘人。已而宴予於禮賓堂，諸弟姪子孫皆侍，時茂洗爵酌獻於予，謂諸弟子曰：「此公而至吾家，止爲有家範耳。諸子弟如不能守訓，痛祖先於地下，辱名公於四方矣！」言未訖，雙淚如雨下，予亦不覺涕出。已而歎曰：「予之此行，忽身入夷惠之里，目覩時雍之俗矣。然讀書至取科第，有官内外，乃無毫髮益於人，豈能如時茂哉！」

越明年，時茂訪予於解州，留數日，聯榻於運城王生之書舘而别。歸遂重訂鄉約集成，請删改序題。又明年，創建雄山書院，請爲記。然記方在途，而時茂不禄矣，實五年十一月六日酉時也，距生成化四年三月九日，壽五十有九歲。其從弟時欄具狀遣人索銘。狀曰：

兄之父諱鴻，字騰時，潛德弗仕，學者私謚爲貞篤先生。母丁氏，實生兄。年十四失怙，從致仕教諭陵川姬先生彰學，有志科目，瀋藩内丘恭僖王聞而愛之，遂選爲上艾縣主儀賓。瀕選，王夢玉松三株植殿前，茂甚。及見兄名三木，深喜焉，後因以爲號。弟監生桓，十餘歲時即進爲郡庠生，居城中。桓嘗有疾，親爲煑粥。既愈，小試得雋，即望秋舉代己以顯厥親。夢放榜松抄，詢其無名，遂大哭而寤。一妹適瀋陽衛指揮張淮，則時周給之。若母黨之親有事至城，必舘穀延款，极敬厚焉。弘治九年，母忽疾，夜籲天，願減年以增母壽。既卒，哀毁踰禮，又恨父終方幼，遂設主同母靈追奠，三年不御酒肉。聞從弟義官朴入京忽感汗疾，即日以一騾一僕往視之，中途果遇，相持頓足而哭如更生。他日，叔父義官鶴得鄭氏旌義編

於從叔父義官鸞，常議欲推行，未就而卒，乃同宿州吏目兄楫偕羣從弟以禮葬叔父畢，即謀繼其志，遂立祠堂，述家範。嘗見周公、程子於夢寐。

兄爲大宗子，府第違祖宅八十里，每遇時祀及朔日參祠、清明墓祭，雖祁寒暑雨，靡有失期。若得新物，必使人致而薦之，然後入口。初，祠堂成，齋沐三日，祭畢，效鄭沖素作誓詞一通。［其］〔一〕詞云：「吾家子孫及諸婦，敢有不孝不弟、不同心協力以保家範，或積異財，潛謀分析者，祖宗達於神明，殛罰之，勿使敗壞厥家。」［令］〔二〕各書名畫字，讀而焚之，眾皆凜然退。今二十餘年，子孫未敢欺上行私。家範既成，婦女小子有過舉者，輕則會眾誨之，甚則自罰跪而撾其面，眾皆不忍輕犯。在城，閨門尤嚴，三尺童子不入中闈，雖縣主謦（欵）［欬］〔三〕聲，亦爲之寒栗。

置玉松別墅於南莊以適情，有負暄亭、吸月臺、綠野樓，秋夏常居，連月蔬食藜羹，與傭人同苦樂。鄰莊一僧寄錢二十緡，十餘年無人知，其僧暴卒，且無弟子親屬，乃出所寄錢以葬僧，餘皆頒於僧之鄉人。創斷金會於城中，與同寅牛、宿、栗、郗四君，每月五會，講讀四書、周易、司馬通鑑，務體諸心而見諸行，有獎有罰。且誓於本州城隍：「干謁有司者，諸神必達天，以殞厥身，隳厥嗣。」前郡守申公曰：「非飲射讀法，不得一見五君子。」其守、巡、提學諸公至潞者多詣會所，談論移日。冀南分守三原王公躬訪於家，值兄他出，則謂子熙曰：「汝父學行俱優，我稔聞之呂九川矣。」

正德六年五月間，一日忽迎養祖母陳於城中。至六日，而流賊奄至，大刧東、西火［村］〔四〕，其前一日闔家婦女亦就陳母得脫去，潞人皆以爲孝誠所感。賊漁獵臨莊，婦女間有不從賊而死者，趙女、袁女、焦婦、王婦四人，兄歎曰：「此輩若不

〔一〕「其」，據萬曆李楨本補。
〔二〕「令」，據萬曆李楨本補。
〔三〕「欬」，據萬曆李楨本改。
〔四〕「村」，據萬曆李楨本補。

激揚，風俗自此污矣。」於是具四女婦事實，同會友四人呈諸巡撫王公，獲給葬銀。奏聞，竪碑建祠，載在祀典。其後聞風而起者，又有二焦、平、丁四烈女婦焉。初，流賊之初至也，索馬，否則火其家。兄曰：「放火，一家之害。與馬，（賊）［則］[一]害及四方矣。」乃不與馬，卒火其家而不恤。鎮國將軍孤巖及西火人王俊者，孝子也；百戶劉璽者，忠人也；兄皆白於巡按王公，移文以奬之，於是一鄉咸以不爲善自愧。張攢兄弟異居數年而復合，秦倫、王經及家僮王堪、郭交倉喪親三年，亦不御酒肉。

有子熙，郡庠生，則使之越太行山，從覃懷何粹夫先生學，謂之曰：「汝去，不特取法文字，凡事皆宜師也。」城中宅第年久零落，盡撤舊飾，樸素渾堅。或嫌其太素，兄曰：「不云居第傳子孫乎！」是歲，門之南北槐十餘樹，慈烏巢居殆遍，識者以爲孝義所感。嘗於積雨行途中甚難，即覔工十餘，自南莊至城二十五里皆平治之，以便行客。山西大參苑洛韓公嘉其孝義，自冀北移文奬勸，兼犒羊酒以賀焉。乃一日歎曰：「昔人上友千古，而吾未及一鄉。」於是吊虎谷先生於和順，訪隱士趙玉泉於蒼溪，又北訪寇涂水公於榆次，西問喬白巖公於樂平，南謁韓司徒公於洪洞，又西謁陶司馬於絳州，又南訪李司徒公於沁水，東謁張僉憲於下莊，解州之行亦是時也。四年冬，以年六十，倦於勤勞，藩府朔望朝參不便，手草奏稿欲辭祿，創高棲軒於南關外，謝絕人事，以琴書自怡。遣人至京，商於諸名公，皆以爲不可，乃止。然兄於斯祿，以宗室漸繁，得之亦未嘗獨享。

正德五年秋，支二百金，遠近族人人給銀五錢。以百金糴米，遇時難食，依原價糶給鄉鄰之困乏者。因流賊兵火，八年，又支百金，族人如前各給錢一緡，鄉鄰爲酒食，大會三百餘人。嘉靖四年，奏准祿米折支河東鹽，又得二百金，一從叔母及族人置上衣一襲。是歲，同會百七十六人，皆置深衣各一襲、布履各一事。有例許并里分，本鎮六里，人多雜處，數年借貸，差稅不便。兄謂義官弟朴曰：「若并作一里，此先宿州兄志也。」於是費百五十金有奇，而里并，自此二稅及諸役必以

〔一〕「則」，據萬曆李楨本改。

俸銀依官價代輸，後收原本不受息。

自正德改元以來，凡遇大比，必餞臚諸士，曰：「此吾里選之賢也。」今年春，偶感寒疾，方汗小愈，因貞篤先生忌辰，冒風祀於祖宅。復作，不能行，遂宿南莊。夏至，當祀於祠堂，扶疾齋居，後移入城中。疾數月，召子熙謂曰：「人生五十不爲夭，我又加九矣，倘不起，請汝石巖叔父及鄉中知禮者考禮以葬我。」終之前夕，天隕一星，光如月，城中四鄰皆駭之，知事者謂必失一大賢。次日，兄卒云。卜明年二月二十五日祔葬於陽堰之原。所爲詩文有玉松稿、家譜及刻〔一〕行雄山集、鄉約集成、貞烈倡和集，虎谷王公墓銘諸書。

子熙，廩膳生員，即上艾縣主所出，娶李氏，廣平府判堂之女。女二：長適同里生員牛順，次適會友牛麟第四子翼。孫男一，小，字克昌。孫女一，適真定府通判夏仁孫生員尚禮。

嗚呼，痛哉！夫時欄讀書嗜學，棄官樂道者也，其狀與予所見又甚合焉，則時茂生而愛親敬長、友弟睦族、親賢化鄉、濟人利物，不畏強禦，克憐無告，真非虛生者矣！其終也，聞吊客千餘人，哭之如喪親戚，行客嗟於途，婦女哭於室。使當時科目得志，或者又未能如斯也。獨惜夫洪義廣德，乃天不假年，以厚潞俗而風四方，何哉？予於是三收淚而銘曰：

揚揚周黨，明明王烈，上黨風微，玉松手拮。侯孝侯忠，侯志侯節，澤有鶴鳴，谷有蘭茁。鄉約化遙，家範斯揭，藍田再輝，江浦重哲。梓匠僕僮，亦是改轍，羣彼春榮，愛莫敢折。仕或業隳，處或德蔑，我相玉松，不愧前哲。雄山嶒嶒，爾冢與埒。

〔一〕「刻」，萬曆李楨本作「刊」。

明故中憲大夫河南按察司副使庸菴史公墓誌銘

公姓史氏，諱英，字廷珎，世爲蒲州稷山縣人，曾祖諱仲禮，祖諱伯善，父諱貴，以公貴封河南道監察御史。公登成化戊戌進士，初授棗強令，未視篆，俄報賊騎至，令人即日擒之。後冀州盜相繼反獄，公皆勦平，於是賊不犯境。棗強人好誣訟，公切諭之，凡布禁五十餘條。尋有酗酒不孝者，公使其族人勸戒之，其人遂以孝聞，圖公像，朝暮拜謁焉。其督課學校，周恤歲凶，尤爲誠懇，一時復業者百有三十一戶，五百三十有二口，遂增設興仁社以居之，其與完娶資喪者五百餘人，出俸買藥以療瘟疫者蓋千有餘人。若夫上官橫科，不便於民者，公皆拒不聽。及去，棗強人立去思碑。

成化末，陞河南道監察御史，嘗奉命清理長蘆鹽法，國課充足。巡按蘇、松、常、鎮時，周駙馬兄爲蘇州同知，貪聲大著，公即據法，首黜之，他姦宄皆望風屏跡。尋又巡按徽、寧、池、太，其俗懼嫁女之難，生女多溺死，公嚴法以禁之。在臺中，諸僚有所論列，多言各有所托，如江西言有某公，四川、山東言有某公、某公也，獨謂山西無托。公曰：「英大有所托，顧諸君不知耳。」衆問爲誰，公曰：「托天。天有仁心，不受賄賂；人有敬畏，則天命可保。」衆改容謝也。他日，臺中糾一勢要，疏成已印鈐矣，至午門前，猶豫不進。適遇公，問曰：「何以處之？」公艴然曰：「疏至公，所宜進，不宜退。」遂進之。翰林學士泰和曾公彦嘗稱曰「剛明公正，素厭人心」云。當道知公者薦其可都憲，以節格不果。遂陞河南按察副使，丁外艱去。

居喪依於禮，著修職盡忠藁二十五條，自是閉戶讀書自娱。都憲即墨藍公章遺書曰：「士大夫不遭瑾毒手者，史公(教)[數][一]人耳。」翰林學士清平張公天瑞常以理學稱之。平生無私書，每曰：「己不容人囑，知人亦不從己。」自謂愚

[一]「數」，據萬曆李楨本改。

庸，又自謂無用，號庸菴、拙菴以自況。凡有所得，即録之成帙，名曰敬事、就正、一得諸藁，其言多主居敬窮理。平生不食兔肉，有餽生兔者，輒命放之，以其父兔屬故也。家居，每夕必焚香告天祈君福壽，又祈雨降以澤民。

初，公性純謹嗜學，丰采峻絕，爲邑庠生，恒以薛文清公自期待，甯大參以桓榮稽古之力勵諸生，公曰：「聖賢事業或不能，若金紫何足掛齒。」其持守之嚴，官府多不能識其面，故其言之所至如此其粹云。乃嘉靖五年十二月二十三日，索曆日展視，於本日上加一墨圈，於二十七日上又加一墨圈，子姓輩問故，曰：「吾於此已矣。」及日，果卒，距生正統十四年十月十九日，享年七十八歲。

配張氏，先公卒，贈孺人。繼配杜氏，封孺人。子男三：伯守憲；仲守正，邑庠生，早卒；季守直，國學生。女三：一適義官馬思漢，一適司訓郝騰，一適國學生河津暢[一]忠，忠蓋同舉人加睿持鄭尹紹狀以索銘者也。孫男一：豸。女一，俱幼。

公卒之明年八月十五日，葬於甘泉先塋乾隅之新兆，遂以其狀次公之行履忠蹟，因爲之銘。其銘曰：

嗟哉！先生之懿乎！生而不阿，死也可惘，邦之司直，鄉之瞽宗。有綱有紀，侯化侯風，九原不作，銘此幽宮。於萬斯年，子孫逢逢。

副憲賈會期墓誌銘

東鹿賈會期與予同戊辰進士，予始未能知也。已守慶陽矣，寧州呂道夫言會期初聘於魏氏，魏未幾疾，雙瞽，父封君先生欲改聘他姓，會期執不肯，曰：「命也，於古不有劉廷式哉！」遂娶之，和諧如琴瑟。魏又數請置妾媵，會期終不可，所

[一]「暢」，萬曆李楨本作「楊」。

生三丈夫子皆才。嘉靖元年，予病起入京，會期已憲副陝西，遇於保定，敏而直，儉而度，又不善歛。既入京，其二子衢、衝已考冠束鹿，來應順天舉，謁予，果有器識。明年，會期不偶於巡按，劾會期在慶鹽票事，會值大覲，遂罷會期。予歎曰：「世豈有絶情酒色，篤志古人，行而又貪耶？不可信。」然會期自以志不明，抱鬱而歿，在嘉靖三年正月三十日，年纔五十三。疾且革，語其子曰：「此心頗爲朝廷用盡，乃被誣至此。」遂爲詩曰：「英魂一點歸何處，兩淚交流達聖明。」嗚呼，傷哉！

初，會期童穉時，即不與兒輩狎。五歲，從師讀書，退即捏土爲字，以肄日所誦業。十二歲，喪母高孺人，哀毁若成人。及爲邑弟子員，輒有憂國志，會伯祖俊以太子少保工部尚書歸，見會期，目之曰：「賈氏繼志者，其吾子乎！」弘治甲子，與兄道同膺順天鄉舉，後既舉進士。正德四年，授南京廣東道監察御史，時姦(臣)[宦]〔二〕劉瑾方横，諸御史多欲外補，會期相厚者又勸宜損剛剜直，會期曰：「欲外補，如宗廟社稷何若？既爲耳目司，使朝廷無聞見可乎？」乃攬轡至南臺。期年瑾誅，時道中多滯獄，悉剖決如流。有戸部戴郎中者贓敗，遍理諸道不結，乃下廣東道，卒擬如律。自是臺憲稱明，而應天郡縣軍民奏辭，咸欲下廣東矣。

六年，巡城擊強弭盜，南都肅然。七年，流賊猖獗，抵龍江，內外守備出二指揮，將五千人截殺，敗績。同官請罪二指揮，會期曰：「咎在守備。」獨具疏劾，於是魏國公徐輔、太監黄偉皆畏憚之。八年，九江盜賊蜂起，循安慶而上徽寧路絶，會期又被簡巡江，即日至太平，期與賊敵一出，遂捷。九年，乾清宮災，詔求直言，乃以進君子、退小人爲疏，羣姦大怒，賴重臣解。故兩課其績，皆以「持躬清白，讞獄明決」得上考云。既而出知慶陽，蓋有尼之於隱者也。在慶陽，御史有「臥治黄堂」之薦。當是時，武廟駕在榆林，將幸西夏，軍民多竄匿，令丞銜路者率解綬去。會期曰：「主上至，當奉迎，不宜逃竄。」乃招撫居民以俟駕至，然不果幸。有中貴人假命欺辱官僚取財，會期曰：「勿辱彼知府，願偕君往見上。」貴人笑沮

〔二〕「宦」，據萬曆李楨本改。

解去。

今上入承大統，制令科道奏薦天下守令循良者，而陝西御史以會期舉，然適考績至京，大臣議選領邊務，遂陞陝西按察副使，奉勅兵備西寧諸鎮。是時醜虜爲患，道路艱阻，人咸爲之憂。會期曰：「昔王尊遇九折阪，叱吏前驅，人以爲忠。劉琨坐嘯，邊塞風清。吾獨不能爲尊、琨耶？」既至，布朝廷威德，諸番感化。朞年幾措烽火，邊人遂有「樂耕耘」之謠。先是甘肅武臣之變，總兵官李隆已繫獄，朝廷下巡撫都御史陳公九疇鞫其黨楊淮以下七十餘人。陳檄會期往視，會期乃先陰得其詳。翼日，引訊廳事，衆姦皆驚畏，無異辭。陳稱曰：「真老法司也！」會期嘗曰：「使運處西寧數年，當使朝廷無西顧之憂。」然未幾，以忤當道坐免，諸將領送至古鄯驛，哭還。然則會期之行與政，詎不可信耶？嗚呼，傷哉！

會期諱運，號靜齋，其先洛人，更始時徙汾州，或曰長沙太傅之後。洪武初，六世祖戴奔束鹿西三十里，居柳樹中，今遂名柳樹村賈氏云。高祖元智，贈太子少師工部尚書。曾祖寬，祖忠，不仕。父瓚，以會期封監察御史。母高氏，繼母范氏皆封孺人。兄道，進士，戶部主事。子三人，季者名衛。女三人。孫男三。筮是年三月二日葬祖塋右。銘曰：

一真可占百誠，一瑕可覘千碱。靜齋不貪，信於婁瞽。不然，解綬而歸，草屋如故。死且屬予銘，諒予知其苦。於戲，康哉！

楊節婦趙氏墓誌銘

節婦都人也，姓趙氏，諱叔賓，年十六嫁爲太學生都人楊生鏞之妻。生歿時，節婦年纔三十一，側室生一子源，未幾亦歿。乃零丁孤苦，操如冰霜，至老死，故都人稱節婦云。天性聰慧，能讀小學、孝經、內則、列女傳及考古圖、論語諸書，屬辭造語，宛若士流，左右手皆能運筆，字法亦遒勁，若剪裁刺繡，雖良工弗及也。然姿容端凝，動有規矩，四五日不見一笑顏，室中女母亦敬憚之。

既歸生，生之父爲河南參政昶，母爲宜人某氏，有家範，節婦亦能奉訓不違，得其歡心。賓祭皆手辦。與生相待如賓，相切磨如友朋，生所欲行，皆先治脱。有講説之家，呼茶茶至，呼饌饌具，極其精潔，以娛賓。故生業無所荒，行無所虧，考於提學，則魁順天，考於太學，則魁天下。都人士常並諸程篁墩、潘南屏，而節婦之名，諸縉紳家亦無弗傳誦者矣。然累產不育，止存一女，而生年且壯，乃多選買良家女爲生妾媵，若有所育，即愛護如己出。

弘治丙辰，生病癰疽，節婦禮醫請藥，心力俱瘁，每夜必焚香禱天，請身代生。然生竟不起，而節婦號踴，水漿不入口者數日。比至葬，毁瘠骨立，戚嫗鄰媪，罔不悼惜。乃自是純白至老，不御彩色裳衣。然生既歿，家道中替，而楊、趙二氏，都下名家，戚黨甚衆，婿則蔡憲副霈，甥則閻進士溥，甥婿則滕洗馬霄、汪少卿玄錫、王舉人應麟、萬舉人奇元，從婿則李方伯璋、盧長史銳、周縣尹綜，皆母事節婦。於是數家婚姻有資，喪葬有賻，伏臘有問，慶吊有儀，罔或少失。居家勤儉自立，門庭斬然，二尺童子無故不至中閾。而又課田有式，筭賈有籍，身雖不出閨閤，田卒貨兒皆以時辦，不敢隱欺，日有滋長，是以財不匱用，禮不絶親，生雖歿而楊氏不衰。其兼幹趙氏之蠱，旁理蔡氏之家，或以比諸健丈夫云。

閻進士嘗會試不第，節婦嘗涕泣數日，曰：「吾兄弟皆歿，吾冀汝一第，以得會晤吾姊，乃不我肯遂，將無秀才懶讀書耶？」於是進士亦感泣努力。比既第，則又誨以爲政之道，與誨蔡憲副同。故諸親黨之有官政者，或以疑事滯獄以來問，節婦無不與立剖中合理，有時手答諸甥婿書，語皆懇到可誦。又善識雜物，凡親黨間得金玉珠石器件及古圖畫難别者，必皆曰：「往問楊姨。」則即與定辨真贋。或持以示博物君子，無弗以爲然也。晚歲，日閉户誦法華、楞嚴、觀音諸經，又手寫數帙以自娱，諸甥婿見，或諫之，則對曰：「此非作善事耶？」

節婦之父諱昂，通政司參議；母潘氏，封宜人。長兄竑，爲光禄寺卿；次兄靖，爲鴻臚序班。初，通政公與兵部尚書程襄毅公信、順天閻公鐸及生之父參政交，以文字義氣相許可，故通政之三女，長嫁閻公之子序班璘，仲嫁程公之子敏行，而節婦乃以歸生。則節婦之道，所聞諸父兄姆師之間者遠矣。

節婦生天順甲申九月十八日，卒嘉靖三年二月二十日，得年六十一。蔡憲副及閻進士既爲棺斂，將以某月日合葬順天

昌平澤陂太學生壙。憲副又爲狀偕閻進士索銘，且曰「楊氏無後而族[單]〔一〕遠，需受夫人之恩，德比於父母」云。銘曰：

節常改於無依，禮或廢於既貧。乃節婦儉不忘度，貞不絕親，丹心白首，生死良人。此豈獨天資之美，亦其學力之真。言彼修身之士，視此乃或有不純者，然後知志之貴勇，而道之貴仁也耶！

明贈左副都御史謚忠節江西按察司副使許公墓誌銘

予嘗謂天下之事，姦巧者釀其禍，忠貞者嬰其敗，自古及今，其軌一揆。則予於忠節許公之死，未嘗不痛恨而流涕也。當正德丙、丁之間，佞倖讒邪，竊柄納賄，羣臣半與交通，蒙蔽武宗。於是寧藩宸濠私窺其隙，下結桃源、華林諸賊，以據有其財；上賄要寵鉅權諸門，以陰附其勢；睥睨神器，四海共聞而不敢言。是時，公方憲副江西，言於巡撫諸公曰：「寧府果於爲暴者，恃權臣也；權臣曲右寧府者，貪重賄也；重賄靡所不到者，爲盜藪也。方今權臣既難去，寧府又難制，策惟有翦盜則財困，財困則賄息，賄息則交解，交解則惡孤，而吾志可行。不然，後難圖也。」諸公皆固拒之。

踰年戊寅，宸濠滋横，迫脅撫鎮保薦賢孝，逆跡已露。臺諫論劾，詔差都尉、郎中官往問且宣諭。宸濠惶懼，乃六月十三其生日也，自巡撫孫公以下具幣入賀，因大饗之。明日，諸官入謝，宸濠遂反，颺言曰：「太后有旨召我，如何？」孫公曰：「願出旨以示。」然素忌公威名，又特問曰：「許副使如何？」公曰：「天無二日，國無二上，副使惟有赤心耳！」宸濠怒曰：「我不能殺許逵耶？」公曰：「汝能殺我，天子還能殺汝，特先後間耳！」遂令僧人執公暨孫公以出，公顧孫公曰：「逵疇昔之言，正爲有今日耳。」遂俱遇害於惠民門外。時盛暑，屍不臭，蠅蚋不近，數日而顏容猶如生。秋七月，提督軍務餘姚王公伯安克復省城，其部下知縣王冕及一巡檢生得宸濠於鄱陽湖以獻王公。於是省城內外人皆素服哭奠於公

〔一〕「單」，據萬曆李楨本補。

柩，哀如父母。王公命有司祠祀之，又疏奏其忠烈。今上即位，論功定賞，贈公左副都御史，謚忠節，遣官諭祭安葬，且命有司建祠其鄉，蔭其一子瑒爲錦衣衛正千戶。

嗚呼！若使公職司內庭，必能計黜權臣，制宸濠於未然。不然，即剪盜策行，豈惟可寢其反，下而數萬生靈之命，上而九重南巡之禍，皆可免也。嗚呼！此予於公之死，所以歎息痛恨而流涕者也。初，都諫張元傑曰：「許汝登自江西寄予文山詩一帙，外有題封而內無簡書，以漢卿觀之，寧邸其殆爲變乎！汝登其殆爲文山乎！」未幾，果然。然則公之志，蓋已豫具乎！

公年二十六與予同舉戊辰進士。明年，授山東樂陵縣令，即能令行境內。辛未春，劇賊劉七、齊彥名飈起畿甸，焚屠城邑，殺戮長吏。公先築濬城隍，貧富差工，越月而成。又使民各起墻屋，外高過其簷，仍開墻竇如圭，才可容人，家令一壯者執刃，伺於竇內，其餘人皆入隊伍，令之曰：「守吾令，視吾旗鼓，違者有軍法，首功者上賞。」又設伏巷中，洞開城門。未幾，賊果至，旗舉伏發，賊火無所施，兵無所加，遂擒斬之，自是賊不敢近樂陵城。

撫按交薦其才，武宗超陞山東按察僉事，兵備於武定州。是時，劉、齊二寇猖獗，自陝以東横行，而武定城圮溝夷，不格牛馬，民欲（崩）［奔］〔一〕去，公力定之，先事築鑿，設城樓，置巡卒，樹岸柳。壬申五月，劉七、楊寡婦以千騎犯利津，公追至高苑縣，斬首四十有八，獲馬騾二百四十四。未幾，賊錢鸞以百騎刼德平，公追戰於楊二莊，一鼓坐勦平之，自是賊南奔狼山，颶風敗舟，乃滅。郡人立破寇安民碑以頌其功。嗚呼！劉、齊之寇，其勢已大，非宸濠之初起可比；而樂陵知縣、武定僉事，其官又小於江西副使者也，乃公能成功於前，而不能保身於後者，何哉？職有專不專，人心有同不同也！嗚呼！若使公官在內廷而有專職，將天下可無事矣，乃獨使公殺其身以成仁，傷哉！

公諱逵，字汝登，河南汝寧固始人。高祖曰某，曾祖曰子誼，祖曰昂，凡三世皆以務本敦行爲事。父諱寧，克嗣厥休，配

〔一〕「奔」，據萬曆李楨本改。

邑大姓王氏，乃實生公。風骨秀異，不妄啼哭。及八歲，就外傅，即能誦詩習禮，如老成人。然則忠節之事，蓋其性之所受，學之所得乎！司業郭價夫曰：「公之死忠，乃其素定，非臨難倉卒而委之無可奈何者。」果哉！又曰：「國無忠義曰亂，臣無忠義曰賊。公之死，可謂國之光而臣之防矣！」果哉！

公死難時，年纔三十六。夫人楊氏生丈夫子三人：長即瑒，次統、縱，皆學生。女二人：長嫁徐舉人之子某，次嫁沙監生之子某。瑒將學而有器識。既葬公，號泣六年而後就蔭，及授錦衣，謁予曰：「吾父如此死，而瑒今乃冠帶。」哭不能仰視。予亦爲之墮淚曰：「公其有後哉！」乃然後知天於有道者，固不靳也。葬在某年月日，在邑某偏某原。銘曰：

星斗有政，天夜亦明，川流山峙，地道斯章。國無忠義，亂此綱常，禽獸食人，於何不喪！雷被奔漢，貫高無王，烈烈汝登，生獨異常。羣雛孤鳳，碧梧桐鳴，若千頃波，如百煉鋼。知欒陵義，討劉齊亡，反武不是，胡爾咸成。如火之熱，如水之涼，勉者有悔，朽者務名。結纓仲路，罵賊真卿，斯風久淪，爾於宸濠揚。惟天有神，惟地有靈，爾後必熾，我銘斯皇。

明敕封孺人程母孫氏墓誌銘

孺人諱某，字真姐，蜀嘉定之安谷孫公女也。孫公名文政，以行稱「長者」。其兄臨潼先生緝學苦操，兩典萊蕪、臨潼教事。孺人幼從臨潼先生習女誡焉。年十八，歸鳳山程翁。王母任夫人性嚴厲，諸婦晨夕陳説家務，即忤意，叱罵笞辱之，獨孺人侍，言無不從，時撫孺人背曰：「此婦他時能大吾門戶也。」任夫人棄世，孺人喪祭以禮，罔或怠忽。遺姑三叔二，上下八九歲，諸姑叔侍孺人如母，孺人撫之皆如王母生時，長爲之婚嫁，或脱簪珥以備六禮焉。

鳳山翁遭家中衰，遠服賈客，遊滇、廣、卭、嶲、松、灘。孺人承事家政，內外有條，鄉閭戚黨稱賢焉，至中年遂能潤屋。鳳山翁以後嗣未廣，多蓄妾媵，孺人分處歡洽，終始不渝。事鳳山翁如嚴賓，翁亦木強，無所狎邇。凡諸取給，言下輒辦，無弗當翁意者，而又將順施與，雖費而財不困。生九男子，其八夭。年四十一時，夢長蛇由右鄰入中寢，張目吐舌，婉蜒相向，

孺人驚，遂生監察御史啓充。

御史兒時多疾，孺人保護備至，每嬉遊少縱，則痛加懲艾。一日患疹，出如貫珠，醫人望之，怖懼震駭。孺人焚香籲天，香忽躍起三尺許，火光四裂，旋復入爐中，占者以爲祥。稍長，就遺外傅，訓督甚切，夜亦寡寐，紡績、咿唔之聲或並至達旦。其綜理內政，家僕數百，小大咸若，雖雞豚聞其咳唾，亦昂首躍然如聽命語。鄉人有饋白鶴雛者，孺人收育之，歲餘飛去。一日，兩白鶴繞空來飛，啣雙鱗委諸中堂，人以爲孺人慈惠所感。恭儉仁愛，不待勉求。一布裙，數十年無補綴，粒米束薪，保之如弗勝。撫二弟無異己出，諸從兄子亦槩視之如子矣。

御史領甲子鄉書，乃命卒業成均。中戊辰進士，出知三原，使使迎養孺人，孺人辭不往，語使者以忠孝廉惠，三原之人至今猶能言之。壬申，既得封，即朔望偕鳳山翁稽首三祝，宣諭子弟，故諸子弟皆事家人生業。及御史在內臺，遣家僮往視，則答曰：「老身寢食，仰荷國恩多矣！御史非顧家官也！」歲丁丑，御史以病得告，抵嘉定，遂構天樂堂，鳳山翁與孺人以家政畀之。居無何，鳳山翁卒，孺人執喪甚哀，兒女繞膝諫止不聽。今上登極，御史猶病臥，孺人促裝戒行曰：「幸際明時，無以老身不死，上負朝廷。且守令新任，吏民無弗謁者，矧爾爲內臺官也。」御史遂聽命而行。既抵京，得差巡按江西，是壬午夏也。

秋八月二十一日，孺人偶疾作，昏瞶不能言。時惟御史之妻安孺人在側，即叩首仰天，引刀刲股，刃不絕筋，投藥跪進。孺人醒，乃召李側室之子啓允、啓元及二張氏女，三孫价、侗、佰，曰：「死生大數，不可逃天，爲安孝婦少延吾數日。適見汝父，謂以明月初六日具舟來迎，是日吾將歸乎！」乃復寢食如常，時使安孺人在左右，不復求醫藥矣。九月初五夜三鼓，廳事隱隱如車馬聲，蹬道轟然，人跡上下。越六日，果卒。比就歛，顔色如生，得年八十有一。卒之明年十二月十八日，合葬鳳山翁之墓矣，未銘也。至是御史入京取勘合，請栴追銘之。栴與御史爲同年友且厚，雖未登堂拜孺人，以其猶子之情事之者，今十有七年也，夫焉得辭乎！銘曰：

天命孔明，人性貴常，無言不語，無德不祥。有媛孺人，女德之經，鳳山克嚴，御史有成。提甕鮑耦，主績鳴姜，斯風久

淪，孺人載揚。九原冥冥，爾是用康！

明僉都御史前國子監祭酒虎谷先生王公墓誌銘

嗚呼！虎谷先生。有作人化俗之文，有攘夷戡亂之武，有因時明禮之材，有援古修樂之具。其提學關中時，柟爲所造士，親見儀範，身奉教約，雖使思、孟設科，無以過之。當其志，固欲使天下人各得其所也。及柟爲修撰時，嘗同河內何粹夫謁先生，因講馬陵注不合，何子少先生，而先生後當轉官，首讓何子於朝。當其志，固欲使天下賢皆盡其用也。嗚呼！先生古睿聖之徒，乃今已矣，將天不欲使斯人之有知乎？嗚呼，痛哉！

先生年十九歲，中成化癸卯鄉舉。明年甲辰，舉進士。丁未，除禮部主客司主事，即清忠效官，獨立不懼，無故足不躡公卿門，不赴無名飲宴，或謗其矯激，久亦自息。憲宗弗豫，禮部沿舊典，舉齋醮，先生言於禮部尚書周公洪範曰：「祈禱固臣子至情，第行於佛老宮，非禮。若爲壇於南郊隙地，大臣率屬禱於天三日，可。」乃不克用。弘治庚戌，土魯番貢獅子，先生商於司郎中，欲卻之，不從。遂袖藁以見於部侍郎周公經、尚書耿公裕，皆然之。司郎中怒，乃又婉曲與語，疏入得允，天下傳爲盛事。辛亥，陞祠祭司員外郎。乙卯，部尚書倪公岳因災異倡府部院疏弊政，用先生四事草：一懲邪慝，二禁給度，三停減齋醮，四議處宗室。言甚剴切。丙辰，陞郎中。他日，倪公默語先生曰：「朝廷必欲度僧，奈何？」先生曰：「當力爭之。」曰：「勢已成矣，難。」先生乃疏列千餘言，三上皆不報。僧道通中貴者，謀欲普度，（感）〔撼〕〔一〕以危語，先生不動。久之，命下度僧不多，而迯軍囚匠不與，時人皆喜其有回天之力。神樂觀道士多賭博或姦盜，教坊司或買良爲娼，錦衣衛校尉獲賊又誣娼，巧取其貲，漸以成風，先生皆疏題禁絕之。又奏准天下郡縣皆立名宦、鄉賢祠，爲後人式，並祠薛文

〔一〕「撼」，據萬曆李楨本改。

清公於鄉。而凡斥韓王徵鑾之道號，禁吉府土木之科擾，上皆嘉納，由此識其名。

丁巳，京城風霾踰旬，各處天鳴地震，先生陳修德弭災之道，大意納忠言，罷左道、齋醮、傳辦、傳奉諸事，上遂下詔求直言。先生又代部尚書及諸大臣條二十三事：一勤聖學，二接羣臣，三奮剛斷，四復早朝，五甦軍衛，六恤軍士，七清军匠，八重名器，九禁私討，十惜財用，十一崇儉德，十二減妄費，十三停踏勘，十四節供應，十五停齋醮，十六專巡邏，十七寬馬價，十八恤夫役，十九慎作工，二十謹服用，二十一疏淹禁，二十二開言路，二十三修武備。時太監李廣與壽寧侯表裏通惡，怨徹中外，人莫敢言。先生乃又獨上疏乞斬廣，泄神人憤，以弭災變。廣怒，令道士設醮，呪死術以舒恨，亦不驗，乃令校尉數伺先生出入。十二月朔，聖駕郊天看牲回，誣以駕後騎馬，下錦衣衛獄。先生被罪，從容有詩題獄壁，蓋充養有道、見危授命者如此。詩云：「成敗付天誰可覩，忠貞在我自須堅。」

戊午三月，謫知河南陜州。命下，怡然就道。比至，問民疾苦，興利祛害，惟恐後。州城高阜，井深二百尺，民難於水，乃勸富僧通唐人長子廣濟渠水入城，民皆踴躍。日受百狀，皆與別白，匹夫匹婦，得言其情，口訊手判，仍應他務，人以爲有劉穆之之風。沈姓兄弟因甕爭訟，則買甕遺之，兄弟感謝。屬邑靈寳有誣民殺夫有其妻者，邑吏鍛煉成獄，先生察得其情，並其妻皆出之。尚書許公進之姪犯法，亦治如律，許公稱爲真君子，謝其相信之深。雨雹傷禾，乃單騎遍勘村落，穿林入谷，晚宿民舍，自出米菜食之，里老亦自裹糗糧以從。每催征，嚴令禁酒，里老不敢求索。乃有勢豪謀利病窮民者，則痛治之，以戒眾。而又表賢者之閭，講程朱之學，毁僧尼寺以正風俗，拆泰山廟以給學田，於是士民翕然懷服，擬諸古循良吏。

己未冬，朝覲，南京科道官上疏言先生及布政周瑛等經術氣節，撫字鋤強，才行政績不凡，欲照天順四年例，賜衣服楮幣，宴於禮部，不果行。十月，李廣因先生奏，漸疎於上，懼誅，飲毒死。吏部員外郎張綵及鴻臚寺丞俞琳、編修劉瑞、御史張天衢皆上疏，乞窮李廣賣官鬻爵之罪，奬先生犯顔敢諫以慰人心。俞曰：「乞取回先生復原職，將李廣剖棺斷屍，以彰天討之公。」劉奏云：「學識純正，特立清介。」張奏云：「秉志貞忠，操行高潔。」閱月，乃陞陜西按察司僉事，奉勑提督學校。道過陜州，父老擁輿號泣，如别父母，自卯至巳，始獲出郭。至則教人先德行，後文藝，鋤刁惡，拔信善，崇正學，毁淫

祠，學政肅清，三秦風動，豪傑之士，莫不興起。先生教人讀書，自小學、近思録始，次及各經史，語學者以聖賢之道，曰：「立志以堅趨向之方，主敬以養清明之氣，讀書以究事物之理，慎行以致踐履之實。勿妄意高遠，惑於日用之常；勿過爲詭習，出乎人情之外。」故以五要肅士心，以九容飭士身，以十有一行正士教，以九戒敦士禮，立四科以待衆士，以二十一過禁士愆，立十政以收士。

辛酉，陞副使，奉敕整飭洮河、岷州邊備。州染夷俗，頗乖禮教法度，乃申孝弟，革宿弊。所按部，贓污官吏有望風而逋者。軍法嚴明，邊卒悅畏，西戎遠遁。其條疏八事，並禁約三十餘事，皆可常行。甲子考績，都御史楊先生用寧及御史季春交薦其賢。楊先生云：「志氣忠直，行履端方。」季云：「立志公直，學問優長。」乃復改提學關中，士子相賀曰：「王先生復來，後學得依歸矣。」於是士子益自策勵，甚至有駢肩接踵，嚮往於道，駸駸乎復周、漢之舊者矣。是時，尚書馬公文昇柄銓衡，因馬儀之事爲憾，有磨氣之説，先生聞而作神劍詩以曉之，詩云：「神劍愈磨鋒愈利，只因本體最精堅。若教正氣能磨得，孟子何須親浩然。」又云：「直道豈能隨世態，壯心不欲受人恩。」

正德丁卯，陞山東按察使。關防凜然，人不敢犯，雖同僚有事乖理法者，亦必曰：「慎勿使先生知！」且歎服曰：「王公非今按察也！」郡縣吏之賢否，博詢諸訟者，密記之，以行獎責，一時畏若神明。時劉瑾專横，因前官，陰使校尉至山東緝訪，亦無刺舉，事因以寢。八月，丁母夫人憂歸。明年，吏部尚書張綵欲起復先生，乃上書力止之。己巳，服闋，陞國子監祭酒。先生始被命，欲堅辭。友有遺書言執政者誦太祖「寰中士夫不爲君用者，當殺身滅家」語。於是先生父大司徒公曰：「吾老矣，汝置我何處死乎？」不得已，收拾平生詩文，付門生周朝著藏之，泣而就道。至無所餽，瑾怒，欲重以禍，竟不能得。時國學教廢，先生朝夕講説，約束太嚴，誹謗四出。值瑾苛政，人皆危之，先生不爲動，六舘士子卒感服。先生欲更六堂名曰「主敬」、「窮理」、「修身」、「修道」，教諸生讀小書以上達。瑾聞，怒曰：「王雲鳳亂成法，欲代邢讓死耶？」先生以道不行，怏怏求去，會瑾下獄，遂上疏乞致仕。時相有忌先生，乃改南京通政司右通政。先生復上疏陳乞，准回原籍養病。

壬申，御史楊邦禎、通政使丁鳳、都御史石先生邦秀交薦其賢。石云：「操履端方。」丁云：「嚴毅方正，可濟蹇難。」楊云：「才德優厚而執直不回，謀猷弘遠而見義罔疑，長於文學矣，又善於政事，精於刑名矣，又閑於韜略。」上命巡撫宣府地方，先生上疏以疾辭，不允。乃上楊太宰書，其略曰：「山中屢問忠讜之言，近者留王昂一疏，尤爲人所傳頌。不聞唐介初貶之時，潞公有此也，執事於是加人一等矣。然介雖貶，未幾而復其殿中侍御史。今王昂既不獲還之青瑣，則推薦超陞，在執事筆端焉耳。他日秉史筆者書此一行，豈不足以照耀千古哉！每恨李文達近稱賢相，然惡羅倫，淪落以死；擯斥岳正，坎坷終身；極貧之陸布政，反不得超擢。今文達之富貴安在哉？一時快意，可略也；前輩影様之多，後人是非之公，可畏也。一人私情，可略也；天下指視之嚴，史氏紀載之實，可畏也。一身極榮極富極貴，可略也；每日光陰之易去，過者不可復補，百年歲月之無多，來者未必可追，可畏也。且用舍之間，士風所係，扶持正人，則善類慶而士風以振；進獎邪人，則善類沮而士風以頹。惟雲鳳於執事可以此言進，故不復忌諱。況今兩耳皆聾，調治不瘥，只當耕田納税，爲畎畝之閑民，養親讀書，忘歲月之不我，豈有夢寐更著冠束帶耶？伏望周旋其間，以必得遁藏爲幸，縱猿鹿於林莽之外，投魚蝦於瀦洄之中，某未死之年，皆執事之賜也。」

稿傳京師，人爭録誦。先生再欲辭避，尚書迫之行，不獲已。奉勑之鎮，豪猾久攬糧草者，聞風遁跡，至以便宜從事。將官犯法，依律重輕，罰米至萬餘石，用足軍食。先生號令嚴明，法度整肅，自參將以下，頤指氣使，莫或敢喘息。練習軍士，率有紀律，日戒諭防衛，如賊在目前，虜畏不敢輕入。北門鎖鑰，時論歸之。兩閲月，丁父尚書公喪歸。將士遮道感泣，有餽以香帛者，不受。乙亥二月，服闋。八月，除職如故，清理浙江鹽法。先生上疏乞致仕，其略曰：「自聞父喪，號泣過多，正犯前病。日每自思，恐一旦身先朝露，上不能承父祖之餘業，下不能爲子孫之後計，愈思愈憂，愈憂愈病，精神減耗，遂至兩耳皆聾，不聞人聲。然耳聾之疾，深藏於内，針砭之所不及，參术之所不攻，雖遇明醫，束手無策。」蓋以疾喻朝政也。

疏入不允，且促使供職。先生復上疏，推讓賢能，懇乞致仕。上不允，准養病，病痊（超）〔起〕〔二〕用。先生曰：「吾志遂矣。」

先生生而神氣清徹，舉止端重，異羣兒。年十一歲，與鄉人立，適妓女過之，拜而不答。同舍生或借其扇，潛與妓女赴人宴，先生知之，後以扇還，擲之地下，同舍生慚，取他扇償之。少年趨向之正，即異流俗中，類若此。長益刻苦自勵，穎悟出羣，六經百家言，一誦輒不忘，文章頃刻立就。二十登進士，相識以花紅迎賀，卻之曰：「烏用是炫耀爲哉！」衆歎其不可及。觀戶部山東司政，時廣東陳白沙、陝西薛先生顯思負重名，及門者尊之若程朱。先生聞其言論評之，人以爲允。先生負經濟之學，以堯舜君民爲心，天下想見風采，累辭不出，人以道未大行爲恨。

先生天資豪邁，狀貌魁異，知識卓越，器度宏遠，博學力行，以聖賢爲標的。居無惰容，自少至老如一日。常曰：「一息不敬，便與天道不相似。」理明義精，視國家生民利害，若切於身。遇事敢爲，機動矢發，無留礙。一有弛張，上下嚮應，雖權力弗能齟齬。臨死生禍福之際有定見，不苟趨避。守官清介，人不敢干以私。歷任三十年，治行可采，旌擢之典，獨後於人，時論稱屈，恬不動念。拜官力辭，再三乃已，一不得志，即奉身而退，人以進退合義爲稱。尤篤孝友，執親喪，勺水三日不入口，臥苫枕塊，哀毀骨立，妻妾不同寢處。有父在，一衣不私製，一錢不私蓄，人以爲難。自負獎拔善類，終始不渝；疾惡甚嚴，不少假貸。家居屢空，茹蔬衣敝，澹然自樂。門庭內外斬斬，五尺童子，非稟白招呼不敢入。

宜人李氏貞順莊謹，先生相敬如賓。邑宰有貪酷者，不時戒諭。里人困苦，恒注意區處之。或誣罪至死，力爲白於官，得出。後學執經問難，語諄諄忘倦。與人接，貌莊氣和，言與心孚，可畏而親。談當世綱紀不振，則感慨泣下；言及姦臣貪官，怒氣勃然，鬚髮亦奮，有擊搏之狀。憂國之誠，老而彌篤。或杖竹於門，跨驢於野，不改布衣時。行旅農夫見者歎息，有曰：「此人入朝，天下有福。」然不理於讒佞之口，乃信於愚樸之民，天理在人心，有不可得而泯滅者如此。於書無所不

〔二〕「起」，據萬曆李楨本改。

讀，尤邃於性理之學。書法真草隸篆，自成一家，端勁如其爲人，四方人多求之。文有氣力，不假雕刻模倣，而出入古格，滔滔不竭，詩賦亦清奇古雅。所著書有小學章句、博趣齋稿、讀四書私記若干卷。先生爲學守敬義，事君秉忠誠，功業樹中外，聲名滿朝野，道德、文章、政事皆可擬之古人云。

先生諱雲鳳，字應韶，居山西和順之虎谷，因號焉。父諱佐，南京戶部尚書。母馬氏，誥封淑人，感奇夢生先生於成化乙酉七月二十五日戌時，卒於正德十二年七月二十二日亥時。配李氏，誥封安人。女四：一適同邑監生周孟霄男周約，一嫁榆次人都御史寇天敘男寇陽，一嫁太原人陝西僉事閻鐸男閻徵甫，一幼。銘曰：

嗚呼！虎谷先生。志欲行於天下而位未會，當非時耶？然亦少有試矣。由今言之，又不可謂不遇也。嗚呼！虎谷先生。

涇野先生文集卷之二十五

墓誌銘

誥贈禮部郎中東樓劉公暨配封太宜人翁氏墓誌銘

誥贈奉政大夫禮部郎中東樓先生者，諱槩，字學賢，福建莆田之金橋人。廣東提學僉事、祀爲鄉賢諱武者之曾孫，江西新昌儒學訓導諱淵者之子，今山東參議前吏部考功郎中紹功勳之父也。先生生而蚤悟，綽有逸氣，嘗受蔡氏尚書於國録翁先生端，即暢大旨。天性篤孝，事父新昌暨母鄭氏，日致懽愉。新昌雅耽賓客，釃酒買鮮，先意與辦，至當缺匱，陰行自貸。新昌俸入無幾，晚獲一氊，先生即推與弟。素慕郭元振、范堯夫之爲人，貲貨出入，脫然無繫。道遇乞兒，或解衣以覆。其與人交，洞示肺腑，蔑有盖藏。

嘗遊業江、廣，所至人樂從遊。在瓊州時，里有黄誰者，旅邸相依，黄病疫棘，日與候事，人曰：「子萬里人也，盍自愛諸？」先生曰：「槩固念夫萬里之靡依者耳。」黄歿，又與營其後事。尋先生果亦染疫，瀕死而甦，亦無悔言。嘗貸人金，既償矣，其人復來責，先生識其(債)[償][一]日甚的也，其人欲誓以自文，先生遽掩其口曰：「吾忘之忘之。」亟別貸金以再償。與庠生陳應奎友善，久而益親。疾，日往視。瀕革，握手與訣，哭盡哀，朔望過門，必入揖其靈。他日遂聘其女以爲紹

[一]「償」，據萬曆李楨本改。

功妻，今封安人者也。及紹功既貴，則遺書令自檢押，謙恭清慎，克去急迫，無速官謗，以光前德。筮仕刑部，凡奏讞平反，退必歷問，數稱韓億訓子之事以示警。及紹功改吏部，則又丁寧語之曰：「考功之予奪人，猶刑部之生殺人也。其滋特慎，秉公無私，以負君相簡知。」及受封考功主事，入謝闕庭，風神俊雅，縉紳榮羡，蓋先生所不見之志，乃於紹功而紓矣。

所配封太宜人翁氏者，天性慈惠，孝敬玄成。早通孝經、列女傳，舉動有則，跬步不失尺寸，至見一蟻不忍踐傷。既歸先生，克順克承，盥饋有乏，輒棄首被珮環以給，務使專業，不遺內顧憂。紹功生而垂齠，內訓尤篤，或見嬉戲，必加褫責。數稱寇母引鎚擿足，及翁、劉二氏先範以作其勤。及紹功既仕，聞覆一獄，輒驚汗廢食。或見臺皂衣食苦惡，輒與惠恤。諸孫男女衣或補納，食或粗糲，則曰：「正不可慆，安忘儉耳！」門內常不聞人聲，紉箴績製，躬率厥下，而寬和肅穆，以爲陳安人先。紹功欲笞一僕，則曰：「此亦人子也，有過諭之，徐當可使耳。」紹功嘗納側室，則謂陳安人曰：「此亦人女也，當以吾女畜之耳。」紹功每有交遊，必察聽其言論，以示邪正，使知所趨避，後皆妙中。有飛謗者，則曰：「處要者叢忌，受大者藏汙，不辯自明。」後謗果息。紹功嘗同羣臣以議禮獲罪，杖於廷，創幾斃。太宜人不加憂，惟曰：「此臣子分耳。」及歷轉稽勳、驗封、考功，亦不加喜，曰：「任重投艱，兒惟勉以自副耳。」在考功，持議不合，又教紹功避位改南祠祭郎中，所受封及東樓先生之贈官，皆以是也。他日，嘗歸莆，微時妯娌肆淩傲者多愧恧，太宜人絕不爲意，且加善遇。及舅姑繼逝，盡發己藏以爲斂具，或言縑帛已美，曰：「是何愛於舅姑？」蓋自曾祖以下及諸伯叔十喪，皆完其葬，以成先生遺命、紹功之志。於是家人內外，雖親戚子弟，皆仰太宜人如慈母，鄉大夫士宦遊兩京者，率傳其事，以爲家訓云。夫紹功起家甲戌進士，歷官清要，銓衡人物，無所虧蔽，而直躬秉明，遜於不耀，士林推重，稱臺輔器，抑豈知其皆東樓先生及太宜人之道哉！

初，先生本光州固始人，唐天寶間有諱韶者，仕爲泉州別駕，其子友占籍于莆。傳十七世諱政者，于宋仕爲國子祭酒、禮部尚書，乃與著作公夙、秘書公朔三從兄弟共倡莆踐履之學。至二十四世院判公諱應龍贅居奉谷里蚶山莆頭，其後屢遷里之黃岡鰲山。至明興，宣德中，提學公起家庚戌進士，始析居金橋，生子鏞，壽官。壽官是生新昌。則先生之道所源流者，亦甚遠乎！翁太宜人亦名族，蓋宋侍郎待制莊公夏之後，中世鰲遷襲翁林，自曾祖福、祖述、父端，皆三世教授郡縣及

國學者也。然則紹功之有今日，豈偶然哉！

女三，黄應奎、張達、吴文者，其婿也。孫男三：長塤，紹功所配陳安人出，娶鄭參議光琬女；次泰，梁出。孫女一，字廣東左布政使方公良節之孫攸躋。曾孫女一。

紹功將於某年月日奉太宜人合葬某山之原，是宜有銘。銘曰：

章乎其來，岑乎其久，有道不言，無命不守。身是困窮，乃開爾後，秉直不那，力辭銓部。所求既獲，於爾何負！足休前聞，百代勿朽。我銘貞石，日月爾佑。

江浦知縣耿君德華墓誌銘

燕人張詩嘗從予遊，近訪予至南都柳樹灣，予既以詩送觀三山采石還矣。詩至江浦，爲其友江浦尹耿君德華所留欵。未幾，德華病卒，詩痛哭爲之狀，付德華之子學生鈞請墓銘，曰：「德華與詩交深，兹狀皆實録不詭。惟先生銘以垂後，曠代之幸也。」予受狀而歎曰：「去冬過江浦，曾一遇德華，德華送予至江邊，一無所言，惟云：『聞張子言，南來必訪先生。』豈期今尚未洽年，而詩乃請銘德華耶！」

按狀：德華姓耿氏，諱瑤，字德華，别號熊山，系出鉅鹿宋子後，徙鉅鹿。金初，始祖昉帥平定軍，遂爲平定人。曾祖綱，洪武丙子舉人，教諭河南盧氏，遂今爲盧氏人。祖諱九疇，永樂甲辰進士，累官資德大夫、正治上卿、南京刑部尚書，謚清惠。父諱禕，清惠公第三子也，以父蔭後軍都督府經歷。前母王氏，贈安人。母王氏，封宜人。仲父諱裕，景泰甲戌進士，吏部尚書，謚文恪。經府生二子：長即德華，其弟璋也。

德華舉正德癸酉鄉試。嘉靖丙戌，授江浦知縣。爲人質實純雅，寡言笑，性喜誦書，不問他務，每讀宋韓、范諸名臣傳，竊喜慕嚮往焉。居鄉行輩最尊，然與鄉人旅遊燕飲，怡怡如也，鄉人無小大咸欣慕之。及宦江浦，水旱頻仍，百姓數逃匿

去，糧額不辦，乃申請巡按，以無礙官銀二千兩，代逃民以完征，民賴以安業。值備用馬價例且至千金，民雖貧乏，皆不刑而爭輸。舊有庫人邵、趙二子者，以前官偽換庫物，致充戍屈監三年矣；布政吳泰子欽負錢谷至千金，監之六年，然實亦非欽之罪也，俱力爲辯出之。他日，千戶陳妻殺婢致犯囚，故舊以七百金來賂，德華正色待之，故舊卒不敢言。於是童子皆以「耿青天，不要錢」爲謠云，且將鳩財爲立生祠，而德華卒矣，凡江浦老稺哭泣如喪考妣云。

嗟乎！德華之在江浦，其政一至此乎！昔清惠公嘗遊川上，童兒云：「此水雖清，猶不如公。」而文恪經府又皆以靖共繼之，至德華則又世濟其清，益光前修，不亦休哉！然則德華之所源流者遠矣！德華之學該博，爲文亦純雅，所著有熊山漫稿、耿氏家乘。

配張氏，陝州太僕少卿九功之女也。子三：曰鈞，娶山東左布政使沔池戴珙子銑之女；銘娶同縣郭介之女；鑾娶嘉定主簿渾源王天祐之女。女二：長許靈寶許紀之子傑，次許雲南右布政靈寶楊惟康子。

德華生成化壬寅五月十三日，卒嘉靖戊子七月十日，距其生纔四十有七年。葬在嘉靖八年月日，金谷阤之原先塋之次。銘曰：

來萋萋，學旅旅，行高緱山，政明江浦。既顯嚴君，亦繩祖武，將其來者，子孫膴膴。我銘茲石，百代是覩。

明詔錫監察御史怡軒李君墓誌銘

予之改官南曹也，居柳樹灣，東平李子文芝以監察御史亦謫改南京前府都事，獲與比隣。每相從杯酌，參軍必言求省父母未獲也。方議進表北上，取道過家，而怡軒之訃至矣。參軍慟哭曰：「芝以祿仕，不能見吾父耶！」乃托其友戶部副郎周宗道以狀問誌銘。

宗道曰：「怡軒君身雖未登仕籍，然其道可方古人。受性侃直，挺邁流俗，亦復慈惠喜施，與物無競。當成化甲辰間，

歲大凶，家有積粟，父命出糶安平鎮中。他糶者皆貶升削斗以圖贏羨，君槩無二量，親疎遠邇，壹任時估，於是飢餓填門，酧對無手，鎮中咸藉以生。其父喜曰：『昂也，積而能散，以義爲利，吾願畢矣。』自是惟所欲爲，無不當意。友愛弟昱及冒，不問爾我，飲食起居，必思與俱，一有他往，怏然如失，返而後悅。父歿時，冒弟方六齡，保恤周至。比年十一二，頗倜儻踰矩，則又訓戒嚴切，時加譴責，慮有縱逸，母或姑息，墮淚則跪謝曰：『人不謹始，安能有終？壯長敗德，弱幼失教。』母亦慰諾。後冒奉訓雅馴，卒爲善士，而君友愛如孺稺。州中逆徒二三成獄，當轉審憲司，人畏其凶，莫敢領解。社長坐昱以往，因欲嫁害。君挺身代弟，終亦無虞。蓋君平日篤塤篪之好，有事急脊令之難，故自號曰怡軒，取孔子所謂『怡怡如也』。他日，里有求財于妻家者，其妻之父已歿也，君解之曰：『財與妻之父，孰重輕？故舅在，當致敬。舅歿，當致哀。如之何墳土未乾而言利也？』其人慚沮謝云。則君於其兄弟可知矣。」

嗟夫！自趙孝兄弟爭赴賊難，而李士謙賑施鄉里，揚聲漢、魏，其風久寢，流俗轉薄，乃今於怡軒君再見之耶！君諱昂，字升之，自曾祖某，祖某，父某以來，世居安平鎮。嘉靖甲申七月，今上推恩，詔兩京官父母見存者，俱如子官封。時參軍方爲試御史州大夫，以御史官服加君。未幾，參軍丁繼母憂歸，服闋，遭謫，未能請敕軸矣。君生景泰丙子正月六日，卒嘉靖己丑九月六日，壽七十有四歲。配張氏，壽張名族，性聰慧解事，嘗隨父官南都，父或受上官窘辱，恚忿廢食，張時年十四，斂衽再拜曰：「人能勤慎，公事自舉。」父是其言，後罔不臧。既歸於君，勤儉孝敬，內外咸稱。姑性甚嚴，獨得歡心。至撫參軍教，自能言食始，故參軍德器才節迥出常流也。正德丙子二月十三日爲卒之年，距生景泰己亥二月二十二日，壽六十有三歲。繼配某氏，亦先君卒，無出。子男一，即參軍，登癸未進士，娶劉氏。孫男一，應麟。孫女三，長字趙監生之子某，餘將成立。

張先葬於張秋河東之原，茲參軍於某年月日卜兆改遷，合葬於某山之原，宜有銘。銘曰：

天道不遠，顯微合成，好人惟厚，薄夫取殃。有敦怡軒，率性京京，爰篤于友，亦睦于鄉。財則思施，教則思行，宜爾淑嗣，豸繡振聲。厥直不劌，有此參軍，邇道不遏，千祀流芳。銘此貞石，晏晏永臧。

明贈禮部主客司主事鈍樸軒曾君墓誌銘

曾君諱德，字伯崇，姓曾氏，號鈍樸軒，江西吉水縣人也。生天順辛巳正月五日，年六十九矣，乃嘉靖己丑五月十九日卒於家。其子主客君存仁號哭奔喪，舟過江東門，托其友兵科何德徵問誌銘，而以編修歐陽崇一狀來。按狀：

君生有異質，敦龐雅重，度越流俗。善事其父紹菴公及母某氏，不違意命。紹菴公學未得志，遁身畎畝，君祗服耕稼，克敏作勞，兼業商賈，洗腆以養。繼母郭氏既歿，殯斂棺葬，悉從隆厚，務於誠信，鄉人以爲難。諸叔或有私蓄，日自侈費，後其子女婚嫁無所於資，君極力與辦，鴈幣裝奩，咸無不稱，足得紹菴公悅。及弟行偶有田訟，君卽割己地界使相易，釋其鬩墻。則君篤于孝友者，皆非文矣。他日，父祖既逝，兄弟離居，諸子弱幼，而漢陽、荆門之商貲，率爲人所貸，歲遭水旱，民多飢餒，無所射取，乃卽捐左券，徒手東歸，業遂凋落，間鬻產實，給資朝夕，處之晏如也。及主客以言事貶謫，已而復官，君始既不戚，後亦無喜，惟曰：「禍福有命，守正惟經。」故雖受恩封官，不改布衣之舊，則於其他小利害可知矣。

初，君之王父梅隱公以貲充萬石長，每有催科，上不免於敲朴，下不免於怨謗。君佐以平恕，代受辛楚，一無恚忿。當是時，年方弱冠，已能孝讓如此，況其後乎！君雖比方漢孝弟力田江革、王烈輩不可邪！君先世本南豐人，後遷泰和，五世始遷吉水。吉水之始祖爲申伯，申伯生省堂，省堂生竹隱，竹隱生恕，恕生禮元，禮元乃生梅隱，美豐儀，好問學，蚤涉艱危，備嘗世味，宗族鄉黨皆稱謙厚。生子五人，和敬蓋里，同爨三世，有古張公藝百忍之風。而君以冢孫承順乎上下，閑家悔亡，則君所淵源者遠哉！

君配周氏，封安人，生丈夫子三人：長卽主客，次侃，次傅。女子子一人，適同里人周某。孫男一人，某。孫女二人，長字周進士文規之次子某。

主客卜嘉靖某年月日葬於某山之原。是宜有銘。銘曰：

亶如其來，如質如樸，如醇如約如友。則棄產商，則棄槖愛。子惟道不惟以爵，欣戚不形，奚問榮落？我相厥成，先明攸若，將其方來，于閑于廓。懿厥主客，侯雅侯博，堅持不渝，揚君如作。銘兹貞石，百世無怍。

皇明湖廣按察司僉事漆厓左君墓誌銘

漆厓先生左君者，今南京戶部主事長臣思忠之父也。一日雨甚，長臣過柳樹灣言：「公病，忠因以感疾，欲上疏乞歸以省君。」予言：「君疾必不甚。六七年間，嘗兩會君於予東林别業，採菊烹葵歡甚，見體幹碩健，議論慷慨，當其時，氣可塞天地，志可均邦国也。今未幾，雖疾必不甚。」沮長臣，長臣弗是也。明日而疏即上，踰月命下移勘，長臣束裝且行，而訃至矣。予於是歎長臣近噬指馳歸之孝，而有義方詩禮之慈矣。長臣奔喪，以銘托我。嗚呼！予忍能銘哉！

公諱經，字載道，先世長安人。遠祖諱繼先者，徙居耀州之漆厓。至公遂號漆厓，人稱漆厓先生云。當弘治壬子，年纔二十餘，即領陝西鄉薦。己未，登進士，出授永年知縣。壬戌，調太康。乙丑，丁繼母憂。服闋，改補屯留，後忤權宦劉瑾，謫武進教諭。瑾敗，起知汶上縣。

夫永年，畿輔之劇邑，多豪右家宦寺里，不可易戢，而種馬之弊，尤苦於民。太康民多貧窶，婚姻無經，雖河田亦荒。屯留地雖僻而異時征斂數倍，虐及無告。其在汶上時，又當流賊猖獗，嘗數百萬圍城至旬月。此其難，雖多材力者皆撓矣。乃公所至，皆能釐而拯之，袪一方宿害而民咸安。於是太康之民喜如永年也，屯留之民喜如太康也，汶上之民脫焚掠之禍，解兵刃之慘，死而更生，喜又甚於三邑也。空同李子曰：「左君爲政，上之人雖或弗悅，然忠信明察，庭無留訟，奏績考上，上士之好古者，觀左君可自慶已。」蓋語其實能躬行也。

自汶上稍遷順天推官，尋轉大理右寺副。時廠衛、校尉多以贋功射官，執近京齊民，誣妖言姦宄以计功，人畏如狼虎，莫敢與辯，輒成獄。公奮然曰：「此等破人家、傷國體，我輩尚可顧官邪？」雖獄成，率平反甚眾。今少師邃菴楊公時爲

冢宰，聞而韙之曰：「左載道真廷評也！」未幾，陞山西僉事，兩月，丁父封君憂去。服闋，爲正德十五年，遂改湖廣僉事矣。僉事未久，又以直道數與時不合，乃歎曰：「昔吾筮仕永年，即與守不合，乃周流縣邑幾十五六年。今官已至方面，尚復如是，將予之過邪？抑道之過邪？且予與其從容悅於世也，孰與我退以守吾之貞邪！夫道不行而厚祿，君子之所恥也；宦成而不歸，弗知止也。吾其已夫！」明年，遂乞致仕，浩然歸漆厓而不疑也。於是谿田馬子聞之曰：「左漆厓剛毅易直，可以大授，乃今遽已，惜也！」今年六月，天子上兩宮徽號，詔文臣五品以上以禮致仕者得進階一級，而遂以四品服色終矣。

初，幼即有高志，鯁介不與媕婀者羣。垂齠讀書，聲聞隣里。八歲時遭祖父喪，即不茹葷。及丁母韋安人憂，勺水不入口者三日，七日而骨立，見者憐而歎之。他日，嘗謁王太師端毅公，即稱賞曰：「此偉器，顧遇不遇耳！」然則公自弁髦諸生時即頭角嶄然，而端毅公已瞰至今矣，又何必崇階峻級然後爲遇哉！性強敏，博極羣書，綜覈古今，爲文樸厚雄深，千言立就，所著有文集二卷，餘稡藁一卷，皆其志之所在也。而長臣又能克纘家［聲］〔二〕，博大宏遠，當其所抱，雖近代賢不肯讓，就其志，必大發左氏之幽而光之，至於無窮，則又何爲不遇哉！

曾祖諱仕謙，配張氏。祖諱春，配洪氏。考諱進，以貴贈大理寺副，配韋氏，繼配楊氏，皆贈安人。蓋三世皆不仕，至公而始顯也。韋安人生公及弟綸。公配宋氏，同郡處士某之女，封安人，生二子：長即長臣，已舉進士科，娶長安王參政納誨女，卒，繼娶府同知蒲城忽忠女；次思敬，舉人，娶富平趙珪女。思恭則弟之子，皆公平日愛如己出，身所教育者也，今亦舉人。女子一，嫁爲富平劉木妻。孫男一：頤。孫女三：閿瓚字刑部劉郎中子光大，餘幼，皆長臣出；蔚瓚字劉舉人之子芝，思敬出。

公生於成化四年六月癸巳，卒嘉靖七年十月辛亥，享年六十有一歲。

〔二〕「聲」，據萬曆李楨本補。

長臣將卜以八年正月某日葬于唐原之祖塋，其詳見都憲張公狀。銘曰：

來滇滇，行粥粥，（坎）〔宰〕〔一〕茲四縣，士女之穀。侯毅侯忠，侯開侯樸，學究毛萇，政媲魯卓。亦既憲臺，道是伸縮，常服策笏，土門窮谷。聲琅琅，山磐玉，遺此後昆，邦之璋琡。玄竁馮馮，漆厓之曲。

皇明亞中大夫四川布政司左參政硯莊先生葉公墓誌銘

予讀漢循吏龔遂、黄霸傳，未嘗不痛想其風於來世。今觀汪太僕所狀參政葉公守東昌事，將無同乎？

東昌劇郡，管州三、縣十有六，路衝南北，旱澇屢災，科征頻仍，至難理也。公曰：「守爲民而設，民以食爲本。」乃先舉常平法，豐斂凶散，儲粟數萬。次立團甲法，十戶爲團，團有長，凡丁業出入，皆有籍稽。次立三役均派法，上役重者移中役，中役重者移下役，下役輕者移中役，優役濫者還本役。乃辛、壬之間，齊魯歲歉，聊、博尤甚，趨城飢人，日至數千。公命吏籍記，如宋富鄭公救青州法，分處道菴、僧刹及隙館空宇，先出俸金易粟，復勸富室捐粟，乃並發所儲常平粟，尪瘠者與粥，能動履者與糧，不能耕者與牛，不能種者與穀，未流移而飢者亦量與賑，凡活人至二萬。莊平土人屬鄉，遷民屬屯，屯初任意墾田，盡畝報糧，後地狹糧重，棄地轉徙，或貪售地以存糧，遂至貧者有糧無田，富者有田無糧。公請行魚鱗圖以量田，得實地萬有一千餘頃，命凡田有糧，凡糧有田，冊藏於官，帖給於民，其沙鹻惡地，聽民自理。於是歸業者千餘戶，歲亦大熟，累年逋稅，不督皆完。

郡北有減水閘，蓋洩聊、堂、莘三邑流潦入運河者也。歲久閘圮，淫雨漫漶，廣沒民田。公請以椿草折銀復建之，害由是息。郡有二衛，衛官頗縱，公白當道，劾罷渠魁，兼懲悍卒，衛始帖服，不敢侵民。獄中繫三死罪，情實可疑，力請開釋，守

〔一〕「宰」，據萬曆李楨本改。

巡意乖，公曰：「冤婦致旱，況茲三囚？殺人媚人，球豈敢爲！」卒與平反。公每鞫重罪，通宵不寐，嘗讀歐陽公瀧岡阡表，感所書求生事，揭之座右以自警惕。故庭無(眾)[聚]〔一〕牒，獄無冤囚，隣境雖有他盜，亦皆竄息不生。

浙運過郡，官卒閉閘，留滯數日，公命閘吏啓行，官卒遂閧捶吏幾死。公收官卒，痛樸遣去。尋督漕運俞公怒而詰公曰：「知府而責運卒邪？」公曰：「知府止治擾吾土者耳。」頃，俞公進掌內臺，授巡按孫御史意，奏調簡登州，賴太宰喬公素知其賢，得已。蓋公篤志斯民，雖勢不避，則於其民生養安息，將無不至，古所謂民之父母者乎！乃又撤淫祠，葺儒學，誨生徒，正婚喪，表鄉賢，獎孝士，明列女，風厲化導，不啻一養而已。將孔子語冉有以庶富教者，公亦庶幾乎！故巡撫王公上其績於朝曰：「學不泥古，政事適變通之宜；(財)[才]〔二〕足經野，賦稅得損益之善。流離復業而戶口漸增，征派先完而宿逋亦辦。循良之體不失，卓異之績顯然。」云。

初，公舉甲戌進士，授戶部主事，即差監太倉。時內宦憑勢橫虐，縱卒侵漁，或毆捶運官。公縛卒寘法，以理折服，而又革姦袪弊，糧運稱明。其督運宣府，雖北地祁寒，毅然不辭，收納平允，耗無增多，比至交盤，羨亦不減。乃又明懸戒約理喻，斷絕中貴綱絲，遂使常盈諸倉逋負十萬民咸歡輸。比竣事還部，中貴感別。其用柴草場之直，以葺埠岸，革壩上諸馬房之包攬以杜失火，利害禍福，尤不怵[心]〔三〕。他日，武廟北狩，車騎數萬，芻糧告乏，公即馳至部中，畫招商之策，部尚書石公慨然從許。而公又拒權勢之請，絕冒中之人，民商樂輸，供億不缺。一日，榆河百騎突來，蓋即駕也，公伏謁道旁。時武廟方厭接文臣，遣騎來詰，眾皆危懼，而公不失措。騎回奏曰：「乃管倉主事，即昨疏請回鑾，並劾太監郭某，而軍中所稱糧芻平者也。」上頷之，釋不問。未幾，郭宦卒以貪敗。比公還部，部尚書楊公深知公賢，凡各司郎中或缺，命公攝印，而公

〔一〕「聚」，據萬曆李楨本改。
〔二〕「才」，據萬曆李楨本改。
〔三〕「心」，據萬曆李楨本補。

亦誠直自將，事有不可，抗論必至。有勢豪中鹽奏下，公執不可，藁三呈堂。及武廟南狩，凡部中事，擬議參決，必宜於行。則東昌之政，此其已久試矣。

初，公生而警敏，讀書輒成誦。年十一，從其父封君遊姑蘇，端居旅肆，終日誦讀，見者驚異。封君所至，多交文人才士，作爲聲詩，公竊學之，輒有可觀。年十七，受禮記於仲兄太守孟齋。二十，提學陳公琳選爲縣學生。二十七，援輸粟例入胄監，祭酒藁城石公、司業竟陵魯公皆奇其材。又八年，果舉進士。公受性孝友，其事封君及母游孺人，咸得其懽心，於其重義輕財，尤先意承之。封君逮疾，憂形於色，躬調湯藥，衣不解帶。既喪，哀毁過禮。其從孟齋於寧州也，率與其邦之賢士大夫遊，有聞與告，有私與絕，則曰：「吾兄爲清白吏足矣。」伯兄査世，子倓有童心，而季弟庠生天榮又老於學，公儆戒慰勉，無所不至。季父靜軒素器重公，公亦感其知愛，於其壽也，請榮以散官。其處羣從子弟，又盡言規正，不使有差。雖姻族鄉黨，亦皆曲有恩意。嘗壞積券曰：「居官不能仁鄉里，乃以是自累耶！」至於直諒處友朋，接引後學，尤所不倦。然則東昌之政，豈無所本哉！

公諱天球，字良器，姓葉氏，號礪齋，一號硯莊，徽州婺源人也。先，葉本姬姓，聃季爲司空，食采于沈，後爲沈氏。沈諸梁子高爲葉公，後又爲葉氏。葉公之後，六族居南陽者莫考。建安初，子孫渡江居丹陽，散處江南者，大中大夫望始也。望之後，五傳居歙之新安者，承直郎林秀始也。林秀之後，由中平遷今外莊環溪者，細三公夢志始也。夢志生友，友生亮，亮生炳，炳生朝宗，朝宗生玄杏。玄杏則公之曾祖，敦本力善，氣行卓瑩，貲雄於鄉，嘗掌區賦，領綱運，行輩推焉。玄杏生觀武，宅心寬厚，人稱「長者」。觀武生兆允，配游氏，是生公兄弟四人者也。初，以子天琪貴，封文林郎崇仁縣知縣，子孫稱崇仁君。後又以公貴，贈中憲大夫東昌府知府，博覽惇行，孝弟信讓。游封孺人，贈恭人，媲德於崇仁君。然則公之源流於先世者遠矣！宜其東昌之政卓絕一時乎！夫龔遂爲司農，黄霸入爲丞相，公雖以河南右參政管府事，嘉靖丁亥二月，陞四川左參政，行至鎮江，乃七月十四日卒，享年止四十有八。使天假年，龔、黄位不難到也。

配汪氏，玉山縣丞禮軒汪公厚女，封安人，加封恭人。子男份原學也，嘉靖癸未進士，授南京戶部河南清吏司主事，娶

詹氏，蓋能纘公之志而益光大之者也。女信圭、鎮圭、福圭，俱蚤夭。孫男懋之，孫女茂蘭、茂蓀。

公所著有上谷藁、淮南藁、硯莊雜藁、荏山行藁數十卷，藏於家。

原學將以某年月日葬公於某山之原，問銘。銘曰：

猗嗟硯莊，視履孔臧，行發婺源，政在東昌。爲時惇哲，並漢循良，年四十八，古昔先民。厥實亶厚，其聲允長。公之言曰：「古學尚行，今也辭章。尚行相孚，辭則行涼。」凡厥有行，無忝所生，肆其事業，陋彼尋常。設施條列，咸可法程，言詩撰文，雅稱先生。寓書原學，邁跡官箴，我銘斯石，千載爲章。

明中奉大夫江西布政司右參政項公墓誌銘

公諱經，字誠之，姓項氏，別號怡菴，前兵部尚書襄毅公之子，今刑部主事錫之父，浙江嘉興人也。其先本洛陽人，九世祖洪度者，當宋室亂，避地籍嘉興云。公生有奇質，哲靈異常，風度爾雅，美鬚長大。既登成化丁未進士，授南京福建道御史，即肅承皇命，簡勘內藏，稽録羨貲，杜滅侵墨。尋視南城，坊廂靜謐，夜無聚飲。既按江表，民亦輯和，其有所論列，皆關切事實，不詭於治。未嘗務皎皎名，人率不知。居七年，陞知太平。太平，南服肱郡，然民多貧餒，乃躬自撫循，在其疾苦，曲爲之處，民籍以生，流離歸者，殆以萬計。聲動憲臣，交辟於朝，乃遭襄毅公喪，未究厥施以去，民遮道留車，至不能行。服闋，改知臨江。境接袁、筠，土寇剽悍，時肆出沒，民罔帖席，前守慮變，噤弗敢發。公勃然慨惻，興師聲討，立捕酋豪百有八十人，郡境咸戢，蠶月農時，外戶不閉。他日歲凶，石米千錢，有司欲請當路以賑，公曰：「民飢如此，請而後賑，含口待斃。先賑活人，請亦未晚爾。」乃發長府之金，建和糴之法，民因存活不可數計。有監司督賦方棘，公諍之曰：「化理之要，民命爲重。民餒且斃，以杖追征，是謂束羊加石沉之淵井，豈爲民父母之道？死不敢從！」監司恚去。尋歲大熟，賦亦先登，上下胥悅。

是時，宦瑾肆姦，權擅中外，吏率行賄，始獲安職，公弗爲動。移知汀州，在汀朞月，廢政畢舉。然瑾怒未已，檄公致仕，猶矯詔縛公弟千戶綬編戍遼陽。公之去汀及臨江也，耄倪攀留，亦如太平。及瑾既誅，諸賄皆敗，而公抗直之聲大鳴於時，臺諫辟公材可大用，公曰：「吾今斯休矣！豈能以五十餘年吏數千里外，俯仰於人，作強壯態哉！」乃身嗜林皋，自號怡菴，具疏請老，武廟賜允，授江西右參政致仕。又十年壬午，聖上登極。又七年，大禮書成，推恩天下，兩進階至中奉大夫云。

初，公之事襄毅公及母夫人鮑氏也，極致孝敬。襄毅公方遭讒屏居，公亦夙夜祗畏，懼貽厥憂。爲御史時，念違親側，而弟綬適以指揮蘇州衛事，即令綬奏署嘉興，因以依親，猶己身事云。及先後遭喪，執禮寧戚，未嘗隨俗。其撫愛異母幼弟，比與綬等，若有先遺，盡以分付，不少私存。至於立庭發訓，必稱祖武，辟諸樹稼，諸子若姓，亦皆循循修隱，不敢越螯，婚喪請謁，祗遵厥成。夫公於其家者如此，宜其設施進退，弗枉於官也。公自九世祖洪度生儀甫，儀甫生伯通，伯通生達卿，達卿生永厚，永厚生邦，邦生衡，雖世有懿德，然皆閟而弗耀。至衡生忠，即襄毅公，舉進士至前官，節著英廟，勳勒憲朝，既障西北，復定荆襄，全功保身，敷錫胤嗣，授鏞千戶。則公之源流伊遐，今茲之道，豈偶然哉！

公生景泰壬申月日，卒嘉靖己丑月日，得壽七十有八歲。配趙氏，繼配田氏，又繼配田氏，又繼配王氏。子男三：長即千戶鏞，今從征交南，娶沈氏，繼屠氏、郭氏；次鎧，鴻臚序班，娶林氏；次即主事，篤志好古，綽有公之風，蓋項氏所未艾者也，配祝氏。女三：長適南京左府經歷呂言，次適刑部主事前翰林院庶吉士屠埈，次適太學生沈維鍔。孫男四：元淳，娶陶氏；元深，娶邵氏；元淙，元滓。孫女子七。

主事將以今年月日葬公於某山之原，乃持屠吉士狀以問銘。銘曰：

蘊殷殷，來員員，法行南臺，政始太平。侯慈侯果，侯介侯狷，在汀臨江，閩越咸聞。我自怡足，豈慕陟遷，既裕爾後，尤光厥先。誕其中哉，東南信旃，玄山巉巉，江流田田，聲斯與廷。

明封孺人康母王氏墓誌銘

勑封孺人康母王氏者，故南京大理寺評事損齋先生泰和康公之配，江西舉人求仁恕之母也。去冬，求仁會試過南都，大雪中謁予，即相知。今年求仁落第，卒業南雍。且歸，詣予曰：「痛哉！恕之不孝也。學不如顔、閔，以光先父母之道；進未能甲科，以稱其志。則奈何？恕十一歲而先君卒於官，囊無數金遺也，吾母寸累銖積，棺斂備至，護柩行二千里以襄事。是時家四壁立，一姊及笄，二妹弱幼，吾母茹辛食苦，拮据卒瘏，長養撫教，里無居婦。西隣失火，延燬數十家，先人敝廬，蕩然盡矣，母痛哭曰：『此兒女將疇依？』是時恕外王父母三峯先生、曾夫人尚在也，爲離室以召吾母來，母遂攜恕及二姊往依之，居八年而後歸。其間困悴隱約，抑心折氣者，蓋身熟之矣。他日，指恕語外王父母曰：『城市中多壞兒子性。吾玆之來，天其或者以吾夫學成道明，未究厥施也，有意此孤，使之蕩析山居，不見異物而遷也，從事於學，以發吾夫之蓄乎！』是時恕已十五六，能習時文，語母及外王父母，亦生望心。然母躬執機杼，即得布貿絲外，必以贄師。比恕還塾，呼燈火，伴誦讀，有疑義，與指畫，至今思於道皆合也。恕或逐羣兒弄也，母輒泣論曰：『兒不學，何恃乎？即能感悔易慮也，則汝父志庶不墜。即不然，則吾且可奈何？』恕由是奮激嚮往，然而今尚未有所成也，」泣數行下。

「初，吾母之歸先君也，先君免於王母歐陽孺人之喪者方期年，母旦夕輒揮涕曰：『古云：女子嫁，不及舅姑以習婦道爲不幸。吾今其當之乎！』然又懼傷繼王母羅孺人意也，輒斂戚容。繼王母性嚴甚，母事之極謙，不敢仰視，易步如執盈，然其或被怒，不悅也，退亦言貌如常，不少變。然家世貧寠，躬執業作，無日夜懈。於是先王父靜菴封君以爲得賢家婦也，伯母、叔母以爲得賢妯娌也，諸姑伯姊以爲得賢嫂氏也，雖先君亦以爲得賢內助也。蓋先君勤於業，篤於學，而資給寡。每當先王母生忌之辰，輒摧割愴惻，爲位制服，哭盡日。母必有儲也，以需其用，竭其誠，不使傷其意，甚或脫簪珥助不顧也。及先君舉弘治壬戌進士，授評事矣，每退食自公，母必曰：『刑獄至重，若少失平允明察，必有懷結抱隱者矣。』先君

亦爲之惕然。乃先君先逝，恕已無所怙，而母又失恃，則恕其何以爲心也！」泣數行下。「且吾母之祖醴陵教諭顒也，是生三峯先生諱俊，爲儒士，六入秋試不第，遂隱居山林，教授弟子數百人。先君久受學焉，先生奇其警敏，曰：『此兒一日千里，將亢宗乎康氏！』遂字吾母焉。然則吾母之所承受者亦遠乎！母年甫五十，乃於嘉靖己亥十二月二日卒，葬在先君之右。所生三女：長適蕭蘆，次適進士萬安朱麟，次適邑庠生曾直。而恕煢煢孑立，乃尚未知所建立。則何以對吾父母於九原也。」泣數行下。

予愴然感懷曰：「傷哉！求仁。吾爲太孺人銘其墓。」銘曰：

亶如其貞如，煦如其慈如。斷織風久撤，三遷教已隳。當誰振頽緒，康母昭其規。俟勤俟儉，俟學俟寅。既閑婦道，亦炳母儀。相夫固己身諸用，教子將以大所爲，豈亦古之所謂女師者耶！

皇明中順大夫應天府丞璞菴楊公墓誌銘

公諱璨，字仲玉，姓楊氏，松江華亭人。仕爲應天府丞，以災異懇乞休致歸。歸未幾，卒於家，寔嘉靖八年八月十七日也。其子吏科都給事中秉義以狀問銘。

初，公嘗兩爲南京吏部考功郎中，遷尚寶少卿去，朝命以柟補公缺。方是時，予未習考功也，至則凡課官察吏，一遵公舊，或有疑事難政，必稽質公所定籍，行二年，得少免於愆。若公之當考察也，悉心延訪，務得其情，雖冢宰、中丞咸駭稱神。有二三被黜者，倡言面證，公指實以答，罔不懾服。予若值兹，退步三舍矣。當是時，公已自考功改武選，廖冢宰紀已遷北，以公剛正篤實，徇公任怨也，乃又自武選改考功云。於是李司寇承勛、張中丞琮及朱冢宰希周曰：「楊考功公忠正直，不負廖舉。」胡少宰世寧有「位愧楊上」之歎，皆予耳所聞也。公陞尚寶，以不便水土辭，未赴，乃戊子年陞應天府丞。時陳京兆錫屢疾在告，公數署篆，節財均賦，平物砥價，都人士稱便焉。故事讐家多假手獄卒，甘心係囚。公時巡獄中，飭囚病，非

累藥不效勿狀，全活甚衆。江寧丞王震貪酷事覺，震已陞他縣，囑者旁午。公曰：「彼邑之民奚罪焉？」竟坐於法。彭鶴齡者，溧陽民也，嘗忤母舅，舅誣爲盗，詞服贓少。公曰：「鶴齡貌非甚貧，何利於此？」卒得其誣。其懲姦釋冤類如此，則予目所見也。

公舉辛未進士，筮仕桐鄉。桐鄉當八省之衝，民罷於逆送，乃與查覈節制，著爲定籍，狡猾拆夫之徒，盡繩以法。然不能當巡按意也，乃以賢能薦調開化，實薄之也。去桐之日，民輟耕罷市，攀轅載路以送。開化人好訟鬬，重利輕生，甚至飲藥斷腸，取快小忿，生女不舉，以嗇嫁貲。公痛與懲創，頑愚多賴以生。其來馬金鎮之豪，沮饒信、姚源之盗，寬殘破之賦，尤爲開人所懷服，爭立生祠，稱曰「鉄知縣」云。御史王君堯封至考以「誠心愛民」語。蓋公自是進陞刑部主事矣，在正德乙亥年也。明年，乞便養母，改南京驗封主事，故厥後考功、京兆之政，皆自桐鄉、開化也。

初，公幼有異質，端凝簡重，父母殊愛之。及就外傅，穎慧絕人。年十二，倩溪周寧素爲女相攸，見公喜。歸，索飲至醉。弱冠，有先正曹憲副時中者，許其英敏，可希古聖賢。公時讀書龍門僧舍，外家每饋時羞，則曰：「璨獨不能斷虀畫粥耶？」棄之以飼鼠。又嘗讀書城南，隣女欲假汲以挑公，公曰：「吾可讓魯國一男子乎！」斥之。每試督學，皆列高等，與兄憲副公瑋齊名，時稱松江兩楊。王督學鑑之至分廩以贍。嘗師莆田方先生岳於泰州，所交皆知名士。既中弘治乙卯鄉舉，遭父贈君營繕公喪，時兄憲副方第進士觀政也，公哭踴委頓，與叔弟琦、季弟貢士璉殯殮如禮。他日，太安人檢篋，得封君爲諸子析產狀示焉，公哭不忍視，曰：「吾父爲此，將慮吾兄弟啓爭端耶？吾兄弟不體是心而或後言者，非子也！」焚之。友愛二弟益篤。於是公之文行大著，而鄉士子從遊者門無停履，多科第云。嗟呼！公孝友積于家庭，端諒重於鄉閭如此，宜乎涖官行政，超邁尋常也。

公先世上海人，遠祖爲府別駕，其後有博學者稱「兩腳書廚」，自是皆以儒鳴沙岡間。高祖壽梅公諱德時。曾祖樂耕公諱景阜，贅于翁氏，始家華亭之葉謝鎮。祖月溪公諱文信，義制邊漕，授散官。考南隱公諱雲，字民望，以長子憲副公貴，贈工部營繕司主事。妣宋氏，封太安人。自南隱公以上皆植德不仕，蓄而未發，乃至公始大顯，又以及其子給事中，則公之

懿行善政，豈偶然哉！

公生天順甲申十二月二十八日，得壽六十有六。配周氏，封安人，又以都給事中際恩例，加封宜人，媲德于公，先公七年卒，事在孫中允承恩志中。副室沈氏。子六人：長即都給事中，正德甲戌進士，周宜人出；次秉謙，庠生；秉鈞、秉鑰、秉德。女一，適董大理少卿恬之子宜陽，皆沈出。孫男一，允修。女四：長適致仕蘇御史恩之子克柔，次適姚井之子籥，皆庠生；餘幼。

給事君卜今年己丑十一月二十八日，奉公合葬于周宜人尹山涇之壙，是宜有銘，遂銘之。銘曰：

天有來殷殷，厥行房房，侯亶侯理，爰奏斯常。德化閭井，無政弗平，素履伊厚，弗劌爾方。率人在道，考課維精，丞茲京兆，士女罔不臧。宜爾子孫，爲國之良，銘茲貞石，百世永藏。

封南京刑部主事東林陸君配贈安人陶氏繼配封安人胡氏墓誌銘

嘉善陸秀卿埘仕爲南刑部員外郎，嘗迎其父東林君於南都，歷覽江山諸勝，以樂之遊。憩觀音巖，忽筋力覺微，秀卿輒感動，謀疏歸養，未獲也。未幾，考績，取道歸省，繼母胡安人已久臥病矣，數日歿。又五日，東林君亦歿。秀卿號泣曰：「埘徼此還也，幾不獲見吾父母。既見吾父母，乃又相續以去，則埘也何以爲生哉！」擗踴數絶，斂殯周至。既卒哭，衰絰匍匐至南都，以其僚陳忠甫狀問墓銘。按狀：

東林君生有懿志，少爲經學，弱冠廢業，代父竹南君以幹蠱。當是時，伯兄蚤謝也，與其仲兄齟齬克焉，窮乏共焉，艱辛任焉。及竹南君授業以析也，又自引讓，不敢以敵偶焉。蓋其先後左右，無弗如竹南君意者。比竹南君歿，遺穀且數百，或曰：「此可利而有也。」君曰：「篤於利而忘乎親，鶡不能。」乃白之仲兄以業喪。檢其篋，積券又數百也，垂涕泣曰：「父不以是屬吾兄弟者，是不有斯券也。」亦燬之，不以問諸人。有別屋數十楹，當家廟旁，母李曰：「汝父於汝兄弟，雖一

服器必均節，此可共承之。」君曰：「父不言，意必有所屬也，意有屬，分必先其長也。」固讓而不取。有沈氏妹者，嘗逋官金，甚窘也。君曰：「沈氏窘，是吾母窘耳。」與其兄代償之。蓋其加志孝友，篤情喪祭，里無居人矣。

他日，客有賀己生辰者，至作感志詩以絕之。其遇婣黨，周旋浹洽。或逮死獄者，與力脫焉。歲大侵，當減稅，有欲詭削其數者，君曰：「如不信何？」未幾，他室果以詭敗。其他棺櫘之施，扛梁之□，亦往往先諸人。若於人善惡，又未嘗揜覆，或至面斥其過，嘗曰：「予無過人者，惟一信能勿失耳。」至謂秀卿曰：「世之健吏徒矜小廉，不知下民苦，[土那]可勿蹈也。」性嗜山水，自謂有山癖，嘗作愛山亭以自旌，則君不見之志皆可以占，而秀卿至有今日學行鳴時者，豈偶然哉！

君字昌文，其先淮人。元亂，有諱信中者徙嘉興，後析邑隸嘉善云。信中之子讓，國初推長鄉稅。讓子彥英，尤克其家。英生耘，號東皋，善解人紛，拜義官。是生竹南君諱畦，秉禮尚義，拜九品散官。畜極而發，至君乃大開有陸云。

君生成化甲午七月二十六日，卒嘉靖庚寅七月十八日，壽五十有七歲。配陶氏，秀水人樟之女，媲德於君，實生秀卿，贈安人。陶之先有號菊隱者，曾集義勇拒元，又作忠孝堂不忘宋，蓋名族也。陶安人先君十三年卒，在正德丁丑十月十五日，距生成化丁卯五月二十六日，壽四十有七歲，事在族弟副使陶時莊撰志。繼配胡氏，封安人，孝於母李，猶陶安人也；其撫秀卿，無異所出。又能躬服勤儉，施禮諸族，戚黨咸悅。其卒也，距生弘治庚戌七月十五日，壽四十有一歲。子男五：長即秀卿，舉嘉靖癸未進士，娶某氏，封安人；次曰培，曰增，曰臺，曰至。女子子三人：其字周堂、陶訛者，陶安人出；仲女及培、臺，胡安人出；餘側室某出。孫男一，曰如賜。孫女子二，字沈炯、丘夢竹。

秀卿卜是年十月二十七日合葬大結之原竹南君墓之右。銘曰：

來彭彭，行章章，既篤於親，亦孫於婣。宗族孔懷，任及鄉黨，展矣自戢，凱如經生。宜爾冢子，爲邦之良，覃茲休問，垂之無窮。我銘貞石，百代攸望。

涇野先生文集卷之二十六

墓誌銘

監察御史唐君墓誌銘

君諱勳，字汝立，廣東惠州歸善縣永平鄉人也。君與予同舉戊辰進士，任知縣且滿，被徵爲河南道監察御史。未幾，君母劉孺人病痿，君以憂勞成疾，得告歸籍。劉孺人尋卒，甫三月，君父贈君亦卒。君以屢毀兼中濕熱，結盤腹脅，遂成鼓痞，而君猶自奮起，摽醫不治。服闋，補陝西道，以疾請於上，乞改南京，便醫藥，得補河南道。既南旋，中途疾作，乃馳歸就藥，數日竟不起，實嘉靖丙戌十月十二日也，享年四十有八歲。

君在南臺，屢言留都倉場、屯田及宦戚、賜予、差遣諸事，皆關繫時政國計，使不疾以死，則其所建當必有大可觀者矣，傷哉！初，君筮仕靖江知縣，即能平賦理訟、祛盜弭患，有暇又興學實廩，作先士類。既踰月，民罔不悅。銓部以其材可治繁也，改除徽之休寧。休寧，徽之壯縣，素稱難治。君既涖政，凡賦斂徭役，務從節省，初不過爲誅求以厲細民。學宮之南地頗狹隘，乃捐引貲贖之，拓致廣遠，力役之興，品戶差定，吏不能姦，民咸稱平。他日，江西寇起，剽掠饒信，勢洶洶，將逼休寧。休寧人懼，請他徙，君曰：「古人效死勿去，不當爾耶？」乃募壯兵，呼吸之間，得人至萬，悉資以器械，從以芻糧，威聲大振，寇乃遠遁。既而復集，勢益猖獗，君適報政，去縣方六十里，聞之亟還，率壯士二千以追，猝遇之黄茅。君躍馬持梃，先出陣前，諸壯士奮擊，寇駭奔去，追斬數級而還。紀功者上其事，詔賜金幣。君去休寧，民皆立祠以祀，曰：「是活我

休寧者也。」嗚呼！使君不疾以死，今在御史，其所建立者又不知何如也。

初，君受性開朗，倜儻有大志，博學能記覽古今，爲文詞宏壯豪邁，蓋不止以政績成名者也。乃止於斯，傷哉！君高祖諱性存，曾祖諱彥弼，祖諱瓊，咸敦行誼，稱於州里。父諱儀愿，易重默，事其母聶以孝稱，以君貴，贈陝西道監察御史。配劉氏，封孺人，君所孝以致疾者也。則君之來亦茂乎！

君配某里聶氏，封孺人，有賢行。子男三：曰都，曰郲，曰邦。女子子二人：長適前建寧府同知張秀之子子桂，次在室。

都卜以某年月日葬君於同湖之赤岡，而南戶部員外郎黃君時興以御史鄭君維新狀爲問銘。銘曰：

憂不致疾，君致疾乎！毁不滅性，君滅性乎！君雖未久於仕，而能克篤於親，足以化鄉，足以求仁，古所謂志士端人者非與！有銘貞石，萬年如新。

封丘知縣王君配封孺人陶氏墓誌銘

君諱文凱，字仲元，姓王氏，黃州府黃岡縣人，封丘知縣麟之父，今戶部郎中廷梅之祖也。封丘舉弘治己未進士，授知封丘，君因以獲封云。

初，君父諱思旻，嘗爲泰州同知，有惠政，泰人立祠以祀。配趙氏，次魯氏，生子七人焉。君則魯所出也，受性聰慧，體貌長大，行植尤良，泰州以其質異六子也，命入補府學生，習治舉子業。乃屢試不偶，而家衆且賴以資給，遂削去儒籍，純藝黍稷，與僮僕共甘苦，無間寒暑，惡衣糲食，裕亦不改。上事泰州，極其畏敬，厥既捐養，歲時祭獻，猶致哀慕。克恭厥兄，曲盡其道。有小弱弟，未能成立，友愛特至，長與之業，冠與之室。其躬率家人，雞鳴而興，内外大小，無敢或寢。又取古今善惡興廢，訓詔諸下，諸下奉行唯謹，或出而歸，業罔不完。其家用服食，皆出於一，子姓不敢營私，亦不敢私相餽遺。而勸戒

之廣，波及里閭戚黨，因而植立者數十家。居常不設藩籬，馬牛恒喪於盜，亦不大怒。他日，有盜夜至門者，礪刃以待，君曰：「吾與若得生聚此土者，賴無傷害也，今以六畜之故而殺人，其能以生聚乎？」其盜聞而去。後一再至，如前告語，盜遂息。有貸者力不能償，焚其券。後一貸者不知君之心也，鬻其子以償，君聞之，捐其物，令贖其子以歸。身雖未仕，所尊敬惟廉吏。若親故中有厚載而歸者，嘗爲詩以薄之。他有横逆誹謗之來，君不與面白也，爲文以質諸神，其横逆誹謗者或伏辜求解，或遂淪没，於是鄉人皆以君爲通鬼神。然則君平日之心行無詭，皆可推而知也。

所配陶孺人者，受性慈良，鄰里婦女以急告者，無不與濟。其有貧寒姻婭妯娌，己雖不足，亦解衣推食，不遺人知。凡封君翕於兄弟老而不替者，多資其勸佐焉。側室陳氏有娠將娩，封君方他出，囑其家人曰：「女則舉，吾且厚嫁之。男則勿舉，以禍吾家。」既娩矣，則男也，家人不敢舉，孺人亟舉之曰：「如之何欲庇其子而殺人之子乎！」比歸，家人以其言告封君，乃已。比數月，則帥陳母子矢諸天曰：「吾造家甚難，慎勿爲厲階。兒能光王氏耶，則生，否則反是。」因名其兒曰光祖，光祖後果有美志云。

封君生正統癸亥七月二十三日，卒正德戊辰正月八日，壽六十有六歲。陶生正統庚申四月四日，卒弘治乙丑九月二日，壽亦六十有六歲。子男三：長卽封丘，娶某氏，其舉進士時，封君所痛哭幾絶，以告先人於地下者也；次鳳，娶某氏，皆陶孺人出；次卽光祖，娶某氏。女二：長適胡永茂，次適劉忠。孫男子七人：廷楫，儒士，娶某氏；次卽戶部，舉嘉靖癸未進士，娶某氏；次廷槐，舉人，娶某氏；次廷梧、廷柟，生員；其二幼，未名。

封君之卒，已合陶孺人葬於黄婆湖山之陽，未銘也。至是，戶部追憶具狀，使舉人請銘。銘曰：

廷廷其植，蹶蹶其騫，私不能撓，讒不可貇。早削儒籍，亦大王門，惠於宗戚，友此弟昆。銘此敦勤，不易寒暄，我躬既飾，遺及子孫。

明封太孺人王母張氏墓誌銘

勑封太孺人張氏者，贈監察御史咸寧王君諱某之配，南京戶部員外郎昭大懋之母，翰林修撰用賓之祖妣也。戶部爲御史時，值皇上推恩之詔，有是封與贈焉。比戶部履今官，未幾，而太孺人訃至，予弔之，戶部號泣悲咽不能言。哭已，問太孺人壽，對曰：「今年辛卯八十有六歲矣。」予慰之曰：「太孺人上壽如此，又生戶部，舉進士。爲行人，卽能諫武宗南巡，謫國子學正。今上登極，召復原職，陞山東道監察御史，又以言謫高□縣典史，用薦者累轉至今官。其於守身奉職，亦無不盡。且孫、曾六七人，而修撰尤文行卓偉，士林推重，皆太孺人所瞑目者也，可勿過哀。」曰：「懋生不能終養，死不能斂爲，可慟耳。」既數日，且奔喪，乃從南京後軍都督府都督同知容堂楊公持狀問墓銘。狀言：

太孺人，同邑某里處士喜之女，生而端秀，柔順靜嘉，姆氏有教，罔弗聽從。及歸贈君，履勤蹈儉，無違宮事，雖家計日裕，而費出有經，內助惟多。其事姑李，問衣燠寒，每上饌於堂，雖一菜一羹，必致誠潔。他日姑病，夜中焚香籲天，求以身代，及病既愈，素食三年，陰爲心禱。後姑卒，盡卸簪珥，賻致棺斂，恐遺來悔。其教戶部及諸孫，必稱義方，祁寒暑雨，訓亦嚴切，用光顯先人。及戶部以言被謫，則曰：「兒能報國，貶官何恨！」又嘗敬老恤貧，閭里有告困乏者，輒施予之，雖頻不厭。

予撫狀歎曰：「太孺人之道如此，宜乎有戶部之爲子，修撰之爲孫也！昔者呂原明之賢，由於申國夫人，而崔山南之曾祖母長孫氏及祖母唐氏至今不沒者，誠然乎哉！」

太孺人生戶部一人，其名安者，則養子也。戶部娶某里張氏，繼某里李氏。安能理家務，娶某里房氏。女子子二人，絳縣知縣曹夢璋、士人張琦，其婿也。六孫者：長用臣，次卽修撰，次用圭、用卿、用賢、用相也。圭、賢，爲學生。孫女子三人：一適太學生李承恩，一適平陽府同知許君珮之子錢，皆戶部出。安有一女，適安保。孫男一，曰昌胤。曾孫女三。

戶部將卜某年月日合葬太孺人於贈君之墓。銘曰：

緊太孺人，秉德孔臧，幼奉姆教，長敦婦常。克孝於姑，猶慈猶明，家政既舉，內訓滋彰。宜爾子孫，爲邦之良，休問有代，渭水與長。我銘貞石，以勗紀綱。

湖山處士胡伯行墓誌銘

休寧人胡伯行病於蕪湖之旅寓，其弟蕪湖學生大器方學於鷲峯東所，即馳歸，與其兄大同涕泣以侍湯藥。閱月，竟不起，乃號哭棺斂，舁歸休寧，殯之渡村。既卒哭，持葉主政狀來曰：「吾師而知湖山先兄亡乎？當病革深，以未獲見吾師爲恨，曰：『死，爲我問一銘焉，即瞑目矣。』」予爲之悼歎，以問其平生。

大器曰：「家君木齋處士生四子，先兄爲長也，幼即穎敏。年十二三，家君攜賈於蕪湖，教以義方，即能成其志。未幾，遂與弟大周、大同請代家君理賈事，輒操奇贏。於是家君日享優饒，不以事物經心者，今二十餘年也。其值歲時節令，或家君壽誕，必率諸弟遙拜以致祝。有鮮物輒遣人以獻，不先嘗。歸省必以期。他日，聞家君痰疾作，哭不絕聲，旦即冒暑歸視焉。嘗侍吾母適外姻，吾母中途感疾，時雪甚，躬扶肩輿以步（徙）〔從〕〔一〕。吾父母欲作生壙，乃極力營辦，務求於堅久。聞仲兄大周病於蕪湖，則又足步兼程以視，雖風雨亦不避，至破其足。大器惜之，則曰：『但知有弟，不知有足耳。』嘗謂諸弟曰：『人生在勤儉，但賈之人糴賤販貴，惟利是逐，不知豐約，命也；取予，義也。弟輩其勉之！』與諸弟約不分爨，曰：『古人尚九世同居，乃吾一父母兄弟，何忍離析乎！』

及大器年且長，則曰：『吾先世率以儒術顯，汝當棄商業儒，以成父志。』大器對以年過時，曰：『有志者，事竟成。』

〔一〕「從」，據萬曆李楨本改。

以婺源仁山江先生知名士也，即遣立其門。及獲籍蕪湖學生，又命之曰：『吾弟今異凡民矣，須爲第一等人。』及大器述吾師『甘貧改過』之教，則拊掌曰：『此真爲聖賢切要功夫，汝服以終身可也。』遂扁其堂曰孝友。於是姻黨鄉閭皆沾其恩誼，貧苦顛連者皆被其資給，而僕御廝役無弗飽惠而凜威者矣。至若鎮重以卻流賊之擾，救疫以正傳染之俗，雖顛沛亦有所見焉。於是邑令汪、徐、羅、(招)〔召〕[一]諸公，水部陳、張、黃、鄭諸君聞其賢，皆致禮貌焉，而先兄一無請謁。或難之，則曰：『昔人非公事不至偃室，大用顧不能如滅明邪？』嘗築室蕪湖，日接鴻儒，聞見日廣。又爲民情十三策，上之邑宰彭公，類多可行。蓋先兄器識弘朗，標格儻偉，敬恕孝友，尚義踈財，與人爲善，尤其恒性。少暇觀覽書史，一有悟處，直至夜分。又精於醫藥，濟者頗多，雖負販俗子，咸稱之曰胡先生云。

先世遷自婺源考水，代有名德。高王父諱懸，曾王父諱裕，王父諱儼然，傳至家君，皆累葉積善，著德霞阜，先兄蓋有所自乎！歿之日，含淚謂愚兄弟曰：『汝等須孝養父母，和敬兄弟耳！』嗚呼！尚忍言哉！寔嘉靖庚寅六月十五日也，距生弘治五年月日，享年僅三十有九。配許氏，生子三：曰佛寶，曰道寶，皆夭死；曰儒寶，尚幼。二女：一字婺源葉舉人天榮之子，一尚幼。嗚呼，痛哉！則吾師何以銘吾兄，使之不歿也！」

涇野子曰：「斯人也，豈惟彼不獲見予爲恨，予亦以未見斯人爲歉也。聖天子方廣開賢路，求賢才於鬻販巖穴之間，斯人而在，必見用於時矣。惜哉！」銘曰：

治行以儒，隱名於商，克財克義，克孝克兄。我相斯人，古士之良，生雖未壽，歿則永臧。爰銘貞石，千載勿亡。

[一]「召」，據萬曆李楨本改。

應天學生東軒林君墓誌銘

應天學生東軒林君既歿，其門人太學生安吉范鳴岐狀其行實，而少參陳棟塘、錦衣鍾葵菴皆與問銘。狀曰：

君諱時，字孟可，其先常州無錫人。高祖諱彥當，國初時官至寧國知府。生子鬱，驍勇過人，永樂中，以征交趾功，受密雲百户；繼征安南，陞千户，陣亡。鬱生芳，有功，復留守百户，後改牧馬所，廉介有聲。芳生瑛，號質菴，孝友勤儉，家用克裕，配莊氏，是生君者也。君自幼沉重不苟，嘗受尚書於都憲矩菴陳公，盡得其傳。督學陳先生試而奇之，考補應天學生，優以廩膳，每試輒在高等，凡六應鄉試不第。

歲乙亥，母莊患癱疾，每飯，君躬哺之。而質菴公年且耄耋，君又足疾，遂歎曰：「忠未得事於君，孝固可遺其親乎！」因辭於督學林先生，林惜其學，慰留再三，始令衣巾養親云。自是朝夕怡愉二親，非大故不離側。及二親相繼逝，君哀毀過於常禮。嘗於宅東築圃構軒，題曰東軒，雜植花竹，日徜徉其中，賓客過從，奕碁投壺，談詩浩歌，盡興而罷。然君胸次少繫累，人樂與遊，雖名公如太宰九峰孫公、宗伯石潭汪公及江公元甫、路公賓陽咸愛重之，有簡牘至稱「隱士」云。君教子之心尤篤，遇事必規誨，以尊師取友爲第一喫緊事，以兄弟和睦爲家門之幸。其處羣族子亦有恩，或有假貸，未嘗少吝，遇有過亦懇教焉。窓友淩姓者嘗困於他邦，聞則遠贈之金。一友常有隙，遇諸塗，憐其狀甚窶也，亦厚周之。甲申，歲大歉，嘗作粥以濟飢，全活甚眾，此亦可考其行己之美矣。

予得狀歎曰：「嗚呼！孟可若此，乃今遽已乎！予初至京，偶問舍至君，君即假之南屋一院，而君居小巷東面之屋。既久，情好頗厚。垂年半而予西遷，所可惜者，予之心，君尚未能盡知而長逝也。嗚呼！使君不死，則當益進於高遠，絕俗而奔矣。惜哉！」

君生成化丁酉年四月四日，卒嘉靖辛卯年十二月十八日，壽五十有五歲。配鄭氏。子男三：長志學，業儒，有遠志，

娶李知縣女；次志道，聘陳氏；次志善，尚幼。女三：長許何榮，二女尚幼。

志學卜今年壬辰四月初四日葬君極南鄉祖塋之次。銘曰：

嗟嗟東軒，孟可斯人，乃睦爾族，尤篤於親。學未究其終，材爲人所憐。偃仰江皋，適興壺醇，蚤窮經史，終老衣巾，則豈非予之所深憫哉！

明集義處士王君墓誌銘

集義處士者，諱著，字名方，別號集義，江西高安槎溪人，宋稼村先生之裔，今南京吏部文選郎中況子維垣之外祖也。君生而沉敏磊落，不同常輩。既長，服賈湖海，克開先業。大父卒，所貽資皆君所知典。當是時，諸弟皆在也，或勸君先有所取，君笑曰：「是豈爲親者哉？」卒均於諸弟。越數載，弟有亡業者，則復周之，雖數千金不計也。君雖未登仕版，然每論時事，輒慷慨激烈，或至流涕，又嘗仗義出千金以助邊。雖爲其子鬻爵指揮及承差役，然卒禁使弗爲，曰：「凡以爲公家也。」他日歲荒，積尸哀野，君備棺服數百，爲鬻地以葬之，其被毁者，則化而瘞之。有假其資完婚治喪者，悉授其急，不復理，愆期無所於償者，輒焚其券。至於禮賢餽養，雖傾囊亦無難色。君治貲配數萬，然自處則又甚約，戔戔如貧士。嘗至金陵，徒步入城市，族人以爲嗇也，促賃騎以從，君諭之曰：「作家於儉，猶淪於侈。作家於逸，後將誰勞？」卒不騎。於是凡君所至，無賢愚大小，無弗稱君爲集義翁，而賢士夫爲詩歌以詠君之義者積卷軸也。

君曾祖諱某，配某氏。祖諱某，配某氏。父諱某，配某氏，生君兄弟某。君生於天順戊寅六月十九日，卒於嘉靖辛卯正月十八日，享年七十有四。配涂氏，年七十有七，今存，尚強健。生子男賓，所謂指揮使者，娶某氏。女一，歸於按察僉事邑人況君照，封孺人，即文選之母也。初，僉事之祖裕菴公爲僉事擇對於君，君一見輒許可，後果登甲科，其盛至今未艾，人以君爲知人也。貳室永氏，生男璽，承差。俱卒。李氏生男植，豪傑不羈，克稱厥考，多見重於卿士。賓生女一，歸朱悌。遺

腹生男孝。植生男寅孫、申孫，俱幼。

植卜嘉靖某年月日葬君於某山之陽。文選撰狀以來，是宜有銘。銘曰：

既篤爾親，亦宜兄弟，富而不驕，見利思義。年越七旬，克開克裕，老兹江湖，成於德慧。宜爾子孫，内外咸備，銘此貞石，千載無戾。

郡賓侗菴袁君暨配沈氏墓誌銘

侗菴袁君者，諱倫，字仲彝，鎮江丹徒人，太學生京之祖父也。京以費庶子書謁予於鷲峯東所，已而出按察副使丁君所爲侗菴君狀以問銘。聞君生與遂翁楊先生及介菴靳公徜徉杯酒，而異時郡守天臺王君、東萊滕君、縣令藍田李君、莆田方君或勸以七品冠服，或延爲鄉飲大賓，或制長篇大書以致褒嘉，而副使君又稱爲君之戚姪，則君固潤州之丈人行也。狀言：

君本系出真州，始祖曰伯一者，隨宋高宗南渡，遂爲丹徒人。曾祖行三，祖子敬，父士禎，皆隱約不仕。士禎配某氏，實生君焉。君生而敦慤寡言笑，悃愊不華，居常好衣布，著芒屨，雖飲食亦不喜重品。少嘗賈於淮、汴、荆、楚間，凡與人交，不論殊方異俗，壹崇信義，於義少違，必不苟取。其朝勤夕惕，敏兹生業，人鮮能及，於是家日饒廣，豪於潤州，然君又自儉約，不張買田瓜步。課孫子讀古人書，曰：「吾以耕讀終可也。」弘治癸丑間，歲大歉，君領郡檄挾貲往糴於湖襄，舟至龍江，覆而復起，時方沍寒，而君氣息如故，同行者皆稱積善有報云。則君之素見重於卿相守令者，豈爲無據哉！所配沈氏者，亦鎮江之望族，慈惠溫恭，閑於内訓，身勤儉以相君，白首結髮，人以偕壽榮之。

生子一，名繼祖，候選銓曹，娶某氏。孫男三：長立，郡陰陽正術，娶某氏，今年七月死矣；次即京，娶某氏，好學慕

古，若將以光君於無窮者也。女一，適里人某。孫女一，字士人曹栢。曾孫男三：曰表、曰裹、曰襲。曾孫女一，字錢屋舟之孫道。

君生景泰丁卯三月二十一日，卒嘉靖庚寅十一月初八日，享年八十有四。沈生則後君一歲六月十六日，歿則先君二歲七月二十一日，享年八十有一。

繼祖卜今年辛卯十一月十七日合葬於斧頂山之新阡，是宜有銘。銘曰：

既殖於財，亦篤於義，樸而不華，古之良士。守令齊嘉，卿相優禮，徜徉江湖，行八十四。夫婦駢榮，近代罕例，宜爾銘茲貞石，千載悠憩，子孫方昌未艾。

南京兵部主事曹君墓誌銘

予戊辰同年進士，未仕而卒者二人焉：順天之姚畏卿、定遠之張吉甫；初仕而卒者，則歙之雄川里人曹君文淵也。三人之材行，皆卓偉不羣，乃皆早逝，不大顯於時，至今同年論及輒痛惜，而於文淵尤甚焉。

文淵生有奇質，方四歲，母汪安人歿，即知哀痛，如十數歲兒。稍長，誦習小學諸書，日記數千言。事繼母周安人尤極孝敬，周安人病，嘗祈以身代之。於是父都憲公南峯先生遣之師事岑山程先生求聖賢之學，即知居敬窮理，用心於內。及爲舉子業，輒出人意表。他日，應天諸生有忤時貴者，督學先生試以「畏大人」之題，都憲公亦命君作，語有「使爲大人者，徒知人爵之烜赫，而不知天爵之尊榮，則亦無足畏矣」，後時貴聞之屈服。

弱冠遊郡庠，與沙溪汪以正爲莫逆交，講學白蓮別墅，造詣日深。時都憲公方知湖廣之寶慶府，君屢奉之書，勸以牧愛爲急，無怵禍福，又曰：「大人清白蔭及子孫，後必有食其報者，他勿計也。」正德丁卯，君舉應天鄉試之魁，明年即登進士。時宦官「八黨」方熾，而劉瑾尤横。君遂率同年百人抗疏，乞皇上總攬乾綱，以正瑾專權之罪。有旨罰跪午門前者五

日，時方酷暑，而君素體弱，自是益羸瘠矣。

己巳，授南京兵部車駕司主事，於是南峯先生即以其往日所寓書次第授之，曰：「兒惟不忘乎事我者以自處，吾無慮矣。」親友聞之，咸稱曹氏父子之賢過人遠矣。君蒞仕，即裁抑進鮮快船，及舉行清理屯田數事，部尚書甚器重之，方望其遠到也。時汪以正適業太學，染疫疾，鄉人莫肯往視。君即馳至其居，躬治湯藥，與同起居者半月。汪病亟，泣曰：「吾僅一女，奈何？」君曰：「當聘爲吾兒棟婦，於諸後事有深在，無慮也。」卒皆如其言。然君竟亦染疫疾，於是年十月一日卒於留都官舍，距生成化辛丑三月九日，年纔二十九歲也。自大司馬以下哭臨皆盡哀。嗚呼！使君不死，即未盈百歲，遲三二十年，其所建立裨益國家者，今當與古之大賢鉅公侶矣。乃天奪之速如此，諸同年所甚痛惜者此也。

君諱深，文淵其字也。高祖闕一，望於雄川。曾祖宗一，以隱德重於鄉，壽滿一百年，配某氏。祖以能，封南京戶部主事，是生南峯先生者。南峯先生諱某，字應麟，官至都察院右副都御史，在弘治、正德間有勳績。君配程氏，足克內助。生子一，即棟，縣庠生，光大君志，其在斯子乎！近赴應天鄉試，遂謁予於鷲峯東所。既不偶，且歸，而以其鄉進士程惟信狀請銘，則固不能辭矣。銘曰：

有懿車駕，受初伊雅，由少有聞，長益靡假。繼母乃欽，況其親者，兄弟孔宜，勸學無暇。薰德之風，徵於鄰舍，年位雖淺，爾德則嘏。畜而後開，子如梧檟，將光爾幽，如鶴聞野。銘兹貞石，將其若若。

唐母任氏墓誌銘

唐母任氏者，兵部主事武進人唐應德順之之母也。宜興人任公儼者室於工部侍郎沈公暉之妹，於是生任，爲信陽知州唐君國秀之配，而有應德焉。嘉靖己丑，應德舉會元成進士，文章行誼聞天下，予從縉紳中敬其名矣。辛卯冬，應德身衰經，偕其姪舉人音持古菴毛式之狀，垂涕泣來問任銘。時雨雪連日夜，泥途凍濘，應德自僦肩輿，卒力不具，或步徙。居鷲

峰三日，無人知。每語及學，明白洞朗，脱落塵土，超如也，則歎曰：「名之茂者，其實果盛乎！」

閲狀，任之歸信陽也，舅給事中曾可先生已即世，姑周孺人性嚴整，任事之婉怡有則，承意命惟謹，一錢尺帛不私藏。姑嘗女女於有吴氏，即傾己粧奩畀小姑，不以勞姑念。及姑卒，相信陽，每館於外，身豆羹糲飯，腥肉不一御。涖内政三十年，衣裳簪珥，未嘗增於嫁時。非病困，輒紡績補刺，一布被經十年。其誨諸子女，雖慈劬周洽，而規訓尤嚴。應德幼好弄，厲色曰：「兒尚有童心乎？」應德或晏歸，或使氣，則厲色曰：「兒將爲巖子乎？將不免乎？」他日，慮應德及正之多病且弱也，復贊於信陽以廣嗣。得子女，則喜曰：「若女，吾女也；若男，吾男也。」提抱鞠育，踰於其母，鄰嫗日往來者，莫辨其非所出焉。性好深閴靜居，非歸寧及掃墓，不輕出，女姻或招延者，輒辭解之。信陽試南宫，屢下第，略不色愠。及應德會試魁天下，亦不色喜。於是信陽屢稱之曰：「大丈夫寵辱不驚者，亦不過如此耳！」

予然後知應德所造如今日者，皆自於此，則歎曰：「流之長者，其源果大乎！」乃應德猶自悲痛曰：「嗚呼！吾母相夫三十年，不及享其封；教子二十餘年，而弗食其報。其病也，方藥委諸塗人，而不暇擇乎其良；其卒也，含襚棺斂辦諸水濱，而不克盡乎其心。人生有涯，此痛無涯。順之多孽，天不以戮，而何使吾母至於枉也！」予慰之曰：「應德節痛！夫吴自季札、言游之後，雖世有聞人，然皆未有能並其盛者。應德篤學好古，即力進札、游之舊，以爲母任於千萬年顯，亦在是矣。」

任生成化辛丑某年某月日，嘉靖丁亥六月六日隨信陽行，以痢疾卒於天津舟中，享年五十歲。子男二：應德，娶參政臧公禩孫女；正之，聘應天經歷王君文炳女。女四：長適鄉進士董士弘，次適冠帶書筭劉大中，次適無錫庠生王立道，次納丹陽賀鏜。庶男一，女一。

應德將卜壬辰年某月日歸窆於黄塘祖塋之次。銘曰：

羊叔祎之孝，胡淑修之學，皆常之先媛也。其歿已久，乃今於唐任而再見乎！況其子材既大魁，志欲登岸，吾知任其不死，雖千萬年並日月乎焕也。

封南京戶部郎中河東周君墓誌銘

君諱瑀，字廷珍，別號河東居士，以子宗道祖堯仕南京戶部郎中，封如其官，然鄉人惟稱爲河東先生云。世居東平州嘉比鄉第一圖薄荷營。君生而聰秀，甫四歲，能誦四五言古詩句。童遊鄉校，輒有聲稱。後值親老，三兄瑢、玘、環皆先亡，爰棄學業，躬秉耒以供養，左右隨侍，跬步不離，親有所欲，竭力辦，不計有無。及究其然，對曰：「無難也。」暇則誦讀，尤邃蔡沈尚書。他日，父母相繼棄世，毀瘠骨立，幾至滅性。凡厥殮葬，傾產以從，繫棺之費，鎔及鎛□。戚黨有言其慮居者，輒斥而鄙之。比至襄事，髮爲變白。

及宗道且長，親課句讀，導以孝悌仁讓，稍從嬉戲，輒加鞭策。厥既嬰冠，猶呼小字，舅氏非之，則答曰：「名吾所名，夫奚不可？兒若用思，當生深愛。」又謂宗道曰：「祖堯，爾知鄉賢馬伸者乎？其學不以富貴妻子爲念，汝可企法。」及宗道既魁山東，偶從友邀，返回日暮，則峻絕數日，不與笑語，且垂涕責曰：「天下事獨此一舉了邪？」宗道自是杜門絕交，壹志所學。及舉癸未進士，出守潁州，尤勉之曰：「向所謂馬時中之學者，正在今日行耳！夫阿諛逐時，非所以立身；嚴急殘下，非所以爲民。行宜敬惕！」故宗道自潁州至南京戶曹，恪守庭訓，清慎一致，爲時名流，皆君之教也。

性尤剛明慷慨，雖遇難事，談笑立剸。又喜賑施，喪葬嫁娶，匍匐以救。鄉族有爭，與判曲直，言出退服，理之所在，剛亦不吐。若遇縉紳大夫，亦以道義諷勸。其鄉黨子弟，見輒誨之孝弟忠信，亹亹而不厭人也。乃於嘉靖癸巳二月四日告終，距生成化乙酉五月二十三日，享年六十有九。則君當非古之孝廉方正、既老稱道不改者乎！

初，君遠祖諱正及諱原者，世傳仗義禮賢，累有隱德，子孫蕃碩。至諱祥者，君之曾祖也，雅尚儒業，是生監生愷，穎異出羣，屢聲場屋，竟不獲志，以歲貢冑監出檢廬州。克守官箴，見重當路，偶嬰疾歸，廬民遮道攀留。監生愷生某，嚴毅明爽，博通蘊籍，隨宦廬州，左右就養無方，嘗作爲官不論崇卑詞說以慰廬州。配某氏，是生君者也。然則周氏開源於先，發

流於後者，不謂無本也。

君配郡中巨族李氏，封宜人。生男子二人：長即宗道，娶張氏，定州同知張德孝之女，側室劉氏；次祖舜，娶郡人陳郁之女。孫男四人：長大鵬，聘驛丞陳貢女；次大鵰，聘刑部主事趙元夫女；次大鷗，聘前監察御史李文芝女，俱宗道出；次大鵰，聘李鼎孫女，祖舜出。孫女子六。

宗道聞訃，將卜某年月日葬於某山之園，乃持兵部員外郎曹子撰狀號擗請銘。念與宗道有一日之契，爰次第其事而遂與之以銘焉。其銘曰：

繄河東居士，初稟伊美，内不枉心，外不回履。養親承顔，歿至哀毁，孝問宣昭，魯人咸偉。有子克慈，思馬伸比，既介於窮，尤烈於仕。人謂河東，慈孝之軌，猗其奮揚，與古人齒。銘兹貞石，于焉千祀。

中憲大夫山東按察副使霍泉羅公墓誌銘

嘉靖癸巳四月三日，憲副霍泉羅公卒於吉水居第，距生天順甲申十一月十三日，享年七十矣。其子翰林修撰洪先以公嘗籍白河，舉於陜西，而余陜人也，蓋嘗習聞公之風矣，具書狀問銘。狀言：

公生有異質，自知讀書，閉戶寡出，或忘寢食，人稱「書呆」。事父母能隨事承順顔色，嘗就婚於新野訓導李君勳，因往省族人於白河，因籍白河。蓋自是才學日懋，白河士多從之遊，遂見知於提學邃菴楊先生。乙卯，舉陜西第三人。登乙未進士，授南京刑部廣東司主事。廣東，劇司也，以善折獄稱。蓋公自觀政刑部日，已諳律例矣。及丁外艱，服闋，改補工部都水司主事，理徐州洪，乃更番立籌，計舶給卒，驗名課直，商卒雙便，清謹著聞。戊辰，特改兵部武庫。未幾，陞署員外郎。己巳，調車駕，陞署郎中。庚午，調武選。其在兵部，每堂稿咨白，多決可否，無少阿徇，部尚書陰重之。時宦瑾肆權，或促公往見，公比之聚雪易消，歛翼遠避。其他寢乳母恩澤之疏，歲省俸米千百，罷軍政金吾指揮二十餘人，至忤尚書而不顧。

蓋惟知有國法，不知有權勢也。

辛未，陞知鎮江府。府當公私俱匱之時，公盡日視事，寢食後堂，乃首懲頑惡之扇訟以息刁風，盡搜巧胥之侵漁以充公費，（力）［陽］〔一〕開四門設伏兵以遏流賊，籍查沒江田令種新洲以公葦利。至於恤孤嫠、舉廢墜、賑荒歉、杜請謁、增學舍、課諸生、廣儲蓄、瘞國傷〔二〕，罔不盡心焉。未幾二年，政通人和，境內治安。於是流賊盡擒于狼山，朱衣乃頒於大廷，而公矯激之謗騰矣，遂改知淮安府。至即釋冤囚九十七人，究陳婦殺夫之罪，發劉商海船之姦，斷歲久積滯之訟，定市肆月更之令，淮人無不信服焉。

癸酉，陞山東按察副使，勅整飭徐州、淮揚兵備。徐當兗、豫之交，四衝之地，私販行劫，浸不可制。公令指揮以下皆騎射，復募精兵數百，資其出入，於是獲五溝集數百賊，釋其脅從老幼，其沒入之贓以付有司，歲餘積金穀數千萬，至正德末年歲歉，官軍籍是以生。其增築徐城以弭水患，（疏）［籍］〔三〕記刁惡以俟悛改，尤地方賴以久寧者也。乙亥，丁繼母李氏憂。戊寅，復除山東按察副使，勅整飭密雲兵備。時權貴用事，公已有歸志，適趙宦忌公，請革兵備，公遂棄官歸矣。日事田沼，與野叟徜徉，十五年無片楮入公府，雖走卒亦皆稱其廉靜。御史周鵷按公舊治，薦其「嚴明有爲」，江西巡撫陳洪謨薦其「甘貧守道」，則公豈非慷慨端確，當世之名卿才大夫哉！

蓋公體貌魁梧莊重，接人傾倒，語不模稜，亦無機械。凡諸餽送，毫釐不納，妻孥雖在官衙，蔬食供爨。平生不樂俳優，不觀博陸。其訓子弟，動稱禮法，宜其敭歷所至，輒著殊績也。則其屬纊之日，風雷大作，屋瓦震飛者，豈亦有所感乎！羅氏家傳曰：「羅之先，自唐肅宗時，世爲廬陵人。僖宗時，諱岗者始居戡村，遂爲著姓。宋、元來，子孫顯貴者百數十人載

〔一〕「陽」，據萬曆李楨本改。
〔二〕「國傷」二字，萬曆李楨本作「暴骨」。
〔三〕「籍」，據萬曆李楨本改。

郡乘。崩生達，達生皎，皎生議，議生珣，珣生龔，龔生仕廷，仕廷生子文，子文生元圭，元圭生仲魯，仲魯生思立，思立生應熾，應熾生幾學，幾學生志大，幾學而上皆居戡村之東塘。志大丁元季兵燹，乃遷吉水谷村之黄橙基，是爲吉水始祖。志大生岳，岳生獻及拱。拱，洪武中舉茂才，爲仁和丞，無子，以獻子朋壽爲後。朋壽無子，以獻孫、昌壽子慶同爲後。慶同生廣海衛經歷良，經歷生玉，贈奉直大夫兵部武選員外郎，配周氏，贈宜人，是生公者也。」則羅氏源流委積於公，宜其振發，顯著若此，又以及其子修撰爲國之才也。

公配李氏，封安人，加封宜人，生男子三人：長即修撰，娶太僕卿曾公直女；次壽先，聘五塘王某女；幼居先，聘某人女。女子子三人：長適生員周汝方，次適生員周源深，俱先卒；幼適李紹生。次女，副室王氏出。壽先、居先、幼女，副室吴氏出。

玆修撰將葬公於某山之陽。是宜有銘。闕

封太宜人牟母楊氏墓誌銘

太宜人牟母楊氏者，晉寧知州某號先生邑人諱某者之配，今南京户部郎中泰之母也，以郎中貴獲誥封焉。太宜人受性仁慧，亦復剛直純樸，日無惰容。凡諸烹飪翦製，不學而能。父僉憲公、母吴淑人甚鍾愛焉，遂授以女誡諸書，亦能成誦，洞曉旨意，父母滋敬之，慎於擇對。當是時，晉寧之祖諱俸方按察使於江西，與僉憲公同寅也。僉憲公嘗見晉寧君，端慤英敏，謂其後必昌大，遂字太宜人於晉寧君。

比歸牟氏，動遵矩度，族戚稱賢。時姑胡氏、雷氏、王氏相繼以卒，惟繼姑李氏在堂，太宜人就養唯謹，得其懽心。及按察公晉都憲，有事鎮遠，晉寧君隨侍，凡膳羞供具，悉太宜人手製。比及遘疾，益慎湯藥。其終也，又佐晉寧君以治喪，舉無違禮。其贊相晉寧君之學，以至取科，委曲勤懇，浮于良友。及晉寧君推府長沙，至守晉寧，所至政行，公廉仁恕，民多懷

思，内助之力，尤不可誣。

未幾，晉寧君卒于宦邸，諸孤皆未在侍，太宜人棺斂以禮，扶櫬而歸，悲號哭踴，感泣道路。每遇時祭，恪慎蘋藻，如覩神明。處諸姻族，禮意周悉，見有貧乏，輒惻然不安，曲爲周給。諸姑方在孩提，訓以詩禮，所記古德行賢孝之人，暇則講説，勉之企法，於是鄉黨皆稱「女君子」焉。郎中嘗奉勑諭江南，便歸，稱七十壽。及履任，日圖終養。乃嘉靖丁亥正月十七日報太宜人卒矣，距生景泰乙亥八月十五日，享年七十有三也。

初，楊氏本鄢陵望族，僉憲公及吳淑人皆有内範，而太宜人又以縣丞孟琦爲兄，順天府丞孟瑛爲弟，磨德琢道，有自來矣，宜其建置於牟氏者如此也。生男子二人：長即郎中，舉正德丁丑進士，歷官清謹，著名一時，方來未艾，太宜人所爲不没者哉！次秦，郡庠生。女子二人：長適參議劉彭年，次適陳堦。孫男子二人，衍祚、衍祐。孫女子二人。是宜有銘。銘曰：

緊太宜人，玄受伊姝，柔嘉不那，作配于牟。晉寧初載，相事瞿瞿，孝在舅姑，貞也明夫。俟任俟慈，有子于于，載其身訓，爲邦之膚。銘兹貞石，用垂女模。

涇野先生文集卷之二十七

墓誌銘

封孺人范母何氏墓誌銘

孺人范母何氏者，桂陽何泉公之仲女，浙江布政三峯范公汝載之配，貢士永寰、舉人永宇、永官、學生永宷之母也。宇、官嘗從予遊於鷲峯東所，壬辰會試不第，宇過南都，夜辭予以歸省。比甲午，予再至南都，而寰持宇書狀爲孺人問銘矣。宇曰：「母天授剛明，如正人端士，見事能斷，言笑不苟，勤于業作，咸中繩矩，爲諸女婦式。自歸家君，祖妣太孺人尚在也，母事以真率，是非可否，無少阿護，料事興廢，十失一二。祖妣甚敬之，常稱以理家不爽，范氏五十年來，當昌于此。他日，祖妣疾，母晨昏侍側，無少懈怠。及歿，哭踴哀痛，落淚如雨，鄉黨以爲古孝婦不過也。家君己未會試不第，卒業南雍三年，母躬事井臼，暇則紡績織紝不輟，以資覓僕會友之費。家君色少失平，惴惴如不勝。家君出入禮闈十有四載，然志不在溫飽也，母識其意，未嘗以祿利進勉。雖他日家君登進士，授行人，尋陞南道御史，母隨宦兩京，殆十餘年，一守布素，不以亨遂之日，少動華麗之念。家君出按江西，與逆濠及鎮守畢真訐奏，被逮下獄者二載。母燃香籲天，晝夜自代，陰祈無恙，且慰祖妣曰：『無已大憂。昔侍夫子，每談忠孝，擊節歎賞。今日之事，可謂下不負親，上不負君矣！』聞者竦服，以爲真三峯公之內助也。

其誨不肖輩，顓以義方，愛無差等，均若鳴鳩。或有違忤，輒稱鞭策，無少假貸，不肖輩凜凜畏如嚴師。正德間，邑被粵

寇，宇奉母避去入山，行至銀嶺，道有餓莩，疲餒不能興，母拉淚酸辛，命宇扶起，且出囊糗以濟其困。則其所以教不肖輩者，不獨言語之間而已。其接諸婦，雍肅並行，恩愛雖或有僻，終非恒性，門内斬斬，罔有縱逸。或品第諸婦逆順之節，咸中其實，無不允服。凡母在家時，間有不堪其嚴者，及去家之日，長少便至違和，然後人人欲母之恒在家也。至於上事伯母，旁處妯娌，下待（婢）〔姑〕[一]女姪孫，遠接宗黨，恩禮甚篤，寒暑相恤。雖貴顯，言笑衣服，常若平時。其馭臧獲，亦如人子，勞逸飲食，俱有節法，皆出心畫，衆皆效力，惰者亦奮。若乃施與之恩，博及孤貧，故鄉人稱曰：『見大不懼，見小不欺，何夫人之謂也！』古所謂『經德不回』者，吾母實有之，固宜常視久履，以臻遐筭。及今嘉靖甲午四月十六日，遽以病卒，距生成化丙申年纔五十有九。嗚呼，痛哉！

母生宇兄弟七人，二弟少折。寰娶鄧氏，宇娶某里朱氏，官娶某里朱氏，繼蒙氏，宋娶黃氏。至有孫男子時敞、時敕、時敷、時勗、時斆五人，曾孫男女各一人，皆吾母撫育訓誨以成之者也。乃尚未能有銘，處則名德，仕則立功，禪補慈闈，以爲在生悦，使其慊然賫恨以歸。今且擇是年十二月日葬母於縣東二里浙陂崗，永逝不獲復見也。嗚呼，痛哉！當母之初歿也，宇膽喪魄落，欲即死者數數。人咸苦其愚，而不肖至情，非人所盡知也。所可以諒宇之心，以爲吾母銘者，莫如先生圖矣！嗚呼，痛哉！」

涇野子覽其感動懸書狀，泣曰：「伯寧而遭此大變乎！昔者伯寧之在太學也，聞進賢章宣之遭父忌日哭，晝夜不食，遂與定交。今躬被失恃，當其情可知矣！吾爲伯寧誌其母孺人而銘之。」銘曰：

鮑桓提甕，孟仉三遷，歐母主績，石嫗英英。斯風淪謝，今千百年，有如范何，遐追其真。侯孝侯順，侯慈侯媚，不懈于道，執事檀檀。既有女度，亦弘女範，夫成厥勳，子以善傳。緊嗟孺人，素履孔殷，銘之貞石，永矣不刊。

〔一〕「姑」，據萬曆李楨本改。

兵部右侍郎涂水寇公墓誌銘

公諱天敘，字子惇，姓寇氏，別號涂水，以其邑榆次之南有涂水云。公年二十二中弘治辛酉鄉試，與予同試禮部不第，卒業太學。乃會三原秦世觀、馬伯循、安陽張仲修、崔子鍾、林慮馬敬臣同窓學四年，遂同予舉正德戊辰進士，筮仕南京大理寺評事，即清介自持，不濫交遊。政少暇，閉戶誦律讀書，布袍蔬食，猶如書生時。有一巨姓犯法不出官，以家人代罪，公駁之曰：「某人在而不出，稱逊，非欺人即欺天。」刑部奏請緝事衙門捕獲，竟抵罪，上下稱其才節。及進左寺副，敦履如前。考績之年，所審過輕重囚犯五千四百七十一起，萬有八千二百五十一名口，罔不克允，故一時本寺及部院考署超邁等夷，至形薦剡，名聞天下。

丙子，陞寧波知府，一以愛民節財爲政，其均徭清稅，剔冗除害，鋤強杜謁，興利彰善，咸殫心力。嘗書「青天白日」、「高山大川」、「愛民如子」、「處事如家」四語於座右。丁丑，歲侵，乃請于巡按，秋糧得折價，民有「挽回烏府萬家春」之謠。慈谿有馮二虎者，武斷鄉曲，公置之於法，合邑安堵，形諸歌誦。尤加意學校，以「體認實踐」爲教，取人必先器識，於是四明之士多崇尚理學。嘗與鄉試，外簾三試卷皆屬公總閱。有知縣某者持一卷請覽，公曰：「此不宜取。」知縣固請，則固止之。開榜後，拆所請卷，乃其所私者，時同試者曰：「公神目也。」每遇旱乾，齋心虔禱，罔不響應，上下歡欣，寧波之民愛戴真如父母。一時言官疊稱薦書，齊口褒嘉，在郡三載，政績卓異，治行可課天下第一。

己卯秋，超陞應天府丞，老稚攀號，跪請留鞮，公固遜拒，沿河兩岸，挽舟不能行。縉紳大夫歌詠其事，謂此郡自張廣漢後，惟公一人而已。比至應天，寧濠倡亂，武廟親征，過止南京，供億叢挫，府尹胡公感勞成疾，獨公應答。時內外權幸無慮數百，公處之有方，莫敢肆侮。且于妄求冗費，多所停裁，未嘗科取上江縣民。初，上未至，權幸先選女樂千百，拘置一所以俟幸。未及二日，死者十數，餘多菜色憔悴。公言於權幸曰：「如此輩以候駕，恐反取罪耳。」權幸懼問計，則曰：「吾當

記名於簿，召彼親識或食店酒肆領養，用則取諸簿耳。」於是一日之間，活人千餘。

庚辰正月，上親觀迎春，公治具於郊外，俯伏廊下。嬖幸疾公倨傲，讒劾遲慢，或曰：「此人勁直，不可動。」始免。江彬之寵，獨冠一時，羣賀生辰，率行四拜，公獨長揖，彬甚銜之，日偵公私，久無所得。偵者竊曰：「提督將不利于公，可一往謝。」公正色曰：「死生有命，豈人所爲！命若得禍，謝豈能免！」後彬謂人曰：「寇公真君子也。」於是他嬖幸亦皆因此斂跡，若有需索，公必曰：「吾當見上親奏。」遂止。其多所停裁者，皆此故也。捷奏，獲賞銀牌綵幣。駕回，撫按謀欲重遺諸幸，公終不從，惟獨送至淮安，然亦不能有加也，中外皆服公之才操。大軍既去，公一意民事，興學均賦，休息地方。

比壬午，今上改元嘉靖，公應詔查舉七事，內關神帛、堂匠、十庫、花園、進鮮、船隻等項，冗役冗費，百年積蠹，一旦裁剗，上下稱快。甲申，歲大饑，人相食，公竭力賑濟，設粥以食流民。尋瘟疫又作，給藥以救，皆公日親巡視，或繼以夜。有言疫氣盛行以沮公者，率皆不聽，竟亦無恙。又嘗奏折兑運糧，以蘇民困四事，皆獲允行。是年夏，以迎聖母劾勞，有白金紵絲表裏之賜。公在應天三載，初值車駕駐臨九月，後值荒歉二年，公周旋致身，不避其艱，士林倚重，百姓依歸，南都根本之地，賴公爲一大保障。初，公至應天，適當癸未考查京職，有言官嘗爲公屬吏懷怨者，劾公因緣鄉里權要，驟陞京堂。(都)[部]〔二〕院題覆，謂公「久敦士行，素重官評」。公亦累疏求退，上特慰留。及應天政成，撫按交章論薦，至再至三，人望益歸。

嘉靖三年冬，陞都察院右僉都御史，巡撫宣府。朝廷尋以鄖陽事重，改公提督撫治鄖陽。任方兩月，又以甘肅西接回夷，北隣胡虜，南邇土番，介處其中，孤懸萬里之外，近且士卒叛逆，人心未定，事勢危急，非有經濟才者不可委託，乃又改公巡撫甘肅。公至月餘，回賊三百寇犯山丹，公調度斬擒酋首脫脫木兒及餘黨三十六級，回賊退服，不敢復肆。乃遂作士氣，

〔二〕「部」，據萬曆李楨本改。

時簡練，禁侵削，杜(移)[私]〔一〕役，實月糧，廣儲蓄，均水利，興屯田，撫屬藩。比及數月，人心感悅，咸有鬭志。肅州有造匿名帖，欲謀作亂者，乃姦人每當征收屯田時，輒造此言，以乞緩征。公乃會總兵，親詣肅州，下令有能告捕者，賞百金。數日有告者，捕得一道士及數軍生，按實置罪，即如約給賞告者。因詢屯政之故，除額外之科，衆心大悅，竟無他變。

先年土魯番大掠甘肅，廟議閉關絕貢，至是數遞番文，求和通貢，語猶悖慢，公上議宜出師示威，可保無事。時總制王公欲遣帖，切其王速檀滿速兒，公又議：「自我太宗設立哈密，後爲土魯番侵奪，先後經略大臣，止爲此尺寸之地。今雖爲彼占據，其名猶爲我地，若帖云『即將速檀拜牙送還哈密爲王，如本人不振，聽爾選擇本類有力量一人主理國事』，則使此虜自專廢置，是棄其地矣，不可行。」因上陳七事，皆獲俞允：一嚴清解以實軍伍，二清備禦以固邊疆，三廣屯種以實邊儲，四添京運以養遊兵，五處料物以飭軍器，六添火器以壯軍威，七留部官以督軍儲。俱言北邊切務。西城有貢獅子、犀牛、西狗者，前巡撫陳公及禮部該科請卻不聽。公奏言「皇上即位來，不好珍禽奇獸，近曾卻御馬監虎豹之採，以爲無益。今復用此，豈陛下有見於虎豹，而不見于獅子、牛、狗邪？伏望卻還，以潛消遠夷窺伺希恩之意。尤願日御經筵，親賢士」云。

公在甘肅二年，華夷帖服，邊人惟恐公去。巡按胡君體乾疏請：「宜進秩以酬經略之勞，久任以慰邊人之望。」丙戌，進右副都御史，巡撫陝西，內撫八府，外餉三邊，兵荒相仍，時事甚難。公靜以養民，義以訓兵，嚴以馭吏，明以祛姦，圖大體，急先務，以爲關輔之望。丁亥，北虜寇固原，公調度截殺，斬首百有九顆，蓋前此所無之功也。皇上賜勑奬勵，(官)[予]〔二〕大紅織金紵絲三表裏，白金三十兩，陞俸一級。戊子，歲大饑，公疏請盡蠲租稅，大發銀鹽以行賑。忠誠懇切，上爲之感動，勑下如議。公晝夜區畫，選委賢能守巡，綜理周悉，關中之民賴以全活，故雖遭大凶，地方無虞，其詳見賑濟事宜録。織造太監至陝，供億甚繁，則因歲歉奏請停止，上命取回，人心大悅，謂公有回天之力。

〔一〕「私」，據萬曆李楨本改。
〔二〕「予」，據萬曆李楨本改。

庚寅，陞刑部右侍郎，未任，丁毅菴先生憂。服闋，大臣科道屢薦之。癸巳八月，起改兵部右侍郎，朝野屬望。乃九月下旬遂感痰疾，然猶在部理事。十月初，大同軍叛，力疾上疏言(滅)[討]〔一〕賊之策，且求休退，上不允去，而下其議於有司。時有言官繫獄問死刑者，一大臣欲具疏以救，謀於公，公曰：「袛成君之名耳，不能救彼也。」其人問故，答曰：「須同諸法司請于當路者，使恩出于上，則可從之。」言官果得緩誅。是月望日，上賜鮮藕于其第。十一月二十六日終于宦邸之正寢，距生成化庚子，年五十有四歲，位未能竟其所學。嗚呼，痛哉！病中縉紳訪候無虚日，遇人輒論國家大事及爲學之要，亹亹忘倦，不知其病也，其未竟之志可知矣。

訃聞，上傷悼，賜諭祭，勑有司營葬事。諸公卿、臺諫、部曹暨鄉黨、知舊爲文誄之者百餘篇，其頌純盛德業無異辭，則公豈非一代之正人藎臣哉！

初，公生而岐嶷英敏。五歲，母趙淑人歿，公即號哭擗踴如成人。常依鞠于外祖趙翁，翁每撫其首曰：「此子面方口大，動止不凡，他日必昌宼門。」年十二，從邑人任同知受舉子業。十五，補邑庠生。弘治丁巳，隨其叔父大理裕菴公於京師，遊中丞姚東泉之門，布袍短褐，往來徒步，東泉甚重其器識不凡。同諸君講學京邸，公篤信踐履，勇於寡過，同儕遜之。一日，聞毅菴先生病嗽急，即暮裝晨歸千餘里，六日夜抵家，侍湯藥，不解帶者四十餘日。毅菴先生見公至，喜甚，疾漸愈，鄉人稱其孝感。後公在寧波、南畿、關中皆迎養。事吳淑人極其誠敬，痛趙淑人早逝，言及必流涕。處諸弟恩義備至，雖從弟天與幼孤，攜教宦所，至發解山西，登進士，今爲東昌知府。其交友始終無間，病疾患難，盡心相恤。鄉里無大小，皆有恩禮。則公著於政績者，豈偶然哉！

公上世本徐溝縣人，國初有諱信者徙籍榆次。信生文長，文長生彦清，皆隱德弗耀。彦清生琰，琰剛毅重厚，積仁行義，寔昌世業。琰生玘，馴雅純篤，以次子儉貴，贈大理寺左評事；以公貴，贈都察院右副都御史。配張氏，封太孺人，贈

〔一〕「討」，據萬曆李楨本改。

太淑人，是生毅菴先生諱恭及裕菴者也。先生以太學生仕判定州，明敏正直，忠信不詭，定人至今頌之。以公貴，封如其官。配即趙淑人，寔生公。繼配吳淑人，生天秩、天衢，俱七品散官，天瑞舉人。然則公之所淵源者，遐哉茂乎！

公配郝氏，相敬如賓友，累封淑人，蘇州府同知坲之孫。子男二：長陽，己丑進士，禮部主客司主事，學行克思肖公，娶王氏，贈孺人，都御史和順王虎谷先生之女，予嘗擬之程張、朱蔡爲姻者也；繼娶王氏，憲副陽曲王公槐之女；再繼趙氏，封孺人，義官趙晏之女。次陟，蔭補國子生，聘太僕卿太原侯公綸之女。女適邑人國子生郭堯臣。孫女□。

陽卜明年嘉靖十四年二月某日葬公于城西祖塋之次。今年春，予以公務取道榆次以哭公，詢其後事，陽言臨終棺斂之需，多假于人，俸入僅置田數區，雖居第仍舊弊陋，未葺理。乃延予食於天秩之屋，天秩屋反優公數等。予謂陽曰：「此汝父之所以超邁常流者也。汝繼其志，增光多矣！」陽抆淚不能已，予與天秩皆哭。陽遂以銘請，予頷之。今東昌又以前太常卿翰林院學士棠邑穆公伯潛狀來，予覽輒泣，數日而後能次第其［事］〔一〕以志之。銘曰：

嗚呼！自斯學之不明也，過之者鶩爲高論，而行未方；不及之者溺於流俗，而見未弘。士習日敝，民生寖殃。惟公同諸君子之遊也，蓋久未此乎怏怏也。是以處能從其所志，仕能行其所藏，惟道義之是履，雖禍福之弗怦。司刑（之）［則］〔二〕稱淑問，典郡則著循良，凡京兆、巡撫之所至，輒鴻功偉績之（收）［攸］〔三〕成。實後造之楷範，廊廟之梁棟也。乃今已矣，士林失望。將歸窀穸，何勝悽愴！爰銘貞石，河山並長！

〔一〕「事」，據萬曆李楨本補。
〔二〕「則」，據萬曆李楨本改。
〔三〕「攸」，據萬曆李楨本改。

明誥封淑人羅江冼公之配霍氏墓誌銘

誥封淑人霍氏者，南京太常卿前工部侍郎羅江冼公之配也，順德莘田義官素菴翁之長女也。及笄，歸於公，行四十年矣。公方正卿大理，淑人俄懷桑梓之樂，攜其子若孫還順德，族孫舉人桂奇，今進士也，亦侍以還，在嘉靖壬辰之秋。越明年癸巳十一月四日，遂病不起，距生成化壬辰四月二十三日，享年六十有二。則淑人者，其亦柔嘉明哲，有所先見者乎！

初，淑人歸公，時舅鷗侶先生、姑楊淑人皆年垂六十老矣，而公適補邑庠弟子員，身就業而心憂甘旨之弗親，淑人寬之曰：「是吾爲婦人者道也。」於是上事二人，小心曲至，凡敦牟巵匜、飴密滫瀡之供，罔不精嘉，隨所意欲，皆得其歡。公獲顓業邁往，成進士舉，及令安仁，服食之珍，必以時獻，咸稱口體。舅姑每語人曰「霍氏婦亶孝敬」云。

歲壬戌，鷗侶先生卒，則又竭力相公，以襄大事，誠信思懋，庶無罪悔。比公起，補大興，尋擢御史，迎楊淑人於宦邸。公方旦趨朝參，夕理政務，晝接賓客，弗暇也。淑人於寇紳酒饌，先期躬辦，不委僮婢。其於楊淑人之食上衣進，尤無後時。他日，公奉命查盤湖、貴糧馬，繼按應天、徽、寧諸郡，淑人顓事楊淑人於羅江里第者七年，無一不稱楊淑人心。楊淑人遘疾思公，即騰書啓公以歸，語有「報國日長，事劉日短」之意。公屢疏獲終養者，淑人與其力也。

歲丁丑，楊淑人疾篤，淑人憂形於色，躬侍湯藥。其卒也，慟哭幾絕，或者止之，對曰：「無吾已也，生事盡敬，死事安能不盡哀乎？」嘉靖丁亥，聖上以公久甘恬退，起陞南京通政參議，尋遷太僕少卿。未幾，晉南光祿卿，繼晉大理正卿，南北往返，淑人與偕勞勩，供饋無異於歸時。公退食，語及獄事，則尤肫肫開勸，服念求生，一時平讞，多稱不冤，識者占其必有後云。

子男五：長堯賓，廕太學生，娶黎氏；次堯臣，娶張氏；已出。次堯民，早殤；次堯佐，嘗從予遊，器宇志識遠大，聘關氏；次堯相，尚幼。女一，許戶部主事岑萬之子；皆二室出，淑人撫之無異所生，鄉人以爲難。

嗚呼！若淑人者，内相羅江公，成德於身，樹勳於國如今日者，當非古賢媛流者哉！堯佐將歸，從兄葬母淑人於順德某山之原，乃持兵部司務馮君徽狀以問銘，是不可辭。銘曰：

猗嗟淑人，毓德名門，既歸於冼，婦道是敦。夙興盥饋，時芼蘋蘩，公處贊學，仕贊以溫。宜公所至，德政雙騫，淑人陰植，豈非古媛！英英鸞誥，業業魚軒，俟勤俟孝，貞慈本根。風流來裔，於爾嗣存，銘兹貞石，百代是言。

明封南京戶部郎中沖菴鄔君墓誌銘

君諱榮，字廷臣，號沖菴，鎮江丹徒人也。系出春秋晉司馬彌牟之後，彌牟爲鄔大夫，後因姓鄔云。君賦質醇謹，和厚恭讓，又多才能。兒時讀書通大義，不求甚解。既壯，南浮三江，遊吳會，往來淮、泗、徐、揚之間，所至相愛如宗黨。母早卒，君以弗逮養，語及輒流涕。叔母馮孀居，君事之甚謹。伯姊苦貧，賙其匱，終身不衰。與諸昆弟相處怡怡然，或不給，頻出橐金以供。撫兄子茂才繙若己出，且爲求師教之。有他姓姪久貧不能娶，遺之聘幣。

一日行市中，見寒無衣者，與之緼袍。常出錢貨鄉人，不能償，遂折券棄債。性簡易，不治威儀，見人恭敬慈愛，言語欵曲，然慷慨多大略，又知曉事體，斷而行之，若矢發於弩，動輒中的，諸父行長老皆推讓焉。里中凡有小隙雜紛，得君片言，無不解悦，於是行義重於鄉黨，郡大夫聞而佳之。其行養老禮，宿爲大賓，然君一再往，輒又辭去不赴，蓋其性不喜榮利若此也。教子以嚴而義，其長子紳舉進士，筮仕烏程令，命之曰：「毋滅德，毋怠政，毋黷刑，毋傲上，毋驕士大夫。慎兹五誡，吾知免矣。」紳由是仕益達顯，歷官戶、禮二部尚書郎，任齊郡太守，未艾也。歲辛卯，天子以大禮成，推恩君封爲地官主事。癸巳，復以青宮之祥，進封奉政大夫。君乃時設供具，召故舊賓客相與娛樂，以順適其意。如此者，垂二十年，豈非所謂達生委命，安樂壽康者哉！

生於天順二年己未，卒於嘉靖十三年十一月二十一日癸未，享年七十有六。曾祖暹，能詩文，國初以賢良方正徵行郡

儒學教授，寧晉縣儒學訓導。大父處士諱名，通子、史、星、曆諸書，隱不仕。父榮壽公諱澗，醇謹善治生，壽八十，武皇帝踐祚，詔授以官。然則君亦可謂前有所承而後有所繼者乎！配高氏，再封太宜人，有內則。男二：長即紳，次綸。女子三：長適余世美，次適郭景隆，俱早卒；季適黄恩。孫男四：曰健，以精筭數隸戶曹；曰仁，備庠弟子員；曰俊，曰佐，咸幼。孫女二。曾孫男一，曰愷。

既卒之明年正月庚申，葬城南華蓋山祖塋之右。太守垂涕泣來南都問銘，則不可辭。銘曰：

於維大夫，淵穆樂只，素履孔嘉，孝友兼致。睦族之仁，波及州里，既篤厥躬，式穀爾子。政在青齊，德自君始，奕業既隆，鄗氏再起。華蓋之陽，徵諸不死。

明流溪處士文君暨配楊氏墓誌銘

君諱子賢，字士希，別號流溪，四川南充縣之安福里人，湘潭丞諱廷輔者之長子，景東府判諱獻者之曾孫也。君生而敏慧，幼即解事，學能屬文字。年十五，喪其母張氏，痛毀幾絶。十八，隨湘潭遊國學。既歸里，顓植家務，遂弛儒業。當是時，祖母張在也，繼母柳在也，三弟子榮、子儒、子儀皆幼也。君上殫其孝，下施其義，凡明農稅桑，罔不躬履，長幼卑尊，咸得其歡。及隨湘潭之任，不攜厥家，夙夜匪懈，祗事宦邸，恐致疎虞。然湘潭政尚嚴切，繩吏浮常。有丁秀者，姦吏也，銜忌陰厚，誣以不法，逋入麻城，當道攝詞，欲攟摭骫法，以甘心於湘潭。君涕泣曰：「父官可罷，不潔之名不可以衊。」遂三四冒威以辯，繼以死爭，徑至麻城，捕秀而取直。於是湘潭言於人曰：「吾微斯子，幾墮惡少謗阱矣。」

蓋君性直方，慷慨果斷，遇事敢爲，見人有過，對面折數，無假借色。然其於親疎厚薄之界，確不可踰。及戶部與弟儒長，庭訓督率，不使放逸。其擇師遺學，禮意勤渠。或旬月一至書室，面稽誦數習然後已。未幾，戶部領鄉薦，入京師，至夷陵，猶教以遠遊之道。乃嘉靖己丑四月一日以疾卒，享年五十有六。

配楊氏，諱淑，大同邑耆德賢之長女，鄉進士欽之妹也。粤既歸君，相之孝友，如出一心。君之隨任湘潭也，遺祖母張氏於家，托楊以事。當是時，張年九十有三矣，楊左右就養，坐則授几，行則授杖，寒則問衣，食則問欲，備極孝敬。他日，張病衰羸，則又身自扶持，臥起行息，無不與偕。及張病革，呼楊語曰：「吾受汝養，不啻子女。吾願天使汝如吾壽九十有六，以受汝子孫之養，亦若吾之受汝也。」故張完終，皆楊之力，而湘潭及君寔前知楊之可托至此也。

楊誨戶部諸子學，雖脱簪珥備束脩，亦不辭。戶部舉壬辰進士，仕陝西司，乃迎養京邸。未幾，差臨清榷舟，而楊遘疾，卒於鈔關公署，寔嘉靖甲午十月十九日，享年六十有七。生男子四人：長即戶部；次即衢，業農；次衛，邑庠生；次術，夭。女子子一人：貞閑，適同邑張禮吉。孫男子一人：如易，衢出。孫女子一人，衛出。

初，君之卒也，戶部已於辛卯年十月十七日葬於縣南都尉堪唐店口東文山下祖隴之右。方至是楊卒，戶部自臨清舁柩，將歸與流溪君合葬焉。舟次江東門之上新河，以問銘，是不可辭。銘曰：

甫甫流溪，早肄簡編，亦既壯長，就養湘潭。或侍胄監，或扞於艱，孝友雙邁，學古心安。刑於有楊，其德不僭，代事王母，百慮爾分。猗嗟父也，乃配攸薰，侯貞侯慈，侯友侯元。宜爾有子，爲邦之賢，載其休聞，百代不刊。

明福建泉州通判禾塘李君墓誌銘

君諱某，字一元，姓李氏，徽州歙縣槐塘里人也。其歿也，監察御史門生方君遠宜狀其行實，至是其子太學生應宣持以謁予，拜問銘。狀言：

弘治壬子，君以朱氏詩中南畿鄉舉。乙丑，銓授湖廣道州同知，甫三閱月，賢能懋著。時祁陽令缺，僉憲姜君檄署縣事，君備詢民瘼，寬嚴兼濟，士民感悦。有中貴過縣，折辱官吏，索賄百端，君遇之以禮，饋遺凉薄，不以擾民。尋寇迫州境，上下騷動，取君回掌州事，內理民務，外給軍伍，應辦如流，州是無患。是歲，饑疫復作，老稺阽於危亡，君欲上聞，當道力

沮，恐貽己累，事遂停寢。時劉瑾竊柄，役賦繁興，憲臣督責，迅於風火。君曰：「賦急則民殘而奉上，某所不忍，雖被劾罰可也。」尋果被劾，罰米百有四十，州民聞之，爭相輦輸，君復峻拒。

他日，推陞副名，知州或勸行賂，可得美官，君曰：「勿用是誘我！使由此進，靦顏無地。」巡按鄭君廉知其事，移文褒獎。其治按隣邑，被殺之民而釋其冤，查盤茶陵等處倉庫而明其公籍，亦爲巡按王、馮二公所稱賞云。寧遠縣城陷於賊，官亦被執，君曰：「賊惟欲得財耳。」乃遂自集所有百金，往啖其賊，獲還其令。於是上官以寧遠數被賊禍，小民困苦，邑號難治，乃僉舉君往。君至，諭民以理，繩之以法，威惠並行，強畏弱安，遠近咸服。未幾，兩廣寇發，夾攻江華，委君督餉，未嘗停絕。渠魁杜志聰等横行刼掠，近入州境，君乃潛會守備官員，雪夜伐壘，勦滅殆盡。撫按嚴實奏聞，獲加旌獎。若乃軍務少暇，循行村落，召其耆老，訪民疾苦，勸之務本力穡，敦厚風俗。他如周濂溪祠之在道州，顏魯公祠之在祁陽，歲久頹敝，竭力葺理，以崇先哲。蓋君臨事不懼權貴，不任智術。其處長吏河南鄭君、赤城趙君，始雖未合，終皆相信。至如誨士之懇切，禱雪之感應，尤爲道人所誦說云。垂滿，陞福建泉州通判，道之鄉官都憲熊公繡、御史何君天衢重君之行，咸有詩歌稱述美政。士民攀留，不假言矣。乃正德丙子九月十八日卒於途，實涇縣官署也，距生成化乙酉五月十四日，壽五十有二歲。

初，君生而穎敏過人，書授輒能成誦。長治經籍，無間寒暑。父商遊隣邑，聞其感疾，晝夜奔迎以歸，湯藥躬進，久不知倦。其歿也，口杜水漿數日，哀毁踰禮。后母吳卒，哭聲動地，絶而復甦，遇節必祭，祭必涕泣。爲舉人時，諸生如方御史輩從學，開講至「哀哀父母，生我劬勞」，嗚咽不成聲。嗣後諸生倣王裒弟子故事，爲之掩去蓼莪一章。其在道州號南遊子，以寓子路負米之感。撫教幼弟，底於成立，俸資所入，委之出納。族人有乏，隨力周給。嘗名其堂曰「敦睦」，請記於學士顧公清，以示其後。則公之發於政事者，豈無本而然哉？

李氏家傳曰：君系出李唐之後，德宗七世孫曰德鸞避廣平之亂，居婺之嚴田，再徙祁之孚溪。其居槐塘，自西四公始也。曾祖志，高祖士庸，皆隱德不仕。配汪氏，生文異，行誼聞於鄉，以君九年通考無過，贈爲州同知。妣吳氏，贈安人。然

則君亦遠有所受乎！

君配汪氏，有婦德，封安人。生男子三人：長應賓，補郡學生，娶在城雙桂胡氏；次應宸，亦補郡學生，娶長齡橋鄭氏；次應宣，太學生，嘗從予遊，當其志行，將發君之未究者乎！娶江村江氏。女子二人：長適教諭黃宣子澂，次適棠樾鮑約。

應宣將從兄應賓卜某年某月某日葬於麻湖田頭新塋，是宜有銘。銘曰：

有覺禾塘，允迪厥生，素履不那，其志孔剛。孝親廢詩，友弟無藏，貳道州守，厥政京京。字民力穡，殲寇缺斨，波及寧遠，賁此祁陽。撫按咸獎，四永有聲，孤介寡合，蔑或迎將。甘心州佐，九載初陞，泉府未蒞，中道而亡。哲人不遇，知者惜傷，有後員員，如芝蘭英。績其休德，爲尔發祥，勒兹貞石，千萬年長。

贈南京戶部員外郎東干陳君暨配太宜人徐氏墓誌銘

東干先生姓陳氏，諱信，字克誠，別號東干，山東濟南歷城人也。曾大父諱厚，任廣州府同知，卒於任。生子諱志，扶廣州之柩以歸，未幾亦卒，家業零替，配金氏，紡績以供家眾服食。當是時，東干君孤立無助，族人有欲以爲繼者，金怒曰：「吾恃此子立家，何妄言耶！」族人因姤之。比少長，未嘗讀書，即能作字談理，既而經史大意及諸子故事皆能言之，然豪俠不事家人業，金詈之曰：「吾所恃者爾耳，乃今若此，吾何望焉！」即痛哭，日不食。君跪而請罪，金始改容，即改節勵行，不妄交遊。有二兄從學，乃竭力供餽，三弟皆幼，撫教有方。然家無恒產，春夏租他人田種，秋冬入城貿易，或晝夜不食宿。然以諸兄弟之故，年二十八尚未娶，有勸之者，答曰：「待諸弟俱有室，吾娶亦不遲也。」

比諸兄弟俱婚，年已三十，始娶宜人徐氏云。於是鄉黨咸重其爲人，或假室廬，或資以貨殖之本，而家始漸裕。後長兄廢儒出賈，次兄任宜城縣吏，次兄任鈞州同知，季弟商販，俱能起家，人皆曰：「東干君之力也。」及兄弟欲析居，君以公所

積讓諸兄弟，惟取破屋數間，徐宜人亦秋毫不介意。君又樂施與，凡婚喪貧急，必盡力周之，雖沽田鬻屋不恤也，且未嘗私蓄。坐此復大貧困，諸兄弟皆殷實，故鄰里多有不直諸兄弟者。

君素有膽氣，嘗省二兄於駱駝谷，至泉峪少憩，忽大風起，廼隱樹下，窺之大蛇長數丈來飲泉水，俯首石磴上。君思飲畢必毒己，縱免，亦遺患於他人。乃極力抱石，自高以擊之，正中蛇首，斃焉。歸語人，往視，莫不驚駭歎息，以爲有神助焉。性能飲，至數斗不醉，飲後即不言，恐差錯得罪於人。與人豁然無爭，然性本直，人少過，即面折之，故無少長皆敬憚之，然亦有疎遠者矣。惟比鄰李氏者知其賢，甚厚君也。生於天順丙子八月二十八日，卒於正德甲戌四月六日，享年五十有九。

所配太宜人徐氏者，邑人諱通者之次女。處室時，惟事紡績縫剪，酒漿無不精妙。性頗方嚴，人未嘗見其言笑。通以君之賢而女焉，采物一無所取也。太宜人既適君，不敢恃此輕諸母，以故無內外皆賢之。凡戶部與兄弟之學，皆太宜人躬親供看，嘗歎曰：「爾祖母嘗謂我能與同，豈知今日事事皆同邪？不知汝兄弟他日有能成立以繼先志者，亦能如伯叔否？倘有成立，我死真亦不恨，否則我何面目見汝父於地下哉！」言已，繼之以泣，或嗚咽不食。及戶部兄弟或有過差，或少慢惰，詈且泣，或竟日不食。戶部兄弟改過，即又百方勸慰，以此力田讀書，咸有成績。

太宜人生於成化甲申七月二十三日，卒於嘉靖癸未正月十有二日，享年六十歲。東千君先贈文林郎江西建昌府推官，加贈南京戶部員外郎。宜人先贈孺人，加贈太宜人。生男子三人，女一人：長軒，娶閻氏；次即戶部，中嘉靖丙戌進士，歷任南京戶部主事、郎中，名輈，娶崔氏，加封宜人；輅，娶趙氏。女適王詔。孫男一人：昺，尚幼。孫女七人：長適張岱，次六人俱幼。

初葬城西南四里塋右，爲山水所齧，今改葬城東臥牛山陽。銘曰：

猗嗟東千，率履孔嘉，既篤于孝，友于疇過。刑于宜人，媲德靡瑕，宜爾有子，嗣美有那。爲國之才，將大爾華，銘茲貞石，其風四遐。

明工部郎中東丘楊公配安人潘氏墓誌銘

東丘先生諱榮，字時秀，姓楊氏，又號一齋，其先關西人。自其八世祖益之仕元爲大使，卜餘姚縣學宮之東，依櫨星橋居焉。至厥祖自莘，家業日盛，兼敦詩禮，門庭古榆蓊鬱，遠望江南北，呼爲古榆楊氏，然即喬木著姓矣。自莘生泮隣君名宜振，以先生貴，贈工部主事，配王氏，封太安人，次配傅氏，寔生先生者也。

先生生而穎異，日記書可千萬言。史省菴君自教諭致仕，以蔡氏尚書開講里中，先生從之遊，遂淹貫史百家氏，又爲詩文立就，省菴大奇之。成化壬辰，登吳寬榜進士，授南京工部都水司主事，陞本司員外郎。丁傅太安人憂，服闋，改北都水司員外郎，陞本司郎中，督理徐、淮以南河道。疏疾歸養，執政者方議大用，而先生卒矣。

初，先生受性剛介，居官風力幹敏，動著成績。於南部管造進貢黄船，北部提督器皿廠，程工建規，搜姦剔蠹，其綜理周密，中貴皆莫能撓奪，且歲計既省，而任載供用，堅久倍常。比督理河道，釐書刑部，才識滋練。於是濬河渠以備淤塞，堅隄防以葺閘壩，視水道盈縮爲上下啓閉之節。官民轉漕之舟至止鱗次，酌緩急爲先後，懸畫一之規，不爲豪右所假借。貴戚有全姓者不能堪，執一貢士摧辱之，以逞其私，公毅然立置之法。全密爲飛語，馳訴於上，被繫禁獄，人咸危之。先生了無懼色，且賦詩獄中以自明，詩云：「自保此身無屈曲，肯教大厦有危顛。」是時會有大司空劉公者，昌言於朝，謂：「鋤強梗以右漕舟，巡河職也。此而獲罪，後將何勸？」抗疏爲辯，竟復其官，河道賴之。嗟乎！使天假之以年，當其建立，碩勳偉庸，銘彝勒鼎，又不知何如也！

初，先生事泮隣君暨王安人，養盡其力，喪致其哀。至迎傅太安人於留都，儀物滋備。兄弟四人以家衆析產，公一無所較。念伯兄諱芸者厄禮闈之火，撫給遺孤，攜其次子篚於留都，延師誨之，而長簡用底成立，發科第，至郡守。其服膺史省菴之訓，即與其子太保一拙公誼若兄弟，子婚其女，締好以垂世世。夫先生之治行立德如此，宜其見於政事者，卓然不

羣也。

先生少即好學，肆力翰墨。在太學時，與閩之林公瀚、李公仁傑輩二十五人爲文會。嘗試禮闈而南，舟次旬月間，取唐音和成一帙。平生更精研理道，有所得，形於箴、銘、序、說以紀之，海内名勝，隨遇有作。麗澤集、和唐音見梓行焉，一齋集藏於家。又喜爲草書，筆法遒勁。其寫墨竹，瀟灑出塵，天趣渙發，至有刻石以永其傳者。蓋先生於其大者既已如此，宜其發爲緒餘者，不勞而度越乎人也！

配潘氏，封安人，前以賢良方正徵爲侍御史諱楷者之女也。事泮隣君、傅太安人極盡孝敬，得其懽心。及歿，喪葬靡不曲用其誠。其事先生，往返禮闈，經費勞勩，不辭其艱。而處妯娌伯仲，欣然和氣，終其身無少忤。薦祀必親必躬，至待親朋、御婢僕、周窮困，皆有義也。

先生生於正統戊午十一月十八日，卒於成化丁未正月初九日，享年五十。安人生於正統辛酉五月初五日，卒於嘉靖戊子八月二十一日，享年八十有八。生子男一，名策，贈刑部主事，以書經起家，爲仁和駙馬府訓導，狷介不阿，無忝家風。女一，適成都府通判翁睦。贈君娶某氏，生子三：長大章，舉嘉靖癸未進士，予同考禮闈所取士也。兩知瀏陽、歙縣，以旌薦擢刑部主事。大同卒叛，選遣才賢，改調職。方頃，以營繕繁難，復晉工部員外郎。繼先生之志而闡其經濟之藴者，必此夫也。次大韶、大夏。孫女二：長適鳳亭周諫，次適庠生承閣周大宜。曾孫男三：長成學，偕大韶、大夏俱習舉子業；次成器、成志，尚幼。孫女三：長適陳都憲省齋仲子有孚，餘尚幼。

先是，先生之卒已葬其祖塋洋溪山之麓，未銘也。至是營繕將舉太安人之柩合葬焉，乃以其外弟都指揮孫君堪狀問銘，義不能辭。銘曰：

有懿東丘，天授孔方，既篤厥親，亦友於兄。誕其懋學，百氏咸章，粤仕都水，南北著聲。鮮船有度，内器有程，中遭姦訴，於正滋光。位不滿德，令聞京京，宜爾有嗣，發潛於明。紹開嘉績，爲邦之良，載其休風，如江水長。

贈工科給事中鹿門汪君墓誌銘

君諱文明，字希舜，別號鹿門，湖廣崇陽縣人也。舉正德丁卯鄉試，明年以禮闈乙榜授樂安教諭，陞順德府教授。兩有績，陞彭縣知縣，卒於彭。今年以子工科給事中宗元之貴，遇皇太子生，覃恩得贈如其子之官。初，給事中之葬君也，未有銘，至是以狀問銘。予傷給事中之志，不能辭。按狀：

君之知彭縣也，彭素稱難治，君一意慈民，不媚上官以邀聲譽爾。乃砥賦程稅，按籍而行，貧富咸宜。歲旱民流，賑撫兼至，又率僚禱雨，三日大澍，秋大有獲。因編召遂人築陂瀦水，以備旱潦，東作方興，履畝勞徠，俾無惰農。鎮守寺人榷茶於彭，彭不能飽其所欲，則力以身捍，彭人賴以不病。蜀藩莊田插接彭境，數被侵畝，民無若何，君據圖質成，歸之於民。有巡撫某者嘗出征松藩，馮勢淩轢郡邑，吏率賄其子以求免，彭人以告，君曰：「彭以貧敝，素稱『乾彭』，安所與賂？」乃惟糗芻儲峙，不使乏軍需，按無可罪，含怒而去。其處獄訟，雖至盈庭，剖折如流，圄無滯囚。諸武勢豪皆縮首斂跡，有犯者必寘諸法。是以彭人率得力農耕桑，日漸殷富，讙聲載道，莫不稱「汪父」也。又能興學勸士，祠神飲射之所，亦與修庇，咸有儀矩，彭俗彬彬嚮於禮讓。部使者率薦剡，而君已病矣。

先是，樂安、順德之教，篤於造士，講藝敷文，士翕然從之，出其門者，名有家法。丙子，聘考山東鄉試，校閱精明，是榜時號得人。初，君穎發迥異常兒，厥考稱其元焉。比長，爲學官弟子員，磨礪名節，廉隅自立。事父母不違其志。行業文章，煥焉可稱。則樂安、順德之教，彭縣之政，豈偶然哉！乃天不究其年，以需后祉，而竟止於斯乎！

君父諱澡，封兵部武選司主事，妣夏氏，封安人。祖諱璉，妣王氏。曾祖諱德亨，妣田氏。上世出自魯成公黑肱之次子名汪，仕魯爲大夫，食采平陽，後家婺源。國初有樂善公清甫者，徙籍崇陽。則君之所源流者亦遠矣！

君配楊氏，生子宗元。然則啓君之玄積而發其祥者，其在工科兄弟乎！是宜有銘，銘曰：

猗嗟鹿門，厥履軒軒，蒞任亶厚，立教以倫。彭民既阜，刑士風敦，宜爾有子，諫議攸舉。載其聲問，百代如譽。

明開國輔運特進榮祿大夫柱國靈璧侯湯公墓誌銘

公姓湯氏，諱紹宗，字承功，鳳陽府鳳陽縣東湖村人，前開國輔運推誠宣力武臣、特進榮祿大夫、左都督、左柱國、議軍國事信國公東甌襄武王之六世孫也。弘治年，孝廟軫念開國元勳常、湯、鄧、劉四臣久闕爵緒，起公儒素，至京欽受南京錦衣衛指揮使，主奉東甌王祀。公即守俸節用，致孝鬼神，蒸嘗捲饔，燕毛羣族，以洽恩禮。常悲父母蚤逝，不獲榮養，每祀泣下，沾衣裳濕。其遇鄉黨，謙抑自居，不敢惰驕。居第有隙地，鑿甃爲沼，匝蒔花竹，暇延文學儒雅，談詩問書，無他玩好。性樂施予，雖遇不足，怡怡無怨。

嘉靖十年，聖上申眷元勳四臣子孫，選繫正派，徵拜封侯，遂授公開國輔運守正武臣、特進榮祿大夫、柱國、靈璧侯，食祿一千石，乃給誥券，妻封侯夫人，子孫世世承襲。尋值大祀，賜蟒衣帶金鏊絨甲，守衛皇城。公恪慎厥職，夙夜匪懈，聲聞四馳。未幾，受命冊封遼藩，威儀棣棣，進退容與，而又悉卻餽遺，垂橐無金，稱真使臣焉。越十三年，奉勑葬祭楚藩，滋持敬畏，終事無釁竣過。南都謄封三代侯誥，焚黄墓門，宣讀王言，舊都人士觀如堵墻，丘墟重輝爾。乃兼程復命，舟至臨清渡口水驛，遘疾，卒於王事，寔嘉靖十四年五月十一日，距生成化十一年十月二十日，享年六十一歲。訃聞，輟視朝一日，賜諭祭者二，命有司治葬事，誠盛典也。

初，公幼孤，鞠於祖母傅氏，垂齠端重，見者褒嘉。稍長，輒知向學，被服儒者，出就外傅，治朱氏易，攻舉子業，即有名稱。及遇恩例，受官錦衣，偕同事者四人往謁冢宰三原王公，王公獨注目於公，顧僚佐曰：「湯舍人終當腰玉厥後。」果然，餘三人先物故。則公之封侯雖出祖勳，然自信世子後，閱數世不敘，至公而復興者，其器識學問亦不可少也。

昔者東甌王從高皇帝之渡江也，既取太平，定都建康。當是時，西有陳友諒據荊楚，東有張士誠據姑蘇，皆勁敵也。我

師擊東則虞陳，伐西則慮張。王時操軍毘陵，固守東鄙，歷歲與士誠旌旗相望，雖彼兵甚鋭，狡百計，誘以子女玉帛，王不以爲然，獨當一面，凡國之事情，彼終莫聞。東藩既固，高皇帝得以從容西平荆楚。王乃克永新，取姑蘇，縛士誠以獻，戡定吴越，浙東、八閩悉歸版籍。及副征山、陜，所至奏績。微王之阨士誠也，則二僞交寇，兩禦實難，天下未知何時而定。然則王固有萬世之功，帶礪河山者也，子孫可以永永爵胤乎！故至公再發者，乃天理必然之數，亦皇上神聖，同符高祖之見，非偶然也。公平生好吟詠，不拘模擬，自成一家，凡若干卷，並紀述先世勳績録藏於家。

初配韋氏，錦衣衛順之女，先卒，贈侯夫人。繼鎖氏，南京鷹揚衛指揮某之女，亦卒。再繼趙氏，南京羽林左衛指揮弼之女，封侯夫人，無子。貳室張氏暨吴氏、李氏。公生男子三人：長佑賢，張出，聰穎醇篤，遊業京衛武學。初就應天鄉試，未第，尋入國子監，再應順天鄉試，亦未第，襲爵靈璧侯，被特恩賜蟒服，委管營務侍衛扈駕備，督南京前軍都督府。娶王氏，皇親指揮漢之女，卒。繼娶鄧氏，寧河王玄孫繼陞之女。次顯忠，吴出，京衛武學，業舉生，娶徐氏，中山王玄孫鼎之女。輔德，亦吴出，尚幼，未室。女子子四人：長適定遠侯仲子鄧祖鑰，次在室，俱韋夫人出；次適成國公仲子勳衛朱希孝，吴出；次幼，李出。孫男子三人：時學、時問、時思，顯忠子也。孫女子一人，佑賢出也。

佑賢卜嘉靖十六年十一月三日葬公南京太平門外鍾山之陰，賜地祖塋之次。以封侯之後，習禮太學，嘗從予遊也，乃手具公狀，托都督青海馬公以問銘。銘曰：闕

涇野先生文集卷之二十八

墓誌銘

明奉訓大夫霸州知州北橋劉君墓誌銘

君姓劉氏，諱璋，字尚德，别號北橋，延安中部縣原村人，誥封中憲大夫、彰德知府前義門巡檢諱景者之子，都察院左僉都御史諱聰之弟，前刑部郎中仕之父也。仕主事刑部時，予任翰林修撰，君知南和縣。未幾，自南和入京來，得數會晤於宣武門東，義氣輒相許可。予子今舉人田適無室，問君第五女，君即與妻之。越數年，今南京右通政綏州馬子汝驥方以翰林編修出爲國子監司業，亡其室，問君第六女，君亦與妻之。今年九月，仕先以大獄事謫戍柳州，恩詔宥還，聞君之訃，道過金陵，托通政撰狀請予銘。嗟乎！道義之交，婚姻之締，予安能忍銘，又安能忍辭哉！

君之爲南和也，邑當直隸之衝，諸務旁午，戴星莅政，至忘寢食，一事未竟，亦不公退。澧河自邢臺來縣，分爲六渠，闇廢久湮。乃選人掌籍度田，程時引灌，郊垌民沾其利，比小江南，語在學士棠邑穆公記中。縣十七社，十社土著舊民，餘則國初山西徙來者。舊民故有田，又先奉例墾荒不税。於是民有新舊，田有多寡，税有盈朒，兼以富者市田遺税，貧者田去税存，邑民阜罷常相懸也。君諭父老，躬丈丘畝，田税相證，貧富咸獲，民率歸業。陳狀撫（院）［按］[一]，於是真、保、廣、大四府

[一]「按」，據萬曆李楨本改。

之田亦因以均焉。又嘗括闔邑糧數，計八千之價而一之，部者分歛其倉之數，而輸民不知倉稅無二價，昔時異價兼派之弊頓革，而完恒先諸邑矣。士習媮窳，賢科久乏，君首建廟學，延師立會，分經考業，增置名宦、鄉賢二祠。又計百家建一社學，凡七十有八。月朔縣試，歲考其成，絃誦之聲，洋溢四封，過者褒加，後遂有登第者焉。邑廳事亦久敝陋，君曰：「我若辭勞，後爲斯役者，寧不厲民乎！」乃鳩材憲功，偉壯倍昔，廨舍籓庫，煥然新美，冢宰增城湛公亦嘗記之。然尤加意種馬，禁其私乘，勤自點牧，以較肥瘠。三年孳乳，有馬蕃庶，御史巡視，見駒駿充斥，深加稱羨，亟馳薦剡。

初，先帝南巡，道路迎送，諸繁劇侈迎。今上駕過，沙河凋弊，令不任事，上官委君署篆，旬日而辦。先則取諸妖僧之募材以備行殿之用，後則南和民以樂於協恭也。凡君諸所營建，費省而不擾，功立而日不愒者皆若此。故君至南和，倉廩不繼，比任五年，積粟二萬，緣堤萬樹絡繹。予謫判解州時路過南和，行數十里，皆在蔚蔭中，而道外田疇暢茂，真爲樂土，當有「蝗螣不生雞犬寧」之詩，故王巡按鈞謂諸州縣曰：「作官當效劉南和也。」

乙酉，陞霸州知州。州邇京邑，人多豪俠，民亦慓悍。君懲其一二魁黠，闔郡肅然。城卽九河故道，歲十九潦，田多淹沒，刼盜頻興，異時大夥流賊皆出於此，除之復生，素稱難治。君乃禁奢抑競，平役薄征，而又演武練兵，嚴拾遺法。居且四年，水不爲災，城北牛沱河遠徙一舍，民饒衣食，盜亦衰寢，君子謂君于天有感云。馬副使嘗失兵備印，百方未獲。君爲禱諸城隍之祠，得屋後，深入地中尺。已而又失，又禱，乃又得之甎坑中，其地與甎皆若未動。若遇旱，禱雨輒應，南和及霸皆然，人以爲君之純誠云。乃己丑得致仕還鄉，修建祠屋，敦崇時祭，治圃橋山之麓，遊息其中。嘗遭歲歉，出陳貸濟，而又倡引沮水灌邑東田，鄉閭窮餓咸依賴焉。若乃撫強知縣之孤，館藺行人之家，完男女之怨曠，篤故舊之友愛，內無私嬖，外無私行，禮賢好義，節用敬賓，蓋有古人之風，學者皆稱北橋先生云。

初，君之生，神采沖異，髫童端重。受學仲兄中丞，奮厲刻苦，析理必精，或徹夜不眠。及中丞舉進士，復受學于前邑尹任御史儀，益造博雅。他日，中憲公還自義門，伯兄玫明農，中丞宦遊，君獨奉二親，承順顔色，侍疾，恒不就枕。身任家政，業日充裕，改建宅第，高朗令終。伯兄剛急，或加呵責，絕不爲忤。師事中丞，終身不改。其訓諸子姪，必稱古道。姪舉進

士，職部署矣，猶臨之益莊。若誨門下諸生，勤懇不倦，尤敦實行。門人馬隆登鄉舉，仕爲推府，執弟子禮，事君如父，可知他矣。正德己巳，君當歲貢，以親老默讓。次年，又以母高恭人之命，始與計偕。明年庚午，舉順天高等。他日，中憲公命析居，輒辭美利不取，別構宅南城僻地，顧諸子曰：「惟願諸汝輩成立耳！」後高恭人及中憲公相繼捐養，君號擗哀毀，幾不能生。然則南和、霸州之政，豈其無本者哉？

始祖仕元，爲萬戶。萬戶生澤，澤生簡，簡三子：君傑、國傑、邦傑。諱國傑者，君之高祖也。曾祖諱處榮，俱隱不仕。祖諱准，縣學生，高亢執禮，嘗署學印，邑人士翕然宗之。配神木折氏，河南僉事鼎之女，是生中憲公者也。則君固源流遐遠，而有祖之風格者乎！

君先配張壽官俊之女，以刑部貴贈安人。繼李氏，吏目旺之女，封安人。男子四人：長卽刑部，辛巳進士，政事氣節，士林稱重，娶宋氏，封安人；次價，次倬，俱秦府典膳，價先四年卒，娶高氏，倬娶宜君韋氏；次儒，舉人，蓋嘗倉卒被盜獲，乃以身蔽君而獲免者也，娶高陵李即予室之姪女云。女子七人：一適邯鄲訓導張元傑，二適典膳馬鏞，三適宋澤，四適洛川歲貢生王經，五、六見前，七在室。張出者子女各四，最後三女李出也。孫男子五人：光裕、光大、光亨、光升、光謙。孫女子六人。曾孫男子三人：護、譔、詔。

君卒於今年丁酉四月八日，距生成化六年某月日，享年六十有九歲。仕歸，將卜某年月日合張安人葬于黎原鏊子坪，是宜有銘。銘曰：

於維北橋，抗志伊高，發言有則，威儀不佻。鄉已中式，卷額被剽，奮厥材藝，猶舉京兆。蒞南和民，如赤子保，既砥田稅，亦衡諸徭。百爾廢墜，罔不咸矯，陟守霸郡，民用思饒。誰比誠悃，田弗水漂，行且三載，盜是用消。亶其獲印，祟不能妖，通判爲戾，罪非己招。高臥橋圃，一義嶕嶢，宜爾子孫，儕輩邁超。載厥休問，百代如瑤，銘茲貞石，以戒後驕。

明福建左布政使質菴范公墓誌銘

質菴范公之歿也，其子舉人永宇兄弟自桂陽寓書金陵曰：「往年宇母何孺人歿，涇野子既銘之石矣。茲父之銘，諒亦不靳乎！」並以前郎中閩人林炫狀來。予歎曰：「嗚呼！質菴公乃未究其志而止此邪！」按狀：

公諱輅，字以載，別號質菴，初號遠咎子，再號三峯，柳州桂陽縣某里人也。生有奇質，長益英邁。登正德辛未進士，筮仕行人。是時，諸所差遣，多狥干謁，而職司其居者，顧或不與。君即上封事，引明前典，至以冗員自讓，侵官諷人，於是使事復舊，風采懋著。嘗使蘭州，再使崇府，皆禮成即返，無所滯染。冢宰邃菴楊公稱其學識氣節，度越等夷。甲戌，選授南臺理刑。明年，授雲南道監察御史，首言建儲以安宗社，謂先帝御極，榮王留侍，宦瑾亂法，致之去京。今當妙選宗室，偹儲貳位，俟有青宮，然後分茅，至引宋韓琦懷孔光傳以上仁宗，而其「馳騁騎射，服習戎陣，不御深宮，孤立可畏」諸語，聞者縮舌。是時，軍官簡文王忠怙勢淩辱監臨主事，至捶殺其隸人；太監黎安構隙寧、淮二府，至折撻其長史；南京守備劉瑯貪婪暴虐，至令都人罷市切齒；刑曹郎中聽富民析產之訟，至受寡婦之金，而徇偏私。公皆歷疏指劾，乞正大法，南都稱快。其論納馬姬事，比擬過直，尤人所不敢言者也。

丙子冬，奉勅清理江西，時逆濠虐焰方熾，有勸公避難者，公引埋輪事以行。至未數旬，卽論濠優秦榮僭，侈居如王宮。繼論濠令三司朝服慶賀，蔑棄典禮。乃又劾太監畢真附醜仇正，瀆貨無厭；都指揮郭宇傳泄諸司消息，罪狀重多。且請武廟或出郊原，嚴警蹕敦扈從，以防不虞。當其風采，人或比范滂云。然真、宇皆濠黨也，濠、真使人遮留公奏，各先誣奏公離間骨肉，誹謗宗藩。公巡歷至贛，被旨拿解繫獄，拷掠幾斃。值聖駕北狩，縲絏七月後，送法司議罪。復值聖駕南巡，又淹繫經年，始謫龍州宣撫司經歷爾。乃修崇禮信，均平賦役，又使知送死之道，以感化四夷。未幾，逆濠及真、瑯相繼以叛誅，論者謂公有曲突徙薪之功，交薦十餘疏。

辛巳，今上登極，詔復原職，送者填道泣別，名其厓曰滴淚厓。閱月，即陞漳南兵備僉事。四閱月，又陞饒州兵備副使，蓋殊擢也。饒州東湖，盜之淵藪也，公議設官兵於康山以控制。又禁遏淮府羣校之恣横，乃修饒城及萬山、東鄉二城，創置安仁一城，皆經畫有式，出納明允。而又築湖堤以壯學宮，增漏澤以掩貧骴，焚庫皮以袪積祟。威惠大行，信義昭著，盜戢民安，屹然一方。有郡守乖禮，因公面詰，遂生荆棘，且嘗見忌鄉宦，構興讒謗，流布遐邇，言官論列，漫及於公。公即懇疏乞歸，雖撫按交留旌薦，亦皆不顧。未幾，一巡察使奏調公南贛，以便行事，公曰：「監司改調，屬官宴然，綱紀解矣。」遂三疏，得旨致仕，饒人刊遺愛録以傳。

公歸，杜門課子，當路故知，片札不通，三年一日也。己丑，尚書胡公永清薦起公密雲兵備副使，尋轉本司，討礦賊有功，獲賜金帛。是冬，陞陝西參政，分守隴右，駐劄鞏昌，協勦西番板兒等族，再荷賜金。七閱月，陞福建按察使，過家省母朱夫人，承歡月餘。母忽遘疾不起，居喪哀毁，數日不食。服闋，巡撫汪公珊薦公與唐公鳳儀爲全楚長材，乃甲午春復起山東按察使，撫按交薦。秋，陞浙江右布政使。藩務叢雜，乃未明振衣，日中退食，形神頗瘁。丙申，陞福建左布政使，七月蒞閩，精神頓減，歸思屢興。十月二十六日，遽中風痺，越三日，卒於正寢。嗚呼，傷哉！

公和厚精確，遇事敢爲，勇不可奪。事母至孝，獄病中形之於詩。撫兄孤女極厚，嘗攜養一甥於宦所。捐積俸貲，立置家廟，序刊族譜，周族人之不能婚葬者。叔珏卒於金陵，貧鬻其子，公贖之以還，又歸其喪。鄉友許君愷卒於塗疫，躬爲殯殮。至於辟薦名賢，如恐不及。雖處鄉州盜寇，亦皆有策。然則御史之風烈，藩臬之樹績，豈偶然哉！

公配何氏，先卒。舊無妾，赴山東過徐，始納一妾曰張氏，公卒之五日，自經以從之，亦異矣乎！子男四：永寰，貢於鄉；永宇、永宦，相繼登名鄉舉，皆嘗從予遊；永宲，業儒。女一，適醫官郭畋。孫男五：時敞、時敕，俱邑庠增廣生；時敷、時敭、時徹，尚幼。孫女六。曾孫男二：元默、元熙。

公生成化十年甲午九月十一日，享年六十有三。所著有質菴稿及續稿若干卷，藏於家。

永寰將以某年月日合葬何孺人於某山之原，是宜有銘。銘曰：

嗟乎！御史之難能也！士風之邪正，世道之隆替關焉。夫彈劾其職也，當其有勢，恐忤權而違時也，或逡巡而避之；當其無勢，恐寡言而曠官也，或搜剔而論之。夫薦賢其職也，當其高賢，恐其或拂人也，姑隱忍而已之；當其未賢，恐其未合人也，或夾帶而辟之。於是豺狼恣於當路，姻婭齒於膴仕，士風以邪，世道日替，憂國之士，每切念焉。范方伯之初爲御史也，侃侃乎其嚴辭也，庭庭乎其正色也，斷斷乎其履公也。是故寧論劾劉瑯、畢真、宸濠諸姦，雖瀕於死而不悔，而不欲以迂說浮議之事，姑以塞責而免禍。寧論録羅玘、張吉、王思諸賢，雖寢其報而不怨，而不欲舉鐕刺營苟之人，姑以示恩而徼利。得公數人，布列臺省，又何憂士風世道哉！乃今云已，傷如之何！銘此貞石，千載其不磨！

明誥封宜人南京工部郎中李時昭配孟氏墓誌銘

昔予自翰林謫判解州，道經曲沃，李子時昭爲曲沃令，在縣有治績，士民咸悦。時昭邀予謁恭世子祠，請留題。於是杯酒談笑洽日，皆阜俗愛民語，乃陰重時昭之爲人，未之或忘。他日，陞知予陜隴州，音書又嘗通。乃今已進繕部正郎。其配孟宜人長逝，持其友撰宜人狀以問銘，誼不得辭。按狀：

孟氏諱某，父宣世，爲滑縣名族，母王氏，湯陰人。宜人天性慈惠，貞静柔嘉，内明外訥，力勤行儉，組紝、膳具、女紅皆精造。年十六歸時昭，舅竹軒先生方分教儀真，再教襄陵，宜人皆隨時昭於黌宫。姑郭宜人甚嚴毅，少不當意，輒杖笞人。宜人事之謹，恒當郭宜人意，郭宜人深喜其孝云。諸娣姒見宜人事之當姑意也，悉推服之。宜人又恭遜謙抑，無矜傲色，即娣姒犯之，亦不之校，終其身未嘗相忿戾，諸娣姒稱其讓。待時昭如賓禮，時昭或怒，則懼而退，不敢質辯。及有子女，視諸妾子女無異己子女。雅性不妬，諸妾婢僕有過，輒蓋之不以彰，恐其遭笞也，於是又盡當諸妾僕意，樂其賢。

初，竹軒先生自長安歸老也，家甚清約。宜人力紡績，操井臼，勤勞力瘁，無怨言。時昭年二十餘，始發憤力學，每冬夜讀書，以木綿子煨足，足若寒，宜人手自煖之，時昭感勵，終夜不輟書聲，數年學大進，同伯兄德隆中式丁卯京闈。明年，遊

太學，宜人隨京邸，踰年不越外閫，人亦不聞其言。每餘食或延賓，不呼皆備，雖德隆亦每爲人言其賢。比歸滑，家日饒裕，宜人處之，綽有規制。

嘉靖初，時昭尹曲沃，宜人勸以公、忠、清、慎，時昭率感其言，形爲詩儆。歷官所在，皆有政聲，民懷之，爲立生祠，豎碑思焉，亦宜人之内助云。歲乙酉，時昭擢守隴，時諸子若孫森立，宜人家居訓子。未幾，時昭迎於隴，居半歲，諸子復請歸滑，自是終居滑矣。及時昭二守鞏昌，側室宋氏有女將笄，乃留家，宜人撫之愈于己出。或唆之曰：「二十年糟糠之苦，既榮宦矣，乃不隨任享其逸耶？」宜人即正色斥曰：「吾夫起自寒微，幸有今日，吾復偕行，諸子失訓。故君以綿微之力，受重大之託，詎爲遺糟糠耶？況宦中更清苦乎！彼俗以官爲榮，忌專妾者，吾不爲也。」

家居十餘年，家務秩然，居常薄滋味。諸子或慢遊，必責之曰：「爾父以儒振業，爾等不能繼乎？」於是士偉、士溫肆力於學，爲畿内名士，馳聲塲屋，而諸孫亦駸駸然懋於進修，使時昭無内顧之憂云。每歲時服冠帔以拜祭，平居過姻族則不用，曰：「不可以貴加姻族也。」他日，宋歿于南都，柩歸滑，宜人哭之慟，曰：「宋善事吾夫婦，夫之宦邸，恃有宋存焉。今已矣，奈何？」乃感疾嘔血。宜人少履貧困，勤瘁嬰疾，至是益深，諸子進藥餌療之，漸瘥。比時昭上長至表，便道歸滑，賓集事叢，乃躬率諸婦，調飪營辦，勞憊疾發。丁酉春，臥不能起，時昭限迫，不忍別去，宜人屢促之乃行。是時，士溫不肯就試，宜人疾少間，促之曰：「兒第行，吾疾瘳矣。」溫勉從。既數日，宜人忽不進食，索冠服曰：「將見祖宗於地下。」急喚溫歸：「吾誤兒科事矣。」諸子女環侍請藥，亦不服飲，曰：「命也。」遂卒於嘉靖十六年五月十五日，距生成化某年三月二十七日，享年六十歲。

生男子三人：長士奇，承差，娶呂氏；次士偉，縣學生，宜人卒，娶仝氏李；士溫，選貢生，娶王氏。女子子三人：長適趙溱，先卒；次適陰陽官陳尚賓；季適陰陽官馮相；皆滑右族。孫男子三人：長一棠，次一桂，太學生，皆士奇子；次一本，太學生，士偉子。

士奇等將以是歲某月日葬宜人于祖塋之次。是宜有銘。銘曰：

有淑宜人，居德孔邪，克開懿性，婦職伊嘉。事姑恭順，相夫勤多，恥隨榮外，日理厥家。宜有子孫，藝行如坡，當其遠造，奚啻決科。載爾休問，百世光華！

誥封太宜人李母康氏墓誌銘

太宜人李母者，今杭州府知府章丘縣李端甫冕之母也，姓康氏。父林，悃質純至，鄉閭信服；母孟氏，慈柔敬慎，太宜人其仲女也，克閑壺誠。及笄，歸贈奉訓大夫南京戶部員外郎李君秀。時冕大父梅、祖妣胡氏皆卒，太宜人以不逮事舅姑惋恨，每當歲忌旦，恪修蘋藻，潔奉禴祀。

贈君少爲章丘諸生，家緒清苦，夫婦雞鳴昧旦，綢繆勤生，懋勉德義。嘗夜誦齋中，雨頹隣垣，有艷女子來，贈君儼容麾拒。女子進曰：「深夜岑寂，何復慮人？」曰：「鬼神昭昭，無知乎？」女子慚斂已去，後以他敗，語人曰：「李秀才真佛也！」故同輩呼贈君爲「真白君」云。家爲馬戶徭長，羣戶有負津助者，爲代其算。又嘗挾冕赴試歷下，時有應試生路遺十金，拾之卽標記，候諸遺金所，竟歸應試生，應試生請中分以謝，乃不受。素好賓遊，凡饌具榼，太宜人必躬必豐。雖桑蓬貧窶，姻族單困者，必勸周恤之。贈君亡弟穩遺孤鼎、鼐，方稚嬰，尤相撫之成立，且與完室家。贈君歿於正德己卯春，太宜人發胷擊心，蔬饔不御酒肉者終其身。其閑居，服被縞練，殆餌麤薄。躬領小姑諸婦，職專紡績枲緼，僅供苞約，而己恒以□繡纖妙爲戒。贈君嘗爲冕改造深青繒衣，冕慚不敢衣。及爲諸生，猶衣弊袍，若衣鮮麗衣，則顏輒赬赭，皆太宜人之化也。其教諸子女，少有愆失，輒楚撻之，不少寬假，至僮婢小過，則又勿問。嘗訓冕曰：「汝父蹇躓不逢，吾嘗憤懣。汝其夙夜篇典，庶幾早揚，以光李族乎！」冕竟以文修學成，舉正德丙子山東鄉薦，太宜人喜曰：「是足以旌嗣父志矣！」

比春試不偶，歸遭潦水暴至，一室蕭然，太宜人安無憂色，且解諭之，冕乃拭淚攜同志往業長白山體泉僧居。癸未，再不偶。家僅小磨一座，太宜人竟捐鬻之，以資國監裝費。乃登嘉靖丙戌進士，太宜人又喜曰：「吾爲人母者事終矣！此

不可見君子于地下乎？」丁亥，冕補魏令。九月，板輿迎太宜人，就養官閤，見冕洞謹廉白，乃慰之曰：「守官若是，庶不忝于所生，惟克有終爾！」辛卯，轉內臺。癸巳春，左遷倅鈞州。甲午，轉倅永平，咸著美績。乙未，擢南京戶部員外郎，是時太宜人七旬矣，冕乃留宜人鄭氏侍養，獨將二僮之官。丙申閏十二月，恭遇聖上誕儲覃恩，太宜人始得錫封，乃嘔喻陶樂曰：「此吾教子之效也。」

丁酉冬，擢杭州知府，冕之內弟來南致太宜人命曰：「去語吾兒，吾幸無恙，毋以我故，迂途還省。郡守剖符，專城重寄也，遄行以慰民望。」冕乃先郡蒞事，尋遣吏皂往迎，并取諸孤。太宜人堅不就迎，呼語鄭宜人曰：「守勞旬中饋，詎可虛也？婦第往。」宜人乃偕孤子暨坦之二孤來郡，留長孫黃中。冕見太宜人不就養，益愀戚不寧。冬十月，得太宜人患滯下良瘥家音，即遣二孤歸省。時太宜人亦遣黃中之郡，言起居食飲安吉狀，庶以慰冕思。冕以黃中口述符往言，雖稍開悅，然烏鳥縈懷作惡。方候解凍，疏請終養，而太宜人哀訃至矣，卒嘉靖十七年十一月二十七日也。冕所遣問安二孤亦不及生面太宜人，抵家已瞑目二日矣。端甫之政，方大行於郡，吏畏民服，杭人咸惜父母之惠，期月而去，千里忉怛，若奪哺乳云。

太宜人生成化元年十一月二十六日，享年七十有四。子男四人：長晟，殤夭；次即冕，娶鄭，封宜人；次昇，娶顏；少坦，娶王，先卒。女子子二人，嫁爲姜宗、仇仲信妻。孫男子八人：黃中，娶魏；美中，聘謝，冕出。執中，娶華；靜中，未聘，昇出。建中，娶麻；虛中，娶崔；致中，尚幼，坦出。孫女子八人，婿徐更化、韓鯨、張大衍、張汝楠、尹自政、馬本吉、劉某。

冕卜某年月日奉太宜人之柩合贈君葬於某山之兆。冕嘗從予遊也，持蘇州舉人黃省曾狀問銘。銘曰：

猗嗟李母，素履戬穀，既配贈君，其人如玉。夜拒奔女，展矣慎獨，代筭羣戶，遺金盡復。當其刑于，宜母之淑，周貧濟急，惠先弟叔。紡績率家，縞練是服，貞慈雙敦，閨範清穆。宜有端甫，趨道孔速，蒞杭未久，士民稱福。方覃爾祉，云胡不録，銘兹貞石，子孫彧彧。

明監察御史岑山程君之配方孺人墓誌銘

勑封孺人方氏諱孝真者，前監察御史岑山先生歙人程君諱材之配，今簡州知州默之母也。初，歙有結林與岑川相隔一水，世締姻好。方氏遷自羅田，至濟南太守以宦業顯于時，其兄美興公以貲財雄于鄉。濟南公試岑山君而奇之，遂以孺人許歸焉。孺人自幼警穎，既歸于程，力佐家務，費及粧奩。岑山君方廩諷師，力不能具贄，乃卽卸簪珥不靳也。舅清溪公治家嚴且儉，孺人恒節縮滋益之，家用饒裕。及岑山君登弘治丙辰進士，授推汀州，過家歸省，偶疾大作。孺人不解帶者月餘，疾始克瘳，赴汀州任。越一年，而孺人始克抵汀，即不肉食，以相其廉。他日，岑山君偶出差愆期，衙內絕糧數日。比歸，孺人嘻吁無言，默、然暨安平三子不敢仰視，亦無言。岑山君獨撫安平問曰：「汝餓數日乎？何不呼別衙一饋也？」孺人曰：「君以廉介自持，身以冰檗自誓，婦無外事，令不出閫，名節所關，生死罔計，又胡兒女之恤耶！」岑山君亦嘻吁無言。凡在汀二年，日事紡績，畜養雞豚，以充日用。

壬戌春，岑山君簡授監察御史，孺人秋亦赴京，時默、然隨侍，出就外傅，歸卽課讀，率至夜分，紡績以伴。居二年，岑山君清戎浙江，孺人遂挾默、然南旋。正德丙寅，岑山君卒於慈谿，孺人傷痛幾絕，乃遣默入浙舁柩。喪事既終，卽訓二子讀書，無別營爲。己巳春，逆瑾積憾岑山君嘗發其姦，謫流海南。孺人遣默走京師，語以委命安義，然亦卒得以解。因諭默曰：「諫官以直得譴，固所甘也，聖恩汪洋，猶得見宥，非大幸乎？汝輩努力以答至恩。及玆壯年，須勤學精業，親師取友可也。」遂遣二子師事姚江史先生，厚其禮幣。又擇程蘿山者以爲之友，雖拔簪易肴，亦不介意。

庚午，默、然同肄黌宮，方值秋祭，偶以覲歸，孺人曰：「當祭先師，何以覲爲？無師是無親也！」聲色俱厲，二子恐慄，復出追祭。丙子，然舉應天經元。乙酉，默亦舉應天經元，是時岑山書屋亦成，孺人洒淚泣曰：「汝父九泉目亦或少瞑乎！」未幾，然會試，卒於嘉興之石門，傷之甚。未幾，然婦又卒，又傷之甚。至丙申秋，乃一疾甚，殆一日幾不蘇。既蘇，謂

默曰：「汝父既亡，汝弟又死，今止遺汝，汝得禄養，吾心少慰。昨若奄遊，汝至三公，吾不見也。」去冬會試，又遣人赴京，再申前命，故默下第遂就銓揀，得守簡州，走人復命，孺人已臥床矣。七月，默歸拜床下，孺人按摩冠服曰：「汝父死後，不虞又見此也。」喜更少安。越一月，病轉劇，遂以八月二十二日告終正寢，享年七十有二歲。

生男子五人：長煥，次貴，次即默、然，次照，照即安平。煥、貴、照俱早殤。孫男子四人：載吉，太學生；載道，載嘉，載考。孫女子二人。曾孫男子一人：孟生。

孺人愷和貞懿，勤敏寬裕，事勢膠糾，不振不撓，適中肯綮。上事舅姑，得其懽心。四時嘗祭，必虔必拜。屢遭喪變，觸事哀慟，目因失明。其處宗戚必厚，見人疾疢急難貧困，必救必施，不憚再三。嘗有漂水瀕死者，募人拯之得生。家僮婢妾，保衛極至。

默擇嘉靖十七年戊戌冬十二月二十一日，奉孺人之柩祔岑山君之壙合葬焉，使其子載吉持舉人李祀狀問銘。銘曰：

猗嗟孺人，結林攸謖，倒粧佐家，助廉斷肉。他或[絶糧]〔二〕，閉閤撫育，冰蘗之操，鄰亦不告。頻遭殷憂，喪明以哭，相夫執法，教子以牧。婦道母儀，女流之淑，宜爾子孫，傳芳棫棫。

明南京工部右侍郎中梁張公配淑人呂氏墓誌銘

公諱羽，字伯翔，號中梁，漢中之南鄭人也。祖諱某，配李氏。父諱廣，以公貴贈如其官，配鄧氏，贈淑人，繼配楊氏，亦贈淑人。鄧淑人生公，純孝。長爲學官弟子員，好學不間寒暑。弘治辛酉年，以書經領鄉薦。乙丑，登進士第，以憂歸。服闋，授行人，奉使西蜀，無所辱命，兼卻其餽金，一無所選。先時，受業師陳添福充戍遼東，公恒念之。一日，有遼差，隆冬險

〔二〕「絶糧」，據萬曆李楨本補。

地，諸行人苦不欲去，公自請行，且道有師在彼，欲往候，當塗義之，乃卒全師以歸。是時，冢宰銜公疎闊，兩選不與，人以勸公，公曰：「窮達有命耳。」

正德初，宦瑾用事，公獨不近。瑾敗，諸趨者皆被禍。公始授御史，遭流賊猖獗，公經略内外，日夜戒嚴。事平，賚衣一襲。嘗巡按淮揚、山東，刺舉無私，比回所部，吏以金餽，正色拒之。時宰以故人門生屬善視之，之部按之，則巨蠹也。蓋山東號三大害，其中有二焉，乃首劾去之。會中官道芷遊獵，錫予頗濫，公上疏曰：「明王慎德，必矜細行，不以禽獸病民，尤當謹衣裳之在笥也。」遂寢不報，舉朝皆壯其奏。然終所得罪時宰，出守廣平。至則選賢良，退貪殘，施行條教，胥史舞文者，痛繩以法，吏卒畏懾，莫敢仰視。雖隆寒盛暑，漏下五鼓，必起視事，夜分乃寢。訪獲積年民害，充發配所，餘悉以次徒遣。然又和易近民，視之如子，盡得其情，加惠於鰥寡，衣食居處時親省。因刻羅氏諭屬文以勵僚屬。創建漳川書院，羣漳士高等者遊業其中，躬自督課，聘屬官李一寧爲漳士師表，漳士日嚮於學，彬彬著於科目。若乃郡中賢士大夫謝宦里居者，不問崇卑，則往候其家。問民疾苦，舉行之。遂建閘通水，開田千畝，以資困農；奏表趙氏，以勵婦節；嚴禁縣官阿稱，以正士風；便置木牌，令得自白，以達民情；處劑方藥，以濟貧病；收積市利，以蘇里甲。

當是時，旁郡之訟咸願歸質廣平，廣平視諸旁郡，若大府焉。吏有不法者，率望風解組去。順德囚母與僧通，子已壯，不改，惡其子之言也，乃入井死。會當決子，公曰：「母無行負夫，與僧私通，顧可殺子絕夫嗣乎？」因遂得釋。鉅鹿有告婦，奏一要宦暴殺其夫，吏受委，咸憚，莫能決。公按而寘諸法，要宦懼，厚賂朱寧，誣奏下公獄。吏民爭斂錢賄寧，爲公求解，公曰：「吾寧失官，不敢失志。若等愛吾，幸無枉吾志也！」大理直其誣，乃還郡。自後民益相信，斷獄大省，爲八郡最，民有「清水明鏡」之謠。撫按交薦，有曰：「經綸之才，冰蘗之操。」有曰：「精敏之才而庶務克修，公勤之政而一廉尤著。」近因緣事赴京，百姓顒顒然，望其復來，可謂「愷悌君子，民之父母也」，如此者十數年。

河間守缺，少宰廖公請於冢宰曰：「吾郡疲甚，願借張守一年。」比調河間，士民泣而送之，擁輿莫能行。去之日，民有遺思懸像而屋祝之者。河間郡中無賴數十，恃勢豪横于鄉曲，則召地方當甲者謂曰：「若爲甲不緝捕姦俠，顧令横苦小

民。守姑貰若罪，其密報以來。」於是武斷之豪，悉斂跡改行。郡中以清尼寺數十，濁亂民俗，乃廢其寺，歸少尼於民之無家者，即其地立社學，教郡中子弟，又收恤嫠孤於養濟院。郡中有故周卿者，先守漢中，性頗偏科舉士，係府學者得給票過館，係縣學者獨不予，至使公徒步行赴省城。及公守河間，訪其家貧甚，周歿時，朝廷予祭，有司亦廢閣，公移文給米八十石。舊僚通判周禮素清苦，死而妻子貧甚，負貸莫能償，諸貸家日督之。公乃延諸貸家以酒食曰：「若幸與周有鄉里分，周故善吏也，忍窘其妻子乎？」於是諸貸家多感動，出券不復取。乃擇隙地居周妻子，親爲文祭周墓。

武宗皇帝南狩，有司供張，吏緣爲姦，率陽散官錢，陰斂富室。惟河間據郡中官錢以治具，軍民不擾，供張以辦。時薦者有曰：「才識可以御繁，力量可以任重。」河間、廣平，京師股肱郡，素稱浩穰難治，公至輒稱治，聲名籍甚。今上卽位，擢用良吏，始遷公山西參政，分守大同。有巡撫者不恤軍士，穀尚未熟，委官促糧，軍民驚擾。公入言不聽，出即遣牌，弛其限期，軍民始定。巡撫不悅，又暴動軍士築堡沙磧，公固爭之，亦不爲聽，軍中已有異言，畏公不發。比公回省，去不越月，而變作，張遂死焉。及改守冀寧道，首捕妖賊黨衆，下之臬獄，晉人無弗稱快。

尋轉江西憲使，時省缺布政使，有徐御史者薦曰：「張羽德量渾厚，心事光明，操行剛方，方猷老練。若舍羽推補別省官員，是舍驥而索駑也。」公雖抱質敦厚，生平不喜造請權貴，當路嫌之。乃左遷貴州，至則出納慎防，吏不敢私。一日，吏白積餘之金，舊規不報，公盡數登籍。久之，晉南京大理卿，多所平反。有疾乞休，上溫旨勉留。未幾，轉南京工部侍郎，展修國學號舍數百間。窮治假印吏，除姦惡數十輩。又部主事王度嘗捕治京猾滕氏不法事，王憂歸，會考察，被滕讒，吏部欲黜王。公曰：「滕之横京師，誰弗知者？獨王能捕之，顧肯納其賄耶？」王得不黜。先時經營吏率以裁省爲能，市材率不予直，即予，莫能償其本，衆苦之。公三度給價，而商無退怨。尋再疏乞休，會被推本兵，時黠虜入寇，三鎮告急，乃不復敢言去。頃之，考績還，以疾卒於淮上，時嘉靖十二年十月二日也，距生成化六年七月二十七日，壽六十有四歲。使公再永數年，經綸康濟，又何如也！

初，公七歲時，母病爬頭蝨，甚爲累，公默取蝨吞之，蝨不復生。少受學於陳生，甚嚴，公時密歸省，陳初怪之，後知其爲

母也，益加愛重。繼母楊淑人年少，公事之甚謹。家貧好學，雖羣輩嬉戲，手不釋卷。性謙抑寡言，衣服居處喜儉素。平居未嘗言人過，亦不喜虛美人。處家教子，嚴而以正，每曰：「凡事讓人，不可傲慢。」又曰：「溺愛，反爲不愛。」撫教五弟，皆至成立，盡分祖業于諸弟。居學，與諸友取分膳銀，住廩五人，中有貧者，公議均取，諸友皆樂從。贈公自什方歸，頗貧，公將赴省試，辭贈公，昔嘗貸金于邢，不能償，邢移書讓之。贈公醉臥，繼母泣道邢事，公憤然曰：「父辱子憂，何以試爲！」夜行三十里，出費償邢。山路險阻，帶酒夜行，幾不利歸。贈公覺大驚，更與典地爲費，步行赴省。其睦宗族，皆有恩禮，每遺書曰：「爲士者當自重，勿入公衙；爲民者當守法，勿犯有司。」母家子孫零落，止有二孫，牧牛於人，公令其弟收養撫立，相繼承管。至於資給憲友邢恩，既貢入監而連取甲科；憫恤吳、聶二友病故旅邸，輿歸其櫬；若百戶陳璽襲職被盜，裹蓆來謁，乃易衣醫療，亦贐使完歸。蓋公與人處，恂恂若無所能，而見義必爲，萬折不回。居常手録先賢要語，帖置左右，以自警切。雖年逾六十，位至九卿，見僕吏鄉人，未有惰容，予嘗以爲西漢周勃、張歐之輩人也。

公心本純誠，雖鬼神可通。其舉鄉試、會試之先，皆有火光殞于庭院，父母親見。在學時，友人蕭鳳妻迷于邪亂，語不知恥。公每至其門，輒避匿曰：「張大人來也。」後諸友同以物鎮邪，夜投磚石于諸友號舍，獨不敢犯公。贈公居什方時，病革，公日夜奔泣。比及界，夜昏，路不能辨，忽有笛聲導之識路，得至縣，笛卽不聞。時贈公幾死復生，人以爲孝感神明使之然也。他日巡按淮揚時，泗州察院有妖，劉御史者，至夜驚擾，不能寢。公居數日，且養病，妖不復聞。後劉復至，不敢入，召問守者，云：「張老爹住時，止見一鬼甚大，捧藥跪床下耳。」然則公自行人、御史以至廷尉、司空，所至劾績，豈偶然哉！

公配呂氏，邑人呂公文通之女，以公貴贈淑人。呂淑人之歸也，姑及庶姑皆在，嚴甚，乃躬操井臼，脫簪珥以供朝夕。逮既貴，猶著浣補舊衣，攻苦食淡，不少改其度也。生某年月日，卒某年月日，壽若干歲。

生三男子：長重光，舉人，公在南京工部時，嘗遣之從予遊於鶯峯東所，然沉厚圓慎，忠慤不伐，綽有公風烈；次耿光，醫官；次文光，庠生。女三：長適生員唐子順，次適生員謝洞，次適百戶金第。次室王氏，生二女：一適舉人傅以

中，一適生員唐倫。耿光生子三：長槐，官生；次桐、橘。女二。文光生子一，榛。女一。

重光於某年月日已葬公於某山，未銘。槐入太學，持狀請，未獲應。今年戊戌，重光會試，遇其友進賢舉人章詔，又以禮幣促，是宜有銘。銘曰：

有碩中梁，孝未成童，吞蟲七歲，母首免瘍。聞父病革，革走什方，匪遇神笛，父何以生？凡舉科甲，兆有火光，巡按淮鳳，祟不能殃。山東除蠹，忤及宰衡，宰衡不樂，出守廣平。懷民威吏，如漢循良，河間廖宰，借守其鄉。豪黠斂跡，顯要亦懲，被其讒賄，下獄尤剛。身雖顛沛，聲則益揚，既參晉藩，巡撫違經。屢言不用，回此晉陽，撫公益烈，行伍稱兵。桀黠凶虐，撫公被戕，公晉江右，綰綬憲長。貴州稱屈，進天下平，既少司空，姦吏殄亡。當其風采，實王股肱，天不慭遺，乃遽淪喪。縉紳悼惜，哲人其傷，銘此貞石，子孫永傷！

明贈徵仕郎禮科右給事中前扶溝縣史李君暨配封太孺人胡氏墓誌銘

君諱瑄，字宗玉，兗府東阿縣張秋社人，南京刑部郎中、前禮科都給事中仁之父也，以刑部在禮科時贈右給事中。贈君受性英敏，垂齠誦書，輒解大義。父家世農，不喜業儒，乃令入貲爲按察掾。贈君材能煥發，受知上官，顧數不樂其事。弘治壬子，選授扶溝縣史。縣俗富豪健訟，多盜賊巢，令數不獲久任去。贈君至攝篆，擊搏豪黠，舉稱廢弛，案無留牘。乃又構燕息之亭，植荷蒔菊，羅栽名竹，暇則札速縉紳耆舊，樂飲其中，因以諮諏民俗，故凡折辭訊訟，無能遁情。乃又改建明道先生之祠，以使士民伏臘禱祀。縣有強盜，久未緝獲。會有明火刼人財去，遺落氊帽，人以白贈君。贈君令人持洗於市，帽匠見之，曰：「此某人帽也，汝奚得之？」人歸以告，遂擒其賊，並獲餘黨。在縣五年，攝篆三載，吏民畏懷。尋以母苗氏喪，解任。其歸之日，素衣冠送者，自縣屬之河不斷。

服除，改補順德之南和。有朱尹者，負氣陵轢僚佐，諸僚佐多曲意事之，朱益多鞭撻人以示威，贈君闐若無聞焉。朱後

氣益張厲，贈君乃從容曰：「卑高有常禮，參佐有常職。今奈何徒苦左右，示不廣於人乎？」朱乃前執其手，謝曰：「君教我矣！」厥後贈君罹疾，朱爲建醮以祈福焉。歲庚申，當部秋賦入京賦，有宣府邊儲，適值虜寇，宣大戒嚴，或勸以支引無往，贈君毅然曰：「吾職也。」即嚴冬出關，身履沙漠，左右慘然，望見馬騎以爲虜至，悲啼不休，贈君獨無所動，但以喻慰之，卒亦無患。既歸入門，家人驚其瘠甚且泣，乃遽止之曰：「始吾不謂生入居庸關，今已至此，即死猶爲不幸耶！」

贈君長身修髯，議論明確。初，以資當得七品官，以母老，亟就祿養，因失流品焉。生於景泰乙亥六月五日，卒于弘治辛酉二月二十九日，享年四十有七。曾祖諱長孩，幼輒孤，年方數歲，元末兵起，族人爭去，鄉閭多無所歸，乃獨逋居苦山，入贅李氏。後生子勝，配于陶氏，生子祥。祥有心計，常操奇贏，身致碩富，殖田三千，屋數百楹，配于苗氏，生五男子，贈君其第四子也。是其先世敦信崇義，醇樸務本，蓄極而發，積厚而顯，乃至贈君躬被沖允，率履無華，篤生賢子，邦之司直，上馳天恩，褒贈泉壤，不偶然也。

配同邑胡氏，亦以刑部在禮科時封太孺人。太孺人之歸贈君也，苗夫人尚無恙，太孺人務極孝敬，飲食衣物，身自執侍，不委婢僕。其在扶溝、南和之時，猶事麻枲絲苧，以佐祿入。及贈君既歿，其柩殯斂葬之具，皆出經畫。至履藝田疇，課植樹圃，多服其勞。而其教刑部以隆師親友之道，或稱述贈君遺言，夙夜諷勵，至使於義子共筆硯，同甘苦焉。若乃周急恤寡，匍匐救喪，皆其緒行耳。刑部在行人時，已迎養于京邸，自是皆恒在任也。今年九月四日，以脾泄病卒於御賜廊官舍，距生景泰甲戌四月八日，享年八十有五。刑部舁柩歸東阿，同贈君合葬焉。乃托尚寶卿李懋欽以問銘。銘曰：

有彥贈君，天授伊嘉，讜信自履，侃侃不阿。扶溝政美，亦懋南和，移祀明道，士風肆遐。計獲暴客，民用無訛，部賦宣府，慷慨稱戈，虜亦無如之何。嘗舁母柩，送者如麻，屬之於河。厥配孺人，媲德疇過，宜獲褒曲，存亡並華。況茲刑部，秉直不那，纘戎休問，千載不磨。

王生德誠墓誌銘

王生者，吾年友刑部員外歙人黄羅君之子，贈君一舫先生之孫也。黄羅君請予爲一舫齋題辭，謂予能説一舫齋也，於同年中獨厚於予。比既歿，未獲究其才也，予甚悼惜之。他日，予典成均事，其子南道御史德仁獻芝來辭，且言予監規過嚴，非文武弛張之道也，予受而改之，乃私歎曰：「斯御史也，他日必以讜言鳴於時矣，黄羅君其有子哉！」未幾，改官南道，德仁又使其弟德忠從予遊。獻藎負志英邁，端慤不苟，予又私歎曰：「斯生也，他日必以直躬鳴於時矣，黄羅君其有子哉！」尋獻藎告歸，思予復來，以德仁之在浙差也，不得已又告歸，且爲其兄德誠索墓銘。

曰：德誠自少篤志儒業，家人每以其軀弱爲患也，多方沮之，持志益堅。與獻藎受業於德仁兄，互相講習，雖祁寒盛暑，不爲少廢。間得古今文字之善者，必手録之，積至成篋，自六經、諸子至天文、地理、養生之書，靡不涉獵。爲文每滾滾數千言，詩賦尤所長也。嘉靖辛卯，臺選應試第一，已補郡庠生。然爲人質而不俚，儉而不固。恒衣布帛衣，或問之，則曰：「適體足矣。」尤喜敦義排難解紛，振孤恤寡。往年從兄獻茂偶有危禍，屬於有司，君力排之，賴以寧息。又從兄蚤死而無後，宗人有利其有而覬覦之者，乃謀諸兄弟，告于太守，擇其所親愛且賢者以立之。生平不淫於酒色，嘗肄業棠樾，偕諸友晚眺溪側，去舘數里許，友人酒肆攜妓酣歌，君獨坐橋亭，候至三更乃復。

及應試南都，或又有誘之者，特立不亂。且虚己親賢，不以富貴驕人，亦不隨世作炎涼態。接人必以誠實，所交多一時俊誼。人或犯之，終不以校，咸服其量。居常恂恂若愚，無以悦於人者。及死之日，郡大夫士無不悼惜之。夫德誠雖蚤歿，然學已至此，使天假年，真可以追逐德仁而與獻藎並馳也，宜乎徽中人以爲王氏三鳳云，豈非黄羅君之有子哉？夫黄羅君學究未盡施，語所謂「不在其身，在其子孫」者，果然乎！初，王氏之先世有爲金紫光禄大夫獻公者，世家祁門。其後有諱祐者，始遷歙之巖鎮，以至於今，子孫繁庶，爲鎮巨族。至一舫先生諱瑗封工部主事。而黄羅君諱寵，登正德戊辰進士，居

官屢著善政。配方氏，封安人，側室劉氏，生獻藎。蓋王氏自獻公以來，世以慈儉義方訓後昆，宜至黄羅君發而未盡，又有此「三鳳」也。

德誠名獻葵，其友號爲樂川，亦嘗謁予於鶩峯東所者也。生弘治甲子三月十八日，歿於嘉靖乙未四月三十日，享年三十二。配旃溪太學生張君紳之女。張質直好義，德誠歿之後，與其媵妾汪氏秉禮守節，共誓栢舟之志，可以徵善人之報矣。子二：曰夢龍，聘新安衛于氏；曰夢書，聘信行汪氏。女二：曰綸音，許聘托山程尚寶；曰詔音，未許聘。皆張氏出也。

獻藎領母兄之命，權厝于尹莊之陽。其友鄭統叙其平生，因爲之銘。銘曰：

嗟歙嚴鎮，右姓維王，黄羅法曹，經學允明。未究厥用，且艾而行，爰生三鳳，爲歙之光。孟季咸永，葵也獨亡，孝弟在家，忠信在鄉。天靳名土，喪此文章，遺行皈皈，歸然尹莊。銘兹貞石，休問常芳。

明故奉直大夫刑部陜西司郎中黄君墓誌銘

君諱志達，字成章，別號東川，晚更鶴翁。其先故汴人也，宋靖康間扈從南渡，遂居建康。國初再徙溧水之唐昌，復遷於迎薰之西坊，子孫因世家焉。曾祖諱伯儒，潛德弗輝，舉邑大賓。祖諱桂，輸粟拜散官。父諱份，好義樂施倜儻，爲鄉閭所宗，不求聞達，人以樂隱先生稱之。配張氏。

方君之在妊時，張屢感異夢。甫九歲，遣就外傅，凝重有大志，不爲嬉戲。日讀數百言，輒成誦，授孝經、大學，即能了大旨。時府丞賓應冀公選俊秀以充庠序，集者百計，君與列焉。冀素精鑒別，一見君，重其氣宇，遂收補庠生。比弱冠，鋭志潛修，博極經義，尤邃于易，闡明先賢未盡之意，務歸於理。執經叩問者履滿戶外，如今成都通判王君希成、信豐尹徐君鑾皆出自門下者也。時督學憲臣浙江王公因試得君文，大爲褒賞，至稱以爲江南之傑。是秋，果領順天鄉薦高等，將計偕

春官，值張孺人臥疾，乃日親湯藥，不解帶者兩月。或勸之北上，以圖春試，君曰：「寸草之心，昔人所懷，況以身外長物而可易吾昊天之報耶！」孺人竟以疾終。未幾，樂隱翁相繼而逝。君連遭兩艱，徒跣枕塊，痛哭毁瘠，幾不能生。斂葬之儀，悉遵朱子家禮，不用浮屠，鄉人多化之。

同予舉正德戊辰進士，授刑部湖廣司主事。時宦瑾煽權，諸司章奏，率先關白，奉行唯唯。君曰：「倚法以逞毒，吾實不忍也。誣法以取榮，吾所不能也。」惟持公恕，剖判明決，不沮不撓，法用是平。大司寇陽曲張公素慎許可，獨雅重君，注曰：「執法而堅獨立之節，讞獄而求不盡之情。」天官書最，授勑階進文林郎，贈樂隱先生暨張孺人如其官。正德庚午歲，武皇帝軫念淹獄，致干和氣，命刑部推選聞望素著者一人洗滌冤抑，張公以君名聞。遂奉詔仰體德意，躬獲面覆，覃厥心膂。囚犯大辟當死者，務求生理，不忌成案，卽具情上請，賴以全活者甚衆。尋陞本部山西司員外，署郎中事。然君性高亢，好善如己出，嫉惡峻加區別，雖忤時拂衆，不之恤也。時貴近持銓衡，或勸之往候其疾，君正色曰：「無故之獲，平生所恥。窮通有命，任自爲之。」聞者深銜。比因録囚，文檄山積，公不假胥吏，一一披閱，勞瘁成疾。君曰：「與時不合，尚求遷轉，知幾者固如是乎！且吾髮種種不歸，何待懇疏乞休！」休下，屏居山墅二十餘年，足跡罕及城邑，惟鄉飲爲大賓一至。日處一室，繙閲古今文籍，暇則或杖屨登山，或肩輿訪逸，徜徉自得焉。嘉靖丁酉，中丞潘公鑑惜其遺逸，列薦於朝，有司欲強之以行，君笑曰：「吾始脫韁羈，得此真樂。」年踰六旬，能與時俯仰，堅臥不起。

君剛方愷悌，至於接人，言辭有次，儀度可觀，見者如坐春風中。且孝友出於天性，兄志遠早卒，遺孤道，撫之如子。喜飲酒賦詩，興到伸紙濡毫，瀟灑出塵。所著有知次集、咀芹集，及創修家譜數十卷，藏於家。

元配任氏，知縣蘭之女，貞淑慈惠，綽有母儀，先君七年而卒。子男四：長堂，選貢入國學，積學有待；次裳，蚤卒；次卷；次勑。女二：長適鄉進士茆君世昌子業隆，次適三原鄉義官武雷子嚔。孫男九：天爵、天祐、天德、天秩，裳出；天祿、天麟、天和，卷出；天柱、天象，勑出。孫女三：長聘丁，次聘毛，三聘邢。蘭桂滿庭，皆可遠到，天之報善人者，詎不可徵耶？

君生於成化壬辰歲五月八日，卒嘉靖戊戌四月九日，堂卜是歲十一月二十六日葬於竹塘之原。予悼其屬纊之托，遂因其親友甘通府選狀，乃爲之銘。銘曰：

猗嗟東川，素履孔方，仕則行義，處則化鄉。瀟灑詩酒，不羈塵鞅，六旬自樂，山水徜徉。哲人多祉，子孫具臧，載其休問，比江水長。

涇野先生文集卷之二十九

墓誌銘

明江西布政司參政蘭峯先生程公暨配宜人汪氏墓誌銘

公諱杲，字時昭，蘭峯祁門善和里人，河南左布政使贈資政大夫正治尹諱泰者之子，四川按察使昌之兄，舉人銳之父也。銳嘗從遊於鷲峯東所，今年予以公事至京，銳以其友所撰蘭峯公狀拜問銘。按狀：公舉弘治癸丑進士，筮仕戶部主事，歷員外、郎中，陞湖廣郴、桂兵備副使。乙亥之歲，陞江西參政。當是時，寧藩宸濠方横且逆也，二司抵任，率行贄幣，公不能然，濠因畜憤。比署司印，濠多横索，俱與裁抑，其親信小校犯贓，則又懲之。濠遂縶其二吏，更年不釋，仍不同他僚行乞恩禮，濠怨于是乎深矣。及分守南昌，濠潛匿劇賊吴十三等數人於府中，又假以地方賊情，誣參公及許憲使逵，窘辱百端。公乃寄乞休本于其弟侍御時言，乃爲時宰陸公所遏止，姑推公陪點布政，以緩其計。濠遂誣公與吴十三等交通，不肯督捕。公又同許公預奏至京，因濠本不出，又爲人中止，遷延半載，事傳當道，聞於先帝，命三法司行勘，濠懼遂叛。

己卯六月十四日，僞械撫按三法司官。時吴十三等用事，公遭綑縛，獨苦甚。次日欲殺公祭刀旗，賊師劉生者適至，勸濠不嗜殺戮，公因獲免。執公入舟時，始得通家信，令其子銳舉義兵，沿江討賊，并入京請兵。銳卽同弟鑌散家財，募義士，而汪宜人亦盡脱簪珥以資給之。銳乃請于南都操江、巡撫、巡按暨司馬諸公，其從弟照徑北趨上封事。是時，公囚于座舡，

夾脊倉內，憂憤疾劇，水漿不下咽者數日。後官軍重臨，縱火焚舟，幾傷其生。忽反風脱圍野泊，地方人登舟，知爲公也，曳舟至江西城下，舁入官衙救藥，兩月方起。庚辰春，公歸自南昌，鋭赴京辯訴，誓死累疏，有旨：「程杲既原累抗宸濠，被其參害，又囑子起兵擒賊，報効撫按官參。論其情可原，准釋其罪。」僉謂：「誠如旨諭，當復官起用，豈止無罪而已乎！」公曰：「予參江藩，幸免於死，殆天數也。」

初，公之任戶部也，差通州督糧，綜理精詳，官運兩便。其在垻上馬房，至使中貴不敢撓法。尋差散京衛花布，勢要不敢拆閲。比考滿，部堂周司徒書以「勸慎」。他日，差往山東及閩、廣二省也，積弊多革，地方晏然。及六年之考，部堂呂公以「謹飭公謹」書稱。後陞員外、郎中，清譽益彰矣，司徒韓公甚加器重。乃若守南昌時，宦璀肆姦，使者橫征無虚歲，公以堂食充費，不擾於民。司禮魏彬者，亦嘗遣人少違其法，即加鞭箠，雖至考察之年，陰囑時宰邃菴楊公調改而不顧。一時又有謝文選者，播弄權衡，侵奪官田，淩轢鄉黨，甚濠也，公痛責其家人。謝至使其親來，言許京堂，以徼厚利，公堅守清白正直而不改。他如葺城積糧，築圩練兵於肇慶，區畫武備，招撫猺魁，親臨戎行，擒斬賊首於郴、桂，諸所勛歷，秉直樹勳，伸冤理枉。抗濠之烈，豈偶然哉！

初，程氏出周大司馬伯休父，封邑于程，世望于廣平郡。至晉，有諱元譚者爲新安太守，有惠政，民遮留，遂家焉。至梁，諱靈洗者捍禦侯景有功，封忠壯公，世居篁墩及議口。至唐，御史中丞澐起兵拒黃巢，長子諱仲繁戍祁門嚴湖諸處，卜吉地於善和里。尚書公長子諱令洭任中奉大夫。至宋，諱鳴鳳者武魁天下。迄元，多高人逸士。國初，諱德堅者，有古傑士風。時世亂，各鄉立壘，恣行殺戮，德堅公往來各壘中，說以大義，所存活者甚多。後從我太祖征陳友諒於鄱湖有功，授行樞密院都事，撫浮梁景德鎮，能解鎮人之危，遁淮西數載。太祖即位，大赦天下，始歸。訪知其賢，檄召，以疾辭不就。所著有仁山遺稿。都事公生佐，佐以公事戍死遼東。佐生景華，以行義高於鄉評。景華生顯，業儒敦古，領應天丁卯鄉薦，歷任韓、潘二府長史，是生正治尹者也。配贈夫人胡氏。生四子：長曰昂，訓科；次曰旦，典膳；次即公；次曰昌，四川廉使。則公之學問淵源，忠貞卓偉者，蓋非一代之積矣。

所配宜人汪氏者，亦邑中望族，有女德，蓋作配於良者也。生子卽銳，早志於道，凡救公於危而明公之心，並他日顯揚後世者，當有斯子矣。娶某氏。女子女某，適某人。

公生於某年月日，享年若干歲，葬於某里某山，是宜有銘。銘曰：

有毅蘭峯，邦之司直，筮仕戶曹，金穀是飭。太守克慈，兵備翼翼，亦既參藩，貞度維力。或抗逆濠，或拒吳賊，密疏既達，亂是用覆。命子義兵，以匡王國，黨叛無刑，貪婪不墨。繄程氏家，爲士林則，鄙人勒銘，用警不德。

明贈孺人李母董氏暨贈孺人穆氏墓誌銘

南京太常博士李生愈哭謁予曰：「愈母董氏歿今二十有四年矣，繼母穆氏歿今十有七年矣，顧其淑範懿德，未銘諸石，惟先生是問耳。母董家世平定東陽人。曾祖益都簿琰，元左丞呂忠肅公思誠之婿也。祖東昌府學訓導福臻。父郡庠生鑛，博學能文有詩名，二十八歲沒，遺其配張氏年方二十七，厲節固窮，撫教吾母並舅氏，故吾母資度貞恪，夙有成性也。稍長，伯父鉉、叔父教諭朝綱每語人曰：『此女不凡，異日必有懿福。』家君年十二三從舅氏王舉人佐學，聰明強記，擅重名於時。家祖爲擇所對，王舅氏與江西副使邑人曹公雷素聞吾母賢，爲力贊之。家祖曰：『其母嚴明貞烈，其女必賢矣！』媒氏往訊，外祖母喜曰：『是李氏才兒也！』遂字焉。及笄，歸家君。

家君賃屋州居，以便學業，留吾母於家，相去二十餘里，乃專奉舅姑，備竭孝養。山下有泉甘洌，先曾祖母酷嗜之，每晨，躬汲以供膳飲，下上坡阪，他婦女所弗堪也。家世業農，耕犁鋤耰，處分俱當，甚得舅姑歡心。其侍家君讀書，縫刺於側，雞鳴而後卽寢，相敬如賓。性極聰慧，古今孝義大節，歷歷能述其槩。家君年二十四舉于鄉，明年乙榜，授高陵學教諭。先曾祖母不欲離吾母也，年踰七十，就養高陵。家祖亦使家二叔應庚、應箕從學於宦，箕因受業門墻云。吾母上事祖姑，每膳必具甘脆，以稱素所嗜取。相家君，端儀範，甘清苦，以誨諸生。祭祀賓客，必敬必潔。于二叔書札燈火之費，咸爲預處，

飲食必在。寒煖時未授衣，皆與完就，及著長短如式，雖家君亦不知也。畜諸兒甚嚴，過其前，凜凜然，衣食不敢擇美惡。夜聞兩叔書聲，輒令之聽，謂家君曰：『二子如其叔足矣！若官貧，固好消息也。』乃卒於正德丙子正月二十日，距生弘治元年三月二十六日，享年纔二十九。嗚呼，痛哉！

三月，祖母來撫諸孫，家君以湖廣聘考，與叔應箕偕往，叔應庚乃扶柩北歸以葬，諸兒幼，不能從也。十月，家君自湖廣返高陵，一顧諸兒，會試期迫，遂行也。過家留月餘，娶先繼母穆氏。父諱翺，母李氏，郡西隅人。丁丑，家君下第，遂同復官高陵。先祖母以藐諸孫少失母，日夜憂不得托，及至，見拜起動儀，雅飭莊重，喜曰：『諸孫復有母矣！』事先祖母惟謹，先祖母鍾愛亦如先母。撫育諸子女，食息必察，出入恐恐然若有傷，真若己出，雖不肖忘其爲繼母也。及先祖母歸，家君陞鞏昌教授，復同抵鞏昌。時值隆冬，冰雪載途，過關山，掖二男以登上者十餘里，且慰家君曰：『行道之難如此乎！』及至鞏，宅宇傾頹，止於後堂，索索無儲，惟勸家君効官如高陵耳。

越歲，家祖同家叔應斗至鞏，竭力供億，尤每歉然。及攜家叔應箕將歸，家君假十數金爲路費，恐不足，即脫簪珥以備，曰：『吾在此亦無所用之。』家祖歸，恒稱賢孝焉。家君延師以誨諸子弟，凡飲饌必豊潔，敬禮有加，曰：『師道隆，則弟子知所學也。』家君以提學大復何公選入正學書院誨羣俊士，並修雍大記，歲時不返，經理家務，截然整肅。有孟縣劉氏亦官茲土，其女賢淑，即爲予叔聘娶，禮物悉裁處如度。及來歸，相待極其和愛，諸僚友家咸歎服，至有感化者矣。

辛巳，先外大祖母卒，哭且絕者凡幾。壬午春，先曾祖父母卒，又哭極痛。冬，先祖母又卒，哭不起者五六日，形骸骨立，歎曰：『胡天不仁，不使婦終養姑也！』奔歸在途，有感輒哭。抵家，哭於靈，嘔血臥疾，諄諄語，惟念姑之不見也。病十日而逝，時嘉靖癸未四月十一日，距生弘治八年七月二十三日，享年亦二十有九。嗚呼，痛哉！以二先母之淑懿慈孝，咸年不及三十而沒，仁者果壽？天果可必乎？諸男咸未十歲而失母，孰知遽有今日乎！家君歷官三十年，雖以剛正不善事上人淹滯王官，不克大施所學，然冰檗清苦，素行卓偉者，實惟內助。家叔應庚，順慶推官，舉乙酉科，應箕舉甲午科，應斗有雅譽於庠。其擇師供億，二母皆與有力焉。

男七：長念，舉乙未進士，授浙江錢塘知縣，娶王氏；次即愈，同兄舉進士，娶楊氏，封孺人；次慈，郡庠生，娶陸氏；女淑賢，適庠生苗敏學，董出。次愛，少穎悟，六歲出語驚坐客，年十四以疾亡，今葬北邙山云。嗚呼！天何奪母又及其所愛耶！次慤，意讀書可望，穆出。次懇，女二，再繼母呂所出也。孫男二：栗，念出；臬，愈出。孫女五。嗣緒延綿，幸不墜家聲者，意必其餘蔭遺福也。乃嘉靖丁酉，遇聖上推恩，二母以愈博士秩，咸贈孺人矣。」

涇野子曰：「傷哉！愈也。吾爲子銘之。」銘曰：

古有道之女，迪德之媛，或多不壽，以委祉於其後昆，語所謂「不在其身，在其子孫」。故爲子孫者，數奮思古，初竭力於學，以永此身之所根也。是故既富而立義田，方貴而捫瘡痕，皆其賦性于父母，而因以知學之源也。今夫董母以育子而革疾，穆母以哭姑而覷魂，慈可以照日月，孝可以塞乾坤。太博暨錢塘不日皆擢爲臺諫，責之以言也，其所以立身行道，揚名後世，以顯二母如生存者，又豈有外於孝以事君，慈以使元元者乎！我銘茲石，千載如燉。

明大中大夫遼東苑馬寺卿東岸先生郭公墓誌銘

公姓郭氏，諱震，字孟威，别號東岸。先任陝西參政劉公一貫者之母舅，今任陝西參政張公邦教自寬者，其女夫也。初，郭之先世吾陝韓城人，有幾世祖者徙籍蒲阪，居古城黄河之東岸，學者遂稱公爲東岸先生云。

公生而簡重狷介，不苟言笑。成童時，與其兄服賈四方，偶奮然曰：「大丈夫當建勳庸於當世，安能伍小兒輩於市井，取奇贏邪！」遂一志儒業，日夜不休，時年已十七八矣。嘗學禮記于王執中先生，被其器重，督學東郡敖公首選籍學。當是時，少參楊貞菴致仕家居，直躬而行，雅愛公文，稱其清簡有則。然公父已老且病，公不解衣帶侍湯藥數月。及卒，寢苫枕塊，兩股中寒濕，哀號不衰。及父病且劇，或勸預娶，答曰：「豈有父垂命而子納婦者哉！」終三年喪而後娶。

弘治甲子，王文莊公督學山右，試士至蒲，適值國哀，以喪禮命題。公據所聞于王先生及靜寧吳先生者，併附己意，著

爲論説，文莊稱其有定見，是年遂中禮魁。此後蒲士以禮記登科者，鄉論率歸美焉。及戊辰同予登進士第，授大理寺右評事，鞫讞詳明，評駁不苟，廷尉倚重，考績書最。甲戌，晉寺副，而母王太孺人遘疾，公忽心動，奏乞省親，上允其請。歸，果病劇，曰：「吾兒來矣！」即少瘥，尋復病弗起，蒲人盛傳，擬古噬指馳歸云。代郡孫太史曰：「孝弟之至，通於神明，果然哉！」服闋，補前職。

戊寅，陞河南按察僉事，奉勑提督安慶等處屯田，整理潁州等處兵備，兼理刑名，是官銜列河南，地轄南畿。公清慎自勵，無所屈阿，撫按知重屢騰薦剡。宸濠之變，公提兵防禦，沿江一帶，賴以無虞。他日，武廟南狩，及今上奉迎聖母，其綜理供應，罔不周悉。宦臣有需索者，不少苟隨，南北送迎，道路險遠，一無所失。欽賞綵段羊酒，以嘉其勞。及壬午，山東流賊攻刦徐、豫，公調民兵追逐出境，保障地方，兼以教養，遺愛及人深厚，潁人爲立生祠，以致忠敬。癸未，陞陝西苑馬寺少卿，即巡歷牧苑，點視馬種，馬用蕃息。檄委查盤平涼倉糧，君卻金秉法，杜革侵漁。時總制邃菴楊先生、侍御中川陳君薦其清謹質直。丙戌，陞遼東苑馬寺卿，諸所施爲，亦如平涼，未或少懈。嘗帶管守巡之事，即任真執法，不少假借。

己丑，辭官西歸，行李蕭然，棲跡舊居，不逐時好，開圃種蔬，兼藝花果，日以娱遊爾。乃考正方脈，修製藥物，活幼頗衆，雖專門世醫，多師禮敬之。州守敦請鄉飲正賓，以風後人。居常一字一札不入州郡，鄉親富貴者延請，亦不赴也。暇則作詞曲以自詠唱，凡心有所得，多發之音律也。乃嘉靖乙亥五月十一日卒於正寢，時風雷大作，鄉人以爲異云。距生成化癸巳七月十九日，享年六十有七。君所著有四書意見、禮記精義、東岸樂府諸書。其門人兩參政及舉人杜緯、郭三仁輩，皆能傳其奥云。

初，公之高祖諱文秀，曾祖諱永忠，祖諱讓，皆隱德不仕。父諱通，字彦明，以公貴，贈文林郎大理寺右評事。母王氏，元侍郎德之裔，封太孺人。初，贈君商于秦、隴間，古城忽夜崩，父母並妻葛氏皆壓死。贈君自隴奔歸，遂遷越城今居。再娶楊氏，未幾亦卒，迺再繼王太孺人。贈君以累世孑立，偶罹奇禍，且乏嗣，遂不遠出。居家多務施予，賙恤貧乏，乃生男一，名鋭。女一，卽劉參政之母，封安人云。他日，贈君忽染奇疾，臥簀三歲，幨弗省事，飲食則茹納，終日不進亦不索，翻身

必賴人扶，或曰言「至某所某所」，或又言「歸自某所」，大率如西竺所傳云云。病愈，益修寺鑄佛，飯僧濟貧，今鄉人所稱郭居士者，卽其人也。是後生公，鄉人以爲居士積善之報。夫是說雖不可據，然如公之篤信守禮者，亦豈偶然哉！

配張氏，呂坂鄉賓錦女，有順德，克相夫子，封孺人。子男三：長于蕃，監生，娶楊氏，判簿珉女；次于宣，娶薛氏，兵馬雲女，繼娶姚氏、田氏；次于方，郡庠生，娶傅氏，鄉賓麟女。女一，婿卽張參政也，封恭人。孫男二：煥，習舉子業，娶張氏，判簿麟孫女；焜，幼。孫女三：一字生員劉衍祚，參議成德之孫。

擇嘉靖十九年七月某日葬於某山。張自寬持劉體道字狀以問銘。銘曰：

有覺東岸，如玖如瑰，奮拔商賈，執禮不回。簡約凝重，如條山崔嵬，仕至秉法，物莫能摧。江防以晏，東西邊塞，馬蕃不虺Ꮖ。退歸林下，逈絕塵埃。有守鞏革，既多其才，學不背經，豈曰後身如來。我銘斯石，照此泉臺。

南京國子監典籍李舅之配魏氏岳母合葬墓誌銘

岳母魏氏者，戶侯諱善翁第八女也，自少攻治機杼、剪繡、組紃及諸中饋之事，罔不精緻懿嘉，諸女流咸敬羨焉。及歸登仕舅，當是時，兄弟五人同爨也，其孝事舅姑，曲處諸大小姨及諸妯娌。乃益勤機杼、剪繡、組紃及諸中饋之事，滋罔不精緻懿嘉，姑及諸姨、妯娌尤咸敬羨焉。當節序問遺，賓祭請召，無私厚薄，凡甥孫姪娣，咸飫其德而飲其馥。閫內若有微忿，嘗置去，不一辨問，大小和睦，長聞笑音，不聞怒聲。恒濟貧拯急，人誦其德，雖漢之鮑桓、梁孟何以加諸！若岳母魏氏者，當非古淵任淑惠女流之英乎！

生天順辛巳八月二十六日，卒嘉靖甲午十一月初三日，享年七十有三歲。生男子三人：長純，娶西街王氏，沒，繼娶原趙村王氏，又沒，繼娶南街文氏，又沒，繼娶涇陽吳氏，又沒；次緣，早殤；次轂，縣學生，嘗入科，幾舉也，沒，娶東吳里來氏，沒，繼娶涇陽王氏，亦沒。女子子四人：長適柟，時舉人也，及官至侍郎，封淑人云；次適本里孫彥景；次適縣南

商尚質；次適三原生員鄧世泰。孫男子二人，皆吳出：長灘，娶東街高運同之孫女；次沔，縣學生，出繼于弟穀，娶灰坡劉氏。孫女子二：長適縣南生員馬應暘，暘死守節；次適中部舉人劉儒，俱純出。曾孫女四人：采芑、采蘩、采藻，灘之女；采蘋，沔之女。

岳母之將合葬于登仕舅，其姪學生編書狀言銘，柟何能辭，乃抆淚誌之而銘曰：

岳舅之葬也，柟銘之。岳母之葬也，柟銘之。雖於潛德隱行未能詳爲之辭，然於厚恩素教，則亦聊陳其所知矣。員員子孫，衍及女支，載道孔敦，垂於無期。

明榮祿大夫南京戶部尚書贈太子少保石樓先生李公之配淑人張氏合葬墓誌銘

石樓先生之歿也，吳祭酒已志諸墓矣。越七八年而元配張淑人歿，將合葬焉，其子舉人承恩使兩姪夔、龍持狀自汾水來請銘，予以憂辭。龍再至，不獲已，述其狀而志之。按狀：

張淑人，平陽翼城澗下里人，世濟行義清白，至父又有隱德，嘗感異夢，乃生淑人。天性貞靜，孺寡嬉笑。長閑女訓、內則，儀容端重，言動居止，咸中規矩。凡諸服飾，惟取鮮潔，不事華麗。年十四歸石樓先生，肅雍自持，無違宮事。曾大父母、大父母時重慶，事之孝謹周至，飲食衣服，必躬必親，不以屬人。祭祀賓客，一致腆潔，而自養甚薄，懼弗繼也。其處伯仲妯娌，恩義交盡，室人咸悅。及舅慈溪先生謝政歸家，遭歲大侵，而儒素寡積，俯仰無所於給，石樓先生有憂焉，則慰之曰：「惟無荒學業，無違先志，他可免慮也。」乃竭力機杼，以佐家費，隆冬冱寒，亦不少懈。屢際凶年，連舉重喪，無累也。

成化庚子，石樓先生既登省元。明年辛丑，卽舉進士，授尹樂亭，奉養舅姑于任，諸從子弟悉令隨侍，乃上敦孝敬，下慈羣幼，或延師教授，恩同己出。弘治己酉，石樓先生以監察御史貴封孺人，乃感泣言曰：「妾本農家女，誤蒙殊恩，無所於報，惟願君子夙夜惟寅，滋勵臣節耳。」及姑譚淑人歿於家，哀毁幾不能生，綜理喪務，巨細畢舉。其遇侍妾，禮愛篤厚，有古

樛木、小星之遺風焉。鄉閭遠近，聞者歎羨，以爲難及。弘治庚申，其喪舅贈公，哀毁亦如喪姑焉。正德己巳，既拜淑人之封，感服不寐，謂諸子曰：「天恩踰涯分矣。前日之報，屬之爾父；今日之報，託諸爾曹。爾等惟讀書明理，他日誤蒙收録，盡忠樹節，爲時名臣。不然，守身力本，不失爲良民可也。」

石樓先生自縣令以至司徒，屢歷清要，茂著勳功，如樂亭之流離歸業，戚畹還田，城臺息妖。巡按所至，貪暴肅清，妖僧已亂，大比得人。及爲方面，抵劉京之罪，戢廖鏜之横。進位都憲，按劉瑯之姦，抗宦瑾之惡。若乃户部之政，裁革冗費，權歸度支，國體增重，爲時名卿，尤人所誦仰者也。鄉黨以爲淑人内助之功居多，蓋非誣也。

淑人平日衣服不重帛，食不兼味，俎豆蘋藻，必親以事，紡績井臼，未嘗忘念，真古姒、姜之流亞歟！乃歲辛丑七月二十七日，無疾而終，距生天順戊寅五月二日，壽八十有四歲。子男四人：長承宗，太學生；次承序，散官，皆早卒；承祐，散官，從子撫養成立者也；次承恩，舉人。女一，適楊堯瑞。孫男五：希夔，以恩蔭；希龍，希尹，以例貢；希傳，希文，尚幼。曾孫男一，曾孫女三，俱幼。銘曰：

猗嗟淑人，素履孔貞，舅姑克孝，妾媵有仁。石樓先生，相待如賓，凡厥子孫，慈惠同春。履素迪義，不忘食貧，宜爾積行，化及六姻。内助石樓，爲時名臣，女訓可式，豈啻比隣。載其休問，千載如新。

明贈中憲大夫真定知府裕菴宋公暨配魏恭人合葬墓誌銘

魏恭人之殁也，將合葬於裕菴先生，其子湖廣按察副使宋君宜遣其子學生承恩問銘，予以憂辭，不獲。按狀：

先生諱希賢，字志學，六世祖知遠者自山西徙於鄜州德政坊。知遠生斌，斌生伯能，伯能生鑑，俱隱弗耀。鑑生綸，中弘治壬子鄉舉，仕至代府長史，配同坊杜耆老清女，是生先生者也。

先生方數歲，即知禮讓。王父臥病數年，坐起皆難，先生侍養于側，不易其地，雖矖滌衾褥，必手親供事。既長，嗜學，

受書於從叔舉人君，日與母舅杜器菴共几席，雖寒暑不釋卷，遂菴楊公試其文，稱奇才。他日，母杜孺人遘嗽疾，先生臥不解帶者三月，恒求以身代之。及葬，哀毀逾禮，雖越喪期，居常猶爲不樂，痛祿養之不逮也。憲副少時受以小學至范文正公告諸子章，誡令勿朗誦，恐長史公聞之動心也。憲副垂髫，教以知禮成性、變化氣質，諸細故必以不欺爲主。及長史公自國學博士陞赴代府任，而先生感疾還鄜。疾革，謂憲副曰：「吾事親不能終養，訓子不能有成，死不瞑目。汝能讀吾書，成吾志，吾死不朽矣。」時正德丁卯，年三十有八也。

先生檢身甚嚴，即一介不妄取與，至有詆其爲迂者。每詔赦至州，例遣諸生分齎，屬邑舊有贈遺，先生次往洛川，尹如舊饋，固辭不從，乃寘其金於寢所而歸，收衾者得之以告，尹大驚歎曰：「以爲非人可及也。」後再值齎，遜于貧友，至今鄜人以爲美談。先生又善爲文，多根理致，乃舉不第，當非命乎！然則畜極未發者，將不在於憲副所邪！憲副爲御史時，當嘉靖辛卯，郊祀禮成，贈先生文林郎、監察御史。戊戌，憲副在真定，復贈中憲大夫、真定知府云。

所配魏太恭人者，魏耆老廷相之女，年十六歸裕菴先生。當是時，長史公方教諭臨晉，乃同裕菴赴任焉。躬調膳羞，承順顔色，備極孝敬。及杜孺人遘嗽疾，身事湯藥，頃刻不離其側，雖當盛暑，躬親便溺，食不盥手。杜孺人曰：「我孝婦也，願汝有婦亦當汝若乎！」他日，長史公遣收憲副兄弟赴大同任，恭人以銀二錠付憲副曰：「此吾翁柴薪也。向日汝父自京侍還，何敢私畜，以可納上。」長史公感動不已。比長史公卒，哀毀亦如杜孺人。居嘗誨憲副兄弟勵志於學，無替前修。乃憲副登丙戌進士，選授南臺御史，言事忤旨，逮繫錦衣獄，親友咸懼，太恭人曰：「御史言官也，縱得罪，亦其職分耳。」竟復原職。會郊祀覃恩，始封太孺人云。及誕期，南臺十三道爲蟠桃圖詩，予爲之序。憲副乃具勑命冠服並圖詩序馳上焉，太恭人喜甚。復就養真定，每訓憲副曰：「清勤之外，不可輒以重刑加人，尤不可輕易喜怒。」憲副遂以「絜矩」字扁諸堂，問其義，對曰：「即俗所謂將心比心耳。」太恭人甚善之。戊戌，進今封云。尋遷湖廣憲副。庚子十月，入覲，便道歸省，教戒尤切。及今年三月還過鄜，太恭人已寢疾，引憲副右中指納口中，齧良久，痛不自勝，熟視血至矣，即死何憾。乃三月二十一日不起，生成化十三年八月四日，距卒享年六十有五歲。

憲副卜嘉靖二十一年正月日合葬裕菴先生於櫻桃山之陽。是宜有銘。銘曰：

有懿裕菴，惟介惟良，幼爲順孫，事祖耄荒。厥既嗜學，父母咸昌，辭金如棄，不求厥名。細事如此，況顯德行，魏太恭人，天合尤良。惇誠孝敬，悅此姑嫜，資結婚娶，匍匐救喪。惠及臧獲，自補衣裳，婦無私蓄，兼金敢藏。舅姑納上，子職之常，裕菴辭金，與之同光。宜爾有子，憲副孔明，靖恭奉職，不懈於涇。立身行道，爲邦圭璋，載厥休問，千萬載長。

明通奉大夫四川左布政使繡嶺楊公墓誌銘

公諱淳，字重夫，號繡嶺，同予舉正德戊辰進士，仕至四川布政使，歸而卒於正寢者也。初，楊之先世累出華陰縣，有百戶君者徙澄城，生政。政生敬祖，皆居澄城段莊里光祿村。明興，有諱仲微者始徙臨潼縣安業里。仲微生和，和生讓，成化末輸粟千餘賑救貧乏，乃生子彪，贈浙江道監察御史。彪生欽，是生公者也，以公初官累封工部郎中加四品服色。母王氏，封太宜人。

公垂髫時，恬靜寡言，雅有志向，酷嗜詩書。時祖業頗豊，公一志於學，不爲富奪。祖於諸孫中特鍾愛焉，謂其眾曰：「此兒其大吾門乎！」弱冠，受詩於季父運使石川翁，以儒士中弘治辛酉鄉試，既偕季父僉憲櫟東翁、叔父同業于太學。公既登進士後，觀政兵部，授江西道御史。時宦官劉瑾索求科道瑕疵，適決大辟，眾皆推避，無肯行者，公毅然請行，大中丞屠公喜其勇敢能任事也，而瑾惡其同鄉不附己，諷當道，改公工部屯田司主事。庚午，安化王叛，王師于征，公爲之先事前行。辛未，被差荆州，抽分竹木。時川中多盜，商販十減四五，兼以勢要請託，齟齬旁午。公一切遏抑不行，時有青龍之謗，竟未能污也。秩滿，陞本部營膳司員外郎，管臺基等廠，尋差遼東，查盤軍器。

甲戌，陞都水司郎中，奉勑管理通州南旺河道，浚決潰污，築復堤防，一時糧道稱便，京儲頓增。時中官方横，舳艫往來，陵轢州司，需索無筭，聞公退避。有號「二劉」者，勑使西域取佛，其船百艘，所費萬計，聲勢赫熾，沿河州司懼不敢支。

公移檄擒治其前黨，衆斂跡而去。國初，工部尚書宋公禮治河有大功，禮曹議祀，以宋居中，有司奉行違錯，又進都督于其中。公具一奏改正，且修葺其祠宇。纂王端毅公奏議、丘文莊公之詩，刊爲漕河紀事，以永宋公之功。又嘗發庫帑羨金以修孔廟。其地舊有徐君墓，乃延子陵掛劍處也，亦築祠立碑，以表其賢。三載，再補虞衡郎中，未一年，陞湖廣寶慶知府。

南楚風浮，俗又尚鬼，公乃首興學校，延經師以開勸生徒，四擒妖巫，徧毁淫祠。始則詞訟盈庭，一判數千，繼旬百人，再旬十人，期月之間，浮風丕變。巡按唐君薦其剛正清明、惠德安民。有某妻外適而娶妾者，其妾生子，已生員也，尋其父不認，告之公。公用古水盆法，破其鼻，流血於盆中，並取他隸血於盆，以辨同異，其民遂抱子而泣，歸處其妻如初。又嘗奏革岷藩過用桐油船料數萬，及強占居民田產數千，並擒治其撥置之人。岷藩上章誣奏，事下湖廣鎮巡會問，其參語曰：「知府楊某矯枉過直，讒致激怒于親王；疾惡太嚴，因公取怨於官校。究其立心行己之跡，無非守職愛民之心，罪固難辭，法應調用。」得旨，乃調知鄖陽府。纔七月，陞山西副使，奉勑管理雁門等關兵備。便道歸家，適封君遘疾，公侍湯藥月餘而封君卒，人以爲孝思所感也。起服，除湖廣郴、桂兵備。郴、桂，楚之南徼也，地雜苗夷，俗多寇盜，有禪光眼者聚衆數千，肆行切奪，公皆捕平之，得蒙賞賚。

嘉靖辛卯，陞四川參政，不迎欲離，太宜人至，則具呈撫臺，分俸以養。次年，陞本省按察使。次年，陞本省右轄，尋陞左轄。公在蜀，威茂諸邊，將常因番夷入寇，多殺無辜以邀賞賚，公累檄諭以禍福，勸戒切至，諸將感悟。在臬司，其蜀藩知其廉，贈兼金一百，撫臺贈金八十，皆不受，貯之庫。其爲參政時，嘗視篆，當放支銀伍萬，或曰：「此可得羨餘。」公終不肯放支。

公平生以清忠自勵，慕趙清獻之爲人，俸祿之外，一毫無私。公子弟有諷其置產業者，乃厲聲訶之曰：「汝第勤耕力學，我不爲汝所役使也。」見著綺羅者，則曰：「此天物也，汝等可易用乎？」甲午冬，聞太宜人訃，公毁悼幾不生，卽日奔歸，自是遺榮養素，居室蕭然。己亥五月十六日丑時，有雷震聲異常，卽攝衣起，危坐有待，人弗喻其意。是夕，衆又見星隕于居之西北隅。次日，筵賓談笑間，少覺不快，遽不起矣。嗚呼，痛哉！

公元配魚氏，贈宜人；再配姜氏，贈宜人；張氏、孫氏，俱先卒。高氏男東星，娶米氏。孫男女各一，尚幼。公生於成化十一年十一月十二日，享年六十五歲。弟瀚卜今年十二月二十五日葬公於永豐鄉石川河之右，具狀乞銘。銘曰：

猗大方伯，陝士之英，秉直不屈，歷歷有聲。昔在都水，宦舟斂藏，寶慶之守，湖民用寧。藩臬於蜀，爾道兹彰，銘兹貞石，千百年光。

明義官仇君時淳墓誌銘

君諱朴，姓仇氏，字時淳，世家潞安府南雄山之東火鎮。曾祖諱述方，業醫藥，配李氏。生承事郎鏞，配某里張氏。生義官鶴，配某里張氏，於是生君兄弟三人：長楫，宿州吏目；季欄，郡醫學訓科，致仕隱居，專治儒書，嘗從予遊；君其仲也。

君生而嶷異，語言不同尋常人。年數歲，即知孝讓，義官君教以詩句，輒了其義。甫十二，卓然自立，如老成人。義官君或委以家事，任之不辭，出謀發慮，反過其右。其有所呼召，雖寢必起，雖食必吐。時家範未立，一日宴賓隨俗，或用女樂，君深憎嫉，客賜食肉，出門盡哇於地，義官君竊喜其剛正，謂坐客曰：「成我家者，是子也。」

弘治八年，援例義官，代父專理家事。兄弟及再從者五人焉：吏目，遊宦宿州；森，儀賓城府；桓，業膠庠；欄，寓醫學；君獨克厥家，錢穀金帛，悉出其手，毫髮無私，而又慷慨奮發，事得其理，人得其職，恩信洽於內外，人皆悅服。族人有誣訟其家者，欲陷死地，乃即赴上書申理，聿獲辨明。

弘治十六年七月，義官君卒，兄弟三人哀號盡禮，葬後同處一室。正德五年，乃議立家範，舉行呂氏鄉約，願遵約得二百六十餘家焉。置深衣巾履各一，立勸懲簿以憑賞罰，設義廪以便斂散。是年五月五日，忽報大夥流賊奄至，君即率合家

婦女趨城。至六日果至，大刦東、西二火鎮，戕殺虜掠男婦不計其數，惟君家獲免。賊去後，家食燒穀，以存性命，好者貸人，止收原本，燋者減半。取償文券既毁，人皆自守其數，乃與兄弟議曰：「往時利息三分，今遭此禍，可取二分，以爲常例。」不數日息完。於是先構祠堂，次營居第，次列諸堂，各扁名義。設義方以教宗人，建義學以淑鄉黨，築藥樓以濟夭死，立義塚以葬貧乏。始雖會議，而經營提督，君實多與其力，雖經賊火，修復視昔愈盛。流賊所過，婦女死節者四人，君因激其儀賓，同諸會友白巡撫王公，獲給葬銀。奏聞，豎碑建祠小領，郡守曹公進善卽委公董其役。乃輟家事，盡心營治，輒益己財。祠堂既成，貞女父兄以其女所遺繡枕二事來贈，君獻諸父曰：「此烈女遺物。」遂珍藏，間出以教示內人。子煥求婚原氏女，既納采矣，其人曰：「從俗，則吾女婦；如行古禮，則吾不能從也。」君謂二兄曰：「吾家娶婦，入門有不守家範者去之，况尚未入門者乎！此人婚禮尚不欲行，則其女不能守範可知。與其亂吾家範，不若棄之，不過亡數十金耳。」遂與絶婚，更聘六世同居義門李氏女焉。

正德十五年，吏目兄卒，君傷悼如失左右手。本都六里人舊窘差税，久逋郡公，君使人喻以禮義，税得完納，太守欲犒花紅，則辭以祖母之服。是後有例許併里分，君與儀賓費百五金，併爲三里，自此二税諸役，必以本家銀貲依官價代輸，後收原本，不取其息，人皆便之。是歲大饑，白於母氏，先自族人，次及隣里，録四百五十八口，計口給粟，多寡有差。嘉靖二十年，又饑，復賑之。五年，建立書院於東山，以教鄉之俊秀。七年，改正本村東嶽廟爲里社壇，祀土穀之神，恐禮未允，乃遣醫官之南都，謁何栢齋、馬谿田及予三人就正，兼詢鄉約、書院事宜，三人各有撰記。公以書院在東，因號君曰東山。八年，又饑，斗米九十錢，餓莩盈途。君於本家便地掘一大坑，又於西火王鎬地掘二大坑，埋瘗死者，因給錢六文以償埋者。又免負債人銀本五百金，重給銀本三百，其錢穀之息通減一分。九年，起役修城，乃督本里人獨當半面城。工垂完，君忽心焦，點衆里，俄而城覆，里不一失，皆仰歎曰：「不有相公，我輩已爲隍中之泥矣！」聞者駭異。十年，夏旱，人心皇皇，衆會公議禱雨。君令合村男婦老幼前三日齋沐，各家年長一人親詣會所齋宿，每早焚香祝告，三日卽雨，是歲大熟。十一年，又旱，復率衆祈禱如前，得雨日亦同，人皆驚羨，云至誠感神焉。

君凡遇祠祀，必變食遷居，務期感格，臨祭肅然。君四歲，育於繼母閻氏。既長，晨昏定省，出告反面，事無大小，禀而後行。疾則親視湯藥，衣不解帶。及卒，哀毀踰禮，形容骨立，杖而後起。欄廬墓三年，不御酒肉，後垣羣槐，慈烏徧巢。及歸，見親故室，頭觸仆地，時已六十餘矣。潞守宋公圭榜其廬曰「二孝廬」，又大書「扶持風教」四字以嘉之。復疏其事於朝，詔表其門云。

君雖與人談論移時，肩背竦直，身不少動，手足亦不移。處家喫緊，尤慎閨門。憐家童曇年踰八十，月給米三斗，以終其年。郭文貴年老無子，每月給米二斗，以延其生。文貴死，廪給其妻不絕。收養祖母之裔張邵，自幼至壯，且與娶室。他若置義學田於陜堰之西，以贍鄉士不能束脩者。和順王都憲公學行重於時，其所著書有博趣齋稿，乃刻其書以傳，多義舉也。及煥補本府弟子員，教之曰：「讀書本爲明理，治國先於齊家，不願汝工文辭以取富貴也，惟願守吾範耳。」自鄉約之行三年矣，君領約事，人識禮讓，盜賊屏息，僧道遠跡，姦慝不生，淫樂不作，風俗大變。有小爭鬬，君爲申理，曲直咸得其宜，鄉里息訟，遐邇嚮化。有若西火、霍村、平家莊、趙家莊，遠而陵川之南，洎壺關之栢林，皆從約也。郡守周公吳素慕其名，乃大置酒食，召請至城，時諸約至者千餘人，周親洗盞酌君，求贊郡政。乃秋七月二十五日正終，據生成化九年六月二十二日，享年六十有八。吊客千餘人，行者哀於途，婦女嗟於室。

配王氏，繼王氏，再繼董氏，俱名族。男一，曰煥，生員，王出，先卒，即娶義門李氏者也。女五：一適教授陵川武儀之子思彤，一適尚書後蔭城李琨之子，一適西火巨族袁仕良之子遂，一適戶部員外高平申廷賢之子監生去垢，一尚在室，俱董出。孫男一，即階，府學廪膳生，娶袁氏。曾孫男一，小字勿惰。曾孫女二。

初，君將歿，醫官在側，憤恚成疾。既歿越月，疾少間，命君之孫階具狀走使請銘，義不可辭，遂即其孫階所具之狀而次第其事以銘之。銘曰：

有毅東山，受性直剛，見善則從，見義則行。家範既立，具鄉約常，僮僕爰化，鄰境爾程。遺骴收瘞，孤貧是襄，神祖來格，宗戚咸章。行年七十，無忝所生，相厥懿行，先生彥芳。銘茲貞石，千載爲祥。

明贈工部右侍郎兼都察院右僉都御史南峯先生潘公暨配淑人施氏墓誌銘

明贈少司空南峯先生潘公歿於嘉靖乙酉十二月十九日，距生天順壬午三月二十五日，年六十有四歲；配淑人施氏，先公六年卒，距生戊寅四月二十三日，年六十有三歲，俱已稿葬於韓八塢口矣。其子今工部右侍郎兼都察院右僉都御史鑑以塢口之近河也，將於某年月日遷葬於象山之陽，謂枏爲同年友且舊史氏也，乃以族弟河南參政鎰狀遣使請墓銘。按狀：

公自少孝事麗隱公，麗隱公之歿也，公視伯父貴安公亦如麗隱公。其事母呂氏，菽漿以盡力，友其弟璘、環、瓚甚篤厚。瓚年少，呂獨憐愛之，以公之能撫鞠也，恒以爲悅。公素不治產業，賴璘、環協心經殖以爲養。其約束羣從，無越矩矱。賓祭必以禮，而自御樸素，後雖貴顯，亦若寒士。至其輯世譜以明宗，架滎陽石杠以濟涉者，而里之孤嫠尤極意撫恤，下逮臧獲，亦慈惠無虐。里人有夜盜所儲粟者，公窺得其人，低聲謂曰：「吾安忍汝爲此？汝速去，明旦隨我治任以往。」及旦，捐粟與之。他日，竊者別犯被執，自言公事求免，公固未嘗與人言也。平生口絕咄叱，不事博奕。對客惟談論古今，不涉譃笑，一切玩好紛華，無少係累，恥與奔謁。邑大夫李子士翔者尊禮視之，延之飲射，傾意考問，一時英達咸謂公姿貌玉立，身無惰容，而接物溫郁，得諸程伯子；與人言，鑿鑿不妄，行之以忠恕，得諸司馬君實；至於鄉之衡辯者，望容而息，類王彥方；胷次坦洞，未嘗惻其喜怒，類黃叔度。其亦徽士之蓍龜典刑乎！及其晚年，凡名山古刹，必棲遲以挹其勝，而童冠相隨，振衣散步，濯於清泉，哦於茂樹，蓋有得於道而自樂者也。

公髫時，凝然如老成，不類羣兒。麗隱公性最嚴毅，嘗以事麾公立雪中，母引之避去，公拱手荅云：「少候父命。」聞者異之。稍長，師事貢士种士奇，受尚書。尋遊黌宮，文名蔚播。弘治庚戌，治麗隱公喪，一以家禮，不用浮屠。屢舉不第，遂不復出，結廬以隱，因號南峯。鄉士擔簦踵接，鎰與主事弟鉉皆受業焉，復有父子相繼出其門下者，遂稱南峯先生。公又倡築凝秀書屋，別延師以訓子鑑，有詩：「性拙不妨勤作所，家貧端合儉爲圖。」及鑑年十九，鄉薦捷使及門，公方啓講，既

畢方出，人服其度。

鑑舉進士，久病京邸，或勸公禱，乃拒之曰：「有命。」未幾，鑑受命南大理評事，迎公禄養，乃以詰姦正辟、訊冤平反訓之。尋被錫命，繼配施氏亦封孺人。後鑑以公垂白在堂，不欲遠仕，公以盡忠報國、榮達所親勉之。及鑑進副使時，復上疏辭官，不允。公益催促，不使頃刻違命。然則鑑自今官也，積大卿相以爲我明名世之臣，上逮於公，流芳千載，又奚但今日贈少司空已邪！

初，潘先世周人，中徙閩之三山。唐李諱逢辰者詣闕上書，不報，乃避居婺源桃溪之源。自源而南流五六里，爲孔村，又南二里，爲寨峯，皆桃溪也。逢辰卜其深處以居，八傳至宋學諭諱度者，復徙孔村。度生泳，泳生紹祖，紹祖生元鼎，元鼎生玄保，玄保生嵩高，嵩高生再和，即公之曾祖也。再和以弟未嗣，代戍于五開衛而卒，鄉人高其行。再和生濟，濟生貴遺，又名遺安，字景德，剛方秉義，自號麗隱，因以扁堂，蓋取「麗德心耕，稼遺子孫」意也，今贈工部侍郎，配吕氏，贈淑人，是公之父母也。然則公所源流者亦遐哉！偉乎！

公諱琦，字良玉，配施淑人，生二子：長即鑑，娶澧溪吕氏，累封淑人；次錦，娶芳溪方氏。女一，適泉田宋儒許月卿先生之裔孫鑰。孫男五：溫、澄，俱恩蔭國子生；沂，國子生；海、沛。孫女四，曾孫男二。是宜有銘。銘曰：

猗玉翁良，素履孔臧，遵訓麗隱，立雪不忘。學既有得，士滿門墻，南峯小隱，經史攸明。凝秀出屋，司空乃揚，忠孝之教，厥訓孔洋。世譜攸輯，架杠滎陽，周窮化盜，比王彦方。鄉人蓍蔡，南國紀綱，司空方茂，晉位名相。布德宇內，厥聲洋洋，遡源南峯，象山之光，千萬載長。

明兵科給事中北郭先生劉君墓誌銘

君諱琦，字廷珍，别號北郭，陝西延安府洛川縣人也，舉正德甲戌進士，觀戶部政，授行人司行人。嘉靖乙酉，擢兵科給

事中，時值聖上新政，卽陳六事，且嘉納焉。嘗被旨差放冬衣布花，因極言侵漁十一弊，且日詣衛衙支放，雖經寒暑、遇風雨亦不廢，僚長嘗推其勸勵不可及。錦衣衛多權右，乃愈振風采，有玩慢者，卽疏治其罪。騰驤衛悉統力士，又率內竪厮養人也，慣以私憤，冒領官銀以取利。君陰識之，兼廉得其情，數十輩俱罪之。是年冬，當述職期，多有假稱緝紡，嚇詐人財者，君上封事，請旨下金吾捕治，並上「親賢臣遠佞臣」之疏。他如峻宮墻之禁，嚴宿衛之鋪，一劾而中官逮罪者四十人，皆人所不敢言者也，一時京邑爲之肅然。

嘗存恤軍士，嚴督五城及諸衛司，勿得匿情，其假充軍妻者，皆察治之，衛司謂給事真神目也。未幾，奉命清軍條，舉三十事，切中時弊，咸下司馬勘行。凡比試襲廕，同事諸大臣中官多請囑以從寬貸，君竟劾治之，雖事干勳戚權貴亦不顧也。是時京師大饑，乞丐刼奪，莫之能禦。君請行捨飯開倉之政，飢民存活殆億萬計，盜賊横行，尋以屏息。是時諫臺多以罪遣，君又疏愛惜人才，有少過者得赦不深咎。其點視草場馬匹，然多羸憊，權貴者私耗之也。奏劾既舉，馬至秋卽繁碩矣。其河南闑司、都司相通爲姦，以庶易嫡，君發其罪，乃俱罷官。若乃衛卒病發，誤入宮門，君又極力請救，以從輕典。其旦夕承弼，不敢專於嚴也。妖人有犯繫晉獄，當事者惕於權勢，莫任其咎。君抗疏陳其顛末，上命山西鞠訊，得旨依擬發落。然妖人者又爲權貴救庇，君遂發其隱，言過急切，乃自是謫戍遼東瀋陽衛矣。厥後聖上猶諒給事之心曰：「劉琦者，是嘗進讜言者也。」乃因東宮之建，大赦天下，得還原籍。抵家五年，痰疾作而卒。然則君亦不可謂不遇也！

君於觀政時，嘗解年例銀之雲中，毫髮必記於官。後又解銀陝西，請大司徒原對印封，至則稱對差謬，及開原封，方伯慚謝。其爲行人也，差葬保安王府，卽檄教授，令舉會典，定禮及古制數十條，諸宗室遵之。事竣，綵幣諸物，一線不取。人於君進身之始，已瞰其後日之忠直也。少從父閏易州經衛，卽好誦書史，不同羣兒嬉戲。又知奉甘旨于父母，而自甘粗糲。尋易州遣君就學殷先生，後謂易州曰：「賢郎初試，愈出愈奇，吾不能爲若師矣。」明年還家，邑尹嚴君面試，月給石米，特嘉禮重。時東川王公守延安，考績縣學，文在首選。其後鄉有術巫肩輿舁神曰金龍天子，道路祈福，君毀其輿，執巫者詣縣尹田侯，田甚重之。尋李妖扇惑鄉人，君又上書田侯云：「履霜堅冰，當防其漸。」田厭其繁，稍不聽用，後田妻子皆遇害。

邑有孤貧馮姓者，君撫畜之，病卒于宦邸，寄柩僧舍。及戍還，仍攜櫬歸葬於里。凡鄉有貧死者，必賙殯之，計給棺者四十餘家。是知君童孺、書生時，以及患難顯微之際，皆不忘忠孝仁義之道如此也。

始祖諱景先，元末避兵洛川，因家焉。嘗以賢良徵，仕爲河南按察副使。至其祖諱姜，生易州公，配孺人廉氏，感異夢，寔生君焉。則君之所源流，可不謂遠且厚哉！君配景氏，太學生運之女，媲德於君者也。子二人：受、愛，皆廩膳生。受娶屈氏，愛娶李氏。女二：長適廩膳生白雲，次適景載物。

君生於成化壬寅七月一日，卒于嘉靖辛丑八月四日，享年六十歲。壬寅年月日葬于城北大石山之陽。先是，受具行狀，使愛來謁銘，予以先母之憂，未許也，又臥病床褥，固辭。愛三至請益，乃次序其狀而銘曰：

於穆聖皇，得臣忠良，繫劉諫議，載職有常。有聞必告，有見不忘，辭瑣達貴，甘戍伍行。聖皇憐汝，赦還於鄉，君仁臣直，世際平康。勒銘永世，大石山陽，洛入清渭，並河洋洋。

涇野先生文集卷之三十

墓碣表

閿鄉薛立墓碣

河南薛章表父立廬墓二年，禎祥發於草木鳥獸，邇墓之地方三十里，歲大熟。縣聞，天子旌之。予聞之太學，思見其人孔棘，章持父狀請墓表。表曰：

薛氏先世陝西延安人，洪武中，國讓始家河南閿鄉他原里。國讓室毛，生仲德。德字崇本，室王，生與及立。立字建中，永樂四年八月二十七日生，成化十三年爲縣鄉飲大賓，十八年詔賜耆德官，弘治三年八月二十九日卒。初室栗，先立十六年卒。繼室韓，後立二年卒。栗出七男：一曰正，二曰文，三曰斌，四曰德，五曰章，六曰慶，七曰能。孫男十：一曰秉禮，二曰秉孝，三曰秉信，四曰秉恩，五曰守約，六曰[守]忠，七曰[守]榮，八曰守性，九曰守己，十曰守身。女二人。孫女二人。

立剛毅忠信，恭厥兄。兄亡，惠厥孤，撫厥子。家眾六十，惟一爨，襖襦衫履，無私篋笥。命六子咸藝黍稷，弗服商賈。章敏，獨令治儒學，十孫之業皆率是也。張整者，里人也，當喪服，弗克窆，厚賻整，獲舉。郭秀壯而無室，不能具奠鴈幣，與營六禮，得不鰥。嗟乎！民俗之壞，習職之也。故都不逮省，省不逮府，府不逮州若縣，州若縣之市井居者不逮野。嗟乎！薛立豈惟野故，一者學也。

儉菴先生沈君配祁氏墓碣

先生姓沈氏，諱裕，字克容，別號儉菴，陝西西安後衛人也，故常州江陰縣人。洪武初，王父恭始從師尺籍西安後衛。恭生貴，貴室胡氏，寔生先生。先生生而茂敏，十年入里學，習識文義。比壯，貌偉鬚頎，既謀既勇，質直自取，糖房里人咸畏事之。

初，伯氏祥蚤死，父母亦謝棄去，餘屋一廛，田數畝。先生竭力經紀，不憚厥勩，後有房亘閭，有田亘陌，沈自是聞西安也。嘗從師討賊，帥選焉，令手劍直懦士，劍之，乃曰：「戮無辜，不仁；廢帥令，不忠。」迺佯視厥武士，得宜誅，亦克挾纊。弘治初，輸粟餉邊，獲有冠服。人曰：「沈克容才貌顯者大，雖不爵祿，固直若此榮華終身爾也。」室祁氏。祁父貴，鎮原巨族。既歸先生，力襄厥家，奉祀先舅先姑，必洗腆。有貸者弗能償，祁曰：「若積德後昆，計積財，孰賢？」先生與折其券，終弗較。有麥盜，先生曰：「棘縛之，莫逊，明當覺官。」祁潛瞰其狀，曰：「是夫夫也，脱之，令天福吾後，足矣。」脱之。

生三子：孟曰綱；仲曰文禮，夭死；季曰源，穎特迥異，應陝西戊午舉人。孫男五：曰璉，曰直方，綱妻宫氏出；曰義方，曰大方，曰德方，源妻秦氏出。孫女一：曰夢蓮，亦源妻秦氏出。

先生生宣德癸丑十二月十七日，卒弘治庚申二月五日，壽六十有八歲。祁生宣德辛亥十二月二十日，卒正德庚午五月十六日，壽八十歲。綱是年月日合葬于城南新兆，樹石焉。辭曰：

厥初江陰，載德維常，爰戎西安，其究洸洸。儉菴君秉斯我殲，厥醜敢淫，割其良誕，我心孔臧。維懿斯行，宜爾後人昌，文禮孺慧，幹蠱維綱，人之云源，乃籛乃璋，厥聲昭明。誰謂天也，有良弗慶，如冰斯寒，如炬斯光。展儉菴君，勿亡其言，其石終南之堂，象于無疆。

誥封一品夫人王母文氏墓表

正德己巳六月十八日，誥封一品夫人王母文氏卒。夫人南京府軍右衛千戶玉之妹，光禄大夫、柱國、太子太保、吏部尚書，贈特進光禄大夫、左柱國、太師謚端毅三原王公之繼配也。端毅公諱恕，字宗貫。初配盖夫人，盖夫人卒，贈一品夫人。繼配張夫人，張夫人卒，亦贈一品夫人。繼配夫人，則封一品夫人。夫人生正統癸亥十二月二十五日，距卒之年，壽六十有七歲。

子男七：承祚，義官；承祐，以蔭任南京都督府經歷，卒；盖夫人出。承禄，義官；承祥，舉人，任順天府通判；承禋，義官；張夫人出。承裕，舉癸丑進士，累官吏科都給事中，端毅公貳室張氏出。女二：張夫人所出桂英，適庠生仇瀾；夫人所出玉英，適南京大理卿贈刑部尚書乾州宋公欽之子進士廷佐。孫男十有三人：紞、綬、基、埜、節、簡、潛、濬、璟、輅、輶、輂、輿。女九人。曾孫男八人：安民、友賢、安邦、安世、安國、安遠、鶴齡、松齡。女二人。

夫人之封也，朝廷以給事君移封之請，鄭重端毅公之配，且佳夫人之賢也，故與一品夫人。其卒也，正德庚午八月十九日，葬於端毅公丘之右丘。初，端毅公以葬之難爲壙也，遺命己與盖夫人、張夫人同丘異壙而左，夫人及給事君母若百歲後，則同丘異壙而右。故今夫人異丘焉。是年月日，通判君以墓表請枏，謹采戶部尚書長安劉公璣撰誌，表之曰：

嗚呼！自古名賢，左右天子，治國平天下者，咸自修身齊家始，有不然者，皆苟而已。端毅公歷事四朝，秉忠不回，澤被諸夏，聲聞蠻貊，天下同以社稷臣仰之。而夫人以淑靜之姿，儀式端毅公之德，其葛覃之志，鷄鳴之賢，固亦可見矣。鸞誥所謂「相夫有道，著勳業於銓曹；撫下多恩，播聲稱于宗黨」者，不其然耶？億萬斯年，于斯瞻斯。

壽官張君墓碣

君諱政，字文宣，姓張氏，高陵廓下里人也。自少務實，不慕侈靡。甫十歲，母疾，即知親事湯藥，婉戀憂懼，狀如成人。及長，列肆而賈，雖五尺之童，不忍與欺。受賈者歸，較所易物於家，易於他肆者必折，易於君肆者必實不折，故鄉人受賈者咸曰：「城中賈惟張君平不譎，有所化居，當惟張君歸，惟張君歸，可無看衡量也。脫他肆，當重損。」雖城中受賈者亦曰：「中街張君賈不欺耳。」故君雖失早暮，揷肆懋遷者，亦置其所攜器於肆下而去而又來，故鄰肆賈多不售，君肆射利倍他肆。年且耄耋，未嘗入酒肆。尤惡鬬訟者，聞訟者過，急閉肆而入，不顧也。正德丙寅，生八十歲，應詔受官服之榮，人曰：「他人獲此榮者多矣，免於議者，其張君乎！」君曾祖諱克禮，祖諱柄，父諱奇，世篤敦樸。父娶王氏，乃實生君。

君生於宣德四年正月二十二日，卒於正德三年八月二十五日。初配邑人壽官惠澤之女，年三十五，先君而卒。乃繼配邑人李均之女，年四十有六，亦先君而卒。子男三：孟曰輔，義官；仲曰弘，俱惠出；季曰弼，李出。女二：長，李所育，適邑人田漢；次，李所出，適邑人孫璽。孫男三：鳳翮，輔所育；鳳翺，弘妻楊氏出；鳳□，弼妻元氏出。孫女四：長，輔妻王氏出，字前戶部郎中高君選之子阡。

君之葬，輔躬自負土，以築厥封，既訖，乃丐予作碣。辭曰：

聞諸長老，昔安邑人張公琦令高陵，正色以率下，賞善而罰惡，頑民懼而遁，善人安于無虞。若君及東街劉君可，時稱二君子焉。二君子者，皆未誦詩書，而能尚德遠爭，秉信不回，流聲方來，不亦賢乎！嗟哉茲也！予重有感于二君子。

處士秦君配趙氏周氏墓碣銘

君諱雄，字士威，姓秦氏，慶陽府寧州武昌里人也。蚤孤，鞠於祖宿及母王氏。長爲西寧倉吏，吏動遭黜削，君以廉慎，居十有一年而獨完。弘治九年，冠帶省親數年。其子吾友鉞得領鄉書，乃置然不復念仕矣。親友有勸之者，乃大笑曰：「吾性直且滯，與我老年奔走於州若縣之間以勞形，孰與我徜徉橫嶺珊瑚以自好也？與我跼蹐於卑官以循利而履害，孰與濁酒山鷄以自適而寡憂也？」親友聞而重之，傳之於人，人稱爲處士云。

成化末年，歲凶，君大有所積，客有説君懋易以殖貨者，君愀然流涕曰：「人皆死，我獨生，古無是理，又安忍論利也？」遂出其積，以盡拯戚黨閭里之乏者，所活殆百有餘人。善事厥母，飲食必親奉之，雖醉歸，必親母飲食也而後寢。母痢，思野蔬，君夜不避狼虎，之山下取之。洎母卒，晝夜哭三月。年且老，言及母，流泣輒如雨。君雖以吏隱身，顧其德，當非哲人偉士邪？

初娶趙氏，卒，繼娶周氏。周善理家，勤儉自持，雖一粒一縷，不忍棄地。性尤不喜紛華，吾友既舉，乃曰：「何乃又遭此擾攘之苦耶！」人聞而笑之。然其恬静自逸，人固不得而識矣。

君生正統十三年九月二十七日，卒正德七年五月二十四日，年六十有五。周生正統七年八月初八日，卒正德七年七月初六日，年七十有一。子男一，即鉞，周出。女三，適人矣，皆周出。孫男一，女一。

鉞於七年十月二十日合葬于祖塋之次云。銘曰：

官有貴賤，人有富貧，天之降德，亦既惟均。吁嗟秦老，既孝且洵，有行在後，吾友彬彬。亦既抱德，將爲王賓，賁此丘原，千載斯珍！

味道先生劉君墓碣

先生諱璽，字廷玉，別號味道，學者稱爲味道先生。其先涇州人，六世祖宣當元末徙於邠。宣五葉至養拙翁，名剛，字仕烈，讀書息心，不求聞達，而於參同、悟真、浮屠諸經，皆諳其義，寔生先生。先生少負志節，遊業郡學，材行蚤就，百爾論著，友黨爭稱焉。歲額當且貢，其友親老，遜而與之，厥後反獲鄉舉，士人以爲美談。

禮闈不第，授河南陝州學正，身率陝士，多所登進，其知名一時者，國子監丞陳雲逵及趙全諸人也。浙人陳選提學河南，以道自任，簡先生注小學，注有不合者，輒論辯不屈，忤陳，因以解印歸。乃日與門人弟子說經談史，敦行朱子家禮，以化導鄉人而不悔也。成化末年，大饑，家積米八百石，人曰糶可射利十倍，先生不應，盡以貸人，活者百計，今尚有感泣者。

生宣德甲寅十月二十五日，卒正德辛未十月十六日，壽七十有八歲。卒之明年二月二十一日，啓其配徐氏壙合葬焉。其子舉人登請碣，乃爲之辭曰：

嗚呼！仲尼曰：「人莫不飲食也，鮮能知味也。」故知斯道之味者寡矣。然則味道先生之歿，不亦可悼也耶！有欲知斯人者，觀斯石。

南陽府教授封翰林院檢討王先生墓碑

先生諱儒，字文宗，西安鄠縣人也。上世河南人，中葉仕吾高陵不歸，又爲高陵人。曰元亨者，著名焉，廼後三人曰繼祖、繼容、繼先。元末關中兵起，繼容、繼先避兵東亡，繼祖載妻子浮渭如鄠，韜光終南。天下既定，徙往鄠城北街，其歿也，猶葬於高陵。生子克誠，不歸，遂爲鄠人云。克誠生敬仁，敬仁生長清公琰。長清公起家歲貢，授大寧知縣，改長清知縣，

廉靜直方，有聲於其時，卒於長清。生子高年公鉉，載德博厚，又通習書史，練達物情，決平里中，里人允懷，孝祖朝以高年受有冠帶，卒年八十有一。配李氏，生三子，長先生也。

先生隆準奇頎，炯目廣輔，背厚若負，進退容止，踐猷履義，思績先烈。年始十五，遊學山東，受蔡氏尚書於布衣蘇生，三年而明習。乃遂訪孔林，上鄒嶧，登泰山，觀海而歸，爲鄠學生。成化辛卯，年蒸三十，舉於陝西。試禮部不第，曰：「斯吾長清公之遺憾，以屬予小子者也，今若此，果命哉！」戊戌，遂以乙榜領巴縣教諭。至則日夜規誨，達材成德，士駸駸然易習焉。初，巴闕舉人，及其滿也，舉三人。秦、蜀道險而惡遠，先生懇奉父母行，而母難之，乃獨奉高年公往，期亦還。後值誕日與伏臘，必望鄠再拜曰：「兒苟仕爲父母也，今復棲棲萬里外，父母惡在？」涕泗俱下。及甲辰大饑，人相食，乃使仲弟多載俸糧，歸養父母，餘以及宗族。又移宗族可來者三十人于巴，里人有來巴者，亦捐貲使賈貿爲食。比去巴，關内亦稔，宗族卒無所亡。

弘治己酉，改祥符教諭，乃上書父母曰：「前巴道遠惡，父母不往，父雖往，又輒還。祥符近且坦途也，大人宜俱往。」不許。曰：「不許，兒且休矣。」又不許。故先生以巴之教教祥符者又七年，遷南陽府教授。時父母已八十，迎亦不能來，遂投狀提學車副使求退，車曰：「茲郡教久廢，教授前在祥符，名有師道，宜振茲，可勿自便。」高年公聞之，又峻拒不許。居三年，高年公卒，得訃泣曰：「兒果背父矣！」每痛恨，輒擊面，遂蚤夜行奔喪。三年，會長子九思以史官考績，勅封先生翰林院檢討，階徵仕郎，所配劉氏封孺人。厥後母李卒，免喪，遂不仕，日與隱翁逸士以泉石爲娛。正德己巳，九思以檢討九年纂修孝宗實録成，有忤劉瑾，同翰林諸君出爲吏部主事，遷員外郎、郎中。瑾下獄，言者謂有罪，謫同知壽州。會天變，言者又劾，乃致仕。

是時盜興，九思留滯壽州，先生乃賜之書曰：「萋菲之讒，詩人歎息；流言之興，聖人懼焉。故曰：『衆口鑠金，積毀銷骨。』夫古之君子，竭忠其主，非有所不盡也，修身慎行，其越人非不多，然往往罹于讒舌者。弭謗莫如自修，天地日月

巍乎煥然，亦求無愧於斯已矣，而又何(惑)〔憾〕[一]焉！」又曰：「昔吾之在南陽，捶楚一嚴，諸生胥譁，既久而後定。小子其奚求！」九思得書，隕涕曰：「夫窮達榮辱，在外者也；志道據德，在我者也。若頗越以憒初志，爲父母憂，九思何敢焉！」比歸，季子九峯亦得告在侍，先生方喜甚，此正德壬申事。未幾，先生病，明年癸酉十一月十二日，壽七十有五卒矣。所配劉孺人，生四男：長即九思，丙辰進士，改庶吉士，任翰林檢討，嘗爲上經筵講官；次九敘，甲子舉人；九皐，義官；九峯，戊辰進士，授河南道監察御史。孫男子五人：瀛，癸酉舉人；潭，沐，渭，漢。女子八人：長嫁鄠學生楊顯，次嫁盩厔學生徐永圖，餘及曾孫女一人俱幼。

甲戌十一月甲申，葬於鄠北六老菴之原。其辭曰：

柟自少習知王先生之德，淵穆惇愼，匪夷所倫。予高陵東南二十里，遺塚纍纍十一相傳王大使家墓。歲清明，二人步蹤渡渭南來奠墓而返途，途人叩之，乃知爲王先生所遺之子弟云。夫高陵墓距先生已五世，違鄠二百里，又越灞、滻、涇、渭，仁誠少薄者替矣，先生追念不廢若此，則于其父母宜爾也，語曰：「孝其父母者有子，孝其王父母者有孫。」海内爭誦。翰林文行，御史才賢，舉人翩翩承敬，以爲王先生得於天者之匪常也，抑豈知其誠允篤孝，積諸躬而遺於子孫者哉！嗚呼！三代衰，躬行之教不明，漢初毛萇、伏勝之徒有遺風焉，康太史謂王先生真其儔也，宜哉！不然，巴、祥符、南陽殊方異俗，其諸生臨別而隕淚，去久而思，又豈其言語能爾乎！嗚呼，休哉！

武略將軍南京廣洋衛副千戶劉公墓碑

公姓劉氏，諱蒼，字伯春，饒州安仁人也。先世南陽泉人，宋有春山先生者諱子春，官至睦州知府，尚郡主趙氏，生二男

[一]「憾」，據萬曆李楨本改。

子曰常卿、正卿。開寶八年，常卿爲興安監鎮，正卿與俱來，居安仁，遂爲安仁人。正卿生國貞，國貞生芳叔，芳叔生通甫，通甫生克明。克明字友直，生泰。泰字俊康，洪武中帥萬人來歸高皇帝，授萬戶侯，改山西朔州衛正千戶，生孟庸、孟雅。俊康卒，孟庸嗣其官，未幾，以罪失之。其子甫復奮起武功，官至南京鷹揚衛後所副千戶。甫字子緩，有勇略，然無子也，於是孟雅生子仲翱，輔翼及亹補翼之官，稱鷹揚君云。鷹揚君娶安仁孫氏，生公。未久，而鷹揚君卒，故公九歲來自安仁嗣其官，然輒端重英敏，超越行輩。十五歲，選入武學學焉，即身自刻勵，不煩督獎。每赴演武教場，夜四鼓起，讀將鑑一篇，塲中鼓嚴，乃進食，食且惡，必盡三四器，乃上馬去，返越午矣。不食于市，家人詰之，則對曰：「一人之市食，一家之日食也。」身通小學、四書、史略、七書、將鑑諸籍，又能爲宋趙孟頫書。吳英者，指揮也，廉直不苟取，瞰公其同志也，學且優焉，有疑義輒叩門以請，遂爲莫逆交。及公之子麟舉進士矣，謁英，英呼之曰：「姪勿學他貪墨者，以隕爾父之志。否，雖官至卿相，英不願見也。」

初，公雅好儒學，而職事不遂，謂麟曰：「夫讀書可以建功業、濟斯民。吾已已矣，小子其敬之！」於是有趙經先生者，亦千戶也，明經而習舉子業，然遵禮尚志，旬月之間，不越戶閾。篋中藏二青布袍，必祭先壽親訪賢也，沐浴而後著之，卒事猶藏焉。公以爲賢，遣麟師事，然無以贄也，每獲折俸布帛，以布自衣，以帛贄先生。先生以麟貧不受，公曰：「不贄，無以遺吾子也。」必贄之。指揮龔海甘貧自守，行年七十，好學不倦，謝政閉門，旁開小戶，自擣藥以賣，其價不二。然好誦孟子，或從趙先生講焉，趙先生後進也，輒正講席而後旁聽之。戚黨有爲卿相者還，龔將改服以問，聞其載寶而還也，遂絕跡不往，或怪，云：「此其門豈少龔海者之足哉！」海死而子勳守學不改，人以爲海未死也。夫龔氏父子其介若是不可犯也，獨于公終始敬重不衰焉。

公嘗及僚寀伐冰入淩室，一士凍餒，跌仆冰地，羣士載冰爭馳，蹂躪其上，幾死矣。公力闢羣士，解紳挽出，士得不死。當是時也，趙端者覘之，心重其行，遂納交焉。趙端者，趙經先生之父也，年且七十，又尊行也，而又敦廉尚義，不妄與人者也，遂呼公爲兄弟云。一日攜公至其家，命人具饌以食公，家無具，移時而不至。公退，端責其子經曰：「劉伯春，予老所

畏服者也，非他家比。今乃不能令我完一鷄黍約耶！」取大杖杖經，且令出其妻。時麟方學于經，奔告公，公趨至趙氏曰：「朋友與宗室孰重？假令經出其妻，再娶弗賢，令爾此孫不立若何？」趙怒方霽，乃令再具饌，歡宴而罷。嘗有納戶起解千金，取回關單，誤遺道路，公曉行獲焉，日候其處三日矣，一人頓足撫胸哭號而來曰：「天乎！何殺予之酷乎！」公趨而問之，人告之故，公出單與之，其人頓首曰：「公德生我矣！」酧以數金，咲而不受。

公自少嚴正自持，非其人不交。常自悼職事之汚，當其志，謂可樹立大勳以自振也，遂亦以是訓麟，故賓客來謁公者，非其人麟不出見。後公年過五十，而麟守訓益堅，公又懼麟之絕物也，命改之，而麟已不能矣。然麟既舉進士，而公獨未請老，乃遂與職事安。或議公是前而非後，然考其學力所至，當非其熟邪！初，成國莊簡公知公懿德，選寘幕下，居十餘年，忠敬彌篤，莊簡公滋賢之，遇以殊禮，奏調廣洋衛右所軍政。莊簡公薨，成國公繼之，恩禮益加焉。年六十，誥封武略將軍，又數年乃老。正德辛未年八月十日卒，距生正統甲子年二月十三日，壽六十有八歲。

初娶胡氏，早卒。繼娶蔣氏，卒。又繼娶戈氏。胡無子。蔣生男子一人，麟。麟娶南康大長公主曾孫女胡，繼娶陝西參政王徽之女某。舉弘治壬子鄉試，丙辰進士，歷刑部主事、員外郎、郎中，出知紹興府。劉瑾用事時，罷去紹興，紹興人立去思碑。瑾誅，詔起知予西安府，吏靜民懷。未幾，奔公喪，解任。服闋，再陞陝西參政云。女三人：長蘭莖，歸南京後留守衛指揮楊泰；次蘭清，歸南京國子助教孫某之子遷；次蘭幽，歸福建按察司僉事彭城之子克思。戈生男子一人，曰鳳。女子二人：蘭香、蘭靜。孫男子二人：曰通儒，聘長興吳琓之孫女愛玉；曰開儒。孫女子一人，曰華濳，字戶科都給事中周金之子詩。辭曰：

嗟乎！孔氏之學不明久矣。世儒博物麗辭，爲之雖力，干祿則邇，求道則遠，則古之所謂異端者，今豈獨楊、墨、佛、老哉！悲夫！然而天命在人，未嘗絕也。故夫齊民武士於儒者甚眇焉，然就其氣質所至，反有合于道者。今觀劉廣洋公及其諸友，使受教孔門，安謂其不能升堂也。惜矣乎！然則學者欲自愛者，其知所先乎！

王純菴墓碣

君諱瑾，字文德，别號純菴，隋文中子王仲淹之後，徐溝令處仁之玄孫也。處仁生子俊，俊生克寬，克寬生大儒。大儒娶楊氏，誕實生君。正統初，有爲處仁墓表及子俊妻節婦呂氏與其孝孫王鳳諸碑者，皆言王氏，文中子後，初居龍門，派遷襄陵及蒲州，至徐溝君始遷聖惠鎮，爲今河東運司人，故今文中子後蓋世傳云。

君受性聰懿，敦慤剛果，諸嬉戲淫蕩，不入於心。家步初艱，竭材振起，厥既壯長，富聞河東，遭例輸貲，拜義民官。三兄素居，遇其不給，罔惜百金。後值母卒，鄭重喪儀，不待兄長。戚黨窮乏，亦屢貲贊。鄉人横逆，雖在宗族，喻使不報。至其治家威如，閨門斬斬。身生二子，咸俾業儒，思續前烈，乃選地結廬，躬宿名士，爲二子師。復擕入京師，受詩黄郎。又嘗植諸花卉於軒下，顧二子曰：「古人比忠於葵，比節於竹，吾以此爲若友也。」從兄璽誨諸子曰：「理家之勤，宅心之夷，居兄弟之義，當式是爾文德四叔。」其諸子亦言諸人，人皆信之，故聞喜李進士謂「君德無愧于號」云。然則文中子之澤亦已遠矣！

君配侯氏，生男子二人：世臣，監生；世相，學生。世臣娶馬氏，死，又娶朱知縣女。世相娶曹太守孫女。君生正統己巳二月二日，卒正德乙亥二月二十七日，年六十有七歲。卜十一月三日葬運司城南七里先塋之次。辭曰：

孔孟既沒，見道罕聞，汲黯持節，董公振文。黄生負器，孔明殊勳，旁求其他，匪類則瑕。繄文中子，顔卜之科，漢魏隋唐，諸儒儔過。有懷瀰瀰，斯行其里，方見羨牆，爰銘子孫。子孫純菴，有產淑嗣，誨之六經，實欽爾似。爾道克衍，惟純菴君，閟之有隋，今其昌焉。勗矣瞻哉，百爾王孫。

王恭人鞏氏墓碣

恭人姓鞏氏，盩厔縣人，元民部左右司郎中士傑之玄孫處士蕭之女，明襄陽知府中憲大夫真齋先生璽之配也。恭人受性玄潔，載德真慈。年忝十五，酒漿茹醢，機杼箴刀，咸造其極。鄰無處女，諸姊羣妹，具受學焉。父母鍾愛，浮於有男，諸富納采，咸閉其扃。時中憲公貧而穎異，被選妻，仍與舘穀，俾籍邑庠，恭人滋式滋戒，蔑有矯易。中憲生而剛烈，乃矯以柔順。因使回盩，事其姑何恭人，承順勞瘁，居之不倦，凡何所愛，陰當其意。何且瀕沒，謂季子曰：「珍有若嫂，吾何復憾！」妯娌之居，怡如兄弟。中憲公赴家鄉舉，歷學官、知縣，擢拜御史，乃獲封孺人。既爲永平、襄陽知府，乃進封恭人。其子圭峯先生爲通政，乃又封太恭人云。生永樂十九年正月十四日，卒正德八年三月十三日，壽九十有三歲。

生男子三人：孟曰伊，太學生，不仕，娶高氏；仲即圭峯先生，舉成化乙未進士，官至四川右參政，娶趙氏，封恭人；季曰仍，新安縣丞，娶李氏、趙氏、郭氏。女四人：長適通判縣人李瓚，次適左參議隴州閻價，又次適秦邸鎮國將軍，又次適推官咸寧趙邦憲。太學之子曰九成，府學生；曰九功。參政之子曰元愷，兵科給事中；曰元正，翰林院庶吉士；曰元亨，丁卯舉人。縣丞之子曰九官，縣學生；其次曰九睦、九經、九遷、九賓，皆舉進士；又其次曰九澤、九法、九同。孫女五人，曾孫男女各九人。

正德十一年十月十七日合葬於中憲公墓矣。辭曰：

柟作王恭人碑，其外孫給事中閻欽云：「太恭人行年九十餘，不信浮屠事，訓家惟以古今孝子順孫暨義夫節婦。有言及作佛事者，輒斥曰：『佛惡在？』」嗟乎！佛之愚人，雖儒生丈夫泥焉，恭人若此，當非其哲靈耶！然則所謂賢能孝從者，豈偶爾哉！初，予每異王氏之盛，皆登巍科，躋華要，彬彬然知名海內，以爲天數乃爾，豈知恭人造之者若此其厚耶！語有之：「本深末茂，源大流長。」果哉！世有修德者無徵，作善者不慶，觀此可改矣。

兵部左侍郎槐堂先生胡公配淑人陳氏墓表

兵部姓胡氏，諱璉，字重器，陝西寧夏人也。其先溧陽人，洪武末，曾祖通甫坐醫譴，闔門下獄，厥子士真屢上誣狀於朝，減戍寧夏。士真生雄，配酒氏，實出先生。越有異表，穎敏浮人。弱籍夏學，師受蔡沈尚書，兼通他傳羣史，尤閑國典，叩之如目擊耳聞。貧而悅親，日薦甘旨，客遇珍羞，懷以歸養。父病痿痺，夙夜旁求救理，遂獲終遇。叔昶與父嘗不睦，一日召公食，食有異品，涕泣而弗茹，叔責其故，對曰：「璉父未嘗，實難入口。」昶始歸餵厥兄，頓釋鬩牆。父母續謝，哀毁幾絶，雖嬰瘷疴，不御好食。及至葬，力稱古禮，屏去浮屠道塲，式是夏人。

髫時嘗騎驢祭墓，叔昶擒下，擊以鐵鐙，幾斃。後昶坐罪，公雖諸生，屢策脱解。及昶死於山後，慟哭，逆櫬以歸，敘穴于祖塋。妻父母老而且獨，生事死葬，有若厥男。姊氏傳疫及姊妹且革，身侍之弗去，卒葬而後返，竟亦無恙。鄰士陳銘從征，其妻死，孤日夜號，不能葬，乃資之棺斂具，陳銜德，至今如昔。年至不惑，行修言道，術業具考，聲聞於關内，提學諸公深加器重。七試鄉闈，不獲列第，提學馬公至夏，强之先貢，令試京闈，期擬吳寬狀元云。公稱疾不出，懼壓前士，雖被拘繫，猶終遂心。厥後前士具獲歷貢，而先生竟以生員受封主事。〔一〕

勅贈承德郎戶部江西清吏司主事渭南南先生墓碑

學者敦道，誼閑詩書，窮年歲以有積也，然或位卑而寡施，榮薄而行隱，則君子未嘗不尤人焉。比其久也，天行而命顯，

〔一〕 此處有闕文。

啻其前，豊其後，彰其子孫，逮其躬，則學者於是乎始信，當自艾而不可怨天矣。渭南南先生楚重者，今户部主事元善大吉之父也。予自爲童子于學時，聞其名，其後竟未謁。比元善以户部遭先生之喪，乃始知其止。微元善，而先生之名幾不著於天下。吾友李仲白素不私譽人，狀先生豊頤厚體，鯁直寡笑語，頗有論語「犯而不校」之風。然事父母，雖爲學生，兼藝黍稷以供養。比其歿也，殯葬一無違禮。初受句讀於從兄睿，輒解大義。既乃從從兄鎰受朱氏詩於同官李教諭，李教諭以爲知比興之旨矣。既乃受小戴禮記於從父河南參政某，參政公曰：「此吾南氏者亢宗子也，即不大顯，當有聞於後。」然厥後止以歲貢入太學，廷試，獲授新野訓導。新野九年，能治強悍弟子，兼有成績。陞資縣教諭，是時元善已舉進士，而先生遂致仕不至資，今已受贈如元善官。即使先生身有甲科，榮亦不過是，則天於善人又曷嘗忘耶？況元善博學篤志，寡言修行，所爲詩賦，駸駸乎漢魏之風，而元善又不以此自已，則先生之聲，又何啻止此贈官哉？嗚呼！先生爲不歿矣！

先生名金，字楚重，其先中條山人，後遷關西蒲城。元季，高祖安義再遷於渭南田市里之秦村。安義生儼，儼生言，言生珪。珪配緜氏，實生先生。先生配焦氏，爰有義行。所生二子，元善已鳴於世矣，仲氏逢吉復究諸經。女氏貞静，字爲王鸞嬪。元善娶張氏，逢吉聘李氏。有二女孫，皆元善生。闕銘曰：

於惟贈君，先生秦村，西南豊草，原峷嵂勢，與華山平。先生之聲渭水清，有欲求者視此銘。

昭勇將軍靖虜衛百户魏君墓碣

朝廷以官爵縻天下英鋭之士，故士之有材行膂力者，皆思自奮，以効用於時，不肯與草木齊朽，故雖父死于前，子繼於後，而不悔也。魏百户益，陝西三原留官里人，起家甚微。當洪武中，祖興兒垛集四川成都府軍，後調南京龍虎左衛。正統初，乃調靖虜衛左所。祖亡，父載填伍編總甲。成化中年，妖賊滿四亂，乃隨劉參將往征之，奮勇當先，遂死於陣。百户補

其伍，念父之陣亡也，遂日夜不甘寢食，乃時閑騎射，滋務勇略。於是或敗胡於雪山，或破羌於立林足，繼而獲級於大浪口，陞總旗。繼而獲級於小鹽池、火山諸地，乃陞百戶。

正德四年，胡已入套，簡隨葛指揮赴榆林定邊營以追胡。是時，胡衆，而我師遠救不敵，胡射君，中三矢，歸而亡。則君者，豈徒爲朝廷官爵之故而隕其身哉！其志可悲矣！君歿之後，長子榮襲其職。是時，權宦用事，而天下諸司皆剝民以奉之，遂使流賊僭號横行遍天下。七年，榮被欽調隨總兵仇公征山東、河南、湖廣、江西、南京流賊，過揚子江，至於狼山，得八級，生擒一馘，遂陞千戶矣。然則百戶之志，不亦滋有光哉！可無憾於九原矣！

百戶，梢祖母之外家姪也，故予得聞其詳而著之石，且爲之銘曰：

天下無事，文臣貴；天下多事，武臣良。嗚呼！有天下者，將使文臣貴乎？抑使武臣良乎？今觀魏百戶家之烈，於百戶又何憾焉！所苦於天下者，何至斯耶！

安邑知縣敬齋魏先生墓碑

魏先生諱瓚，字廷獻，涇陽在郭里人也。予始籍學生，即瞻其文行。邇年入京師，取道山西，安邑之政，厥聲載路。先生歿且葬，予乃拾所聞並據其友陳君良狀次列於碑。

先生世籍涇陽，曾祖永中，讀書未仕。厥祖文昭，不隕先聲。父氏諱祥，克延世求，滋植行義，夙重鄉評。粤配線氏，實生先生。穎異出衆，少則知學，治朱氏詩，庠中羣詩，靡不推先。既舉弘治己酉鄉試，益諒玄節，不涉縣衙。篤念母老，得就蒲臺學諭，側身詳說，寒暑無厭，士習更新，屢有科名。都憲徐公奏書旌舉，會以憂去，學禮廉揚。服闋，改洪洞學諭，益恢前規，嘉績尤多，撫按交辟，遂擢令安邑。先生曰：「農業不課，訓誨不申，久矣。」乃式是先勞，不畏強禦。有兄弟相訟，喻以天顯，使其退思，兄弟悔謝，改過自新。平民十數被誣盜籍，爲其謀者，舉賂削免，先生聞之曰：「如此之利，後必不

昌。」至解其誣。他如禱歲旱以佑農，開青石以通商，新廟學以作士。心乎事先，民罔或違，政方向榮，志甘恬退，乃遂致仕西歸。居六年，而疾作不起，爲正德十四年十二月二十三日，壽六十有五歲也。

配趙氏，有淑德。子男五人：長弘仁，丁卯舉人，娶郭氏；次弘禮，秦府典膳，娶劉氏；次弘智，義官，娶劉氏，繼趙氏；次弘信，癸酉舉人，娶王氏；次弘道，引禮舍人，娶趙氏。女子二人：長適省祭官趙寵，次字張珍。孫男子九人：汝輔，娶朱氏；汝湘，聘杜氏；汝佐，汝承，汝翼，汝受，汝鄰，汝臣，汝膺。孫女五。

弘仁等擇正德十五年十一月六日葬先生于今公莊之新兆。辭曰：

於惟敬齋，有嚴厥奏，弗紛爾寵，惟禮是府。振鐸蒲臺，絃誦歌舞，洪洞蒸蒸，安邑凝凝。士罔不效，民罔弗聽，鴟義或令，孤弱有與。顯允林泉，多士貳旃，大賓鄉飲，豈不令全。嗚呼！出爲師牧，隱爲壽考，既光爾前，猶開爾後。舉人僊僊，其來孔再，爾德不覺，曷云其膴。四方員員，于瞻于睹。

懷遠將軍指揮使平林陳公配淑人費氏墓表

公諱銘，字德新，別號平林。其先昌平順義縣人，以世爵，遂爲西安人。初，公始祖得元生五公，五公生勝，元末避兵，依舒城孔氏者，湯元帥部士也。孔沒，遂應孔氏役。修軀偉貌，既勇既略。高皇帝師至河北，獨往歸之，屢戰屢捷，獲授千戶。復破東阿、東平、汶上。明年，戰於齊眉山，同子賢死之，贈明威將軍指揮僉事。生斌，隸蘇州衛指揮同知，改隸西安前衛，有能聲，陞都司都指揮。都指揮生公，襲如西安職云。

公賦性英果，而武略過人，弧矢稱豪，常與諸將較藝，羣注獨贏。出守靈州，部士興僨，數年胡不敢即境。當王親遷衛真定，被知秦惠王疏，得隸右護衛，尋陞指揮使。惠王薨，簡王立，滋獲敬重。李御史伯起按秦，甚法，諸府衛無完官，獨稱公才。令訊疑獄，即解，令襲賊山谷，玉石克辨。至每歲催科，拙放陽城，而課最諸衛，猶漢兒寬。諸撫鎮有缺，欲薦之朝，

王固止之。及公致政，衛人泣留，王亦不忍舍去，乃命有司歲給廩役，禮遇終身。初，公効忠厥考，身遷葬祖母於長安。痛母高氏早歿，遇己生日，齋素杜門。享年八十而卒，實正德辛巳四月二十六日也，其生則正統壬戌三月一日。

所配淑人費氏，都指揮使孫女，義官鋭，配胡氏者，其父母也。淑人柔德貞靜，頗閑内則。既歸於公，公數戍寓，淑人身董家政，咸底於休。叔鏞、叔鐸、叔洵、叔越及諸妯娌，處無間言。至其教子，有丈夫義方之風。乃弘治庚申二月三日而卒，距生正統甲子十一月十五日，年五十有七。所生光祖，當致政時已替職，然雅素從容，不獨有此武也。公側室三人：高生清及源，周生濟，張生一女，嫁爲前衛劉千户子大用妻。光祖娶徐義官鎮女，封淑人。[一]

太平居士魏公暨配張氏線氏墓碣

予筮仕西來，周歷虞、虢、韓、魏、梁、晉，至於金臺，徧接徐、兖、吴、越、楚、蜀、閩、甌之士，聞有崇義履信、樸厚木質之士，必壽富有，子孫數世昌不衰，蓋其所聚者深，故其流者遠也。太平居士涇陽魏公者，其一乎！

公讀書，稍涉大義，即罷棄去。至其甘旨父母，塤箎兄弟，義方諸子，經生學士，多亦不逮。族人不能婚，與之鴈；不能葬，與之木；里人遭荒，不能食，與之菽粟；曲直盤錯，不能辨，與之平。家有貓，病足，不能求食，其貓子咿咿然，銜食與之哺。戚黨鄉人見之者咸曰：「魏公有孝，貓寧不有孝子乎！」嗚呼！即古董召南抑何敢下視公哉！於是縣大夫聞之，宿爲鄉飲大賓云。

公諱祥，字世瑞，別號太平居士，可以覩其心矣。上世故涇陽人，曾王父右賢，王父永中，父鑒。母李氏，生公兄弟三人，謂禎與種者，其弟也。公生宣德壬寅十二月二十三日，卒弘治癸丑八月十二日，壽七十有三歲。

[一] 此處有闕文。

配張氏，有婦行，先公四十五年卒。繼配線氏，高朗柔嘉，式是三族，後公十三年卒。子男五：玹，娶張氏；琰，娶劉氏；璘，娶熊氏，皆早卒；女一，適趙鏘。俱張出。瓚治朱氏詩，舉於鄉，教諭蒲臺，知縣安邑，卓有名績，語在魏氏家乘，娶趙氏；璉娶張氏，亦早卒。俱線出。孫男六：弘義，琰之子，早卒；弘仁，丁卯年舉人，娶郭氏；弘禮，秦府典膳，娶劉氏；弘智，義官，娶劉氏，繼趙氏；弘信，癸酉舉人，娶王氏；弘道，引禮舍人，娶趙氏。孫女二：長適省祭官趙寬，次字張珍。皆瓚子。曾孫男子九人：汝輔、汝相、汝佐、汝承、汝翼、汝受、汝鄰、汝臣、汝膺。安邑君暨遭喪時，已合葬公媼於公莊西矣，至是安邑令君卒穴，弘仁兄弟爲公建碣請銘。辭曰：

於維郭士，在涇之滸，秉義不回，鄉平百口。厥遺孔碩，巍科接武，蒲臺有教，安邑有政。士談民言，咸公之頌，復有蘭孫，桂坊交映。爾德不祁，胡然此應，行道瞻言，顧視其影。

處士周君墓碣

曩予童穉時，數聞周鳳儀兄弟之賢且秀也。鳳儀兄弟善鐵筆，每鐫字，能隨人體格，雖母字不嘉，亦能與增色焉，使可傳也。於是諸鄉大夫士率求識鳳儀兄弟，而山西王虎谷先生提學關中時，尤器重鳳儀。虎谷先生號無私，乃焉獨拔鳳儀子易爲生員，鳳儀兄弟可由知也。

比予理先君墓石，間叩鳳儀惡乎長。鳳儀乃具道其父處士君初不知學，若聞人古今善事，輒能識不忘。他日縣尹張侯修學立石，已墨蠟，遍國中，無鐫者。有劉知府者，時方爲秀才，請召處士議鐫。處士方鐫數字，衆皆稱善，以爲雖古顏、魯家鐫客，亦不過是也。當時處士倦眠大成殿，夏夢一紳衣幅巾，是老人，投所曳杖於己左脇曰：「茂昔受學乎！」既覺，左脇猶痛。乃占諸張掌教，張曰：「異哉！此昔老聖人歟！」處士即焚香禱謝。後有所聞見，輒易知，乃遂以鐵筆雄關中，鳳儀兄弟則由是有今日也。因請予表諸墓，於是涇陽文學謝賢因狀曰：「成化申辰，大饑，人十六死，處士常以物易粟於

鄰邦，負載而歸，以拯兄弟妻孥。有諸姪他出者，則視其田廬而護守之，比三二年返，皆依然無恙。」於戲！處士豈獨鐫字者哉！

高祖諱文卿，曾祖諱七十，祖諱三，考諱貴，世以耕讀爲業。處士諱茂，字本深，配賈氏，善治家，勤紡績。生子三人：鳳儀、鳳翔、鳳岐，皆善鐵筆，陳氏、孫氏、趙氏，其婦也。女三人。孫男二：長昜，儒學生；次書。孫女七。

處士生於宣德四年，卒於弘治十二年二月二十一日，壽七十有五。賈生於宣德五年十二月十一日，卒於正德十四年二月二十日，壽九十有一。年月日合葬於先塋之次。銘曰：

不學而文，不政而才，非其生質之美，將祖德之所積來耶！

徐孺人李氏墓表

徐孺人者，吏部觀政進士元祉之母，建水州知州致仕八十公道克之配也。孺人，秦州望族，厥考李翁暨妣楊氏夙著懿德，克植內範。孺人受性哲粹，而又少習姆訓，飭躬以貞。既歸建水，滋茂閨行。州人不識紡績，仰給他路，孺人恥焉，曰：「葛覃非婦人乎！」比建水教諭羅江，則善絺；改諭伊陽，則善布。遂率諸婦羣女，而秦俗亦漸變焉。故建水學不慮服食，仕不慮賓客，時祭其先不慮俎豆，皆孺人也。建水同兩兄有房二楹，比仕而還，兩兄弟已鬻人矣，則贖之以共居。比三鬻，建水不欲復贖，孺人輒贊贖之，以與兩兄弟定立質劑，不使鬻，謂建水曰：「是豈非吾家物乎？」

當建水在先時，兩兄家子女有怨曠者，孺人皆與給縭具鴈幣，使無愆期，曰：「吾李氏諸姪，徐夫子且或顧之。徐夫子諸姪，吾不能顧，人其謂我何？」生有三子，年且強壯，法不得食於私房，私房有痛責。其視三子績學，晨昏有限，至限不聞書聲，必呼牖外。三子者聞其呼，若未寢，必至限，若已寢，則必興。蓋自其相建水者，又以教三子也。故建水舉成化丁酉鄉舉，歷羅江、伊陽教諭，晉府長史，建水知州，皆有賢能績。而元祉獲登正德辛巳楊維聰榜進士，其方來未艾也。

孺人生景泰年月日，卒正德辛巳七月二十九日，享年六十有九，即七十也。三子：元吉，韓府典膳，娶李氏，繼馬氏；次即元祉，娶馬氏；又次元道，國子監生，娶陳氏。女一，嫁士人姚玉。孫男七：曰乾，曰坤，曰蒙，曰泰，曰表，曰箋，曰重。孫女三。

卜嘉靖元年月日葬州北鳳凰山麓。初，元祉既第，以建水且八十，孺人且七十，志在依親，章四上，皆不行。比得孺人訃，遂痛甚，奔喪高陵曰：「所可酧母氏者，惟太史與一墓石耳。」乃哀其心，敘其所自言。銘曰：

緊徐孺人，女也顓顥，貞不失慈，順而知勞。夫似卓魯，子希夔皐，機杼爾始，黼黻爾繅。鮑妻竝匹，歐母駢曹，祉友管律，蒙婿于敖。並頌玄德，誌彭少保，鳳凰山麓，松楸如膏。泉臺指日，天其崇褒，爾窆孔云，孔固孔高。

唐魏鄭公之遠孫魏成墓碣

予同學平陽經歷魏珙數爲予言，珙家在高陵者，真唐魏鄭公之後。鄭公自唐以來，有家譜，有遺琴，至今進士遠孫綸猶藏之，厥後子孫爲訟，被延安守取譜琴去。綸後不知幾世生堯啓，教諭高陵，相傳縣西南強家原魏氏塚，乃其所起云，子孫遂爲高陵人。若明，教諭生子紹凱，登解陝西，歷官涇陽教諭、商州學正、奉元路教授，至慶陽知府。生六子，其第三子舉進士，任翰林院編修。孫九，思明以鄉舉任浙江道御史；思啓，陝西提學。思明生仲衡。衡生希智，以鄉舉任鄜州知州。希智生秀五，曾祖也。曾祖生三子，諱慎者爲吾祖，其諱芮者生椿，椿生成，今應祖，軍於靖虜衛云。

按唐史列傳，鄭公，涿人，今平陽，云高陵人者，此豈鄭公陪葬昭陵，子孫遂不返涿乎！故今縣又有鄭公祠廟焉。今年，成之子儒自衛回縣，予子適有疾，速儒來治，儒所言家世，正符平陽不爽，遂道其父勇略度人，嘗挺身解鎖黃川之圍，肩臂受賊鋒，又退賊小鹽池，獲賞銀牌。大學士邃菴先生楊公在邊時，亦選用焉。所配梁氏，早卒。繼配王氏，君沒時，年未滿三十，遂守節不改，志撫儒，以有立。嗚呼！邊塞行伍之間，乃有此夫婦耶！則其爲鄭公賢者之後也必矣！

成歿於弘治十五年六月十四日，纔二十六歲。王歿於正德十五年五月十四日，年五十一。儒自靖虜來索墓上石，三四跪弗起，又重之以諸庠生之請。雖微此，則賢者之後，予豈忍辭哉！銘曰：

鄭公言行，唐世獨直，後昆綿綿，千載不失。有成者軍，猶思祖德，房杜子孫，乞丐豈實？雖一二世，終顯其極。

承德郎保寧府通判熊公暨配朱安人墓碣

公諱傑，字貴顯，號守齋，姓熊氏，江西高安斜橋人。曾祖仕舉生義官孟聞，孟聞生義民瑛，娶胡氏，誕實生公。年少聰悟，通習道義。痛母早卒，言輒懸泣，移日不食。事繼母聞，鄉黨稱孝焉。以歲貢久次，通判保寧，鋤強拯弱，壹志慈民，敦獎髦士，仕儀出焉。

劍豪毋文信哀黨焚商，竊據其有，累勘官不結，上官移公。公積誠研思，夢入於神宇，焦頭爛額，羅候堦下有神朱衣，指謂公曰：「若等懷冤，候公久矣！」翌日，公乃齋沐，躬詣城隍，儼如夢寐。暨夕，秉燭閱成牘，屋上墮袱，金寶數升，具有姓名。爰速劍守，論誅文信，並逮其黨四十有三人，止律減徒厥半，縶於郵舍，其夕火作，死無遺種，蜀人稱神焉。

乙巳之歲，西番寇松茂，運道阻絕，參議臥病不出，撫巡孫公檄公禦之。公策令堡戍，前爲探緝，以時送逆，選官巡哨，分地責餉，伏壯士鐵鎖橋，佯令弱運，寇方刦運，伏發舉滅。巡撫具績，薦宜兵備，欽賜楮幣以賞之。年五十有三，足痿謝政，徜徉詩酒，不涉城府。兩遭剽掠，室如懸罄，不爲愠色。身重詩禮，訓此諸子。所配安人朱氏，比德不愧，和洽辛張，上師小星，睦族重義，實贊有熊。

公生宣德癸丑閏八月十三日，卒弘治戊午十月五日，年六十有六歲。安人生宣德壬子七月十二日，卒弘治辛酉閏七月十日，年七十歲。合葬縣三十四都港口鯰魚山。安人生子男三：材、樸、相。相，戊辰進士，爲監察御史。女一。孫男十：炳，焞，熛，烿，熜，煒，煌，燔，烈，燦。曾孫男五：克圻，克墉，克堦，[克]堯，[克]域。辭曰：

戊辰三月，知我御史，爲公作碣，乃究其始。惟公烈烈，既戎既哲，凡厥御史，惟公之發。棟宇廟廊，布昭爾芳，鯰魚山高，自此孔明。九泉之下，胡不康處，英英安人，其風竝好。

舉人趙君墓碣

初，余及趙君惟德生員讀書長安，有友五六人焉，皆數郡之傑也，言長者，無弗歸惟德。既而及惟德舉於陝西，同年六十有五人焉，皆關中之傑也，言長者，又無弗歸惟德。既而及惟德業於太學，有友八九人焉，皆四方之傑也，言長者，又無弗歸惟德。又博學能文章，取進士科，固其所也。如得其位，以長者之德用之，豈非斯民之福哉！豈期正德三年別予於京邸，未幾捐舘於十一月二十日，距生成化十一年正月二十日，纔三十有五歲。嗚呼，痛哉！天之殲我良友也！惟德孝友之行，和厚之德，忠信之心，父母鄉黨咸重之，宜吾朋友信之若是也，乃今已矣。嗚呼，痛哉！

惟德姓趙氏，諱永寧，字惟德，世爲寧州官河里人。祖諱志榮，隱德不耀。父璣，任四川銅梁縣史，配李氏，生惟德兄弟三人：惟德其長，其次義官永安，其次永守也。惟德娶郭氏，生子男二：長養敬，州學弟子，初從予學於京師，蓋幹蠱之子也，娶邵氏，繼娶吉氏；次養心，聘李氏。女一。

正德四年春三月二十四日，既葬於州龍川祖塋之次矣。養敬三次索碣，乃爲之辭曰：

於維君子，實維我良，厥志伊遠，厥德伊麗。盍簪之論，長者是望，假其登矣，棟此廟廊。命之不究，三十五亡，有覺其嗣，嗣爾之光。君子勿暝，百世於芳！

明贈孺人林母李氏墓碑

孺人李氏者，閩一樗散人林先生世贈之配，監察御史鉞之母也。林先生名埶，二兄□、壁，咸登甲科，位躋方伯。林先生鄉舉成化丙午，以父母既封，伯氏皆貴，乃同季兄址隱居養親，矢絕榮利，故一樗散人，蓋自道也。孺人淑慧均淵，學益姆氏。既歸林先生，克從其高，滋懋婦雅。日非嬰疾，必於鷄鳴而興，敏兹宫事。曾祖姑方氏，祖姑宋氏，姑宜人葉氏，三世授受，閨範不忒，是式閩女。

孺人思纘厥懿，務昭其家。林先生負氣抗直，嫉惡浮仇；孺人淹淹陰解，喪羊于易。遭舅梅竹翁及葉宜人喪，禮相助奠，克殫心力。林先生嘗曰：「使埶庶無罪悔於先人者，李氏也。」二姒既從宦居，葉宜人命顓柄政，家衆千指，居罔不悅，考農課儒，門無惰食。若有名賓嘉客，必躬自洗腆，以爲林先生歡。暇語諸子曰：「富不與仁遊，貴不與賢交，雖錦衣玉食，由君子視之，犬豕耳。」故諸子有過，輒笞於中庭曰：「爾輩不見鼠璞乎？其化爲珪珩者，皆玉人推琢之教也。」尤虔恭先祀，粢盛醴齊，牲羞籩豆，罔弗躬業。他日，有貸客納券，蓋林先生之故知也，孺人曰：「妾聞德在拯舊，富在恤貧。夫子少稱秉義，今乃背之何居？」林先生爲之愧悔棄券。至其周予族貧，不吝金穀，無產者貲，不婚者鴈，困於葬者木，其先事啓處，真匍匐救之也。家有酒傭，病乞歸里，舟至中江而斃，舟人返載入家。時林先生方遊藝京燕，孺人召視其妻子，厚與殯殮，猶優恤數月，過贈而返之，則於其親戚可由知也。

予素不識御史，山居時及今年如京，每閱邸報，見有御史疏，多公忠剴切，心思見其人。乃今獲撰孺人之碑，則御史者，豈偶然？然而林先生之狀，果非黨於其室也。

孺人諱瑛，字德圭，蘇州知府福唐侗菴公廷美，配曾宜人者，其父母也。孺人生有男子五人，長即御史，連舉庚辰進士。孺人生天順甲申十二月二十六日，卒正德戊辰四月二十日，壽若干歲。已葬于卒邑藍田之原矣。至是林先生作蜕秋

石室於歸義里柘岐山，將改葬孺人焉。而御史奉天子命清戎山東，例得還家，將焚黃墓下，悼痛榮養不逮，乃欲載碑以歸，曰：「此可以校人心乎！」嗚呼！御史痛矣！遂爲之辭曰：

族匪而築，美難世濟，譬彼榮木，豈不猶柢？鮑妻提甕，歐母績紡，我觀振古，家起女良。樗叟成隱，御史亶仕，匪貞匪慈，胡然如此？維天克明，維地克平，日月運行，不顯厥經。山深木芾，葉芊鳥噫，爾德不那，福履胡備？江出岷山，其源如綸，羣流附引，東抵海門。吁嗟林俊，號遺圭母，克敏克榮，實相樗父。行道式瞻，閩女中賢，于範于模，室家千年。

獨復管君墓碑

君諱珣，字德潤，姓管氏，齋號獨復，陝西寧夏人，兵科給事中律之父也。故吳嘉定人。始祖應龍當宋理宗時，身通星官學，仕至制屬佐史。嵩之伐金，克復襄陽，肥遯中野，臨安趙葵嘗表其功於朝。生子仲平。仲平生希賢。希賢當元時，學躭性命，仕爲四明尉。生子皡，字玄伯，與楊廉夫爲忘年友，同學於鐵崖山中，後復隱居於鳳凰山，著三國將略三十卷、古樂府四卷。國朝翰林學士詹同薦於朝，徵授祁州知府，有德政聲。生子九成。九成生鏜，則君之曾祖，以詩見知慶靖王，奉藩慶邸，編籍甲軍，管氏所自爲寧夏人者也。鏜生爽，字光繼，配楊氏，誕實生君。

君生而敦愨，寡語笑，然獨悅人爲善。若見義事，若懿行，必曲獎其成。若見人良子弟，必勸其父兄使之學，曰：「甚無犬彘兒子輩。」若見名士大人過，必謂人良子弟曰：「茲豈天上降耶？」又好賙貧拯急，若見棄業惰生者之匱乏，雖升粟尺布，必不假，曰：「珣不能耗財以濟惡。」友人赴舉者，貧無裏足，乃卸其室簪珥，易金爲贐。友人既舉，則終身不言，子姓私問焉，亦使杜口。初受詩於曹憲副謙學。能占決疑事，十九有効。自少身伴懷王讀書，每受令臨歐陽，率更法帖，往往逼真。冬夜與友人喻德甫圍爐談春秋三傳異同，火爇衣襟過半，猶不暇覺，幾焚其鬚。他日，又與王都御史□言談古今事於西疃野亭，王盡日不能難，而君有「四郊烽火息」之詩。性喜吟詠，詩成，不事點竄，嘗曰：「此非學者急務，袪俗適興

而已。」

先是護衛人不籍學，弘治庚戌，東田馬先生天祿督學關中，君啓莊王以告東田，於是今護衛人多登科者，給事君亦其一也。當懷王時，東鹿賈公後巡撫寧夏，及分巡憲副劉公桓皆器重先生，忘勢禮遇，合辭且又啓欲請於朝，補本藩教授，然君恥於仕進，力辭而止。獨復之號，其亦在此乎！

初室鄒惟寬女，鄒無出，乃次室王孔明女，是生給事君及引禮舍人呂者也。女一，未字。孫男二：輿、載。孫女二。君生正統甲子六月二十九日，卒正德甲戌正月二十日，壽七十有一歲。鄒少君三歲，而卒先君五年，壽六十有三歲云。給事君卜嘉靖二年二十六日與鄒合葬於南董新渠東原，蓋新兆也。史氏呂柟據友竹柳訓導狀次，而爲之辭曰：

嘗讀易至「中行獨復」，則悲羣邪之瞢，而歎中行之聰也。夫六四與上下五陰同行，而己處其中，獨應初九之賢，其餘陰皆旁行而流，惟四於羣行之中，獨復中道而不從，可謂明且勇者。管先生在士伍中，而其言其行，非義不比，強而且公。彼雖學者，反或逐隊合羣，而不能獨復，亦獨奈何哉！嗚呼！先生百世斯風。

河間府通判石山趙君墓碑

君諱廷璋，字德光，别號石山，邠州某里人也。受性敦懿，蚤益顯慤。生甫十齡，父暨伯氏謁選京師，遺厥祖母，家無長丁，君即能婉戀以事，或採薪山澤，拾蔬風雨，不憚勞勩。越二年，父領倅蕪湖，君就學於蕪湖羅生。日坐一室，不越戶限，蕪湖君問焉，答曰：「書未成誦，傳恐不習。」年且十五，身治戴記，草辭屬文，見賞羅生。厥既歸邠，乃益肆力道藝，遊心古昔。以西澗劉澄、涇濱劉韶皆直諒多聞之士也，友與同盟，稽經于邁，於時邠士彬彬焉，尾尾焉，咸遜三子，以爲學中冠冕。

君既領鄉舉，進業太學，猶以戴記考魁多士。屢屈禮闈，傷母且老，乃正德辛未，就仕銓曹，得判河間，職管漕河一帶。

開衙滄州，克勤河務，罔有不濟。以其餘力，又能兼委於上官，理訟訟允，督糧糧起，糴儲儲完，掣鹽鹽清。君蓋先知吏胥，次稽僕從，故賞罰不頗，舉措稱明。至其卻殷周之金，尤爲特節也。未幾，流賊猖獗，焚屠郡邑，如踐村落，滄人搖扤，約開門以降。君乃獨誓州守，及謀人力士，率衆登城，併力捍禦，七日夜不寐，滄得不破。壬申之歲，都御史陳公整飭天津兵備，知君異材，檄督各處民兵，巡緝河間、濟南等地，師行糧食，自爲措具，寮寀咸爲君憂。君奮然前往，行無飢卒，而居有寧民。若夫解青縣之誣盜，憫交河之病卒，尤爲人所垂涕泣而感之者也。君駿奔南北，多冒風雪，兼思焦力瘁，雙目傷明。歸滄數月，遂病不起，實正德八年三月十一日，距生成化壬辰十月十三日，壽四十有二歲。

祖諱瑛，戶部左侍郎倫之同母弟也。父諱宗器，字大用，即蕪湖君，配某氏，實生君云。其曾祖以上有他碑，不著。君配寧鄉知縣郡人席君祿之季女，貞慈足爲君相云。生丈夫子二人：長若唐，中嘉靖壬午舉人；次原潔，殤死。孫男子四人：耐寒，勝暖，明秋，起冬。

君卒之年十一月二十日，若唐已葬諸邠之小莊原祖塋之昭位。至是若唐會試禮部，以予與君交遊太學且知君，請碑。辭曰：

於維石山，氣鍾邠秀，敦茲前英，行非凡偶。緊厥哲明，嶷嶷從幼，亶學蕪湖，豈徒章句？河間之庸，宜爾克茂，王事靡監，雙目交瞽。因之卒官，四十二壽，行李蕭蕭，上官集授。有子若唐，克光爾後，行路瞻言，爲善貴厚。

慈節陳母王氏墓表

慈節者，浙江海鹽監生陳瀅之母，諱雲字用龍者之配，邑人王卦之女也。慈節年十八歸用龍君，時年纔十七。慈節三年而用龍君沒，歿五十日而瀅生，慈節纔越二十歲，涕泣撫瀅以有立，至且太學矣。乃正德十三年九月十八日卒，壽五十有三歲也。其鄉呂九柏先生題其門曰「慈節」，曰言幽能貞於用龍君，克成乎太學生也。嗚呼！慈節不亦難哉！背十九歲

之夫而能守，撫遺腹之兒而能育，歷三十餘年，潔白勤儉，鄉黨稱焉，此豈可與恒慈常節者班乎？

正德丁卯之歲，海鹽師尹嘗以慈節之實登上官，時慈節年未五十，例不得旌表，乃止。既登五十，而采風者又未至，竟使齎志而死，不能生見門閭之輝，則夫古今人抱道不遇而卒以淪已者，何異是邪！狀曰：「慈節上事姑吳，竭力無方，吳內訓端嚴，而慈節益當其意。吳且歿，執其手曰：『吾得歿於汝手，寧矣！』停柩三年，悲慟不衰。比舉葬事，費獨先諸伯氏。」則夫呂九栢所題「慈節」者，疑又不足以盡斯人也。予素不識瀅，瀅與河南郭相爲同舍生，乃相謁墓表，予曰：「是則不可匿也。」辭曰：

紫雲之山，白米原鎮北，海鹽千世存於慈節陳生母，高風直立此山。十九歲夫賴爾永，遺腹之兒長仍孫。宿儒事君或改操，執友交歡中道翻，爾道高高在乾坤。

明監察御史靜軒呂君墓碑

君諱秉彝，字性之，直隸真定晉州人也，世傳爲宋呂榮公之裔。元季，曰天章者居晉左之呂家莊，有俠義風，人不敢枉以非。生五男子，值國初紅兵之起，乃南渡滹沱，遂定居楊家營焉。彥禮生四子，長繼宗。繼宗亦生四子，其季也曰興，饒財而嗜善，力能扛巨鐘，然人犯之，又多不與較。興生二子，長曰祥。祥生二子，仲曰瓚，充庠生，有行義，累試率首郡諸生，然卒不第，貢爲太學生，隱而耕於野，是生君者也。

君幼即哲靈，有遠志。嘗與羣兒戲，郡守至，儕輩皆驚避去，君獨留止，問則直對，人已覘其不凡。比爲郡庠生，董學先生得所試文，輒傳曉畿內士，無弗以爲佳也。然積試不第，至正德丁卯、戊辰始連舉進士。當其三試也，皆可中魁選，乃皆屈遜二三人焉。己巳，銓部選爲御史，辭弗就。復選爲黃門給事，又辭弗就。友人詰之，對曰：「居諱言之朝，處必危之地，享其名而怠其職，非仁；趨於始而悔於終，不智。予殆以親爲重乎！」

既尹章丘，適歲大饑，而上官督租尤酷，民多逋亡。君乃勸富人輸粟以賑貧窮，民用少蘇。然是時誅求孔棘，燕、趙、青、兗，盜騷然興，所過郡邑，十七屠破。君乃崇城浚隍，練器撫士，尤嚴賞罰。盜薄章丘再四，曳兵空歸。他日，民有訟人以死罪於上官而訛其名者，上官移縣，伐捕未獲，會有他訟詣庭者，君見詞懇，遽曰：「爾非誤人以死者邪？」其人驚服。凡發姦多類此，故當時撫按薦辭曰「一介之廉，如冰如玉。六事之修，克慎克勤」云。去章丘，民攀泣留鞮。未三載，大水侵城不陷，民又相謠曰：「昔非此城，吾其虜乎！今非此城，吾其魚乎！仁人之爲利，何其裕乎！」於是醵錢立祠及去思碑。

既抵京，太宰知君循良，卒授御史，不能辭。甲戌三月，以母喪歸。初，君自章丘被徵過家，遭母疾，日夜親湯藥。既瘳，猶守侍不行，故久而後授職。除喪，復職。未幾，又遭父喪，於是憂痛結衷，䐜肉減損，遂成蠱瘁，至庚申，始獲實授。時天下多虞，武夫用事，宣、大尤急，而巡按且缺僉，以君強直，越例奏往。既至邊，商儕有被殺者，餘商法當誅，君詳之曰：「疑緩。」尋果獲真殺商者，邊鄙以爲神。辛巳，今上即位，數上封事，凡兩鎮遺姦積弊，剗革殆盡。歲雖饑饉，士雖罷瘵，亦皆安堵。秋魅見於家，有鵩升雊於寢室，君遂病反胃不起，兩鎮士咸哀悼焉。距生成化甲午，壽四十有八歲云。

君形貌偉長莊厚，人望之，知其爲端士，且醇慤明坦，人皆樂與之遊。至其辨析物理，皆該括羣書，超邁眾見，足動人聽聞。若乃持正，不干人以私，寬厚不忮，奉身儉約，則自爲諸生已然矣。於戲！此豈非吾同年者之光哉！使天假之以年，究其所闕〔二〕［君初配高氏，五月卒，今已與君合葬矣。繼配趙氏，生男子三人：孟培，州學生，予見其人，蓋光君之業者也；仲址，儒士；季堆，幼。女子亦三人：長嫁承差張朋，次嫁州學生劉時正，次字張氏之子，亦幼。君卒後七月，址生女一人。又二月，培生男一人。將來子孫之盛，蓋不止此也。辭曰：

環環柱史，國是綱紀，處則鳴文，出則優仕。牧在章丘，法在宣鄙，冰玉交稱，勤慎疇似。當其縱談，如決河水，政不究

〔二〕原闕一頁，下文據萬曆李楨本補。

學，道過厥齒。上帝爾敦，懿有子孫，行路瞻瞻，天道伊爾。」

封禮科給事中尚先生配孺人蘇氏墓表

「先生諱禮，字從宜，姓尚氏，同州晏安里黄家莊人也，相傳爲周太師姜尚之裔，其後不可考矣。七世祖時中，爲元廉訪使。五世祖士行，國初以賢良才行詔爲同州儒學訓導。傳至先生，早受懿佾，生有慧質，身嗜問學，不愆於素，而又謙貶好施，先行孝弟，鄉人敬焉。所配蘇氏孺人，實媲厥德。生有四子，其長名衡，其次名徵，皆授之書禮，追求古昔。故衡以丙辰進士，歷官工、禮給事中，至參政。徵以太學生授鄭州判官。其次□規，雖事田桑，兼覽儒業，故孫班爵既已鄉舉，而班録、班□、班玉亦復駸駸向進，滋拓家聲，無回爾服，孰非其德之厚哉！嗚呼！先生不可沒已。先生生永樂甲辰六月七日，終成化壬辰八」〔二〕月十一日，壽九十三歲。〔三〕蘇孺人生永樂某年，壽若干歲。葬在州某原云。辭曰：

火伏則光，天道孔明，君子秉心，無忝所生。吁嗟封君，有懿其行，厥初伊允，厥後伊臧。是究是圖，爾心孔平，行道瞻止，風是用長。

明山東左布政使張公墓表

公諱鵬，字騰霄，姓張氏，別號存恕道人。其先鳳翔郿縣横渠鎮人，世傳爲子厚先生之裔。至公之高祖志大徙宅洛南

〔二〕原闕一頁，以上據清道光楊浚本補。
〔三〕此處有誤，從永樂甲辰（一四二四年）至成化壬辰（一四七二年）僅四十九年。恐歿之年有誤。

靈泉鄉老君峪，遂爲西安洛南縣人。公中永樂丁酉鄉舉，會試不第，卒業太學。工部奏差浙江督催工匠，克完厥事，還監紀名，准放依親。宣德丁未，起取至京，撥行在都察院貴州道歷事，忠敏懋著，上下攸聞。

乃戊申之夏，欽授浙江道監察御史。不及半歲，奉勑清戎福建，尺籍咸明，罔有離伍。辛亥之春，仍差福建寧德縣寶豐場勘辦銀課。故事，年四季進課，然路遠民勞，地方不便，公奏二季，民力稍甦。癸丑，回京，給假省親，上賜鈔千貫，以爲路費。正統丙辰，奉勑整點宣府、大同沿邊官軍兵器。是時鎮守獨石總兵都督李謙頗不稱職，公即奏劾，准謙回京。又奏添夜不收衣鞋，口糧炒麵。其大同西南正當要害，乃請設立威遠衛守備，一時北邊屹然壯固，外夷遠遁。於是廷臣交辟公才，而廣西適缺按察使，上即超陞。往不逾年，丁父封君之憂。垂闋，改山東按察使，吏部差官，賫檄至門。公在山東，聽訟明允，遠近稱便。乃又奏改東兗道印添本司承差額數，重建按察司治，今皆守之也。尋陞山東左布政使，以風疾乞休歸矣。

公嘗自言「以平恕爲公，勿愧先人」，故「存恕」之號，乃自鳴也。然又操持廉介，無少苟，故雖鄉舉，致位二品。柟嘗謂橫渠先生之學，貫天人，該古今，質鬼神，俟聖賢，未試於時，其後必有聞人貞士，以振其緒。則公其一也。公嘗自述出處顛末，繪爲十圖，然自今聰明特達者不肯道，抑豈知公以分內爲樂之志乎？於戲！公賢於人遠矣！

曾祖諱得，字希仁，於元仕本縣主簿。生清，字守廉，以明農爲業，配韓氏。生哲，字伯宣，配何氏，嘗從鳳陽右衛，生公於中途，二歲痞疾且甚，遇女醫，針愈，且曰：「此兒必不死，後當大顯。」然則碩人美士，其骨骼固已別邪！

配楊氏，本縣知縣陽曲人謙之女，封恭人。公生於洪武庚午年三月十三日，享年六十六歲。男子三：吉，慶，壽。吉、慶之後不詳。壽，太學生，任獲嘉縣丞。〔二〕

〔二〕此處有闕文。

涇野先生文集卷之三十一

墓碣表

明處士應公暨配貞節陳氏墓碑

公諱宗儒，字紹玄，姓應氏，世爲台州仙居之西山人，節軒先生之第四子也。節軒偉儀雅度，敦厚博大，讀書有才識，孝友皆出天授，而又多行陰德，孚于鄉人。故公受性顯允，美髯長大，剛正，自幼未嘗爲機變之巧。其治家極嚴有威，如嗃嗃之象。與人交，洞開肺腑，無少藏匿。見人之善則曰：「爾若是善也，得無福乎？」見人不善，侃侃然語，不虞後患。雖在賓友親故之間，方當從容燕狎之際，小不合意，輒峻語斥之，拂衣裳起去，久則復歡如初，蓋駸駸乎古之不念舊惡者矣。其視人有患難，真如疾痛在己，力可援拔，必使獲安乃已。周貧恤乏，咸出惻隱，雖至傾竭，寡衣而缺食，不吝也。乃年三十而卒，在正德九年月日。

所配夫人陳氏，時年二十八，號絕抱屍，若不欲生，七日水漿不入口。比至葬，皆無越禮。公有遺田二頃，積貲亦豊，而諸孤方孩提，宗人有利之者，諷使再適，不從；撼之以淩侮，不從；則托以徭役賦稅，日朘月削，亦不校也。子且長，遣事塾師，暮歸，執業課之。其於小學、孝經、論語諸書，亦爲解其大義，至以織紝纂組，伴至夜分。嘗歲饑饉，視其倉囷囊箱，喟然曰：「此禍本也。」悉揮散之，而睥睨者止。厥後家既屢空，公有遺馬，無所于用，或勸售諸，乃對曰：「此吾夫子生時之所愛者也，吾可忍無盖之義乎？」終不售。甘於澹泊，未嘗自烹魚牲，食肉不過三二筋。

居處整肅，子孫服食，語動稍非禮，輒笞責之。曾子孫相擊鼓戲，曰：「鼓不亂聲。」門內寂如無人。乃弘治庚戌，子某以其情事聞于朝，詔旌其閭，所謂「貞節」者也。蓋陳父從謙（道）〔者〕〔二〕大姓，有學行，而陳受性即淑慎，閑於姆教云。歿年八十有八。嗚呼！陳與公，壽之修短雖不等，其德皆古之烈丈夫、貞女，行殊未可優劣也。

子男三：覃、旭、昌。昌孝行重於鄉，爲分宜縣尉，介特不苟，有漢孝廉方正之風，人稱分宜公云。孫男七：沼、湘、敏何、良賓，與柟同年進士，爲翰林編修，忠信廣遠，厲志于道，柟所資益者多矣。公父子玄積潛遺，畜極而發者，其在斯乎！辭曰：

道不虛傳，德有後光，厥前不偉，厥後焉臧？譬彼流川，泉深委長，公之作止，有烈其芳。漢陳太丘，晉王彥方，懿厥休配，孕此軻滂。瑰瑰芝樹，毓秀于良，同不混俗，異不貶方。我友敬止，爲我之明，或暗于義，或疑于行。于質斯別，于方斯將，公之休（門）〔問〕〔三〕，不啻文章。匪其積也，行路是諒。

五峯先生林君墓碑

君諱珵，字士輝，號五峯，學者稱爲五峯先生，台之臨海人也。曾大父諱啓章，配楊氏，以貞節旌。大父諱永泰，配孫氏。考諱楷，鄉飲大賓，妣趙氏。君生而凝重，超有志節。年始十七，進遊郡庠，老師宿儒，咸爲推重。脫有傷教害義之輩，輒誦言於師，上極郡守，橫逆之來，亦不自恤。都憲濮陽劉公忠、司空山陽葉公贊相繼守台，雅見延接，或置師席，與之抗禮。久滯場屋，晚以歲貢授建寧府學訓導，敬以律身，信以率人，登進醇謹，優加勸率，而又周貧拯困，士風一變。

〔二〕「者」，據萬曆李楨本改。
〔三〕「問」，據萬曆李楨本改。

嘗攝理建安縣事，興利除害，與民休息。時有水洞盜起，乃亟調兵糧，一日夜具其備禦，籌略高出衆表，部使者大加奇奬。在縣無取，雖饔飧之微，亦皆己辦。尊官大貴，或有所需，多不獻諛，因是取嫉，民寔德之。考滿疾歸，士民追涕送而別。既還歸臨海，杜門不出，謝絶人事。去年七月十二日終於正寢，生於景泰元年正月六日，享年六十有七。

平生質直剛介，不事生產，不苟取與，家僅自給，愛人喜施。事有當爲，或格於勢，或忤於人，衆方依違，獨毅然奮行，善善惡惡，不啻在己。動有常度，接人無貴賤、無衆寡，非衣冠不見。自少至老，未嘗一日褻衣閑遊。其爲人謀，必傾肺腑。姻族黨友，事或不平，皆來就正。父嘗有疾，衣帶不解，藥必親劑，進必先嘗。病革，召諸子析產，辭慰，母苦再三強之，又以其廬讓先弟。父垂歿，目君曰：「汝孝心可感天地，應不負汝。」林氏宗老至今誦之。父歿已久，每於祭祀，泣涕如初。教子不專文藝，每戒之曰：「人無信義重厚之實，雖有才美，成功名，徒多過耳。吾朝不坐，燕不與，僅以不孝爲齒士夫間。汝曹勉之！」所著有五峯稿、先塋八景集，藏於家。

娶陳氏了菴先生長女，勤儉孝敬，實克相之。生男子四人：元敘，元秩，元顯，元倫，中庚午鄉舉，而元敘授山西解州知州，元秩中癸酉鄉舉，元顯庠生。女一，適徐蒞教授統之子。孫男五：幹，邑庠生，嘗從予遊；楫，棟，校，槔。女三。卒已葬義城鄉之青山，元敘因與枘交與解州請，故得爲之辭曰：

於維先生，古之端方，匪直克教，於學實明。有淑厥嗣，濟濟咸臧，具登桂藉，爲邦之光。誰先仕者，長則典卿，能昭爾志，爲解循良。天不佑善，俾世不長，幹槔允茂，甲科方將。丕顯爾幽，浙山水光，積德無驗，胡其有慶。

上蔡知縣史君矢菴墓碣

君諱臣，字秉直，姓史氏，別號矢菴，解之崇寧坊人也。其先直隸河間人。洪武初，遠祖諱弼者知解州事，蒞政勤慎，愛民如己子，秩滿，爲士民挽留，遂家解焉。弼生克明，配李氏，生四子。其第三子曰祥，配劉氏，生敬之，配蕭氏，生三子。其

第二子曰旺，配段氏，生巖，以耆德舉爲鄉飲大賓，配德楊簿侯俊之女，則君之父母也。

君生而穎悟異常兒，不識嬉戲。成童，日記數千言。少與程員外郎萬里、閻推官廷臣、王太學生子中爲齠齔友，意氣相許可，每交礪，以公輔器。弘治辛酉，舉於鄉，人或勸之仕，君弗許，乃滋篤於進修不已。至正德庚辰，進士不第。辛巳，遂赴銓部，授上蔡知縣，即首重學校，申修頽敝。凡有惠益可便民者，不遑暇食舉行之。其不能自專者，則開請撫按，撫按亦重君勤，無弗從者。縣有鉅盜，前尹莫能治也，君即捕按於法，合境稱快焉。二稅多於他縣，而狡獪作梗，恒爲負累。及聞君令，皆畏威而爭輸，雖數年之逋，不旬月皆完。邑人周憲副汝勤曰：「尹吾蔡者多矣，未有如史侯之公清明決、愛民如子者也。」於是撫按守巡聞之，或曰「清廉仁恕」，或曰「練達老成」，或曰「治理愨懃，大得民心」，或曰「歷任有爲，操持有守」，蓋交檄下蔡縣，且欲調之繁劇也。而君之父耆德賓疾卒宦邸矣，蔡民至欲奪情借恂，遮道挽留者無數也。

初，君事親極孝敬。及親歿，哀毁踰禮，其衣衾棺歛，一遵朱氏家禮。既襄事，杜門絶客，悲思骨立，日號泣不已，尋亦感疾，卒於嘉靖三年九月十八日矣。太學生張宗魯之姻。處戚黨，待鄉人，居里人，誨門生弟子，皆以信敬，則於其民可知矣。距生成化十三年，得壽四十有八歲。

君配王氏，生四子：曰策，充郡庠生，亦從予遊，他日大史氏之門者，必此子也，娶蘭陽簿董時中女；曰籍，亦學爲進士業，娶即宗魯女；曰篇，聘賈世氏資女，爲萬里之甥；曰篆，聘儒官程鶴女，爲萬里之姪。孫一，存兒，策所生。

卒之年十一月十二日，已葬諸桃花洞之原。兹據宗魯狀，表諸墓有銘。銘曰：

於惟史尹，幼有令名，奮翼鄉校，夙謳鹿鳴。薄言筮仕，上蔡于康，既袪黠盜，保此蔡方。士女且穀，君父罹喪，學有遺教，民多係情。天不吊善，俾爾長行，有覺先正，有員嗣生。爾德不沒，瞻此石銘。

代府輔國將軍修德齋墓表

公諱聰㴌，別號修德齋，授輔國將軍，乃鎮國將軍成鐘之元子，僖靖王之孫，太祖高皇帝四世派孫也。鎮國配陶夫人，爲陝西參議銓之孫女，寔生修德齋。公年十三而鎮國薨，入泣告於陶夫人曰：「勿以子輩幼小，祭葬可略，他日長，追悔難及。」於是陶夫人泣憐其志，自殯殮至葬，皆極其情備。

公既長且婚，有時物，必薦諸廟，次以奉陶夫人。每囑厥配李夫人曰：「凡薦先奉母，釜鼎腶羞，務盡豐潔，不可苟也。」他日，陶夫人疾，齋戒躬事，晝夜不離其側，又拜禱於藥王以祈效，或涕泣籲天，求以身代，陶夫人疾遂愈，時年已六十矣，公曰：「古有歲制之禮。」遂遣人裹金買杉於蘇杭及荆襄諸地，以爲百歲計。至其撫諸弟妹成立，選婚擇配，建第讓金，絳人皆傳誦云。誨諸子孫，必諄諄然曰：「勿慢上，勿侮下，勿近憸邪。宜讀書習禮，遵祖宗成訓，以保爵位。」子孫亦恪服其訓焉。其他全外舅若李錫之家而及其終，濟飢寒之民而不吝其粟帛，戒僕校交易持平，慎勿因以生患，則尤人所難也。

公性純愿謙抑，聰明正直，好讀書詠詩，暇時常臨浸月池，登得月樓，揮灑歌詠，未嘗少休。七歲時已善奕碁，或議其非，則舉班固奕旨以對，而推至於王政之大，則公身所迪履者可由知也。

生四子七女，皆李夫人出：長俊㮛，次俊概，俊橈，俊桩。㮛、概俱封奉國將軍。㮛，李氏；概，陳氏，俱封淑人。橈、桩幼，未封。女七人：長封雩都縣君，配羅廷；二封太和縣君，配寇濟；三封河陽縣君，配南有亨；餘幼，未封。㮛生四子，概生二子一女。㮛長子士賜名充㸅，公之元孫也。然㮛尤能遵公之訓，勤學慕古，而又工草書，善詩文。故服公之喪，一遵朱氏家禮，弔者皆大悦云。

公生成化十八年正月十二日，卒嘉靖四年十月二十日，享年四十五歲。卒已葬諸其原矣，至是奉國㮛遣使持崇府長史

絳人王君珙狀請表諸墓。銘曰：

汾水濊濊，其源伊長，北山崒嵂，其基孔暘。萋萋金枝，有覺玄堂，厥先孔茂，厥後孔昌。銘兹貞石，千萬年芳！

明贈監察御史樸菴劉公配封太孺人王氏墓表

樸菴公姓劉氏，諱惠，字孟道，別號樸菴，以子翀貴贈監察御史，解州平陸縣之驥鳴鄉人也。曾高以上，其狀未詳。宣配某氏，生昇。昇配馬氏，生三子，公其季也。生甫十歲，怙恃咸失，即知慟親思奮，無墜厥世。少長幹蠱，夙夜不遑，操心慮患，備極危深。衣履居室，樸然不華。至於時祀先人，茅沙登豆，奠拜盡哭，而以不及生事爲恨。人或難其不豊，則曰：「此豈可觀美於人者哉！」聞者泣下。至遇濟人利物事，率獎掖贊成，而貧乏困窮多所周恤。有貸者歲凶難償，則取券面焚之，令其自適。御史君初知句讀時，便遣就外傅，學歸則日課其業，不使暇豫。及舉進士，授顯官，則又朝夕勉誨，告以作善降祥，興此劉氏焉。於是平陸人多述之，以示其子孫云。

配王氏，邑之著姓，亦以御史君貴封太孺人。純雅柔順，克執婦道，寔生御史君。八歲遣入小學，而伯兄瀚已爲庠廩生，得復役及於先生。太孺人數指御史君曰：「有此子讀書寧籍，猶子復役邪？」及御史君舉進士，日夜訓飭，常如學生時。嘉靖甲申，御史君迎養京邸，適遇伏闕事，孺人驚憂幾成疾。性能容忍，且有果斷，樂施與。恒以不逮事舅姑爲歉，時祀必躬致豊潔。其處側室解氏，言動以禮，而撫庶子瓔、珖、瓃，則與已出無異，蓋比德於公云。

公卒在正德八年九月二十三日，壽六十有八歲，明年葬諸鄉北祖塋之次。孺人卒嘉靖乙酉六月十八日，壽七十有一歲，某年月日合葬。其辭曰：

於惟樸菴，躬焉玄休，既開厥始，光兹有劉。御史奭奭，忠此王室，清風悠哉，爾德斯白。黄河滔滔，東鳴禹跡，爾嗣方殷，贊國無斁。

明懷遠將軍潞州衛指揮同知高公墓碑

公諱瓚，字廷器，平陽襄陵人也。生而穎異俊拔，超有義氣。嘗輸金四百，受爵指揮同知。嘉靖初年，賈遊江淮，值歲大侵，父子相食，目擊心愴，興言拯救，未行病革。有遺言於子奇曰：「死無所囑，惟出金買粟，賑此飢餓，九原瞑目。」奇方以監生聽選吏部，緩既奔喪，踵行前志，糴稻千石，輸送楊守，票給喘黎，又捐白金，周存貧士。已而都憲奏請冠帶於奇，奏曰：「前項賑濟，臣父本心，臣止奉行遺言，以成先志。況臣父病不忘國，死且爲民。乞移加父階，照例褒諭，則臣父雖死猶生，而臣心雖哀實榮矣。」天子義之，特贈公指揮使云。

初，公警慧不羣，其父遵化公日課爲善陰隲，輒能記識不忘，長益博涉經史。遵化公屢遺籍於縣學，乃惟以供養不給是懼，江淮之賈，蓋其本爲養親計也。至其齋素哀母，有白蛇繞壙之祥；鬻爵弟珣，有布衣冠帶之榮；逆兄瑾柩，有跋山涉水之苦；代璞納稅，有禱神祈壽之感。出金惠族，完徭役婚葬之費。蓋公於其父母、兄弟、宗族如此，賑窮江淮，宜其然矣。經曰：「有本者如是，是之取爾。」若乃瘞暴露之骸，築襄陵之城，葺三聖之廟，皆義存於中，善積於素，不獨一江淮賑飢然也。嗚呼！斯人也，豈非張都憲所謂真義士者哉！

公高祖諱真，妣某氏。曾祖諱思，妣某氏。祖諱榮，妣某氏。父諱俊，配某氏，爲河南杞縣主簿，改遵化縣，俱有遺愛於民。公生成化乙酉正月五日，終嘉靖二年十月十一日，享年五十有九。配王氏，比行於公。

子二：長即奇，蓋可謂能揚公名於久遠者矣；次玄，留守後衛吏目。女三：婿爲盧孟增、梁克溫、喬岳。孫三：履嘉，履端。孫女一。讚曰：

猗嗟指使，稟受匪常，見義勇爲，百夫之良。世方趨利，如水無防，骨肉胥仇，毫釐焉爭。公也振俗，損金如狼，使其籍學，豈不道嗚！生有善行，歿宜令名，奇克述志，俾公不忘。守錢之虜，瞻言愧惶！

明潔齋先生閻君暨配白氏墓表

君諱清，字本澄，解州城西里人，今兗州府推官輔之父也。君高祖諱某，妣某氏。曾祖諱某，妣某氏。祖諱某，妣某氏。父諱恩，壽官，配州崇寧街蔡氏，實生君焉。君生而奇特，既籍郡學，即篤嗜經史，知識聞見，超邁諸生。積科不第，於成化癸卯貢爲太學生。明年甲辰，遭歲大侵，例得省災。時父母偕老在家，君即請諸祭酒西返，跪謂壽官公、蔡夫人曰：「時凶，親老如此，清何以仕爲？清不能使吾親甘旨者，非人也。」乃遂經營鹽商，貨賈之間，每舉輒售，等輩皆不能及。起家爲解富室，而壽官公及蔡夫人日有嘉羞，鄉中士大夫數羨服焉，至程秋官遂比云端木子貢、猗頓、陶朱云。然而君爲親之志，實可美也。

所配白氏，華亭令郡人資之女，實能相君於內，家政嚴肅，井臼之餘，猶能課理生業。其處貳室高氏，有小星、樛木之風，而施愛諸子，展如鳲鳩。則君家道雍睦，日臻昌盛，亦白之力也。

君有四子：長即兗州，弘治甲子舉人，娶李氏；次相，冠帶生員，娶馬氏，繼柳氏：皆白出。次曰佐，娶白氏；曰佑，娶賀氏，皆冠帶生：高出。白女四人，侯珩、李奈、柳戩及監生呂鳴鳳者，其婿也。高女一人，婿爲王廷佑。孫男五人：應誥，監生，娶連氏；應時，聘李氏；應登，監生，娶扆氏，繼呂氏；應科，娶張氏；應奎，未聘。孫女六人，生員侯畛、張承祖、張宗堯及民呂尚仁、李廷璋者，其婿也。曾孫男二：坤，坊。曾孫女二。〔一〕

〔一〕 此處有闕文。

明定海主簿賈君墓碣

君諱純，字文粹，世爲解梁大族。父權，有陰德，爲鄉人重，配相氏，實生君焉。君生而溫雅不羣，既籍郡學，即刻志經史。成化十七年，貢爲太學生。痛父早喪，事母甚孝，選期越二載矣，仍不忍違母去。母曰：「汝多食公廩，幸吾尚在，乃不受一職以報國乎？」其親識亦勸之，君曰：「吾母日薄西山矣，吾若遠離，其將何以事君邪？」又越三載，母卒，君殯葬如禮。至弘治丁巳，服闋，始謁選授浙江定海主簿，即以憂國愛民爲心，在任七年，人無有心非口議之者。時歲歉，民將流離，公竭誠拜禱，身軀腫痛，百姓見而流涕，既而霖雨數百里，邑人多賴以存活。乙丑，子廷相以書請還，君遂解政，飄然長往，百姓扳轅不能捨，知縣李君深羨其賢焉。

所配段氏，解處士貴之長女，十有五歲歸君，即能内助。君寡兄弟，時或耕耨，段乃荷擔餽，不辭艱苦。當君在太學時，歲大歉，人相食，時有姑在堂，段以養子廷相少長，乃同其姑扶持並攜幼子奔京師以就君，鄉人皆曰：「此婦送此數口命於他鄉邪？」未幾，先至無恙。是時君方以母子爲憂，及相見，泣曰：「此非夢邪？斯時何時，汝能使我老母幼子至此地邪！」旁觀者皆殞涕，以爲孝敬所感。其處諸子婦曁若孫，慈不廢教。君先亡十有八年，而段孀居秉節，不事奢侈，苟違禮，雖親戚不往焉。家道日盛，皆其力也。初，君之父有遺命曰：「汝母老矣，吾不能撫汝成立。汝婦能助汝，汝可努力讀書。如其不能，汝可離學事親，以就農業。」於戲！段内助之賢，已見知於先舅者如此邪！

君生正統甲子八月十三日，卒正德丁卯六月二十九日，壽六十五歲。段生正統丁卯十月二十五日，卒嘉靖乙酉八月二十六日，壽七十九歲。

子男三：長即廷相，娶侯氏。其所自出：廷輔，娶丘氏；廷敘，州庠廩膳生，娶扆氏，繼王氏、李氏。女三：長適連遜，次適焦廷璽，皆生員；次適舉人丘東魯。孫男四：闊、成憲，先亡；成玉、三城，俱幼。孫女四，史拱陽、李時及生

員蔡邦禎者，其婿也，一幼。

廷相、東魯皆從予遊，廷相以東魯狀請墓上石。辭曰：

於維定海，民之司牧，處則篤親，仕則丕穀。中條山陰，有覺窾窟，爾道振振，子孫如玉。波及佳婿，克發爾淑，水不鑿泉，胡能逐逐？行道瞻止，我銘可讀。

明教諭靜菴先生王君墓表

先生諱文，字貫通，别號靜菴，解之三張鄉人也。遠祖爲元元帥，嘗嘉其功，賜二奴婢。性喜吟詠，子孫今猶傳誦焉。考諱氳，字至理，正統間以監生任山東滕縣縣丞，有善政，卒於官。配高氏，實生先生。受性淵懿，亦復敦慤，以朱氏詩舉成化乙酉，兩試禮部，皆得乙榜，授武功學教諭。嚴飭學範，躬以率人。燕居危坐，如對賓客。雖當祁暑，亦必衣冠。勢利在前，不知附趨。尋改教汲縣，滋懋厥職，以穀俊造，若非公事，無私干謁。甲辰、乙巳，河東歲饑，姻里流移，率入汲境，分捐菽粟，多所全活。間有病疫死喪，醫療葬埋，一如親戚，歸則資給其費，若典鬻田宅者，悉還其券，郡守張公稱爲正人君子。弘治改元，偶感風疾，既而獲愈，即歸田里，杜門不出，耕讀以訓家。子姪問及詩書道義，喜談不已。若言人過惡，厲聲喝禁。中山李公來知州事，高尚其道，數臨訪焉，每遇鄉飲，延爲大賓。至弘治甲子，壽登七十有四而卒，其生則宣德辛亥五月二十八日也。

初，滕縣之歿也，先生始成童，與母及前母兄愷扶柩歸葬。既免喪，補州庠生，肆力問學，不憚寒暑。母嘗患頭風，屢治未痊，又久病咳嗽。先生皆夢異人授以丹藥，次日協夢，其病隨愈。及母壽終，哀毁過禮，目中出血。然先生體貌莊嚴，氣宇軒豁，言笑不苟，若詭隨盜名則所恥，爲學者敬仰如山斗云。處鄉里甚任睦。朋友有貸其財者，不償亦不較。又嘗優恤姻族、閭里之貧乏者，絶無德色，蓋古之篤志道學之士云。

配李氏，耆民亮之女，恪恭婦道，蚤卒。繼室高氏，無出。子維藩，克紹先志，孝義著聞，爲鄉大賓，娶李氏，鄉進士教諭濡之女。女一，適富平教諭呂子固。孫男三：長玉璋，娶胡氏；次玉瓚，爲太學生，能繩祖武，予嘗白諸御史，敦請主管解梁書院鄉約生徒，娶南氏，繼景氏；次玉瑚，娶姚氏。曾孫男六：詢、訓、誼，玉瓚出；珏、甕、吉，［玉］瑚出。玄孫男一，珏出。孫女六。曾孫女八。

弘治乙丑仲春十六日，已葬於三張鄉東南一里。兹予且去解，而玉瓚請表諸墓，予南行至杞始成。於戲！先生之道，其滋茂遐矣乎！

明封文林郎判淮安府前中城兵馬指揮使張君暨配孺人馬氏墓表

君姓張諱英，字士傑，解城中人也。祖諱進，居蹈晉王社里，洪武初徙於解。進生文禮，文禮生思聰，思聰生濬，美而膚敏，好善疾惡，有鬭訟相質，得一言輒解去。配趙氏，長樂龍居望族也，是生君焉。儀度魁梧，孝友廉實。早遊郡庠，身通易學，王教諭文爲齠齔交，俱以賢德相期。既登胄監，友天下士，學益博大。初授兵馬指揮，即務盡巡靖之職。成化甲辰，歲饑，姻戚往依，多分俸以給。有巨盜横於盧溝，詔捕之。君曰：「此不可與爭鋒。」既乃襲獲七人並其渠魁，憲廟賜白金五兩，紵絲衣一襲。後封文林郎，父贈如己官，母、妻贈封孺人。乃陞判淮安府知府，遷安才公寬有疑劇，每延訪焉。憫河夫歲無寧日，爲之定班，以均勞役，民始不病。其管閘及鹽無所私受，有巨商以黄金五十賂之，君逐而怒罵，痛責之出，謂商曰：「我利汝金，灶戶何苦？」漕運某公誣知縣某，以事命君，按無輕貸，君直其事，漕運公初雖誚讓，終愈重之。有鹽徒百人刼掠府庫城市，漕運公以剿捕檄君，乃懸重賞，使在官軍壯分守，召募有膂力者與之敵，遂獲賊數百人，君曰：「昔百人，而今數倍，寧無冤乎？」訊之果然，全活者甚衆。故巡撫暨漕運、巡按皆屢旌獎，或云：「公足以服人，才足以立事。」或云：「持身清謹，處事詳明。」或云：「佐政有爲，立身無玷。」淮人稱爲「張佛」云。而君乃倦於勤，因進

香特，上疏乞休，才公以綵帳送之，有「一官拜中城之寵，百鍊真金；六品擢淮郡之榮，一池清水」云。至家，杜門不出，惟撫子、弄琴書自娱。巡按邢公儀、楊公璋嘗臨訪焉，鄉飲爲大賓。卒某年月日，壽八十有九歲。

配馬氏，同郡耆德旺之女，性介而莊嚴，事舅姑曲盡誠孝，賓祭必極豊潔，食飲烹飪之類，躬自爲之然後慊。有餘盃酒塊殽，必分與羣下。家雖殷盛，而紡織亦不有廢。子曰璠，孝義謹飭，娶王氏，長樂龍居祥之女。孫男宗魯，太學生，從予遊，娶同知旺之孫、檢永義之女；次宗瑯，亦太學生，娶莆田縣丞昭之女；次宗沂，娶呂氏，典膳璋之女。曾孫五：治具，魯出；自新、自興、自立，瑯出；治功，沂出。曾孫女五：一嫁知縣史臣之子生員籍，二許聘于丘、范二氏。

予且去解，據太學生王玉瓚狀爲表諸墓。於戲！繼緒而不忘，以丕顯爾道者，不在宗魯兄弟耶！

浙江布政司理問裕菴況公墓表

公諱寬，字德洪，別號裕菴，姓況氏，江西高安人也。少籍縣學，博聞強識，篤志力行，有聲於俊髦。屢科不舉，乃歲貢太學生，交選時哲，收養滋厚。既謁銓部，試居優列，除授浙省理問爾。乃壹志清修，秩外靡取。或折重獄，明允咸單，雖遭強禦，蔑焉不畏。僚友諷以殖賄，則謝曰：「素無富志。」凡厥訟理，浙中稱平，方嶽諸公委心興敬，齊口褒嘉。會聞父大新公喪，號痛幾絶，戴星而行，未暇辭禮官長。服闋，聿躭林丘，謝志簪紱，時遊湖坪莊，問講桑麻，數稱古昔，訓兹子孫。他日，筠豪數千稱戈，閂閧犯越城堞，守不能遏。公至片言揮退，羅拜謝去，絶無後言。

初，公剛正玄授，孝友性成，養父以志，不顓於口體。嘗建尊勑堂，對揚皇休，創開祠廟，謹修先祀。獲有異品，必薦之而後食。編明譜系，收族展睦。若遇時物，合宗會饗。著訓百條，教洽乎袒免。乃又制立義約二三十章，波及閭里，極貧完婚，雖多不厭。若其築藍塘，以資衆溉，開錦木街之義館，使小子有造，尤爲鄉人世世美談。浙省之政，豈曰無素？公先世諱淳者，爲宋觀文殿大學士，文章德業，稱重當代，委祉垂休，至公明章。則公之來邈乎遐哉！公歿在弘治十八年三月二

日，得壽七十。

所配孺人敖氏，媲德於公。生子一人諱某，南京大理評事。女一，歸藍處士。孫男子五人：長廣西僉事照，柟之同年友，才行著於時；次熙，廩膳生；次勳，義民；次魚，次點，俱增廣生。曾孫男子十人：長維垣，南京吏部考功司主事，志端行方，拔乎流俗，學古聖賢之道，多滋我僚；次維城、維墉，俱廩膳生；次維坤、維筠、維圻，俱附學生。子孫森茂，聲振江西，而主事又非常如此，則公之畜而未發，行而未究者，其在斯乎！

公之詳，已具少師鵝湖費公之志，玆以主事請，爲之辭曰：

有覺裕翁，厥積孔明，政留兩浙，德在瑞陽。既有任睦，孝友風成，折獄不慝，袪凶爲良。科第爾細，惟道則皇，懿玆子孫，不忝爾生。鳳山巖巖，錦水洋洋，厥聲不匱，侯高侯長。有辭玆石，道路式望。

鵝峯處士呂君墓表

處士諱賢，字宗器，姓呂氏，別號鵝峯，廣信永豊縣人，鄉進士懷之父也。生有玄質，度越塵俗。年未弱冠，補邑庠生，博聞強識，敦善行不怠，精舉子業。暇與叔父景潤同登鵝峯，端坐厓石，浩歌忘形，逍遙歸歟，薄玆功名，乃藏修於峯之東南木山，不求人知。及父茂輝既終，母俞氏痞疾，遂自削學籍，歸養厥家。母歿在殯，舍人失火，勢熖侵柩，乃伏柩號慟，流血被體，爇燎鬚髩，身不少卻。俄風反，移柩，火復闔門，里人駭歎，火中生「蓮」〔二〕，提學邵公廉知，欲以奏聞，乃列狀辭免。譚令褒嘉，比諸澹臺滅明，時加存問。

其治家稱禮，不諂流俗。若有讌饗，子姓拱列，無敢踰言偕立。族有貧孤，婚葬與具。一嫗老矣，其子弗孝，迫依他氏，

〔二〕「蓮」，據萬曆李楨本補。

即責厥子，迎嫗歸養，周給服食，佃田與耕。里有俠客，詐取鄰帛，告諸同行，懼爲公知，同行者曰：「鵝峯時坐林間，已瞰其詳矣。」俠客終歲避匿，不敢面公。俗傳有神活佛自徽來，以桃符談禍福如響，所至爭以羊豕逆諸道左，焚香作樂。族里方議逆奉，處士曰：「此非訛言，必也妖氣。」正以待之，神遂寢滅，里閈晏然。

處士讀書，期於涵養，不求記憶。尤喜吟詠，客至鵝峯草堂，輒與賡和，其詩曰：「讀書多過目，養性欲忘年。」又曰：「不爲草堂無戶牖，孰知天地有鳶魚！」此可以觀所得矣。處士卒年六十有一，葬在星石山之蔣家菴，司業江公茂穀撰廣信郡志，列之孝友傳。初，處士先世本衢人，有唐刺史安國攜季子珏避兵永豐，遂占籍焉。在宋有曰祉者，爲閩州提刑，歷官兵部尚書。七世生廷彥，擢文武都科第一人，授忠翊郎，傳至處士曾祖文敷、祖子昂至父皆不仕。然則處士所本源者遐哉！

處士配祝氏，生丈夫子三人：長即懷，娶某氏；次懌，娶某氏；次慎，娶某氏。女子二人。所著有皇極經世、律呂新書、正蒙、洪範諸書及鵝峯遺稿，藏於家。辭曰：

有敦鵝峯，歸此永豐，振揭流俗，不苟人同。學足以仕，抗志弗降，從吾所好，道將在躬。宜爾家器，學也於明，貞齋早師，甘泉晚逢。咸獲厥妙，爲世儒良，秘不發者，兹且用亨。行路瞻言，道無窮通。

廩膳生謝達妻朱氏貞節墓碑

朱氏，淮陽人朱璣之女。璣賈宿遷，因家其地，遂以貲豪。里人謝達時爲學生，未弱冠，有材名，璣爲朱相攸，歸諸謝氏。時達父志良已死，母李撫達及弟逵以業學，二子皆奮激嚮往，不惰其志。達未逮强年，即晉廩膳，而朱內勸陰相，務必遠至深造。

他日，達患暴疾，朱左右就養，衣不解帶，日夜涕泣，進湯必嘗，進藥必嘗，而身自水漿不啜，私謂其母蔡曰：「夫若不

虞，必與同死，慎勿或泄。」蔡以告李，二母咸駭，交口撫慰。越二日，達死，朱潛引刀自裁，頸血沾裳，家人趨救，得不即死。於是諸姑伯姊百方開悟，志不可奪，自是口絕粒米，杯水不進，六日不死。然朱與義女同臥起，紿使視門，自經而絕，鄰里遠近，罔不歎息。時達死在正德十六年正月二十日，年三十二歲，朱死在同月二十五日，年纔二十八歲也。嘉靖年月日，邑尹平度崔侯邦具奏上聞，行勘既允，獲茲旌表。八年七月，邑尹予友渭南李侯錦以其墓在馬陵山，丘隴零亂，不異常人，乃豎碑表章，告諸道路，式穀士女。是時達弟逵已爲太學生矣，痛茲兄嫂，思昭其烈，乃具狀，濟江問記，是宜有辭。曰：

有烈謝朱，受性伊良，痛夫殞歿，厥躬胡生？七日不食，杜門自經，子或逆父，臣或逆君。身爲丈夫，不道是明，弱哉謝朱，厥志孔剛。細此生死，大茲綱常，馬陵崒嵂，崗峿與方。彼失節者，視爾膽喪，我辭茲石，道路永望！

贈南京右軍都督府都事雲澗張公墓表

公諱庸，字彥平，廣東順德人，思南知府鏢之父，南京戶部郎中淮之祖也。公生有淳質，不習巧飾，隱居龍山里中，弗涉城市，而又溫柔樸茂，與物無競。上事父母，克敦善養。母廖初歸，外家奩田數十。公既長，謂父確菴公曰：「吾家饒裕，安用人田？」盡畝以還，不留半畎，廖人咸悅。兄弟五人，友恭甚篤。及其索居，田產屋廬，讓取其下。

壬辰、癸巳之際，順德大水，禾稼浥爛，閭井多不聊生。公曰：「庸有厚積，忍視他人飢餓！」爰發所畜，以賑貧困，賴公活者甚衆焉。公生四子八孫，庭訓嚴正，不出義方。每揭陳情、出師二表以示子孫曰：「孝不如密，不足以爲人子；忠不如亮，不足以爲人臣。」子孫皆夙聞身教，率履不越。昔陳咸以直匡父，恥爲諂諛；薛包篤愛諸弟，析產讓美；李士謙賑施鄉里，德譬耳鳴；石奮謙厚教子，勿事驕矜；皆馳聲漢魏，有裨倫化。若公者，將非昔人之儔耶？李刑部軏言：「公平日布衣蔬食，老壯不渝；鷄鳴必起，孳孳爲善。」則公固有所受乎！公生七十上下時，竹杖布鞋，行遊田野，日誦真寶古文及陶、杜諸詩以自娛樂。暇或仰觀遊雲，俯玩清澗，作爲歌曲，飄然不知有人間世。至八十，遇例冠帶。又四年，乃

卒。後以知府貴，贈南京右府都事。則公其真隱者歟！

公配黄氏，繼配易氏，皆恭儉孝敬，柔順溫惠，里人言多内助於公，此或其然乎！四子：長錚，封南京户部主事，次鍈及二女，皆黄出；次即知府鏢，舉弘治甲子科，次鉻及一女，皆易出。八孫：長即郎中淮，丁丑進士；次澌，海，滌，潯，湘，泮，浣。曾孫男十有餘人。

乙亥年，已葬於栢山之原矣，兹知府、郎中又請某表諸羨道。辭曰：

有敦雲澗，振修南海，世態萬千，厥操不改。侯孝侯任，侯慈侯愷，兄弟既翕，鄉閭靡悔。亦有子孫，于鼎于鼐，將其來者，聲聞不怠。有辭兹碑，行路瞻在。

封安人張母馮氏墓表

明封安人馮氏者，南京户部主事石州張君九敘之母也。其父諱大興，母郭氏，具有積行於舊。安人生而淑靜，天與勤儉。年纔十七，歸于封君張公，夙夜祗畏，不違意命。封君性頗寬緩，安人佩絃以佐，家籍充裕。上事舅姑，如孝父母，得其歡心。凡厥勞勩，躬先妯娌。若乃競財逐物，蔑畜於心。其御臧獲，恩威竝行，門内出納，無弗確允。有少贏餘，推賑乏族，嗇吝不行。嘗與更三年喪，禮相助奠，無不宜嘉。既生户部，遣遊郡庠，去家雖百里外，衣廩薪燭，給無後時。至於策仁課義，直趨古昔，尤人所難。

户部既舉丙戌進士，受有今官，則又戒之曰：「家世業農，爾能邁跡賢科，登兹顯仕，可日盡心王事，勿以桑梓爲憂。」故户部抆淚拜别，歷官三年，一遵其訓，爲時名良，安人固受褒封，恩光村落。究本窮源，則安人者，豈非女流中豪傑邪！嗟乎！自陳母馮氏問堯咨以異政，責之忠孝，擊墜金魚之後，其風寥落久矣，乃今又見一馮邪！

安人生成化元年五月九日，至嘉靖八年八月二十五日卒，年六十有五歲。子男二：長即户部，娶劉氏，安人出；次

九逵，次九澤，則封君庶室王氏出也，未成童。孫男一，曰質。女一，幼，皆戶部子。

戶部卜某年月日厝於張氏先兆昭穆位，是宜表諸羨道。辭曰：

有媛安人，載德匪涼，相此封君，家舊用昌。侯孝侯睦，侯慈侯真，夫無失志，子也允臧。既登顯仕，內教用明，貤封優渥，恩命孔彰。勒言貞石，道路式望。

監察御史玉崖陸君墓表

君諱崑，字如岡，姓陸氏，別號玉崖，湖州歸安叢桂坊人也。父爲瀘州知州震，配毛氏，誕實生君。在娠七月，稟受近弱。比其既長，氣宇清瑩，強直過人。進籍縣學，篤修儒業，不憚寒暑。及父母偕亡，哀毀浮常，感動里閈。時三弟嵛、嵩、崗年方穉幼，而家步艱阻，莫可依恃，君與其配童孺人竭力開造，或至拮据。撫育諸弟，咸如己學，比至弱冠，皆與授室，遂偕季嵛鄉會二試，同登前列。

君授尹清豐，乃益力行素學，放諸政理，鸞鳳柔良，鷹鸇暴悍，各成其長。三年考績，監司交辟，至塵璽書，有「愷悌臨民，清嚴律己」之褒，而考妣二人，亦獲追贈矣。既擢南京河南道監察御史，適孝皇下詔求言，君遂條陳十有二事，皆關切時政，不詭於經，多見采納。正德丁卯間，宦瑾肆姦，流毒縉紳，君及同官指劾其實，逮下詔獄，久而後放歸。未幾，追理前事，復就憲獄，續逮南衙，加杖釋歸。庚午六月，瑾既伏誅，詔復原職。致仕，遂隱居衡山，遷處玉屏，徜徉山水，不念世事。

及今上初政，詔下録用，有司查起，竟于弗敘。然君材洪學廣，有志政體，雖在泉石，猶請正禮樂，竟格弗行。君嘗自撰壙記曰：「生平好義重禮，忠介孝友。處家行己，具有矩度。接物待人，表裏洞見。但嫉惡太甚，齟齬於時。」其一時名公鉅卿如鄒公軒、陳公仁、王公守仁諸賢，或稱其練達敏鋭，或羨其又一登科，或期其進於聖賢不遠。嗟乎！使君獲大用焉，安知不盡行其學，乃使賫志以死，不亦可傷乎哉！生成化乙酉十一月十四日，卒嘉靖庚寅三月十五日，壽六十有六歲。

君先世宋真、泗二州兵馬都監圭之後，宣和末死事，追爵廣陵，所居里曰石淙。高祖諱茂，配費氏。曾祖諱順，配李氏。祖諱敬，配楊氏，遂定居叢桂，是生君父瀘州先生者也。君初配童氏，封孺人，側室閔氏、龔氏、王氏。男子六人，女子子四人。長男隅，郡庠生，娶潘氏，生孫曰稌，聘陳氏。長女適國子生范經，皆閔出。次𨻰，娶嚴氏，龔出。次隕，次隩，次隰，皆夭死。次騭。次女三人者，則歸安學生慎節、長興監生丁應圭、烏程人潘鉞者，其婿也，皆王出。

隅卜某年月日葬君於鄣林山之陽，乃托舉人費鎧請表諸墓道，是宜有辭。曰：

猗歟玉崖，素履維嘉，抱志既崇，如山如河。克承爾親，兄弟咸和，仕雖未遠，厥著伊多。探索禮樂，惜用未加，我作斯辭，行路人嗟！

封太孺人景母王氏墓表

太孺人王氏者，贈君裕菴先生之配，南京陝西道監察御史景君溱之母也，蓋遇恩詔，勑封太孺人云。生而明潔，婉娩貞慤。既歸贈君，家務方殷，舅姑咸老，乃躬執汲爨，身先妯娌，修瀡滫清，罔弗承志。間取姑中裙廁牏，擱澣如新，不令前知，舅姑至稱其孝敬，壽與己齊。及姑既病，親嘗湯藥，晝夜侍側，不解衣帶。其賓祭之需，尤罔弗處。贈君以兄弟先後淪喪，季弟亦肄學業，乃棄儒從商，爲養親計。及季弟登科宦遊，家無主持爾，乃總攝内政，夙夜靡寧，視諸孤幼，咸同己出，男室女家，庶事咸考。大姑適張，夫婦雙亡，撫遺子女，爰獲厥所。贈君喪親，廬墓遘疾，歸卒，則謂御史兄弟曰：「吾聞夫死晝哭，禮無過哀。惟念汝父之志，日望爾曹底於成名耳。」乃擇師教子，焚膏伴誦，率至夜分。或摘問經傳疑難，稍不稱旨，憂怒咸作。雖於子姓諸婦，亦訓列女傳、女誡，使閑閫範。

贈君初配史氏，踰年無出而卒，槁葬近郊，每當節序，必令御史兄弟祭奠如禮。及葬贈君，尤稱元配，堅令合葬，戚黨以爲晉姬之下叔隗不讓焉。及御史之官，則切訓曰：「君子在家則致孝，在國則致忠爾。爲言官，貴識大體，既不可訐細故，

亦不可撓氣節。」比御史得告還籍，則又以知足自慰，驕奢示戒云。父家亂緒衰絕，恒自隱痛，御史兄弟爲之汛掃塋城，他日欲立王氏主以祀，乃力止曰：「禮：婦人內夫家，外父母家。景氏家而王氏祀，何居？」御史兄弟強之數四而後可。蓋其慈惠明達，好禮耽義，古淑媛之流乎！

初，蒲州大銀王氏積信義，至遯齋先生者諱惠字澤民，博涉經史，弱冠鄉舉，不樂仕進，窮理自修，日造高明，隱居終身，遂以遯齋自號，配李氏，是生太孺人。資性異於常女，遯翁最鍾愛焉，教以孝經、女誡諸書，輒能領解。或遯翁誦習古典，從傍竊聽，刻記不忘。遯翁嘗曰：「惜不作男，以大吾家耳。」然則太孺人之道行於景氏者，其固有所本乎！生景泰乙亥十二月十日，卒嘉靖辛卯三月二十六日，壽七十有七歲。

子男二：長瀾，太學生，娶某里王氏，繼楊氏、某里王氏，側趙氏；次即御史溱，娶某里王氏，繼劉氏，俱封孺人。女子子一人，嫁爲姬鏜妻。孫男子五人：芳，娶馬氏；芊，學生，娶張氏；蔓，聘楊氏；蕃及□皆幼。孫女子五人，謂□紹、王九嵩、李廷勛、史良楫、楊永新者，其婿也。曾孫男一，女一。

御史于某年月日啓州城南中王村祖兆贈君壙合葬矣，是宜略述來狀，勒辭羨道，以告行路。辭曰：

提甕風微，主績教亡，千載之下，疇承其方？繄太孺人，古之淑明，嗜義如渴，敦禮惟康。既孝于姑，妯娌任良，貞在夫子，慈子咸成。御史蹇蹇，爲國之英，發太孺人道，于天下光。將其來者，後世且揚，積善獲慶，天道弗爽。勒名堅石，範茲女行。

封通議大夫右副都御史毅菴先生寇公配淑人趙氏神道碑

封都御史毅菴先生寇公諱某字某者，今刑部侍郎枏友天敘之父，太原府榆次縣在城一里人也，蓋自先世諱信者從徐溝徙籍榆次云。信生彥清，彥清生琰，琰生玘，皆隱德不仕。玘以次子大理寺副儉貴贈評事，又以侍郎貴贈如公。妣張氏，封

太孺人，亦贈淑人，公于是生焉。

幼輒穎敏向學，志操超衆。年甫十二，進籍邑庠，治朱氏詩，與弟寺副竝鳴於時，督學羣公相繼褒嘉，或擬諸元方、季方，大宋、小宋，故三晉之士咸稱二寇焉。公清軀玉聳，眉目秀朗，精采爽勁。上事父母，曲致孝養，追思誠切，老猶寤寐，涕泣以覺。其友愛寺副及季弟讓，恩義周洽，久無鬩牆。撫諸遺孤，同己所生，男與擇室，女與選家，罔不詳明。寺副有子今戶部郎中天與，幼而英特，公即令侍郎提攜四方，尋師博習，卒以成名。然公累試山西不第，比入太學，試順天，又不第，乃正德辛未得判定州。清勤自持，視民煦煦，惟恐有傷，尤加意刑獄，慎兹鞭笞。三載北歸，囊篋蕭然，不以爲懷，定人至今思焉。其居鄉行己，一敦誠敬。至好善嫉惡，不少假借，姦邪惡少，率多避匿。及鄰有竊刈禾菽者，家人執獲，欲即赴官，公曰：「此素非盜，或偶誤耳，釋勿語人。」性尤儉潔，衣履至敝，無沾漬痕。常倣呂氏鄉約，帥邑中耆德，朔望一會，勸誘鄉俗，至今成風。

其博學强記，凡少所讀書，老猶不忘，或答儕友，不錯隻字。尋繹經傳，多主大義，間出獨見，前所未發。尤精羣史，成敗治亂，如指諸掌。詩文沖淡，多不存稿。及誨侍郎兄弟，極其嚴信，每曰：「勿因朝廷之遠而或負，勿以小民之愚而或欺。」侍郎受命惟謹，諸所猷爲，澤及多方，皆公之玄施也。公寢疾時，侍郎巡撫陝西，方轉今官，戴星離任，至蒲聞終，痛切肌骨。又聞公欲有諭，竟不獲聞，想像測度，幾於殞越。遺命勿作佛事，勿尚繁文，喪葬依朱子家禮行。正終在庚寅二月二十七日，距生正統十四年八月初二日，享年八十有二。則公可謂考祥元吉，耄期稱道不改者乎！訃聞，天子命有司治葬事，遣官諭祭，晉藩及在京諸公、鎮巡藩臬諸公、四方縉紳，皆不遠數千里以致奠焉。

初配李氏、閻氏，皆蚤世。繼配趙氏，累贈淑人，是生侍郎者也。貞靜柔嘉，言不出閫，笑未嘗見齒。事姑張淑人，得其懽心。處妯娌，終身無間言。其曲意承順乎公，所欲爲，不敢後，所欲與，不敢留。至顧復侍郎，緩步不趍，恐致驚側。蓋古貞慈之流。乃成化二十年七月十七日卒，距生天順二年六月某日，享年二十有八歲。繼配吳氏，比德於趙，累封淑人。

公生四男子：長即侍郎，舉正德戊辰進士，自南大理評事累今官未已，娶郝氏，蘇州府同知珔之孫女，累封淑人；次

天秩、天衢，皆七品散官，秩娶趙氏，衢娶任氏；次天瑞，正德己卯舉人，娶孫氏，永寧知縣瑤之女。女子子二人：長適生員王仲寅，次適太原縣監生王朝起，皆吴出。孫男子八人：長陽，嘉靖己丑進士，任直隸廣平知縣，初娶王氏，左僉都御史和順王虎谷先生諱雲鳳之女，柟嘗以爲與寇氏婚姻比諸程張、朱蔡者也，繼娶某里王氏、某里趙氏；次陞，聘某里郭氏；次隅，聘某里郭氏，皆業儒；次階，隆，隑，防，次陟，以蔭補國子生。孫女子八人，配監生郭堯臣、士人郭堯進、張義、聶昺大、谷人白、如琭、牛某、郭某，其婿也。如琭以下皆未歸。曾孫男子一人。

侍郎已於嘉靖十年十月二十二日遷趙淑人之柩附公合葬於城西祖塋之次矣。然柟嘗受公教愛，比於猶子，而侍郎又以神道碑請，謹述其狀略，繫之辭曰：

於惟毅翁，天厚厥常，忠敬不那，行剛以方。鄉舊咸睦，判定循良，俟孝俟友，若出性成。宜爾冢器，受道先明，勦歷中外，邦之棟梁。誕篤爾祐，實寇氏禎祥，如松之茂，如梅之英。宜爾子孫，益遜于臧，干祿不回，士莫與京。員員其來，衍兹雲仍，河汾東注，厥源孔長。勒銘羨道，百代攸望。

明勑封安人誄靖懿周氏墓表

安人周氏者，陝西參政郟縣王蒼谷錦夫之配，陰陽訓術九梅居士之女也。生而慧靜，巧出玄授，孝敬慈良，不學而能。蒼谷既舉，歷事銀臺，歸心驟興，安人力沮，卒考公務。兼與其友龍湫浣溪，仍邃學業。明年壬戌，蒼谷果舉進士，授官職方。癸亥之歲，其舅宜川翁卒，安人聞訃幾絶，奔喪抵家，盡脱簪珥，咸治喪具。他日，蒼谷正郎稽勳，時禁孔棘，牌印出入，必躬必親，恐禍蒼谷。及滿二考，遷出他人，觸怒宰衡，蒼谷便決去就。安人申告諄切，願懲小忿，無中姦計，後蒼谷果出爲山西參政。

抵任移疾，飄然歸郟，躬自灌園，安人夜親紡績，晝督僮僕，有古布裙提甕之風。蒼谷戲曰：「得無悔乎？」曰：「悔

覊無子。」曰：「得無恨乎？」曰：「恨潛無妻。」蒼谷喜曰：「爾能如是，吾復無憂。」丙子，祖姑李病，安人茶至則茶，饌至則饌，若能茶饌，至搖首不啜。李卒，哀號悲慟，力疾送喪。或曰：「此李太君之女邪？」對曰：「太君何嘗以婦視我！」他日清明墓祭，蒼谷偶疾，安人手攜幼子，身冒雨雪，誠孝之容，感動行路。及蒼谷復除四川參政，則又再四諷諫，以不起爲榮，蒼谷亦信若良朋，進退不苟，惟崇儉樸。若有嘉賓晏集，則豐腆厥具，爲蒼谷欵，用集善言。其待下，備有恩德。惟教子則峻言厲色，不少假借，至使蔬衣糲食，若僮僕然。生於成化己亥閏十月十日，歿正德十四年十二月二十二日，享年止四十。

生子男五，曰：同、和、才、府、常，後安人兩月殤。同舉鄉進士，主客正郎，娶汴城李本真女。女二：淑媛，許聘信陽何提學仲默子夫；荷媛，尚幼。

某年月日葬於某處，今將十年矣，蒼谷思而不置，乃以何公粹夫狀請表諸墓。辭曰：

夫思其真，子惟其慈，沒且十載，德音祁祁。鮑宣秉節，桓氏攸宜，伯俞涕泣，爾杖猶知。日月愈邁，金石何疑？蠶織之休，周室以隳。況其他者，不儉是師，爾壽不茂，爾行則危。郟之士女，足法足爲，行道瞻止，爲教有基。

贈吏科都給事中呂公配封太孺人加賜淑人服色王氏墓表

贈君某號光生者，慶陽府寧州懷遠里人也，諱昇字惟賢。少而聰哲，克守其父深州公庭訓。早遊郡學，博識篤行，高負才名，年方弱冠，廩食學宮。於是里有松江知事王公配于蕭氏，常夢附鳳而飛，誕生淑人，婉順貞愨，兼讀父書，敏慧異常。爰與相攸，乃歸先生，勤儉持家，昧旦警學，故先生馳聲三輔，士林攸望。天不慭遺，賫志以歿，二孤經、綸，俱在孩提，室如懸罄，莫可依憑。或欲奪志爾，乃矢死靡他。親服稼圃，棄事樵蘇，紡績孳畜，諸勤不倦。松江閔其苦辛，屢使攜孤，就食其第，堅辭不可，曰：「既爲人婦，當逮人家，使死者有知，生者不憾，庶無愧色。閉門而去，豈非逃亡者耶？」久之，家漸饒

裕，足供賓祭。

爰有伯氏日鬻先業，乃竊悲歎，脱其衣珥，贖還廛廬。其訓二孤，灑掃爲先，每日夙興，分庭從事。謂經汎掃，材可業儒，遣從外傅，不憚資給。凡諸植産，一以委綸，先自督課，歲入倍人。二孤既長，選娶高、楊，咸郡中名族。比既納婦，勗帥以敬。其誨經學，隆師擇友，無自滿假，董仲舒、孫敬日不離口，經皆載訓不回，力底厥成。及經爲給事，迎母至京，乃又尸此饔飧，迪之職業，夙其朝參，嚴其交際，故經在諫垣，鯁直著聞中外，無少訾瑕。他日，以犯言謫佐蒲州，溫辭慰母，母反解曰：「官有升沉，惡難洗雪。苟盡其忠，雖謫何傷？顯揚之道，自在其中矣。」未幾，貪宦黄玉箕斂蒲民，經力裁遏，被其誣奏，逮繫詔獄。母陰遣餉附語，至比滂母，令其自保，以圖後見。故經繫再期，顏色益好。

辛巳之夏，皇上即位，開赦出獄，遂陞參政。後轉布政雲南，跪而請益，母曰：「雲南之往，惟在馭夷，馭夷之道，惟在處財，倘有不虞，宜先遠圖。」經至滇未久，安、奉二氏構亂，勢甚猖獗。巡撫臥病，巡按遠出，經急趨黔國，畀以冠帶，告身數百，令錫酋長，隨出府藏，以給軍餉，二賊悉平，然皆不出母之豫筭云。綸雖明農，所生子顓，齠齔穎異，自少失恃，母躬撫鞠，不離左右。顓既少長，即命及經子顒共學塾師，優其資用，限其程課。經日訓于內，師友日淬于外，顓滋進修，故發解陝西，再舉進士，筮仕戶部，母又隨任贊訓于內。顒亦高取鄉舉，皆母參連之力。

初，經在禮科，遇武皇覃恩，贈先生如經官，封母太孺人。及今上覃恩，加三品淑人服色。先生生某年月日，卒某年月日，壽若干歲。母生景泰三年六月四日，卒嘉靖七年二月二十四日，壽七十有八歲。

子男二：長即經，舉正德戊辰進士，仕今雲南左布政，未已，娶高氏，封孺人，別室蕭氏；次即綸，冠帶散官，以顓貴封戶部主事，娶楊氏，生顓者也，贈安人，繼行氏，封安人。孫男子四：長即顓，仕今衛輝知府，未已，娶秦府典膳葛朝贊女；其三經出，顒，娶井研令周達女；頎，郡學增廣生，娶重慶通判秦鉞女；碩，幼。孫女二：一適府學生孫灝，經出；一適州增廣生蘇若霖，綸出。孫男一，女五。則母積慶之遺，其盛如此乎！

嘉靖八年十二月二十日，母已葬於贈君墓之坤隅。母於柟有猶子之愛，是宜勒辭羨道，以告行路，爲女人式。辭曰：

有覺淑人，初稟柔嘉，內受父訓，歸相夫和。亦既孀居，力建厥家，甘餒蠶桑，淩星植禾。誨子以道，灑掃先課，比其有聞，不忝前緒。諫則中時，政則起疴，爲時名卿，爾聲斯遐。亦有家孫，力學不那，厥既克官，呂祉滋加。匪其種德，慶胡孔多？勒辭堅石，行路式嗟！

贈南京刑部主事艾亭秦君墓表

君諱奎，字伯文，姓秦氏，浙之慈谿縣人也。其先本姓葉氏，世君餘姚梅川，八世祖明九始遷慈谿。明九生轉孫，轉孫娶于秦氏，遂秦姓云。

君生而警敏，貌偉氣豪，坦夷闓爽。幼誦經史，輒解大義。年及成童，父思詒公方力於學，不事家人生產作業。君躬親樵蘇稼圃，竭才幹蠱，以養其親。思詒公卒時，君年三十，哀毁襄事，始淬礪舊業，兼爲五經，操觚染翰，輒超儔輩。督學鄭公數置優選，登籍郡學。然累詘浙試，士林咸惜，中雖權擠勢奪，無少懾怨。篤念母劉年入老景，遂改邑庠，計爲終養，督學陳公褒羡才行，進廩膳列。或勸再舉，則曰：「已付之兒輩，皓首章句，奎深恥焉。」行將從事盛唐諸賢，聊以卒歲。」於是與王迂齋、姚退菴諦爲詩社，每遇睿景良辰，追逐倡和，徜徉山溪，暮而後返。鄉人或以輿馬從者，則曰：「芒鞋草履，風致自遠，安用此乎？」嘗登石柱峯頭，騁望東海，乃擊石而爲「碧水蓬島」之歌，聲震林樾，人望其形而聽其音者，皆以爲塵外仙侶也。

初，君之弟饒州通判碧早有閱牆，及病滯下，僕亦避遠。君親視湯藥，調燮備至。碧既□瘥，敦好如初。他日，碧又罹難於桃源，君帥季弟昌同往扶柩，還葬慈谿，鄉人誦焉。其與人交，輒出肺肝相示，凡爲謀事，罔不盡心。見人有過，正色指斥，若聞己失，引咎不暇。至於臨財，尤戒苟得，凡遇窘急，輒復施與。外舅趙公嘗尹上元，攜君眷隨任，君因爲句容曹氏塾師，壹志授學，無少干謁，可以覲其他行矣。則君當非古之孝廉方正輩耶？

初，君曾祖諱岳，舉永樂丁酉鄉試，歷仕職方郎中、廣東參議，敦厚淳實，時稱長者。祖諱棠，別號慎菴，隱德不仕。父思詒公，諱熙，博學敦行，賫志以沒。則其蓄積鍾君以及其子孫者，固已遠乎！君生天順三年己卯十二月七日，卒嘉靖二年二月二日，享年六十有五。

配趙氏，即上元尹之女。生男子三人：長鉉，以饒州君廕爲省祭官，娶周氏；次金，登癸未進士，即君屬纊之日，知其必舉者也，歷仕南京刑部主事、禮部郎中，陞今吉安知府，未已，蓋將發君之所未究而已顯揚光大於無窮者也，娶董氏；季銓，邑庠生，娶徐氏。孫男子六人：清，浙，潮，激，汶，藻。孫女子二人：長適工部員外周某之第三子某，次字舉人劉某之第二子某。

君卒之三年乙酉正月一日，已葬於邑東南驃騎山，至是吉安以修撰姚惟東傳請表諸墓，是宜有辭。辭曰：

繄艾亭叟，厥初伊良，亦既籍學，奮追前正。羣經咸詣，聲邁等行，孝母謝業，友見病喪。爲行既偉，抗志尤宏，含情古道，托興盛唐。嗜義如渴，臨財則輕，善與人交，出示肺腸。淳風用明，宜爾有子，緩發厥祥，顯是篤學。足克顯揚，潛德不泯，爭誦路傍。

孝女王氏碑

明孝女王氏某者，藁城生員張某之妻，今山西僉憲滹濱王公之女也。孝女受性淵懿，婉戀所生，言動不違。將嫁於張，不忍離父母側，數十日前哭不休。既歸後，怏怏不樂。他日，滹濱公適京，則又日夜哭不休。比滹濱公至山西，則曰：「京猶可計日見，山西見當何日？」遂哭以死。嘗謁滹濱公，公泫然流涕曰：「吾女爲哭吾而死，吾爲父母者何以爲情？請一言以識哀。」

嗟乎！女子在室則慕父母，有家則慕舅姑與夫。孝女既嫁而猶慕父母，人所難也，况至於哭以死哉！則其孝出天性

可知矣。昔者緹縈、曹娥皆以其父遭變，求身代其死，或入水不化，人且稱焉。孝女而遇緹縈、曹娥之地，吾不知情當何如也！滹濱公言：「孝女自幼聰敏，能讀孝經、論語，曉解時事，斷是非，無毫髮爽。雖吾於官事有疑，或言及，孝女輒與折衷，處不差。」然則孝女之孝，又豈尋常兒女戀戀者哉！於戲，嘉矣！

涇野先生文集卷之三十二

墓碣表

都察院右僉都御史南澗林公墓表

公諱廷玉，姓林氏，字粹夫，福州侯官縣人。父介菴先生，任爲韓府紀善，公幼隨任焉，因籍平涼。成化癸卯，遂發解陝西。甲辰，舉進士。明年，選授給事中。時孝廟初元，公即上封事，乞順天地之理，通君臣之情，出御文華，延訪大臣政治之詳。又上籌邊翊治十事，內關妖僧方士，多底收戮。他日，刻太監黄瓚之弟夤緣京職，事雖報寢，聞者生氣。又蒐輯傳記，釐爲八箴，以乞保治。既晉都諫，滋著讜諤。其論興濟宫、建真武廟及考官程學士敏政六事，言皆剴切，遂因程事降判海州。爾乃畫法祛弊，鹽場强徒，一鼓盡擒。至訊董老菴殺人之盜，如親見鬼神。遷知茶陵州，籍里豪以覩躬化，革鬼俗以禁屠牛，建洙江吸秀亭以崇正學。未洽三年，四門不閉，茶陵稱治。

乙丑，陞江西屯田僉事，設立規條，逋賦就完，追美於徐、淮。尋陞廣東提學副使，中署司事七月，凡其敦德行，正風俗，崇節槩，獎恬退，抑奔競，闢邪讒，剖疑獄，結滯案，罔有不嘉。至於廉周應舉，殺崔鎮父子之隱姦，發黎民阜繼母曹氏殺前子之僞惡，尤能讋服廣人之心。己巳，陞山西參政，丁繼母高氏憂，闋。壬申，陞右通政，提督謄黄。是冬，陞都察院右僉都

御史，巡撫保定等府，兼提督紫荆等關，凡勢宦貴戚，相率斂戢。乃又嚴捕(達)[巡]〔二〕軍之姦，以杜響馬巢穴，奏劾守備倒馬關太監李貴及翟都指揮張太僕丞之惡，於是畿輔肅清，商旅夜宿。尋以張辯，調南京都察院管事，公遂懇求致仕去。嘉靖改元，皇上以言官薦公守正不阿，觸忤權姦，遂起改都察院右僉都御史，總督糧儲。癸未，又具疏懇辭，得旨。自是祭祖至陝以還閩，不復出矣。乃壬辰四月二十四日疾終正寢，享年七十有九歲。則豈非昭代之完名君子者哉！

初，介菴先生爲信宜司訓，公母徐孺人卒於信宜，火葬鳳凰山，不封，時公方二歲也。稍長，微知其故。及出使廣東葬都憲魯公鞀，趨信宜，披草泣血，遍訪父老，得母葬所，爲文哭祭，圖其山形而去。陳白沙聞之，至録其文，爲詩以傳。比介菴卒，奔喪平涼，念祖塋在閩，復南展省墓碑，泣別。歲甲子，入覲，途病，還涼就醫，聞孝廟陟方，哭臨於韓府墀下，血淚點漬，麻衣有痕。提學廣東，時焚黃酹，祭於信宜，哀痛之切，足表士風。公常欲自涼遷父葬于閩，以人言未可搖動休魄而止，乃留仲弟廷珝於涼，以守丘墓，繼母陳氏歸閩焉。戊寅之夏，福州衛卒缺餉，羣咻爲亂，閉城門，擁利兵，內外岌岌。公方巾深衣，造壘以示朝廷恩威，賊輒解散。八月再亂，公再出撫定鎮兵，因以夜擒渠魁，福州用寧。

公自退休，毫髮不擾于鄉里，人皆德之。蓋自始葬魯都憲公及襄楚憲王妃時，凡諸贈遺，一無所取，人已占其後矣，則公固孝廉忠貞者乎！其敭歷中外，以成正大光明之業者，豈曰無本爾哉！陽明王公謂其「碩德重望，收曲突徙薪之功」，儀制郎中林君炫謂公「剛大之氣，常伸于萬物之上；淵源之學，自得于簡冊之外；濟變之材，又一時莫之與京也」。其殆庶幾乎！

公曾大父諱外，生大父諱觀，號淳裕處士，配某氏，是生介菴先生諱芝者也，贈給事中。母徐，贈孺人，繼母高、陳，皆封孺人。公配張氏，封孺人。生子一：彥源，娶某氏。孫男一：桐。孫女某。

辛巳，葬于某山原，是宜勒辭羨道，以告行路。辭曰：

〔二〕「巡」，據萬曆李楨本改。

有毅南澗，踐正履方，孝達神鬼，奔閩驟涼。粵守諫議，論列咸明，載其矢直，蹇蹇匪躬，爲士林望。田錫、劉恕，風是用長，董學百粵，文教釐昇。既晉都憲，振此紀綱，甘心釆芝，出處以正。言告瞻者，哲人于行。

明加贈資政大夫南京禮部尚書樵林湛公配夫人梁氏神道碑文

樵林先生諱江，字宗遠，廣東增城縣沙貝鄉人，南京禮部尚書甘泉子元明若水之祖也，因甘泉子貴，累贈如其官。配梁氏，累贈至夫人。甘泉爲翰林編修，同考會試，枏爲其所取士，門生也，因知其家世。

至於先生，天授穎篤，不識譎詭，迪巽履謙，於物無忤。性躭靜居，遐棲于上遊莊，莊有大田，側開魚沼，結茆其上，徜徉業作。又或桑於園山，田於崗麓，俯仰食力，爲終身樂，不求聞達。當年飢則出穀，熟則入穀，轉殖小息，以若民利，積自然之饒。先春則肥桑，桑獨沃若，蠶繭異他人箔。梁夫人又善治種盆繅，以爲縑帛絁紬，堅緻不紕，抱市必增值。遂并積穀，以拓田園，日茂厥業。然率厚值而薄取，屈己以益人，曰："夫產也，將傳子孫，當使困者與我皆利，豈可乘機以專多乎！"是時白沙陳内翰倡道廣中，聞先生山樵水漁，高棲遐遁，遂作入雲堂構詩以貽之。詩云："入雲堂構昔人開，蘭柱春水次第來。黄雲水高幾千丈，江山前日寄聲回。"大學士瓊臺丘公亦作樵林記，語在湛氏家乘，記大略言其托跡漁樵，取適於意。則先生者，當非明時孝弟力田、隱君逸民者乎！

梁淑人祇若先生，惟德之從，言不出口，笑不至矧。歸湛氏時，妯娌五人，獨得愛于姑媼，雖在嚴肅之下，數被寬假其慈，僕妾無弗心悅。若乃純誠敦慤，實根性成。常曰："我蠶則勻，我繅則純，殖則珍而以被我後昆。"當其躬行，雖魯歜母，漢鮑妻亦可方也。宜其篤生哲孫，爲時名儒，履道不邪，抱忠家邦，以爲髦士率從，龍誥疊贈，迥異尋常云。樵林先生誥略曰："賦性寬仁，秉心公直，恭謹協於鄉評，行義感於閭里。篤生聞孫，佐我邦禮，有貽謀開先之功。"梁夫人誥略曰："賦性貞閑，慈順洽於上下，力絲繭以興乃家，克勤儉以裕於後"云。

初，先生之始祖諱露，在元大德間，爲廣之德慶路治中，即卜居沙貝鄉。生二子：伯曰世忠，仲曰晚丁，仕爲縣主簿，生志高，一曰懷德。元季之亂法嚴酷，凡爲保障一鄉頭目者，遙授以元帥，得專生殺。增江誌曰：「懷德嘗爲保障頭目，有部卒盜其池魚，捕以獲，保障公令歸辭其父母，自來就死。及期果至，保障公曰：『以魚殺人，德所不忍。』開釋遣去。後至他鎮，見理罪人，則始乞以歸，爲稱代誅，以懲不恪，復密縱逸，全其不幸。明興，天下既定，公獲樂業。洪武中，隣境蘇友興作亂，南雄侯奉命征討，海道不利，官軍幾陷。保障公仗義起兵，赴海力救，侯得師還。時近地皆以降民充戍，獨沙貝鄉免，至今賴之。」保障公生處士諱汪，一諱果成，是生樵林先生者也。然則樵林先生之悉備周德，以至有甘泉子者，其淵源所自，豈偶然哉！先生生己丑八月十三日，卒甲午九月十六日，壽六十有六歲。梁夫人生丁亥四月十八日，卒癸卯四月初一日，壽七十有七。

生男子一人，諱瑛，别號怡菴，亦以甘泉子貴，贈如其官，克肖厥德者也。女子子三人：長適伍氏，次適鍾氏，梁夫人出；次適鄭氏，側室出。孫男子一人，即甘泉子。曾孫男子三人：東之，柬之，來之。

梁夫人之卒也，於成化丙午已祔先生合葬於赤坭山之原矣。至是甘泉子竪墓上石，是宜勒辭羡道，用瞻行路。辭曰：

緊樵林叟，素履孔嘉。懿源天授，逖流如河。靈承其明，其明伊加，稼穡是寶，魚鱉亦多。有崔圍山，起藝桑麻，又何外慕？眷惟配淑，衍兹餘慶。孫是開家，履道惟篤，福如松蘿，爲士者望。于祖有華，載其明德，其風肆遐，千載不磨！

湖廣按察司僉事敬軒沈公配孺人章氏墓表

朝列公諱欽，字敬之，别號敬軒，浙江山陰縣人，監察御史澧之父也。公天授端嚴，直躬而行。既舉進士，觀政工部，差葬吳卿裕於潮州，爾乃壹事安厝，無他外務。潮守憾吳，欲因葬爲厲以利陷，公正色峻拒，發明恩典，優恤卿士，寧有齟齬，竣事廉正，潮人誦說。尋出推興化，缺守署篆，見贖罪淹獄，悉與理釋，不能贖者，或損俸代輸。凡所鞫讞，罔弗平允，革蠹

剔滯，郡中稱明。他日，清屯至莆之廣業，民苦虎患，乃爇香籲天，自伐失職。翼日獵虎繼至，其害頓息。若乃奮義平仙遊之巨寇，捧檄決泉州之疑獄，竭誠禱久旱之雨，力辭掣水口之鹽，尤人所難能焉。薦剡爭先，首被行取，分授科道。有鄉宦左沮，稱公性樂恬靜，乃授都察院經歷司都事。公蒞職滋慎，鮮有怨尤。

三年，陞湖廣按察司僉事，分巡衡、永。然地遠民獷，而又守貳恃勢，毒痡衡野，聞公至遁去，民如解倒懸。其貧民稱貸者，累負傾產，爲立均劑，至今爲例。郴、桂僻遠，罕肯巡歷，民不聞法，吏亦稔姦。公窮按其所，洗冤澤物，埒於腹裏。其猺獞出沒，甚苦齊民，乃設隘練兵，分列金鼓，遐邇相聞，民以安堵。初，公爲都事，有御史競差以求公，公未與遂。比公之湖，不遂差者輒拾纖事粧誣劾公，公益守正堅，不與辯。及甲戌考察，終忌於當道，謝政而歸，識者惜其用未能究乎材云。

初，公舉乙卯鄉試，時父贈君宏齋翁疾，方晝夜侍側，嘗進湯藥。贈君速公春試，公泣告母翁曰：「世豈有父冒疾而子棘試者邪！」留數日，贈君卒，乃得侍其終。未幾，翁孺人亦卒，喪葬皆依禮不苟。其自湖歸，乃建大宗、小宗二祠，每晨必冠紳，參拜小宗祠，雖輕疾亦不廢，其大宗祠則朔望拜之。其後澧舉癸未進士，令霍山，則遺書勉以「清白忠勤，毋躭溫飽，以貽我羞」。及澧調南昌，使道歸省，申戒滋嚴。晚歲課耕力學，兼訓族里。築湖陰草堂，吟詠其中，邑士大夫率分題賡和。垂歿，火其逋負積券。夫公孝慈于家，任恤于鄉者如此，宜其敭歷閩、楚，懋宣政法者，卓卓乎度人遠也。

公先世諱遘者，爲宋右正言知制誥，出守越州。次子煥，元祐間爲翰林學士，謚忠肅，隱於會稽鑑湖。煥子琰，登進士，歷官國子監直講侍御史丞，以屢諫相秦檜，棄官，卜居山陰青田鄉。琰子繼祿舉進士，亦官翰林學士，鄉人懷其德，歿而祭於社，遺像尚存。七傳而生公。則沈固世積其休，宜委祉於公，身備直方，而又有子御史秉正趨道而不已者乎！夫御史也，不在其身，則在其子，人雖奪之，其如天何哉！

所配章孺人者，會稽偁山省軒處士之女也。幼閑姆訓，確有令德，尤工剪製，爲諸宗親女子式。及笄歸公，克幹內政，公得顓業於學，無少廢一日。公仕閩、楚，則相以平恕恭敬，雖楚中官舍稱崇之不疑。上事其舅姑，能承順顏色，凡舅所延接賓友，皆躬治具，數無憚心，舅姑常期以昌大其家也。他日舅姑相繼疾卒，則相公進湯藥，治殯葬，無弗誠信。其歲時蘋

藻黼羞，亦皆潔齋。後澧既仕，則亦以清白申戒如公云。

公生於景泰丙子三月一日，卒嘉靖壬午七月二十四日，享年七十有七。有湖陰類稿藏於家。章孺人生天順五年九月十三日，卒嘉靖三年五月二十日，享年六十四。子男二人：長即御史澧，娶王氏，繼胡氏、張氏、黄氏；次淞，例授引禮舍人，娶來氏，然淞先公卒。女子子二：長適引禮舍人周惟，次適周濡。孫男子六人：棨，菜，集，樂，榮，渠。

公歿之年，已葬於槜里之原，是宜勒辭羨道，以告于路。辭曰：

有嚴敬軒，侯直侯敦，人施其譎，我惟允元。寧貶斯位，豈渝所存！天道京京，如掌斯翻。于前若昧，于後孔燉，視爾子孫，御史承家。如神有言，展矣直躬，昭兹乾坤，亦有孺人，配德如鴛。載其休問，永貽後昆，行道瞻言，惟善是璠。

中憲大夫馬湖知府桴齋顧公墓表

公諱潛，字孔昭，姓顧氏，别號桴齋，一號西巖，蘇州崑山縣人也。生而穎敏，不同儕輩。年甫九稔，輒解屬文。未逮成童，選籍邑庠，督學臨試，多口褒獎。弘治乙酉，高陟鄉薦。後舉丙辰進士，訖登一甲，選改翰林庶吉士，每應閣試，數注首卷，大學士守谿王公、碧川楊公咸加器重。戊午，將授館職，乃出爲監察御史，即差巡京城。蔑視權倖，中貴陰銜，偵失朝儀，注奏久繫，上旋與開釋。尋勑印記山東、河南種馬，屏斥餽遺，細至果菜。因論五事，備列民瘼，一曰定買戶以寬民力，二曰慎選擇以袪民患，三曰易種馬以永善產，四曰嚴黜罪以勵曠職，五曰省繁文以革吏弊。

辛酉，畿災變，進八政疏，於時務尤切。一曰恤災傷，二曰禁捂尅，三曰治豪强，四曰飭軍務，五曰省供應，六曰革濫員，七曰汰冗食，八曰崇儉約。未幾，以疾得告，滋邃於學，纂著稽古治要十卷，爲政大體，靡不略具。癸亥，疾起，具本首獻，孝廟嘉賞，留備觀覽。其兢業萬幾，顧問諸老，訪求治理，察納忠言，間采斯書。是時都御史浮梁戴公、烏程閔公重其器識，諸道奏牘，悉委詳正。

甲子，復因畿輔災變，率先同寀開陳八事：一曰裁革傳陞乞陞官員，二曰禁約外戚之家怙寵肆橫，三曰禁止鎮守內臣賄賂夤緣，六曰罷黜方面有司不職官員，七曰減征各庫不急錢糧，八曰禁止鎮守內臣多帶人役。言甚剴直。其諫修延壽塔，及於光祿少卿祝祥附外戚，躋美官，太常卿崔志端起道流，遷宗伯，上皆采納，爲公停革，朝剛振肅，稱名御史。未幾，以吏、禮二部推薦，奉勑提督京畿學校，慨然之任，敦振士風。先是，順德、永平數郡士寡問學，乃選拔秀穎，檄令有司，資給入京，業受明師，多所造就。其品定藝試，尤爲精確，至今論學政，得比諸陳士賢云。

正德丙寅，武廟登極，上言初服，當崇敬畏，戒逸欲，任耆碩，屏佞幸，乞令儒臣考進唐相宋璟所上無逸圖，宋孝宗所集敬天圖，備時省覽，不報。比其秩滿，兩考部院，書最，至有曰「操持無玷，學行有聞」者。許襄毅公一歲中薦爲大理寺丞者四，皆不報。戊辰冬，出守四川馬湖，未之任。己巳，以格例解官。時姦宦劉瑾用事，其黨方在要路，公嘗忤焉，遂被傾擠。及瑾既敗，兵部侍郎陳公玉、黄公河、御史謝琛、沈霽交章論薦，竟沮格例。嘉靖庚寅，以子夢圭任南京吏部郎中，遇郊祀覃恩，誥封中憲大夫，制詞褒嘉：「爾南國譽髦，翰林吉士。已而擢任臺察，屢進讜言，陳古道英，聲推望於先朝。迨督學北畿，造士之功，久而彌著。」公心雖白，材終未録。乃甲午三月二十六日卒，距生成化辛卯年八月八日，享年六十有四，輿論爲之悼惜云。

蓋公端慤不苟，十六喪母，即致哀毁。既仕過家，必慟哭墓所。仰事父祖，孝敬咸殫，每得賜物，緘以馳獻。及罷官後，鑿池疊山，以悦父心。處諸弟妹，恩意周浹。葺理祠墓，不慮其財，自奉身儉如寒素。他若貧困之施，喪病之恤，正竊葬之罪，築巴城之堤，除税役之害，皆其緒事。則公之顯於言責者，此非其本乎！

初，公七世祖道璋，爲元萬戶。高祖諱大本，不仕。曾祖諱士良，贈詹事府詹事兼翰林院學士。祖諱恂，累贈詹事府詹事兼翰林院學士。考諱宜之，封監察御史，妣周氏，贈孺人，繼李氏，封孺人。世有積行，則公之所源流者遐哉！

配龔氏，有女德，封孺人，先卒，加贈恭人。繼楊氏，封安人。子男三：長即夢圭，江西布政司左參議，文行著名於時，凡公之所未究而大顯于方來者，不在兹乎！娶皇甫氏；夢川，府學生，娶沈氏；皆龔恭人出。夢穀，聘魏氏，側室刁氏

出。女三：長適王可大，次適長洲陸仕，皆國子生；次字嘉定劉在，縣學生。孫男三：允熙，允默，允烈。公所著有静觀堂稿、續稿、讀史新知、林下紀聞、湖堧醉歌、崑山志、玉峯文獻録、惇史夢林若干卷，藏於家。

參議卜今年乙未月日，與龔恭人合葬于邑西北巴城村之舊塋。是宜勒辭羨道，告諸行路。辭曰：

於惟西巖，素履孔方，學植亶厚，翰苑有聲。亦既言責，職思其明，或書以勤，或疏以匡。恤民于馬，作士于京，位雖未盛，有懿其行。俟孝俟慈，俟睦俟詳，豈曰無本，致用乃臧。宜爾家子，器如圭瓚，爲邦之良，光開休問，如江水長。

奉政大夫刑部郎中東郭周君墓表

君諱滌，字進之，姓周氏，號無垢居士，更號東郭居士，蘇州常熟縣人也。生有奇質，穎悟度人，自知讀書，目必成誦，善屬文，易如宿構。年始十六，母邵損背，抱屍慟哭，見者酸鼻。既籍邑庠，文聲驟起。後遭父喪，哀毁幾絶。事繼母趙，幹蠱承考，蔑所違逆。二季瀞、浙，撫教成立，咸與有室。他日相繼蚤逝，殯斂棺葬，罔弗用情，且優恤其孤，不至怨曠，常熟里人稱孝友焉。弘治己酉，蜚舉應天。登己未進士，授刑部主事，乃即剖決章奏，風力懋著。簡命慮囚江北，多所平反。累遷郎中，滋洞律例，無少骫法，同列質疑，應口開折，一時秋曹堂屬歸明爾。乃推典本科，綜諸章奏，庶獄依歸。又嘗與修問刑條例，輕重低昂，率加決擇。於是司寇閔公、冢宰許公交章論薦才可大任云。

是時劉瑾專權，私托四出，公執不阿，瑾陰銜之。適小吏污君他事，遂下詔獄，勒歸田里。尋瑾敗誅，首奉恩例，獲以原職致仕焉。爾乃躬率家衆，力生業作，漸臻饒裕。爰立家廟，篤正祭器，歲時享嘗，情文雙致，雖冠婚諸禮，亦遵古昔，爲鄉人倡。晚年廣闢卉圃，繁植花竹，開建池亭，時出遊衍，異時功名之會，漠然無所動其中。肆今上踐祚，致仕者得遞進階，而巡撫、郡守風令應詔，君固謝曰：「吾已罷官，獲從致仕之列矣。復爾冒昧，吾誰欺哉！」可以知其所好矣。則君在位者之所樹立，豈徒然哉！乃嘉靖甲午三月二十四日卒，距生成化乙酉二月二十三日，享年七十歲。

初，君先世當勝國時有諱省巖者，躬被行業，隱城西隅，是生清甫。清甫生信，七歲而孤，就鞠母家，粤既成立，身行仁義，吳文恪公訥爲志其墓。信生鼎。鼎生贈君瑄，徙居東城，配贈安人邵氏，始拓周業，是生君者也。然則周氏潛德厚植，委靈於君者，亦以遐哉！

君配錢氏，封安人，亦克内治。生男子二人：長楨，國子生，安人出，娶某里錢氏；次柯，側室高氏出，繼爲浙後，娶徐氏。女子子四：長適庠生徐恩，次適錢子儉，次適國子生劉巄，次適王稔。孫男子三人：㦙、熫、炶，楨出。孫女子一人，柯出。

楨將以今年月日卜葬於虞山北隴新阡。南京兵部尚書參贊機務上黨劉公已誌諸墓矣，而楨又以表請，是宜勒辭羨道，告諸行路。辭曰：

有敦東郭，抗志孔嘉，上孝繼母，友于滋多。譬諸卉木，有本者華，宜爾在官，刑罔不和。慮囚平反，尤聲本科，越既被屈，高臥煙霞。篤修古禮，暇蒔名花，知足不辱，將非斯邪！勒辭墓陽，行瞻肆遐。

徵仕郎禮科右給事中古菴毛公墓表

公姓毛氏，諱憲，字式之，號古菴，常州武進縣人也。予官南都，嘗接於別邸。色夷氣清，可敬而親，其貌古也；怡性完[一]神，遊乎物表，其心古也；孝弟信義，言論通朗，其道古也。則其所自號者，當非虚恢矣。今年予在北雍，忽聞公訃，傷悼累日，實嘉靖乙未十月二十九日。嗚呼！吾友古菴，平日以道自砥，乃至此已耶！

公甫弱冠，即強學不怠，以三禮遊邑庠。正德庚午，以亞魁薦於鄉。辛未，中禮部亦然，尋登進士第，授刑科給事中，即

[一] 「完」，萬曆李楨本作「守」。

上疏言人主之德莫大於開廣言路，優納正直。時諫官竇明方以言得罪，公即抗疏申救，以爲不宜塞諫諍之口。時大臣有怙勢於內豎之權者，則又奏劾剴切，而內外咸肅。既而引疾，以身喻朝政云：「雖任耳目之官，實乏聰明之德。三年之艾莫措，七年之病難瘳。」病痊，除兵科給事中，議政中府，坐論激直，釐正國是，不阿權貴。又嘗見邊防軍政之弛，災異水旱之煩〔一〕，乃敷陳古訓，疏列遠圖，多見采納。其使荆湘，見民居漂溺死徙瘡痍之狀，即具疏馳上。當道以爲公危者，公略不顧忌，已果忤旨，罰俸三載。秩滿，遷禮科右給事，遂疏請祀先儒陳澔，有功禮經。是時武宗西狩，公倡率羣寮，因請回鑾，兼論建儲，衆皆警懼，後錫幣近臣，公疏辭不受。權貴有欲結公者，公正色拒之，於是其聲益大振於時。

嘉靖初年，以耳疾謝歸，請求性理之學，學者翕然尊師。其徒之貧也，多爲之館穀。惟時郡守陳君實建道南書院，延公爲師，表進後學。公之教，以不欺爲主，以喜怒爲用，以克己爲功，以敬義爲存心制事之本。其言曰：「君子之學，須是擺脱習氣，著實踐履，方是實學。」則公之在諫議可知矣。且公性至孝，每念父卒於外，輒號慟屢絶。其養卞太孺人及喪葬，皆無違禮。又以祿不及養，扁堂曰永思，終身不御重味，而歲時祭祀，一遵朱氏家禮。他日，置義田義學，教養鄉族，施愛孤弱。若與人交，死生患難，不爽素心。故師子孫，貧不能立，與置田宅，矜恤周至。嘗立三近齋，予爲之記，公端坐其中，深潛考索，其所得於六經者多矣。然則公之教人蒞官，豈徒言語之間而已哉！古菴之號，其真稱情乎！

公先世出河西，以仕於常，因家焉。高祖諱福四，曾大父諱智，大父諱文明，父諱任，程鄉石窟巡檢，卒於官，以公貴贈兵科給事中。配卞氏，贈太孺人，生寶及公。公享年七十有七。子男七：曰誠，曰詮，曰諴，曰訢，皆贈孺人陸氏出；曰諧，曰訪，曰諷，皆側室某氏出。誠、詮、訢，皆太學生；諴，邑庠生。繼娶單氏，封孺人，先公卒，誠亦先公卒，訪、諷後公夭。孫男六，孫女六。

其子詮等以某年月日葬公於其村新阡，甘泉湛先生已據養齋徐公狀誌諸墓矣。至是請表，是宜勒辭羡道，以告行路。

〔一〕「煩」，萬曆李楨本作「頻」。

辭曰：

有懿古菴，惟德之行，侯忠侯直，爲國之光。於學既邃，厥儀有程，隱教不惑〔一〕，淑於慈〔二〕良。賙窮貤匱，使之裕康，振今思古，厥號允臧。逮茲易簀，晚節彌光，英爽不昧，陰陽互藏。福祉遝萃，子孫永昌，百祼其無疆！

嘉議大夫南京刑部右侍郎周玉巖公神道碑

公諱廣，字充之，别號玉巖，世居崑山吴川鄉司馬涇，今隸太倉州人也。公之始祖曰福三，其後譜逸莫詳。至諱子詳者，生海，配鍾氏。生文，字以章，配陸氏，寔生公者也。海、文皆以公貴贈刑部右侍郎，鍾、陸皆贈淑人。

公生而英邁，迥異羣兒。長舉進士，觀政兵曹，覩大司馬東山劉公直道而行，即砥礪名節，不諂流俗。既授知莆田，道出閩者，例謁鎮守，時率行重賄，公徒手無贄。言動端凝，廉正自束，不發人私書，兼以宓子賤爲師，日禮耆儒，用資啓沃。周爰諏謀，下及庶民，莆中利病，罔不聞悉，諸所興革，咸飫人心。方及期月，母卒于官，貧無棺殮，鬻内釵釧，始克舁歸以葬。服闋，改知吉水，政益詳敏。時贛州流賊自大帽山突出，路由雩都，剽抵新淦，燒永豐縣，勢甚猖獗。吉水丞簿惴欲奔竄，士民洶洶，亦無固志。公面加叱責，要盟神祠，衆志始定，戮力禦賊，有嚴有毅，賊乃潛師踰境，邑賴以完。厥後藩臬上功督府，漏公不及，公亦漠〔三〕然。

正德壬申，以天下守令治行第一，擢浙江道監察御史。是時佞倖錢寧居中用事，巨寇劉七輩暴戾恣睢，横行江、淮、河、

〔一〕「惑」，萬曆李楨本作「忒」。
〔二〕「慈」，萬曆李楨本作「俊」。
〔三〕「漠」，萬曆李楨本作「澹」。

濟，殺人或盈城野。公抗疏四事：一斥喇嘛番僧，宜投四裔，以禦魑魅；二遠伶人賤工，至引唐莊宗事以譬；三重國本，以廣儲嗣，不得育螟蛉義子，如宦豎蒼頭錢寧者，其投刺皆書曰皇庶子，僭擬東宫之罪，擢髮難數；四嚴軍令，言諸禦寇者皆無恙，而川原白骨積（入）〔如〕〔二〕丘山。疏入，寧大怒，幸上不深罪，止謫懷遠驛丞。寧陰使刺客順道而狙，欲遮刺公。公微服出城，變易姓名，被衣道流，誦觀音經，枵腹三日，乃得脱歸。既抵懷遠，莽無舘舍，寓居佛宫，間與同志泛崖門，登西樵，跨羅浮，夷猶白雲之巔。然驛通番夷朝貢，每外使至，咸慕公名，或以奇貨爲獻，公峻爲拒絶，使益敬憚。

甲戌，移知建昌縣。是時宸濠將叛，謀復護衛，軍伍遺使，絡繹道路，肆行征求。每經建昌，公輒裁禁，民賴以蘇。丙子八月，吏部擬擢憲職，寧内構陷，批根往事，復謫公行寨驛丞。行寨在深山叢棘中，亦無驛舍，居民數家，靡所寄止。乃誅茅爲屋，依山面沅，日與其徒講學論道，暇則登陟崇岡，俯臨幽壑，超然遠覽，無所顧慮。辛巳之夏，武宗既崩，今上即位，首舉遐遺，詔復公御史，尋陞公江西按察僉事。公至，斥貪吏，疏滯囚，去淫祠，放尼姑數百歸之宗，市其菴以業公費，不以煩民。明年，轉九江兵備副使，尋改提學。其綜理學政，躬自爲範，誨人務明義利。及其校藝，必參德行，以爲高等。時天子勵精圖治，凡藩臬守令，治行卓異，特降璽書褒嘉，通天下止十三人，公與其一焉。

嘉靖乙酉，陞福建按察使。閩故多盜，公至，分部所屬，伐其渠魁，民庶用妥。乃又申敕憲章，釐革蠹弊，凡會讞獄，齋戒禱神，開釋冤抑，參伍之下，咸得其情，刑是不濫。公之始至，鎮守遺金，公漫不省，置諸庫府。比鎮守窘甚，復返其金，因以綱條解諭，鎮守憚服。其後有中官督織造者，倚勢作威，横索民財，有司莫能抗。公移檄禁遏，及入省城，繩其奴從，不得侵牟於民，民遂形諸歌謠。按閩三年，擢右僉都御史，巡撫江西，振肅風紀，百僚嚴憚。其商論政務，虚心延訪，雖在屬吏，亦多聽納，其有才賢，亟爲薦揚。于時富室豪右，多買民田，遺其原稅，民用大困。乃下令稽覈，且欲奏聞，豪右不便，交口騰訾，當道者遂援裁革例，罷其巡撫，公因乞休。上雅知公賢，且命吏部擢用。己丑冬，遂陞南京刑部右侍郎。

〔二〕「如」，據萬曆李楨本改。

越二年辛卯八月某日，以疾卒於官舍，距生成化甲午正月某日，壽五十有八歲。公之寢疾時，當大比，其三子皆應試留都，獲侍湯藥。未屬纊前四日，公令趨治後事，且曰：「吾平生間關百挫，屢瀕於死而不死。今死於此，命也。爾等慎勿俯仰當路，以乞葬祭。」神閒氣爽，怡然而卒。

初，公少即警敏。年甫十四，父贈君卒。卒後五年，公籍邑庠，家貧無所於業，僦屋城中陋巷，家徒四壁立。所配張淑人，躬勤紡績，以給饔飧。每隆冬大雪，身衣大布袍，無著。陸太淑人方就養伯兄一之，公每往省，草履徒步數十百里，竟日或不得一食。公乃益激昂淬勵，貫穿經傳，旁通諸子百家言。御史、督學大加賞，亟命士子從公遊，且命有司周其匱乏，自是衣食稍殖，即迎養太淑人。弘治辛酉，舉於鄉。明年，會試禮部，弗第，歸營以章公葬事，蓋在殯十五年而始克襄事焉。已而遊太學，楓山章先生方以德行道藝爲祭酒，一見公，即大奇之，首告以務實之學。然則公在御史風烈，藩臬之政跡，巡撫之正直，蓋亦養之有素，而學之有得乎！

嘉靖癸巳八月某日，葬於新塘之原，原在崑城之東北陬三十里尉遲村南。三子：伯曰士淳，太學生，娶徐；仲曰仕淹，應天舉人，娶毛；季曰士洵，娶李。皆從魏莊渠先生遊，力學自樹。女一，許聘浦應期。孫男邦柱。辭曰：

猗嗟玉巖，少歷艱虞，肆其力學，追究程朱。伊誰爲友？魏子莊渠，相尚以正，子道並驅。粤在御史，力鋤姦諛，兩謫遐驛，豺虺與俱。陰刺於路，剁床以膚，聖明眷直，賜還海隅。乃陟憲僉，伐斥貪酷，既進董學，表正羣儒。治行高等，璽書允俞，盜息閩海，風振江陬。方施經濟，炁在當衢，天不憖遺，一疾淪軀。門墻陸載，紀行不誣，賢嗣員員，英邁千夫。衍厥休問，百世有孚，勒辭羨道，以告征途。

明中憲大夫大理寺左少卿半窗羅公墓表

公諱輅，字質甫，姓羅氏，號半窗，應天江寧縣人，廣東布政司左參議尚志先生諱麟者之子也。其先浙之秀水人，曾大

父文中以閭右實京師，因籍江寧云。大父景伊以尚志公貴贈工部員外郎，大母沈氏贈宜人。尚志公配魏氏，封宜人，贈恭人。二室王氏，寔生公者也，以公貴封太孺人，贈恭人。伯兄載，仲兄輿，舉人，皆魏恭人出。

公生而穎悟過人，博覽載籍，輒能誦說，爲文頃刻數千言立具。年二十一，舉應天鄉試高等。明年戊辰，與予同舉進士，尋授中書舍人。己巳之秋，冊封益王世子，行且中道，正使遽卒，有命專節以往。比至藩邸，諸所舉錯，俱中禮度，鮮或謬盭。竣事過家，省拜二人，時尚志公年已耄耋，公戀戀不能違逖膝下，以其重，促兼程。復命已，日上疏懇乞就養，得改南京大理寺評事。至家三日，尚志公無疾而逝，南都人以爲孝子獲終其親云。

癸酉，起復，仍補前官。己卯，擢江西袁州知府，首重學校，申教茂士。均定民賦，創立團保，悉去勾攝之擾，嚴禁萍鄉之訟。繕亭舍以振委候，書鄉訓以化里社。或積穀以修城，或汰差而教樂。於是都御史王公守仁疏其才猷，優於治劇，乃改贛州。贛當閩、廣、湖、湘要衝，數患蘘盜。公曰：「民無尉止，奚而不盜爾？」乃禁革冗費，刊除雜差，寢兩司之防夫，輟各衙門之執事，票銀不充私用，社學復舉前規。贛中食鹽多出兩廣私販，所販之人歲餽郡吏，故不能禁。公奏計總制，歲取其利，以濟軍務，猶鹺法也。事上，遂以爲制，贛郡帖然。於是都御史盛公應期言江西劇郡，莫若南昌，又疏改守南昌。至郡七月，聞太孺人疾，遂棄官西歸，連疏乞休，稽遲再歲，銓部憐其志，亦不爲咎。

嘉靖丙戌，復補南康。郡瀕彭蠡，乃創作巨堰，水溢，舟入堰以避風濤；水落，則泊堰下，而民居亦賴以安。其他省雇夫之銀，革牙茶之弊；親訊罪犯，吏不能行其姦；禁止寫丁，冊不能隱其弊；紡績農桑，男婦雙課；信牌定期，鄉縣不擾，尤深有益於南康者也。己丑，擢江西按察副使，整飭饒、撫兵備。越七月，數興母思，復上休疏，未報。還家五月，而太孺人以壽終，得無憾焉。

壬辰，起復，補四川按察副使，整飭建昌兵備，未至，內移山東。甫三月，擢順天府丞。明年癸巳，改大理［寺］〔二〕少卿。

〔二〕「寺」，據萬曆李楨本補。

甲午，有晉宗室與撫臣搆隙，事涉難勘，上命公往。公正以國法，而體以人情，兩月復命，人皆稱平。於是廷臣益多公之才，兩舉節鎮，上意廷尉不可無公，因留之。嗚呼！乃至於長逝哉！其歿也，少傅大學士任丘李公哭甚哀，戶部尚書梁公、太僕少卿王公，御史謝君少南皆以里人治殮如禮。訃聞，上諭祭，九卿臺省咸祭奠。而公之兄載適至自家，乃遷柩還南。公生成化丁未五月十一日，春秋四十有九。

娶胡氏，封恭人。子男二人：棨，早卒；梓，幼，尋亦卒。以兄載子機爲嗣。女子二人：適徐勃、張奎。奎，舉人。是宜勒辭羨道，以告行路。辭曰：

有毅半窻，敏給無雙，志篤父母，數棄守邦。孝允明達，君相爾玒，既佐廷尉，大任克扛。方躋八座，經濟爾龐，乃遽淪謝，辰也不逢。勒辭完石，名竝長江。

明武定軍民府同知石軒王君暨配宜人翁氏墓表

石軒王君諱介，字節父，福建侯官縣人，今進士松江府推官鏜之父也。初，王氏先世本光州固始人，唐末黃巢之亂，嘗與二十八姓從王審知入閩，遂籍侯官。其後有爲主簿者，世失其名。主簿之後有良駿，生均有，皆仕元爲宣教郎。均有生泰，泰生玄，玄生鑛，號友竹，即君之父也，登天順己卯鄉薦，兩爲天長、應天訓導，皆有師稱，以小戴禮記名。其歿應天也，君年十一歲，即穎悟不羣。歸治胡氏春秋，發爲文辭，多出奇意，一時學官弟子罔弗推嘉，學諭張君陰重其材。弘治壬子，年方十七，遂魁鄉薦。癸丑春試，名在乙榜，授婺源縣學訓導，乃攜姪鑾、甥舉隨學於任，且與舉婚。凡婺源之教，賙貧拯棘，獎善礪頑，二子咸與見聞，後皆達材。而婺士胡程、余汪殆數十輩，俱鳴甲第。尋典文於山西，繼於廣東，皆得名士，如劉公龍者在他房落卷，偶遇君過，拾置首選，後大顯名。癸亥，陞湖廣咸寧知縣。縣據山谷，俗雜夷獠，居民困瘁，官鮮終任。君至，廉以奉身，恩以撫衆。異時折訟紙價，率入私橐，君乃易以稻穀，貯預備倉，未幾歲凶，民賴以活。乃

又節損浪費，收恤惸獨，禁遏勾攝，招返流逸，（即）［籍］〔二〕丁產以定賦役，明法律以戢豪右，正禮教以析枯楊之華，端禁令以化吳鳴鳳之姦，諸所廢墜，罔不建新。於是環咸寧之封，煦煦然，有更生之樂矣。是時撫巡諸公相率疏薦，至有以君爲全楚守令稱首者矣。

正德戊辰，銓曹奏調江夏，君晝則事事，夜剖民訟，剛直不阿，一無所撓，廉明煥著，時稱「鐵知縣」焉。是冬歲，轉廣州府通判，於是廷尉黃伯固作詩遺之曰「到官正好酌廉泉」云。君至廣，革常例之弊，發匿隣之盜，訊隣［媪］〔三〕之刺，論奪田之豪，究冒帑之名。庚午之秋，遂陞知全州。未數月，而巡撫林公廷選即薦之曰：「判廣有年，而能爲恪守；居全未久，而吏畏民懷。」蓋林嘗委君勘袁、劉事而得實者也。

全故崇山疊嶂，時號「白面山猺」者橫刼擄掠，守巡親臨督兵。我軍衣甲咸涅字號，賊之衣甲字號亦同，蓋多殺我軍取其衣甲耳。乃改募狼子土兵，則又被焚其營砦。君曰：「賊依山禦我，如礧石四潰。我師攀緣，惟恐失墜，如驅羊攻虎，誠非策也，不如招撫，實爲完計。」乃單騎直詣賊砦，曉以父母赤子之恩，告以大軍搗剿之勢，於是賊皆羅拜。君即樹招撫旗幟，賊首一出，犒以花紅牛酒，約十人一長，長給衣巾，許捐閒田，使自墾種，朔望具結投州，四境晏然。及君起全，賊率獵雉捉魚，爭獻馬首，稱報厥德。其他修城習戰，興學勸農，鋤強抑暴，完征逋稅，皆有深惠於全云。

癸酉之秋，轉武定軍民府同知，蓋雖陞實薄之也。狀言君在全州日，有唐寺丞者，家素凶虐，奪人名馬水利，君嘗戢之，唐因構君於蔣少宰敬所，故有武定之轉。夫敬所，端人也，不宜有此，豈其愛君之甚，思以歸咎者云乎？武定舊有土官鳳英，狼狠多殺戮人，其子朝鳴殺妹丈，次子妻兄嫂且相攻鬬，於是夷民具奏，撫巡下君勘實。君曰：「夷狄，禽獸也，若繩以法，適激亂耳。」於是議立其少子襲官，衆皆帖然服從，雖鳳兄弟亦相感恩，延君至家，以百金器物爲壽，君悉辭卻，鳳兄弟悉

〔二〕「籍」，據萬曆李楨本改。
〔三〕「媪」，據萬曆李楨本補。

呼老少拜君，祝其遐齡焉。甲戌春，罷歸，哭聲載道，鳳兄弟亦涕泣攀留，可知其他矣。

初，君少稟端毅，慷慨有志。父友竹先生早歿，依于伯氏，伯氏覘其懷抱清遠，深加器重。其事母胡，極其孝謹，後嘗侍疾，終日在側，湯粥必手進。卒，幾喪明，歲時乾豆，涕泣懷思，及歸自武定，僦屋以居。時郡守歐陽君鐸方毁淫祠，因諸學生狀君清貧，給宇以爲君屋，君猶入值縣官乃受。安仁令王濟民者，婺源之門生也，聞君屢空，寓書懇邀。君赴其誠意，至方二日而卒，蓋君所自測寅丑之交者，實嘉靖壬午八月二十二日也，距生成化丙戌年七月二十七日，壽五十有七歲。于時年友有舉賻者，推官不忍傷君生平之廉，皆辭之，匍匐舁櫬以歸。然則君教也，小子有造；政也，細民舉安。所至著績，名實上下者，豈偶然哉！

配翁氏，封宜人，諱升，副憲翁公晏孫女。父世用，爲績溪縣學訓導，母王孺人。宜人少讀書通大義，凡古今節義忠孝事，皆歷歷能誦諸口。初，績溪君爲宜人約婚，及聞石軒君，喜曰：「吾得婿已！」既而媒氏至，時副憲公之弟世衡在側，訾之曰：「吾聞此子貧而孤，兄盍他約？」績溪曰：「王生才，詎終貧哉！」卒定婚焉。年二十一歸王，事姑胡太孺人謙約孝敬，沉慧婉順，事事當其意，胡大喜曰：「吾賢婦也！」已又事伯姒甘宜人，甘又喜曰：「賢娣氏也！」其在婺源時，待姪鑾、甥舉無殊己子，初弗謂其姪與甥也，既而其媵曰：「蘭者生子若女焉。」即又從而子女之，初弗謂其出于蘭也。咸寧之日，内常索索然無儲，初不爲意，顧謂石軒君曰：「夫君之政，誠昔人所謂好消息也，願終其志。」他「日」〔二〕石軒君入有怒色，則必究所以，且曰：「君性太嚴，嚴則下情難通，又繼之怒，則民滋畏，愈不得伸其情矣，殊非子民之道。」後在江夏及廣州，聞決大獄，又輒愴然曰：「民命至重，君務悉其情，以求之生，萬不可得，則彼我無憾矣。」武定之單騎行也，宜人挈諸子歸，常以君遠宦夷邦，怛怛憂懼，默禱于天，齋素三年，祝願生還。已而石軒君解官歸，喜可知也。

歲辛巳，遘疾，七閲月，及革，乃語石軒君以善保其終，又呼推官等曰：「汝輩各修爾業，俾毋墜爾厥先。」語畢遂卒。

〔二〕「日」，據萬曆李楨本補。

於是石軒君哭之痛，語人曰：「宜人歿，而吾始知宜人之存也，有七不可復者矣。」蓋宜人性慈柔，卒然事至，輒默念佛數過。人有煢然可矜者，則哀憐憫恤，無固悋意。蘭之子嚚黠不修，然數詣求貲爲賈，宜人多與之貲，已而復詣求貲，又私脱簪珥以與之，後竟没入。石軒君聞，每怒杖之，宜人必曲爲隱護曰：「無寧使人謂我實陷是子也。」蘭有女稍長，即時時教之，亦克遵姆訓，精女紅。是後石軒君又納一婢生子，及周而婢歿，其子數病痞潰目，至不能行視。宜人日則負之而行，夜與同寢，飲食必手飼之，如是者二三年。嘗（與）［語］〔二〕推官曰：「吾孜孜課汝學者，非欲以榮吾也。吾嘗見汝父有禄而不得養汝祖父母，每對吾言，輒嗚咽泣下，汝後當自思之。」宜人生於成化戊子十二月十五日，卒於正德辛巳八月二十一日，享年五十四歲。

生子四：曰釜，娶張氏，繼潘氏；曰錡，娶楊氏；曰鏜，即推官，娶鄭氏；宜人出也。曰鈞，娶□氏，側出也。女二：長適郡學生蔣大本，次適余安，俱側出也。孫男曰中元、中選。孫女曰可珎、可珠、可璦。

推官等以嘉靖癸未十二月某吉日舉石軒君柩暨宜人大柩合窆於城北社武山之麓，玆道過南都問表，是宜勒辭羨道，以告瞻者。辭曰：

有毅石軒，奮翮夙騫，痛父早逝，學務本根。三傳既治，諸子咸舉，事伯如父，孝母清溫。當其省定，果依晨昏，既遭喪病，素冠團團。一有貨貲，不私弟昆，厥身克正，教行婺源。循良楚粤，民罔不歡，武定鳳氏，亦化不反。況此猺獞，何有于全？宜其大用，贊福元元。遭也不辰，遽反丘原，居無良屋，食無旨飧。有翁宜人，媲德如鴛，室雖懸罄，亦蔑怨言。事姑如母，善誨子孫，宜有松江，惟道是敦。敘述遺狀，如二人存，當其孝思，欲褫魄魂。微言細行，亦欲傳焉，應大爾烈，思輝乾坤。所不没者，爾道恒燉。

〔二〕「語」，據萬曆李楨本改。

南京戶部湖廣司郎中拙菴許君配贈宜人楊氏墓表

君諱英，字文傑，號拙菴，陝西澄城縣人也。曾祖諱添祐，祖諱忠，俱不仕。父諱貴，通星曆學，爲縣陰陽訓術，以君貴，封如其官。配奚氏，封安人，實生君者也。

君生有懿質，少籍邑庠，治朱氏詩，即著聲稱。登成化戊戌曾彥榜進士，筮仕南京戶部福建司主事，深爲大司徒黃公器重，委管在京七倉。釐革積弊，雖至近鄉識，不宥其犯。是時糧多浥虧，經收官攢，至鬻妻子，莫能賠補，君令新陳兼支，全活者衆。巡倉御史每過君倉，望而不入，曰：「君倉可無復視矣。」嘗同科道清審上江二縣鏞戶，戶多豪右，興替難平。乃定立衡準，民罔或偏，雖忤權勢，亦不之恤。三載考績，轉浙江司員外郎，委管上河鈔關。船過悉稅，請免不行，貴宦家人私貨越關，亦追其罪，不少假縱。

他日，陞貴州司郎中，丁憂。服闋，補除湖廣司，時甲寅年。湖、浙二省拖欠金穀，歲歷二十，數至千萬。君受推委，冒暑跋涉，初無難色，應征者嚴解，應免者奏蠲，踰歲告成。乙卯，司徒秦公入覲，命君署掌部印三月，規矩整肅，國計有賴。繼而總巡三十六倉，區畫有條，官民敬畏，而督糧李公禮遇殊常，數留議事，多至夜分。尋以積瘁成疴，遂告養疾西還。啓行之日，行李蕭然，至汴登陸，因閱扛箱，陡見磁器，嗔曰：「何用此物，以累民力！」悉擲碎之。當是時，都人出入，擁至江邊，類多含泣，清風載路，乃丁卯五月告終於家。

君於弘治戊申援例歸省其親，盡心湯藥，半載母逝，明年封君亦逝，哀毀弗勝，血淚漬襟，人不忍視，凡諸葬祭，一依於禮。則君可謂仕而不忘其親，死而不負其君，古之忠孝兼篤者乎！若乃遇鄉黨喪疾，雖夜必赴，宗族無依者，婚嫁與之完。勵名節以居官，數讜言以御衆，久宦而無田宅之殖，臨終而斥厲民之語，皆其緒行也。君生於正統癸亥十一月二十四日，卒於弘治丁巳八月二十二日，享年五十有五。卒之年已葬於縣東三里莊頭社艮山之陽矣。

初配楊氏，享年二十七歲而卒，贈安人。乃繼配楊氏，邑之望族，處士鑑之女，事舅姑孝謹懇至，撫育二遺姑，乳哺若己出，長俱適人。君既逝，遺孤世昌，乃苦節艱辛，勸世昌勤學，夜必紡績以伴誦讀。恐農事妨業，乃親御童僕，歷阡畝，視饁餉。既受太宜、安人封，冠袍外，略無華飾。姻黨有貧困者，必爲之救濟。族人爭訟，恒侑以酒食勸息。比世昌入邑庠，乃脱釵鈿，以充師贄，謂之曰：「爾其端飭自持，以光爾父之業。毋渝毋惰，惟爾良！」世昌領鄉薦，屢會試不第。正德丁丑，授知太和，迎太宜人以就養，常進豐饌，輒麾之曰：「吾欲爾爲廉官，豈有意於鼎俎間耶！」每退食必問日所行事，世昌對之，稱意乃食，否則不悦。後轉開封，偶被官以下闕

明贈承德郎刑部四川司主事東野黄君暨配蔡安人墓表

君諱勳，字績功，號東野耕讀翁，福建晉江龜湖鋪錦里人，今刑部主事鰲之父也。始祖成能公傳至曾大父榮珪、大父端，皆孝弟力田，爲上農夫。君生有懿質，好誦習書史，惇履信義，耿介跌宕，不求諧俗。其於宗族，恤貧婚鰥，扶弱振傾，姻戚故舊，數與救助。見里中豪右強横，卑污遊佞之徒，若將浼焉。壯務耕耨，手不釋卷。

成化之初，一峯羅公出謫泉州提舉，講學官舍。君聞之，不遠三十餘里，跣足草履，如幾而至，從旁竊聽，不令衆知，得其意緒，歸録以藏，至且成帙。及刑部既長，迺出是帙，並平生所録詩經管見諸古書秘籍以遺之，其晨夕講論，皆古義大節，諄不絶口。刑部或稍近外，輒厲聲色曰：「若此者，他日能有爲耶？」刑部十八，就遺師於郡城僧舍，適有寒疾，貽書以責，直令凜凜，不敢遑暇少肆，而後有歡色。村落簇聚，殆數千家，俗舊質野，不務文學。及見君學，莫不指笑，君殊不介意。刑部數遺於有司，乃寬諭曰：「升沉有命，惟毋鑿此心，以頽四維爲重，終雖貶抑，亦又何歉？」邑學官朱文簡、霍球，一時偉人，甚奬異君，誦諸當道。

正德丁丑，郡守李鋭禮請鄉飲，屢辭不就。己卯，郡守葛恒屈強懇，致迺一至，葛以爲有示我周行之風。燕見則抗禮而

坐，問以時政，答曰：「與民休息爲上。」其握手談笑，展如故人。或曰：「百姓而抗禮郡大夫，得毋過乎？」君曰：「固以成太守之高耳。」郡中隱者王進士題君像贊曰：「縉紳遇之，位抑其高；子弟從之，俗化之速。」朱文簡題耕讀窩曰：「龍臥世間人不識，鯉趨庭下子多賢。」可知其槩矣。嗣是郡大夫禮致雖勤，終不復就。太守移文讓郡博曰：「豈醴酒不設之故耶？」

晚歲無與爲娛，日過諸子所居，呼諸孩孫，令拜勸酒，自爲高歌，必歷一遍而返。鄉耆舊二三人相從談農桑，稱先生烹酒盡日，醉則歌赤壁賦、出師表、歸去來辭。嘗興謀葬其大父，苦不得地，徬徨幾廢寢食者三年餘。正德庚午，刑部讀書金粟洞丹丘，越三日，夢有老人來顧，送至山門，倚石語别，指點壽地，遂卜得萬石山，去洞五十餘里，去家西南二十餘里。君即是以葬大父，自爲樂丘以祔其傍。既葬，出門西望，則盡刑部夢中形勝，人以爲異云。

嘉靖改元，詔下優老，今建昌知府鄧君文憲時爲邑學官，籍君之平生爲狀，請于郡，給之冠服，君謝不受。越三年乙酉，諸子稱觴爲壽，以冠服上之，乃著而喜曰：「此君恩也，安見吾老人有子耶！」是年四月三十日考終，享年八十歲。配蔡氏，贈安人，皆恩覃大典所及也。

初，君娶陳，無出。繼娶蔡，生刑部兄弟五人，女兄弟三人。長鯉，次鵬，次鯤，次刑部，次鯨。女各有家。孫男八：河，鯉出；滌、沂，鯤出；瀅、渠，刑部出；源、淳、浚，鯨出；鵬無出，沂後之。鯉、鵬皆早世。

是宜勒辭羡道，告于行路。辭曰：

天篤爾黄，東野孔良，耕讀是嗜，不愆於行。睦族媚戚，式化鄉黨，聞學羅氏，奔走不遑。後以訓子，令名令望，鄭重鄉飲，縉紳表章。八十稱道，昔良是方，宜有賢子，篤道顯揚。勒辭墓左，千載流芳！

大明前翰林院修撰對山先生康公墓表

對山先生諱海，字德涵，姓康氏，西安府乾州之武功人也。先生文章風節，超越一時，渼陂王公、谿田馬公、太微張公、少華許公所著碑誌狀傳，大抵詳矣。柟復以所見，表諸羡道，曰：

先生真天下士哉！初，柟自入翰林，求交先生，每聞緒論，驚駭忘倦，退省若不及，恐復自失。詰問其故，答曰：「惟在一誠。」自是力學，以追步武，果至教也。初，先生對策，自比子思、孟軻；後見詩藁，不讓董、賈。正德壬申，予遊滸西，間賡與唱，稱及横渠。後郡守江西劉公嘗見其集，誚予有黨。夫横渠、對山，跡若矛盾，其心本一，劉實不知，無怪誚予。近佐南禮，與南海霍子同僚。霍有意于先生，勸之復出，曾通一書，先生答曰：「自分鄙薄，久爲詩酒聲妓留矣。」霍嘗歎服，以爲深隱，霍過劉遠乎！然先生難識，豈啻此哉！慶陽李獻吉詞賦追比漢魏，自謂一時詩豪也，嘗犯宦官劉瑾，繫獄幾死。先生用策解脱，李既免死，後著他人文字，日擅其美。李名士也，猶且不識，况其他也！瑾既誅，報至，先生方對座客，曰：「天下之惡既除，縉紳蒼生之福，海一人去官，爲何足惜！」先生高見，不狥己私類如此也。

邇年路過覃懷，會晤栢齋何公，言「浚川王公也，近有書至，云『聖人之道貴乎通變，不執泥也』」，何答之曰：「接淅而行，亦聖人也。」時方會于谿田公處，柟述何、王之言，先生判之曰：「此誠今之畫紅模兒者也。彼大秀才如皋、夔、稷、契，志在蒼生者，豈若是之踐跡乎！」予歎曰：「使何、王獲聞斯言，當不又長一格乎！」是日，行過康僖王公之門，見門帖一聯，則誚之曰：「三代時代言辭臣者，肯若是乎！」蓋先生開口過人，非人之所易識也。他日，往問高陵，予偕友人送之西郊，時方言及用人頗失，民未獲安，友人曰：「若先生處用人之地，不知如何？」答曰：「海則先進君子耳，若小人者，待其自化，不與搏激也。」予曰：「此柟四十年窮經所得，被先生一言發之矣。」友人問其故，予曰：「此即舜、湯舉皋陶、伊尹，而不仁遠之旨也。」或疑先生制行異俗，出語驚人，若天馬駿足，步驟不凡，以爲得之資稟者非常也，殊不知本之一誠，究

之六經，是非不能亂其真，寵辱不能挫其節，乃如此耳。

今觀先生事親，自少承顏順志，先急其大，揚名後世，會試北行，見諸詩詞。枘親見事張太安人，飲食衣服，皆親手供事。及第之後，以母家邢臺遠也，乃作張氏族譜以傳。父同兄母弟五人，事之皆如其父，枘親見事五叔長洲簿，跪拜懇惻。少時師牛先生，至老不忘。牛八十時，予方之南都，乃遣人之華陰以問壽序。兄阜以長詞章，與刻其集。從兄弟凡十餘人，皆友之篤厚，親若同胞，雖有失，不言諸口，使皆成立，謫官後答弟浩詩。若浩、河皆舉進士，歷官至太守；淳、濂選貢教官，此其驗也。凡母族、姊族、妻族之不給者，多食於家。張太微有父喪，力不能舉，適有以百金徵文者，即解與之，他可知矣。

其歿也，予從谿田公會哭問後事，同諸弟檢諸篋笥，止百餘金，家人云：「此今大學士翟公過陝，惜其貧，轉他官所與，及楊御史徵文資也。」其餘皆酒器首飾，不滿一二百云。則先生平日之言，豈其誇大無實者哉！先生又樂受人言，而不護疾。一日，枘規之曰：「公量何若是褊小乎？」答曰：「海放浪形骸之外，遊情酒妓之間，猶以爲小，何也？」予曰：「先生修撰而不酒妓，致仕而後酒妓，何耶？」先生笑而從之，遂取予言于益友卷中。嗚呼！先生今其可得哉？

高祖諱汝楫，永樂初仕爲北京行在工部侍郎，卒贈工部尚書，有大功德於世。曾祖諱爵，南京太常寺少卿。祖諱健，通政司知事，皆以尚書蔭敘云。父諱鏞，博學能文，名擅三秦，累舉不第，貢入太學，仕爲平陽府知事。至先生而後大發，則其所源流者亦遠乎！

先生生成化乙未六月二十日，卒嘉靖庚子十二月十四日，壽六十有六歲，卒時命以山人巾服殮。先嘗遇例京官爲民者予冠帶，後惟山人巾服以終身耳。初配尚氏，兵馬指揮公女，封安人，勤儉持家，閨門清肅。尚歿，繼以興平張氏。張歿，以季氏繼室。

子男四：長生員臬，尚安人出，甫冠殤。初娶渼陂王子女，繼室楊方喬女，臬之殤也，楊服砒霜以殉，有司嘗奏其貞烈，請旌表，自有傳。次楞，側室韓氏出。餘殤。女三，俱尚安人出，長適岷州張司徒孫、今居華州參政用昭子舉人之桀。

未幾，之渠廬墓卒，遺子光孝，甫冠爲名士，有外祖風格。次適岐山生員李世貞。次適監生馬襲吉。浩、河、淳、濂撫其孫。乃卜二十年十月十八日葬先生鳳原之陸祖塋之次合尚安人，使人問表。予以憂辭不獲，爲之辭曰：巍巍鳳原，武功南門，漳水西繞，武水東沄。會流如渭，河海是奔，牛眠之處，賢哲塹然。文星炳耀，光采高騫，厥實未究，識者憾焉。我銘貞石，爲千百年！

明中憲大夫樂菴先生劉公墓表

樂菴先生姓劉氏，諱傑，字世英，別號樂菴，高陵郭下里人也。父封君平，配安人鄭氏，承其祖允德、考振之業，具有懿行，爰生先生及其弟俊、侃、儒。

先生賦性宏偉，素履剛方，孝親友弟，如出性成。既肆儒業，攻苦甘貧，夙夜靡懈。乃領景泰癸酉鄉薦，登甲戌孫賢榜進士，觀政戶部，管發犒賞雲南軍需。時黔國沐公方總鎮滇南，禮遇贐送，浮於他使，先生一無所取，沐滋重敬，將佐咸悚，莫敢私干。還授戶部浙江司主事。未幾，封君卒，既終制，復入戶部。見各省督學半用舉人，歲流弊多端，先生上疏，歷陳其非，且請簡用科道部屬有學行者，出爲憲臣，以理學政。上嘉其論奏，遂定爲例，至今遵行不改。

他日，貴州草塘寇亂，王師于征，廷論以先生素有威望，遣督軍餉。六師所至，鳥道崎嶇，糧糗隨給，人服其能，擬諸木牛流馬之才云。及草塘平，班師論功，乃遷地官郎中，蓋殊擢也。嘗陪祀南郊，大學士丘文莊公見其衣冠嚴肅，語同列曰：「此陝右人豪也。」方三月，即有湖州之命，大學士永新劉公定之語韓太僕丞曰：「世英當以公輔自期。今守鄘郡，足展其驥足矣，然實湖民之福也。」語詳祖送詩序中。

莅湖三月，光禮義之教，革譎誕之習，省歲幣之費，汰織造之侈，滌誣辨冤，政清刑省，而乃抑宦寺之招權，隆隱士之干旌。是時吉水楊君韜方事於湖，與大夫士慶曰：「劉侯公廉仁愛如此，但恐陞任不遠，湖民失望爾。」未幾，乃爲權要中

傷，左遷真定府同知，尋以鄭安人憂去。服闋，再任平陽府同知。尋復陞永平府知府，伸富民之冤，執巡檢之横。又爲勢要中傷，解官去永平，民流涕送之。道經洪洞，有段君讓者，舊知高陵，先生之契友也，見其悠悠自得，迎謂之曰：「人皆因權要而顯，子獨屢忤權要而見黜，豈非天乎！」先生毅然曰：「予歷仕於越、晉、燕、趙之間幾三十年，心未嘗阻，今豈因去官而熱中邪？」

歸家静坐讀書，恒至夜分，不易寒暑，至老未倦。通易、書、春秋，卒以易顯，作爲字書，各體咸臻其妙，樂菴之號所由顯也。其所著樂菴稿存於家。先生不事侈大，亦不喜飲，少飲輒醉，謂其子蘭曰：「酒以行禮，嗜好則敗德蕩家。汝諸弟皆少，汝其善戒勉之！」在仕途苦嗜積書，見有奇書，輒以禮物購之，必得後已。永平之去，大中丞楊公繼宗力辯其冤，言：「自傑涖事，興利除害，扶弱鋤強，民愛戴如父母。今以無根之誣罷其官，深爲可惜。」雖未施行，而先生之名不朽矣。且「沉香木屑」之喻，「天若無私，還我劉公」之謠，雖湖民一時渴想哀慕之詞，而先生千萬世存而不没者此也。

先生生於宣德丁未十二月乙卯，乃弘治壬戌七月辛巳以疾卒於家，享年七十有六。初娶魏氏，克孝舅姑，順和室人，贈安人，無所出。繼王氏，躬執婦道，相公至貴，不畜一婢，窮達無易，以先先生歿，封安人。再繼王氏，室人感其恩，妯娌化其德。男子六人：長時蘭，戊午舉人，未仕卒，娶張氏；次時蕙，娶張氏；皆先繼王安人所出；次時萸，娶墨氏；時蕡，娶□氏；時芸，娶許氏，皆再繼王氏出。孫男子十人。

弘治十五年十二月巳葬先生于昌連渠先塋之次，康太史對山爲誌矣。兹時萸兄弟持學生楊進之狀索墓表，是宜勒辭羨道，以告行路。辭曰：

有懿樂菴，素履伊穀，邑中甲科，自此爲俶。直躬而行，不改昔夙，視民如傷，等勢如芻。所嗜在書，休老猶讀，自得囂囂，甘從豕鹿。樂菴之號，諒哉自足，勒辭堅珉，爲百世行道人目。

明履齋處士王先生暨配段氏墓表

處士姓王氏，諱道，字宗田，別號履齋，太師端毅公之從弟，少保康僖公之堂叔，舉人佩之祖也。其高祖諱文煥者，世居櫟陽司馬村。文煥配殷氏，生彦成，號安止。當元之季，兵燹四起，安止先生始徙籍三原光遠里焉。初配櫟陽張氏，張卒，乃繼配三原三家里侯氏，是生恒齋先生諱惟真，配涇陽西朱村張氏。端毅公之既貴也，安止先生、恒齋先生皆贈光禄大夫、柱國、太子太保、吏部尚書，其配也，兩世三氏皆贈一品夫人。恒齋先生生四男子，其第二諱仲智號西園者，則端毅公之父，第四諱仲和號樸菴者，則處士之父也。故處士於端毅公爲從兄弟，而資性行識，動多相似。

生而數歲，即知敬學。稍長，習聞古今大義，乃復重厚純謹，不苟言笑，顓嗜禮義。自奉儉約，遇人有急，匍匐往救。若許人諾，終也弗渝，里閈義舉，首出倡衆。家雖未裕，饌親必腆，歿而葬具，躬自襄事。友弟習齋，田廬讓美，荒鈍朽敗，身自居取。成化甲辰，關中大饑，有姚氏子者攜二男趂熟終南，處士憐之，留且舘穀，後歲大熟，遣歸豆堡，至今姚氏蕃衍殷阜，報德不絕。

處士性亦喜飲，未嘗愆儀，或遇暢懷，浩歌一醉，陶然自得。其處里巷，撝謙自牧。若遇慶吊，雖寒暑風雨，往亦不輟。年踰七袠，齒德俱峻，於是有司聞其月評，舉賓鄉飲。故端毅公嘗稱處士得君子之道有八焉：一曰資稟誠實，二曰心存信義，三曰孝克事親，四曰敬能友弟，五曰好施活人，六曰不求厚利，若使從政，必不爲貪吏以病民，七曰無日不春風，八曰恭遜，不敢倚宦勢以欺人。夫端毅公統百官，均四海，天下皆知其公道，抑豈知其自不阿私所好，於稱乃弟始乎！配本里段氏，柔嘉凝重。姑袁強毅嚴肅，善董家政，段奉之謹畏承志，凡繁劇勞苦，悉以身任，弗委弟婦。而和厚妯娌，仁愛婢御，嚴訓諸子。婦至廑，姑氏呼爲孝婦焉，則實處士天作之良也。

處士生於宣德乙卯三月初十日，卒於弘治乙丑十二月十七日，享年七十一歲。段氏生於正統丙辰四月二十八日，卒於

正德癸酉三月初八日，享年七十九歲。合葬於勑修王公先塋之穆位。

子男三：曰鎧，恩榮壽官，娶寧晉教諭馬文玘妹，卒，繼李氏；曰銑，早卒；曰鉞，卒，娶李氏。女一，劉江其婿也。孫男六：一曰化，卒，娶杜氏，繼趙氏；二即佩，娶張氏，繼秦氏，再繼傅氏；三曰倅，娶李氏；鎧之子，俱馬出。四曰健，娶南陽同知李德明女；五曰倬，娶袁氏；六曰脩，聘劉氏；鉞之子。孫女五。鎧之女二，俱馬出：一適布政司承差袁朝聘，一適秦參政世觀從弟貢。鉞之女三：一適馮廷祜，一適生員李應洽，一適生員李應霖。曾孫男六：與立，娶袁氏；與守，邑庠生；化之子也。與新，儒士，娶郝氏；與弘，儒士；佩之子也。與官，邑庠生，倅之子。與念，健之子也。曾孫女一，曰淑儀，佩之女也。

茲據監察御史來安國狀，繫之以辭曰：

有猗處士，素履孔方，深造自取，端毅公兄。兄躋膴仕，身遯於荒，顯隱雖異，厥道伊平。處不賴勢，貴亦不揚，達則兼善，居則自臧。處士有孫，抱志孔剛，嘗師事我，述祖德常。當其奮迅，九原必光，辭不欺世，考此來章。

涇野先生文集卷之三十三

語

會同之什後語

此增城伍益之先生赴會同司訓諸相知贈言之冊也。益之乃甘泉湛先生之表兄，幼相習，長相勸，言相入，行相信者也。故益之雖久屈甲科，而樸茂不飭，敦慤不變，博洽不詭，有古師儒之風焉。茲往也，會同之士其幸矣乎！雖然，教學不明且久矣，益之無徒有諸已而不徵諸用也。

別長樂顔體嚴語

廣東長樂人顔體嚴將之南安，來曰：「容端得令南安，聞其縣無城郭且多盜也，容端欲作城，如何？」曰：「往視民力而後可舉也。」「欲禦盜如何？」曰：「往視民性而後可行也。是故田業有分，耕耔有時，征斂有藝，用出有節，則民力足，雖以築百雉之城，民不勞矣。役使有序，鼓舞有本，誨訓有禮，動作有(徒)[法]〔一〕，則民心革，雖以開萬家之戶，民不偷

〔一〕「法」，據萬曆李楨本改。

矣。」體嚴曰：「容端期年而後到南安，未洽年而又當覲期，比歸南安，又不止一年有餘也，在途之日多，在邑之日少，容端雖竭力以往，其如南安何？」曰：「子不聞，信在言前，令在行後［乎］〔一〕？」

讀東曹椿祝語

自予南宫吏曹，每於文選李介卿，公則共政，私則同事，遊則聯鑣，宴則合席，歸未嘗不歎其醇厚正大，益我薄劣甚多也。去年題稼軒先生之像，拱而曰：「斯其貌，固宜有介卿乎！」然則介卿之賢，非先生不能授，而先生之道，介卿固將達之天下，行之後世，壽先生于千萬歲不已也。於戲！介卿其歸以貢諸稼軒先生。

書吳生松卷語

吾友潘五山伴吳生謁予。生言曾見予八字，可壽，予曰：「今且多病。」又言富貴，子孫亦可兼美，予曰：「今且欲乞歸，生所筭皆不著，乃爲五山伴，何耶？」已而出一卷於袖中，爲曲沃李季和所圖，而吳翰學、牛太常諸公皆有文詩。予見季和畫似從吾，好覽文詩，則又增愁，恐爲生照例催也。已而生言予性，言予心，似亦合。予笑曰：「生不入吾腹中耶？古雖嚴君平，亦無可學之矣。」

〔一〕「乎」，據萬曆李楨本補。

書天機感應卷後語

劉子以中菹殺囚，殺囚不復有生也，猶啼泣稽顙於劉子以酬恩，忘其目前殊死之大怨，而記其往日浴藥衣食之小惠者，何也？夫囚也，殺之者，其所自往取也；惠之者，非其所能取也。當其所自取，而不忘其非所能取之恩，則旬月之命，皆劉子之賜也。故仁誠之感人，雖死而不怨殺者，宜君子以爲天機感應也。雖然，殊死之囚易愴心，尋常所遇則易忽也；一時所觸易爲仁，久於其益者斯所難也。誠使劉子凡見煢獨無告者、與瞽者、與齊衰者，皆推惠囚之意與見冕衣裳者同，則孔氏之道，亦可求矣。舉己之斯心也，無日而不然，無事而不然，無終食造次顛沛而不然，則文王之純亦不已者，亦可求矣。易曰：「天地感而萬物化生，聖人感人心而天下和平。」觀其所感，而萬物之情可見矣。吾知劉子定不以一感應者自已也。

書南溟冊子語

南溟樊少南既爲南戶曹，一日過予，辭上座，予問之，對曰：「涇野子乃鵬師何大復之友也，不可以抗禮。」予歎曰：「斯道也，今亡矣。夫他人之事師，不啻師死而遂背之。或當日則尊稱，改日則稱字；獨對則加禮，遇衆則變常。豈若少南敬其師，又錫類於其友哉！自吾至南都，見況伯師者，因己字犯其父之同年名也，遂改舊翰臣。其見父之同年，輒辭上座曰：『是猶見吾父之兄弟也。』故予常謂伯師能事父而廣孝，今又見少南能事師而廣敬矣。夫父師，皆道之所在也，此而錫類，於道有未見者鮮矣。風俗如此，安得不厚乎！他日，少南嘗畀我以何氏集，既又以冊子索予舊所作，予閱何集中多有贈予之作，如上陵夜集以至金陵歌、東林書院□殆十數篇也。然則少南之知予者，非何子初有言，則亦見此集而然乎！予無以復少南，乃檢予舊藁，得答何子者聊録三二篇於左，亦以見予與何子之交，非止以詩賦，而少南之加禮於予者，

非苟然也。」

送王尚周還蘄水語

太學生王尚周謂予曰：「廷文心甚愛竹，因號竹坡。適南都二年，以竹問人詩者成冊矣，則涇野子何以爲語也？」曰：「予於竹有三取焉：中心宣洞，物理咸容，取其虛；秉節堅剛，霜雪自如，取其守；柯葉四時而常青，憔悴萬木而難比，取其恒。」尚周曰：「愛乎竹者，將無在此乎！然則何爲斯三者？」曰：「君子好問以爲虛，篤信以爲節，致遠於聰以爲恒。」又曰：「虛而後能節，節而後能恒。」

送陳子明還泰和語

泰和陳子明自南都前去江舟上新河矣，從致書於予曰：「旦三黜禮闈，飄零南都，幾欲螬食自落之果，加以風雨銷蝕，遂爲道傍棄核。既聞人心道心之說，遂令拆核生春，欲有根出土，所不能者枝葉耳，又懼木爲斧斤之伐也。倘蒙教言，以爲藩籬護敝，則雖由此而往，柯根華實，不亦可乎！」涇野子曰：「於戲！子明乃借聽於聾哉！雖然，嘗聞學樹斯果矣：忠信以爲之地，嚴恭以爲之垣，禮法以爲之樊，深造以培其根本，閑邪以剔其㽕蘖，格物以蘇其脈絡，堅志以俟其暢茂，親賢以資其灌溉。無淪高語，恐華而不實也；無狃流俗，恐蔓而不長也；無近羣小，恐折我枝也；無狎權勢，恐踰我垣也。夫然則雖碩果不食亦可至矣。是故古之爲中者惟一心，人即道也；後之爲中者則二致，道非人也。子明既以吾言爲不妄也，則飲食起居之常，開言舉足之處，何莫而非斯樹之果也哉！」

別范伯寧還郴語

予自至南都，暑濕傷足，鮮接賓友者幾一年。他日，有學者問謁予於柳灣精舍，然或三五至而別，或七八至而別，彼之志，予未能悉，予之懷，彼亦未能竟，若是者蓋數十輩也。惟伯寧自謁予後，會日數而志益篤，語日直而意彌親。問謂予曰：「永宇竊惡夫媕阿取容、隨勢遷就者而又得乎名焉。」予重之而不以爲是也。比遷居鷲峯東所，其後伯寧亦移處鷲峯方丈，當是時，進賢章宣之亦在也，伯寧曰：「昔者永宇之在太學，與宣之初不識。一日，報拜鄉友，而宣之適比鄰居，聞其遭父忌日，臥床泣，晝夜不絶聲，宇遂往拜，與宣之交。」予是之而不以爲然也。

及伯寧將還郴，問別語，則謂之曰：「伯寧亦嘗聞孔子之言乎？曰：『三人行，必有我師焉。』苟惟以其有類己之意者而師之，則其師亦得無有過乎！今其師方日自訟也，而伯寧其無執意好哉！伯寧亦嘗聞宓子賤之行乎？單父小邑也，有友千數人焉。苟惟以其有過人之行者而友之，則所友將不無太狹邪！故其友當無微可略也，而伯寧其無有己見哉！」伯寧曰：「苟如涇野子之言，宇必枉尋直尺以友不如己者而後可邪？」曰：「能枉尋直尺者，斯爲得師矣；能友不如己者，斯爲得友矣。」胡孺道曰：「大器今也得涇野子之過乎！雖孔孟未嘗教人枉尋直尺以友不如己者也。」章宣之曰：「枉尋直尺以爲得師，雖交不如己者以爲求友，涇野子爲伯寧語也。」

送吳生世寬還莆田語

莆田吳生世寬來南都謁予曰：「佩韋雖嘗積學，而貧不能給朝夕，兹求館於人，則何之？」涇野子曰：「邇者方生彥舉亦子之同學也，嘗以是問予，予舉有來學無往教之禮以告之。方生飄然東歸，以爲雖七日無食不顧也。今吾豈可厚方生

而薄子哉！　且子言嘗授徒獲束脩百金矣，未幾遭親喪，盡費其金。夫金之去留不足道，而親之存亡，子且不能必。若復聚數百金也，萬一命不可得，而有他故出，則子且奈何？　嗟乎！　吾未聞爲師求金而能授學者也，吾未聞爲弟子者捐金而能尊師者也。子誠如是也，則子雖平日敦孝友之行，將因金而隳矣。且方生嘗言蘇州一大家延爲子弟師，乃程書限藝，規金立約，如傭人然。方生不能從，子能之乎？」曰：「佩韋獨不能如方彦舉哉！」予於是書以送之，且復於年兄姪光禄。

別呂名世語

南雍上舍呂名世者，潛江初啓東之姻也。予居柳灣精舍，因啓東知名世篤志務本，有古端士之風，凡南雍士無弗推讓焉。雖予徙居鷲峯東所，名世亦隨枉問予疾，間留酌，凡座中客，亦無弗歸敬焉。四月三十日告還潛江，予憮然曰：「別吾名世，猶別吾啓東也。」名世曰：「子盍以告啓東者亦告廷臣乎？」曰：「名世而聞之宋朱氏、蔡氏之爲婚姻乎？又聞程氏、張氏之爲婚姻乎？講學於當時，明道於後世，不獨區區慶遺讌會而已也，歸而修諸潛江，如何？」名世曰：「斯行也，願持以告諸啓東。」

別陳敬夫語

陳敬夫將還通州，過鷲峯東所曰：「夫君子不動而敬，不言而信，當何如其用功也？」曰：「此慎獨極密之功耳。夫身雖未動也，而敬已存乎其先，蓋無須臾之弗敬也；口雖未言也，而信已存乎其先，蓋無須臾之弗信也。是故不動之敬，無敬之敬也，古之人有行之者，有虞氏未施敬於民而民敬者是也。不言之信，無信之信也，古之人有行之者，夏后氏未施信於民而民信者是也。故動而後敬，敬已微矣；言而後信，信已薄矣。故周豊謂殷、周之誓言生疑畔也。夫動而後敬，猶以

爲敬微，況於動而不敬者乎！言而後信，猶以爲信薄，況於言而不信者乎！是故詐僞作焉，盟詛興焉，上下以術相與，遠邇以名相誑。故謀不閑而兵不寢，皆由此出也。故君子於天下之平，操其本，在於篤恭至誠云。子今謂仲路信人乎？不信人乎？然而其人固未嘗自言其如何而信也，至使小邾射不信千乘之盟而信其一言，則何以得於此信邪？子今謂程正叔敬人乎？不敬人乎？然而其人固未嘗自言其如何而敬也，至使過其門者無不（事心）〔肅〕〔二〕，得其書者未嘗不滌手斂衽以觀，則何以得於此敬耶？苟其治身也，如仲路然，如正叔然，于以遡不動不言之學，雖虞、夏之道，又何遠乎！」

送別曹性夫語

曹性夫將歸華亭，過鷲峯東所以問言，且論及陳子明務内之學也。涇野子曰：「性夫亦聞有踐並生之仁者乎？以六合之裏爲外也。亦聞有體制事之義者乎？以方寸之中爲内也。自予之居南也，每見學士率衣綺紵以爲華也，而性夫率衣布；率尚詞賦以爲高也，而性夫獨躭經。則其所取於子明者，豈徒以其言哉！蓋孔氏之道，惟曾子爲能唯而傳之。世之學者開口輒談一貫而侮百行，高妙玄虚，當有得於言語事業之外者矣。即觀戴記所存曾子問篇，固不如是之精也，然而天下後世之爲精者，莫能過焉，則夫下學之功，豈可忽乎！今夫引泉者必自其卑下者而溝之，過石則鍛，遇淤則塞，遇赤剛則鋻，遇沙鹵則汙，然後引其清，可以達河而放海也。若遽導其泉而行之，將不氾濫而旁流者鮮矣。惟求孔氏之道，則此篇其亦當先從事者乎！若得諸方寸之中，而彌諸六合之裏，則所謂務内者，亦在是也。」

〔二〕「肅」，據萬曆李楨本改。

別周懷玉還福寧語

學者率喜言高而厭卑，卒之高未至而卑者亦荒；學者率喜言遠而忽近，卒之遠未至而近者亦亡，是皆與懷玉所嘗論者也。斯往也，行遠自邇，登高自卑，以正流俗，不可乎？又曰：「飲食男女，乃做功處；衣服宮室，乃觀心處；言語動靜，乃體驗處；夢寐交遊，乃見道處。」

別黃允靜還南昌安義語

黃允靜過鷲峯東所曰：「震近者心緒未寧，歸興遽發，豈吾父或違和乎？擇日束裝而家報至，果小疾。」則又曰：「何以言震不孝乎？」曰：「允靜孝矣。夫自噬指風微，乃今見吾允靜乎！曾子言慈幼者，心誠求之，不中不遠。君子用之以慈民，則孝亦可知也。允靜他日出以事君，亦以是移之耳。誠如是也，則必思過豫防，先言納牖，而非如庸臣者之爲也。」

別邵文化還湖州語

邵文化過鷲峯東所曰：「南昨已滿歷，欲數日且歸湖州，何以言爲道也？」涇野子曰：「滿在昨日，歸在數日者何？」曰：「友人楝塘之子方痘未靨，行于途未安也。」曰：「文化於其朋友之子如此，則於其兄弟之子可知矣；文化於其兄弟之子如此，則於其已之子可知矣。奚賴予言以爲道哉！」文化未足也。曰：「文化於其朋友之子如此，則於其鄉

黨之子可知矣，奚賴予言以爲道哉！世之學者言率高遠而行或未至，豈有如吾文化行於是而言於是者哉！文化能充是行也，則他日雖致君堯舜以育天下之赤子無彼我，有餘欠也，又奚賴於予言以爲道哉！」

別林基學語

處士林基學將還莆田，涇野子會諸相知餞而合語焉。贛州何廷仁曰：「昔者橫渠張子方授易於學者，以程子善論易也，即撤皐比，聽易於程子。程子講仁敬之道於學者，及得張子之西銘也，深重之，比諸大學，雖於其高弟如尹彦明者從遊半年後方授之。秦常以爲二先生之甚公也。」涇野子曰：「此真道學之真脈，非後儒執泥己說者之可及也。且不聞孔門乎？師如仲尼，而其徒面論其過，不以爲犯也；友如子夏，而其執厚或公言其罪，不以爲訐也。又不聞虞廷乎？舜之論威頑讒，亦未爲甚失也，禹敢口然而心不然，對之曰『俞哉』，不以爲誚也。皐陶之論知人安民，雖其嘉謨也，然言未出口，乃先自歎其美以爲『都』，不以爲誇也。然則張、程二氏之學，其亦得孔門、虞廷之意乎！厥後朱、陸二氏之徒各立門戶，論説相攻，雖亦爲道懇切之意，即其所至，未必能如程、張之無我也。」

於是基學作而曰：「請即以是贈乎賢。」曰：「斯言也，於基學真有益，宜行以書紳者也。蓋基學之在鷲峯東所者已數月，或告予善，或言予過，予亦嘗面取之而心重之。若基學之學，予或力論其失，或聚衆以辯其所未至，初未見基學之易從也。然則基學斯歸，信不可以他求矣。」

贈廖曰進還高安語

涇野子謂廖曰進曰：「此道本常也，或廢於變；本易也，或晦於難；本近也，或阻於遠。故君子寧磨白圭之玷，而

不撥□□之巧，寧絕屋漏之愧，而不涉□門之妙。夫子曰：『行遠自邇，登高自卑；庸言之信，庸行之謹。』知曰進之久事於斯乎！」

别王貞立語

涇野子曰：「王貞立之與予處也，歷已滿而復留，家已去而復來，若是者越年也，將予有信於貞立，而貞立亦有信於予者乎！」或曰：「貞立信于文。」貞立曰：「標信乎其質也。」或曰：「貞立信于史。」貞立曰：「標信乎其經矣。」貞立且還金壇，以省母夫人而治會試，裝以北上也，乃曰：「今冬猶圖一過鶯峯，但其期未可必。然標有一咎，每接人臨事，少不如禮與意，不覺起怒不平，則何以能去之？」涇野子曰：「夫子不云：『吾未見能見其過而内自訟者。』今貞立可謂能見過而内訟矣，但使此念常存勿忘，則於道思過半乎！」曰：「須有吾師一言置諸座右，以接目而警心，標雖不遷怒之地，亦無往也。」曰：「果若人言，貞立之能信予也。雖然，學者之於道也，與其信師，不若信己，與其信言，不若信心。夫子又不云：『雖無師保，如臨父母。』言斯道之顯設切近也。貞立之歸也，又何賴于師保哉！且與貞立相期以深造者，惟一自得耳。嘗見貞立於與幾居業之處已蔚然可觀，又何難於去此一小咎哉！貞立行矣，居安資深以至左右逢源之妙，亦將有望焉，無寧以信予爲也。」

送費振伯語

夫士之治經，凡以爲學也，爲學凡以求道也，求道凡以修身也，周、漢之士大抵然耳。故曰：「經明則行修，士醇則政良。」乃若後世之士則弗然，議論新奇，或出先儒之上，顧其躬行，反不逮於前修。是故君子以行爲先，以言爲後；以明經

爲重，議經爲輕。歸安費振伯蓋有志於是矣，嘗過鷲峯東所講學，輒能守經據傳，有古宿儒之風，予甚敬焉。雖然，學以守經爲貴，而博取之功亦不可缺；道以砥行爲先，而與比之義亦不可廢。是故師存於三人之行，而功隳於一夫之未獲也。昔者孔門之徒，因夫子拱而尚右，亦皆尚右，此非不嗜學也，然而其變則弗能察。沈晦問尹彥明「之見南子」，彥明曰：「不見，此實背聖人也。」然而生熟之節，則不可不知。是故道有輕重，經有常變，吾固知振伯有所亹亹於是矣。振伯不日取甲科登膴仕，如必行其所學也，暢於四肢，發於事業，則於今日之所講者，真爲有信乎！

贈木齋處士壽語

胡孺道將還休寧，稱壽其父木齋處士、母汪孺人，問曰：「往年大器歸壽父母，時先生教以文行之學，孟、程之道。大器學之，至今尚未能一二，乃登諸軸以顧諟矣。兹歸見吾父母，猶往年人耳，則何以又教之乎？」曰：「今秋大比，汝父母望汝以高舉也。汝退而不應試，不以是爲父母所不喜，乃猶問此道，恐此道非汝父母所欲聞，由俗言之，不亦迂乎？」曰：「大器父母不以大器不舉爲怒，而以大器能事先生爲喜。大器父母嘗曰：『遣汝之遊學也，非專爲取科第也。即有能取科第者，然或忘其素業，或鬩牆兄弟，或倨傲宗族，或侵蔑鄉黨，甚或病國而殃民，於是里人咀說，途人非笑，此又何貴於取科第哉！今汝果能從事下學，不忝予所生，予可以泰然無慮矣。科第遲速，非所計也。』」曰：「果若兹言，則予又豈有二語哉？惟是文行之學，孟、程之道，孺道當益努力從事於此，使木齋處士暨汪孺人身親見之，於吾孺道之心又不快乎！二親壽比南山矣！」

贈何叔防語

叔防於今年五月已滿歷，送其眷歸揚州，乃同其弟堅復來京從予遊。一弟幼而未冠，當予有所講時，令之隔壁間聽，曰：「此不可以犯諸長者行也。」一弟布衣賈於外，亦引見予，曰：「令聞一言，無因利而失義也。」已而典房南城西巷，又取其眷並其子以來居之，曰：「飲食井臼有託，城可以專業矣。」他日爲弟婚事，又送其眷於揚州，身復來居於西巷。秋深，瘧疾發，又歸揚州，曰：「城於十月中又來也。」已而尚未大瘥，又痢疾，來居鷲峯方丈。於是胡孺道、許汝賢曰：「何叔防之篤於學，未之能見也。夫泛長江，抱大疾，挾妻子兄弟，三往返不以爲勞且倦焉。會試且近矣，乃其所講，又非爲舉業謀，茲豈大器、象先輩所能及乎！」

涇野子曰：「叔防之篤學，二子尚未深知耳。夫叔防已無事京師矣，乃挾妻子以來，豈非以其身爲之刑于邪？有四弟皆叔防長之、教之、婚之，乃又皆引以見予。叔防之爲志，雖予亦未之見也。中庸論道，自妻子兄弟始。予與叔防之講也，或覩之鳶魚之飛躍，或觀之於逝水之無息者，蓋皆以是耳。豈知吾叔防聞言而信，便能從事於斯乎！」汝賢曰：「叔防聞先生言，或有未解者，輒曰：『城再思之。』得無少頓悟邪？」曰：「此尤叔防之不可及也。夫心未能信而口應以爲是者，滔滔也。如叔防之志行，可以息諂風矣。所加益於叔防者，惟望自妻子兄弟之餘，而宗族，而鄉黨；其仕也，而朝廷，而天下，皆充此行之而不已。自鷲峯東所之年而強、而艾、而耆、而老，皆自是行之而不息，貴賤不能移其操，利害不能改其舊，則吾叔防之於道，又何難哉！」

别紀豫之語

紀進士豫之將告歸永豐，過鷲峯東所曰：「立且行矣，則何以語乎立也？」曰：「吾與豫之往來之數，話語之詳，視他人已過且久矣，何又言？」曰：「即是書之，使立也他日不忘耳。」曰：「豫之與其不忘於予言，不若不忘乎其心也，吾言不足貴，君心則可寶也。且豫之有近道之資，又爲希聖之學，非其心之美也，而能若是乎？兹往也，惟是燕友足以忘其勤，僞友足以忘其誠，傲友足以忘其敬，侈友足以忘其守，禪友足以忘其真，諂友足以忘其介，遊友足以忘其業。豫之而不近焉，則其心之忘者鮮矣，又何賴於吾言哉！」

别柳士亨語

士亨將還建德，過鷲峯東所，偶問之曰：「居御史廊且一年矣，可與某名公遊乎？」曰：「止陳棟塘、宋龍門、司馬西虹遣子弟學於本泰，本泰是以相識，然亦未嘗多造拜，有請，速問一行之。若他公，則絕未之見也。」曰：「汝鄉某君、某君亦嘗交乎？」曰：「亦未能見耳。」曰：「士亨操持如此，於學也勇乎！孔子曰：『隱居以求其志，行義以達其道。』孟子曰：『窮不失義，達不離道。』夫志於道義，學者所宜操持，孔孟之所以教後學也。居是邦也，事其大夫之賢者，友其士之仁者。如未能然，即此操持，與伺候於公卿之門，往教於尊貴之家者遠矣。夫處與出不同，出而履政，則雖蒭蕘可詢，草茅可下，使無匹夫匹婦不獲自盡之失，不可溺於守也。雖然，不有處之守，亦無爲出之用矣。」又曰：「若取人爲善，則無出處窮達之間。」

別章宣之語

章宣之自嘉靖庚寅六月移居鷲峯，當是時，宣之以滿歷不忍別予去，再處者又一年。今年七月七日，宣之以違母定省日久，且還進賢，問別言。涇野子曰：「夫宣之孝親可以通人鬼，交友可以托生死，質實不詭，貧乏不求，是故忠信之人矣，殆可以共爲不遷怒不貳過之學乎！」王伯啓曰：「詔之行已高美如此，從先生又如此其久也，乃始可與共爲顔氏之學，何耶？」曰：「子以不遷怒不貳過爲細事乎？今學者之於怒也，又不止一遷矣：或窮其別根，或拔其茅茹，或推其旁枝，或循及踈節，以快一時之忿者亦有之。苟非致情之和，以通天下之達道者，未免於多遷也。學者之於過也，又不止一二矣：日雖曰已改矣，不覺復見於十年之後；心雖曰已更矣，不覺復發於偶語之時，以抱終歲之悔者亦有之。苟非至情之中，以立天下之大本者，未免於數貳也。然則不遷不貳者，豈非甚難者哉！故從遊夫子者雖衆，惟顔子爲好學；顔子之學雖已復於聖，惟力於怒過二事而已。宣之斯往，甚毋以己之情性爲已至哉！甚毋以己之情性爲已足哉！」於是伯啓曰：「玆豈惟語詔乎，朝輩皆當從事於斯矣！」

書永慕堂後語

曹生廷欽收其先世景銘君懷父原達公文詩數十首，裝卷以問言，則謂之曰：「原達公生於元末，景銘君生於洪武中，於今蓋百六七十年矣。然觀其文詩，其人猶如生存不歿，夫何故？以行不以言，以節不以諂，以義與孝不以沉於俗也。擴而大之，振而顯之，使雖千有餘年常在也，不有望於廷欽乎！」

別陶兩生語

陶克諧、克允居鷲峯者且二月，隨其父杏垣先生歸彭澤，留一卷以問別言。涇野子曰：「克諧，汝於業可謂精矣，將其心尚有未精者乎？誠使其心之皆精也，雖舜之惟精惟一者，亦不外是，又何慮道與人之有二心耶！克諧，其顧汝名乎！格神人而舞獸鳳者，非偶然也。克允，汝於行可謂慎矣，將其知尚有未慎者乎？誠使其知之皆慎也，雖舜之明物察倫，亦不外是，又何慮學與生之有二知耶！克允，其顧汝名乎！弼五教而風四方者，非苟然也。」

贈別王伯啓語

八月二十之夕，休寧胡孺道來曰：「三原王伯啓北上在即，先生何以贈之言乎？」涇野子曰：「夫伯啓於孺道如何？」對曰：「伯啓，坦人也，允人也。他人之有尺寸進者，多傲睨同儕。伯啓身通易、書、詩、禮，且舉關中魁元，乃自視若無焉，鷲峯諸士多親就之，樂與之羣，此非其坦乎？其言於人，人無不信，以折人之過，而人不怒；稱人有善，其人輒喜，其所自至，以伯啓非諛也。故朋友雖數千里托妻寄子，不以爲難，此非其允乎？」

予歎曰：「有是哉！孺道之知伯啓也！夫伯啓疇昔之夜，嘗夢母夫人小恙矣，旦即束書裹糧，與其一僕治裝以歸，啼泣詣予以告別。予與諸友慰之曰：『伯啓可謂以夜爲（夢）〔晝〕[一]，以（晝）〔夢〕[二]爲真矣，有是理乎？』伯啓姑已，乃走

[一] 「晝」，據萬曆李楨本改。

[二] 「夢」，據萬曆李楨本改。

其僕於崑山叔父，得平安家書而後定。於是嘗歎伯啓之勇，予未之能及焉，則孺道所云伯啓者，非相阿私也。雖然，坦以義而廣，允以充而美，孝以忠而大，故君子之學恒不自足焉。（且夫爲河者，能受涇、渭、沱、澧）［夫爲河者，能受涇、渭、漆、沮諸水；爲江者，能受沱、漢、溧、澧諸水。若先爲涇、渭、沱、澧］〔一〕而欲受河與江，其可得乎？故大心體天下之物者，至欲爲海焉，雖江與河皆受之矣。伯啓斯往也，求師於三人同行之中，擇友於二人同心之際，以踐予嘗所謂禹、益、臯陶之氣象，顔、曾、宓仲之進修者，必有事焉而勿忘乎！不然，幾何不並其前所有者而變之耶！伯啓勉哉！」

別戴時化語

夫學貴專不貴博，貴近不貴遠。博而不專則離，遠而不近則荒。故雖舜、禹之學，止在精一；而伏羲之遠取諸物者，皆近取諸身也。後世有周、程、張、朱之志者，然或爲曹、劉、鮑、謝之業，可謂係小子失丈夫矣；有韓、范、富、歐〔二〕之志者，然或取老、佛、莊、列之妙，可謂彌近理而大亂真矣。時化質美而趨正，學篤而文良，無寧以此爲是乎！昔孔子見易於開門闔戶之間，而以「君子不多」責端木賜，不可不存視也。

贈別林秀卿語

莆田林秀卿將赴會試，過鷲峯東所曰：「穎且日行矣，請問用功切要之處。」涇野子曰：「秀卿常日何以用功乎？

〔一〕「夫爲河者，能受涇、渭、漆、沮諸水；爲江者，能受沱、漢、溧、澧諸水。若先爲涇、渭、沱、澧」，據萬曆李楨本改。
〔二〕「歐」，萬曆李楨本作「馬」。

予然後可得而言也。」曰：「惟在收放心耳。」「則何以能收之也？」曰：「惟恒憂勤惕勵耳。」曰：「雖然，必有事焉而勿忘，方能收之也。故君子之學，致曲爲要。夫曲也者，委曲折轉之處也。夫天體物而不遺，仁體事而無不在，故周旋中規，折旋中矩者，非專飾於外也。今夫仲路，信人也，至使千乘之國不用其盟；曾子，孝人也，至論其所以事親者，止在對酒食有無之問。然求其致曲之功，無宿諾，請所與，則甚淺近耳。此孔子每欲無言，而高談雄辯者離道之遠也。是故言行合一之謂學，内外無二之謂道。」

贈黄子積語

安義黄子積將北上，問根本之學。涇野子曰：「予何足以知之？然而子積之志，則甚美矣，其亦有厭於枝葉之學乎！夫君子之務種學，猶林師之務種樹者。既植其根本於地矣，懼其風也，則扶持之；懼其乾也，則灌溉之；懼其土脈之薄也，則糞壤之；懼其兒童之搖動也，則限域之；懼其折枝也，則藩籬之；懼其條肄之旁出甹蘖也，則剪剔之。夫然後根本完固，與天地之化相通，其爲枝幹花葉，他樹莫能比高。」「然則君子奚以爲學之根本也？」曰：「君子以良朋爲扶持，以多識前言往行爲灌溉，以能處惡人爲糞壤，以絶物誘爲限域，以循禮爲藩籬，以直義爲剪剔。則斯學根本之全，其發也，雖以横四海、塞天地有餘也。昔者孟子知此根矣，不以睟盎爲事，而以四德之根於心爲功。有子知此本矣，不以道生爲事，而以務本爲先。子積苟從事於斯，即日登甲科、躋顯仕於天下無難也。」

贈謝應午語

謝應午將北上，餞之鶖峯東所，問别言。是日方講前年朝廷敕諭之美，謂：「擢郡縣一二廉仁之吏，知府陞都憲，縣令

陞僉事，以勵其餘。然有司者未能奉行，雖或擢用，不緣親故，必論恩讐，不足以鼓舞士庶、安小民也。諸君廷對，其勿忘乎！」於是陳子發述改定制度之事，曰：「史氏寡學，嘗謂文帝不及賈生，殊不知文帝之所未遑者，賈生之所未知也。夫閭閻粱肉，阡陌之馬成羣，然後改正朔、易服色，未晚也。不然，百姓飢寒，而紛紛更張，亦何補乎？」

贈華如閔還無錫語

華如閔既滿歷，將還無錫，過鷲峯東所□問言。涇野子曰：「試言如閔之所懷乎！」曰：「汶嘗受廷訓於知逸家君久矣，竊其志於忠孝之道而未能。苟得一言，雖子若孫，傳以爲寶也。」曰：「子欲爲孝，甚無他求，惟顧其字則得之矣，此固知逸先生筵賓之志也。昔者孔子稱閔子之孝曰『人不間於父母昆弟之言』。子誠以是如閔也，而孝有不至者乎？子欲爲忠，甚無他求，惟顧其名則得之矣，此固知逸先生執手咳名之志也。昔者閔子曰『則吾必在汶上』者，對季氏之使而言也。若當聖明之世，則又改用乎此矣。且子以滿歷行且捷乎秋闈，觀國之光，用賓于王，移其孝以致其身，用其實以副其名，則其所以爲忠者斯盛矣。」於是如閔曰：「汶以忠孝二物高遠難行也，乃不知止於汶之身而得之。知逸家君之道，汶生三十七八歲矣，今始得聞之乎！歸雖以告世世可也。」

別徐子中語

江陰徐子中將別鷲峯東所，且曰：「則何以教洽，守以終身行也？」先是，子中嘗問字說，則告之曰：「斯歸也，甚無

他求，惟顧名思字，以此義理浹洽于中則可也。夫學之所以半途而廢，道之所以（自爲）［白首］〔一〕無成者，皆生於不悦也。苟爲能悦也，久則義理浹洽于中，自不能已。孔子之所以爲聖，顏子之所以爲賢，皆在於此。此論語第一義，子中不可小視之也。」「然則何以能悦乎？」「夫子又不云乎：『知之者不如好之者，好之者不如樂之者。』夫好且樂，可謂悦矣。然必自『知』始焉，則所謂格物以致知者，子中又不可（而）〔二〕造次顛沛（或）［而］〔三〕少違也。」

贈朱季修壽母七十語　季修即仲開

朱季修問壽其母李氏之數百年也，涇野子曰：「季修往年問壽其父拙翁處士矣，既以不學陳萬年告之矣。今又問壽其母，夫壽父與壽母豈有二道哉？」曰：「年父之壽得先生言，年母之壽不得先生言，是年厚父而薄母也。」曰：「子於父母固無分於厚薄，若予之壽，豈有二説哉！雖然，傳不云乎：『父尊而不親』，與天同；『母親而不尊』，與地同。故君子之事父如事天，自強不息，斯壽之矣；事母如事地，厚德載物，斯壽之矣。是故茹垢納汙之謂含，廣受博畜之謂弘，呈英敷華之謂光，亘埏際極之謂大。有此四者，斯稱厚德，則品物咸亨矣。季修試思於此，有刻心有未黜乎？褊心有未剖乎？晦心有未開乎？邇心有未遠乎？誠從事於此，功深而力到，日就而月將，以造於載物之地，則是壽其母與地等，雖孟軻成仁義以壽其母，至今數千百載常存不啻也。」

〔一〕「白首」，據萬曆李楨本改。
〔二〕「而」，據萬曆李楨本刪。
〔三〕「而」，據萬曆李楨本改。

贈廖叔高還衡陽語

廖叔高者，年友南衡先生之子也，會試不第，業南雍，間問學於鷲峯東所。將還衡陽，請予更字且問言，曰：「歸懸座右，如見嚴師也。」涇野子乃字之曰叔高，告之曰：「願無他求，惟顧汝名字耳。聞之曰：僑者，遷也，高也。蓋自此遷彼，猶自下升高耳。詩不云乎：『出自幽谷，遷于喬木。』皆就高之義也。夫人生本直，如竹筠松栢，然但爲藤蘿纏繞，則不能亭挺干霄者多矣。是故辭章所以牽此直，記誦所以駁此直，利欲所以蝕此直，爲名所以驚此直。若有所覺，即奮力一削斬之，便可上達高明矣。」僑問：「功自何處起？」曰：「夫子不云：『譬如登高必自卑。』故始則造端夫婦，至則察乎天地。」

書汪節夫家訓語

己丑夏，休寧汪節夫謁予於柳灣精舍，出所得諸公文字以展予，予謂之曰：「節夫何必以是爲哉？歸敦實行，化導家人宗族，以及鄉黨，爲閭里表率，不可乎？」越三年，節夫復來謁予於鷲峯東所，出所撰家訓八篇以展予，予覽之曰：「節夫相別三年，可謂能相信乎！」節夫曰：「尚和老矣，無能爲子孫計。賴有古人之格言，時賢之確論，纂集成編，以示後耳。」予歎曰：「世人以金帛遺子孫，子孫未必能守，視節夫，不其誤邪！雖然，言於是，必行於是。吾願節夫無爲貧所累，必求見斯道之美，胸次灑落，則斯訓也，斯可永傳，子孫常守身教於千萬年矣。」

贈蕭時化語

蕭時化將還新喻，以一册來曰：「文明聞教雖多，若更得一二言，歸將比諸羨墻。」涇野子曰：「夫予豈有二言哉？時化而忘往日騎驢以扇遮面，復下揖諸友之事乎？予嘗數以是講於鷲峯，諸君以爲時化此一事節，亦可謂造次必於是矣。斯歸也，惟願常若是耳。」問曰：「焉能常騎驢邪？」曰：「凡心不在，皆騎驢遮面也；凡心在，皆下驢揖友也。自飲食衣服之際，居處交遊之間，皆可以是求之。不然，雖有所聞，守之不專，或爲他論所惑，縱在驢背上，無扇遮面，亦不見人，又安肯下邪？久將與騎驢覓驢等耳。」

贈黄珍之語

武陵黄珍之滿歷已將四月矣，其友劉幼醇乃過之以問還，珍之先自買舟，經營勞勩，不以爲難，幼醇又同事焉，則又曰：「無以勞子也。」他日，幼醇以告，涇野子曰：「幼醇之有珍之，猶吾昔日之有秦西澗乎！夫幼醇事珍之若兄長，如此其忠且敬也；珍之不以幼醇爲幼也，忘其年而交之，如此其友且愛也。幼醇曰：『珍之表裡如一，然於人甚寡合，獨於邦儒有取焉。』珍之曰：『幼醇真醇謹士，儒之良友也。』夫自珍之謁予亦數月矣，講學不憚寒暑，謀道不羨巍科，予以爲同遊中之寡過者也。即其處幼醇者觀之，當又非士類之所難及者乎！珍之行，吾無以加益，惟願與幼醇共講斯學，恒用斯懿，無惑於流俗，自身而家，自家而宗族鄉黨，以爲武陵之俊髦法，使茂叔之道復起於南。他日珍之大用于時，雖以佐理天下有餘也。珍之甚無易斯言乎！」

送劉幼醇語

己丑夏，武陵劉幼醇謁予柳灣精舍，同解州王克孝與講舜、禹、皐陶之學，幼醇便興仰思師之志。未幾時歸矣。他日與諸子論學至是，言未嘗不稱幼醇也。辛卯冬，幼醇來居鶯峯方丈，未久北上，比會試還，則猶是居也，曰：「邦儒不以不第爲悔，獨以違教爲恨耳。」當是時，章宣之諸友皆在也，每講格物、慎獨、致曲之學，則幼醇又能先敬事焉。宣之諸友曰：「幼醇之資不可當，雖漢黄叔度者奚讓乎！」予曰：「雖某亦以爲今之叔度也。歷事刑曹四川司，其司曾主政者接其溫恭之容，叩其明誠之論，遂待以上賓禮，且枉問交遊焉，則予與宣之輩稱幼醇者非私榜也。雖然，東所之論道，惟仁爲大，其學惟以弘毅爲要，其人則以曾子爲宗也。幼醇之歸，其必兄事黄珍之，同心戮力而往，以曾子爲必可至，求進於此仁焉。他日大用，雖以不忍人之政濟天下有餘也，將所謂舜、禹、皐陶之學，亦自是皆可以見乎！若或自小自畫，移於流俗，而弘毅之不至，則宣之諸友必曰：『怠惜哉，劉幼醇！徒其資質焉近似叔度耳！』」

贈聶士哲語

聶士哲將還金谿，問可以終身行之者。涇野子曰：「士哲嘗有二言焉，予對人未嘗不以爲美談也。歸惟守之而不忘，充之而不滯，於道有不可入者鮮矣。」問：「二言之謂何？」曰：「昔者胡以文告我曰：『友有問處人於士哲者，士哲對以當先處己，蓋能處己便能處人矣。他日又有問聖人之難學者，士哲對以挖聖人之心安於己之腔子內，是聖人誠難學也，若己之心與聖人之心同也，則聖人又何難學之有？』」對曰：「斯二言者，蘄誠有之，不識可以入道者何居？」曰：「士哲未習孔氏乎？孔子之言曰：『不怨天，不尤人，下學而上達。』由前之一言，專於處己而不責人，久將雖天亦可知，豈不可

以望孔氏之門墻哉！士哲未習顔氏乎？顔氏之言曰：『舜何人也，予何人也，有爲者亦若是。』由後之一言，則誠不可以自畫，久將雖聖亦可至，豈不可以升顔氏之堂室哉！雖然，越賈有得美珠者，晝十襲之，夜三視之，不可謂不善守矣。然頃刻或忘，鼾睡在床榻，遂爲海寇取去不覺也。故有事勿忘，斯爲貴耳。江出於岷山，其初止可泛盃，然江能貌謙虚而心卑下，於是汶、澧、瀳、漢諸流皆入之，遂襟帶蜀、楚，至於闞、越，北敵黄河，東達滄海，以爲南國之紀，皆其充之不滯所致也。士哲又能若江而不若越焉，豈惟於道可入哉！士哲勉旃！吾時矚目以望金谿耳。」

再别章宣之語

章宣之再居鷲峯也，又七八月矣。蓋自嘉靖九年之夏同諸友與予處，中間雖或省母於南，會試於北，然而得常聚講者三年也。初，宣之歸省也，嘗勉以不遷怒之學。比其來也，則曰：「詔數克其褊隘，懲其忿急，覺遷怒之失寡矣。」初，宣之會試也，嘗告以甘貧之學。比其還也，則曰：「詔雖或絶糧而不愠，落第而不怨，覺甘貧之得多矣。」及予時察宣之之獨一僕病死，孤處隸院，自歎不愁懼，易伯源歎其難。有友病危，夜馳視，聞其有良醫也，獨步請，往返十餘里，不以爲勞。若有貴官尊客，雖在鄉曲，三四請速，止一往。舟過儀真，有富家請教其子弟，約贄百金，棄而不顧曰：「詔豈若遨遊鷲峯東所之爲樂哉！」至其篤孝之行，則又范伯寧所深服，諸友所嘗稱者也。若宣之者，可謂於予言能相信，於斯學能不愧者乎！

今兹之往，則予又何以加諸！雖然，嘗聞孟氏之論道矣，學近充實，固美矣；若光輝之未著，則於大猶歉焉。美大之間，宣之不可以自畫也。又嘗聞孔氏之論道矣，學有執守固立矣；若變化之未成，則於權猶歉焉。權立之際，宣之不可以自小也。宣之有篤信好學之資，故予以此深望焉，知宣之必不以一行自已也。

贈王道充還清江語

清江王道充過鷲峯東所以告歸，且列其志以問言。涇野子曰：「道充卓卓乎志古聖人、賢人之道，有君子終身之憂，而又自懼未免爲鄉人。顔淵曰：『有爲者亦若是。』曾子曰：『士不可以不弘毅。』子殆可爲顔、曾之學乎！」曰：「惟是鄉人亦難處耳。」曰：「學如舜之所居而化及河濱、雷澤也，又何難？」道充曰：「斯可以體仁矣。」已而問：「春秋紀吳札聘魯之事，君子謂之辭國而生亂者，如何？」曰：「是非聖人意也。夫札雖有次及之序，而諸兄苟皆享國之長，札之存亡又未可知。延陵之祚，壽夢豈能必及於札乎？故專諸之變，其失不在札之不從父命，而在壽夢制命之非也。昔堯、舜有天下，不傳之子，授之異姓舜、禹，如朱、均（友）［有］〔一〕弟如舜、禹，可知其不拘於立嫡也。夫壽夢將賢季札，而（又）［欲］〔二〕立之，乃猶顧忌于羣公子之有國，是宜其公不足以範後嗣，而其弊適以階亂也。」道充曰：「斯可以觀經矣。」已而又問：「司馬公常念『中』字以治心，而程子非之者何？」曰：「離吾心以求萬事萬物之中，亡其本矣；離萬事萬物以求吾心之中，隳其用矣。夫學必有事，故念中之無益於治心，猶數珠之無益於治行也。」道充曰：「斯可以致一矣。」

他日，道充又來曰：「得必有事之教，雖在床簀之時，正念既興，愈思愈深，不覺雜念（既）［盡］〔三〕退，乃知存誠則邪自閑。」曰：「道充若又以仁爲念，時復思繹，則見此心當如天覆地載之大，纖毫塵埃界限皆不能入，雖冰雪之點紅爐不啻也。」道充曰：「貴之往也，當以仁爲必有事而勿忘乎！」曰：「然。」

〔一〕「有」，據萬曆李楨本改。

〔二〕「欲」，據萬曆李楨本改。

〔三〕「盡」，據萬曆李楨本改。

贈程惟時語

惟時於戊子之秋謁予柳灣精舍，比察其後也，守貧不謁公府，信經不惑異說，事母不以形聲；遇同儕歿於途者，雖非其戚也，倡義棺斂，言於要路，使有所歸；則於其弟惟信之死，心動而先馳，既殯而恒泣者，皆出因心之感，又非人所能與也。然則惟時於學，亦已有可行乎！兹也又問，則予何以加諸？夫程伯淳者，惟時之先傳也，其道蓋兼精粗巨細、顯微終始而一之者也。夫物豈有巨於天地者乎？伯淳視之等於鳶魚；夫物豈有細於鳶魚者乎？伯淳視之比於天地。望惟時持此心而無或惰，好斯學而無不在，則凡急遽造次之時，皆從容中道之地。且惟時善醫，不見人之病瘧乎？有情感，有時感，有積感，有氣感，有服食感，然而其本則一也。若探其本，而能斟酌攻取之，則一藥物之微，可以回垂死之病，此其得精神命脈處，又非言語所能與矣。惟時又不可以其已能而或忽也。

贈王左卿語

王左卿初至鷲峯東所，以君子務本爲問。涇野子曰：「孔門之學，只是一箇仁，其本只是孝弟。君子爲仁，必欲使天下之民各得其所，使天下之物各遂其生，而後快於心，此非仁乎？然無孝弟於先，則性真自伐，和順自沮，推之民，必犯上；推之物，必至作亂而傷害，猶蠹其木而沮枝葉之茂也。」他日，講曾子弘以任重之事，曰：「學者之心，苟能平其好惡，剛其異同，撤其藩籬，如天之無不覆，如地之無不載也，自能兼育民物，並生頑讒，於仁有不任者乎？」左卿問：「弘從何處下工？」曰：「心有所蔽，故不能弘。苟格物以致其知，始見己私之難爲存也。故孟子論盡心，由於知性知天。左卿之還江都，如無忘斯二言也，則仁又豈遠乎哉！」

贈李和中語

李和中嘗問「致廣大而盡精微，極高明而道中庸」。涇野子曰：「人之德性本是廣大，可以配天地也，但人或立下意見，或分著彼此，或隔了籓墻，便自狹小，與天地不相似矣。故不以私意自蔽，使亦能如天地之無不覆載，纔謂之致廣大。人之德性本是高明，可以配日月也，但人或溺於聲色，或雜於貨利，或急於功名，便自卑污，與日月不相似矣。故不以私欲自累，便亦能如日月之代明，纔謂之極（得）高明。然精微之未盡，亦未免爲廣大之累；中庸之不道，亦未免是高明之過。故致廣大，便要盡精微；極高明，便要道中庸。」

問「溫故知新」。曰：「溫如燖溫，正如酒漿一般，須是有人以溫之，便有氣味可餟。良心冷了，如槁木死灰一般，怎能得新意來也？」因謂之曰：「就是與諸友會文，亦便有致廣大處。」問：「何以見得？」曰：「如論文，己或有些好意，不肯說與人，人或有些好意，便不知取，亦便是不能廣大也。須是把這心胸看做與天地一般，人有善取之於己，己有善持以與人方好。不然，恐是做文字的秀才也。」他日，和中還廬溪，問言，遂書以歸之。

贈王韜孟語

涇野子謂王韜孟曰：「汝有剛方之資矣，吾贈汝以荆山之玉。汝其親直友以爲鑪錫，見惡人以爲沙石，閑於禮以雕文章，諳於易以時變化，貴爲宗廟之用，有不可乎？無但使其玉在璞中也！」

贈太學生盛東伯還海陽語

太學生汪功成、俞鑕、吳應期、歐陽乾元者數人謁予於鷲峯東所曰：「功成輩之友有盛瀚東伯者，今通政程齋先生之子，涇野子知之乎？」曰：「予嘗過程齋先生矣，東伯出揖予，見其器宇雅重，識度樸厚，私羨曰：『此真程齋之子乎！』」汪生曰：「涇野子知其外，或未知其中。夫東伯學博而能文，言簡而有理，行慎而不誇，志遠而不陋，其授史又詳審而有見。功成輩交遊數日，祇見其可親可敬，初不知其爲九卿之子也。昔漢李固之父郃爲司空，固爲太學生，暮之於家，朝之於學，數布衣乘驢，同常行輩往來，人不知爲司空子。厥後學行卓邁，爲時名儒。每讀史，恒思見其人，豈知今再見于盛東伯哉！功成輩薰其德，獲其資益良多。乃今還海陽，其何以語之乎？」

涇野子曰：「果哉，諸友知東伯之深也！然予抑豈徒知東伯之外者乎？蓋深知其本根，恐諸生又未聞之耳。夫程齋先生，今之名儒也，抱經濟之學，負致澤之具，既暢六經，充通羣物，經筵數進讜論，督學至變流俗。予數往請其益，非黃帝、岐伯之經，非伏羲、文王之易不談，每見所未見，聞所未聞，其視漢司空郃又過焉。乃東伯早受庭訓，親承家傳，宜其有今日耳。然則東伯之歸也，不可他求矣，惟守先生之道，益淑其德，益崇其業，益善其子，益睦其族，波及鄉人。他日登巍科，躋膴任，發揚先生之道在朝廷天下，然後見予與諸友之知者有徵也。東伯不聞海陽人劉昉乎？其父允登進士，官未大顯，然所至革宿弊，辨冤獄，讀貫詩書，著文至二百餘卷。昉承其學，致位龍圖學士，賢聲丕著，而允亦光大於時。況程齋先生之道薄允而不爲，而東伯之繼述者，雖邁乎昉，如原明之於申國獻公不可乎？」

於是功成輩曰：「此固東伯之素所畜積者，尋當見東伯之有建于時也。」

贈錢執夫語

涇野子謂錢執夫曰：「汝有愷悌之性矣，吾贈汝以蜀山之松。汝其堅汝之根，風至不搖；執爾之顔，霜至不變；挺爾之軀，雨至不欹。雲露以潤其身，日月以睟其面，大爲廊廟之用，不可乎？無但使其材猶在山中也。」

贈何叔節北上語

何叔節之兄叔防以庶吉士讀書翰林，其室在揚州不能往，叔節選戚屬以伴行，無一應者，乃身同其內，買舟北上以送之。瀕行，渡江，過鷲峯東所問曰：「可乎？」涇野子曰：「美哉，斯行也！可與得恭兄之道矣。昔者叔節之初至東所也，言或自取，行或自專。比其再見予也，論文則以兄爲先，談道則以兄爲高，予已羡其言之能恭其兄矣。今復有茲往，豈非其行之又能恭兄哉！傳曰：『一家讓，一國興讓。』夫國之不讓者，凡以少陵長，後躐先，賤壓貴，卑踰尊，疏踰戚，外浮內，利越義，諂驕直。八者行，欲國之興，不可得也。然而其本皆起於家焉，叔節甚無以此行爲小而忽之也。叔節如得其義，參前倚衡，無往而非讓，則他日出以佐理天下，亦有餘行矣。其告諸叔防，叔防固已起原而思報國者也。」

別黄仲德語

黄仲德遊於鷲峯東所者已二年，衣履率布素，博涉經傳不輟，亦可謂篤志斯學。然尚未見其大就也，將亦或牽制於流俗乎？夫抗志高則有遠詣，立脚定則有整步。易曰：「『係丈夫』，忘舍下也。」仲德欲爲聖賢之學，則於牽己處，不可不

折斷直上也。

再贈黄子積語

去年黄子積之北上也，予已告之根本之學。今春同章宣之不第，而來又居鷲峯者數月而後歸。宣之常言子積善與人交，見善而能讓，有財而能推，有古崇義賤利之風焉。予雅敬之，以爲流俗偷薄，士平日相好如兄弟，一旦所至少異，見位則嫉其高，見貧則惡其窮，見名則憎其美，肺肝以初，仇讐以終者，蓋多有之。如子積之風行，又何患其不能趍於道乎！嗟乎！義利之間，舜、跖之分，使子積不已其功，鷄鳴而起，孳孳爲善，常見義之在我而措之行也，積累之久，雖舜亦可學矣。子積甚無忘其所有之美，而甘於小成也。子積固嘗稱何性之念念在斯學，寧肯不思齊乎哉！

贈金用九語

癸巳初春，酌諸士於鷲峯東所，欲行投壺禮以侑觴，一士有不能，金用九曰：「當行禮則不可辭。」遂立易同爲司射，方元儒爲司中，黄容、余宜諸人爲三耦，卒如禮。未幾，用九告歸休寧以問言，則謂之曰：「用九兹往，不可他求，凡有所見，即不辭如投壺禮者而行之，將無往非道矣。是故子思見鳶飛于天，仲尼見川逝于地，茂叔、子厚見窗草、驢鳴于偶爾，皆是物也。」曰：「一投壺之不辭，何至如此之大乎？」曰：「昔者夫子且欲執御，而況於射乎！是故道不外於事之大小，理不間於物之精粗，惟患人既見而又忘，既得而又失耳。」用九拜請書諸卷，用將比諸見投壺禮。

贈江以薦語

江以薦於嘉靖癸巳正月既撥歷，欲省其父祖於旌德以問言，則謂之曰：「以薦歸省，爲順孫孝子，然必爲大學、中庸而後可。」「何謂也？」曰：「子思順孫，故作中庸；曾子孝子，故傳大學。」曰：「廷藻所不請事於格致誠正、明善誠身，而惟其食之厚薄、衣之寒暖以爲省父祖也，則爲忘吾涇野子矣。」

贈蕭鎮南語

光祿王公嘗謂予曰：「近有蕭生鎮南者，英敏博覽，工於六書，亦善圖刻。」予曰：「不知也。」既而見鎮南書人卷軸，多用隸體，字畫遒勁，可趍漢魏，其圖刻果皆精妙。予初覽甚爲鎮南喜，既覽又爲鎮南慮。童德進問曰：「何謂也？」曰：「不見張旭乎？見公孫大娘舞劍，輒悟筆勢，草書入神，數百載學書者，皆以旭爲高，莫敢比也。惟河南程子觀之則曰：『使旭移此心以學道，何所不至？惜乎旭未之聞耳！』予之所見方學程子，而鎮南已稔聽予之素論矣，知鎮南必不以旭自處已也。記曰：『德成而上，藝成而下。』夫子曰志道、據德、依仁也，而後遊藝。上下先後之間，知鎮南已能辨之矣。」鎮南將歸泰和，請言，遂書以與之。

贈蕭子聞語

蕭子聞曰：「韶親聽誨言，輒能興起。第恐歸興化，又無所聞，敢請一言以資顧諟。」涇野子曰：「士之於學，惟患不

相信耳。苟相信，雖隔千里，猶在几席也；苟不相信，雖在几席，猶隔千里也。子聞如有事而勿忘，又何患歸興化之無聞哉！」

贈曹子齊語

曹子齊同蕭子聞觀書，涇野子曰：「予嘗謂以我觀書者爲上，以書觀我者爲次，以書觀書者爲下。上或不能，當取其次。今之士多以書觀書者也，雖洞萬卷，盈五車，祇其巧僞耳，爲損則有餘，爲益則不足，願子齊勿從之也。」

白子直父竹石壽語

白子直曰：「應虛父號竹石，今年生七十矣，應虛無能爲壽。」涇野子曰：「子直常言竹石君能庭訓者，蓋言教也；以竹石自居者，則身教也。子直能學虛於竹以顧名，學介直於石以顧字，則雖咸之以虛受人，坤之以敬直內者，亦不難到矣。凡子之爲名字者，皆父之爲號者也。斯其壽竹石君者，又可以年歲計哉！」

贈周時敷語

周時敷將還秀水，過問言。涇野子曰：「道以得己爲行，學以（周）［用］〔一〕世爲材。晉、魏之詩，止可備閑適耳。」

〔一〕「用」，據萬曆李楨本改。

贈方元儒語

方元儒問學於鶩峯東所，涇野子曰：「學以近思爲先，小心爲要，致虛爲本。」對曰：「問遠大之學，而子言如此者何？」曰：「近思所以致遠，小心所以造大，致虛所以篤實。希曾不見登東山者乎？自介石近閭而始耳。」

史德化之祖母卞壽語

季春之初，飲燕諸士於鶩峯東所。酒半，投壺，立史德化爲司射，動止從容，告語靜雅，諸友皆驚畏，問名素諳也。未幾，德化問壽其祖母卞夫人，涇野子曰：「占影見標，閱堵見楨。德化之於三代之禮，七世之樂，皆如今司射焉，不患其卞夫人之不千百年矣。況卞夫人孝敬貞慈，楊人咸誦之，德化充其道，不但比于崔山南可也。」

贈黃用晦語

黃用晦初謁鶩峯東所，予未之能異也。既選貢矣，問所試卷以觀，一判語數言，皆故實積累，錯織而成。予歎曰：「用晦博哉！」且北上，來請言，予曰：「用晦之學如是，則又何以益之？將無在於約乎！用晦不見治絲冠絲履者乎？蓋不啻千萬縷絲也，使不先立乎柱本，令絲有所歸附，則將紛然亂，午然橫四出矣，是故博必約而後可也。邇聞用晦善事其父虛山君，言必尊，動必依，惟恐違虛山君之志焉。當用晦之爲約也，能即事而有得，以暢於事業，則大本達道，亦於是乎出，雖欲予之言，亦可勿用也。」

贈劉思補語

劉思補將去鷲峯東所，請言焉。涇野子曰：「思補自知其不足者安在，然後可言也。」對曰：「先生自能知衮耳。」曰：「思補能知我之能知思補也，則豈不能知思補之能知我哉！夫知之不□，則信之不篤；信之不篤，則行之不力。世之不相知者多矣。予固知思補茲往，必予所常言者篤信而力行也。」

涇野先生文集卷之三十四

傳

擬子畏于匡傳

魯定公十四年，孔子與仲由、顔淵適陳，道過匡，匡人曰：「陽貨昔虐我匡人，我匡人夢寐未嘗忘也，今且至。」遂圍之，習甲。季路曰：「匡圍，譁矣，由其爲夫子穆筮。」回曰：「止，命也夫！」由曰：「君子遘難，神詔之。」處，迺筮，得兌之困。子路曰：「『臀困于株木，入于幽谷，三歲不覿』，凶之固也。我其死諸，誰與從夫子者？」顔淵曰：「困彖曰：『亨，貞，大人吉。』無咎之舋，君子弗求，直道而往，天地弗違，而況於人乎！」子路猶愠，迺貢繇于夫子曰：「昔者由也聞諸夫子曰：『君子之道，利用安身。』兹也若何？」子曰：「由，嗟爾之昏於德也！危而不渝，艱哉！夫道若亡於斯世也，予不得而知也；如使予得而知也，又何患焉！」仲由乃欣然彈劍賦秦無衣，回賦兔罝，夫子賦綿之亂。曲闋，匡人曰：「非虎也。」乃解甲去。夫子貌似虎也。

節婦張氏傳

永樂間，高陵孝義里王九成娶於相橋人張氏。九成家貧，張暮夜紡績，晝服田畝，以慈舅姑，舅姑遇張如女。九成湎

酒，張數稱古昔以諫之。無子，子其姪王合。九成歿，張年不至三十，居九成喪，如孝子之死父母也。姑欲奪志嫁富人，張涕泣曰：「吾家如窶空，兒能勤苦以奉父母，無鬻兒爲也，兒恥事二夫。」姑奪之力，張乃夜髠，明心不貳。遲，髮長，又奪之，又髠，於是鄉黨畏信貞烈，登聞。永樂五年，勑使者覈旌。使者微服，身詣王里，詭問耨者曰：「某舍王嫠婦也，某丈夫求婚焉，幸教我！」耨者哂曰：「何物野人而謬口也！前年數富家求渠，屢髠，矢復出死。今禿者何用求爲？」使者固問，耨者以鋤示之家。使者至，詭曰：「某衛缺伍，俾予來呼爾兒以補之。」張捨織而對曰：「此公家役，敢辭？」乃食使者以脫粟飯，使者啗之曰：「此非稻粱也，美而甘。」張又精五飯。食已，使者表閭，張容色不震驚，直曰：「不敢當。」贊曰：「此婦人也，懿德貞行，烈如金石，不可犯已，諷誦遺言，溫溫如玉。共伯之妻，有光衛詩；文叔之妻，諸曹氏有餘辱；九之愧婦者萬千。孟子曰人性善，人皆可以爲堯舜，果哉！」

宋先生傳

宋先生名玉，字廷珎，高陵孝義里人也。生有異標，身長七尺，短面隆準而玉顏，聲嗬唐，聞數里。又莊毅敦篤，自幼嗜書，不棄道路，通於五經、眾史，人號「宋五經」。早喪父鑑，且貧甚，無能悅其母裴氏也，至採薪養之，容亦不嚬蹙，行三十年也。正統五年，舉陝西詩經第一。六年，以禮記登乙榜，授雙流訓導，誨雙流生若親子弟，各達其材。他日，先生之孫往過雙流，雙流人曰：「先生之德，齊父母子孫，想念何日忘之！」留孫住數月，共齎金而返之。

初，先生滿雙流而奏績也，法當擢御史，亦必賂若請而後得，先生不能，故同銓十二人十一御史，而先生獨藩府，然又自若爾也。仕藩府十餘年，藩王鍾敬允如師傅，動止語默，稟度而後行。時有參議公朝王會先生，見其威儀言論，又談至朱子綱目，先生誦之甚習，而又據經折其是非，參議公曰：「先生我師也。」遂待以上賓。七十致仕，不入城市，仍讀舊書，惟縣大夫宿鄉飲始至焉。先生忠公無偽，孚於鄉人。其先居學也，見友人不修潔者，身親捶之，渠亦不宿怨焉。同等見不修潔

者，曰：「宋大漢來也！」其人輒屏於僻。其沒也，陰陽家言所當墓位爲絶穴，請易之，或改造兆域，先生曰：「玉兄弟四人而誰以易也？且生與序宅，死與序穴，不亦安乎！」卒不易。贊曰：

先生，枘外曾祖也。枘生遲暮，未能逮事，兹傳大槩，枘自十四五時聞母氏及外祖及諸長老云爾。他勿論，即臨死不易絶穴，與易簀事豈異哉！然即是亦可知其餘矣。

琴鶴先生朱楚琦傳 子訥附

琴鶴先生姓朱氏，諱瓘，字楚琦，揚州寶應縣人也。初，朱諱八三者，勤且克賈，居財雄於鄉閭。元季兵擾，徙宅縣之湖之西村，既而田廬益拓，樹柵植穀，與里大姓相守望。又積而能散也，避亂者多依之，有爲之語曰：「生世大難逢朱翁。」則謂其村曰朱村。配戚氏，生彦明。彦明承亂定歸復故業，洪武三年，編戶西南隅，家於孝遷橋側，與冀氏、范氏、胡氏並著姓，曰「左冀右朱，前范後胡」。配陳氏，生宗泰。宗泰躬稼躭書，不求聞達，爲鄉人稱。又善曲直人事，人有紛蹇，輒與解平，朱村人無少長咸敬服焉，號坦履先生，卒年八十有三。配楊氏，寔生琴鶴先生云。

先生修貌徽容，人望之若仙，與語者皆自以爲得意也。兒時嘗誦書於庭，侍御鄉先生高莱菴過之，誦且不輟，高戲之曰：「鷄鳴難比鳳。」先生輒應之曰：「魚化即成龍。」高雅奇之，長遂爲高門人。配戶部鄭郎中女，郎中且老，憾其子姓鮮儒也，心重先生，廼盡挈其家藏諸籍予先生，先生受而讀之益力，身通小學、近思録、尚書、周禮、國語、朱子通鑑綱目暨野醫、農種諸書。嘗挾尚書、禮記從鄉之業舉子者遊，偶一不利，輒棄去，乃益尚志養晦以自逸。於是四方士從遊者數十百輩，先生躬自講授不倦，一尊忠信而卑文藝焉。與里人范思華、徐彦明爲友。思華性仇惡，人憚之若尊官；彦明任俠使氣，睥睨一世。三人者有所如，里人至具酒脯往候之。市肆有危樓行酤，三人至，先至者咸自避去，不亦勿敢譁。厥後又與施林塘琳、周東溪安爲文字社，著社約，子孫世講焉。伯兄曰成玉，老且獨，先生事之終身益恭。天順戊寅，歲大侵，每饌

兄，亦必以肉糜進，親執匕箸在左右。

初，先世諱鼎者，嘗判西安耀州，有豪民逋租，耀州杖之死，其家言於朝，發耀州戍遼東，亦且死。後勾丁數至，家衆悉亡棄，先生獨對之，弗避也。景泰間，有詔舉賢良，時先生名方籍甚，縣令朱瑗以白巡撫都御史王公紘，力辟先生，先生曰：「青黄，木之災也。有令如賢侯，不欲吾爲太平民乎？」巡撫公亦弗能奪厥志，乃令令遺先生以粟帛。嘗與修天順實録及維揚志，書成，郡守腆贈之，先生辭不受，曰：「公舉也。」居嘗畜鶴，別構一亭曰馴鶴，暇日鼓琴其中，充充然不知有人間世也，學者稱爲琴鶴先生。每出市，以大笠覆首，亦或稱爲圓笠先生云。卒年四十有九。

所配郎中女者早卒無出，繼配張太夫人，生二子：訥、詵。訥字存仁，年十六，廩於學官，舉應天鄉試，爲鄞令，失意時貴，調長陽，再改江陵，以母夫人喪歸，免喪，臥家不起。配范氏，生子應登、應辰。應登舉進士，以南京戶部郎中轉延平知府，歷陝西按察司提學副使，文行著於一時。應辰少而能爲古文辭。

初，江陵之教令二子克纘先業，然則琴鶴先生沒久而光，載其馨者，將無在斯耶！史柟贊曰：鴻飛冥冥，燕鵲焉知？君子畜德，登降考時。吁嗟朱翁，有修其眉，視軒冕涂，怡怡茹芝。有琴伊鼓，有鶴伊隨，泉石之味，有嘗者誰？畜極而發，有道斯貽，奎回于天，照此子孫。乃及先初，亦克顯止，滸湖有村號朱，自元載厥休聞，千祀侯存。

古真先生傳

古真先生姓徐氏，名璽，字克用，浙江餘姚人也。生而介特嚴正，不習淫媚。嘗爲吏，亦不能吏行，終亦棄吏不仕，安於貧賤。乃敘曰：

璽行年十七，與從兄某菴君讀書積慶寺，爲進士學以求榮。忽有司檄令監戍，徙之漁陽，乃推案慟哭而去，歷二年得脫

死而歸。自是家門多故，家人強起吾爲吏，遂罷進士學。吾之爲吏也，吾終身恥之，人或以爲僞；吾之不得取進士科也，吾終身憾之，人或以爲妄；吾志不欲貧賤，然不能術去而智解也，故吾終身貧賤，人或以爲愚；吾志不欲孤獨，然不能肩脅而面從也，故吾終身孤獨，人或以爲假；吾志不欲鄙陋，人或以爲固。蓋凡吾所好者，必不能爲惡；凡吾所惡者，必不能爲好；凡吾所能者，必不能爲不能；凡吾所不能者，必不能爲能。皆吾失學而不知變也。世之謂不知變者曰「古真」，今皆以「古真」目吾，故吾遂自號爲古真翁，作古真歌以自艾。歌曰：「嗟天命之賦物兮，豈各居其攸？胡水不凝兮，胡石不流？胡稟餘之厚滯兮，蹇獨不與世投？吾將任真之爲是兮，抑予學之未修？」聞之於人，人皆曰：「徐克用真古真哉！」

初，先生年且幼穉，奉祖柩自外來，舟宿沇野孤村，舍作鬼事，火起延舟，舟人皆迷，先生神色自若。厥既從事兵曹，比滿，空槖，假貸而歸。舟轉孟津，阻風彌月，浹旬未爨，侍者慍見，先生曰：「命可死，不特飢餓，此江風亦能殺人。」熙如也。後既謁選天曹，遇王考功伯安，與語，大悅，乃遂不復仕矣。當其吏藩司也，得假省親，會父嬰嗽疾，身侍不去，人曰：「此風病耳，可無稽爾事爲。」曰：「棄湯藥以親簿書，璽不忍去也。」居數月而父卒。在兵曹時，感噩夢，便理裝欲歸，至而母適訃，人以爲孝念之先覺也。

生一子曰愛，予同年進士也。愛六歲時，嘗攜行田間，愛有所指曰：「吾後必得之。」即厲聲嗔曰：「小子即思黷貨耶！」比謁選時，以伯安講明濂、洛之學，遂遣愛師事之。愛舉進士，出知祁州，適天下多故，廉能大聞於畿甸。而先生至祁，儉樸滋甚，人或語及貧富事，曰：「昔人教兒諂世且嗤之，吾將教兒貪耶？」於戲！若茲者近代幾見之？宜世俗以爲古真云。贊曰：

昔漢陳寔、周舉始皆爲掾，載其明德，不愧孔門之徒。當時位通顯、富文學如孔光、張禹、馬融、杜欽之輩，今視之高下何如也？古真公持身之堅，事親之誠，慈子之義，不忝前哲。然則又何以吏爲終身恥，以不得科第爲終身憾哉？將非真之不可掩與？故予亦謂先生爲古真，其諸異乎人之稱之歟！

巡撫宣府十二公傳 有序

都憲萊陽李公孔教宣府巡撫二年，諸廢聿興，重鎮屹然可保，乃曰：「凡吾所以治宣者，非鐸之材也，蓋皆式諸先(哲)[正][一]之善於宣者耳。」又曰：「前既有創勳立業之人，後不可無崇德報功之典。」於是會同巡按御史許君伯誠宗魯移仰該道僉事倪君公在璣，令自宣鎮初設巡撫以來諸公之亡者，稽其履歷，列其政行，採諸輿論，參之載籍，得十二公焉，祀諸昭德堂。其或功未大著，或雖有功而道不足者，例皆不録。乃以告諸總制侍郎臧公瑞周，臧曰：「懿舉也。」公遂使兩生謁十二公傳。蓋不獨以爲諸公不朽計，亦以使將來巡撫者有所資於此，以鄭重斯地也。柟因各述其大略，傳之如左，著斯祠之所由興云。其中馬故城、王和順則柟爲諸生時之提學先生也，所聞尤真云。

李儀，順天涿州人，正統初以右僉都御史巡撫是地。儀即是地巡撫之始者也，創建開張，多可法守，而又履廉迪正，邊徼信畏。然權貴人所不喜也，坐是被繫以死而不悔。宣之舊老，今猶有能垂泣而道[之][二]者。

羅亨信，廣東東莞人，永樂甲辰進士，正統五年以右僉都御史巡撫是地。己巳間，權宦竊柄，廷臣多依違，於是北虜內侵京邑，英廟北狩，時已無宣府也。亨信獨以恩義固結士卒心，城得不失，陞右副都御史去。

李秉，字執中，山東曹縣人，正統丙辰進士，景泰三年以右僉都御史總督是地糧儲，提督軍務兼巡撫。然質直不華，而又剛毅執法，善崇用持正之人，於是貪墨斂跡，兵強民寧，邊人至今猶頌焉。累官吏部尚書、太子(太)[少][三]保。

[一]「正」，據萬曆李楨本改。
[二]「之」，據萬曆李楨本補。
[三]「少」，據明史李秉傳和萬曆李楨本改。

葉盛，字與中，直隸崑山人，正統乙丑進士，天順八年以左僉都御史巡撫是地。初，盛自都給事中陞山西右參政，督理宣府糧儲，尋協贊獨石馬營軍(移)［務］〔一〕。時獨石八城堡經虜失守，盛招撫流離，選勁卒戍要害，驅諸怯弗勝戰者於農畝，給之牛種，歲收其餘租，爲市馬牛器械。又置煖鋪，萃醫藥，立社學，建義塚，平蔬圃，以慈訓，邊陲晏晏，歲亦屢豊，或禾至同穎。比爲巡撫，宣人曰：「是故父母我者也。」然盛之政又益拓於獨石時，墾田滋廣，儲蓄滋富，邊城滋壯。宦至吏部右侍郎，謚文莊。所著水東日記，亦可考數朝之跡。

秦紘，字世纓，山東單縣人，景泰辛未進士，成化十八年以右僉都御史巡撫是地。剛明能濟事，不憚權勢，雖多著土木工，然皆興廢起頹，民亦不告病。累官南京戶部尚書。

張錦，字尚絅，陝西岷州人，成化己丑進士，甲辰間以右副都御史巡撫是地。然勤慎有爲，利病力爲之興除。［龍門］〔二〕、萬全左衛二學，是其所奏設者也，自是邊徼多禮讓之俗。累官刑部左侍郎。

李介，字守真，山東高密人，成化己丑進士，弘治元年以左僉都御史巡撫是地。然綜理有方，尤重學校，常率諸生習鄉射禮，以倡行伍。至陞兵部左侍郎，猶經略邊務於此。後卒於宣，宣人頌其正直而又明達云。贈兵部尚書。

楊謐，字文寧，河南儀封人，成化己丑進士，弘治三年以左僉都御史巡撫是地。勤政而嚴以繩下，於是復團種之制，革馬政之弊，邊人賴焉。其所著師律提綱、馬政條約，亦皆關切時務云。陞兵部右侍郎。

陳紀，字叔振，福建閩縣人，成化己丑進士，弘治七年以右僉都御史巡撫是地。然宇岸凝重，外和而內剛，兼之學優識遠，邊陲多依賴之。宣府大成殿樂舞自公奏設。〔三〕

〔一〕「務」，據萬曆李楨本改。
〔二〕「龍門」，據萬曆李楨本補。
〔三〕原本此後闕，以下據萬曆李楨本補。

［馬先生中錫，字天祿，直隸故城人，成化乙未進士，弘治九年以右副都御史巡撫是地。至之日，輒奏黜貪殘，風紀大振。復祀田，正牧地，畫馬價，增團種，設官店，其事皆可府怨而速禍，先生力爲之不憚。后陞右都御史，仍以忤權貴死於獄。

雍泰，字世隆，陝西咸寧人，成化己丑進士，弘治十二年以右副都御史巡撫是地。剛直果決，不恤人言，其政至道不拾遺。嘗有狀李參將不法者，輒具參奏，李跪乞受責，即杖之階下，於是三軍股慄。然李與權者關戚，乃遂以此罷官。官至南京戶部尚書。

王先生雲鳳，字應韶，山西和順人，成化甲辰進士，正德七年以右僉都御史巡撫是地。至則理預備倉，行保甲法，恤窮問急，訓士以孝弟忠信，蓋寢食未嘗暇也。其疏奏錢寧、張銳之姦，天下尤壯之，於是貪殘斂跡，士卒飽奮。乃止四月以憂去，遂不復仕。］

解州鄉賢祠傳 有序

嘉靖三年八月，予至解，知州臨海林君元敘曰：「今年正月間，州治北廣慈寺僧犯法，時已議決毀寺。今且數月矣，屋敝墻頽，木瓦就廢，欲移建州治之西，以祀鄉賢。」予曰：「懿舉也！然不如即其寺做祠便。」林君曰：「祀止州中賢乎？」曰：「州統五縣，若五縣賢咸秩祀之，尤美也。」於是博考史志，自風后以至岐裕齋，得三十有一人。林君遂以告諸巡撫都御史畢公，從之。乃命州人致仕知縣馬逵、縣丞蒲昭及典膳劉節領其事。祠垂成，而林君歿矣。予不忍忘斯舉也，乃述其事，因爲諸賢作傳焉。後又得八人於鄉賢大夫以附之，在宋、齊、唐曰柳元景、裴俠、柳晟、衛大經、胡証，在國朝曰史誠祖、史善、王文，凡三十九人。自風后至關羽爲正位，餘列左右。其相成之者，同知招遠張君恭云。次年五月立。

風后，州人，黄帝之相。帝嘗夢風吹天下塵垢去，歎曰：「風爲號令，垢土去而后在，天下豈有姓風名后者？」乃求得

風后於海隅，舉之爲相，與力牧共政，天地治，神明至，遂有占夢經。按，州舊號渤澥之海。今風后廟南有風洞及鹽南風，故州四時風甲天下，則所謂海隅得風后者，必此也。志云風后著兵法及圖，孤虛數十卷，恐後擬作。其墓在蒲州風陵渡西。

許由，州平陸人。堯以天下讓由，由告其友巢父，父曰：「何不隱汝形，藏汝光？」由悵然不自得，乃過清冷之水，洗其耳，拭其目，曰：「向者聞言負吾友。」遂去，隱箕山。今平陸縣東北有由塚，下有溪，爲由棄瓢處。事雖不經，亦振古高士乎！

關龍逄，州安邑人。夏桀無道，龍逄苦諫，桀不從，又諫，遂至於死。今縣東北二里有墓云。

巫咸，夏縣人。相殷王大戊，周公稱其「保乂王家」。其子巫賢又相祖乙。今其縣東五里有巫咸祠，旁有巫咸谷，谷中有水，亦名巫咸水。

傅說，州平陸人。殷高宗恭默思道，夢帝賚良弼，以象求之，說築傅巖之野，惟肖，遂立爲相。告高宗以爲學求賢之道，今書有說命三篇。今平陸八政村有聖人澗及傅巖，其里曰商賢里。

宮之奇，州平陸人。仕虞，晉侯欲假道于虞以伐虢，宮之奇諫于虞公曰：「晉不可啓，寇不可玩。」譬以輔車相倚，脣亡齒寒。虞公不聽，奇遂以其族行。

百里奚，州平陸人。其先家於百里，因氏焉。晉侯欲假道于虞以伐虢，知其不可諫也，遂去之。秦穆公與語，大悅，授之國政，號「五羖大夫」，遂相穆公，霸諸侯。孟子稱其有四智二賢。

卜商，字子夏，本衛人。事孔子，後居西河，遂爲州芮城人。在孔門以文學名。然以博學篤志、切問近思爲仁，以賢賢孝親、忠君信友爲學，則亦曾子之儔歟！墓在其縣東十七里水門村，或曰河津亦有墓。

段干木，州芮城人。魏文侯過其閭必式，嘗求見干木，干木踰垣而避之，孟子謂之「已甚」者也。

裴遵，州安邑人。漢光武時爲敦煌太守，平蜀有功。乃晉、魏、隋、唐裴氏之宗祖。其子曄爲將軍，遷聞喜，遂爲聞喜人。

馬武，其先南陽人，王莽時遷居州芮城縣西陌村。光武中興，嘗爲先鋒，力戰無前，諸將皆引而隨之。其破劉紆、蘇茂甚烈，與畫雲臺二十八將。

關羽，字雲長，州長平人。事劉先主，志圖恢復漢室，稱「萬人敵」，拜前將軍，假節鉞，威鎮華夏，爲世虎臣，諸葛亮深器重之。嘗刺顔良以報曹公，有國士風。其辭曹書自言：「心如日在天之上。」曹公表封爲漢壽亭侯。被吳人害，遂爲神。初謚壯繆侯，封義勇武安王。自漢以來，天下廟祀不絶。今常平有其先人塚云。

裴頠，州聞喜人，遵之玄孫。弘雅有遠識，博學稽古。晉惠帝時國子祭酒，遷尚書侍郎，後被趙王倫害。晉俗尚虚無，頠著崇有論以矯之。

衛玠，州安邑人，晉太子洗馬。風神秀異如玉人，每乘羊車入市，觀者塞路。玠嘗言：「人有不及，可以情恕；非意相干，可以理遣。」故終身不見喜愠色。

柳元景，州人。少貧苦，數隨父憑伐蠻，累功進驃騎大將軍南兖州刺史，晉衛京都。孝武終，受遺詔輔幼主，遷尚書令，領丹陽尹，加開府儀同三司。時勳要多事産業，元景獨無所營。有菜園數十畝，園丁賣菜得錢三萬送宅，元景怒曰：「立此園供家中啖耳，乃復賣菜奪民利耶？」以錢乞與園丁。後以國事受戮，容色恬然。贈太尉，謚忠烈。

裴俠，州人。七歲始能言，聰慧異常。仕西魏，累官東郡守、左中郎將。棄妻子，從周文帝戰沙苑，以功進侯爵。後爲河北郡守，民歌曰：「肥鮮不食，丁庸不取，裴公真惠，爲世規矩。」帝謂俠清慎奉公，天下牧守第一，號「獨立使君」，進公爵。

柳崇，州人。方雅，有器量學行。後魏時舉秀才高第，歷官尚書郎中。孝文時既罷鹽池，禁富豪專利，人多爭訟，帝遣崇檢斷，訟遂息。又經略荆、郢，累遷河中太守，嘗斷盜馬之疑，郡人畏服。贈岐州刺史，謚曰穆。

柳科，州人。後魏大統中，爲洛陽行臺郎中，掌文翰。嘗論史官記事，當顯示於人，以勸善沮惡。遷中書侍郎。時人論文體，古今異宜。科謂時有古今，文無古今，遂作文質論，時以爲允。

裴駿，州聞喜人。幼聰慧。兵襲聞喜，駿率鄉豪奔赴太武。補中書博士，崔浩目爲「三河領袖」，轉中書侍郎。贈聞喜侯。

闞朗，字子明，州人，雲長之後。有經濟大器，玅極占筭，不求宦達。後魏太和末，王蚪與談，稱其奇才，言於孝文帝曰：「此人道微言深。」帝召見，言老、易，即寄發玄宗，實陳王道，諷以慈儉爲本，飭以刑政禮樂，帝嘉爲管樂之器。

柳遐，州人。初仕梁，蕭詧稱帝，辭去。詧殂，行服。後州累徵，不起。武帝再徵，始起，受霍州刺史，導人務先德行。

柳機，州人。仕後周，爲華州刺史。隋高祖欲受禪，周臣皆勸，機獨義形於色。後刺華、冀兩州，俱稱寬惠。

張玄素，州人。初仕隋，爲景城縣戶曹。竇建德執，將殺之，縣人千餘號泣請代，釋之。唐太宗即位，擢御史，遷給事中。時治洛陽宮，上書諫止，魏徵歎其有回天力。歷太子左庶子，銀青光祿大夫。

衛大經，州人。卓然高行，口無二言。邃於易，人謂之「易聖」。武后屢召，固辭。開元初，州刺史畢構使縣令孔慎言就謁，辭不見。豫筮死，曰：「鑿墓自志，如言以終。

裴行儉，州聞喜人。貞觀中，舉明經，仕爲長安令。高宗時，累遷吏部侍郎，典選有知人明，後拜禮部尚書。嘗曰：「士之致遠，當先器識，而後文藝。」以評王、楊、盧、駱，皆中。謚曰獻。子光庭，開元中拜相。

張巡，州芮城南張里人。唐玄宗時，安祿山反，巡爲真源令，守睢陽，孤城死戰，遣南霽雲突向臨淮賀蘭進明處乞援兵，不至。至德二年，城陷，盡節而死。朝廷加特進，立廟睢陽，其尸葬于南張村。

柳渾，字夷曠，州人。幼有相其夭且賤，令從佛，渾曰：「去聖教，爲異術，不若速死。」學愈篤，第進士，歷官御史、兵部侍郎同中書門下平章事，剛直敢言。嘗料吐蕃必劫盟，後果然。德宗曰：「卿書生，乃能料敵邪！」益禮之厚。渾謁誠盡忠，憂勞成疾，謚貞。

柳澤，州人。性鯁介。景雲中爲鎧曹參軍，嘗諫復斜封官，不報。開元中爲御史，又諫周慶立進奇器，玄宗善之。

柳晟，州人。少以孝聞。從德宗幸奉天，自請說賊，爲朱泚捕繫，晟毀械，間歸奉天。累遷節度。使回鶻。進公爵。

胡証，州城西里人。元和初進士，官諫大夫。党項犯邊，証以儒士奮勇，選拜振武軍節度使，有功。即今胡村胡氏。

裴度，字中立，州聞喜人。貞元初進士，累官中書侍郎。督師平淮蔡，策勳封晉國公，加中書令，謚文忠。度以身係天下安危輕重者三十年，歷仕四朝，以全德終始。子識，大理卿；諗，學士。

柳宗元，字子厚，州人。少精敏。貞元間進士，後中博學宏詞科，歷官監察御史、禮部員外郎。坐王叔文黨，貶袁州刺史，又貶永州司馬，益自刻苦爲文章。元和中召至京。復祠以祀之。

董孝章，州人。宋真宗時，十世同居，與潞州邢濬、隰州趙友齊名。嘗旌其閭，蠲課調。

司馬光，州夏縣人，天章閣待制池之次子。寶元初進士，累官端明殿學士，知永興軍。極諫青苗、助役法，出判西京留臺，退居洛十五年。哲宗初，召拜左僕射，罷青苗法。人謂元祐相業，有旋乾轉坤之功。著資治通鑑諸書。贈太師，封溫國公，謚文正。子康，端謹至孝，舉明經，官司諫直集賢院。

趙鼎，州聞喜人。崇寧中進士，隨高宗南渡，累官殿中侍御史。陳四十事，遷御史中丞。初，鼎薦張浚，浚並相，協心以圖興復。忤秦檜和議論，罷政，謫嶺南，在吉陽不食卒。孝宗贈太傅豊國公，謚忠簡。

岐裕齋，州三張村人。胡元御世，隱居不仕，學行鳴於時。于所居西南建孔顔曾燕居堂及學舍，歲時率鄉人修祀事，習禮儀，敘鄉飲少長之節，教樹蓄，敦行藝，子孫耕讀，以爲世守。甘貧賤，無外慕，鄉黨化之。生六子，其嫡孫祖訓，官至都御史。

史誠祖，州禮賢坊人。洪武間舉人材，仕汶上知縣。秩滿，陞濟寧知州，仍管汶上事，善政最多。文廟過汶上，撫其背曰：「爾何謂能得民心如此！」賜衣鈔。誠祖繡御手於衣。在任四十八年，壽百十五歲，汶人立祠以祀之。

史善，州崇寧坊人。宣德間歲貢，任邯鄲知縣。清謹著聞，有惠政。陞鞏昌府通判，以不阿權貴致仕。居鄉，州大夫不法者，亦以直言勸沮之去。邯鄲縣人換衣脫靴立祠以祀，至今尚存。

王文，字貫道，州三張村人。成化乙酉鄉舉。母病頭風或喇，文輒有夢，見異人。明日果得異人醫，瘥。體貌尊嚴沉

默。歷武功、汲縣教諭，卓立師道。雖盛暑必衣冠，非公事不謁府縣官，張知府稱爲古君子。致仕，杜門不出，州守常臨訪焉。

少參休菴王公傳

休菴先生王公諱璠，字廷瑞，陝之鞏昌寧遠縣人也。先祖諱仁智，曾祖仲榮，祖興，皆務農事。考永昇，始以文學起家，舉景泰癸酉鄉試，然豪宕鯁直，言忤當路，抑之，除河間府知事，後以公貴，贈奉政大夫、戶部郎中。配賈氏，贈宜人，生四子，公其季也。英敏絕人，博覽羣經，務窮於理。爲文辭，動數千言，沛然不可遏，行輩皆仰視之，提學戴先生嘗稱爲奇才。成化癸卯，以藩司掾中鄉試第五人，以河間君垂老，不欲會試，河間君力遣之行，即登甲辰科李旻榜進士。河間君聞之甚喜，對賓友酣飲數日，卒。公匍匐奔喪，朝夕哭塚傍，凡宰木皆手植。乃服闋，奉繼母徐氏入京。弘治改元，授戶部主事，分督臨清倉。有中貴怙勢恣貪，公至刷革宿弊，嚴設科條，先繩姦吏二十餘人，積逋驟完，進員外郎。丁徐母憂去。乙卯，服闋，進本部郎中，奉勑總督遼東糧儲，兼理屯種。值邊徼多事，軍餉屢乏，公力請內帑萬金，並開淮、浙鹽，於是豪商罔利，吏緣爲姦，乃嚴法窮詰，不通請謁，折沒銀萬有四千，米二萬有七千。朋姦誣訴，下御史按白，坐配者百餘家。及瓜代，朝廷遣使盤驗，積餘銀米花布率千萬計。癸亥，奉勑儹督漕運，兩遇藩王之國舟，多阻隘，夙夜經理，細疏漕政，多見採納。又奏留天津、德州寄囤米五十萬，省漕卒至十六，時皆稱便。

尋擢山西布政司左參議，分理冀北道，即古雲中地。虜數出沒，邊更興役。公冒寒暑，督轉餽餉，雖狼煙累驚，曾無避難。方及二年，邊儲充足，撫臣特疏保薦，冀其大用。壬戌，歲當考察，乃以失歡同僚，漬致流言被黜。藩王、重臣連疏奏留，公亦以三書自明，荷旨查辦，語在王氏家乘。然公自信益篤，謂不可必於人，惟無愧乎天耳！時宦瑾用事，有勸謁以求解者，公曰：「是喪吾素履之節也。」卒不往。

初，公之監臨清也，倉中年例扣入可三十萬錢，皆禁絶之。其革遼中紙價，尤著見聞。故部臺書公考績，非「操心端謹」，則「剛果有爲」。其有壬戌之黜者，皆公訖威戢權之積也。蓋公自爲諸生時，同舍生隱學宫傍隙地入己，衆忌之，訴於官，以公齒行先己，强爲事首，公偶頷之。然亦事閣不行，衆吏詭爲文移之縣，縣聽之，遂直以地入官，而彼生省知爲僞牒也，即更言於按治，稽原牒，有公之名，輒出爲吏，公實弗知耳。公素稟剛方，有河間君風，故未仕而罹於訟，既仕而傷於讒，人卒爲弗平，而公固皆歸之於天也。晚年僑居揚州，日與名士大夫徜徉山水，談詩飲奕，益篤於自好。乃正德己巳六月二十有五日以疾終，距生天順丁丑二月，享年五十有三。

配張氏，贈宜人，蚤卒。繼蘇氏，山西汾州世家，考諱子成，爲鞏昌司獄。河間君聞其及笄而賢，禮聘于公。祇承內則，奉姑舅以孝謹聞。雖貴封宜人，心益下，無泰侈。及公沒，哀慟致疾，撫教遺孤，嚴飭閫範，竟以憂勞尋卒，時正德乙亥六月初八日，壽不逮公二年也。子男二人：長延祥，以哭公泣血卒；次延祀，占籍江都，遂舉應天鄉試，志行端正，學趨遠大，蓋紹公於不沒者也。女子二人：長適同郡何榮，次適兵部郎中海陵儲詢。孫男子三人：卿橒，卿梓，卿橡。孫女子三人。論曰：

昔鄒陽以「忠無不報，信不見疑」爲虛語，自王休菴公觀之，則陽之言亦或然乎！故白虹貫日，而太子惑軻；太白倉昴，燕昭王亦猶疑于衛先生也。夫士之修身砥節者，其經也。乃或遭讒罹謗，不免於世，則士固當益篤自好可也。苟或少動於中，變其所守，如誘人言，則一敗既形，百行瓦解。君子所以貴於自信，如吾休菴公云。

桂坡子安民泰傳

安君民泰，名國，號桂坡子，常州無錫縣膠山堠村里人，翰林院庶吉士今裕州知州如山者之父也。

君生而質貌魁梧，資性堅定。長益廣博開朗，被服儒術，涉獵書紀，身通資治通鑑、綱目，言詩發藻，迥出儕行。性耽山

水園林，蓋嘗爲父友菊翁築菊樂園以怡其情，迺又於其園之後作重園以廣之。暇則速友徜徉，浩歌李白、蘇軾之詩，遐想逸蹤，思共翱翔。既而歎曰：「昔人足跡半天下，而國不出環堵，誠吳人也。」遂走京師，攀躋銀山，展觀天壽，乃抵居庸，越黿、蒙、鳧、繹，以謁孔林，於是有北遊記。已而還，泛大江，躡匡廬，觀瀑布，沿入武當，於是有西遊記。已又南遊荆溪，登龍池，涉震澤，窮搜天目諸山，遂東至海上，渡錢塘江，以探禹穴，窺天臺、雁蕩之奇。皆有記，記各有圖，圖各有詩，而太宰龍灣廖公及大參諸東洲、都諫俞國昌諸君皆爲之序其事。則君固塊視三山，杯觀五湖，當其志興，若有人導之，雖以登東山，亦肯學而往也。嗟乎，壯哉！

初，正德辛巳間，巡撫梧山李公欲行白茅水利，延訪于君。君詳列方略，兼著勸懲法，民樂趨事，登于成功，李公至恨相見之晚，禮遇優厚。嘉靖乙酉，海寇飄發，横爲民患。中丞松月伍公聞君才名，檄爲幕賓，時議皆欲搗賊巢穴，君曰：「計左計左！夫賊恃海爲亂，出没波濤，若我軍冒險，先褫魂魄，莫若以賊攻賊，誘執其渠魁耳。」從之，賊平。伍公疏其事於朝廷，獲有銀牌之錫。則君固懷才挾策，明時之逸民，託興於山水者乎！君毘陵之富室也，然未嘗規規然計於贏縮之謀，而高貲雄於吳中。又喜爲義舉，積而能散，蓋嘗捐金倡郡民以築毘陵之城。正德己卯，歲侵，則又賑穀數千石以救毘陵及旁郡之飢，所全活者甚衆。則其周戚黨之貧，事業師蔡約室之厚，養舅氏之有終，待兄邦遺孤子孫之得所，可勿難矣。蓋君天性孝愛，或速客觴詠以樂父心，或迎醫辨藥以瘳母疾，咸袛忠信，無所塗飾，宜其於宗戚鄉黨者如是也。則夫吟詠于山間水邊者，豈徒然乎！

君先世本姓黄氏，有孟信者生子茂，字叔英，洪武中來繼于安明善氏。茂生以恕，字近仁。以恕生公俊，號處静，直行讜言，爲邑聞人。公俊生祚，即友菊翁，剛方閑禮度，事親孝謹，配司馬文正公十五世孫逵之女，是生君者也。安氏畜之累世者，固將于君乎振哉！

君配周氏，生七子，分授以五經，遍宿名儒，以爲師承。長即如山，舉嘉靖己丑進士，勵志古學，爲君索傳誠篤，至過自遜稱以懇予。則發君之祥而廣其未究之志者，不在兹乎！娶江陰陳墅郭世祥氏。次如磐，太學生，娶參政葛志貞氏。次

如石，娶鄉進士華從龍氏。如京，聘江陰周氏。如崗，聘常熟副使王于澤氏。如陵，聘太學生鄒子問氏。七子幼，未聘。女子子二人：長適興道華魯氏，次適武進邑庠生鄭相氏。孫男一：希堯，如山子，聘蘇州王文恪公孫女。孫女子三人。則君之福履，可知其振且懋也。君生卒年月暨文行之詳，語在冢宰介谿嚴公、宗伯甘泉湛公碑表志中。所著四遊記及遊吟藁數十卷，皆藏於家。論曰：

嘗聞之，貧富在天，不可力移。世有晝策夜籌，焦心白首，然終不能長尺寸，或並其故者而失之。乃有起業販繒芻牧之間，後其富可敵王侯。今觀桂坡子，益驗哉！彼桂坡子遨遊山水，吟詠詩賦，何嘗握觚坐肆，如壟斷人乎！然而其富自若是也。士惑於貧富之間而操持不堅者，觀此可以定志矣。且桂坡子俊才有略，懿行秀文又若是也，乃落魄於江湖林石之間，不能沾一命榮。而世之齷齪自足，才不逮乎中庸，數至顯貴者，此其窮達，又何以辯也？故士無怨尤之心，方可以得道；有混于取捨之分者，其違仁也遠矣。孔子曰：「富而可求也，雖執鞭之士，吾亦爲之，如不可求，從吾所好。」予因桂坡子以告云。

贈君鄒宗孟傳

贈君姓鄒氏，名希賢，字宗孟，西安咸寧人，刑部郎中相之父也。曾祖儒宗，祖友德，考敏，皆處士。敏娶某氏，生贈君。贈君生而秀異，蚤喪父母，祖母何鞠之。九歲受孝經、論語於謝先生，能暢大義。十三歲，何卒，遂棄業。初，何嗜茗，秦地禁茗，難獲，贈君每求諸石鼈以養何。何卒，而水漿不入於口者五日也，乃鬻產以厚葬，而假舘于士人付氏，惟浮屠氏矢不用也。南遊江湖，每節候，必給祭需於家，身焚楮，泣諸邸。生無同父兄弟，雅厚諸堂從兄弟，有酒食必以速。後從兄清、淙死，皆贊以十金。淵存而不商也，每出扶淵貨行，歸而畀之息，以爲服勞爾也。韋曲世業田四十畝，堂兄洹私售於紀氏而擅其直，贈君不以問。族兄昞、昉歿於蜀，貲且盡，乃歸其喪，而撫其孤以立。侃，族姪也，年長而學有行，然貧甚，開鄉

塾以誨人。贈君禮厚之，遣郎中師事焉，且令侃不念衣食，既死而賻葬之。

成化末年，關中饑，人相食，贈君令外姪傳鋼商販荆襄，取其息以周宗族戚黨，其救鄉人孫、楊輩，困而更生者數家，焚債券如羅春、郭玘者三十家，故咸寧人十九銜贈君之恩也。弘治辛酉，延綏告警，上官令富民借運，有司以郎中、生員應役，贈君曰：「國弗急救，下心何安？」乃捐千金于里正，陽城趙令聞之曰：「此在士大夫且以難。」關中飢時，腳者茹賢十人受其直八十金運貨於蜀，比啓行，皆挾其妻子竄於終南山，家人欲追而奪之，贈君曰：「渠遁者，正欲利此也，奪則數家之命殞矣。」止。越二年，歲熟，數家皆還，贈君亦不問前故。其客蜀時，夙興，過濯錦橋，獲白金二百銖，坐于橋側。良久，有人垂泣而至，叩之，則失金者也，與之。家居時，隣人來謁，適會賓侶，隣竊白金酒杯以行，家人瞰知，欲發之，贈君曰：「止失此，損我不多。發之，彼行敗矣。不若微示之，令夜自歸。」其人聞之，終身不敢爲非。弘治壬戌五月，卒於蜀，蜀人與交者無不痛悼。郎中與生員奔喪蜀中，蜀人負貲者已無籍客，各以其負自還者二十餘家，且曰：「鄒宗孟客蜀四十年，吾輩蒙惠多矣。今且死，豈忍背也！」及輀車發，送者擁不能行。贈君之爲三秦豪傑，非耶？故歿未久，以郎中前官贈刑部主事。

李氏，關中望族，贈君之初配也，以郎中前官贈太安人。安人有孝行，未笄，喪母王氏，哀毀骨立。既歸贈君，歲時奉祀，必竭誠敬。誨郎中少年讀書，針指伴夜云。許氏，亦關中名族，贈君之繼配也。善撫李遺，視諸子女，不異所出。史枘贊曰：

長安劉司徒用齊不溢美人，其志鄒贈君無疾言遽色，四十年未嘗取怨於一人。以所傳郎中狀觀之，果然。夫贈君一布衣，盡其材能，所至濟衆，當其寄一命，詎止是邪！然則弘其烈而賦之天下者，其在郎中乎！初，郎中扶君柩還自蜀中，過青堆，纜絕，舟不覆，青堆□如灩滪而免，所信贈君者，固獨人耶？知郎中之必大無疑矣。

玉田處士伍先生傳

玉田先生者，蘇之吴縣人，今工部主事餘福之祖也，諱瓊，字時美，姓伍氏，東白張學士志曰「系出楚大夫伍舉之後」云。曾大父顯之，元至順間，以處士徵不就。大父子雲，世稱貞隱先生，國初亦賢良徵拜湖州府經歷。父宗理，母趙氏。宗理嘗爲萬石長，末年膺養老詔，授有卓服，與姚氏、王氏號「濠上三大姓」云。其後二氏皆彫落，而萬石長益自淬礪，增拓舊物。嘗受大賈寄布千疋，大賈死，萬石長召其子與之，其家驚歎感激。

先生蚤承澤訓，凡所舉動，多肖萬石長云。嘗出隙地以資人之無葬域者，其人不自葬，又市諸他人，他人葬凡幾喪，復來售諸先生，且欲發棺以瘞他所。先生曰：「不與之直，若更陰發他售，則莫能禁也。」乃止其發而與之直。其他買地穿井以供衆汲，捐貲治道以便行旅，應時成梁以資利涉，好義喜施，皆此類也。有司率多旌其勞義，至有勒石道左以紀其蹟者矣。晚年又祖藍田呂氏遺意，作鄉約會以勸衆，一時比閭族黨，禮讓相接，風俗頓改。殁後，人猶頌焉。

蓋先生稟賦清癯，好學不衰。少遊賀感樓、陳體方、王孟南三氏之門，即得其肯綮。好吟詠，或有所得，輒隨筆書之，以爲庭訓。工部幼時，嘗攜之涉大江，登金山，吊□陵，訪六朝遺跡，暢然而歸。忽不樂，曰：「九華仙招我，我願與之遊。」乃以弘治丙辰春正月十二日卒，享年六十有一，葬在吴城北三十里龍池山。初，弘治壬子，三吴人患薦飢，有司勸諸尚義者，先生遂倡爲齊民先，當道強官之，然終非其志也。故居常惟韋布服，至月朔朝賀，或一冠紳，吴人尤高焉。

配倪氏，比德先生。男一：鋹，娶李氏。孫男二：長餘慶，娶吴氏；次即工部，娶顧氏，篤道好古，能發先生之祥者也。贊曰：

美哉玉田，晦□民間，身嗜廣誼，篤拯困窮。行攸在我，亦傳於天，既纘前懿，蒸此後昆。福祉既誕，孫子員員，既顯于仕，于道尤處。厥源不逮，□流兹焉，相此種德，何履不旋。

涇野先生文集卷之三十五

說

李得輿兄弟字說

廣西李得輿冠時，字曰子式；其弟得友未冠，將字曰子益。蓋皆出於父師之意、大賓之命也。涇野子曰：「得輿而知『子式』之意乎？夫子告子張曰：『在輿則見其倚于衡。』衡即式也，斯蓋言敬也。子張于忠信篤敬或不足，故夫子云爾。子能式乎是，而免子張之失，則可以得輿矣。易曰：『君子得輿，民所載也。』友以三益爲得，三損爲失。得友將非『主忠信，無友不如己者』乎！雖然，多聞不如友諒，友諒不如友直，故夫子論三益，以友直爲首。子益其得直友乎！」

陳氏二子名字說

陳安邑自寬有二子，請予命名且字之。其長也，名曰臨，字伯咸；其次也，名曰觀，字伯孚。且與之說曰：「在易臨之九二，剛中上應；六五，誠意相感，不順私命，故吉無不利。臨乎，其在咸乎！苟積諸己者不實，吾未見其能咸也。易觀卦辭曰：『盥而不薦，有孚顒若。』彖曰：『天下化也。』夫『孚』也者，信也，信在乎中，自著於外，故爲可觀。若巧辭色莊以鮮仁，誰其視之哉！」

林幹字說

涇野子於臨海林幹字曰幼培，皐字曰幼毓，謂之曰：「幹乎！爾知此幹高插雲日，遠參霄漢乎？惟在善培其根爾。皐乎！爾知此林茂密包山川，深幽通澤谷，惟在能毓其本爾。是故冬也者，天之斯晝也；璞也者，璧之斯羨也。是故根不善培，則幹之矗矗乎達天也難；本不能毓，則林之綿綿蟠地也難。是故君子集義以培其根，存仁以毓其本。」

馬氏兩生字說

馬兩生者，前兵科都給事中梅軒先生之子也。予嘗隨巡按初公訪先生，先生出兩生以見，皆威儀溫恭，言動可敬。初公乃字其孟嶽曰子高，字其仲巒曰子端，兩生拜而受之，請予爲說以自警。予曰：「夫孟其知『子高』者乎？夫在地之物，將萬類也，長或過尋丈，少或至尺寸，孰有如嶽之巍巍業業，插霄漢，摩日月，甚或雲霧蒸發之時，即與天爲黨而不可攀？昔孔子所登以小天下者此也，嶽其無自卑乎！夫仲其知『子端』者乎？在世之物，將千品也，南有樛枝之木，北有曲流之河，孰有如巒之亭亭矗矗，縈煙霧，冒雪霜，甚或風雷搏擊之時，亦拔地端而不可撓？昔孟子所論以取尹公之他者此也，巒其無自枉乎！且梅軒先生忠讜在給舍，牧愛在郡守，直道既忤於時，高節益振於後，其爲家庭之嶽，以式是兩生者久矣。然則兩生之高世離俗者，又豈待予說哉！」

丘孟學字說

予之謫解也，丘孟學即從予遊，蓋飲食居處相同者幾二年，切磋之益，規戒之深，蓋有不待言色而相喻者矣。若夫器識宏遠，志意堅定，蓋交遊中之所喜見而樂問者也。比予發解，送至蒲津，同居數日，出此冊以問字說。嗟夫！東魯之道，不明久矣。治日少，亂日多，俗日偷，風日薄，此其故可恝然哉！丘子而顧名思學，顧字思名，以求吾夫子之意而措之行，予當輾然而笑，登西河之舟矣。字則東岡李司馬所命，名其叔父善人之所定也，予因與之號曰思齋云。

克齋說

克齋者何？光祿少卿句容王公克明之齋扁也。齋何以言「克」？取「克己」之義耳。自夫子告顏子之後，玆學久不講，克齋取以請事，當非顏子之徒歟？然則顏子之克己者如之何？曰：「克居室以陋巷，不羨數仞之堂；克飲食以簞瓢，不慕方丈之席；克耳目口體之非禮也，凡宋朝之美，祝佗之佞，逆送之目，附耳之（耳）［音］〔二〕，皆無矣。」或曰：「顏子未仕者，如此可也。若克齋已列卿士，行有天下國家之責，亦如是乎？」曰：「夫子亦又告顏子矣。行夏時，乘殷輅，服周冕，用〔三〕韶舞，皆克己之用也。」或曰：「今天下水旱相仍，災眚迭起，窮獨無聊。即克齋能用也，持夏時、殷輅，將奚

〔二〕「音」，據萬曆李楨本改。
〔三〕「用」，萬曆李楨本作「樂」。

補？」曰：「君子之道，在取其（意）［義］〔二〕；聖人之學，不泥其跡。亦嘗聞水火之相息乎？非火不水，非水不火。非水不火，謂火毳也；非火不水，謂水稱也。水以火動，火以水績，互藏厥體，交致其用，如水益水，如火益火，水溢火滅，百工具朽。故君子懸結繩於質削之日，聲絃誦於干戈之際，非（達）［過］〔三〕見也。」曰：「子於顔子克己之體用皆說矣，乃夫子稱其好學，獨在不遷怒貳過者何？」曰：「凡過與怒，皆於體用形也。故顔子之學，如其道，雖失天下不爲怒；如其非道，雖片言之出，一念之興，皆以爲過也。則過與怒者，又己之所先克者乎！」他日，克齋累言之，遂爲之書其說。

許汝賢字說

許生名象先，其父淳菴君宿大賓，加冠於其首之時，已字之曰汝賢矣。至是學於鷲峯東所，問說焉。涇野子曰：「知名則知字矣。夫名爲象先者，言自淳菴君以上，至於曾祖方伯公，高祖封御史公，以及始祖皆先也。先人積善行義，至於有汝，汝之象先人也，不賢而能之乎？故字汝以汝賢者，欲其盡繼志述事之實耳。則何以謂之賢？思先人之善也，使有諸己，以至於美之地，先人之所積者，於是乎益顯矣。思先人之義也，有事焉，以至於剛大之境，先人之所行者，於是乎益茂矣。故有如此之賢，斯能象先耳。」又曰：「孝子之事親，猶仁人之事天。使汝賢又能求開□之先而速肖焉，則窮神知化之賢，當必又有所在乎！昔孔子惟先進之從，而記禮者猶恥在君子之後，不可不深長思也。且自汝賢之至鷲峯東所也，聞言即解，見義必爲，凡父母兄弟之事，殆如飢渴之於飲食，則亦有賢之本矣。故予欲汝充此賢，以求進於踐形惟肖之地，非以相誣與欺也。」

〔二〕「義」，擄萬曆李楨本改。
〔三〕「過」，據萬曆李楨本改。

永慕說

「永慕」者何？太學生仁化蒙禹化慕其父母而不忘，太常卿海陽盛公之所題也。何言乎「永慕」？禹化曰：「應龍之母譚氏撫教應龍於幼稚，無所不備，凡寒暑裳衣，皆出手線。每訓以古昔賢孝，令成名士。乃正德辛巳，太守吊試于府，尋報母驟病，亟馳歸，母已終，不獲一永訣，悲踴無地，至今猶若吾母之未歛時也。吾父字廷玉，曾廩於庠，貢且至，乃告養親，終身隱處。及誨應龍學，朝誦暮讀，有不習，輒呵撲不少貸，曰：『吾已削籍於學，汝復不能奮以升仕版也？』乃嘉靖乙酉，歲當大比，時父遘疾，辭不去試，父怒曰：『是不孝也！』勉從父命以入省。比觀席舍圖，還旅邸，聞隣人私語曰：『某父疾，其難愈乎！』應龍悲慟思歸，有友曰：『道塗之言，未必盡然，姑應試，以俟家書。』曰：『方寸既亂，功名何爲！』遂棄筆硯，垂涕泣，兼程抵家，父已蓋棺，不獲一面，號泣控天，至今猶若吾父之欲殯時也。夫應龍方赴府試，不能以終母；方赴省試，不能以終父。父母見應龍於生，應龍不能見父母於死。天下不孝子，尚有如應龍者乎？則應龍之永慕乎親者，實永怨乎己耳。若他人者之父母，或生八九十歲，或生百歲有餘，皆見其子之成立也。乃吾父纔年六十有四，吾母雖六十亦尚欠一年也，則應龍之所永慕者，實未能有所永其年耳。」

涇野子曰：「傷哉！禹化。吾爲爾說之。夫骨肉聚散有定數，年壽脩短有定命。汝如永慕親之身，不如永慕親之道；汝知永慕親之年，不如永慕親之名。親之身不可以復生，親之道可使與天地並久，則固未嘗死也；親之年不可以復存，親之名可使與日月並明，則固未嘗亡也。是故慕呵撲之義，即小杖則受之旨也，身爲曾參不可乎？慕手線之慈，即啖肉示信之訓也，身爲孟軻不可乎？日事三省，雖一貫之道可聞；動充四端，雖浩然之氣可致。果若是焉，雖今父母上希曾皙、孟仉，將千百年猶在也，斯不亦更永乎！禹化毋徒爲世間兒女子之戀慕云。」

橋東書屋説

橋東書屋者，太學生海康張敬伯之所構也。何以曰「橋東」？敬伯曰：「雷州之衛治，宋之府治也。宋郡守虞應龍嘗建譙樓，走使於贑，請文山記。記至之日，府左一橋適成，遂以文山倫魁名橋。今橋雖圮，厥基與名猶存不朽。一拱居第在橋之東，遂以自號，且扁書屋，蓋欲有所仰止云。」涇野子曰：「文山，亂世之忠臣也。敬伯，聖代之造士也，奚取于文山？」對曰：「君子之學，師其心，不師其跡；論其志，不論其時。」曰：「異哉！敬伯。何愛橋不如愛屋也？橋名也，屋實也，橋在人者也，屋在己者也。橋因文子倫魁而名，且立數百年至於今。如敬伯以屋爲天下之廣居也而居之，則其垂久遠也，又豈讓彼一橋哉！且敬伯之曾大父以鄉進士尹平樂，有循良績。大父及父皆隱居教授，以德行稱。乃至敬伯，固不欲一丕顯之耶？」對曰：「若是，一拱可謂求諸人，不求諸己，于其名，不于其實矣。兹歸也，敢不益修其身，下淑諸子弟，旁及諸鄉人。他日如有一官也，又將以澤諸斯民，不識可獲廣居矣乎？」曰：「敬伯能若是焉，則斯書屋也，將傳諸天下，垂於後世，又豈讓彼一橋哉！」

黄子積字説

安義黄大子積餘慶遊於鷟峯東所者有年矣，將告歸，乃以其字説請。初，子積之在蜀也，楊太史用修已爲其兄弟作五黄字説，具悉著代諸義。兹復有問，則予又何以告之？夫月坡先生之名子積且字也，於名字間已具其義。況子積自至東所，言不妄發，臨事能慎處，交友能分財，有恤不變，固已知善之可積，而奮趨於道矣，則予又豈他説？雖然，在易升之象曰：「地中生木，升。君子以順德，積小以高大。」言其積也必自本，而後能升之。故予論格物，必曰致曲，皆子積素所聞

也。聖賢如成王、召公，然猶以矜細行爲言，況其他乎！子積欲成九仞之山，則於一簣之間，必不可忽矣。世謂莊周誕人也，至其論萬里之鵬也，則曰：「風之積也不厚，則其負大翼無力。」是故能積於根本尺寸之間，則使木之升也，干雲霄、淩星日也必矣。昔夫子論君子之不違，自終食之間以至造次顛沛，皆其處也。子積其用力於是而勿忘也。

贈半窓子說

去冬，半窓子既有四川建昌之命，予聞之曰：「半窓子必不怒。」已而半窓子既至，仕者曰：「建昌遠。」隱者曰：「建昌遠。」親與疎者亦皆曰：「建昌遠。」於是半窓子亦少惑於其言。予謂之曰：「惑之將奈何？斯遠也，實近也。」半窓子乃不惑。今春，半窓子既有山東憲臺之命，予聞之曰：「半窓子必不喜。」已而半窓子且行，親者曰：「山東近。」疎者曰：「山東近。」仕與隱者亦皆曰：「山東近。」於是半窓子亦少動於其說。予謂之曰：「動之將奈何？斯近也，實遠也。」半窓子乃不動。

或曰：「子何以初知半窓子之不怒與喜也？」曰：「半窓子學爲經世者也，使彼以建昌爲怒，必以山東爲喜也。」「子何繼知半窓子之不惑與動也。」曰：「半窓子學爲體道者也，使以逆言而惑，必以順言而動也。」「然則謂遠爲近，謂近爲遠者，則何居？」曰：「建昌之遠，以地言也，其近以道言也；見乎道，則雖行萬里之遙，如在跬步之間矣。山東之近，以地言也，其遠以道言也；見乎道，則雖居咫尺之邇，猶存遐遠之見矣。是故知建昌之不遠者，可與言近；知山東之不近者，可與言遠。」「然則謂崇爲卑，謂卑爲崇者，亦可乎？」「苟有所見，焉往而非近遠哉！」

歐陽曰大字說

歐陽曰大且還泰和，乃拜請曰：「生父碧溪君名生以乾元，字生以曰大，蓋取乾文言義也。幸畀一說，而乾元可終身行矣！」涇野子曰：「『斯曰大』也，但贊此乾元耳，其所以致大之功，則未及焉。夫乾，其靜也專，其動直，是以大生焉。是故靜而不專，則雜念易起，而天下之大本難立。動而不直，則損友易親，而天下之達道難行。誠使內斯靜專，外斯動直，自強而不息也，則其自強庶幾乎可學乾元矣。且曰大不見夫子乎？舉世不知而惟天能知之，究其所以，只在下學。是故聖必以天爲準，士必以聖爲師。曰大而不能顧名思義，顧字思功，則人將謂此字名非汝之所能溥有，春秋傳所謂『名與而實不與』也。然則曰大之乾乾於終日者可知也。」

善慶堂說

善慶堂者何？泰和鄒子汝粹之所構也。何言乎「善慶」？鄒氏世爲金陵人，至居易先生仕南刑部正郎，其宅於淮之東干，白巖喬公扁曰金陵舊居。他日，東郭鄒子見先生之子汝粹克敦行以訓汝獻諸弟子有成，扁堂曰善慶，予因著說嘉汝粹云。

謝伯己字說

謝生名顧，初字惟命，請予更之。予曰：「古之顧在己如何？夫人之怨天尤人者，皆不顧己者也。子如從事於下學，

者不可以有己，爲人臣者不可以有己，然皆必先顧乎此而後能無己也。顧也，其知所先哉！」

其惟顧己乎！故字子以伯己。」顧曰：「己亦如此之大乎？」曰：「古之學者惟在爲己，顔子之賢惟在克己。故爲人子

宋宗易字說

靖州宋君從簡，光祿卿西溪先生之子，質明而志美，學遠而履方，蓋傑士也。他日，嘗因潛江初啓東問字焉。初字宗望，予不知也，又字宗冉，予亦不知也，求其故，其說長且難。啓東曰：「則謂之何？」曰：「免於難者惟易乎！」於是宗易又問字說。曰：「子無以易爲不難也。夫子曰：『易簡理得，則成位乎其中，與天地參。』豈細事乎！若能顧名思義，以求易從之實；顧字思始，以求易知之真。口無隱言，身無二行，肺肝可對乎天日鬼神，踐履不越乎飲食男女。潛修之久，積累之深，雖未能便與天地參，然而於仰乾俯坤者，將亦無怍乎！」於是宗易作而曰：「簡又不敢以易爲易矣。願從事乎名，以不忘先人；從事乎字，以不忘吾子。」

胡大器孺道字說

休寧胡生大器學於柳灣精舍，問字焉，對曰：「成之。」曰：「學者顧名與字以思義也，故文中子以無功爲廢朋友之道。夫子嘗曰：『君子不器。』汝欲爲君子，則不可止成乎器矣。」曰：「成大器則何如？」曰：「其器雖貴如瑚璉，亦夫子所不足也。」他日，移居鷲峯東寓，同解州王克孝問字說，則謂之曰：「易不云：『形而上者謂之道，形而下者謂之器。』大器年未及壯而能從事於道，如子賤之學也，則親賢取友、治過徙義之不遑矣。他日養成大器，如揚子雲所云，當又何難哉！」因字之曰孺道，與爲之說云。

仰山說

仰山者，侍御宋君獻可之所自號也。詩云：「高山仰止，景行行止。」其獻可之志乎！君鄜州人，鄜之東南皆高(好)[奴]〔一〕櫻桃之所環繞，其西障以龜山，(延以筵化)[延袤迤北]〔二〕，而洛及華池之水襟帶於其前。舊表爲四景，曰「東皋霽日」、「西巖爽氣」、「南浦停雲」、「北嶺積雪」云。(初)[故]〔三〕開元坡、三川水數[形]〔四〕于唐韋莊、杜甫詩，所謂「拜掃走鈿車，歸路晚山稠」者，此其地也。

獻可既入官，每觸懷起興，未嘗不仰(稱)[企]〔五〕兹山焉。他日至爲圖以展于予，則謂之曰：「獻可操行孝廉，負器剛方，見善必好，見惡必嫉，事至勇爲，無所顧忌，爲今之名御史。其仰山也，毋止以高(好)[奴]、龜山而已。高(好)[奴]之南有嘉嶺，其東有雲巖，亦可仰也。宋范希文之在嘉嶺也，墾營田，復廢寨，熟羌歸(在)[者]〔六〕數萬，西賊聞之破膽，至今兹山手澤猶存。張子厚之令雲巖也，敦本厚俗，每月之吉，勸酬鄉人高年，使知養老事上之義，至今遺風猶在。獻可而仰兹[二]〔七〕山，則豈非今之范、張者乎！」

〔一〕「奴」，據萬曆李楨本改。下同。
〔二〕「延袤迤北」，據萬曆李楨本改。
〔三〕「故」，據萬曆李楨本改。
〔四〕「形」，據萬曆李楨本補。
〔五〕「企」，據萬曆李楨本改。
〔六〕「者」，據萬曆李楨本改。
〔七〕「二」，據萬曆李楨本補。

曰：「是斯二人者，正宜夙宿之仰慕，行將求思齊焉，豈敢以負嘉嶺、雲巖哉！」曰：「猶未也。陰晉之地有太華焉，首接(前)[錢]〔一〕來，尾屬符禺，削成四方，其高五千仞，羬羊肥䲃亦利焉。昔周公以禮樂興西周者，嘗與此山爭衡也。齊兗之地有岱宗焉，旁接石閭，下衍梁父，聳立天門，日觀其高四十餘里，鷹飛虎阜亦負焉。昔孔子以道德起東魯，嘗登此山比高也。獻可若又仰此二山，則何如？」曰：「宜出按于外，久不聞斯言。茲雖仰之彌高，亦所不厭矣。歸將視高(好)[奴]、龜山如拳石耳。」

赤溪夏君廬墓說

廬墓者何？赤溪夏君爲其母陳氏之亡，居廬于墓也。爲其母陳氏廬墓者何？其父年二十一而早卒，陳方十九，伉儷二載，遺赤溪君未周歲，在襁褓。陳日夜哀毀，幾不欲生，舅姑暨諸戚黨開慰得不滅。及舅告逝，赤溪君又羸病不振，陳齋素籲天，潛禱神明，以祈夏宗，用獲無虞。壹志事姑，不避諸難。里有豪族，弱孤淩寡，力併園田，乃食窮飲痛，殫力支持。他日，外室姑息，謀欲奪志，勵色切責，斷不及門。其訓赤溪君動止循禮，無少姑息。及有郎中仁甫諸孫，含飴訓愛，不離膝側。乃享年八十有四而卒，通計孀六十四載，不亦難乎！赤溪君痛曰：「使吾病幾死而復生，使吾夏氏幾亡而復存，續不絕如綫之緒，以綿此瓜瓞之盛，皆吾母之力也。」乃於既葬之後，寢苫枕塊，蔬食齋衰，居廬墓側，朝夕哭奠，烏鳥循號，鬼神聞泣，若是者蓋三年焉。於是涪州人皆稱赤溪君之孝思，因頌陳夫人之貞慈也。他日仁甫以告，涇野子曰：「微陳夫人貞慈，無以建赤溪君之家；微赤溪君之孝思，無以顯陳夫人之德。母子二人，更相爲道。雖仁甫今日爲學而有聞，去官而無媿者，皆自此基之耳。若夫使貞慈孝思顯揚至千萬載而不磨者，則又在仁甫乎！仁甫盍思廬墓之中心，孀居之初志哉！」

〔一〕「錢」，據山海經西山經改。

或曰：「廬墓非古也，何取於赤溪君之事乎？」曰：「人子以枋爲親出入之所，且祝祭焉，況於墓乃體魄之所存者耶？夫弟子於師，亦築室於場，況子之於父母乎？」「然則又何以言非古耶？」曰：「譏其去於爲名者耳。若赤溪君之用情也，惡乎不取！」於是仁甫曰：「涇野子其欲國孝爲順孫孝子乎！國孝而能成順孫孝子也，又何賴於此官哉？」

謝應鴻字說

謝應鴻問字，予既告之以漸卿矣，又欲予説。其義蓋取易漸卦之象，進爲有序而不驟也。孟子曰「其進鋭而又速於退焉」〔一〕，又豈所以爲漸者哉？昔孔子自志學以至不踰矩之年，列爲等級，皆示人以漸進之方。漸卿不可不深長思，而功或不繼，以失其漸也。

蔣參之字說

蔣進士三才，其冠也，賓字之曰參之。參之嘗問字説焉。涇野子曰：「賓之意，蓋取中庸贊育化參天地之義，則其故，豈有過於至誠者乎！」「則何以能之？」曰：「功在致曲。曲，委曲也。舊講一生爲友封書以致先生之意，參之聞之熟矣。能乎此，他日用之而行，雖佐人主以位育參贊者，亦有餘也。」

〔一〕孟子盡心上原文爲：「其進鋭者，其退速。」

王叔孝字說

王進士名延祀，其父少參修菴先生所命也。舊字治明，賓友之所稱也。他日過鷲峯東所，予曰：「此字於名，未爲無關於身，未爲無功。第發休菴傳世之志意，廣吾子紹先之志，未若如『叔孝』之爲切也。」於是朋儕皆率稱叔孝云。今冬，叔孝謁予於十蕉亭，問西銘與定性書。曰：「西銘之道，惟孔子能有之，如老安少懷，及敬齊衰冕衣裳與瞽者，可想見也。定性書，惟顏子能有之，如不遷怒貳過，及簞瓢陋巷不改其樂者，可想見也。且予往日字子以叔孝者，將非欲取法西銘如仁人之事天，斯爲至乎！」是時叔孝亦問字說也，遂書以歸之。

同愛亭說

同愛亭者何？定遠尹唐侯子薦之所構而以自扁者也。初，蘆岡張侍御巡按至定遠，嘉樂妙山，乃同持齋張戶部登遊焉，亭自是起矣。然束葦覆布，明日撤解，非真亭也。他日，子薦之友五泉楊君聞蘆岡言定遠山亭之勝，遂作池南書臺大書，自海虞以遺子薦，書至而亭已漠然亡久矣，子薦曰：「妙山去縣三十里，自吾入任，因蘆岡始一再至，雖有亭，豈能久存乎？然而海虞之大書不可孤也。」遂起方丈之亭於城陰北面，下看池蓮，十里生香。昔濂溪嘗云：「蓮之愛，同予者何人？」夫池南，錡之號也。斯亭也，與其以錡之號自私，孰若同於濂溪而又同於定遠人之爲公乎！遂易其名曰同愛亭云。亭至此蓋三變矣。今年秋七月，予道過定遠，子薦酌於亭中。當是時，蓮雖多謝，而緑荷彌望，回意濂溪，如在目前，遂題風月無邊之詩，因作「追步濂溪」之書，颺言曰：「此雖名『君子軒』亦可也。」已而子薦出同愛亭記以展予，予謂之曰：「同愛在於同人，同人在於同心，同心在於同理。苟同心以理也，雖四海九州，焉往有異哉？況一定遠乎！」他日，子薦欲聞其

說，則謂之曰：「易不云：『同人于野，亨。』又不云：『殊途而同歸。』」

陳汝學字說

太學生陳子文祿在鄉校羈冠時，嘗問字於戚丈霞山蔡公，霞山字之以世勳。踰數歲，祿心未安也，復質於霞山曰：「吾丈以世勳字祿，是使祿求在外也，非求在內者也，請易之以他字，祿將從事焉。」於是霞山曰：「夫子不云乎：『學也，祿在其中矣。』其更字之以汝學乎！」

比汝學選貢入南雍，嘗從予遊，暇問其字說焉。涇野子曰：「是不可以他求也。聞汝學嘗不忍食榧，思學曾子之孝矣；卻還官饋，思學原憲之廉矣；事兄嫂如事父母，思學韓愈之恭順矣。夫孝廉恭順，皆此心之仁也。使學孝而能通於神明，光於四海，則不愧於曾子；學廉而能薄於自奉，足乎百姓，則不愧於原思；學恭順而能敬而無失，恭而有禮，使四海皆兄弟也，雖孔門之徒亦可班，况韓愈乎！夫然則內不辱其親，外不(忤)〔怍〕〔一〕于人，王公不能榮，諸侯不能辱，天之尊爵果在乎我！其爲祿也，真可以爲文矣！苟學之不務而惟祿之干，幾何不爲患得患失之鄙夫哉！雖千駟萬鍾于我何加焉！」

陳正甫字說

正甫名大經，賓字之曰「正甫」者，欲其先求諸己以正其經也。審乎此，則凡出言舉步之間，坐班歷事之際，皆正之所

〔一〕「怍」，據萬曆李楨本改。

在矣。

許應魯字說

應魯，東望之字也。魯在齊之東，而望之，當一舉目見也。或曰：「將文王生於岐周之西，望道而未之見者然乎？」曰：「有望之而至者，有望之而未至者。望之而至者爲聖人，望之而未至者爲賢人，不望而不至者，吾不以望吾應魯也。」

盧叔道字說

盧生叔道字說。盧時皞，襄陵人。其父西峯君，仕爲懷慶府知事，皞從其師陶進士季良學於北泉精舍。未幾，季良命時皞同其弟模偕冠焉，予字時皞曰叔道，且與之說云。時皞，汝其篤志以學夫道乎！君子之爲人也，出將贊聖王之政，以使民皞皞如也。使非其道修於己，其何以上相聖人，使有純王之心，以行純王之政乎？皞如勿爲君子也，不學夫道可也。皞如必爲君子也，則於斯道自衣服飲食之常，出入往來之細，不可頃刻或違也。漢初有董仲舒者，能明道不計其功，其發憤下帷之志，超出世俗，遂成大儒，說者以爲能接孟氏之傳。汝之歸也，董子傳不可不熟覽而近思之，將所謂道者，當亦不出于此乎！

梅岡晚隱敘說

梅岡者，上林苑監録事前工部織染所副使徐君廷華先生之所自號也。君少負奇氣，篤藝儒術，不偶於時。後有司辟積

其勞資，筮仕織染爾。乃蚤夜惕勵，修廢舉墜，如理家務，克立厥官，蔑所回欺。至於稽濫匠之私，革征索之弊，歲省恒費，不啻千百。上林故多中官逋匿，夤緣侵尅，不畏於人，乃廉得其狀，率寘之法，姦用丕絕。於是知君者咸曰：「惜徐廷華之所治者小也。」乃嘉靖乙未，君乞致仕，獲允，時年已六十有一矣，復號晚隱翁云。蓋君自棄儒業之時，已有隱志而未遂，至是乃歎曰：「某之歸隱也晚乎！」則君蠅勉於織染上林之間者，豈其得已者哉？

初，君善事其親，後遭喪葬，身任其難，不賴兄弟，哀毀踰禮，終喪不衰。乃又力修祖塋，破產不恤，歲時祭祀，必致洗腆。入官以來，所積餘貲，悉贍昆弟姻族，波及里閈。立宗約，收族明譜，聿興禮俗，勸道宗人，不犯有司，語在謝文正公序中。其常日身率子弟，力穡專讀，用光顯先人。於是嗣子九皐發科進士，出令陽信，政成循良，入拜御史，風采懋著。然君則諭陽信曰：「守己愛民，是爾職分，升沉利達，非賢難必。」及巡按淮揚，則又諭之曰：「正直忠厚，惟汝之福。」侍御奉以允迪，乃有令名。然則君豈非古之孝友睦婣、貞慈忠篤，有所深隱者乎！彼其所著於織染上林之間者，特其緒餘耳。若乃揚君之休，發君之蘊，開大其業，上補於國，下庇於民，使其晚隱者蚤顯於時，以傳光於千百載者，不在侍御也耶？予因侍御之請，遂爲之敘說，以俟侍御於方來云。

來端本字說

涇野子謂端本曰：「懿哉，其惟斯名乎！夫本果能端，其爲用也，無不宜矣。故務本者，以仁爲事。初，加賓字以則仲者，不可不日常思也。」

來端言字說

端言，汝知汝字之默仲乎？易曰：「默而成之，不言而信，存乎德行。」苟爲之難，則言之不易。吾知汝言必顧行，以爲之端也。

祭程東軒文

某年月日，友人呂柟謹以蔬醴致祭於故東軒先生程君之墓曰：「嗚呼！誰謂吾友程君者年三十二而卒也？君幼能重厚，不移於俗。善事父母，父母疾病，君捐儒業，旁求醫藥。母死，事繼母，人不知君有繼母也。與其兄處，絕無間言。孔子所謂『怡怡如』者，君有之矣。柟年十二三即與君爲友，今也幾二十年，受君之益良亦多矣。君能誘掖奬勸，勿就俗學；志力或衰，言動狂謬，君能力救正之，我爲君更者數矣。方將仗君之力，遠趨高舉，而君永逝，柟之傷悲，當誰謂哉！君之殁，柟以取科第，不獲與永訣。于君之哭，當與哭吾弟仲止者慟等也。君之子女，君兄能處之。君之文章行事，柟當爲君裒集成書，表之墓前，令其不滅，君其少憾也！君其少憾也！有拘在官，不克臨喪，遠具薄奠，用申寸忱。」戊辰秋

哭栖仲止文

哭號咷兮，不能爲懷。望吾弟兮，華之隈文章。忽如其淹沒兮，突如爲土堆。陽陵亡人兮，吾誰與偕？昔爾自十五爲志也，卓然有見，寧學古之顏回而不能，不欲泛泛然苟沒於塵埃。人或謂爾狂兮，獨吾與汝師深信之不猜。今也安在兮？

嗟哉！念去年之别爾也，爾謂我云：「兄之此去也，必作大魁。」今如爾言矣，爾未及聞而去，令我不哀？嗟哉！嗟哉！人孰無弟兮？弟之德浮於才。人孰無死兮？爾之死也寔可哀。有聲徹天兮如雷，有淚浪浪墮地兮，四體如摧。弟如有靈兮，寢寐往來。又或不欲以其夭也，負其所學，其亦能默左右乎文運者哉！戊辰冬

祭太師王端毅公文　戊辰

曰：嗚呼！誕惟秦華，篤生哲人，剛毅敦龐，學術貞介，廷評敷納，可補律亡。維揚拯飢，民到於今思之。剿賊鬼方，荆楚盪定。滇鄙弗靖，單車馳撫，郭景自殞，南夷無虞。蠲賦砥税，徐吴安堵。其定儲之策，光齊乎日星，兹固播人耳目，海内傳誦爾矣。柟近守史官，又獲覩在太宰之詳，乃知先皇帝十八年之治，用賢退醜，崇德省刑，歲稔天慶，邦家康乂者，多公左右之力也。柟友馬理稱公言定行危，心易氣和，孝友性成，人人可即，邵雍之安成，蓋庶幾焉！或曰：汲黯之直，陸贄之文，韓琦之功，范仲淹之經略，文彦博之壽，疑又兼之也。嗚呼！我公信可謂一世之大人矣！公薨，皇帝悼憫，縉紳悲歎，庶民痛惜，學者失仰。況後生末學，居連邑里，蒙穉狎聞，日借光華，情私何堪！有拘在官，弗克臨窆，遠具薄忱，伏惟尚享！

祭戴編修寅仲文

曰：嗚呼！昔者君年十四，首舉福建，天下驚爲奇童。比入太學，太學試君，又魁諸太學生，天下仰爲奇士。及戊辰春，君及第，入爲翰林編修。夫柟獲與君共甲榜，同寮寀，借重于君多矣。方將與君切磨經史，遠紹前烈，講求治理，上報主恩，而君死矣。嗚呼！異其賦，不究其極；大其畜，不顯其用。天耶？人耶？瞻望嶺海，雲水茫茫，懷想丰姿，泣涕漣

漣。情有況於兄弟，義非止於交遊。乃拘在官，弗克臨窆，敬具薄奠，用申遠忱，伏惟尚享！

祭史太孺人馮氏文

曰：嗚呼！惟母懿行玄成，貞慈天授，茹荼服勞，既儉既度。厥有二子，材德具懋，克肖夫君，爲世嘉厚。給事君忠而良，舉人君信而楚。昔外父李監籍之殁于南雍也，惟給事君斂之還之。繼先考太史公之殁於渭陽也，惟給事君知之苦之。即昔賢之亦難，豈近代之恒有？惟母教比先賢，斯雙鳳之交舞，褒章自天，篤此史祐。正食鼎之芳年，遽捐奩而長古。憐予臥病，未能一酹，泣涕雙懸，哀誄慚後。梓弟東遺，束辭絜酒，慈靈不昧，歆此用缶。

祭乙峯蘇司寇文

曰：嗚呼！惟靈天授英敏，素履伊章。出令榆次，平易近民，砥役均賦，政成循良。堅辭科道，部屬自光，既忤宦璫，寧桐梓丞。擢進銓部，公道攸明，一僕一馬，文選出行。公直在部，寅清太常，亦旣司馬，進退守經。方少司寇，執法不枉，縉紳攸囑，乃遽淪喪。某等素在交遊，無任悼傷，束辭寄哀，公其尚饗！

祭叔父壽官文

曰：嗚呼，哀哉！叔父輀車且駕，不久歸窀穸矣。言念吾叔，恩德比父。柟也口未嘗湯藥之事，耳未聞永訣之言，身未執棺殮之役，乃今長逝已矣。傷痛奈何！薄奠在俎，久安泉壤。嗚呼，痛哉！尚饗！

祭嘉定程先生文

惟靈懿性玄成，吉德真積，孝友兼懋，孚此鄉評，而又輕財焚券，足格貪薄。至其質素自奉，面折人過失，尤非矯情。宜乎篤生冢器，秉道不回，聲聞於朝野。柟忝與冢器同年友契，覩仁瞻事，受澤惟多，然皆公之賜也，而況私淑高風，實傾鄙懷。聞訃悼傷，抱病奈何！遠寄薄奠，千里寸忱。

祭王太夫人文

惟靈端毅公之淑配，太常卿之令母。公之忠在累朝，卿之孝聞九有。匪靈之真，斯忠孰翊？匪靈之慈，斯孝孰煦？柟居連邑里，幼聞主績，蓋嘗於公卿而私淑，是即於貞慈而有受也。臨窆之期，抱病之後，敬匍匐以執紼，潔牲醴而俎豆。尚享！

祭馬太夫人文

惟靈視履允懿，奉身惟周，業似葛覃，教如鳲鳩。有子積學而抱道，惟柟兄事而友遊，咀英啜華，尋根究由，久食德於無言，慚戴恩而未酧。惟靈鶴髮翬翟，雖百年而且逮；鸞影鳳雛，將千載而未休。詩云：「令德壽（母）〔豈〕〔二〕。」易曰：

〔二〕「豈」，據詩經蓼蕭改。

「有子［考］〔二〕，無咎。」而靈何疚焉！枏抱病之餘力，匍匐以奔哭，而報德之誠，謹馨香之一酹。

祭誥封淑人崔母李氏文

惟靈懿恭天授，柔嘉不忒。爲子而幹侍郎之蠱，爲妹而改孟華之酗，爲妻而相參政之道，爲婦而獲太恭人之心，爲母而教侍讀之賢，爲姑而訓李安人之儉。滂、軻之母，鮑、梁之妻，則淑人其儔也。枏，關西蠢人也，初入太學，辱交侍讀，好善履誼，不啻飲食，愛我如同胞之弟，迪我如傳道之師，過則必警，美則必獎，闇則必開，弱則必策。既鼹鼠以足飲，思河海之有源。凡靈之行，匪予聞之，實予誦之；凡靈之德，匪予誦之，實予戴之。靈今已矣，悼痛奈何！惟靈壽且八袠，道兼百行。侍讀方修顔、孟之學，而揚靈之名於萬世也，靈爲不歿矣！久結哀悃，未云獲展，兹拜丘林，奚勝殞涕。

祭蓮峯韓先生文

惟靈天授英哲，政成剛明，覺我後學，既有典刑，枏于先生，不啻前輩鄉曲之情也。矧伊諸郎，立德明道，並鳴熙時，聲聞海嶽。伊昔弱冠，義氣相召，枏于諸郎，不啻同年兄弟之好也。今公已矣，奚勝悲悼，絜酒束辭，用申虔告。尚享！

〔一〕「考」，據周易蠱卦補。

祭渭南李翁文

惟靈直性玄成，勤儉天授，履祥之施，爰有吾友。柟方總丱，同師高甫，道義之交，視公猶父。於後奔馳，數難獲拜，教誨食飲，日增月厚。往年訃聞，痛裂肺腑，銜哀裹懷，以抱病阻。仲冬北行，敬拜林墓，行李蕭蕭，買牲沽酒，聊告夙虔，靈其鑒否？

祭趙于岐文

惟靈神童童如秋水，質笛笛而鶴翔，探墳典於清渭，振木鐸於衡漳，甘鹽薺之如餳，坐無毡而自榮。辭匀曹、劉、屈、宋，翰訪籀、斯、顏、王。紛風騷之旁達，動宰衡之交稱，目翰苑之三禩，在庶士其孔揚。雖甲科之未偶，顧才華亦頡頏。乃若清秩，例遷雄方，顧君傑秀，後豈尋常。嗟昭明之伊邇，乃倦世而告亡，悲靈志之未究，殞涕淚於同鄉。協薦蘋藻，義爲賻裝，望靈輀之遐返，冀川途以偕康。雁塔之域，曲江之陽，知奎耀之不歿，爰窀穸而昂藏。

祭龍灣先生文

曰：　嗚呼！　先生材行之兼美，政教之具揚，柟既已志其略於壙矣。而其道德之淵源，文章之英明，又有芝兒桂孫以繩武而發祥，鄉生國士以口誦而心藏，柟亦不復再詳也。獨惜柟垂髫而立雪戶，弱冠而坐風光，年越四旬，未成一章，人雖以科名稱於外，而己實以斯志慚於狂。所幸初心未改其舊，而夙範實不能忘。倘有得於來日，庶不辱乎門牆。蓋於終身之

業自考，實以先人之言爲良，使當時師匪其人，安敢望後有所將？然則於先生之逝，豈徒流涕沾裳而已哉！秦、蜀既隔於雲山，而仕隱每老以星霜；爲志未效於公明，而薄命實過於履常。況羈金馬之下，益遠碧雞之鄉。瞻望瀘水，泣淚洋洋，遠寄薄奠，能不尚享！

祭景伯時母夫人文

嗚呼！惟靈真操玄成，淑懿天授。篤生子暘，寔惟枏友，遇在科甲，交在肺腑。枏過暘規，枏善暘誘，枏病暘還，枏憂暘厚。遠思魯顏，近鄙章句，當其齊懷，八荒同壽。石有赤松，澤有脆柳，托根異方，抱心自久。化蘭飲醇，何者非母？拜母堂前，祝母黃耇。耄目至明，記出枏手，萱花示徵，允矣暘有。九十弄孫，暘忽然後，慈孝雙精，亶惟天祐。范孟母賢，豈非輩偶？百歲仙昇，令名不朽。羈宦燕山，束辭絮酒，靈應不忘，鑒此用缶。

祭李御史道甫文

惟靈英邁不羣，於物迎刃。豸斧昔持，江西搖震，凡厥糾彈，靡言不信。守在蜀吳，令先汾晉，迨其仕優，學罔不慎。凡此鄉紳，重若瑜瑾，文翁課功，天子新覲。循良寡儔，風憲且進，豈憶一殤，天不遺憖。凡此鄉紳，痛如疾疢，敬恊薄奠，告此輀引。尚饗！

祭宣府十二公文 代作

惟靈出雖異時，產或殊域，然皆秀鍾海山，志希旦奭，或驅豺狼，或教稼穡，或礪干戈，或修羽佾，或戡艱危，或盡膂力，或老而迪廉，或隱而據德，或使剛方奮揚，或令姦慝屏息。既拯窮愁，尤詰反側，如北門之鎖鑰，如長城可馮翊。政在邊陲，心存社稷。若乃所遭或不展，厥志未盡得，或死犴狴，或隱岁崱，則亦不害爲鄉之瞽宗，邦之司直也。歷世雖遠，其美如即。某等咸事斯邊，載纘爾職，欽仰高風，實用心盡，敬建茲祀，思爲後則。或陰佑民，或默相國，華夷胥瞻，今古是式，不爽靈眷，享此血食。

祭五泉韓少參文

嗚呼！五泉逝矣，柟果不復覩矣。柟於元年入京，五泉追話於西嶽廟中，當其志，雖天下可澄清也。柟在館，五泉寄引疾紙於宣府書中，當其情，雖遯世而無悶也。今豈憶其遽至此哉？嗚呼！五泉之孝弟可通神明，而其賢能徧稱於縉紳，乃不能壽，而遺知己者之痛。天安在邪？天安在邪？

祭何封君文

惟公樸素性成，勤儉玄達。爰生吾友，爲時明哲，魯齋言還，疇纘其絕。十年之前，同事禁闥，親見云爲，奚孫夔契？惟我顓愚，粹夫頗悅，倚玉自矜，識者亦孑。言考行稽，當弟子列，窮本遡源，實公是臬。往歲訃聞，中焉慘怛，茲拜丘林，涕

泣奚遏。敬陳牲醪，聊告我潔。尚享！

祭有唐帝堯文　代作

惟帝道承三皇，德兼五帝，學開執中，萬世無弊。位始禪賢，民莫能名，惟天可對，於遡厥源。捨己從人，成功文章，亦云其細，時雍風微，茲土未墜。某等嗣守斯邦，敬修歲事，其以后稷棄、司徒契、羲仲、羲叔、和仲、和叔配。尚享！

祭有虞帝舜文

惟帝無爲風動，鳳儀苗格，職在嶽牧，好於問察。孝弟化遠，精一學純，河濱雷首，猶覩玄德。某等嗣守斯邦，敬修歲事，其以士師皋陶、共工垂、秩宗伯夷、典樂后稷、納言龍暨殳斨、伯與、朱虎、熊羆配。尚享！

祭夏后大禹文　代作

惟王紹禪唐虞，纘都茲夏。平成之績，府事之（敘）〔修〕[一]，貢賦之定，歲時之明，典則之有，勤儉之克，咸其緒餘。危微之學，昌言之拜，祇德之先，惟堯舜同。大嶽惟汾，砥柱惟河，其神所托始乎！某等嗣守斯邦，敬修歲事，其以伯益、奚仲配。尚享！

〔一〕「修」，據萬曆李楨本改。

祭平陽名宦文 代作

惟靈忠光列代，材昭庶政。致身不同，爲民則一，歷世雖遠，其澤猶存。某等嗣守兹土，仰止高儀，不啻如五人九官也。惟兹仲春，式陳明薦。

祭平陽鄉賢文 代作

惟靈力學雖異，抱志皆良。建功雖殊，履義咸篤，出則明忠，處則修道，蓋皆河汾之秀，稷、契、皋陶之遺材也。某等忝職兹土，仰止清風，思穀士女。惟兹仲春，式陳明薦。

祭鹽池羣神文 代河東運司作

惟神液結天池〔一〕，寶獻鹹鹺，（博）〔傳〕〔二〕食諸省，遠壯邊陲，羣靈協相，于國多益，久皆血食於斯。邇乃風日愆度，瓊瑤未花，撫躬循省，職司其咎。將商人阻乎？鹽人逋乎？（獄訟）〔訟人〕〔三〕鬱乎？抑車人之無已乎？有一于此，敢不思

〔一〕「池」，萬曆李楨本作「地」。
〔二〕「傳」，據萬曆李楨本改。
〔三〕「訟人」，據萬曆李楨本及上下文改。

更！更若不效，亦神之恥。（旻）［某］[一]等忝事兹土，與神同任，牲醴既齊，伏惟尚享！

祭河東運學鄉賢祠文 代作

惟神勳績一時，風聲百世，鄉山梓里，注澤尤深。惟兹河東，國課所出，附近州邑，義有攸屬。明祀未秩，巡歷者懼，爰命有司，立主運學，尸化髦士。其春秋三獻之儀，薦以特羊特豕，亦令有司於丁後庚日行之。兹具牲醴，聊罄瞻仰。尚饗！

[一]「某」，據萬曆李楨本改。

涇野先生文集卷之三十六

題辭

題薛孝甫瓊林醉歸圖

於休哉，孝甫！吾知子於總角之時，當有今日也。然此豈足以盡子之材哉！雖然，不由此，子之材無以見於世也；若滿乎此，如世俗吏，又豈孝甫之志哉！

題渭南處士任君廷實錫賑貧圖

辭榮遜利，上士猶有難色；捐財賑貧，里翁閭叟或脫然舉不意也。定於天者，質也；成於人者，習也。質龐者心惻，習懿者行良。晏平仲仕於齊，齊人待晏子而舉火者七十餘家。而晏子一狐裘三十年，至祀其先人，豚肩不掩豆。夫晏子豈不欲利其身與先人哉？其所志者，固非夫人所能識也。山不吝材木，樵蘇咸適，而材木未嘗窮；水不吝魚鱉，竿網咸適，而魚鱉未嘗窮，蓋有所預之者矣。故曰：「獨富不富，獨窮不窮。」是故聖人賑四海，賢人賑一國，善人賑一鄉。賑四海者，四海咸賑之；賑一國者，一國咸賑之；賑一鄉者，一鄉咸賑之。處士已矣，而爾子孫嘉懋，大則躋道階，小則登膴仕，如卓仰二子者，詎可量耶！是非處士之積哉？是非處士之積哉？

題李震卿瓊林醉歸圖

此兩峯子李震卿瓊林醉歸之像也，丹徒之循良，豸臺之風霜，隱然可想。然洪而不通，雅而不常，似得好善之趣，而無逐俗之尪。此其人進之不已，不啻與其縣呂與叔頡頏也。彼宰揆卿相，何足爲子望乎！

望闕行禮圖題

此吾年友潘僉憲希古望闕行禮之圖也。正德戊寅秋，希古入慶萬壽，駕適西狩關表，詔諸入慶者望闕如儀而旋。希古曰：「鑑自釋褐至今，星霜十變，自邊抵京，水陸萬里，方欲傾中赤於少間，覩天顔於咫尺，奈何遭時之難，積誠未至，空懸仰聖之目，深折效忠之心。」遂歸而爲圖以自識。呂柟觀而題之曰：

「睇斯圖也，此其人雖於斷遊車之軔，斬佞人之頭，以解蒼生之苦，亦所甘心焉耳。而況希古清介忠貞，好善不倦，存其素志者乎！爾乃入慶，不獲一瞻聖容，則所以引領而延頸者，意何如也？睇斯圖也，則當時廷臣肥馬輕裘，顒顒昂昂，不以聖上蒙塵爲苦，而以遠遊爲幸者，爲何如耶？嗟乎！使當初狩時，皆希古若人以阻之，不止免如此圖而已，又豈有辛巳之三月者乎？抑其十年之前也，豈無識安危之機，見治亂之源，忘身不顧，遇主於巷之人乎？乃或曳其輿，或掣其牛，蔽主至死而不悔，潘子可獨以此圖爲識邪？嗚呼！余重有感於斯圖！」

題畫贈蒙化陳思中

煙蒙蒙，樹渺渺，山田田，意浩浩。我思見其人，乃莫由其道，將非真如此畫耶？

題空同柬

予嘗獲觀絳帖，見晉人墨蹟語格，玩之不厭，以爲後無復有是也。乃今見空同子諸簡翰，又何讓於此邪！雖然，近觀兩程子與諸友及羣弟子書，則晉人簡又涼涼薄矣，憸憸巧矣。夫空同子將爲兩程子未艾者也。

題翰苑叢珠卷

西涯先生在翰苑時所得諸僚友之詩牘書箋，積盈篋笥。其子尚寶君獨篤好近時人辭染，而於此頗不珍藏。光祿卿毅齋劉公及崔世興詣尚寶君，倒笥而觀，不下千百紙。見其然也，歎曰：「崔，西涯之門婿也；乾，西涯之門生也。當分收諸簡，以爲先師永世光，猶爲在尚寶家耳。」若此卷者，蓋其十之一也。夫其詩之格，書之體，雖未容遽論，然而其意質直，其風淳樸，則猶有前輩之度乎！恐尚寶君之所好者，未必遽能勝之也。若夫不背師門而思從先進，則吾於毅齋公有重感焉！

日惺齋題

日惺者，宜興杭錫賢扁其書齋以自警者也。昔程子論敬，而謝上蔡以常惺惺法明之，然則錫賢其亦上蔡之徒乎！夫惺，猶醒也。人睡以寐則不醒，飲以醉則不醒，欲以迷則不醒。內不見身心，外不見天日，與物無異矣。就其中以迷欲爲甚，而欲之迷也，在人各有所重，惟於重者，常以理喚醒，則其輕者皆易矣。至於久積，雖曾氏之三省，皆可以究其旨而得其要也。錫賢年四十而向上無已，好學不倦。因其問也，遂書以與其志。

怡萱題

江陵周九仲廷卿業太學既滿歷，來謂予曰：「廷卿幼失父矣，母劉氏鞠育誨撫，遣入縣庠，習識書禮，至有今日。而母已六十，當其遭吾父之喪也，殯殮哭號，悲動隣里，茹荼食辛，以至於今。廷卿此歸，何以怡之？」曰：「子知范母乎？以齊名李、杜爲怡；子知尹母乎？以知汝善養爲怡；子又知孟母乎？以感激三遷之教爲世大賢，傳其學於千載爲怡。子擇其一以怡母夫人可也。」

題可山冊辭

涵濱黃仲通述可山王伯貴之行，推孝以及其叔，履義以導其兄，廣慈以友其弟，文武咸閑，忠信不詭。與泰州王汝止，蘭溪方質夫，山陰范廷潤、胡惟一並稱焉，有古孝弟力田之風，充其材，孔門皆可入。予聞甚歎羨之，謂仲通曰：「寄語諸

君，甚無臨富貴榮利有所變乎！此中有至樂存也。夫伯貴而知山之爲可乎，以其不變也。昔者顏氏之子見大心泰，雖至一簞一瓢，不改其樂。使顏子少變而改樂，雖半瓢破簞，亦夫子之所不取也。黄庭堅稱茂叔光風霽月，而不知其塵視珠玉，銖視軒冕之見，非尋常人可及耳。伯貴甚無以嵳峩岑崟者爲山乎！」

題渼陂辭

後諸辭，乃吾友渼陂先生王公平日之作也。先生有經濟之材，而不獲見用於時，乃遨遊終南、鄠杜之間，吟風弄月，時一洩之。調雖用乎近世，義則比於古人，讀之真可以廉頑立懦，起頹振恥，於風教關不淺也。暇日乃書以與其友秋泉張廷儀，然則廷儀其亦非尋常人乎！其十襲以藏，貽爾子孫乎！

沖菴題

沖菴者，丹徒人鄔先生廷臣甫之別號也。年已七十有餘，隱處京口之陽，閑雅恬淡，不慕名利。友其二弟傑、杲，猶於其兄聽竹之恭也；字其兄子縉而教之，猶於其子主事紳也。蓋綽有寧、晉先正之風焉。他日，嘗讀軒轅氏矣，曰：「飲食有節，氣日沖；起居有常，精日沖；喜怒有常，神日沖。」則歎曰：「榮獨不如此乎！」又嘗讀老氏五千言矣，則歎曰：「『道沖而用之，或不盈，淵乎似萬物之宗』，語無源也。『萬物負陰而抱陽，沖氣以爲和』，語道化也。『大盈若沖，其用不窮』，語洪德也。」則又歎曰：「榮獨不如此乎！」於是遂以「沖」名其菴，隱練行業，潛詣道德，而人莫之知也。及子佩之舉進士，仕戶曹，而朝野始有聞。於是諸縉紳或爲之說，或爲之賦若詩，以宣其沖之秘。予聞而歎之曰：「夫沖也者，中而和也，天下之大本達道也。先生修諸己以藏其用，而佩之今且見諸政以達其本，是謂父雖得諸一身，子將行諸天下矣。沖乎，

菴乎！吾知先生將拓爲人之廣居乎！」

素菴題辭

蘇州陸在鎔金以「素」名居，嘗持卷謁其師陽明王先生，陽明反復與説良知之義悉矣。他日復以見予，予曰：「在易履之初九曰：『素履，往無咎。』夫子曰：『獨行願也。』程正叔曰：『欲貴之心與行道之心交戰於中，則不能素履矣。』其説是也。蓋馳騖者多喪志，羨援者率渝節。喪志則意必不樂，渝節則心必不安，遂失其願矣。故君子以義定命，不引於物；以位爲素，不變其常。仁於家庭，睦於宗族，友於州里。有官守也，則達於寮寀上下，雖無入而不自得可也。將陽明所謂良知者，恐亦當求之此乎！詩曰：『雖則如雲，匪我思存。縞衣綦巾，聊樂我員。』陸子其繹夫！」

題易氏圖訓

學士解先生易太守之曾祖孟昌公文序、諸公名言，其得之難、守之謹悉矣。夫孟昌公獲此者，固其爲人之美，亦以先世南林公曾爲文山之師，有道義存故耳。夫南林公教於他人且如此，則其垂教於子孫者可知矣。太守於其他人贈先生之言且如此，則其於先人之行可知矣。將孟氏所謂「求則得之，捨則失之，是求有益於得者」，殆亦在此耶！

題桃溪卷

潮陽周克道結廬桃溪以居，不會試者數科矣。去年來南京受學甘泉先生，所得益深且厚，與永豐呂汝德並名，予嘗以

爲湛門之謝、楊也。秋初，二君送先生北上，至彭城以別，先生與之觀化詩以勉。予讀而附贈之如是云。

東軒題

予患足疾，南來懼濕。今夏暑雨尤甚，客邸偪仄，如坐洲渚，遂病右股。訪屋於柳樹灣中，歷旬月而未獲。有高某某者某人也，習於林君孟可，知其有閒居也，問之，孟可即以其新院一所假予以居。他日，又邀飲於園亭，殽杯既舉，花卉爛漫，薰風徐至，細雨初飛，時其姊夫鍾錦衣某及蔣進士偕在，皆曰：「此亭面東，而孟可且無別號，不可題乎？」然予已半酣，愛景靜物暢，辰美情愜，遂濡毫爲四絕，並大書「東軒」字。厥後孟可額諸扁，又以卷請予識之，予又不辭而筆之，上爲之引，亦可觀吾之爲客，而孟可之爲主也。

題竹

此山陰世子蓬菴所寫之竹，內濱子以貽弟啓東者也。此可以見內濱友弟之心，而知啓東向道之志矣。他年杖節於時，而弘此義於天下後世，不在初氏乎！予於是題其端曰「清勁絕倫」云。

文獻世家題辭

盱眙生呂松持其祖有宋氏四公像謁予，予薰沐捧觀，歎曰：「嘗讀史，知其行矣，未獲其心也；嘗論世，知其心矣，未覩其貌也。乃今親見其貌乎！文穆公寬而慤，文靖公肅而遠，正獻公端而厚，東萊先生明而直。其行與心，皆可想也。呂

氏子孫，其世濟其美哉！松疑予近藍田，恐同宗也，然予心行未能及四公，安能爲其後哉！」乃書「文獻世家」歸之於松，使知勉云。

題馬鞍山路

高安劉士毅之弟弘忠以其地之馬鞍山路險，不便人行也，乃損貲募匠，平其怪石，削其怒厓，疏其隘壑，杠其皇澗，旬月之間，遂成坦途，自筠之洪者，雖冰雪霖雨，往來不違。士毅告予而並以其冊來，涇野子曰：「令弟之修路，猶吾子之修道也。夫人之於道也，爲物欲所阻，習俗所礙者，豈啻怪石怒厓哉！子嘗遊太學，師事甘泉先生矣，萬里周行，今已駕輕車而就熟路乎未邪！無獨羨令弟之修馬鞍山。」

潁溪詩冊題辭

葉亭楊美之嘗在京師問詩于諸名卿大夫，盈帙矣。秋試後，持以展予，其言莊以麗，其書多遒勁清新可玩也，則謂之曰：「何至是乎？」美之曰：「鏐嘗以爲夫學也，求之一鄉不足，則求之一國；求之一國不足，則求之天下。斯詩也，內自翰苑，外至部曹，諸君子之志存焉。鏐爲是蓄之耳。」曰：「古又不云：『求之天下不足，又尚論古之人。』子奚不論其世者乎！論世則何若曰：周公七月憂而勤，召伯甘棠仁而信，尹吉甫烝民、崧高清而穆，家父節南山讜而忠，召康公卷阿志廣而有本，衛武公抑及賓之初筵蓋而則。」

養齋題辭

養齋者，休寧汪君之齋扁也。君名才，字德用，年十四五即抗志立門戶，事其父母極孝敬，遇里悖逆子則語之曰：「不敬父母，天地罪人也。」於是常布衣惡食，推恭兄弟，至造舟以濟人，買石以砌泥塗，捐己資而不吝，凡以厚其德而充其才云。一日，謂其友曰：「某不才寡德，故先君以『才』名我，宿大賓以『德』字我，予無能以貢先君，惟有養此才德，庶可以自獻耳。」於是遂以「養」名齋云。

養齋生三子：長威，應天學生；季敬，徽府學生；仲全，賈於姑蘇。乃遣威、敬學於鷲峯東所，且語之曰：「古人云：『中也，養不中；才也，養不才。』予懼中、才之未有也，思守先人之道，以養予之不中且才。今雖未能爲賢父兄，然而欲汝三子者，求中、才未嘗不拳拳也。威也，敬也，學宜時敏，勿謂有來日。吾不圖汝富貴，汝當以古聖賢自期，無貽予羞。全雖商，交際四方人，當懋益信厚。即能如是，則予以『養』名齋者，不獨一身止矣。」威等受命惟謹。他日，威以告，涇野子曰：「伯重，爾未讀頤乎？彖不云：『天地養萬物，聖人養賢以及萬民。』故君子養其才德以及天下。伯重其思養齋君之志以踐形惟肖乎！」於是養齋聞之，益勑其子之勇趨于道也。諸知養齋者，皆爲詩以贊其志，謂伯重兄弟必能履斯言也。

介立題辭

介立者，少室以南之支山也，去汝上亦不甚近。林子曰：「吾名時，字懋易，隨時變易以從道也。予深惡夫隨也，乃謂介立之山獨近于予，遂取以自號焉。」涇野子曰：「易不云乎：『介于石，不終日，貞吉。』夫子以爲斷可識矣，蓋言明生於

定也。故心之不定者，得喪動於前，禍福變其操，知彰而不知微，知柔而不知剛，一身自以爲榮，萬夫不以爲望矣。故三公不能易柳下，齊卿不足以滯孟軻者，介也。昔者夫子大聖人也，學至三十方能立。今人謂立爲細，開口輒言權，是故年未壯艾而習傾倚，歲已耄耋而學僵仆，皆生於輕立重權之弊也。是故泥途而有健步，必其攀緣者也，不然，跬步不能前；中道而有跛足，必其篤疾者也，不然，千里必可到。故君子寧求立而未至，不可未立而先權也。林子行已近立，乃其志又欲守乎介焉，則他日雖不惑、知命之精，皆可學而（志）［至］[一]也。林子幸無謂介立之未效也而有渝。」

丹葵向日題辭

「丹葵向日」爲少司馬筠溪黄公題也。六月初，筠溪將北上進萬壽賀表，以卷問予所作曰：「何以送我？」是日，荒階葵花開熳爛，因題之云云，且曰：「當此之日，民情之休戚，軍士之苦樂，人材之忠邪，風俗之醇漓，紀綱之張弛，筠溪既已久覽而飽知之矣。斯行也，上以告之朝廷，下以告諸卿相，知無不言，言無不盡，真如此葵之畢傾其心以向日可也。」或曰：「江南之蝗蝻，河北之流離，亦爲可告乎？」曰：「春秋記異而不記瑞，如必專取白鵲瑞麥以告，則爲有隱懷，曾此葵之不若也。臣子敬祝萬壽之本，豈其然哉！」因賦葵花詩。

碧溪書屋題辭

碧溪書屋者，歐陽侍御之所建也。侍御在言責，以直道不行，隱居碧溪之上。年逾六十，猶口誦古人書，作賦題詩，落

〔一〕「至」，據萬曆李楨本改。

筆有神。其長子乾元嘗從予遊，以其冊請書焉，則謂之曰：「先生專心古道，不同流俗，仕忠於國，處義於鄉，於斯道，殆有得焉。蓋將由此一泓之溪以達於海也，其所以身教乾元者既已深遠，乾元可謂朝飲而暮啜者矣，豈但以爲傍觀側想而已哉！」

觀花春宴題辭

西津趙君構亭於都尉府之前，有牡丹數本，當春熳爛，不減長安、洛陽之盛。偶邀四峯、鍾石諸公共賞，而予亦與焉。於是臨花對酌，開卷賦詩，大抵皆惜時憐材、觀物懷古之意，知西津之志，非爲花之富貴者也。

廢菴題辭

廢菴者，應天生謝應熊之父天然君之別號也。天然君中歲盲其目，自謂終不復有用於世矣，遂以「廢」名菴。聞君蚤通經史，孝於二親，倡作族譜，乃又臨財不苟，擇友而交，則固古篤行君子者矣。所謂盲其目而不盲其心，廢其身不廢其行者，不殆若人乎！王貞立言瞽瞍由舜而不廢，應熊如痛天然君之盲廢也，其所以爲明且興者，當必有道矣！

涂水墓題辭

題辭曰：嗟惟我友，素履孔醇，始於心身，喜怒好惡，罔有不審。儀刑妻子，亶如琴瑟，至於兄弟，祇知自尤。乃臨物利，惟義是取，躬自甘陋。父母斯順，族戚咸睦，亦有鄉黨，齊口褒嘉。越既蚤逝，道路感泣，凡厥有晉，咸稱涂水先生云。

公自筮仕，據經明法，有罹刑辟，開釋惟平。仁在甬東，忠在金陵，郥楚之鎮，全陝之撫，活千萬人。既晉司馬，訏謀遠猷，感動聖主，足戡禍亂，陰解寃抑，凡厥有位，皆歸重於兵部侍郎云。枘，公之三十年前謀道之友也，造公之里，信公之深，爰爲蒼生，於公痛哭，抆淚之餘，題其墓曰：「兵部侍郎涂水先生寇公之墓」。蓋雖據爵號以書，實本諸朝廷、鄉黨之所鄭重者也。行路瞻言，百代作人。

觀大禹王書題辭

京兆郭公自微以所藏大禹王石書持示，枘拜手仰觀，恍若黔雷矞皇，御以伯僑、羨門，自天而降也。昔者伏羲觀鳥獸之文以畫卦，故大過有飛鳥之象。大禹因治水之瑞以作範，故書有九疇之數。往予家食，遊涇、渭洲渚及灞、滻之汭，打起鷗鷺，觀其羽印蹄痕，皆成文字，因思聖賢之書，非茍作也。夫字，心畫也，點畫形象列而治道具矣。故其文玄者，其思必深；其思深者，其言必簡；其言簡者，其行必醇；其行醇者，發於事業，措諸政教，于四海沛然也。則夫文字，豈徒以奇僻爲哉！沙門懷英以禹作龜書，乃爲龜鱉之狀，誤矣。有志治官察民者，宜日省覽於斯云。

日休亭題辭

日休亭者，盧生惟欽之齋扁也。惟欽嘗讀周書，愛「作德，心逸日休；作僞，心勞日拙」二語，遂以「日休」扁其齋，資顧諟。他日以告，涇野子曰：「屢接惟欽矣，似有心逸之態，内私重之，不知惟欽久從事於作德也。夫周書言德則與僞對，猶大學以誠意爲德也。大學之道雖廣，而誠意獨切。惟欽能先格致以盡力於此，則雖他日治平不難矣，斯固周書之旨也。」

九十壽康題辭

去秋予過定遠，今御史滇南唐子薦方令於兹，遣義官錢逵輩送予至池荷驛，方爲大書答子薦，而逵跪乞一二字，並言其繼母陳氏在堂，九十强健，且篤敬貞慈，愛逵無異於身所出也。予歎曰：「此雖汝母之賢，亦可以占逵之孝矣。」同遣遂益言逵平日孝行之實，予乃大書「九十壽康」四字以畀之。今春，逵以其親眷張正郎崇禮來請予重書於冊，予不能辭，因以告斯人於善詩者。

風木遐思題辭

定遠義官錢逵喪其父景影君暨配蔣氏將三十餘年矣，常泣語人曰：「逵治經未就，不能側縉紳大夫列，以光吾父母於地下，而吾父母之敎孝持敬，拯婚救急。嘗因大雪彌月，餓莩盈途，乃爲粥分食鄉閭，全活甚衆。惟逵不肖，無能繼述，追慕雖切，顯揚無由，誰其以明逵之心哉？」於是其縣大夫唐子薦聞而悲之，大書「風木遐思」以褒嘉焉。他日，逵以其婿前刑部郎中張崇禮書以問言，予覽之曰：「逵將以予爲其繼母書『九十壽康』不足也，而又有是請乎？夫君子傳天下及後世，豈必皆縉紳大夫哉！苟有誠孝之心者，韋布之賤，蓽圭之微，未嘗不與汗青並長也。逵無徒遐思而已乎！」

儉菴行樂題辭

儉菴行樂者，盛範卿思其父儉菴君不能忘，遂寫此圖而身執書侍側，如生存日，可謂死事盡力者矣，且曰：「父母沒，

將爲善思，貽父母令名；將爲不善思，貽父母羞辱。展卷覩像，而楷力學之心不能已矣。」予曰：「嗟乎！範卿之能爲追遠也。夫子不云『立身行道，揚名於後世，以顯父母』者，不在茲乎！範卿若恒能手持斯卷從事斯文，不舍晝夜，雖他日如曾子輿之能顯其父晳，不可到乎！」

孟訓堂題辭

孟訓堂者，太學生談文通之所築，以事其母鄒夫人者也。鄒夫人生文通，食食能言，已訓之矣。比其長也，欲思齊世之賢哲，聞冉溪之胄有二泉邵公善爲學者也，即法三遷之義，遣文通移居以就正焉。他日，文通學有所得，曰：「一貫不可亡吾母冉溪之遷也。」遂作是堂以識母教，一時名公皆有詩篇以詠其事，而風諸無錫。文通既至南應貢，以展予而問言。涇野子曰：「仰學孟母以訓文通者，鄒母之慈；必學孟子以報鄒母者，文通之孝。」

靜樂得言題辭

靜樂黃日思自太學以至既官戶部，爲母致政，縉紳大夫多有贈言，凡以贊其美而勉其不已於學也，黃子輯編成帙矣。他日過問名，予謂當題之曰：靜樂得言。蓋君子以行爲本，而人之言凡以助其行也。苟得人之言，誦之於口，維之於心，驗之於身，毋忘其所已能，滋充其所未至，則孟子所云「是求有益於得」者，將不在斯乎！若或受之而少忽，守之而不堅，擴之而不能充實光大，以徒爲交遊之榮，則於斯言也，雖得之必失之矣。黃子于予以道相勗者也，豈其然乎？

與郭希説南雍贈别題辭

韩城郭希説卒業南雍，適予講論語於太常南所，希説亦數與焉。既久，諸友見希説之語默動静，皆加敬愛，以爲篤信力行，不同流俗之士也。而希説思親欲以歸，諸友戀戀不能舍，閣師説輩數十人皆有詩也。予歎曰：「此固江南士風之厚，亦以見吾希説致行之美。夫希説持此，不已其功，益求其所未至，豈惟今兹之悦親信友哉？雖他日以獲上下而成治功亦有餘也，希説勗哉！」

林世藏敕題

此閬中簿林克萬於洪武十年間所得高皇帝制敕之詞翰也，其裔孫春澤保而藏之。予瞻玩焉，亦可想閬中之賢矣。夫閬中有是賢焉，至今百餘載不没，使克萬大行其道，以光乃先人，雖千萬載傳可也。

王氏族譜題辭

此譜爲太學生王克孝之所纂也。考覈精詳而編次不詭，可以觀孝敬之心矣。克孝嘗從予遊，有志聖賢之學，致力明誠之地。其既殁也，予得見是譜焉，則其心雖以收族於天下，亦所願也，王氏子孫可甚傑之。克孝即姪曰用臣、舜臣請予書數語於藁前，遂有此題。

登瀛圖題辭

此永樂二十八宿登瀛圖，乃周文襄公之孫憲經允所藏者也。夫文皇初命大學士解縉所選進者二十八人，文襄奮然以年少願學自舉。文皇嘉其有志，增爲二十九人。夫二十九人，自曾殿撰而下，雖文學名重一時，然而如聖諭「爲學必造道德之微，必具體用之全」者，以文襄公爲首，其他如王公直、李公時勉、陳公敬宗，亦庶幾焉。若諸君子者，雖或生年不永，雖或秩位不崇，然固不必論，但可以比方文襄者亦鮮矣。嗟乎！微文襄之自舉，則二十八人者不幾於負聖心乎！乃然後知科第之不足貴，而道德文章之著，惟有志者事竟成也。

西渠墓碑題辭

題曰：此安陽張西渠先生之墓。其人明決如宋包拯，讜論如唐陸贄，識治如漢賈誼，惠民如鄭子產，好善如周欒克。故河東祀其鹽澤，廣平頌其刑書，漢中被其水利。使天假之年，時與之位，將天下之民安物阜不難也。惜乎！乃以陝西憲副而止，豈獨先生之命哉，則予所慨於斯民者多矣！道過謁墓，人亡松存，洒淚臨流，敬題斯石曰「有明陝西憲副前監察御史西渠張先生之墓」云。

閻孺人七十壽詩題辭

孺人閻母今年壽登七袠，其子進士傅問諸才士騷人，詩歌盈軸矣，又欲予有言。予聞古君子事繼母如母，以其尊同與

父，孝子之心不敢殊也，而況於嫡母乎！宜乎，師説總諸名詩以上壽也。雖然，此在人者也，非在己者也，此猶求諸言者也，非求諸行者也。然則求諸己與行，不在師説乎？師説能嘗求諸己與行，則其所以壽乎孺人者，豈啻數千歲而已乎！且師説不見朴菴翁曁孺人命名之初意哉！

賞豐樂亭題辭

前歲乙未，予過高郵，鄧太守子華方知州事，惡其地之衡要，送迎日夜不暇，以爲疲於奔走，無補民瘼，不如求改太學一官，以與諸士子談説經史爲少安也。予謂之曰：「一命之士且能濟人，而況于五品大夫乎！且雖奔走迎送之間，無非益民勸士之所。」予既去，子華乃一心於民，諭之如師保，撫之如嬰兒，已而四民樂業，士亦向學。既期年，蝗飛蔽天，江淮一帶州邑卒罹其災，而高郵四境之内，蝗皆抱草赴水而斃，連歲大熟。子華喜己政之有徵，而憶予往者之言果非虚恢也，乃作豐樂亭以與士民同樂，有昔醉翁亭之遺焉。

今春，予進賀表北上，再過高郵，滋聞其詳，且得觀子華自序並諸歌謠之作，喜慰無已，曰：「使子華往日獲改官太學，就如予爲祭酒，未必遽有益於士民如此也。經曰『其身正，不令而行』者，果然乎哉！今子華乃歸美於予諭解州略，而不知予作布袍詩者，實其本根也。斯往也，衣此布袍，敝至素絲五緫而後已；阜此郵民，化至比屋可封而後止。則子華他日晉參藩政，雖全省有蝗，亦可坐而除也。」

金陵贈意題辭

南秋官錢子貴行晉北刑部貴州司，其僚、同年率爲詩歌，以發其莅刑明公，聲動銓曹，有此行也。貴行持謂予曰：「諸

君子輩多褒辭，衡願吾涇野子一規戒之，以資顧(視)〔諟〕[一]耳。」予歎曰：「諸君子若言貴行爲師能得其民之情也，乃貴行自不滿假而求規戒，豈非曾子所謂勿喜者乎！持是念而不渝，雖他日位至大司寇，又何加焉！夫士之於刑，得其情而喜之者，固非也；乃有不得民情而喜者，則謂之何？不得其情而喜者，固非也；乃有如得其情而不知所以處之之道，徒勿喜焉，則又謂之何？然則貴行斯往，雖得其情，吾知不徒勿喜矣。」或又曰：「峻法以徼名，狥私以縱姦，殺人以媚人。茲三者，如得其情，則謂之何？」曰：「有一於此，豈惟勿喜，雖怒至壯頑，奮不顧官可也。」

鴿蟾雙悲題辭

胡孺道大器有孟兄大用者，號鴿菴，鴿菴既歿，孺道見鴿不忍看，如見大用也。有仲兄曰大周者，號蟾菴，蟾菴既歿，孺道見蟾不忍聞，如見大周也。於是孺道之友數十人知孺道之心者，畢作詩以識其悲而褒其能弟也。夫孺道於其兄如此，則於其親可知。古人之遇石不踐者，當以若是乎！若孟子以孝弟歸堯舜，而克明推其極至，通於神明，光於四海。吾望孺道不止使宗族鄉黨之稱而已可也。

蒲塘清隱題辭

蒲塘者，太學生戴冠之父別號也。蒲塘君行義好善，孚於鄉閭，爾乃不求聞達，隱處蒲塘以自取。其子冠初從鄒東郭遊，已而從予於太學。予願捄病者，則速摘藥資。予嘗有宋四子抄釋，不能適及多士，即倡其友十數人校讐板刻，以傳辟雍

[一]「諟」，據萬曆李楨本改。

諸生。當其志，若有能博施濟衆者，冠雖力不能，亦欲從其後也。然則蒲塘清隱之意，將無于冠而發之乎？所望捄病者，不但於顯明，雖寒微隱暗之人亦然，斯爲仁。徒板傳其書以資俊傑而已，或不能悉其詞義以允迪之，亦非智也。智仁於冠，毋忽也，斯蒲塘之志乎！

有明山西參政西澗先生秦公墓碑題辭

嗟乎！此吾友西澗秦公之墓也。方風俗之下流也，智者罔愚，強者轢懦，富者凔貧，貴者蔑賤。共疚於心，獨見於政，中宦不能劀其鋒，邊鎮不能折其翼。爾乃如矢斯發，如斧斯劈，鋤強挫暴，劘貪刈頑，畿輔頌其明，三晉安其公。然豺狼可問，而不能逐姦僚之穽；貂璫可喻，而不能解撫按之羅。此固在外者之有時數，亦在己者之有義命也。君又何所究乎！君又何所究乎！

霄山題辭

霄山者，太學生汪子枋之父韋菴處士之別號也。山在祁門縣北五里，巋然獨峙，上侵霄漢，故云霄山。處士以初號近於脂韋，非所以誨子孫也，乃改號霄山焉。山下有溪，遂名霄溪，其半翠微有澤，即旱不竭，曰霖塘。霖塘之左爲飯牛塢，其右也爲海龍洞。溪達面前，爲自家灣。缺析舘在山麓，其後則習靜齋、玩易窩也。乃又構虛受樓於塘灣之間，結不息亭於霄溪之滸，使子枋日進修其中焉。他日，子枋來問其義，予曰：「子枋而知處士之志乎？蓋欲爾盡絶外誘，壹志向上，如此山之挺立可以干霄也。辟如種木者，若舍其梧檟，養其樲棘，則葛藟蘿藤，纏繞不舍，幹亦屈偃矣，雖一直木且不能及，況此霄山乎！子枋勗哉！其肯負處士之志乎！」

題胡仲吉愛山辭

此愛山之什，予於五七年前爲胡孺道之兄仲吉所題者，當時因問，漫然書之。近見完册，皆孺道爲仲吉所求文詩，或於北雍，或於南都，遍訪名賢，積久而後成帙。則處心積慮，以致克恭之成者，固非一日耳，仲吉友于之厚，亦可見矣。吾知他日並懋弟友之善，必至不知舞蹈，如漢二難者也斯已乎！

西溪逸翁題辭

二泉邵公作西溪記，言錫邑之西有溪焉，受惠泉之流，納百瀆之注，作德聚澤，爲流衍之地，而以導入海之勢，大其觀以待後人。夫翁初訓子孫，期樹世望，今汝成蚤成進士，且篤志斯道，當必身爲斯海也，北受挾右之入，南爲朝宗之趨，使觀者難爲水，以光大西溪之瀾也，不可乎？

覽西溪志銘題辭

覽西溪逸翁志銘，乃鳳山秦公所撰者也。言翁尚論古人，必以司馬文正公爲的，當翁之篤訓子孫，而其必于汝成者，蓋有在矣。汝成既舉進士矣，若他日行業政績，思齊君實，力不已也，而又能過之，則豈非西溪含笑九原者乎？

九思志銘題辭

邊寧波志九思先生云：「有近仁之資。」疾之革也，摩三兒之頂曰：「他日成立，無忘吾師。」其師即寧波。寧波舉進士，就教職於寧波，不久視亡矣。夫九思先生永訣于其子者，凡家事一不及，而惟以報師爲言。當其人，豈非朝聞夕死者乎？然則汝成之所繼志述事者，雖如曾參一羊棗，亦思其父，至聞一貫，以報先師可也。

明南坡處士柯君之墓碑陰題辭

此南坡處士柯君者，長樂學生時偕之父也。處士名崧，字伯峻。幼而聰敏，讀書即成誦，至老不忘。年十六七，父母接逝，家貧不能成葬。奔走經營垂十餘年，始克襄事于洪山東麓之壠，於是其父彥華、母陳氏始宴窀穸矣。乃遂隱居，行義於大嶼南坡之陽，朝出耕野田，夜歸讀古人書，或朗誦前賢詩篇，如陶潛諸什，自適其趣。其處比閭族黨以正相信，而孝友修身，庶幾有古人「不間於父母昆弟之言」之風。於是時偕與其弟時亨、時顯、時益並知向學，惟道義趨。甲、乙之年，予講論語於鷲峯東所，時偕自長樂來。聚講數日，以其說告諸處士，喜曰：「吾兒能有依歸，其成材爲世用可幾也。夫學以立身行道、揚名顯親爲孝，豈在日用三牲哉？」

丙申之年十二月既望，處士年已八十有五矣，乃夜召時偕暨諸子曰：「吾已矣。夫吾素所願慕者，得涇野公數言大書藏所。時偕可往求之以表於墓，吾九原之下瞑目矣。」言已而逝，時偕哭踴痛絕，哀毁成瘠。時值年饑，親隣離散，匍匐靡救，勉力謁誠。遂攜男僕四人，忍飢刻苦，水行數千里，時經二三月，冬抵南都，乞問墓表。予憐處士素志，憫時偕之積學，乃大出於碑面，又題辭於其陰云。

燕磯倡和詩題辭

予舊至燕子磯，嘗有詩與記，今五七年矣，恒懷想也。偶辱春岡劉公見惠燕磯倡和詩集，披閱再三，其景趣皆當時所稔覽，而筆力未能到者也，諸詩之工可知矣。因識之，如予再一遊云。

贈君月崖先生墓表題辭

贈君月崖趙先生者，曲靖太守舟山子元默之考也。其墓在廣東順德縣之東〔北〕〔一〕，所配李宜人者合葬焉。墓倚石巖，（之）〔巖〕〔二〕腹有洞，洞顛一石，其立如麇身，其後如牛尾，其蹄如馬，而首如狼，首上一角巋立，宛然麟狀，但少聲音中黃鐘耳，觀者奇之，遂名其洞曰玉麟洞。夫洞，石也，非麟也，麟殆其似之耳。若爲人子孫者，含仁懷義，行步中規，折旋中矩，遊必擇士，翔而後處，不履生蟲，不折生草，不犯陷穽，不罹罘網，文章彬彬，乃真麟也。故其詩曰：「振振（君）〔公〕〔三〕子，于嗟麟兮。」洞後有池，曰天湖。夫湖，都也，大陂也。湖而曰天，豈惟可以運銅舩而隱金牛，藏三山而收五渚哉！風可使分也，雨可使起也，其視芍陂笠澤，皆如沼沚之細矣。君子于此，以求行健於天而自強不息者也。

〔一〕「北」，據萬曆李楨本補。
〔二〕「巖」，據萬曆李楨本改。
〔三〕「公」，據詩經麟之趾改。

湖心構亭，亭外雜植松竹數萬株者。植松竹何也？夫松東出岱畝，西挺嵩高，壽數千歲。或爲青（年）〔牛〕〔一〕，或爲伏龜，不惟可以長人之生，尤可以比人之德。其棲鸞繫馬，偃蓋飛節，不足道也。故曰：「歲寒然後知松栢之後凋也！」夫竹也，翠實紫筠，繡皮緑葉，或鳴鳳而來鸞，或似桂而如松，蓋君子切磋琢磨之地也。（達）〔遠〕〔二〕亭栽蓮畜魚，何也？蓮之爲君子也，周茂叔說之詳矣。鶴鳴之詩曰：「魚在於淵〔三〕，或在於渚。」言事雖散於廣遠，而道則不下帶而存，不可以爲遠而忘之也。又曰：「魚在於渚，或在於淵〔四〕。」言事雖在於目前，而理則深邃莫測，不可以其近而忽之也。然則舟山爲月崖先生之墓，其所取意者高遠哉！

或曰：「舟山以爲靜養怡神之資，而子說之如此，不亦背乎？」曰：「風木之地也，孝子覽物思親，無往非道，其爲怡養，孰大焉？」於是善鳴曰：「安吾父母之心於九泉，揚吾父母之名於百世者，固有在於斯乎！」

椿萱齊白頭題辭

此圖乃今太學生潘汝新請工所繪，以壽其父方塘司空公暨母呂氏淑人者也。夫方塘公外樹勳於國，呂淑人內施政於家，雖白頭其常也，又何圖？雖然，夫子云人子知父母之年，則喜懼恒存，而朱子遂謂其有愛日之誠也。汝新之圖，意在斯乎？信如是也，則汝新之立身行道，樂壽於白髮，顯名於後世者，亦在斯乎！

〔一〕「牛」，據萬曆李楨本改。
〔二〕「遠」，據萬曆李楨本改。
〔三〕「魚在於淵」，詩經鶴鳴原文爲「魚潛在淵」。
〔四〕「或在於淵」，詩經鶴鳴原文爲「或潛在淵」。

清愼箴題辭

此清愼箴者，前大學士文定公楊先生之所隸出以自警者也。廬陵丘進士經不知得之何處，裝表成軸，請予題識。予披覽把玩，不能釋手，不獨愛其文辭之爾雅，而亦躭其字畫之奇古也。往予羈丱讀書黌校時，已聞公及文貞、文敏三楊先生之名矣。當其功動，掀揭天地而照耀古今者也。思求其學而不可得，今見此箴，將非其一端乎？經也，無徒懸掛牆壁，以資賓友歎賞而已也！

秋雨重宴題辭

半窓子於八月十日宿韋菴諸同年，予以爲必開宴百物園中也。是日雨，止延於其第。比九月初，曲林至，半窓又宿宴焉，予以爲此宴在園中無疑矣，然又雨甚，又止於其第。先是後齋、四峯、前川及予家之宴多晴且或值好月，獨半窓兩宴皆雨，遂自恨其諏日之未工也。已張燈，乃出卷委題，予曰：「天之晴陰，豈有意哉？古人以作霖雨爲歲大旱，何者非天之教乎！」遂題之曰「秋雨重宴」。又以見人之窮通顯晦皆有定數，真可謂知天者道也！

懷中畏簡題辭

懷中畏簡爲婺源潘汝霖滋題也。汝霖既中應天戊子鄉舉，比赴會試，其父補齋先生作詩諭勉，叔氏方塘司空亦和其韻，汝霖皆置之懷中，比伯魚過庭而聞詩、禮，元晦遵教而思佩韋者也。於是往返禮部殆三四度，恒懷此簡而不忘，每一落

第，輒憒惋於色，顧其簡曰：「此何以答吾父叔哉？鄭詩曰『豈不愛之，畏我父母，畏我諸兄』，實獲我心乎！」遂裝爲小卷，於從弟汝新以問言，且曰：「夫子云：『畏天命，畏大人，畏聖人之言。』懷中之簡，亦是畏爾。」

涇野子曰：「汝霖誤矣！言與行不相副乎！夫子進士之得失遲速，此天命爾。汝因屢科不第，恐然負罪不寧，思畏懷中之簡，此豈畏天命者乎？夫大人聖言，皆天命所在爾，雖稱父叔之詩，不過發揮其藴耳。既不知畏天命，又豈知畏大人聖言，目及懷中之懷簡耶？子誠欲畏天命，必先自畏大人聖言始。始於畏大人焉，則行必與大人合體。大人者，與天地合其德，日月合其明，四時合其序，鬼神合其吉凶者也。始於畏圣言焉，則言必與圣言合文。聖言者，建諸天地而不悖，質諸鬼神而無疑，考諸三王而不謬，百世以俟聖人而不惑者也。子誠爲是目畏也，真如伯魚之守詩、書，庶其可以言可以立矣，孔子有不悦者乎？真如元晦之崇正學以明道，繼往聖開來學矣，韋齋有不悦者乎？將補齋之所謂『建忠效主』，方塘所謂『禮樂文章』，恐不止以一第望汝霖，而汝霖誤畏之也。不然，是趙無恤袖中之簡耳。」

跋

一舫齋跋

此一舫齋者，歙人巖溪王先生之齋扁也。賦若詩者，美一舫齋也。世有七居，惟君子爲能選焉。好高者巢居，好下者穴居，好山者巖居，好水者舟居，好功名者朝居，好利者市井居，好德者天下之廣居。居一舫齋者，好水居，遨遊天壤，托興湖海之上，不知彼之浮沉以終而世，其亦古之風邪！

志悅録跋

開化方子豪志悅録成，以示呂子。呂子曰：「父母兒子之情，人皆有之。婦女以能布帛絮纊衣親悅，農以能菽粟食親悅，商賈以能貨足親悅，貴者以能官榮華其親悅。方子志其言辭，能以文辭其親悅。」方子曰：「豪之敬親以悅也，視他悅過遠矣。」呂子曰：「古之人以能不沒其親悅。」

雙節集跋

呂子曰：「吾覩於雙節集，而歎祝氏、劉氏之難能也，年三十二而守節焉，豈惟可以教婦人哉？生爲丈夫，事親而有背子，定交而有怨友，事君而有渝節之臣，曾祝、劉氏之不若也。雙節集行，可以風四方矣，弋陽、鄭人不得而私之也。」

使覽圖跋

古人覽山思登高，覽水思利涉，覽宮闕思敷文德，覽邊塞思奮武衛。呂九川近臣也，有事三邊，圖其狀以供覽，其忠勇可知已。如僕者左足，艱履終身，何以覩是圖？有慨歎悵望而已。

汝帖跋

汝帖不若絳帖之爾真也，書入木石即失厥初，詎惟汝帖哉！世遠筆湮，以跡模臨，得三遺七，取形去神者，皆汝帖也。夫書存意，尚可攷跡，在世亦可辨。故三代之書，聖世之書也，其文典；兩漢之書，治世之書也，其文樸；秦始渝古，變國之書也，其文奇；魏始通元，苟國之書也，其文淺；晉、宋、齊、梁、陳、隋之書，亂國之書也，其文冶而滑；魏、周諸胡之書〔一〕，盜國之書也，其文麤而厲。唐衰矣，其文淫於晉；宋虛矣，其文蕪于魏。

跋郝中牟德政遺音冊

正德辛未，涇野子臥病，讀郝中牟君德政遺音，爲之出涕。門人曰：「讀詩而涕，何居？」涇野子曰：「中牟君距今纔十餘年，而往者如此也。今也元惡雖剪，諂風未熄，海內諸司，猶多掊尅，合此細民，背仁干憲，盜賊四起，生靈塗炭。安得起中牟君九原之下，式是諸司邪？不可得！不可得！」門人亦爲之出涕。

跋渼陂子省親卷詩

觀王子省親卷詩，其諸公有予所及見者，有所未及見者。今其人半已凋謝，而詩中英豪之氣，博大之材，猶宛在耳目。

〔一〕「魏、周諸胡之書」，萬曆李楨本作「後魏、北齊、後周諸胡之書」。

然尚未聞有所試焉，則君子可以不及時有爲哉？

跋周中丞子庚北行倡和卷

觀周中丞子庚爲太僕時出關之卷，有壯邊之謨，有保邦之志，不徒詩也。然中丞今且巡撫於延綏，延綏要害甚於居庸，行當見其實踐斯詩矣！

跋顔魯公墨蹟

此大司徒石樓先生所藏顔魯公之墨蹟也。諸名公跋頌悉矣，然魯公其言似榮而實痛其志，欲蓋而彌彰。嗚呼！使魯公早用於時，豈止免此祭一伯父辭哉？觀者若於其作字直婉信筆中求之，亦可以得其抱經綸之志云。

雲樹馳情跋

燕人杜光嗣承緒初從予遊，即言大同人張子醇進士之節行非常也。及觀雲樹馳情詩，而子醇又極言光嗣敦好古道，十三爲祖母疾，刲股以養。於戲！古之所謂直諒多聞益友者，則子醇其人也。仇玉松時茂近過解，玉松蓋晉之哲人也，乃光嗣板戀不舍，則子醇言豈誣乎！於戲！光嗣必不孤子醇矣！此卷可十襲藏也。

跋空同子詩卷

觀空同子與玉溪子諸詩，有蘇武、李陵之志，有建安七子之質，有二陸、三謝之藻，今之作者鮮見其比，雖使子美、太白若在，與之並馳齊驅，未知誰其後先也。然予獨惜夫民病而俗頽，憂世而樂學者寡。竊或聞一二焉，而質愚力薄，不克有往，則又未嘗不興心於斯人也。向接空同子之貌如玉，其言如春，當其俊邁，雖顔、孟可往而肩也。乃其爲詩，至與七子、二陸、三謝並無異，何耶？

跋管仲姬墨竹趙子昂小簡

往嘗見管仲姬入宮爲元皇后寫竹，幾七八十種，（清）［精］〔一〕神幽思，隨處發見，曲盡變態，幻若化工。後有跋語，亦管自作，辭染俱妙，其遒勁處，如寫竹然，蓋子昂所不能及也。今丘氏莊竹，將無亦類乎！若子昂之書，獲覽亦廣，然多嫵媚態，蓋嘗評其劣於管之竹也。此數簡卻有自在意，當是老年後所作乎！夫子昂，宋宗室也，仕元以書翰重於其君，而其內子之册者，亦爲元后所軫嘉如此，則古之所謂刑于寡妻者，亦似若人乎！

〔一〕「精」，據萬曆李楨本改。

跋甘泉先生書白沙公語

右甘泉先生書白沙先生數語，蓋見道之言也。夫其曰：「道有可以言傳與否者，以人言也；有由積累而至與否者，以學論也。人品有上下，故於賜則欲無言，於回則言之終日。若認道不可以言傳，則異矣。人學有生困，故羲黄爲生知，堯舜已兢業。若認學不由於積累，則誤矣。是故志學、耳順，積五級而後得；辭不可已，舉六經而始備。故曾子即禮而問乎諸疑，顏氏竭才以事於四勿。」觀是書與言者，當求之意表，不可泥之辭中。枘，甘泉先生之門生也，因掌科之問，遂注釋其後，以歸方氏。

跋南山之作卷

此大中丞惕菴張公爲御史時，壽其父巽齋翁，索吾友康子德涵及枘之作也，距今幾二十年矣。枘改官南京，公使人索用圖識，展卷而觀，其書皆非枘及康子之親筆，蓋一時門下士録上者也。乃公爲親意重，不以真僞稡也，猶裝卷存之。枘惟人皆知公之勳績在天下，風紀在百僚，忠貞在朝廷，仁厚在鄉黨，抑豈知本於公之事親誠篤淵穆如此耶！遂倣康子書謄序於前，自書枘之舊作於後，方用圖識，蓋欲以真對公耳。既而公又命題跋於首尾，又有以見公追慕之實，而不敢辭也。

跋顧東橋華玉攜友玩月圖

此東橋子與諸名士玩月上方之作也。東橋子將有繼日之思，待旦之行，故玩此月不舍耳。乃隱而不居，托懷於季札、

言游，將孔明之比管、樂者邪？不然，袁氏、文氏、王氏皆東橋之後進，姑蘇一時之彦也，攜而偕之，容光必照之前，亦無不可，顧獨以對酒浩歌爲意氣邪？雖然，空山静夜，光徹四極，而乃黄土吴越，煙虹林壑，斯其懷亦壯哉！使更有所往焉，晉、宋、齊、梁風斯下矣。

勒大科書院訓規跋

大科書院訓規，甘泉先生爲編修時隱居西樵，訓門人之規也。嘉靖改元，先生被徵至京，以柟乃禮闈所取門下士也，出以示柟。柟受而讀之，甚愛焉，謂其可以醒昏定譟，仁殘柔暴，比於西銘、定性書無愧也。乃又從陳謨求得數十本，布散北方願學之士，北方願學之士各誦習而尊信焉。比柟改官南署，先生方以大司成進少宰，從遊者日益衆。暇嘗詢及一二友朋，乃尚有未知此訓規者，於是言於陸評事伯載、周紀善道通，二君讀之，亦深以爲可服行也。他日，伯載及部寺數君子、道通及監庠諸士子皆受學於先生，一時志士翕然景從，來去接續，幾數百人，而周孚先、李希孟至不赴會試以卒業。是時先生借第於史恭甫之家，恭甫見學者之滋衆也，而屋西適有一泉湧出，乃即爲闢新泉精舍以處。然而先生日所開發，率不出此訓規，而又主乎忠信，以示造至誠之方，而訓規於是乎大行矣。諸君以不便抄閲也，請柟書諸石，置精舍壁間。然柟願諸君誦而必察，無文字言語視之也。

跋遊天臺卷

涵濱黄仲通有遊天臺卷，爲臺人周世瞻所畫，曲盡天臺之勝。他日，仲通持以示予曰：「此中足跡，目力所到，愛戀不能捨者也，子其教我以遊乎！」予曰：「仲通肯從予西遊終南、惇物乎？此地伊、呂、周、召之跡尚存不歿，涉涇渭而畢

見，登嵯峨而可覩，松赤不足捫，芝紫不足采，委蛇窈窕之幽，皆可求而得也。仲通又肯從予東遊泰山乎？論、孟、庸、學之舊，尚著未湮，挾鳧、嶧以連脈，傍洙、泗以通靈，眇漢禪而不視，輕唐封以忘言，翠微嵜嶔之處，皆可求而到也。」是時靜菴周道通亦在座，笑曰：「仲通其無失相許之言乎！」既而曰：「其挾以同往，無遺我乎！」於是三人者皆欲撰杖履、裝書劒，飄然以遊，不俟裹糧者矣。

跋愚逸素履卷

此卷乃東橋公在天臺時，臺中諸賢爲其父愚逸翁作也，精實不詭，於翁孝友任慈之風，溢然具矣。而東橋之道學文章偉焉一時者，不自此乎！知東橋者，此卷不可以莫之讀也。

跋大科書院訓規

右甘泉先生大科訓規數十條，南都諸君子欲勒置新泉精舍，枏已手書而跋之，告之以力行，無以文字視之矣。乃葛子東又摹印翻勒，置諸揚州之甘泉行窩，則枏又豈有二言哉？

寓思圖跋

安福之汶源王氏有兄弟四人焉：表也，衮也，褒也，裴也，葬其父欲逸軒曁配劉氏於茆嶺。既久思不忘，乃圖其塋墓之形，商於汴者攜之汴，醫於吳者攜之吳。他日，衮授其冊於其子邑學生仰。仰字孔喬，然而猶夫是思也，學於陽明，攜之

陽明；學於甘泉，擕之甘泉；學於東郭鄒氏，擕之東郭鄒氏。予於東郭鄒氏見也，皆碩人名流之贊也，乃謂之曰：「夫此寓思孝子順孫之志也。雖然，孔喬與其思塋墓，不若思形容；與其思形容，不若思心志；與其思心志，不若思其所以遺於我者而光大之也。苟思其遺於我者而光大之也，則凡寓形宇內者，皆可思之使不忘矣，固非學者之志哉？不如是，則雖日遊三先生之門，不成其爲寓思也。故曰：君子先惕思而後寓思。」

野塘集跋

右諸文詩數十首，皆一時名卿材大夫爲野塘先生劉公作也。先生棄官而不再謀，求志而無外願，日耕釣於野塘之處，曰：「吾道足矣！」而人皆莫之知也。比其子侍御濬伯既顯，而後野塘名於天下。昔者夫子之於禮樂寧從野而不恤，蓋野之不從，則凡利而巧，文而不慚，賊而敝者，皆由是出也。然則先生以是自號者，其志遐乎！宜諸君子究其本，歸其美，詠歌而鋪揚之也。

跋鳳溪張尹卷

此鳳溪張尹者，乃少司空小泉林公之友大鴻臚四峯張公之師也。二公素不阿其所好，乃小泉稱尹以「風流一代誇人豪」，四峯稱尹以「天地萬物爲襟期」。然予未識鳳溪面，據二公言，則鳳溪縱未至此，其亦一時之高士乎！第其人不可追，則謂其子伊，其善繼述之哉！豈惟不忘爾鳳溪翁於九泉，二公之作亦於是乎可不沒也！

南軒薛仁和傳跋

此蒲人薛南軒之傳也，僉憲丹陽殷君文濟所著也。殷君嘗爲蒲大夫，知南軒以廉而黜，其子性以孝而廢，乃作傳與論以惜之。夫既謂廉能希伯夷，雖黜不黜；既謂孝能過漢緹縈，雖廢不廢。然南軒已往矣，立身行道，斬絶遊衍，不以一節之孝自足，而盡顯揚之實，使南軒傳之千載而不歿者，則又在於性乎爾，斯其爲孝廉也，不又遠哉！

黄雪洲哀輓跋

此少司馬雪洲先生既歿之後，諸名卿賢大夫思慕其爲人，作爲詩以挽之者也。嗟乎！先生自其爾廉之亡也，世鮮冰蘗矣；自其爾公之亡也，世鮮衡鏡矣；自其爾直之亡也，世鮮繩矢矣。挽之者固欲起之于九原之下而著之乎四方之遠也。雖然，挽之以言，不若挽之以行之爲切也；挽之以他人，不若挽之以子孫之爲近也。日思親受庭訓，至有今日，若又能敦益公直與廉，暢於四肢，發於事業，經所謂「立身行道，以顯父母，揚名於後世」者，斯其爲所挽之切近也。況日思奮志向上，壹心好善，又非安于小成者乎！宜其不以他人之言爲自已也。

巡歷邊關詩跋

予素不職兵，亦未嘗經閲塞徼，第聞人有探兵本、曉兵機者，則知其爲善，喜愛不已也。即者大同之事，以國家全盛之兵，圍孤城，伐叛卒，反至戕官軍，秏公帑，殆千萬計，久而後就定，然猶爲一二凶首所脅，則豈其力之不足哉？無亦當事者

有遺計乎？偶獲約菴中丞巡邊諸詩，則歎曰：「世固當有此耳！夫寡能敵衆，邪能勝正，死能敗生，下能干上，此實勢之反常者也。然而間有至是者，彼固有以蹶其本而瞰其機矣。誠使在此者有所先見焉，于以制彼，豈不如徙薪拉朽哉！古之君子所以尊俎折衝，談笑卻敵，固非以兵爲玩，臨事而不懼者也。昔約菴之在宣府也，偶一二黠卒欲犯總制，頃刻亂者百千聚。約菴方病臥起，以數言罵諭，彼皆披靡自潰。諸詩之旨，固多此意乎！然後知古之名將，伐謀爲上也。雖然，事發能識其機，猶不如先見以寢者之爲愈耳。若乃事且垂成，又於其機不察，而處之未當，此唐室藩鎮之流害，職其事者又寧肯踵襲之邪！」或曰：「聲罪則起變，窮惡則傷善。」對曰：「事有遺姦，法有隱禍。譬諸瘡瘇，根株不拔，毒及四體。古之征扈伐奄者，豈其道皆左乎？斯予於約菴之詩深有感焉，亦欲因以贊諸障邊者也。」

韓忠定公遺墨二跋

此忠定公之墨跡，其子大參君於五十年後得之於湖南者也。夫公於微吟短詠之間，皆愛君憂國之意，則其他當大節、摧巨姦，平多難者可知矣。夫大參於片言隻字之細，有手袖目接之敬，則其他承家學、繼前志、述往行者可知矣。爲人臣者觀此，可以作忠；爲人子者觀此，可以作孝。韓氏子孫雖於五十年後存此可也。

其二

正德壬申冬，予赴京，過謁忠定公。公誘掖獎進如恐不及，因賦詩請教。公賜和數篇，後猶賡前韻以寄，大抵皆尊主庇民之至情也。今觀其子大參君所收遇真宫之作，則公之此情，雖於仙觀、佛院之地未嘗忘也。宜其公清修忠亮，勁風孤節，如泰山、北斗，爲世所共稱仰云，韓氏子孫毋止以一詩視也。

終慕集跋

此終慕集詩若賦者，皆賢士大夫憐程君世大之志而爲之者也。世大之母亡也，以爲無所恃矣，思之如見，作見萱卷。及其父之沒也，以爲無所怙矣，日涕不能已，作泣椿卷。是集也，其於世大悲號惻隱之狀皆具之矣。於是休寧人稱世大之孝，當於古人中求之可也。他日，世大寓集於其友陳時講，陳時講曰：「世大年七十猶且慕親不忘，則終身之慕，其庶幾乎！」遂名其集曰終慕。世大之子爵從予遊，持以展于予，覽而歎曰：「世人之于父母，生多不能養，歿多不能思焉，有七十慕親如此君者乎？當其慕，雖未若舜之大，然而其志亦可悲已，雖謂舜之徒也，不可乎？」

潁水別意跋

此吾友渼陂子王先生留別戈揮使之卷也。渼陂子自文選郎中謫貳壽州，淹屈屯蹇，舊與交遊者太半改視而易待矣，乃揮使素不相識之人也，周旋親炙如此，不賢而能之乎？及渼陂子掛冠西歸，流寇梗路者半年，而揮使月身問之，日僮候之，相與之厚，眷隆不衰，是其真情雅意，又尤爲難得。古人云：「一賤一貴，乃知交態。」則若揮使，豈惟今日之所少見者哉！此卷存，可以敦薄俗矣。凡揮使他日功名之盛，亦可據爲張本也。

洛原詩卷跋

此洛原白貞夫所得諸名公之詩以誦洛原者也。夫貞夫本常州武進人，顧其先世出於洛陽，乃遂以洛原自號，其水木本

源之心未嘗一日忘洛陽也。去年以公使之便，遂渡黄河，陟邙山，歷覽瀍澗、伊川入洛之處，以尋先世之蹟，悵然久之。遂西至於周、漢之地，訪于康德涵、王敬夫諸詩伯而後返。當是時，予偶遇於彭、鹿，謬贈一二篇焉。比貞夫過江，猶走書以問，則謂之曰：「昔季札亦今常州人也，嘗至魯觀樂，品題豳、南風雅之詩，咸當六義，不詭於舊，至今千百年以爲名言。若予輩之作，固無豳、南風雅之邃，而貞夫則固有季子之志矣，不知其品題又何如也？審若是，則貞夫之所謂洛原者而豈徒哉！不然，若止以遊覽世業之詩，則又豈吾輩與貞夫相遇之誼乎！」

林氏世藏圖跋

右文昭林公少穎於宋紹興間所得勑辭，其子孫寶藏相傳至今。刑部正郎德敷則十數世孫也，裝(演)[潢][一]成卷，以示於予。蓋自秘書省正字，以至爲福建參議，其詞翰皆在也。夫文昭嘗論安石三經之非，罪浮王、何，又因金人南侵，作書詆當路，言元和畏戰之弊，風節凛凛，至今猶有生氣，誠有宋之名儒也。然考其師友淵源，初受學於紫薇舍人吕本中，其後東萊吕祖謙又受學於少穎焉，雖晦菴朱子亦聞少穎之風而興起者也。然則少穎入朝之節，豈偶然哉！嗚呼！使紫薇不至閩，少穎或無此學；使少穎早至洛陽以見二程，又或南至道州以見濂溪，西至關陝以見横渠，則其造詣所成，當又不止此也。然則德敷今日纘戎而光大之者，雖東至泰山以訪孔顏可也。不然，則所藏詞卷亦與書肆集本等耳。

[一]「潢」，據萬曆李楨本改。

澤存堂跋

澤存堂者，宋信國公文文山之七世孫武寧州同知蔚林欽所構，以奉文山遺像並身係朔廷與母舅書藁墨跡及上已詩篇者也。是時，師尹吳公已題「古風」於後，而學士解先生縉紳亦已跋之矣。蓋言文山雖沒于宋，而其澤至明興猶存也。豈意武寧之後，子孫蕃衍碩大，如今舉人桂仲芳時澤益存而盛乎！仲芳於嘉靖乙未嘗從予遊，而予方赴太學之任，仲芳同諸友渡江送予，經江浦、六合至揚州，暇敘先世文山事，未嘗不慘然長憶也。今年赴春試，自廣東、浙江道來至儀真，又復遡江，持文山遺像並澤存卷以謁予，且請跋焉。予歎曰：「不有文山，仲芳奚始？不有仲芳，文山奚傳？且書藁之意言，念舅氏如母存焉。夫當幽囚顛沛之際，抆淚未訣之時，而其言惟及於此，則其因心之孝可謂至矣。宜其刀鋸在前，含笑入地，犬彘胡元，爲宋一代忠臣，照耀古今者也。傳謂『孝者所以事君也』，豈虛語哉！且文山當宋室危亂之秋，以秉節不朽；仲芳當大明隆盛之日，求仁不讓。則文山之澤豈但存焉而已，雖千百世光有餘也。」

策問

試雲槐精舍諸士

問：史言周云成、康，漢言文、景，言相配也。成、康之時，頌聲大作；文帝於禮樂則未遑，景又何足言也。相配而言，不亦過乎？當文帝之時，其臣猶黃、老重吏，雖有賈誼治安之策，亦未盡用，絳、灌之徒且疾焉，其視成、康時畢、召、君

陳之輩何如也？說者謂有是君則有是臣。漢君臣如此，而史氏之言果溢美乎？抑別有其說耶？

問：今日諸子相聚，其所願學者安存？而其所以學之也安之？昔人有見師之後，三年不讀書者，有半年後方得大學、西銘看者，然則其所爲者安居？夫讀書今謂之學，亦有讀其書而不知學者，往往是也，其故安出？果爾，則將廢其書而爲其學乎？書亦不可廢也，將讀其書而廢其學乎？此尤不可也。必其不失讀之之法而有以得乎！爲學之道，其究安在？

問：文武並用，長久之術，古之是言也。昔者宋太祖欲解藩鎮之權，使文臣知州，朝官知縣，轉運使、通判管財賦，茲四官者，今並有之，豈亦爲解藩鎮之權邪？宋太祖又懲藩鎮之弊，精禁旅之選，制兵樣之募，立更戍之法，茲數事者，今並無之，將不懲藩鎮之弊邪？今天下以藩爲職者，曰王府，曰布政司；以鎮爲權者，曰總兵，曰太監府。是豈州、縣、判、運者能解其權乎？而禁旅、兵樣、更戍之不嚴者，又果無弊矣？審若是，民貧困而文莫能恤，虜跳梁而武莫能抗，則用文同宋亦無補，而用武異宋亦無益，無亦宋之法不可行於後世，而政體不一，又別有其說耶？

問：夫子常稱顔子好學，則孔門得聖人之道者，獨顔子矣。故後之大儒不曰顔子發聖人之藴，則曰學聖人自顔子始。夫如顔子之可學也，聰明莫如程伯子，何以十四學聖人，老而未及顔、閔；如其不可學也，則年未不惑如牛醫兒者，時人已目爲顔子。之二說奚據乎？且牛醫兒之如顔子奚在？而程子之不及顔、閔又何指乎？必欲學顔子也，又將何自而入乎？願盡言之，以爲共學之助。

問：三代而下稱輔相之賢者，在漢曰蕭、曹、丙、魏，在唐曰房、杜、姚、宋，在宋曰韓、范、富、歐。當其世，豈無出其右者？奚十二子爲獨顯乎？如果絕代之雄也，其相業不及夏之益、靡，商之伊、傅，周之旦、奭萬一，則又何以獨稱邪？然後世有爲前六子之學者，人不曰泥則曰腐；有爲十二子之學者，人不曰財則曰通。此其稱又何據也？夫士之讀書，將以修身而論世，如或知爾，則何以哉？

問：養民莫如財，衛民莫如兵，故民窮則盜起，兵弱則寇侵。今天下之財，自田畝額稅之外，水驛有舟，陸驛有馬，郡

縣里甲遞運有牛驢，丁有徭，門有攤，食鹽有鈔，商賈各以其貨有税，胥史各以其科有金。然而無名之征，不時之誅，蜎然而箕斂者，又無紀也。至一遇軍國之需，猶告乏而不能濟者，其故安出？彼古之貢助通行之時，曾有是乎？今天下之兵，自錦衣禁旅之外，師有團營，直隸有班軍，王府有護衛，郡縣有民壯弓手，阨隘有守禦，關塞有巡檢，鎮邊有衛所，閑之已周矣。然在内三法司之編充，在外察院按察司之發遣，紛然而尺籍者，又無限也。至一遇風塵之警，猶缺伍而不能悍者，其咎安在？彼古之兵農爲一之時，曾有是乎？是皆時務之急，諸生不可以莫之講也。

試東林書屋諸士

問：仁道雖大，學者不學此，則終身無成，故張横渠以爲頑作銘以訂之。然自夫子之言觀之，仁又何難也！陳須無、鬭穀於菟，清忠無比，而不得爲仁，已可疑矣。彼子路、冉有、公西赤皆高弟子也，亦不爲仁，何歟？此數子在政事之間，猶可諉也。德行如仲弓，乃亦不知其仁，則仁又在德行之外乎？而敬簡之學，山川之不舍，又安存邪？仲弓之上有顔子，夫子生則稱其好學，死則爲之慟哭，乃止許以三月之仁，下此三千之徒，不亦阻其進乎？彼管仲者，伯大夫也，夫子常鄙其器小，不儉、不知禮矣，雖曾西亦恥爲之，夫子乃曰：「如其仁，如其仁。」則固以爲人莫之及也。曾西且勿論，顔子者亦在管仲之下乎？至若樊遲之粗鄙，司馬牛之多口，弟子之下品耳，亦隨問而告之，斯又若甚易者，此其説何也？夫以夫子説仁且不一如此，無怪乎後儒或以公言仁，或以愛言仁，或以覺言仁，紛紛然訖無定説也。夫學聖人，莫如讀論語，讀論語莫先講仁。願詳其説，以觀進仁之方。

問：古人之行有不同，後人之見不免於疑。奉檄喜動顔色，視印綬加身，輒推不受者，何貪乎！三顧始輔漢室，視杖策追至鄴，以求功名者，何傲乎！一門爭死，乃有孤身轉客以逃生者，其死何辜！詣獄求死，乃有因樹爲屋以避亂者，其生何幸！均在雲中，廉范、李牧孰優？同出西域，班超、趙充國孰賢？曹褒之禮，果可以當后夔之樂邪？班固之書，果

可以同馬遷之史邪？減竈增竈，皆成其功，何歟？無書抵政府，三上宰相書，皆成其名，何歟？三年不讀書，與三年不窺園者，有別乎？恥不與黨人，與平原自無黨者，有異乎？之數子皆當代之英也，請詳言之，並究其優劣。

問：經傳賴儒者而明，道義以賢者而一。夫道器有上下，舊矣，而有謂器即道，道即器者，將易傳非歟？性氣有精粗，似矣，而有謂性即氣，氣即性者，將孟軻非歟？其徒習忘以養生，其師以爲大害於道，然又自言不若內外之兩忘者，何邪？昔人用誠以養心，後人以爲元不識誠，然又自言纔立誠，便有可居之業者，何邪？博愛之謂仁，與德愛曰仁，若相似也，何輒去取乎？一日三省身，與一日三點檢，若相同也，何即爲是非乎？心跡之判，有尊之者，有斥之者，豈朋友之道異邪？性惡之論，有詆之者，有和之者，豈弟兄之見殊邪？太極、先天二圖，或謂規模義理互有不如，或謂若合符節，初無二致，今抑將誰從之？訂頑一銘，或謂言體而不及用，或謂理一而分殊，今抑將誰是之？說春秋者，以一字之褒貶，亦有言無許多義例者，然則必將爲朝報之斷爛者而後可乎？傳周易者，以四道爲根柢，亦有言本爲卜筮作者，然則必將如童問之致疑者而後然乎？詩、書二序，誠有可議，必盡去之而任己意，安知數千載前之言皆可疑也？禮、樂二經，誠爲殘缺，必盡類之而爲通解，安知數千載下之事乃可附也？是皆名世大儒之跡，以續孔聖之傳者。願諸士子詳陳之，以觀不惑於道也。

問：國之大事在兵，兵之司命在將，蓋今日之急務也。然古之論將者多矣，有告其君以五材十過者，有告其主以五權六術三至者，亦可相符歟？五德以智爲先，而五慎以理爲首，其意奚存？五智以身爲用，而五技以器爲重，其旨惡在？曲直方圓銳之五陣，其來舊矣，祖而用之，固無不可，乃復約而爲三陣，何邪？洞當、中黃、龍騰、鳥翔、運術、握奇、虎翼、折衝之八陣，其筭精矣，宗而行之，亦罔不宜，乃復變爲六花，何邪？謂陣可用也，廢陣而惟將士相識者，何以屢獲睢陽之捷？謂陣不可用也，望旗而知其亂可擊者，何以遂奏長勺之功？七國畏之如神，而軍中夜驚，豈其布令之嚴乎？西賊畏之心寒，而好水之敗，豈其知人之智乎？夫出奇應變，雖存乎人，而圖事揆策不越乎理。諸子固勿辭以軍旅之事未之學也。

試解梁諸士

問：爲學貴以明善誠身，臨下貴於聰明睿智，而孔門高弟莫如顔、曾二子，乃皆以愚魯稱，何邪？謂愚魯是也，則高柴之愚，夫子語之使自勵；王陵之戇，漢帝助之以陳平。謂愚魯非也，則甯俞之愚，夫子以爲不可及；尹焞之魯，程子以爲終身有守。之二説奚據乎？唐柳宗元號能文，至以「愚」名其居；元許平仲號大儒，至以「魯」名其齋。則「愚」「魯」又在所取乎？請究其義並評數子之優劣。

問：設科取士，以爲民也；求賢立科，以輔世也。然漢立策科，不免得布被之詐；唐立詩賦科以矯漢，不免得口蜜腹劍之姦；宋立經義科以矯唐，豈知主司者又欲自行其新經，而面垢不洗、衣垢不濯以欺人乎！則其所拔進以亂天下後世者，又何可堪耶！若是，則賢良孝廉之科可復也，然「與父分居而行濁如泥」之謠，當時已有之。若是，則博學宏辭科亦可開矣，然讀五車者，不免被弑逆之惡，而遇敵誦經者不免遺武人之誚。則亦必何如而後可耶？及後建炎初，詩賦、經義並立，其得失又何如耶？且國朝立科，似兼前代，不知其得人比前諸代又何如耶？請究論之，以觀置身之處。

問：持己莫如公，馭下莫如明。有爲廷尉，民自以不冤者，可謂公矣；然欲托邑子於右扶風，至於終日不敢言，將亦私乎？有爲京尹，號稱能察者，可謂明矣；然爲受賕吏所賣，至減脊杖於臀杖，將亦暗乎？若是則謂只不起、十起，便是私者，亦廷尉之同乎？而發姦擿伏如神者，乃又不能自保，將又類於京尹乎？數子皆賢能吏，槩以聖賢公明之道亦有過乎？

試河東書院諸士

問：大學一也，何以有古本、程本、重定本之說？將補之者，果有所遺乎？論語一也，何以有齊論、魯論、古論之異？將家語者又何所謂乎？孟子純矣，何以雖大儒論道且或疑之？將或著常語、折衷者亦然乎？中庸精矣，何以雖名賢論學且或後之，將謂性非所先者亦是乎？諸生久爲四書，請辯之，以觀入德之學。

試解梁書院諸士

問：尹彦明不見南子，當時有以爲解疑者，然則孔子至衛非歟？許平仲爲相胡元，近儒有以爲從夷者，然則孔子赴楚非歟？作春秋傳者，真隆冬松栢之操也，何以受秦檜之薦而爲中書乎？稱吾道南者，蓋立雪門墻之士，何以被蔡京之舉而爲祭酒乎？出處，君子之大節，之數子者何如邪？

問：武舉可以得將乎？校閱可以得士乎？鹽商可以足邊乎？茶馬可以足兵乎？古人行之，利害安在乎？

試河東書院諸士

問：夫子自衛反魯之後，於一二年間而六經畢作。今之學者雖不盡如聖人，然其質亦非皆下愚也，乃或治一經至白首而未精，其故何歟？豈古今聖愚不同，一致若是懸絶乎？先儒引春秋者可以斷獄，明關雎者可以相國，治禹貢者可以救時，讀半部論語者可以佐天下。今之學者所治固不止此，究其用功乃不逮昔，何也？諸生窮經以致用也，試一講之。

試山西士子

問：我太祖高皇帝嘗曰「明禮以導民，定律以繩頑」，以禮刑一物也。然所制之禮，有禮制、定式、定制矣，乃復有大明集禮，不又使人生今而反古邪？彼說夏禮、殷禮與夫降典者矣，亦若是乎？所行之法，有令、有律、有榜文、禁例矣，乃復有大誥減等，不又使人取彼而與此邪？彼著法經、章程與夫棐彝者，亦若是乎？夫集禮遵用既久，而朱氏家禮亦已頒行，祖訓序又曰俗儒多是古非今，何耶？若是，則今宗廟、郊社、宴享，法多變古，將自有制度邪？抑宋儒言周禮未成之書意邪？況大誥爲法不同，而問刑條例亦已踵行，祖訓序又曰姦吏常舞文弄法，何邪？若是，則今雜犯誤殺諸科，例多收贖，將仰師欽恤邪？抑漢臣言呂刑富者幸免意邪？夫繁文縟節盡行革削，而祀享朝覲確有定體不移。黥刺剕劓，後不許用，而内難既靖，刑又過之，是皆主司者之疑。

問：山右道學，自稷、契、臯陶之後，於隋莫盛於文中子，於我朝莫盛於文清公。夫文中子所著元經、續詩、續書，人病其僭擬聖經矣。然淑世德政既不及古，而其言語行事，文中子安能使如清廟典謨邪？則聊具數代之跡，以著勸懲者，非其法乎？文清公所著讀書録、續讀書録，人或病其蹈襲陳言矣。然後世俗尚既不如昔，而其記誦詞章，文清公安能同其風雲月露邪？則聊著躬行之實，以曉昏愚者，非其志乎？且文中子太平之策，志欲復古，故後之大儒讀中説者，不曰「隱君子」，則曰「儘有格言」。爲僭經之言者，何邪？彼作文而學孟子、韓子者，乃又不議，何邪？文清公車脯之事，志欲變今，故時之名人論其世者，或以爲「真鐵漢」，或以爲「本朝理學一人」。倡蹈襲之論者，何邪？彼著書而非繫辭、孟子者，乃又不議，何邪？諸士子試言之，以觀素所學於先正。

問：我太祖高皇帝以武功取中原，而所用謀臣，非前元時之縣丞，則或國史等官。成祖文皇帝以靖難平天下，而所用名士，非建文時之申理，則編修等職。夫周之頑民，殷之忠臣。故魏徵之直，而名賢欲正其纂；曹文叔之妻，碩儒常比之

叔姬歸酅也。苟不論其前之失節，而惟取其後之建功，則死於清水塘者，又何以褒？而自縊孔廡，及七日飲水，終於吏部後堂者，又何謂也？然而我太祖、太宗平夷靖難之功，又非異世他主可比。諸士子則何以辨人物也？

問：官職日添而不裁，軍功日升而不實，祿米日增而不已，國用日廣而不節，占役日衆而不釐，營纏日多而不休，法令日煩而不中，民日窮、財日屈、廉恥日寡、典禮日異而不問。諸士子窮經諳史，酌古準今素矣，則何以告有司？

問：邊設重臣以禦外夷，乃者甘州、大同相繼殺撫臣，而山海之殺主事，浙江之殺武將，薄乎云爾，禍不在夷而在內，果士卒之過乎？夫昔之守雲中、治蜀郡者，皆以一太守之職，而夷蠻遠遁，邊境安堵。今以撫鎮藩臬臣往而或不免於自斃，雖其躬行少乖，然而事至於此，彼豈知有朝廷哉？則固朱滔、田悅、李希烈之漸也。有志國是者，能不痛心乎！願究本言之，以杜後虞。

試解梁書院諸士

問：漢之文帝、武帝，固一代英主也，然後世亦有優劣之議，豈所任將相有賢不肖乎？彼當其時，有爲至言，有言兵事，有三人詣闕上書者，其言非不美且切也，乃皆不盡用，何也？若盡用之，不知與其時將相之治可得班乎？抑又有通達國體，學貫天人，稱爲社稷臣者，使其言果用，不知文、武二帝之世，又何如也？請詳其故而論其世焉。

策試河東書院諸生

問：漢高祖及光武當時優劣已有定論矣，然其中興創業之跡，亦有相似者乎？謂令功臣上印綬、去甲兵與罷兵歸家者似矣，何柔道理天下與猛士守四方者又弗似乎？謂大饗將士、定封功臣與剖符封功臣者似矣，何菹醢誅戮與恩遇甚厚、

保其福祿者又弗似乎？南陽、豐沛均一鄉曲故舊也，何并州牧獨言其失？述古成敗與證歲吉凶，均一剴切極諫也，何大司徒爲仁明之累？若是者，其於優劣定論何如也？

鷲峯東所策目

問：王政莫如養民，養民莫如力田。今天下有秋田、夏田、官田、民田、屯田、馬田、莊田、圩田、山田，其稅亦相同耶？孟子謂治地莫善於井田，莫不善於貢田，今何以廢其善而用其不善邪？將孟子非邪？且成周遂人治野之徑畛，既有溝洫，而匠人治都鄙之成與同，亦又用溝洫何邪？然其爲田，又萊田、易田、廛田、宅土田、圭田、餘田、賈田、牛田、牧田，以及公邑家邑之田、小都大都之田，此又何紛紛也？其後如丘田、賦田，令民自實其田者，固非矣；彼其限田、代田、占田、王田、三品田、苑田，以及口分世業田，請佃永業，請射荒田，地符均稅者，亦皆無可取邪？夫禮樂之興，兵刑之寢，皆係於田，此固不可不講。

問：學以孔顔爲的，乃孔子稱顔子之好學在「不遷怒，不貳過」，及其自言曰「思而不學則殆」，又曰「我學不厭」，又曰「不如學也」，將其學與稱顔氏者不同乎？諸子今日相聚，其學亦是趍乎？否乎？漢唐之間，有怒其臣非讖，而使之叩頭流血；有自起撞郎，至於牀下；有好大喜功，至三四十年而後悔；有忌其直諫，至入宮猶言殺此田舍翁。斯皆一時之英君誼辟，雖未不遷不貳，亦能一乎天下，何也？甚至真學孔顔者，其太極圖等，辨或寓書至詬，或面頸發赤而欲改獵心者，乃十餘年猶未能。顧後儒猶比之大成，擬諸顔氏，何也？夫不遷怒，所以制情；不貳過，所以復性。能乎此，則大本達道皆具。乃子思之言非耶？果若是，則諸子弊弊于經史者，又何爲也？請詳言之，以觀好學之功。

試問太學諸士子策

問：孔氏之徒三千，不爲不多，後言學之而速肖者止七十人，於其中若顔氏之子獨稱傳道，他人不與焉，則其論學孔氏之道者，不亦甚少乎？故當時雖知言如子貢，亦曰「得其門者或寡」。而後儒論顔子者，亦曰「未達一間處猶是麤」，曾、閔、思、孟而下不論也。將孔氏之道，人終不可學乎？宋近代乃又有以二程子比顔、孟者，不又幾於過耶？二程若不能比，則爲之徒者，將又無一人之可取耶？然則孔氏之道，果何以其難至此，而絶天下後世無人，又非知道者之事。諸士子試言之，以觀希聖之志。

行狀

兵部尚書胡公行狀

公諱汝礪，字良弼，別號竹巖，陝西寧夏人也。生既周歲，奇異駭衆，見文字紙，輒誦「子曰」，字聲韻琅，不類孩提。七歲誦孝經，喻大義。常與羣兒嬉戲，別土粗細爲糧，壘瓦礫爲倉貯之，又作行陳相鬭，約勝者商工以賚，長老過見，咸訝其不凡也。十三四歲，能詩賦文字，與行輩談説，多涉時務，若老成人言。十八歲，提學戴忠簡公試其文曰：「此子當大成，蓋國士也。」鄉士夫亦遜曰：「胡生學力果，器量深，知見明，不易及也。」二十二歲，中陝西鄉試。明年，舉進士，授戶部主

事，監理清源芻粟，力祛宿病，狡吏莫之敢姦也。（後汔進郎中）［事訖進員外郎］〔二〕，聞其父封君訃去矣。居封君之喪，顓用朱子家禮，西夏之人至今倣之。

服闋，授戶部郎中，督餉山西，不至期歲，邊儲告裕。北虜邋遢大同，無可與守者，冢宰馬公特擢公焉。於是總戎重臣不束其下，毒及兵民，公曰：「此內韃靼也。」身痛抑之，厚忤重臣，遂疏疾求去。冢宰用廷議，覆奏公可大用，真無疾，即疾亦可用，不可去。先皇帝俞之，乃卒不去。當是時也，守令無敢抗權官，亦無以疾辭者，辭疾矣，亦無獲留者，公之才望，自是滋震也。越二年，撫按憲臣交薦公可巡撫大同，朝廷以京兆重地，進公順天府丞，期年而進府尹。順天，雖首善之地，然勢族豪右十七，其民動遭齟齬。公低昂其間，畿甸之內，亦有陰受其惠者矣。遂進戶部右侍郎，勑董宣府邊務。尋改兵部左侍郎，乃蒞邊政，期年之間，拓屯田數萬畝，歲省內地輸可數百萬，國威用壯。朝廷從輿論，乃進公大司馬，命下而公年未半百，而爵位已極，且鴻材大略著于兵食，童子時嬉戲不偶然也。

幼時，陳太夫人病目暴熾，公方讀書，歸見之曰：「母目若此，吾何忍用明也。」乃捐書不治，絕其滋味，夜焚香祝天，形容憔悴。居三月，母夢神人告曰：「爾無慮爾目爲也，爾子之孝，爾目爲當愈矣。」夢覺，腫翳漸殺，不旬日而愈。至爲主事，聞祖母酒太夫人之訃，哭踴幾絕，外寢素食，期年而後已。昆弟七人，公在長，與仲弟汝楫同學，教愛篤至。汝楫舉進士，任丘公以府丞提調順天鄉試，匆遽中猶爲作爲政要略一帙予之，其言今視之，皆可爲也。鄉同年任良者，居太學，貧不能堪，然孤介不干人，蒙面賣卦以自給，故相識者皆莫知也，時在戶部，獨禮之。良且死，無子，其妻不能具棺也，公買棺與歸其喪。同部主事壽儒死于官，妻子孤弱，遣弟汝明歸其喪。父友趙儒死于太學，遣弟汝楫歸其喪。語曰：「種苗看豊，交友看窮，比昵之合，惡乎有終！」人雖謂公不善與人交，吾不信也。

〔二〕「事訖進員外郎」，據萬曆李楨本改。

當其守大同也，歲久旱，鎮巡大臣雩禱弗應，公痛自省責，(洗)〔跣〕[一]足祈求，忽大雷雨，四郊沾足，民爭頌曰：「此父母雨也。」先皇帝既陟方，公曰：「吾小官，大政雖不與聞，然嘗奔走中外，躬逢仁孝天子。天下方亨太平，而遽倦勤于兹，盛治之後，事未可知。」憂形于色，入臨必慟，絶蔬食別寢，越二十七日而後止。同寀或嘲之曰：「古有忠臣，今有孝臣矣！」公弟與無錫邵寶遊，以文章詩賦相磨切，今所遺有竹巖集數卷，詩文皆雄健飄邁，自成一家言也。

公先世應天溧陽人，家族蕃富，溧陽稱巨姓者必曰胡氏。其諱通甫者，即公之高祖也。通甫生士真，洪武初以醫累謫戍寧夏左屯衛，遂爲寧夏人。配劉氏，生二子，長諱雄，配酒氏。生璉，即公之父封君也。封君年十五，博學強記。十八而遊衛庠，慷慨有氣節，然卒屈于有司，以公故封戶部主事云。封君志纘先世，欲合溧陽之族而未能也。至公登進士，使求通于溧陽族，溧陽族亦遣人來會宗譜，於是南北之胡始合，而封君之志遂矣。

公配王氏，相待如賓，終始如一，自側微至通顯，不一御婢妾也。子男五人：長佶，配徐教諭女；次侍，配杜知縣女；次伸，配姜百戶女；次僑，始就學。女一，納指揮沈瑁長子暘聘。孫女三。

公生於成化乙酉十二月八日，卒於正德庚午三月一日。將擇某年月日葬於寧夏賀蘭山之陽。而公之弟任丘君以柟在鄉里之末，且曾接公于京兆時也，乃托柟述其大槩，以備當世立言之大君子采擇焉。若其他政事之詳、建立之大，藏太史冊，固不能一一録也。謹狀。

明都察院右副都御史南峯曹公行狀

公諱祥，字應麟，姓曹氏，別號南峯，學者稱南峯先生。其先居婺源小庸村，元末有端午公者遷郡城南，其子英芝創業

〔一〕「跣」，據萬曆李楨本改。

於今雄溪。英芝生彥中，彥中生永卿，永卿生宗仁，宗仁生以能，即公之父也，以公貴封戶部主事。

公甲午鄉試，登甲辰進士，戊申授南京戶部主事，尋陞本部雲南司員外郎。公嘗曰：「戶部，錢糧之司。今之任是部也，過高則懈于事，過貪則刻于法；懈則妨政，刻則病民。」迺惕勵更新，凡監收浙江等布政司秋糧及放過南京錦衣等衛軍糧不下千萬，收放馬草則三倍之，勤能皆至，無詭於行，故其考績，不曰「持身無過，幹理惟勤」，則曰「操履廉謹，出納公平」，不曰「謹操守，勤職業」，則曰「持身約而不放，綜治密而不苛」云。

弘治十年，丁外艱。服闋，陞南京工部都水司郎中。黜淫巧，遵槼度，費用無經者必置之法，侵尅累繫者悉爲之處，一時工稱其平而民不告擾。十五年，陞寶慶知府，時稱郡小民貧學寡，故府久乏科目。公至，鋭意作興，不時臨學，講解辯詰，嚴課程以稽勤惰，厚廩餼以恤貧窶，士氣克振，科第接有聞人。郡民多務水田，山地荒蕪，縱放畜牧，因生盗竊。乃嚴爲禁止，教民於少峻山場藝植，有利羣木。開平沃處，種五穀，而有遊惰，編之力差。一二年間，即獲利益，盗亦寢息。其於溪澗高埠之田，迺教民置車作堨，輪汲以灌，雖旱乾亦有全豊之入，民爲之歌曰：「除吾之害，足吾之食，伊誰之爲？曹侯之力。」當時雖隣境山地溪澗，皆倣其法，至今永賴。其所開墾並新設縣治，稅糧計千有七百一十二石九斗三升，其逋逃歸來如龔魁等者計六百三十戶，男婦七百五十有六名。自是寶慶生齒日繁，比於壯郡。其他屢除苗蠻之劫擾，而隣境武岡、城步亦借以安；再修橋梁之崩圮，而青龍、潭江咸賴以濟；節賑境內之饑荒，而富室客商皆勸以義。凡夫祀曾如驩之忠，毀孟公等淫祠三十六，誅貧民妻通富商之姦，尤人所難者也。

正德四年，陞四川左參政，分守川東道。先是藍鄢倡亂，衆十餘萬，公親矢石二十餘陣，擒斬強賊七千九百有六名顆，凡在兵間者殆接二年，官軍錢穀亦皆調處。總督軍務洪公鍾、巡撫林公俊會舉陞本司右布政使，及紀功王給事中萓、汪御史景芳奏勘，又於右布政使上加俸一級。厥後廖麻子等再亂，都御史彭公澤復委公贊翊，爾乃擒斬渠魁，餘黨悉平，欽賞表裏。正德八年，陞陝西左布政使。時值王府軍衛應得錢穀，當於漢中諸府額辦。先因甘肅有警，乃借用其四萬餘石，年久不歸，以致宗室、衛所缺糧數多，嗷嗷不安。後公皆陸續補還，於民有益，於宗室、衛所皆遂其願。鎮守廖太監造氈帳以媚

上，費用不貲，屢欲科民，公堅執不從，又助巡按劉御史天和以沮之，後劉爲廖所中傷，然竟莫能害公。十年，陞右副都御史，巡撫貴州，督理軍務，兼制湖廣北道並四川酉陽等處。先是鎮筸、銅平等處苗民作亂，公至出榜，開諭懇切，行委參政等官，竭心力撫勦，陸續擒斬五十名顆，並招回逃民各三百餘名，夷患既除，地方寧靖，蒙勅獎勵，稱其「處置有方，委任得人」云。普安州苗賊阿則、阿馬等糾合羣夷，詐稱官職爲寇，凱口地方阿向等亦皆煽亂，公皆會議征勦戡定。其業垂成時，有巡按御史奏公擅調官軍，縱容書吏受賄，且謂公愎而自用，不恤人言。然公行軍六年有餘，風勞疢作，恬不與較，廼具疏懇乞休，致溫旨謂「曹祥引疾乞休，情辭懇切，准致仕」。時公得旨即歸。其後欽差刑部張郎中元電同三司勘審奏復，而聖旨謂「巡按劾奏大臣不實，着罰俸半年」。隨查公征勦凱口地方苗賊阿向等績則甚著也，乃命禮部差人賫表裏三對、白金二十兩賜於其家。後都御史鄒公文盛接任，猶以公所遺兵糧因成大功云。若當公之在位，又可知也。

公弱冠時，即以志道爲事，以憂天下爲念，其聞時事之善惡而憂喜有甚於當事者。後蒞官所至建功，未嘗一矜伐，故見素林公稱公優於行軍而又善藏其用，獨加敬愛焉。平生心跡，青天白日，路人皆能知之。歸後，日惟課子孫，且曰：「吾自知事時，常與諸弟刻苦讀書，後弟禎、禕皆高舉，有名於時。若輩不自勵，如之何其可繼也？」其介然自守，雖自子婿以下有訟質，必不言之當道。其子姪有事不當意者，雖賓客在前亦面斥之，必不爲隱。遇人有（矯）［狡］[二]詐者，退則必與子孫言之，以爲箴戒。

公幼自孝弟，居喪循禮，待人恂恂，若未宦者然。其吏僕奴役有犯之者，惟以（意）［理］[三]遣，人有以怒相加者，公固皆

[二]「狡」，據萬曆李楨本改。
[三]「理」，據萬曆李楨本改。

忘其名，小大莫不得其歡心，人皆謂公有吕蒙正之量。（歸後嘗）［晚居］〔二〕城南武英會，以興後學；建竹山書屋，以教子孫；立曹氏祠堂，以合宗族。其所爲文，皆渾厚平實，自名曰南峯拙稿，藏於家。公之垂殁也，曰：「吾平生只守一『實』字，吾觀今之人惟吕仲木乎焉。吾死，得其言以爲吾行狀，足矣。」嗚呼！柟生也晚，而公之子深雖與予同年進士，然殁又蚤，予未獲遊公之門，乃荷公見知如此，狀可辭乎？乃因其孫楝事略，爲之次第作狀云。

公生於景泰庚午年八月二十八日巳時，殁於嘉靖十三年甲午秋九月二日巳時，享年八十有五。

公初配汪氏，贈安人；繼周氏，封安人；繼羅氏。子六：漢、海、澄、深、津、洙。深，戊辰進士，時姦宦劉瑾擅權，嘗率百人抗疏於朝，罰跪五日而勞疾作。後雖授南京兵部主事，竟以前疾復作而亡，娶程氏。漢娶江氏，海娶汪氏，澄娶黄氏，繼汪氏，皆汪安人所出。津娶江氏；洙，府學生，娶程氏，皆周安人所出。洙尊公遺命，立爲應四公後矣。孫男六：栢、楝、梁、棟、木、楫。楝，府學廪膳生，棟亦府學生，木、楫尚幼。曾孫三。

津等擇某年月日葬於某山之原，合二安人壙。是宜列其行實，俟立言者采焉。

誄

司馬石岡蔡公誄

嘉靖甲午十二月二十四日，兵部右侍郎石岡蔡公成之卒於正寢。越二年，予過睢陽，二子崇偉、崇俊持狀展予。維公

〔二〕「晚居」，據萬曆李楨本改。

予素交與，陰重其人，嘗濟諸榆次寇公，以爲凡有紛棘及諸險艱，排擊盪夷，當二公所，國是倚衡，人望攸屬。乃榆次先殞，公亦繼亡，哲人靡贖，士林咸戚。嗚呼，哀哉！乃作誄曰：

維公肇啓碭山伊邇，爰既北徙，睢水南坨，後軍是祖，濟南父家。公克岐嶷，聰敏疇過孩孺，占對開口人誇。既成進士，翰苑推嘉，封駁信直，冠冕内科。直忤權府，出憲閩衙，越有横盜，寔缺我戈。尋晉山東，乃駕遼槎，圩田是闢，賑饑萬口，溜川龍山，亂是用和。既遷秦晉，法行無譁，大同内潰，黠卒如麻，肆厥凶焰，撫憲是撾，當其暴犯，京民亦訛，超遷巡撫，任此重車。公至開誠，赤心無他，有言惟信，有行如摩，異術咸犒，得其魁邪！桂勇討賊，反被執拏，微公身救，勇亦爲魔，乃戮元惡，脅從罔加。雲中克定，王師凱歌，功成被論，爲士林嗟。旋膺薦起，中道負疴，邊士感德，殞淚滂沱。上涹震悼，命治丘阿，諭祭惻然，光照山河。嗚呼，哀哉！千載不磨！

大宗伯方齋林文修公誄

嘉靖十五年七月十二日，南京吏部右侍郎方齋林公卒于位。公先世光州固始人，五季時入閩，占籍莆田國清里。至宋，承奉郎諱國鈞者，生二子充、褒，遣師宗人艾軒子，後俱登紹興進士。褒丞尤溪縣，人稱孝廉，七傳至茶卿，爲公高祖。茶卿生子，子生僩，僩生誥，字廷諭，號樸軒，是生公，以公貴加贈國子監祭酒，母張氏加贈恭人。

公生在成化丁未二月二十八日，至丙申年纔五十歲矣。聖天子聞而悼之，贈禮部尚書，謚以文修，祭葬咸備，學者榮之。夫公發解八閩，擢英庶（吉）〔士〕〔一〕，博雅之學，經濟之才，蓄之於翰苑，練之於胄監，試之於吏禮二曹，尋且躋於密勿，握手絲綸，以康阜天下者也。乃遽云亡，士林悼惜，況在知與，尤所衋心。重以子榦之請，情益惻然，乃作誄曰：

〔一〕「士」，據萬曆李楨本改。

於文修公，玄授孔藏，幼聞書史，八閩知名。發解南建，太學首稱，既舉進士，翰苑滋彰。僦屋而處，假乘而行，衣履簡惡，意度汪洋。甘旨儲蓄，二人迎養，再舁親柩，泣血歸鄉。感動行（惻）〔旅〕〔一〕，展三年喪，實録告考，擢右春坊。進經筵講，色溫氣祥，數考文武，多獲俊英。兩典成均，條教伊明，諸所干謁，莫能来往。以躬爲範，庶士表章，恤及困士，教化滋揚。校刊羣史，寢食亦忘，裝進聖覽，喜悅褒奬。嘗上休疏，慰留辭長，皇幸國學，坐講明良。天顔怡懌，出笥衣裳，既侍南禮，益慎紀綱。晉改吏部，百司攸平，厥嚴考覈，臧否不爽。方丞輔弼，遽爾淪亡，縉紳咸悼，鄉人禱禳。聖主惜材，于爾尤傷，葬祭駢錫，贈謚邁常。士林榮美，百代流芳。

議

明光祿大夫柱國太子太保戶部尚書贈特進太傅韓公謚忠定議

太傅大司徒質菴先生洪洞韓公之薨也，既謚忠定矣，其孫戶部主事廷偉請議其故，以彰聖恩，揚祖德。呂柟曰：「昔者周公不云乎：『爲人臣者，殺其身，有益於君，則爲之。』況於危其身以全其君乎！公始官給事，薦起冢宰曹南李公、司馬河州王公，事涉近倖，觸憲宗皇帝怒，幾不獲免，辭色自如。及在武廟，位晉司徒。宦瑾八黨，肆姦横行，縉紳側足。公倡率羣工，抗章伏闕，罪人未得，瑾益自張，矯詔繫公，與死爲鄰，褫職閑住。及瑾既誅，得復舊銜，至有今恩。公以直始，亦以直終，斯豈非危身奉上之忠乎？法曰：『大慮靜民曰定，安民大慮曰定，安民法古曰定，純行不二曰定。』公之爲湖藩也，

〔一〕「旅」，據萬曆李楨本改。

節費儲穀，禁貪賑窮，平稅理冤，視民如子。其巡撫荆豫，參贊南都，乃益蠲租救荒，發金分濟，或合官軍預支俸糧，以砥穀價，士民全活。及其在司徒也，孝廟熟知忠亮，鹽法積弊，漸次刊除。邊餉馴充，羽書一急，經餉叢集，義惠滋茂。此其壹志民瘼，致躬弗渝，於安民大慮、純行不二之道，其何詭諸斯？不亦爲『定』乎？公家居時，柟應召過晉，齋沐謁公，黃髮朱顔，吟詠不休。後生小子承籍奬進，言歸一物，天錫易名，孰不允稱我思！巴人蹇公，亦若兹謚，然尚有買田自汙之疑，有宋濮人張公亦若兹謚，然猶有節義或虧之疵。豈若公終始無瑕，明德一致，展與謚稱哉！於戲！公兹永終譽矣！」

贊

李司徒之三世祖丘縣公贊

此沁水李司徒之曾祖考之容也。治書四代，疏通而知遠；歷尹兩邑，循良而惠鮮。享年八十有一，耄耋稱道而不亂。語曰：「種木一尺，引枝千派。種德十人，裕昆百代。」宜丘縣先生源源有今賚也！

丘縣先生夫人吳贊

勤者，德之集也；儉者，德之制也；孝者，德之本也；敬者，德之聚也。是故主績者伯，鑊葛者王，乳姑者有後，度食者不亡。各淑自昔，行罔不嗚。若乃勤而不倦，儉而有方，孝而不改，敬而不揚，範兹閨門，女德攸章，其丘縣先生之夫人乎！

誥贈都憲耆賓公贊

天之將啓其孫也，必先厚鍾於厥躬。是故萬物本乎天，人本乎祖。耆賓先生孝弟無詭，雍睦無盭，信義有徵，積學不顯，九十餘年，無疾考終，亦既然矣。若乃默而不言，陰行善道，賁及元孫，效兹褒贈，其本不亦彰乎！古之人飼雀放龜，而其後屢世公卿者，則非虚矣。

誥贈淑人王贊

婦人有三道焉：婦道也，妻道也，母道也。婦道言乎其敬也，妻道言乎其恭也，母道言乎其慈也。古之人有行之者，淑人是也。是故丘縣八十無怨色，贈公九十無反目，一菴子孫且百指也無違教。儀形建於一時，風聲傳於百代。淑人之贈，豈偶然邪！

一菴先生贊

簡簡一菴，克開李閎，廣覽羣籍，戴記馳名。考德惟厚，素履匪常，鸞將鳳舞，宴此鹿鳴。鱣兆慈溪，帳開鄂庠，春風薰造，南北諸生。誕其鴻訓，不倚辭章，之賢云老，解組歸養。跡絶公府，志存高尚，不樓新屋，沁曲遺經。一德是菴，六柳爲莊，既誨子孫，亦化於鄉。宜爾冢器，位司徒卿，中丞之贈，庭訓攸光。

誥贈淑人譚贊

噫嘻淑人，古之貞慈。言笑不妄，動靜靡欺。在家能得父母之志，志于又爲舅姑所宜。教子爲公，相夫成師。軻母以賈術爲遠，鮑桓以提甕爲思。夫淑人也，將四德之克備，而六行之咸熙乎！宜孺人既封於前，而淑人又贈於後歟！

戒軒先生像贊　陸伯載乃翁

醇乎其心，樸乎其貌，腹滿詩書，家篤忠孝。子既有聞，孫亦克効，蓋積德而見徵，修身而得道者也。

質菴林先生像贊

孝于親而怡其志，恭厥兄而及其嗣。何勤匪業！何儉匪體！官或誣愧以金，人或窮給之米。口無改言，行出素履。既刑于家，尤化乎里。隱重不泄，高蹈如此。誼在縉紳，澤及子孫。宜九峯司徒稱爲信人，石潭宗伯目爲義士也。

希古黄先生像贊

匪信弗敦，匪理弗由，孝友是務，貧困是周。身隱而名益顯，才富而德亦優，既化鄉曲之暴，尤建巡撫之猷。文爲徐霖所贊，志爲伍分所修，或曰可企黄憲，或曰可比太丘。大抵真希古，而於世無求者也。

稼軒李先生像贊

行在孝友，業在射冠，一宴鹿鳴，三仕芹泮。有俸給貧，無賄求轉，古昔是則，餽遺是辨。隱以時違，出以親斷，于道雖未大行，委子使之大顯。瞻拜高風，龍陽之縣，蓋有古胡安定之風、呂申公之見也。

懷德叟劉先生像贊

此懷德叟善元先生之像贊也。敦確凝重，幼少如愚，孝友睦婣，耄期不渝。貸人而不較其報，禮賢而不問其需。門盈長者之車，案有難老之壺。雖縲泄而非罪，輕朱紫而不樓。睇其貌者，逸志以削；聽其言者，善念如呼。宜子孫之繁碩，至科第之連俱。蓋啬其前以豐其後，近其身謀而遠其世圖者乎！

邵南皋方伯像贊

朱衣金帶，鸞鳳攸賴，豸冠法履，虎兕斯已。正色直躬，夏雨春風，偉度玄耀，高山古調。西人之懷，東人之望。匪振一方之風憲，將肅當代之紀綱。真周太保之遺胤，豈劉諫議之久晦而明耶？

中丞盛程齋像贊

學以主靜爲本，道以好善爲先，既宏博而奥衍，亦條暢以安全。褒貶存史氏之舊榘，貞肅凛憲臺之新遷。才可經世而未究，位始登雍而遽旋。不知者以爲違俗而乖合，知之者以爲將有見乎躍魚而飛鳶也。

東圃張君像贊

蚤涉書史，幼敦敬誼，施予及于鄉曲，詩禮訓于子弟，既承顔于先修，猶垂芳于後嗣。斯其人，定惟南畿之華族，實東海公之善繼其志者也。

太宰介谿公像贊

貌臞而清，言溫而肅，行如雲翔，立如鶴矗，下士忘飡，好善若粥。斯其人，蓋欲以天下爲度，而思使閭閻遐荒皆厭粱肉者乎！

隨如居士陳君用卿像贊

侯介侯直，侯慎侯溫，性耽經籍，志甘田園，言笑無苟，動靜有存。斯其人，蓋不以軒冕爲榮，而思與龐公、林逋並騫者

邪！宜爾子圖畫其像，行持至瞻仰，雖越江海千萬之外，常如視形而聽無者乎！

陳母曾孺人贊

猗嗟陳曾，致履如蹉，既寡苟笑，亦斥世譁。兀兀深閨，寂寂女課，內明若癡，外柔亶和。布素自取，茶茹孰過？困析不怨，強姤奚加？玄紞自織，提甕如何？姑疾覓藥，母盲舐嘉。教子隱學，不競浮誇，宜爾子德文，追琢其良。曾孟其學，以爲孺人千載不磨者也！

樸菴先生像贊

侯孝侯恭，侯勤侯儉。隱似龐公而亡名，學同端毅而不顯。當其身雖未裕，其後則有驗，將亦古之有見者耶！

樸翁夫人袁氏像贊

孝舅姑而睦妯娌，富而不驕，老而不倦，斯雖世女之常也，然豈如樸菴翁夫人之迪知忱恂者乎？

履齋先生像贊

見義而嗜，愷樂飲酒。吾未獲覩其人，乃其後足知其所素矣。

履翁夫人段氏像贊

孝敬不衰，義方率真。宜爾子孫，觀光利賓。斯固履齋先生之夫人也。

渭厓霍公像贊

斯人也，探經史之奥，抱康濟之材，淵乎其無窮也，確乎其有執也。當其志，猶欲求有容於大學，兼不倚於中庸，而不欲自已者乎！

贈君劉翁像贊

惟翁佚醇佚熙，佚坦佚夷。樸而不華，淡而不漓。謙謹成性，言語無疵。厥孝既篤，友于不私。辭鄉飲如探湯，事畎畝若餌飴。遇暴客盜穀而解其傭縛，從友人赴飲而更其新衣。宜其生也，縣侯勒名其旌亭；其死也，宰相撰德于墓碑。

贈孺人王像贊

此吾友劉克艱母孺人王氏之像也。處女弟而克友，居妯娌而先和。貞慈不忩，溫惠寔多。值樸有提甕之風，訓誨比三遷之勞。宜克艱治郡邑之有聲，塵卿相勒餚於不磨也。

醒菴王先生像贊

猗嗟先生，素迪慈諒，欲效名業，累屈科場。四十棄儒，玄寂山央，力修祀事，全族睦宗。系譜宣派，圖出益彰，其交于人也，終始一誠。剖決里疑，罔不遵行，行謹於獨，信達於鄉。宜有二子，修道孔惶。先生豈不可與漢荀淑、陳寔爲方邪！

王遜軒像贊

侯懿侯恭，侯惇侯良，既孝於親，尤友於兄。睦有親族，刑於克真，克謹乎義方，宜爾令嗣，爲家邦之光。

遜軒配贊

舅姑咸悅，婦姒充和，相夫成德，訓子登科，指日褒封，翬翟巍峩。

秦邦泰像贊　有序

此吾年友清濱子秦君邦泰之容也。觀其貌，可以知其心；視其淺，可以知其深。遇勢而不諂，見弱寡則思扶持，而不使之沉溺，蓋德厚於己，而循良之名著於三晉也。和韻撰辭，以形容其萬一焉。泰而匪傲，侃而且誾，是誰君子？吾友清濱。見善必從，有過則恥，既篤於行，以敬厥止。仕則卓魯，處則卞隨，和而不同，守道克施。在監求友，爲邑興謠，士于爾

教，民也有標。進雖同年，義若同窓，愧我菲薄，焉發駿龐！

解母郭夫人像贊

此解母郭夫人之像也。溫惠而淑靜，恭儉而嚴正。貞相其夫於不沒，慈訓其子於克靖。年餘耄耋，道益堅定。其亦古之淑慎其身以成性者乎！宜解梁鄉約人像其貌以尊敬也。

王母尹孺人像贊

既讀詩書，即飭閨行，順事醒菴，良友與並。言無苟然，諸動尤慎，上孝尊嫜，下無不敬，紡績訓兒，道不取徑。斯固漢鮑宣之桓氏、晉冀缺之內政也。

恩榮壽官三原趙翁像贊

翁生於永樂壬寅，卒於正德甲戌，蓋九十有四春秋也。其行己公而恕，接物愛而周。孝弟稱于宗族，忠信重于林丘。既耆而平訟爭者，蓋千百指；既耄而主媒妁者，凡八九十籌。北隴里社，戴如父母；陂南衢巷，貴如公侯。宜其子既克孝，而孫又好修，蓋古榮期公者之儔乎！

毅齋解

毅齋者，劉克柔乾之齋名也。齋言乎其毅者，止於毅也。人之止莫如齋，人之求止莫如毅。毅也者，義也，循義而義必至也。毅者，克也，舉義必勝也。毅者，振也，於義有挫，必自振而起也。故有目毅曰視明，有耳毅曰聽聰，有口毅曰言乂，有容毅曰色信，有手毅曰持正，有足毅曰履端。故獨處不愧，謂之燕居之毅；男女別，兄弟友，父子慈孝，謂之家庭之毅；五服和睦，謂之宗族之毅；賓祭婚冠，有贊有佐，有文有質，謂之鄉黨之毅；舉善告違，謂之朋友之毅；寬而簡，莊而不戾，謂之臨民之毅；事君有面諍無背言，處臣有公舉無私黨，謂之朝廷之毅；士卒挾纊，戰勝謀成，謂之軍旅之毅；祭必獲福，謂之交鬼神之毅。故久而不倦其學者，恒毅也；危而不改其度者，變毅也；雜而不亂其理者，正毅也。故是非不能罔者，毅之智；私欲不能累者，毅之仁；志有餘而氣不慊者，毅之勇。故皋陶之毅，用之於馴善；周武之毅，用之於去惡；曾參之毅，用之於任重而道遠。故毅也者，一而已。一者，自強不息而已。自強不息，則可以克柔而求乎乾矣。

正德癸酉十一月。

荷峯解

荷峯者何？御史中丞高安陳公之別號也。則何以謂之荷峯？高安之山有是峯焉耳。夫荷，于池于瀦，于隰于沼，蓋澤中物也。峯何以謂之「荷」？曰：「澤之有荷，其常也；峯之有荷，其異也。高安之諺曰：王子喬遇丁令威講道是

峯，峯有荷池，一夕花開，故荷峯云。」此異事也，公何以取之？曰：「於異之中，又有異焉，則非異矣。故在王子則謂之異，在陳公則謂之非異。」則何以謂之非異？曰：「在地之物，其高者莫如山，其卑者莫如澤。澤在山峯之上而且荷焉，其易所謂『咸』乎！其濂溪子之所愛而又未及遇者乎！故君子於是乎以虚受人也，故君子於是乎以通天下之志也。是故觀其茄，而立之真矣；挹其蕸，而居之寬矣；究其蔤，而本無不務矣；覩其菡萏，動容貌，斯遠暴慢矣；睇其房，而民各得其所矣；食其藕，其味深長矣；拈其的，可以欽厥止矣；析取其薏而口咀之，則中心所發無不實矣。夫公自尹上虞〔一〕，以至今官，廉而不苛，慈而有斷。剛方發於政事，孝友著於鄉閭，於害惟去其太甚，於善不遺其寸長。其道固峯上之荷也，則雖持是以至宰衡臺相而不渝焉可也。於戲！王喬之事，其殆爲公以發兆於前者乎！」

弘齋解

弘齋者，吾友崑山陸子伯載之别號也。齋何以云「弘」？陸子曰：「鰲自忖有此病耳。」「曾子嘗以弘毅對言，子何以不言毅？豈其毅也，子已能之邪？」曰：「雖然，亦未能是，必先能弘而後可耳。」「弘將如之何？」曰：「西銘多言弘之道，當必如是耳。」曰：「佛亦善論弘，但不毅，窮高極遠而不知止也。是故弘猶目見，毅猶足行，弘猶理一，毅猶萬殊。非弘則無以爲毅，非毅則弘亦何爲？斯道也，無大無小，無遠無近，惟人隨其所至而自盡耳。昔者文王純亦不已，以合於穆之天，何其弘也！然其詩曰『小心翼翼』，夫小心翼翼即毅也。非小心翼翼，則固無以純亦不已矣。今豈可以小心爲非弘也？」

〔一〕「上虞」，萬曆李楨本作「華亭」。

箴

宗人府經歷箴　爲李二守文敏作

贊府維喬，正亞維寮，天潢是尸，玉牒是條。盈肥不紊，丕演姒姚，堯睦九族，周誥康叔。宣仁作忠，持此鉅軸，藩材爾聞，不材以鞠。東平攸升，淮南攸剧，贊夫孔將，少食鹿鳴。淇竹猗猗，汴水洋洋，卓政留解，三十一章。既二余府，滋戩厥明，肅肅北祖，天子之取。愼爾周旋，夙夜在矩，德輶孔揚，天下爾膴。僕夫司戚，敢告贊府。

銘

寶穡堂銘　有序

北山子作寶穡堂以貽子孫滸西子，以語涇野子，於是爲之銘曰：

維此稼穡，天地之仁。可以生爾身，可以睦爾親。上富其君，下足其民。珠玉雖可貴，飢不可入脣。周公聖人，其風在豳。凡此子孫，穡是用珍。耕深則稼茂，播時則常稔。節用禮食，陳陳相因。古之治天下者，三年耕，餘一年之食；九年耕，餘三年之食。而況於一家之中，骨肉欲篤，僮僕欲均者乎！僕夫司穡，敢告書紳。

上黨仇氏鐘銘

雄山仇氏同居四世矣。初，家範成，讀訓會食，皆考鐘焉。有鐘八百鐵，正德辛未爲流賊所毁，人方病其小也。乃又鑄二千鐵，嘉靖乙酉爲暴撼所傷，人或疑其㔶也。兹將鑄八九千鐵，蓋欲益合其族，益昌其家乎！聞諸鳧氏：厚無或石也，薄無或播也，侈無或柞也，弇無或鬱也，長無或震也，短無或疾也，則其聲清濁得宜，宫羽咸明矣。抑亦似仇君之家廣而不私，久而不替者乎！於戲！仇氏慎之哉！其毋小以㔶乎！

補遺

與辛侯止修坊牌書

數日前，聞執事欲爲僕作坊牌，高情雅意，知感不盡，然已煩盛吏彭銳辭止。頃聞昨已破木，每甲出米五斗充工師費，僕慚懼殊甚。當此旱虐之時，百姓無食，背妻殺子，毁垣拆屋，不忍見聞，又復興此，則窮困之人，固有欲食吾之肉，詈吾之祖者矣。且坊牌價，前舍弟已領自建，理難復擾，縱篤志名利，亦不敢爲詎錢之舉也。且聞數月以來，執事收贖甚重，或二人異罪，其罰則均，笞杖之徒，非一二十木，則一二十金，道路喧傳，云爲建坊之用，或云僕有請於執事，或云執事有他心，此其言雖不實，然其跡皆可疑也，不有損於執事，必有損於僕。吾二人者俱損，又何坊牌之爲？况今里甲不公，動輒掊克，一官之過，費或十金，一車之來，科至百兩，如坊牌成，所費豈啻千金也？且僕在告養病，方理藥餌不暇，乃復興此土木，行事之人，可以緝吾，執法之官，可以劾吾，冤苦之民，可以奏吾，則坊牌之建，執事非愛僕，實害僕也。執事必欲成之，則僕固有走書當路，以助僕口之弱，呂柟二字固不得入之高扁也。

再贈宋獻可語

宋侍御問真定，予曰：「易言：『君子體仁足以長人。』夫苟以仁爲體，雖負芻鬻蔬之微，遐陬僻壤之遠，皆吾爪髮皮膚之處也；倘一夫失所，即吾體如芒，斯刺如炙，斯痛矣。若然，則所以恤其飢寒，救其疾苦，開其昏愚者，自如吾體不能已矣。所謂聰明睿智，皆由是出也。」

贈薛仲常問壽祖母沈語

薛仲常來曰："應旂祖母沈氏年二十四守節不回，無出，立吾伯祖之子爲嗣，即吾父竹泉君也。竹泉君思祖母之志，立貞慶堂以訓應旂曰：『無或不學以辱我先妣。』則何以爲教乎？"涇野子曰："沈夫人既以貞而立家，仲常曷以貞而輔國乎？故貞立于家則爲節，貞輔乎國則爲忠。忠與節，貞夫一者也。"對曰："應旂，太學諸生耳，安能遽輔于國？"曰："汝知沈夫人之立薛氏乎？其婉娩順從之儀，麻枲酒漿之材，皆其學之未嫁時而後有今日。范文正爲秀才時，便志在天下國家，仲常若拘滯近時秀才格，恐非竹泉君攸訓之意也。"

申贈程惟時語

程惟時始見予論文，予謂文以明道爲主，惟時曰："世之炫藻昧理者真可勿用矣。"繼見予論禮，予謂禮以通今爲貴，惟時曰："世之泥古違經者其可勿用矣。"及今三見予以論易，予謂之曰："夫易，聖人之所以終身而治民之具也。前此諸儒專以說天、專以道陰陽者，予已病其迂矣；后此諸儒謂專以明圖象與卜筮者，予又病其泥焉。故予嘗謂夫子於乾之文言曰『君子行此四德者，故曰乾：元，亨，利，貞』，真易之本義也。蓋乾非專指蒼蒼之天，君子即乾也；元亨利貞非專指四時，四德其實也。六十四皆可以此類求矣。"然此言亦嘗數告他人，多不以爲然，惟時乃聞言而契之速，得意而信之深，涇河之易，其當暢歙浦乎！夫契吾爲細，契易爲大，信言爲淺，信行爲深。所願斯往也，暢于四肢，發于事業，惟時他日以此易行于天下亦有餘也。

贈鄭良弼還衢州語

近予於清風亭說仁，惟鄭良弼甚悅之，喜見顏色，至說到二南自妻子做功處，則更深信，曰：「邦佐離妻妾且三年矣，斯歸也，功便發軔于此，其要則何如？」曰：「良弼不見文王之刑于〔妻子〕〔二〕乎？苟身不行道，而於片言跬步少自惰焉，雖反目以加彼，亦不信也。」

贈立齋張子崇禮語

立齋張子崇禮將之長蘆，過問言。涇野子曰：「君子處險如夷，蓋以忘乎險也；君子處微如著，蓋以慎乎微也。易曰：『危者使平，易者使傾，懼以終始，其要無咎。』又曰：『知微知彰，知柔知剛，萬夫之望。』」

贈黃國信語

沅州黃國信曰：「珙甚愛『聚百順以事君親』，奚能恒若是乎？」曰：「忠臣之事君也，在順其公，不順其私，斯謂聚義；孝子之事親也，在順其志，不順其意，斯謂聚仁。苟不惟公與志之順也，凡百皆順乎君親，幾何不陷於私意哉！故仁義之學得而後忠孝之行成。」

〔二〕「妻子」二字，據詩經思齊補。

贈唐以道語

唐以道將還武陵，言體仁之學以誠敬存之固然，但恐或有息處，不知何以致力。曰：「當覺此學息時，因何而息，去其所以息者，則常不息矣。」

贈胡汝鄰語

胡汝鄰聞講韶而有得於心，則謂之曰：「別後少斷肉味，當常若韶音之在耳也。」

贈大謝小謝歸祁門語

小謝曰：「人若不勤學，雖移居雞鳴山頂上不在家。」大謝曰：「若鴻則常在耳。」涇野子曰：「二謝亦欲以己之長方人之短乎？」

贈吳子敬體惺語

予素多病，數用子敬之藥而效，蓋取參术黄麻而疊用之者也，安得以此劑醫天下人之疾者乎？

薛惟亞送至南寺留别語

惟亞問涖官，答曰：「莫如信。」問守身，答曰：「莫如平。平則素位而行，於己無不得；信則惟義是比，於人無不孚。於斯道也，其殆庶幾乎！」惟亞以其言爲少也，答曰：「不見司馬君實乎？其人言如人參甘草，行如菽粟水火，今固未嘗不多也。仲子路一言，而廢千乘諸侯之盟，又豈可少之乎！」

留别李子行語

李子行分教太學，聞吾説仁而喜之，遂偕馬子修諸僚時聽吾與之説仁也，乃又轉誨諸生，發吾之所未至，廣吾之所未能，於是諸生中亦有一二勃然向仁者矣。比予再來京師，而子行已主刑部政，乃復問吾言，答曰：「涖法之道，豈復外于仁哉？推鞫未至，則有隱慝；鞭笞太過，則或霜冤；聽言偏倚，則有左教；蒙蓋胥史，則或破律；交際庸人，則啓厲階；引小爲大，則或逮衆。兹數者，皆其未仁者也。子行固無此失，然或造次之間勿忘之功未至，則其於仁未必不違也。」或曰：「有巨惡積姦于此，如之何？」曰：「或怵於威，或失於密，或浮於暴，或昧其機，或狥乎時，或惰於弱，亦其傷仁者也。子行而能專事于斯，而仁不可勝用矣。」

贈别陶季良語

絳州陶季良攜其弟模、子成暨其門人襄陵盧時皞至北泉精舍，涇野子訝之曰：「季良從何而來乎？」對曰：「梓自

懷慶父所來也。」「來何事？」對曰：「自沙岡拜別先生后，日夜傾慕，乃祁暑渡河，思欲緝熙前學以請益。」右指三生曰：「且俾此輩蒙養以正耳。」涇野子曰：「河內有何栢齋氏者迪道踐義，予嘗擬之仲子路、端木子貢，故有詩曰：『河內重生許魯齋。』」季良不操杖履以侍左右，乃冒暑跋涉千餘里以至此，不亦左乎！」遂引至西齋，闢其門，見几上舊置尹彥明集，指而謂之曰：「曾讀是書乎？」對曰：「未也。」予曰：「此人深得程氏之真傳，季良可即從事此書焉。」季良從事此書，五六日貫終始而皆徹，歎曰：「學不如斯人者，非夫也！」遂以齊尹名其齋，且爲之記以獻。當其嚮往，又不欲以尹子自已也。

他日，予避暑於白雲洞中，洞去精舍殆三十里，時炎蒸孔熾，季良偕盧生自精舍徒步省予于洞，予慰之曰：「雙足亦跛乎？」對曰：「先生外適，雖再跋三十里，足亦健也。」又他日，偶論及登仕版之後將無忘此學乎，對曰：「斃而后已，不能忘也。」予歎曰：「往者季良初業於解梁，再業於辟雍，三業於海印寺，予以爲溫恭醇雅之士，不意北泉之季良，其勇一至此哉！古所謂予不能爲若師者，今涇野子之謂也。雖然，予有畏友三人焉，願季良如事尹子也。」池陽有馬谿田氏，季良走三原謁之，歸而曰：「恭敬而溫文，好與人行善，漢郭泰之儔也。」𣴎山有康對山氏，季良走武功謁之，歸而曰：「廣博而嚴毅，愛與人並立，漢賈誼之儔也。」涇野子曰：「予所不能教者，季良皆由予以見之，將二氏之教，豈非予之所教乎？斯往也，若又能請事何栢齋氏，則予所厚于季良者，不又重乎？夫尹子，古人之傑也；予所謂畏友三人者，今人之傑也。合古今之傑，季良皆能事之而有得焉，縱予有教，豈能過之？予又何言哉！」時高汝明在側曰：「陟聞夫子無常師，先生之誨梓者，豈淺之乎爲教者哉！充是道也，雖聖學亦可爲，陟願與梓持此以終其身而不渝也。」

贈別陶季作語

陶生模將冠，涇野子字之曰季程，楊守中在旁曰：「若是，則與陶成之名同音矣。」遂改字之曰季作。守中曰：「何

也？」曰：「君子以作己而作人耳。作己之謂體，作人之謂用，體用咸備，君子之道周矣。昔者魯仲連曰：『人皆作之不已，乃成君子。』作己之謂也。詩曰：『周王壽考，遐不作人。』作人之謂也。然必先作己而後能作人，己之未作而欲作人，猶人未能立而欲行，鮮不仆矣。」「作己之道如之何？」「一曰篤志，二曰致知，三曰力行，四曰廣而不隘，五曰平而不易，六曰自強不息。」

送雷元德還泰寧語

元德從予於南所，每說論語輒解頤。比還泰寧，來問言，則告之曰：「無忘近所解頤於論語者，斯可耳。歸若措諸躬行，亦若是能解頤焉，則何患道之不可得哉！昔楚人有喜玉者，聞齊人說玉之美，日左右聽不肯離。比其別也，齊人與之一玉，至楚則說其玉於鄉黨，猶齊人也，然而雕琢之功少間，但日而誦說把玩焉。其鄉人曰：『是在玉者也，非在子者也。』然則元德必身有其玉而比德焉，如夫子之說於子貢者，以爲圭璋璧羨有餘也，斯可乎！」

題黃日思靜樂圖卷語

真州黃日思作江村靜樂圖展予，蓋著其志也。涇野子曰：「日思靜則樂矣，將動不能樂乎？夫動而不樂，則並其靜者亦不樂矣。」「然則何以動靜咸樂也？」曰：「動而有物，是無靜也；靜而無物，是無動也。故君子動不惡物，以行靜也；靜不惡寂，以含動也。是故夏時、殷輅、周冕、韶舞，皆深居陋巷不改其樂者之所能爲也；大行不加，窮居不損之樂，皆四體不言而喻者之所能致也。日思能從事于顏、孟之學，可以觀動靜之皆樂矣。若曰避地尋詩，攜壺逐侶，以厭塵埃爲韶樂也，則與晉、六朝之習，吾方憂之，又安能以爲靜且樂乎！」

書東郊精舍語

東郊精舍者，忍菴童君所構，居其子友仁而誨之者也。忍菴爲遺腹子，歷嘗艱辛，於是孝于先人，遜于鄉黨，任于州里，遇横逆無所不忍，遂以自號，巡按奬諭，以爲一鄉善士。然則友仁自鷲峯東所歸金華，其所以繼志述事者，當何如哉？夫予之爲教以「甘貧改過」爲要，德進嘗有過，痛自悔責至十數日不能見予。然則自此以往，仰承忍菴君者，又豈有他道乎！夫過，雖貴於自訟，猶貴於勇改，不然，頻復不已，必至于迷復。德進如念忍菴君初構精舍之意，必不以予言爲迂也。

書王生冊語

夫道以有恒爲貴，尤以立志爲先。隆吉者，半窓羅氏之婿，谿田馬氏之門人也。隆吉誠學其羅氏則爲佳婿，學其馬氏則爲高徒。古之君子，動惟取善而惟求諸己者，正在於志與恒耳！

答朱子仁語

朱子仁來曰：「斯學也，涇野子既無門戶，又無脂粉，其真實以力行者乎！」答曰：「脂粉不可有也，門戶不可無也，門戶若無，其何以升堂而入室哉！如所謂真實以力行，予雖未能行，與子仁共勉。夫今有東農、西農於此也，東農鹵莽而耕，滅裂而耘，其獲也，非莠則秕，計百畝之入，不及釜庾之多。西農則不然，未雨而耕，先莠而鋤，耒入既深，荼蓼亦朽，引水以區灌，瀦糞以穟治。及其秋也，其實栗栗以爲饔飡，罔不嘉羡，數口之家，歲有餘儲。然後知以實爲者以實獲，以虚爲

者，吾未見其能有所獲也。夫學，亦猶夫農也。故君子專務實勝，惟恐人知耳，故曰『君子之道，闇然而日章』，以至于篤恭之地，皆其實焉耳！苟至於實也，又奚暇論乎門戶脂粉之有無哉！」

答王偉純語

王偉純問言，答曰：「予於江東知子之學矣，今於都下知子之仕矣。夫學不溺乎燕友者爲真學，仕不黨乎俗吏者爲良仕。偉純已篤真學，又豈不良於仕哉！勗旃！」

示陶成語

成乎！汝知爾父祖命名之義乎？蓋欲爾之成身也。汝嘗見爲陶者乎？陶缶不成，其腹不側則扁，以注物則溜也。陶盂不成，其口不偏則衺，以注食則溢也。陶罍爵瑚璉不成，則奇衺頗越而不正，以酌酒醴則泛濫，以載黍稷則淋跌。明不能燕賓客，幽不能格鬼神，可不懼哉！然則成之也，奈之何？曰：「日事澄泥，功無毫髮之間；夜事火劑，心無頃刻之忘。雖爲喬吻以觀殿廡可也，雖爲瓴甋以鞏宗廟可也。」

答況仲源澄語

況仲源將還高安，問：「思慮何以得寧一？」曰：「從不寧一處默自點檢，以斷其根耳。」

抑齋説

此周少司寇公充之之齋扁也。公號玉巖矣，棠陵方子所題也，則何以又抑齋云？公自謙曰：「君子比德於玉，則吾不能，且吾之名廣也，言心體之大耳，充之則無所不該。苟不從事於抑，而忘篤實之功，何能稱吾名與字乎！」夫公爲御史時，以直言被謫爲廣東懷遠驛丞，厥後權奸既誅，起爲建昌知縣，乃又以直言謫沅州竹寨驛。去驛百步，則灌莽也，虺蛇虎狼之所穴處而遊行，公乃獨居其中，止次子士淹侍焉。一夕，夢老人拄杖以過，問其年，曰：「八十矣。」詰。旦偶展及大雅，乃見抑之篇焉，諷詠不已，既而頓悟，歎曰：「夜所夢老人，非衛武公耶？今所讀抑詩者，非以啓予耶？全令德而堅晚節，當不在是乎？」乃遂扁抑齋於燕居以自儆。夫公也，兩言之事皆關切大政，言人之所不能言；其兩謫之地皆窮極荒遠，處人之所不能處。當其志與氣，固可以横四海而塞天地，不可謂非廣也，乃以抑齋自勵，則公之所造，豈有窮已乎！且予讀抑詩矣，不過謹于言行耳。故抑於言，則必磨白珪之玷，以惠朋友而承萬世；抑於行，則必慎屋漏之覿，明爲民則而幽爲神格矣。公如是也，又何慮不稱其名與字哉！雖棠陵子所謂玉立千仞之岩者，將在是耶！若曰斯抑也，以前之言而爲戒，後位之高而或持是以免，皆不知公者也。

顧汝和情字説

汝和問字説，答曰：「當於喜怒哀樂未發之前看。」「此不幾於説中乎？」曰：「學未有不中而能和者也。」「烏乎看？」曰：「慎獨則七情齋明。」

唐忠宣公像贊 有引

予自童丱誦公之書，慕公之爲人，未覯其容也。公四十二代孫進士愚捧持遺像，敬以展予，再拜瞻仰，英邁之氣，博雅之學，敏果之材，骨鯁之忠，掬然可見，乃爲之贊曰：

惟唐興元國步斯頻，惟參孔姤延齡捂尅，在帝左右，杞尤孔壬狐鼠城社，莫之敢攖，泚、滔是肆，蔓及俊烈，方夏瓦解，公當其間，厥履艱哉！日操柔翰，惟德是揮，用開帝謨，流澤枯槁，隱收人離，李、郭鴻勳，公是用考，蓋雖娟嫉于姦讒，而寔羽翼乎忠良。奉天之際，帝膳蔓菁，儲無斛粟，徵火密勿，其何能淑？主出而復還，國亡而復存，帷幄之績，並日月光，再造唐室，上不負君，下不負學，豈欺我哉！板蕩識臣，百世攸師。

沙縣公贊

貌儼儼若生，色瑩瑩其明，亦可想見其道之直，而遠挹其風之清，將任延之鄙雷同，而趙忭之以琴鶴自隨者耶！

孫楊義交傳

孫大淵浩者，洛陽人也。楊克敬欽者，河南衛人也。當天順、成化間，大淵、克敬二翁偶面相識，心即契合，乃相謂曰：「原大則饒，原小則鮮，上則富國，下則富家。貧富之道，莫之予奪，而巧者有餘，拙者不足。」大淵公若曰：「果然哉！知鬬則修備，時用則修物，故管子曰：君子富，好行其德；小人富，用適其力。百里不販薪，千里不販糴。一歲種之以穀，

十歲種之以木，百歲種之以德。」克敬翁若曰：「欽亦嘗聞白圭之好觀變矣。人棄我取，人取我與，歲熟取穀，與之絲漆，繭出取帛絮，與之以食，不亦然乎？」遂同入嵩縣山中，合貲爲賈。用計然之策，爲陶朱公之學，共爨以居，不分爾汝。人謂大淵公曰：「此楊氏之兄也。」人謂克敬翁曰：「此孫氏之弟也。」貿遷有無，交易行居，期年而由蘖，二年而操奇贏，漸積殷厚，築室嵩中，不但金帛之出入、菽粟之舍納、縑布之卷舒無毫髮私也。雖上事雙嫗，如同出膝下，有懷二人；下撫男子及女子子，鞠育顧復，初無親疎之間。雖至徭役輸將之事，互出交應，完孫者楊也，完楊者孫也，兩氏遂起家嵩中，富厚倍於他姓，蓋三十餘年矣。昔人云：「吾治生有伊尹、呂望之謀，孫吳之用兵，商鞅之行法。智不足以權變，勇不足以決斷，仁不足以取予，強不足以有守，欲學此術，不可得也。」此其言雖非大道之正，然用以治生，亦且有效，況於學道者乎！往者烏氏倮、寡婦清，崛起寒微，邁名累代，可知其故矣。夫倮、清猶各自爲業也，豈若孫、楊兩姓義契而共興者邪！

大淵翁之子名鳳，同予舉戊辰進士，官至布政使；克敬翁之孫爲予高陵儒學教諭。賢孝重乎鄉閭，才德名於當世，又且蘭茁玉挺，員員其來，傳芳無窮，將非兩翁義交所種之驗乎？宜司訓張孔明者，比膠漆之陳、雷，超分金之管、鮑也。

贊曰：世人之交，利在則親，勢去則疎。今觀楊教諭事孫方伯之禮，不啻如外舅已也，言稱行尊，如親父母，而方伯厲甚，亦視之如兒子輩。則大淵、克敬兩翁當日交義之風，可想見矣。昔柳子厚交劉禹錫，以柳易播，韓退之論曰：平居相慕悅，酒食相徵逐，詡詡強笑語以相取下，握手出肺肝，指天日誓死生不相背也。一旦臨小利害，若不相識，落陷阱不一救，反擠之，又下石焉者，皆是也。視孫、楊何如哉！且夫荆，一簌木也；有田氏者，高族也。止三兄弟且欲析居，荆爲之枯，既合而復榮。荆不枯不榮，三兄弟析矣，視孫、楊何如哉！予嘗謂士庶人之立家，如君相之立國，古之明君賢相，共成正大光明之業，以昭前而照後者，皆起於魚水相投，此心之一爾。假使君臣間有疑二，其何以致治乎？將韓子所論，不偶然也。

望楓題

望楓者，蘄水徐大夫子元之志也。子元家居時，每出龍門莊，西南瞻望，見其親之丘有孤楓焉，於是每見楓若見丘也，每見丘若見親也，於是每望親必望丘也，每望丘必望楓也。既仕爲南曹郎，飲食猶楓之在盂也，起居猶楓之參前也，宴息夢寐猶楓之在衾枕也。客有爲之圖其狀，子元展玩泣下，恍若遊蘄水之郊也。予歎曰：「子元且五十，而慕親之心如此，當非時之名卿哲大夫乎？」或曰：「古者樹楓丹陛，忠臣戀君，亦望楓焉。」或曰：「文王望道未見，望斯二言則何如？」曰：「由子元之事觀之，望楓於親即望君也，望楓於君即望道也。忠不出乎孝，道不外乎孝與忠。然則子元之志其遜矣乎！子元之學其勗矣乎！」

改亭題辭

改亭者何？崑山方子時鳴之別號也。亭既立且定矣，何以又改乎？初在溪北，徙而建之南焉，曰改亭。或曰：「惡其柱之欹也而正之，惡其棟之撓也而隆之，惡其四門未闢八窓未啓也而廣之，亦曰改亭焉。」方子曰：「人之有斯身也，猶家之有斯亭也。一亭可以來萬人，一身可以備萬物，身有失而不去，即亭有欹撓而不改，故君子居斯亭以內訟其過也。過而自訟，復于無過，反身而誠，其樂莫大，亦又曰改亭焉。」涇野子聞之曰：「方子其爲顏氏、商湯之學乎！孔子曰顏回不貳過，仲虺曰惟商王改過不吝，吾知方子匪獨爲改其亭矣。」

端大本以圖治平疏

臣患病在家，臥聞恩詔大赦天下，臣民歡慶，畿甸諸賊、西夏叛逆，其勢固將摧沮矣。臣愚謂大本未端，終難平治。伏願陛下念天命可畏，小民難保，乘維新之日，奮大有爲之志，日臨朝寧，即夜進宫，經筵日講，無或停輟，躬親政事，節省佚遊，以德服遠，風聲傳布，民志斯定。宗社之福，莫大於是，内臣外臣，亦得以久保富貴矣。如或不然，臣恐四海觖望，盜賊叛逆紛紛然滋蔓，雖有良將精兵，亦不足恃，不可不重慮也。臣備員近侍，叨職講筵，躬逢聖政維新，雖當臥病，義不容默。臣昧死上言，不勝激切，俟罪之至。

勤聖學以圖治平疏

臣伏覩陛下臨御經筵，講求治道，聲聞於外，臣民歡慶。臣竊惟人君一身，四海瞻仰，繫屬人心，勤學爲先，誠能勤學，其樂無比。蓋講究義理，則此心明白，如日中天，照見萬里之外，用人行政，自得其當，不亦可樂乎？自是志慮堅定，精神完固，壽命無疆，視諸玩好，皆可輕矣，不亦可樂乎？自是德化流行，格於上下，天心親愛，不生災異，民心悅服，不生盜賊，夷狄遠遁，宗社奠安，不亦可樂乎？自是優遊九重，坐享太平，内外臣人，亦得以長保富貴，不亦可樂乎？自是聖神名聞，爭光日月，萬世之下，與堯舜並稱，不亦可樂乎？然勤學之事，則又甚易。經筵日講，俱有講官論說，陛下垂拱而聽，甚易。苟知一句，即見之行，不勞雕刻文字，甚易。聖王之學，貴知切要，今但看典謨、論語、大學、祖訓，用之不盡，不勞博觀泛覽，以費精力，甚易。况陛下天縱聰明，無所不能，若暫捨遊田觀逸之事，以爲此至樂，甚易。之學未有不成治者。

臣非欲陛下絕遊田觀逸也，蓋先勤學以安天下而後遊田觀逸，爲我樂矣。不先勤學以安天下即遊田觀逸，不爲我樂

矣。昔周文王緝熙敬止，咸和萬民，斯享靈囿之樂。元順帝廢學縱欲，盛有臺沼，我太祖一舉而取之，陛下不可不深念之也。即今蜀、漢、江、湖盜賊日熾，星殞地震瀕年而見，旱澇不均，久無豐歲，民之窮苦驚慌，亦既極矣，陛下不可不棘圖之也。臣備員近侍，叨職講筵，目擊四方變亂之不已，心懼九重淵默之未聞，思維綱領無過勤學，輒陳瞽言以瀆天聽，倘蒙采納，蒼生萬福。臣不勝戰慄，俟罪之至。

應詔陳言以彌災變疏

臣聞乾清宫災，十八日聞陛下側席求言。臣憂喜交集，莫知所措，化災爲祥，正在今日。臣雖臥病，義不容默。臣惟變不虚生，實由人召。數年以來，陛下日事遊豫，致使左右羣小蒙蔽聰明，廷臣隱默不肯直言，政事顛倒，上干天怒，災出非常，海内震驚，而陛下始形悔悟，然此誠改過圖新之機，君臣交修之日也。

夫今陛下所當修者有六：一曰逐日臨朝聽政，用防壅□，不宜恣事漫遊，以隳萬幾。二曰還處宫寢，豫圖儲貳，繫屬天下人心，不宜日夜昵近讒邪，耗蠹精神，以忘大本。三曰郊社禘嘗，祗肅欽承，以祈感格，不宜輕褻宗廟神祇，使邊戍小卒或得以騁騎震驚。四曰日朝兩宫，承顔順志，化天下以孝道，不宜廢略定省，經旬忘返。五曰遣去義子番僧，邊軍令各寧業，以清禁院，不宜雜處溷行，忘貴賤分，以損神威。六曰各處鎮守官貪婪者取回别用，不宜導之侵漁，上下交征，重爲民困。六者畢具，君道立矣。

臣之所當修者有九：宜先令翰林侍從諸臣日輪數人，佐以科道二員，侍值文華殿，凡前代興廢之由及天下利病及祖宗創業艱難之狀，令明白直説，不許含糊推避，雖陛下燕遊之地，亦使逐日隨從，應時承弼。其或言不盡意，仍令該官具疏以資啓沃，此臣之當修者一也。其吏部用舍人材，則當升進清介骨鯁恬退之輩，用作士風，其儇利奔競以賂得官者，不拘大小，俱宜察實，擯斥下逮。納粟胥史之官，雖或幹濟頗長，然學術實疏，反淹科貢正途，亦宜豫爲消長抑揚之計，以清選法，

此臣之當修者二也。至若戶部之事，民病尤劇，如各處官吏因民貧富上下其差，或大戶起稅淪及乞丐，小戶存留不論千金，或邊稅京稅積歲弗易，或荒熟互隱，科免任情，或布縷折稅，徇情多寡修短，或秋稅官糧偏重，貧民不與處分，或戶口附籍增減失實，或煢獨力役影射者衆，或民自鬻鹽，復輸米鈔。況在內者，黄店以阻塞商賈，包攬以勒取民財，勢要中鹽者以侵奪民利。故困苦無告，借盜偷生，俱宜通行改正，此臣之當修者三也。禮部本以求賢輔治，宜通行各提學官遵守祖宗成法，凡生員入學入試，先令里鄰結勘良善，無過惡者方聽試驗文理，不可因襲。近年各立陋規，直取浮詞，不論行檢，以壞化源，況其旌表節義或不實，收宦豎賞玉帶蟒衣或太濫，是皆宜令執奏改定，此臣之當修者四也。都督坐府大任也，半用憸人，當擇。團營軍士禁旅也，多役私門，當革。錦衣之官，費以鉅萬，半出冒功，當汰。邊塞之將，倚以長城，多因賄舉，當察。不然，一有驚棘，內何以捍禦，外何以攻守，司兵者將誰委咎？此臣之當修者五也。讒譖一入，輒收風憲，威福既行，陰宥盜竊，司寇不能執，臺諫不能劾，棘寺不敢評，是尚爲有刑賞乎？此臣之當修者六也。工部財耗，班匠半逋，其鎮國府、豹房、新寺、酒店之作猶爾也。況織造之繁，繭絲竭揚、越之蠶，氈帳罄豳、隴之羔，民興詛怨，家思爲盜，未聞執藝諫止，乃方鬻爵以贊浪費，遣使以剝逃丁，不知將置民何地而後已也，此臣之當修者七也。祖宗設立科道，本寄耳目之司，今或依違不封駁，懾懦不振厲，間有直士，又以罪譴，是以言者不切，切者不言，彈劾者或緣讐，辟舉者或計恩。伏聞本朝近侍官員交通外官者禁，臣愚謂一應時行問遺請召俱宜革絕，然後可以糾肅百僚，振立綱紀，此臣之當修者八也。百姓之命係守令，守令賢否係監司、撫按，監司、撫按之於守令也，宜勿取諂佞乖滑，勿抑篤實剛正，勿以資格高下枉其薦黜。其諸犯既明者當即時問結，不許委官，容其夤緣。其罷軟貪酷者，雖在四五品例，得實即與奏黜，勿俟遲久，遺憂地方。其各該撫按官又宜令該衙門推用平日廉正剛方之人，不宜俟輪以爲故事脫，或撫按官到任未洽滿期不職著聞，該衙門即便具奏取回別用，另行推補，緣此大責，不宜苟且取具，此臣之當修者九也。九者咸舉，臣職盡矣。

夫能上下交修，同心一德若此，臣見百政舉，萬民安，和氣可召，天心可格，災變可彌，祖業可守，然其要又在陛下從事問學，正心修身，然後起居得宜，用舍不錯。不然，臣恐帝天震怒之甚，非浮言之可欺，祖宗構造之業將自是而不忍言矣。

臣久病，生死未可知，行將與草木俱朽，誠不忍負陛下恩寵之至、悔悟之誠，是以昧死直言，仰答聖心。伏惟陛下矜察采用，天下幸甚。臣不勝俟罪，殞越之至。

慎言語以精聖學疏

即者臣省問聖學，御批曰該衙門知道。臣竊謂天下政務各衙門分理，惟聖學一事在陛下所自勉進，今臣問溫書記書不曾，彼該衙門者豈能代陛下溫且記耶！縱雖知道，亦必如臣所請耳。臣固知陛下此答，以臣卑微可忽，狂妄可恕也，但天下四夷聞此，不曰陛下棄臣之奏，則曰文理不蒙，不曰左右代批，則曰姦臣所教拒諫而拂經也。一言雖小，所損極大，可不慎乎？又其甚，凡遇直言回話，不罰俸則降調，弭問庇姦，讒傷忠良，失天下民心，是皆臣講官者平日論說未明乎理，感格未至於誠，致陛下失言如此，雖將臣貶謫誅戮以昭廢職，亦不爲過。惟是陛下沖年進學，將舜察邇言，禹拜昌言也，豈宜不恤人言乎？望陛下急御講筵，以造高明之域，庶言不出錯，絲如綸綍，華夷胥悅矣。況今閏月七月，天氣即往年八月也，時不可失，學不可曠，海内臣民瞻繫在此。或謂臣若再有論講，必又如前批，然臣區區愚忠，安敢謂吾君不能乎？

奉修省自劾罷黜疏

臣伏覩皇上因天示戒變服御門，令百官同加修省。先日又傳聞皇上將端午諸戲俱令停罷，臣仰喜聖心之畏天，俯懼臣職之未修。竊見自嘉靖元年以來，元日折象輦之軸，陰風拔獸吻之劍；臘月雷電交作；新正南北同震，山陷地折，晝晦天霾，委的變異非常，不止久旱。宜廑大君之恐懼，乃示羣臣以修省。臣竊惟天道與人事交通，主德與臣職相係。臣官階雖卑，職在以經術道義輔主上於聖神，伏自供職以來，痛加修省，不職者十有三事，謹列上陳，自求黜退。

臣聞學問常，天心亦悅，不常，庶民且議。先皇帝經筵又日講，後被讒邪聲色蠱惑，講論間斷，陛下所親見也，奈何今年講書少於去年，去年講書少於元年？今三月初講，四月罷講，若計一歲，不止一曝十寒。陛下自視天資比湯、文孰優？湯且日新，文王且不已，矧陛下年在幼沖，豈可作輟，違天所眷？臣自省講説不足以歆其好，忠誠不足以動其樂，其不職一也。

我明有天下者，皆仁祖淳皇帝后誕育高皇帝之功，可當百世不遷之祖。每年四月十六日、二十二日忌辰也，臣於元年二十二日適講虞書、三禮，口奏是日講書宜著黲服，罷酒飯，存忌辰，其言未行，當年六七月間，鳳陽地方大風拔木數百，大水漂人萬家，切近孝陵，至今爲災不已。乃陛下尚不覺悟，又於今十六日，百官朝服賀上章聖皇太后徽號。夫仁祖、高祖之靈與天地通，其忌日不憂已矣，又以爲大樂，可乎？書曰：「高后丕乃崇降弗祥。」其謂是哉！臣痛自修省，是皆論説未能懇惻所致，不職二也。

陛下欲追祭本生皇考恭穆獻皇帝於奉先殿西側空室，臣已嘗同侍讀湛若水等據經論奏，昨見切責九卿所議，至有「再違不饒」之語，禮、工二部懼而遵行，大學士蔣冕執奏，又未即從。夫廟有定制，自虞、夏、商、周至今然也，空室之舉，既非七九之數，又非世室之名，必欲行之，祖宗在天之靈，豈能安乎？漢光武立四親廟於洛陽，一聞中郎將張純「爲人後者爲之子，降其父母不得祭」之言，遂罷其廟，使守令侍祠。臣言不能如張純之動主，不職三也。

獻皇帝生有興國社稷人民，受之祖宗者也，乃忽沒其邦名，如舊爲士庶人然，雖加殊號，卻是後來虛名。又字義，「興」，起也，盛也，旺也，若天默定，使陛下以有天下之地也，今而沒吉兆，恐不可，且有二統之嫌。夫陛下入繼太宗，已考孝宗，今又考獻皇帝，詔書又加章聖皇太后聖母，凡兩「聖」字。而昭聖皇太后先有「聖母」字，後又沒之，輕大宗重小宗，分明二本。臣亦嘗同湛若水奏明宗法，其言反不如冷褒、張純輩之能行，不職四也。

往在正德間，用人惟貨惟讒，故盜起姦橫，幾至亡國，陛下中興，似更新之矣，乃治不加進，亂不加退，説者謂奔競之風雖抑而未息，節義之士雖録而不用，舉者或挾恩，劾者或帶讐，柄用者或避怨，則亦不敢謂不然也。臣不能敷陳修身取人之

道，不職五也。

孔子曰：「見義不爲，無勇；非其鬼而祭之，諂也。」諂則不福，無勇則失義。傳聞有設齋醮以惑陛下者，壞人心，杜聖道，傷國用，莫此爲甚。臣不能開崇正道，以勝其邪說，不職六也。

召虎曰：「防民之口，甚於防川。」而況於防臣之口乎！今諸臣言傷切直者，或謫戍或削籍或罰俸，少忤其意，輒伺其私，雖在師保，視若尋常，未幾一年，大臣去者六七。陽無誹木諫鼓之設，陰有衛巫監謗之漸，結忠臣口，緘諍士舌，禍患將興而不聞，危亂已萌而不知。譬之一身，氣血不能周流則肢體麻木；譬之兩儀，上下不能交泰故雨暘愆期。而臣職在經幄且不能以達，況彼疏遠者哉！痛自修省，不職七也。

方今江、淮、廬、鳳之間，水旱相仍，饑饉連歲，父殺其兒而食其肉，子刃其母而啜其血，若乃兄弟刲割，夫妻吞噬，親戚剽餉，則以爲常矣，天理民生，斲喪無餘，古今罕見之災也。而賑濟之權，假手於姦佞之輩，其地方貪黷官吏敘遷如常，故賁粥則粥殺人，散銀則銀誤人，積骸成丘，殘屍如莽，報無虛日，書稱高后之言曰「曷虐朕民」。臣手不能如鄭俠畫圖以獻，不職八也。

夫民之貧困至此極矣，故雖漕運額米亦折少半以濟荒，乃今戚畹菴寺土木之役，動以千萬，口日三升，不及半歲，京、通二倉已耗十三。今歲不雨，來年不收，且勿論民庶人等，即百官諸宦，豈能空腹以事陛下乎？臣頃分足食之書，瀕講而罷，不能陳其故以救餓殍，不職九也。

夫民之無食，猶其無衣也，奈何又差內使織造東南，是速之死也。又行賑濟，是剜其腹心補其爪髮，抽其皮骨與之飲食也。臣自修省，不能如仲山甫之舉德，以補袞衣之闕，其不職十也。

邦之刑法，所以懲不軌、詰姦慝也。今或叛逆十惡，罪通於天，陰行賄賂，緩誅欲釋，使爲善不知勸，爲惡不知畏，以致寒暑失正，風雷不時，書稱「天討有罪」。臣誠未能講行，其不職十一也。

昔先皇帝傳奉太濫，近衛之籍，動以萬計，陛下即位已釐革其半。曾未幾時，仍開傳陞之門，非貴幸之弟姪，則勢要之

親屬也，故祿簿月增其數，倉筭日減其儲。此輩勇不足以敵愾，智不足以經國，乃使靡費民膏如此，則雖彼類之有勞績才略者，亦恥與伍班。臣不能講爵罔及惡德之書，其不職十二也。

内弭盜賊，外禦夷狄，所恃者兵。兵之不壯，豈士卒之過哉？扣衣糧以折差，出資裝以買閒，鬻首級以救生，一遇鉅敵，是夷其股使跨馬，折其肱使彎弓，彼且不爲賊擒者幾希。臣故曰用千略，不如用一廉；用百計，不如用一慈。然方欲講足兵之書而未能上，其不職十三也。

夫不職之事，有一於此，皆即可黜罰，況臣所負至十有三者乎！或曰階卑集議不及，任輕言責不係，可自寬也。且修撰十有七年矣，默待修書成而去亦可。但臣念官聯史局，懼虧陛下他日之名，職在經筵，恐玷陛下今日之德，故願如史佚並周、召於成王之世，不敢爲聚子、皇甫貽詩人之重刺也。故如臣者先行罷黜，庶君德有英俊以成就，天戒即頃刻可消彌，而陛下亦不可不以是爲修省之實也。

奉聖旨：呂柟這廝不修本等職業，累次輕率，大禮已定了，巧拾妄言，故違前旨，好生忤慢，着錦衣衛拏送鎮撫司打着問了來說。

鎮撫司供狀：供狀人呂柟，年四十六歲，係陝西西安府高陵縣人，由正德三年進士授翰林院修撰，見在史館纂修實録，充經筵講官。狀供皇上欲追崇本生皇考恭穆獻皇帝，上本生母章聖皇太后徽號，又欲追祭獻皇帝於奉先殿西側空室以盡追切之情。本年四月十九日，大詔天下，柟明知大禮已定，不合故違前旨，說稱仁祖淳皇帝后忌辰賀上章聖皇太后徽號，忌日不憂已矣，又以爲大樂可乎，是皆論說未能懇惻所致。及說空室之舉，既非七九之數，又非世室之名，必欲行之，祖宗在天之靈豈能安乎，其言不能如張純之動主。獻皇帝生有興國社稷人民，乃忽沒其邦名，如舊爲士庶人，然雖加殊號，卻是後來虛名。陛下入繼大宗，詔書又加章聖皇太后聖母，凡兩「聖」字，而昭聖皇太后先有「聖母」字，後又沒之，分明二本等，情又不合。說經筵日講豈可作輟，皆柟講說不足以歆其好，忠誠不足以動其樂。正德間用人惟貨惟讒，陛下中興更新，不能敷陳修身取人之道。傳聞有設齋醮以惑陛下者，不能開崇正道以勝其邪說。諸臣言傷切直者謫戍削籍罰俸，柟職在經

幄不能以達。江、淮、廬、鳳之間，父子兄弟相食，手不能如鄭俠畫圖以獻。土木之役，動以千萬，口日三升，京、通二倉已耗十三，頃分足食之書，瀕講而罷，不能一陳其故以救餓殍。民之無食，猶其無衣，又差內使織造東南，不能如仲山甫之舉德，以補衮衣之闕。叛逆十惡，陰行賄賂，緩誅欲釋，天討有罪，未能講行。仍開傳陞之門，不能講爵罔及惡德之書。內弭盜賊，外禦夷狄，所恃者兵，方欲講足兵之書而未能達。通前十有三事，委係大臣責任，枘階卑集議不及，任輕言責不係。委的輕率狂妄，忤犯聖聽，以致自劾罪咎，拏送到司，問理明白，所供是實，鎮撫司晝招覆題。

奉聖旨：大禮尊號出乎朕追崇達孝之情，呂枘這廝不修文業，故引尊號建室爲由，恣意狂率，故違前旨，累次忤慢，妄言拾掇，本當重治，不必擬罪，姑從寬送吏部，降二級，調外任，該衙門知道。

該吏部覆題：降二級，調外任，與在外州判官品級相等，查得山西平陽府解州缺判官，欲將呂枘降除。

奉聖旨：是。

申明監規以光聖教疏

臣伏覩聖皇以堯舜之仁興禮樂之治，謂太學乃賢士所，關風化，基本誤，甄薄劣，謬膺斯教，臣等內省恐懼，圖報靡稱，謹將應舉監規五事上塵聖覽，如可採用，乞勑該部施行，少裨治理。臣等不勝戰慄，瞻望之至。

奉聖旨：該部看了來說。

計開：一舉人在監，本以觀光皇極，熏陶羣士，今查實數，以天下之廣，止有二三十人。蓋自會試之後，或入監未久，或就於禮部，支稱他故，駿奔原籍。有志者固不廢學，餘多交際郡邑，業治門產，侵凌鄉曲。瀕及試期，方攢監簿，仍計水程，覬圖撥歷，未仕如此，居官可知。乞勑該部將已未入監告回舉人移文各省，定限行取坐監，違限半年者准在監，作曠三月計月加曠，若違至年半並通未入監故不至者免其會試。庶幾士類知儆向學者眾，安民有具。

一歲貢入監即古鄉舉里選六德六行六藝之士也，故稱四十道明德立。近見歲貢中有二十上下者，其德行焉考，甚至禮讓未閑，遇事興爭，煽及例貢，勢利相加，奔趨爲能，殊壞士風。是雖臣等無教，亦緣各提學官嚴選貢之例，慮有退貢，懼貶己位，故惟取詞章，不論行檢，遂使邊衛下邑質樸淪墜，不獲一貢，遲以數歲，彼處學校與廢設同。乞勑該部轉行提學官，當歲貢之期，還於食糧年深三二名內考取，隨地方都鄙高下、人材多寡，列爲上中二等，使遐荒亦有文物爲齊民望，方合聖上一視無外之心。然其文章只准聖賢遺書，理明辭達，不專富麗，若有蹈習兩晉、六朝人語，奇怪難讀者，俱從黜落。仍必尊祖宗臥碑監規，參取德行，或注其平日某德某行于卷面亦可，縱無完人，雖一德一行亦是真才。其五十以上無進益者，照舊給與衣巾終身。如果頑狡虧行把持學校者，逕自黜退，不許冒貢入監。

一納銀例貢在監者固有監規教條日就月將，近奉欽依聽其依親原籍亦得與考科舉，此固可待志士矣。惟他無志者，一旦還里，挾富豪之勢，恃監生之名，抗捍守令，肆行鄉閭，或兼服商賈，不復知所嚮往，他日有官，殃民不淺。見今查有投文到監，未及旬日，即逃回籍者數人。乞勑該部將依親例貢行各提學官，歲考之時，隨本學生員量行試驗，略用賞罰，仍令轉行各府州縣正官月一查其行業類報，庶幾知進，亦肯復守監規。其逃監及稱患病給假叁個月外者，許臣等查報該部處治，重則削其名籍。

一公侯伯己未襲爵未管事者，例該在監習禮讀書，月支饌米以養，蓋謂有文事，斯有武備也。舊規日每在監，其後偶從寬簡，定以三八日期。近臣等到監，間有二三人依期受書習禮者，餘多不至。蓋此輩憑父兄之勢，倚閥閱之家，惟耽驕惰，不修禮讓，平居如此，一旦管事，豈知練撫軍士之道。乞勑該部轉行各爵，戒飭子孫，使之敬業樂學，以永保祿位，與國咸休，若有違例久曠者，許臣等指名參題。

一士必知古斯可通今。儀禮一書，乃成周致太平之具，臻鳳鳥之鳴者耶。世行高堂生所傳十七篇者，宋儒楊復又爲圖解，皆可習行。近臣等選諸生按圖學步，自冠、射、鄉燕至士相見諸儀，使士子閑乎進退周旋之節，養其中正和平之氣。惜此書稀少，靡所取處，而禮樂諸器舊多未完，甚至陸館卓案亦皆不具。乞勑該部重刊儀禮，印裝一二百部，並造前項禮樂諸

器卓案等事，以便諸生遊業，足準大雅鐘鼓、辟雍周禮、樂德樂語之義。其諸生不能聲律者，乞勑太常寺遣知樂官道數人轉喻諸生節奏音響。

進呈書籍以永聖教疏

臣等竊惟太學乃天子之辟雍，禮樂實聖王之至教，然治日休明，頌聲自作，故臣等近嘗具題乞勑工部刊印儀禮圖解以便習禮公侯伯暨諸監生肄業，方欲舉行，而監生盧堯文等先已聞風興起，旁求前書，自行校寫，請工刊刻，將大半矣，顧今成書比之舊本開朗精密，足可按習。臣等又謂當習之禮，內有用樂之處，況興詩之教，原在立禮之先，爰取詩經關雎以至玄鳥八九十篇，皆關係倫理，切近身心者，選知音監生衛良相等日在演樂廳提調一百生徒，倡之歌詠，被之八音，以調其六律而正其五聲，六館中亦各選年幼監生三二十人，晚監之後歌詠一篇，使諸生收其放心，養其德性。今衛良相等已寫圖按譜，編次成書，名曰詩樂圖譜，似亦可行矣。此禮樂之書，實西周文、武、成、康之盛，多周旦、召奭之作，漢唐以來，鮮克具舉，惟我聖皇在上，敦復古道，修明禮樂，茲當萬壽之期，適就中興之頌，既可以考太平之景象，尤足以瞻至德之光輝。儻陛下于秋深春中之時或行養老之禮於太學，以聽鹿鳴乞言之雅，或行大射之禮於澤宮，以覽騶虞官備之風，真足以鼓舞髦士，快覩萬姓，而鐘鼓辟雍，子來魚躍之治不得專美於周矣。臣柟自蒞任以來，又念太祖高皇帝親製監規，其爲諸生之心，真天地之生物，父母之愛子也。臣柟見諸生不能熟讀，因逐章注釋其義，或附以監中相沿條約，名曰監規發明，以便諸生誦習，且使遠思太祖垂訓之心，而仰副聖皇作養之意也。然儀禮圖解業已刊印成書，欲行給散，詩樂圖譜及監規發明，本監二三生徒亦欲自行刊刻，以便傳看。臣等淺薄謬妄，不勝戰懼之至。

奉聖旨：該衙門知道。

公薦舉以備任用疏

臣准南京兵部咨准兵部咨該太師武定侯郭勛奏前事内一欵訪舉將材，題奉欽依轉行南京府部九卿科道等衙門各一體遵照施行。備咨到臣，臣有以知陛下儆戒無虞張皇六師之意無時而已也。臣竊惟用將之道與用文不同，爲將之道與守經實異。蓋爲將以得士心爲本，雖或有過，可勿論也；其材以識邊務爲要，雖於厚爵，可不惜也。然惟持身之廉者，足以爲士心所係；有出羣之材者，足以知邊務之急。夫今日西北之所患者惟匈奴，東南之所慮者惟交趾，然交趾在數千里之外，其地遠而勢緩，匈奴在數百里之内，其地近而勢強。遠且緩，一戰勝之，不足爲武也，但用得其人，可不煩兵甲而來王矣。近且強，屢被侵掠，不可爲常也，必用得其人，使之經略控制，可不積歲月而遠遁矣。臣素不識諸將，惟於西北聞一人焉，如先任總兵周尚文者，亦遼東總兵馬永之亞也。近雖有過，偶爲尚書唐龍所論，然而持身之廉，類無與比，其改過圖新，思壯邊圉，以馬革裹其屍者，亦本心也。若起復原職，與見任總兵王效各統一邊，聯絡於浩亹、榆塞之間，並用馬永兼宣府、大同總兵，使會同梁震諸將，整搠士馬，得其歡心，以畜威養鋭，匈奴倘入，三邊兩鎮共爲聲勢應援，尋見駾喙不暇，陛下可無西北之顧矣。又於東南聞一人焉，如參將沈希儀者，亦貴州總兵李璋之輩也，臣舊雖未知，但爲尚書霍韜所取，然而卻敵之功，人尤稱雄，其運籌決策，頗抒謨猷，以長纓繫夷頸者，亦本心也。若擢爲副將，與見任總兵柳恂並力兩廣，驅馳於憑祥、分茅之地，暫調李璋於雲南、沅江等處，使會同黔國總兵，規劃謀計，求其要領，以宣化布德，交趾雖叛，三省四路共是招撫引諭，尋見貢琛不暇，陛下可無東南之虞矣。雖然，匈奴既靖，南夷自服，詩所謂「征伐玁狁，蠻荆來威」者是也。如蒙勑下兵部，再行訪察，如臣言不謬，早爲擢用施行。

奉聖旨：該部知道。

慶賀皇第六子生疏

臣等接到邸報，伏覩聖諭：嘉靖十六年八月二十八日，皇第六子生，欽此。臣等屢際大慶，不勝歡忭。竊惟聖人以保四海爲心，大國以垂萬世爲重，元良固表正乎普天，藩屏實鞏維乎磐石，麟趾發祥於公姓，龜書逢吉於子孫，蓋不啻華封人之祝唐堯也。仰惟皇上道隆三代，德冠百王，大孝格于祖禰，至誠感于神祇，化及樛木之先胤，綿瓜瓞之遠繼，此繩繩增錫類於千億于焉，亹亹廣令聞於本支，乎萬國之歡心，寔一人之有慶。伏惟習性兆於初生，正學基於蒙養，雖胎教之有素，亦審喻之當先，聞善言，見善行，若就芝蘭，胥保惠，胥教誨，不役耳目，日培哲懿，永奠國家。此皆聖謨所預定，而臣等拳拳以祝頌者也。臣等職守留都，洊逢大慶，無任歡忻，喜躍之至。

問安奏疏

臣等接得邸報，伏聞聖上近少違和，偶患饕瘍足瘡，計今已當平復，但臣等聞之，夙夜廩廩，飲食不寧，身雖在數千里外，心常懸廷墀之側。竊以天生聖人，貞元會合，剛健中正，精粹完具，天地之所倚庇，百神之所純佑。今此微疾，或寒暄不時，少失調攝乎！伏惟聖學宥密，皇躬亹厚，恒崇敬一，積致中和，嘉祥自臻，勿藥有喜可知也。臣等又聞孔子之所慎者，惟疾耳。疾已瘥，而猶慎之者，醫書所謂諸忌也。惟望皇上櫛沐步屧之際，膳羞居御之間，益加意于慎忌，于以節宣五氣，葆頤元神，百體從令，實宗社億萬年無疆之休，臣等幸甚，蒼生幸甚。臣等下情無任懇切，謹馳奏問安，伸犬馬忱。

慶賀皇第七子生疏

臣等接得邸報，伏覩聖諭：嘉靖十六年十二月二十九日，皇第七子生。臣等竊惟天休滋至，徵皇運之無疆，睿嗣森興，寔聖人之有道。遹觀前代之盛，必浩後昆之繁。蓋嘗詠思齊之百男，亦又歌假樂之千億也。恭惟皇帝陛下德著誠明，功兼位育，靈承上帝于淵默，祇事九廟以肅雝，吉夢疊見于熊羆，瓜瓞自綿于沮、漆，蓋純佑于神天，宜鍾英于海嶽，景命錫于祚胤，干祿宜乎君王本支，豈惟千百世藩屏，可至億萬年，四海騰歡，百僚交忭。若乃蒙養以正，審喻于先，夏啓既賢，敬承大禹之道，姬旦接踵，共篤周室之光，此尤陛下之所軫念，而臣等拳拳以祝願者也。

陳愚忠以重禮教疏

臣不材，備員前職，方衰絰哭臨大行章聖慈仁康靜貞壽皇太后於喪次，忽接邸報，陛下禮諭輔臣，謂墓次於廟，安親爲上，豈忍啓靈於風塵之間，撼搖於路途之遠。臣未能的知，若果然焉，真至孝之心，神啓其衷，上聖之見，動合乎道，建諸天地而不悖，質諸前後聖人而不惑者也。但又云奉梓宫南詣合葬穴中，必須躬至顯陵，親臨調度，臣又疑懼焉。蓋陛下一身爲天地立心，爲四海生民立命，爲祖宗列聖宏基業，爲萬世開太平，此其所爲孝於睿宗皇帝、章聖皇太后者，非淺小也；一南詣合葬，豈足以盡陛下之心哉！臣願少抑至情，停止皇輿，以戒不虞，宗社蒼生之福也。且舜葬蒼梧，二妃未從；禹葬會稽，塗山未祔。睿宗皇帝道同舜、禹，而陛下豈啻啓賢之能敬承者哉！故今南郊圜丘北祀泰圻義正如此，寧又肯撼搖聖母靈輀合葬承天以蹈非古之議乎？如臣言謬妄，陛下果欲南詣以畢孝思，然亦不宜卒遽舉動，必先立儲貳以繫屬天下人心，選於羣臣中如漢廷汲黯真社稷臣者數人留後居守，其宣府、大同一帶亦當先事簡調賢將委禦強虜。昔名儒王通曰舜一歲

巡狩四方而民不怨仇者何？兵衛少而征求寡也。蓋舜好生之德洽于民心，所至之處百姓愛戴，四方風動，如手足捍頭目，子弟衛父兄，又奚用兵衛征求乎！今縱未能如古，其供億之費亦當就近酌省處置，而扈蹕官軍無俾過多侵擾經過小民，亦爲要計。臣叨侍南禮，聞大喪禮儀，一見之愚，義不容默，謹具奏聞。

奉聖旨：禮部知道。

慎重山陵大禮疏

臣近聞顯陵事體頗有渟水，蓋緣玄宫初制深廣故也。夫山下出泉，雖北方依山制壙深亦多水，況卑濕之地，氣烝泉濆，其下渟水不足怪也。恭聞皇上南詣，與諸左右大臣周閲山川，更卜吉兆，此其大孝之心可謂曲盡其誠矣。但傳聞原地山水拱抱，風氣環聚，玄宫之内，瑞霞溫□，碧渟清湛，其臺丈以上土皆乾美，聖天子龍興之源自是如此，實非敢誣，理亦不宜改也。臣嘗晝夜熟思，宜先作香木密閣，高止丈餘，有門啟閉，表裏髹漆，令無罅隙。内容香木皮几貳張，前張高壹尺貳寸，後張高九寸，通置顯陵殿神位牌下，擇日請事重修。于顯陵前開隧道，舁奉睿宗皇帝梓宫於密閣香几，仍用新絮斮陳漆于梓宫上面以至四周，俱令堅厚，功至旬月，方漆其底，厚亦如前，即有内水，久亦滲溜。其重修之儀，出土外壤堆置于東西後三面，壤外淺溝上作席屋崇脊以覆其壙，若遇驟雨，令其走水有泄。爰從玄宫之底，就用壤土，自下而上納土一層，提杵一遍，俱令結實。築至去地面丈有貳尺，酌用宋儒朱熹灰隔之法，平鋪木炭末于下，厚方三寸，以驅樹根水蟻，方用石灰三分，細沙一分，黄土一分三合篩匀，以松葉水灑拌杵築三尺，其上方起九寸之臺，奉安梓宫。宫旁密邇周立石柱，圍九寸，上安石梁，梁圍七寸，覆以寸半石板。傍柱東西後三面，俱用薄板隔立，内與柱齊，依前法，用三合土。周附板柱，築厚一尺，石板之上，亦用三合土一尺，外各施炭末。若灰隔既完，絶無縫隙，乃取甎石於灰隔外甃作券洞，亦用三合土泥涂券洞，外周匝瀕至乾老，然後奉厝梓宫，掩其前面金門，亦用三合土炭末，俱如前法。其金門前殿廡明器諸儀，只宜准取漢霸陵瓦器爲良

久安陳。既畢，方填土掩壙，封起山陵，可萬世無慮者也。臣前奏，欲準舜、禹之喪，二妃、塗山皆未之從，只請章聖獻皇后北葬，其修玄宫亦如此法。若陛下必欲南祔，則又當宏廣其玄宫之尺度矣。若欲奉遷顯陵，合葬于北，亦惟通用前法，然總不如原地有□之愈也。此山陵大禮，聖謀神猷，自有宏規，但臣叨侍南禮，有犬馬一得之愚，不敢隱默，惟聖皇覽采焉。

殿試策

皇帝制曰：　朕聞人君所當取法者惟天惟祖宗，唐、虞、三代之爲君皆法天法祖以成盛治，載諸經可考，其有曰代天，曰憲天，曰格天，曰率祖，曰視祖，曰念祖。同乎？異乎？抑所謂法祖爲守成而言也？彼創業垂統者，又將何所法乎？漢、唐、宋以降，法天之道殆有未易言者，何以能成其治乎？抑以有自法其祖者矣，何以治之終不若古乎？朕自嗣位以來，兢兢焉，惟天命是度，祖訓是式，顧猶有不易盡者。天之道，廣矣大矣，不知今日所當法，何者爲切？傳有謂刑罰以類天震曜，慈惠以效天生育者，果可用乎？我太祖高皇帝之創業，太宗文皇帝之垂統，列聖之所法以爲治者，布在典册，播之天下，不可悉舉，不知今日所當法，何者爲先且急？史有謂正身勵己，尊道德進忠直，以與祖宗合德者，果可行乎？兹欲弘道行政以仰承眷佑，延億萬載隆長之祚，子大夫應期嚮用，宜有以佐朕者，其敬陳之毋忽。

臣對：　臣聞人君之法天也，不外乎盡其仁；其法祖宗也，不外乎盡其孝。蓋人君之有天下，其原命于天，其始也傳之于祖宗。祖宗不以天下徒傳乎我，必以創建之法而並遺之；天亦不徒與我以天下，其聰明之則固望我舉而行之以喻天下爲也。故仁也者，法天之本也；孝也者，體祖宗之心以致其法之實也。苟不以仁法乎天，而惟任己意以肆行于萬姓之上，則民之蒙殃者多矣。法天矣，又或舍祖宗之舊以爲不足事焉，則聰明之作，舊章之亂，適足以動天下之紛紛也。故曰惟仁人爲能法天，惟孝子爲能法祖宗；故曰惟仁人爲能享帝，惟孝子爲能享親。於戲！此唐、虞、三代之聖主兼體仁孝之道而不累者之所能爲，彼漢、唐、宋諸代者褻天逆祖漫不知法，且或法之而未盡然，又並其祖宗之法亦有不可法者，是其

可同日語哉！欽惟皇帝陛下紹列聖之洪休，撫諸夏之大業，蓋大有爲于天下，而謂草野之下亦或有明上天祖宗之道、習仁孝之説，而知其旨可以裨補治體者乎未可知也，乃進臣等於廷，特以此策之，蓋非徒以循倣舊規爲也。臣敢不以所聞於師友者披瀝罄竭，以仰副聖心之萬一乎！

竊嘗讀詩書，而知帝王法天法祖之實矣。皐陶之告舜曰「代天」，傅説之告高宗曰「憲天」，高宗亦以伊尹佐成湯之「格天」者告諸傅説。然「代」言者，天不能有爲而假手於君也。「憲」言者，惟天聰明，君當效以致治也。「格」言者，不違乎上帝之則而能享天心也。之三者，言雖異，均之爲法天也。商之太甲不明厥德，而伊尹之所以告之者，不曰「率祖攸行」，則曰「視乃烈祖」。周成王以幼沖之資而在位，周公則以「無念爾祖，聿修厥德」之詩訓之。然「率」云者，以高宗爲據，依而持循之，不敢違也。「視」之者，因其已然之度，取而鑒之也。「念」之者，不敢有所遺忘，常存於心，而思見諸政事以爲的也。之三者，言不類，均之爲法祖也。然法祖之事，不獨見於守成之主，而亦行於創業垂統之君。故禹之始有夏也，率帝之初；湯之始有商也，纘禹舊服；武王之始有周也，乃反商政。政由舊章，何嘗無所法而自我作古乎？夫帝王法天之事無不同者，以其此心之仁無或異；帝王法祖之事無或異者，以其此心之孝無不同。故當時黎民有時雍之美，四方有風動之休，聲教四訖于海外，萬姓悦服于域中，治隆俗美，卓乎不可及矣。

自是而降，漢、唐、宋之君，或責躬以水旱，或從事於封禪，或信奉乎天書，數君固自以爲法天也，然水旱責躬者可矣，封禪、天書何爲者哉？雖或致富庶之效，成斗米三錢之政，得安内攘外之功，皆其恭儉慈愛之一節所及，固不敢直以法天許之也。或謂其自有制度，或欲倣貞觀之初，或屢行紹述之政，數君固自以爲法祖也，然倣貞觀之初者可矣，彼自有制度、屢行紹述者何爲者哉？故不雜於霸，則雜於夷，且並其祖宗之法而廢之，如是而曰法祖，臣不知也。是何也？有法天之名而此心之仁則不足，無法祖之實而此心之孝有未至，無怪乎其然也。然又有由然矣。漢初，制度襲秦。唐初，閨門慚德。宋雖惠愛有餘，而譎詐亦未嘗不足。貽謀不臧已如此矣，而欲子孫者有所法，固有不可得者。然則能法天法祖者，固在今日矣。今陛下仁以爲心，是以天命是度矣，孝以爲念，是以祖訓爲式矣，而猶有不易盡之歎，臣有以真知陛下此心之仁仰不

愧天，此心之孝前不愧乎祖宗矣。臣請以聖制所及，度乎天命、式乎祖訓者終陳之。

夫天之道，雖至廣而無所不有，雖至大而無所不包，然切於所法者，其道不越乎二端，而皆謂之仁也，何者？天以春生萬物，以夏長萬物，以秋殺萬物，以冬終萬物。生長者，仁也；殺與終者，亦仁也。故天有春夏，王者則有慈惠之政；天有秋冬，王者則有刑罰之施；二者不可偏廢也。故春秋於桓公不道，王法不及，則因穀、鄧之朝而不書秋冬之二時。成公懦弱，政事舒緩，其二月固以「無冰」書之也。子叔[一]曰刑罰以類天震曜，慈惠以效天生育者，良有以哉！故願陛下以慈惠爲事與則，爲惡者不知所懲而長姦宄之風，願以刑罰爲事與則，爲善者不知所勸而挫淳良之志。雖然，慈惠可過也，刑罰不可過也，故天道之春夏常以長養爲事，而秋冬則積于空虛不用之地。若是者，可不知所以審量于其間乎？知所以審乎輕重，則其以仁存心者，當無不至矣。

我太祖高皇帝之創業，太宗文皇帝之垂統，及於列聖之所法以爲治者，布之方冊，播之天下，雖不可以悉舉，然其大要，不過修己用人而已。昧爽臨朝，晡時還宮，便殿則閱奏牘，閒暇則覽經史，節儉則服補緝澣濯之衣，殿廡則書洪範、大學衍義之文，其修己之勤類如此。陳遇，逸士也，則走幣以聘；劉基、宋濂，臣下也，則以「古君子」、「吾子房」稱之而不名；聞宋思顏之言，則醢一虎一熊以賜羣臣。納許好問之諫，不以縣令之卑而拒也，其樂於用人類如此。然則今日所法之當先且急者，尚有過於斯者乎？故李絳謂唐憲宗曰正身勵己，進忠直，尊道德，以與祖宗合德者，豈有不可行者哉！以是爲行，則其所以永言孝思者，將無不至矣。但恐陛下意念之間一有不存，而於仁孝之意少乖，則刑罰慈惠之加或不能盡得其當，而修己用人之間必有可議者矣，不惟亂民之心志，實能感天之變異。昔魯僖公三十三年冬，隕霜不殺(菽)[草][二]，李梅實。哀公問於仲尼曰春秋何爲記此？對曰天失其道，草木猶犯之，而況君乎！漢武帝以義縱守定襄，一日報殺四百餘

[一]「子叔」，據春秋左傳昭公二十五年當作「子大叔」。
[二]「草」，據春秋左傳僖公三十三年改。

人，郡中不寒而慄。是故宜殺不殺，與不宜殺而殺，其感應天道如此也。往年桃李秋華，地震彗飛，亦不可謂非天之譴矣，將陛下之於刑罰，亦尚有未盡仁者乎？孔子曰：「政寬則民慢，慢則糾之以猛。猛則民殘，殘則救之以寬。」寬猛相濟，爲政之體。議者猶以爲使民至於慢殘而後救爲非孔子之言。議者罔知，則可議者如有知也，則夫民殘矣，而不改絃易轍者可爲之恬心哉？慈惠之施，莫大於賞賚，賞賚當則人以爲榮而能生育矣，不當則人不以爲榮而不能生育矣。陛下初即位即賜天下長老，其臣也加秩進階，其民也帛肉冠帶之，天下之爲子弟者罔不慶幸曰：「堯舜之德，不此過也。」惟願陛下寵賚賜予，不私近侍，博施煢獨，則所以生育萬民與天之生育萬物者，其爲仁也均矣。逸樂之事，雖聖人所不免，惟不可過耳。勤儉雖常人之所同，惟夫履崇高之位、當富貴之極者躬行之，斯可讚也。故益戒舜以罔淫于逸樂，而舜重以勤儉稱禹，蓋逸樂則無宜豫之凶，德可崇；勤則體日新之良，業可大；儉則獲安；節之吉，百姓富。斯三者不盡，而曰法祖以修身，臣未之前聞也。

禮言：「王者，太傅在前，少傅在後，入則有保，出則有師，是以教訓而德成也。」臣前述祖宗之於陳遇、劉基、宋思顏者，正以此耳。然則今日之尊道德者，果若是乎？唐臣陸贄曰：「諫者多，表我之能好；諫者直，表我之能賢；諫者之狂誣，明我之能恕；諫者之漏泄，彰我之能從。」有一於此，皆爲盛德。然與其得狂誣漏泄者，又不若得多且直者之尤盛也。多且直者不可得，則亦得其狂誣漏泄者已耳。狂誣漏泄者亦不可得，無乃陛下之恕與從有未盡然，而又何以進忠直耶？陛下果能於斯仁孝之道真有以得之於己，則天理流行而人欲之私不能淆雜於其中，愛敬充周而逢迎之意不能潛藏於其內，陛下之心即上天之心，陛下之志即祖宗之志，好生之德薄海外而沾濡，光前之業裕後昆于無窮矣。

然臣復有獻焉。法上天祖宗之道固在盡仁孝之心，然非有所學焉，則固無以有諸己矣。夫學，亦不可以易言也。蓋心樂乎此，則其學之也必專且成，不然，雖師保强勉之苦，亦爲徒爾。苟於深宫便殿之中從事于讀書窮理之要，不爲章句文藝之習，日與大臣薰陶漸染講明切磨，則見聖心之開明者愈益開明，如日中天，祇見夫義理之爲樂，自貪慕好愛之不厭，而玩好逸遊之事、便僻巧佞之語舉不足以撓其中矣。仁之全德大備於克治之餘，孝之懿行益廣於纘戎之頃，道無有乎不弘，政

無有乎不舉，皇圖鞏固於不拔，人心荷戴於無窮，惟陛下采納焉。臣干冒天威，不勝戰慄，隕越之至。

勑封兵部郎中吾核鄭君墓誌銘

君諱儒泰，字亨道，姓鄭氏，浙之海鹽人，兵部職方主事曉之父也。生有懿質，敦敏不凡，長籍邑學，以治蔡氏書鳴，屢舉不第，學者稱吾核先生云。乃正德甲戌，郡大夫貢之大廷，三試之中，得司訓於遵化。凡所條教，皆敦本實而後文藝，躬行以率諸士。當是時，遵化乏科也，則擇八士，使與曉共治蔡氏書。未幾，果舉二人，遵化人以爲難。一日，倦於仕，乃告諸巡撫王公倬，王公不以爲然也，君曰：「泰有子曉也，亦能學，爲舉子業，但恐行檢或不習，雖文無益耳。泰若獲歸也，將使之學于家庭，學于宗族，學于鄉黨，庶他日可用耳。」王公重其言，檄邑中與治行具，君深謝弗受焉。

初，君自甲戌入京也，攜曉以行，凡道路所經，輒以教之，曰有某地有某賢可師，某山有某險爲要，某郡有某跡可考，皆歷歷指諸掌。癸未之科，予與貴溪黄先生共閱書卷，偶得一卷，即共訝其學博而材高，言諸主試先生，先生曰：「非常士也。」列上等，拆其名，曉也。及仕爲職方，或乞改南都，或辭選科道，十七日而奔母喪，三上疏而養父疾，端方自取，不隨時俗，與予所閱文字實不爽，抑豈知其蚤有所教，皆君之道邪！

初，君幼喪母劉，即知追慕。方八歲，父東谷先生遺事塾師，輒易其業，小學、孝經，不督而習。比至成童，經史及古文詞率能涉覽暢通大義。嘗隨東谷先生提舉嶺南，居處服食，惟承父意。及東谷先生歸卒，當是時，庶母某在也，庶弟與妹在且幼也，王母李壽八十，亦尚在也。君順孝兼懋，友于咸篤，既治弟室，妹亦有家。未幾，王母歿，營葬之。弟及妹相繼以歿，營葬之，有遺孤焉，又與嫁娶之。他日，家遭回祿，急抱四世主及昇亡弟之柩以出也，不顧貲。所配安人費氏者，嘗嬰痼疾，三年不能言，旁無姬妾，或勸之再娶，不許。後疾竟愈，與偕老。又嘗辟塋收族，計葬十喪。其貧窶失歸之輩，輒出穀以飼，久無倦色。及曉既貴，有欲寄田十頃者，懷百金以賂，輒峻卻之，置其人于法。他如汲引後進之學，躬化北莊之惰，聞人

善而樂揚，見野屍而收殮，以讀書耕田學醫爲世計，以胥掾商賈星術爲家禁，勵志於史學，究心於世故，交遊不妄，取予甚嚴，習儉于敝牀紙帳，服勤以養魚種韭，則其所以教職方者，蓋不啻道路之間、家庭鄉族之中而已也。

君先世本汴人，宋南渡遷籍海鹽。至元有元範、元琰者，學行顯於時。明興，宗人罹難，高祖考士洪處士再仆而起，以貲雄於鄉。士洪生伯璣，伯璣生信菴，皆以隱德名。信菴生東谷先生，諱某，治行峻潔，治蔡氏書，門人多登科第去。配陶涇劉氏，是實生君。則君所源流者，固已茂哉遐乎！

君生天順辛巳九月十一日，卒嘉靖己丑九月十三日，壽六十有九歲，以曉貴封如其官，制辭至有「性稟方嚴，行敦孝友」之褒。配費氏，建寧令琦之女，有令德，壽六十有一歲，卒於嘉靖乙酉十月二日，事在修撰姚君淶撰志。生男五人：暐、昕、時、曉、晞。暐娶長水李氏。昕娶陶涇步氏，繼水南馮氏。時娶梅園李氏，繼邵氏。曉娶陶涇劉氏，封安人，蓋嘗以身留養君而君不許，乃付劉以養君，身獨之任，而君又遣人送之入京，至潞而卒者也。曉又聘劉氏，尚未娶。晞娶沈氏，晞早卒，而沈年二十不改節，今已十餘年。女一，適工部主事錢木，亦予所知士。

暐卜庚寅年十一月十六日合葬君、費安人於長水鄉勾城山，曉以其僚職方郎中華君鑰狀問銘。銘曰：

石石其常，庭庭厥履，既飫前涇，不耽于仕。茹苦湌辛，周道是砥，嗇于其身，豐于其子。亶發爾畜，爲邦之美，樹有遠揚，孰求其柢。展矣吾核，有員其祉，勒銘玄珉，以遺來軌。

封南京吏部主事愚逸顧公墓誌銘

愚逸先生上元顧公諱紋，字廷繡，前都察院右副都御史以浙江左布政使致仕璘之父也。先生本蘇州吳縣人，洪武初，曾祖通以丁徭徵隸司空，遂籍上元。通生海。海生處士誠，室華亭陸文進女，實生先生暨其弟綱、縉、紳焉。璘任驗封主事時，封先生如其官。璘守開封時，遇詔例授四品服色。及璘布政浙江，擢右副都御史，巡撫山西，尋值郊恩，當封副都御史，

移文矣，乃璘請終養，上命照原官致仕，故先生之封未究云。璘晚與柟交厚，故于先生之歿，以其弟按察副使璟狀問銘焉。

按狀：

先生生有偉質，虬髯電目，音聲如鐘，坦洞樂易，無拘泥，所至人多親就。乃復警敏閎闊，拮据瘏瘁，克開于賈，蓋雖不學孔、桑、計然之策，然所爲輒若天授，故數操奇贏，致上富。性復耽義，不屑儲積，遇喜予擲數十金如糞土，或斥其愚，則曰：「我性如是乃安。」后遂以「愚」自號。豪於南都，南都人無大小無弗稱愚逸翁。先生上事處士及母陸極孝敬。母兄綸獨，則養之終身不衰，母陸嘗謂綸曰：「即吾兄有子，豈能加是乎？」則先生于父母者可知已。

初，居第在青溪上，燬于火，遂請諸處士，讓其居址于伯父謙，別建居于今存義里。他日，謙與子紀又不良于業，乃數分旨甘以問養，婚嫁乏仍相之，垂老不知倦。同三弟爨五十年，隻錢尺帛不私有，子姪有費必均裁。乃若從母朱氏、二妹湯氏、劉氏，皆貧不能家，供饋收育逮其子女無已焉。則其所不屑儲積者，其多爲是乎！初，璘舉進士，授廣平令，先生居官舍，絕口不問公府事，雖蔬果不通入。及居開封，猶廣平也；及居台州，猶開封也。當開封時，璘忤中官被逮，謫全州，先生撫璘於汴河上，曰：「此大丈夫事。兒委身國家足矣，無我慮。」夫先生于公事顛沛之際如此，則其居常于父母之族、兄弟之黨者，可勿言難矣。嘗買奴，數日後，其父來，把奴手，泣苦甚，先生即並歸其值。見戍囚妻子困踣于道也，捐數金與之，不問名姓。他日寄鏹於龍江李氏，值百餘金，踰年取之，李已費不能償，卒不理。司空有大作，四方匠集省署，先生拾遺五十金，號署門三日，無一應，則盡散之同行者，不自私。夫先生于奴隸、路人之處如此，則于公家之居、仕途之遊者，可勿言難矣。初，先生年十七，有急難，方避匿，遇相士，言其暫晦無慮恐，自此可致多貲、名日顯、有子登朝、躋膴仕、壽考令終，流輩莫及。自今觀之，則其身所致有者，又豈偶然者哉！

先生終於嘉靖十年九月十八日，距生景泰乙巳七月十一日，享年八十有三。歿之日，內外疏戚奔哭相續，多失聲。從弟紀年已八十，日居喪次，哀戀不忍去，則先生之平生者，可勿言難矣。配楊氏，封安人，實媲厥德，先先生五年卒。子男二：長琮，先卒，娶某氏；次璘，初以文章詩賦同慶陽李夢陽、濟南邊貢名天下，邇復一志道學，追明古昔，爲時名卿，先

生于是乎爲不沒矣！娶某氏。女三，其二側室崔氏出。孟、季適孫綱、王教，俱先卒；仲適府學生陳策。孫男四：岱，嶼，崰，峙，早卒。孫女二：長適俞璉，次幼。曾孫男六：復祥、發祥、得祥、恭祥、賓祥，一未名。

璘卜某年月日葬先生於安德鄉石子岡南樊家山祖塋之次，合楊安人之葬，是宜有銘。銘曰：

有來矍矍，其去脫脫，耽義弗勞，嗜禮如渴。既篤于親，亦衍吾樂，晉有曠達，漢有矍鑠。爲道雖殊，于志咸合，義方之成，儒雅之碩。雖千萬年，公也不沒，銘茲堅珉，九原可作。

明封御史南溪于先生暨配孺人莊氏周氏墓誌銘

封御史南溪先生于公者，系出揚州儀真，國初編伍鎮江衛，尋調滁。于至諱廣德者，遂籍於滁。生子能，號椿軒，配蔣氏，寔生先生，浙江按察使鏊之父也。先生諱瑾，字孟玉，生正統丁卯十月二十四日，行年九十有一歲，至嘉靖丁酉四月二十九日終於正寢。先嘗登堂一拜，風神如仙，世鮮有壽如此高者也。所生男子四人，女子二人，孫男子十有五人，孫女子四人，曾孫男子六人，曾孫女子七人，將來且未艾，世鮮有子孫如此衆多者也。

滁之西南林壑殊美，醉翁、豐樂諸亭峙焉，釀泉瀉出於兩峯，會瀦於城南，實經其別業，清澈洞底，先生因自號曰南溪。然既以鏊貴封御史，復承恩詔，獲膺副使服色，豸冠金紫，遊樂林泉，鄉山生輝。乃復有冏卿韓陽信、毛礪菴、潘竹澗諸公觴詠其間，而少卿無錫思泉呂公舉鄉會以淑滁俗，樂先生行誼，禮廬敦請以爲會長。滁之鄉飲大賓或缺，州守陳君躬聘，先生辭遜弗獲，乃一就之，閱數歲，辭以筋力不能爲禮。世鮮有安處善樂循理如此其久者也，洪範五福，先生其殆有之乎！

初，先生既捐儒學，因治家人生產作業，偕其弟琇同心戮力，夙夜經紀，家是用振，凡鄉中有患窘者必周之，有爭辯未質決者必爲之釋白，各服其心，不以煩諸官理。癸未，歲凶，餓殍枕藉，乃命子敷收殣行屍冢於城南隙地，踰數百人，不以爲厭。其友於厥弟，久而益篤，兄弟年皆踰八望九矣，猶同爨食不索居，人多稱難。方鏊之舉進士也，即戒諭之曰：「廉勤，

士之大節，爾將有服官政，宜圖稱厥職，無事利祿。」壽躋九衮，預告子孫輩，慎勿受賀，勞人戕生，非所願也。州守林君函文以辯，始肆宴樂，家眾咸萃，五世羅拜，滁人以爲美談。然則先生之獲有多福者，豈偶然哉！初，先生生而端嚴，不同羣兒，乃復醇愨不詭，耽誦書史，已被督學御史選中州庠弟子員名，會爲他吏所梗，不果儒籍。鄰有惡少，怙勢陵轢里中，咸被其虐，尤毒於于氏，行路皆弗平，先生怡然容受，百不一辯，計將擇處里仁以避凶焰。未幾，其人客死。夫當其時，他吏梗爲有權，惡少恣橫爲有勢，然由今觀之，他吏及惡少皆朽腐化去，其子孫亦淪落不存，而先生身享興榮，子孫蕃且賢，如此其盛也，豈不足以爲善者之勸哉？易曰「積善之家必有餘慶」，於南溪于氏又一驗之矣。

配莊氏，贈孺人，滁隱君敬之女，端一恭勤，諳曉大體，隱君家裕，而其配適逝，諸子多不立，獨鍾愛孺人，俾暫攝家，孺人委曲調護，卒全其天性之懿。及歸先生，相愛以禮，雖遇臧獲，亦皆有恩。井臼中饋，諸苦辛事，皆身親任之。孝侍舅姑，得其歡心，姑性嚴肅，甚喜，謂椿軒公曰：「吾家得人矣。」凡諸內務，一以委託，視如己女。姑嘗有疾，孺人躬侍湯藥，夜禱北辰，求以身代，鄉人以比崔山南母事唐山夫人云。乃成化癸卯七月十二日卒，距生景泰庚午五月十五日，壽三十有七歲[二]。先生乃繼配周氏，封孺人者也，性稟慈諒，少失父教，育於母嫂，端處閨閣，專藝女工，親黨罕覩其面。及歸先生，動循禮度，家指日繁，綽能料理。善處妯娌，久無間言。鼇方弱冠，尚未有室，撫存教訓，不異劬勞。乃嘉靖庚寅九月二十四日卒，距生成化丙戌六月二十六日，壽六十有五歲。則夫二孺人之淑德懿履雖出生質姆教之美，然而孰非先生之刑于乎？

所謂四男子者：長即按察使，有大才，未究其用；次鼇，早卒；皆莊孺人出。次敷，次效，並女子子二人者，皆周孺人出。女長適安生次子舜臣，次適劉太守孫夢龍。孫男子十五人者：野亨、光亨、泰亨，俱聽選監生；咸亨、節亨、乾亨、坤亨、巽亨、吉亨、心亨、復亨、謙亨、中亨。節亨亦早卒。曾孫男六人者：世財，州學生；世延、世建、世基、世德、世範。莊孺人於成化癸卯九月葬於冷水塘北祖塋，周孺人於嘉靖庚寅十二月葬於莊孺人之側。至是鼇奉先生之柩合葬焉，

[二] 此處有誤。從景泰庚午（一四五〇年）至成化癸卯（一四八三年），當爲三十四歲。

以與予同年也，乃具狀使子姪渡江以問銘。銘曰：

猗嗟先生，素履孔遐，早開書史，繼而藝禾。兄弟戮力，肇建厥家，或梗于吏，或侮于他。中歲未暢，百爾蹉跎，誕其誠敬，行業咸嘉。孝友兼勤，同居皤皤，乃周困窘，尤瘁行魔。宜爾有子，建廉訪衙，利祿不寶，金紫紆華。冏卿爲友，鄉會恒酡，行年九十，耄期無差。曾孫百指，壽觴前羅，匪爾碩德，胡福有那。銘此貞石，以戒後衺。

兩淮鹽運司同知渭坡高公配安人邸氏墓誌銘

渭坡先生高公卒於兩淮鹽運司同知，其子阿、階等舁柩抵家，卜葬有日，奉狀謁銘。予有先公之喪，未祥也，弗能秉筆。階哭曰：「知吾父者莫如吾師，師如弗銘，吾父奚葬？」余泣下曰：「柟深受知於公，善必余獎，過必余正。先公寢疾，公手書企余誠孝必瘳，乃余罪重卒禍先公。生弗能踐其言，死弗能銘其墓，吾罪滋大。矧余初侍先公疾，夢公歸家來謁先公，先公開宴酬酢，皆衣錦紵，冠紳委蛇。既覺，自謂先公疾瘳，公或取道高陵一會晤也。詎意數月先公不起，閱月公訃亦至哉！茲也公與先公長遊地下，則銘公也，亦可因告不孝於先公矣。」嗚呼，痛哉！

公諱選，字朝用，別號渭坡，高陵郭下里人也。曾祖志才，配劉氏；祖榮，配許氏；皆躬稼不仕。父恕，贈戶部主事承德郎，配商氏，贈安人，生三男子：孟遠，季遂，公仲也。公起家儒業，登弘治癸丑毛澄榜進士，授戶部主事。癸亥，陞本司員外郎，奉勅冊封韓府，遭疾得告。後忤宦官劉瑾，致仕，復加以勘田事，罰米伍百，身輸宣府。會宣府缺督理糧儲官，戶部薦公。正德戊辰，陞戶部郎中，督理糧儲。庚午，吏部尚書張采敗，言者以公同年，左遷河南鈞州同知，七月陞吉州知州。期年，改山東臨清知州，用南京大理寺暨巡撫都御史薦陞兩淮鹽運司同知。期年，卒於官。

初，商安人夢日殞於懷生公。在稚幼，輒警敏，抱志崇遠。嘗役火夫，被叱，自奮曰：「彼役吾者匪人耶？」乃從師貸書誦讀弗輟。提學伍公簡升邑庠，有先達者指公父贈君曰：「此子能成耶？」公颺言曰：「遲三年當踰汝矣。」他日，贈

君出賈，囑公曰：「待我歸，汝必廪。」贈君歸，果廪。年十八也，既舉陝西，同舉有誚其榜末者，公曰：「有進士科，在明年。」公舉進士，同舉竟不第。公於書一覽，輒識弗忘。予嘗侍坐，談及往事，不遺隻字，故濟南邊貢曰：「高朝用有過目不忘之資，智不以聞知，非務名矣。」善事父母，不違意命。贈君卒，哀毁踰禮。商安人卒，亦若是焉。成化末，大饑，公以精粲供商安人，身同家衆，藜藿充腸，曰：「免死而已。」兄弟索居久矣，公既舉進士，省商安人於家，兄已死不嗣，乃召寡嫂及遂來，毁券合居，戚黨有沮公者，公曰：「兄亡弟貧，心實弗忍。」後居室且殷，與遂中分，不私也。友人楊鳳死，不克葬，公歸之棺槨金布，乃舉焉。

公之初任欽差，給散甘肅軍賞四十萬金，餘金千有伍百，他悉爲私，公悉封還。戶部司徒呂公曰：「屢奏委官，未有若人。」后收通州軍儲，武斷權豪，兑支月糧，未浹兩月，積糧四十餘萬。續復收放天津倉，入靡羡斗，出靡虧斛，雖蓆葦諸物，鬻金五百，遞之戶部。比起天津，軍校哭送塞道前。既陟員外，監督馬草場，宦官饋謁，杜絶靡門，雖一茶之來，輒斥弗受，且告曰：「各供乃職，無壞國法，以速戮身。」收鈔於崇文門，在公三月，積弊聿革，比歸私第，搜篋而發。監收太倉，同事宦官蔡邕頗肆權勢，公研問坐糧，潛改邕姦，邕使人語公曰：「凡事相忤，不虞後患乎？」公應之曰：「若依汝過，百個砍頭罪矣。」邕錯愕失色，不復敢訾。厥後督理宣府糧儲，益殫厥志，納戶百金，止耗一兩，立獲通關，諸省之民，謳歌載路。比蒞兩淮，持躬滋厲。邑人劉氏、趙氏，公婚姻也，時賈揚州，一見不再。後鹽徒盜賣官鹽覺收，劉爲之請，約賂千金，怒裂其札曰：「是道我爲寇耶！」明日，輒寘鹽徒於理，故一時國課頓增，商賈畏懷，都憲重公。公雖病漸，臥綰印綬，唐稱劉宴總財足國，不是過矣。

同知鈞州，令行閫郡，鋤強撫弱，軍民安堵。鈞人馬公、劉公，皆故太宰也，其子弟族姓亦執禮，遜公不驕，蔑干鄉黨。吉地險僻，民貧多逋，公首先寬恤，斷禁雜征，諸所供億，取貸小罪，政行數月，流離歸版。違吉之日，男女焚香哭送，爭奉肩輿酒兜，白愷、劉寧數人曾被重刑，跣送百里，公詰其故，對曰：「昔者酣酒，幾喪厥家，自蒙痛懲，過惡少悛，乃知良善之樂，思無報謝耳！」臨清雖州，繁劇踰府，又南北衝衢，需索靡紀，公解舒里甲，費出規措。驛遞應役，戶頭久罷，馬頭孳牧，

亦弗克償，斟酌損益，勞瘵用興。收恤鰥嫠，俱使受食，招返流離，三百惟衆。其興學起廢，獎賢表孝，尤如飲食，故棄郡弗久，碑如峴山。嘗讀循吏，代不數人，公歷三郡，不讓前哲矣。其在臨清，冠縣伶人王會爲盜，既獲，誣入比鄰周宣父子，宣屢奏未辨，巡按下公，公訊捕吏獲宣何所，對曰：「其家。」獲會幾日矣，對曰：「閱月。」公曰：「同盜既發閱月，宣如朋盜，逋逃久矣，乃獲於家，必會仇耳。」拷會，會曰：「公神明也。」居常訓告諸子，必述貧賤時所御服食，令諸子無事侈汰。病且革，任安人泣曰：「嗟此子女諸事未畢，清貧無賴，公乃若此，奈何？」公曰：「今日過昔遠甚，田疇足供衣食，子孫可事耕讀，吾願足矣。」公既歿，都憲藍公檄運司賻金六百爲棺槨道里費，而鹽賈及臨清人得訃，設奠哭臨，所賻不又多耶！

公生天順元年三月二十五日，卒正德十一年四月二十七日，壽六十歲。初配邸氏，年三十一歲卒，贈安人，今合葬焉。繼配任氏，封安人，存。子男五：阿，娶劉氏，邸所出；階，娶文氏；陟，聘紀氏；阡，聘張氏；陌，幼；任所出。女三：長適趙廷美，次適國子生劉環，任出。孫男三：承福、承祚，阿子；承祖，階子。孫女三：喜春、小鸞、永春。正德十二年正月二十一日葬於邑東祖塋之次。銘曰：

於渭坡公，有烈其風，窮弗失志，仕弗苟同。使當要路，罷弊可救，卒於散僚，鴻材不究。公余先覺，厚獎末學，雅及先公，我心如斵。出邑東門，曰小紀村，世第孔茂，其震祖墦。公是幽寧，面渭與涇，子孫蟄蟄，應大爾聲。

行人澤州孟子乾墓誌銘

竊惟祖宗以經術道義培養人材，故國家百五十年來，所積滋厚，所發滋茂，而士之直言極諫，以閑國家之急者，雖謫官於前，編戍於後，猶以死繼之而不悔，斯皆天佑聖主，拳拳之意，社稷靈長之兆也。正德己卯春三月，聖駕自榆林回，且復南巡，科道張雲、李素等伏闕有言，未用。行人孟陽率其僚十九人上疏諫，聖主震怒，繫之錦衣獄，杖之。四月十六日，復杖之午門前。十八日，陽卒，世之諂夫佞士且議陽非言官枉死。嗚呼！子無嫡庶，視父母皆當孝；臣無大小，視君王皆當忠。

孟子乾蓋有所慨於中，不能自已，乃至以身殉國，遂志而逝者也，可以厲逆臣背子於天下後世，而猶不免於議，何哉？凡人之行，不由中出者，至小利害且避之，況死生之際乎！

聞子乾讀書究義理，從事慎獨，以誠敬爲主。家居惟務孝友，雖於其父前論事，有不合義，輒力諍之不已，忤其意亦不顧也。既悟，則跪膝前以謝罪。尤嚴於好惡，遇善人親如膠漆，遇姦人遠如虺蝪。若有權豪勢利在前，視之蔑如也。嘗奉命勞軍宣府，即與監督軍務中官抗禮，反得其敬重。比行，總鎮之餽，一無所取。他日，又差祭葬韓王府，亦卻其餽，惟取送行詩卷而已。故事，行人三載即陞科道，子乾爲行人五載而不調，人或戲之曰：「當道一見，好官即得。」子乾曰：「行人清雅，豈不美哉！士君子一失節於權門，終身之玷。」幼爲祖母鍾愛，登科後即迎養於京邸。比祖母卒，哀毁骨立，然則子乾今日之事，豈有所矯拂者哉！初，子乾構小廳於家，友人龐大卿書「忠孝節義」四字於上，則龐氏子者，固已能預瞰子乾之微矣。子乾之歿也，僅三十四歲，惜哉！

先世故爲澤州大陽南里人。曾王父諱鑑，不仕。王父諱彪，贈中憲大夫、太僕寺少卿，吾友何修撰粹夫嘗志其有刲股、感虎、救喪、還金之事。其曾祖妣以上三世守節，鄉人稱「孟氏三節婦」焉，事在西涯李文正公所傳。祖妣王氏加封太恭人。父諱春，舉進士，由刑曹郎擢守嚴州府。正德庚午，治課天下第一，擢太僕寺少卿，陞都察院右僉都御史、巡撫宣鎮。乙亥，因邊事詿誤，謫陝西參議，尋陞參政。丁王太恭人憂，而勳望爲時所重。然則子乾今日之事，其所由來遠矣！子乾號素谿，登正德甲戌唐皋榜進士，封修職郎。配顏氏，同郡生員溫之女。子一，曰金菊。擇今年月日，附葬先塋之次。銘曰：

大坡之原，乃孟子乾之墓。人誰不死，死而不朽者，孟子乾也。愛身何薄，愛國何厚，於生無羞，於死無負。昔子乾嘗過予，話談未久，予固以爲非常人伍也。曾未幾年，乃果能光大明之宇宙。天地必爾知，日月必爾佑，有不信者，其考爾後。

明故海州知州龍坡李君墓誌銘

君諱錦，字仲白，號龍坡，世爲渭南豐原里人也。弘治初，瀘州高龍灣先生署高陵教事。是時，君方弱冠，聞龍灣先生之有道也，跨驢來高陵，與予同受業於其門。君長予數歲，又說經構文字，予數不逮，故每以兄事君，而君友予亦若親弟，至今四十年無改也。

君在渭南庠中，言論行事，出人意表，後領庚午鄉薦，累試禮闈不第，於是幡然改曰：「皐陶、益、稷是何科目也？不過推己治人而已，何必進士然後謂爲政乎！」遂受選宿遷，當江淮之衝，南方之罷邑也。君至，鋤強扶弱，百廢俱興。有部民止生一子，不孝，其父告於君，君曰：「子罪固當死，但死者不可復生，是我絕汝嗣也，後悔何及。」乃身詣其家，垂涕泣而道之，且曰：「子之不孝，令之過也。」其人卒化爲孝子，君遂爲立門以表之。厥後漸化之久，得生員高步等五孝子焉。縣有疑獄數十，誣成死罪者七人，其當死者十五人，咸服罪自縊，不敢以煩君訊也。縣俗輕本逐末，前令每歲稅逋不下千石，報稅不過百金，君每歲報稅三千餘金，遂著勸農文並勸孝文，刊行封內。以稅餘之金買牛六百，募民耕墾荒地，計畝二萬。又糴雜糧儲倉，殆數萬石。及陞海州，縣中士女，遮路哀慟，聲聞徹天，甚至牽衣脫履，留數月未得行。有當供役者，乃恨君早去，至叩頭出血，言曰：「前人何幸受恩，我何不幸離父母耶！」予嘗兩過宿遷，輿夫馬卒皆云宿遷追思李公不可復得，以爲百年來一人耳。君平日疾惡杜頑，義形於色，今其惠民之政，乃又如此，豈非先仁而後有義者哉？

守海州未數月，而海民亦治如宿遷。然不能善事上官，得罪于王知府、何副使，注以不謹冠帶而歸。君曰：「渠能去我之官，豈能去我之心耶！」夫君在宿遷時，所遇撫按盛、唐、郭、王、毛、朱、董七公，莫不奬薦，或曰「愛民疾惡，實心幹事」，或曰「操持端謹，幹理勤能」，或曰「剛勁不怵於勢，才能足剸乎繁」，或曰「通達之才，端方之質」，或曰「留心國計，經理有方」，或曰「嚴以懲姦，剛以抗勢」，當其推許，比漢循良。乃君遇於宿遷之七公，不能遇於海州王、何之二人乎！乃君

行於宿遷之五年，不能行於海州之數月乎！當君之去海州也，買一推車，載琴書而行。宿遷之民數千馳至海州，請留於縣，贈之文帳，贐以路金。初陞之時，不能具一花帶，予寄之一圍，後去州抵家，猶是帶也，則君所不得於王、何二人者，可知矣。

初，唐宋時，李姓最繁，世多忠義之士，晚宋猶稱南朝惟李侍郎一人。其後有避居渭之豐原者，更元亂失譜，然侍郎節義之名不亡，故猶以侍郎水名戸，至今四百載尚未有改，遡而求之十四世矣。國初，拔巨族財富者充里長馬頭，得若水八世孫拾，賜假帖官地，遷縣居焉。拾配趙氏，生子五人，長曰貴，配梁氏，生子一，曰祥，配閻氏，繼張氏。閻生子二：長即君，次曰鉞。君生有嘉兆，氣象異常，長即好詩書，尚慈孝，又多剛果。丁繼母及父憂，哀慟成疾。則君之所源流根本者，自出尋常，宿遷、海州之政，不偶然也。

君生成化九年三月七日，卒嘉靖十五年閏十二月十四日，壽六十有四歲。疾革時，正巾危坐，命長子僖請醫，命姪偁選藥，命次子儒鼓琴操顔回曲，歎曰：「席終未有不散者也。」遂不語。明日，終於正寢。配陳氏，繼配鄭氏，再繼薛氏。陳生二子：僖、儒。女一，適韓氏。僖等將卜於嘉靖十六年十月日葬於龍坡之麓，是宜有銘。銘曰：

於惟龍坡，稟受懿嘉，學求本根，孝友成家。既臨乎政，循良孔和，載其寧二，民罔不歌。雖屈海郡，休問益遐，遡厥初心，初心匪他。我銘貞石，千載不磨。

裕州同知贈光祿寺少卿郁君墓誌銘

正德辛未冬十有二月二十有六日，裕州同知山陰郁君采卒。初，黠寇趙燧、劉惠糾諸飢民僭號横行，所過郡邑，十七屠破，守令率賂金繒免死，或開門以迎之。裕守恃此不備，君身作裕人，繕城以待。是月朔，寇至，守欲去，君曰：「毋爲民望。」乃率士登陴，矢石四下，寇避城而營，君遣人潛俘其醜，手劍之，且泣謂裕人曰：「采已分與城存亡，若等至毋負國

耳！」裕人感泣奮禦，寇吞聲去。君料寇當再至，滋練兵厚備，令人載妻孥往依唐府儀賓莊士俊，曰：「脱賊再至，采必死，所可托妻子以無重傷吾母心者，賓相君耳。」莊館其妻女於母所。二十有四日，寇三萬譟呼至，守又欲去，君曰：「無恐。西南城塹河也，寇難邇，屬公。東北城塹平淺易破，有采在。」時有知君必死者曰：「母在，奈何死？」君曰：「止。曾是偷生以爲孝乎？」及被圍，知君必死者又曰：「母在，奈何死？」君曰：「止。汝焉知吾友蕭鳴鳳？知之，蕭值此肯走？如蕭走，采必笑之矣。」寇攻東郛，不克。攻西郛，守開西門去，賊乘之。君釋東救西，至城隍祠，賊獲君，刃君，君罵賊，賊裂君口，君罵至死已。事聞，詔贈君光禄寺少卿，令一子入監。君無子，子其弟東之子翀。君柩將發裕，莊完君妻女以歸山陰，唐王大書「忠節」畀之。君生成化丙申，年纔三十六也。

初，君年少居父喪，過禫猶毀先茔側。有他人貧，欲發茔以地售，君曰：「貧可忍，是不可忍，勿發，吾周汝也。」君舉進士，授刑部主事，不能阿部長，部長附吏曹議奏，謫大名教授，期年進今職。所著蘭州集，燬於賊手，獨六思詩及賊退古詩數篇，莊收之，故傳。

君諱采，字亮之，浙江山陰人。曾祖諱元善。祖諱臻。父諱瓛，字廷獻。君配王氏，生二女：長字倪文理，次幼。某年月日，東葬君於山陰筆架峯先塋之次。銘曰：

取人以貌，君貌不揚，行道以官，君官伊郎。誕其抱心，如百煉鋼，殺身云大，孰云義亡？食祿云小，無非我王，十五學道，三十六亡。伊誰知者，巡遠爲朋，嗟嗟姦諛，愧用膽喪。王書伊真，帝命伊明，有烈其風，千萬年長。

鄉進士程惟信墓誌銘

自予至南都，講曾氏之學，以求入孔氏之道，學者多惡其苦也，歙人程惟信然與其兄惟時默能相信焉。己丑之夏，惟信至鷲峯東所，曰：「世之講學者，言或出事物之表，行或滯塵俗之中，以然論之，學惟言行合一之美乎！」予歎以爲知本。

當是時，進賢章詔、桂陽范永宇、解州王光祖、嚴州柳本泰、休寧胡大器皆在也，無不以惟信爲明且勇焉。今壬辰春，惟信兄弟會試又不第，予方以禮書屬之編，未幾，聞惟信于五月望日卒於浙江崇德之東郵，甚悼痛焉。

先是，惟時心動南馳，適與惟信柩偕至於家。既瘞殯，來見，相對悲甚，曰：「惟信知慧過默，又能輔默不逮，默所欲爲者，皆先能爲之。默視惟信常以爲心，今背棄去，真心亡矣，默豈止手足痛哉！默父侍御岑山先生、母方夫人，生默及惟信二人，獨惟信蚤穎異。三歲隨任之京師，輒能拜跪如禮。比十歲，從方先生肄學，披卷日記千言，東白張先生過試，深奇之。時同學李、劉二生相聚言志，李生曰：『惟西涯公是冀。』劉生曰：『惟晦菴公是冀。』以二公時相也。惟信曰：『然志不在今人，所冀者程次公耳。』他日，岑山先生獨坐，默偕之過庭，先生曰：『坐如尸，便是學。』惟信對曰：『立如齋，當亦是學也。』先生又曰：『學聖學也，當自持敬始。』惟信是時已有所警悟矣。年十二，受小戴禮于月峯洪先生，即能從陳傳立說，得其旨授。丙寅歲，岑山先生巡按浙江歿，惟信哀毀執禮，且佐默議喪禮，凡哭踊虞祔，必則古昔，擯去浮屠不用，纔十三歲耳。庚午，入徽州府學，又師事雁峯史先生，教以篤實之學，自是日有所進。初，岑山先生在弘治間嘗論奏九庫事，歿後三年，適宦瑾用事，謂折公帑，當全家遷徙海南。家人大小震驚，惟信方十五，鎮定不動。未幾，事亦寢。丙子歲，年二十三歲矣，舉應天禮記經元。丁丑，下第，一病幾殆，至浙尚未醒，見默馳視至，病遂瘳。庚寅，再下第，遂渡錢塘，循禹穴，遡越江，直至慈湖之陽，詣先人蓋棺之所，設奠大慟，慈人感泣。歸遂語默，議建岑山書院，以昭先志，且曰：『伊洛倡學，程世世有人，伊洛之道，定性爲切。』遂以名齋，求記門牆。然每會試，輒與默料理運道，謂北邊沿海開種可以獲粟，中州荒陂蓄水可以灌田，閘次空曠徙民可以實漕運，通州近京開河可以省車。其後河開通濟，卒如其議。其用世之學又如此。今亡矣，則默之所痛者，又豈啻手足者哉！且無壽以永年，無嗣以永世，無功業以永名，無多文章以永言。天乃奪吾惟信，使賫志以去，則默之所痛者，又豈啻手足者哉！」嗚呼！惟時之痛，固不止於手足，則予之爲斯學之痛也，又豈止遊從者乎！

惟信號晴溪，其卒之年，距生弘治甲寅十月十六日，得年三十有九歲。初聘黃氏，聞岑山先生言事之難悸死。繼配曹氏，都御史南峯公之次女，然無子，惟時以其第三子應會與立後焉。女一，尚幼，側室管氏出。惟信之祖諱祚，號清溪居士，

封監察御史。曾祖諱瑞，高祖諱良。世傳蓋伊洛程氏之派也。是則不可無銘。銘曰：

爾見既卓，爾論亦確，宜爲國棟梁。爾材伊碩，尤耽斯學，邂逅江東，相知匪薄。謂爾克終，云胡不作？宜爾有兄，言及淚落。人誰不死，爾可無怍，銘茲貞石，宴宴冥漠。

明崑崙處士張子言墓誌銘

嗟乎！吾張子言乃止於此耶？子言之病，予適從南來，子言兩使人問予，予謂子言小疾，遂緩問。比往，子言已蓋棺七日，當其終，實嘉靖乙未十二月十日也，予痛哭而歸，於是其友曲沃李季和、燕山沈元明、福州謝道安諸君爲之經紀其後事。李杭州士行者，燕之耆宿，亦子言之忘年友也，爲狀其行實，托元明以問銘。予當倥傯中，而元明數及予門，悲慘懇切，予歎曰：「予久知吾子言，今顧不能如元明耶？」

初，正德戊、己間，子言與華容孫世其謁予於宣武門東，予睇其器宇，聞其詞說，即訝其非尋常士。越數日，乃撰擬子七篇以獻，予覽之曰：「子有荀況、賈誼才力，惜不自文中子出耳。子若登甲科，當以文章鳴盛時也。」他日，順天大比，試諸士，令各負桌凳以進，而跪聽題。子言使家人負至府門，且進，揮其桌曰：「即使詩登進士科，爲清要官，詩亦不能爲也。」遂罷棄舉子業不務，遊情高尚。於是博藝六經，兼覽司馬子長、班孟堅羣史，皆能掇其英華，探其旨要，著爲文詞，亦復爾爾。而其作賦撰詩，意出言表，依稀乎入曹植之室，而升蘇武之堂矣。謂范曄晉書甚弱也，力欲重纂，已有卷次而未就，然其志亦遜矣。比孫世其登進士，仕爲提學副使，有盛名。予一日曰：「子言如少貶以從科目，故不逮世其耶？」然子言自負軒昂，初不謂己有所少也。是時，仁和江景孚、綏德馬仲房、汝陽林懋易皆翰苑之良也，重子言之器識，樂與交遊，商訂文物，其乘興偶題，意得句出，率爲士人傳誦。乃又敦慤周慎，陰重不泄，故一時縉紳大夫多口褒嘉，而子言雖無巍科膴仕之登，綽有令聞廣譽之傳，則予所訝於十數年之前者，於是乎驗也。

嘉靖甲申，予謫判解州，子言約問予於解，有詩曰：「他時定訪王官谷，流水桃花石徑深。」越年，而子言果至，相與遊谷，其景也，符其詩不爽。予笑謂曰：「子身未入谷之前，而詩如入谷之後，何耶？」是時任丘袁伯昭方爲陵川令，季和與其兄仲南方家食，聞子言至，皆走迎留館數月而後離晉。子言於是緣中條，陟太行，廣覽黃河、素汾，凡唐、虞、夏、商之墟，稷、契、伊、傅之故，皆入之心目，而寄之篇章矣。異日，予改官南部，子言又渡大江，問於金陵，因訪采石、三山，予有詩以贈云：「當年謝李心何在，此日張詩未肯還。」又曰：「萬里青天星日繁，如何落卻在中流。」蓋自此東遊吳越，登越王之臺，探會稽之穴，舟回維揚，錄途中感遇數詩，馳辭於予而後返。予甚憐其壯懷，豈知今日之永訣耶！嗚呼，傷哉！

杭州言：「跡其爲瞠乎，其不可及者，不惰不慢，不狂不僭，不驕不揚，不諛不屈，不肆不拘，春風不足以融其情，醇酒不足以味其況，其尤長者，退然若愚。屈指交期，於今二十霜，而平日之與居，曾未聞其訾一人之闕失。其痼癖酷嗜山水，每興到，獨跨一蹇驢，信其所之，雖中途遇雨，不少慴惑，風致玄雅，蓋度越一時乎！或壯其揮金如糞土，視齊奴猶几上昇，斯特曩時俠客之雄耳，烏足以知崑崙哉！遂議韓退之之論孟郊，獨推一寒士，而歎遭際之難，謂命也有性，君子審於自處而已。」斯其言，殆予之所傷者乎！杭州又曰：「子言詩自陶謝以至李杜，自先秦以及兩漢，遺稿咸在，渢渢乎，潏潏乎，雄渾之氣，英偉之才，有識者見之，當自知矣！而達之所重，固不啻此。」斯其言，亦殆予所傷者乎！

初，子言姓李氏，故北平人也。誕生之辰，有教其先父母者，此兒有奇骨，非爾家所能畜，因歸諸張氏。張氏者，衡州同知，東窓，張君字也。子言父衡州已二十年，而衡州歿，又十年，始知爲李氏子也，抓面踴足，悲號不欲生者數月。已而訪其先父母之墓並李氏兄弟，得二兄弟焉，遂因二兄弟哭諸其先父母之墓，痛臥荆榛，不能興。既歸，欲有奏以復姓，謀諸執友，執友曰：「衡州如在或有後，李氏或無子也，吾不遏子言。今子言李氏兄弟且二人爾，先父母又有孫也，張氏無尺寸之孤，汝年已近四十矣，乃遽欲割張而益李，衡州之所以腹汝、顧汝、長汝、教汝、付業於汝，以致有今日者，安在哉？」於是子言汶淚遲疑三年而後決，故今爲張氏云。初名學詩，謁予時，予去其「學」字，而字之以子言，其曰崑崙者，所自號也。配郭氏，生二女：長適興濟侯孫興孫，次適寶坻朱雲鶴，皆邑庠生。男子一人，名繼，留館季和兄弟時，買妾曲沃所生者也，今已二

尺餘矣。其妾已歿，繼尚爲仲南所撫育云。

子言生成化丁未，得年四十有九，少二十日不五十也。窆於東窓張君之側，是宜有銘。銘曰：吁嗟子言，初稟孔敦，既有懿覺，克開厥樊。探經涉史，迅獲其門，亦父修詞，無枝葉繁。身雖窮處，名比璵璠，士林咸穀，凡庸難捫。摛詞制賦，爾雅可援，遨遊四海，有志本根。天胡不壽，行路咸冤，人誰不死，死多泯焉。爾年半百，千載可存，銘茲貞石，後當謜謜。

劉母徐氏墓誌銘

高安舉人劉子實，諱文光，衰絰跣足，走大雨中，垂啼泣謁予鶖峯東所，曰：「光罪惡滔天，乃致吾母死。光不即死者，圖所以弗死吾母者，惟先生爲之銘耳。嗚呼，痛哉！吾母姓徐氏，諱經貞，縣之領頭望族。外大父諱美器，由歲貢任唐縣訓導，配外大母劉氏，吾母生焉。自幼沉靜寡言笑，既笄歸。家君常侍先王父遊宦，母家居，事吾伯母甚恭。光時方三四歲，猶記坐母膝前，見伯母或橫戾，而母適然自得。先王父致和州之政，家君以孝養聞邑中，吾母有力焉。王母黃孺人性簡嚴，諸婦難當其意，而獨愛吾母。其病也，吾母視其飲食起居惟謹。恒從門隙中伺顏色，見王母意適，則喜見眉宇，間或弗怡，踧踖自咎若弗容。其沒數十年矣，猶追思之，嘗臨飲食曰：『此吾先姑所不忘也。』輒泫然淚下。事家君能承其意而有禮。

光年十二，即遣遊學數百里外，或曰：『何遠置兒邪？』曰：『此吾所以愛之也。』光稍長知學，常夜誦讀，必飲食之，或稍懈，輒朴敕焉，光由是不敢怠于學。性喜淡薄，若諸子能致賓客，則又豐爲之具。平居好令兒輩誦古賢人事，又能以意論事，得失多中理。家君一日談至祭仲、雍糾事，吾母曰：『其女云何？』家君曰：『彼以謂父一而已。』曰：『夫豈有二乎哉？』家君曰：『然則黨夫殺父與？』吾母曰：『父與夫一也，女宜諫其夫，不聽焉則死之。』家君莞然，喜其能同儒先

論也。終日坐一室，足不踰戶外，雖病中猶辟纑不廢，寢恒在夜分。善節縮出入，家視昔漸饒裕。其居妯娌，和而不呢，淡而不疏。鄰里有乞假能周其急，雖待臧獲亦有恩，吾族千餘人，咸稱女德焉。若吾母者，豈不宜得遐壽，乃若是焉，何也？嗚呼，痛哉！

去年秋，光方赴春官屬，母微疾，不欲行，母曰：『我已瘳矣，且願見爾之有爲也。』乃及于此爲無窮恨乎！嗚呼！利達者，學士咸知爲外物，然胥奔走以求之，則猶曰慰父母云爾。求之不能得，又因以廢棄人子之禮，生不能視醫藥，而沒不得以親棺斂。今雖長號大慟于數千里之外，竟有何益？嗚呼，痛哉！吾母生六男子，獨光與季子文克在，餘皆不育。故母少緣子悲恒多病，今竟以是沒。嗚呼！母之喪子也，悲之以至於死。母之死也，子顧靦然以生乎？嗚呼，痛哉！所可爲吾母弗朽圖者，獨歸心于門下，幸念天下爲人之子有窮而可憐者如此，肯賜之銘，豈獨弗死吾母，亦所以逭光不死之罪于萬一也。

母生成化丙戌七月四日，終嘉靖壬辰三月二十日，壽五十有五歲，將以是年十二月九日卜葬月嶺之巔。子男二人：長即文光，娶湛氏；次即文克，府學生，娶胡氏。女一人，適山畬溥淮，國子生。孫男子七人：曰汝愚，娶湛氏；曰瑤；曰琰；曰瑁；曰玦；餘幼。孫女一人，適湛歡。曾孫男一人。家君諱從中，字能翁，和州同知圭峯主人之季子也。」

予歎曰：「傷哉，子實！吾爲子志而銘之。」銘曰：

有媛劉徐女之良，溫惠任慈蓋匪常，半百又五亦非夭，遺德于子如文光。未論踐履類徐積，覽狀令人皆悼傷，此人行且師曾閔，當使劉徐日月明。

冷水居士羅君墓碣

居士諱永高，字仰之，姓羅氏，別號冷水居士，寶慶之新化人也。生不識巧僞，日少言笑，隱練行業，兼覽墳典，性惡酲

醴，口無惡言，而又謙抑敦慤，接者興敬。少事父母，輒極誠允，饌必甘旨，開顔獻悦。他日父疾，侍視湯藥，嘗而後進，寢食咸廢。疾既轉革，驚惴無措，醫云其後甜苦，可知劇瘥，乃即竊嘗，姊適外來，乍見私問，知無瘳理，相向痛泣。父終，悲慟聞里，殯殮葬祭，一執古昔之禮，宗族稱孝焉。他日之野，見道傍遺金二錠，曰：「此不與收，祗苦遺者。」持歸以俟，日遺者至，取而還之，面無德色，其人感謝去。若遇凍餒，解衣推食，務使飽暖。歲值荒歉，縣令雷侯禮召勸粟以給冠服，對曰：「冠服非吾志，賑濟實本心。」鄉黨稱廉焉。居常躬行勤儉，以導子孫。務農種穀，雖古盡力畎畝者，又何讓焉！君子曰：「孝者，所以忠君也；廉者，所以仁民也；力田者，所以務本也。漢文帝嘗下孝廉力田詔，至或賜帛數百匹，其後官補四百石。至光武，遂以孝廉爲尚書郎。居士而際其時，當與鮑宣、王吉、江革、王烈輩後先矣。」

初，羅皆世守耕讀，邑稱硬頭羅氏。至居士之父諱銓，補邑庠生，屢舉不偶，隱居教授，四方之士多從之。厥配王氏，是生居士。然則居士其有所受乎！居士配盧氏，盧卒，繼配蕭氏，蕭卒，繼配白氏。子男二：長秀繼，娶鄒氏；次秀結，娶譚氏。女子子一，嫁爲邑人鄒旻紀妻。皆盧出。孫男子五人：長愈，嘉靖乙酉舉人，歷事考功司，數見其勤於禮而向於正，則居士之道，畜而未發者，其待斯人乎！次忠，次思；皆繼子。次恩，邑庠生；次憲；皆結子。孫女子三人。曾孫男九人。

居士生正統某年月日，卒嘉靖六年丁亥六月十七日，享年九十歲。卒之十月三十日，已葬於河圖山先塋，至是愈請表諸墓。辭曰：

素履葵葵，直躬伊嘉，行年九十，古風寔多。耄期稱道，鬒髩未皤，苟無深積，其胡能遐？展矣居士，又奚愧邪！

明旌表許傑妻章節婦碣

旌表章節婦者，績溪許處士諱傑之妻，國子生時潤之曾祖母也。章氏年十九歲歸傑，甫二年，傑死，生子本玉方閲歲，

煢煢抱玉泣，衣食恒缺短，或忍餒以乳玉。玉能食食，口嚼腮中飯以哺玉。舅姑憫其苦也，欲更嫁他氏男，章涕泗横流，矢言曰：「百苦皆身所甘，惟天不敢負。若撫吾兒成以續吾夫子世，死不恨，何更嫁以爲父母羞？死辱於夫子，生累於孤兒，生不若死之安也，嫁事請勿復言。」遂剪髮破其面瘡以示信，乃又服白山查根殞其門齒，絶膏沐不事。日夜紡績，攜孤兒呱呱在膝上。所處閨閤，嚴如法閫，三尺童子，不能進閾。雖同袍兄弟，亦疏往來，父母鄉黨，咸稱貞烈。行年七十，終始一節，可對鬼神。於是里老合狀呈縣，縣申兩巡按，覈實復奏，獲聖旨旌表云。玉既長成立，造開許氏，生子金，孫時潤，不忘章苦，恒喇喇對子孫説，語至極處，雙淚懸落，口哽咽不能言，曰：「是吾許氏之有今日也。」故時潤自孩孺聞受，深入肝肺，長益繹思，既樹門坊，復欲鐫碣。

涇野子曰：「碣不若時潤之爲永也。時潤而能體章之行，記祖之言，爲學而能堅其心，爲官而能固其義，守常事而不改，遇變事而不折，載其清風，于章有烈。坊雖舊而節益光，碣雖泐而名不磨，不在時潤乎？」時潤拜曰：「唯唯。」

王壽官墓表

昔者齊晏嬰仁於三族，待舉火者七十餘家。宋范仲淹作義田義塚而宗人睦。予謂晏、范，學士大夫耳；王壽官，布衣也，乃敦兹行，則豈可以蒲鄉人目哉！其宗人先後亡者，不下一二十輩，多無棺，槁葬於野。公一日曰：「於王氏，榮獨可聊生，而宗人不禮於死，榮之責也。」於是買地蛾眉原之故市，建新兆，召匠人治材，屍與一棺，序尊卑，順昭穆，率其子孫遷葬焉，其無後者自主遷。或曰：「在景泰、天順間，云王氏素有臨清成者還蒲，宗人皆莫能食且貲也，公獨食而貲之，數還則數食貲，不以煩宗人。宗人若有逋徭匱税，則又數徭數税，不以煩宗人。他日成者及宗人皆不安辭，而公又強附之。」則亦何愧於學士大夫哉！

初，公事父母，問衣襖寒，視食甘惡，心力交至，宛若儒生禮士。母張愛獨季子，公仰承厥志，衣惟季子選著，馬惟季子

選騎，終其身無閱牆也。母張歿，啓父壙合葬焉。棺已朽露骨，公身下壙，抱其骨號泣，宿壙中三日，比伐棺成，重殮入棺而後出，路人爲之感涕。上恭二兄，下友二弟，後家指滋眾，有欲索居者，公涕泣曰：「母在而吾弟拆耶？諸君子不見田家荆樹乎？」於是復還同居。蒲人有二氏兄弟訟財者，公往諭之，二氏遂皆感化輟訟。公有此允德，鄉黨亦以爲儀表。見貧者或周之財，見富者告之儉，見學宮敝則率鄉人贊之新，見勤慎者或誘之進，見遊言遊行者或以法語拆其非。有後進輩衣靡麗之服，公出，瞷而避之曰：「是王孟華公過也。」於是鄉人無大小，無遠邇，無男女，無貴賤，選門諭舊，必曰王孟華云。於是蒲守請賓鄉飲，蓋自天臺徐侯、潛江張侯、睢州任侯、武進蔣侯、秦州陳侯相繼尊禮，久於正賓而辭不免。至成化丁未，以高年八十，上被冠服之榮，階將仕郎云。

配郡大姓子張氏，太平府通判琡女，其母楊氏，則贈禮部員外楊其之姊，四川參政瑩之姑也。琡以廉介死于官，瑩以清節終于鄉，世循懿德，故朱張奉其徽範以相壽官，上自舅姑，下至姊姒妯娌族屬，罔有不宜，而於祭祀賓客，尤致慎焉。故郡人曰：「壽官公之成，亦朱張之力也。」生子男二人：長遂，娶南關張氏；次馨，以歲貢起家，仕至魯山教諭，所至能以身率，號敬齋先生，語詳提學副使周公宣撰志，娶北關張氏。女一，適鞏昌知府張君侃，封宜人。鞏昌蓋嘗狀公行於參政楊公以志公墓者也。孫男十。曾孫男十二，女十七。玄孫男二，孚、觀；女二。

初，公四十餘無子，而理家滋敏，人或指議曰：「爲誰富哉？」公笑而不輟。嗚呼！公可不謂有虞氏之遺民乎？公生於永樂二年七月十七日，卒於弘治四年十一月十七日，壽八十有八。張生於永樂八年正月二十二日，卒於弘治六年三月二十六日，壽八十有四。張歿之月，已合葬蛾眉原之兆。銘曰：

猗敬信方王，蒲之世家，遡厥懿系，肇自滎河。高祖仲文，宣化固嘉，彥純秉信，纘戎維那。景嚴配張，不惰不奢，孕休鍾粹，壽官公多。匪直躬也，其來無涯，有望周道，不啻賢科。惟天有鑒，慶善靡差，行路瞻止，我言無過。

翼齋唐君暨配朱氏墓表

君諱佐，字朝相，别號翼齋，雲南晋寧縣人也。先世浙江淳安人，洪武中諱宗善者，發戍雲南中衛領屯田，中道而卒，次子循仲至滇，遂爲晋寧人云。君生有奇質，嶄巖山立。幼從父慎菴先生績學辟雍，備嘗勤苦，及籍郡學，壹敦禮讓，從諸生後，諸生咸推以爲不可及。比當試，輒居先選，董學荆公累口褒嘉。廼弘治壬子高舉滇省，及赴南宫，聞母王夫人訃，戴星奔喪，氣幾殞絶，哀毁骨立，行路嗟憐，慎菴先生曉之曰：「有父在，可以死母邪？」君始飲泣事事，陰開父心。及壬戌不第，留京邸學。甲子之歲，慎菴先生亦謝，訃至，擗踴控天自誅，幾於即斃，爲友人喻止。自燕馳歸，雙足破繭，伏號柩下，淚繼以血，口亦嘔血數升，昂首曰：「佐已臨父喪次矣，夫復何恨！」遂死慎菴先生之旁。於是晋寧人稱君誠孝，滇海無雙。信陽樊少南曰：「君有從容就死之誠，無有爲而爲之跡，比方申生，寧有優劣！」然則君豈非古之孝廉君子者乎？

所配朱氏，定州訓導克瀛之女，安縣知縣孫鳳妹也。年幼十六歸嬪于君，當是舅姑在焉，祖姑在焉，凌伯姑在焉，伯氏叔氏四人在焉，即能身執孝謹，曲暢和睦，閨門之内，咸得歡心。其事君，險不知阻，勤不知倦，喪不違禮，力濟艱難，撫孤于有成，克顯有唐，貞慈之風，播美晋寧。初，宗善公之道卒也，長子凱仲當行，循仲其弟也，能即與之俱。及凱仲歿，又能哀毁越禮，三日而卒。是生慎菴先生諱以敬，舉甲午科，通判成都者也。朱之先亦浙江建德人，其發戍與唐同，至諱璣者，能詩而隱，是生定州者也。然則君之孝、朱之貞慈，其淵源所積委者，不亦遐且厚哉！

君生某年月日，卒某年月日，年三十有九歲。朱生成化辛卯十月十七日，卒嘉靖戊子二月二十五日，壽五十有八歲。生男子三人：長鉞；次騎，中嘉靖丙戌進士，出知定遠縣，甚得士民心，至有歌謡於路者，予道過定遠，得知其詳，而定遠又誤以予爲有聞也，過加禮焉，則君發先世之隱德，以光詔後昆于無窮者，端有在矣！次𩦐。

朱之歿也，祔君已合葬于其山，至是定遠以表請，是宜勒辭羡道，以告行路。辭曰：

於惟翼齋，天授孔嘉，爰篤厥祖，力學登科。展以孝思，因心無瑕，痛父之歿，泣死若何！純誠自實，行路交嗟，亦有朱配，媲德不那。撫孤咸立，定遠伊遐，爲縣過古，趨道如何。載其休聞，末世不磨。

祭黔國公五山文　代作

嗚呼！惟公天授伊良，弱冠迪義，世訓是匡，涉史有要，經亦遂明，思繩祖武，不忝所生。既篤文事，武備尤長，廼控蠻夷，廼靖邊疆。當岑猛之叛於田州也，爾乃把截富州，兵威振揚，既有成績，帝賚孔煌。及緬甸依庇于孟密，而孟養遠交乎木邦也，互相侵伐，爲西南殃，爾乃三府協心，師出有名，固守隘口，峙乃糗糧，叛夷寧戢，莫不來降。乃安銓逼叛於尋甸，鳳朝文承亂於武定以圖城也，勢甚猖獗，禍流徼荒，於時伍司馬調兵四省，梁司徒督餉不遑，爾乃計出萬全，漢土兵行，斬首數千，招散脅從，渠魁就戮，巢穴蕩平，烈焰撲滅，百夷咸方。外兵既寢，頓省餉糧，天子褒嘉，宮傅是獎，金印累累，茂績攸章。當其忠，偉于昭靖王之守京口、定廣信、下南閩而光也。道路傳聞，家範如霜，庭草不除，秋水門牆，寧人取我，無我人戕，湏鄙不擾，毫髪蔑傷，其男戴之如父母，其女依之如姑嫜。故其師出以律，屢定叛強，實國家之屏翰，聖明之股肱也。宜享遐筭，壯此鴻綱，天不憖遺，遽爾淪喪。輀車既返于長泰，羣卿咸臨以悼傷，協具薄奠，粤惟尚享！

祭韓司徒先生文　代作

曰：嗚呼！惟公受性淵懿，素履忱恂，勳在兵食，志篤忠貞，當其鋤凶除姦，批鱗不顧。及夫守道養晦，臥龍自貞。嗟此晉國自潞公之輔世，溫公之誠身，于公再見之矣。某有事斯土，聞訃傷心，既悲老成之亡，而又傷典刑之淪，蓋不啻一己之私情也。爰具牲醴，罄此寸心。

祭涂水寇公文

曰：嗚呼，痛哉！吾友乃今遽已邪！自昔遊業辟雍，歎斯學之未明也，擇友而交，選地而處，冬不避寒，夏不知暑，善則相告，過則相規，事親長則觀其敬，訓子弟則取其慈。惟公孝不違顔，友不見利，儀刑于内，渾樸于外，雖怒而人不怨，雖譽而人不媚，省身自治與神明通，凡與交遊，比漢黄憲，雖古不言而信之地亦可到焉。及其同登仕籍，歎斯政之未明也，居則安陋，食則甘菲，寓書以戒，聞事而箴，上恐有負于君，下恐無益于民。惟公寬不失縱，嚴不過刻，義以方外，仁以宅中，明允著于評駁，循良成于牧守。丞京兆，活人數千。撫秦楚，澤及多方。既晉司馬，益篤忠良，人謀其小，我見其大，既不違理，亦克濟事，言論風采，表儀朝著，凡與班行，比宋富弼，雖古不令而行之地亦可至焉。嗟乎！斯道也，平易如大路，切近如飲食，明白如天日，純粹如良玉，惟知之不錯，好之不厭，行之不已則得之矣。乃有喜高論者，鼓爲異説，使敏捷輕佻之子奔走焉；溺卑污者，假爲務實，使干利依勢之徒踴從焉。於是乎士日以惰，民日以罷，治日以荒。惟公高不至亢，卑不可貶，既循天理，亦順人情，其殆庶幾乎！如公而在，天假之年，位忝鈞軸，斡旋康濟，雖古周、漢之治亦可望也，乃今遽已。嗚呼，痛哉！公務北行，取道井陘，跋涉山水，泥雨不倦，持果戒牲，抆淚陳辭，齋沐告虔，以寫積哀。尚享！

祭百柳成公文

惟靈儀軒豁兮鵠佇，音喟嘒兮鶴語。韜詩書兮老懷，藝腹肱兮稷黍。日宴臥兮夙興，家中衰兮躬舉。奉二人兮常春，羞醇醪兮肥羜。若遭疴兮籲天，願犧牲兮身許。信不格兮天矜，胡椿萱兮壽歟？且躅饎兮祠嘗，歲未廢乎寒暑。痛惰侈乎俗偷，服勤樸兮誰侶？哀鄰兒兮淪河，身泅援兮十里。際漲濤兮澎湃，亶好仁而弗去。卻救死之膴酬，雖漂母兮難擬。

假屢空兮乞求，日百來兮不拒。若乃志識蒙師，行寡𠃫爲。人過不黨，既改奚追。僕夫思信，里仁思義。王烈何遜，陳寔胡疑！宜旌皃兮如英，在御史兮允揚。秉義方兮弗替，俗姦弊兮力更。絶辟舉兮私謝，展卻酌之蠲芳。嗟貪風兮孔遠，伻四郊兮多驚。羡冢器兮順志，思勇扼兮瀾狂。慚同年兮某等，官卿士兮周京。每飲醇兮化蘭，輒遡源兮先生。宜龜齡兮鶴筭，遽七衮兮仙亡。雖始封兮河內，繼豸服兮初榮。傷我衷兮殞涕，爰絜酒兮之牲。匪常奠兮泛祝，翼雲旌兮尚享。

祭端峯邵公文

惟靈天授醇懿，素履靡瑕，學有淵源，首登賢科，飫中祕書，史也稱華。出非其罪，邇道滋玻，陸沉于外，聲聞四遐。粤既督學，雨甘風和，接引不倦，楷範孔嘉。青衿兩省，誦美孰過，于臬有憲，于藩無家。誕晉太僕，伯冏如何，經濟未究，遽爾淪化。縉紳咸惜，帝亦咨嗟，爰賜良謚，異數有那。某等翰苑僚少，同年豈多，聞金盡傷，殞淚滂沱，協具香帛，束辭山河。惟靈不寐，遊如雲霞，覽兹遙虔，尚享葭莩。

祭西渠子文

嗚呼！西渠子乃今已邪！痛哭流涕，何能已邪！昔西渠子與柟輩讀書太學時，志欲續斯文于古，而行此道于今。惟西渠子有黄金白玉之質，有夙興夜寐之學，有孝母友弟之德，有信友孚鄉之行，有剸繁治劇之材，有濟危扶顛之策，有好善如飲食之甘，有惡惡如蛇蝎之峻，有患難不改之節，有約信必踐之勇，有青天白日之志，有喬山大海之量，冰檗之操，決斷之敏，何足道乎！爾乃守御史而以直言謫，爲憲副而以勤政卒，則柟所望于續文而行斯道者，安托邪？嗚呼！痛哭流涕，豈徒友朋之情而已乎！近在解檢收巡鹽時諸詩，已勒諸石而志之，不識西渠亦有聞乎？偕此遠忱，尚享！

祭虎谷先生文

嗚呼！先生之教可傳後世，先生之政可法當時，今乃已邪！柟已揭其大概而爲之志矣，然尚未能發先生之藴而盡弟子追慕之情也。先生其知之乎？嗚呼！尚享。

祭平川王公文

曰：嗚呼！維公天授端慤，孝弟因心，亦既儒業，篤志斯道。廣聞見於江左，懋學行於關西，獨承庭訓之懿，挺爲昆玉之光。爾乃筮仕司諫，雅持大體，恭明神于太常，衡錢穀于戶曹，誠蓋眷于明聖，忠信聞于華夷，斯固昭代之名臣也。方期蒲輪再起，臺階繼登，宣皇化于海徼，勒鴻勳于鼎彝者也，乃天不慭遺，遽爾淪謝。念儀刑之在南，歎表著之失北，奠醵香帛，哀此同心，公其不昧，庶幾來享。

周子賢頭七奠文

曰：子賢同遊未及十載，藏修已若一心，惟爾文行之蚤著，足畏朋友于東林。當其材，爲舟爲楫；假其成，如玉如金。方將陟山而觀海，豈期齎志而文沉，既一夕以屬纊，蓋舉縣而哀吟。爾如匪德，感人胡深？將天道之有錯，胡善人之見侵？凡我同類，憂痛靡禁。嗚呼！世固有百歲而死者矣，或如草如禽，豈如吾子歿雖三十，名比丘岑。然則吾子又何遺疵邪？但病夫方臥泉石，而諸友求我復臨。惟爾之去，喪此知音，我善誰講，我過誰箴，抱此愁懷，風曀天陰。嗚呼！

子歿已七日矣，蓋自是而長古破琴也。用協具乎牲醴，與庋閣而並歔，望柩肝裂，泣涕如霖。尚享！

（以上録自明萬曆二十年李楨刻本涇野先生文集）

送孫山東序

昔有客問治民之孰爲要也？予曰：「有藩司焉。」客曰：「流離盜賊，巡撫克定之；姦凶跋扈，巡按克懲之；獄訟紛糾，臬司克判之。藩司之爲要，何邪？」曰：「子知牧牛乎？充其飲食，以服耒耜，不崇朝而終畝矣。如牛餒而終躁，雖加七尺之策，破犁而躐畝者十九也。故不餒其民而食飲之者，在藩司。蓋嘗習于百姓飢渴之害矣，其大者十有二焉：一曰丘隴既沽，粟米猶征；二曰上戶起稅，頻及乞丐，下戶存留，或滲千金；三曰邊稅京稅，積歲弗易；四曰荒熟互隱，科免有情；五曰布縷折稅，因人修短；六曰戶口附籍，增減失實；七月軍灶籍苦，民籍數析；八月丁寡資厚，民戶育馬，糧衆人貧，期年累科；九月煢獨力役，影射名衆；十曰婚奩飲射，崇財廢禮；十有一曰民既鬻鹽，猶輸米鈔；十有二曰稅課額辦，次第侵漁。若是者，皆藩司也。十有二害而弗除，兹獄訟盜賊之紛若也。都諫任丘孫文瑞陞山東參政，斯是之行，其踐斯言哉！將十有二害之立除矣。今天下之民罷甚，賦政者率逭焉，屬曰：『官卑不敢行也。』二曰：『職分不能行也。』長曰：『吾遷有日矣，不必行也。』臨事而上下胥委，遇難而彼此交遜。雖有豪傑之士，亦憚物議，隱忍而待斯民之死，以爲其體若是也。天子所以禮縉紳者，豈其然哉！況山東之遭干戈也，五年于兹矣。暴骨川原，流血榛蓁，所謂飢易食、渴易飲者也。吾子其能忍諸？當必身任其責而不辭矣。」於是諸諫議曰：「是可以別我文瑞也。」

明靖菴處士張君墓誌銘

君姓張氏，諱旭，字廷勉，別號靖菴，三原舉人王佩之妻舅也。初，張先世本三原樓底人，元季兵亂，移籍涇陽孟店里西住村。高祖諱克敬，配吕氏。曾祖諱仕良，配三原焦吴里王氏。祖諱高，配三原栢樹村王氏。父諱春，號谷南，例拜壽官，有厚善，行詳谿田先生所撰志中，配同里興平教諭嚴子正孫女，有淑行，生丈夫子五人，靖菴其第五者也。自幼讀書習禮，爲塾師稱重。年十四，承父谷南君之命，賈鹽維揚，尋操奇贏，父兄咸喜，名五興子。谷南君復教以和遜，即書紳遵訓，無所違戾。西至河、鞏，南至淮、浙，餉邊濟儲，獨先于人，而所獲日茂。且嘗市狐裘以寄父，明鹽法以守公，身迪孝敬，先其大者，不徒馳騖于貨爾也。他日，母嚴寢疾，竭力湯藥，衣不解帶，每夕籲天，求身代母。谷南君老矣，果未市，先入會城，取以供養。若乃恭事諸兄，不念相猶異，憫三兄復，與同居。優待姪賓，不啻己出，雖售姪第，復與一居。以至賑急拯貧，援幼助寡，雖或傾囊不顧也。其敬賢敦善，不愆于義，縉紳大夫率見雅重。而又慷慨樂易，居服整潔，鄉里人見其車馬之過者，必目送而羡之，曰：「此鹽張五也。」至於射術其遠，發無不中，每適邊方，衆恃無恐，亦人所推遜云。乃至於正德丙寅六月十四日卒，距生天順甲申八月十八日，年纔四十有三，鄉黨州閭無不悼惜之也。

初配師氏，無出。繼配李氏，三原弟友里千戶繼祖孫女，保定通判仲爵之姑。君歿時，年甫三十，持節勵操，可比金石，嘗遇恩詔，旌表貞節，今年已七十有三矣。君生男子三人：長實，娶吴氏，側段氏；次宦，娶焦氏，繼李氏；季宥，娶□□□□□□人，婿即王舉人，嘗師予者也。孫男子十有一人：臯，邑弟子員，娶下鄉里李氏，繼娶三原雒氏；吴育姪集，娶孟店劉氏；藁、槊，段出；實之子也。槃，聘王舉人從兄桓女，焦出，宦之子也。櫱，娶毛坊李氏；築，聘孟店師氏；槩、蘗、架、槖；宥之子也。孫女三，實、宦、宥各一。擇嘉靖十九年十一月初九日葬於谷南先塋之穆次，王舉人以臯持狀請銘，義不可辭。銘曰：

靖菴張五，幼而善賈，克剛以和，親命當覯。母疾捐身，狐裘念父，兄弟孺歡，足蹈手舞。閭里孤貧，咸若吾撫，行年四十，鹽張著戶。當其令名，不愧于古，銘兹貞石，百代爾樹。

姚進士墓誌銘

正德三年四月十五日，同年進士姚畏卿歿。十六日，畏卿友人楊溫甫以與予、卿相善也，攜畏卿之子與狀請銘。予悼曰：「昨聞之，果然殃吾年友。夫人不幸不知學，不幸知學矣，有命焉弗獲見之用。畏卿學諸己，行且用之，乃遽有今日，謂非大不幸邪？畏卿自少勵志，不小就，貌簡略，雅重不浮，對賓客訥訥然，語若不能出諸口。及談論古今，的可措之行也。少與彭釗、李富交，二十年不改其初。或犯之，曰：『我不負人，人固不負我。』嗚呼！予與畏卿未第也，弗獲與遊。既第也，尚未與拜以識其面，心術之微、動履之詳，固宜有遺焉者，然即斯狀亦可概其餘矣。天若延之以年，當必勳業鳴時，爲同年之光。今若此，豈獨畏卿之不幸耶！」

畏卿諱禧，别號西塢。曾大父諱毅，世爲浙之德清人。祖諱謙，從戎營州衛，爲修武伯掾，遂家京師。父顯，成化丁酉舉人，尹山西岳陽縣，致仕於家。母某氏。配楊氏，生子男夔、女玉。生成化戊子二月二十日，距卒之年四十一歲。今年四月二十八日葬於某處，從先兆也。銘曰：

石破璞出，光彩奪目，倏爾没土，人不可得，我心用惻。

甘欽采妻周氏墓誌銘

正德三年正月十九日，同年甘欽采之妻周樂没於家江西永興縣，欽采將以某年月日葬邑上邊嶺虎形，乃哭乞銘，曰：

「周自十六歸吾，克相吾讀書，每當夜事燈火，令勿早熄。晝躬井臼，寒暑事澣濯織紝，勤苦無難顏。吾今年舉進士矣，周未逮聞而沒。質性靜重，祗若吾意，吾卒業南雍，裘葛之寄，咸中所嗜，實惟我儔，二十三年而歿。敬養尊長，母曰：『有婦矣。』視之如女，不見嗔責者，七年一日也。今其已矣，遺女甫三歲，實愴母心。」予歎曰：「傷哉，欽采！吾爲子志而銘之。」銘曰：

有媛周樂，葬上邊嶺，欽采之哭，二十三年而夭。

丁母宋氏墓誌銘

宋氏，常州武進縣處士冕之女，配其縣質菴君丁潔，予同年進士致祥者，其子也。初，宋歸質菴君，姑孫已歿，遺子叔釗，繼姑許又有子叔浩，質菴君且剛方孤介，而舅屢欲出析，骨肉之間，實爲難居。宋以和柔奉質菴君，矯令抑降，愛撫二叔，無私厚薄，而丁父子、兄弟、婦姑之間由是免矣。易言「家人離，起於婦人」，丁氏家人無恙者，宋也。婦人又多淺見小不忍，宋誨致祥讀書，令專一心，力博交良師友而已，不辭供具之勞，曰：「惟望吾兒業就，他不足惜也。」致祥果舉進士，宋丈夫之見，非耶？生永樂甲辰七月十七日，卒正德戊辰年五月日，年八十。〔一〕

處士孫公配王氏繼配張氏合葬墓誌銘

同年洛陽孫鳳拜且泣曰：「鳳父生鳳二歲歿，鳳今年舉進士，母又歿。有身不能事父，幾有官不能事母，鳳心憾焉，弗

〔一〕此處有闕文。

能白，死獲銘吾子，鳳尚可自存。」爰授之狀，曰：

處士公諱浩，字大淵。父震，大父謙，世籍洛陽。正統初，公與友人楊欽商，入嵩，遂家於嵩。與楊同爨，情誼如兄弟，財貨絲髪不私也，三十餘年，居積如茨，猶不議析。貸於公者，力弗能償，火其券已，救餓者生如李斌者數十輩也。歲凶，嵩民有不能輸租者，嵩侯知公行，延公，公捐五百金完之。後嵩民感公，償公，公弗之計也。初，父輸粟宣府，當虜恣横，播言没虜，公即日去救，至鷂兒嶺，殘虜猶滋，潛形亂尸中免。返，父已抵家，無恙也，人由是稱孝焉。

初娶王氏，幾能生女矣。王没，繼娶張氏。張處公之友楊，猶公兄弟子女也，故公與楊久處而益宜者，張也。惠王遺女與己女。若至其恤貧，不忘故舊，亦猶夫公也。公生永樂辛丑正月八日，卒成化丁亥十二月十二日，是年張纔三十七矣，乃今正德戊辰四月二十八日卒，享年七十八。公享年四十七，王則享年若干也。四男：禮、智、信、鳳。女二：善字張虎而夭，福適千戶張璟。王遺女適杜淳。孫男六：紀、綱、經、綸、紹。女八。曾男四，女一。先是公歿於嵩，從王氏還葬洛陽邙山之陽，是年月日張亦自嵩從公壙也。銘曰：

邙山言言，洛水沄沄，惟斯翁媪，德留斯焉，子子孫孫。

石母張氏墓誌銘

保定府完縣之下叔鄉有石翁亮者，娶於唐縣堯城鄉之張氏爲配焉。張歸石翁三年，生一子曰麟。麟生七年，張告諸石翁，令去爲里學讀書。麟生十一年，又令去入完學，爲完學官弟子員。張以下叔鄉雖隸完，路違完城遠甚，麟往返弗利也，業由是或不習，乃告諸石翁，買妾留下叔鄉侍石翁，而身之完，視麟讀書，飲食、衣服、燈火，親與具之，蓋自是不歸下叔鄉者二十年。故麟年三十二舉於順天，三十三舉進士，去年之戊辰也，張聞之曰：「吾兒果復舉進士矣。」復自完視麟於京邸，詳戒麟以居官之術，越數十日歸完而没，實正德戊辰十一月某日，距生之年纔五十歲也。訃至京，柟弔麟，麟泣以告柟，且

請銘焉，柟不忍辭，乃銘之曰：

吁嗟石張，育子之若斯，拓石氏墓，丈人之難，婦人之爲。吁嗟石張，將古之遺慈耶！

處士劉君配王氏合葬墓誌銘

正德三年春二月，友人劉守臣會試禮部，其父處士君之訃適至，守臣將奔喪，以狀託柟曰：「守臣罪重惡深，不幸貽父，以去年十二月十一日棄不孝以卒，願吾子銘。」按狀：

君諱勤，字警常。父諱顯，母郭氏。祖諱榮。曾祖諱林。世爲高陵人，俱有積德，爲鄉里稱。君自幼淳實溫良，貌類儒生。初，喪親貧無葬地，時新室，即取其衣服、釵環易地以葬。自奉儉素，當先人忌辰與己生辰及時令，必泣而祭之。處弟勉、連，衣飲不先御。成化末年，連入漢中，會歲大凶，人相食，君垂涕泣趨漢中，求之以歸，共爨至白首羅子孫，未嘗私毫髮財，兒女輩亦皆稱其公且友也。或勸及索居，必涕泣而止之。鄉里不善處兄弟者，必指君及劉子玉家兄弟歎羨焉。一日，里人會飲，衣新衣出，遇友人偕行者衣且敝，趨還，更舊衣以陪之。縣學屢以鄉飲敦請，每辭以不德。

配王氏。王早失母高氏，事繼母趙氏。趙生六女，不愛王，王益孝養，趙感之，愛浮所生。及歸君，事舅姑，處二叔，適合君意，無拂也。王生正統六年十二月十三日，弘治四年十月一日先君卒，年五十一歲。君乃繼娶張氏。君生正統七年八月二十三日，年六十六歲。二子：廷璋、守臣。守臣中弘治甲子舉人。女一，配邑人來越。孫女三，廷璋之妻李氏出。孫男一，思，守臣繼室墨出。卜是年九月一日葬城東北先塋次。銘曰：

孝友淳良，鄉閭長者行。死亦何恨，有子篤其光。

張一真墓誌銘

張永泰字吉夫，號一真，直隸定遠人也。先松江上海人，洪武初爲定遠人。曾祖璚，祖昱，不仕。父謹，天順甲申進士。吉夫孺有遠志，氣宇逸邁。初，爲學官弟子，刻意辭章，提學司馬公亜、王公鑑之奇所撰文，曰：「此弘雅材，晚當大成。」既爲太學生，少冢宰楊公守阯署監事，課諸太學生，輒寘吉夫上等，曰：「爾不久歲貢淹也。」癸亥，定遠災，上革弊救荒十二事於當道，盡行之。戊辰，登進士，試政通政未及，以疾卒，大司徒顧公佐聞之，悼惜良久。嗚呼！吉夫之才未形政事，言貌之美稱諸名公者若此，使其不疾以死，其進詎可量耶！生天順辛巳年五月二十八日，卒正德戊辰年六月二十一日，年四十有八。

配袁氏。子二：國維、國紀。紀，邑庠生，三四謁予，予睇其志，謂吉夫爲有子也。女四：長適生員王寶，餘在室。紀將舁柩南歸，筮某年月日葬之新兆，請銘。銘曰：

一真君子，力能究三禮，葬定遠山趾。

世拙先生謝君墓誌銘

世拙謝先生，江西新淦人也，諱遂，字方順，世拙其別號也。曾王父壽域，生而蹇良，不閑巧僞，號拙守。拙守生仁，號拙逸。拙逸生文，號拙默，謝由是稱「三拙」云。拙默君矞矞峻厲，子姓有咎，不與假貸。先生祇若其怒，拱立終日，罔敢即安，怒霽而後退。流俗偷靡，死不知喪，假榮浮屠，廢略先祀，先生遭拙默之喪，一用舊禮。及至葬，躬秉版斛，突起墳冢。故人周魁倫死無所歸，與厝其尸，心力并至。王朝用，杭之貧士也，居新淦，父病且死，不能棺殮，則與厚賻之，乃舉，納其

券，弗受也。性悅圖籍，喜吟詠，壯年嘗遨遊淮、浙，士多與交識。及歸，載詩賦滿篋焉。初，唐元和、長慶間，有謝華者自筠徙新淦之藍坪坡，十傳至懋，與從弟岐及二子舉廉、世充同第宋元豐八年進士，時稱臨江四謝。十五傳至惠，有異才，紹定二年，李昇伯辟于朝，不就。嘉熙二年，偕弟慶徙居今清沂。先生蓋正脈也。生正統己巳十一月二日，卒正德己巳九月二十三日，壽六十有一歲。

配萬碩州廖氏，側室王氏、侯氏。子男四：長艮，廖出也，中戊辰進士，任行人司行人；次坤，次恒，俱邑庠生，王出也；幼需，侯出也。女二。孫男三：士忱、士恂、士愷，俱艮子。孫女四。筮以某年月日葬於某山之原。銘曰：

嗚呼！世拙載篤，謝祜有開，其覺其後，伊胡能朽。

松厓謝君墓誌銘

松厓謝君，江西新淦人也，諱英，字英傑，別號松厓。父諱能，善賈，家殖千金。君能纘戎先事，增其光輝，家食百指，鮮有釁盭。父節素自持，不耀冠服，至名賢圖畫、古書籍器物，酷嗜之，無射也。善與人交，人有不善，面詆罔假，人亦不憾。嘗作二亭於新淦要路，設茶漿以息行者，歲久亭圮，民暮撤其材去，君仍補葺之，不怨也。初，君之始祖朝瑞居新淦之莒洲，中世而徙鳳山。至曾祖公旬與兄公煥，英特好義，著名一時，人稱「二難」。祖仕載及父及君，又皆以尚義受散官者三世也。君子曰：「多財而利，不如餓死；多財而義，不愧卿士。」吾於謝氏有采焉。生正統甲子正月十九日，卒正德丙寅三月二十三日，年六十有二。

配劉氏，善事姑鄧氏。子男三：長鏜，國子生，娶楊氏，繼娶郭氏；次鋭，聘干氏；次鎬，聘張氏。女五。孫男一：良玉，聘楊氏。孫女三。君卒之明年丁卯十二月二十一日葬舉矣。鏜憾其時未志也，於是特傳御史狀來丐銘焉。曰：

城頭之原，作松厓竁，永宅其妥。

大興知縣李君墓誌銘

李君諱蓉，字彥奇，河南安陽縣人也。生而茂敏質直，身嗜儒術，不厭寒暑。成化庚子，以詩經舉於河南，累二十年試禮部不第，乃弘治丁未授大興縣知縣。大興縣在都下，論縣，當天下繁劇第一；論官，大興縣知縣尊天下知縣一品。然權倖之侵漁，豪右之桀傲，視天下縣則亦莫之並也。君能恪恭厥職，不憚禍患。大興縣月供內府金牌費可千金，月復有夫丁以給應接，民不堪，乃假力於丐者，丁費日可七分，亦猶爲不堪也。及君蒞政，民半逋逃，君疏聞，乃得裁免三年，民心喜悅，然竟以忤權倖解綬去，可不謂良吏耶？

君父和，南京戶部侍郎，階通議大夫；母郭氏，贈淑人，繼母高氏，封淑人。祖光道，曾祖仲文，贈皆如父官。初，君之先祖諱英仁，元授元帥、萬戶，彰德路總管。英仁生松壽，授武德將軍、蘄黃環合屯千戶，佩素金符。松壽生太公，知陽谷縣。太公生義，以孝德聞，旌爲孝義處士郎，君之高祖云。

君配某氏，生二男子：長曰昺，太學生；次曰坦，郡庠生。生女子三人：長適彰德衛指揮張滋，餘未字。昺娶張氏，生子男相。坦娶張氏，生女子某某。君生天順三年己卯十二月一日，卒正德五年庚午二月二十九日，年五十有二。筮以某年月日葬漳水南。銘曰：

大興父母李彥奇，沒而葬之衡漳涯。

扶溝縣知縣王君暨配邱氏墓誌銘

扶溝君姓王氏，諱廷華，字彥實，別號質菴，涿鹿人也。祖諱彬，涿鹿指揮同知。彬生勇，勇娶白氏，生君兄弟五人，君

其五也。君少即剛莊，見者敬憚，人稱「鐵面王」。既遊郡庠，抱志周正，率友薦義，喪者予賻，婚者予贄鴈幣，訟者予息，辱者予雪。涿風丕振，庠師亦遜焉。屢舉順天不第，乃弘治辛酉歲貢，入太學。退就儒職，司訓於輝七年，而輝士畏懷，受御史稱，乃正德四年天子陟知扶溝縣。君既降車扶溝，城久頽，可以越馬。君次役徵土，裒於隍隄，乃四城授工，咸有督長，號金鉦，以作役四城，咸捄以度。浹旬而城成，城成寇至，厚圍不克去。又至，厚圍不克，問其令，曰：「涿州王鐵面也。」去，卒不至。當是時也，吏捄民罷，盜賊蜂午，劉六諸黠僭號横行，陵轢郡縣如獵村墟，開封屬邑十七屠破，而扶溝以完，扶溝民戴君何如也！君又能力辦芻粟以佐軍餉，都憲黄、鄧交章列薦，而君遂病不起，實正德七年十一月二十一日也，距生景泰五年甲戌三月七日，壽止五十九歲，不亦可惜耶！

君初配邱氏，弘治七年五月二十三日卒，距生天順辛巳三月十五日，壽三十四歲。繼配楊氏。子男四，邱出：其長曰監察御史金，辛未進士；其次曰翕；其次曰會；其次曰介。女三：一曰淑賢，邱出，嫁鄧中立；二曰淑雲，嫁楊恂；三曰淑芳，嫁蕭智奇；皆楊出。孫男四：岱也，嶅也，岊也，某也。銘曰：

正德癸酉二月庚申，御史王金葬厥考扶溝君合母邱氏壙於先塋穆次，寔涿之陰。王氏三世武弁，扶溝君肇敏儒行，仕爲師尹，教克政至，金又顯矣。猗扶溝君，不光厥前，不裕厥後，王氏雲來，誕其瞻哉！

安人朱母辛氏墓誌銘

安人朱母辛氏者，旌德知縣江西高安朱寔昌之母，楚雄知府慕菴君繼祖之配也。安人諱錦貞，父澄，著姓高安，娶黄氏，生安人。年十九歲，歸慕菴君，封安人。初，慕菴君屢空，安人紡績嗇用，敬養姑胡太安人，饋祀益洗腆，太安人曰：「辛嘉婦，足省吾念矣。」慕菴君舉進士，官至武庫員外郎，例當陟武選郎中，有倖者躐等取之，僚友皆弗平，促慕菴君奏辯，槖且具，安人曰：「升沉有命，然安知非君子福？」止。後躐等者果敗。慕菴君知楚雄時，黜通把數姦，通把瞰慕菴君出，

獻果。安人咲果，問左右，左右語故，即哇之以還，曰：「勿以嗜味汙君子。」楚雄同知朝京，政未交，行棘，慕菴君曰：「己交則事繁而稽程，否則敝，誰膺之？」安人曰：「可令自封題，俟返任。」卒交。都憲樊公考察雲南吏，至楚雄，贊慕菴君，索賂。安人曰：「若此，尚可仕乎？夫宜成金紫，不歸不智，賂舉不義，不義不智，君子不處。」慕菴君不賂，都憲怒去。慕菴君遂奏發都憲賈人金寶，謝政而歸。安人有五子，皆令爲儒，衣飲專與樸惡，用勵其志。慕菴君仕，諸子猶不肉食。雖餕客之賜，日不再及，寧僮子浮，曰：「僮子，飲食人也，爾諸子豈當是哉？」慕菴君卒業南雍時，家所居地隘，鄰適鬻屋，其夫欲售強有力者，其妻曰：「孰與朱姝賢且鄰也！」卒售諸安人。鄉人劉寧役山海關表，不能歸，奴於人，時慕菴君方事於關，安人請金贖而鞠之，後以寧歸厥宗。

安人生景泰辛未四月二十一日，卒正德庚午九月一日，壽六十歲。子男五：一曰夢昌，瑞州府學生，娶況氏；二曰寔昌，戊辰進士，娶姚氏；三曰憲昌，府學生，娶吳氏；四曰寶昌，娶鄒氏；五曰寓昌，娶李氏。女一，適邑人張遇臣。孫男八：諮、讓、詔、誥、艮、震、凱、咨。孫女六。某年月日葬邑西龍山之原先隴之次。銘曰：

有媛朱母，既孝且貞，亦有子孫，道之五經。寔昌筮仕，旌德循良，我相厥成，棟此廟廊。惟夢與憲，亦鴻之漸，被文濡如，彙然胥見。俟寶俟寓，各職其居，勤儉之徵，有昭其緒。相此慕菴，厥德言言，龍山之原，千萬年存。

怡菴處士李君墓誌銘

君姓李氏，諱鼒，字宗用，別號怡菴，三原永清里人也。其先有爵隴西公者，當遼、金擾攘，役於金陵，旋遭宋、元亂離，又家陝、洛之間，再徙三原龍橋鎮，故今爲三原人。高祖諱孝卿，配陳氏。生子惟珍，配劉氏。生子思義，敦行不仕，配邊氏，生五男子。仲子恭可，配梁氏，生男鼐。梁卒，繼配張氏，生四男，而君其季也。生而秀偉，不愛遊戲，及從童子師，輒執禮如成人。養厥父母，周旋盡力，少壯一致。遭家少替，憤然思振，父母私喜曰：「興吾門者，殆季兒邪！」鍾愛獨浮諸

子。家既日裕，而君愈自貶損不伐，至見里閭勤良者，雖疏必以貌，如惰遊不軌者，雖親不假辭色。成化乙未，年饑，人相食，君出儲粟五十餘石以賑餓者。弘治癸丑，遇例輸粟于邊，授義官。厥後齒德雙邵，爲有司賓宿鄉飲，而君禮度丰采，尤爲一時士大夫推稱焉。其誨戒子孫，毋以驕奢爲先，曰：「毋忘我初勩。」輒至泣下云。

君生於宣德五年三月十九日，卒於正德四年十二月三十日，壽八十有四歲。配張氏，繼配秦氏。子男四：長質，娶王氏，繼劉氏；次員，娶趙氏；次貴，娶張氏，繼吳氏；次實，娶秦氏；俱君繼室秦氏出也。女夫四人，邑人張大勤者，君初室張氏出也。孫男六：應霑，舉人，娶太師王端毅公第四子都察院經歷承祥女；應霖，聘張氏；應澄；俱貴子。應泓，實子。孫女五，幼。曾孫男一。質筮以正德七年十一月二日葬君於嵯峨之東南兆，請予銘，乃按舉人白霖狀敘而銘之曰：

吁嗟怡菴，既紹厥初，復開厥後。厥祐伊何，隴西誕舊，厥後伊何，子孫孝友。嗟君之德，乃勤乃乂，儉而好禮，邑人百口。嵯峨之堂，清谷維瀏，載其休聞，其胡能朽？

處士任君墓誌銘

君姓任氏，諱珣，字玉之，世爲三原通義里人。曾祖宗善，祖永，父敬，皆不仕。君幼而敦敏，入鄉學，治孝經、論語，即知愛親敬長之道。弱冠失父，哭泣嘔血。弟景暘就廩漢陰縣學，母趙氏隨焉，君徒步問安者十餘年。及卒漢陰，舁柩歸三原，悲號自罰，行路殞涕。尤友愛景暘，自始學至卒業太學皆賴焉。成化甲辰，歲大侵，米斗銀五錢，君以千金邸舍易米，班其餘賑宗黨，得生者甚眾。

配段氏，生五男子：堯臣，娶袁氏，繼楊氏；舜臣，登正德辛未楊慎榜進士，任薊州府長洲縣知縣，娶申氏；禹臣，娶袁氏；湯臣，娶張氏；周臣，儒學生員，聘李氏。女二：一適王崇明，一適宋玉。孫男三：碧、盤、巖。孫女四。君

生景泰四年六月初一日，卒正德二年七月初二日，年五十有五。正德七年十月十二日，舜臣卒於官，輿櫬還鄉，卜於九年四月二十八日葬君於井張里周李村新塋，舜臣附焉。銘曰：

緊周李村，任處士墳，子孫員員，顯者雖晦，來者如雲，豈不令德，有淑爾云。

周孺人鄒氏墓誌銘

侍御史麻城周君公賢巡按陝，遣人持吾同年御史劉養和狀爲其嬪孺人鄒氏索銘。鄒生天順辛巳十二月二日，卒成化丙午春三月日，壽二十六歲。卒已葬於邑新店祖塋南隅，未銘也，至是始問焉。按狀：

鄒諱茂妙清，前都憲時敏公仲子二守伯新君之次女。伯新君娶董氏，前僉憲宗南君之次女也。董雅有閫行，宜于鄒人，乃寔生鄒。鄒自歸侍御，克閑婦道。舅早謝，姑尚志孀居，鄒悼其孤寒，每婉戀其側，貢以娛樂，見叔公姑偕在堂，或竊爲姑作痛不已。成化癸卯，鄒聞侍御試湖廣不第，退泣下，姑姊妹問之，對曰：「夫子年少，正力學時，不第不遲也不惜。第念吾姑老，來日無多，縱夫子他日第，幾能令吾姑見耶！」泣下，姑姊妹亦泣下。細姑歸宅，鄒請送之，侍御不許，鄒曰：「產事且邇，夢將不利，吾父外宦不獲見，兹行假道見吾兄嫂，且過吾母墓，與永訣耳。」侍御大訝，不許。固請，許之，乃行。至墓，彷徨瞻顧弗舍，同行婦不識也。越明年春，果死于產，死不他言，直呼姑數聲耳。初，侍御讀書，鄒躬共燈火，一夕歎曰：「吾奉夫子勤苦若此，他日享爵祿者誰耶？」侍御怪而詰之，對曰：「昔者吾母歿於南畿，弔客多少年官婦，是以感也。」乃果蚤死，屢產子女不育。侍御次室劉生男曰在，曰都，是其後也。八年月日，侍御追埋志石。銘曰：

生二十六年而死，死二十五年而銘，將侍御不忍鄒之夭也，盈五十年而後銘與嗚乎！鄒年則短，鄒聲則長，沒久而銘，厥德不涼，厥德如涼，君子其忘！

鄉耆吳君配崔氏合葬墓誌銘

鄉耆吳君既沒，柟按友人劉守臣狀誌之曰：

君諱興，字伯舉，高陵郭下里人也。其先勝國時諱份者嘗畜牛，牛善識人意，每耕任，不煩人策，人策之，輒觸人死，子弟欲鬻之，份曰：「是嫁毒也，毋鬻。」他日，份出，子弟鬻之。比份還，客已牽牛去矣。份撻其子弟，而躬追客以牛性語客，且曰：「份非欲增值也，客如允份言，願還牛值，不然，種後日悔。」客遂還牛取值去。份又善折鬬訟，閭閻人有鬬訟，不之官而解。官聞之朝，乃旌其閭曰：耆德吳份。至君而遺其葉次矣。君曾祖諱仁，娶張氏。仁死，張年方二十四歲，乃剪髮矢不二志。洪武末年，表門貞節。柟外曾祖宋廷珍先生嘗爲詩以高之：「嗟哉吳氏婦，恨夫不同穴。紡績以爲生，誓將青絲截。白日掛青天，照見中心烈。」云。仁生辨□□□□生達。達娶銀氏，實生君與弟其。生十二歲，銀死，達復繼室張氏，生節，君處之如其，里人不知爲張出也，共爨積四十稔，罔有鬩墻。初，家亦甚窘，厥後豐實，皆君所起也，然未嘗自多其力。及弟欲索居，君曰：「汝等幼弱，吾撫汝至此，乃欲折我耶？」遂出遊長安，令子道洪守，與折焉。後弟用不足，輒復給之，里人於是乎稱吳伯舉之爲人也。垂歿之年，里有以事嚇人作酒肉食者曰：「不得吳君不結。」乃召君，君不知也，至而得其故，曰：「吾生八十六即九十歲矣，未嘗食此食，今旦暮且死，而有此耶？」拂然不揖去。人告呂柟，呂柟曰：「賢哉，耆也！雖不模乃先人份，亦可作俗矣。」

配崔氏。君生洪熙元年閏七月一日，歿正德五年七月十日，壽八十有六。崔生宣德三年八月四日，卒弘治十二年八月一日，壽七十有三歲。子一，即道洪，國子生。女長字邑人張彪，未歸而卒；次適三原義官鄧彥懷。孫男四：汝真，室王氏；汝礪，室陳氏；汝舟，室文氏；汝霖，聘王氏。孫女一，適鄧世熙。曾孫男四。銘曰：

繄孝子道洪，甫喪厥考若妣，爰筮吉維正德辛未仲春庚寅穀，先相厥兆，出迎翠門隅，惟西南澗之斗橋北，乃作窀穸爰

厝，子子孫孫永言祀之，康無厲。

休軒先生李公墓誌銘

休軒先生三原李公歿，翰林修撰呂柟按其子舉人明德狀曰：

李氏之先實出隴西，遼、金擾攘，徙家金陵。宋、元離亂，復寓洛、陝。洪武初年，高祖惟珍始籍三原，配陳氏，乃生思義。思義配邊，乃生恭敏。恭敏配張，繼配亦張，誕實生公。族氏蕃衍，清白著姓，永清里人咸推先焉。公初配師，繼以楊。躬率事母，左右就養，市新蔬果，必以先羞。遠適荆、蜀、江、淮，以母在堂，周歲一返。母氏病革，弟兄六人，惟公在側，哀毁葬祭，感動他人。賈鹽饒財，好禮敦行，遭歲不稔，出所易粟，周其貧乏。周賈折貲，立券還，憫其無力，恕而除之。鄉人客淮，貧不能歸，無肯授貸，公出己名，貸以予之，厥後人還，損貲以償，感公之德，厥惟衆哉！

公生正統二年正月七日，終正德五年四月十七日，年七十三歲。自童至老，不與人爭，足不至衙，面不識官，好獎善良，惡近歌淫。身生一子，實惟明德，楊氏所出，貫習戴記，蚤擢鄉舉。女子四人，秦川、姚仲賓、雷愷、馬志誠，其婿也。公嘗誨明德曰：「觀爾之心，或不吾忝爾。他日無貪以病民，無惰以廢事，無邪以瘝官，爾子道攸，亦其聽之哉！」是則可銘之矣。銘曰：

正德壬申，三月維良，浮良之原，休軒攸藏，子孫百世，載德其芳。

雲巖先生耆德官馬公墓誌銘

正德五年庚午八月二十九日，雲巖先生耆德官三原馬公卒。公諱江，字文淵，一字巨源，初號雲巖居士，中歲號浩然

子，晚號竹園老人，縣尹屢宿鄉飲正賓，正德元年應詔授耆德官。距生洪熙元年乙巳五月一日，閱春秋八十有六矣。正德七年壬申三月壬申日，其子舉人理，理字伯循，中弘治戊午科春秋經元，選兆於丁村之東，遷公之二室李氏合葬焉，迺作狀請銘。理之友高陵呂柟執狀而歎曰：

嗚呼！雲巖先生得君子之道有九焉，其細者勿論也。曾祖毅齋力舉牲武，肇家丁村。馬氏之先，富平縣孫姜里人，有號毅齋名彥真，字孝誠，力能舉持大武。當元末，避難徙居三原之王村。洪武四年，又徙丁村，今綺野莊，故遂爲三原人。配徐氏，乃生抑菴。厥祖抑菴，割田拯貧，德來野鴿。抑菴諱仲良，字惟真，性仁厚，里人李自遠歸，失業焉，仲無產，皆割田畀之。買蒲田矣，憐其貧也，焚券以還。時有野鴿千百常巢於簷，馴且狎不驚去。配傅氏。父曰靖川，博學篤孝，齊名師、杜，不就辟舉。靖川諱貴，字尚賓，博通經史及小大禮記、中庸，人號曰「思爛中庸」，尤邃易及邵堯夫之學。雲南知府邑人杜裳、涇陽人師敏庸嘗刲股和羹以事親，率別于中途橋上，里人遂名其橋曰友善。人稱三孝子焉。其與師孝子談講中庸講義，門人追述分襟。永樂間，有司舉賢良方正，不起，著先生語録。配張氏。有靖川集。公繩厥武，隱居讀書，不殞家聲。上事靖川，巨細中禮，有所承受，罔弗誦習。既其沒也，言稱行稱，老而不替，馬氏之緒，爰滋有光，可謂得子道矣。

躬爨稻粥以養湧病，伯氏湧異處且老，歲饑當病，公爲稻粥，親執匙箸以進，臥起扶持之，湧病不藥而愈。可謂得弟道矣。渭遺子女，予有室家；仲氏渭遠遠忘返，遺子女子聯之。河既早卒，老而猶念；河，季弟也，少聰慧。收鞠馬營，爰有居處；營，從弟，遠之子也，自歸無家。可謂得兄道矣。

舉先人草莖學書及已燃薪誦讀，以誨璠、理、珊、琇。理蚤聞道，未有爵秩，著名四海，公室劉氏，生男璠，女昭。二室李氏，生男理、珊、琇，女御。璠妻袁氏。理，姜，繼娶楊氏。珊娶李氏。琇學且成，殤矣。理生男希古，一女淑潔。昭適王饒，御適袁珣。公嘗誨諸子曰：「昔元亂，人莫敢學。先君時以草莖畫地學書，先生母懼禍，輒沒其迹，先君學不衰也，卒成名儒。予少時亦嘗燃薪讀書，爾曹宜嗣先光。」又嘗謂理曰：「勤儉，起家之本，以富天下可也；忠信，修身之本，以化天下可也。」又曰：「正以居官，民斯可得而治矣；廉以立身，心可得而正矣。」故理自少聞道，文行重於朝野。可謂得父道矣。

教學不倦，興之以詩，肄之以禮，博之以羣史，約之以小學、大學、論語、孝經，先後弟子數以千計，邦伯州牧亦出其門，公初授徒唐衛公里中，後于學古書院，最後于竹園，故邑人有父祖子孫從之遊者。可謂得師道矣。

糾合耆俊，共舉鄉約，剖決里訟，人無後言，丁村之俗，婉若膠庠，公修抑菴之約，會鄉之耆俊，談經肄禮，令舍長月歛白銀儲之，以贊婚喪之難舉者，他如呂氏約。又善解爭，故丁村人尚詩禮。可謂得處鄉之道矣。

數化盜賊，艾爲良民，公嘗晚至王村圃，獲盜薪者，西里人也。又嘗獲盜蔬者，南里人也。乃予薪蔬，戒而縱之，終身不泄，後二盜俱自艾爲良民。又夜被酒，自天齊原歸，遇羣盜譟而前，公從容曰：「徒行之人何厚財，戰鬥之事無鼠寡。丈夫相遇，文武惟命，焉用譟爲？」盜卻立，公不睨而往。可謂得禦暴客之道矣。

貫穿百家，受命如響，賦詩豪敏，每驚座客，凡所注釋，多關日用，公居家，凡冠婚喪祭者，求其節慶弔頌禱行處；譜牒卷冊，求其言；祠廟齋堂額扁，求其書；有事于大衍、洪範、素問、靈樞、叔和、仲景、郭□、呂才、京房、關朗諸家學者，求其要；權度之難明者，求其數；事有齟齬傾危者，求其謀。其語辭章，肆意爲之尤佳。鄉友王本性雪月延客，限韻賦詩，以酒行一周爲節，遲節者罰。公詩輒先成，雖索諸變體，亦不難。他日，王端毅公飲客，設酒籌，籌刻古樂府目，約目操籌，而能誦者酌鄰，否酌讓爵，能和之者酌通席，飲慶爵。公數酌鄰而飲慶爵，其捷類如此。著有遵述録、雲巖間間藁，浩然于竹園，近草通鑒節略、小學、論語直說各若干卷。可謂得遊藝之道矣。

年既耆耋，童顏兒齒，步履登降，未嘗憑杖，屬纊之刻，猶能前知，公狀廣額，豐下軀幹，碩膚修頤，既老顏如渥丹，人疑有神仙術。乃自爲詩曰：「人言寡欲精神爽，自覺高年面色妍。」病且革，曰：「今夕亥分雨，吾始去矣。」至亥果雨而卒，尋霽焉，人皆神之，弔客自邑宰以下哭。可謂得養身之道矣。

故得子之道，則不孝者勸；得弟之道，則不恭者勸；得兄之道，則不友者勸；得父之道，則不慈者勸；得師之道，則不善教者勸；得處鄉之道，則不睦者勸；得禦暴客之道，則不武者勸；得遊藝之道，則粗鄙不文與玩心無益者勸；得養身之道，則徇欲以喪生者勸。是故不可泯焉而弗銘也。銘曰：

雲巖先生壽且德，歿而葬之嵯峨側。

奉直大夫隰州知州員君墓誌銘

正德六年八月十六日，奉直大夫隰州知州咸陽員君卒，其子東周筮于七年十月二十日葬於畢郢之麓先塋之穆次，先期季子庠生東元持予年友張緯狀謁銘。按狀：

君姓員氏，諱鼐，字朝用，別號鐵輿，先世歷唐、宋、元居華山之北。國初，諱執中者始家咸陽。執中不知幾世生海，海配張氏。生宗義，娶謝氏，乃實生君，中成化癸卯鄉試。弘治己未春，謁天官，領倅山東青州府。青人有私貲而忌兄者，殺其兄及其嫂姪，又訟于知州曰：「盜夜殺吾兄及其嫂姪云。」知州難於稽決，移之君。君曰：「渠與兄一家也，盜殺其兄及其妻子罄矣，渠尺寸無所傷，盜當夜奚擇無？抑將渠私貲而手付耶？不爾奚爲獨完？」召訊之，不屈，內之獄，召其妻曰：「汝夫殺汝兄，今既首矣，器奚在？棘獻之，不汝戮。」其妻惴而獻其器，乃出其夫于獄曰：「此非汝殺兄之物耶？」其人叩頭無口。二夫入市，一歸一死于野，死者之父訟歸者殺也，歸者怵刑而成獄五年，家人訴其誣于朝，下臬司理，臬司下君理。君謂死者之父曰：「汝兒生仇誰耶？」曰：「東鄰之子嘗盜牛，吾兒見而詈之耳，餘無仇。」君曰：「必東鄰之子也，殺爾兒以滅口耳。」乃從死者之父以數兵擒東鄰之子，於其市盡刑，不屈。聞其家有少女也，令人執三十金誘其妻曰：「汝夫得此金鬻汝女當官矣。」妻及女至府，乃置其妻子別所而計訊少女，少女歷道殺人之情與其黨及其器。復置少女於屏後復言之，令其母復聽於前，即以訊東鄰之子，立折也。又能殄息盜賊，克恤歲凶，青人乃爲水鏡之歌。都御史史公力薦於朝，天子遂進君知山西霍州。霍州諸王率憑勢奪民利，霍甚苦。君善辭以諫，威其兵校之不法者，霍乃安。時有弓御史者按部，郡邑長以下步前導。至霍，令如他境，君曰：「此豈人所爲哉？」乃逆令，騎於後，御史怒，欲辱君，選無可辱者去，乃誣奏君才疏，易知隰州。未幾，以不納賂姦宦解綬去。厥後姦宦伏誅，詔復君官，而君以病不起矣。君幼孤，事母謝氏，出入必稟告。比歿，躬自封其墓，手樹松楸，居於墓側三年未返。兄翔異居矣，願中分其家，君曰：「鼐幼不事家人

作業，凡此皆兄之力也，焉敢共？」

君生於正統己巳，距卒之年得年六十四。配王氏，生子男三人：孟即東周，義官，娶施氏；仲曰東魯，娶張氏；季即東元，娶王氏。女二人：長適邑人王世達，次適邑人竇侃。孫男三：孟、起、家，東周君子。孫女三：荔枝、桃枝，東魯女；小枝，東元女。銘曰：

明惠在青，剛毅在霍，亦既在隰，厥守自若。賢哉大夫，今之龔卓，畢郢之原，有儼窀□。鐵輿之懿，儀式人作。

河陰教諭渭北先生樊公墓誌銘

河陰教諭渭北先生卒於官，既歸家，有葬日，門人翰林修撰呂柟謹誌諸石曰：

先生諱宗玉，字廷璋，別號渭北。自高祖克名，世居高陵之賈店村。克名生敬禮。敬禮生整，配張氏。生昇，配王氏，乃生先生。幼而質實敏給，長益勤儉，治周易，爲邑庠弟子員，遂以文鳴於關中。既乃屢試於鄉不第，以弘治七年歲貢授朔州訓導，中以母喪解任。免喪，授河南遂平訓導。正德六年，御史薦其克職，陞河陰教諭，越明年七月初八日以疾卒。先生居家有古人風，奉葬二親，勇修古禮，不作佛事，士今法之。成化甲辰、乙巳，歲凶，人相食，先生出廩米以賑里居。自爲庠生，教人有方，柟初受業，即以忠信語之，不令作浮華態。既而爲朔，爲遂平，爲河陰，皆持是以誨人不改也。生於正統七年壬戌八月十七日，距卒之年七十有一歲。

配呂氏，柟堂姑也。先生初甚寒儉，堂姑每以紡績佐之，中夜不眠，而先生誦書得以不替者，亦緣是焉。堂姑生於正統十二年丁卯五月二十五日，卒於弘治十七年正月二十五日，得年五十有六歲。堂姑歿，先生繼娶王氏。子男三，皆堂姑出：長華，娶李氏；次莊，聘郭氏矣，未娶而卒；次蒞，娶王氏，爲藩司吏。女三，亦堂姑出：長適張宇文，次適苟舉，次適生員牛時用。孫男二：醜驢，華之子；遂平，蒞之子。孫女三：菊香、川香，華之女；河香，蒞之女。華卜於正德

七年壬申十一月二十日葬先生於賈店村之先塋次。銘曰：

邃古淳樸，世漸澆漓，有如先生，忠信致知。有積厥躬，有淑其風，其風肆好，率人在道。丕顯賈店，千年斯考。

新城知縣褚君墓誌銘

予有年友曰褚宗性者，西安涇陽縣河下里人也。生有異質，初充學官弟子員，即強記博聞，爲小戴禮記數年而暢其旨。夫小戴禮記在五經中策，簡牘浩繁，世之士子莫肯爲也。或爲焉，又遺其雜記、服問、間傳、問喪諸篇，莫肯盡爲也。於是爲易者廢凶咎之爻，爲書者廢金縢、顧命之策，爲詩者廢風、雅之變，爲春秋者廢日食、雨雹、地震諸災及弒殺、崩薨、卒葬之大，偎偎焉，惟取其應試之題而治之，爲可獵科第爾也。於是士子雖盡爲五經，不涉於身，不達於政者，往往矣。然自會試、鄉試及提學之小試，則又莫肯一稽焉。宜士子者，於聖人之經鹵莽而分裂若是，然則聖人作經之意安在哉？予正德戊辰年及宗性同會試禮部，嘗叩其小戴禮記，則雖世之不肯盡爲者皆習之矣。是年宗性及予同舉進士，觀政都察院，出爲吳橋知縣，不勞而治，吳橋縣小宜爾。及調新城，新城縣大，又權勢豪右盤據之地，動遭齟齬，而又值流賊猖獗無虛日也，而宗性治之猶樹柳，而諸同年皆曰：「宗性平日粥粥，若無能也，及臨政有聲乃爾。」然不知宗性之才已具於爲小戴禮記之日矣。宗性新城三年，幾受勑命，而沒於官，爲正德八年三月十六日，距生成化九年九月十三日，年纔三十五歲云。

曾祖志德，生平。平娶仝氏，生俊。俊娶張氏，繼娶崔氏。張生三子，長即宗性，娶三原楊氏。生一子，曰舍僧，殤死。女一。側室戴氏生一子，亦死。然宗性之喪自新城抵家未久也，其父俊又卒於是。元明治新塋於涇水之東原，卜正德十年正月二十四日奉葬焉，乃持予友憓書爲宗性索銘。銘曰：

猗新城父母，講經師二戴，抱政師鄒魯。未竟爾志，乃殞爾壽，涇水洋洋，聲斯勿朽。

南京國子監典籍李丈人墓誌銘

丈人諱崇光，字宗顯，其先藍田燕兒凹人，元末兵亂，來居高陵者不歸，遂爲高陵西吳里人。高祖文秀，生四男子，其第四子曰十三，娶尚氏。生三男子，長曰剛，娶張氏。生男子一人，曰芳。芳娶劉氏，生五男子，曰□□□□，其五則丈人也。丈人自少治經史，爲邑學官弟子員。成化甲辰，遭納粟監生例，受業於太學。正德庚午，授南京國子監典籍。壬申，屬皇上推恩兩宮，獲勑命曰：「國家于成均之屬置典籍之官，其事若簡而任則專，其秩若輕而責亦重。爾南京國子監典籍李崇光起家儒業，列職賢關，謹載籍之儲，式勤縱理，守官箴之戒，克懋操修，是特進爾階登仕佐郎云。」甲歲考三載之績於吏部，得上考，復任數月，病瘧且痢以卒，在甲戌九月二十九日，年五十六也。時丈人孤處南雍，枘有友曰南京大理寺正榆次寇君子惇、南京刑科給事中蒲州史君宗道與棺殮焉。嗚呼，痛哉！微寇、史二君子，丈人其何以終？嗚呼，痛哉！

初，枘受學于孫行人先生，先生者，丈人之族妹夫也，常爲枘父言丈人之德，雖近代惇士良吏弗讓焉。時枘年十七八，始學而長老愛之，行人先生又以言諸丈人，故丈人長女歸於我，乃滋習知丈人矣。丈人事父母以色養，必得其歡心。父疾，親嘗湯藥，侍臥其側，晝夜不解帶者彌月。其歿也，四日而後食粥。既殯，猶寢苫於其傍，色容憔悴枯槁，見者曰：「古毀傷者，殆此夫也耶！」厥後事母疾，則猶其事父也；母沒，則猶沒其父也。於是作塋域焉，環域築堵，環堵種樹，樹計百章。其壙也，甃以瓴甋，三月而後成。丈人之兄及諸兄之子賈鹽江淮，家事一埤丈人。嘗構新第焉，基廣八十畝，爲屋百楹，工師僮僕日百人食於其家，而丈人獨指之。嘗餉丈人，見其雅坐談笑，不勞而事集。比屋落成，家人求析居，析居而家人無背言。後爲典籍，又以其俸貲作衣服器用畀諸兄之家，不私也。國朝典籍，北監南監雖並設，而南監獨有職掌，蓋自六經羣史以至子集，其板皆菹南監，海內縉紳至隱逸之置籍者皆取焉，故事印千紙輸白金五分於典籍，而丈人皆辭而弗受曰：「吾豈鬻書者哉！」於是祭酒永嘉王公、司業棠邑穆公咸曰：「典籍之俸已薄，而李籍此亦弗取，其可得哉！」是時當路者以

丈人賢能之優也，不宜久次典籍，欲改用焉，丈人逝矣，其學卒於不究。嗚呼，痛哉！然丈人之沒也，寇、史二子，一時名賢，盡心後事，而南都卿大夫三十人者，又皆爲橋門誄言以弔丈。夫然可以考丈人之德，而丈人亦可以自慰也。

丈人配魏氏，淑靜能閑有家。生男子二人：純，娶王氏，王卒，再娶亦王氏，又卒，再娶文氏，又卒；穀，業儒，有遠器。女四人：長即柟妻，封安人；次字里人孫彥臣而沒；次嫁邑人商尚質；次嫁三原生員鄧世泰。孫女三人。銘曰：

嗟呼！此吾丈人李夫子之壙也。於傳有之：「報生以死，報賜以力。」李夫子賜我矣！柟未能報而夫子卒焉，然又臥病不能以返喪，家貧不能襄葬，夫子之初遇我者何耶？然嘗力疾賢夫子矣。其柩則柟友寇君親制，外内不異，媲休古禮，柟若侍終，弗能過之。又嘗過事夫子之阡，其竁則純也，所造廳臺門寢，甃以瓴甋，安固宏亮，比於潤屋，柟又何加焉！語曰：「有美弗揚，後死者之責。」則夫列夫子之德，襄諸君子之言，以詔爾子孫，柟不敢不竭才焉。夫子康哉！

處士楊君配尚氏合葬墓誌銘

君諱智，字希哲，姓楊氏，臨潼安邑里人也。受性暢敏，勵志忠篤，睦族而好施，與義然後舉。乃讀軒轅、神農、扁鵲、華佗之書，咸究其奧，十脈奇經，具能應手以用藥，十失一二也。蚤承先富，滋茂黍稷，以其厚積，廣裒藥物，故拯危濟艱，靡不遂志。嘗燕賓，有鶻逐鴿入於堂，賓有欲捕鴿烹之者，君曰：「彼窮來求生，又烹之，與鶻奚異？」釋之，座賓皆畏服。則君耽醫而救人志可由知也。

先世澄人，洪武初，曾祖仲微南來，編今籍。仲微生和。和生讓。讓生男子四人：曰彪，曰聰，曰瀘州訓導懷仁，君其長也。配里人尚敖女，有婦德，爲宗族州閭敬重。生男子一人，曰槮，甫十年，尚卒。再配魏氏，生女子一人，歸邑人周萬；男子一人，曰七寶，七年死。七寶之殤也，君不食累日，其體尩羸，槮拈香籲天，矢以身代，君遂不疾。又勸君妾以繁嗣，君

拒曰：「汝力學，即吾有子矣。」初，槮十四年，君命受朱氏詩于塾師。長籍郡學，雅、頌咸鏡前。大學士邃菴楊公提學，數以其名羨于通陜，乃弘治乙卯中第二舉人，授知杞縣。三年杞治，遷知汝州，三年汝治，再遷同知大名府，方來之業未艾也。君所謂有子者，亶其然乎！槮娶王氏，生男子二人：長濬，已能習其父業矣；次重光，六年死。則君之孫又祁祁也。

君生於正統丁卯年六月八日，卒於正德丁丑年六月二十二日，壽七十一歲。尚生於正統乙丑九月，卒於成化丙申年六月六日，壽三十有二歲。今年冬十一月十八日合葬於塋次。據大名知府揚人金賢狀，銘曰：

烝烝有楊，有聞伊舊，誕家詩書，允惟壽父。司訓發鄉，君之孝友，奚啟大名，有烈其後。衍及猶子，在御史右，抑又猶孫，大夫工部。言念伊初，豈不仁厚，天鑑厥良，方申爾祐。鞏寰渭陽，俟康俟乂。

處士趙君配陳氏合葬墓誌銘

吾邑有處士趙君者，諱瑾，字宗器，鄉之前輩也，世籍邑奉政里梁村。曾祖子安生真。真生寬。寬配李氏，生處士及弟瓚、璽、璿四人。處士配陳氏，生男子二人：長文昭，秦王府典膳，次文華。女子三人：長嫁涇陽生員楊歸儒，次嫁涇陽民王子厚，次嫁邑民王彥章。孫男子六人，典膳之妻劉氏出者：廷琦，娶鄭氏；廷璞，聘林氏；廷琳，聘楊氏；廷玉，聘郝氏。其側室倪氏出者曰：廷瓛，娶王氏。文華之妻王氏出者：廷瑞，娶郝氏。孫女子四人：長嫁涇陽民王永，次嫁邑民張世華，二幼者未字，皆倪女也。曾孫男一：曰鸞，廷琦之子。曾孫女三。嗚呼！處士盛矣哉！邑傳處士家累千金，豪於高陵，此何足道！惟夫子孫彬彬彪彪，比于椒聊之實，皆雍雍乎尚于禮義，則不可得耶？劉克艱狀處士自幼不耽嬉戲，長益敦敏。母疾善養，父喪盡禮，而又爲農賢于他農，爲商賢于他商，當非其志行之美，乃有此耶？所配陳媼，質性淡泊儉約又甚與，處事合禮，閫門斬斬，子弟有犯不假貸。至遇時祭，必盡誠意，下至僮僕、樵牧，亦授以法，宜乎其後若是也！

處士生於正統元年月日，卒於成化二十三年十二月八日，壽五十有二歲。陳生於某年月日，卒於正德八年三月四日，壽七十有八歲。今正德十三年二月十五日合葬於奉政原先塋之次。銘曰：

於維處士，誕有子孫，陳德實方，巾幗瞻止，奉政原高，風聲勿已。

處士李公配劉氏墓誌銘

處士諱超，字孟喜，先世青州臨淄人，自父瑾遷居樂安城南李雀里，遂爲樂安縣人。處士生正統戊午七月十日，年且六十有八，乃弘治乙丑九月三十日病卒，是年十一月日已葬於縣袁家里，未銘也。所配樂安劉氏，生正統庚申正月二十七日，年有八十二矣，卒正德辛巳十二月二十二日，未葬也。今嘉靖二年十月二十四日，其孫戶部主事舜臣將歸，合葬於處士之壙。於是戶部之同年進士安丘黃禎具狀請通銘焉，予得而讀之曰：「於戲！李氏之先固有此處士與劉哉！初，戶部之會試也，予從同考之末，予僚葉先生閱戶部之卷甚驚焉，葉以告於主司先生及諸同考，皆甚驚，不曰『天下奇才』，則曰『涵養似厚』，遂定爲會元。又皆曰：『此其父祖必有懿德隱行，不然何此子之明直醇雅若此耶！』今得斯狀，乃然後知戶部之所由來矣。」狀曰：

處士自幼謹慤樸實，無苟嬉笑，好讀書史。年二十，父死，哀號輒日夜，比鄰里閈皆感泣。母臨淄劉氏，年七十老矣，處士夜三四起，佇立戶牖下，聽噓吸聲以自適，不敢遽問安，驚寢也，如是者數年，皆不間寒暑。他日，嘗出賈於外，弟建在家，以小嫌析爨，處士歸曰：「嗟乎！此超之不公也。」復召建，與同居，至白首。建卒，撫其二孤如己子。里人有困於征科者無所償，攜其愛子簪草將鬻之，處士曰：「傷哉！政之苛，一至是乎！超不忍見也。」給之穀使輸官，其子得不鬻。里中節婦矢不再嫁，有惡少賂其兄，將奪之守，處士白於官，痛懲絕之。節婦又貧甚，處士時使室人資之，里士女化，無弗資節婦者也，於是節婦益自勵至老死。又嘗約里人，醵錢以賻遭喪之舉者，其後遂以成俗，至今猶存焉。樂安劉氏乃良士威之

女，性行雅，與處士合，居常無疾言遽色，事舅姑曲盡其心。處士好施與，輒當其意不傷也。其處側室之呂，弟婦之袁，恩禮浹洽，而袁早寡，又佐使終遂其志焉。當處士之卒也，年已六十五六矣，遂斷肉食者十六年。於戲！乃然後知戶部之今日不偶然也。

處士之祖諱仁美，仁美配某氏，生瑾一人。至處士，生男子三人：孟鉞，府司獄；仲鏞；季鑛。女子二人：長嫁焦松，次嫁孫賢。孫男子六人：天賜、舜臣、舜稼、舜俞、舜陶、舜咨。孫女三人：長字生員徐化，餘幼。於戲，茂哉！銘曰：

修德累善，人理之當，來慶與瑞，天道之常。今觀李處士與劉之徽行，豈必其有後日之祥哉！然志立而氣動，前修而後章，固其經也。戶部將滋充所遺，而大考所行。其來也，上贊君德，下措民康，則尤處士與劉之所不亡者也。

陳州知州文君墓誌銘

君諱淵，字某，遼東某衛人。生有異質，長爲學生，即有志古人行。又能爲舉子業，然屢入科場不第，貢爲太學生。大司成試諸太學生，君屢被奬拔，比積選來試，猶能不忘故業，吏部或第在舉人之前，得授揚州府通判。君至揚州，乃奮然曰：「淵雖起家歲貢，然做官亦不敢以資格自限。」當是時，適天下多事，揚州又值通衢，吏乎其土者誠難。君竭力公家，一心民瘼，使之均徭而役平，使之統夫而力不偏，使之督牧而馬咸比，使之踏災而災實，使之救荒拯溺而惠澤流，使之視篆而府治。蓋君持己甚嚴，毫髮不私於民，故所至成績。於是撫按皆曰：「文通判之蒞政，雖舉人進士或且不逮。」遂交章薦君，故君在揚州惟三年，即得陞知陳州，蓋亦科甲者所少有也。

比至陳州，君益自策勵，求副上知。越二年，乃遭流賊攻劫，而上官劾君才力不及。夫流賊行虐，雖方伯都憲難支，顧獨以是責君，不亦偏乎？故君飲憤抱冤，考績到部，鬱鬱不樂，竟死京邸。嗚呼，痛哉！夫狡猾者一無所立，或榮貴終身，

志士廉吏日夜腐心瘁躬，乃或一跌而遂不起，則夫衆又何所勸懲哉？ 君判揚州時，予年友裴給事伯修方令海門，嘗言「南畿循吏，惟君獨步」，何乃才力反不及於一州耶？

君卒在嘉靖某年月日，距生某年月日，得壽若干歲。曾祖諱某，祖諱祥，皆不仕。父諱鐸，配某氏，生瀚及君。君配某氏，生二男子：東秀、東周。女二。東周卜嘉靖三年月日葬某原。銘曰：

嗚呼！ 是文陳州之墓。有覺其先，志未克究，死非所甘，抑上官之咎？ 嗚呼！ 使陳州而有聞也，奚必以此而自作。九原哲靈，應其長悟。

義官鄧君配任氏墓誌銘

君諱彥懷，字文忠，三原陂南里解村人也。生而秀實魁偉，美鬚髯有口，與接者皆興敬焉。曩予嘗過其從弟文德君，文德君者，予之友世泰者之父也，然適他出，君獨迓我，雍雍有度，予以爲文德才士。比款語，乃滋異之。後遇吾兄弟，必曰：「志不如鄧君，禮不如鄧君，而欲以持家者，未之見也。」遇朋友，亦必曰：「吾嘗見立業如鄧君者矣，亦抱志而秉禮，與與然可觀也，如學聖人之道而不然，幾何其有成乎！」比君既歿，其子學生鶴執狀跪索銘。狀言：

君年十八九時便能撑持門戶，行賈於蜀者二十年，乃起家累千金，里人以爲豪。然君同母兄弟彥和、彥珂及繼母弟彥虎、彥厚、彥真者，蓋五人也，君則盡其所累金買田置屋付之，雖一椽半壠，矢不私有，則其他焚負者之劵，解里人之爭，可勿問矣。然則君之接人而輒感者，豈其異哉！ 是獨不可銘乎？ 銘曰：

於義官君，英且敏，乃有斯成。曾祖文義，配邸氏。祖亨，配梁氏。二氏皆高陵人。亨生四子，長曰志聰，君之父也，配楊，無出；配高，生君、兄和、弟珂，爰有三人；繼配董氏，生虎、厚、真。董既歿，繼李，尚存懿厥。君配臨潼有任，無男有女，爲薛文遠嬪。兄和不嗣，有女一人，方晬，君育無異己生，長爲郝氏繼先之室也。君繼配吳，爰生四子：鵬，娶賈氏；

鶴，娶賈氏，且爲庠生；　鵾，聘張氏；　鴻，在幼齡。二女，俱幼。有年爲孫。正德丁丑四月二十九日，君之亡辰，天順丁丑十一月二十一日，君之始生，蓋六十有一齡。正德戊寅六月二日，葬君合任氏於新塋。惟任之生天順戊寅正月七日，其卒也，弘治庚戌三月二十有一辰。嗚呼！有覺其後，永康寧。

平齋李君墓誌銘

處士生八十八歲，今正德十三年六月二十二日卒，其生則宣德六年十二月二十九日也，計閏九十有餘，幾百歲，世如此壽者幾人哉？嘗過荒村寒落、牧地桑丘，見有龐眉皓首之叟，或揮鋤運剴，猶矍鑠，力過壯者。入市朝，雖五六十歲者，已皓然公矣，即有七八十者，耳聵目花，已與世不涉，此固其地之使然。處士實非村落中人而壽若是，豈俗能澆漓者乎！

處士之配秦氏，太師端毅公所爲志者也。秦氏之母家姪曰寧，與予同年舉人，知處士最詳且實，言處士生而樸實溫恭，富而不誇，非壽親及大節，不衣帛履革，居常當新衣，必襲舊衣于外。事父母，隨所意欲而奉之。少嘗從父賈鹽河東、淮上及滇、浙，同賈醵約處士，處士曰：「吾親在此，敢苟爲乎？」父母既老，孝養滋至，父素喜炙雞牛羹，每食必設。及當病，便籲天以求身代，叩題成肱。親歿，而不食者四日，三年不入室，遂終身斷牛羹不醊。叔父母老而不嗣，處士養如其子，猶捐市肆數間之僦錢以繼之。伯父雖有三子，而伯又蚤死，處士皆與娶買舍且畀之金。全死，又畀之子潔，及妹老死，棺槨衣衾與具，慟哭殯葬如在室時也。其處堂姨之子、賈舅之兒，亦復近是。嗚呼！即如秦子言，處士剛毅木訥而近仁者乎！宜乎其壽若是者也。聞之里人：處士于鄉鄰，無本業者贊之貲；有疾病者遑遑然往問，歸而不安；年老而凍餒者量周以粟布；有丐者老不能行，臥途中，輒以家食餵之。則于親戚可由知也。嗚呼！儒生學士師教友規，猶或臨財而爭，見舊而棄，處士身不居膠庠，腹不飽詩書，顧其所爲，與聖賢言多合，尼父所謂「忠信如丘」者，將此類耶！嗚呼！使其學之於先而得列縉紳，問其志可康濟天下。然雖以例給七品散官，猶終身棄冠帶不著，則古之所謂沮、溺、丈人者，固亦各有

志耶！

處士諱琮，字仲玉，别號平齋，蓋其志也，世是三原永清里人。曾大父恩義，配邊氏。大父恭，配梁氏、張氏。父鼐，配賈氏。處士生三男子：長道成，娶賀氏，繼郁氏；次鸞，娶劉氏，繼杜氏，又繼高氏；次鳳，爲儒學生員，有鴻聲中，輒娶郭氏，繼邊氏。女子二人，王儒、馬柷，婿也。孫男子七人：紀、緒、緝、結、繼、紡、紃。孫女子四人。卜正德十三年九月初九日合秦氏柩葬縣清谷北小陽村新塋。銘曰：

懿厥李先，受隴西封，遼金擾攘，金陵是庸。宋元之間，陝洛爲豐，三遷三原，於商於農。平齋之世，義聲如鏞，子孫振振，百世其風。

史給事中母孺人馮氏墓誌銘

蒲州史氏族聞於關西，耽禮而敦信，多義士，不獨以其富也。孺人則州之蠟燭馮氏，蒲人問婚姻高門，必曰：「何如蠟燭馮氏。」於是孺人得配南陽君史先生云。史先生有子二人：長曰南京刑科給事中曾，次曰舉人周。給事君在弘治壬、癸間尚遊太學，是時祭酒台州謝先生試諸太學生且千人，取給事君第一，於是天下之士皆求交于給事君。給事君退遜不華，人莫得而親也。柟嘗從友人數坐其齋，然忠信有恥無比，晉人曰：「尚未見乃翁母之爲人也，乃季亦若兹。」正德戊辰，獲同給事君舉進士。明年，而史先生來，柟拜之。又數年，舉人君來，柟問之，悉如昔晉人言，獨恨未升堂拜孺人。然柟多病，數在告，而給事君又宦南京，久不相見。給事君在南京好直言無忌，多怨於人，遂以叔氏王親之故解官。解官未久，而孺人歿。嗚呼，傷哉！狀曰：

孺人之初歸史先生也，家大而口衆，有先姑之子婦、有繼姑之子婦爲妯娌者四人也，育族子女於其家者又二三人。於是爭競起而短長興，獨孺人處之以寡默，免忿鬬焉。先姑段也，繼姑宋也，庶姑楊也，比其家之析也，遭甲辰歲大饑，家貲且

滯於鹽，而史先生又尚在學，甚無以悦二姑而康諸子，孺人秉儉良茶，卸簪珥，冒寒暑，履勞勩。凡祭祀之需，賓客之館，服食之費，器用之資，問遺之禮，皆出其手，史先生若不知也。比二子籍業州學，時其怠也，則又諷史先生，痛扶之，不少貸。家嘗被火，孺人曰：「是先人之室也。」號哭無已。若其他娶史聯之妻，成段淮之婚，亦孺人與經理焉。於戲！晉人言孺人賢者，將不謂此耶？則枘所言給事君與舉人君者有自來矣！史先生名臣，義官全之子也，起家州歲貢，授南陽府經歷，以給事君封如其官，孺人者亦由是封也。其父馮端，母崔氏，鄉黨故稱慈良焉。

孺人生景泰辛未十一月十七日，卒正德戊寅七月十日，壽六十有八歲。二子：給事君娶王氏，封孺人卒，繼吳氏；舉人君娶季氏。其又一子名章者，則所育也。女一人，適盧譜，卒。孫男五：資治、資德、資教、資深。孫女六。曾孫男一：阿坤。給事君卜正德十三年十月四日葬州城東原□胡莊新塋，託其友侯廷實以狀來問銘。銘曰：

嗟乎！知足恒泰，知懼恒安，此丈夫之鮮，而孺人不難。昔者給事君之舉於鄉也，州贐禮寬，孺人曰：「吾得其喜，人得其怨。」此不亦知足耶？及其家之既富也，子孫羅前，孺人曰：「用慎爾後，式似爾先。」此不亦知懼耶？夫知懼斯勤，知足斯儉，勤則子業大，儉則孫謀遠，此孺人所以爲閨壼之師，誠女流之賢也！我銘斯石，後必其然。

太學生閻君暨配白氏合葬墓誌銘

予嘗謂世有賢人君子不顯於國，必篤於家及其子孫，則吾解州城西人閻本澄者乎！君諱清，號潔齋，爲郡庠生，即刻志經史不少惰，聞見智慧一時諸生皆推畏焉。然累試省闈不第，乃成化癸卯得貢爲太學生。明年甲辰，歲大歉，人相食，例得省災。當是時，父恩年且艾耆爲壽官，而母蔡氏且就老，皆在家也，君遂即請諸祭酒而西返，跪謂父母曰：「父母且垂白而歲歉如此，即清在國學滿歷而選，幾能令父母即甘旨也？」遂罷仕進心，經營於鹽商貨賈之間。然每舉輒售，等輩皆不及，遂起家爲解富室。程秋官以爲鬻販知幾，籌計無遺，比之端木子貢、猗頓、陶朱，豈其然哉！近秋官又言路村有張氏子

者亦善賈，有之其家買鹽者已去，而嫌價重，復反之，張氏子曰：「貧人也。」不禁，而受其反。明日鹽價頓增，獲大利。則夫潔齋之富，非積善於家而聽命於天者乎？

所配白氏，華亭尹郡人資之女，其婿貢士呂廷禎嘗爲索壽言者也。實相潔齋於內，家政嚴肅，共爨之餘，猶能理生業、課僮僕，治有厚積。其處潔齋二室，有小星、樛木之風。而羣子孫之愛，皆式試鳲鳩，無彼此也。其所自出曰輔，弘治甲子舉人，兗州府推官；曰相，冠帶生員。其曰佐，曰佑，亦冠帶生員，乃貳室高氏出也。女五人：長適侯珩，次適生員李奈，三適生員柳戩，四適即廷禎鳳鳴也；其五，高出，適安邑王廷祐。孫男二十，某業儒，某業農。君生正統乙丑，沒正德丁卯，壽六十有三歲。白壽八十有二歲，沒嘉靖三年十月五日。葬在州城西先塋之次。銘曰：

猗嗟潔齋，其配孔淑，衍之子孫，百指維穀。河流滔滔，崑崙其屈，遠祖諱廣，國課充足。三賜金牌，總帥良督，天祐芳襲，克教是續。於戲遐哉！爾後矗矗。

誥封戶部主事黛巖呂君暨配安人楊氏合葬墓誌銘

嗚呼！黛巖呂君乃止四十八而足耶？傷哉！方予同乃兄憲長公讀書長安時，黛巖專董家務，亦若亡弟仲橋之佐予也。及予同憲長公積學而思明，積行而思崇，至有科第，至有官階，至知所嚮往古昔先民，奔走京師之道，切磨四方之友，盡瘁職司之居，至或荷校負絏，久係犴狴而不內顧者，憲長公以有黛巖行，豈能如予知憲長公之痛乎！嗚呼！手足之情、同胞之義，居常不甚知，死喪之威、患難暌違之變，乃使人悲愴淒慘不能爲懷，有感於棠棣也。

黛巖有子曰戶部主事顓，顓狀謂予曰：「顓母楊安人歿時，顓年十二三，隨伯父在京師，不獲見。顓今聞父疾，乞請歸養不遂，乃求公事於寧夏，因爲終養計，未至家，四日而顓父歿，又不及見。顓父母止生一子，而顓皆不能以事終，顓何以爲子哉？顓稚時雖痛，未有所聞，顓今事先生且有知矣，顓何以爲子哉？」於戲，戶部！予於子有感於父子之情甚也。且黛

巖鬒髯魁梧，倜儻豁達，涉獵書史，禮度雍肅，邦人稱重。嘗曰：「綸深惡世之阿諛而苟容者。」故治行直率自信，不以辭色假人，真元方之弟，而「八龍」之父也。亡弟質簡嗜酒，而黛巖情高亦善飲，與亡弟相合，交又久。往年予在京師，祇得一會黛巖，即甚敬其器度，乃黛巖已矣，則雖予爲朋友者傷悼不已。彼憲長公兄弟之間，而戶部父子之際，宜乎其情無盡也！

黛巖諱綸，字道言，以顒封戶部主事。初，憲長公以援例與有冠帶，予以州安定巖如潑黛誄號之曰黛巖居士。世爲慶陽府寧州安定里人。曾祖諱益，不仕。祖諱英，以州歲貢生仕爲深州判官。父諱昇，郡學廩膳生，以憲長公經敕贈禮科給事中，母王氏敕封太孺人。贈公歿時，憲長公方九歲，黛巖方七歲，而太孺人秉節鞠撫，乃至有今日，兄弟子姪，獨盛一門也。黛巖生成化十四年九月二十七日，卒嘉靖四年正月二十六日。

配楊氏，訓導郡人楊公璽之女。嚴貞儉約，事姑盡孝，處嫂高孺人甚和敬，贈安人。生成化十四年正月十八日，卒正德五年十二月十三日，壽三十三歲。繼配邢氏，封安人。楊生一子，即戶部，娶葛氏，封安人。姪男二：長顒，舉人，娶周氏；頎，聘秦氏。女一，字生員蘇志昂之子若霖。孫男一，曰某，黛巖歿若干日生也。孫女一。黛巖歿數日，而戶部以公至家，憲長公方赴四川按察使任亦至家，則黛巖之終且葬，亦未爲不遇也。葬合楊安人在州北祖塋之次。銘曰：

兄九川子，舉進士，至廉使方來，公孤未艾。子顒幼通，舉解元進士，授主事方來，公孤亦未艾。黛巖讓於其兄，留於其子，何必其身取之哉！且九川，予友；幼通，從予自始。九川道在綱常，政在經濟，而幼通實其速似者也。黛巖其不死！

誥封輔國將軍北山氏墓誌銘

宗室輔國將軍號北山氏者諱成鏌，蒲襄垣恭簡王之孫，鎮國將軍一齋之子，太祖高皇帝之六世孫，代簡王之曾孫也。北山氏生而簡澹，不事浮靡，凡所履歷，必以禮制，未嘗有驕貴態。事一齋及母夫人李氏，恒侍食其側，見親舉筯甘食，必退而喜，否則退必責膳夫，憂且懼其哀也。晨夕問安，亦如禮，若有疾，親進湯藥，不以委人。及一齋歿，哀哭數日不食，母夫

人曰：「成鏌死，將病我耶！」乃始進一食。比至葬，一遵舊禮，屏浮屠氏不用。伯兄靜軒賢而好禮者，北山氏事之甚恭，飲食出入答問，曲盡其心。其友愛諸弟，亦皆切至，嘗語兄弟曰：「受福祖宗，無能圖報，惟祝天子萬年，四海永清耳。」至於邊圉驚急，歲時凶歉，靡不祗念，心在王室。嘗讀史，至不學無術，必惶自愧赧曰：「我輩宜自警也。」及遇博聞之士，輒與劇談終日不倦。若其他成人之婚，賻人之喪，又多爲人所傳誦，則其於父母兄弟可知也。故所生子寒泉賜名聰□，賦詩屬文，有古人風，而器宇渾融，言論忠貞，皆出於庭訓。北山氏且終，獨命以「讀書、樂善、慎行、擇交」之八言。嗚呼！北山之賢，其達哉！生成化乙未三月一日，卒嘉靖壬午十一月二十三日，壽四十有八歲。

配張氏，封夫人，蒲名門女。子一，即寒泉，封奉國將軍，娶張氏，封淑人。女二：長封蒼溪縣君，選配范敘；次黃平縣君，選配史應皐，俱儀賓。寒泉卜今嘉靖四年月日葬峨眉嶺下一齋塋次，而以王舉人珂狀問銘。銘曰：

孝玆一齋，慈於寒泉，忠篤王室，德在河堧。蒲風斯懿，詩禮翩翩，作明恭先，自北山焉。我銘其竁，爾後員員。

誥封中憲大夫福建按察司副使復菴唐公墓誌銘

公姓唐氏，諱傑，字希良，號復菴，以子澤貴封福建按察副使，嘗起瞻筠堂，石潭汪宗伯爲記，又號瞻筠，徽之歙縣人也。見素林司寇曰其先本李唐遺胤，後避地居婺之嚴田。宋季有號李梅癯者以元兵下江南議殲五姓，而李與焉，遂襲姓國號，然則唐氏葉次高遠矣。梅癯生筠軒，仕終徽州路教授，生見梅及三峯。三峯名仲寔，又號白雲，仕終南雄路學正，高皇帝起以耆儒召見，有「不嗜殺人」之對。生子梧岡及拙菴。梧岡名子儀，知興國，有惠政，文皇帝簡爲趙王紀善。生允吉，號槐牧。槐牧生邦仁，號澹軒，孝友益光於前，嘗曰：「吾家著述視河汾，教授修考亭云。」配仇氏，是生復菴先生者也。

先生生而沉慤寡言，外樸中穎，美髯豐頤，名聞紀善。幼同諸族兄學家塾先了限業，後三兄咸登科第，己獨以少孤貧困，未究厥志。乃跋嶺涉水，負米採薪，以養母氏，有暇仍誦讀不輟。弱冠遊吳門蕪陰之市，治生贍家，仇母周悅，友於二

弟，庭無間言。希善嘗覆舟於江，盡失貸金，仍令割田償主，勿背厥義。撫教希學成立，客卒於汴，婦王氏年僅二十，矢節不二，乃戒家人，順成其志，卒獲表宅，則喜歎曰：「吾弟爲不死矣。」希善繼卒，乃屬厥婦方善撫其孤姪。於是仇及二婦一門三節，人咸詠歌。鮑姊方妹，老而孤貧，亦與經足其家。配洪氏，生三子：孟溥，仲陜西按察使澤，季監察御史濂。幼皆教之窮經史、明體用之學。闢別業於萬卷塢，建南岡書樓，使子孫肄業其中。以篤世遺，遂立先人祠，並筠軒、白雲、梧岡三集，爲宗人倡。及按察舉進士令平鄉，御史舉進士官太常，先生至，見其造詣精深，檢防嚴密，輒喜見顔色。雖於族子學士臯亦蚤識其晚成，勸無惰志。其與鄉人處，崇謙重義，濟匱恤窮，若有訟爭，或不之官而來決。有夜禱者，豪右誣以魘魅而奪其產，乃力與剖還，仍卻其謝金。或以弟訟兄，則教解之。鮑塘路阻，則伐石甃砌，以便往來。又嘗陳利弊興革於郡守，多用焉。晚年以家政付家器，優遊桑梓，詩酒白叟，黄童樂共嬉戲。有司舉鄉飲大賓，一至輒辭去，則其才守皆可知也。

所配洪氏，贈恭人，比德先生，語在木齋謝大學士志。先生卒於嘉靖壬午十二月日，距生正統己巳七月二十三日，年七十有四。沒無他語，惟呼按察公梓行昭慶録耳，即三集等書也。長子娶汪氏，繼王氏；按察公娶鮑氏，累封恭人；御史娶吴氏，封孺人。御史先生卒有風紀，語在二泉邵宗伯志。女一展，適稠里汪鍾。孫男七：世標，府庠生；世楫、世槐、世機、世橋、世楠、世梓。孫女五。嘉靖癸未四月九日已權合厝於洪恭人之域，蓋將卜地而及葬也，按察公於是問銘焉。銘曰：

來瞿瞿，行赴赴，心乎貌矣，暢乎厚矣。有開厥先，有承厥後，孫員員，子阜阜。隨行道行，於時化婺，銘兹堅珉，萬禩不朽。

故蔡君廷瑞配宸氏合葬墓誌銘

君諱鵬，字廷瑞，其先臨晉人，及宋南渡，遂家於解。遠祖諱榮、諱玉者在元時皆慷慨好義，崇慕雲長之爲人，乃施財建

功，刻石於廟廡。曾祖諱仁德，祖諱聰，皆不仕。聰配李氏，是生君者也。君生磊落奇偉，敦厚老成。解故有鹽場之利門，國初爲運司人兼併，因塞其西場門，君乃謀於郡人郭重厚輩，告諸巡鹽御史吴公，奏復開之，解人利焉。涑水河甚爲鹽池害，君亦告諸御史曾公，奏改濬焉，以達黄河。吴公遂令解之素有行義貲實者數家應鹽店戶，而君亦與之。乃又捐財以建城西之橋，平價以通關右之商，自解以西，人傳誦焉。值歲大饑，郡人流離死者十八九，君盡以所有假里人。及歲熟，家貲已空，鄉人或勸其質於官以償之，君曰：「吾人逢此不淑，當時尚恨周恤之力不勝耳，今安忍質於官耶！」遂盡焚其券。蓋君性本純孝，妣李嬰疾，君與其配宸氏奉養備至，夜不解衣帶。李素不茹葷，一夕思食煎豚，是時歲極難，而家無儋石儲，乃命宸出衣帛市肉以奉之。有柳上舍者見而歎曰：「家貧顯孝子，此之謂乎！」

宸氏者，監察御史昭之長女。生而聰慧多慈，不止精五飯織紝之事，兼通孝經、小學諸義，凡胎教、言教、三從四德之說，皆熟記而服行之。每歲首，以其所積，飯僧捨獄云。子男五：長曰振才，生員，尋棄去；次曰秉禮，國子監生；三曰秉良，五曰秉忠，皆廪食郡庠，馳聲場屋，一時髦士也；四曰秉彝，爲州吏。振才娶李氏，秉禮娶楊氏，秉良娶盧氏，秉彝娶王氏繼馬氏，秉忠娶王氏。女二：長適郡人國學生李鉞，次適郡人喬遷。孫男十二人，曰：邦藩，邦垣，邦禎生員，邦固，邦殿，邦屏，邦正，邦偉，邦賢，光宇，光宙，光前。孫女十一。曾孫男一。

君生正統十三年十二月二十一日，卒正德十五年三月十五日，享年七十有三；宸生景泰元年四月十九日，終嘉靖五年六月十九日，享年七十有七。今年丙戌十一月之吉合葬於解城南五龍堰之墟先兆也。銘曰：

嗚呼！蔡氏子之母，德積厥躬，穀貽厥後。子孫員員，克昌克茂，既賢且碩，州里爲口。秉良秉忠，從予遊久，將其來者，爲蔡氏瓊玖。貢士敦義，有嗣優秀，吁嗟蔡矣，永安爾柩。

靜菴處士王君暨配蘇氏墓誌銘

處士諱文美，字潤甫，別號靜菴。遠祖順自洪洞避兵，占籍朝邑之北陽洪。生□□，配張氏，生植。植配佛氏、尚氏，生□□□□□□配魏氏，生盡忠。盡忠配張、楊、雷三氏，亦生三子。仲子孝廉，配尚氏、徐氏，生四子：文秀、文魁、文學，其季則處士也。孝廉以舊居迫於漆、沮先塋，幾爲水浸，乃於正統辛酉徙居高城鎮，遷九世之柩改葬，以償所願。自是厥基崛起，遂饒於財。時有例輸粟五百石立石表宅，然已輸四百餘石矣，而例止，乃歎曰：「宅弗獲表，而惠亦及人，財亦匪虛積矣。」處士生而俊偉，幼小即爲父母諸兄所愛，父母念其幼無貲也，將有所遺，乃寬慰曰：「昔父氏不階尺土，亦能起家，今文美見有此業，猶足奮立。」父母喜慰，諸兄聞之，亦友愛焉。及索居，果善克家，富冠朝邑。即開塾延師，教諸子孫，每庭訓，皆立身行道顯揚語。成化間，歲兩饑，宰李、劉二公皆及門勸貸，時尚寡畜，乃輸粟布各百餘以賑饑，既豐而猶恨濟之弗廣也。弘治間，歲更弗稔，則又廣出花麥，分給本鎮，曰：「聊濟一時之急，俟稔以本償。」同宗生員近仁甚窘，恐其挫志也，自爲士以至入官，資給不乏。有楊舉人者毆死族姪彪，其家將理於官，則款解，再給葬資以獲解，既而酬飲，亦不與焉。思齊者，族孫也，嘗借貲貿易於鄠，索逋貸，逼張廷錫於死，而思齊逃。然錫之父瓚貧且老，處士聞之，遣人招瓚至，予十金以資葬。其他助婚喪、葺社宇、開市易，類皆利便於人者，故遠近人不呼其名字，特以「長老」稱云。

配蘇氏，長春蘇公貴之女。婉娩淑慎，凡舅姑服饌，皆先時躬理，以代諸嫂之勞。其眷屬酬問慶弔餽遺之物，亦皆親操。他有處士之交游賓客至，酒餚果蔬，輒豐潔以具。每見貧婦女衣敝，出澣衣以衣之，有貧婦願以工報者，則復厚遺之，故婦女以獲見爲幸。其訓諸婦、童孫、婢幼，皆則古昔，閨閫中肅如也，蓋實比德于處士云。蘇生正統丙寅九月二十八日，卒正德戊辰九月二十二日，壽六十有一歲。正德己卯十月十日，葬於高城新塋之兆。處士生正統丁卯六月二十一日，卒嘉靖丙戌九月二十九日，壽八十歲。將以嘉靖五年月日啟前兆並繼室張氏合葬焉。

子男四，女一，皆蘇出。長崑，娶許氏，先公卒；次弼，娶張氏，繼謝氏；次紹，娶徐氏，繼常氏；季夔，太學生，有學行，蓋衰絰垂淚，冒雪霜，渡黄河，持張知縣續狀索銘於解者也，娶趙氏。女適士民徐繼宗。孫男十人：世卿、來聘、世爵、世英、世相、來朝、來儀、來召、來覲，皆業作耕讀。孫女七人。曾孫男五人，女六人。銘曰：

來矍矍，履旋旋，漆沮之去，有開厥先。宜處士者，獲祐於天，既富爾家，子孫員員。孝弟有終，于處士信焉。

誥封奉直大夫刑部署郎中員外郎樸菴屈公配宜人李氏繼配宜人劉氏合葬墓誌銘

華陰人樸菴先生屈公今年丁亥生九十歲矣，夏六月構疾，其子右副都御史西溪先生道伸進藥，卻之曰：「我年至是，汝尚不知足耶？」是時，西溪年亦七十矣。至初十日，公卒，西溪乃謀不朽其公於千萬歲者，使其弟驛丞達持按察副使朝邑韓汝節狀走解州問志，以柟方判解也。既已諾之，比轉官過家，其使又催曰：「葬公定於十月二十六日矣。」嗚呼！關中，古周、漢之地，人生其中，素號敦樸方雅，壽多耄耋，宋季以來，則漸澆漓矣，乃今復見屈氏父子耶！

公諱弘仁，字愛之，樸菴其別號也。父誠齋先生，配李氏，生公於義合村居第。少長，即淳篤不嬉戲，好誦朱子小學書，不言而身體之，又工歐陽詢楷書。比壯，器識益宏遠不凡。及誠齋先生仕爲隰州同知，州大姓或以賂通，公驚曰：「謂我不逮父廉耶！」其人愧沮去。雖爲父常典藏俸貲，分毫無所私。比隨父返家，仍貧窶，時著一鹿皮裘，力田以致養，怡如也。里中貪胥得貸歸者富甚，家人曰：「二吏顧勝大官矣。」公曰：「看吾鹿皮裘未破，會見兩家消削也。」後果然。成化甲辰，西溪登進士，丁劉宜人憂，時歲大侵，公乞賑於巡撫公，有罪者瞰公急，持白金數十鎰以求援，公厲色卻之曰：「寧可乞，不可賂。」時晁、孫二君相繼尹華陰，皆重公賢，數談飲歡洽，然公於官事絕口無一言干，若有無名餽遺，輒卻之。西溪既官刑部，則揪然勉之曰：「仕官惟刑官難，一或失平，怨叢於身矣，法無滅裂。」他日，陞知重慶府，迎公以就養，鄉人固仁、郭玘、車滿皆爲屬吏，比公去重慶，各以金葛贐公，公笑曰：「昔吾爲庶人，弗污吾父，今衣金紫，而污吾子耶？」車滿者又

使其弟戴密餽百葛於荆州，公曰：「汝嘗爲汝兄薄贈吾，汝今不薄矣。」好收之。涪州廖守遺贈白金四十鎰，包朱砂紅各五十，公批其原劄曰：「收朱紅一包矣。」及西溪陞浙江按察、河南布政使，其迎養往返皆如行重慶府時，無毫髮浼。若其承順父母之志，友於諸弟之篤，賑救族黨之困，皆出天性，非所勉也。西溪入爲太僕、大理卿、左右副都御史，公又輒以書教其利用大作，如初爲秀才同臥起、强其記識時云。嗟夫！世之人於其子有顯官，多矜驕鄉曲，擾動官府，以肥家而饒產，乃公素履如此，則西溪致位中丞，勒勳當世，亦公之所致乎！

公先世本楚之公族，漢高帝徙齊、楚豪傑於關中，蓋籍於此。今華山、澄城、蒲城、郃陽及河南之靈寶、閿鄉，河東之平陸、芮城，皆其族也。祖亨，博學修行，高皇帝聞其賢，急召用，乃付籍於族人從戎者，以隱免。配楊氏，生韶。韶字九成，所謂誠齋先生者也，學行聞於時，屢舉不第，貢入太學，諸太學生爭識之，時司馬詢爲祭酒，每試六館士，輒首選焉。後仕隰州同知，有惠政。然則公之淵源所自者遠哉！公以西溪貴封刑部署郎中員外郎、郎中，尋進四品服色。

初配李氏，邑大姓處敬之女也，封宜人，姿性柔嘉，寡語笑，慎舉止，既歸公，内政咸理，井臼紡績，未嘗寧居，雖素精刺繡，亦不遑也。又節縮浮費，以爲不時之需。公弟弘禮，尚未成立，衣服婚娶，皆出其手。乃年止三十，而卒於成化四年六月六日也。繼配邑中劉公英女，亦封宜人，貞靜幽嫻，有丈夫之志，家務毅然自任，又儉約勤悴，不遺餘力，撫西溪及太、達暨諸女皆如己出。乃於成化二十年七月七日，亦先公卒，年亦止三十五也。公於是再配蘇孺人矣。子男五，長即西溪。〔二〕

銘曰：

華山北麓，樸菴叟居，既有玄授，亦暢典書。壽登九十，道庶古初，中丞冢器，似漢二疏。若相明時，孚及豚魚，爲叟延履，世有令譽。叟其康止，西溪灣諸，千萬歲餘。

〔二〕此處有闕文。

勑封湖廣道監察御史前聊城縣丞老川苟君墓誌銘

老川先生苟贈君之歿也，其子四川僉憲汝安者自蜀奔喪，衰絰面深墨，持杖走踵予門以乞銘，且以予學張司訓介，予又以識僉憲於南都也，哀其戚狀，遂諾之，即送僉憲出北門，暫憩以待僕馬，遜僉憲坐，僉憲遜司訓坐，汝安之師也。及自據一素杌就地泣，予歎曰：「僉憲之孝敬如此，夫安得不銘其贈君乎！」

贈君蓋嘗仕爲東昌府聊城縣丞矣。縣甚繁劇，且數署縣事，而又上官批牘旁午，君執詞聽理，手書口答，晝以繼夜，皆中肯綮。獄無繫囚，非大辟，無三日留對者，太守金、李二公知遇優厚。河下舟卒困於牽送，且苦鞭笞，君言之令，令不爲急，遂自移漕司，指北臨清、安山，獲增夫數五百，公私兩便。會藩王之國，中官護送，多索賂于縴夫，夫懼且逃，檄君督送，情法兩盡，夫無他窘，上官異之，或書其姓名于堂壁。弘治辛酉，虜酋入塞，君部運以趨宣大，時督納韓推官者，山東人也，君獨致札恭謹，韓深重其賢，而聊城納戶皆不至過其額，其總部二司厚加奬勸焉。衛有王臣者，故憾于薛達死，逸賄勘者，以傭人張海抵命，餘皆從末減。君被委鞫，判之曰：「告意者臣也，海雖下手，從而加功者也，臣當首論，海爲從。」讞上可。他若辨蘇玫之毆縊，訊楊道之毒殺簿林觀婢死之罪，以及踏看屯田，不避權要，征科輕重官軍，易三里之充軍，還季剛之鬻圃，息婦女之訟，聞賑濟之門，識育者之欺，寢宦官之貪，捕犯贓之令，事至立折，姦僞燭照。當其才力，雖風采之臺察、廉明之藩臬何遜焉！故上官每署其考曰「清慎通敏，縣事有餘」，曰「清敏勤能，久而弗懈」，皆其實也。無何署篆審差，有王氏者故富而後貧，郝氏者貲雄於鄉，君陞郝戶一等，抑王戶二等，郝遂銜君，因黠卒訴簿教竄君名于詞內，遇金御史者，遂黜君名，雖以他明公爲之直，不允也。君飄然而還，以得侍父母湯藥爲幸。友于兄弟，供役爲樂，不復事辯也。宜其子在南都爲真御史，在西蜀爲名僉憲云爾。勑命亦曰：「守己愛民，廉能懋著，孝友性成，鄉閭式化。」然則君生前之屈，豈不在於身後之榮哉！

初，君父義官廷璧，娶安氏，而生君。安歿，君方五歲，哀慕如成人，劬于繼母常氏、雷氏。八歲受學鄉校，提學華陰雷先生選入郡庠，究心經史。及入太學，盡交六館知名士。初，註名儀制，時同郡有蔣生者以人衆共囂不能書名而過君，至連書二名曰蔣某、苟某。有詰者，官得其實，曰：「義士也。」他日，歷事庫部，同舍生或懷清戎故籍而出，有諷君者，笑而不答。後爲閽者所發，及按之，惟君所閱籍獨全，尚書青神余公亟稱之，遂馳譽四方，一時都憲秦州夏時雍、學士安昌張文卿、侍御金城高世德、羲臺黄時濟皆知重焉。則君于未仕時，操尚已如此矣，將所謂隱居以求志，行義以達道者，殆其人邪！

君之先世爲蒲州大族。曾祖允誠，祖景暘，俱以齒德爲州里敬服，皆被恩詔賜冠帶，爲壽官。父義官，又嘗爲鄉飲大賓。則君之所源流者亦遠乎！君配袁氏，封孺人，生男子二人：長即僉憲，娶王氏，封孺人；次汝定，娶杜氏、惠氏、雷氏。女子子二人：長適仲儒，次適王邦佐。孫男子四人：節、筠，僉憲子；籍、箎，汝定子。孫女子三人。曾孫男子二人。君諱倫，字倫之，別號靜軒，一號老川。生天順甲申八月十一日，卒嘉靖庚子十一月六日，享年七十有七。僉憲以某年月日葬君於堡子村新壠，持前參政致仕江陽鳳巢全公忠狀以問銘，是宜有銘。銘曰：

爲士篤義，爲官首公，事至不苟，接人以忠。宜爾有子，豸繡稱雄，載其家學，令聞無窮。銘兹貞石，黄河永東。

明贈兵部主事謝君配贈安人曾氏墓誌銘

予僚友文選郎中吉水謝繼之方赴四川參議之任，拜謂予曰：「善父贈君生宣德甲寅十月十六日，乃弘治戊申八月二十二日歿，歲止五十五歲。善母安人曾氏生宣德癸丑九月二十日，乃弘治癸丑三月十五日歿，壽止六十一歲。歿已合葬於仙姑山下，是時善未弱冠，不獲銘諸墓。比善舉進士，筮仕兵部主事，父母皆獲貤贈，善且仕至今官，然皆不獲見聞。善每念劬勞之恩未效成立之報，未嘗不泫然流涕也。兹行且过家，谋将遷葬，銘惟前史。」

按：贈君受性强毅，侃侃有斷，少承父志，卓然興家，讀書親賢，巷無居人。事母楊氏，日視膳羞，母若宴起，省拜榻

前。弟楷童稚，撫教兼至，比其長也，與之婚娶。爾乃惇崇大雅，見義勇爲，宗族戚黨，罔弗敬憚，子姪侍事，懍不敢惰。而曾安人又能相以柔嘉，含貞抱慈，上孝姑楊，竭此心力。妯娌之居，敬讓惟先，身訓諸婦，順爲家法。然則參議之有今日，而流涕追銘者，非偶然也！

又按：贈君諱陽，字克任，雷州教授道翁之曾孫，鼎湖公之長子，而贈安人亦同邑之蘭溪大參之孫，穎鳳之女。二氏皆吉水名族。集義集慶，委諸參議。然則參議他日道獲大行，貤贈贈君安人以至極品崇階，樹豐碑於羨道者，又可想也！子男五人，皆曾安人出：長慶，娶全口曾氏；次福，娶馬田陳氏；次緣，娶富口王氏；次麟，娶玉澗蕭氏；其五則參議也，娶峽口陳氏。女一：元真，適蘭溪曾純二。孫男六：曰環、曰瑜、曰經、曰璞、曰珊、曰玘。遷葬在某年月日某山之麓。銘曰：

來京京，行爾爾，不愆所常，有覺樂止。積於厥躬，發於其子，恩回于天，光垂元里。宴宴爾藏，芳流百祀。

明贛州知府王君之配安人毛氏墓誌銘

予僚友驗封郎中太倉王君濟美世芳既陞贛州知府，攜其三子一貫、一誠、一正持里人王武庫狀請銘其配安人毛氏。毛氏者，太子太傅、禮部尚書、贈少保謚文簡諱澄配徐氏累贈夫人者之女也，予承之史官時習侍文簡公，已聞其家教之懿，及世芳之得贛州矣，乃今獲銘安人，覩王武庫狀，果然哉！狀曰：

安人諱端儀，生而警敏，長益恭順。既歸贛州，愈執恪慎，事姑陸安人，言式其度，行法其矩，即無所舉，舉得歡心。舅營繕公既逝，姑亦尋疾爾，乃飲泣含悽，晝夜在側，衣服湯藥，不一委人。及姑既歿，哀毀用情，痛及鄰婦。他日，贛州女弟于歸，妝奩或缺，乃發己篋，選美與具，了無靳容。又善辦理家務，極其周悉，燕祭婚喪，罔有不給。其賙貧恤病，拯困救厄，志同贛州，故內外宗戚蓋千百指，舉無怨言。諸子入塾，與之嚴限，不得折返。亦既有女，盤絲之暇，口授孝經。下至役使

僕隸，其耕商樵漁之微，亦皆告諸贛州，以能受事，事罔不效。若乃紡績纂組，則又身程諸婢，而時課其紅，贛州若罔聞知也。夫安人，文簡公之女，若此其貴也；王氏自先世積累以來，若此其富也，乃安人處之不驕不侈，而不爲所移者，何哉？湖州里人言安人生始數歲，見祖母范夫人紡，竊其紡具，即能就紅。稍長，文簡公授以女戒、孝經，輒領大義。徐夫人教之剪製刺繡，其肯綮不勞而能。然則安人將天授乎？實亦文簡公節儉正直，輔弼朝廷，自其刑于徐夫人者，而安人於幼稚時即已濡染之邪！於戲，休哉！

安人弘治三年庚戌月日生，嘉靖元年以贛州任司封時封安人，六年丙戌七月二十三日卒，壽三十有七。卒之明年丁亥十月十七日已葬之閘頭塘西原新阡矣。贛州至是追銘焉。三子者，皆其所出也：一貫，娶周氏，貢士埜之女；一誠，聘魏氏，提學副使校之女；一正，聘陸氏，大理評事鰲之女。女二：長未字，次字雲南茅知府員之子某。銘曰：

猗嗟王孫，系出晉覽，配此有毛，父氏文簡。既敦廼初，永之于亶，有淑伊行，又精五飯。相此贛州，爲王圭璋，粥粥沉沉，式時吳媛。宜爾子孫，有覺其戠，銘此元珉，百世是皈。

明宣德郎陸涼州同知秦君配劉氏墓誌銘

南京吏部司務秦君儀已考六年滿，將進陞尚書郎，以予在僚友之末，且乃問其先父母陸涼君墓中文。按狀：陸涼君諱某，字良玉，別號南岡，人以其同知陸涼州也，稱陸涼君云，廣西臨桂之南九圖雙山村人也。其先本山東青州府人，六世祖諱孟祥者當宋季亂，流離居雙山。孟祥生伯才。伯才生貴隆。貴隆生智達。智達生世全。世全配林氏，生翰琦。翰琦配呂氏，是生陸涼君者也。陸涼君生而剛果，不隨流俗。兒童時，往餉戶役於蘆田市巡司者爲賊所擄，三載始歸，銳志律令，諳曉章程，以都、布二司及京部都吏三考，授直隸安慶衛經歷。時軍政廢弛，尺籍行伍多弊過，君經畫其間，振揚威武。有劉某者，掌印指揮之弟也，嘗謀殺人，前後問官不敢發其私，當道委君詭問，竟寘於法，於是賢能之聲大著。安慶

任滿，遂陞雲南陸涼州同知云。陸涼知州，土官也，其治荒鄙，兼以夷賊出沒不常。君任巡捕，相機設策，前後殺獲五十餘首，時知州資珍死，長男崇志當襲也，珍妻海氏溺愛次子，乃賄于張知府以躐襲。張取結于君，君以正對，張怒，下君於獄，百計困逼，君猶執前結不改，蓋自是而退休之心決矣。於戲！使君初治孔孟之學，明經使之遂當，其蒞官臨政，豈但止是而已哉！

秦家家傳云：君兄弟四人，思昶、思愷、思旭，三兄也，各生一子，子亦皆亡。其季兄有遺孫，君收而撫之，與之名曰邦楫焉，爲之娶曰某氏焉。其訓族子姪也，亦嘗曰：「做百姓須蚤辦稅差，不宜累及里中。」故秦氏稅率十月完納，無公遺人騷擾雙山村者。先世遺田百畝，與其三兄各二十五畝，及自陸涼州回，猶前田不增也，使其子司廳五人各受五畝。夫君於其家如此，則於其官可知矣。

所配劉氏者，亦縣南九圖面底村人，父諱積山，母李氏。劉生而聰慧穎異，父母不輕字人，然積山公與翰琦公友善，遂以字諸陸涼君。及陸涼君之罹賊巢也，久絕訊，積山公不異其念，而劉亦自誓終身也。比陸涼君來克協契闊之約，南九圖里人咸異焉。既歸於秦，修婦職，友妯娌，事兄嫂如事姑，雖凌虐侵侮，亦無怨言。陸涼君御下頗嚴，則以寬裕解之。又身能勤苦，雖祁寒暑雨，紡績以先諸婦，蓋其慈惠靜儉，出於性成。凡陸涼君之行與政之善，多其內助也。然則司廳之有今日，豈偶然哉！

陸涼君生正統乙丑六月三日，卒正德辛未十月五日，壽六十有七歲。劉生正統乙丑三月二十日，卒正德乙亥閏四月十一日，壽七十有一歲。生子男五人：一偉，府學生，娶李氏；二仁，娶劉氏，繼黄氏；三俊，娶劉氏；四則司廳也，中弘治甲子鄉舉，兩任教諭，陞今職，娶王氏，繼周氏；五儉，娶劉氏。女二：長適舉人陳滋，次適郡庠生毛仲良。孫男五，曰：邦相、邦桂、邦本、邦樸、邦楷。某年月日，司廳卜某山之陽合葬焉。銘曰：

猗陸涼君，厥履惟殷，啬諸其己，貽此雲仍。劉配伊懿，君于是熏，有覺爾嗣，其來員員。雙山歸止，百代于聞。

明授八品散官袁君暨配王氏墓誌銘

君姓袁氏，諱舟，字濟川，號直齋，西安三原人也。其先本涇陽人，六世祖伯通避亂來居龍橋鎮，子孫遂爲三原人。伯通生德明。德明生貴。貴生忠。忠生三子，而君其長也。蚤即能幹父之蠱爲魚鹽之業於江淮間，凡父母有所意欲，輒能黽勉奉從，不敢違逆。其友于二弟憲、學，雖一錢尺布，未嘗私藏。及二弟之歿也，撫其孤無異己出。若當四孟之月，則具酒食於庭間，召族中長老，卑幼咸集，與盡歡一日，若有過咎者，對眾數之，諭以仁義，令之悛改，諭而不改者，笞之中庭，後罔不從。當是時，族人已至百餘門矣，凡征賦將至，君預爲裁定，隨產厚薄，以爲上下，先期輸官，吏卒未嘗擾袁氏焉。其於人貧而才者，與之貲使賈，不取其息，聽其足以自給而後償也，故袁氏之族多飽食而煖衣，無甚困窮者。雖於戚黨鄉里，凡吉凶慶弔，不以貧富爲炎涼。匱乏不能舉禮者，餽遺之；老且孤者，衣食之，不使失所。他有好博弈飲酒者，雖乞一錢，亦不貸，曰：「舟不可以資其惡於彼而取其利於我也，如是雖鬼神亦弗福。」有司兩宿鄉飲，皆不就。乃弘治癸亥奉例入粟寧夏，授八品散官云。

配王氏，邑大姓女也，既慈既惠，既勤既儉。君所可爲，惟恐弗爲也；君所不可爲，惟恐其或爲也。上而舅姑稱孝敬，下而妯娌處至白首無怨言。嗚呼！即有學者自少誦書讀史，乃或見利不讓，雖處骨肉亦較彼我，甚至亦有顯官，族人里人反以爲害焉。此視袁直齋氏何如也！此固不足風動一鄉哉？

君生正統九年□□八日，卒正德五年十二月二十八日，享年六十有七。王生正統十年二月二十一日，卒嘉靖二年二月十五日，享年七十有九。生丈夫子三人：長萬，娶劉氏；次蓁，娶秦氏，今南京戶部主事稿之姊也，蚤卒，繼李氏、曹氏；

次蘭，娶張氏。女六，李國英、王鐸、張鑛、孔錞、胡彦昭、張機者，其婿也。孫男五，孫女九。〔二〕

南厓處士王君暨配倪氏繼朱氏墓誌銘

處士姓王氏，諱子隆，字克盛，别號南厓，蕲水縣圍溪里人也。受性剛果，而又質直不詭，少涉儒業，旋即棄去，不喜仕進耳。乃潛躬泉石之間，服藝黍稷，執勤無倦。嚴整以範家庭，宗族子弟罔不敬憚。其閭里爭訴，立與剖析，不之官府。然襟度磊落，寄懷詩酒，每爲遊觀之所，戚黨朋舊流連移日。蓋嘗痛家乘之墜落，奮纘戎之積志，敦延碩儒編纂世譜以合厥族，費雖浮常，咸出於己。正德丙寅，天子下優老之詔，榮膺冠服耳，乃滋敦靜逸，葆頤衰暮，絶跡城府，雖介宿鄉飲，辭疾弗往。乃於某年月日壽八十有五而終，與其配合葬黄土原。蓋古木訥少文、耄期稱道不亂者乎！

初，處士之曾祖諱拱極，生如川，值正統間歲凶，輒出所有，賑施一方，活人甚衆。既樂歲，亦不責償，有司以聞，朝廷遺敕行，旌表厥門閭，時年逾八十，猶詣闕謝恩，一時同鄉縉紳餞詠成帙。如川生昌，復以例輸粟助邊重膺冠服。爰配洪氏，是生處士兄弟六人，而處士其季云。然則處士席慶衍休，責行在躬者，其道遐哉！

處士初配黄之倪氏，未嗣而卒。繼配黄之朱氏，允媲厥休，享年七十有奇，後處士數歲卒。生丈夫子一人，瑄。女子二人：長適某，次適某。瑄娶某氏，生子四人：某某，廷文，則今太學生也。詣予曰：「昔吾祖之著譜也，自先祖諱仲舒者始，唐德宗時爲左散騎常侍，昌黎韓文公爲志銘。自是以來，皆無銘。惟吾祖官雖不及散騎，其道則守而未墜，願涇野子銘之以與韓氏匹。」予辭不文，然廷文篤祖承父之念殊不可已。銘曰：

梁棟在廟，松桂在山，匪逢匠石，喬也參天。晉登耨鈇，漢用力田，適治良多，違道不遠。有懿南厓，淳樸以還，身雖不

〔二〕此處有闕文。

仕，行無詬斑。既裕爾後，亦光爾前，銘兹貞石，散騎可駢。

明贈工部主事雲峯方君配許氏繼馬氏墓誌銘

南京工部主事懷寧方其大鵬之父贈君生六十有三歲，於正德壬申三月六日卒。其配許安人卒於弘治丙辰正月十六日，繼配馬安人亦卒於壬申四月五日。乃乙亥正月十二日，君及馬安人已合葬於麓子山矣，時許安人葬在菱湖嘴，未合也，故未銘。兹其大將遷葬焉，乃以刑部正郎齊瑞卿狀來問銘。按狀曰：

君諱槩，字延器，號雲峯，先世本河南人也，至莽亂時遷歙。九世孫一公遷池之建德。大父彦英配贛州太守懷寧韓公居正之女，遂占籍懷寧云。父正，字景端，博識多聞，閑於吟詠，開塾授徒，里閈師表。配張氏，實生君焉。敦龐樸厚，邁拔流俗，孝事父母，有孚發若，恒膳之外，見新蔬果，必以先羞。父母或怒不悅，百方開慰，平而後止。其侍疾隱憂，嘗藥乞代，誠可通天。及卒，數日水漿不餟，宗戚規勸，始進粥，鄉黨稱孝焉。季父員自幼異居，爲父所愛，君敬禮日滋，雖父歿不衰。少嘗與弟桀同學于廬陵彭勿齋，桀幼即穎異，君見其善誦書史，喜如己誦，見其能析割疑難，喜如己能，後見其病瞽，悵悵乎如己之無目。及其卒也，則恒痛其蚤死無後，至歸咎于天。他日，從弟貴歿，貧欲僦屋，親兄生有鬩墻，見若不知，君即往與棺殮，收其二孤鴿、鶴，撫如己子。雖於族屬、戚黨、鄉閭、僕衆，拯困救危，恤孤化酗，崇德敬齒，皆出質實。夫士選於鄉校，治經讀禮，至事親處弟，間或愧諸，則君豈常人哉！君嘗謂其大曰：「光明正大，父祖家法也，若不遇，要使本心無愧。」則可以占君子之道矣。

許安人，懷寧許翁福之女，侍姑風疾，起臥頃刻不離側，及卒，痛哭嘔血成疾，壽若干歲。馬安人亦同縣人良之女，善持家，撫許子女如己出，因哭贈君致疾，後一月卒，壽則五十七也。子男一，即其大，登嘉靖丙戌進士，仕工部，有強直聲。女子子三人，其一人則馬安人出也。孫男子五人：長咬臍，早卒；次獻可、際可，皆業儒；次季可；次紹可，亦卒。孫女

子一。是宜追銘，藏諸元室。銘曰：

有敦雲峯，厥行如江，侯清侯遠，侯深侯長。孝追前哲，克友克兄，誕其四溢，義洽族鄉。蓄德不發，素履綏躬，宜爾家器，爲圭爲璋。

明封太孺人羅母王氏墓誌銘

太孺人王氏者，廣東參議尚志先生江寧羅公之次室，江西按察副使質夫輅之母也。尚志先生舉鄉進士，仕爲中書舍人於京師，所配恭人魏氏者長而不子，聞任丘人王翁俸有女，卓然名德，年十九矣，未字於人，遂造之以歸，是爲太孺人。明慧殊眾，慈諒有常，綜理家務，嚴恪周悉，而又精於女紅，篤信賓祭，諸内咸效，事無廢閣。奉身尤淙，一錢尺帛，用必有經，而拮据服勤，雖衰疾不怠，於是尚志先生莅官酬物，不知内顧也。其撫教諸子，躬示以法，孝經、小學，多出口授，若有外傅，程限習然後遣。質夫已爲評事，會一從弈其僚白德潤以告，猶痛斥於庭，久跪頓然後釋。故質夫蚤舉進士，太孺人膺兹恩封，當非女德之英哉！方質夫之舉進士也，尚志先生已請老，年八十二矣，質夫乞改學官以便養，上嘉其志，除南京評事，兼程抵家，效歡三日，而先生卒，南都人以爲異，此予耳所聞也。及太孺人嬰風疾，質夫時守南昌，棄官馳歸，乞休不允，越年改守南康。太孺人以孫槼俊敏暴卒，傷痛再疾，時質夫已遷副使矣，又棄官馳歸，太孺人尋愈，促遣之。質夫乃至三疏，准歸，歸未數月，而太孺人卒，南都人又以爲異，此予目所見耶。夫自噬指風微，繫魚教寢，乃復有見於羅王，然則凡質夫之所有，孰非太孺人之道哉！

初，王翁本畿輔茂族，隱重不華，配於卞氏，媲德駢美，故太孺人淑媛元授，幼邁羣女，諸姑伯姊，仰學言動，又能以禮度約束諸弟，諸弟憚如嚴師，任丘人已有勝于生男之評。然則太孺人所源流者遐乎！質夫載其明德，尋禆國家，光于四表者，又孰非太孺人之道哉！

太孺人生天順戊寅十月十七日，卒嘉靖癸丑十一月八日，壽七十有三。生丈夫子三人：孟載，娶邑人王氏，繼楊氏，又繼沈氏，皆邑人；仲輿，鄉貢進士，娶邑人熊氏；季即質夫，娶大興胡氏。女子子五人：長適鄉貢進士楊佐，次適按察副使李熙，次適應天府學生姜楷，皆魏恭人出；次適吳江，次適知縣徐九經，則太孺人出也。孫男子三人：長如岡，輿之子，殤矣；次即榘，質夫之子；一尚幼。孫女子五人，其四已有婿，爲顧嶼、陳時、萬玉棟、徐勃。質夫卜嘉靖九年月日合葬太孺人于尚志先生之壙，以其姻方伯顧公華玉狀問銘，枏忝與質夫同年進士，有契誼，是宜有銘。銘曰：

猗太孺人，內行孔嘉，侯恭侯敏，侯儉侯和。侯幼侯教，侯長侯娥，既宜爾婦，不爽母儀。素履誕厚，萬祉惟那，薛山崒嵂，配冢棲霞。有聞淑嗣，殞淚如沱，載其休問，千載不磨。

鄉貢進士梅庭徐君墓誌銘

徐君諱圭，字信卿，又字禹錫，梅庭其別號也，世居江陰之梧塍。生而俊穎，不類凡兒。既長，益強敏過人，其父永州推府鼎與延明師，嚴立程限以督之。若有他往，居君及二弟於一室，歸課其業，少不當意，輒檟楚之不假。君益奮往誦讀，夜分始入寢室，仍移燈對榻，倦乃假寐，雞鳴又興，故肄業精專，迥邁羣輩。提學山陰司馬公堊、縣尹蘭溪黄侯傳皆稱奇材。乙卯，南畿大比，考官擢中易元，尋以其策涉時嫌也，列寘亞魁，刻其文以傳，故君雖未發解，然其名反重於時，人固望以高選禮闈矣。及弘治己未會試，適言官華昶劾學士程公家人鬻題于徐經、唐寅，誣及於君，乃與昶同下詔獄，覆視朱卷，在不取列，其事乃白，然卒坐黜名。則君既不獲進士已矣，并其舉人亦去，不亦屈乎！他日，永州怒其如此也，遂數訴詬君，君亦自放達，頗出禮度。家人邵宗源、趙鋗者以讒巧得志於永州，數作不法，君每痛懲之，乃皆含怒以讒于永州，永州疑焉。比君偶失幘圈黄金也，乃笞侍僕于勉，勉及其父真亦積憤，締結源、鋗，讒君於母吳氏，云君有欲將之心如陳南金舉也。既久，母亦信之，遂及真等各寓書于永州，永州即以爲然，棄官歸家，日尋索其惡。未幾，君之羊食田苗，永州赫怒，即入書室

捽髮擊君，諸家人以其未死也，舁之庾室，灰眯其目，釘貫其顱，積米於其軀體，而君遂絕。夫君不得舉人已矣，乃並其齊民亦去，不亦屈乎！

嗟乎！予嘗歎讒言之難明也久矣。夫梅庭君求仕于國，而以誣見黜；求克乎家，而以讒見殺；雖或微行小節，頗有隙致，然而嬰毒冒害，又何至若是烈邪！則古之人不得於君親者，又何言乎！夫至愛莫如子也，乃有手刃之慘，夢寐亦不變，鬼神亦不告，疑若無天矣。然君死之夕，雷電繞舍，遠近驚異，而永州考諸家人無驗，輿悔不及，則雖有天，又何後邪！致禍莫如身見殺也，乃君既不知逃，而一時諸姑伯姊兄弟叔季，未聞有被髮纓冠之救，疑若無人矣。然君死之後，哀有傳誄，有詩祭，有文，至江陰有志載其閎達倜儻、抱負書藝，死於家奴所讒，人咸傷之，則雖有人，又何後邪！君之子中孚言及君事，涕泗交頤，或以怨天，或以尤人，豈不以君遭人倫之變邪？中孚之友沈飛卿曰：「君曾祖本中，祖景高，皆有隱德。至父永州，始舉於鄉，而君事之極謹畏，尤孝敬大母包氏。其處仲弟愷、季弟工部司務弘道極相友善。與人交接，洞見肺腑，情久彌篤。嘗遇被劫之士，解衣傾囊，無所後顧。」此其于天與人，疑若無罪焉。又曰：「間遇縉紳，未嘗俛眉，嫉惡太甚，面斥人過，與世多忤，鄉族有私，義激言直，賈怨弗恤。」夫恃斯道而不渝也，將天與人亦忌之乎？

君歿於弘治癸亥三月十八日，距生成化丙戌十月四日，壽止三十八歲。配蔣氏。子男二：長絢，殤死；次即中孚，初名紈，娶趙氏。女一，亦殤死。孫男子一，應嘉，聘翰林編修崑山王君女。君卒之年四月十三日，已槁葬於新塘之原，未銘也，將遷葬焉，以予與其師可泉胡子友也，乃持飛卿狀來求銘。銘曰：

伊戾殺痤，江充賊隱，王侯崇高，違違忍展矣，可憫。有懿嗣子，不安食寢，思孝于君緒，九原其瞑。

太醫院冠帶醫士盛斯兆墓誌銘

盛君斯兆諱應禎者，南京兵部武選郎中斯顯應陽之弟，蘇州吳縣至德里西閶門人也。正德庚辰，選爲太醫院醫士。壬

午，受有冠帶。今年生三十有八歲矣，乃二月十五日卒於家，斯顯痛如失左右手，將以十月某日葬於茅塢先塋，合其配俞氏也，乃詣予曰：「應陽何忍言葬吾弟哉！弟生而英特慷慨，兒時即能取予有分辨，爲儕輩觀望。少長，與予同事塾師，及治舉子業，肆作多爲長者賞識。當是時，予父遊郡學，祖母沈氏亡，繼祖母潘氏、生祖母高氏俱在堂，年且耄老，而先伯先叔皆淪歿，諸從弟又弱甚少也，吾父曰：『祿養無期且有命。』乃即削去儒籍，退而依親，且令斯兆亦謝其業，改治醫術以濟人。然吾盛氏世醫也，斯兆又以儒舊爲之即易達，凡素、難諸經，岐伯、雷、扁、意、佗諸家之大旨，皆望望乎有所聞，以理人輒多效，於是吳人曰：『盛氏醫又出西泉子矣。』西泉者，斯兆之別號也。及予既舉癸未進士，斯兆時在京，皤然告予曰：『兄既登仕版，而弟又留醫垣，豈父命改業之初意乎！』即日告歸姑蘇，以事二人，使予無內顧憂。初，予家祖遺頗饒足，父業儒瘠，乃斯兆奮志幹蠱，蚤綜暮計，雖寒暑不憚，用能不替先緒，家務就殷。及二祖母相繼以歿，則殫竭心力以營殯葬，細大畢舉，於是吾父曰：『使我爲秀才有成，舉甲科以養親，亦不過是。』及其歿也，覽所創造，而益悲曰：『天胡奪吾兒之速乎！』且予涉歷宦途六七年矣，得以專服官政而無家累者，皆此弟之力，乃今已矣，其誰以賴？嗚呼，痛哉！予嘗謂斯兆曰：『心不可太勞，太勞心則損氣，損氣則傷神，神氣既虧，形容無獨全理。』乃予弟不用予言，以予父及予之故，身任其艱，日夜焦勞，以有今日，則予可奈何？嗚呼，痛哉！」涇野子歎曰：「吾爲子志而銘之。」按狀：

盛氏先世本餘杭人，錢繆入宋，隨爲汴人。南渡時，爲吳人。明興，別籍橫塘，後改籍吳縣至德里，在西閶門外，其詳見大學士吳公寬撰譜序。文皇帝時，有諱寅者，字啟東，號退菴，則斯兆之高祖也，徵爲太醫院御醫，配顏氏，封孺人。退菴生儼，配許氏。儼生暟。皆以醫徵爲醫士。暟生坤，以斯顯貴封承德郎南京吏部驗封清吏司主事，配柳氏，封安人。數世陰積善行在人，則斯兆所源流者遠哉！所配俞氏者，少保俞士悅之女，繼配劉氏。生男二：長之化，娶彭氏；次之繼，嗣于斯顯。初，斯顯與南考功郎中朱子純善厚，有指腹約，然子純先以生女，故斯顯因斯兆之亡也，乃即以之繼爲嗣，聘爲朱云。此不可以觀斯兆孝弟之實哉？銘曰：

君平賣卜，康伯市藥，令名千秋，不羨高爵。有如西泉，克紹先覺，既篤于兄，父命是若。助葬恤窮，解紛嫉惡，梗直自

持，猶重然諾。使其永年，雷扁可作，茅塢之竃，斯辭不怍。

監察御史梁峯朱君墓誌銘

監察御史梁峯朱君朝議諱綬歿，其僚咸寧司馬魯瞻撰狀，鄜州宋獻可以告予請銘焉。曰：「嗚呼，吾安忍銘吾梁峯哉！梁峯舉癸未進士，以予曾同試書卷，且同鄉之先仕也，數加禮。然予以其年相差也，每會必相讓至於爭，而梁峯固執，予不能强，當其意，甚真也。他日，梁峯值暑濕不安於南，欲棄官歸耕漢中焉，曰：『予亦以是病，然尚勉於斯。梁峯壯，可勿歸。』居一年，實授矣。巡倉且完也，乃病瘧，予以瘧，南都之常疾也，止遣使問焉。既一月，聞疾劇，往視之，已煩熱，數日不能食。頃，其戚大廷尉張公來，與入視理脈，心煩不樂，出謂張公曰：『病熱脈不熱，可慮耳。』越二日，再問之，云且瘥，遂不問。又三日，聞不起，時已暮，往視之，則其僚皆在如兄弟與治棺矣。予入哭之哀，出問終事，張公曰：『梁峯死無一絲衣，與作之不及而逝。適買棺，則大中丞萬公助也。』予歎曰：『豪傑哉，梁峯也！』何給事德徵嘗言同僚於行人，見其補破韈，無代韈，苴朝履以俟補韈。今果然乎！吾安忍銘吾梁峯哉！」狀言：

梁峯之爲行人也，奉詔出典徽王喪禮，祭葬如式，而饋遺一無所受。戊子之夏，既至南臺，初試理刑，方值督獄，日遣獄卒滌枷杻、淨囹圄，時飲食，囚徒皆感恩，或至泣下。已而掌本道篆，兼署浙江、山西二道，凡所聽訊，務求明允，威富必訖。其巡視京畿，訟盈庭街，剖決如流，各得其情，人無後言。江南北倉場積弊不可縷計，乃先禁科斂、繩貪墨、杜侵漁，而後明出納、平斛槩，故一時所至，軍民罔弗賴之。寧國有姦民尅費官糧千金置產也，乃買貧族以應追，兼賂縣吏，坐以產絕，府中與除豁，梁峯勾稽得實，曰：「縱姦長惡，煢獨何辜！」竟寘姦於法，還其金於官，人以爲明。孝陵左麓有古墓，盜掘見棺，梁峯時巡城，曰：「此但未至取一抔土耳。」舉聞其事，卒置守者於法。夜半有血湧出中兵馬司門內，吏卒皆驚走。明日，有司掩閉莫敢言，梁峯曰：「此非細異也。」乃聞諸朝，因諷諫時弊焉。他日，又會合臺諸君論列時政，言過切直，衆方憂

危，恬不爲動，後得薄譴，罰俸六月。蓋梁峯於凡公事不避難，率如此也。

梁峯先世廬州舒城人，洪武中有諱仲賢者由鄉貢仕爲四川重慶府同知，後籍大足縣。三傳至諱友成者，梁峯之曾祖也，由鄉舉知南鄭縣，愛其土風樸厚，因家焉，遂爲陝西人。生巽，隱德不仕。巽生崇政，由歲貢任沙河丞，配張氏，實生梁峯。自幼岐嶷，長益英敏，隨任沙河，潛心經史，足不出縣門。及歸南鄭，漢中學者爭師之。既舉正德庚午，沙河暨張先後捐世，其侍疾居憂，感動鄉人。則梁峯淵源所自，造詣所始，亦甚遠乎！梁峯天性坦直，簡重不華，綽有雅度，不爲詭語諂顏及矯枉突兀態，至處事遇物，井然有理。孝弟友睦，如出性成。其歿也，兄之子應暉哭號如喪其父。若乃節儉甘苦，尤人所難，而口耳之學，性不屑爲。其惇信忠謹，真足有稱云。生成化辛丑四月二十四日，卒嘉靖庚寅九月三十日，得年五十歲。

配王氏，有婦德，足類梁峯。生男子三人：長應奎，業儒；次應壁、應軫。應軫先卒。女子子亦三人：長適郡庠生崔汝，餘在室。應奎將舁柩還南鄭，卜某年月日厝於先塋之某位。銘曰：

龎乎貌矣，醇誰過矣，當物有分，力不可那矣。既篤爾常，動罔不嘉，交重然諾，公爾忘家。緊其貞矣，望之峩峩，云胡不壽，齎志行邪。殮靡絲衣，載路悼嗟，清風不泯，百代肆遐。

南京戶部郎中北川李君墓誌銘

嗟乎！北川李孟卿乃以瘧疾而不起邪！昔予遊太學，嘗與孟卿同事清黄，既而不相會者二十年。及改官南都，數會孟卿，每聞談論邊事，凡阨塞之處，金穀之方，將領之略，受言如響，慷慨風生，座客拱聽驚服，當其意氣可折衝樽俎，備安一方有餘也，乃遽有今日乎？

孟卿本萬全都司龍門守禦千戶所人，其先世由揚州來也。孟卿幼即聰敏，長多疾病，其父贈君欲令事商賈，乃輒抗志

業儒，無少休廢，遂籍懷來衛學，儕輩推先。他日，入都下，師事祭酒謝先生，謝先生每稱重之，許其遠到。乃弘治辛酉，中順天鄉試，累會試不第。正德十年，謁選授禮部司務，廉介自持，勤慎匪懈。十四年，武廟南狩，孟卿乃同其僚上章諫止，得跪門五日，杖三十，罰俸半年。及今上即位，吏部題准，陞俸一級。嘉靖二年，陞南京戶部四川司署員外司務，三年考績，實授本司員外郎，監督倉糧，出納平明，官攢軍餘，罔不喜悅，復差監榷淮南諸課，船舶不滯，官商咸服，遂陞本部廣西司署郎中事。員外郎七年，再考陞本司實授郎中，獲有誥命，贈其父如己官，階奉直大夫，母趙氏，贈宜人也。初，趙宜人謂孟卿曰：「汝他日若獲有祿，汝二弟輯、輅可公共之。」於是孟卿既仕，捐其俸而不私受，其犯而不較，以爲吾母之命猶在耳也。至其立市以睦鄉人，建祠以祀先賢，推餘以拯困窮，凡諸閭里罔不以孟卿爲所依倚，則孟卿平日理財談兵之略，固非無據而然也，乃遽有今日乎！

其高祖諱旺，曾祖諱彬，祖諱福，皆務本敦行。是生贈君諱景，嘗請官始開懷來衛學云。孟卿諱輔，生成化壬辰四月二十日，卒嘉靖庚寅九月初五日，得壽五十有九歲。配王氏，贈宜人，繼配吳氏，吳卒，又繼配禹氏，側室陳氏。子男三人：東敷，王出，衛學生員，娶黃氏；南敷，吳出，亦業儒，嘗從予遊，娶韓氏；次敬敷，禹出。女子子二人，皆陳出。孫女子二人。東敷兄弟舁柩北歸，擇今年辛卯某月日葬於懷來北螺山下。銘曰：

侃如其行，亹如其來，既敦孝友，亦有猷爲。爾材未究，交遊感懷，嗣子員員，聲聞永馳。北螺山高，風千年哉！

封安人邵母徐氏墓誌銘

邵母徐氏者，按察副使南京羽林右衛人鏞之母也。鏞舉進士，爲南京戶部主事時，封父士美公如其官，母封安人焉。柟與鏞爲同年友，近仕南都，得數從會，會少晏，鏞必稱安人命，先起去。中秋觀月飲，鏞又以譙安人辭。比羅氏秋雨重晏，鏞不至，云安人疾作。越三日，果不起，諸同年驚弔，鏞摧慟至不能語，頻發引。鏞垂涕泣走謂柟曰：「司符而知母安人之

德乎？母年十五歸吾父，當是時，王父諱某歿，王母張夫人尚在也，私語所親曰：『邵氏中衰，吾食荼撫弱息至今日，幸逮娶婦矣，然又稚齒孱質，其奚堪家難。』安人聞之，無少齟齬，隱練行業，力毗家君，日事中饋，夜猶紡績。凡賓祭之禮，酒漿菹醢之務，既虔以敬，下至貿易贏縮、拳蒔薪蒸之細，亦罔不明。張夫人膳，非手調不以羞；張夫人衣服，非手製不以進。又念未逮事王父也，當祭尤信謹，曰：『將以補婦職之缺耳。』方三四年，家積日茂，克開邵氏，家君遂釋內顧慮，爲湖湘遊。及鏞少長，遣學外傅，策勤警惰，無少假借。鄉舉後，飲酒晚歸，即大恚曰：『少年鄉舉，不用爲懼，顧資爾肆邪？』三祈罪而後已。比仕南曹，箴戒滋多，至恐罹憂，爲鄉人詈。尋受恩封，尤責圖報無已。他日，鏞守雲南，嘗附獻雞髮，輒卻之曰：『父母于子，願聞美政，不願聞美味。』鏞爲之竦。往年家君歿，哀毀過禮，遂得末疾，左體癱廢，然猶日理家務不倦，諸孫勸沮，則曰：『此以教汝曹耳。』嗚呼！吾母之德，其細者勿論，此皆其孝敬勤儉貞慈之大者也。然鏞□未能承其志，學不能行諸當時，以爲吾母顯，徒使吾母老於善以去。嗚呼，痛哉！」按察使顧君璁狀安人爲南京錦衣衛徐處士榮之女，夙稟淑質，顓靜端愨。處士嚴于擇對，且精鑒裁，嘗瞰封君幼孤自樹也，私羨曰：「此人非獨裕其家矣！」遂字安人焉。則安人未笄時已不類凡女，宜其立于邵氏者如此也。

生天順己卯十月二十八日，卒嘉靖壬辰九月一日，得壽七十有四。生丈夫子三人：孟欽，早卒，娶陸氏；仲鉞，娶徐氏，皆早卒，繼朱氏；季即鏞，娶廣東僉事金君逵之女。女子子一人，嫁爲秦淮妻。孫男子四人：恒吉，娶隰州知州黃恒女；恒正，娶盧氏；恒信；恒矩。孫女子五人，謂薛昇、王承榮、蔣嵩、金伯偉、林岱者，其婿也。鏞卜是年月日葬於安德鄉河塘山，合封君之窆。是宜有銘，銘曰：

有媛安人，素履靡回，相兹有邵，儉敬喈喈。式穀季子，思與道偕，既登膴仕，厥訓滋恢。冀爲國材，雞髮之獻，睨而遐推，副使凜凜。聲馳憲臺，孝思孔佳，宜爾子孫，員員其來。銘兹貞石，百代攸開。

釜山處士陳君墓誌銘

君姓陳氏，諱鑾，字尚冕，別號釜山居士，泗州天長縣之汊澗人也。先世浙江寧波人，洪武初徙懸海居民實京師，曾大父子祥遂南來，隸京龍江右衛。大父通，始屯天長人云。父文昱，字大朗，質直好義，能平鄉忿，配於袁氏。袁氏通孝經、小學、列女傳，於是生君。少即聰慧，長從外祖袁拙菴學，通涉羣史，尤邃小學。持身嚴謹，謙退中禮，涖家整肅，內外不踰，長少咸遵矩度。所生二子，質雖孱弱，必教儒業。性喜賓客，若有碩儒雅士造訪，必與談終日忘倦。又好施與，嘗起巨橋及平大阻，以便行路，費數百金不以爲難。家無珍玩靡麗之物，若古書籍，則竭力收藏。至于祭先，時鮮咸備，其自奉則泊如也。歲大歉，嘗輸粟以賑民，獲受散官焉。晚復以齒行與縣鄉飲之列。蓋古之敦義好禮，耄耋不亂者乎！

生正統癸酉年十二月二十七日，卒嘉靖辛卯十二月十一日，若再延十七八日，則八十也。配泗州鄉進士柳公女，婉順內助。生男子二人：長濟，廩膳生；次洵，國子生；皆蚤卒。女子子五人：長適百戶劉昇；次適鍾璋，蓋舉人暘之父也；次適監生胡珊；次適譚鉦；次適陶偕。孫男子一：曰棣，洵子也。王府良醫盖承君重云棣卜今年十二月葬君於某山陽，嘗學於鷲峯東所，因據君之狀以請銘云。銘曰：

猗釜山叟，受質孔膚，稚齡輒作，懷義如瑜。篤初誠美，雖老弗渝，彼伊造訪，咸稱宿儒。有覺其來，良士瞿瞿，不懈于行，閭里咸孚。雖不爾爵，令名完夫。元窾晏晏，子孫世模。

明鄭母陶氏墓誌銘

往年崑山學生鄭若曾學於柳灣精舍，是時祖母陶已歿數月，若曾齊衰如禮，言動不苟，試問之，對曰：「若曾雖父師所

教，然自齠齔時，祖母陶提攜訓之矣。」今年若曾鄉試下第，乃來鷟峯東所曰：「吾父將舉祖母之葬，俾若曾請銘焉。」問其詳，對曰：「祖母，邑之石蒲里人也。生而仁慈聰慧，凡諸刺繡組裁，一學輒能，父母鍾愛，慎於擇對，遂歸我先祖玉山府君。先祖諱同仁，方以醫名邑中，然家甚薄也，祖母相以勤儉，井臼紡績，皆身親理。先祖好延親友，祖母或脫簪珥與具。其歲時祭先，器物必預夕新潔，無或敢慢。高祖諱友光，年十六歿，所配朱氏者，節婦也，然無出，以高伯祖介菴公之仲子爲後，乃名育，即予曾祖，醫學訓科者。生三子，長即先祖。高祖母乃終養於先祖，而祖母事之惟謹，高祖母年漸邁，尚夙興，祖母力止之，答曰：『吾無出，感爾夫婦孝養勤苦，晏起必勞爾溫進湯膳，不安也。』於是祖母與約，每晨興以炊熟爲度，然實私溫湯膳，冀少安寢耳。高祖母善脈藥，以藥女婦，奇疾十失一二，祖母侍久，亦知方，每用藥，亦多取效，於是高祖母不知無親孫，祖母不知爲所後祖母也。曾祖母何氏老得脾疾，垢穢臭甚，臥牀褥將浹年，祖母晨昏代舉匕筯，扶持洗滌，初無難顏，常拉淚禱天，以乞憫瘥，婢輩有厭避者，則斥之曰：『吾姑素撫汝猶兒女，今爾忍若是背耶？』若有盡心者，則加勞以衣食。曾祖母由是得善終。先祖側室二人，張也，徐也。徐存一子曰伊，若曾之三叔也。先祖歿時，三叔方三歲，先祖執其手，嗚咽不能言，且顧吾姑母龔節婦，祖母即召吾父叔曰：『爾父所遺念者，此幼孤與寡耳，可善撫之。』及其自終時，猶拳拳以是喻吾父叔焉。他若恩育臧獲，禮訓子孫，儉樸不華，淡泊自奉，亦皆出乎天性云。生於天順某年三月十二日，卒於嘉靖七年五月初四日，享年六十有七。子男三：長即吾父，名宗儒，娶吾母唐氏；次吾叔宗周，娶虞氏，繼薛氏；次即宗伊，徐出也，贅史氏。女一，適龔宗魁。孫男五：長即若曾，次若臯、若虞、若思、若軻。曾孫男二。」

予歎曰：「懿哉，鄭氏之母也！其與崔山南之祖母唐夫人奚異哉！是可不以銘乎？」銘曰：

奉身有常，率履惟素，順于先姑，不愆女度。侯明侯哲，侯貞侯友，妯娌爾觀，子孫爾茂。克開厥前，宜昌爾後，丈夫所難，婦女山斗。銘茲貞石，千年不朽。

封南京太僕寺主簿儉菴童君墓誌銘

君諱應禎，字元吉，姓童氏，別號儉菴，南京欽天監籍，前太子少保禮部尚書枕肱道人之所從孫，樸菴公之子，荆门府通判時之父也。初，君之曾祖玉壺先生精天文學，嘗扈從文皇帝北征，與修永樂大典。生四子，其第三子名惠，號質菴，於少保公爲兄，能世玉壺之業，亦徵爲天文生。生子靈，號樸菴，配錦衣湯公之女，實生君。

君生而英敏嗜學，奮修進士業，兼傳先人星曆之術，於是少保公深愛之，每欲以爲後，又恐沒質菴之嗣也，瀕終則語之曰：「貳室柳有娠，若男也，名曰應祥，字以紫芝，汝則輔以成立，不幸我爲鄧伯道，汝其嗣我以承家。」他日，紫芝生，君如治言。及紫芝閱六月，不育，君亦如治言。凡少保公葬祭恤典及閣學所撰墓文，皆身走京師以請，而殯殮棺壙之事，尤極周慎，雖紫芝長亦不能及也，於是一時元老碩輔咸重之曰：「汝祖，名臣也，雖不幸無子，得汝是有子矣。」則少保公非君固無以丕顯至今未艾，而君非少保公亦無蔭及其子孫如此也。初，君爲舉子業，時太宰三原王公方巡撫南畿，誨諸子學，爲之擇友，得君與同硯席，今司徒公承裕亦在也。丙午大比，君以欽天監籍應小試，宗伯華容黎公面試曰：「陰生夏至，奚爲暑？陽生冬至，奚爲寒？」君對曰：「陰推出陽，故暑；陽推出陰，故寒。此屈信相感之機。」黎公大許之。少保公積書萬卷，君率能覽閲，尤深于易及司馬氏資治通鑒。與人談古今治亂，上下數千年皆如身親見者，座客咸仰視焉。然少保公又以家事畀君，君分其業以幹蠱，於是君之進士業未獲就云。他日，樸菴及湯歿，君竭力營葬，無親疏異，鄉人以爲知禮。正德戊寅，以子時仕南京太僕寺主簿，封君如其官，其質樸坦夷，皆獲形之于敕語云。蓋君平日崇儉秉謙，敦禮循義，婚娶不諂俗，喪葬不媚佛，雖當少保公貴盛之時，恒以布素自居，無驕惰態，則少保公之所以託後於君者，豈徒然哉！

君先世在唐則青州太守昶之後，在晉、宋世有名臣。明興，自青州徙居鄱陽。五世祖諱元愷至高祖金友、曾祖碧瑄，以少保公貴皆累贈如其官。其籍欽天，則玉壺先生始也。君所源流者，亦遐乎！配陸氏，封孺人，悉軒先生之女，有閫訓。

子男二：長即時，以少保公蔭爲太學生，仕已至荆州通判，有政績，娶范氏，國子學正時望之女；次曰年，亦爲舉子業，娶李氏。女子子一人，玉卿，適知縣徐吉生之子瑤。孫男子二：舉、譽。舉娶王氏。孫女子一。曾孫男子一，德符。曾孫女子二。君生天順壬午十月九日，卒嘉靖辛卯七月六日，享年七十歲。時卜某年月日葬君於安德山之原，乃持荆州知府滁陽孫君性甫所撰狀，託鴻臚卿四峯張公子材以問銘。銘曰：

有懿儉菴，亶枕肱後，受性伊明，天文是究。克勤克儉，克久克厚，既篤祖宗，猶念父母。宜爾子時，受蔭承祐，才學蚤稱，官已通府。究厥本源，實少保公所授，銘茲貞石，並於勿朽。

散官南圃邱君公望墓誌銘

邱君諱雲，字公望，別號南圃，吴江儒林里人也。嘗輸粟於公，受承事郎，然數棄冠帶不著，里人皆稱南圃處士云。初，君高祖名衡，生子景春，以年長授壽官冠帶。景春生暹，以輸粟授承德郎冠帶。暹生諒，君之父也，亦以輸粟授散官冠帶，里人又謂君世濟其義云。諒配於楊氏，而生君，早卒，楊撫君以有成也。然君受性謹厚，有美姿容，篤於親戚。既長，仲父、叔父欲析業，君輒見承德祖意也，遂以己所當得者讓二父，無怨言。雖從父昆弟遇婚喪不能舉，君輒與處給，不使有他求。母楊没，居喪漆漆如古禮，斷酒肉三年不私御，鄉人以爲雖讀書士不逮也。雅好儒彦及文人碩士，過從輒館穀，或累月不忍舍去，度其色欲者，輒脱然與之，有古掛劍風。嘗爲二子淮、濂敦師取友，出厚貲不一惜，曰：「如使吾兒賢，其爲寶，奚啻千金哉！」於是吴、楚善士皆樂與君遊，里人皆擬公爲江湖廣廈云。嘗遇岁凶，鄉人素受君德者相率來告曰：「某等貧不能存，將餬口於他方，專來别。」君亟語之曰：「汝止，汝止。縱不念宗族親戚，獨不念汝父母墳墓乎？吾將發吾儲給汝爲漁樵資，越數月便稔也。」咸還，泣曰：「君能生我，我又何爲四出？」至於里中棺槥之施，橋梁之修，惟恐或後。主政毛君衢以爲一鄉善士，亶其然乎！君生成化戊子正月二十二日，卒嘉靖乙酉四月九日，享年五十有八歲。

配某氏，實能内相。生子男二：長即淮，太學生，娶溫氏；次濂，娶董氏，繼王氏。女子子三人，陸卿及學生錢良臣、汝世德，其婿也。孫男四：如棟，聘刑部郎中陸秀卿女；如梁，聘毛主政女；如松，如桂，尚幼。孫女二。淮將以辛卯十一月二十二日葬君於東宇圩新塋，乃持毛主政狀託王祠祭以問銘。銘曰：

猗嗟南圃，乃如是之茂古，既厚於家，尤篤於友。見賢克恭，臨財克剖，周此鄉閭，侯惠侯乂。宜爾子孫，傳芳扈扈，銘兹貞石，千年如覩。

工部郎中進階奉政大夫華陰張公墓誌銘

華陰張公永年自弘治丁巳以郎中引年還山，今二十餘載矣，然日日課子孫種稼讀書，無他外干，予恒仰其高。往年病起上京，過華陰，始見於其家。是時秋獲後，公皓首龐眉，由粟麥堆間迓予，予望之若物外人矣，自是屢念之不置也。今年己卯三月二十五日，公且九十有一歲，乃卒，其孫太學生璣以父繼宗命奉登州府同知史君紀狀問銘。嗚呼！公於洪範五福可謂庶幾矣！

初，公以禮記中景泰間鄉舉，積試禮部不第，至成化初始受山西繁峙知縣。上官才公，遂檄公督逋儲，三閱月而告畢，獲旌異。太谷之俗，桀黠尤過繁峙，有豪右結黨爭訟，舉縣騷然，主者莫能馴也，於是撫按諸公請於朝，調公爲太谷。爲太谷五年，太谷之民從公猶繁峙也。比公去，太谷其民爭號泣攀轅，大夫士則撰異政録以贈公，其集猶在也。是時運河頗滯，吏部特擢公爲順天通判，專理之，於是漕運大通，至今張家灣、河西務諸地猶傳頌公令焉。比丁母憂起，乃補前職，改管柴廠，率與諸權貴關節，前判皆被齟齬去，而公處之沛然，諸權貴莫能格也，其奸隙弊穴亦自是塞於是，縉紳皆誦公材，得超遷工部都水司員外郎，專管地方街道。是時原設守衛皇城管軍率役於中貴及諸權家，窩鋪中多乞丐宿之，公悉盡追其役于鋪，不時巡查，一時金吾之禁，赫赫厥聲。尋陞郎中，奉敕協同中官差往湖廣治岐王府第，經費數萬計，中官欲匿見存正銀

而以夫役輸納者當其值，公奮然興志，乃同鎮巡諸公區處支銷，無毫釐疵，中官莫之議也。比事竣還，偕太常李卿持節西夏冊封慶王，所酬金帛皆卻弗受，不三月而復命，其勞心王事，率有古黄華、四牡之風焉。人方仰其大用而公乞歸矣。初授郎中時，誥封奉直大夫。比今上即位，詔進階奉政大夫，然人皆惜其未究也。初，公治繁峙、太谷共九載，然率多寢食于公堂，食蔬布袍，人不能于以私。比在湖廣，四歷寒暑，一僮不隨，所費惟日廩間買豕肉豆腐以佐食。晨餐畢，即赴山場督工，日坐厓阿，馬牧山澗，隸樵石側，雖遭雪雨，擁氈衫而載油盖，不暮不歸也。故其所至，感人集事，罔不如意云。

公諱壽，字永年。祖春，不仕。父微，以詩經中永樂間鄉舉，授山西興縣訓導，後以公貴兩膺誥勑追封如公官，妣陳氏，贈太安人，加贈太宜人。所配詹氏，端重寡言笑，實相厥內，封安人，加封宜人，先公八年卒。子男六：繼志、繼美，邑庠生；繼先、繼芳，丞差，皆先公卒；繼宗，公第二子，大梁驛丞；繼善，公第五子，永康驛丞。女二：長適□璉，次適馮儒。孫男九：詔、璿、璣、玉、珩，餘幼。孫女十三。曾孫女六。大梁君擇今年九月十一日奉葬公於邑城東新兆，與詹宜人合。爲銘曰：

世之仕者，率以出身資格自貶，故舉人恥與進士同朝，歲貢懼與舉人同選，而上之待之者，亦有貴賤，拔乎流俗，百無一二。若都水公者秉此剛方，執此勤儉，主此忠貞，抱此諳練，窮不與達殊，老不與壯變，洪洞韓司徒所謂古之君子者也，豈科目所限？初，公所存也，以先壠瀕在渭滸，屢欲東遷，不敢輕舉。公且歿，謂諸子孫曰：「爾輩葬我還在祖左右。」太學生璣謁銘，盡述遺語，且曰：「先壠去縣三十里許，子孫祭掃，難以奔走，每遭河漲，復值天雨，水浸諸壙，厥心困苦，欲立新兆，恐逆吾祖，或有吉凶，又懼吾父，惟吾先生，如何以處？」涇野子曰：「勿論遠近禍福，子孫葬親安體爲厚。爾非墨者，又非越人，何忍薄祖于水所，爾祖爲先，爾獨不爲祖乎？」璣歸告其父大梁君，大梁君翻然而悟，召選域在城東畝，返告厥母，母曰：「是爾父當日之常慮者也，可無再諏。」乃告公靈，乞夢從否，大梁君五夜之夢如出公一口，遂定今兆，迎詹宜人合公並柩。子孫百世，爾德不朽，康哉！

郲縣簿篤菴郝先生配李氏合葬墓誌銘

後漢范式謁太學，同時長沙陳平子未識式，被病且死，謂其妻曰：「吾聞山陽范巨卿可以託死。吾歿後，但埋吾尸巨卿戶前。」且裂素爲書遺巨卿。既歿，式時他出，還得書見瘞，即愴然揖哭，以爲死友。護而營平子妻兒，身送喪臨湘。未至四五里，委素書柩上，哭別而去。烈士至今仰之。郝先生在太學時，鄜州任玉病劇，語妻子曰：「吾若死，爾等幼弱，慎無先行，俟三原郝廷瑞卒業同返。」聞玉方正秉道，不惑流俗，至邪術怪異，不一耳目，而乃以死託先生，則先生豈非今之范式哉！

先生自在小學時即端重，不逐嬉戲遊蕩，既壯且老，堅定不渝，故與人鮮合。至起居飲食，未嘗輕率，衣履爛敝，無污垢跡。喜讀周易、小學，嘗曰：「小學書，雖大人長者未能盡也。」在郲時，政崇簡易，未嘗以私怒鞭笞人，有犯義者，亦不與貸。郲租率逋負不完，丞懼其患己，陰賂司吏，顓委先生斂部。先生召郲人來，譬以利害，其年租完。明年，丞又如之，先生酌戶上下而賦焉，明年租亦完，於是上官有矯弊之獎。未幾，先生辭簿，然貧不能歸，留郲數年，令諸子鬻販得裹足而後返。既抵家，開塾授徒，諸生中今刑部員外郎世家少而穎果，則尤嚴誨之，或守至夜半，故刑部夙成，則先生於任生事，豈一中哉！

配邑李氏惟一之仲女也，其事先生，補紉澣濯，皆當其意。先生從郲來，日遺或不贍，則亦怡怡自足，且曰：「他宦者以多財爲樂，夫子多子孫，其樂不尤愈乎！」其誨子孫及諸婦，輒稱古孝子烈女，如王祥、孟姜者，未嘗釋口也。姑嬰嗽疾，則夜拜北斗請代。聞鄰境有嗽醫號難致，即卸簪珥召之，姑果瘥，舅姑宗黨皆稱孝婦焉。

先生生宣德三年十一月四日，卒正德元年二月八日，壽七十有九歲。李生宣德二年十月十一日，卒正德二年十月二十九日，壽八十有一歲。擇正德十五年八月二十六日，刑部奉之合葬於邑北新塋。銘曰：

予行天下，數觀世之敦德長老，厥源必厚，厥委必遠，蓋其所受於天者異也。篤菴郝先生世仕元，爲龍虎上將軍，遺名，配顔氏。其後淵，字巨川，爲承德君，配魏氏。生濟，字子禮，爲禎靖軍，配王氏。至諱慶者，字康叔，始定居三原龍橋鎮，遂爲三原人，配馬氏，生四子。其第三子曰宗訓，配劉氏、楊氏。生克溫，配劉氏，生二子。其仲曰馴，配李氏，生先生。先生諱祥，有男子三人：孟玹，娶白氏；仲瓚，娶袁氏；季瑭，娶惠氏。女一，適驛丞邑人張念。孫男子八人：世富，李氏；世憲，茹氏；世宇，聘惠氏；皆玹子。世弘，外出；世官，王氏；皆瓚子。世家，秦氏，繼張氏，即刑部也；世寵，劉氏；世守，張氏；皆瑭子。孫女子四人，謂秦江、孫寅、桀祿、張績者，其家也，皆瓚出。曾孫男五人：自力、自盡、自修、自邇、自郊。曾孫女七。方來云礽之盛未艾也。嗚呼！篤菴先生考福綏履，詎可當哉！

兗州府通判呂君配田氏王氏劉氏墓誌銘

予嘗從友人劉克艱得聞其姑之夫呂兗州君之政，未嘗不歎賞仰慕焉。兗州君名倣，字好學，臨潼櫟陽人，今正德庚辰七月二十八日，生八十歲矣，沒且葬，其子學生廷文具狀謁銘，果符所聞不爽也。昔者文皇帝靖內難，兗州君之祖太保公震及吾縣少保公麟同竭贊助之功，一時寵任之隆，與三楊學士齊，獨太保公子孫綿綿烝烝，至兗州君而益光，則豈非忠誠獨多者乎！

故君繼其志，官雖小，其風猶似太保公也。弘治乙卯，聞君以太學生授開封府推官，即抑貪虐，理冤枉，折權豪，發姦伏，開人咸信服焉。嘗決毆殺人者，未允也，乃盡鞫觀毆者，果得其仇乘機殺也，冤者釋。汴城數圮於水，而黃陵岡李家道口堤屢築不固也，君當繼修，乃沿堤種榆柳荊棘，根盤土結，雖狐鼠不能穴。歸德受害尤劇，上官委君成其城，君素善折訟，四方來訟者皆罰輒灰，兩月而成城。道士張道欽以妖術惑眾，名其子曰改元，且擅號矣。上敕錦衣衛來擒，君贊行焉，夜獲道欽及子並其黨數千人，君曰：「此千人者，良民也。」焚其籍。於是開人以清慎勤稱之，而御史亦嘗署其考曰「仁恕公平」云。

乙丑，陞兗州府通判，管運河。河多淤淺，君曰：「患在未濬其源耳。」乃歷濟、清、萊、岱以疏治之，運得不壅。部聞之，革主事，命君兼管泉源，遂爲例。有金御史者法嚴而令刻，人號「金剝皮」，然屢求君過，無隙也。魚臺令犯贓，乃命君理，理無枉，遂同都御史王公稱君廉能在諸司右。他日，同東昌汪通判分營河閘，君省費且可久，汪多費而圮，郎中錢某者，即令君鞫汪，且曰：「此吾彰善癉惡意也。」君在開封府時，嘗敦徽王葬事，嗣王勞以萬錢，君曰：「做苦心不若人苦力也。」咸散焉。比至兗，按滕，滕尹者，故人也，來餽金，君舉楊震故事以卻之。嘗與主事憤，府僚講，使屈之，君曰：「首可殞，膝不可屈。」諸僚曰：「呂好學真陝西人也。」蓋君秉廉履法，人不敢干以私，故其所至如此。

初，君爲學生，即慷慨讜正，治春秋有聲，至長署印判官於龍亭前使吏摳衣，君即叱去之。事其父贈君，寒暄飲食，時必省知。父母歿，不食者皆累日。太保公有三女，一適知府三原張鶴，一適薊州指揮劉源，一適橫海指揮王貴，君往來必往省其動息。其與諸兄弟分業，衆寡新敝不較焉。至其恤饑拯困，尤未或後。當劉瑾專權時，有欲促君行賂求遷者，君輒峻拒之。然則臨政之懿，豈偶然哉！

君七世祖嗲仕元，爲奉訓大夫商州同知。嗲生雜造提舉儀。儀生平涼大使仲良。仲良生敬甫，有學行，訓子以義方，故其第三子子節好讀書，善辭賦，當勝國兵亂時，隱遁不仕。生五子，長即太保公諱震，字克聲，禮部尚書，事詳家乘；次霑、霖、霽、雯。然太保公既貴，而子節、仲良皆贈榮祿大夫太子太保、禮部尚書，妣皆贈一品夫人。太保公配謝氏，封一品夫人，生五子：曰禎，曰給事中熊，曰壽，曰知事傑，曰然。禎字天祥，太保公殤，嘗親吮之，配孫氏，生斆。孫卒，繼配陸氏，生春官敦。陸卒，繼劉氏，生君，繼敵。君初配西陽同里田芳女，卒。繼配相恭里王某女，卒。繼配高陵劉灝女，即所謂克艱姑也。以君進階文林郎，俱贈孺人。劉孺人卒，君二十年鰥，不復娶也。生男子四人：長廷甫，田出。〔二〕女二：長適

〔二〕此處有闕文。

邑人王景暘，次適義官米章。孫男五：守經、守權、守變、守信，廷武子。〔二〕孫女二。曾孫男三：思明、思敬，守經子；思誠，守權子。曾孫女一，守變子。葬在是年十月日。銘曰：

有開厥先，有承厥後，厥德不真，胡若此茂。嗚呼！兗州君之聲，足悠久矣。

南充知縣毛君墓誌銘

己卯之冬，南充衰絰自鳳翔來涇野，爲其母貞節王氏索墓銘，時予弟梓病，百醫未效，南充即製方藥與療數日，有小驗，曰：「待鸞襄葬事，便東南起此弟也。」遺數方去。既葬母，明日遂病脇下痛，越四十日卒倚廬中，時庚辰二月辛未也。病且革，謂家人曰：「我死則請銘於呂先生，死而不得呂先生銘，如不葬也。」今年辛巳二月丙申，其家將葬南充於栢林凹先塋之次，其壻周居豐持邵解元晉夫狀索銘。嗚呼！南充與予可謂有兄弟之情、友朋之義，則斯銘也，何可無之！狀曰：君諱鸞，字孕靈，别號吴岡。上世興平人，七世祖德仁移居鳳翔朝陽里。高祖倫，南京廣洋衛經歷。曾祖玉，受高年爵。祖亮，配曹氏。父雄，配王氏，所謂貞節也，事在毛氏家乘。南充以鳳翔學生中正德丁卯舉人，受綿州學正，四年陞南充知縣。初，南充未總角，器度大異常兒。比長，詳雅謙慎，事貞節愛敬皆至。以貞節病學醫，遂精脈理，洞病機，即以救所至人，十失一二也。及貞節卒，一慟而絶，久乃蘇，如此者再已而作七百日，南充辭以自訴，比至葬，乃遂病不起。其友愛弟鸞，曲盡其誼。以故教綿州，則開示條法，成績倍昔。令南充，則踔厲勤懇，事至立辦，而民不謂煩，巡撫藩臬諸公交稱獎之，皆由其本之厚也。然賦性拗直，當道以勢家有所託也，轉囑之，竟不行，遂以此得罪去。然則君豈今人之徒耶！治朱氏詩，能得大義，又多所涉覽，爲文考古鍊奇，亦善雜體歌詩云。生成化甲午十二月乙酉，春秋四十有七。娶白氏，義官俊

〔二〕此處有闕文。

女。生三男子，存者曰禦寒，聘侯氏。女子二：長嫁士人周居豐，次字徐邦彥。銘曰：

嗟南充君，葬栢林凹，惟南充手築，以葬其父母者也，今侍其旁矣。考哉！

趙庭旃母閻氏墓誌銘

邯鄲人趙庭旃以太學生歷仕工部，一日偕予族人呂庭佑來，跪哭不已，且言母閻氏之行也，曰：「母，縣處士能之第三女。生二歲而失恃，兄嫂不能育也，仲姊攜養於汲氏。六七歲，始返閻氏。少長，常以未識母面爲恨。他日，當遷母葬，家人戒其勿往遷所，母強奔至墓，見白骨，號慟伏地曰：『此尚有母面哉？』行道見之，皆殞涕。其事繼母及兄嫂兢業，不敢輕言笑，衣履必先治繼母、兄嫂、諸姪者，而後自治也。既歸旃父，父名瀛，前湖廣寶慶府照磨。母來時，父且學生，而性又峻急，母事之惟謹。當是時，兄嫂猶在也，母絕口不言其過，恐動父意，以爲骨肉隙。事姑常氏如親母，姑遭風疾，不能去水火，母手與轉便。飲食湯藥，左右扶持，雖孝子不過也。在妯娌間爲獨小，諸長嫂多取財幣，而母無毫髮也，亦不恚。其處家人，雖子姪不親授受，有古坐奠坐取之風。在寶慶時，嘗謂父曰：『官不在大小，稱職爲難。官大不爲國家，私家者後皆不終，若使子孫果讀書明理道，乏財奚害？』故旃父竟以官有聲。既歸邯鄲，乃解衣裾釵鐶以酬汲姊。當飲食，一佳蔬一美果，必以問汲姊，曰：『斯姊也，但未生我爾。』甚慈臧獲，若子姪或捶楚之，必曰：『人也，與己同，奚不推心？』有一僕欲出，或勸搜其行橐，母曰：『止，後不可用人也。』旃既入監，母思之成疾，旃與妻于氏一夕俱夢母疾，覺語皆同，旃遂攜妻子私歸家，母果病。旃復至，言乞假不得，私奔者四，而吾妻事母立四月，兩脛皆腫，然母竟不起。嗚呼，痛哉！」旃淚懸下，又曰：「旃母多產皆不育，八產而得旃獨存。初，母以其息難也，每遇姪姊曰：『他日但存男若女，我以平生不見母面之苦說盡即死無恨。』故母在閻氏事，旃得聞之也。嗚呼，痛哉！」旃淚懸下。乃又出其友劉彥魁狀以授予，狀與旃言多合。予歎曰：「傷哉！旃也。吾謂子懿而銘之。」銘曰：

孝有孝報，慈有慈旌，亶惟天理，豈伊人情。即旃夫婦，知閻平生，垂久傳遠，豈不令名？烈燕黔焯，孫五鳴衍，慶曷艾，爾善瑯瑯。庚辰五月，閻亡二十三日，距歲癸酉六十八，更謂之遠者，百世是徵。邯鄲城西，惟爾佳城，鬱何累累，松栢交青。

綿州判官陳君暨配倪氏合葬墓誌銘

綿州判官陳君卒，其子天台教諭瓚持舉人李澍狀謁銘。按狀：

君諱鑑，字視明，號守中，西安咸寧縣人也。曾祖友諒，配某氏，生灝。灝配某氏，生福。福配焦氏，生君兄弟三人：孟錦、季銃、君仲也。生而英特，蚤籍府學，屢試鄉舉不第，乃歲貢入太學，人皆屈其材。比選授四川綿州判官，四川旱，上官委君載綿銀五百馳賑諸縣交官，剩銀四十，君還入綿府，綿守汪洪喻君應有之，君曰：「鑑不敢擅發以實餓腹，又敢竊公以自肥？」不取。又委勸假富室賑綿州，諸富人競賂君，君杜絕苞苴，概其所儲以爲等，貧富咸安。嘗署綿印，得誤殺人者，貸其死。李誰者，素横里中，脅取伊貲，派散私和，諸人並賂君，君不受。御史陳瑶按部至綿，緝擒姦猾，獲李誰，便搜其身，得派散私和歷于衣帶中，點歷坐罪，君獨免，於是廉直昭播。都御史委查小河、松藩諸鎮衛，諸鎮衛皆有餽君，盡卻之曰：「委我者豈以其餽我耶！縱吾嗜利，義不可辱委我者。」或勸君爲子孫計，君即誦司馬君實「兒孫自有福」之詩以答之。新作壽王府，君及他官督役，役貪近便，徵土山中，君至其處，告役曰：「土虚厓必崩，徙徵他土。」厓果崩，役得不死，皆羅拜曰：「螻蟻微命，明公之賜也。」比致仕東歸，綿人泣送。其後綿人道陝謁君，君與謁如父子。

初，君九年而孤，母焦遂杜門不出，至終身也。然君自幼耽經籍，焦遣從塾師。未幾，焦病，君炊粥煮藥，竭其精信，稽顙北辰，請身代焦，焦愈。他日又病癱，臥榻二年，君哺藥食以供養，取中帬廁牏身澣之。錦、銃或以血氣加君，便避去，焦歎曰：「惟秀才乃我兒也。」錦卒，遺孤琇且繈褓，數疾，君撫之至長，與娶妻，如己子。堂弟童子死於里中□狗，狗主來

賂，丐免覺官，君曰：「茲吾弟之不幸也，吾又可因以取財乎？」不受，亦不覺官。君謙慎篤厚，自少不失敬于人。爲學生時，有齋長酗酒，見人無大小凌之，嘗醉至君齋，便斂容去，曰：「陳視明忠信讀書，可勿擾也。」既致仕，有司以其賢也，舉鄉飲。正德改元，遇恩例，進階一級。九年十二月十九日卒，壽六十有一歲。

配倪氏，先公卒，有懿行，詳禮部主事曹蘭撰志，今啟之合葬焉。子男二人：長即璿，中正德丁卯舉人，會試禮部，中乙榜，授河南宜陽縣學教諭，丁倪憂，服闋，改浙江天台縣教諭，娶岳氏；次璣，尚永壽王府鎮國將軍女武隆郡君，爲儀賓，爵朝列大夫。女二人：長嫁邑人王宸，次嫁邑人廷璣。孫男子三人：曰方道，曰善道，璿子；曰至道，璣子。孫女一人。卜正德十二年八月日安厝於鄉神塔原新兆也。銘曰：

龍述死，石建休，嗣其淳風，陳綿州。神塔岡北，浐水流。

潼關衛指揮使孫公墓誌銘

昭勇將軍潼關衛指揮使孫公歿，其長子南京戶部員外郎大經持提學僉事敔湖馬君公順狀以問銘。狀曰：

公諱廉，字介夫，號清軒。其先出自周武王封康叔於衛，至武公子惠孫爲上卿，孫由是著姓焉。宋時，有諱某者東遊梁鄒，家於劉孫莊，遂爲鄒平人。至諱進者，砥行隱處，初顯厥名。進生信。信生福，慷慨挾義，雄於材武。金季兵亂，莊人推爲總領，盜莫敢侵，後受撤里及附馬劄付，懸帶銀符，充軍民千戶，尋授鄒平縣丞，丞鄒平三十年，闔境畏愛如父母，年八十餘而卒。福生四子，皆有戰績，長希武尤光其烈，換授金符，從萬戶孟公鎮睢州，征海州，卒于飛矢。生六子，次惟芳，生繼祖。繼祖配趙氏，生讓。讓配韓氏，生四子，其第三子曰雄，國朝洪武二十年代其兄智尺籍濟陽衛軍二十五年，兌換燕山左護衛。君永樂元年以平姦臣齊泰功陞羽林右衛指揮使，授昭勇將軍，於是繼祖及讓皆贈如其官，而趙氏、韓氏及配賈氏皆贈封淑人矣。厥後三扈從北征，殺木雅矢里、阿魯反及敗瓦剌之師，滋懋勳忠。十五年，文廟以潼關天下之險要也，遂簡調

潼關衛指揮使，得領兵備禦甘肅，賞鈔三千，又節縮印綬，衛政大舉，乃宣德元年四月卒於官。子真早卒，未及襲。真之子鑑甫四歲，優給。正德四年襲其職，亦領兵備禦甘肅，屢樹戰功，給銀牌。天順己卯，英宗聖旨著掌印，另委指揮代其禦。至成化庚寅，封昭勇將軍，配姚氏封淑人，父真及母劉氏其贈皆如之官，乃壬辰五月卒於官，是生清軒公者也。

公體厚神清，生十年，充本衛學生，治小戴禮記，屢試陝西鄉試不第。比父卒，衛人奪其志，保送襲職，於是守備魏君委督門關。門關清，巡按閻乃言經歷柯敏、鳳陵渡巡檢陳瑄之罪于陝西巡撫，去其官，當時以公爲真金，徙潼關矣。成化甲辰，歲大凶，公及僚達于上官，得粟萬石、銀五千以賑貧，衛士多賴以不死。衛屯田子粒粟萬有四千，公催科以時，人不知困，雖徭役之編，亦罔弗均。卒有疾給藥，死不能葬，與之棺，故衛士依公如父母。公推誠篤慈孝，每遇旱，率屬禱於禁溝龍王祠，禱則應，僕人知其必然也，恒預荷雨具以往。雖在少時，未嘗掩取禽獸，每遇捕獲者，以金粟易而釋之，若翅足折傷者，即畜之，俟其全也置之野。他日，一鳥銜黃金鳳釵墜公前，鳴數聲而去，若相報也。父善琴，因備禦甘肅人，公後藏其遺琴，不忍復見，見琴及甘肅人，輒悲不已。自奉儉樸，夏止葛，冬不裘，不治資產，不畜嬖媵。人有餽，不合義，雖雞魚蔬果，不受也。其遇下甚嚴，左右侍者不命之進，不敢進。雖子孫無故不得外遊，遊於城郭，止徒步。嘗增連預備倉四十楹，儲粟二萬，重修儒學殿廡堂齋，堞樓杠梁，煥然備舉，皆其緒餘也。故馬欹湖稱公不苟取予，不妄言笑，不快恩仇，不矜名譽，不事奔競，處官事如家事，用官財如己財，冰霜之操，惠愛之政，蓋近世所鮮見云。

公生於正統丙寅四月二日，卒於正德丁丑七月二十五日，壽七十有二歲。其歿之日，子孫請遺言，乃書「忠孝」二字。嗚呼！可以知其行政矣。配盧氏，封淑人，實比德于公。子男五：長即戶部，中弘治己酉舉人，初授河南南陽府同知，有卓異政，陞今官，娶指揮使姚鎮女；次大綸，義官，娶舍人關佐女；次大綱，亦義官，娶□縣知縣閿鄉楊楷女；次大縉，學生，娶舍人楊瑛女；次大純，亦學生，娶百戶紀振女。女一，歸指揮關堂。孫男子七人：長承宣，其父戶部既舉于鄉，而公且致仕，乃命承宣襲其職，封昭勇將軍，娶都察院檢校隴州閻祐女，封淑人；次承家、承宦、承寵、承寅、承寀、承寗。孫女子十有二人。戶部將卜正德戊寅八月奉葬公於閿鄉縣底童里祖塋之次。銘曰：

吁嗟孫父，有開厥先，有紹厥後，爾德不慎，胡福履之亶厚！明如廣漢而不察，直如吳起而不妬，廉如仲子而不徼，鎮如李牧而不有。西門鎖鑰，中原臂肘，忠無不揚，車無不輔，控此三秦，爲天子守。子孫瞻哉！

葉縣知縣許君配燕氏合葬墓誌銘

學者行多于家者必寡于官，衆人不信天命，學者從吾所好，豈其志耶！咸寧許君得君於正德甲戌以舉人授河南葉縣知縣，即曲道省母李氏於家。省母一月而母卒，既殯，始身至葉，繳部檄還。既禫，即臥病，臥病十月不瘳，乃丁丑十一月二十六日卒，稽生於成化乙酉七月二十八日，年纔五十。秦大夫咸惜之曰：「學究如許子，才充如許子，其家可數也，未賦於民而死，則謂之何？」嗚呼！即使君朝受檄，暮至葉，期月而可如古卓茂、魯恭，政成而人頌之，而母卒不獲與殮，則君碎身猶恨。獲其大而棄其細，夕死可矣，許子豈不是然？曩予讀書正學書院，書院生皆提學先生所陞三秦士之傑也，君在上列，而家又對門書院，故書院生皆識君，即不識君皆仰，即有論稱，必曰「對門許得君」云。比同舉辛酉鄉試，同舉者即有論稱，必曰「許君長者」。比君受葉之年，予在官注病，是時君待試禮部，叩門視余病，然德器滋茂，竊意是君進士年也，乃又不第，至受葉，未理而死，秦大夫惜之者，得非此耶？聞君入葉治時，庭中蠟炬數百，君即命亟撤之，曰：「此非民膏耶？燭暗足矣，惡用俾夜作書哉！」自是葉夜省數百錢。葉有惡少劫旅人以誣盜，丞不能決，問君，君與代訊之，立辨，乃惡少故委物于途以餂旅人，而以罔利也。君曰：「旅人當拾遺，惡少當強盜，得財。」比去葉，葉人爭賻君，君又不受，於是葉人無大小皆惟恐君不爲葉。然則君又何必違母而累考于葉哉！狀曰：

君事親，惟恐逆志，檢身修行，恒懼有過以辱親，凡可以悅親者，不憚難爲之。父病風久，出入必身扶衛，忌食餌藥，先意防導，父竟能有年。嘗病目，父卒，哭過哀，幾晦。比母卒，哭甚，愈加昏翳。兄弟四人：兄處士銃，典膳鏜，弟引禮舍人鑰。君處之友恭篤至，始終不以內言間。天性恥世俗祀寢之褻也，乃力起祠堂，奉朱氏家禮以行之。然則君受官即省母葬

母而遂以不起者，豈偶然哉！處士君有子曰宗魯，英敏而有器識，君誨之及二子學，義方凜凜，故宗魯學行蚤立，君歿之年，即登進士，爲翰林庶吉士，秦大夫皆曰：「南麓君歿，吉士君必來，吉士君有信義。」然吉士君被上命簡讀中秘書，不獲假，乃引疾奔喪，如親子然。至是將葬君歸復命，以墓中銘託我。嗚呼！世復有叔子如此者哉？則予所見聞乎君者，可勿復問矣。銘曰：

此南麓主人許知縣之墳也，諱錫，字得君，其先山西晉陽人，宋、金之交，西徙於秦。父傑，祖廷璽，曾祖仲良，高祖友文。君初配燕，繼則徐云。長子宗召，聘張巡檢女；次子宗伊，尚在幼。春，長女，燕出，田監生萬鐘之嬪；次字王治，僉事公納誨之麒麟也；季幼，未聘。八月某日，其年戊寅，鴻固鄉高，鬱鬱先塋，乃合燕媛，厥窆孔大，爾後曷燬，明德殷殷。

封監察御史南濱周君墓誌銘

君姓周氏，諱某，字立之，別號南濱，太平蕪湖縣人，前監察御史時伯易之父也，以時伯貴封如其官云。初，君之高祖號奇齋，有隱行。生子凱，仕爲工部營繕主事。凱生廉。廉生文佐，配于范氏，君於是乎生焉。幼而英敏，高負才力，讀書史，通大義。年十五，家步方屯，輒奮起幹蠱，以興建周氏爲己任。父病革，無櫬具，聞江北有成材，即冒風濤波江往市獲，人皆難之。然性復沉毅亢直，無誇辭矜容。與人居，一語弗合理，則怒見辭色，若彼欲辯爭，則滋怒，至折斥。雖家庭灑掃滌溉之事，稍弗若，驟然怒，雷霆起，門內以下皆震慴，莫敢仰視，故里中有所論質，聞其詘伸臧否，片言即解，罔不退服，蓋其剛信素者能屈人如此。性亦嘉飲，飲必數斝，若有勸酬爵則無算，然亦不至亂也。及受封後，築室南濱，藝苗種樹，頤真葆和，非賓飲不詣官府。平生服御，冬一裘，夏一葛，不喜華靡，雖老且貴不變。然無事則從所與出入闤闠，與父老問菽粟價，人初不知其爲封君也。苟有適，則攜一僕具豸服以隨，既至著而人退即脫去，蓋其性然也。初，御史兄弟爲兒時，君教之孝經、論、孟，皆口授句讀，每歸自塾，夜必篝燈，令皆誦日所課書，熟然後聽寢。及御史謫倅溫州，則又勉之曰：「汝以言謫

官，官箴無惡吾，吾無汝尤，惟求無負于監郡耳。」於是御史奉訓以行，窮通得喪，不一變志者，皆君之教也。

君生於景泰八年七月十三日，卒嘉靖十一年七月七日，享年七十有七。配劉氏，媲德不愧，以孝于始聞。生男子三人：長即御史，娶丁氏，繼娶秦氏；次書，邑學生，娶楊氏；次禮，慧而能文，年十九而歿。孫男子四人：子原，娶陳氏；子厲，聘都指揮楊表女；子厚、子石，幼。孫女子三人：桂貞；蕙貞，許鄉進士李原道子；蘭貞，許監生奚杓子。〔一〕

鄉進士陳子明墓誌銘

泰和陳子明日旦于己丑春會試不第，謁予於柳灣精舍。既告歸，登舟矣，旋復作書問根本之學，意甚懇。明年庚寅冬，復入南京，歷事大理，乃偕華亭曹性夫謁予鷲峯東所，當是時，進賢章宣之、三原王伯啟、揚州何叔防、休寧胡孺道、武昌吳元德諸人皆在焉，於是月五七日一聚講經學，無弗稱子明爲篤信力行之士也。比十二月，子明三不至，問性夫，曰：「病矣。」遣視之，則已輿至柳灣族弟曙所，於是宣之率二三友往問，還已入夜，報難藥，乃即促宣之同胡貞夫挾一名醫往，還已四鼓，報如前。旦視之，藥已難下，遂不起。蓋子明素患寒疾，服薑桂藥用酒送，先日因寒甚，用燒酒送藥，故其疾遂至此。於是宣之日夜在左右，與辦衣衾棺殮，予往哭之，拉淚啟視，罔不完厚，足慰予心。越數日，宣之率友人五七輩送其柩于水西寺，尋得便舟歸，蓋自是念子明未嘗不在懷也。今年春，子明之從弟子器、子發具狀爲請銘。狀言：

子明生而穎異，迥出流輩。幼時有劉翁者命爲絕句，立成且工，劉翁謂父斗齋先生曰：「此子他日必鳴世也。」及爲學生，督學邵文莊、蔡虛齋咸加褒羨。他日，空同李子督學按試，數歎無真材，或薦子明試之，果稱奇特，遂命其名爲日旦

〔一〕此處有闕文。

焉。是歲，江西鄉試，果中式名籍。然其事斗齋先生及母湯氏良謹，惟恐一違容色、忤志意，有姊氏已嫁人，事之甚恭敬，歿二十年，言及輒流涕，撫其甥如己子。友于季弟，弱亦如之。其交友恂恂，見賢思齊，聞善思就，惟恐其後也。稱人之美，恒若己出，若聞人過失，口未嘗言。每謂宋末學廢，卑者溺于文藝，過者鶩于高談，因著論，上遡洙泗，辭正義嚴，以明己志。自柳灣精舍歸，謂子器、子發：「日向不至柳灣，始闕是生，二季其往哉！」嗚呼！予無以益子明，子明相信若此，子明而在，予又何憂！宜予懷子明之不置也。

子明生成化乙巳二月十四日，卒嘉靖庚寅十二月二十七日，壽僅四十有六歲耳。初，陳氏本南陳宜都王之裔，其後最顯于宋，科第仕宦者五六十人。高祖兄弟曰仲述、仲亨者爲監察御史、爲洪武徽君。曾祖公培，爲按察照磨。祖諱龍，翰林庶吉士。父諱魁，即斗齋先生也。則君所源流者遠乎，宜其卓穎不凡如此也！配康氏，有子一曰宗元，蓋嘗三四以書抵予，其材志足肖子明，子明可以無遺憾乎！宗元于某年月日已葬子明於龍洲祖塋之側。銘曰：

猗嗟子明，賦不凡材，既篤于親，兄弟咸敦。志氣伊邁，抗志不回，磊磊仡仡，爲萬仞臺。比于古昔，將游楊儕，天胡不弔，未五十摧。爲我心哀，凡爾友朋，罔不淚垂，人誰無死？死而賚志，名永不灰，銘兹貞石，以託永懷！

富平教諭淶濱呂君墓誌銘

初，予在縣學時，師事教諭高半山先生，時少師邃菴楊先生方提學關中，甚重半山先生之文行，而君與之齊名，每從諸生覩其丰采，未嘗不瞻仰焉。及予自修撰謫解州，君方致政家居，養高林泉，不至州府，雖飲射請宿，亦不多與，然而解州士論鄉評皆歸高焉。乃君且遷二子鳴韶、鳴夏師事予於解梁書院，予於是蓋得先生素履之詳，又未嘗不致敬重也。豈期離解州數年，君乃于嘉靖壬辰八月七日遽爾不祿，距生景泰五年十一月十七日，其壽差一歲，不滿八十耳。鳴韶遂以舉人王舉才狀附，使人渡江以問銘，義不可辭。狀言：

呂氏先世榮河曲村人，國朝洪武初，高祖行七者率三子仲應、敬禮、敬秀始家解州之三妻鄉。敬禮生克正。克正生太及海、振、沖。沖配某氏，生五子：榮、賢、齊、雲，君則居二焉，諱子固，字孟貞。自少英敏，長籍郡學，剛毅沉靜，善屬文詞，兼覽五經，乃以朱氏詩中弘治乙酉鄉舉，明年中禮闈乙榜，受富平縣教諭。端以立範，勤以督課，廉以勵貧，真有師儒之風，富平士子至今尤誦焉。未浹九載，甘於恬退，引疾以歸。居家訓教子弟，以道義率先，鄉人子弟多從之遊。暇則誦讀編纂，尚論古人，予作解州志，率多據君志稿以成者也，其淶濱集則尚未之及見云。則君當非篤信好學，耄期稱道不改者乎！

初配王氏，祀鄉賢汲縣先生之女也。繼配秦氏，再配李氏。生男子七人：鳴鳳，王出，州貢士，娶某氏；鳴韶、鳴夏，州學生，韶娶某氏，夏娶某氏；鳴濩，娶某氏；鳴勺，娶某氏；鳴鈞，娶某氏；鳴敔，娶某氏，皆李出。女子子八人：王生一女，適監生崔廷佐。秦生一女，適尚琦。李生六人，謂王載、薛威、費侃、趙珽、學生高舉者其婿也。孫男子八人：士元、士鵬、士偉、士仁、士信、士鷃、士俊、士傑。孫女子六人。曾孫男子二人，曾孫女子三人。鳴鳳將卜某年月日葬於條山之陰，是宜有銘。銘曰：

有覺淶濱，篤道伊深，老且歸化，葬此條陰。子孫員員，克載爾音，千百年後，其德不沉。銘茲貞石，以晏其心。

明北郊處士戴君配董氏墓誌銘

君諱琮，字廷璧，別號北郊，平涼某里人也。父銘，配胡氏，生君及弟瑛、珎、琛、瑀五人焉。君幼而聰敏敦慤，選籍邑庠弟子員，篤學嗜義。上事父母致其孝敬，膳羞必躬進，起居必親視，凡諸勞勩，身任其責，不以爲難。比二親且老，則歎曰：「琮與其優遊黌校以圖進取，恐白首無成，不能及時供養，反貽二親多累，縱他日獲一資半級，親皆不在，祗自榮飽，豈孝子所爲乎！」於是告諸提學，以衣巾終身，退養其親焉。其處四弟，友于備至，有美味，必共飧，老無鬩墻。他日，當析居，凡父置田產，多遜諸弟。其教子惟以耕讀爲業，警督勤惰。至於賦稅輸將，歲無後期。鄉黨宗戚婚葬殯祭，少有窘乏者，輒倡義

勸助以成其美。雖橋梁道路，遇有頽毁，亦竭力募修，以便行人，於是平凉里人皆稱義士焉。正德九年，府縣敦宿鄉飲，至與師尹抗禮，人莫不以爲榮也。乃嘉靖十一年十一月二十一日以疾終，距生景泰六年三月二十八日，享年七十有八歲。

配董氏，有女德，實克内助。繼配勒氏。董生男子二人：長江瀛，南京應天府龍江遞運所大使，娶王氏，繼郝氏，又繼吳氏；次江湖，娶崔氏。女子子三人：長嫁萬榮，次嫁監生張學儒，次嫁李金。孫男三人：曰廷古，業農；曰廷臣，選爲襄陵王府儀賓，配容縣縣君；皆江瀛出。曰廷仁，業儒，江湖出。孫女子一人，亦江瀛出，歸於韓府襄陵王孫輔國將軍，誥封夫人，已生子輔國將軍，則江瀛之外孫也。然則何莫非君之遺慶哉！江瀛將卜某年月日葬君於某山之原，是宜有銘。銘曰：

有懿北郊，素履孔嘉，既篤于親，友于咸和。鄉飲是宿，里人攸加，宜爾子孫，受福不那。銘兹貞石，爾風肆遐。

贈孺人封君謝字之配許氏墓誌銘

封孺人許氏者，諱淑英，蘇之琴川南城西莊里許君延鳳之女，封君謝子字之配，刑部郎中表之母也。孺人受性貞懿，早失其母范氏。年十三即歸封君，善事其舅行軒先生暨姑吳氏，得其歡心，姑吳益撫教之，無故不出閨閤。其舅玉良殁，孺人哀毁不已，三載設位，朝夕奠祭，言及則垂涕泣。及行軒舅殁，伯氏叔氏皆出析，停柩未殯，姑吳悲憂卧病，孺人旦暮不離側，起坐衣食，親抱扶之，姑吳有四婦，獨許篤孝如此。姑吳且死[一]，天道如有知，必報之以貴子。然孺人又和厚純謹，或見侮于妯娌，恒隱忍不與辯。蚤作夜績，勤厲不休，雖蔬食敝衣，處之裕如。封君嘗五試鄉闈，每在家籲天，祈請及。郎中從師受學，則又竭力供饋，不憚寒暑。若孺人固古之孝敬貞慈淑媛之流者乎！

[一] 此處有闕文。

乃弘治七年九月十八日以痢疾卒，距生天順六年十一月十三日，年纔三十有二。宜封君懷思不置，三年不立繼室，而郎中悲痛至今，言及猶涕泣也。子男四：長即郎中，舉嘉靖癸未進士，筮仕南京太常寺博士，孺人由是以贈也，娶掖縣尹胡仲昭之孫女；其次袞，邑庠生，娶周朝宣女；袞，娶張邦教女，則封君之側室周氏出；又次某，娶楊東周女，側室杜氏出。女子子一人，適范燦，孺人出也。孫男子四：廷賜，娶府同知周仁澤孫女；廷宣，聘南京太常寺博士曹子由女，郎中出；廷某，聘太倉州庠生劉某女；廷某，聘顧某女，袞出。孫女子四人：長歸僉憲郁容德之孫庠生逵，次字刑部員外郎王德高之曾孫一之，次字刑部郎中周進之孫某，其一幼。曾孫男一。孺人之卒也，槁葬淺土。正德五年正月二十七日，郎中始遷葬任溪七浦塘之塋，未銘也。至是郎中奉封君之狀以問銘。銘曰：

有媛孺人，孝且良；侯儉侯勤，慈以貞。享年不永，夫子傷；況爾賢嗣，刑曹郎。遺風流澤，悠以長；千載任溪，七浦塘！

明虛菴處士張君墓誌銘

君諱奮庸，字師禹，姓張氏，別號虛菴，峽江金州人也。生成化己丑十一月某日，卒嘉靖丙戌九月某日，享年五十有八。卒之年十二月已葬邑之洞下梅花洲，未銘也。其子舉人緒嘗從予遊，乃持其友黃弘綱狀涕泣以問銘。狀言：

君自孩提不習嬉弄，父果齋公每夜臥，教以旋榻徐行，輒承其志。九歲從其祖憲副公於廣西，聞果齋訃，數日不思食。他日，里有凶客誣奏憲副君，奮請就獄，遂白其事，年纔十三也。事憲副及祖母宋恭人，曲盡孝敬，無異於事其母節孝龍氏也。嘗語人曰：「庸不幸背吾父，猶幸大父母與母在，苟無以盡吾心，其何以見吾父於地下乎！」及大父母相繼沒，哀毀骨立，如喪父然。與其叔父同爨十餘年無違敬，及析居，一聽叔父處分。雖于從伯父叔父、從兄弟有急難，無不赴。至於處友人周儒德之卒及其後；勸比鄰之育子，子以免其溺；因民被里催之刻，以解其阨；正喪病之本，以變其俗；葬被毒

之人，以甘受其誣而不悔，則尤爲鄉黨所信重者。初，君嘗遊郡庠，早著才名，兼通醫卜星曆。及累試不第，遂自棄去，築儉德堂於東丘之上，醉歌其中以自適。如鄉中子弟謁見，必以勤儉和順孝弟忠信告語焉。蓋隱居十有四年而卒，則君豈非古之篤信好學有志未究者乎！

初，君高祖諱敬，仕南京國子博士，贈南京刑部員外郎，吳康齋嘗師事之。配李氏，贈宜人。敬生旭，贈監察御史，配宋氏，封孺人。旭生敷，仕爲監察御史，歷官廣西按察副使，進階大中大夫，配宋氏，封孺人，是生果齋諱桂者也。世積休德，宜公之所源流者遠乎！公配阮氏，新喻漢源阮立朝仲女也，媲德于君，相敬如賓。生男子四人：長肅，郡庠生，早卒；次承〔一〕，皆邑庠生；次即緒，有志聖賢之學。女子子二人：長榮英，字羅田袁氏，卒；次閨英，適吉水泥田周應鍾。孫男子四人：紳，郡庠生；餘慶、餘惠、上膺，皆幼。孫女子六人。又可以占君福德之盛矣。是宜有銘，銘曰：

簡簡虛菴，時之敦史，有覺其懷，篤茲孝履。既德于躬，何良于仕，亶其云來，宜爾子孫。行著于邦，胡不嘉美，銘茲貞石，徵千萬祀。

丘母黃氏墓誌銘

丘母黃氏者，宗汝處士丘君佐之配，太學生乾元之母也。乾元歷事官署，嘗遊鷟峯東所，偶得母訃，不及告，戴星馳歸，既奔喪，託其友程久中持黃弘綱狀以問銘。狀言：

黃生而貞靜，恒寡言笑，凡諸紈綺衣不樂御。既歸處士，克執婦道，處士與兄應同學于莆田李公仁傑之門，得與見素林公相友善，見素每遇處士，處士必延款講說，凡諸酒饌茗果，皆黃自辦具，雖久而不倦，見素嘗稱處士有內助也。處士世濟

〔一〕此處有闕文。

其貲，豪于崇安，黄每言于處士曰：「積而能散，庶非守虜，遇貧不恤，豈見義勇爲者哉！」於是處士用其言，發粟數百斛以拯窮乏，鄉閭賴以不困焉。及處士且六十而卒，黄益敦素好，廣此施予。每歲佃田僦屋之人中有貧不能償者，間罷其入，且諭其子曰：「某所租，某所税者，吾嘗別有費矣，可勿征。」凡病不能藥者，資之醫；死不能葬者，資之棺；生女不能舉者，資之粟；男不能娶、女不能歸者，資之幣與妝；見鄰婦寒者，資之衣。里有虎傷人，三年不能已，資之百金，募獵者捕虎以息其患。道路傾圮，亭館頹塌者，資之值以舉其廢。於是崇安人曰：「拯窮恤貧，婦人或能，然未必如此之周，至於弭患除害，雖烈丈夫亦或有愧焉。」夫丘氏豈非女中豪傑者哉！黄之始祖即勉齋先生，傳朱子之學者。父諱仲義，以長者稱於鄉，則黄之賢，亦所有自乎！

生天順癸未，卒嘉靖壬辰十二月某日，享年七十。生男子二人：長即乾元，篤志向學，不溺于富，後將大就；次乾亨，亦太學生，有遠器。黄于是爲不歿乎！女子子二人：長適藍某，次適范某。孫男子四人。乾元將卜癸巳年某月日舉於富村之瑤壠，是宜有銘。銘曰：

猗嗟丘黄，元受匪常，侯慈侯惠，施予咸明。凡厥鄰里，窮困攸慶，含弘允塞，女流之良。宜爾子孫，積學遐望，銘茲貞石，百代不亡。

酆都知縣宋君墓誌銘

君諱鰲，字大鯨，世爲高陵孝義里人。高祖諱鑑。曾祖諱珫，其弟諱玉，鄉舉經元，仕終潘府教授，柟之外曾祖也。宋之家傳曰：「教授公孝友天性，學行高潔，訓誨子姪，百物周至。」然子姪多不振，柟竊悼焉。至於君少遊膠庠，純篤簡默，思追前休，柟嘗謂必光乃先也，乃遽至酆都而已哉！柟有門人崔宮者，君之鄰士也，知君尤悉，狀君爲學生時，父處士公先逝，事其母日飲食必在，寒煖之節，簟席衾枕，皆手鋪置。兄弟索居，多競產值，君獨取其薄劣，曰：「性所欲也。」戚黨有

犯罪輸米者，請君干謁，君曰：「吾寧代輸，義不可往。」及嘉靖乙酉，授職永和縣，縣僻在山峽，地多谿澗沙磧，賦更繁重，民多逋逃，前縣官被譴，率迫責鄰里代租，民滋崩潰。君至，力請上官汰其賦役，歲減金二百有五十，於是逃者還業。君初至之年，民止四百戶，洎期遂增至七百餘戶矣。邑有雙山，素爲盜巢，行旅罕少，不敢過越，至是亦皆屏息。於是永和人曰：「苟子之不欲，雖賞之不竊，今果然哉！」及以母喪去，永和人甚悼惜之。

嘉靖庚寅，改知酆都，路當衝衢，且邇諸夷，風俗刁詐難治。君涖以忠信公清，遂得其心。縣有強寇，上官檄夷兵剿捕，至則盜寢，上官已其遞餉，夷卒怒，欲攻君。當是時，爲宣撫者婦人也，語其下曰：「宋公素稱長者，有恩信，今日斷餉，非其本心。」遂解去。冉希友之家人鑾鬭傷人死，仇家誣希友，君廉得其情，釋希友，潛以五十金行，謝輒揮去之。有婦人殺其夫投廁中，乃誣其先室子，曰：「汝□□□□，恐有所出析汝業，乃殺爾父邪！」君鞫之曰：「父子天□□□□□□汝惡其夫之老，殺之以圖再嫁乎！」其婦驚，以爲神。縣有修仁井，異時生鹽有課，後不生鹽而征課如故，君移書上官，得罷其課。在官恒以廉潔自持，姻親有勸其爲家者，則叱之曰：「鶩，貧士，致位縣侯，子又學生，豈可不知足哉！」故酆都人頌之曰：「吾縣君其公如酆都神，其清如酆都水。」有參政按縣，密索賂，誘以注上考語，君曰：「鶩果勝任，自有公道，苟不勝任，雖得美考語其如此，心何居？」數月以疾歸，抵家遂不起。據此，則君于教授公之道，其亦能有所纘戎者乎！

君之祖諱林，即處士。父諱繼宗，配和氏，生六子：廣、厚、漢、唐、朝，君則居其二也。生成化十年三月一日，卒嘉靖十一年七月一日，得年五十有九歲。配劉氏，生二子：長騰，縣學廩膳生，有遠志，娶陳氏；次膠，聘王氏。孫男一，邦。孫女一，酆。俱騰出。騰卜嘉靖十三年正月十九日葬縣北新塋。銘曰：

言念母氏，寂寥無家，過村展墓，涕泗滂沱。得見酆都，爲有宋嘉，私心燕喜，此者匪他。惟外王父，篤道久和，爲時名儒，風動關河。酆都克興，緒風似遐，有行在學，政亦孔多。宜有令名，傳芳不磨，凡我自出，美何以加。銘茲貞石，厥祉不那。

荆府審理正楊君墓誌銘

君諱信，字秉實，姓楊氏，山西解州辛化里人也。其先有諱孝忠者，當正統初輸粟公家，詔旌其門閭，語在義碑記中。傳至諱敬者，篤實謙讓，鄉黨咸睦，授七品散官。配杜氏，是生君及□、深、雄、黨、森六人者也。君天授剛毅，勢不能撓，及至接人，言笑忘倦。嘗與伯兄茂同居鄉學，友恭相善，州里稱焉。弘治初，應例貢，卒業太學，歷事滿歸，篤訓子弟，遠近後進皆來從學。族弟琮及諸姪源、沂、湞，多所訓迪，咸以成立，而君之子澤至登鄉舉，候取進士，彬彬乎，詩禮楊氏矣。正德二年，赴選授荆府審理正。初朝荆王，見君狀貌甚嘉，即賜官屋數櫨，軍校八人，優禮與輔導二長史並，蓋前此諸僚所無者也。君聽訟行罰，每持矜恤，處之以公，決疑剖難，咸中于理，人多信之。王特重其讜直，常呼「先生」而不名。府官俸米皆出蘄州，諸僚數身求之于州，出入多由旁門，拜揖極盡諂屈之態，君曰：「以俸米而折腰，何乃自卑如此？」當有事于州，則獨往自中門入，卑不過貶，高不過亢，州官特加禮焉。正德十年，以父憂歸。十六年，服闋至京，復補前職。王見君，又喜甚曰：「吾故人來也。」優禮如初，君益圖報，靖恭值昔。都昌王儀賓三喪未舉，君倡僚友各捐俸金以賻之，遂發其喪。蘄州城壕軍民雜處，上官移文起徙居，人驚惶，來謀于君，君遂別白其利害于上官，其事遂寢，軍民安堵。嘉靖四年，以風疾，懇乞致仕，王不許，適遭繼母喪，遂獲休退，例加散官一級，授五品色。殿辭，君痛哭而出，王亦垂淚，贈白金十兩，下令不爲常例，蘄州士夫作兆園冊以贈，且曰：「楊公之歸，絕無而僅有者也。」

君家居，陰行善事，解忿息爭，尤所注意。初，君與親族六家析居，時荒糧與美田混種，其間有鹽池焉，每遇催科，彼此推爭，君曰：「此累世患也。」乃日夜推算，破其田界，各以相近移荒田，鹽池別爲析處，其爭遂息。他若恤解老之幼孤，而保其屋價；患鄉里之姦盜，請行鄉約；改淫祠爲社學，以延師生：皆其未竟之志也。乃嘉靖十三年二月十七日卒，享年七十有一。

配趙氏，安邑人趙二尹之女。性貞靜，寡言笑，身行勤儉，君或臨事欲怒以行者，其勸止居多。卒在正德十六年九月初四日，享年五十有七。繼配郭氏。趙生男子一人，即澤，端正信恪，有遠志，嘗從予遊於解梁書院，則君之所不沒者也，娶安邑李氏。女二：長適安邑相檢校之長子，次適安邑張知縣之次子。孫男一，曰積。卜今年五月十五日葬於趙孺人之墓，其塋在南莊西南一里。予再過解，澤以銘請，予至南而後成之。銘曰：

於惟審理，王之良士，既直厥躬，尤明國是。外不詔人，內不喪己，刑久政成，軍民攸庇。王實嘉止，仲舒江都，賈誼長沙，君思追美。卷道西來，宜有令子，載其休聲，千載何已。

明拙菴處士朱長公墓誌銘

長公姓朱氏，諱廉，字天祐，一字餘慶，揚州儀真縣人也。先世本蘇州常熟縣人，六世祖付六者自蘇徙籍儀真三堰里云。付六生士真。士真生崇昭。崇昭生克紀。克紀配鈕氏，生三男子，而長公其長也。長公生而惠恕樂易，忠實不欺，善事父母，能承順其顏色。父性嚴毅，或終日無歡也，長公在側，輒爲喜笑，至稱其亢宗焉。及父既遊，昆季索居，家步艱阻，長公益自振勵，服賈不怠。然專以誠篤臨人，人見其誠篤也，亦弗忍欺。即有廢也，必獲取贏；即有舉也，必弗折閱；即取贏也，亦非損心；以乾沒即折閱也，亦不割義而求助援是。積貯漸溢，宅產皆加於其舊矣。昆季有乏，猶復以時推給，如在同爨。其拯人窮困，亦若切於其身也。里中有一生，爲仇人所構，生窘甚，暮夜邀長公往投其故人也，其故人閉門不納，長公即颺言斥責之曰：「汝平日以結納爲豪也，一旦有急者投之，則以不在爲解，安在其爲豪哉？」乃還，舍生於屏處，資之數金，生是以脫。居第之前有隙地，鄰人結廛以爲市，子弟欲撤其廛，長公曰：「無以爲也，何惜屋下咫尺地不以予人，而失鄰里歡乎！」有寠人耄且無賴，其先業歸朱氏者已易世矣，乃號言曰：「汝父往償我價，實未足也。」長公即畀之數鎰。嘗代人輸官金，俾僮往取於其人，頃之僮死，其人曰：「吾予爾僮金矣。」長公遂置去，終不以自名。故居常稱曰：

「勿爲機事，將戕汝身，勿爲機心，將損汝神。巧者澆漓，拙者混沌。」蓋傷世俗之偷也，因自號拙菴翁焉。於是鄉人習其行而誦其言者，皆稱朱長公云。他日，司馬雪洲黃公之歸里也，鄉人雲擁集其門，長公曰：「司馬，貴人也；我，市井氓耳。何敢謁爲？」然司馬素重其名也，逢人輒詢訪及，乃始往拜之，而司馬遂指稱以勵鄉後進也。儀真人曰：「司馬，今之名宦也，且重朱長公爲人如此，況其他乎！」於是朱長公之名益著於其時矣。

長公生於天順辛巳十月初五日，卒嘉靖十三年七月十三日，享年七十有五。配李氏。生男子子五人：長永福，娶黃氏、王氏；次永壽，娶張氏；永康，娶盛氏；永年，嘗從予遊，有遠志，娶吳氏。女子子五人：長婉從，適徐行；次婉順，適侯允；婉容，適王幼孜；婉愉，適臧爵；婉言，適呂塘。孫男女二十人：光先、敬先、繼先，邑庠生；奉先、恭先、慎先、茂先、翼先、淑閑、淑和、淑靜、淑優、淑功、淑整、淑莊、淑禮、淑正、淑慧、淑潔。曾孫女一。以某年月日葬於馬兒壩之原，而永年以銘請予，遂次第其事而銘之曰：

身雖服賈，心則伊義，既弗暌天，何憂居利。誕其開家，宜有淑嗣，淑嗣云何，力行不替。爰成厥章，奚啻繼志，克顯先朱，懋哉國士。銘此堅珉，永垂千祀。

太學生潘汝亨墓誌銘

自甘泉先生之講學南都也，從遊者甚眾，然先生嘗稱潘汝亨之美，予蓋慕其爲人而未之見也。及汝亨之卒也，予爲之甚惜焉。他日，其弟子壽以墓誌來問予，閱狀而歎曰：「嗟乎！汝亨，乃止於此而已乎？」狀言：

汝亨每誦梅聖俞白驢詩，欣然有得，兼究韓、柳、歐、蘇四大家之文。至於隨父僉憲公於廣東訪白沙陳内翰之徒而與之賡和，一時西樵方公、小江黃公、樸菴章公或嘉其文藝，或與之爲忘年友。又其所居，花木成蹊，每風月之際，葛巾野服，坐於其中，焚香啜茶以自適，若聞仙佛。古跡佳山勝水，輒登臨題詠至忘返。但久困學校，而重以課書程限之勞，恒慮心役於

形，而克己之功未盡也。夫汝亨若是，則豈亦初年時猶有騷墨之習、曠達之態乎！至其遭僉憲公得風痰之疾，驚惶扶抱，晝夜靡懈，求醫覓藥，不離臥側。他日，母孺人單氏卒，朝夕哭不絶聲，形毀骨立。及勉室之人孝敬，事繼母之嚴肅，待舅氏之篤厚，勢位臨其前而不怵，暴客竊其資而不問，州守薦其賢而不居，信乎篤行尚志，可與入道者矣，宜爲甘泉先生之所與也。使天假之以年，益明其善，益固其執，豈不前習盡去，秉志益堅，造詣益遠大乎！乃今嘉靖乙未二月十六日卒，距生弘治乙酉十二月二十五日，年纔四十有七，不亦甚可惜哉！

初，潘氏先世諱霞者仕元爲總管。明興，居於六安。至諱岳者，庚子科舉人，仕至監察御史，配徐氏，封孺人。岳生禎，庚辰進士，仕至四川左布政使，配王氏，贈淑人。禎生鏜，弘治丙辰進士，由監察御史至廣東按察僉事，配單氏，封孺人，是生汝亨及弟子壽者也。然則汝亨之所本源者，亦遠乎！汝亨配陳氏，司寇盱眙陳公道之孫，太僕卿大章之女也。生子一，曰孝思，早殤。女一，適六安衛指揮同知鄭笏。繼娶朱氏，生一子曰承祀，亦殤。

汝亨諱子嘉，別號惺菴，因著惺子三卷，及太極圖、西銘、定性書、心性圖説皆有解，並政議所見録、詩文五卷，皆藏於家，然亦可以觀其所至矣。子壽卜於某年月日合陳氏葬於某山之陽，是宜有銘。銘曰：

世有志者，或未終其學。世有學者，或始非其志。嗟乎！汝亨既有志且學矣，乃未究其極而遊，寧不爲諸知者之所慨也。銘茲貞石，以告千祀。

杏村處士宋君墓誌銘

君諱應翔，字文舉，南京錦衣衛杏花村人也，因自號杏村云。君歿且再期矣，其子舉人元博持中丞東橋顧公之狀拜問銘。狀言：

君之生也，六歲失怙，九歲喪母，兄復廢疾，伶仃孤孱，鞠於祖母許氏。然資性聰穎，又延師以教之，故童孺知學，每自

奮曰：「二親蚤背棄去，宋氏單弱，忍使祖母衰年無他給養，反極劬勞乎？翔既不能取青紫以亢吾宗，即先世醫學乃猶至翔不傳，予宋氏尚爲有人哉？」於是衣不求華，食不問美，居不好弄，顓取家傳、方書並內經、靈樞、本草諸篇日講夜誦，靡間寒暑，二十而解，三十而精，凡審病、察脈、辨藥、訂方，往往出奇奏效，乃又崇義薄利，故其醫遂與董奉齊名。且性不喜飲，好覽古史，坦貞自任，無縱詭隨，客至討論，亹亹不倦，於是搢紳學士亦敬其名矣。初，家不造，未營兆域，爲兒子時即惶惶然念也。比後稍裕，即議墓地於鳳西鄉岡子村，乃舁祖、父母柩合葬之，於是祖母獲逸樂以終其天年。病兄有依賴，以盡其友恭矣。他日，女兄適柴氏，喪其父母，貧以無墓，乃爲買地以葬之。及女兄暨其夫亦卒，則有並與棺槨，不至失所。其出貲以周親識之乏，傾產以完公家之役，皆其緒行也。

君先世本睢陽宋丘人，系出宋鄭國元憲公景文之裔，其後隨思陵南渡，占籍於蘇之長洲。六世祖諱天澤，隱於醫學，得外家李氏婦人醫之傳。生元英，號梅巖，遂世其學，嗜文曠達，簡率坦夷，存心濟人，醫業益盛，有名吳中。元英生圭，登洪武庚戌進士，拜監察御史，寡言持重，嘗劾翰林承旨危素不忠，謫知祁縣，又改商水典史，竟卒貶所。圭生鑑，其兄鐔，當戍廣西奉議，多瘴，人率病死，君代兄行，從以醫術，愈者日眾。永樂初，以工藝取回京師，遂籍錦衣。鑑生謙，字彥撝，別號琴逸，稍長業儒，長於詩賦，遭家多故，因儒專醫，遂名儒醫。宣德中以應役定居應天之江寧，至今爲錦衣衛人。謙生賢，字德恒，少習舉子業，博通經史，尋患足疾，亦專業醫，悉究家傳之妙，遂大有聲於時，配莊氏，是生君者也。夫君之源本若此，宜其行業若是之懋乎！

君生於天順丁丑正月四日，卒於嘉靖癸巳六月四日，享年七十有七。配蔣氏，有女德。生男子三人：伯清，仲洪，俱業醫；季即元博。女子子三人，謂雷景明、吳鳳岐、張完者，其婿也。孫男子四人：存祀、存仁、存禮、存德。孫女子二人：長適府學生張容，次幼。葬已在祖墓之次，是宜有銘。銘曰：

有懿杏村，早抱璵璠，遭家不造，力持宋門。續先醫緒，窮本究源，誕其明達，董奉並軒。孝及祖母，慈在子孫，名著搢紳，身隱丘園。宋元憲烈，兹焉有存，宜爾桂子，積學待騫。未究之蘊，爲千百載言。

草亭處士束氏墓誌銘

君諱儉，字廷節，姓束氏，別號草亭，丹陽三城里人也。君生而奇異，長益豐偉，性稟峭直，不能容人過，凡諸機械，蔑蓄於心。日所用財，惟義是視，人有窘急，問無不答。尤善厚宗敦戚，聯以恩義，遇強梗輩，亦皆理勸，罔有不若。其貧寠孤獨，尤加賙恤，至遭外侮，悉心捍禦，或值訟紛，百計紓解抵於平，於是州里鄉黨咸服其義，數來質明。弘治乙酉，適通運河，雲間役夫分工陵口，雨雪載途，餓殍相繼，君即損己貲，與起頓踣，多所全活，義感郡守，重獲禮遇。正德戊辰，瀕江大饑，君復傾出廩庾以賑窮乏。乃若治家嚴樸，綺麗珍玩不蓄於室，遇有賓祭，斯設酒醴，惟聚書教子，雖費不吝。至其作事裁物，多契前聞。然則君亦可謂古之篤修考復者乎！

初，君先世本漢二疏之後，新室之亂，始自東海避居沙鹿山南，故去「足」而爲束。至晉束晳尤顯名焉。宋靖康間，束振祖以右職補統領，率軍士由南陽至合肥，復渡江，徙今丹陽。傳八世至崇芳，生泰壽。泰壽生文豹。文豹生希武。希武生理。理生峼，勤敏承家，晦德弗耀。峼生三子：伯儀，仲籤，季即君也。嗟乎！自漢兩疏之後，知止風微，世之貪冒於富貴者多矣，其行不足稱也。自晉束晳之後，樸雅教亡，世之雕琢於詞賦者多矣，其才不足稱也。今觀草亭君才行如此，將無尚有一二漢、晉之遺乎？嗟乎，休哉！

君生於天順甲申七月七日，卒於嘉靖癸巳十二月十三日，享年七十歲。配尹氏，生子男一人，名爵，中應天辛卯舉人，才行方茂，有思繼漢、晉之志，實君之庭訓也。娶武進鄒林金惟遠女。女二，適同邑蔣墅、賀泮。孫男二：曰書，曰修。孫女一。爵卜今年乙未某月某日葬君於某山之原，乃持邑令來君汝賢狀問銘，懇不能辭。銘曰：

廣受振行，晳也高才，世遠漢晉，草亭攸思。嚴恭追祭，厥心靡回，篤於宗戚，罔較貨財。鄉黨服義，有辯與釐，諸所揆度，中理匪猜。家無長物，典籍是推，飾躬勵節，矢與古偕。宜爾有子，嚮往不遲，當其昌盛，源源其來。載爾休問，百代

是開。

明都察院右副都御史荷峯陳公墓誌銘

公諱祥，字應和，姓陳氏，瑞州高安縣荷山里人也。公天授峻拔，穎悟過人，既舉進士，以縣令召爲監察御史，所至伸理冤抑，摧折豪強，贓吏率望風解印綬去，然直言危論，風振一時，當路陰忌，出爲惠州知府。公至，斷獄如流，民有告理賷糧數合計刻白事，時有「陳半升」之謠。有姊爭妹之子者，縱火妹舍，攘取其子，因其入訟，公令卒投兒水甕中，遂得其情。時長樂有背招強寇張、林二渠魁，負固刼殺，公外諭百姓樂業，因以馳賊，密召所嘗受害者授之方略，伺其歌飲，一鼓而擒，惠民用安。在惠三年，陞廣東按察副使，廣人習聞其風，無敢作非飾罔，嶺海之間，一時振肅。三年陞河南參政，分守大梁，吏民畏愛，每望干旌，遂陞福建右布政使。未幾半載，屢遷左布政使、應天府尹、右副都御史總督南京糧儲，尋改巡撫應天等府地方。應天諸郡爲東南財賦之地，吏多冒沒，公攬轡澄清，剔去髒污，南畿晏然。公素有疾，又以母夫人高年，屢疏乞休，尋以嫌隙被論待勘，家居二年，朝廷急欲用公，有詔起公，而論者益並力阻公，遂以副都御史致仕。又年餘卒，時嘉靖甲午六月十五日也，距生成化甲午八月八日，享年六十一歲。公卒之日，所居荷山北墜巨石數十，震聲如雷，足以占公之在生矣。

初，公筮仕上虞知縣，即多善政，上虞人有去思碑，雖曾被公刑者亦有「好官去矣，民真無福」之歎。服闋，補華亭縣。華亭壯邑，令恒敗於利，公冰蘗之操，毫髮無玷。然則公自御史以至中丞，勳績懋著者，豈偶然哉！公先世居江州，咸平中諱忠誠者徙高安之椒坊。五傳至便金，再徙同里之東保。便金傳一龍，愛荷山之秀，景定中復移居之，今爲荷山陳氏。曾祖啟信。祖方輿。父諱用，配謝氏，實生公焉。則陳氏久蓄而後發者，當不在於公乎！公配楊氏，繼配王氏，無子，以從子有爲嗣。女二：長適府學生同邑傅霖，次字奉新宋和慶，蓋大中丞南塘公第四子也。公弟袍嘗謁予太常南所，將葬公於

祖塋土獅崗，乃以銘請，是宜勒辭貞石，以告來裔。銘曰：

有覺荷峯，其操孔剛，未童而穎，長諳六經。侍父遂寧，感神梓潼，爾後閱歷，寤言無爽。風振西蜀，法明閩廣，既進中丞，益肅紀綱。宜爾聲聞，百代不忘。

明奉政大夫南京刑部郎中梅潭趙君墓誌銘

梅潭趙君諱珩，字宗德，饒州府餘干縣人也。君天資雋特，器度醇整，耿介自持，而又博學強記，窮究六經，專志正學，不涉世俗訓詁辭章之習。領正德庚午鄉薦，聲望彌著，一時聞人名士咸相友善。舉癸未進士，授廣之南雄推官，斷獄明允，吏民畏服。蒞任三月，頗以直道忤於監司，君處之超然，略不介意。時督府以私怨論雄人於死，於罪其孥，君持不奉命，督府怒甚，仇者因希意擠之，卒爲言官所論，君之心跡竟白，仇者因坐是罷去。贛州盜起，出沒雄界，撫按檄君剿捕。君乃治兵爲先聲，屯九連山以據要害，紀律嚴肅，所過秋毫無犯，賊望風遠遁。先是同事者多殺平人取首級以邀功賞，雄、韶、贛三郡民多匿竄，君至始招喻老幼，咸得復業。在營四月，擒戮賊徒數十，未嘗妄殺一人。都御史論奏平寇功，上賜金幣旌焉。雄虛糧以萬計，君承委，乃立丈補法，積弊頓革，虛糧有歸。又數詣學校，進諸生，講明身心之學，提學副使蕭公鳴鳳甚加推敬，至稱曰：「當於古人中求之。」

戊子，擢浙江嘉興府同知。嘉鉅郡，號難治，君惠威兼施，士民悅之，咸謂君仁厚似其先人豫齋而精練有加。嘗清戎伍，務核其實。其按行屬邑，見野有遺骸，輒令瘞之，遇瘝獨無告者，率爲收育，殆有餘輩。有匠丁貧乏鬻妻孥以償工銀，君出俸餘爲代輸，復其妻孥。時蘇民以饑來歸，咸撫之得所，且給閑田，於是蘇民有「寧飲秀水，不食吳魚，孰衣我縷，趙父趙母」之歌。故在嘉興，撫按旌奬者四，論薦者二。壬辰，擢爲南京刑部廣東司員外郎。廣東司素號繁劇，君清謹奉法，雖宦戚勳舊無或干謁。癸巳，西司署郎中其所轄衛指揮以私怨毆殺千戶，君廉得其情，輒置之法，時該司白堂欲陰庇之，堂牒令

君改議，君堅持不可奪，侍郎王公讀其議語，壯之曰：「真法司也。」君在刑曹三年，讞決平允，廉明勤慎，上下褒嘉。乃嘉靖甲午十月十九日晨，牙邊得風疾，輿歸數日而卒，實二十八日也，距生成化某年月日，享年六十有五。

君先世河南祥符人，實宋漢恭憲王元佐六世孫不求之裔。不求監餘干酒稅，因家焉。不求生善應，子六人，長汝愚，相寧宗，謚忠定；季汝恩，制置使。又六世至同祖，君曾祖也。祖諱自牧，誥贈嘉興府同知。考諱哲，字允明，即豫齋，兩浙都運使司同知，妣羅氏，封宜人，實生君焉。君生而穎異，八歲能口占爲詩，善草書，時呼爲神童。未幾，遣就傅，進止言動如成人。好讀書，手不釋卷，或以祖元珍目之爲文有奇氣，時與夏公尚樸、李公夢陽、陸公深、余公祐相雅善。少喪母，水漿不入口者三日，號泣幾絕。平生不畜媵妾，不殖貲産。所著有梅潭稿，藏於家。其沒也，士論多惜之。

配高氏，參政峻之孫，司訓閔女也。生男子二人：長某，先君二年卒，娶劉氏，參政某之孫女；次某，娶舒氏，州判琰之女。女一，適邑庠生舒便，亦卒。孫男子三人：某某某。茲以卒之明年月日葬於福應鄉之刁峯，附於八世伯祖尚書崇憲墓右，去忠定公墓百步許。瀕葬，其子某遣使來以馬主政子約徵銘。余雖未識梅潭，然其爲人則實可敬以傳也，是宜勒斯貞石，以告來裔。銘曰：

猗與梅潭，少也夙成，虎豹蔚如，汗簡耀靈。政協東浙，化孚海陽，觀象見智，瑞麥發解。爲政未久，政著循良，民生戴蘇，廷尉稱平。碣斯山阿，厥聲允長。

明東軒處士劉君暨配墨氏墓誌銘

東軒處士劉君字宗周，諱冕，世爲高陵郭下里人，與予家比鄰居。其從子知州守臣與予自童子時師事周先生，凡筆札束脩之費，予仰取于吾叔，而知州亦率仰取諸處士，故知州及予成立，里中語皆知叔父云。初，處士賦性剛明，質直好義，幼未就傅，能解字書。年始十五，事其父母，食必滋味，左右就養，溫以柔色。長兄封君，知州之父也，君敬恭弗怠，意無或違。

處季弟某，利而且嚴，資其子守德居業于學，今亦有前，爲太學生。成化末歲，大侵，身出負粟于千里外，以食家衆。業既饒裕，子進絲衣，卻而不受，止服布褐，曰：「衣服蔽體，何用華爲？」嘗出己力，廣置業産，人曰：「是爲己子謀耳。」析爨之日，無所多有，夫其久而後析，內寡間言，則實人難，故里中兄弟不睦者舉處士兄弟三人爲解徵焉。弘治末歲，復侵，乃出粟濟貧，或疑將假散官乎，答曰：「積而弗散，守粟虜耳。」又語其子守仁：「遇饑必賑，無忘汝父言。」鄉中數姓嘗貸處士金穀，出商四方，或死無歸，或費盡懼還，或值歲饑無償本，處士與貽給書資至焚其質劑，皆不深計。他日，郭、韋二氏交訴，郭以人命誣韋，欲利其貲，處士曰：「天道孔明，人命難誣。」後二氏皆德處士。此皆非其重義審命者能如是乎？

初，處士之曾祖諱麟，配裴氏。祖諱榮，配粘氏。父諱顯，配銀氏，繼郭氏。皆世有積行，躬稼務本，則處士之所得者亦遠乎！配里墨氏，鄉耆祥之長女，貞慈儉樸，明敏敬慎。既歸處士，撤去綺羅，日事織紝，友愛小姑，如視姊妹，嫁則資其妝奩，無或有缺。至遇俗節，孝于父母，常問以甘旨，雖老不衰，祭先烹饎惟慎，若乃妯娌之處，溫厚孔任。知州喪母孺人頗早而服食叔，弟遺女二人亦撫恤成立而嫁之，長育比于孺人。其他濟饑寒之女，致其行奩；憐遺金之羅布，種之麥不使獨畜，皆其緒行也。當非處士之媲德者乎？

處士生正統十三年十月二十日，卒嘉靖元年十一月二十日，享年七十有五。卒之明年正月四日，已葬於城北祖塋之次矣。墨生於天順四年十二月十一日，卒於嘉靖十五年十二月十九日，享年七十有七。生子一，即守仁，秦府典膳，篤志孝思，親疾則嘗湯藥，歿則斷酒肉，克舉喪禮者也，娶本里鄉耆吳盛女。女子子一人，字本里紀朝陽，未歸而卒。孫男子三人：長忍，縣學生，娶崔氏；次懇，配吳氏；次忠，聘張氏。孫女子亦三人：長嫁本里吳景川，次字上石里文涇，次幼。曾孫男子二人：長學詩，次學書。守仁將卜本年十月二十四日舁其母柩啟處士壙而合葬焉，偕其知州持狀問銘。凡處士及墨孺人之行，栒自幼習記之，豈惟狀哉！是宜次第其事而銘之，曰：

於惟處士，秉賦伊剛，孝養父母，左右無方。既克幹蠱，竭力終塋，衣不事侈，有用有藏。雖庶於貲，倣義而行，爰配有墨，媲德不爽。侯孝侯友，女德之光，宜爾子孫，纘戎孔明。載其休風，千百年芳。

明介軒處士樊君暨配涂氏墓誌銘

君諱相，字曰夔，別號介軒，姓樊氏，舉人絅之父，南昌進賢縣之漸山里人也。先世散居襄、汴、江、浙間，有諱韶者始居進賢，遞遷鄱陽三陽北山，歷世敦崇節義孝友。曾祖平山諱伯言，以才行辟爲廣西巡檢不就。祖北山諱□，精理數學。父直菴諱珩，明經厲行，奉北山命贅居南昌劉氏，即任家政。劉通書史，內治嚴謹，協德開家，貲產日裕，是爲漸山樊氏，實生君者也。

君自幼警悟，年甫弱冠，偕仲弟復菴選爲郡學弟子員，即有名聞一時，長老宿儒及督學夏公皆器重之，屢科不利。乃直菴強義自好，頗爲時輩側目，而狂狡構誣于行檢，君偕仲弟挺然出辯，事雖竟白，憲司鞫隸，獲所索取，隸妄指目，遂逮君兄弟，俱坐除名，士論咸惜。後憲司亦悔，更其文移，行之邑學，君負節氣，遂絕進取，壹志家務。凡直菴有爲，必與君規劃，嘗求材木於寧武山間，雖再歷寒暑，不憚勞勩。又嘗貸貨北遊亳、宋諸州，值歲歉，負莫能歸省。聞直菴訃，奔馳號哭，絕而復甦，治葬廬墓，攜絅塚間。勤家幾五十年，遺業頗厚，悉推與仲弟經理，欲恒義聚，千指不析，家聲日起。諸弟宦成，而君益強健怡愉，徜徉林壑間，晏如也。厥後家衆漸盛，有數求索居，一芥不妄。嘗痛父直菴病革時，不獲躬侍其終，後遇忌日，必素服悲哀以拜奠。母劉疽發於背，君率諸弟奉湯藥，踰月衣不解帶，更遞寢於牀下，不少離左右，扶持澡滌，未嘗輕委侍婢。既歿，襲含衾絞，一遵古制，哀號哭踴，三年不替。其歲時祀祼，恪盡誠敬。晚年體力倦勤，每月朔忌日必先命絅灑掃祠寢，行禮亦多躬詣，嘗語絅曰：「君子篤學守禮，於此不可不盡誠敬。」其遇宗族親舊及鄉黨交遊，皆以禮處，不設機穽。聞人之善，稱不釋口，見人不善，輒面折之，不少貸。長老有急難者，必盡心扶救，遇匱乏者，或假貸之，不深取其息。嘗修瀦水之防，曰滄溪溉田甚廣，霖雨暴澍決堰齧堤址，君計畝率衆舉壤而築之，衆沾其利。舊俗夏旱，鄉人聚禱於龍王廟，君乃約會連壤士民集社壇拜禱，輒獲大雨，人情慰洽。每會集必致蔬食，以餉社人稍遠者，衆皆感德焉。正德壬申，饒、撫峒賊嘯

聚憑結，至屢大兵不解，君奉憲司之檄，鳩募民兵扼其要衝，盜賊奔潰，並擒獲匿盜強族，上官審覈論誅之。寧藩之變，撫守檄君保障鄉里，君奮其果毅，糾眾捍禦，沿河居民賴以安定，其勇於行義，皆此類也。

配梁氏，早卒。繼配涂氏，豐城大姓，處士涂景川女也。受性勤儉，上事舅姑，其祭祀孝謹篤至。平生勺粟尺布，未嘗妄費。年踰七十，猶治絲枲，雖祁寒深夜猶勤紡織，記日成丈匹。前梁氏所出女名淑者歸於荷朝周鵬，則厚其妝奩，無異己出。當其敦誼崇孝，足媲乎君也。君生景泰庚午十一月十六日，卒嘉靖丙申八月十七日，享年八十有七。涂生景泰丙子九月五日，卒嘉靖癸巳三月五日，享年七十有八。子男二：長即絅，原名炅；次暹；俱涂出。孫男八人：珂、祚、裕、祜、祄、祐、環、祉。孫女二。曾孫女一。俱幼。兆卜蓮花吉壤巳向兼巽，蓋君素所樂地，以義重於上官而得之者也。絅將于某年月日奉君及梁、涂之柩合葬於北山之陽，謂嘗同舉人章詔從予遊也，乃託詔爲狀問銘於金陵。銘曰：

言蹇蹇，行顓顓，志奮于顛沛，家造于迍邅，文學雖廢，于人孝友，于己無愆，既輕財而嗜義，亦敦禮而禦患，宜爾子之向道，其名揚也，將千載之遐傳。

明江西舉人小山樊以楫墓誌銘

以楫諱濟川，江西進賢縣人，中嘉靖辛卯舉人，因入南雍並會試北上，嘗謁予於鷲峯東所，後又謁予於太常南所。當其器宇學識，謂可遠到，乃今遽已。嗚呼，傷哉！以楫之父友松處士日鼎者痛以楫之蚤逝也，泛長江，至金陵，持其眷友吳袞狀以索銘。曰：「嗚呼，吾忍銘吾以楫耶？」狀言：

以楫生而穎異不凡，少不嬉戲。初受學於族兄木齋教諭暨楊太守之門，每下學歸省，與友松相對講誦，究及五經，多至夜分。既籍邑庠，會友臧山，益邁前修，提學徐、趙諸公數試褒嘉，至奇以公輔之器。歲辛卯，獲領鄉薦。壬辰，不第，遂及同年李伯會、吳明相暨某人輩從予遊。當是時，予方講論語於鷲峯東所，每有論難，輒超等夷，且其溫雅敏慤，雖於古之賢

俊，亦可進班。及乙未之不第也，又卒業於南雍。是時，鍾石費公方爲祭酒，見以楫之爲人，益加雅重，而石淵傅光祿、前溪曾黄門以及車駕江子諸君多敬以楫，相與交遊。凡政之淑慝、事之因革、人之臧否，皆因而窮究其歸，旁又造作區宇、器數之末，儲蓄生養之道，亦有以詣其極焉。至其上孝日鼎，旁信諸友，出於天性，宗族鄉黨，罔不稱悦。嘗謂其友曰：「吾黨斯文，情雖密邇，往來尚疏，此後少革前弊，必須會數禮勤相觀爲善，庶德業各有裨益。」當其意，真有志於曾子所謂「以友輔仁」者乎！使天假之以年，豈啻爲欒正子春而已耶！乃嘉靖丙申正月十四日以疾卒於家，距生正德三年四月九日，得年纔二十九歲。天授之以材，而不使之究其所施。嗚呼，傷哉！

初，樊氏自襄陽徙鄱陽，遂徙進賢之三陽，有諱清安者始徙於北山。六世祖明仲者死元季紅巾之亂，贈縣尹，并賜禮祭。至諱用節者，嘗爲冶鐵監生，歲入不及額，論死，兄弟爭服罪，有司高其義，釋之。高祖伯靜，登永樂甲申進士，改翰林院庶吉士。曾祖畏齋諱海，字士納，祖思畏，俱隱德，舒太史、龔憲副皆嘗銘其墓。至友松，娶閻氏，實生以楫。然則以楫學行之美，其源流亦已遠乎！以楫配胡氏，乃舉人畏齋之女，生一子，甫閲月而歿。女一，字憲副張百川之子，一名濟美。卒已葬於青山之陽，未銘也。至是友松請，乃敘其狀而銘之曰：

有美以楫，天授孔良，少肄經史，不勞而明。既知董學，輒舉於鄉，旋篤斯道，問學無方。當其於難，如古人行，天胡不壽，二十九亡。父友松痛，泛江問銘，我銘斯石，百代爾章。

明贈奉議大夫陝西鞏昌府同知李君暨配宜人郭氏墓誌銘

君諱增，字抑之，別號竹軒，世居直隸滑縣頓丘之西岸，南京工部郎中暹之父也。暹爲鞏昌府同知時，贈君如其官，階奉議大夫，配郭氏贈宜人云。君於成化丙申以歲貢高等入試內庭，文居多士之先，同邸舊交勸卒進士業，君答曰：「吾親老矣，焉用一舉，況未可必，丈夫功業，隨遇可立。」已而授儀真司訓，躬行率士，導以忠愨，其解經塗文，必近衷實。每云：

「讀寸行寸，讀尺行尺，勿但口耳。」士或貧餒，出給衣食。儀真陸海衝要，餽多異品，乃先封寄祀養，後入其餘。忽報外艱，哀悔僵仆，士徒郊送，涕泣戀留，舟遶灣出，猶聞哭聲。歸勉喪事，黜絕俗禮。既禫，欲終母養，母固命起，補除襄陵，教規詞章，因材而施，士日充裕。士俗勤儉，力田植桑，猶有唐堯遺風。然頑驕無知者，節辰饔賽，或浮於侈，君謂諸弟子曰：「移風正俗，吾黨職分，汝曹當力爲倡表，化誘里閭，先自族戚，潛消其弊，涓流江河，豈不畏思？」一時感應轉移良多。有丞侯骫法，乃正言面折，不容其私，雖在細民，亦知敬尊。及丁內艱，士不忍釋，猶昔儀真。起服改仕長安，省下紛華，送迎絡繹，則曰：「是奪吾士子業也。」乃偕同寅稟說巡撫，祁寒暑雨免士出郭送迎，以故士顓學問，連科中選，倍盛往年，至得魁解。其夢徵馴虎歷階升堂，執觴稱壽，衆懼披靡，君獨取觴對飲，若此其信也。若乃束脩贄儀，恒多謝卻，先後如一。然卒以會城，憚於奔謁，懇辭歸老，鄉官人士重其德義，百留不獲，乃爲芹宮遺愛詩卷以別。歸田數載，睦族惠鄰，表正鄉里，滑邑老弱遠近，皆忻然愛慕。其長安人士致簡牘省問者繩繩不絕，若有事適京者，多枉道過謁，引日始違焉。

曾大父諱義，大父諱榮祖，父諱寶，皆隱德不顯於時。寶配袁氏，實生君也。初，君生而穎異，曾大父每語所親曰：「是兒必大吾族。」及長遊，慎于擇友，應接益謹，雖作字亦端楷不潦草，屬文簡明，動含阜俗之意。其上孝父母，下友弟巖，尤見稱于邑人。然則君所至教人多有效，固有其本乎！郭宜人婦儀克修，祭祀供養，具可爲中饋法，內訓嚴謹，雖臧獲幼愚無敢違矩度。存恤遺孤，恒若己出，親鄰凶吉，輒加惠助，真媲德於君者也。

君生於正統某年七月十二日，卒於正德十二年七月日，享年若干歲。郭宜人生於某年月日，卒於某年月日，享年若干歲。子男四：長昌，初尹光山，再尹武陟；次冕，散官；次即工部；次昂，國學生。女子子二人：長適國學生王璽，次適劉侃。孫男子十有二人：士儀、士子，業農；士奇，丞差；士魁，國學生；士偉、士徒，邑庠生；士溫，選貢士；士可、士中，餘幼。卒之年已葬於某山之原，未銘也，至是工部以狀請銘。曰：

有覺竹軒，居德孔敦，夙鍾謹厚，不嬉不喧。亦既庠也，學植本根，振鐸南北，士類便蕃。任尊約束，去則攀轅，如其匪德，感化胡繁。宜有淑嗣，爲邦之璠，載其休問，千載如言。

明橘泉處士魏君暨配趙氏墓誌銘

橘泉處士者，蘇州崑山縣之真義里人也，諱璧，字仲文，別號橘泉。其大父諱琳，生子諱鐘，配王氏。生二男子：長曰奎，次即處士。處士生而長軀偉貌，精敏強幹，義氣軒豁。少嘗學書，未遂厥志，棄去學醫，凡和、扁、華佗，皆究其術，上至內經、靈樞，亦探領要，於是決人死生，十失一二，病者填門乞療，罔不興起。已而又復棄醫，專事家人生產作業，躬督僮僕，嗣其股肱，敏茲畎畝，風雨不懈，遂又起家，雄於崑山，當其才略兼人，鄉閭咸畏服焉。他日，縣令聞名，召委蒞事，事輒立決，猶醫之能判人病也。其從子莊渠太常子材，今之名儒，與論時事，恒爲歎服，至曰：「先王選舉法亡，後世祇泥科舉，士雖逸才，安所進用？如校季父外文墨，任爲農畯，雖北方地利，亦可大舉。」則處士之所至效績者可知矣。蓋處士淳謹質實，無他巧僞，性不嗜酒，亦無狎戲。與人施易，必均量衡，勿貳以貳。其有要期，度不可者，慎無輕諾，即可而諾，若責左券，必准無爽。度訓子孫，惟以書史。然則處士之材聊見于農醫之間者，豈可以小道觀哉！

配趙氏，長洲金莊里趙同芳之女，宋宗室之苗裔也。賦性莊嚴，不苟語笑，善佐處士，程督女婦，夙興盥櫛。習勤女紅，凡織紝、酒漿、烹飪、蓋藏之事，罔敢違式。其攻苦食淡，恒如窮約。他日諸女適人，俱能持其內訓以宜家人。處士常以拓家之事歸功於趙，趙益退讓，終身相敬如賓，不羨古翼缺夫婦云。

處士生天順八年十月十日，卒嘉靖九年八月十九日，得壽六十有七歲。趙生天順五年六月二日，卒嘉靖十一年十二月十四日，得壽七十有一歲。生男子一人，庠。以太學生仕爲光祿寺典簿，娶顧氏。女子子二人，謂夏椝、何鉞者，其婿也。孫男子五人：希明、希哲、希正，皆太學生，明娶龔氏，哲娶士氏，正娶梁氏；希直，聘方氏；希平，聘陸氏。孫女子五人：長適太學生鄭若曾；次歸有光，亦太學生；次姚員；次字顧夢穀；次字晉驌。曾孫男子四人，孫女子二人。庠卜嘉靖十七年月日附趙柩合處士葬於高墟之原，希哲乃持光祿寺丞予友陸伯載狀以問銘，鄭若曾亦嘗爲問於北雍矣。乃

銘曰：

有覺橘泉，厥行孔敦，識書大義，醫岐十全。亦既肆力，農事無愆，豐年多稌，積倉殷殷。書不廢耕，可畯萬田，亶兹才士，卒滯林煙。猗厥懿配，内德孔駢，宜爾子孫，員員其賢。載其休問，千百年傳。

明户部主事方湖鄭君墓誌銘

君姓鄭氏，諱主敬，字直夫，别號方湖，興化府仙遊縣之屏山里人，贈南京户部右侍郎諱恒淑者之孫，南京户部尚書東園先生諱紀配封淑人黄氏者之子也。君與予同舉正德戊辰進士，君觀政大理寺，尋聞黄淑人訃，星奔屏山。未幾，東園先生亦卒，連□恃怙，哭踴涕號，悲動道路。甲戌，服闋，始入京師，銓授户部主事。君初涖政，即能剸繁裁劇，剖決如流，劄委監督京倉及管運大倉銀餉于邊，事竣積銀千有餘斤，皆登作正數，用舒民力。他日，監收臨清諸倉，故事入用大斛，出用小斛，君革其姦，收交均槩，仍積餘米幾至二千，以備公需。是時，多宦盤據蠶食羣倉，至傳以爲常例，乃榜其弊端，痛加禁約，軍民咸便，多宦欲行中傷，屹不爲動。比滿還部，猶詳開其積害，欲列款以奏，時部尚書石公深致褒嘉。比及考績，注以「守法禁私」之語。己卯之歲，出差南畿，還次瓜州，乃以疾卒，時庚寅正月三日，距生成化乙酉三月十五日，年纔五十六耳。使天假之年，其所至勳業，豈可量耶！

初，君受性穎敏，兼以庭訓嚴正，即負奇氣，磊落弗羈，而又善屬文辭，根據理要，且遇事敢言，議論風生，多中肯綮。恒帥子姪奉守家規，無少違間。東園若怒及不肖者，必温言怡色跪爲請釋，委曲承順，務得歡心，友恭之篤，兄弟如孺。鄭，大族也，屬類殆千百指爾，乃資其婚嫁，襄其殯葬，調其嫌隙，恩義周浹，骨肉翕服。乃又撝謙處鄉，蔑或驕縱，有獻田者，峻卻不受。若有事關利害，躬率庠友白説當路，次第興革。嘗約鄉人設立義倉，因歲吉凶，以爲出入，貧者依賴。既領鄉薦，凡諸逋負錢穀，面焚諸券於屏山之下，殆二百餘金也。壺陰黄學士公爲之立傳以美焉。嗚呼！即君未仕時之行與志如此，

則所見于戶部者特緒餘耳，使天假之年，其勳業之高大固可知矣。君考績時進階承德郎，誥進東園先生階正治上卿，黃淑人爲夫人。

君配傅氏，先卒，贈安人。繼配林氏，封安人，然溫厚周慎，孝于舅姑，惠于諸妾。君歿之後，亦卒於甲申某月日，距生成化丁未，享年三十有八。君生男子二人：長箕，邑庠生，安人出，娶進士陳君敘之妹；次裘，側室林氏出，娶御史林君近龍之女，然裘亦早死。女子子六人，謂張大護、楊元卿者，其婿也，三鸞姐早卒，皆傅安人出。其曾知剛、林兆恩，則四五女之婿也。六未議。君辛巳葬於孝仁里石鼓山之麓，傅、林二安人皆同窆焉，未銘也。至是箕以表兄舉人陳須樂從予遊於南都，乃託持右副都御史年友蘗谷王公狀以問銘。銘曰：

猗嗟方湖，素履瞿瞿，家範克守，二人咸娛。睦及閭里，屏山有孚，或有逋貸，對衆焚符。既仕版曹，皆材糧租，雖有讒宦，亦莫敢吳。程厥積羨，用舒民瘏，當其才志，煢獨可蘇。展如是之人，兮壽不遐乎，銘茲貞石，君子夫夫。

明贈刑部主事竹湖敖君墓誌銘

君諱義，字宣道，別號竹湖，晚號方齋，江西新喻之水北里人，刑部主事璠之父也，以璠貴贈如其官云。曾祖諱淵平，祖諱俊，父諱啟，俱隱德不仕。啟配黎氏，他日殖產於潭州之寧鄉，遂占籍焉。因娶易氏爲二室，生三男子，贈君其仲也。比長，偕弟禮歸學新喻，而兄仁留侍寧鄉。贈君賦性孝友，慷慨有大志，平居議論，輒稱古之人。重然諾，好施予，見忿爭事嫉如仇，仇人多誚讓，乃持之益堅，不渝厥守，嘗有「議論由人，操持由我」之語。他時聞兄仁訃，喟然語弟曰：「父母遠在千里，旦夕恃兄，今乃殞世，誰爲劬勞之服？夫顯揚之事，特以任汝，吾當西往寧鄉，以侍膝下耳。」於是或一二歲，或三四歲，或五七歲一歸新喻，歸即迅往，不久戀家，故弟獲專業于學，卒以選貢授浙江縉雲儒學訓導，多友于之力也。配盧氏，嘗得風疾，勢將弗起，母黎迫之改室，乃歎曰：「彼且有生，兒忍死之？」踰年疾愈，遂生刑部，里人稱爲仁厚之報。嘗諸人稱

貸，而貸蓄弗售，其人如期以請，乃恐食言，轉貸以應。其人後弗能償，爲之代酧，未及稱息，欲歸左契，貸者難之，則爲筆記。或笑其迂，然君子以爲事類戎夷解衣之義也。若宗黨有急，周之如恐不及，凡父遺負在人者，悉焚其券，於是家日不足，然處之裕如，無少介心。嘗謂刑部兄弟曰：「吾聞貧益富損，天有顯道。吾雖以義甘貧，然志遺汝以益，後必有食其報者，若輩勉之，甚無急利，而詘汝父之義也。」嘉靖戊子秋，方遭父喪，而刑部獲領鄉薦，有賀客來，則泫然涕泣曰：「吾父兢兢，百年笥一經，以訓子孫，今幸成其志，乃弗及見，吾方思永恨之不可輟也，是可弔已，敢承其賀乎？」自是轉增愴慟，復以奔扶之苦，積毁成疾，遂不復起，時庚寅十一月二十一日也。卒之日，家事一無所問，惟曰：「所不能奉先人之喪正丘首者，死不瞑目耳。」距其生成化十四年，享年五十有三。卒之明年，刑部克以祖喪歸，又明年，襄事于本里獨龍峯之側祖墓，雷壇之山首。

所配盧氏，贈安人。側室謝氏。子男四人：長即刑部，志專斯道；次琦；次珮；次璜。女二：長婦貞，適本邑錢璁，郡庠生；秀貞，適寧鄉黄材，□□□。刑部卜某年月日葬君某山之原，而以銘請，義不得辭。銘曰：

於維竹湖，信義是圖，夙夜之履，惟親爲娱。新喻日少，寧鄉是趨，有弟成學，己寧爲夫。終天之恨，託子舁扶，父歸窀穸，九原亦愉。宜有令嗣，繼志孔孚，方載爾道，政刑是敷。衍厥休問，千萬年乎。

雲南僉憲孫君之配宜人張氏墓誌銘

宜人張氏者，雲南僉憲號峯溪孫君之配，南京刑部主事植之母也。予與峯溪同年友善，聞宜人之歿，往弔刑部，至則刑部戴星奔喪矣。遲數月，刑部衰絰奉峯溪書並宜人狀涕泣稽顙曰：「植所不死，述母懿德，求襄大事者，惟吾涇野子圖之。」按狀：

宜人之父諱論，號竹溪，隱德弗仕，配章氏，是生宜人。端懿淑媛，幼閑女則，孝事父母，稔于問學，如班姑、鮑桓，直非

男子耳。尤工於剪製組繡，一時女流罔不推嘉。及歸峯溪，甫洽五日，峯溪往學外方，姑太宜人持家，太宜人即宜人内從姑也。宜人躬行婦道，無違宫事，凡饔膳、織紝、浣濯之力，身執其勞。舅姑或弗豫悦，譴怒及之，乃滋起孝敬，不違左右。峯溪既舉進士，出尹興化，宜人從宦，每值具甘旨，必馳念舅姑，峯溪曰：「是吾志也。」即迎養竹溪君暨章太宜人，至則承事尤謹，每當供具，必問所欲。宗黨有來興化者，必勸峯溪厚善遇之，歸則傾橐以贈，不計其後。興化民兄弟數人武斷鄉邑，峯溪斃其二人，餘尚繫獄。當是時，刑部方育也，宜人曰：「除惡去其已甚，警戒衆人足矣，餘可貸死，陰隲爾後。」他日，峯溪移官維揚，撫臣每檄視別郡，去則親嚴局鑰，申戒僮僕，度其出入，館廨肅然。正德辛巳，峯溪遷南京宗人府經歷。明年，宜人受有恩封。及平湖，峯溪僉憲山東，改僉雲南，宜人皆弗從宦。綜理家政，飭諸僕御，釐其勤惰，稽其贏縮，植其田產，皆有渠法。其延師以教刑部，戒寡僻，督擇友，勵名節，雖嚴父不過也。若乃相恭敬如賓，白首無忤言，且勸置側室以廣允嗣焉。張長姑少寡，竹溪君迎歸，孀居四十年，宜人事之如姑，飲食則進甘腴，疾病則視湯藥，誕日則具酒醴，率婢以祝拜之。姻戚婚葬弗給者，必重爲賙恤，或有稱貸者，至脱簪珥以與之。蓋宜人雅性，勤敏節儉，身常布裙，御疏糲食，夙夜執女婦工作，未以貴懈馳少自多也。當峯溪之在維揚也，寧藩之變，府僚多攜家引歸，峯溪被檄守儀真，自分必死，謂宜人曰：「予或無望東歸故鄉矣，爾當奈何？」宜人曰：「予母子尚死守之，夫在胡從言歸？」夫宜人當危變之際，其言凜凜有烈丈夫之志，足以廉頑立懦，如此則其平日處常之行可知矣。

宜人生於成化癸巳某月日，卒於嘉靖丁酉九月二十一日，享年六十有五。卒之先數日，僮婢無老少私告道路，爲之禱神鬼，問卜筮。既卒，號泣撫膺，里閈之人、内外姻戚咸奔赴涕洟，可占其生存矣。是宜有銘。銘曰：

猗有宜人，素履孔醇，學自母黨，造詣伊真。既工剪製，亦善織紝，事姑如母，待夫如賓。雖貴于室，猶若綦巾，議獄緩死，匍匐施仁。宗黨咸悦，奴隸亦親，維揚聞變，板蕩誠臣。宜爾有子，刑部鄰鄰，篤志斯道，哭母秋旻。發潛炳昧，令聞無恨，著兹實志，勒此貞珉。

胡仲德墓誌銘

胡仲德者，太學生孺道之仲兄，徽州休寧縣某里人也，諱大周，仲德其字也。生性好蟾，因以蟾石字號。嘉靖十四年四月十四日以醫士誤投藥而卒，距生弘治十年某月日，壽四十有二歲。於是孺道持禮部安福易粟夫狀爲問墓銘，予以衰病辭，孺道泣曰：「昔湖山伯兄之卒，先生既銘之矣，于蟾石兄而不銘，是使大器厚湖山而薄蟾石也。往年先生講學鷲峯東所也，蟾石兄嘗曰：『長兄大用以未見爲恨，季弟大同以既見爲喜，大周何獨不同若也？』遂買舟泛江謁先生於東所，退宿於僧舍，歎曰：『周幸在發育之中矣，及聽先生於佛殿講中庸，駸駸乎若有所得。』居浹旬，諸友皆敬信之，贈以詩篇。以後雖賈蕪湖，四方來貿易者多之仲兄，謂蟾石如韓康伯，無二價也。先生可忘其生也，不一銘乎？嘉靖十四年三月十一日，仲兄飲于戚人，醉歸登樓，撫大器背曰：『好賢弟，好賢弟，可索人好文字也？』器對以求某人文，搖首不允，曰：『求涇野先生文。』即大笑跪拜而去。至次月不起之日，方匝月耳，豈知其前言爲永訣者哉！先生可忍其死也，不一銘乎？」涇野子歎曰：「吾信不忍于幽冥之中負此善人也。」狀言：

仲德生而剛方質實，幼與羣兒戲，剝舍後林□，其父木齋君撞見，斥之曰：「不時而食，能敗人腹。」仲德自此不視其樹。長適吳越，取予不苟，至抑強扶弱，奮不顧身，雖于宗族鄉黨，徑情直率，無所阿徇。其在吳也，聞兄湖山之卒，痛哭無已，遂委貲于季弟，身還蕪湖。他日，歸省休寧，母感暴疾，乃與大器相對而泣，臥母榻下，躬進湯藥。又因大器之感而恕兄妾無知之犯，因孫佐之暴而解藥工被傷之謀，皆其生知之美者也。使蚤從事問學，則其所成難量矣。

初聘干灘吳氏，卒。繼娶漁灘張氏。生子女七人，皆夭死。孺道又言始祖稅幹五公，素積善行，遷居霞阜，傳至高祖諱懸，曾祖諱裕，皆有隱行。至祖諱儼然，庶母程氏所生也，三歲而孤，諸嫡兄弗恤，于金帛田宅盡取其美，遺瘠田以歸祖，其服食聘葬之需皆取辦于程氏祖母。他日，親友謂祖曰：「子無嫡庶，析產宜均，子奚不鳴之有司？」對曰：「某力使人無

訟，又可自訟耶？且兄弟一體而分，彼之所有即某之所有也。」當是時，還霞阜居者六百戶，殆萬餘人，凡大小事有訟，不之府邑，皆得其平。生子木齋君諱思三，綽有遺風，配汪氏又善內助，遂開大光業子氏，胡氏聞於徽中，而孺道兄弟之賢非偶然也！孺道已葬仲德於巴坦之陽，未銘也。銘曰：

有敦胡氏，世履孔臧，仲德之祖，田瘠不爭。或促之訟，拒而不從，霞阜里人，化者章章。承以木齋，先業日昌，捐磚完祀，火不爲殃。宜爾子孫，道義是行，三子于賈，不爲利妨。孺道深造，展也季方，納言敏行，爲士林望。匪兄是倚，其學焉成，孝弟友于，福祿將將。

明雍齋處士張君墓誌銘

君諱鍾和，字堯卿，別號雍齋，其先江西浮梁縣人，譜傳爲張忠定公之後，今爲武昌府武昌縣人，湖廣舉人札之父也。君自高祖伏一來居神仙鄉。伏一生仲禮。仲禮生鎬。鎬號宜菴，尚誼甘隱，縉紳推重，生四男子，君其仲也。少有懿質，業治書史，嘗過小孤山，驚其險惡，遂棄進取，一志養親。宜翁病疾，壯瘻不履，君先意承順，饌羞必洗腆，務稱其志。晨昏省，立寢門，咨詢僮婢，候察動靜，安則喜而退。痰咳少作，憂形于色，匍匐左右，湯粥親舉，數廢寢食。翁知其勞，或命之退，則諾而側處門外，伺其熟寐，隨復入侍，雖祁寒盛暑，未嘗少懈。代董家政，綜理有法，業是用殷。其恭兄友弟，敬愛篤志。君歿之年，計今二十，長兄魯塘今歲八十，仲弟五十餘年，每言及君，欷泣不已，至季弟解元鍾靈悼懣無鄉，遂輟仕進，則君之平日可知已。夫君于其父母兄弟如此，乃若恭祭祀以隆祖禰，先賦稅以急公上，敦婚奩以睦宗族，明善惡以化鄉黨，捐粟棺以拯餓殍，厚贐遇以業遊學，皆其緒行耳。宜其遇盜而閭閻之救者幾千人，既歿而途室之哭者數十輩，則君固周、漢時孝弟力田之醇愨，而陳太丘、王彥方之儔不殆是耶！宜乎尹給事商衡謂其使遇有選之制，得沾一命，其感化人又何如也！

君生成化丙戌某月日，歿正德己卯五月十五日，享年五十有四。初配彭氏，無出。繼配方氏，有賢行，先君二年卒。方

生四男子：長楯；次即札，篤志尚道，將發君之未究者也；次榜；次橋。女子子一人，適邑人周椅。孫男子五人，孫女子七人。君没年之冬，楯等已葬於江夏八疊山之陽，久未銘也。札繼君志，欲取甲科，領沾恩命，以煥丘壠。及聞叔父之訃，遂輟歷事，南奔其喪，乃先麻衣帽絰，持尹氏狀，以從予遊也，爲君索志銘，以追己卯之戚。予憐其志，且嘉其能復之于禮者之禮也，乃紓其幽悰，敘其素履以志之，是宜有銘。銘曰：

有懿雍叟，素履伊方，既篤親戚，亦恭厥兄。友于之深，二弟尤愴，稅賦先公，祀事孔明。誕其淳睦，化及鄉黨，其風遠古，比王彦方。身雖未顯，徵在賢郎，銘茲貞石，千萬年芳。

月川處士黎叟墓碑

處士廣東東莞之槎滘人也，諱廣傑，姓黎氏，與其配番禺鹿步李氏皆年八十有四而卒。處士之生也，滘水縈迴環繞屋宇，月出東溟之上，照見遊魚，乃坐磯垂綸，時獲魴鯉，又或高歌遠眺，如躋廣漢，而登碧虚，當其爲樂曰：「人不知也。」乃自號月川云。處士質樸天授，而又敏業儉德，富聞東莞，黎在槎滘，世閲七葉，至處士遂昌。蓋其務悦後母黄氏，克恭三兄，白首怡怡，而又老靡爭訴，不識縣衙，恒誦爲善最樂之言。當非其弄月之本根邪？冢孫名璽，質厚氣瑩，爲之相攸惟湛先生女，並遣師事先生。予近得與璽晤，語處士方來熾盛，詎可云量？然則月川之號，固有所見矣。處士之先，黎比公之裔，其後有名英者爲宋學士，家於南雄大宗，攜男曰某者徙今槎滘。英之五世孫諱某，生孟謙。孟謙配某氏，實生處士云。處士生四子：長世承，次世紹，次世用，次世平。世承先處士卒，而所謂冢孫璽，則世承之子也。然則處士其於前有所開，於後有所裕乎！

處士生宣德戊申十月十六日，卒正德辛未五月十日。李生宣德壬子五月四日，卒正德乙亥三月十三日。合葬墓在蕉步歐獅嶺上。銘曰：

深夜沉謬，四無人語，明月在天，伊誰爲伍？ 隱逸民□，槎涽築圃，有餚伊鮮，有酒酤□。子孫盈前，既孝且友，樂矣終身，無懷氏叟。歐獅嶺厓，東莞之主，芳流千年，行道式都。

韓母仇氏墓碣

韓母者，朝邑學生韓邦憲之母，欒田處士裕慶續宗之配。歿既多時，其姪參議汝慶志其壙，列三大行：一曰孝事舅姑，遇疾祈代；二曰順於欒田，雖酒必化；三曰智理家政，内外咸辨。斯三者已可爲仇不歿。邦憲嘗從予遊，又欲予表諸墓，兼以其姊夫樊進士得仁狀來。狀言：

成化乙巳，歲大凶，人相食，仇每饔飧，必除粲一二升用濟里饑，諸妯娌謂曰：「歲荒若此，能活幾人？」對曰：「鄒鑒積兒且能救饑者，但粒猶勝枵腹。」東鄰婦欲食其姑，仇潛告其姑，令居外室，旦夕與一饘，其姑得不死，後稔必語人曰：「非韓母，吾婦食吾肉腹中久矣。」嗚呼！ 據此則凡周白妹之貧，贊姪吏之成，與參議所列三行，皆實無訛。此其人豈忝名卿烈大夫哉！ 華陰渭北里逸齋醫士諱義者，其父也。邦憲及監生邦忠、承差邦樹，其男也。仲讓、仲謙、仲誦、仲誠，其孫男子也。生天順五年二月十三日，終正德十六年十月十二日，壽六十一歲。葬韓氏新塋在歿年十一月十二日，餘皆存志。

處士裴君墓碣

君諱通，字文達，姓裴氏，夏縣南廂里人也，本唐宰相晉公中立之後。元末，曾祖順理自聞喜始籍夏縣。生子祥，工科給事中。給事中有四子，其次曰志位，爲東昌府知事，寔生君焉。君幼即端重，不好嬉戲，凡樗蒲雜藝，紛華聲伎，未嘗經日。長益恭慎，戚黨凶悍，侮置再四，笑而避之，未嘗相猶。姓大族巨，家眾多傲，而君愈自貶抑退如懦夫，南廂里人咸敬信

焉。富饒之中，貴佾之下，尤勤嗣股肱。純藝黍稷，每當耕耨，秉耒耜，揮耰鋤，以爲諸僮僕先。期有暇日，涉獵墳典，玩心古昔，於是身通十九史略、孝順事實、名臣録、釋文諸籍，而明心寶鑒尤稔誦焉。至遇朋簪社會之處，必舉要言以爲諷喻，而化者數百人焉。上事東昌君，尤曲意承志，忿厲辭色未嘗見於親側。母曹氏嘗構疾兩月，君衣不解帶，食不甘味者六十日，母疾平愈而後已。君兄弟三人當索居，兄貫分地有屋，君與弟振有分地無分屋，而振又博交四方士，不積也，君並作其屋，助其乏。振死，又撫其孤以立。君可謂古之孝弟力田者乎！家積千粟，遇歲歉，必散貸，家人譬止，弗是也，曰：「豐積者固欲賑歉以救人耳。」嘗市後拾囊銀，問無人也，則召數樵來分與之。郝有二女精紅而又德，君日爲擇婿，得二人焉，數勸納幣，二人病且貧，後二女皆嫁良家。則君於其父母兄弟者可知矣。馬饒州謂之「隱君子」，亶其然乎！

君歿在正德十年三月二日，春秋七十有九歲。配樊氏，先君三十四年卒。男子二人：長曰純，縣學生，後以例授散官，不仕；次曰紳，義官。女二：長嫁盧尚齡，次嫁縣學生董鳳。繼配吳氏，生女一，嫁太僕卿張宏綱之子儒官日吁。孫男五：鐩、錫、鏗、鎬、錀。鏗，縣學生。曾孫七：棟、璞、瑄、琢、珣、璟。葬在城東南中條山之麓先兆南一里。銘曰：

一于解之第會爾孫鏗，母葬素食，師疾秉誠，志在前哲，器優常卿，謂無源矣，胡流之清？讀處士志，問處士詳，蜀龐德公、漢王彥方。動則人信，不言而行，福在子孫，化自南廂。九原可作，視爾行慶，行道瞻止，我銘伊經。

明授散官王君墓碣

君姓王氏，諱仲儀，晉藩護衛羣牧千戶所總旗今進爵爲散官者也，其先本常州武進縣人。國初，從護衛至是焉。曾祖考諱普貴，妣張氏。祖諱福海，妣賈氏。父諱秀，義官，配鄭氏，是生君焉。君生而端重顒懿，是以分掌晉國財賦爲業，然其屯種多與民田交互，抑揚之間，民必受害，而君公以處心，慎以御事，雖出納之際，靡不平允。又嘗承命幹南畿公事，既克完濟，而道路亦不見擾，晉王至遣人旌獎，於是聞之於上，得進爵散官云。蓋君平日性最孝謹，雖事繼母，能得其歡心，其待異

母弟，亦友于篤至。

配張氏，生二子：長世英，閑於禮義，爲陽曲東七府儀賓；次子世臣，嘗從予有一日之遊，言貌靜修，超有遠望，皆君之庭訓也。夫君於其家如此，宜其夙夜在公，克善厥終云。君享年五十有一，嘉靖某年卒，已葬諸平陽府城南趙村原祖塋之次，至是世臣請表諸墓上石。辭曰：

桓桓王君，晉國之紀，軿則釐賦，其平如砥。既戩於公，亦穀於里，既篤於躬，亦式於子。厥修孔嘉，晉王心則，聲聞於天，進爵榮祗。爾行履旋，行道瞻止。

明耆老張君墓碣

君諱傑，字俊，解之禮賢坊人也。祖厚，父文英，皆以篤實舉鄉飲。而君生稟純懿，嗣光益烈。成化甲辰，歲大艱，乃負鹽易米，以養父母，兄姪咸賴。厥後析居，田宅多讓焉。姪曰福、祿，又與婚娶。兄不事文，乃令其子仁遊籍州學，陰以勸引，後累科不第，出貢於郡。從兄濟更貧，則割地助屋，不計其費。郡人羅鑑者約君同賈，君曰：「惟吾教方好。」於是財出入悉不疑。後羅有利且富，而君貧甚且貸於羅，久則併屋以償而始悟。及其家之頗足也，乃教諸輩：「寧失之癡，毋爲計之巧，使某亦巧，焉有今日？」每朝夕，焚香叩首，告天及祖宗曰：「某大小衣服皆神之賜。」畢則令咸做事，時傭人雖足用，乃不令代子孫，子孫有惰者，輒憎惡不容經目。正德壬申，州太守李君修拓州城，選郡民以督工，君分芮城，夫頑且刁者也。然督之，輒就理先考。時夭殤者，衆咸瘞城下，君麾示工役，遠避其地，且爲之覆土，太守聞而勞焉。丁丑，舉鄉飲。嘉靖癸未，州守林君又舉之，進座介位。乃今丁亥八月十六日丑時卒，距生景泰甲戌八月二十六日午時，壽蓋七十有四云。

配郭氏，恭慎勤敏，克相厥家，先君十六年卒，迄今族人訓其內，猶曰：「焉得如南院□□□皆善邪。」繼配曲氏。生男子四人：長潤，典解梁書院，娶譚景玉女；濡，冠帶生員，娶程剛女，副郎君之四妹也；灌，娶義官閻興女，推官君之

從妹也；滋，娶義官焦世恭女。女三人：長適連爵，次適丘普，次適胡學。孫男子四人：鳳翼，州學生，從予遊，潤出；鶚翼，濡出；鸞翼、燕翼，皆灌出。孫女子四人，一適王佐，其三幼，未聘。曾孫男子四人暨女孫凡三十有一云。於戲，懋哉！古稱敦篤潛行之士其後必盛，果然乎！

明節菴處士孫君墓碣

君諱質，字致和，節菴蓋自號其所操也。父軒居安邑之聖惠鎮，娶布政李公輅之妹，生三子：長即君，次曰贇，次曰員。君天授篤實，慈愛性成，人有不足，輒與周濟，雖經營旅邸，無所過求巧取。父臨終曰：「我死後，家事有託者，必質也。」君涕泣弗勝。既卒，哀毁踰禮，殯殮周密，權厝於城中之祖園。是時，員尚幼，撫恤保養，衣服飲食，無不殫心，嘗曰：「此父母鍾愛子也，萬有不安，父母必不悅於九泉。」及員成立，選求名門與婚配，又令貨殖江湖，遂成大賈。成化末年，贇因事欲廢祖園，惻然不寧，遂遷父母柩合葬於城北之七里。他日，鄉人路遺，君且收之，同行者欲分用，君曰：「凡物非我所有，必致禍。」遂歸原主，由是鄉大夫皆曰：「孫致和，義士也。」有馬丞訪君，有逸民風，遂忘勢分致交好，每道運城，必登門接見，以敘款曲，稱爲「白衣君子」。邑尹涇陽魏君嘉君之行，亦嘗延接禮遇，嘗謂人曰：「安邑如此人者鮮哉！」

初，父與馬勝友善，每過其廬曰：「養女當擇壻令器如此，我有弱息，願爲之配。」既而馬氏歸於君，孝舅姑，善女紅，持家有法，閨門整肅。後馬公不嗣，君移於家三十餘年。既卒，衣衾棺槨以禮合葬焉，鄉人謂馬公有知人之明云。乃嘉靖元年十月十一日，君以疾卒，其生則景泰甲戌年二月三日，享年六十有九歲。馬孀居勤儉，教訓二孤：長鳳岐，業商，娶呂氏；次鳳儀，充運司生員，從予遊，娶祁氏。女一，適運庠生薛齡。孫男二：長曰竹，聘典膳解人景暘之長女，鳳岐出；次曰尚，幼，鳳儀出。於戲！處士之道，將將乎，其遠懋哉！

汾陰處士孔君暨配淮氏墓碣

予在解州時，聞臨汾學生孔江喪其父彥威處士，後又喪母淮也，乃合葬之郡城東北九州堡，即與其弟學生涇廬於墓側，寢苫枕塊，衣不解帶，蔬食飲水，懸處士及淮像，朝夕哭奠，沐浴櫛總皆廢。日負土築壠，值夜回，遇盜劫村落，見江、涇垢面鬆髮，衣履襤褸，且負土行，以爲不利也，欲手刃之，詢爲親故，復歎其苦，釋不忍屠。越月再至，又遇焉，曰：「爾等猶在此邪！」取其壁間祀像以付火，江、涇跪哭曰：「家再無留像，若焚此，江等終身不獲見吾父母，願身代焚。」於是悲動羣盜，還掛其像，羅拜而去。歎曰：「人能誠孝，雖暴客可化矣。嗟哉！孔生。」未幾，江以其父母行實託其師掌教辛孟儒問碣銘。狀言：

處士諱鎮，彥威其字也，爲人敦慤勤儉，嘗商於襄陽雙溝，其貨多受人貸，忽值饑饉，即祝天曰：「鎮若責償，是民將死，吾速推之陷阱矣。」即焚其約劑，空手北歸。他日，又鬻絲於關西，歸渡蒲坂黃河，時河水新漲，遭風舟顛，客皆曰：「各求厥命，若有漂絲浮以引取。」處士獨默祝曰：「倘獲絲包，照記識還人。」已而溺死者百輩，貨亦不存，處士獨無恙，所撈絲不爽前言。夫處士於饑餓顛沛之際所存如此，人言平日端方正直，皆可瞰其細矣。宜乎其有江、涇二子也。

處士生景泰四年二月十四日，卒正德四年五月十七日，享年五十有七。淮亦幽靜寡言笑，不尚文飾，力健且勤儉，以孝養舅姑爲先，無事不出門戶。生景泰六年六月二十五日，卒嘉靖二年閏四月十四日，年六十有九。處士曾祖諱義，配郭氏。祖諱廷玉，配伊氏。父諱盛，字茂德，配褚氏。世傳其先本孔聖之苗裔，洪武初徙籍臨汾。處士生丈夫子四人：長海，業商，娶賈氏；次即江，廩膳生，娶藺氏；次漢，業商，娶張氏，繼娶秦氏；次即涇，增廣生，娶張，繼羅。女子三人：長適同邑王良才，次適朱瑾，次未字，殤。孫男二：衍楠、衍桐。孫女二：長適郡庠劉永芳，次幼。辭曰：

汾水之曲，有懿處士，身無虛文，行有實履。災變患難，不忘厥義，宜爾流芳，獲此孝子。堯民餘風，孔氏之裔，處士雖

微，諒無愧矣。行路瞻言，爲善是美。

耕讀處士謝君墓碣

君諱再懋，字懋學，別號耕讀處士，徽之祁門王源里人也，世傳南唐時銀青光禄大夫金吾大將軍詮公者，其始祖也。國初，有號玉泉諱俊民者，綽有才行，與汪環谷講道於桃坳墅，學鳴一時，即君之六世祖云。玉泉生景福。景福生沖然。沖然生曦昇，世濟善行。乃生道濟，孝友尤著，配於李氏，媲德不愧，是生君者也。

君生而豪邁，尤篤謙抑。少爲舉子業，輒有聲稱，因感目疾，遂退居南山，躬率僮僕，力事田園，然學亦不廢，誦讀率至夜分，兼究黄岐，旁覽堪輿，咸暢厥旨。是時目疾且瘥，然已削學籍矣，則歎曰：「再懋在學而目病，去學而目瘥，固天不欲予爲材耶！」於是樵詠暘谷，漁歌鶴溪，徜徉林野，舒散懷抱，不復念仕進矣。然君家無饒資，事親必具甘旨，疾病親嘗湯藥，晨昏侍左右不離。及親歿，視殯相地，竭力悴心。恭其兄永懋，禮如嚴父，事必資稟後行，雖一財之臨，讓而後取。永懋之子芸、芹，君愛如己子，或教之學，或學之賈，曲盡其心。雖遇從姪有業儒者，歷舉前修以示勵。李、汪二娣孀居，皆有遺孤，必勉以節孝，不令顛殞。族姪簡幼溺水中，衆環視不救，君不暇解衣，急入水中提出得不死。宗姪績嘗貸錢以出賈，偶病疫癘，君親爲調藥，或謂君危，對曰：「邪不勝正。」苟得績瘥，不責其貸。戚黨有貸錢四十緡者，君懷其券於衣袖，家人誤洗衣失券，君輒置而不問。君嘗爲塾師以授徒，凡教里人之子弟及己之子弟，皆以灑掃應對爲先，孝弟信讓爲本，雖至勞不厭。當耕耘時，食桃李，留其核，以誨僮僕瘗種曰：「此中有仁可生也。」蓋君嘗與族兄樸菴孝子爲道義之交，故飭身訓子孫皆不苟云。

君生於景泰乙亥二月十八日，卒於正德甲戌十一月二十七日，享年六十。初配方氏，蚤卒。繼配休寧張氏，二室徐氏，皆有淑德。生男子四人：長華，張出，穎邁篤志，方入府學，以目疾罷，娶西鄉汪氏；次薫，娶河溪何氏；次應鴻，應天

府學生，娶楚溪程氏；皆徐出。女子子二人：長，方出，適庠生汪涇；次，徐出，適汪環谷之孫貫。孫男子二人：長顧，華之子，應天府學生，娶張卓女；次類，應鴻之子。孫女子三人。嘉靖癸未十二月八日已葬於緡糟塢，至是鴻、顧學於鷲峯東所，請表諸墓，乃爲之辭曰：

有懿耕讀，自植暘谷，孝不違心，行不愧獨。猶子且恩，波及宗族，于範于模，于師于塾。友玆樸菴，其道奚辱，宜爾子孫，爲金爲玉。載其休聲，千載九馥，道路瞻言，豈不式穀。

處士王君墓碣

君諱文，無字，陝西安東中護衛人也。其先本山東魚臺縣人，有諱澤者仕爲韓府廣收倉大使，配郭氏，生子禎，遂籍安東中護衛云。禎配趙氏，是生君及弟繼與志者也。君受性敦慤，秉質不回，自少純藝黍稷，無所外慕。上事父母，克順志意，其友于二弟，老而彌篤，鄉黨稱焉。若乃剸事裁物，極其詳審，鮮有後尤。其於里人婚姻喪葬，或有缺乏，匍匐救之，初無倦心。凡其賑貧濟困，惠澤遠施，不可枚指，東中里人咸高其行。享年八十有五，卒於嘉靖八年四月二十八日。則君豈非古之孝弟力田、耄耋稱道者乎！

配錢氏，媲德不愧。生二子：長果，娶孫氏；次璋，由監生仕爲鳳陽府經歷，娶張氏。女子子一人，嫁爲某人妻。孫男子三人：汝霜、汝梅、汝鹽。鳳陽已於嘉靖十一年二月十日葬君於銀山之原，是宜勒辭羨道，以告道路。辭曰：

抑抑王叟，其行尹敦，孝友雙懋，力田原原。含垢藏疾，淳風再存，壽考維邵，鄉閭誦言。恥言人過，周漢之民，列辭表微，往來于瞻。

明義官王君暨配張氏墓表

君諱璽，字廷玉，別號蘊菴，世爲襄陵王氏脈，遷蒲坂。洪武初，有諱處仁者爲徐溝令，再遷河東運司城，籍安邑縣。父經，祖文佑，皆不仕。君早失恃，家步亦艱，慮缺母養，亟力經濟，東至遼陲，幾逾十年。貲既饒裕，鬻鹽河東，乃能億時，豐歉以中其利，四方之商，聞命多歸，或且質成。成化甲午，池垣無禁，官不能治，乃援兩淮例，奏請憲臣監臨，獲簡命御史江西王公以來，至則必用籌策，釐政大行，王公且還，又奏留一年。王公卒于官，又率耆宿奏建祠廟以報厥德。覩鹽池之外，水多還向，一遇霪潦，爲害不細，乃疏請築堤，鑿河導流，事下有司，視爲迂闊，未幾，鹽池果爲客水所壞。弘治甲子，御史麻城曾公盡行其言，池害稍息，利及多方。成化間，巡撫榆林山東劉公開鹽十萬，衆商專利競報，君憫軍士艱苦，冬無完衣，乃白劉公，均沾厥利，劉公廉實輒允，義之曰：「我爲巡撫，不如王商。」遂有掛冠之歎。時總制大名王公適退北虜，朝廷旌賞，君持一幣以進賀，王公問何所求，對曰：「謝安地方，不知其他。」王公曰：「此商中君子。」亦犒一紗，使之前榮。後謝政十年，君遣人往來，音問不絕，王公稱曰：「隨時炎涼者常情也，□獨非古之人乎！」遂忘勢交好，有如親友。陝西布政甘公召商，君□報鹽八千餘引，既聞妻弟張御史巡按陝西，乃即懇切告退，甘公始以爲僞，既乃奇之曰：「凡有親識當路，咸爭附趨，爾獨如此，其賢矣乎！」後張與劉宦計奏，逮及諸戚，君免於累。君平生節用孝友，力爲賙憫。其聞人善行，喜若己有，或得過惡，爲之不懌。自少至老，言笑不苟，動循規度，至訓子孫，亦若是焉。既卒，遠邇悼惜，鄉無居人。嗟夫，號稱學者，一臨財利，鮮不爲己。乃君鄉里布衣常人，能爲國建計之遠，爲人開財之源，則君真義士也！其膺例受官，非尋常可比矣。

君生永樂壬子十月三日，卒正德丁卯七月三日，享年七十有六。配張氏，贈監察御史銘之女，能正以持身，孝以事姑，儉以自奉，勤以御事，睦以處鄉里，敬以待妯娌，嚴以訓諸子孫，慈以遇族人僮僕，信以立内業，有九行以助君焉。生正統元

年十一月二十四日，卒正德辛巳十二月二十一日，享年八十有五。子男五人：長曰勵，河南都司經歷；次曰勤，國子監典簿；曰重，王府典膳；曰世源，布政司承差；曰世魁，王府典膳。孫男七：以正、以直、以節，俱國子生；以溫，王府典膳；以良、以儉、以讓，俱幼。曾孫男五人：長是紀，次是規、是綱、是矩、是準。嘉靖元年三月二十五日，已合葬祖塋之次。兹予且去解，而典簿君以素交也，請表諸墓。辭曰：

於維藴菴，有淑其行，業雖于賈，志不在商。遇此利澤，輒與眾同，使其仕也，兼善多方。未酬爾用，抱德以往，宜爾子孫，員員其明。涑水之陰，鹺海之陽，有巋者冢，條山與長。

泭溪處士毛君墓表

君諱祚，字君錫，號泭溪，撫州金谿縣北郭人，太學生鳳儀之父也。生有異質，羈丱如成人，嘗從楊司訓灝學，行業幾就，痛父樸齋先生没，遂棄科舉，不求仕進。事嫡母林氏與生母鄭氏孝道一致，無私厚薄，嫡母撫君亦若己出。兄禧恃嫡，析產厚取，君隱學薛苞，讓而不較，於是鄉黨嚮慕，禮爲塾師，金谿子弟多受學焉。有族姪本者，嘗誣故產爲君父所併，因規大利，君挺然諸縣，辯對得直，縣侯奇之，名著於時。及方侯爲縣，凡營繕學宫、義倉諸役，輒委君督作，咸以期集至，勒名磨石，垂休將來。迨丁侯爲縣，巡撫林公檄立保伍，選建社長，舉君爲首，邑眾敬服，稱爲得人。及正德中，東鄉寇起，君倡義策禦，居民賴寧。雖逆濠之變，諸縣雲擾，泭溪社人倚君不震。後君年德雙邁，邑中人罔不瞻望，於是縣侯累宿鄉飲，君一再至，終身不赴，竹杖野服，徜徉泭溪，怡情物外。嘗置三莊，以待凍餒。夙奇鳳儀，擇師授易，勉揚先德。及鳳儀應考屢冠邑士，不以爲喜；十屈場屋，不以爲戚。恒曰：「德業在己，窮達在天，行法俟命，學者之常。」蓋其襟度豁達，儀觀俊偉，言論英發，臧否分明，雖在儔眾，頎然特異，見者斂容。然又勤誦讀，雅好琴篆，醫卜占相，皆亦旁曉。嘗自作真贊曰：「琴以寄情，書以通古，黽勉此生，庶幾無負。」可以觀其爲人矣。

君没於嘉靖六年丁亥六月二十二日，距生景泰癸酉十月九日，享年七十有五。初配劉氏，再配陳氏，皆有賢德。陳生男子一人，即鳳儀，篤學績行，志追前休，娶某氏。女子子二人，吴佳、熊明，其婿也。孫男子二人：滋、溢。滋已爲縣學生。孫女子二人，徐文明、吴溥，其婿也。曾孫男子二人：于梧、于桐。曾孫女子一人。君没之次年十月丙辰已葬於歸政之鄉、謝坊之原，提學副使王東石已志之矣，兹鳳儀自太學滿歷西歸，請予表其墓，是宜有辭。〔一〕

孺人米母湯氏墓表

米母湯氏者，邵武處士米君之配，太平推官仁夫榮之母也。米氏本山西大同郡人，世官邊塞，大同南鄉猶有上下米家莊云。永樂初年，編戎邵武，歷今五世矣。孺人則樵陽湯翁之女，年甫十六歸於處士。時米氏中衰，家廢方興，孺人終歲勤勞，恪敦婦道，性寡言笑，怒色厲聲，未嘗見聞，日居閨閣，跡不至堂。上事舅姑，獲其歡心，姑嘗孀居十有餘年，小心以事，極其周至，臥疾二載，服勤至死不懈。乃又和洽妯娌，波及宗族，咸得其道。及仁夫稍長，告諸處士，蚤使就學，夜必紡績，伴其誦讀。仁夫嘗喜遊玩飲酒博弈，則勉之曰：「遊玩者喪心，飲酒者敗德，博弈者廢業。」仁夫聞言凜畏，日知防檢。乃又衣仁夫以舊衣，食仁夫以糲食，或不能堪，則解之曰：「做人在心好，不在衣食好也。」仁夫受教唯謹，歲甘淡薄。他日，宜興周道通來典郡教，講明良知之學，仁夫喜忘寢食，奮希聖賢，孺人深加慰勉，督踐明訓。及道通遷官南陽，仁夫乃偕同門追送至杭，因問陽明，皆孺人訓誨之力也。

乃嘉靖十二年五月九日卒於太平官邸，距生成化五年九月二十日，享年六十有五歲。卒之日，仁夫方出行部，其僚友張君親爲棺殮，朝夕哭臨，鄉官屬吏，下至隸卒，無不奔走悲哀，竭誠供事，是雖仁夫善政所及，亦可以觀孺人遺教之所成

〔一〕此處有闕文。

也。生男子二人：長即仁夫，舉嘉靖壬辰進士，娶張氏；次華，娶黑氏。女子子四人：長富姐，嫁田氏子清；次金姐，嫁蘇氏子龍旗，歿也；次滿姐，嫁蘇氏子文奎，歲貢生也；次圓姐，嫁魏氏子欽。孫男子五人：應鍾，娶張氏；應銘，應錡，應銑，應鐸。孫女子六人。外孫男女皆五人。則孺人福德深遠，又如是哉！仁夫舁柩歸葬祖塋之側，是宜勒辭羨道，以告行路。〔一〕

處士葉君暨配鄒氏墓表

君諱標，姓葉氏，字丕行，惠州歸善縣人，太學生春芳之父也。初，葉氏宋元間家於南雄。元末，始祖梅實君避亂，始遷於惠，至君高祖諱遜初猶顯名焉。遜初生仲傑。仲傑生璧。璧生巒，別號栢軒，配徐氏無出，貳室蔡氏，實生君焉。君禀受穎慧，超出羣兒，年未成童，乃知志學。性復剛毅，見義勇爲，鄉中先達罔不敬重，期其致遠。乃成化丁未五月二十二日以病卒，距生成化辛卯十月初十日，年纔十有七歲，惠州人聞之，罔不悼惜。

初，君配於里人鄒壽官之女，卒之日方七閱月也，鄒年二十矣，娠春芳四月，君歿六月而春芳生焉，於是里人戚人見鄒之早寡，而春芳爲微弱孤也，咸危之，或又欲奪其志。鄒陰矢秉節，貞烈自取，捐謝脂粉，華飾不一御，恒處中閫，雖家人不見其面。上奉舅姑，極致孝敬，得其歡心，乃又善處妯娌，久無間言，雖御臧獲，亦多惠澤。當春芳之孩提也，顧復懷抱，不假他手，纔能言，便使即翁所受諸古訓，退則責其成誦，使知學法。稍長，訓督益嚴，數以古昔賢孝問其踐履，故春芳髫齡儒業，文行早修。比貢大廷，卒業南雍，造詣益高，篤此正學，四方英賢，率多推敬。則君之遺德而鄒之遺教，足則吾能徵之矣。君之沒，雖未滿二十，鄒之沒，雖三十有四，如此其早也，然即便永年長視，而子孫不肖者繼之，其能有聞于世如君與鄒

〔一〕此處有闕文。

哉？則君與鄒雖謂之不沒，亦可也。

子男一人，即春芳，娶鄉士嚴行簡女，繼娶石侃女。孫男子四人：長夢麟，補郡庠學生，娶義官龔士貴女；次夢奎，聘郡庠生潘維藩女；夢佃，聘益府典膳徐實中孫女；次夢說，尚幼。孫女子二：長適義官車千里男某，次字義官陳日受男。初，栢軒先生葬君於水簾洞，節婦沒，與同穴。然地多卑濕，春芳嘗望九龍山蒼翠參天，選獲一穴，山水奇勝，乃於嘉靖辛卯十二月十五日遷君及鄒合葬焉。是宜勒辭羨道，以告行路。辭曰：

有懿處士，元受伊嘉，享年未永，厥美已多。選配于鄒，宜爾室家，栢舟自矢，其德不那。宜其有子，崇質去華，志趨于道，不以爲遐。載爾清問，千載不磨。

將仕郎長垣縣簿侯君墓表

君諱相，字舜卿，別號存齋，山西解州鎮山坊人也。先世積行累義，不以仕顯，至諱復者，應正統元年貢，任陝西洛川縣丞，有惠政，始著名焉。配柳氏，生俊，應天順五年貢，任山東聊城縣簿，後調蜀之德陽縣，清白勤慎，值平邑盜起，乃創城郭以衛，德陽吏民誦之。配扆氏，舉人綉之女，是生君者也。君幼即穎異，有父祖風。長遊郡庠，人共器之，且貌狀端偉，長于談論，每上官臨學有問，獨能應答如響，聞者推重。正德元年，德陽君沒，君雙淚血垂，哀毁不自覺，幾于滅性，弔客見而憐之，鄉黨稱孝焉。屢科弗第，以正德六年貢之太學，遺其母於家，聞流賊將入晉，恐母憂懼，乃星夜奔還，叩頭膝下曰：「兒相至矣。」鄉黨稱孝焉。時值修葺解州城池，郡守李君素重君名，即請與閤推府者共理其事，君遂慨然任之，猶己家事，比城告完，州人咸稱其材。嘉靖二年，授長垣簿，君專心愛民，恪守常法。遭歲歉，生員多貧乏，君捐貲俸，賑濟四十餘人。縣尹王君雅重君能，常分訟付君理斷，其或有含冤者皆與洗雪。五年冬，以衰病思鄉，遂懇乞致休。既抵條山，王君位已至吏部顯要矣，時有手翰存問其家，蓋在長垣之政，多相資講，其後猶不忘也。君居宗族中特長，常以任睦臨衆，猶率以禮法，故族

之上下尊卑蔚然交親。鄉人非禮相加者，理遣不較。一遇大人君子，則敬慕不舍。家甚嚴，元宵燈火，婦女未嘗窺門戶。配喬氏，慈愛溫雅，每上舅姑饌，侯于門外。其饌君，亦未嘗離左右，食畢始退。當君夜讀書時，則先具燈燭。外甥監生李逢春、上蔡尹史臣幼時常來就精舍課講，其供給與子無異。遇有婚葬事則預辦，徹夜不寢。繼室以裴氏，君未嘗惑於其言異待諸子也。君生於成化元年八月十五日，卒於嘉靖九年五月三日，享年六十有六。喬生於成化三年十月二十八日，卒於正德七年九月五日，享年四十有六。子男五人：長甸，太學生，娶費氏，同知旺之孫女；次畿，娶張氏；次畬，娶連氏；次畛，太學生，明敏有才志，俟進士科，嘗從予遊，娶閻氏，即前推府女；喬出；次□，聘驛丞費儼之女，裴出。女子子二人：長適邱嵩，次適生員李春芳，亦喬出。孫男二：長居乾，畿子；次居坎，畛子。孫女八，甸二，一字喬玉峯，畿三，一字賈文高，一字盧長壽。畬一。畛二，一字張新翼。外孫男六，女五。邱男四：如崑、如峯、如崗、如岢；女四。李男二：木、林；女一。君之歿，已合喬孺人葬於桃花洞左之先塋。予再過解，而甸以墓表請，辭曰：

士患學褊，不患位卑，如存養齋，自樹孔祁。處爲守託，仕爲令資，當其篤孝，鄉黨咸知。宜爾令聞，渤澥四馳，勒辭墓道，過者瞻之。

贈南京兵部車駕司主事居易張君墓表

君諱洪濟，字時澤，姓張氏，別號居易軒，湖州歸安縣松亭里人，今南京職方司郎中材之父也。君生而和順，長益慷慨，好古樂義，比諸食。年始弱冠，選籍邑庠，身通小戴禮記。尋補增廣生員，學中儕輩無弗推嘉。父嘗病痢，迎醫辨藥，心神俱瘁，乃竟弗起，哀毀骨立，殯葬治具，不慮居財，俗尚浮屠，屏斥弗用，費不浮奢，儉不浮固，戚黨宗人咸謂曰「知服」。甫告闋，母亦捐背，送終之道，不改厥初。用是廢業，知舊咸惜。若乃歲時祀先，酌仿古禮，椅席觴豆，必躬必敬，不以委人。其冬春謁墓，肅若在廟，族人或有嘻笑喧嘩者，輒加面斥曰：「靈祖在此豈可？」孝謹風微，聞者改容。兄弟姊妹，殆數人

焉，從師則贊其贄，及婚則資其幣，北歸則釐其裝，當病則顓其藥，遇孤則使之得其所，同胞共氣之心，婉如孩提之日。至若急從兄弟之難，解諸族人之爭，咸歸怡怡，無所睽乖。雖於僮僕，罔弗懷慈，以得其力，至今老僕存者言及嗚咽。里中貧人多爲賙恤，兼使治生，不至淪溺，或怨不平，輒與解紛，是非無爽，率不入官。嘗役糧長，槩量平準，無少過取，里人誦說，越至于今。乃享年四十有三而卒，畜而未發，隱而未見，君子稱而悼焉。

君高祖諱樂安，配沈氏。生良翁，配吳氏。良翁生順正，配楊氏。順正生一樂，配高氏，是生君者也。則君承先世之積休者遠哉！配嚴氏，烏程之鳳林大司寇嚴公裔也。子一，即武選，配吳氏。孫男三：喜、彭、穀。女二：淑、貞。君之歿於某年月日，已葬於某山之原，至是武選問表，是宜勒辭，以告行道。辭曰：

有敦易軒，篤篤其行，素履孔淑，接物惟平。學亦不匱，厥德京京，孝在父母，友于諸兄。諸姑伯姊，任睦咸良，凡此宗族，憂是用成。波及鄉閭，貧困于將，躬雖未振，嗣子汝鳴。君是流芳，銘兹羡道，千載于望。

兗州府推官龍谷子閻君墓表

君諱輔，字廷臣，別號龍谷子，解州城西人也。遠祖諱廣，陝西渭南漢帝村人，元初錫金牌總帥，掌解州事兼管解鹽使。生子諱天祐，襲正千户。後裔孫諱得智者遂爲解州人。生二子：長克忠，次克敬。克敬生二子，長恩，壽官，累與鄉飲。生子清，號潔齋，成化癸卯歲貢，以親老不仕，服于商賈，遂起厥家，爲解富室。配白氏，葉亭尹郡人資之女，實能内相。生子四人：長即君也，次佐、相、佑，俱生員。佑援例爲襄垣王府典膳。

君生而敦重質直，器宇不羣。幼師事邱先生文誨，刻苦淬勵。及邱卒，哭泣衰麻，如喪厥親。比入郡學，時郭學正，曾、田二司訓皆有師道，表正甚嚴。君與其友程萬里、史□□、王子中選室共窓，講學其中，諸友衣食或乏，輒爲周治。弘治辛酉，程、史同舉於鄉，君益自奮，築室白龍谷口，因號龍谷子，燈燭不熄，裳衣不解者三年，遂登甲子鄉薦。及晉居太學，故舊

鄉人借貸不靳，負亦不較。正德改元，君聞潔齋遭病，即謝業馳歸，日事湯藥。及潔齋卒，哀毁骨立，殯殮喪葬，無不如禮。雖宗族鄉黨之喪葬婚娶，亦多助辦。州守衛輝李君以解城傾圮，謀欲更築，知君多才，敦請總理。君慨然曰：「他日出而事君者，亦不過此耳，況此又吾解民命所係乎！」遂竭殫心力，及期告完，至今解人論保障之功，與李並稱焉。及拜兗州推官，秉正執法，豪横難撓，兗人皆曰：「慎無犯閻推官云。」曲阜縣城撫按皆欲磚甃其外，數年未就，及委君督理，數月城成。其周公廟亦久壞，兒童遊牧其中，君請之當道，身爲修葺，焕然宏敞，編之門役樂舞，守看永圖。嘉靖改元，大盜王堂聚衆數萬人入寇山東，武弁剿捕，率未成功，或反被戮。撫按咸曰：「此非閻推官不可了也。」遂以求將之禮禮君，君屢爲前驅，獲賊千餘，賊乃潰，君獲賞功銀牌不下十面。及母白卒，君自兗奔還，痛哭曰：「兒以功名之會不能親侍湯藥乎！」哀毁幾斃。後戊子歲凶，出粟賑里，全活者多，君遂謝選不赴。當是時，予方判解，開設解梁書院，兼行鄉約，即請君及王子中同爲約正，表化解州。則君之平日可知矣。

君卒於嘉靖八年八月二十八日，距生成化乙未年十二月十二日，享年五十有五。配郡人李處士之女。生男子二人，皆從予遊：長應誥，監生，娶郡人耆老連濬之女；次應時，生員，娶芮城李二尹鋑之女，繼娶郡人監生李鉞之女。女子子三人：長適邑人監生侯畛，次適學生張承祖，次適山陰府典膳之子尚仁。孫男一，曰坤，誥出，聘廣平府同知丘東魯之長女。孫女二：長，誥出，字山陰典膳楊茂春之長子；次，時出，尚幼。君之歿年，應誥已于十一月二十九日葬於閻氏先塋之次，乃走高陵問表。未幾，而應誥亦卒。至是應時又走狀至南京，是宜勒辭，告諸行路。辭曰：

桓桓兗州，夙學孔那，藏修龍谷，如棄厥家。興心追友，不殞後科，養父疾虔，奔母喪加。所至濟物，不恤其他，宜爾仕兗，城如解嘉，亦奮厥武，渠咸戈□，比倦于出，鄉約誰過。展矣美人，風問肆遐。

周雨之母孫碩人墓表

嘉興人周雨嘗從予遊於鷲峯東所，善詩賦，有盛唐人風。然性恬靜夷曠，不習世僞，而甘貧自守，尤非人所易及，予私重焉，而未考其所自也。今年，予再至南，乃持其友趙職方元質爲其母碩人孫氏撰狀來。狀言：孫氏諱山真，年十七配處士東川周君，即身親井臼，上事舅姑，咸殫孝敬。舅大尹公嘗病困數年，諸子婦或怠于勤，碩人獨能忘倦。及姑王孺人卧疾樓上，比鄰失火，碩人急奔上樓，負姑以出，火已至簷，姑得不死。有姻潘廣者爲南海主簿，調改南昌，以千金寄碩人。後數年，廣死南昌，碩人速廣母，畢還之。廣母以百金爲酬，堅辭不受。夫世有身爲士夫，一臨患難，或棄親以逃，甚至小則施奪，大則竊位者，滔滔也。碩人者，一婦人流耳，乃致烈行如此，不亦難乎！狀又言：碩人之父孫翁篤信苦學，教授鄉里。母張孺人亦醇厚敦雅，故碩人生而貞靜慈惠，綽有婦德，不其然哉！然則雨之材不爲無所自矣！

碩人生成化五年二月初七日，卒正德十四年六月十九日，享年五十有一歲。子男一，即雨，娶莊氏。生三女：長適沈桓，餘幼。雨十年不能葬其母。嘉靖七年十一月十六日，其友屠修撰文，偕同職方爲卜壙葬碩人於象賢鄉邑仁里祖塋之側。狀又言：初，碩人之卒，雨夢徵銘於陽明王公，迄今十有七年尚未志，至是乃以表問，則予又安能以在陽明之後者而辭乎！辭曰：

有媛雨母，秀水之英，既有女德，亦兼婦行。出姑于火，還金于亡，哲夫之難，碩人之輕。宜爾有子，遊學四方，亶其後祿，云何可量。疇云不信，視其□□，銘兹貞石，浙水與長。

從吾處士鄧君墓表

君諱志遠，字伯仁，姓鄧氏，別號從吾，湖廣道州人也。初，君之先世諱懋德者避地占籍永明。至諱福亨，洪武初年，復籍道州，配於文氏，生五男子。長子恭，字懿恪。生天賜，字昭慶，身行古道，不涉郡衙，鄉人敬重，遇必傍立，以事質辨，又不廣田宅，以求進取。配何氏，生志成及君。君生而聰慧，抗志業儒，然多癥疾，父不忍離。君嘗欲從何舅宦學，舟至零陵，父輒追返爾。後母何淪喪，父亦尋亡，憂變因仍，號泣靡寧，學業越廢。然上事繼母廖氏，無異生身，繼母鍾愛君之長子德元，每食分哺，君爭之曰：「孫食日長，母食日短，損短益長，志遠不忍。」他日，繼母年七十二，偶仆感疾，君躬侍養，共枕聽息，殆四十日。及中夜氣絶，首枕君右肱爾，乃朝夕哭踴，悲輟鄰春越。既卒哭，每食必薦必呼號，聞者酸鼻義君。年方強壯，諸難相尋，未洽十稔，齊斬者七，衣衾棺槨，咸殫心力，初不慮居。

配某氏，生子士元，教之業儒，以光祖德。繼配某里何氏，感君刑于，待元如其所出，至脱簪珥，贄元束脩，雖君亦信其，但少懷胎耳。元克繼志，力學慕古，甘貧求道，器宇高廣，脱落塵俗，既舉湖廣，而君已不在矣。蓋卒在嘉靖丁亥十一月二十二日，距生成化己丑正月二十七日，享年五十有九。元隱恨終天，無能自解，至是從予遊於太常南所，將歸省母，而以從吾君墓上石問表。予覽元狀，至感動不能讀，遂次第其事，勒辭含暉，以告行路。辭曰：

猗嗟從吾，淳樸性成，爰思父志，制行孔剛。越事繼母，如爾所生，疾則侍寢，哀則思亡。孝感行道，邦人咸稱，宜爾有子，篤志匪常。行己有恥，忠信京京，千百載遠，爲君也光。

斗山處士唐君暨周氏墓表

君諱縉，字大用，號斗山，常德府武陵縣某里人也。祖諱某，恩及乞丐，自甘寒餒，配某氏，生瑛。瑛力行善道，陰踵父風，配某氏，生男子三人：伯曰經，季曰緯，君其仲也。天授純篤，亦復聰穎，上事父母，食必甘旨，皆由力致，不煩昆弟，父母咸悅，雖至送終，亦躬辦。兄經任俠使氣，猜疑滯暗，每惑他言，數加鬩鬬，君自怨艾，事之益謹厚，久獲和平如初。比其卒也，殯殮棺葬，咸殫誠信，撫其遺孤，至於成立。弟瑢廢病，不三二日，贍問其家，老不憚煩。初，君少年搆疾，酷嗜醫學，爾乃究心内經、靈樞、本草諸篇，凡切脈、辨症、察時、審藥，多得其詳，病者數起，貧者卻值，甚或遺粟，以憫其乏，於是郡人尊信，稱爲斗山先生。四方縉紳，聞風慕義，數過其家，守宰當道，亦知其名，每加褒重，不以郡民禮待也。性尤戇直，無所浮沉，遇人有過，面加折斥，然皆發自忠實，人率諒其心，無後怨焉。郡有獄囚，多出渠魁，□□□暑時，死無能辨，君或被差視囚，著念篤切，調攝周至，全活甚衆。其後囚得平反，不至□命者，蓋種種也。乃正德戊寅九月二十一日卒，距生景泰甲戌八月十七日，壽六十有五歲。

配周氏，衛撫軍周君諱華之次女也，母皮氏早卒，周能孝於繼母，敬於兄弟。既歸於君，唐氏中否，乃勤儉自持，力相於内。上事父母，下睦妯娌，恩禮曲盡，或脱簪珥以濟家乏，不恤其私，長幼卑尊，咸得其歡。若乃時祭，豐腆品皆手潔。至於料事裁物，懸中肯綮，于道暗合。慈愛諸孫，多本義方，率稱先世家訓，當其嚴重明達，雖丈夫亦或難焉。乃嘉靖庚寅四月一日卒，距生景泰甲戌六月二十七日，壽七十有七歲。生男子諱儒，年不滿德，先君一年而卒。女子一人，嫁爲學生譚孟春妻。儒配某氏，生男子三人：長相，鄉進士，斗山君生所遺師道林蔣卿實者也；次楫，世其業爲醫官；次極。

君歿之明年己卯葬於桃源之斗山，而周於壬辰十二月亦祔於其壙矣。至是相遊於太常南所，問言表墓，是宜撰辭發潛，告諸行路者。辭曰：

有懿斗山，武陵氏唐，蚤承先訓，不爽其行。百爲自力，自力孔剛，二親咸悦，尤篤厥兄。爾德亶厚，信及鄉黨，抑又業醫，其醫克明。恩恤貧困，獄囚亦生，誕其自樹，先正有光。宜爾有孫，篤孝不忘，載其聲問，千萬年長。

贈安人盧母應氏墓表

贈安人盧母應氏者，永康人壽官尚榮之女，湖廣參議東陽人青厓盧公子春之配，太學生堯俞、堯亮之母也。安人天授貞淑，沉重果毅，既歸青厓，家政瑣縷，百需旁午，乃顓心内業，晝躬井臼，夜親紡績，家殖漸充。上事舅姑，極其誠敬，旨甘以時。他日，青厓既登進士，歷任中外，無少内顧之慮者，皆安人之力。初，壽官君之釐嫁安人也，自歉妝奩之薄，續割田數坵以益其缺並付以券，安人曰：「生女既不能養，又以田去，知孝義者肯爲乎？」力辭以還。既生堯俞，自食能言，提攜訓誨，不離左右。厥後堯俞勵志邁往，綽有德器，遂偕堯亮並鳴南雍，雖出青厓之庭訓，實本於安人之善遺也。乃弘治甲子閏四月十八日以産堯亮之後感疾不起，距生成化辛卯閏九月初三日，年三十有四歲。卒之明年，已葬於復船山祖塋之西，至是堯俞嘗從予遊，數問安人墓表於太常南所，當其懷慕真切，謁求懇篤，雖百徧過從不厭，亦可以占安人之存行矣。

子男三：堯俞；堯亮；其季也堯工，庶崔氏出。女子子二人：素，適義烏陳氏；常，適義烏虞氏。孫男仲文、仲武、仲言、仲全、仲純、仲粹、仲淑、仲某、仲某。安人之弟尚寶丞典狀安人有葛覃遺風，以今觀之，豈其虚語哉！是宜勒辭羨道，以告行者。辭曰：

猗嗟安人，古淑媛行，沉毅自樹，柔嘉式經。勤不隳業，儉罔渝常，孝在舅姑，事夫以貞。義弗可取，雖親亦償，當其抗志，有浮儒生。宜爾有子，求道惟遑，載其休問，千萬年長。

贈南京都察院都事靜癖王君配孺人李氏墓表

君諱桂，字名芳，別號靜癖，荆州府監利縣朱郭里人也。生而聰慧警敏，長益俊偉。年初十五，即遊邑庠生舉子業，提學薛公一見褒賞，超補廩膳生員。成化癸酉，入試場屋，監試閲其糊名墨卷，擊節歎羡，擬置高第，比且揭榜，字號不對，遂棄不録，後凡六試，皆不獲雋，乃弘治己未始貢京師。既還鄉縣，結茅竹林，日居其中，課訓子姪，因號靜癖，不求仕進，談道讀書，簡約自奉，衣履雖敝，整潔如新。至臨事，見義勇於必爲，無少顧惜。若乃公庭偃室，老不躡足。其讜論正色，接者興信。上事父母，舉足不忘。他日，幾諫厥考，不悦從，以涕泣，夜分不寐，候立寢所，既許始退，夙興齋見，竟得歡心。及父既逝，弟妹咸弱，撫教雙至，與有室家，不愆厥期，以陰慰乎考心。其後家指日衆，諸弟求異，度不能禁，盡取貲産，析分以歸，且曰：「吾老一子，恐不能守先緒，若等多男，善保無墜。」有伯氏母吕孀居無嗣，君事如己母，當領批赴省試時，吕俄遘疾，遂留不往，身侍湯藥。比及告終，哭不輟聲，棺殮殯葬，悉如禮制，鄉人歎嘉。至其教子，不假辭色，首以除客氣攻苦淡爲勗，故都事篤守庭訓，蚤領鄉薦，楚人稱材云。初，君嘗曰：「丈夫生世，不問窮達，但求身心無愧耳。苟惟貪榮倖進，終其身無寧日，其不愧者幾希！」夫君之抱志如此，宜其致行高潔，有古貞士之風也。長樂黄子仁岳嘗遺君以詩，比之「泥龍病鶴」，將亦有所見乎！乃嘉靖丙戌冬十一月二十六日卒於正寢，距生景泰甲戌十月二十六日，壽七十有三。卒之七年，都事以皇上誕儲，覃得恩贈君如其官云。

初，君先世代有名人，始祖諱正祿者仕宋理宗朝，官至翰林學士。子伯玉，勝國時爲中書省參政。伯玉生德輔，明興，洪武間任監利巡司，愛其山水，遂占籍焉。德輔生巖，以長子佐貴贈地官員外郎，次子徽賢而弗耀。配胡氏，有女德，是生君者也。然則君之學行原本於先世者遐乎！

君配李氏，贈孺人，同邑義士李公景容之女，賦性柔嘉，既歸于君，恪修婦道，足不踰閾，溫惠貞淑，蔑有驕妒。上事舅

姑，備極孝敬，姑性稍嚴，孺人曲爲承奉，遂致感悦。又以紡績陪君夜誦，淺詠深舟，勤儉不馳。歲祭享，蘋藻躬潔，和睦親黨，皆多助于君。晚生都事，勤於訓迪，學或少厭，鬱鬱不食。嘗語君曰：「兒雖單孤，苟不肖，猶不生也。」故都事公成立，亦多孺人之力。享年七十有二，以嘉靖丙戌四月二十三日卒，其生則景泰乙亥八月初七日也。卒之日，族戚奔號，季叔年踰五十，齊衰悲，哭稱有母道，孺人之賢爲可知矣。丁亥季冬，與君合葬於火把堤莊之西北隅，癸山丁向。

子男一，即都事，行業方懋未艾，發君蘊以大有光於王氏者，端在斯人矣。女子子三人，謂胡珊、蘇大器、胡彦純者，其婿也。孫男子二人：之屏，國子生；之翰，夭。曾孫男子二人：曾愛、曾植。兹據監察御史桂陽李君仲謙狀編次爲表有辭。辭曰：

矯矯靜癖，抗志匪常，屢試弗售，爰貢于京。乃築林屋，自植孔剛，飭躬以義，訓子于經。跡無公署，行則恒方，范氏張邵，蓋其儔行。蓄而未發，馳而未張，宜爾有子，孝思英英。盡心官務，篤志顯揚，不究之道，千載與長。行路瞻言，德修不臧。

涇坡處士任君墓表

君諱增潤，字德澤，别號涇坡，高陵昆沙里人也。其先山西太原人，元末遷真寧。洪武初年，其祖仲成者遷今高陵云。君受性温雅，樸茂不浮，少且聰慧。嘗從塾師，潛心書史，曉通大義，凡遇格言，必書於壁，時以自警，其于占卜律算，亦皆諳識。成化末，歲大凶，其父攜家衆就食漢中，君之祖老不能行，留君侍養。當是時，君未弱冠也，即能竭力孫事，奉以溫飽，自甘寒餒，里人稱順孫焉。厥後，君父亡於漢中，戴星奔喪，舁柩歸葬，并迎其母，左右就養，承順志意。雖感他怒，一至母前，即易之以愉色。他日母卒，哭踴幾斃，里人稱孝子焉。若乃擇長妹之配，而逆知其貴；訓諸子之學，而必擇其師；結婚姻之家，而不問其貧；衣布褐之袍，而不以爲恥；躬稼穡之事，雖至老而不知倦；訓族姓以道，雖提耳面命而不以爲

勞；解王氏之誣人命，擇范氏之夜盗穀，還里人之遺金釵，而不以爲私；皆俗之所難能者也。君可不謂古之孝弟力田者乎？

初，君曾祖諱德清，配郭氏，生四子：長四，次九，次十，次喜。喜好觀書，識見異眾，寅夜看田，遇一戚人提火罐欲燒他人草積，乃勸解其人。配范氏，生子禮，勤力農事，敦樸無華，孝養父母，不違顔色。配賀氏，是生君及三女者也。孟女妻田通，仲女妻前兩淮運同高公選，季女妻田秉義。然則君之所源流者亦遠乎！

君配王氏，生男子四人：長仲賢，娶邸氏；次仲良，娶田氏；次仲文，娶張氏；次仲武，縣學增廣生員，嘗從予遊，篤志慕古，娶崔氏。女一，嫁爲生員李朝臣妻。孫男子七人：價、伸、化、傣、佃、偘、侶。孫女子三人。君生成化元年七月十二日，卒於嘉靖十四年十一月四日，壽七十有一歲。賢等卜葬於其先塋之穆位，是宜勒辭墓陽，以告行路。辭曰：

有懿涇坡，厥行孔嘉，少敬其祖，里人咸多。㫤父漢泀，行路咨嗟，學雖未仕，行已寡過。宗族以睦，州閭以和，宜爾子孫，咸克爾家。農賈有信，士不但科，載其休德，緒風維遐。

陸母厲太恭人墓表

太恭人姓厲氏，贈南京户部主事南隱先生陸君諱序者之配，柳州知府禮之母也。柳州同予舉戊辰進士，除廣元推官，遷南京户部主事，署員外郎，厲封太安人。及柳州有此擢，遇恩詔，進太恭人云，然年已八十四矣。柳州爲太恭人之老也，遂棄官不仕，家食侍養，積十餘年，而太恭人已九十有七八矣。時予方宦南都，數聞太恭人訓教子孫之言，曰：「教子嬰孩，教婦初來。」又曰：「積産不如積書，積書不如積德。」又曰：「學君子難，學小人易。」又曰：「善惡終須有報，人當爲善，不當爲惡。」又曰：「命好不如心好。」他日，柳州與兄禎侍左右，足少偏，則正色曰：「不聞手容恭，足容重乎？」南都縉紳相傳，以爲厲太恭人之家訓，雖老師宿儒之誨髦士學子不過是也。初，太恭人之歸贈君，贈君性喜賓客，乃每事順承，

即缺供具，輒脱簪珥爲致洗腆，免其憂顧。又善治生，外内業務，兼心經理，家用饒裕。姑趙太安人嘗患痿疾，三年不起，乃躬調湯藥，撫按筋骨，終始一日，趙疾頓愈，每言「吾得孝婦，子孫必昌」。舅姑既歿，内佐贈君，葬祭惟謹。及贈君亦歿，諸動遵禮，且曰：「禎專藝農，禮專藝儒，心不可二，以殖先勞。」則太恭人之所以訓導子孫者，豈特言語之間而已哉！

初，厲系出春秋鄭厲公之後，世居無錫鳳光橋北，爲邑巨族。父諱宗道，母陳氏，瓊州同知倫之女也。性賢淑，早寡，爲宗族所敬。太恭人時年七歲，賴陳撫教，明習女紅，暇則令受學，與其舅王學士之女肄業，孝經、女則、小學，咸能誦解，爲舅鍾愛，令與其女同起居。有善相者曰：「二女後當皆貴。」及笄，舅氏女適繆方伯昌，太恭人適贈君云。然則太恭人之道，其固有所本乎！

生正統三年正月十三日，卒嘉靖十三年四月二日，壽九十有七歲。生子男三：長即禎，先一年卒，娶茹氏；次即柳州，娶高氏，封安人；次裕，側室陳出，娶唐氏。女一，適□楠。孫男五：長曰經，庠生，蚤卒，娶□氏；曰□，庠生，娶談氏，繼苗氏；曰縉，國子生，娶談氏；曰綸，庠生，娶邵氏；曰紳，聘馮氏，□□□。孫女曰純卿，字庠生胡紈，死。曾孫男六：曰垣，庠生，娶惠氏，繼許氏；曰□，未聘；曰域，聘楊氏；曰墉，尚幼；曰三壽，夭；曰茅壽，幼。曾孫女三：長□□，嫁周虞；次德秀，嫁朱桐；次幼。玄孫一，曰祖真。柳州已卜乙未年正月四日葬於龍山今贈君之壙，是宜勒辭羨道，以告來往。辭曰：

猗太恭人，厥道久元，既孝于姑，猶慈子孫。和熊之訓，篤斯本根，且其遐壽，期耋孔尊。山南祖母，逸駕可攀，勒辭以告，行道瞻言。

贈徵仕郎南京禮科給事中毅齋曾君配孺人傅氏墓表

君諱瓛，一諱文獻，別號毅齋，以季子鈞貴贈南京禮科給事中，南昌進賢縣之前溪里人也。生有奇質，豪邁不羣，垂髫

遊業邑學，弗偶於時。躬耕林野，竭材以幹蠱，諸所營謀，咸中榘度，家用日裕。上事父母，祗若意命，克殫厥孝。然性命嚴毅，不苟笑語，燕居終日，蔑有惰容。鄉族有爭，言人人殊，折以大義，羣口齊信。不忍面謾，或有儃過，畏如王彥方，恐其聞知。兄璨嘗尹襄城，歸無囊篋，後當索居，田廬業產，君十七讓之，曰：「兄老子幼，無所效犨。」白首怡怡，宗族稱弟焉。素喜筵賓，脫有不速之客，款肅黽勉，不計有無。性不多飲，飲或至醉，則取陶、杜諸詩，詠言以歌。若縣宿鄉飲，謝而不赴。行年七十，灑如也。

初，君先世居南豐，始祖雲谷，嘗令奉新，因徙家焉，後遷瑞之高安。至諱季淵者，元末兵亂，乃定籍進賢。季淵生振，中洪武癸酉鄉舉，任泉州府教授，永樂間奉勑入翰林，與纂修五經四書大全。振生三子：敬如，翊如，晏如。翊如早卒，無嗣，其配萬氏守節，有司奏聞，旌表門閭，遂以敬如之第三子由勉爲後，則君之父也。然則君所從來者，亦大有所本乎！配傅氏，以鈞貴贈孺人，南昌巨族，父以輸稅入京歿，無嗣，孺人事母極其婉戀。及歸於曾，雅順不驕，上事舅姑，孝養日隆。姑某既老，代綜內政。當是時，家步中衰，力相贈君，圖畫拓家，辟纑絲絮，勞瘁變容，百廢次舉。他日，贈君市置田宅，乃請益其值，無利其賤，以爲子孫遠計。贈君或有他競，必勸之釋，勿以尤人。凡事諸父諸姑，亦皆敦禮，族戚貧富，待之較一，若遇窘乏，匍匐救之。然薄於自奉，茹荼食苦，不以爲難，諸子婦或妄有耗費，必切責曰：「是何可常？」惟燕享賓客，洗腆用酒。若孺人者，真可謂媲德贈君而不愧者矣。

君生男子五人：長廷夔，縣學生員，娶鄭氏，繼鄒氏；次廷鰲，側室萬出也，娶樊氏；次釜，娶龔氏，繼熊氏；次式，娶胡氏，繼劉氏；幼即給事中，君所囑後，有遠進，無惰驕貪刻，無投時好玷名節者也，今果堅守其教云。娶傅氏，封孺人。女子子一人，適南昌李捅。孫男子十三人，孫女子五人。曾孫男子五人，曾孫女子一人。君生天順丙寅七月十一日，卒嘉靖癸未六月十七日，享年七十有八。孺人生正統丁卯三月八日，卒正德甲戌十一月十八日，享年六十有八。茲將遷孺人祔贈君合葬羅山之陽，嘉靖某年月日也。給事痛榮養之不逮，思恩典之維新，請表諸墓，是宜勒辭羨道，以告行路。辭曰：

於維毅齋，厥履孔敦，蚤厭黌序，從吾好懷。力田業作，未雨爲臺，孝篤二人，弟長如孩。有淑其始，有覺其來，惟爾允質，干祿不回。所配伊懿，協德以追，興廢起圮，家是用開。前溪之里，曾也崔巍，宜爾有子，爲邦之才。載其廉直，爲時玫瑰，衍君休問，千萬年哉！

蕨山處士章君墓表

君諱愚，字希賢，上世南昌人，元季避亂占籍敘州遂寧縣，今舉人評之祖也。初，君生有奇質，穎敏超羣，年未成童，即籍邑庠，尋復進補增廣生員，後罹多難齟齬，不能顓學，遂結茅蕨山，躬耕林野，優遊泉石，賦詩以自怡。生二子：長曰旨，次曰句。旨生評。評方孩提，有警悟之資，君恒示以無誑，開諭孝弟之道，夜則抱置枕側，口諄諄訓説忘寐。稍長，則又進以古今人物天地名理，令皆明習，雖祁寒暑雨，亦爲手録昔賢文辭，使之誦。或嘗見評作字潦草，即語之曰：「爾忘程伯子言乎？作字甚敬，即此是學。」及評遊邑庠，則曰：「人但知秀才之名易，而不知秀才之實難。評無徒爲庸士，當求爲碩儒。」他日，歲考優列，則又曰：「勿以小利自矜，當以遠到自勵。」甲午鄉試，評果魁多士，而君先逝矣。予在太學時，評已歷事，聞説經習禮之期，數來資講，當其明辨審問，剴直博究，起予良多，每陰重其人，可必大就。偶嘗日暇敘，始知自君所授，然則君之道又何必專在其身哉！

初，君之祖諱欽，于諸孫中獨鍾愛君，在孺稚時恒令侍側，試以屬對，輒能嚮應，出人意表。先達張公每見褒嘉，祖欽日益慰悦。則君之教評者，固其祖之教己者乎！大過九四「過其祖」〔一〕者，將非章氏之祖孫邪！君尤孝養父祖，咸盡厥忱，無少愆盭，得其懽心。伯兄某困滯糧差，乃傾貲與償，尚不能足，鬻其莊田以補其缺。撫諸姪子如己所出，姪女二人咸具妝

〔一〕此處有誤，「過其祖」爲小過六二之爻。

奩，擇婿以歸，使皆得所。凡厥有章，長幼卑尊，罔不心悅。他有鄉鄰請召，亦必振衣往赴，即席歡洽，終無惰容。弘治己酉，邑里旱虐，人至相食，鄉戚中窘迫者俱令就食于家，積粟累百，盡以貸人，仍火其券，不望後酬。繼遭饑饉，家遂荒落，羹藜飯糗，畧無慍悔，見人言貧，則曰：「此乃常事，言將何爲？」鄉人每過君門，必問起居，若有疑事，悉就質決。惟名公貴人，雖微時稔狎者，一無所干。箕山王郎見之曰：「先生何居，忘卻故人？」答曰：「故人素厚，固未敢忘。」箕山笑謝。然則君之教評者可謂出於躬行之實，非但言語之間而已也。

君配馮氏，遂寧望族，始終相敬如賓，旨、句皆其所出也。句早卒。女子子三人，婿皆遂邑名家。孫男子二人：長即評；次詠，邑庠生。孫女一人。曾孫某。君生於天順戊寅五月六日，終以嘉靖庚寅六月二十四日，壽七十有三歲。某年月日已葬蕨山之麓，評持刑部山東司員外郎周君集狀請表諸墓。辭曰：

猗章處士，蕨山攸棲，自耕自耨，自詠自諧。仰承父祖，既敕既佳，兄滯公稅，捐產濟危。積粟未富，出賑里饑，爰有嗣孫，少舉蜀元。懿德克衍，爾教滋舉，將其來者，光此九原。勒辭羡道，行路瞻言。

贈南京禮部儀制司主事木訥閔君暨配安人王氏墓表

贈君木訥閔先生諱仕朝，字維忠，江西浮梁縣浯溪里人也。初，係出山東歷城閔孝鄉費公之冑。唐末有諱鏜者以江南安撫使戡黃巢有功，進爵安邑侯，奠保徽、饒，因家饒之浮梁，族後蕃碩，析居邑之北郭。宋咸淳間，七人連登甲科。數傳爲元軒先生，起賢科，任越州學正，生子俊甫、濟甫，俱有士望。俊甫之子達以易魁江浙路行省，時稱「閔氏三鳳」。濟甫之子義權，通儒博洽，元致和間累辟不就，於贈君爲七世祖也。高祖仲仁，曾祖敬恭，祖祐安，號守正，俱養晦不仕。父諱蔭芳，以書經魁弘治己酉鄉薦，歷典校文，卒得名士，終衛輝教授，別號鑑塘。配操氏，有淑德。

贈君生而穎敏殊常，五歲對語驚人。稍長，肄進士業，爲文豐蔚有氣，僉□大顯，鑑塘公以其體瘠奪業，然猶好閱典籍，

不肯曠廢，尤工字畫，率如古法帖，暇則賦詩雅歌，以見所志。鑑塘公初訓浙之瑞安，繼掌教宿遷，贈君隨侍，皆竭孝愛。母操臥疾，躬奉湯藥，衣不解帶者浹旬。及不起，哀毁骨立，扶柩歸葬，一如古禮。時王父守正公暨配陳媪俱康壽在堂，贈君畢力奉養，甘煗溫毳，依時登進，舉愜所好。及鑑塘公補任汝陽，再陟衛郡，贈君歸總家政，有條整整，每晨澣滌，灑掃寢廟，四時享祀。及先遠生忌，愛慤兼致，有讓昆弟，一財不私。至待宗族、鄰里、姻戚，和而敦禮。其自處則取予甚嚴，茹淡食糲，服韋布衣，出入徒步，深鄙里中侈服穠食、入馬出輿之輩。室嘗被燬，且將復構，或勸華麗，則曰：「居安穩足矣，美將奚益！」至於税租出納，躬自籌輸，務至平允。蓋性坦夷介直，接人不甚款讓，人不敢干以私。每有講評，必則古昔，稱先王及近代文獻，如涉非禮，寧訒不出，因自號木訥居士。嘉靖丙戌，邑侯舉長萬石，奉法秉公，征納如候，有説其重衡石以多取者，則正色曰：「了辦國課，今日職分，可緣是爲家計乎？」正德中，秋大旱，次春大澇，破壞田畛，民苦於税，乃率數十人請諸當道，獲免兩税，鄉人賴之。壯遊秦淮，遭冬寒沍，有軍人附舟，凍餒不堪，解衣覆之，并給錢數百，不取其報。他日，自衛郡步返汝陽，道遇馬客，同投邸宿，執帶弓矢，蓋馬盜也，乃不爲動容，導以善語，其人感悟，卒不敢犯。居常人爲非意來干，以理遣置，若有曲直訢訟，一言剖析，無弗輸服。至語治家之要，必指異姓傾覆者爲戒，每曰：「陰德，心地也；經史，良畬也。吾以此遺子孫善矣。」故儀制兄弟奉其義方，日益光大。晚歲里族延爲塾師，不伸呫嗶，惟導之仁孝禮讓，衆翕然尊之，化行鄉黨。將非古之孝弟力田如陳太丘、王彦方者乎！

配王氏，贈安人，媲德不爽，相敬如賓，庭無間言。贈君卒於嘉靖壬辰正月二十九日，距生成化乙未，享年五十有八歲。王安人生於某年月日，享年若干歲。生男子五人：長天祥，早夭；次即儀制，娶徐氏；次勗、昺、量，俱庶出。孫男子五人：堯卿、舜卿、禹卿、湯卿、文卿。孫女一。儀制卜某年月日之吉襄事合葬於里仁三望山之原，前少司寇鄱陽胡公韶已志諸壙，至是儀制又問表，是宜勒辭羨道，以告瞻者。辭曰：

孝哉閔子，厥道永昌，有碩浯溪，出閔孝鄉。猗嗟木訥，素履亶方，業雖未考，志則常剛。凡閱典籍，措之躬行，奔走淮浙，惟親是康。雖王父母，孝亦孔皇，奉時乾豆，灑掃寢祊。當其承志，展如鑑塘，凡厥有貲，不私弟兄。宗族鄰里，亦是仁

讓，衣非食淡，循循儒生。所棘重者，公賦輸將，凡民旱潦，匍匐往明。嘗爲塾師，化及鄉黨，當其訓子，惟笥一經。祀王安人，媿德不爽，宜爾有子，員員其英。儀制懋學，經濟思揚，載爾休問，千百年芳。

贈宜人吳母葉氏墓表

宜人吳母葉氏者，封君平和教諭餘姚吳易齋先生之配，南京禮部儀制郎中惺之母也，以惺貴贈宜人云。宜人生而婉順端慤，歸易齋時，舅虞衡郎中出守隰州，姑王氏未行，宜人竭力孝敬，上承顏色，每見伯氏叔氏至自宦所有得餘俸，未嘗介意。他日，隰州以病東歸，家事蕭條，姑命易齋與兄弟析爨以供膳羞，易齋獨無私蓄，宜人自甘苦辛，勤侍湯藥。隰州奄逝，則滋力紡績，時督耕畜，以奉姑養。正德初，歲歉，盡脱簪珥用資饔飧，先取肥脆，顓爲姑具，姑所嗜者，先爲之所。每遇甘鮮，必以進姑，姑欲分美所愛，欣然承順，無後進計，兒幼悲號，亦勿惠及。或誚其忍，應曰：「所願奉姑足矣。」姑若將衽，必視其寢，夙興就省，寒暑無間，念兹在兹，皆由中出。及相易齋，勉以力學繼志，凡内務紛沓，躬自綜理，無少違盭，雖樹藝之微，亦執其勞。易齋用是肆力經史，學日有聲，遠近多從之遊。倘自學歸，則敬之如賓，燕息蔬食，亦必正席整設具。處妯娌，未嘗狎戲，又恤以女戒，軌飭諸婦。嫠氏孫寡，晨昏慰問，婉辭微肯，忠告善道，孫克保節以歿，宗族尊行。雖或貧窶，亦必盡禮。所生三子：孟怡，季□，仲即儀制。方在孺稚，口授孝經，及就外傅，令讀父經，每散塾歸，輒問授書，或不誦習，更自鞭笞。夜則紝衣守誦，限以百過，少或昏睡，必責之曰：「古人無膏，尚囊螢映雪，汝等不當如是邪？」雖於舉步出言，亦示繩墨，尊卑等殺，勿越尺寸。若受侮於侶，必詰撻於内，雖曲在彼，未嘗尤人，則曰：「汝固自取。」或撻至流血，痛而悲號，則又以古泣杖事告之。至於訓女，亦率古度具有成格語之。蓋庭訓之功，實倍于師矣。若宜人當非古之孝敬貞慈者乎？

初，宜人之父諱訓，字宗範，以舉人授博野訓導，謝絶束脩，卓立師道，徵典福建鄉試，卻賂千金，杜其關節。宜人年十

六七歲時，又嘗授以孝經，日記故事，凡飲食語言動靜，率示以正。則宜人之歸吳也，能盡婦道、妻道、母道，可爲內範者，蓋素有其本也。三子：怡娶胡氏；儀制娶李氏，封宜人；□聘應氏。一女定，定盟胡中丞方岡公冢子亘。是宜勒辭羨道，以告行路。辭曰：

有碩宜人，天授伊醇，既多閨訓，姆教尤貞。于歸之後，躬善處貧，事姑如母，禮夫如賓。何有何無，黽勉及辰，姑志回悅，夫君學申。當其粹德，妯娌亦恂，義方之教，子孫振振。儀制志道，思母無垠，何以慰此，殞淚秋雲。揚名千載，潛德常新。

贈安人劉母蔣氏墓表

贈安人劉母蔣氏者，南京光祿寺卿劉公克柔之配，太學生甫學之母也。安人生有懿質，端淑柔嘉，不妄言笑，在父母家姑姊妹中賢明懋著，稱于族戚，與李宿卿室齊名。既歸光祿，執爨供饋，備事艱楚，夙夜無違宮事。且於入讀伴其勤，出遊免其慮，賓至豫其需，拮据匍匐，勞勩萬狀。舅友桂翁嘗宰邑稅，民多逋亡，稅負不舉，友桂憂見面目，安人謂其姑薛安人曰：「舅憂如是惡乎！」爲解謀，脫簪珥鬻價代償，友桂獲免于戾。

初，安人之五世祖諱昇之，當洪武中補縣學生，然少孤孝養祖母彭氏，彭老無子，乃陳情終養，比唐李密，高廟優詔許允。彭卒，授北平前都司濟陽衛經歷。永樂初，守城有功，文廟擢判韶州府事，不及大用，遽卒於官，歸惟圖書數篋，時稱孝廉。其曾孫諱良玉，思繩祖武，綽有介行，取予不苟。配陳天台子柔之孫女，乃生安人，蚤敦姆教。則安人之賢遠有源乎！況儀式刑于光祿之孝其優於婦，母儀者宜其度越女流云。乃弘治丙辰十二月九日，一疾而逝，距生成化丙戌十月八日，享年三十一。

有男子三人：甫學，其所自生也，娶赤坼蔣欽沾女；次甫登、甫政，周安人所出也。甫登娶邵岐義官李德馨女，甫政

娶某女。女子子三人：長毓幽，適義官徐元子庠生灌；次毓閑，適鄉進士吳晦之子庠生九成；次毓貞，字顧山周祥武子儀。孫男子八人：聞詩、聞禮、聞韶、聞善、聞道，俱業儒；聞一、聞義、聞性，俱幼。安人之歿也，葬於黃山祖塋側，至是，甫學痛少失安人，問表于墓，予憐其孝心懇篤，乃按安人弟菘之志，勒辭外石，用告行路。辭曰：

有媛安人，蔣女之良，既歸光祿，惟德之行。孝恭舅姑，有難思匡，婦重簪珥，脫也何輕。苟完逋稅，家是用康，粵相光祿，勞勤京京。夜伴讀誦，賓至皇皇，光祿誕孝，志罔不同。鮑桓風遠，安人力揚，有辭貞石，爲女氏常，千百年芳。

贈南京戶部主事艾君暨配贈安人張氏墓表

贈君姓艾氏，諱蕙，字廷馥，延安米脂人也，以子希淳貴贈如官。贈君之曾祖諱敬，祖諱旺，皆潛德不仕。旺生文吉，配有曹氏，增修先世恭儉，簪蒿杖藜，戮力艱辛，生三男子，季即贈君。幼輒聰慧，不嗜嬉弄，年十餘歲，隨父淮陽旅次，橐槖守視惟謹，常預庋饔具以待父饌，凡閱數年，無所遺失。言念母氏，時垂雙淚，又恐感動父心，旋即改容。同旅子弟時招遊，適率多逸口誘餌入非，贈君閉戶謝絕，再不受招。他日，羣賈對泣，云被巡鹽汰削常值，贈君曰：「價無恒估，安命爲上。」衆皆斂容，自是呼爲小官，遂推其父以爲客綱，諸有疑義，率來質決。未幾，巡鹽校射於郊，羣促贈君赴校取歡巡鹽，荅曰：「吾恥典藝爲人觀美。」父益奇愛。後許省母，且命親迎，路過嵩洛，偶遇賊騎，覘君體貌不羣，身具槖鞬，未敢驟犯，令射樹鵲，應弦而墜，賊駭引去。居未踰年，忽夢父疾，號泣達旦，辭母南征。比至，父果臥病，索衣坐起曰：「兒來，吾得瞑目矣。」數月捐館，贈君死而復甦，哀毀骨立，乃焚淮扬人之逋券曰：「昔吾父修醮三茅，施飯貧窶，捐金三百，兹固終其志也。」乃徒跣扶櫬歸葬於馬鞍山之麓。三年喪畢，貌猶深墨。其侍母寢食，必親在視。他日，與兄析爨，極讓家貲，又推母意，篤厚于高氏姊，爲之造屋，並置產。比歿，哀毀動人，葬具循禮，語云宗族稱孝，鄉黨稱弟，贈君其人乎！乃嘉靖壬午七月二十一日卒，距生成化己亥十一月二十四日，享年四十有三歲。

配張氏，贈安人，父太平縣丞鳳，母姬氏也。姬生四女，長適都督時源，封一品夫人。季即安人，沉靜寡言笑，勤儉孝敬，尤精女紅。上事姑曹，恪修婦道，有古思嬪之風。凡有旨畜，備贈君需，其自奉甚薄，衣數澣綴，不即棄置。善處妯娌，退無後言，又恒以雍穆濟贈君之嚴。姑曹時誨諸女，令取法張嫂云。乃正德辛未六月七日卒，距生成化戊戌九月十五日，享年三十有四歲。於是贈君繼配高安人矣。生三男子：長希清，國子監生，予在太學時嘗榜其善行以示衆士；次希淳，嘉靖乙未進士，任南京戶部主事，其志行皆可遠到，蓋嘗從予遊者也；次希淵，縣學生，高安人所出，亦偉器也。是宜勒辭羨道，以告行路。辭曰：

有懿贈君，元授孔方，簡重信直，果決無爽。事機先識，立論恒臧，樂善好施，嫉惡如芒。若遇貧士，薪燭相將，宗族舉火，賴以爲生。人或假貸，不甚責償，惡少踞躇，罔敢揚揚。配張安人，雍穆是承，媲德不愧，爲艾氏光。宜有令子，邦之珪璋，篤志斯道，以永令聞，千百載芳。

贈南京刑部郎中隱之翁君墓表

贈君諱奎，字文明，別號隱之，浙江處州府遂昌縣人，今南京刑部郎中學淵之父也，以刑部貴贈如其官云。初，贈君之始祖行秀避元季亂，隱居邑之袋原山下。明興，永樂中有諱文一者徙家城南胡巷。文一生守寧，配毛氏，是生贈君者也。贈君生而聰悟，讀書過目不忘，與鄉儒王生爲友，治進士業。年十六，失怙，兼遇日者，感以利鈍，遂一志逸隱，不羨榮利，隱之別號此其基也。爾乃上事母毛，克盡色養，友于璧弟，情愛篤至。素性介厚正直，未嘗瑣瑣出衣食語，囊事懸磬，猶急顛瘁。若履患難，不動聲色，或以横加，怡然自尤，夙與君平，奚爲至是，横者悔謝。恒謂儒可飾吏，苟存心於愛物一命可以濟人。乃上書公車，得籍從事，既又惡其回于利也，則又棄去，屏居林野，教授里中，論説經術，誨訓子弟，因以化導鄉閭，凡鬮爭至，率與開釋，聽者愧服，鄉彥咸慕，因以道德之學命名三子，曰：「古人顧名思義，汝曹無忽。」道淵果亦敦行慕古，行

重鄉閭，不負茲名。刑部少悟，卓有遠志，惟道是趨，贈君曰：「吾適弗逢世，斯子也，必大吾門。」日者多言，其在茲乎！」乃益節縮恒費條弊，延師勵以古人德業，曰：「吾悔失學，無我效尤。」有毛氏內娣方處閨閤，曹州鄭司訓方致仕失偶，即許其贋幣，鄭卒以文行顯，娣獲以賢助稱，君子多其貴德而賤貨云。則君當非古之孝廉逸民者乎！乃正德癸酉三月二十九日卒，距生景泰乙亥八月二十七日，春秋五十有九。

配潘氏，弘治戊申年卒，距生癸酉，年三十有六歲。再配亦潘氏，亦卒，無出。後配黃氏，同兩潘，皆宜人，生成化丙子三月二十四日，卒正德己卯十一月二十五日，年六十有四歲。子男三：長道淵，先潘宜人出。次德淵，早卒；季即刑部；皆黃宜人出。女子子一人，適大堤毛繼志。孫男子五人，孫女子二人。是宜勒辭羨道，以告行路。辭曰：

有嘉贈君，受性伊允，薄茲富貴，從吾所然。棄吏如污，屏棲林煙，名子義邃，道學之淵。乃惟刑部，繼志獨堅，動靜語默，思君涕漣。腐心記狀，問表聲吞，勒辭不那，清風萬年。

封南京大理寺評事前鞏縣簿趙君暨配陳孺人墓表

君諱奎，字文瑞，姓趙氏，敕封南京大理寺評事。其先宋人之裔，元末有諱福原者，躬耕鄆、濟、曹、濮之間，因占籍兗之壽張縣郭家嶺之業。生四子，長諱興，妣劉氏，有子五人：曰貴，曰伯川，曰三，曰伯通，曰亮。伯通配閻氏，生二子。其長諱榮，字子華，配李氏，生二子，其仲即封君也。然自其先祖以來，有訓皆不仕。明興，始有仕爲大梁獄官者，已而獲罪流北平、灤州，留其宗子庢守郭家嶺云。

封君孕七月而生，少多嬰疾，弱冠爲邑庠生，魁岸不羈，恥面交人，若周貧助喪，則樂爲也。鴻臚劉序班、章丘汪丞、三原尚尹其微時，值歲凶，皆賑以數金，得不死，至感激泣下。成化丁未，遭輸粟例，遊業太學，時值孝廟即位幸學，賚予甚渥，所得金繒，皆封寄二親，曰：「不敢私用也。」弘治戊午，授直隸行唐縣簿，上官委治柴廠事，咸治。部大臣以爲賢也，使總

攝濟南、太原二府柴事，又治。又進攝八府柴事，亦又治。月旦，部出榜獎勸厰官，列封君于第一。三以禮勞，薦于天曹，將不次用也。又聞其父疾，哀鬱竟夜，旦即髮鬢既斑矣。又訃至，哀毁迫切，頭面膚裂，幾至殞越，以傷其生，乃猶強力盡禮，不敢戾經。越二年，母李亦喪，五朞而禫，自是多攖風濕疾矣。其村居，族人有貧窶爲不義者，量給之田，以安其心。境内大蝗，君田獨免，數日之後，蝗亦趨至，同畛農夫籲天曰：「我田之災，亦云可矣，相公田災，吾誰周哉，吾死矣。」夫居頃之，有鳴鴉蔽天來集食蝗，蝗乃盡死。正德丁卯，制兑補河南鞏簿，臨政決罰，下無痍痏，事亦集辦。縣增築城隍，度地有當民畦者，然適值春荒，乃長歎曰：「民飢，吏弗與救，顧忍又絕其口食乎？」舍之。從吏數人咸有菜色，留食於舍數日，辭去，以兄來，兄又辭去，以父來，皆呼親父母能救我死，遂力白上官，大發賑於澠、鞏之間。河際移徙不常，民因爭田鬭死常至數人，乃往撫之曰：「一席地不能捐，坐沒其產以斃，無權量如蠕動耳，哀哉！其速悛改，吾且請命寬貸爾誅。」民皆感泣息爭。居歲餘，疾作，所交與賢士大夫日周旋視醫藥，或醵特禱於神，竟卒於官，士民以次代哭，僧衆欲作佛事，官法不許，乃潛爲位誦經。柩出，大雨，邑人市祭不絕。此非其純誠至愛，信及豚魚，鮮于鰥寡者能至是乎？生天順戊寅十二月二十一日，終正德己巳十二月十九日，得年五十有二。歸葬郭家嶺之左麓。

配孺人陳氏，陽谷人，倉大使浩配張之女也。既歸封君，事其舅姑如不逮，姑李曰：「始吾事吾姑閻夫人也，侍其側，若無以容，吾今乃不欲吾婦習我。」然亦自不墜。孺人乃益感激不寧，爾後稱述訓婦，語及嗚咽。自來歸時，娣事嫂劉，垂二十年，未嘗乖忤，亦無私蓄，嫂劉且沒，深稱其賢。封君性喜交遊，每一觴賓，日夜忘倦，孺人主事中饋，亦每忘倦。他日，又贊封君納妾高氏，以廣其嗣。及封君再簿鞏也，力請以高從，自留視家業，封君弗許，以單騎往，後竟送高於鞏。時封君方燕賓，車從且至，喜曰：「吾家有賢婦，今送妾至矣。」高後生子鱣云。長求爲異爨，既異，踰年生理愈□，復召與同居，又弗順也，乃始從其去。其明敏厚均，惠臧獲，審職事，亦類如此。乃嘉靖癸未四月二十一日卒，距生景泰乙亥八月十日，春秋六十有九。

初，于南從予遊數年矣，未嘗多言說語論，比問封君、孺人墓表，道及往事，雙淚殞落如雨，予訝知于南者晚也，今序其

狀爲表，乃知于南之誠孝，固有所自乎！　初，封君之祖伯通積而能散，八十年一日也，鄉閭德之，壽則致賀，疾則爲禱。至子子華，業益開大，年值饑饉，四乞麥粟，質劑殆千餘紙。明年又饑，乃焚其劑，三饑三焚，不惟賄之患也。他日，道山入谷視治石者，忽心恐趨出，羣工送之，半回既入，有石傾墜，送者得免，咸垂泣稽首曰：「公來救我數人命矣。」時人以爲積善之報，豈知其慶延今日而後盛哉！　然則封君、孺人善行所自，可不謂遠乎！　而于南方力學于道，以經濟天下，又豈可量邪！　陳孺人生男子一人，即寺正，娶路氏，繼劉氏。鱣娶集里李氏。女子子五人，謂劉基。〔二〕

濟軒處士王君暨配陸氏墓表

濟軒君姓王氏，諱宗，字惟正，別號濟軒，松江上海人，東溪先生之繼子，勑封評事前醫學正科海槎君山之父，今南京大理寺評事教之祖也。公自幼穎異，動止邁常兒，上侍東溪先生，能盡色養，恒得其歡心。先生歿，殯在堂，有司役公督運糧布詣京，公與弟鳳偕往，將謀傾產以佐，適家被火，遺業殆盡，公乃委弟役事，亟馳南歸，先問東溪先生之柩，無虞也，即喜見顏色，他皆不問，仍赴役事。比後歸家，蕭條貧窶，長歎曰：「先世之業自我而墜，宗不得爲人子矣。」乃與弟鳳茹辛攻苦，極力幹蠱，不及數年，盡復前業，更充拓，且其相處怡怡，老及七十，絕無間言。季弟濟任高昌，用或不給，歲時餽遺，賣田以贍。乃復歎曰：「吾父故業醫道，一志好古，其澤弗可忘也。」遂博考圖經，參驗物論，雖夷方間產者，悉與辨析。又善儲蓄貿易，持平不詐，他不能及也。乃命子海槎君攻治醫術，獲補醫學正科，又使購蓄古書畫，以修東溪先生之舊焉。後教既長，復歎曰：「吾家自全州公以來五世矣，然未有仕于朝者，此是之子，可使失學乎？」於是敦禮名師，厚其供餼。未幾，教果學成，取進士高等，初令會稽，公手書「清慎勤」三事，諄勉備至，報政循良，進陞今官。仲孫政今亦爲太學生云。乃嘉

〔二〕此處有闕文。

靖十七年公生七十有九矣，忽得風痺之疾，呼海槎君曰：「我明長逝矣，後事已備，即速葬我，毋越三日。夫死者，終生之化物之歸也。故精神者，天之有也；形骸者，地之有也。精神離形，各歸其真，苟不速葬，若有所待，即暴露也，其重累我。」至期果逝，海槎君哀慟不忍從，或告之曰：「公令實有徵也，獨弗念東溪先生壽乎？」於是海槎君悟懼，竟如遺令，實嘉靖十七年正月二十一日也。

初，公之高祖諱思聰，一諱輔，文皇帝時以人才薦授山東東平州吏目，尋陞廣西全州判官，生二子：長昱，次暹。暹生祥。祥生繼。世居高昌鄉。祥字仲昇，始以醫名，徙居郡城之西門内，是爲華亭人。繼配劉氏，生三子，長即公，公豐頤廣顙，篤厚醇謹，童時即有成人風。仲昇公有子曰璿，即東溪先生也，服賈於淮、泗間，奇贏有貲，配李氏無子，晚遂擇公立爲後，弟鳳亦偕來。東溪先生多雅致好古，善鼓琴，又善書，得歐大令率更法，與方伯可齋葉公萱、僉憲賓梅曹公鼐、琴士琴目劉君以周友善，徜徉爲樂，而濟軒公日侍事焉。則其孝友慈諒，樂易恬淡，高居海上，曠視寰宇者，非偶然也。

配陸氏，諱淑正，其先上海之鶴沙里人，自高曾祖以來，世習農稼。父諱寧，通毛氏詩，亦不樂仕，隱居教授，生徒至數百人。母張氏。初，寧與東溪先生爲友，每見濟軒公之侍事也，歸語其家曰：「王氏有佳兒。」由此歸於王氏。上事翁姑，克竭孝敬，而御下睦親，亦曲盡其道。濟軒公嘗負重役北行，所費不貲，適家回祿，產業蕩盡，濟軒公未有策也，陸安之曰：「可勿憂，有勤儉耳。」乃相濟軒公，飲茶茹辛，日夜爬梳，以復其舊業。嘗育一子，夭折，濟軒公每鬱鬱念及，乃又慰之曰：「吾聞君家累世積善，自當有後耳。」方娠將彌，一夜夢觀音大士降於庭中，授食一果。既且生子山，即海槎君也，後寔讀書明醫以起其家焉。正德改元，陸年四十八矣，得痰疾，醫禱弗效，海槎君方籲天求代，有道士造其門曰：「汝之母與觀世音有緣，請望其像。」海槎君將以檀香木雕刻，適有售龍泉觀音者至，即請禮於堂左，而陸之疾愈矣。夫幽明之事，雖未必盡然，然此不可爲至孝感通者勸耶？及教舉進士，尹會稽，次孫政亦以府學生應例入太學，而王氏之業遂一振，陸喜動顏色，謂濟軒公曰：「吾與君方其窘也，則曰何以裕；方其裕也，則曰何以顯。今皆得遂其志，殆爲善之報乎！此念弗可怠也。」已復以是勉海槎君焉。

陸生於天順己卯三月十四日，長公一歲，嘉靖戊戌正月以公之卒過傷也，痰疾復作，不飲藥，呻吟至秋七月二十一日，亦不起，享年八十。生男子一人，即海槎君，以醫學正科推封如子官，配姜氏，封孺人。孫男子二人：長即評事，娶某里姜氏，封孺人；次即太學生政，娶顧氏。孫女子一人，適徐鄰，鄉進士旒之子。曾孫男子二人，曾孫女一人，皆幼。海槎君以治命卒之後三日啟濟軒公之壙而合葬焉。是宜勒辭羨道，告諸行路。辭曰：

猗嗟濟軒，素履恭溫，既後堂叔，孝道滋騫。當其友于，老無間言，夫念先業，篤訓子孫。夫婦偕善，內潔蘋蘩，誕其好合，如此篪塤。宜家孫材，賢重士論，後也經濟，爾名愈舉。載其休問，千百年存。

江陵尹周君墓表

此吾友江陵君周君之墓也。君諱紹，字克述，號渭川，高陵縣治化里人也。曾祖諱德成，未仕。祖諱勗，以太學生仕爲山西太原縣丞。父諱尚禮，字節之，號養浩軒，亦以太學生仕爲山西垣曲縣丞。垣曲善教人，柟爲童子時，受學焉，獲聞灑掃應對之節。其歿也，柟嘗志其墓曰：「小學之教不行久矣，至先生而後能復之。」配劉氏，是生江陵者也。早遵庭訓，篤志經史，每爲文字，出奇古語，行輩率推先焉。遂舉弘治甲子鄉試，乃益肆志於學。孝事二人，繼母孫氏，性好自取，君事之，克當其意。其弟于兄經、綸、繼，遜讓周至。見友朋爲善者，力勸其成。弘治中，縣士子無治春秋、禮記者，雖其書冊亦不具。經時爲武功吏，君早夜走武功，得春秋二三冊，友人有程吉氏者始治春秋，縣於是有春秋焉。東吳來氏自孟津回，收禮記，又之來氏得禮記，有牛生者初治禮記，縣於是有禮記焉。

銓于天官，乃受戎縣令。戎縣漢民三而夷人七。先是，官于是者率不用廉以自待，故戎劫奪殺戮無寧歲也。君涖政後，奉身薄惡，一心民病，減汰征求，而又教之禮義，課其誦讀，戎人遠邇大小無不敬慕畏服。夷多羅姓，至其生子，皆以「周」名，如曰從周、歸周、學周云。戎縣西南阿霞、阿昧二鄉之田率被長遠縣民侵占，累勘不明，至動干戈者十年也，君處

分得當，夷漢咸安，於是上官薦其「清謹勤慎，持正公平，招徠蠻夷有方，夷民咸悦」云。事聞於朝，遂調任湖廣江陵縣。是時，江水方漲，害及三縣一州，君乃創築長堤至七八百丈，人獲安居。又議墾數千頃荒地以給窮民，其水灘田地糧草，盡爲被害之民申請除豁。若乃辨趙永寧人命之誣，其心明允，真可通乎鬼神。於是巡撫張公稱其「持心謹慤，處事安詳，倉庫既實，衙門清肅」，而荆南道亦獎其「處人之所難處，秉實心，有定守」云。惟以不善事太守，致其訕謗，解位而歸，江陵人如失父母焉。

君至家，閉門教授，清貧自樂。垂歿之年，卒以奔走南北不常厥家。光禄卿谿田馬公亦嘗友君，乃呼其子從於三原，飲食教誨，至且有立，又爲之謀治石槨以葬，則君之爲人可知矣。銘曰：

吁嗟乎！我友渭川，好善之心如受之於天。處則篤友，仕則惠民，戎有化夷之政，荆有捍江之賢。君子小人，已肆其讒，使君道方行而未暢，退欲託仙術以自延，是豈不可哀且憐耶！是豈不可哀且憐耶！行路瞻止。爲道者雖貴，專以自力，見道者亦當爲之保全。

（以上録自清道光十二年楊浚本續刻呂涇野先生文集）

叔父呂慱墓誌銘

叔父諱慱，生而英敏強毅，弱冠即服賈四方，諳練家人生產業作，務本力穡，恥事華靡。上事吾祖贈公暨祖母魏淑人及繼祖母劉淑人，咸得其歡心。魏淑人每饔飧，除米一勺，恒買栢香，夜焚以拜北斗，人稱魏佛，叔父恒爲子姪誦說不倦。贈公或有過口，吾父直諫無少回護，叔父輒能婉諷，贈公兩皆與納受其事。吾父恭遜讓謹，不知有己，當患難窮困之際，必先力往不避。吾父嘗患怔忡疾，叔父皆應時區處，以安其心。

成化甲辰、乙巳間，歲大旱，關中尤甚，人率四出求食。當是時，叔祖呂三公方爲祁，禱之叔，乃留吾父於家事贈公、劉

淑人，乃身送母嬸，推車以入祁，居數月即返。越一年，爲弘治之初，柟始事塾師周先生，父力禁不欲柟爲識字人，曰：「恐壞爾性也。」蓋有見於士流之放蕩不檢者云耳。叔父曰：「此兒慧，可教也，焉知其不能戒？」柟凡購書策筆劄，皆於叔父取給，至有今日，多叔父之賜也。其教愛楊櫝、周至，亦可知已。若乃還遺金而不私，就饑寒而解衣推食，辨釋人命之誣如王氏、劉氏、孫氏、程氏數十輩，皆其緒行也。

叔父配陳氏，勤儉柔嘉，實多内助，乃先叔父而卒，遂繼配臨潼張氏焉。叔父生景泰六年乙亥四月二十七日，卒嘉靖十八年七月初三日，享年八十有五。〔一〕

（録自呂柟正德高陵縣志卷七，標題爲編者自加）

祭四呂文

南京禮部右侍郎後學宗人呂柟致祭於宋呂氏直學士進伯先生、尚書僕射微仲先生、宣議郎和叔先生、秘書省正字與叔先生四公之神曰：惟公禀河華之靈，生趙宋之盛。氣萃一門，德禀四賢。或老尤好學，理會到底；或正色立朝，獨立無黨；或敦崇鄉約，化兹秦俗。若乃加志克己，絶去吝驕，剖破藩籬，則又專用力於仁也。豈特爲程、張之高弟，雖於孔門顔、閔之間亦可企及，而求、予之輩亦不多讓也。梁木既壞，懿行猶存。柟生也晚，妄意聖賢之學，卯止進修之正，况在同姓之宗，益切寢食之想，爰入藍田，恭謁遺容。既雲仍之是訪，慨水木之難窮，用潔薄奠，表此顓誠，尚冀斯文，以嘏後學。明神在天，豈不來格！

（録自清袁廷俊光緒藍田縣志）

〔一〕此處有闕文。

朝邑縣志後序

右朝邑志七篇，工部員外五泉韓汝慶之所編也，紀録質實而文采煥炳可誦。其傳人物，説高翔、程濟及烈女劉氏事，宛乎若覩其人，真足以廉頑而立懦，不可謂無筆力也。而雜記一篇，又多政事利害所關，以示後之爲朝邑者何惑焉。其餘五篇，事雖不異他志，而紀例亦自殊，稱爲簡確之編信矣。然則陵川王君純甫知是邑而刻此编，人雖曰不良於政，則吾不信也。

正德己卯秋七月二十二日，賜進士及第、翰林院修撰儒林郎、同修國史經筵講官高陵呂柟書。

（録自韓邦靖正德朝邑縣志）

重刊釋名序後識

釋名今無刊本，兹所校者，又專本無副，正過亦八十餘字，皆以意揆諸義者，故義若可告，即爲定改，求而不得，仍存其舊。序中「可謂」二字，釋國篇「譚首」之「譚」一字，釋姿容篇「邊自」二字，釋言篇「説日」二字，「操功」之「功」一字曾疑爲「切」字，「曜啬」之「曜」一字，釋疾篇「匡一」二字，凡十一字，皆闕未改，俟有他本及知釋名者。柟又識。

（録自四部叢刊初編釋名，標題爲編者自加）

附録

附録一

刻涇野先生文集序

有明正、嘉間，理學倡關中者，蓋曰呂仲木先生云。先生居涇水之陽，學者稱涇野先生。先生學有本原，講解既繁，著作且庶，其枝葉流派，發爲文章，内外南北，充笥滿籯。先生子昀收括，而門人魏守萱刊之，幾五十年矣。迺孫刑部郎師顔托予選行，予令漢陽胡守篤卿遴校，予讎刊之。序曰：

夫文者，儒之英華也，苞自蒼黃，衍斯洪纖，盪于曦潤，褒諸冉娟，棣華見韡，鸞韻成鏘，渙爲風水，賁之變化，舉幽眇炳蔚之情狀，透洩於啓齒運掌之子，而史皇獨以□名。朗自庖軒，通諸元會，洩於卦扐，闡之葩璧，索丘不能使之增，坑焚不能使之毁，石渠不能使之啚，金匱不能使之秘，瞿曇不能使之禪，關尹不能使之玄，胥折衷於九經七篇之章，而孔孟卓以道著。斡於氣軸，營於意匠，得之者隻語而重千金，失之者累牘而不敵莛草。牛首蛇神之怪，鉤心鬭角之奇，卞璧隨珠之珍，扯電燿星之麗，山羞海錯之富，戴縰垂纓之雄。董、賈哆漢，韓、柳修唐，竟歸裁於濂、洛、關、閩之鴻製而世作儒宗。蓋嘗析千載而論，動以天籟，出以神奇，凡信舌奮筆於翰墨之場者皆是文章；嘗合千載而評，束以真詮，握以道脈，必啓鑰通竅於簡衷之囿者方是文章。作述與時高下，道德匪世推移，輪轅騁自跌宕，品格閑之輿衛，此修詞家之所難，抑檢詞者之匪易。夫文，氣生也。氣沉則沉，氣浮則浮，故掀揭之管殊在浩養。文，意運也。意端則端，意欹則欹，故操縱之斤定在誠發。故祖之羲、黃，宗乎孔、孟，伯仲程、朱，而不屑潔於漢、唐下之文人，鄙薄瞿、老之衺談，衛玄天地來之正術，乃文説也。

二百餘年，我朝昌運，得與于斯道鳴者，獨推河東、餘干、高陵，而高陵應酬之文，其富如此，又可云此先生之唾餘，而不

並內篇、諸經說傳也。嘗自先生之文而論，外足於象，内足於意，文不滅質，聲不浮律，格調不越韓、歐，氣意上探孔、孟，原夫淑質自天，嗜學從性，見道羣聖之經，提身五彝之極。當衡門辯志時，識者藉爲喬嶽巨溟，柱兩儀育萬彙。大廷仁孝之對，豈射平津侯筴爾之云哉！獻納顧問，底見忠悃，豎瑾横恣，雅重欲援爲助，跡絶往來，禍幾不免。大禮一議，侃不依回，時好遭逮坎壈，賫志弗伸。造化之於先生，似有所愛，似有所吝，亦似有所成。浩然歸止之請，而先生明道之心頗慰。雅不欲文自見，樸靖端約，闇然内修，而樹駿流鴻發於持滿既溢，天下文章莫大乎是。哲人雖萎，曠世如新，今博士家羶悦榮名，鶩爭厚利，彼所爲也者，既索然盡爾，乃決含珠以自詫，豈惟靡驚獨坐即四筵，且目攝手揶揄之矣，蘄以行遠，可乎哉？益以是見先生之文，以道鳴，以學著，匪直以其文也已矣！

萬曆壬辰庚戌北地李楨序。

刻呂涇野集後敍

三輔自虞、夏稱沃土，而其土則后稷之所封也，文、武之所營也，伊、皓之所棲也。土沃故人多重厚而過化於聖賢，故俗尚氣概，有先王之遺風焉。入漢以來，師師濟濟一時，文行兼優，如槐里令、關西夫子輩後先方軌，焜耀史策，雖其天性哉，所從來遠矣！我國家載造，區夏丕振，人文蘊崇，迄弘、正間，炳炳乎，綦隆盛際。已而武功康德涵、高陵呂仲木相繼起京兆，仲木素端靖動，遵古誼，時逆瑺竊憲，亟欲引公爲重，公竟絶之。大禮一議，持論不撓，此與槐里、關西何異！彼豈僅僅文章士耶！大中丞李公亮節宏材，貫日月而重山斗，蓋四方爭景仰焉，而楚屬吏屻獨徼天幸，得以稟公之令業已，振靡激懦，趣之大雅。而退食之暇，復娶仲木集删訂之，以觀來學，若曰：「仲木之文由行重也，修文者其毋務華而絶根，則人人仲木云爾。」厥旨淵哉！

湖廣漢陽府知府胡篤卿謹跋。

（以上録自明萬曆李楨刻本涇野先生文集）

重刻呂涇野先生文集序

文所以載道也。古者道德、文章無二致，上之爲有德之言，程子所謂說自己事，如聖人言聖人事也；次之爲造道之言，程子所謂智足以知，如賢人說聖人事也。周衰，異學爭鳴，天下始有畔道之文。六朝而降，詞章日盛，天下始有離道之文。求其根道爲文，自廣川、諸葛、仲淹、敬輿、昌黎而外，指不多屈，此儒林、文學二傳不能不分也。繼洙泗之文者，其宋之關、閩、濂、洛乎！程至大矣，朱至博矣，周濬其源，張助其瀾，道學一傳，郁郁乎稱盛矣！

明初，承宋、元之後，北士宗韓、蘇，南士宗程、朱，互相辯詰，猶未粹於名理。成、弘間，關、洛、浙、廣諸儒出，衍伊洛之微言，探性命之奧旨，乃駸駸乎貫道之文以爲文焉。涇野先生，河東三傳弟子也，爲關學之冠，其學以窮理實踐爲主。當是時，士大夫講學相望，然各守其師說，存門戶之見。先生獨合周、程、朱、張語録爲四子抄釋，令學者體驗躬行，曰必如是乃爲實學，無他法門也。故其爲文，根柢理學，高古質奥，不尚詞華。讀端本、勤學諸疏，引君當道，何異程子輔德定志、朱子存天理去人欲諸奏也！下至應酬序、記、書、誌，連篇累牘，亦莫不因其人其事，委曲而引之大道，又深得周子先覺覺后覺，張子立必俱立、成不獨成之旨。洵乎造道之文，粹然一出於心者也。

余維道雖夫婦所與知與能，然不析而求之于條理之分，貫而通之于吾心之合，則詞章無用之文，禪寂無文之學，二者交譏。惟本之六經、語、孟，以端其趨向；博之諸史百家，以資其考鏡；返之躬行實踐，以求其心得。然後言以足志，文以足言，復何有飾輪轅而致誚虚車者哉！

先生著書十數種，皆所以羽經翼傳，文特其緒余。然以是深造自得之言，又烏容以不傳？夫治道以正風俗、成人才爲

先。使學者惟是人自人、文自文，天下何賴有此人才？無真人才，即無真吏治，風俗何由而正？此世道升降之原，匪僅文運盛衰之故也。余撫陝時，即購求先生遺書，思以振關中之學，閱年而未獲。去歲，移節來川，富平楊生乃得先生四書因問，喜關學之有佳書也，序而刊之。繼復得是集，余閱之，益深慰喜。顧原板漫漶不可讀，楊生詳爲校讎，先後付之剞劂，以廣其傳，使天下後世讀先生之文，即學先生之學，以溯關、閩、濂、洛洙泗之心傳，則文不絶于今古者，道即不墮于天下。庶幾是刻不徒表前哲，實所以垂世教云。

賜進士出身太子少保四川總督兼巡撫事長白鄂山撰。

（録自清道光楊浚重刻吕涇野先生文集）

續刻吕涇野先生文集序

横渠倡道關中，越四百年而有涇野先生。先生學於渭南，渭南學於小泉，小泉學於河東，蓋分程朱一派者也。邵氏聞見録謂横渠以禮教人，其門人下稍溺於度數無所見，遂生厭倦，學無傳者。故先生於横渠雖鄉人而師承無自，然先生之窮理實踐何殊横渠之深思力索，則得程朱之學即得横渠之學，當時謂横渠復出，不誣也。

鄂宫保師撫陝，以正風俗、成人才爲急務。慕先生之學，囑浚訪求先生遺書，爲三輔士人宗，經年無獲。辛卯秋，橐筆從宫保師來蜀，乃得先生四書因問，序而刻之。復借得前明李北地選刻先生文集三十八卷，内闕卷三一册，其餘首尾頗爲完備，即呈宫保師，序而刻之。嗣又託同鄉張補山别駕借得先生文集十五册，既無校刻姓氏，又無序文、總目，只有序、記、墓誌、墓表諸篇，其他闕略尚多，就其中錯簡殘佚，不一而足，亦非當年善本。謹按四庫書總目所載，先生集初刻於西安，既而佚闕。其門人徐伸等重爲删補編次，刻於真定，凡三十六卷。今所得之本，未識何時所刻，且原板漫漶不可讀。因思先生文集久經闕佚，若不急爲搜存，駒光過眼，久將並此而佚之，求如魯殿靈光邈不可得，其追悔可勝言哉？遂查爲李北地

選本之所無，而篇幅無闕者，裒而輯之，續以付梓，以翼先賢遺文免久闕佚。其錯簡殘佚者存，俟他日得真定元本再爲重訂。集内有嚴氏家廟一篇，似不免南園作記之嫌。然考嵩是時方爲禮部尚書，未操國柄，其惡未著，是猶司馬溫公之于王安石，不足爲盛德累也。其時門人不諱是篇，今亦不敢妄爲删削。至先生本道德爲文章，舊序與宫保師序表彰已至，不復贅。惟願讀先生是集者，如聞先生謦欬，自一語一言體驗而力行之，學行由是興，人才由是成，風俗由是正，即宫保師表前哲、垂世教之心，于以大慰，豈非關學之幸？抑豈獨關學之幸？梓成復序之。

道光十二年歲次壬辰冬十月，富平後學楊浚謹序。

（録自清道光楊浚續刻呂涇野先生文集）

涇野集　三十六卷

明呂柟撰。柟有周易説翼已著録。其集初刻於西安，既而佚缺，其門人徐坤、吴遵、陶欽重爲删補編次，刻於真定。此本即真定刻也。柟之學出薛敬之，敬之之學出於薛瑄，授受有源，故大旨不失醇正。然頗刻意於字句，好以詰屈奥澀為高古，往往離奇不常，掩抑不盡，貌似周、秦間子書，其亦漸漬於空同之説者歟！

（録自四庫全書總目提要）

十四遊記序

十四遊記者，我師涇野先生政暇遊山隨所至而記之者也。前六篇在解州作，而條山、黄河之勝具見之矣；后八篇在

南都作，而鍾阜、長江之靈具見之矣。傳曰：「仁者樂山，智者樂水。」世有樂得其物，不樂得其道者，將亦當有所悟乎！大器事先生於鷲峯東所，嘗與亡友王光祖録而讀之。他日，兄大同見，亦愛焉，況其他乎！器遂梓以傳，曰：「將使漫遊者知所儆也。」其詩亦附刻于後。

嘉靖丁酉春二月，門人休寧胡大器頓首書。

十四遊記敘

涇野先生自史館謫出，講學於河東、江南者十四五年矣。于其地之雄一方而名海内者，暇必往遊，遊必有記，凡十有四篇，詩亦每剳附焉。愈獲讀之，嘆曰：「淵乎，我先生之深造也！」蓋天地間莫非道，亦莫非教，君子修諸己而教隨之者也。先生之遊也，窮天地之高厚，究山川之流峙，感古今之廢興，法賢聖之矩度，盡事物之變，析邪正之歸，性命參於日用，致知存乎格物，經世成務，有斯記焉，而豈徒哉！昔馬遷探禹穴以文鳴，張旭觀劍舞以書鳴。今斯記之鳴，四方學士或欲登泰山之巔、觀江海之瀾以爲遊者，當亦有助乎哉！愈懼人之放達漫遊而忘道也，乃僭有是說焉。

嘉靖十六年冬十月吉，賜進士第南京太常寺博士門生李愈拜識。

敘刻十四遊記

涇野先生自史館出判解梁，公餘登覽河東山水，凡六遊記。尋遷留都考功以至尚寶，其登覽江南山水，凡八遊記。廷欽侍側有年，竊嘗快覩，乃知動乏不踰其則，遊息不離乎常也。恒欲刻諸家塾以廣二三同志，乃有程友爵校正成編，胡友大

器與兄大同者刻于霞阜，是欽之志也，敬弁數語以致幸云。

嘉靖丁酉秋七月，門人休寧曹廷欽謹識。

（以上録自明嘉靖十六年胡大器刻本十四遊記）

重刻呂涇野先生十四遊記序 甲寅

瑞麟將東遊太華之北，渡渭水，謁桐閣師，過黄河，訪薛仁齋，以就正所學，而呂君士龍適以補刻其先人涇野先生内篇求麟序，並欲刻所謂十四遊記。十四遊記者，涇野先生自記其所遊也。夫學之道，藏焉，修焉，息焉，遊焉。樊遲從遊於舞雩而問崇德、修慝、辨惑，遊豈苟焉而已？先生之遊，先生之學也；先生之記，先生之講學也。雖然，内篇言之矣。吾輩相聚，當以勤儉相講，「終日乾乾，夕惕若」，猶爲不足，豈可放心盃酒山水間耶！夫惟以遊爲戒，而後不徒遊也。讀先生之記，乃益知所以爲遊，故序之。明日遂行。

咸豐甲寅九月五日，賀瑞麟謹書。

（録自清光緒二十五年三原劉氏傳經堂刻本賀瑞麟清麓文集卷二）

周子抄釋序

爵既刻二程子抄釋，同門友曰：「周子之書，孔孟之翼也，我師涇野先生釋之，皆有益於聖學者，盍亦刻諸？」答曰：「此爵之志也。惟願諸友分讀時，毋忘師所謂不以文字焉視之者，則爵不爲虚刻矣。」諸友曰：「然。」遂續刻諸由溪。原有内、外二篇。

嘉靖壬辰秋八月朔，門人休寧程爵謹志。

張子抄釋序

澗録横渠子抄釋于梓，或曰：「何居？」澗曰：「夫横渠子，古之儒也，其質弘，其力勇，其思精，其造深，是故有至訓焉。西銘大而理，東銘邇而恪，正蒙奥而通，理窟博而粹，語録明而實，若而文，若而詩，渢渢乎，肆而中，曲而雅，治之經也，志之休也，其紹鄒魯之烈乎！夫涇野子亦古之儒也，是故有抄釋焉。推天以人，闡無以有，極内以外，驗古以今，質而味，簡而盡，横渠子之藴，其離離然乎！是故由抄釋可以知横渠子矣，由横渠子可以造聖神矣。澗也蒙，誦而知愛焉，愛而欲傳焉，是以録諸梓也，子以爲奚若？」或曰：「可哉！子其識諸。」澗曰：「然。」

嘉靖己丑仲夏望日，江都後學葛澗序。

四子抄釋後序

天地之道大矣哉！作之者之謂聖，至周、孔而備矣；述之者之謂明，至周、程、張、朱而備矣。出於聖者，經也；出於明者，傳也。經傳作，而道無餘藴矣。涇野呂先生之爲成均也，既以六經教士，又取儀禮日肄習之，暇日復抄四子之言而釋焉，其於明道立教之功何如也！諸生汪克儉輩乃以抄釋付之梓人，其服膺先生之教者歟！未幾，先生轉官南部，余爲閲成事且以播夫人人也，因附著歲月於末簡云。

嘉靖十六年丁酉春三月二十日，後學漢汭董承敘識。

宋四子抄釋後序

四子抄釋者何？涇翁呂先生懼後世學者之學之靡也，爰輯周、程、張、朱四先生之書而釋其要旨也。夫自聖學湮，微言絶，士各以意爲學，氾濫於諸家，出入於老釋，離經畔道甚矣。奎開宋室，四賢疊興，著書立言，以覺來世，所謂洙泗之嫡傳是矣。顧其全書浩汗靡竟，學之者往往皓首窮年而不得其要旨之所在。先生慮其卒也，此抄釋之所以作也。學者于是而學焉，操要守約之餘，上可以溯孔、顔、思、孟之道，由是而學術正、世教純，發端之功不可誣也。然則先生之於是書，可謂大造學者矣。詩云：「豈弟君子，遐不作人。」其先生之謂與！其先生之謂與！

嘉靖丙申陽月吉，前進士後學莆田鄭汝舟謹識。

（以上録自清李錫齡惜陰軒叢書本宋四子抄釋）

附録二

涇野呂亞卿傳〔一〕

真醇道學〔二〕，在關中可繼張橫渠者，涇野一人而已；在我朝可繼薛文清者，亦涇野一人而已。涇野姓呂諱柟，字大棟，既而改字仲木，西安之高陵人也，居涇水之陽，四方學者共稱爲涇野先生。系出呂望後，宋有呂世昌者始家高陵。祖彬卿，葬日壙中有聲如雷，卜者以爲當顯於六世。彬卿生八，八生興，興生貴，貴生鑑，鑑生溥。溥配宋氏，生先生，果符卜言。

先生資性穎悟，始就傅於周尚禮，習幼儀，郎中高選見而奇之曰：「此子他日必成大器，不但以科第先人。」提學東田馬中錫異其文，收入縣學。尚未總丱，即有志聖賢之學，危坐朗誦矮屋中，雖祁寒酷暑，不踰門限。年十四，應試臨潼，貧不能僦館，投宿於新豐空舍內。夜夢老人自驪山下，謂曰：「爾其勵學，後當大魁天下。」明日試，補廩生。母宋卒，哀毁骨立。既祥，受尚書於高教諭儔、孫行人昂，既又遠從渭南薛思菴，充然有得。相繼督學者楊邃菴、王虎谷屢試首多士，拔入正學書院，授以所學，而聞見益博。嘗夢程明道、呂東萊親爲指授，而義理愈精。于時有熊、李二參政聞其賢，欲延爲塾師，先生以禮無往教辭之，乃遣其子就學於荒寺。未幾，聞父疾走還。二公用驛馬追送，弗受。疾平，移居於雲槐精舍，從遊者

〔一〕按：清光緒十年翻刻本呂柟高陵縣志卷末附有明楊九式所撰的呂涇野先生續傳一文，但楊文基本上是本之于李開先的這篇涇野呂亞卿傳，只在個別地方文字有所不同，爲避免重複，現只著録李文，而楊文與之不同的地方則以校記的形式注出，以見其增補修正之處。

〔二〕楊九式呂涇野先生續傳開頭爲：「呂文簡公，郭下里人，畇之父也。按吏部文選司郎中章丘李開先傳曰：」

日衆，不但參政二子而已。

辛酉，年甫二十三，中鄉試前名，刻其文。明年下第，卒業成均，與三原馬伯循、秦世觀，榆次寇子惇，安陽張仲修、崔仲鳧，林縣馬敬臣輟舉業而講理學。久之，德業進修，踐履篤實，蓋有悦而不已，人不及知者，時或與他友習古冠、婚、士相見禮。孝廟賓天，衆在順天府哭臨，惟具禮耳，先生則涕淚交下，通國異而譁之，弗恤也。孫行人歿，爲之服衰，拜送弔客。戊辰會試，以治書中第六名，據卷當居第一，主考欲取一易卷，本房力爭不可得。主者以爲此劉養正也，拆卷乃邵端峯鋭。劉後佐寧藩謀反，自縊死，王陽明以文祭之曰：「母死不葬，爰及干戈，一念之錯，乃至如此。君臣之義，吾固不能宥子之身；朋友之義，吾猶得以葬子之母。」特著其事，以見世之取士者，勿徒狥虛譽而有玷科目云。廷試讀卷官見其筆畫端楷，策冒仁孝字，正合題旨，遂以首卷進呈。武皇御覽嘉賞，遂賜狀元及第。康對山〔一〕爲同考，批其卷云：「卷雖佳，惜力微不能首薦子，然子固已魁天下矣！」自鄉試至是，僅八年。已有成帙詩文集，其春陰履霜等作，不亞名詩，而子畏於匡傳，甚高古，雖王渼陂補周語，李空同擬趙高答李斯書，無以踰也。

入爲翰林院修撰，經筵、試場、史局，其職也。進講竭格心之誠，考校號得人之盛，而編摩稱秉筆之公。受祿祀先，祝稱某之子某，聞者羨其知禮。父母書至，對使拜受，退而跪讀，其他親友有書，受讀亦各有儀。聞期功喪，必爲位哭奠，凡餽遺非禮，一毫不受。逆瑾擅權竊政，附麗之者驟遷顯秩，先生雖同鄉，獨不出其門，且卻其賀禮。瑾已不堪，又因西夏搆亂，上疏請上入宫親政事，則禍患潛消，内外臣工，可常保富貴。瑾更惡其直，欲殺之，先生遂與何栢齋相繼引疾，何亦骨鯁，當時所不能容者。遣官校尾其後，俱不得其過，至半途返。先生抵家數月，瑾誅，刑及大冢宰，遺累陜之縉紳幾盡，人以是服其智。杜門謝客，力田養親，若將終身焉。父或因小失責次子梓，先生跪而願同受責，父怒乃解。

科道薦剡交上，而王廷相尤剴切：「往拒宦寺，已見卓識偉節，年來學術淵閎，操持嚴毅，正宜召擢大用，以答人心。」

〔一〕「康對山」，楊文作「湛甘泉」。

乃起供舊職，勸上勤學，謂：「文王緝熙敬止，咸和萬民，斯享靈囿之樂；元順帝廢學縱欲，太祖一舉而取之，可爲深戒。」或曰：「元主云云，傷於太直。」先生曰：「昔賈山借秦爲喻，文帝尚能用之，矧主上明聖遠過漢文，而吾獨不能爲賈山乎？」疏上，蒙嘉納。以乾清宮災，覃恩封其父爲翰林修撰承德郎，母及繼母侯氏、配李氏，生封歿贈俱爲安人。復應詔陳言六事，其遣去義子、番僧及取回鎮守太監，尤爲人所不敢言，言雖中寢，聞者憚之。仍以仕非其時求退，途遇秋旱禾槁，白諸當道，薄其征。王虎谷爲都御史，願舉先生相代。

父病侍湯藥，夜帶不解，晝履無聲，及其卒也，痛哭嘔血。將合葬母氏，失其一指，先生籲天號，痛若不欲生，尋復得之土壤。忽大雨如注，跣足擗踴，蹈泥淖中，道路環視，至有泣下者。葬畢，廬於中門外，哭猶旦夕不輟。自成服、奠葬、遷柩、題主以及卒哭、三虞兼大小祥至於脱禫，斟酌損益，各有儀注。楊東江葬其父母及予葬母，踵其遺意行之。鎮守太監廖鎧賻以金幣，立卻之。客有託交遊以三百金求書者，先生峻拒之曰：「人心有如青天白日，奈何以禽獸相視也！」客慚而退。都御史盛應期、御史朱節、熊相、曹珪薦其不當久在家居，適今聖天子入繼大統，首召先生，遂幡然有用世之志。

次年壬午，改元嘉靖，與修武廟實録。上御經筵，先生輪當進講，是日值仁祖淳皇后忌辰，口奏宜著慘淡之服、罷酒飯之賜，朝議韙之。疏勸尋溫聖學，以爲新政之助，其略曰：「學貴力行而知要。帝王之學，與韋布不同，須克己慎獨，上對天心，親賢遠讒，下通民志，太平之業，可不難致。」大禮議興，意見與時不合。復以十三事自陳，議者謂爲大臣宰執之職，不宜引爲己責，因繫獄，尋謫解州判官。會知州林元敘卒，遂攝州事。於是恤煢獨，減丁役，勸農桑，築堤以護鹽池，開渠以興水利，載諸署解文移者可考也。已又聚耆民鄉長，講明教民榜文，行呂氏鄉約及文公家禮。察孝弟節義者，標題其門。求子夏後，訓諸學宮。建司馬溫公祠，正首陽夷、齊墓，訂雲長關公集。奉迎其母，孝養以爲百姓先。鄰近及遠方學者日衆，初御史昶爲闢解梁書院以居之，擇民間俊秀子弟習小學之節，歌豳、南之詩，民俗士習翕然改觀，庶幾乎有陶唐遺風矣。居三年，御史盧煥等累薦，稱其爲王佐之才，迴出漢、唐之上。陞任南吏部考功司郎中，士民無慮千數哭送至於河干，先生既渡河，猶聞哭聲琅琅，乃口占一絶云：「試聽黃河東岸哭，爲官何必要封侯！」去後，州人感德不忘，爲之立碑以紀其實，

塑像以慰其思。

未幾，陞尚寶司卿，政務簡省，得以閉門讀書兼設教鷲峯之下，吳、楚、閩、越士從之者日有百餘人。時張相國應詔起用，道經南都，有醵禮爲賀者，先生託以官卑俸薄拒之。通政王姓，張之甥也，轉北祭酒，通國送之江上，先生獨不往。張衘之，欲乘機罷其官，乃以疾在告，不得遂其私。考績北上，至真定，得陞太常少卿。邸報還往，時太常會飲皆役樂籍，更有雜差，先生悉與寬免。禁革道士俗裝。每月朔望，令演樂二次。太廟災，乞罷黜以答天戒，不允。自庚寅至甲午，在南都五六年，五六年間豈不三四轉乎，然而皆散地也。

乙未，始入而爲北祭酒。監中教典，士氣踈弛，不振久矣。遂以道範師模嚴自表立，敦禮教，勤講習，棄去一切煩文，一二貴遊子弟稍不率教者即繩之以法，而乞差爭撥之風頓息。有以敷教在寬而規先生者，先生曰：「寬非縱肆之謂，乃日刮月劘，以要其成，而不責效於旦暮之間。然曰敬敷，則又不可不謂之嚴矣。古稱師嚴而道尊，道尊而民敬，意正在此。今世人才，漸不如古，豈古今人真不相及哉？內則祭酒，外則提學，率多因循姑息，而不知人才日流也。」先生立教雖嚴，然皆本躬行以率之，正心修身爲本，忠君孝親爲先。每季試諸生，必刻其文之優者以示式。有德行著稱者，則揭之榜，仍早撥其歷以示勸。病者問而醫之，死者賻而歸之。間取儀禮及爲詩樂圖譜，分日講解，蓋禮以立之，而樂以和之也。禮讓之俗，絃歌之聲，洋洋於京師首善之地矣。又言之吏部，謫一監丞，而兩廳六堂諸屬罔不清慎者，不但教及諸生，雖歷事監生、觀政進士、向學中官亦從而質疑問難。奏減歷日以通淹滯，申飭監規五事請之上，皆報可。識者以爲自宋、吳、李、章四祭酒外，鮮見其比。

陞禮部右侍郎，仍在於南，自言眉淡不久近君，其實心直不能隨世耳。同諸公卿謁孝陵，衆將著緋，先生曰：「望墓生哀，只宜青衣角帶。」皇太子生，蒙恩階通議大夫，父祖俱贈禮部侍郎，魏、劉二祖母、生繼二母及其配俱封贈淑人，蔭次子畇爲國子生，署吏部事，薦文武士可備將相之選者數人。寅長走簡斂祭張相，乃以黨姦拒之，且云：「一變而爲正人，有何不可？」其亢直敢言有如此。長又榜暴夏相之愆，先生以爲聞之於朝可也，私示路人其可乎？亟勸收其榜。及夏問霍事，應

以大臣當以容人爲量。故夏疑先生黨霍，霍亦疑先生黨夏。後霍卒夏誅，先生之心，竟莫之白。上將躬視承天顯陵，累疏勸止，俱留中未出。捧表賀萬壽節，道出河南，見餓殍相枕籍，語所在隨宜埋之。朝賀禮畢，尚未陛辭，值天變，乞得致仕。歸事侯淑人，敬養備至，不殊生母。侯病頭風歎寒，親製艾褥乃安。歲饑，則以俸餘賙其族人。事叔慱如父。姊適劉，家貧，常分財濟之。痛宋外祖無嗣，每展墓垂涕不止。從舅宋瑾流同州，務尋訪還其鄉。侯卒，哀毁亦不殊生母。未及葬，以壬寅六月左臂癰發，坐臥北泉精舍，至七月一日卒。山斗失韓，而洙泗無曾矣。生則成化己亥四月二十一日，享壽六十四。葬則甲辰七月二十四日邑城艮隅。卒日有雷火日食之變，及夕有大星隕於華陰，見者嗟異之，吾鄉哲人其當之矣，哲人孰有如先生者哉！弔者以千計，高陵人爲之罷市者三日，解梁及四方學者聞之，皆設奠位持心喪。訃聞，上爲輟朝一日，賜祭，命有司營壙事。未得贈官加謚，反出端峯卲太僕之下，識者不無憾於禮官云。日後從祀孔廟雖不敢預必，然提學謝少南、郡守李文昇已請之撫按，祀之正學書院矣。其致政而西也，人皆望其復起；其厭世而歸也，人皆惜其不能復生。千人之知，不勝數人之擠，衆口鑠金，雖百身願贖，何益哉！

先生頭顱圓闊，體貌豐隆，海口童顔，輪耳方面，兩目炯炯有神，鬚雖整秀，惜不多耳。配李氏，典籍崇光女，與先生匹德咸休，事詳三石喬世寧墓文中。長子田，由舉人任汝寧府通判，娶桑，繼劉、張；次子昫，歷任尋甸府知府，娶王、郭、李。孫男田出者，名師皐，娶吳氏；昫出者，名師伊。一孫女，亦昫出也。[一]

先生雖官三品，履仕途三十餘年，座止圖書，室無媵妾，家無長物，平生不以私事干人，亦不受人私干。門人相守數十年者，未嘗見有偷語惰容。乃家之孝子，鄉之善人，國之忠臣，而天下之先覺天民也。自來以狀元及第、不愧科名者，宋有王曾、宋庠爲名宰相，馮京爲名執政，而文山忠義尤烈，我朝黄觀之死節，羅倫之抗疏，康海之豪邁，其與先生，皆彰著在人

[一]「昫出者，名師伊。一孫女，亦昫出也」一句，楊文爲：「昫出者，名師召，聘張氏。孫女三，吳三錫、生員墨讜、王希曾，其婿也，俱昫出。」

耳目者也。有疑陽明之學者，則曰：「講其學而行非，勿信可也；不講其學而行是，信之可也。」有劾甘泉之學者，則曰：「聖君在上，賢臣在下，豈可使明時有偽學之禁之風？」有問朱陸之學者，則曰：「初時同法堯舜、師孔孟，雖入門路徑微有不同，而究竟本原，其致一也。」先生雖講學應文無虚日，但非其人亦不願接，九卿請李序菴祭文，同僚浼蔡鹽商墓誌，俱不之許。先生上可庶幾乎周之精、程之正、邵之大、朱之著述，不但横渠；近可兼乎吴康齋、胡居仁之長，抑又不但文清。且古今經生史臣、騷卿墨客、才子術士、詩伯文人豈少哉？然或華而不實，是而不真。其圓靈雖足以洞性命之原，而檢迪之功或略於微隱；其警辨雖足以聳來遊之慕，而持循之業或蕩於高虚；其流至於假借延緣，而標本殊觀，德教爲二者，容有之矣。

先生所著有四書因問、周易説翼、尚書説要、毛詩説序、春秋説志、禮問、史約、涇野文集、詩集、扈蹕録、史館獻納、南省奏稿、内外篇、宋四子抄釋、詩樂圖譜、小學釋、高陵志、解州志、義勇武安王集、寒暑經圖解、魏氏族譜、宋氏族譜、署解文移、諭解州略，足以闡經翼聖，紹往開來，乃仁義之精華，而孔、顔之道脈也。

其教人也，隨問而答；其用人也，因材而授。嘗云：「學先其所短，用先其所長。」是以海内士溫恭者得先生之讓，方正者得先生之剛，縝密者得先生之慎，清介者得先生之廉，慈惠者得先生之仁，堅毅者得先生之節，誠篤者得先生之忠，警惕者得先生之勤，而善文事不足言矣。使其得職銓衡掌絲綸，其所設施，詎止此哉！世之不知先生者，但以爲長于文，而議禮者猶以爲偏于古文譏之，高麗使臣亦欲乞其文傳示外國，且文果奚從而生乎？易曰：「黄裳元吉，文在中也。」又言曰：「君子黄中通理，正位居體，美在其中，暢于四肢，發于事業，美之至也。」至美者既在其中，至文者自達之外。而孟子之論氣，有曰：「以直養而無害，則塞乎天地之間。」其稱大丈夫也，亦曰：「富貴不能淫，貧賤不能移，威武不能屈。」趙岐釋之曰：「淫者，亂其心也。移者，易其行也。屈者，挫其志也。」心也，行與志也，皆美之所在也，能無所淫移及屈，然後可以爲之直養而無害矣。先生守堅力決、心定神閒，視順逆常變如一，又鍾以關中風氣渾厚雄偉、剛毅奮強，而直氣將塞乎天地，富貴焉得而淫之，貧賤威武焉得而移且屈之乎！

予之繼妻其祖母呂氏，乃先生近派，流寓齊東，舉族往來甚厚。太守公爲都事時，屢以書屬予，欲删定其集，取其有關要者，止留數册，簡便可傳，又欲作一文，詳述先生事蹟。集欲略而事欲多，顧其集三十六卷，一時不能卒辦，先爲之作一傳，以副其意。先生知予以王渼陂、馬谿田、康對山三公之薦在京師，忘年與交，別後音問不絶。其贈予中麓説及簡札，集中乃不載，何也？其爲予牌扁大書，真得古法。先生已有名公狀志，似不待鄙人矣。因竊據之，亦惟撮其關要，重爲一傳，文不佳而事可傳也。脈泉李方伯存日嘗趨其成，即當各録一通，一寄太守公，一焚脈泉墓上云。[一]

（録自明嘉靖至隆慶刻本李開先閒居集卷九）

涇野先生傳

涇野先生姓呂名柟，字仲木，陝西西安高陵人也。西安爲古涇陽之域，學者稱爲涇野先生。始祖名世昌，載傳至彬卿，生八，八生興，興生貴，貴生鑑，世有隱德。鑑生溥，尤以行義孚於鄉黨，排難解紛，人多德之。配宋氏，生先生。後以先生貴封翰林修撰，宋贈安人。安人爲瀋府教授玉之孫女，教授幼好書，人號宋五經，以賢名於時。安人少習其教，先生孩豎時即誦其祖教授公之遺行以教之，故先生七八歲時，敦厚穎敏如老成人，遣就傅於周丈人節之，聞小學之教。及入學，受書於孫行人廷舉，時未總角，輒有志聖賢之學，不爲辭章之習。夏居矮屋，衣冠危坐，雖炎日蘊隆，不出戶限。及冬月嚴寒，則履藉麥草，誦讀六經，恒夜以繼日。

弘治乙卯，丁母安人憂，哀毁讀禮，未嘗輕出。服闋，猶思慕不已。辛酉，舉陝西鄉試，念母不及見，輒泣下。明年壬戌，會試未第，乃入太學，會三原、榆次、安陽、林縣、陝州、河内諸同志之友，相與切磋，務事力行，不尚口耳，時雖爲太學諸

[一] 楊文後有「後隆慶元年追贈禮部尚書，謚文簡公」一句。

生，而識者固已知斯道之有屬矣。正德戊辰，舉南宫高第，入對大廷，承法天法祖之問，反復以仁孝爲言，而要之於學。上與公卿大臣嘉賞之，賜進士及第第一人，授翰林修撰，尋爲經筵講官，直以輔德弼違爲己任。其諸編摩纂輯，則務盡古史氏紀動紀言之職，詞華藻麗皆所不屑也。

嘉靖甲申夏五月，上疏自劾不職者凡十有三事，當路者謂此皆大臣宰相之職，不宜引爲己責，謫判解州。至則贊州長以政教勸率士民，酌取藍田吕氏之規以行鄉約，刊定朱子家禮以正習俗，儒生學子羣至受業。潛江初御史杲按山西，爲建解梁書院以居之，御史亦時時就而論學。居三年，解俗爲之丕變，延及全晉，亦駸駸乎復陶、虞耕稼，質成讓田之風。

丁亥，量移南考功郎中，凡南官考績，評定賢否，詞若渾融，實多所懲勸。稽查吏籍，革除詐冒，一切姦宄盡爲屏息。公餘即集問道請業之士，懇懇爲發明講解。或寮友邀遊金陵諸勝，亦時復一出，雖登臨玩賞中，率多師師規勉之意。初寓柳灣精舍，諸生履盈戶外，乃即鷲峯東所居焉。及遷尚寶卿，歷太常少卿，吏事簡省，四方從遊者日衆，先生樂於成人，應接不倦。是時海内講學者相望而起，然或未免空談，先生與諸生約，每會即以六經、四書質正，就於其中探討精義，勉其體認踐履。或問朱陸同異，先生曰：「晦菴、象山同法堯舜，同師孔孟，雖入門路徑微有不同，而究竟本原，其致一也，亦何害其爲同哉！學者不務力行，而膠於見聞以資口耳，竟於身心何益？」聞著多感發興起。其訓釋經籍，皆躬行心得之言，有程朱所未發者，故所至學徒如雲滃霧集。

乙未，進北國子祭酒。時監規久馳，先生發明揭示，動以身教，一二貴遊子弟有不率者，即繩之以法，不少假借，於是咸知所從事而乞差爭撥之敝風頓息。或有以「敬敷五教在寬」規先生者，先生曰：「寬非縱馳之謂，乃日刮月劘以要其成，而不責效於旦夕，故謂之寬。然云敬敷，則不可不謂之嚴矣。古稱師嚴然後道尊，道尊然後民知敬學，其意正謂是也。今人才漸不如古，豈真古今人不相及哉？内則祭酒，外則提學，皆有師道而以教人爲識者，率多姑息假借，而不知人才之日流也。甘臨希悦，違道干譽，且非治民所宜，矧以之教士哉！」規者不以爲然，而先生持之愈堅。國子諸生自是知所檢束，而絃歌之聲、禮讓之俗，洋洋於京師首善之地矣。丁酉，陞南京禮部右侍郎。未幾，以災異自劾，得致仕去。壬寅某月日，

以疾卒於家，年六十四。

所著有四書因問、周易説翼、尚書説要、毛詩説序、春秋説志、禮問、史約、宋四子抄釋、詩樂圖譜、寒暑經圖解、史館獻納、南省奏稿、涇野文集、詩集、監規發明、署解文移各若干卷，行於世，然皆仁義之精華，孔、顔之正脈，有非遷、固以來文人詞客所能與者。

嗚呼！先生内充外裕，色溫氣和，藹然可挹，而行方詞厲，守堅力定，在朝在野，隨寓盡道，其真富貴不淫、貧賤不移、威武不屈者矣。君子方之程伯子，豈不信然哉！長子田以舉人爲汝寧府通判，少子畇以先生廕爲都察院照磨云。

薛生曰：「某爲諸生時，嘗從先生於鷲峯東所，而先生之所以切切啟迪者，則寔未嘗一息敢負也。今年庚戌來京師，其子畇以先生年譜示余作傳，顧某淺薄，何能傳先生哉！特以先生生關中，關中風聲氣習淳厚宏偉、剛毅強奮，莫不有古之道。然自漢以降，其所謂豪傑者，大都欲以古文辭名世，故至於今，關中士人動稱西京、西京云，其潛心理道而務以聖賢爲歸者，宋張子厚之外，非先生其疇爲首稱邪？某是以論著之，于以見關中之學獨文辭乎哉？」

（録自明嘉靖三十三年東吴書林刻本薛應旂方山先生文録卷十四）

南京太常寺少卿高陵呂柟像贊

貌癯而清，言溫而肅，行如雲翔，立如鶴矗，下士忘疲，好善若粥。斯其人，蓋欲以天下爲度，而思使閭閻遐荒皆厭粱肉者乎！

（録自明嘉靖二十四年刻增修本嚴嵩鈐山堂集附録）

圖書在版編目(CIP)數據

呂柟集・涇野先生文集：全2册/［明］呂柟著；米文科點校整理．—西安：西北大學出版社，2014.12

（關學文庫/劉學智，方光華主編）

ISBN 978-7-5604-3551-0

Ⅰ.①呂… Ⅱ.①呂…②米… Ⅲ.①理學—中國—明代—文集 Ⅳ.①B248.99－53

中國版本圖書館 CIP 數據核字(2014)第 313607 號

國家社會科學基金資助項目“明代關學重要文獻研究”(項目號:04BZX025)

出品人 徐 曄 馬 來

篆　刻 路毓賢

出版統籌 張 萍 何惠昂

呂柟集・涇野先生文集 ［明］呂柟 著　米文科 點校整理

責任編輯 陳 芳　**裝幀設計** 澤 海

版式統籌 劉 爭

出版發行 西北大學出版社

地　址 西安市太白北路 229 號　**郵　編** 710069

網　址 http://nwupress.nwu.edu.cn　**E－mail** xdpress@nwu.edu.cn

電　話 029-88303593　88302590

經　銷 全國新華書店

印　裝 西安華新彩印有限責任公司

開　本 720 毫米×1020 毫米　1/16

印　張 88.25

字　數 1370 千字

版　次 2015 年 1 月第 1 版　2015 年 1 月第 1 次印刷

書　號 ISBN 978-7-5604-3551-0

定　價 308.00 圓